गाँधी, आम्बेडकर, लोहिया
और
भारतीय इतिहास की समस्याएँ

गाँधी, आम्बेडकर, लोहिया
और
भारतीय इतिहास की समस्याएँ

डॉ. रामविलास शर्मा

वाणी प्रकाशन

वाणी प्रकाशन

4695, 21-ए, दरियागंज, नयी दिल्ली 110 002

फ़ोन : +91 11 23273167 फ़ैक्स : +91 11 23275710

शाखाएँ

अशोक राजपथ, पटना 800 004, बिहार

कॉफ़ी हाउस कैम्पस, महात्मा गांधी मार्ग, इलाहाबाद 211 001, उत्तर प्रदेश

महात्मा गांधी अन्तरराष्ट्रीय हिन्दी विश्वविद्यालय, वर्धा 442 001, महाराष्ट्र

www.vaniprakashan.com
marketing@vaniprakashan.in
sales@vaniprakashan.in

Gandhi, Ambedkar, Lohia Aur Bhartiya Itihas Ki Samasyayen
by Dr. Ramvilas Sharma

ISBN : 978-81-7055-744-9
Criticism

संस्करण 2000, 2008, 2017
चतुर्थ संस्करण 2022

मूल्य : ₹ 1495

आर.के. ऑफ़सेट, शाहदरा, दिल्ली-110 032 में मुद्रित

वाणी प्रकाशन का लोगो मक़बूल फ़िदा हुसेन की कूची से

भूमिका

गाँधी, आम्बेडकर, लोहिया ये तीनों वर्तमान भारत के राजनीतिक और सांस्कृतिक आंदोलनों के लिए प्रासंगिक हैं। तीनों भारतीय इतिहास के बाारे में सोचते हैं, जाति-प्रथा से टकराते हैं, साम्राज्यवाद के प्रति अपना विशेष दृष्टिकोण अपनाते हैं और समाज को बदलना चाहते हैं। जो लोग भी वर्तमान समाज व्यवस्था से असंतुष्ट हैं, उसमें परिवर्तन चाहते हैं, उन्हें इन तीनों का एक साथ अध्ययन करना चाहिए।

गाँधी, आम्बेडकर, लोहिया तीनों प्रासंगिक हैं। पर इनकी प्रासंगिकता एक जैसी नहीं है। किसी समय गाँधीजी का बहुत ही व्यापक प्रभाव था। आज तो ऐसा लगता है कि वे अप्रासंगिक बन गए हैं। जिस तरह के रुझान राजनीति में प्रचलित हैं, उन्हें देखते ऐसा हो, तो आश्चर्य की बात नहीं है। गाँधीजी ने साम्राज्यवाद का विश्लेषण किया था, विदेशी पूंजी का जमकर विरोध किया था। उनका आंदोलन सुसंगत रूप से साम्राज्य विरोधी नहीं था परंतु उन्होंने विदेशी पूंजी के बारे में जो कुछ लिखा था, वह आज के संदर्भ में अत्यन्त प्रासंगिक है। जो लोग विदेशी पूंजी को आमंत्रित कर रहे हैं, उन्होंने जाने या अनजाने गाँधीजी को अप्रासंगिक बना दिया है। उनकी यह अप्रासंगिकता ही उन्हें प्रासंगिक बनाती है। जो लोग भी देश को आर्थिक रूप से आत्मनिर्भर बनाना चाहते हैं, उन्हें विदेशी पूंजी के बारे में गाँधीजी के विचारों का गहराई से अध्ययन करना चाहिए।

गाँधीजी मजदूरों के जीवन से अच्छी तरह परिचित थे। दक्षिण अफ्रीका में उन्होंने मजदूरों की एक लंबी हड़ताल चलाई थी। हड़तालें संगठित करने में कुछ बातें मजदूर-नेता गाँधीजी से सीख सकते हैं। गाँधीजी ने पूरे देश की यात्रा की थी। किसानों के जीवन से वह अच्छी तरह परिचित थे। उनके समय में स्वाधीनता-आंदोलन कहां बढ़ा और कहां रुका, यह उनके किसान संबंधी वृत्तांतों से जाना जा सकता है। गाँधीजी बहुत अच्छे इतिहास लेखक थे। दक्षिण अफ्रीका के सत्याग्रह का इतिहास उनकी श्रेष्ठ कृति है। भौगोलिक परिस्थितियों, ऐतिहासिक परम्पराओं, जनता के विभिन्न हिस्सों का अध्ययन करते हुए कैसे किसी आंदोलन का इतिहास लिखना चाहिए यह गाँधीजी ने दिखाया है। उस आंदोलन के वह प्रमुख नेता थे, इसलिए प्रत्यक्षदर्शी का अनुभव वहां प्रस्तुत किया गया है। गाँधीजी की दूसरी पुस्तक जो बहुत प्रभावशाली है, वह पंजाब के उपद्रवों पर

कांग्रेस की रिपोर्ट है। 1919 में कम से कम पंजाब के अंदर, किस तरह क्रांतिकारी परिस्थिति परिपक्व हो गई थी और नेता उसे तर्कसंगत परिणाम तक नहीं पहुंचा सके, यह गाँधीजी के वृत्तांत से मालूम होता है। उन्होंने गांवों और छोटे-छोटे कस्बों तक की यात्रा की थी। वहां के लोगों से मिलकर अंग्रेजों के अत्याचारों के विवरण एकत्र किए थे। हिंदू, मुसलमान, सिख तीनों ने मिलकर अंग्रेजों का मुकाबला किया था, तीनों ने अंग्रेजों के अत्याचार सहे थे। विभाजित पंजाब के लोगों को अपना इतिहास पहचानना चाहिए और इस पहचान के लिए गाँधीजी की पुस्तकें बहुत ही उपादेय हैं। देश के सामने आज जो संप्रदायवाद और जातिप्रथा को लेकर समस्याएँ हैं उनका संबंध भी गाँधीजी की नीति से है। 1946 में जब देशव्यापी क्रांतिकारी उभार आया, तब उसे रोकने में गाँधीजी ने अग्रगामी भूमिका निभाई। यह उनके कार्यों का नकारात्मक पक्ष है। अरुणा आसफ अली जैसे नेताओं ने साहसपूर्वक गाँधीजी का विरोध किया था। यदि वह क्रांतिकारी उभार सफल होता, यदि कांग्रेस के दक्षिणपंथी नेतृत्व के मुकाबले वामपक्ष के लोग संगठित होकर प्रयास करते, तो भारत का विभाजन न होता। जो सामंती अवशेष भारत में बने हुए हैं और साम्राज्यवाद का शिकंजा पूरी तरह खत्म नहीं हुआ, यह स्थिति न होती। सवाल हिंसा और अहिंसा का नहीं था। गाँधीजी अक्सर कांग्रेस कार्यसमिति के सदस्यों के बहुमत के विरोध के बावजूद आंदोलन रोक लेते थे। अंग्रेजों के राज्य का मुख्य सामाजिक आधार यहां की जमींदारी प्रथा थी। उसके विरुद्ध गाँधीजी यदि अहिंसात्मक आंदोलन चलाते तो देश में बहुत बड़ा परिवर्तन होता। उनके चिंतन और कार्यों के सकारात्मक और नकारात्मक, दोनों पक्षों का अध्ययन करना चाहिए।

गाँधीजी अंग्रेजी और गुजराती के बहुत अच्छे लेखक थे। अनुवाद में भी उनकी गद्यशैली का चमत्कार जगह-जगह दिखाई देता है। यात्रा संबंधी जो वृत्तान्त उन्होंने लिखे हैं, वे ललित निबन्धों की श्रेणी में आते हैं। वह चित्रकला और संगीत के प्रेमी थे। मैंने एक पूरे अध्याय में उनके साहित्य-कला प्रेम और सौन्दर्यबोध पर ही कुछ बातें कही हैं। लोगों को भावात्मक रूप से कैसे आंदोलित करना चाहिए, इस कला में वह दक्ष थे। वह व्यंग्य का सहारा भी लेते थे और कहीं-कहीं उनकी व्यंग्य रचनाएँ भारत और यूरोप के श्रेष्ठ व्यंग्यकारों की कृतियों के समकक्ष दिखाई देती हैं। गाँधीजी ने मार्क्स को पढ़ा था। एक पत्र में उन्होंने स्पष्ट लिखा है : भावी समाज में मनुष्य को उसकी आवश्यकताओं के अनुसार वेतन मिलना चाहिए और फिर मार्क्स का उल्लेख भी कर दिया है। वह पूंजीपतियों की रीति-नीति से परिचित थे और एक बार उन्होंने कहा था, पूंजीवादी व्यवस्था में हर आदमी को काम मिल जाए, यह असम्भव है। पूंजीवाद गाँधीजी के चिंतन को सीमित करता है और वह उन सीमाओं से परे भी देखते हैं। वह भारत की सांस्कृतिक परम्पराओं से अच्छी तरह परिचित थे। वह नारी की स्वाधीनता के पक्षपाती थे। उनके नेतृत्व में जो स्वाधीनता आंदोलन चलाया गया, उसमें स्त्रियों ने पहली बार आगे बढ़कर बड़ी संख्या में भाग लिया। हमारे सामाजिक जीवन पर उसका गहरा असर हुआ।

शुरुआत मैंने विदेशी पूंजी और आर्थिक स्वाधीनता से की है। वर्तमान भारत के लिए यही विषय सर्वाधिक प्रासंगिक है। गाँधीजी ने कुछ बातें ईस्ट इंडिया कंपनी के कारनामों के बारे में कही हैं, फिर ब्रिटिश पूंजीवाद की शोषण-प्रक्रिया उद्घाटित की है। दासों के व्यापार में पहले अंग्रेज पीछे थे फिर इस कौशल में यूरोप के सभी देशों में आगे बढ़ गये। उपनिवेशों में वे पराधीन देशों के मजदूरों से गुलामों जैसा व्यवहार करते थे। उनकी इस नीति का गहरा संबंध उनके उक्त इतिहास से है। भारत से गरीब किसानों को फुसलाकर उपनिवेशों में ले जाते थे, वहां उनसे गुलामों की तरह काम कराते थे। इसी गुलामी से मुक्ति पाने के लिए दक्षिण अफ्रीका में गाँधीजी ने 'गिरमिटिया' मजदूरों को संगठित किया था।

दक्षिण अफ्रीका में गोरे व्यापारी थे, गोरे मजदूर थे। दोनों ही खुली आर्थिक होड़ में हिन्दुस्तानी व्यापारियों और मजदूरों का मुकाबला न कर पाते थे। मुनाफा कमाने के लिए गोरे व्यवसायी दमन का सहारा लेते थे। बीसवीं सदी के विकसित पूंजीवाद के गोरे प्रतिनिधि पराधीन भारत के व्यापारियों का मुकाबला न कर पाते थे, इससे अनुमान किया जा सकता है, उन्होंने किस तरह के छल प्रपंच से स्वाधीन भारत के व्यवसाय का नाश किया होगा। गिरमिट प्रथा पुरानी दास प्रथा का ही नया संस्करण थी। उपनिवेशों में भारतीय व्यापारियों को अधिकारहीन रखने और मजदूरों से अपने दुर्व्यवहारों को उचित ठहराने के लिए अंग्रेज रंगभेद की नीति से काम लेते थे। काले आदमी शासित होने के लिए बने हैं और गोरे उन पर शासन करने के अधिकारी हैं। भारतवासियों को असभ्य बताकर वे उनके इतिहास और संस्कृति पर आक्षेप करते थे। परंतु अनेक अंग्रेज विद्वानों ने भारत के ज्ञान-विज्ञान, कला-कौशल का उचित मूल्यांकन किया था। गाँधीजी ने उनका हवाला देकर उपनिवेशवादियों के दृष्टिकोण का खंडन किया। इस तरह उन्होंने भारत के सांस्कृतिक इतिहास के दमन को राजनीतिक संघर्ष का अस्त्र बना दिया।

गाँधीजी से पहले किसी ने व्यापारियों और मजदूरों का संयुक्त मोर्चा न बनाया था। अनेक वर्गों के शामिल होने से साम्राज्य विरोधी आंदोलन का जातीय स्वरूप निर्धारित हुआ। जितनी दृढ़ता और वीरता से मजदूर लड़े उतनी दृढ़ता और वीरता व्यापारियों ने नहीं दिखाई। इससे निष्कर्ष यह निकला कि साम्राज्य विरोधी आंदोलन में पूंजीपतियों के बदले मजदूरों की प्रधानता हो तो उसका परिणाम शत्रु से समझौता नहीं, वास्तविक अधिकारों की प्राप्ति होगा। गाँधीजी ने अफ्रीका में बड़े पैमाने पर मजदूरों की हड़ताल चलाई और वैसी हड़ताल उन्होंने भारत में नहीं चलाई। उस हड़ताल में व्यापक क्रांतिकारी रूप लेने की संभावना मौजूद थी। गोरे मजदूरों ने हड़ताल की थी। गोरे और काले मजदूरों की हड़तालों को मिला दिया जाये, यह सुझाव गाँधीजी के सामने आया था। गोरे मजदूर हिंसात्मक उपायों से काम लेते हैं, यह कहकर गाँधीजी ने वह सुझाव ठुकरा दिया था। इसी बिना पर उन्होंने भारत में अनेक बार स्वाधीनता आन्दोलन पर रोक लगा दी थी या क्रांतिकारी संघर्षों– यथा 1946 के नाविक विद्रोह का विरोध किया

था। दक्षिण अफ्रीका में ही राजनीतिक परिस्थितियों ने यह आवश्यकता पैदा कर दी थी कि गाँधीजी का वैकल्पिक–क्रांतिकारी नेतृत्व आना चाहिए। भारत में स्वाधीनता आन्दोलन के दौरान राजनीतिक परिस्थितियों ने यह आवश्यकता बार-बार–सर्वाधिक 1946 में प्रस्तुत की।

आमतौर से अफ्रीकी संघर्ष का इतिहास भारतीय स्वाधीनता आंदोलन के इतिहास से अलग रखा जाता है। दक्षिण अफ्रीका उपनिवेश था, भारत पराधीन देश था। दोनों ही ब्रिटिश साम्राज्य के अतर्गत थे। उपनिवेश के भारतीय सेवा अधिकार पाने के लिए लंदन सरकार से फरियाद करते थे और 1919 में दक्षिण अफ्रीका से एक ब्रिटिश अधिकारी डायर की मदद के लिए पंजाब आया था।

दक्षिण अफ्रीका में गाँधीजी ने बहुत कुछ सीखा। उनके अनुभव से आज के राजनीतिज्ञ बहुत कुछ सीख सकते हैं। इनमें सबसे महत्वपूर्ण है जातीय अस्मिता और राष्ट्रीय आत्मसम्मान का मेल। दक्षिण अफ्रीका में गाँधीजी ने मिल मजदूरों के जातीय गर्व को उभारकर उन्हें उत्साहित किया। भारत में उन्होंने अनेक जातियों के प्रति यह नीति अपनायी। केवल सोवियत संघ के नेताओं ने दूसरे महायुद्ध में बड़े पैमाने पर इस नीति से काम लिया था। सोवियत संघ की अपेक्षा भारत की राष्ट्रीयता प्राचीन है। उसी के अनुरूप गाँधीजी ने राष्ट्रीय आत्म सम्मान पर अधिक बल दिया और जातीय अलगाव का विरोध किया। इसी नीति के फलस्वरूप वह प्रान्तों–प्रदेशों–राज्यों–में जातीय भाषाओं और परस्पर संपर्क के लिए राष्ट्रभाषा हिंदी के व्यवहार का समर्थन करते थे। भाषा और संस्कृति के विकास के लिए वह प्रत्येक जातीय प्रदेश को एकताबद्ध करने के पक्ष में थे। जातीय अस्मिता को ध्यान में रखते हुए वह शिक्षा व्यवस्था में जातीय इतिहास को महत्वपूर्ण स्थान देते थे।

गाँधीजी के बारे में यह भ्रम फैलाया गया है कि उनके चिंतन के स्रोत विशुद्ध भारतीय हैं। निष्क्रिय प्रतिरोध का सिद्धांत उन्होंने तोलस्तोय से ग्रहण किया था। उसे सत्याग्रह का नाम बाद में दिया गया। सर्वोदय का सिद्धान्त उन्होंने रस्किन से प्राप्त किया था। भारत ग्राम सभाओं का देश है। यह इतिहास विरोधी कल्पना उन्हें हैनरी मेन से मिली। जिसे गाँधीवाद कहा जाता है, उसके मुख्य स्रोत विदेशी हैं, पर गाँधीजी तोलस्तोय की तरह सक्रिय प्रतिरोध की प्रशंसा भी करते थे और रस्किन की तरह पूंजीवाद की आलोचना भी करते थे। योग और वेदान्त उनकी अपनी धरोहर थे और इन्हें अपने जीवन में जैसे उन्होंने चरितार्थ किया, वैसे अन्य किसी भारतीय राजनीतिज्ञ ने नहीं किया।

गाँधीजी देश का विभाजन नहीं चाहते थे। वह उसे रोक नहीं पाये। वह कांग्रेस और सरकारी कामकाज से अंग्रेजी को निकाल देना चाहते थे, नहीं निकाल पाये। वह अछूतों को ऊंची जातियों के बराबर दर्जा देना चाहते थे, नहीं दे पाये। वह विदेशी पूंजी के दबाव से देश को मुक्त करना चाहते थे, नहीं कर पाये। वह चाहते थे, गाँधी और सारी दुनिया के लोग खादी पहनें, उनकी यह इच्छा पूरी नहीं हुई। वह चाहते थे, पूंजीपति, जमींदार

और धनी लोग अपनी संपत्ति का उपयोग गरीबों के हित में करें, उनकी यह इच्छा भी पूरी नहीं हुई। वह चाहते थे, हिन्दू मुसलमान का भेदभाव खत्म हो, वैसा नहीं हुआ। ऐसी उनकी और असफलताएँ भी गिनायी जा सकती हैं।

पर उनका प्रभाव करोड़ों पर था। भारतीय इतिहास में कोई भी एक व्यक्ति, किसी भी युग में, इतने विशाल जन समुदायों को प्रभावित नहीं कर सका और विश्व इतिहास में भी किसी व्यक्ति का ऐसा व्यापक प्रभाव नहीं देखा गया। वह भारतीय जनमानस की आकांक्षाएँ समझते थे, उन्हें अपनी भाषा में व्यक्त करते थे, यह उनकी लोकप्रियता का मुख्य कारण था। उन्होंने जो कुछ किया अपने लाभ के लिए नहीं किया। जनता यह समझती थी इसलिए उन पर उसकी श्रद्धा अपार थी। इस श्रद्धा में अंधविश्वासों का भी एक अंश था, पर यह उसका मुख्य अंश नहीं था। उनके सत्तालोलुप अनुयाइयों के लिए वह मुख्य अंश बन गया। उनके थोड़े से सच्चे अनुयायी आज भी बहुराष्ट्रीय कंपनियों के कामकाज का विरोध करते हैं।

भारत का स्वतंत्र औद्योगिक विकास देश के हित में था। उससे मजदूर वर्ग का निर्माण होता था, सामंती बंधन खत्म होते थे, साम्प्रदायिक भेदभाव और जातिप्रथा का आर्थिक आधार नष्ट होता था, विदेशी माल की आमद खत्म होती थी, विश्व साम्राज्यवाद का आर्थिक आधार कमजोर होता था। उद्योगीकरण के विरोध में पूंजीवाद की आलोचना शामिल थी पर कुल मिलाकर यह विरोधनीति साम्राज्यवाद के हित में थी। स्वतंत्र औद्योगिक विकास के लिए सामंती व्यवस्था को निर्मूल करना आवश्यक था, जो पुराने सामंत अंग्रेजों की छत्रछाया में बने हुए थे और जो नये सामंत—राजा, नवाब, जमींदार, ताल्लुकेदार—अंग्रेजों ने बनाये थे, उनकी शक्ति को ध्वस्त करना आवश्यक था। इसके बिना घरेलू बाजार का निर्माण न हो सकता था। गाँधीजी इनके हृदय परिवर्तन की बाट जोहते रहे, उनके विरुद्ध बड़े पैमाने पर किसी तरह का आंदोलन नहीं चलाया। कुछ देशी पूंजीपति अंग्रेजों से सहयोग अवश्य करते थे, पर वे साम्राज्यवाद के मुख्य आधार नहीं थे। उसके मुख्य आधार ये नये-पुराने सामंत थे। साम्राज्यवाद के आधार स्तंभ बने रहें और वह समाप्त हो जाये, यह असंभव था। यहां गाँधीवाद से हटकर प्रेमचंद का युगान्तरकारी महत्व उजागर होता है। उनका सारा साहित्य सामंतवाद की आलोचना है।

पर गाँधीजी ने कहा था, अछूतों की मूल समस्या जमीन की है। उन्हें जमीन मिलनी चाहिए। यह काम पूंजीवादी सरकारों ने नहीं किया। वामपक्ष की सरकारों ने जिस हद तक यह काम किया, उस हद तक वे संप्रदायवाद और जातिप्रथा का असर खत्म कर सके। गाँधीजी ने कहा था, पूंजीवादी व्यवस्था में बेरोजगारी खत्म नहीं हो सकती। पूंजीवादी नेता इस व्यवस्था को नहीं बदल सकते। यह काम मजदूर और वामपक्ष के नेता, किसानों और मध्यवर्ग के सहयोग से कर सकते हैं। गाँधीजी ने कहा था, मजदूर संगठित नहीं हैं, वे अपनी ताकत नहीं पहचानते, उनमें शासन करने की क्षमता है। पूंजीवादी नेता मजदूरों को अपनी ताकत का एहसास कराके उन्हें शासक नहीं बना

सकते। यह काम वामपक्ष के नेता कर सकते हैं। गाँधीजी ने कहा था, यह विज्ञान का युग है, विज्ञान अंधविश्वासों को मिटा सकता है। यह काम पूंजीवादी नेता नहीं कर सकते, कुछ पूंजीवादी दल तो अंधविश्वासों के सहारे जीते हैं। यह काम भी वामपक्ष कर सकता है। निष्कर्ष यह कि गाँधीजी की क्रांतिकारी विरासत के दावेदार पूंजीवादी दल नहीं मजदूर वर्ग के दल ही हो सकते हैं। पर इस विरासत के प्रति वे अचेत हैं।

वर्तमान पूंजीवादी व्यवस्था अखिल भारतीय पैमाने पर मजदूरों के संगठित प्रयन्त से और किसानों के सहयोग से ही बदली जा सकती है। विभिन्न प्रदेशों के किसानों और मजदूरों को हिंदी के माध्यम से संगठित किया जा सकता है। पर वामपक्ष के नेता अखिल भाारतीय कामकाज में पूंजीवादी नेताओं की तरह अंग्रेजी से चिपके हुए हैं। पूंजीवादी नेताओं की तरह वे हिंदी जाति के अस्तित्व से बेखबर हैं। उन्होंने अन्य प्रदेशों में भाषावार प्रान्त बनाने का समर्थन किया। हिंदी प्रदेश के बारे में चुप रहे। सोचते हैं, इतना बड़ा प्रदेश है, उसकी एकता की बात कहेंगे तो दूसरे प्रदेशों के लोग नाराज हो जायेंगे। इसलिए राष्ट्र का हित इसी में है कि हिंदी प्रदेश को विभाजित रखा जाये। हिन्दू राष्ट्रवादी भी यही सोचते हैं।

गाँधीजी ने कहा था, विदेशी पूंजी के प्रभुत्व से हर तरह की बरबादी होती है। वामपक्ष के नेता उद्योगीकरण के लिये विदेशी पूंजी को आमंत्रित करते हैं। साम्राज्यवादियों का भी यही कहना है, हमारी सहायता के बिना तुम अपना आर्थिक विकास नहीं कर सकते। देश के पूंजीवादी नेता कहते हैं, भूमंडलीयकरण के बारे में हम सब एकमत हैं। इसीलिए अंग्रेजी को असली राष्ट्रभाषा बनाये रखने में ये सब एकमत हैं।

भारतीय इतिहास में वह दिन अवश्य आयेगा जब वामपक्ष वर्तमान अवसरवाद से मुक्त होगा, मार्क्सवाद के अनुसार भारत की जातीय समस्या और वर्गसंबंधों की समस्या हल करेगा, स्वयं एकताबद्ध होगा, मजदूरों को एकताबद्ध करेगा। मजदूरों और किसानों की एकता के बल पर इस अर्ध औपनिवेशिक व्यवस्था को बदलने के लिए आगे बढ़ेगा, तब वह गाँधीवाद से हटकर गाँधीजी की क्रांतिकारी विरासत पहचानेगा और उसे राष्ट्र के जीवन में चरितार्थ करेगा।

गाँधीजी ने ईश्वर और धर्म की बात बहुत जगह कही है। उनका धर्म उपनिषदों का धर्म है जो वर्तमान 'धर्म' से भिन्न है, वह कर्मकांड से मुक्त है। गाँधीजी जवानी में नास्तिक थे। उनका नास्तिकपन कभी पूरी तरह खत्म नहीं हुआ। वह वेदांत की भूमि से धर्म और दर्शन की समस्याएँ हल करते थे। वेदांती किसी व्यक्ति-ईश्वर में विश्वास नहीं करता। इसी तरह गाँधीजी दशरथ पुत्र राम में भी विश्वास न करते थे। राम उनके लिए एक व्यापक अर्थ देने वाला शब्द था। गाँधीजी के समय में तुलसीदास पर बहुत लोग आक्षेप करने लगे थे। उन आक्षेपों का उत्तर भी गाँधीजी ने दिया। उनकी बहुत बड़ी देन यह है कि उन्होंने राष्ट्र की धारणा को एक नई अंतर्वस्तु दी। यह अंतर्वस्तु जातीयता थी। भारत में अनेक भाषाएँ बोली जाती हैं। इन भाषाओं के बोलने वाले लोग जातियों

में संगठित हैं। उन्हें अपने प्रदेश पुनर्गठित करके एकताबद्ध करने का पूरा अधिकार है। अपने प्रदेश में वे अपनी भाषा का व्यवहार करें, अंतरप्रादेशिक व्यवहार के लिए हिंदी से काम लें। गाँधीजी ने हिंदी के लिए जितना काम किया, उतना और सब नेताओं ने नहीं किया। वह हिंदी-उर्दू को मिलाने के पक्ष में थे। वह यह भी जानते थे कि उर्दू में अनावश्यक रूप से फारसी-अरबी शब्द भरे गए हैं। उस समय की राजनीति को देखते हुए उन्होंने हिन्दुस्तानी में बहुत से अरबी-फारसी के शब्द लेने का प्रयत्न किया था। वह स्वयं उर्दू सीख रहे थे। जो लोग भारतीय भाषाओं के विकास से दिलचस्पी रखते हैं, उन्हें गाँधीजी के हिंदी-उर्दू संबंधी विचारों का अध्ययन करना चाहिए। उर्दू-हिन्दी की समस्या हल किए बिना हिंदी जाति का स्वच्छंद सांस्कृतिक विकास नहीं हो सकता और इस स्थिति का प्रभाव सारे देश पर होगा। अंग्रेजी की जगह हिंदी ही अंतरप्रादेशिक भाषा हो सकती है। उसका स्वरूप स्थिर करना हिंदी प्रदेश के लोगों का काम है। इसके लिए हिंदी-उर्दू लेखकों को मिलकर समस्याओं पर विचार करना चाहिए, खासतौर से पुराने मुसलमान कवियों ने जो हिंदी लिखी है उस भाषायी विरासत को उन्हें फिर से पुनर्जीवित करना चाहिए।

डॉ. आम्बेडकर अपने समय के सबसे सुपठित व्यक्तियों में थे। संस्कृत का धार्मिक, पौराणिक और वेद संबंधी सारा वाङ्मय उन्होंने अनुवाद में पढ़ा था। इसे पढ़कर उन्होंने अनेक मौलिक स्थापनाएँ लोगों के सामने रखी थीं। अधिकांश लोग, कहना चाहिए अधिकांश इतिहास विवेचक यह मानते हैं कि आर्यों ने बाहर से आकर भारत में ऋग्वेद की रचना की। आम्बेडकर यह सिद्धान्त न मानते थे। उन्होंने अनेक प्रमाणों से सिद्ध किया कि आर्य यहीं के मूल निवासी थे। एक धारणा यह भी प्रचारित की गई थी कि आर्यों ने बाहर से आकर द्रविड़ों को शूद्र बनाया और वर्ण व्यवस्था के शूद्र प्राचीन द्रविड़ों की संतान हैं। आम्बेडकर ने इस धारणा का भी विरोध किया। समाज की भौतिक परिस्थितियों को पहचानते हुए उन्होंने बताया कि यह प्रथा केवल भारत में नहीं, भारत के बाहर भी रही है। किंतु अधिकतर उनका झुकाव इस धारणा की ओर रहा है कि यह विशेषता केवल हिंदू धर्म की है। हिंदू धर्म पर उन्होंने बार-बार यह आक्षेप किया है कि ब्राह्मणों ने इसे दैवी प्रथा बनाकर समाज को जड़ बना दिया। उन्होंने स्वाधीनता आंदोलन के विरोध में अछूतों का नया अलग संगठन खड़ा किया। इससे स्वाधीनता आंदोलन कमजोर हुआ, बिखराव की ताकतें आगे बढ़ीं। साइमन कमीशन के आने के बाद आम्बेडकर में परिवर्तन दिखाई देता है। उसके पहले उनकी विचारधारा दूसरे ढंग की है। एक समय उन्होंने पाकिस्तान का समर्थन भी किया। जाति की परिभाषा उद्धृत करते हुए उन्होंने मुसलमानों को एक जाति कल्पित किया। किंतु 1947 के बाद उनमें फिर परिवर्तन हुआ। वह संविधान के निर्माताओं में प्रमुख थे। संविधान सभा में अपने कार्य का विवरण देते हुए उन्होंने जो भाषण किया, वह बहुत महत्वपूर्ण है। उन्होंने

बताया कि ये राजनीतिक अधिकार कागज पर रह जाएंगे यदि आर्थिक समानता स्थापित न की गई। आम्बेडकर यह भी जानते थे कि यूरोप के जनतंत्र में सामान्य जनता सुखी क्यों नहीं है। स्वाधीनता, भाईचारा, समानता, राजनीतिक अधिकारों के रूप में, स्वीकार किए जाते हैं परंतु संपत्ति पूंजीपतियों के हाथ में रहती है। जब तक आर्थिक समानता न होगी तब तक वास्तविक जनतंत्र स्थापित नहीं हो सकता। आम्बेडकर ने जातिप्रथा के आधार पर दलितों को संगठित करने का प्रयत्न किया था। परंतु अनेक जगह वह जातिप्रथा की सीमाएँ तोड़ते हैं। वह वर्गों की बात करते हैं। 1942 में आल इंडिया रेडियो से उन्होंने एक भाषण प्रसारित किया था। उसमें कहा था : भारत में इस समय केवल मजदूर वर्ग सही राजनीतिक नेतृत्व दे सकता है। मजदूर वर्ग में अनेक जातियों के लोग थे। आम्बेडकर की विचारधारा कहां छूत-अछूत का भेद मिटाती है, कहां जाति प्रथा को संगठन का आधार नहीं बनाती, कहां वर्ग की बात कहती है, इस पर समाज को बदलने वालों को ध्यान देना चाहिए।

आम्बेडकर का नाम कुछ राजनीतिक पार्टियों से जुड़ गया है। इन पार्टियों के काम काज, उनकी विचारधारा कहां आम्बेडकर द्वारा खंडित होती है, इस पर भी ध्यान देना चाहिए। एक बड़े विचारक में जैसे अंतरविरोध हो सकते हैं, वैसे अंतरविरोध आम्बेडकर में भी थे। इसलिए उनका एकांगी मूल्यांकन न उनके प्रति न्याय करता है और न समाज के प्रति। उनकी विचारधारा से लोगों को जो लाभ उठाना चाहिए, उससे वे वंचित रह जाते हैं। इसलिए पूर्वाग्रह से मुक्त होकर आम्बेडकर का अध्ययन करना चाहिए। उनका एक लेख बुद्ध और मार्क्स पर है। वह प्रायः भौतिकवादी दृष्टिकोण से समस्याओं पर विचार करते हैं। सामाजिक विवेचन में ईश्वर के दखल देने के लिए वह हिंदू धर्म को जिम्मेदार मानते थे। इसलिए उन्होंने सोचा, अछूत बौद्ध हो जाएँ तो उनकी समस्या हल हो जाएगी। लेकिन बौद्धों में भी पुरोहित होते हैं, यह बात आम्बेडकर जानते थे। पुरोहितवाद का विरोध करना जरूरी था, वे पुरोहित किसी भी धर्म के हों। आम्बेडकर यह भी जानते थे कि उद्योगीकरण से ऐसी परिस्थितियां उत्पन्न हो सकती हैं जिनमें बाप का पेशा बेटे के लिए अनिवार्य न हो। उद्योगीकरण के परिणामस्वरूप लोग नए पेशों में संगठित होंगे, यह भी उनके चिंतन का एक प्रगतिशील पक्ष है। जातिप्रथा के विचार से वह अछूत थे। समाज में उन्हें बहुत अपमान सहना पड़ा था। परंतु वह मजदूर वर्ग में पैदा हुए थे। मजदूरों के जीवन को बहुत अच्छी तरह पहचानते थे। उनकी सहज वर्ग-चेतना उनकी जाति-संबंधी धारणाओं से बार-बार टकराती है।

गाँधीजी की तुलना में जातीय सम्मान के बारे में उनके विचार उलझे हुए थे, विशेष रूप से हिंदी भाषी प्रदेश के बारे में। उन्हें भय था कि यह प्रदेश एकताबद्ध हो जायेगा तो उससे देश का नुकसान होगा। आम्बेडकर के इतिहास-संबंधी लेख बहुत महत्वपूर्ण हैं। उन्होंने प्राचीन भारत के व्यापारिक संबंधों का अध्ययन किया था और लिखा था कि उस समय श्रमिक स्वतंत्र थे, उन्हें अपने श्रम के लिए पगार मिलती थी। शूद्रों को मार-मारकर

उनसे काम कराया जाता था, यह धारणा वहां खंडित हो जाती है। व्यापार के विकास के साथ सारे भारत के नगर आपस में एक-दूसरे से जुड़ गए। यही नहीं, भारत के नगरों का संबंध मिस्र तक, पश्चिम एशिया में दूर-दूर तक था। उनका कार्य संक्षिप्त है परंतु बहुत ही महत्वपूर्ण है। इसके अलावा उन्होंने ईस्ट इंडिया कम्पनी पर भी काम किया था और अंग्रेजी राज के बारे में लिखा था : जब से यह राज कायम हुआ, तबसे भारत की भाग्यलक्ष्मी भारत की धरती छोड़कर यूनियन जैक पर बैठ गई। आम्बेडकर का एक विचार था, रूसी क्रांति में हिंसा बहुत हुई है, यह बुरी बात है। परंतु एक जगह उन्होंने यह भी लिखा है : यदि थोड़ी-सी हिंसा से संपत्ति सर्वहारा लोगों में बांट दी गई हो, समाज से असमानता दूर कर दी गई हो, तो उसे बुरा नहीं कहना चाहिए। बुद्ध के चिंतन में उन्हें कुछ खामियां दिखाई दी थीं। यदि मनुष्य में आत्मा नहीं है तो फिर दूसरे जन्म में उसे कर्म के बंधन कैसे बांधते हैं? उन्होंने बौद्ध धर्म की जो व्याख्या की, वह बहुत कुछ भौतिकवाद के अनुसार की, और उनकी ग्रंथावली के सम्पादकों का कहना है कि उसे बौद्ध मतावलंबी स्वीकार नहीं करते थे। डॉ. आम्बेडकर समाज के विवेकशील आलोचक थे। अंधविश्वासों के विरुद्ध संघर्ष करने में उनकी विवेकशीलता हमारा मार्गदर्शन कर सकती है।

डॉ. राम मनोहर लोहिया ने जातिप्रथा पर बहुत लिखा है। परंतु वह आम्बेडकर के निकट नहीं हैं। गाँधीजी से भी दूर हैं। जातिप्रथा के संबंध में आम्बेडकर और गाँधी एक-दूसरे के ज्यादा नजदीक हैं। इन दोनों नेताओं ने अछूतों पर विशेष ध्यान दिया था। गाँधीजी के अछूतोद्धार कार्यक्रम से आम्बेडकर प्रसन्न नहीं थे। वह समझते थे कि अंग्रेज जो रियायतें दे रहे हैं, जो विधान सभाएँ बनेंगी, उनमें अछूतों का अलग प्रतिनिधित्व होगा तो उनकी दशा सुधरेगी। गाँधीजी का मार्ग दूसरा था। वह देश की स्वाधीनता को सबसे बड़ी आवश्यकता मानते थे। अपने व्यवहार से उन्होंने ऊंच-नीच का भेद मिटाने का भरसक प्रयत्न किया। गुजरात के एक निम्नतम अछूत को उन्होंने अपने साथ रखना शुरू किया था। वह पढ़-लिख गया। अच्छे कपड़े पहनता था। उसे देखकर किसी को लगता न था कि यह अछूत होगा। एक महिला को उसने पानी पिलाया और अपनी जाति बताई। महिला ने पहले तो विश्वास न किया, पानी पी लिया। उसके बाद उसने फिर कहा—यही मेरी जाति है। तब उस महिला ने उसे बहुत गालियां दीं। इस घटना का वर्णन गाँधीजी ने किया है। गाँधीजी ने अछूतों में जो काम किया, उसके महत्त्व का पता इसी बात से चलता है कि आम्बेडकर अक्सर अछूतों पर अत्याचार की कहानियां सुनाने के लिए गाँधीजी के 'हरिजन पत्र' से अथवा गाँधीजी के अनुयायियों के पत्रों से उद्धरण दिया करते थे। राम मनोहर लोहिया ने अछूतों को तो गाँधीजी के हवाले कर दिया और अपना ध्यान छोटी जातियों पर केन्द्रित किया। किसी समय जयप्रकाश नारायण के नेतृत्व में समाजवादी पार्टी जमींदारों के खिलाफ संघर्ष चला रही थी। आगे चलकर

समाजवादी पार्टी में यह संघर्ष की परम्परा टूट गई। समाज की पिछड़ी हुई जातियों के शोषक जमींदार नहीं, बड़ी जातियों के लोग हैं, इसलिए इन छोटी जातियों के लोगों को संगठित होना चाहिए। ये शिक्षा में पिछड़े हुए हैं परन्तु इन्हें ऊंचे पद मिलने चाहिए। इसके लिए आरक्षण की व्यवस्था होनी चाहिए। मंडल कमीशन ने आगे चलकर जो काम किया, वह लोहिया के सिद्धान्त के अनुरूप था। जातिप्रथा का जो विवेचन मंडल कमीशन ने अपनी रिपोर्ट में किया, वह लोहिया के विचारों की प्रतिध्वनि है। पिछले 10 वर्षों से राजनीति पर जितना प्रभाव लोहिया का है, उतना गाँधी और आम्बेडकर का, दोनों को मिलाकर नहीं रहा। मार्क्सवाद का असर भी इसके सामने फीका मालूम होता है। कोई राजनीतिक पार्टी ऐसी नहीं है जो आरक्षण का सिद्धान्त न मानती हो। छोटी और पिछड़ी जातियों को आरक्षण मिलना चाहिए, यह सभी लोग कहते हैं। लोहिया हिंदू और मुसलमानों को मिलाना चाहते थे परंतु जातिप्रथा को महत्त्व देने के कारण वह किसानों और मजदूरों की एकता की बात कम करते थे। हिंदुओं और मुसलमानों को मिलाने का एक तरीका यह भी है कि विभिन्न प्रदेशों में वर्ग-आधार पर श्रमिक जनता को संगठित किया जाए। हिंदुओं और मुसलमानों में यह श्रमिक जनता ही बहुसंख्यक है। परंतु मध्य वर्ग के मुसलमान जो कुछ कहते हैं, उसे सभी मुसलमानों का मत मान लिया जाता है। पिछले 10-15 वर्षों में जातिवादी पार्टियां बनीं। जातिवाद की वृद्धि हुई। छोटी जातियों की राजनीति की प्रतिक्रिया बड़ी जातियों में हुई। तमिलनाडु में धेवर और हरिजनों में संघर्ष हुआ। कई लोग मारे गए। मंडल कमीशन की रिपोर्ट में धेवरों को छोटी जाति में गिना गया है। जाति प्रथा के आधार पर छोटी जातियों को संगठित करने से जातिप्रथा खत्म नहीं हो सकती, यह अब लोगों के सामने स्पष्ट हो जाना चाहिए। इसका एक परिणाम यह भी होता है कि हिंदू सम्प्रदायवाद और उसके साथ सिख और मुस्लिम सम्प्रदायवाद भी आगे बढ़ते हैं। हिंदू सम्प्रदायवादियों को यह कहने का अवसर मिलता है : ये तो जातिवादी हैं, समाज को विभाजित करते हैं, हम राष्ट्रवादी हैं, हम सबको मिलाने वाले हैं।

भारत में पूंजीवादी हैं और वर्ग हैं। भारत में सामंती अवशेष हैं और जातिप्रथा है। जातिप्रथा पुरानी रूढ़ियों से जुड़ी हुई है। वह ऐसी वास्तविकता है जो मरणशील है। नए आर्थिक संबंधों के आधार पर जो वर्ग संगठित हो रहे हैं, यह नई वास्तविकता है और यह जीवंत है। लोहिया कभी-कभी खेत-मजदूर, मध्यवर्ग, आदि शब्दों का व्यवहार करते हैं। इस व्यवहार में जाति का नाम नहीं होता। अनेक जातियों के लोग खेतों में मजदूरी करते हैं। ऐसे ही मध्यवर्ग में बहुत-सी जातियों के लोग हैं। हिंदू और मुसलमान दोनों हैं। जब समाजवादी पार्टी की स्थापना हुई, तब उसके सिद्धान्तों की घोषणा लोहिया ने की थी। उस घोषणा में, श्रमिक जनों, वर्गों का उल्लेख है और 1957 में चुनाव के लिए समाजवादी पार्टी का जो घोषणापत्र लोहिया ने बनाया, उसमें वर्ग संघर्ष की चर्चा भी है। ऐसा लगता है कि पहले वर्ग, और वर्ग संघर्ष की बातें लोहिया को मान्य थीं। फिर

जैसे-जैसे समाजवादी पार्टी प्रभावशाली होती गई, वैसे-वैसे वह वर्गों की धारणा छोड़ कर छोटी जातियों पर ही अपना पूरा ध्यान केन्द्रित करने लगे। लोहिया सोवियत संघ का विरोध करते थे। कम्युनिस्ट पार्टी का विरोध करते थे। यह बात उन्हें जनसंघ के नजदीक लाती थी। धर्म और संस्कृति पर उनके विचार उन्हें हिंदू संप्रदायवाद के पास ले आते हैं। सोवियत संघ का विरोध, कम्युनिस्ट-विरोध, कांग्रेस-विरोध, लोहिया और हिंदू राष्ट्रवादियों की सामान्य भूमि थी।

लोहिया का असर कुछ कम्युनिस्टों पर भी हुआ। वे समझने लगे, कांग्रेस की तुलना में जातिवादी पार्टियां अधिक प्रगतिशील हैं। सम्प्रदायवाद का विरोध उन्होंने किया परंतु जातिवादी पार्टियों के साथ संयुक्त मोर्चा बनाया। जातिवादी पार्टियों के मुकाबले कांग्रेस को प्रतिक्रियावादी मानना गलत था। कांग्रेस के साथ संयुक्त मोर्चा बनाने का अर्थ उसका पिछलग्गू बनना नहीं होता। कम्युनिस्टों को अपनी कार्यवाही स्वतंत्र रूप से चलानी चाहिए और परिस्थिति के अनुसार अस्थायी तौर पर कांग्रेस के साथ संयुक्त मोर्चा भी बनाना चाहिए। जो लोग मजदूर वर्ग की एकता में विश्वास करते हैं, वे राष्ट्रीय एकता के मुकाबले प्रादेशिकता को तरजीह नहीं दे सकते। मजदूर वर्ग के संगठन में और कम्युनिस्ट पार्टी के अपने संगठन में, जनवादी केंद्रीयता का महत्व है। भारत में केन्द्रबद्ध राज्यसत्ता मजबूत होनी चाहिए। साथ ही जातीय प्रदेशों को संविधान के अंतर्गत अपना भरपूर विकास करने की स्वतंत्रता होनी चाहिए। मेरा विचार है, हिंदी का महत्व पहचानने में कम्युनिस्ट गाँधीजी से पीछे हैं। जब भी वे अखिल भारतीय स्तर पर मजदूरों को संगठित करना चाहेंगे, किसानों और मजदूरों का संयुक्त मोर्चा बनाना चाहेंगे, तब वे यह काम केवल हिंदी के माध्यम से ही कर सकेंगे। गाँधीजी ने स्वाधीनता आंदोलन को एकताबद्ध करने के लिए हिंदी का उपयोग किया था। उनसे आगे बढ़कर कम्युनिस्ट मजदूरों और किसानों को संगठित करना चाहेंगे, उनके संगठन से ही राष्ट्रीय एकता को सुदृढ़ किया जा सकता है और यह काम केवल हिंदी के माध्यम से हो सकता है।

इस पुस्तक के लिए सामग्री संग्रह करने में श्याम बिहारी राय, अजय तिवारी, श्याम कश्यप, जनार्दन द्विवेदी आदि मित्रों ने बड़ी सहायता की है। उनका मैं आभार स्वीकार करता हूं। मेरे परिवार में तीसरी पीढ़ी के दो नौजवानों तन्मय शर्मा और चिन्मय शर्मा ने भी पुस्तक-संग्रह में सहायता की है। पुस्तक समाप्त करते हुए मैं उन्हें स्नेह के साथ स्मरण करता हूं।

—रामविलास शर्मा

अनुक्रम

आज का भारत और इतिहास की समस्याएँ

गाँधी

संकेताक्षर

[इस अध्याय में विभिन्न वाक्यों में कोष्ठकों में दो संख्याएं दी गई हैं। पहली संख्या संपूर्ण गाँधी वाङ्मय के उस खण्ड की है जहाँ से उक्त सामग्री उद्धृत की गई है और दूसरी संख्या उक्त खण्ड के पृष्ठ संख्या का संकेत है।]

अब से एक शताब्दी पहले दक्षिण अफ्रीका में गाँधीजी ने अपना राजनीतिक जीवन आरम्भ किया था। इस शताब्दी के अवसान काल में भारतीय स्वाधीनता की स्वर्ण जयंती के अवसर पर बहुत से लोगों ने बहुत तरह से उन्हें याद किया। अपने समय में जिस विश्वव्यापी पूंजीवादी व्यवस्था में उन्होंने काम किया था, वह संभवतः अगली शताब्दी में भी कायम रहेगी। इसमें संदेह नहीं है। संसार में काफी परिवर्तन हुए हैं परन्तु व्यवस्था की मूल विशेषताएँ ज्यों की त्यों बनी हुई हैं। जिन बहुत-सी समस्याओं का सामना गाँधीजी ने किया, वे आज भी हमारे सामने हैं। उनके विचार तीसरी दुनिया के देशों के लिए, विशेष रूप में भारत के लिए, आश्चर्यजनक रूप से प्रासंगिक हैं। वह जो कुछ करना चाहते थे और कर सके, वह जो कुछ करना चाहते थे और नहीं कर सके, दोनों ही हमारे अध्ययन के लिए महत्वपूर्ण हैं। भारत और संसार के वर्तमान संदर्भों को ध्यान में रखते हुए उनके जो विचार मुझे सर्वाधिक महत्वपूर्ण मालूम होते हैं, उन्हें मैं आगे दे रहा हूं। इस अध्याय की आधारभूत सामग्री संपूर्ण गाँधी वाङ्मय से ली गई है। पहली संख्या वाङ्मय के खंडों को और दूसरी उसके पृष्ठों को बताती है।

विदेशी पूंजी और आर्थिक स्वाधीनता

(क) इतिहास की बात

विश्व पूंजीवाद की तीन मंजिलें हैं—व्यापारिक पूंजीवाद, औद्योगिक पूंजीवाद और महाजनी पूंजीवाद। गाँधीजी ने अपने लेखों में बार-बार अंग्रेजों के आने के बाद भारत के व्यापार और उद्योग-धंधों के नाश होने की बात कही है। भारतीय उद्योग-धंधों से जो माल तैयार किया जाता था, उसकी खपत केवल भारत में नहीं थी वरन् इंग्लैंड और यूरोप तक, भारत से बाहर अनेक देशों में थी। इस स्थिति को जताने के लिए 'व्यापारिक पूंजीवाद' इस शब्दावली का प्रयोग उचित है। अंग्रेज पहले भारत का माल खरीदने व्यापारी बनकर आए थे। फिर वे यहां के राजा बने। यहां की लूट के धन से उन्होंने अपने देश में उद्योग-धंधे लगाए। नए मशीनी उत्पादन का विकास हुआ। अब वे भारत से कच्चा माल ले जाने लगे और अपने देश से तैयार माल लाकर उसे भारत में बेचने लगे। यह औद्योगिक पूंजीवाद का युग था। 19वीं शताब्दी के अंतिम चरण में महाजनी

पूंजीवाद का युग शुरू हो गया था। महाजनी पूंजीवाद की व्यवस्था अब तक चली आ रही है। पूंजीवाद में जो तब्दीली हुई वह यह कि बड़े-बड़े बैंकपतियों और साहूकारों ने उद्योगपतियों को पूंजी उधार देना शुरू किया। स्वयं उद्योग-धंधों में पूंजी न लगाकर वे ऐसी पूंजी उद्योगपतियों को उधार देते थे। उद्योगपतियों को अपना माल बेचकर पहले जितना मुनाफा मिलता था, उससे कहीं ज्यादा मुनाफा अब महाजन उन्हें पूंजी उधार देकर सूद के रूप में प्राप्त करते थे। सूदखोर पूंजीवाद के चलन के बाद औद्योगिक पूंजीवाद समाप्त नहीं हो गया, न व्यापारिक पूंजीवाद समाप्त हुआ। वास्तव में उधार-व्यवस्था का चलन तो औद्योगिक पूंजीवाद के युग में भी था। अब फर्क यह हुआ कि उधार देने वाले साहूकार सबसे ऊपर, नीचे उद्योग-धंधे चलाने वाले पूंजीपति उनके साथ और उनके नीचे माल का वितरण करने वाले व्यापारी। गाँधीजी ने मुख्य रूप से साम्राज्यवाद के उस रूप के बारे में लिखा है जिसका संबंध औद्योगिक पूंजीवाद से है।

पिछले 50 वर्षों में भारत ने काफी औद्योगिक प्रगति की है। फिर भी वह पश्चिम के उद्योग प्रधान देशों के बराबर नहीं आया। वह तीसरी दुनिया का पिछड़ा देश बना हुआ है। यहां के पूंजीपति और उनकी सरकारें आर्थिक विकास के नाम पर भारी रकमें विदेशी बैंकों से कर्ज के रूप में लेती हैं। उन्हें सूद की भारी रकम चुकाती हैं, दूसरे देशों में बना हुआ माल अपने यहां बिकने देती हैं। 1947 के पहले भारतीय जनता की कमाई का बहुत बड़ा हिस्सा बाहर चला जाता था। वह सिलसिला अब भी जारी है। गाँधीजी ने, और उनसे पहले दादा भाई नौरोजी ने, इस बात पर बार-बार जोर दिया था कि जब तक भारत से धन का विदेश जाना बन्द नहीं किया जाता तब तक यह देश उन्नति नहीं कर सकता। गाँधीजी ने अपने समय की साम्राज्यवादी व्यवस्था की जो विशेषताएँ बताई थीं, वे महाजनी पूंजीवाद के चलन के बावजूद आज भी बहुत कुछ उसी तरह कायम हैं। इसलिए उन्होंने समकालीन परिस्थितियों से उबरने के लिए जो मार्ग बताया था, वह आज भी महत्वपूर्ण है। अंग्रेजों द्वारा भारतीय जनता के शोषण का विवरण देते हुए गाँधीजी भारतीय इतिहास का उल्लेख करते हैं। यहां जो आर्थिक विकास हुआ था और जिसका नाश अंग्रेजों ने किया, उसका चित्रण करते हैं। अंग्रेज अपनी जिस मुनाफाखोर सभ्यता की डींग हांकते थे, उसकी वह तीखी आलोचना करते हैं। उसके मुकाबले वह भारतीय सभ्यता की प्रशंसा करते हैं। उसे पाश्चात्य सभ्यता से श्रेष्ठ ठहराते हैं। अंग्रेजों ने भारत पर अधिकार कैसे किया, इसके बारे में भी बताते हैं। उन्होंने छल-कपट से काम किया। बल प्रयोग भी किया, परंतु भारतवासी ही अपने देश पर उनका अधिकार जमाने में सहायक हुए। इन भारतवासियों की वह आलोचना करते हैं। अंग्रेज भारत पर अधिकार बनाए हुए हैं, इसलिए वे अपना माल यहाँ बेचते हैं और उनका माल हम खरीद लेते हैं। इस स्थिति से स्वाधीनता आंदोलन की नीति स्वयं निर्धारित होती है। बाहर का माल मत खरीदो, अपने यहां उद्योग-धंधों का विकास करो। पुराने उद्योग-धंधों को फिर से नया जीवन दो, स्वदेशी आंदोलन चलाओ। अंग्रेजी माल की खपत भारत में

बंद हो जाएगी तो साम्राज्य का आर्थिक आधार निर्बल हो जाएगा। अंग्रेज भारतवासियों से समझौता करने के लिए विवश होंगे। यह गाँधीजी की नीति थी। उनके समय के उदारपंथी नेता जो बातें कहते थे, वे बातें उन्होंने भी कहीं। पर उन्होंने एक नई बात कही। वह यह कि अंग्रेज अगर भारत की लूट खत्म नहीं करते तो उनका कानून तोड़ो। हर क्षेत्र में उनसे असहयोग करो। भारतीय राजनीति में यह क्रांतिकारी परिवर्तन था।

भारतीय जनता की कमाई का बहुत बड़ा हिस्सा विलायत जाता है, यह अंग्रेज जानते थे। उनमें अनेक यह बात स्वीकार करते थे। लार्ड सौलिसबरी दो बार इंग्लैंड के प्रधानमंत्री बने थे। उन्होंने भारत के बारे में कहा था : "इस देश के राजस्व का बहुत बड़ा हिस्सा बाहर ले जाया जाता है, जिसके बदले उसे कुछ भी नहीं मिलता। अगर उसका खून निकालना ही है तो नश्तर ऐसी जगह लगाया जाना चाहिए, जहां अधिक खून इकट्ठा हो गया हो, या कम से कम जहां वह पर्याप्त मात्रा में तो हो। जहां वह पहले से ही कम हो, ऐसी कमजोर जगह नहीं।" 1903 में इस पर गाँधीजी की टिप्पणी थी : यह वचन ऐतिहासिक महत्व पा गया है और अनेक सभाओं में इसका हवाला दिया गया है। (3/550-51) 1905 में बंगाल के विभाजन का जोरदार विरोध हुआ। इस विरोध में स्वदेशी वस्तुओं के व्यवहार पर जोर था और विदेशी माल का बहिष्कार किया जा रहा था। दक्षिण अफ्रीका में रहते हुए गाँधीजी बंगाल की घटनाओं को ध्यान से देख रहे थे। अक्तूबर 1905 में उन्होंने लिखा : भारत से हाल में आए हुए समुद्री तारों और अखबारों से स्पष्ट है कि बंगाल का बहिष्कार आंदोलन यूं ही अगौरवास्पद ढंग से बैठ नहीं जाएगा। यद्यपि अंग्रेजी माल के बहिष्कार के पीछे बहुत कुछ जोर-जबर्दस्ती दिखाई देती है, तथापि आंदोलन इतना व्यापक है कि उससे पता चलता है कि वह जनता की तीव्र भावना का परिणाम है। बंग-भंग के विरुद्ध वर्तमान आंदोलन का परिणाम चाहे जो हो, बहिष्कार का प्रभाव भारत के लिए हितकर ही होगा। इससे देशी उद्योगों को आश्चर्यजनक प्रोत्साहन मिला है। हमारा विश्वास है कि ये उद्योग निरन्तर बढ़ते ही जाएंगे। यह परिणाम अप्रत्याशित है परंतु इसकी वांछनीयता तनिक भी कम महत्व की नहीं है। भारत की महती आवश्यकता यही है कि राष्ट्रीय विशेषताओं को आश्रय दिया जाए और सुधारा जाए। यदि केवल भारतीय वस्तुओं का प्रयोग यथासंभव स्थिर रखा जाए तो राष्ट्रीय भावना के विकास में इसकी सहायता कुछ कम नहीं होगी। (5/97)

1905 में विभाजन भारत के एक प्रदेश का हुआ था। उसके विभाजन का विरोध सबसे पहले उसी प्रदेश में आरम्भ हुआ था। परंतु इसका प्रभाव सारे देश पर पड़ा। गाँधीजी देख रहे थे कि विदेशी माल के बहिष्कार से भारतीय उद्योग-धंधों को प्रोत्साहन मिलेगा और उन्होंने इसका स्वागत किया। स्वदेशी आंदोलन के साथ राष्ट्रीयता की भावना भी जोर पकड़ेगी, यह बात भी उनके सामने स्पष्ट थी। अंग्रेजों ने साम्प्रदायिक भावना उभार कर कुछ मुसलमानों को स्वदेशी आंदोलन के विरोध में खड़ा किया था। गाँधीजी का विचार था, स्वदेशी आंदोलन तेजी से बढ़ रहा है और वह जितना ही

ताकतवर होगा, उतना ही हिंदुओं और मुसलमानों को मिलाने में सहायता मिलेगी। उसी वर्ष नवम्बर में उन्होंने लिखा : बहिष्कार अभूतपूर्व तीव्रता के साथ फैला है। वह खास और आम, दोनों समाजों में घुस चुका है, और यदि काफी समय तक चलता रहा तो बंगाल के समस्त सम्प्रदायों को मिलाकर एक कर देगा। मुसलमान भी अलग नहीं रहेंगे। (5/126) स्वदेशी आंदोलन से साम्प्रदायिक एकता पुष्ट होती है। साम्प्रदायिक द्वेष भड़काने से स्वदेशी आंदोलन कमजोर होता है। आज के प्रसंग में यह बात विशेष रूप से ध्यान में रखने की है। कुछ दक्षिणपंथी गुट स्वदेशी की बात करते हैं। परंतु काम ऐसा करते हैं जिससे साम्प्रदायिक भावना भड़के और स्वदेशी का आंदोलन कमजोर हो। यदि ये लोग सच्चे मन से स्वदेशी का समर्थन करते हैं तो उन्हें हिंदू-मुस्लिम एकता का भी समर्थन करना चाहिए। स्वदेशी आंदोलन भारत के लिए अनोखा नहीं था। अन्य उपनिवेशों में भी इस तरह के आंदोलन चलाए गए थे। गाँधीजी ने लिखा : "इससे अधिक स्वाभाविक बात और क्या हो सकती है कि लोग अपने देश में ही उत्पन्न और निर्मित हुई वस्तुओं से अपना तन ढंकना, पेट भरना और भोग की अपनी अन्य आवश्यकताएँ पूरी करना पसंद करें? हम देखते हैं कि इस प्रकार के आंदोलन अन्य उपनिवेशों में इससे भी अधिक व्यापक रूप में चल रहे हैं।" (5/127)

बंगाल और भारत में जो कुछ हो रहा था, वह विश्वव्यापी साम्राज्य विरोधी लहर का हिस्सा था। जून 1907 में गाँधीजी ने लक्ष्य किया था : दुनिया के सभी हिस्सों में आज तरह-तरह की घटनाएँ हो रही हैं। जगह-जगह हम 'हमारा देश' का नारा सुनते हैं। मिस्रवासी कहते हैं कि मिस्र मिस्रियों के लिए है, चीनियों ने हांगकांग में कई गोरों का कत्ल कर दिया है। हब्शी कहते हैं कि हमारे हक हमें मिलने चाहिए। ईरान में स्वराज स्थापित हो गया है। अफगानिस्तान की ताकत बढ़ गई है। अब रहा भारत। वहां भी 'भारत भारतीयों के लिए' का नारा बुलंद है, और उसके लिए जगह-जगह इस बात का प्रयास किया जा रहा है कि हिंदू-मुस्लिम एकता हो। पंजाब में एक मुसलमान ने 'हिंदू मुसलमान' नाम से एक पत्र शुरू किया है। और वह कहता है, 'दोनों कौमों में एकता होनी चाहिए।' दूसरी ओर से 'वंदे मातरम्' जैसे पत्र अंग्रेजी राज को उखाड़ फेंकने के लिए आंदोलन कर रहे हैं। 'पंजाबी' पत्र पर मुकदमा चल जाने से वहां उपद्रव हो गया, जिसमें अग्रगण्य भारतीयों ने भी हिस्सा लिया। उनमें से कुछ लोग पकड़े गए हैं। कुछ को देश निकाला दिया जाएगा और कुछ जेल जाएंगे। लाला लाजपतराय जैसे विद्वान् सज्जन भी इनमें शामिल हैं।" जनता आगे बढ़ रही थी। नेतृत्व पिछड़ रहा था। गाँधीजी ने प्रश्न किया : "क्या अंग्रेजी राज को भारत से उखाड़ दिया जाए? और यदि उखाड़ने का विचार हो तो क्या उखाड़ा जा सकता है?" (7/6) अंग्रेजों के गुण-दोष बताने के बाद उन्होंने यह निष्कर्ष निकाला : "वह कौम जबर्दस्त है तथा भारत को उसका कम बल नहीं। इसलिए भारत से अंग्रेजी राज अस्त हो, यह चाहने की गुंजाइश ही नहीं रहती।(7/6) पर अंग्रेजी राज में दिन-प्रति-दिन भारतीय जनता की हालत खराब होती

जा रही है, यह भी गाँधीजी देख रहे थे। उसी लेख में उन्होंने बताया : अंग्रेजी राज के कारण भारतीय कंगाल होते जा रहे हैं। भारत में प्लेग फैला। उसका कारण भी बहुत कुछ अंग्रेजी राज ही है। हिंदू-मुसलमान के बीच वैर बढ़ाने वाला भी वही है। हम इतनी अधम स्थिति में पहुंच कर आज नपुंसक की जिंदगी बिता रहे हैं, उसका कारण भी अंग्रेजी राज्य ही है। इन दोषों से ऊबकर कुछ भारतीय नेता सारी अंग्रेजी कौम को दोष देते हैं। उनके विद्रोह से, संभव है ये दोष कुछ हद तक दूर हो जाएंगे। इसके अतिरिक्त वे चूंकि हमारे ही भारतीय भाई हैं, इसलिए उनकी ओर जरा भी बुरी भावना रखे बिना उनके जोश के लिए उन्हें धन्यवाद देना है। (7/7) सवाल पूरी अंग्रेजी कौम को दोष देने का नहीं था। भारत में जो अंग्रेज जमे हुए थे, उनसे छुटकारा पाने का था। गाँधीजी का विचार था, भारतवासी अपने को सुधार लें, स्वयं अपनी जरूरत का माल पैदा करने लगें, हिंदू-मुसलमान एकता कायम कर लें तो अंग्रेजों के यहां रहते हुए भी वे स्वाधीन जीवन बिताने लगेंगे। अंग्रेज तरह-तरह से करोड़ों रुपये हर साल भारत से खींचकर विलायत भेज रहे थे। धन के इस निर्यात को रोके बिना भारत अपनी दशा में कोई परिवर्तन न कर सकता था। यहां की धन-जन शक्ति के सहारे अंग्रेज केवल भारत पर अधिकार न किए हुए थे, वरन् भारत के सहारे वे एशिया में, और संसार के अन्य भागों में, अपने साम्राज्य का विस्तार भी कर रहे थे। इसलिए भारत से अंग्रेजी राज को उखाड़ फेंकना भारतीय जनता और विश्व मानवता के हित में था। मई 1908 में कर्जन का हवाला देते हुए गाँधीजी ने लिखा था : "लार्ड कर्जन के कथनानुसार भारत साम्राज्यरूपी भवन का कलश है और भारत के ही कारण ब्रिटिश साम्राज्य का अस्तित्व संभव हुआ है। मैं नहीं जानता कि भारत को बाहर रखकर ब्रिटिश साम्राज्य का अस्तित्व संभव भी है या नहीं।" (8/228-29) भारत ब्रिटिश साम्राज्य के भवन का कलश था और उसकी नींव का मजबूत पत्थर भी। उस पत्थर को हिलाए बिना उस इमारत को ढहाना असंभव था। संसार की बहुसंख्यक जनता को साम्राज्यवादी पाश से मुक्त करने के लिए भारत में स्वाधीनता आंदोलन अत्यंत आवश्यक था।

इंग्लैंड में मैनचेस्टर नगर सूती उद्योग का बहुत बड़ा केन्द्र था। वहां का बना हुआ कपड़ा भारत में बिकता था। भारत की बर्बादी के लिए मशीनों को दोष देने के साथ गाँधीजी ने मैनचेस्टर का विशेष रूप से उल्लेख किया : यंत्रों की लपेट में आने के कारण ही भारत बर्बाद हुआ। मैनचेस्टर ने हमें जो नुकसान पहुंचाया है उसकी कोई सीमा निर्धारित नहीं की जा सकती। भारत से कारीगरी लगभग खत्म हो गई, यह मैनचेस्टर का ही प्रताप है। (10/57) गाँधीजी ने यह बात 1909 में अपनी पुस्तिका 'हिंद स्वराज्य' में कही थी। मैनचेस्टर का जवाब कैसे दिया जाए, यह बंगाल ने दिखाया था। उसी पुस्तिका में गाँधीजी ने लिखा : जब मैंने बंगाल की बहादुरी का वर्णन पढ़ा, तब मुझे खुशी हुई। बंगाल में कपड़ों की मिलें नहीं हैं, इसलिए लोगों ने अपना असली धंधा फिर हाथ में ले लिया। बंगाल बंबई की मिलों को बढ़ावा देता है, तो ठीक ही है लेकिन यदि

उसने मशीन मात्र का बहिष्कार किया होता तो वह और भी ठीक होता। (10/57) गाँधीजी जानते थे, स्वदेशी आंदोलन से भारत के मिल-मालिक लाभ उठाएंगे। वह चाहते थे, सारा कपड़ा चरखे और करघे से तैयार किया जाए पर यह संभव नहीं था इसलिए आधे मन से उन्होंने मिल में बने कपड़े के व्यवहार को स्वीकार किया था।

भारत का धन विदेश जाता है, ऐसा न होना चाहिए यह बात बहुत लोगों ने कही थी। गाँधीजी ने नई बात कही : "आज तक आप इस देश से जो धन ले गए, वह आपको पच गया। किन्तु आगे आपको ऐसा नहीं करने दिया जा सकता।" (10/61) हम तुम्हें ऐसा न करने देंगे, इस तरह की बात अंग्रेजों से कहने वाले बहुत कम लोग थे। गाँधीजी को अंग्रेजों के शस्त्र बल का पता था, पर वह जानते थे, भारत पर अंग्रेज भारतवासियों की सहायता से ही अधिकार किए हुए हैं। यदि भारतवासी तय कर लें कि इनसे सहयोग नहीं करना तो अंग्रेज यहां किसी तरह टिक नहीं सकते। उन्होंने अंग्रेजों से कहा : आपकी मर्जी हो और आपसे बने, तो आप हमें काट डालिए, मन में आए तो तोप से उड़ा दीजिए। किंतु हमें जो पसंद नहीं है, वह यदि आप करेंगे तो हम उसमें आपकी मदद नहीं करेंगे और हमारी मदद के बिना आप एक डग भी चल सकें, ऐसा नहीं है। (10/62) ब्रिटेन विश्व बाजार पर हावी था। इस बाजार का बहुत बड़ा भाग भारत था। अन्य उपनिवेश इंग्लैंड का बना हुआ जितना माल खरीदते थे, उससे बहुत ज्यादा माल भारत खरीदता था। 1913 में गाँधीजी ने 'स्टेट्समैन' के एक लेख का हवाला देते हुए कहा : भारत इस समय इंग्लैंड का सबसे बड़ा ग्राहक है। भारत ब्रिटेन की उपज तथा तैयार माल का साढ़े 14 प्रतिशत खरीदता है, जबकि आस्ट्रेलिया सिर्फ 8 प्रतिशत और कनाडा तथा दक्षिण अफ्रीका मात्र 6-6 प्रतिशत ही खरीदते हैं। (11/436)

स्वदेशी आंदोलन से भारतीय व्यापारियों को लाभ होने वाला था परंतु वे भारत में विलायती माल बेचकर पैसा कमाने में लगे हुए थे। वे क्या कर सकते हैं और क्या कर रहे हैं, इसके बारे में अक्तूबर 1917 में गाँधीजी ने गुजरात के व्यापारियों से कहा : स्वराज्य प्राप्ति की चाभियों में सोने की चाभी तो स्वदेशी का व्रत ही है। अपने देश में लोगों से स्वदेशी व्रत का पालन करवाना व्यापारियों के हाथ में है, और व्यापारी ही इसे लोकप्रिय भी बना सकते हैं। आपसे नम्र निवेदन है कि आप लोग इस कार्य को एक बार अपने हाथ में लें तो फिर देखेंगे कि आप कैसे-कैसे आश्चर्यजनक काम कर सकते हैं। ऐसा प्रतीत होते हुए भी मुझे दुःख के साथ कहना पड़ता है कि इस देश में स्वदेशी के चलन और आंदोलन का सत्यानाश व्यापारी वर्ग ने ही किया है। वे देशी माल के बदले लोगों के सामने विदेशी माल पेश करते हैं और भाव बढ़ाते चले जाते हैं। अभी हाल में लोगों ने सरकार से बंगाल में भाव बढ़ाए जाने के बारे में शिकायतें की हैं और उनमें से एक शिकायत गुजरात के विरुद्ध भी है। कहा गया है कि धोतियों का दाम बहुत अधिक बढ़ गया है। ये धोतियां वहां गुजरात से भेजी जाती हैं। आप पैसा कमाएँ,

लेकिन सही तरीके से। बुरे तरीके से नहीं। बेईमानी का सहारा कभी नहीं लेना चाहिए। (14/14)

प्रथम विश्वयुद्ध के दौरान भारत में स्वदेशी आंदोलन ने जो प्रगति की थी, उससे गाँधीजी को संतोष नहीं था। नवंबर 1917 में उन्होंने कहा : स्वदेशी का आंदोलन देश में नाममात्र को ही है, ऐसा कहना गलत न होगा। हमें यह नहीं सूझता कि स्वदेशी में लगभग स्वराज्य की चाभी है। (14/41) स्वदेशी और स्वराज्य के आपसी संबंध पर जोर देते हुए उन्होंने कहा : हमारे प्रत्येक कार्य में स्वदेशी की छाप दृष्टिगोचर होनी चाहिए। स्वराज्य की इमारत इसी कल्पना की नींव पर खड़ी की जा सकती है कि कुल मिलाकर हमारी अधिकांश वस्तुएँ अच्छी हैं। स्वदेशी का आंदोलन यहां बहुत बड़े पैमाने पर होना चाहिए। जहां-जहां स्वराज्य की हलचल हुई है, वहां-वहां लोगों ने स्वदेशी के महत्त्व को पूरी तरह समझा है। (14/60)

(ख) विदेशी पूंजी की शोषण प्रक्रिया

भारत के आयात-निर्यात व्यापार का अर्थशास्त्र समझाते हुए गाँधीजी ने मई 1919 में लिखा : पहले हम हिंदुस्तान की आवश्यकता के लिए कपड़ा तैयार करते थे और उसका निर्यात भी कर सकते थे। और हम आज भी अपनी आवश्यकता का एक-चौथाई माल ही तैयार करते हैं अर्थात् हम अपना तीन-चौथाई कर्तव्य नहीं निबाहते। परिणामस्वरूप 3 करोड़ से भी अधिक व्यक्ति भूखों मरते हैं। इसके और भी कारण हैं, यह मैं जानता हूं। लेकिन इस भुखमरी का सबसे बड़ा कारण हमारा स्वदेशी के व्रत को भंग करना ही है। (15/337) इस स्थिति को भारत में देशी माल तैयार करके बदला जा सकता था—चरखे और करघे के द्वारा तथा मिलों के द्वारा। दोनों में गाँधीजी चरखे और करघे से तैयार किए हुए माल को तरजीह देते थे। उन्होंने कहा : स्वदेशी के व्रत दो तरह के हैं। उनमें से एक ही अधिक मूल्यवान है। दूसरा अपेक्षाकृत कम मूल्यवान माना जाएगा। पहला व्रत यह है कि हम हिन्दुस्तान में ही हाथ से कते-बुने सूती, ऊनी अथवा रेशमी वस्त्रों का उपयोग करें। इसका पालन करना हमारा धर्म है। इसका पालन न कर सकें, तो दूसरा व्रत है कि हम कम-से-कम हिंदुस्तान की मिलों द्वारा बने कपड़ों का उपयोग करें। लेकिन यह हमारी दुर्बलता की निशानी है। (15/337) स्वदेशी व्रत का पालन करने से विदेश जाने वाला धन वहां जाने से रोका जा सकता है। इस प्रसंग में गाँधीजी ने कहा : अब से स्वदेशी व्रत का पालन करना हमारा निश्चित कर्तव्य है। ऐसा करके हम 1917-18 में जो 60 करोड़ रुपया विदेशों को गया, इस वर्ष उसे जाने से रोक सकेंगे। जिस हद तक स्वदेशी व्रत का पालन करेंगे, उस हद तक देश का पैसा देश में ही रह सकेगा। (15/338) इतिहास का सही ज्ञान स्वाधीनता आंदोलन के लिए प्रेरक शक्ति बनता है। स्वदेशी आंदोलन को बढ़ावा देने के लिए गाँधीजी ने भारत के आर्थिक

इतिहास का उल्लेख किया। उन्होंने जून 1919 में लिखा : जिन्होंने भारत का इतिहास पढ़ा है, उन्हें तुरंत याद आ जाएगा कि भारत में डच, फ्रांसीसी और अंग्रेज लोग व्यापार करने के उद्देश्य से ही आए थे। उस समय हमारे पास नौसेना नहीं थी परंतु व्यापारियों का काफिला तो था ही। हमारी धर्मवृत्ति से यह सिद्ध होता है कि भारतीयों ने अपने व्यापार की रक्षा अपने कला-कौशल से ही की थी। उन दिनों भारत में जितना महीन कपड़ा बनता था, उतना महीन कपड़ा दूसरे देशों में नहीं बनता था। और उसके कारण ही विदेशी व्यापारी यहां आते थे। (15/387) मुगल बादशाहों के समय में जो आर्थिक उन्नति हुई और जो कलात्मक वैभव दिखाई दिया, उसे भी गाँधीजी ने स्वदेशी आंदोलन के लिए प्रेरणास्रोत बनाया : मुगल बादशाहों का राज्य एक तरह से विदेशी राज्य माना जाता है। किंतु जैसी दुर्दशा भारत की आज है, वैसी मुगल बादशाहों के जमाने में कभी नहीं रही। इसका कारण यह है कि उस समय भारत का अपना व्यापार और उद्योग था तथा मुगल बादशाह भी अपने सुखोपभोग के लिए जिन-जिन साधनों का उपयोग करते थे, उनका निर्माण हमारे देश के कारीगर ही करते थे जिससे इस देश का धन इस देश में रहता था। हम ताजमहल और कुतुब मीनार जैसी भव्य पुरानी इमारतें देखते हैं। वे कला के नमूने हैं। उनको देखकर अपने गौरव की याद आए बिना नहीं रहेगी।(15/387-88)

इंग्लैंड के अन्य उपनिवेशों के बारे में उनका कहना था : ये भी इंग्लैंड के बने हुए माल की अपेक्षा अपने यहां के बने हुए माल को पसंद करते हैं। मुझे आस्ट्रेलिया, न्यूजीलैंड और दक्षिण अफ्रीका का अनुभव है। इन देशों के लोग स्वदेशी वस्तुओं का पूरा उपयोग करते हैं और आयात की गई वस्तुओं पर मनमाना कर लगा सकते हैं, क्योंकि उनको विदेशी चीजों पर निर्भर रहने की जरूरत नहीं होती। (15/387)

भारत में अंग्रेजों को स्वदेशी आंदोलन पसंद नहीं था। परंतु गाँधीजी का कहना था कि अंग्रेजों ने स्वयं किसी समय स्वदेशी के व्यवहार से ही उन्नति की थी। जुलाई 1919 में उन्होंने कहा : महारानी एलिजाबेथ के समय में इंग्लैंड को भी स्वदेशी के व्यवहार पर निर्भर रहना पड़ता था। यहां तक कि उसे कानून बनाकर स्वदेशी वस्तुओं का व्यवहार अनिवार्य कर देना पड़ा था। जितना मोटा कपड़ा मैं पहने हूं, इससे भी मोटा कपड़ा इंग्लैंड के राजघरानों में पहना जाता था। (15/506) फिर मुक्त व्यापार के दिन आए। इंग्लैंड में औद्योगिक क्रान्ति हुई। दूसरे देशों से स्पर्धा में सेना और हथियारों पर बहुत पैसा खर्च किया जाने लगा। गाँधीजी ने कहा : मुक्त व्यापार की नीति में जो दोष थे, उनके कारण इंग्लैंड को एक विशाल जहाजी बेड़ा रखने का भार अपने ऊपर लेना पड़ा और इस भार के नीचे इंग्लैंड दबा हुआ है। (15/506) स्वदेशी के सिद्धांत का पालन करने से छोटे देश भी अपनी स्वाधीनता कायम रख सकते हैं। इस प्रसंग में उन्होंने यूरोप के छोटे देशों का उदाहरण दिया : इस संबंध में हम यूरोप के छोटे देशों का उदाहरण लें। वे आर्थिक दृष्टि से स्वतंत्र देश हैं क्योंकि वे स्वदेशी के सिद्धांत का अनुगमन करते हैं। प्रत्येक स्वतंत्र देश अपने तरीके से स्वदेशी का अनुगामी है। स्विट्जरलैंड और डेनमार्क अपने-अपने लोगों के

अनुकूल धंधों की रक्षा करते हैं और उनमें किसी भी विदेशी को हस्तक्षेप नहीं करने देते। (15/507) किसी देश की घरेलू आर्थिक नीति से उसकी विदेश नीति का कितना गहरा संबंध होता है, वह गाँधीजी के वाक्यों से प्रकट होता है। यूरोप के जो छोटे देश आर्थिक रूप से आत्मनिर्भर थे, वे बड़े देशों को अपने मामलों में हस्तक्षेप न करने देते थे। जो देश आर्थिक रूप से आत्मनिर्भर नहीं थे, विदेशी पूंजी के सहारे अर्थतंत्र चला रहे थे, वे विदेशी हस्तक्षेप भी बर्दाश्त करते थे। उनकी राष्ट्रीय स्वाधीनता का आर्थिक आधार बहुत कमजोर था। वे कहने को स्वाधीन थे पर वास्तव में आर्थिक रूप से परतंत्र थे।

अंग्रेज विश्व व्यापार नीति का संचालन कर रहे थे। उसकी विशेषता यह थी कि भारत से कच्चा माल विलायत भेजा जाता था। गाँधीजी ने इसके आंकड़े देकर बताया : 1927-28 में देश से 309 करोड़ रुपये का माल विदेशों से देश में आया। जो चीजें बाहर भेजी गईं उनमें कच्चा माल, जैसे कपास, अनाज, तिल, मूंगफली वगैरह, कच्चा और कमाया हुआ चमड़ा, कच्ची और पक्की वस्तुएँ आदि मुख्य हैं। अगर हमारे पास इस कच्चे माल का उपयोग करने के लिए आवश्यक हुनर होता और लगाने को पर्याप्त पूंजी होती अथवा हमारी अपनी एक सरकार होती जो इस तरह का हुनर और पूंजी हमारे लिए उपलब्ध करना अपना कर्तव्य समझती, तो वह कच्चा माल भारत में ही रहता। भारत के निर्यात की कथा हमारी बेबसी की कथा है और वह बतलाती है कि सरकार लोक हित के प्रति कैसी घोर उदासीनता बरतती है। (40/196-97) गाँधीजी के तर्क में यह धारणा निहित है कि भारत औद्योगिक विकास कर सकता है, मशीनों से अपने कच्चे माल का उपयोग कर सकता है। और उसकी अपनी सरकार यदि ऐसा करे तो उचित होगा। 'कच्चे माल का उपयोग करने के लिए आवश्यक हुनर होता,' ये शब्द चरखे और करघे को ध्यान में रखकर नहीं कहे गए। चरखे और करघे वाला हुनर तो भारत के पास था और गाँधीजी उसके उपयोग पर जोर भी दे रहे थे। जिस हुनर के न होने की बात यहां कही गयी है, उसका संबंध उद्योग धंधों में मशीनों के इस्तेमाल से है।

भारत में जिस तरह की चीजें बाहर से आती थीं, उनके बारे में गाँधीजी ने बताया : जो चीजें विदेशों से भारत में आती हैं, उनमें 65 करोड़ का सूती कपड़ा, 4 करोड़ का नकली रेशम, 18 करोड़ की शक्कर, 23 करोड़ की धातु और धातु से निर्मित वस्तुएँ, 5 करोड़ की मोटर गाड़ियां, 3 करोड़ की शराब और लगभग 2 करोड़ की सिगरेटें शामिल हैं। (40/197) भारत में गन्ना खूब होता है परंतु यहां के शक्कर उद्योग का विकास न करके अंग्रेज 18 करोड़ की शक्कर बाहर से मंगाते थे। यहां खनिज सम्पदा की कमी नहीं है। परंतु अंग्रेज भारत के धातु उद्योग का विकास न करके बाहर से 23 करोड़ की धातु और धातु से निर्मित वस्तुएँ मंगाते थे। अत्यंत प्राचीन काल से भारत का बना हुआ कपड़ा दुनिया के अनेक देशों में बेचा जाता था। परंतु इस समय अंग्रेजी

राज में सूती कपड़े पर 65 करोड़ रुपये भारत से बाहर जाते थे। धनी लोगों के लिए मोटर गाड़ियां, शराब और सिगरेटों पर भी काफी खर्च होता है। शराब और सिगरेट जैसी चीजें भारत की उन्नति के लिए आवश्यक नहीं थीं। गाँधीजी ने ठीक ही कहा कि वे हमारे पतन में सहायक होती हैं। सबसे बड़ी रकम सूती कपड़ों के ऊपर खर्च होती थी। इसके बारे में गाँधीजी ने कहा : सूती कपड़े का सबसे अधिक आयात किया जाता है और इससे हमारी शर्म और फटेहाली का पर्दाफाश हो जाता है। इससे हम समझ सकते हैं कि जब भारत में लोग घर-घर अपने हाथों कपड़ा बनाया करते थे, उस समय हमारे देहातों की दशा कितनी अच्छी रही होगी।(40/197) कपड़ा शहरों में भी बनाया जाता था। अधिकतर शहरों में बने हुए कपड़े का ही निर्यात किया जाता था। पर यह बात सही है कि भारत कपड़ा बनाने में आत्मनिर्भर था और आत्मनिर्भर हो सकता था। भारत में विलायती कपड़ा बेचकर अंग्रेज मुनाफा कमा रहे थे। भारत की दरिद्रता का यह एक कारण अवश्य था।

जनवरी 1930 में कांग्रेस ने एक प्रस्ताव कर्ज के बारे में पास किया। उस प्रस्ताव के बारे में गाँधीजी ने जो कुछ लिखा, वह भिन्न संदर्भ होते हुए भी, आज के भारत के लिए अत्यंत प्रासंगिक है। 9 जनवरी 1930 के 'यंग इंडिया' में उन्होंने लिखा था : हमारे देश की आर्थिक स्थिति का जिसे ज्ञान है, वह जानता है कि यह सरकार कितना फिजूलखर्च करने वाली है और जनता कर्ज के कैसे भयानक बोझ के तले पिसी जा रही है। यह भी सभी जानते हैं कि देश के हित को एक ओर रखकर इस देश में विदेशियों को कैसी-कैसी (व्यापारिक) सुविधाएँ दी गई हैं। इस बात की आशा नहीं की जा सकती कि आजाद भारत इन सुविधाओं या लाभों को निहित अधिकारों के नाम से मंजूर कर लेगा। यह संभव ही नहीं कि सभी 'निहित स्वार्थों' की रक्षा की जाएगी। जैसे जुआखोरी, या व्यभिचार की दुकान चलाने वाले को उसे चलाते रहने का कोई निहित अधिकार नहीं, वैसे ही देश की दौलत का जुआ खेल कर देश को निःसत्व बनानेवाली सरकार को भी वैसा करने का कोई निहित अधिकार नहीं है। इसीलिए 1922 में गया कांग्रेस ने कुछ कर्जों को नामंजूर करने वाला एक प्रस्ताव पास किया था। इस साल से गया का प्रस्ताव फिर से ताजा किया गया है, और यह तय किया गया है कि कोई भी निष्पक्ष और स्वतंत्र न्यायाधिकरण जिन-जिन कर्जों और व्यापारिक लाभों को अन्यायपूर्ण और अनुचित बताएगा, आजाद भारत की सरकार उन्हें कबूल नहीं करेगी। मेरी राय में इस न्यायोचित प्रस्ताव का कोई विरोध कर ही नहीं सकता। इस सवाल को लेकर दलबंदी करना आफत बुलाना है। (42/389-90)

यह सरकार कितना फिजूल खर्च करने वाली है, यह बात ब्रिटिश सरकार के बारे में कही गई है। स्वाधीन भारत की सरकारें कम फिजूलखर्च करने वाली नहीं रहीं। सरकारी तामझाम और बड़े आदमियों की सुरक्षा पर लाखों रुपये खर्च किये जाते हैं। जनता कर्ज के भयंकर बोझ के तले पिसी जा रही है, यह बात पराधीन भारत की जनता के लिए

सही थी और स्वाधीन भारत की जनता के लिए भी बहुत हद तक सही है। अमीरों और खाते-पीते लोगों की संख्या बढ़ गई है परंतु गरीबी रेखा के नीचे रहने वालों की संख्या अब भी बहुत बड़ी है। जनता की कमाई का बहुत बड़ा हिस्सा कर्ज लिए हुए धन के सूद के रूप में, और बहुराष्ट्रीय कंपनियों के माल की खपत से मुनाफे के रूप में, बाहर जाता है। महाजनी पूंजीवाद पिछड़े हुए देशों को, विकास के नाम पर, कर्ज दे कर उनसे सूद प्राप्त करता है। यह उसकी आमदनी का मुख्य साधन है। विदेशी साहूकारों को धनी बनाने में स्वाधीन भारत की सरकारें मानों एक दूसरे से होड़ करती रही हैं। देशी पूंजीपतियों में काफी ऐसे लोग हैं जिन्होंने बार-बार शिकायत की है कि जैसी सुविधाएँ बाहर के पूंजीपतियों को दी जाती हैं, वैसी सुविधाएं देश के पूंजीपतियों को नहीं दी जातीं। ब्रिटिश नीति की छाया स्वाधीन भारत की सरकारों पर अब भी बनी हुई है। भारत को लूटने का कोई अधिकार विदेशी साहूकारों को नहीं है जैसे जुआखोरी और व्यभिचार की दुकान चलाने वालों को यहां कोई निहित अधिकार प्राप्त नहीं है। गाँधीजी समझते थे, स्वाधीन भारत की सरकार विदेशियों को दी जानेवाली सुविधाओं को निहित अधिकार न मानकर अस्वीकार करेगी, पर हुआ इसका उलटा। 1922 में कांग्रेस ने कुछ विदेशी कर्जों को नामंजूर करने की बात कही थी। 1930 में वह बात दोहराई गई। कांग्रेस और गाँधीजी का नाम लेने वाले नेता इस परम्परा को क्यों भूल रहे हैं? विदेशी साहूकार भारत को जो कर्ज देते हैं, वह उन्होंने भारत की जनता के शोषण से ही कमाया है। बेईमानी से कमाया हुआ धन, जो कर्ज के रूप में विदेशी साहूकार भारत को देते हैं, उसे अस्वीकार करने की हिम्मत इस देश की सरकार में क्यों नहीं है? गाँधीजी ने सुझाव दिया था कि कोई स्वतन्त्र न्यायाधिकरण कर्जों को अन्यायपूर्ण बताए तो उन्हें भारत की सरकार कबूल न करेगी। परंतु यदि आजाद भारत की सरकार ही बाहर के साहूकारों से कर्ज लेती चली जाए, तब उसके विरुद्ध किस न्यायाधिकरण में अपील की जाएगी? जुआघर और व्यभिचार के अड्डों की मिसाल देकर गाँधीजी ने कहा था—देश की दौलत का जुआ खेलकर देश को निःसत्व बनाने वाली सरकार को वैसा करने का कोई निहित अधिकार नहीं है— यदि ऐसा करने का अधिकार विदेशी सरकार को नहीं था, तो देश को निःसत्व बनाने वाली नीति पर चलने का अधिकार देशी सरकार को भी नहीं है।

26 जनवरी की घोषणा के लिए गाँधीजी ने एक मसविदा तैयार किया। भारत में अंग्रेजी राज की भूमिका पर इससे अच्छी दूसरी कोई टिप्पणी नहीं है। घोषणा में उन्होंने जनता के इस अधिकार पर जोर दिया कि वह सरकार को बदल सकती है। उन्होंने लिखा : हमारा विश्वास है कि अपनी प्रगति के लिए पूरा-पूरा अवसर पाने की दृष्टि से दूसरे देशवासियों की तरह हिंदुस्तान के लोगों को स्वाधीनता पाने, अपनी मेहनत का सुख भोगने तथा जीवन के लिए आवश्यक वस्तुओं को प्राप्त करने का पूर्ण अधिकार है। (42/395-96) क्या स्वाधीन भारत की जनता अपनी मेहनत का सुख भोगती है? क्या वह जीवन के लिए आवश्यक वस्तुएँ प्राप्त कर रही है? कागज पर चाहे जितने अधिकार

लिख दिए जाएँ, वास्तव में जनता इन अधिकारों से वंचित है। ऐसी सरकार का क्या किया जाए? गाँधीजी ने कहा : हमारा यह भी विश्वास है कि अगर कोई सरकार लोगों को उनके अधिकार से वंचित करती है और उन पर जुल्म करती है, तो लोगों को यह भी अधिकार है कि वे उसे बदल दें और उसे समाप्त कर दें। (42/396) यह स्थापना गाँधीजी की राजनीतिक विरासत का बहुत ही महत्वपूर्ण अंश है। सरकार चाहे देशी हो चाहे विदेशी, अगर वह लोगों को उनके अधिकारों से वंचित करती है और उन पर जुल्म करती है, तो लोगों को अधिकार है कि वह उसे बदल दें या उसे समाप्त कर दें।

भारत में अंग्रेजी सरकार ने क्या किया : भारत की अंग्रेजी सरकार ने हिंदुस्तानियों को न केवल उनकी स्वाधीनता से वंचित कर दिया है, बल्कि उसने जनता के शोषण को ही अपना आधार बनाया है और हिंदुस्तान को आर्थिक, राजनीतिक, सांस्कृतिक तथा आध्यात्मिक दृष्टि से तबाह कर दिया है। इसलिए हम मानते हैं हिंदुस्तान को अवश्य ही ब्रिटेन से संबंध तोड़ देना चाहिए और 'पूर्ण स्वराज' या पूर्ण स्वाधीनता हासिल करनी चाहिए। (42/396) बहुत स्पष्ट बात है, हिंदुस्तान को अवश्य ही ब्रिटेन से संबंध तोड़ देने चाहिए। संबंध तोड़ने के बदले संबंध और मजबूत किए गए। भारत से विदेश जाने वाला धन अनेक देशों के साहूकारों में बंट जाता है। उनमें ब्रिटेन के साहूकारों का भी हिस्सा है। भारत में अंग्रेजों के साथ अंग्रेजी भाषा आई। इस भाषा का रुतबा दिन-प्रति-दिन बुलंद होता जा रहा है। वह इस बात का प्रमाण है कि भारत का ब्रिटेन से संबंध, और उन्हीं के वंशजों के देश अमरीका से संबंध दृढ़ होता गया। गाँधीजी ने भारत को आर्थिक, राजनीतिक, सांस्कृतिक और आध्यात्मिक, सभी पक्षों से तबाह होते देखा था। स्वाधीनता का यह घोषणा पत्र भारत के लाखों आदमियों ने दोहराया था। उसमें कही हुई बातों के लिए वे लड़े थे। भारत के जो बुद्धिजीवी देश के नवजागरण में अंग्रेजी राज की निर्णायक भूमिका मानते हैं, वे विचार करें कि वे स्वाधीनता-आंदोलन की परंपरा से कितनी दूर चले गए हैं।

अंग्रेजी राज में भारत की जो अनेक तरह की बर्बादी हुई, गाँधीजी ने उसकी मिसालें दीं। सबसे पहले आर्थिक बर्बादी : आर्थिक दृष्टि से भारत बर्बाद कर दिया गया है। लोगों से जो कर वसूल किया जाता है, अनुपात में उसका हमारी आमदनी से कोई मेल ही नहीं बैठता। हमारी औसत आमदनी प्रतिदिन 7 पाई (2 पैसे से भी कम) है और जो हम कर देते हैं वह 2.5 पाई प्रतिदिन है। 20 फीसदी किसानों से लगान के रूप में वसूल किया जाता है और उसका 3 फीसदी नमक कर से वसूल किया जाता है। नमक कर का भार गरीबों पर ही सबसे ज्यादा पड़ता है। (42/396) यह तो हुई अनुचित और भारी टैक्स लगा कर जनता को बर्बाद करने की बात। उसके बाद गाँधीजी उद्योग-धंधों की चर्चा करते हैं : गांवों के उद्योग-धंधे, जैसे कि हाथ-कताई, नष्ट कर दिए गए हैं और इस कारण किसानों को साल में कम से कम 4 महीने बेकार रहना पड़ता है। हस्त कला-कौशल के अभाव में उनकी बुद्धि मंद होती जा रही है। जो हुनर इस तरह नष्ट

हो गए हैं, उनके बदले में और देशों की भांति, कोई नया धंधा भी नहीं मिल सका है। (42/396) दूसरे देशों में पुराने ढंग का उत्पादन बदल गया। चरखे और करघे की जगह मशीनों का प्रयोग होने लगा। लेकिन वैसा परिवर्तन भारत में नहीं हुआ। गांवों के उद्योग-धंधों के नाश के साथ मशीनों से जो नया उत्पादन होना चाहिए, वह नहीं हुआ इसलिए कि अंग्रेज अपने यहां की मशीनों से बना हुआ माल भारत में बेचते थे।(42/396) यह तो हुई उद्योग धंधों की बात। फिर गाँधीजी व्यापार की चर्चा करते हैं। आयात-निर्यात कर और मुद्रा की कुछ ऐसी व्यवस्था की गई है कि उनसे किसानों का बोझ और भी ज्यादा बढ़ जाता है। इस देश में ब्रिटेन का तैयार किया गया माल ही ज्यादा तादाद में आता है और इस पर लगने वाली चुंगी, जिसे जनता पर करों का बोझ कम करने के लिए प्रयुक्त किया जाना चाहिए था, भारत में रूस की बनिस्बत 44 दर्जे और अमरीका और जर्मनी की बनिस्बत क्रमशः 44 और 24 दर्जे कम है। विनिमय दर के मनमाने निर्धारण से देश का करोड़ों रुपया बाहर भेजा जा रहा है।(42/396) यह हुआ व्यापार की नीति से भारत के शोषण का अर्थशास्त्र। अंग्रेज और उनके समर्थक इस बात पर बहुत जोर देते थे कि आधुनिक राजनीति भारत ने अंग्रेजों से सीखी। पर इस बारे में गाँधीजी का मत यह था : राजनीतिक दृष्टि से हिंदुस्तान की प्रतिष्ठा पहले कभी इतनी नहीं घटी थी, जितनी कि अंग्रेजी राज में घटी है। हमारी सारी शासन-क्षमता समाप्त कर दी गई है और जनता को पटेल, पटवारी या मोहर्रिर जैसे छोटे-छोटे पदों से ही संतोष कर लेना पड़ता है। हम में से बड़े-से-बड़े व्यक्ति को भी विदेशी सत्ता के सामने झुकना पड़ता है। जो सुधार किए गए हैं उनमें से किसी एक में भी जनता के हाथ में सच्ची राजनैतिक शक्ति नहीं आई है। (42/396) अंग्रेज समय-समय पर राजनीतिक सुधारों की घोषणा करते थे, इस संबंध में नए-नए मसौदे बनाते थे। गाँधीजी के लिए वास्तविक सुधार वह था जिससे जनता के हाथ में सच्ची राजनैतिक शक्ति आए। अंग्रेजी शिक्षा से भले ही यहां राजनीतिज्ञों और वकीलों का एक बड़ा दल तैयार हो गया हो, पर वह जनता को वास्तविक सत्ता न दिला सका था। इसलिए अंग्रेजी राज से भारत में राजनीतिक जागृति हुई, यह भी नहीं कहा जा सकता।

इसके बाद गाँधीजी संस्कृति की बात कहते हैं। संस्कृति का संबंध जनता से किस तरह का है, यह भी उनके कथन से स्पष्ट होता है : सांस्कृतिक दृष्टि से देखें तो इस शिक्षा-प्रणाली के कारण हम अपनी संस्कृति से कट कर दूर जा पड़े हैं और हमें जो प्रशिक्षण मिला है, उसने हमें उन्हीं जंजीरों से और जोर से लिपटे रहना सिखाया है जो हमें (दासता में) बांधे है।(42/397) सांस्कृतिक विकास तभी होगा जब जनता स्वाधीन जीवन बिताएगी। भारत की सांस्कृतिक विरासत बहुत मूल्यवान है। परंतु अंग्रेजी शिक्षा के प्रभाव से बहुत से बुद्धिजीवी इस विरासत से दूर चले गए हैं। गाँधीजी ने आध्यात्मिक दृष्टि की बात भी की है। अध्यात्म से यहां उनका आशय क्या है, यह उनके कथन से स्पष्ट हो जाता है : आध्यात्मिक दृष्टि से देखें तो हथियार न रखने देने की नीति ने हमें

नामर्द बना दिया है। (42/397) अध्यात्म का संबंध यहां पुरुषार्थ और वीरता से है, परलोक-चिंतन से नहीं। गाँधीजी ने आगे कहा : हमारे प्रतिरोध की भावना को कुचल डालने के घातक इरादे से जो विदेशी सेना रखी गई है, उसके कारण हम ऐसा कुछ सोचने लगे हैं कि न तो हम अपनी रक्षा कर सकते हैं, न विदेशियों की सेना के आक्रमण का सामना कर सकते हैं और न ही अपने घरों की लड़कियों या स्त्रियों को चोर-डाकू या गुंडों के हमलों से बचा सकते हैं। (42/327) देश की रक्षा के लिए भारतवासियों को स्वयं प्रयत्न करना चाहिए। विदेशियों के आक्रमण का सामना कर सकें, ऐसी क्षमता भारतीय जनता में होनी चाहिए। देश को अपना औद्योगिक विकास करना है, अपना राजनैतिक और सांस्कृतिक विकास करना है। नए भारत का निर्माण करना है, जिसमें आत्मविश्वास हो, सैन्य बल के प्रयोग की क्षमता हो, जो देश की रक्षा करने में समर्थ हो।

घोषणा के अंत में गाँधीजी ने लिखा : इसलिए जिस शासन ने हमारे देश पर इन चार प्रकार की विपत्तियों का बोझ लाद दिया है, उस राज्य के अधीन रहना हम ईश्वर और मानव जति के प्रति अपराध करना समझते हैं। हम मानते हैं कि स्वाधीनता प्राप्त करने के तरीकों में हिंसा का तरीका सर्वाधिक कारगर तरीका नहीं है। हम ब्रिटिश सरकार से, जहां तक हो सकता है, स्वेच्छापूर्वक सहयोग करना छोड़कर सविनय अवज्ञा करने की, जिसमें करुणा, दया भी शामिल है, तैयारी करेंगे। हमारा विश्वास है कि यदि हम ब्रिटिश सरकार से सहयोग करना छोड़ दें और उत्तेजना के कारण उपस्थित होने पर भी उपद्रव न करते हुए कर देने से इन्कार कर दें तो इस अमानुषिक शासन का अंत निश्चित है। अतएव हम प्रतिज्ञा करते हैं कि पूर्ण स्वराज की स्थापना के लिए कांग्रेस समय-समय पर जो हिदायतें देगी, उनका पालन करेंगे। (46/347) सरकार से असहयोग करना, उसे टैक्स न देना, उसके बने हुए कानून तोड़ना, यह नीति सही थी और बड़े पैमाने पर सुसंगत रूप से चलाई जाने से उसके दूरगामी अच्छे परिणाम निकल सकते थे। कहां तक हिंसात्मक रास्ते पर चलें, कहां अहिंसात्मक मार्ग अपनाएँ, यह बहुत कुछ परिस्थितियों पर निर्भर था। विदेशी हुकूमत का सारा ताना-बाना यदि हिंसा पर आधारित हो तो उसे विशुद्ध अहिंसात्मक तरीके से बदलना लगभग असम्भव था।

उपनिवेशों में पराधीन देशों के मजदूर

(क) ब्रिटिश पूंजीवाद और दास प्रथा

साम्राज्यवाद के निर्माण के लिए, उसे अस्तित्व में बनाए रखने के लिए उपनिवेश और पराधीन देश जरूरी हैं। उपनिवेशों और पराधीन देशों में अंतर है। कनाडा, दक्षिण

अफ्रीका, ऑस्ट्रेलिया और न्यूजीलैंड, ये अंग्रेजों के उपनिवेश थे। वे इंग्लैंड की प्रभुसत्ता के अधीन थे, अपने घरेलू शासनतंत्र में बहुत कुछ स्वतंत्र थे। आयरलैंड और भारत की गिनती पराधीन देशों में होगी। इनके निवासियों की हालत गुलामों जैसी थी। यह स्वाभाविक था क्योंकि एक समय ब्रिटिश पूंजीवाद गुलामों के व्यापार से समृद्ध हुआ था।

ब्रिटिश पूंजीवाद के विकास और प्रसार का गहरा संबंध दासों के व्यापार से है। दासों की प्राप्ति का अटूट स्रोत अफ्रीका नाम का विशाल महाद्वीप था। यूरोप की अनेक जातियों के व्यापारियों और जमींदारों ने वहां से निहत्थे अफ्रीकियों को पकड़कर, उन्हें जहाजों में ठूंस-ठूंस कर अनेक देशों में बेचा। इस होड़ में ब्रिटिश पहले पीछे थे। फिर समुद्री मार्गों पर अधिकार करके वह प्रतिद्वंद्वियों को पछाड़ते हुए सबसे आगे बढ़ गया। वेस्ट इंडीज जैसे देशों में और स्वयं संयुक्त राज्य अमरीका में उन दासों के वंशज अभी विद्यमान हैं। उनकी भाषाओं का लोप हो गया है और वे अंग्रेजों तथा अमरीकियों की तरह अंग्रेजी बोलते हैं। ज्यादातर दास गन्ने और कपास के खेतों में काम करते थे। मशीनी उत्पादन के विकास के साथ दासों की उपयोगिता कम हो गई। जहां शरीर की मेहनत से काम चलाना था, उत्पादन के लिए विशेष हुनर की जरूरत नहीं थी, वहां दासों से काम लिया जाता था। मशीनी उत्पादन के लिए प्रशिक्षित मजदूरों की जरूरत थी। दासों को मारपीट कर उनसे मशीनें न चलवाई जा सकती थीं। संयुक्त राज्य अमरीका के दक्षिणी भाग में कृषि की प्रधानता थी। उत्तरी भाग उद्योग प्रधान था। दोनों भागों में लड़ाई हुई। जैसे पहले ब्रिटेन के जमींदारों और व्यापारियों में गृहयुद्ध ठन गया था, कुछ उसी तरह अमरीका में यह गृहयुद्ध हुआ। पर उपनिवेशों में अब भी बहुत से कामों के लिए दासों या अर्धदासों की जरूरत थी। गोरे पूंजीपति भारत जैसे पराधीन देशों में अपने एजेंट भेजकर यहां के गरीबों को फुसला कर उनसे करार करवा लेते थे कि वे इतने दिन अमुक देश में काम करेंगे और उन्हें इतना पैसा मिलेगा। फिजी, गायना, मारीशस आदि अनेक द्वीपों में भारत के मजदूर गए। उनकी बहुत बड़ी संख्या दक्षिण अफ्रीका नाम के उपनिवेश में भी थी। दास-प्रथा खत्म कर देने पर भी कैसे साम्राज्यवाद मजदूरों को दास बनाकर उनसे काम कराता था, यह बात भारतीय मजदूरों की दशा से जाहिर होती है। उन्हें गिरमिटिया मजदूर कहा जाता था।

सितम्बर 1915 में गाँधीजी ने लेख लिखा 'गिरमिट या गुलामी'। फिर उन्होंने गिरमिट शब्द की व्याख्या की : गिरमिट शब्द अंग्रेजी के 'एग्रीमेंट' शब्द का अपभ्रंश है। यह शब्द भाषा में से निकाला नहीं जा सकता। 'गिरमिट' शब्द से जो अर्थ प्रकट होता है, वह एग्रीमेंट से नहीं होता। दूसरा शब्द भाषा में है ही नहीं। जिस दस्तावेज में दस्तखत करके हजारों मजदूर भारत से बाहर नेटाल आदि देशों में 5 वर्ष का करार करके जाते थे या अब जाते हैं, वह दस्तावेज मजदूरों और उनके मालिकों में गिरमिट के नाम से प्रसिद्ध है। इस गिरमिट के अंतर्गत जाने वाले मजदूरों का नाम गिरमिटिया है। हर साल भारत से लगभग ऐसे 12 हजार गिरमिटिए जाते हैं और वे मुख्यतः आस्ट्रेलिया के पास स्थित

फिजी द्वीप में या दक्षिण अमरीका के समीप के जमैका द्वीप में या ब्रिटिश गायना, डच गायना और ट्रिनिडाड में जाते हैं। (13/150) दिलचस्प बात है कि जहां पहले अफ्रीकी गुलाम काम करते थे वहीं अब ये भारतीय गिरमिटिया मजदूर भेजे जाते थे। गाँधीजी ने लिखा था : संसार का इतिहास देखने से मालूम होता है कि पहले गुलामों को सामान्यतः पशुओं की जगह और पशुओं की तरह रखा जाता था और ज्यों ही अंग्रेजी जनता के प्रयत्न से कानून सम्मत गुलामी बंद हुई, त्यों ही वह दूसरे रूप में दाखिल हो गई। फिलहाल जहां-जहां भारतीय अथवा दूसरी कौम के गिरमिटिया देखे जाते हैं वहां-वहां अथवा उसके आसपास पहले गुलाम रखे जाते थे। (9/84) गाँधीजी ने यहां इतिहास की गहरी पकड़ और सूझ-बूझ का परिचय दिया है।

गुलामों से गिरमिटिया मजदूरों की तुलना करते हुए गाँधीजी ने लिखा : गिरमिट आधी गुलामी है, यह ठीक है। जैसे गुलाम पैसा देने पर भी गुलामी से छूट नहीं सकता, वैसे ही गिरमिटिए भी गिरमिट से छूट नहीं सकते। यदि गुलाम काम नहीं करता तो उसे सजा दी जाती है। गिरमिटिया भी काम नहीं करता तो सजा पाता है। वह लापरवाही करता है, एक दिन काम पर नहीं जाता या ढिठाई करता है तो इनमें से किसी भी जुर्म में उसे कैद काटनी पड़ती है। जैसे गुलाम को एक मालिक दूसरे को बेच सकता है, वैसे ही गिरमिटिए को भी एक मालिक के पास से दूसरे के पास भेजा जा सकता है। जैसे गुलाम के बाल-बच्चों पर गुलामी का दाग लगता है, वैसे ही गिरमिटियों के बाल-बच्चों पर भी उनके लिए खास तौर से बनाए गए कानून लागू होते हैं। दोनों ही हालातों में केवल इतना ही अंतर है कि गुलामी की हालत जिंदगी भर रहती है, किंतु गिरमिटिए निश्चित अवधि के बाद छूट सकते हैं। विशेषतः यह स्मरण रखने योग्य है कि गिरमिट की प्रथा गुलामी खत्म होने पर उत्पन्न हुई और गुलामों की जगह गिरमिटिए भरती किए जाने लगे। (13/150)

भारत तथा अन्य देशों से मजदूरों को भरती करने के लिए उपनिवेशों के धनी मालिकों ने मजदूर आयातक संघ बनाए थे। (3/473) मजदूरों की भरती को न्यायपूर्ण ठहराने के लिए एक तर्क यह दिया जाता था कि भारत में बहुत-सी फालतू आबादी है, वह इस तरह मजदूरों के रूप में बाहर चली जाती है। ऐसा तर्क लॉर्ड सैंडरसन नाम के व्यक्ति ने दिया था। गाँधीजी ने उसकी आलोचना करते हुए कहा : भारत अपने बच्चों को अर्धदास बनने के लिए देश से बाहर भेजने के लिए लालायित नहीं है। लॉर्ड सैंडरसन ने कहा था, भारत की आर्थिक दशा से असंतुष्ट होकर वहां की फाजिल आबादी देश से बाहर चली गई थी। परंतु उनको यह भी याद रखना चाहिए कि सन् 1907 में मजदूरों की भरती के लिए 500 भरती परवाने जारी किए गए थे। स्थिति सामान्य नहीं है, इसका अनुमान क्या इसी बात से नहीं लग जाता कि हर 17 मजदूरों की भरती के लिए एक भरती करने वाला अपेक्षित है? इन गिरमिटिया मजदूरों को भरती करने के लिए भारत में औपनिवेशिक सरकारों के अपने ऐसे एजेंट भी मौजूद हैं। एक कुली की

भरती करने के लिए 25रु. मिलते हैं और ये 25 रुपये भरती करने वाले और इन एजेंटों में बांट लिए जाते हैं। (13/134)

भारत स्वाधीन नहीं था। यहां की जनता गरीब थी और मुफलिसी में दिन काट रही थी। इस हालत के लिए अंग्रेज जिम्मेदार थे। गरीबी और मुफलिसी से परेशान लोगों को बाहर के सब्ज़बाग दिखाकर फुसलाना बहुत मुश्किल नहीं था। गाँधीजी के अनुसार जो भारतीय गिरमिटियों की तरह लाए गए थे, वे खुद-ब-खुद नहीं आए थे। उन्हें आने के लिए उकसाया गया था। (6/469) किस तरह के लोगों को बाहर लाया जाता है और किस तरह उन्हें फुसलाया जाता है, इसके बारे में नेटाल के गिरमिटियों का उदाहरण देते हुए गाँधीजी ने कहा : जिन लोगों को गिरमिटिया प्रथा के अधीन नेटाल जाने के लिए आमंत्रित किया गया है, वे गरीब वर्ग के लोग हैं। वे नेटाल आते समय भारत से अपने सारे संबंध तोड़ आते हैं। उन्हें बताया जाता है कि उन्हें सारे सुख और सुविधाएँ मिलेंगी। उनका विश्वास होता है कि वे अपना समय अपेक्षाकृत आसानी से बिता सकेंगे और उपनिवेशों के लिए 5 वर्ष तक गुलामी करने के बाद स्वतंत्र रूप से अपना काम कर सकेंगे। (8/461) भारत से मजदूरों को बाहर भेजने के लिए उन्हें जहाज की गंदी कोठरियों में वैसे ही ठूंस दिया जाता था जैसे किसी समय अफ्रीका के आदिवासियों को दूसरे देशों में बेचने के लिए जहाजों में भर दिया जाता था। 1910 में एक जहाज पर ऐसे ही गिरमिटिया मजदूर अफ्रीका भेजे गए। उन में बहुतों को गर्दनतोड़ बुखार हो गया और वे जहाज में मर गए। भारतीय मजदूरों की देखभाल के लिए एक संरक्षक होता था। गाँधीजी ने इसके बारे में संरक्षक को पत्र लिखकर पूछा। संरक्षक का कहना था : यह बीमारी उन जगहों में हुआ करती है जो गंदगी के घर हैं और जहां धूप और रोशनी नहीं पहुचंती। गाँधीजी का कहना था : लेकिन अब तो यह बीमारी जहाज में फूट निकली। वहां देख-रेख की जिम्मेदारी संरक्षक की या उसके एजेंट की थी। उसने लोगों को गंदी, अंधेरी और स्वच्छ वायुविहीन जगह में रहने ही क्यों दिया? साफ है कि इस बारे में दोष संरक्षक का ही है। ऐसी दुर्दशा तो केवल उन्हीं की हो सकती है जो गिरमिट में—गुलामी में— जकड़े हुए हैं। (10/351)

जहाज से उतरने पर भारतीय मजदूरों को गंदी बस्तियों में रखा जाता था। उनमें तरह-तरह की बीमारियां फैलती थीं। 1908 में एक गोरे संरक्षक ने अपनी रिपोर्ट में स्वीकार किया कि नेटाल के तटवर्ती जिलों में काम करने वाले भारतीय गिरमिटिया मजदूरों की अधिक मृत्यु का कारण काफी हद तक वे हालात ही हैं। (11/267) किस तरह के हालात थे, यह तपेदिक की जांच करने वाले एक आयोग के विवरण से ज्ञात होता है। इस आयोग ने कुछ बैरकों के इर्द-गिर्द की जमीन के बारे में, जो गंदला पानी और जहां-तहां कूड़ा-कर्कट फैले होने से बड़ी गंदी हालत में थी, प्रश्न किया तो संरक्षक ने कहा : “इन चीजों की देखभाल करने के लिए एक सफाई-निरीक्षक की व्यवस्था है।” सफाई निरीक्षक जानते हैं कि वे हालत सुधारने के लिए कहेंगे तो खर्च बढ़ेगा और लाभ

में कमी होगी। इसलिए मालिकों से सुधार की बात कहकर वे अपने लिए मुसीबत मोल नहीं लेना चाहते। (11/266-67)

जिन परिस्थितियों में गिरमिटिया मजदूरों को रखा जाता था, उनमें उनका नैतिक पतन लगभग अनिवार्य हो जाता था। एक कत्ल के मामले में जज ने जूरी से कहा था, "हजारों आदमियों को इकट्ठे रहना पड़ता है और उनमें स्त्रियों का अनुपात बहुत कम है।" गाँधीजी ने इस पर टिप्पणी लिखी : यदि न्यायाधीश को सत्य तक पहुंचने की चिंता होती तो उन्होंने देखा होता कि स्वतंत्र भारतीय जनता में इस प्रकार के उदाहरण होते नहीं। गिरमिटिया भारतीयों तक में ये बहुधा घटित नहीं होते और जब कभी होते भी हैं तो वे मामले विवाह के नहीं, बल्कि इन परिस्थितियों में रहने वाली स्त्रियों के पुरुषों की वासनाओं का शिकार होकर असहाय वेश्या बन जाने के उदाहरण मात्र होते हैं। और जिन कुछेक स्त्रियों को रूढ़िगत सदाचार के पालन का नाम रखने के लिए कानून वहां आने को विवश करता है, उन्हें वे पुरुष अपना स्वाभाविक शिकार समझने लगते हैं। यदि न्यायाधीश और भी गहराई में उतरते तो उन्हें पता चल जाता कि ये आदमी जब भारत से निकले थे तब वे निरे पशु नहीं थे और अन्य लोगों को भी इनकी परिस्थितियों में रहना पड़े तो उनमें से अधिकांश इन जैसे हो जाएँ। इस कारण दोष इनका नहीं, इस प्रणाली का है। (11/317)

मजदूरों की हालत की जांच करने वाले आयुक्तों ने उनकी असामान्य स्थिति का वर्णन किया। गाँधीजी ने उनका हवाला देते हुए कहा : इतना ही नहीं कि 60 पुरुषों के बीच 40 स्त्रियां थीं, बल्कि उन्होंने कहा कि ये पुरुष इन स्त्रियों के साथ विवाह नहीं करते, उनको रखैल की तरह रखते हैं और इन स्त्रियों में अनेक वेश्याएं हैं। (13/134-35) इस व्यवस्था का सबसे बुरा असर स्त्रियों पर पड़ता है। गाँधीजी के अनुसार : गिरमिटियों के प्रत्येक जहाज में 40 प्रतिशत स्त्रियां ले जाने का नियम है। इन स्त्रियों में से कुछ चरित्रहीन होती हैं। ये प्रायः पुरुषों से विवाह नहीं करतीं। उनमें से 20 प्रतिशत करना भी चाहें तो भी विवाह नहीं कर सकतीं। वहां ऐसी स्थिति होती है। ये लोग विदेशों में जाकर शराबी हो जाते हैं। स्त्रियां भी जो भारत में बिल्कुल शराब नहीं पीतीं, शराब पिए हुए नशे में होश-हवाश खो कर कई बार सड़कों पर पड़ी हुई देखी जाती हैं। (13/150-51)

गोरे मालिक गिरमिटिया मजदूरों को मारते-पीटते भी थे। ऐसी एक मारपीट के सिलसिले में मुकदमा चला। मुकदमे के दौरान पता चला कि एक स्त्री बेची भी गई थी। (4/422) मजदूरों के मालिक बहुत शक्तिशाली थे। वे कानून-कचहरी-अदालत की बहुत परवाह न करते थे। गाँधीजी कहते हैं : मजदूरों को तो बिल्कुल हाथ-पैर बांधकर मालिकों के हवाले कर दिया गया है। यदि वे अपने मालिक के खिलाफ कोई अपराध करें तो उनको सबसे पहले तो जेल भुगतनी पड़ती है और वे जितने दिन जेल काटते हैं, उनकी गिरमिट की अवधि में उतने दिन बढ़ा दिए जाते हैं और उनको फिर से मालिकों

के यहां काम करने भेज दिया जाता है। (13/135) जिन बस्तियों में ये मजदूर रखे जाते थे, उन्हें शिक्षा-अधिकारी बार्नेट ने 'सूअरों के बाड़े' कहा था। (4/526) गिरमिटिया मजदूरों के साथ जैसा व्यवहार होता था, वैसा व्यवहार कैदियों के साथ भी न होता था। गाँधीजी ने कहा : उन पर जो अत्याचार होता है, वह कैदियों के साथ भी नहीं होता। उन्हें जितना काम करना पड़ता है, कैदियों को भी उतना नहीं करना पड़ता। गुलामी भोगने के बाद जब वे छूटते हैं, तब भी बरसों तक उनमें गुलामी की बू बनी रहती है। एक भी भारतीय ऐसी दशा में रहे, यह कामना की ही नहीं जा सकती। (10/192) जैसे गुलामों की संतान गुलाम होती है; वैसे ही गिरमिटिया मजदूरों के बालक भी उन्हीं की तरह गिरमिटिया मान लिए जाते थे। 1910 में गाँधीजी ने इस संबंध में अपनी चिंता प्रकट करते हुए लिखा : हम इसे लेकर बहुत चिंतित हैं कि गत वर्ष 2497 गिरमिटिया मद्रास से आए थे। उनमें छोटे-बड़े मिलाकर 176 लड़के और 195 लड़कियां थीं। उसी रिपोर्ट में 27 हजार से ऊपर भारतीय नेटाल में जन्मे हुए हैं। इन सब लड़कों और लड़कियों का क्या हुआ, सरकार ने इसकी खबर तक नहीं ली। संरक्षक ने उनके विषय में एक शब्द भी नहीं लिखा। गिरमिटियों के लिए उनके मालिक कुछ नहीं करते और इन बच्चों को भी वे गिरमिटिया ही मानते हैं। इस व्यवहार की तुलना ढोरों के साथ होने वाले व्यवहार से की जा सकती है। (किंतु) क्या हम सचमुच अपने ढोरों को (भी) इस तरह रखते हैं? यह सरासर गुलामी है। जो बच्चे गत वर्ष आए वे कहीं के न रहे। कोई भी हरामखोर उनके प्रति क्रूरता बरत सकता है। (10/331-32) गाँधीजी आमतौर से बहुत संयत भाषा का व्यवहार करते हैं। परंतु बच्चों की दुर्दशा का स्मरण करते हुए उन्होंने मालिकों के लिए 'हरामखोर' शब्द का प्रयोग किया है।

कोई आश्चर्य नहीं अनेक गिरमिटिया मजदूर जुल्मों से ऊबकर आत्महत्या कर लेते थे। आत्महत्या के बारे में संरक्षक का कहना था : आत्महत्याओं की संख्या, जो इन आंकड़ों में शामिल नहीं है, इस साल में 31 रही। इनमें 20 मर्द और 3 औरतें गिरमिटिया थीं। जब कि 6 मर्द, 1 औरत और 1 लड़का स्वतंत्र भारतीय थे। (4/269) इस पर गाँधीजी की टिप्पणी है : गिरमिटिया भारतीयों में आत्महत्याएँ आए साल की चीज बन गई है और हमारे विचार से इसके कारण की जांच गहराई से की जानी चाहिए।(4/269) जो भारतीय स्वतंत्र थे, मजदूरी न करते थे, उनमें भी आत्महत्याएँ होती थीं। परंतु गिरमिटिए मजदूरों और इन स्वतंत्र भारतीयों की आत्महत्या के अनुपात में बहुत बड़ा फर्क है। गाँधीजी ने लिखा : स्वतंत्र भारतीयों की 51,259 जनसंख्या में 8 आत्महत्याएँ हुईं और 30,131 गिरमिटिया भारतीयों में 23, दोनों के अनुपात में यह इतनी बड़ी विषमता क्यों है? (4/270) यूरोप में पैरिस नगर आत्महत्याओं के लिए बहुत बदनाम था। वहां का हवाला देते हुए गाँधीजी ने कहा : पैरिस इस मामले में बहुत बदनाम माना जाता है, जहां आत्महत्याओं की संख्या सबसे अधिक अर्थात् 10 लाख में 422 पाई जाती है। परंतु गिरमिटिया भारतीयों में यह संख्या 10 लाख में 741 बैठती है। ये आंकड़े

गंभीर विचार के लिए काफी कारण उपस्थित करते हैं।(4/268)

गिरमिटिया मजदूरों की बहुत बड़ी संख्या नेटाल प्रांत में थी। यहां खेतों और बागानों के मालिक पूरी तरह गिरमिटिया मजदूरों पर निर्भर थे और ऐसे मजदूरों की सतत उपलब्धि के बिना अपना काम न चला सकते थे। (3/78) नेटाल में गोरे किसानों का संघ था। उसके अध्यक्ष ने कहा था : उपनिवेश में भारतीयों के प्रवेश के विरुद्ध कभी-कभी हमें बहुत शोरगुल सुनाई देता है। किंतु हम यह तथ्य पूरी तरह ध्यान में रखें कि हम कुलियों के बिना काम चलाना कितना ही पसंद क्यों न करें, उपनिवेश में उनके आगमन को रोकने के प्रयत्न का परिणाम होगा देश के उद्योगों का विनाश। (3/360)

भारतीय मजदूरों और व्यापारियों की बहुत बड़ी संख्या नेटाल में थी। 1909 में ये लोग करीब एक लाख थे। गाँधीजी के अनुसार, इनमें लगभग 10 हज़ार आदमी व्यापार में लगे थे और बाकी गिरमिटिया मजदूर थे या वे लोग थे जो गिरमिट से मुक्त हो चुके थे। गाँधीजी के शब्द हैं : नेटाल की समृद्धि भारतीय मजदूरों के श्रम पर ही निर्भर है, इस बात को सभी मंजूर करते हैं। (9/370) नेटाल समृद्ध बना परंतु नेटाल को समृद्ध बनाने के लिए भारतीय गिरमिटियों को गुलामों की तरह मजदूरी करनी पड़ती है। फिर भी गन्ने के खेतों और चाय के बागों या खानों में कड़ा काम करके अपनी अवधि पूरी करने के बाद उनको और उनके स्त्री-बच्चों को भारी कर देना पड़ता है। (9/370) एक श्रम आयोग के सामने जेम्स हलेट नाम के सज्जन ने कहा : मैं नहीं समझता कि भारतीयों का आगमन नेटाल के लिए अहितकर हुआ है। इसके बिना यहां खेती-बाड़ी संभव नहीं थी और समुद्रतटीय बंदरगाहों में मुश्किल से कोई आबादी होती है। संपूर्ण कृषिकार्य मजदूरों की प्रचुर उपलब्धि पर निर्भर है। (3/590)

नेटाल की तरह ट्रांसवाल प्रांत के अनेक पूंजीपति हिंदुस्तानी मजदूरों की मेहनत की बदौलत बड़े धनवान हो गए थे। इनमें एक सर जॉर्ज फेरार थे। उन्होंने भारत पर अहसान जताते हुए कहा था : भारत की जनसंख्या बहुत अधिक है। उसके निवासियों को हमने एक श्रम बाजार दिया है, जहां वे अपना श्रम बेच सकते हैं। अपनी शर्त की अवधि पूरी होने पर जब गिरमिटिया स्वदेश लौटेंगे, तब उनके पास उनकी मजदूरी का कुछ धन होगा ही। भारत के लिए यह क्या कम लाभ है? (3/591) ट्रांसवाल की साधन-संपत्ति के विकास के लिए वहां मजदूर भेजने के पहले भारत सरकार और उपनिवेश-मंत्री ने वहां ब्रिटिश भारतीयों को कुछ अधिकार देने की बात कही थी। गाँधीजी के अनुसार : ये अधिकार भारतीयों के वाजिब अधिकारों के आधे से भी कम हैं। परंतु इसी पर सर जॉर्ज फेरार का कोप भारत सरकार और उपनिवेश-मंत्री पर भड़क उठा है। फेरार की आमदनी के स्रोत का उल्लेख गाँधीजी ने इस तरह किया : खानों के उद्योग से उनका संबंध बहुत निकट का है। असल में उनकी करोड़ों की कमाई उसी पर निर्भर है। ऐसी सूरत में हम उनकी स्थिति को समझ सकते हैं। धन कमाने वाला आदमी प्रायः साधनों का औचित्य परिणाम से देखता है। इस सिद्धान्त की दृष्टि से सर जॉर्ज

और खान-उद्योग के अन्य मालिक इस बात की चिंता क्यों करने लगे कि जिनकी मदद से वे इतना धन कमाते हैं उन्हें ठीक तरह से खाने को मिलता भी है या नहीं।(3/591)

(ख) गोरे व्यापारी और मजदूर—खुली होड़ से पलायन

खुली होड़ में अंग्रेज न भारतीय व्यापारियों का मुकाबला कर सकते थे और न भारतीय मजदूरों का। जो काम गोरे मजदूरों से न हो सकता था, वह काम हिंदुस्तान के मजदूरों ने किया था। दक्षिण अफ्रीका के न्यायिक अधिकारियों में एक ने यह मत प्रकट किया था : भारतीय जिन कानूनों के अनुसार उपनिवेश में लाए जाते हैं, उनकी शर्तों में कोई भी परिवर्तन करने पर मुझे आपत्ति है। मेरे ख्याल से जो भारतीय भारी संख्या में तटवर्ती प्रदेश में जाकर बसे, उन्होंने बहुत बड़ी मात्रा में वह कमी पूरी की है जो यूरोपियों से पूरी नहीं हो सकी थी। जो जमीन उनके न होने पर बंजर पड़ी रहती, उसे उन्होंने जोता है और ऐसी फसलें पैदा की हैं जो उपनिवेशवासियों के सच्चे लाभ की हैं। (1/249) क्रेज़्वेल के नाम टारबट के पत्र में, वही बात इस तरह कही गई थी : इन दिनों गोरे मजदूरों से काम लेने का जो प्रयोग चल रहा है, उसे अधिकांश खान कंपनियां पसंद नहीं करतीं। (4/81)

अफ्रीका में वहीं के देशी मजदूरों की कमी नहीं थी, पर गोरे मालिक उनका विश्वास न करते थे। जैसा कि एक संरक्षक ने अपने प्रतिवेदन में कहा था : अगर भारत में मजदूरों की भरती और उन्हें भेजने का काम जोरों से आगे नहीं बढ़ाया गया तो भारतीय मजदूरों की आवश्यक संख्या हमें ढाई वर्ष से पहले नहीं मिल सकेगी। भारतीय मजदूरों की मांग इतनी अधिक बढ़ने का कारण उपनिवेश के देशी मजदूर का, खास तौर पर खेती के काम में, अविश्वसनीय होना है। (4/27) नेटाल के सभी देशी मजदूरों के बारे में स्वयं गाँधीजी की राय यह थी : वहां के देशी लोग जुलू, खासे अच्छे लोग हैं, परंतु वे बड़े आलसी हैं। उनसे लगातार छः महीने तक भी काम लेना कठिन है। इसलिए जब वहां बसे हुए गोरे स्थायी और भरोसे के मजदूर मिलने की समस्या के कारण परेशान थे और उपनिवेश का दिवाला निकला जा रहा था, तब वहां के विधानमंडल ने भारतीय मजदूरों का सहारा लिया। कुछ शर्तों के बारे में बातचीत के बाद भारत सरकार ने गिरमिटिया भारतीयों को नेटाल जाने की इजाजत दे दी। (3/316)

अंग्रेजी राज के सताए हुए गरीब जितनी कम पगार पर काम कर लेते थे, उतनी कम पगार पर, और वैसी परिस्थितियों में, अन्य देशों के मजदूरों के लिए काम करना लगभग असंभव था। गाँधीजी ने कहा : भारतीय मजदूरों की मांग उन लोगों के लाभ के लिए है जो गुलामों के रूप में उनका श्रम चाहते हैं। ज्यों ही उनके बंधन ढीले होंगे त्यों ही उनको वापस जाना होगा। दूसरे शब्दों में, उपनिवेश, यदि ले सके तो भारतीयों से सब कुछ ले लेगा, किंतु बदले में देगा कुछ भी नहीं, क्योंकि उनको जो मजदूरी दी जाएगी,

वह सदा मानक मजदूरी से कम होगी।(3/417)

खुले बाजार में श्रम शक्ति खरीदने के लिए ज्यादा पैसा खर्च करना पड़ता था। गिरमिटिया मजदूरों की मेहनत सस्ती पड़ती थी। संरक्षक ने अपने एक प्रतिवेदन में कहा था : मजदूरों और नौकरों के वेतन इतने बढ़ जाने के कारण साधारण लोगों के लिए इस वर्ग के स्वतंत्र भारतीयों को अपने घर नौकर रखना लगभग असंभव हो गया है। गिरमिटिया मजदूर न मिलें, केवल तभी इस तरह के मजदूरों को रखा जा सकता है। (4/28) इस पर गाँधीजी की टिप्पणी थी : इस आखिरी व्याख्या से सिद्ध है कि एक प्रकार की गुलामी जारी हो, तभी यहां के जरूरतमंद लोगों को बाजार-दर से आधी से भी कम दर पर नौकर मिल सकते हैं। फिर भी जो लोग अपनी सेवाएँ इतनी कम दरों पर 5 वर्ष अथवा इससे अधिक समय के लिए देते हैं, उनको अपनी आजादी की कीमत 3 पाउंड वार्षिक कर चुकाकर देनी पड़ती है।(4/28) अंग्रेजी राज में भारत उपनिवेशों को गुलाम भेजने का बाज़ार बन गया था। गिरमिट की मियाद खत्म होने पर मज़दूर इस हालत में नहीं होता था कि भारत लौटकर नए सिरे से अपनी गृहस्थी जमाए। इसलिए वह वहीं बस जाना चाहता था। परंतु इसके लिए उसे हर साल 3 पाउंड का टैक्स देना पड़ता था। गाँधीजी ने इसे खूनी कर कहा था। गिरमिट प्रथा खत्म करने के लिए आंदोलन की जरूरत पर जोर देते हुए उन्होंने लिखा : हमारे विचार से गिरमिट प्रथा ही खराब है। गिरमिटियों पर 3 पाउंड का 'खूनी कर' जारी है। इसे बंद करवाने के लिए आंदोलन होना ही चाहिए। (10/104) मजदूरों को वापस भारत भेजने का विरोध करते हुए आयुक्त जे. आर. सांडर्स ने पूछा था : और आप उन्हें भेजेंगे कहां? उन्हें उसी भुखमरी की परिस्थितियों को झेलने के लिए फिर क्यों वापस भेजा जाए, जिससे अपनी जवानी के दिनों में भागकर कर वे यहां आए थे? (1/247)

भारतीय मजदूरों को, गिरमिट की अवधि समाप्त होने पर, वापस जाने के लिए कहना अन्यायपूर्ण है, यह बात कई गोरे राजनीतिज्ञों ने स्वीकार की थी। हैरी एस्काम्ब ने कहा था : एक आदमी यहां लाया जाता है सिद्धांततः रजामंदी से, व्यवहारतः बहुधा बिना रजामंदी के। वह अपने जीवन के सर्वश्रेष्ठ 5 वर्ष यहां खपा देता है। नए संबंध स्थापित करता है। शायद पुराने संबंधों को भुला देता है। यहां अपना घर बसा लेता है। ऐसी हालत में मेरे विचार से, उसे वापस नहीं भेजा जा सकता। भारतीयों से जो कुछ काम आप ले सकते हैं, वह लेकर उन्हें चले जाने का आदेश दें, इससे तो यह कहीं अच्छा होगा कि आप उनको यहां लाना ही बिल्कुल बंद कर दें। ऐसा दिखता है कि उपनिवेश या उपनिवेश का एक भाग भारतीयों को बुलाना तो चाहता है, परंतु उनके आगमन के परिणामों से बचना चाहता है। (3/474)

एक गिरमिटिया मजदूर अपने काम की अवधि पूरी कर चुका, अब उसे 3 पाउंड का सालाना टैक्स देना था। पैसे उसके पास थे नहीं। उसको कर की अदायगी के लिए 3 महीने की मोहलत दी गई। परंतु इसके पहले उसकी स्त्री के गहने ले लिए गए, जमानत

के तौर पर। अगर इस अवधि के अंदर कर न चुकाया गया तो उसके जेवर बेच डाले जाएंगे। (5/276) सरजू नाम के गिरमिटिया मजदूर ने अवधि पूरी होने के बाद गरीबी के कारण 3 पाउंड का टैक्स न चुकाया। इस पर उसे सजा हो गई। कायदे से उसका कर्ज माफ कर देना चाहिए था। परंतु न्याय व्यवस्था पर मजदूरों के मालिक हावी थे। इस प्रसंग में गाँधीजी ने कहा था : यदि कोई कर्जदार यह दिखा दे कि साधनहीन होने के कारण वह उस ऋण को चुकाने में असमर्थ रहा है जिसे चुकाने की उसे आज्ञा दी गई है, तो उसे जेल की सजा नहीं दी जा सकती। किंतु हम जानते हैं कि अधिकांश मामलों में मजिस्ट्रेटों ने, जो अंततः सर्वशक्तिमान बागान-मालिकों के समाज के बीच रहने वाले मानव जाति के ही सदस्य हैं, गरीबी के साक्ष्य पर अविश्वास करके कर-अदायगी के लिए इन लोगों को जेल की सजा दी है। इस तरह का सबसे ताजा मामला सरजू का है। उसने पिछले 3 वर्षों में यह कर नहीं दिया है। जितना दे सकता था, उतना उसने दिया और फिर अपनी असमर्थता प्रकट की। किंतु उसकी दलील अस्वीकार कर दी गई और उसे 30 दिनों का सपरिश्रम कारावास भोगना पड़ा। और फिर वह कारावास उसे अदायगी से मुक्त नहीं करता। अगर कोई पुलिस अधिकारी समझे कि उसके पास साधन हैं तो कर न अदा करने पर वह पुनः गिरफ्तार किया जा सकता है और पुनः दंडित हो सकता है। (12/198-99)

मजदूरों को अन्य कारणों से भी जेल भेजा जा सकता था। जैसे कोई मजदूर बीमार पड़ गया। मालिक चाहता है कि उसके इलाज पर पैसा न खर्च करना पड़े। उसने किसी छोटे-मोटे अपराध में उसे पकड़वा दिया और जेल भिजवा दिया जिससे कि सरकारी खर्च पर उसका इलाज हो जाए। 1905 में एक समाचारपत्र में यह खबर छपी थी कि वेरुलम नाम के शहर में : जेल अधिकारियों ने इस आशय की गवाही दी है कि कुछ जायदादें, जो भारतीयों को बड़ी संख्या में नौकर रखती हैं, अपने कुलियों के बीमार हो जाने पर उन्हें किसी छोटे अपराध के लिए दंडित करवा देती हैं, जिससे कि उनका इलाज सरकारी खर्च पर हो जाए और वे अच्छे होकर काम पर लौटें। (5/125) मजदूरों के मालिकों और उनके सहयोगी न्यायाधीशों की निगाह में जो मजदूर अपराधी हों, उन्हें शरण देने वाले भी अपराधी करार दिए जाएंगे। गाँधी वाङ्मय में 25 नवम्बर 1913 के अंतर्गत यह सूचना छपी है— 'इंडियन ओपीनियन' के कार्यवाहक संपादक वेस्ट, फीनिक्स में गिरफ्तार 'गिरमिटिया लोगों को शरण देने' का आरोप। फिर 26 नवम्बर के अंतर्गत यह सूचना— वेस्ट न्यायालय में पेश, एक सप्ताह के लिए हिरासत में। (12/644)

दक्षिण अफ्रीका के गोरे मालिक भारत के अलावा चीन से भी गिरमिटिया मजदूर लाने की योजना बना रहे थे। इस संबंध में गाँधीजी ने लिखा : धनपति और भी अधिक धन बटोरने की और दूसरे लोग एकाएक धनवान बन जाने की उत्सुकता के कारण क्षण भर रुक कर यह सोचना भी जरूरी नहीं समझते कि बेचारे चीनी भी, जिनके साथ पहले भी बहुत दुर्व्यवहार हुआ है, आखिर मनुष्य हैं, और इस नाते उनके सुख-दुख का भी उन्हें

कुछ ख्याल करना चाहिए। (3/584) गिरमिटिया बनने से पहले मजदूर करार करता था। परंतु इस करार का कोई मूल्य नहीं था। इसलिए कि वह करार भयानक परिस्थितियों में जोर-जबर्दस्ती से उससे कराया जाता था। ये परिस्थितियां कितनी भयानक थीं, यह गाँधीजी ने जो उदाहरण दिया, उससे मालूम होगा : मान लीजिए, एक बदमाश किसी की छाती पर पिस्तौल तानकर कहता है कि या तो इस कागज पर दस्तखत कर या मैं तेरी जान लेता हूं, और मान लीजिए, वह मनुष्य दस्तखत दे देता है, तो इन उदाहरणों में कानून गरीब की मदद में आकर खड़ा हो जाता है और कहता है, इन दस्तखतों का कोई मूल्य नहीं है। इसी प्रकार किसी करार की पुष्टि कराने के लिए अनुचित दबाव काम में लाया जाता है तो वह भी रद्द माना जाता है। एक भूखा आदमी अपनी सारी संपत्ति और आजादी को बेच देता है परंतु जब कभी वह चाहे, उसे वह सब वापस मिल सकती है। इसी प्रकार चीनियों के लिए बनाए गए शर्तनामों को स्पष्ट करने के लिए चाहे कितनी तैयारी की जाए, और गरीब चीनी बड़े-बड़े अधिकारियों के सामने उसे मंजूर कर ले, फिर भी हमें यह कहने में कोई झिझक नहीं कि भले ही कानून उसे अनुचित दबाव न भी माने, किंतु नैतिक दृष्टि से तो अवश्य ही वह अनुचित दबाव माना जाएगा, क्योंकि हम तो कल्पना भी नहीं कर सकते कि पिछले दिनों ट्रांसवाल में हुई सभाओं में जो शर्तें प्रस्तावित की गई हैं, उनको कोई स्वतंत्र मनुष्य खुशी-खुशी स्वीकार कर सकता है। (3/585)

संपूर्ण गाँधी वाङ्मय के पहले खंड के अंत में तारीखवार सूचनाएँ दी गई हैं। उनमें कुछ महत्वपूर्ण इस प्रकार हैं :

"1858 : अमाटोंगा कबीले के लोगों को मजदूर बनाने के नेटाल के प्रयत्न असफल। जावा से चीनी और मलायी मजदूर लाए गए। भारत सरकार से मजदूर लाने देने की प्रार्थना सफल।" इससे पता चलता है पहले गोरों ने अफ्रीकी मजदूरों से काम लेने का प्रयत्न किया था। जब वे सफल नहीं हुए, तब उन्होंने एशियाई मजदूरों की तलाश शुरू की।

"1860 : नेटाल के ईख के खेतों में काम करने के लिए मद्रास से भारतीय गिरमिटिया मजदूरों के पहले जत्थे का दक्षिण अफ्रीकी भूमि पर आगमन।" ये मजदूर मशीनी उद्योग-धंधों से काम करने के लिए न बुलाए गए थे। उन्हें अर्ध-सामंती बड़े-बड़े खेतों में काम करने के लिए रखा गया था।

"1876 : रेलवे-निर्माण और बंदरगाह सुधार के कार्यों के लिए भारतीय मजदूरों को लाना फिर शुरू।" इस तरह के कामों में उन्हें शारीरिक मेहनत ही करनी पड़ती होगी। मशीनी उद्योग से वे अब भी दूर थे।

1900 के अंतर्गत कहा गया है : "ट्रांसवाल ब्रिटिश शासन में मिला लिया गया। 20 हजार बोअर शरणार्थी स्त्रियों और बच्चों की ब्रिटिश कारागार शिविरों में मृत्यु।" 20 हजार बहुत बड़ी संख्या होती है। और ये सब गोरे लोग थे। उनमें बच्चे और स्त्रियां भी

थीं। ये सब ब्रिटिश कारागार-शिविरों में मरे। इस तरह यूरोप की एक सभ्य जाति ने उसी यूरोप की दूसरी सभ्य जाति से उसके उपनिवेश छीने थे।

अफ्रीका में डचों अथवा बोअरों से अंग्रेजों का युद्ध हुआ। 1902 में संधि हुई और बोअर युद्ध समाप्त हुआ। किंतु बहुत जल्दी बोअरों को मालूम हो गया कि अंग्रेज संधि की शर्तों का पालन नहीं कर रहे हैं। उन शर्तों में ढिलाई करने के बारे में बोअरों की दलीलें वहां की अंग्रेज सरकार ने नामंजूर कर दी। 1906 में जुलू आदिवासियों ने विद्रोह किया। ऐसा लगता है कि ये लड़ाई कई साल तक चली। 1908 में जुलू लैंड का यह विद्रोह दबाया गया। 1910 में दक्षिण अफ्रीका के राज्यों को मिलाकर एक संयुक्त राज्य का निर्माण हुआ। 1910 से पहले और उसके बाद दक्षिण अफ्रीका में भारतवासियों के साथ जैसा व्यवहार किया गया, उसके लिए परोक्ष या प्रत्यक्ष रूप में ब्रिटेन की सरकार जिम्मेदार थी। जैसा आतंकराज दक्षिण अफ्रीका में था, वैसा ही ब्रिटेन के अन्य उपनिवेशों में भी था। सारी उपनिवेश-व्यवस्था इसी आतंक पर कायम थी। हिंदुस्तानियों के विरुद्ध जैसा दुष्प्रचार दक्षिण अफ्रीका में होता था वैसा ही अन्य उपनिवेशों में भी होता था। एक उपनिवेश को बदनाम करके अंग्रेज उसकी बदनामी से लाभ उठाने की कोशिश दूसरे उपनिवेश में करते थे। भारतीय मजदूरों ने अपनी मेहनत से मॉरीशस द्वीप को समृद्ध किया। परंतु प्रचार यह किया गया कि उन्होंने उसे बर्बाद कर दिया और उस बर्बादी की कहानियां दक्षिण अफ्रीका में सुनाई गईं। गाँधीजी ने मॉरीशस के बारे में लिखा : दक्षिण अफ्रीका में मॉरीशस का नाम हमेशा भारतीयों के खिलाफ लिया जाता है। ऊपर से देखकर आलोचना करनेवालों ने यह कहने में संकोच नहीं किया है कि भारतीयों ने मॉरीशस को बर्बाद कर दिया है। परंतु वे इस बात को भूल ही जाते हैं कि मॉरीशस आज जिस समृद्धि को प्राप्त हुआ है उसका कारण भारतीयों की उद्यमशीलता ही है। अगर भारतीय मजदूरों के श्रम का लाभ उसे नहीं मिलता तो वह एक भयानक और निर्जन अरण्य मात्र होता। (3/557) मॉरीशस के जानवरों में प्लेग फैला और वहां के गोरे काश्तकारों के बहुत से बैल और खच्चर मर गए। जो काम ये बैल और खच्चर करते थे, वह काम वहां भारतीय मजदूरों ने किया। स्टैनमोर नाम के एक लॉर्ड ने भारतीय मजदूरों की प्रशंसा में कहा : इस संकट ने बता दिया कि अपने भारतीय मजदूरों के रूप में मॉरीशस के पास कितनी आश्चर्यजनक श्रमिक सेना थी। जो काम साधारणतः बैलों और खच्चरों से लिया जाता है, उसे उन्होंने तुरंत और खुशी-खुशी उठा लिया। इसके लिए उन्होंने कोई विशेष लाभ भी नहीं मांगा, यद्यपि वे मांगते तो उनको यह देना ही पड़ता—उसके लिए उनको इन्कार नहीं किया जा सकता था।(3/557)

गिरमिटिया बीमार हो जाए, उसके इलाज पर पैसा न खर्च करना पड़े, इसलिए उसे कुछ दिन के लिए जेल भिजवा दो, जहां गाँधीजी ने इस प्रसंग का उल्लेख किया है, वहीं उन्होंने ब्रिटिश गियाना में ऐसी ही बातों की याद दिलाई है : हमने कहा है, हमें विश्वास नहीं कि इस आक्षेप को सत्य सिद्ध किया जा सकता है। परंतु इसे कुछ असंभावित

मानते हुए भी हम उन भयंकर बातों को नहीं भूल सकते जिन्हें लगभग 40 वर्ष पूर्व ब्रिटिश गियाना में गिरमिटिया भारतीयों के प्रति व्यवहार के संबंध में एक आयोग ने प्रगट किया था। तब सिद्ध हो गया था कि इससे भी कहीं अधिक अमानुषिक और अविश्वसनीय बातें हुई थीं, और वे भी केवल एक-आध अपवाद के रूप में नहीं। खासकर बीमार भारतीयों के साथ विशेष बुरा बर्ताव किया जाता था, यद्यपि उनकी रक्षा के लिए बहुत अच्छे कानून बने हुए थे। जब हम सोचते हैं कि बीमार भारतीय गिरमिटिया अपने मालिक पर निरा बोझ हो जाते हैं, तब यह बात कुछ-कुछ समझ में आने लगती है। (5/126)

भारतीय मजदूरों की बहुत बड़ी संख्या फिजी में थी। वहां तथा अन्य उपनिवेशों में उनकी दशा सुधारने के लिए गोखले बहुत समय से प्रयत्न कर रहे थे। उनका प्रयत्न सफल हो रहा है, ऐसी आशा गाँधीजी को फिजी के अखबार में छपे हुए समाचार से मिली थी। उसमें बताया गया था कि "फिजी के गन्ने के खेतों के गोरे मालिकों ने एक प्रस्ताव पास किया है। इसमें कहा गया है कि भारत में गिरमिटियों के संबंध में आंदोलन किया जा रहा है, इसलिए फिजी के गिरमिट के कानून में परिवर्तन कर दिया जाए। अर्थात् मजदूरों के काम न करने पर उन्हें सजा देने से संबंधित धाराएँ निकाल दी जाएँ।" आगे गाँधीजी ने बताया कि गिरमिटिया मजदूरों और साधारण मजदूरों में क्या अंतर है : साधारण मजदूर कसूर करता है तो वह बरतरफ कर दिया जाता है। गिरमिटिया कसूर करता है तो जेल भेज दिया जाता है और जेल से छूटने पर फिर जहां का तहां भेज दिया जाता है। (11/454) गाँधीजी ने ये सब फरवरी 1913 में लिखा था। फरवरी 1917 में उन्होंने लिखा : लगभग एक वर्ष बीत चुकने के बाद अब हमें यह सब मालूम हुआ है, फिजी के बागान मालिकों को विश्वास दिलाया गया है कि उनके लिए यह प्रथा और 5 वर्ष तक कायम रहेगी तथा इस अवधि के अंत में भी नई शर्तों के रूप में जो परिवर्तन किए जाएंगे, वे भी आखिरकार नाममात्र के ही होंगे, वास्तविक नहीं। (13/341) फिजी के गोरे मालिकों ने किससे आश्वासन प्राप्त किए थे? स्पष्ट ही ऐसे आश्वासन उन्हें भारत सरकार और ब्रिटेन की सरकार से ही प्राप्त हुए होंगे।

ब्रिटिश साम्राज्य विशाल था और उसी के समान गिरमिट प्रथा का विस्तार भी था। वह लगभग विश्वव्यापी थी और गिरमिटिया मजदूरों को प्राप्त करने का मुख्य स्रोत भारत था। मॉरीशस के एक गिरमिटिया मजदूर ने अपने अनुभव हिंदुस्तान के एक अखबार में प्रकाशित कराए थे। उन्हें पढ़कर गाँधीजी ने लिखा : संभव है कि उस लेख में कुछ अतिशयोक्ति हो, फिर भी इतना तो निश्चित है कि गिरमिट बहुत भयंकर वस्तु है और संसार के किसी भी भाग में गिरमिटिया भारतीयों की हालत अच्छी नहीं पाई जाती। (9/84) संसार के हर भाग में गिरमिटिया प्रथा का चलन था। और इस प्रथा के अंतर्गत भारतीय मजदूर काम करते थे, इसीलिए गाँधीजी ने कहा कि संसार के किसी भी भाग में गिरमिटिया भारतीयों की हालत अच्छी नहीं पाई जाती।

1915 में गाँधीजी ने अपने एक भाषण में गोखले के काम के बारे में बताया। उन्होंने वायसराय की परिषद् में गिरमिट प्रथा खत्म करने के लिए एक प्रस्ताव रखा था। वह "प्रस्ताव बहुमत से अस्वीकृत कर दिया गया था, हालांकि परिषद् के सभी गैर सरकारी सदस्यों ने उसके पक्ष में मतदान किया था।" (13/133) इससे साफ जाहिर है कि गिरमिट प्रथा चलाते रहने के लिए सबसे पहले भारत की ब्रिटिश सरकार जिम्मेदार थी। गिरमिटिया मजदूरों की हालत जांचने के लिए वायसराय ने दो आदमी नियुक्त किए थे। उनके बारे में गाँधी वाङ्मय के संपादकों ने एक पाद-टिप्पणी में लिखा है : मैकनीक और चिमनलाल को भारत-सरकार ने जमैका, ट्रिनिडाड, ब्रिटिश गायना और फिजी के ऐसे उपनिवेशों की परिस्थिति के बारे में प्रतिवेदन तैयार करने के लिए भेजा था जहां तब भी गिरमिटिया प्रथा की अनुमति थी। प्रथा की त्रुटियों और श्रमिकों की दयनीय दशा के बावजूद उन्होंने प्रथा बनाए रखने की सिफारिश की थी। (13/133) इन दोनों सज्जनों के प्रतिवेदन के बारे में गाँधीजी ने कहा था : उनके प्रतिवेदन में कोई भी चीज नहीं मिलती। परंतु लगभग 40 वर्ष पूर्व इंग्लैंड की किसी लोक कल्याणकारी संस्था की ओर से गैर-सरकारी तौर पर एक जांच कराई गई थी और उसकी पुस्तिका में बिना किसी लाग-लपेट के सच्ची-सच्ची बातें बयान की गई थीं। इस प्रथा के अंतर्गत होने वाले कष्टों का उसमें बड़ी जानदार भाषा में खाका खींचा गया था। (13/133)

19वीं सदी में, जो ब्रिटिश साम्राज्य के प्रसार का समय है, वही गिरमिटिया प्रथा के प्रसार का समय भी है, सबसे पहले इंग्लैंड के मानवतावादियों ने ही इसके विरुद्ध आंदोलन शुरू किया था। गोखले के बाद सी.एफ.एंड्रयूज और पियर्सन जैसे अंग्रेजों ने भी इस आंदोलन में भाग लिया था। जितने दिन भी यह प्रथा कायम रही, उसे कायम रखने की जिम्मेदारी ब्रिटेन की सरकार की ही साबित होती है।

गिरमिट प्रथा अफ्रीकी गोरे जमींदारों और भारत की ब्रिटिश सरकार ने मिलकर चालू की थी। जैसा कि गाँधी वाङ्मय के संपादकों ने पहले खंड में अपने लेख में बताया है, "ब्रिटिश उपनिवेशियों ने भारत के अंग्रेज शासकों के साथ मिलकर भारतीय मजदूरों को गिरमिट-प्रथा अथवा इकरारनामे के आधार पर दक्षिण अफ्रीका में लाने का प्रबंध किया।" (पृ. 22) छल-कपट साम्राज्यवादी नीति का आवश्यक अंग था। पहले वादे करना, फिर उन्हें तोड़ना, अफ्रीकी ब्रिटिश राजनीति में यह खेल बराबर होता रहा। उसी सम्पादकीय लेख में आगे बताया गया है : "इस प्रकार के और मजदूरों को भेजने का इकरारनामा फिर से नया करने के पहले 1869 में भारत सरकार ने साफ-साफ शर्तें कर ली थीं कि इकरारनामों की अवधि के बाद मजदूरों को बराबरी का दर्जा दिया जाए, उन्हें देश के सामान्य कानून के अनुसार रखा जाए और उनके साथ कोई कानूनी या प्रशासनिक भेदभाव न बरता जाए। नेटाल सरकार ने मजदूरों की मांग की थी और ये शर्तें स्वीकार की थीं।"

उपनिवेशों में पराधीन देशों के व्यापारी, काश्तकार, इत्यादि

(क) व्यापार और रंगभेद

खुले बाजार में श्रम शक्ति बेचकर न गोरे मजदूर भारतीय मजदूरों का मुकाबला कर सकते थे, न खुले बाजार में माल बेचकर गोरे व्यापारी भारतीय व्यापारियों का मुकाबला कर सकते थे। जहां भी अंग्रेजों या उनके वंशजों ने अपने उपनिवेश बनाए या राज्य कायम किए, वहां रंगभेद किसी न किसी रूप में अवश्य चालू रहा। दक्षिण अफ्रीका रंग भेद की नीति का गढ़ था। इसका बहुत बड़ा कारण भारतीय व्यापारियों से गोरे व्यापारियों की प्रतिद्वंद्विता थी। खुली होड़ में मुकाबला न करके, राजनीतिक सत्ता से लाभ उठाकर, वे रंग-भेद के अनुसार कानून बनाते थे और भारतीय व्यापारियों के खिलाफ तरह-तरह का दुष्प्रचार करते थे। 1895 में नेटाल की विधान सभा के नाम भारतीय व्यापारियों की ओर से गाँधीजी ने आवेदन पत्र तैयार किया। उसमें इस स्पर्धा का स्पष्ट उल्लेख उन्होंने किया था : प्रार्थियों को लाचार करने या उनके सम्मान के साथ जीविका उपार्जन करने के मार्ग में हर प्रकार की बाधा डालने का एकमात्र कारण व्यापारिक ईर्ष्या है। सारी की सारी जिहाद प्रायः उन्हीं प्रार्थियों के विरुद्ध है जो व्यापारी हैं। वे अपनी होड़ से और अपनी मितव्ययी आदतों के कारण जीवन की आवश्यक वस्तुओं के भाव घटाने में समर्थ हुए हैं। यह यूरोपीय व्यापारियों के अनुकूल नहीं पड़ता। वे तो भारी मुनाफा कमाना चाहते हैं। भारतीयों की आदतें सीधी-सादी हैं। इसलिए वे थोड़े-से लाभ से संतुष्ट रहते हैं। उनके विरुद्ध आंदोलन का एकमात्र कारण यही है। दक्षिण अफ्रीका में हर कोई इसे भली भांति जानता है। दक्षिण अफ्रीका के पत्रों से भी जाना जा सकता है कि बात ऐसी ही है। वे कभी-कभी तटस्थ होकर द्वेष भाव को सच्चे रूप में प्रकट कर देते हैं। (1/213)

उदाहरण के लिए, 'नेटाल एडवर्टाइजर' ने लिखा था : भारतीय व्यापारियों का दमन करने के और संभव हो तो उन्हें बाध्य करने के, कदम जितनी जल्दी उठाए जाएं, उतना ही अच्छा है। ये लोग असली घुन हैं जो समाज का कलेजा खाए जा रहे हैं। (1/214) इसी विषय पर ट्रांसवाल के पत्र 'प्रेस' ने लिखा था : अगर एशियाई आक्रमण समय पर न रोका गया तो यूरोपीय दुकानदारों को गर्दनिया दे दी जाएगी, जैसा कि नेटाल और केपटाउन के अनेक भागों में हुआ है। (1/214) खुली होड़ में हम हार जाएंगे, इस भाव को छिपाने के लिए इस पत्र ने भारतीय समाज पर तरह-तरह के आक्षेप किए थे। लिखा था : अगर ये लोग हमारे ऊपर छा ही जाने वाले हैं, तो यूरोपीयों का व्यापार करना असंभव हो जाएगा। और जिन लोगों में उपदंश तथा कोढ़ सामान्य रोग हैं, घृणित अनैतिकता जीवन की साधारण चर्या है, उनके विशाल समुदाय के निकट सम्पर्क से अनिवार्य भयानक खतरा हममें से प्रत्येक व्यक्ति पर आ टूटेगा।(1/214) 1894 में

नेटाल की विधान परिषद् और विधान सभा के सदस्यों के नाम गाँधीजी ने एक खुली चिट्ठी प्रकाशित की थी। उससे पता चलता है कि व्यापारिक होड़ से बचने के लिए भारतवासियों के विरुद्ध किस तरह का गंदा प्रचार वहां के व्यापारी और गोरे मालिक कर रहे थे। गाँधीजी ने लिखा था : मैं समझता हूं कि यह तो फौरन मंजूर कर लिया जाएगा कि भारतीयों के प्रति इस उपनिवेश में बड़ा तीव्र द्वेष है। साधारण लोग भी उनसे द्वेष करते हैं, उन्हें कोसते हैं, उन पर थूकते हैं और अक्सर उन्हें पैदल-पटरियों से बाहर धकेल देते हैं। अखबारों में तो मानो उनकी निंदा करने के लिए अच्छे-से-अच्छे अंग्रेजी कोश में भी काफी जोरदार शब्द ढूंढे नहीं मिलते। कुछ उदाहरण लीजिए– 'सच्चा घुन जो समाज का कलेजा ही खाए जा रहा है, वे परोपजीवी, मक्कार, मुए अर्धबर्बर, एशियाटिक, दुबली और काली, कोई चीज निराली, सफाई न निकली छू, कहते मुए हिंदू, भरा नाक तक बुराइयों से, जीता सा तंदूल, कोसूंगा दिल भर कर उसको ये हिंदू चंडूल! गन्दे कुली की झूठी जबान और धूर्त आमार।' अखबार उन्हें सही नामों से पुकारने में लगभग एक स्वर से इन्कार करते हैं। उन्हें 'रामी-सामी' कहा जाता है, 'मिस्टर सामी' कहा जाता है, 'मिस्टर कुली' और 'ब्लैकमैन' कहकर पुकारा जाता है। और ये संतापकारक उपाधियां इतनी आम बन गई हैं कि इनका प्रयोग (कम से कम इनमें से एक-'कुली'- का तो अवश्य ही) अदालत की पवित्र सीमा में भी किया जाता है– मानो 'कुली' कोई कानूनी और व्यक्तिवाचक नाम है, जो किसी भी भारतीय को दिया जा सकता है। (1/192)

रंगभेद के उदाहरण देते हुए गाँधीजी ने लिखा : ट्राम गाड़ियां भारतीयों के लिए नहीं हैं। रेलवे-कर्मचारी भारतीयों के साथ जानवरों जैसा व्यवहार कर सकते हैं। भारतीय चाहे कितने भी स्वच्छ क्यों न हों, उपनिवेश के प्रत्येक गोरे व्यक्ति को उन्हें देखकर ही संताप हो आता है। और वह संताप, इतना होता है कि वे थोड़ी देर के लिए भी भारतीयों के साथ रेलगाड़ी के एक ही डिब्बे में बैठना पसंद नहीं करते। होटलों के दरवाजे उनके लिए बंद हैं। कई सम्माननीय भारतीयों के ऐसे उदाहरण मालूम हैं जिन्हें रातभर के लिए होटल में स्थान नहीं मिला। सार्वजनिक स्नानगृह भी भारतीयों को उपलब्ध नहीं होते, फिर वे भारतीय कोई भी क्यों न हों। (1/192-93)

रंगभेद की नीति का मूल कारण और भारतवासियों तथा अन्य एशियाइयों के विरुद्ध प्रचार का मूल कारण गोरे व्यापारियों का यह भय था कि बाहर से व्यापारी आ गए तो उनका कारोबार चौपट हो जाएगा। 1903 में 'ईस्ट रैड एक्सप्रेस' अखबार ने साफ-साफ लिखा था : साफ-साफ बात कहना अच्छा होता है। इसलिए हम स्वीकार करते हैं कि यदि ऐसा संभव हो सके तो ट्रांसवाल अपनी सीमा के अन्दर स्वतंत्र एशियाइयों को नहीं चाहता। उसका कारण, जैसा कि कुछ हलकों में कहा जाता है, यह नहीं है कि हम पढ़े-लिखे भारतीयों को हीन मानते हैं, बल्कि यह है कि कानून सम्मत शर्तों पर गोरों के लिए उनके सम्मुख होड़ में टिकना असम्भव है। व्यापारियों की हैसियत से नेटाल के सारे

व्यापार पर उनका तेजी से एकाधिपत्य होता जा रहा है। वे कुशल व्यापारी तो हैं ही, परंतु इसके साथ अत्यन्त मितव्ययी भी हैं। इस कारण अपने तमाम प्रतिस्पर्धियों के मुकाबले में चीजें कम कीमत में बेच सकते हैं। अगर कहीं उनके पैर यहां जम गए तो यहां भी वही हाल होगा। इसलिए हम ईस्ट रैड वासी लोग एशियाइयों को व्यापारिक या सामाजिक दर्जा देने के इतने विरोधी हैं। हमें तो सिर्फ एक प्रकार के एशियाइयों की जरूरत है, और वह है अकुशल गिरमिटिया मजदूर। (4/78) भारतीय व्यापारियों को किसी तरह की सुविधा न मिले, इसके लिए संगठित प्रयत्न किए जा रहे थे। 1898 में गाँधीजी ने लिखा था : नेटाल उपनिवेश में भारतीय व्यापारियों को ईमानदारी के साथ जीविका उपार्जित करने का अधिकार न देने का संगठित प्रयास किया जा रहा है। इतना ही नहीं, उन्हें उन अधिकारों से वंचित करने का संगठित प्रचार किया जा रहा है जिनका उपभोग वे वर्षों से करते आ रहे हैं। (3/33)

1897 में नेटाल की विधान सभा ने एक कानून बनाया जिसके अनुसार भारत के लोगों को व्यापार करने से पहले सरकार से लाइसेंस प्राप्त करना जरूरी था। जो अधिकारी परवाना बनाता था वह जिसे चाहे परवाना दे सकता था, जिसे न चाहे, परवाना देने से इन्कार कर सकता था। उसे पूरा अधिकार था कि "वह थोक या फुटकर व्यापार का परवाना स्वेच्छानुसार दे या देने से इन्कार कर दे—चाहे परवाना दुकानदार की हैसियत से व्यापार करने के लिए हो या फेरी वाले की हैसियत से। उसके निर्णय पर वही नगर-परिषद् या नगर-निकाय पुनर्विचार कर सकता है जिसे उसकी नियुक्ति करने का अधिकार है। परवानों के ऐसे मामलों में इन संस्थाओं के निर्णय के खिलाफ अदालत में अपील करने का कोई अधिकार नहीं दिया गया है। परवाने के बिना व्यापार करने का दंड 20 पाउंड है। दंड न देने पर मजिस्ट्रेट को अधिकार है कि वह अपराधी को जेल भेज दे।" (3/157-58) राशनिंग म्युनिसिपल संस्थाओं पर गोरे व्यापारी हावी थे। परवाना अधिकारी किसी भारतीय को परवाना न दे तो इन्हीं संस्थाओं से अपील की जा सकती थी; परंतु वहां न्याय की आशा नहीं थी। इसलिए कि ये संस्थाएँ गोरों के साथ पक्षपात करती थीं। परवाना अधिकारियों के फैसलों की "अपील केवल उन म्युनिसिपल निगमों में हो सकती है जो इन अफसरों को नियुक्त करते हैं। इन निगमों (कार्पोरेशनों) में ज्यादा संख्या में उन्हीं व्यापारियों के प्रतिनिधि होते हैं जो अपने वश भर अधिक-से-अधिक भारतीय व्यापारियों को परवानों से वंचित रखने के प्रयत्न में जुटे रहते हैं। यहां तक कि ये निगम अपने अधिकारियों को हिदायतें देते हैं कि किस को परवाना दें और किसको न दें। इस कानून की हद तक सर्वोच्च न्यायालय का अपीलें सुनने का परंपरागत अधिकार विशेष रूप से समाप्त कर दिया गया है।" (3/317) परवाना केवल सालभर के लिए मिलता था। इसलिए "जैसे-जैसे नया वर्ष पास आने लगता है, भारतीय व्यापारी डर और चिंता से कांपने लगते हैं।" (3/317)

भारतीय व्यापारियों का विरोध करने के लिए कहा जाता था, उनके घर गंदे हैं,

उनकी दुकानें गंदी हैं। गाँधीजी ने जिला सर्जन को बुलाकर घर दिखाए, दुकानें दिखाईं और उसका बयान प्रकाशित किया। उस बयान में कहा गया था : मैंने जो कुछ देखा, उसमें मैं कोई दोष नहीं बता सकता। जहां तक सोने के स्थान की बात है, मुझे कोई भीड़-भाड़ दिखलाई नहीं पड़ती। प्रत्येक व्यापार स्थान के पीछे उससे अलग, मैंने एक प्रकार का भोजन गृह देखा जिसमें 5 से 8 आदमियों तक के बैठने का स्थान है और हरेक में उसका रसोई घर है। ये सब भी साफ-सुथरे रखे जाते हैं। (5/102) बयान उद्धृत करने के बाद गाँधीजी ने लिखा : हमने इन बातों का जिक्र यह दिखाने के लिए किया है कि हमें कैसी विपरीत परिस्थितियों का सामना करना पड़ रहा है और हमारे विरुद्ध कैसी-कैसी गलत बातें कही जाती हैं। हम निःसंकोच कह सकते हैं कि इस सारे एशियाई-विरोधी आंदोलन का कारण व्यापारिक ईर्ष्या है। गोरे दुकानदारों के साथ अनुचित प्रतिस्पर्धा में उतरने की हमारी तनिक भी इच्छा नहीं है। (5/103)

गोरे और हिंदुस्तानी व्यापारियों के रहन-सहन और उनके व्यापार के तौर-तरीकों की तुलना करते हुए गाँधीजी ने विरोधी प्रचार का मुंह-तोड़ जवाब दिया : हमारे रहन-सहन के तरीकों के विरुद्ध बहुत कुछ कहा गया है। हमें इस बात का अभिमान है कि हमारी आदतें सीधी-सादी और संयत हैं, और यदि उनके कारण हमें प्रतिस्पर्धी गोरे व्यापारियों की तुलना में कोई लाभ हो जाता है तो हम किसी प्रकार यह नहीं समझ सकते कि हमारी निंदा करने और हमें गिराने के लिए इसका उपयोग हमारे विरुद्ध क्यों किया जाता है। जो लोग हमारी निंदा करते हैं, वे इस प्रसंग में यह बिल्कुल भूल जाते हैं कि गोरे व्यापारियों को अनेक ऐसे लाभ होते हैं जिनको हम स्वप्न में भी प्राप्त नहीं कर सकते। उदाहरणार्थ, यूरोपियों के साथ उनके संबंध, उनकी अंग्रेजी भाषा की जानकारी और उनकी अच्छी संगठन-शक्ति। इसके अतिरिक्त हम अपना व्यापार केवल इस कारण कर सकते हैं कि गरीब गोरों की हमारे प्रति सद्भावना है और हम गरीब से गरीब ग्राहकों को संतुष्ट कर सकते हैं। (5/102) कुछ गोरों की दुकानें व्यापार की मंदी के कारण बंद हो गईं। पर इसके लिए उन्होंने एशियाइयों को दोष दिया। गाँधीजी ने कहा : इस समय सारे दक्षिण अफ्रीका में व्यापारिक मंदी है, और इसका फल यह हुआ है कि युद्ध के तुरंत पश्चात् आवश्यकता से अधिक जो व्यापार शुरू कर दिए गए थे, वे समाप्त हो गए, क्योंकि उन्हें भारी अपेक्षाओं के आधार पर शुरू किया गया था, जो कभी पूरी नहीं हुई। (5/102)

गाँधी वाङ्मय के पहले खंड के अंत में दी हुई कुछ तारीखवार सूचनाओं से गोरे उपनिवेशवादियों की रंगभेद की नीति उजागर होती है।

"1885 : ट्रांसवाल में एशियाइयों के अधिकारों पर प्रतिबंध लगाने वाला 1885 का कानून-3 बना। यह कानून यूरोपीयों की इस मांग के कारण बनाया गया कि एशियाइयों को पृथक् बस्तियों में रखा जाए। इसे बनाने के लिए सम्राज्ञी सरकार की अनुमति प्राप्त कर ली गई थी।" अर्थात् ब्रिटेन की सरकार यहां रंगभेद की नीति का समर्थन कर रही

थी। नेटाल में प्रवासी भारतीयों के बारे में एक आयोग नियुक्त हुआ। "आयोग के निष्कर्षों से प्रकट हुआ कि उपनिवेश के यूरोपीयों का जबर्दस्त लोकमत इस बात के खिलाफ था कि भारतीय कृषि अथवा वाणिज्य-व्यापार में उनके प्रतिद्वंद्वी या बराबरी वाले बनकर रहें।" अंग्रेज और उनके वंशज दक्षिण अफ्रीका में, किसी भी क्षेत्र में, खुली होड़ में भारतवासियों का मुकाबला करने को तैयार नहीं थे। ब्रिटेन की सरकार की नीति यही थी।

"1886 : ब्रिटिश सरकार ने घोषणा की कि 1885 के अर्थ के कानून-3 के अन्दर जो एशियाई-विरोधी कानून बनाए जाएं, उनका विरोध करने का उसका इरादा नहीं है। परंतु उसने व्यापार के लिए ट्रांसवाल में बसने का भारतीयों का अधिकार स्वीकार किया।" भारतीय व्यापारियों को अफ्रीकी आदिवासियों के वर्ग में रखा गया और रंगभेद के आधार पर उन पर प्रतिबंध लगाए गए।

"1888 : काफिरों के वर्ग में शामिल किए जाने और 9 बजे रात के बाद सड़कों पर चलने-फिरने पर पाबंदी के विरुद्ध ट्रांसवाल सरकार के नाम भारतीयों का प्रार्थना पत्र नामंजूर। इस्माइल एंड कम्पनी के मामले में निर्णय दिया गया कि एशियाई लोग पृथक् बस्तियों के अलावा और कहीं व्यापार नहीं कर सकते।"

"1894 : केप की संसद ने ईस्ट लंदन नगरपालिका को अधिकार दिया कि वह भारतीयों को शहर की पैदल-पटरियों पर चलने के अधिकार से वंचित कर दे।"

"1897 : कानून-3 से गोरों और गैरगोरों के बीच विवाह वर्जित।"

"1903 : शांति रक्षा अध्यादेश से ट्रांसवाल में भारतीयों के प्रवेश का नियमन। ट्रांसवाल में 3 पाउंड सालाना कर 16 वर्ष से ऊपर के पुरुषों और 13 वर्ष से ऊपर की स्त्रियों पर लागू कर दिया गया।"

"1906 : एशियाई पंजीयन अध्यादेश जारी किया गया। भविष्य में एशियाइयों को ट्रांसवाल में न आने देने का कानून मंजूर।"

"1911 : दक्षिण अफ्रीकी सरकार ने आजाद भारतीयों के निर्बाध आगमन पर प्रतिबंध लगाया।" (1/369-76)

1896 की गर्मियों में गाँधीजी कुछ समय के लिए भारत आए। यहां उन्होंने दक्षिण अफ्रीका वासी भारतीयों की कष्ट-कथा कहते हुए भारतीय जनता से अपील की जो एक पुस्तिका के रूप में प्रकाशित हुई। पुस्तिका का आवरण हरे रंग का था। इसलिए यह ग्रीन पैम्फलेट या 'हरी पुस्तिका' के नाम से प्रसिद्ध हुई। दक्षिण अफ्रीका में भारतवासियों के साथ जिस तरह का व्यवहार होता था, उसके अनेक उदाहरण इस पुस्तिका में दिए गए थे। "डंडी में पिछले वर्ष क्रिसमस के दौरान गोरों के एक गिरोह ने मजा लूटने के लिए एक भारतीय वस्तु-भंडार में आग लगा दी थी।" (2/4) आग लगाने का उद्देश्य स्पष्ट ही व्यापारियों को वहां से भगा देना था। दूसरा उदाहरण जहाज के मालिक अब्दुल्ला हाजी आदम का है जो गाँधीजी के साथ यात्रा कर रहे थे। "वे डाक की गाड़ी

से नेटाल जाने के लिए एक स्टेशन पर उतर गए। वहां कोई उन्हें रोटी मोल देने को भी तैयार न हुआ। होटल वाले ने उन्हें होटल में कमरा नहीं दिया और उन्हें रातभर ठंड में ठिठुरते हुए घोड़ागाड़ी में ही पड़े रहना पड़ा। अफ्रीका के उस हिस्से की सरदी भी कोई मजाक नहीं है।" (2/4-5) इसी कोटि के एक अन्य भारतीय का उदाहरण इस प्रकार है : "एक अन्य प्रमुख भारतीय सज्जन हाजी मुहम्मद हाजी दादा कुछ दिन पहले प्रिटोरिया से चार्ल्सटाउन की यात्रा कर रहे थे। उन्हें घोड़ागाड़ी से जबरन बाहर निकाल दिया गया और उन्हें तीन मील का रास्ता पैदल तय करना पड़ा। कारण यह था कि उनके पास परवाना--उसका जो भी मतलब हो--नहीं था।" (2/5) नेटाल में परवाना संबंधी नियम का पालन कड़ाई से किया जाता था। "रात हो या दिन, अगर कोई भारतीय अपना परवाना दिखाकर यह नहीं बता सकता कि वह कौन है, तो उसे गिरफ्तार किया जा सकता है। इसका उद्देश्य गिरमिटिया भारतीयों को काम छोड़कर भागने से रोकना और उनको पहचानने की सहूलियत करना है।" (2/9) गिरमिटियों के अलावा यह कानून व्यापक रूप से हिंदुस्तानियों के विरुद्ध काम में लाया जाता था। "कोई भारतीय रात को 9 बजे के बाद तब तक अपने घर से नहीं निकल सकता जब तक कि उसके पास किसी के दस्तखत का ऐसा पत्र न हो जिससे मालूम हो कि वह किसके निर्देश से बाहर निकला है; या जब तक वह अपने बाहर निकलने के बारे में ठीक-ठीक कैफियत न दे सके। यह कानून सिर्फ आदिवासियों और भारतीयों पर लागू है।" (2/7) गुजरात के वोहरे व्यापारी चोगा पहनते थे। एक-आध के पकड़े जाने पर चोगा ने उनका बचाव किया। साबित हो गया कि वे साधारण भारतीय नहीं, ऊंचे दर्जे के व्यापारी हैं। किंतु गाँधीजी ने लिखा : "व्यापारी तो तमिल और बंगाली भी हैं। वे भी उतने ही सम्माननीय हैं, फिर भी चोगा नहीं पहनते। इसके अलावा शिक्षित ईसाई युवक हैं। वे बड़े नाजुक-मिजाज हैं। वे भी चोगा नहीं पहनते। उन्हें बराबर सताया जाता है। अभी सिर्फ 4 महीने पहले की बात है, एक सुशिक्षित नौजवान और रविवासरी स्कूल के शिक्षक और अन्य शिक्षक को गिरफ्तार करके रात भर काल कोठरी में बंद रखा गया था। उनका सारा विरोध कि वे घर जा रहे थे, व्यर्थ हुआ। मजिस्ट्रेट ने बाद में उन्हें रिहा कर दिया।"(2/8) एक भारतीय ईसाई अध्यापिका को इसी तरह पकड़ लिया गया। "उसके साथ ऐसी खींचातानी की गई कि उसके कपड़े गंदे हो गए। जो सब तरह की गालियां दी गईं सो अलग।"(2/8) गोरों के राज में यह सब इसलिए होता था कि उनके पास शस्त्र बल था।

'नेटाल एडवर्टाइजर' में एक पत्र छपा था जिससे मालूम होता है, काश्तकारों को किस तरह सताया जाता था। "जब वे अपनी जमीन पर घूमते-फिरते होते हैं, उस समय पुलिस वहां पहुंचती है और उनसे परवाने दिखलाने को कहती है। काश्तकार अपनी पत्नियों या संबंधियों को परवाने लाने के लिए आवाज देते हैं। परंतु उनके लेकर आने के पहले ही पुलिस उन भारतीयों को थाने की ओर घसीटना शुरू कर देती है। थाने के

रास्ते में परवाने ले जाकर दिए जाते हैं तो पुलिस उनकी ओर देखभर लेती है और फिर उन्हें जमीन पर फेंक देती है। वे गिरफ्तार व्यक्ति को थाने में ले जाते हैं। उन्हें रातभर हवालात में रखा जाता है और सुबह उनसे हवालात की काल कोठरी साफ कराई जाती है। बाद में उन्हें मजिस्ट्रेट के सामने पेश किया जाता है। मजिस्ट्रेट उनकी सफाई सुने बिना ही उन पर जुर्माना कर देता है। वे संरक्षकों के पास जाकर फरियाद करते हैं तो वह मजिस्ट्रेट के पास जाने को कह देता है।"(2/9)

आएदिन मारपीट की घटनाएँ हुआ करती थीं। चारों तरफ आतंक राज था। गाँधीजी ने इस राज का चित्रण इन शब्दों में किया है : जरा किसी ऐसे देश की कल्पना कीजिए, जहां आप कोई भी हों, अपने आप को ऐसी मारपीट से कभी भी सुरक्षित न समझते हों, जहां आपके दिल में सदा घबराहट रहती हो कि कभी भी किसी यात्रा पर गए तो पता नहीं, क्या हो जाएगा; जहां एक रात के लिए भी आपको किसी होटल में स्थान न मिल सकता हो। बस, इससे आपको नेटाल की उन हालातों की तस्वीर मिल जाएगी जिनमें हम जिंदगी बसर कर रहे हैं।(2/10) और इस आतंक के लिए केवल नेटाल के गोरे शासक नहीं, वरन् ब्रिटेन के शासक भी जिम्मेदार थे।

(ख) उपनिवेशों में हिंसा और गुलामी

दक्षिण अफ्रीका ब्रिटिश साम्राज्य का अंग था। दक्षिण अफ्रीका समेत ब्रिटेन के उपनिवेशों की पूरी व्यवस्था हिंसा और गुलामी के आधार पर रची गई थी। सम्पूर्ण गाँधी वाङ्मय के पहले खंड के आरंभ में 'दक्षिण अफ्रीकी भारतीय की ऐतिहासिक पृष्ठभूमि' नाम से एक छोटा किंतु महत्वपूर्ण निबंध है। इसके आधार पर इस उपनिवेश व्यवस्था के बारे में कुछ बातें नीचे कही जाती हैं।

जैसे कोलम्बस भारत का पता लगाते-लगाते अमरीका पहुंच गया था, वैसे ही यूरोप के कुछ साहसिक यात्री भारत का पता लगाते-लगाते अफ्रीका पहुंच गए। गाँधी वाङ्मय के संपादकों के अनुसार : "अफ्रीका के चार उपनिवेशों में उन यूरोपीयों के वंशजों का राज था जिन्होंने कथा-कहानियों में वर्णित भारत की खोज में भटकते हुए शुद्ध संयोग से दक्षिण अफ्रीका का पता पा लिया था।" अंग्रेजों के आने के पहले हालैंड के निवासी "डच लोग लगभग 200 वर्षों से उस देश में प्रायः निर्विघ्न राज करते आ रहे थे।"

जैसे अनेक उपनिवेशों के गोरे व्यापारी आपस में मिलकर एशियाइयों का विरोध करते थे, वैसे ही एशियाई व्यापारी आपस में मिलकर उनकी इस नीति का विरोध भी करते थे। 1853 में हाजी वजीर अली का जन्म मॉरीशस में हुआ था। कई साल तक वहीं काम करते रहे। फिर 1884 में वह दक्षिण अफ्रीका आए। 1892 में 'रंगदार जनसंघ' (कलर्ड पीपुल्स आर्गनाइजेशन) नाम की संस्था में काम किया और उसके अध्यक्ष चुने गए। गाँधीजी के अनुसार, "मताधिकार कानून संशोधन (फ्रैंचाइज लॉ

अमेंडमेंट) के सिलसिले में उन्होंने प्रमुख रूप से कार्य किया। 22 हजार रंगदार लोगों के हस्ताक्षरों से प्रार्थना पत्र तैयार करके लंदन भेजा गया। बाद में श्री अली जोहानिसबर्ग चले गए। वहां भी वे ट्रांसवाल के ब्रिटिश भारतीयों की स्थिति के बारे में कार्य करते जा रहे हैं। युद्ध के पूर्व उन्होंने बड़े बोअर कर्मचारियों और ब्रिटिश एजेंटों से मुलाकातें करके ब्रिटिश भारतीयों को राहत दिलाने के लिए बहुत कुछ किया था।"(5/473)

दक्षिण अफ्रीका में कुछ गोरे चाहते थे कि यहां गोरों की संख्या वैसे ही हो जैसे कनाडा में है, काले आदमी अगर आएँ तो कुलियों और गुलामों की तरह, संपत्ति रखने का उन्हें अधिकार न हो। गोरों का एक दक्षिण अफ्रीकी संघ था। वायबर्ग उसके अध्यक्ष रह चुके थे। श्रम आयोग के सामने गवाही देते हुए उन्होंने कहा, "संघ की नीति यह थी कि जितने भी अधिक अंग्रेजों को ट्रांसवाल में लाया जा सके, लाना चाहिए। मेरी, और मैं समझता हूं कि हर अंग्रेज की, तब यही नीति थी। इस बारे में दो राय हो ही नहीं सकती थीं कि अंग्रेजों को यहां आकर बसने के लिए जितना भी प्रोत्साहन दिया जा सके, देना चाहिए। यह बात बहुत महत्वपूर्ण थी। मैं समझता हूं कि देश के हर वफादार आदमी का उद्देश्य यही होना चाहिए। परंतु वफादार और गैरवफादार की बात अभी छोड़ दीजिए। मैं तो कहता हूं कि अगर हम दक्षिण अफ्रीका को कनाडा और आस्ट्रेलिया की भांति, जो गोरों का देश है, साम्राज्य का महत्वपूर्ण भाग बनाना चाहते हैं तो हमको यही करना चाहिए। नहीं तो इसकी भी स्थिति जमैका, ब्रिटिश गियाना अथवा शीतोष्ण कटिबन्ध के अन्य देशों जैसी हो जाएगी, जहां गोरे काम लेने वाले मालिक हैं और आबादी के अधिकांश लोगों की स्थिति लगभग गुलामों जैसी है।"(4/3-4) यहां दो तरह के उपनिवेश साफ देखे जा सकते हैं। एक तरह के उपनिवेश वे थे जहां गोरे बहुसंख्यक थे और दूसरी तरह के उपनिवेश वे थे जहां काले आदमी बहुसंख्यक थे। परंतु मालिक गोरे ही थे। गाँधीजी ने तीन तरह के उपनिवेश बताए : "अंग्रेजी साम्राज्य में इंग्लैंड के बाहर स्वराज भोगने वाले उपनिवेश (सेल्फ गवर्निंग कालोनी), ताज के उपनिवेश (क्राउन कालोनी) और मातहत देश (डिपेंडेंसी) ये तीन प्रकार के देश हैं। मातहत मुल्कों में भारत गिना जाएगा, ताज के उपनिवेशों में मॉरीशस, श्रीलंका आदि की गणना होगी और स्वराज्य का उपभोग करने वाले देशों में कनाडा, नेटाल और आस्ट्रेलिया आदि का समावेश होगा।"(6/314)

कहने को ब्रिटिश साम्राज्य के सभी नागरिकों के अधिकार समान थे परंतु यहां उपनिवेशों में भेद किया गया है। सबसे ऊपर गोरों के उपनिवेश हैं जिन्हें अपना शासन चलाने का अधिकार है। उसके बाद ताज के उपनिवेश हैं जिनमें श्रीलंका और मॉरीशस आदि देश हैं। भारत जैसे देश उपनिवेश नहीं हैं। वे डिपेंडेंसी अथवा मातहत देश हैं। गाँधीजी ने उन्हें उचित ही उपनिवेशों से अलग रखा है। जो ताज के उपनिवेश थे, वे भी वास्तव में पराधीन देश थे। आर्थिक व राजनीतिक दृष्टि से मॉरीशस और श्रीलंका की हालत भारत से बेहतर नहीं थी। इस तरह वास्तव में उपनिवेश कहलाने के अधिकारी

वही देश थे जहां गोरे बहुसंख्यक थे जैसे कनाडा या आस्ट्रेलिया। कनाडा, नेटाल, आस्ट्रेलिया के लिए गाँधीजी ने लिखा है कि ये स्वराज्य का उपभोग करने वाले देश हैं। पर साथ में यह भी जोड़ा है : "स्वराज्य प्राप्त उपनिवेशों पर इंग्लैंड का नियंत्रण बहुत कम होता है।"(6/314) नियंत्रण कहीं कम, कहीं ज्यादा, पर ये सारे उपनिवेश और पराधीन देश थे ब्रिटिश साम्राज्य के अंग। उपनिवेशों में जो भी कानून बनाए जाते थे, वे ब्रिटिश सरकार की अनुमति से बनाए जाते थे। सम्राट की मुहर के नीचे विधान का रूप लेते थे।(6/268) ब्रिटिश सरकार चाहे तो अनुमति न दे कर ऐसे कानूनों को चालू होने से रोक सकती थी और उसने एकाधिक बार ऐसा किया भी था। किंतु कुल मिलाकर उपनिवेशों का स्वराज्य साम्राज्यवाद के अंतर्गत और उसकी नीति के अनुरूप ही था। कुछ भारतीय मजदूर रोडेशिया में काम करते थे। वहां ट्रांसवाल की तरह के कानून बनाए जाने को थे। विलायत में उनके विरुद्ध हस्ताक्षर अभियान चलाया गया। गाँधीजी ने लिखा : रोडेशिया में ट्रांसवाल के ढंग का जो कानून बनाया गया था, उसे स्वीकृति नहीं दी गई है। स्वीकृति न दिए जाने का कारण उन्होंने बताया : सभी समझ सकते हैं कि इस कानून के अस्वीकृत होने का मुख्य कारण ट्रांसवाल की लड़ाई है।(9/191) इस तरह एक उपनिवेश का संघर्ष दूसरे की स्थिति को प्रभावित करता था।

ब्रिटिश महारानी ने अपनी 1858 की घोषणा के द्वारा हमारे 'भारतीय साम्राज्य के निवासियों' को उन्हीं अधिकारों का आश्वासन दिया था जो 'हमारी अन्य सब प्रजाजनों को' प्राप्त है।(9/191) इन वादों के अनुसार काम करने का इरादा अंग्रेजों का कभी नहीं था। उनसे पहले डच उपनिवेशवादी चाहते थे कि एशियाई मजदूरों को एक अवधि के लिए लाया जाए और उसके बाद उन्हें लौटा दिया जाए। अंग्रेज भी यही चाहते थे। गोरे व्यापारी भारतीय व्यापारियों से होड़ करने से डरते थे। आगे उस लेख में कहा गया है : दक्षिण अफ्रीका के दूसरे यूरोपीय व्यापारियों के समान ही भारतीयों को कृषि और व्यापार, दोनों में उन्होंने अपना जबर्दस्त प्रतियोगी पाया था। भारतीय किसानों ने नए-नए फल और शाक बोईं और सस्ती तथा भारी मात्रा में पैदा कीं। इस तरह उन्होंने गोरे किसानों के भावों को गिरा दिया। भारतीय व्यापारी कम खर्च में गुजारा करते थे, नौकरों और साज-सामान पर नाममात्र को ही खर्च करते थे और सरलता से डच और ब्रिटिश व्यापारियों की अपेक्षा सस्ते भावों पर माल बेच सकते थे। इसलिए गोरों को भय था कि अगर भारतीयों को निर्बाध रूप से देश में आने दिया गया और उन्हें उनकी इच्छा के अनुसार भूमि पर या व्यापार में बस जाने दिया गया, तो वे हमें निगल जाएंगे।(पृ. 22-23)

लेकिन मजदूर लाने के लिए वादे करना जरूरी था। अंग्रेजों ने वैसे वादे किए और बाद में उन्हें तोड़ा भी। रंगभेद के आधार पर एशियाइयों को अलग बस्तियों में रखा जाए, उन्हें नागरिक अधिकार न दिए जाएँ, इस नीति का अनुमोदन डच उपनिवेशवादियों

ने किया था। पहला प्रतिबंध डच उपनिवेश ट्रांसवाल में 1885 में लगाया था। अधिनियम 3 के अनुसार घोषित किया गया कि एशियाई लोग डच नागरिक अधिकार प्राप्त नहीं कर सकते। उसके द्वारा जरूरी कर दिया गया कि स्वच्छता के कारणों से भारतीय उन बस्तियों में रहें जो उनके लिए खासतौर से अलग कर दी गई हैं; वे उन बस्तियों के अलावा दूसरी बस्तियों में अचल संपत्ति न रखें; और उनमें से जो लोग व्यापार के लिए आए हों वे शुल्क देकर सरकारी दफ्तर में अपने नाम दर्ज कराएँ और परवाना प्राप्त करें।(पृ. 23) डच उपनिवेशवादियों और अंग्रेजों के बीच 1884 में एक समझौता हुआ था। रंगभेद का कानून उनकी धारा 14 के सरासर विरुद्ध था। उक्त धारा में घोषणा की गई थी कि 'वतनियों के अतिरिक्त' सब लोगों को ट्रांसवाल गणराज्य में किसी भी भाग में प्रवास करने, यात्रा करने, निवास करने, जमीन-जायदाद खरीदने और व्यापार करने की पूर्ण स्वतंत्रता होगी और उनसे ऐसा कोई कर वसूल नहीं किया जाएगा जो डच नागरिकों से वसूल न किया जाता हो। उपनिवेश में निवास करने वाले ब्रिटिश प्रजाजनों के हितों की देखरेख करने के लिए ट्रांसवाल में ब्रिटिश उच्चायुक्त मौजूद था। (पृ. 23) गोरे जमींदार और व्यापारी आपस में लड़ते थे, एशियाइयों के विरुद्ध एक हो जाते थे। इसी नीति के अनुरूप "ट्रांसवाल के सभी गोरे—चाहे वे डच हों या ब्रिटिश—उपनिवेश में 'एशियाइयों के आक्रमण के खतरे' की चीख-पुकार मचाकर आंदोलन कर रहे थे। ब्रिटिश उच्चायुक्त ने आंदोलन के जोर के कारण ब्रिटिश सरकार को सलाह दी कि वह उक्त कानून का विरोध न करे। इस पर लंदन स्थित ब्रिटिश सरकार ने अपना यह फैसला घोषित कर दिया कि वह इस भारतीय विरोधी कानून पर कोई आपत्ति नहीं करेगी। इस तरह दक्षिण अफ्रीका में रंगभेद की नीति चलाने के लिए ब्रिटिश सरकार जिम्मेदार हुई।

अंग्रेजों ने जो पहले कहा था, उससे अब पलट गए थे, यह बात सम्पादकीय लेख में बताई गई है। "सम्राज्ञी सरकार ने अपनी पहले की घोषणाओं के बावजूद कि भारतीयों को दूसरे ब्रिटिश प्रजाजनों के बराबर ही अधिकार प्राप्त होंगे, अपनी नीति पलट दी। इससे भारतीयों के विरुद्ध भेदभाव के कानूनों की बाढ़ का द्वार खुल गया। यह हालत सिर्फ डचों के ट्रांसवाल में ही नहीं बल्कि अंग्रेजों के नेटाल में भी हुई। और यह सब ऐसे समय पर हुआ जब ब्रिटिश सरकार को डच तथा ब्रिटिश उपनिवेशों में अपने प्रजाजनों के संरक्षण का पूरा-पूरा अधिकार प्राप्त था।" जब पूरा अधिकार प्राप्त था तब, और जब पूरा अधिकार प्राप्त नहीं था तब, दोनों ही स्थितियों में साम्राज्यवाद की नीति में कोई परिवर्तन नहीं हुआ। इसलिए दक्षिण अफ्रीका में हिंदुस्तानियों के साथ जो भेदभाव का बर्ताव हुआ, हर मंजिल में उसके लिए ब्रिटिश सरकार जिम्मेदार थी।

गिरमिटिया प्रथा की शुरुआत अंग्रेजों ने भारत के अंदर की थी। जैसाकि 1895 में नेटाल की विधान सभा को सम्बोधित करते हुए प्रार्थना पत्र में गाँधीजी ने कहा था : गिरमिटिया प्रथा इस उपनिवेश के जैसी असम में भी है। अभी थोड़े ही समय पहले साम्राज्ञी की सरकार ने स्वीकार किया था कि गिरमिटिया प्रथा एक बुरी चीज है, और उसे तभी तक

बर्दाश्त किया जाना चाहिए जब तक कि वह किसी महत्वपूर्ण उद्योग को शुरू करने या संभालने के लिए आवश्यक हो, और पहला अनुकूल अवसर आते ही उसको मिटा देना चाहिए।(1/207) असम की यह परंपरा अंग्रेज अफ्रीका में बनाए रहे और इस प्रथा को फलने-फूलने का पूरा अवसर दिया। जब अफ्रीका में गोरे जमींदार संकट में थे, तब भारत की ब्रिटिश सरकार ने उन्हें संकट से उबारा था। जैसा कि गाँधीजी ने 1902 में कहा था : जब वहां बसे हुए गोरे स्थायी और भरोसे के मजदूर मिलने की समस्या के कारण परेशान थे और उपनिवेश का दिवाला निकला जा रहा था, तब वहां के विधानमंडल ने भारतीय मजदूरों का सहारा लिया। कुछ शर्तों के बारे में बातचीत के बाद भारत-सरकार ने गिरमिटिया भारतीयों को नेटाल ले जाने की इजाजत दे दी।(3/316)

हिंदुस्तानियों को जो अधिकार प्राप्त था, उनसे उन्हें वंचित करने के लिए दक्षिण अफ्रीका की विधान सभा में एक विधेयक लाया गया। इसके बारे में गाँधीजी ने लिखा : यह बात बिलकुल साफ है कि दक्षिण अफ्रीका संघ की सरकार ने भारतीयों के प्रति विश्वासघात किया, 1911 के समझौते को तोड़ा है और श्री गोखले को दिए गये अपने आश्वासन को ही झुठला दिया है—इतना ही नहीं, उसने साम्राज्य सरकार को ईमानदारी के साथ यह बता देने के बजाय कि उसका समझोते की शर्तों या एकाधिक खरीतों में व्यक्त की गई साम्राज्य-सरकार की इच्छाओं को पूरा करने का इरादा नहीं है, उसे धोखा दिया है। (12/103) परंतु ब्रिटिश सरकार को पता था कि दक्षिण अफ्रीका के बिल में क्या कहा गया है। ब्रिटिश संसद के एक सदस्य हरकोर्ट ने एक बयान दिया था। ब्रिटेन की सरकार के प्रति नरम रुख अपनाते हुए गाँधीजी ने लिखा : “यदि श्री हरकोर्ट के वक्तव्य का प्रकाशित विवरण सही है तो कहना पड़ेगा कि उनका जवाब चकित कर देने वाला है। यदि उन्होंने विधेयक को उसके मूल रूप में देखा है तो यह न मानना कि साम्राज्य-सरकार ने भारतीयों को असहाय छोड़ दिया है और संघ सरकार को प्रसन्न करने के लिए वह अपने खरीतों से खुद ही मुकर गई है, एक असंभव बात होगी।” (उपर्युक्त) पर इसमें असंभव कुछ नहीं था। अंग्रेज इस तरह दुरंगी नीति पर बराबर चलते आए थे।

एक ही साम्राज्य के अंतर्गत इन उपनिवेशों के प्रशासनिक तार आपस में कैसे जुड़े थे, इसके एक-दो उदाहरण देखें। जमैका में भूकम्प आया। बंबई के गवर्नर सर जेम्स फर्ग्यूसन की मृत्यु जमैका में हुई। “जमैका जाने से पहले उन्होंने दक्षिण अफ्रीका ब्रिटिश भारतीय समिति की अध्यक्षता स्वीकार कर ली थी।”(6/326) यह घटनाक्रम 1907 का है। ध्यान देने की बात यह है कि दक्षिण अफ्रीका भारत से जुड़ा हुआ है। सर चार्ल्स ब्रूस मॉरीशस के उपनिवेश-सचिव थे। उसके बाद वह ब्रिटिश गियाना के लेफ्टिनेंट गवर्नर बने। उसके बाद वह मॉरीशस के गवर्नर बने। (8/127, पाद-टिप्पणी)

नेटाल में विभिन्न वर्गों और स्तरों के हिंदुस्तानी रहते थे। जुलाई 1894 में इनकी ओर से गाँधीजी ने एक प्रार्थना पत्र लिखा और उसे ब्रिटिश सरकार के पास भेजा।

इसमें महामहिम, परम माननीय मार्क्विस ऑफ रिपन, मुख्य उपनिवेश मंत्री, साम्राज्ञी सरकार को सम्बोधित किया गया है। आगे उसमें कहा गया है : महानुभाव के प्रार्थी भारतीय ब्रिटिश प्रजा हैं और नेटाल उपनिवेश के भिन्न भागों में निवास करते हैं। महानुभाव के कुछ प्रार्थी व्यापारी हैं, जो इस उपनिवेश में आकर बस गए हैं। कुछ पहले पहल इकरारनामे में बंध कर भारत से आए थे और कुछ समय से (20-30 वर्ष से भी) स्वतंत्र हो चुके हैं। कुछ लोग गिरमिट में बंधे हुए भारतीय हैं, कुछ इसी उपनिवेश में जन्मे और शिक्षा पाए हुए और कुछ लोग वकीलों के मुंशी, कम्पाउंडर, कम्पोजिटर, फोटोग्राफर, शिक्षक आदि के भिन्न-भिन्न धंधों में लगे भारतीय हैं। इसके इलावा अनेक प्रार्थी उपनिवेश में बड़ी-बड़ी जमीन-जायदाद के मालिक हैं और माननीय विधान सभा के सदस्यों के चुनाव में मत देने का वाजिब अधिकार रखते हैं। थोड़े लोग ऐसे भी हैं जो जमीन-जायदाद होने के कारण मत देने का अधिकार तो रखते हैं, फिर भी किसी-न-किसी कारण से मतदाता सूची में अपने नाम दाखिल नहीं करा सके हैं। प्रार्थी मताधिकार कानून संशोधन विधेयक के संबंध में महानुभाव को यह प्रार्थना पत्र दे रहे हैं। उक्त विधेयक उपनिवेश के प्रधानमंत्री माननीय सर जॉन रॉबिन्सन ने गत अधिवेशन में पेश किया था। विधान सभा में इसका तीसरा वाचन स्वीकार हो चुका है और माननीय गवर्नर महोदय इसे अपनी स्वीकृति इस शर्त पर दे चुके हैं कि साम्राज्ञी इसे अब भी अस्वीकार कर सकती हैं। (1/153-154)

22 साल बाद फरवरी 1916 में गाँधीजी ने बताया, भारत-प्रेमी एंड्रयूज जैसे अंग्रेज और भारतीय नेता, जैसे मालवीय जी, गिरमिट प्रथा को मिटाने के लिए क्या कर रहे थे। "अनेक कारणों से गिरमिट प्रथा का प्रश्न आज एक ज्वलंत प्रश्न बना हुआ है—श्री एंड्रयूज और श्री गियर्सन, जिन्हें भारत अपनी मातृभूमि की भांति ही प्यारा लगने लगा है, हाल में भारत के हित के लिए फिजी द्वीप गए हुए थे। यह काम उन्होंने स्वेच्छा से हाथ में लिया था। अपना काम समाप्त करके वे लौट आए हैं। उन्होंने जो रिपोर्ट पेश की है वह शीघ्र ही प्रकाशित होने जा रही है। मालवीय जी ने इम्पीरियल काउंसिल में एक प्रस्ताव प्रस्तुत करने की सूचना भेजी है। यदि वह प्रस्ताव वहां पास हो गया तो भारत सरकार के लिए गिरमिट प्रथा को बंद कर देना अनिवार्य हो जाएगा।" (13/249)

प्रथम विश्वयुद्ध के समाप्त हो जाने के बाद एक भारतीय शिष्ट मंडल दक्षिण अफ्रीका की स्थिति के बारे में बातचीत करने के लिए भारत-सचिव मांटेग्यू से मिला। गाँधीजी के अनुसार : उसे जो जवाब दिया, वह आश्वासनपूर्ण है। यह बहुत संतोष की बात है कि वे आयोग में भारतीयों को प्रतिनिधित्व दिलाएंगे। लेकिन शर्त यही है कि भारतीयों का प्रतिनिधित्व एशियाई-विरोधी पक्ष के प्रतिनिधित्व के बराबर होना चाहिए। इसी तरह की कुछ शर्तें और थीं। (16/193) नवम्बर 1919 में गाँधीजी ने स्थिति के बदलने के बारे में लिखा : यह बहुत ही खेद का विषय है कि वायसराय महोदय श्री मांटेग्यु ने जो संदेश भेजा है, उससे स्थिति बिलकुल बदल गई है। तथापि मैं महसूस करता हूं कि आयोग में

भारतीय प्रतिनिधियों की नियुक्ति का आग्रह करने से हमारे पक्ष के मामले को, जो इतना अधिक मजबूत है, नुकसान पहुंचेगा...इतना ही पर्याप्त नहीं होगा कि आयोग के सामने विचार के लिए केवल व्यापार का प्रश्न रखा जाए। फिलहाल (भारतीयों के) राजनीतिक दर्जे का प्रश्न अलग रखते हुए 1885 के कानून-3 पर पूरी तरह पुनर्विचार किया जाना चाहिए। हमारा लक्ष्य यह होना चाहिए कि दक्षिण अफ्रीका में वैध रूप से बसे हुए भारतीयों को व्यापार संबंधी और संपत्ति के पूरे अधिकार पुनः वापस दिलाए जाएँ...हमें इसकी भी चौकसी रखनी है कि भारतीय प्रवासियों को जो अधिकार पहले से प्राप्त हैं, आयोग कहीं उनमें कोई कटौती न कर दे।(16/279-80) जिन मांटेग्यु का यहां उल्लेख है, उनका घनिष्ठ संबंध प्रसिद्ध रौलट बिल से था। इसके बारे में गाँधीजी ने लिखा था : जिस बात पर मुझे सबसे अधिक दुख हुआ, वह श्री मांटेग्यु का यह संदेश है कि मुझे भली भांति समझ लेना चाहिए रौलट अधिनियम रद्द होने वाला नहीं है। अधिनियम के रद्द न होने की इस असंदिग्धता के बारे में मैं कुछ नहीं जानता। मैं तो यह जानता हूं कि इस कानून को रद्द करवाने के लिए मैं अपना सर्वस्व दे दूंगा। इस कानून की कल्पना जनता के प्रति अशोभनीय अविश्वास के कारण की गई, भारतीय जनता के व्यापक विरोध के बीच वह पेश किया गया और इसका पोषण हुआ दमन के बल पर।(16/43-44)

जो लोग भारतीय जनता के आंदोलन के दमन के लिए जिम्मेदार थे, वही लोग अपने उपनिवेशों में गुलामी की प्रथा, गिरमिट प्रथा, चलाने के लिए जिम्मेदार थे।

बर्बरता और संस्कृति

संसार के अनेक द्वीपों और महाद्वीपों में यूरोप के बहुत से जमींदार और सौदागर फैल गये। उनका दावा था, वे संसार में सभ्यता का प्रकाश फैला रहे हैं। भारत में, यहां के लोगों के लिए कहते थे कि ये सब सभ्यता में पिछड़े हुए हैं। देश के बाहर और भीतर जोर देकर कहते थे, भारत के लोग असभ्य हैं। इसीलिए सभ्य गोरों को उनसे अलग रहना चाहिए। इसी धारणा के अनुसार वे कानून बनाते थे। ऐसे कानूनों के बारे में गाँधीजी ने लिखा था : 'एक और कानून है, जिसमें कहा गया है कि आदिवासियों और भारतीयों के पास गाय-बैलों का गल्ला ले जाते समय खास किस्म के परवाने होने चाहिए। डरबन में एक उपनियम है, जिसके जरिए आदिवासी नौकरों और एशिया की असभ्य जातियों के अन्य लोगों के पंजीकरण का विधान किया गया है। इसके पीछे यह मान्यता है कि भारतीय बर्बर हैं।(2/11) गोरे जमींदार भारतीयों की बर्बरता का मुकाबला यूरोप की सभ्यता से कर रहे थे।

1906 में लंदन के 'टाइम्स' अखबार को पत्र लिखकर गाँधीजी ने अंग्रेजों को सावधान किया कि यदि वे भारत के लोगों को बर्बर और जंगली समझते रहे तो उनका ब्रिटिश साम्राज्य में बने रहना असंभव हो जाएगा। इस पत्र में उन्होंने लिखा था : उस भयानक असंतोष के बारे में, जो दक्षिण अफ्रीका से आने वाले भारतीयों द्वारा फैलाया जा रहा है, आपकी राय का मैं समर्थन करता हूं। आपने बहुत ठीक कहा है कि यह राजनीतिक निर्योग्यताओं का प्रश्न नहीं है बल्कि एक सभ्य देश में ब्रिटिश प्रजाजन के, अथवा मानवमात्र के भी, साधारण अधिकारों को भोगने में असमर्थता का प्रश्न है। यदि उपनिवेश अपनी पृथक्करण की नीति पर दृढ़ रहे तो वे मातृ देश पर एक बहुत ही गंभीर समस्या के समाधान का भार लाद देंगे, जिसके विषय में स्वर्गीय सर विलियम हंटर आपके स्तंभों में बार-बार कहते रहते थे कि भारत ब्रिटिश राज्यों का एक अंग बना रहेगा अथवा नहीं? यह बिल्कुल स्पष्ट है कि यदि भारत के लोगों का ब्रिटिश उपनिवेशों में इस तरह अपमान किया जाएगा और उनका दर्जा इस प्रकार गिराया जाएगा जैसे वे किसी जंगली जाति के हों तो इंग्लैंड के लिए भारत पर अधिकार बनाए रखना कठिन होगा। (6/170)

शरीर के रंग में भेद होने से आदमी को आदमी न समझना सबसे बड़ा जंगलीपन है। वास्तव में जो लोग जंगल में रहते हैं, वे इन तथाकथित सभ्य लोगों से अधिक सुसंस्कृत होते हैं। वन्य समाजों में रंगभेद की धारणा शायद ही कहीं पाई जाती हो। उनमें और बहुत-सी कमियां होती हैं पर उनमें रंगभेद नहीं होता। रंगभेद का संस्कार पुराना है परंतु उसका प्रसार गुलामी की प्रथा के साथ हुआ। अंग्रेज गुलामों के व्यापार में यूरोप की दूसरी जातियों से पिछड़े हुए थे। फिर वे सबसे आगे बढ़ गए और रंगभेद के प्रसार में भी उन्हीं की भूमिका निर्णायक रही। अंग्रेजों के साथ यहां उनके वंशज अमरीकियों को भी गिन लेना चाहिए।

रंगभेद के आधार पर दक्षिण अफ्रीका के गोरे किस तरह एशियाइयों का संगठित विरोध कर रहे थे, इसकी जानकारी गाँधी वाङ्मय के अंत में दी हुई सूचनाओं से मिल जाती है। 12 नवम्बर 1896 को डरबन से गाँधीजी को तार मिला था जिससे ज्ञात हुआ कि नेटाल की संसद ने सिफारिश की थी कि भारतीयों को पृथक् बस्तियों में रहने के लिए बाध्य किया जाए। उसी वर्ष 26 नवम्बर को डरबन के गोरों ने एक आम सभा की जिसमें एशियाइयों के आगमन और वहां रहने की निंदा की गई। गाँधीजी के नाम का उल्लेख होने पर श्रोताओं द्वारा सिसकारी की परिहास सूचक आवाजें सुनाई दीं। गाँधीजी जब जहाज पर दक्षिण अफ्रीका जा रहे थे, तब क्रिसमस दिवस की सभा में उन्होंने पाश्चात्य सभ्यता पर व्याख्यान दिया। नेटाल के समाचार पत्रों ने उन पर नेटाल के गोरों की जोरदार निंदा करने और नेटाल को भारतीयों से भर देने की इच्छा का आरोप लगाया। 29 दिसम्बर को डरबन के गोरों ने अगले साल 4 जनवरी को सभा करने का एलान किया जिसमें जहाजों से उतरने पर भारतीय यात्रियों के विरोध में प्रदर्शन करने

की योजना बनानी थी। समाचार पत्र 'एशियाइयों का हमला' की कहानियों से भरे हुए थे। 2 जनवरी, 1897 को 'नेटाल एडवर्टाइजर' ने एक पत्र प्रकाशित किया जिसमें गाँधीजी और उनके मित्रों का डरबन में उतरने पर स्वागत करने की कार्रवाईयों का समर्थन किया गया था। उसी वर्ष 13 जनवरी को गाँधीजी ने कूरलैंड जहाज पर नेटाल एडवर्टाइजर के प्रतिनिधि से भेंट की। शाम को 5 बजे जहाज से उतरे और डरबन की भीड़ द्वारा उन पर हमला किया गया। 'पुलिस सुपरिंटेंडेंट' की पत्नी के बीच में पड़ने के कारण घातक प्रहारों से वह बच गए। बाद में पारसी रुस्तमजी के मकान में घेर लिए गए परंतु सुपरिंटेंडेंट उन्हें निकाल ले गए। इससे पहले 1893 की गर्मियों में गाँधीजी अध्यक्ष क्रूगर के निवास स्थान के पास पैदल पटरी से धक्के और लात मार कर धकेल दिए गए थे। इंग्लैंड में शिक्षा पाए हुए एक बैरिस्टर के साथ यदि ऐसा व्यवहार हो सकता था तो साधारण मजदूरों के साथ कैसा व्यवहार होता होगा, इसकी कल्पना की जा सकती है।

सामान्य मजदूरों के साथ जैसा व्यवहार होता था, उसका यह उदाहरण गाँधीजी ने दिया है। 1894 में बालसुंदरम् नामक एक भारतीय को उसके मालिक ने ऐसा मारा-पीटा कि उसके दो दांत करीब-करीब निकल गए। वे उसके ऊपरी होंठ में घुसकर बाहर निकल आए, जिससे इतना खून बहा कि उसकी लंबी पगड़ी तर हो गई। मार खाने के बाद वह आदमी संरक्षक के घर गया जो उसके मालिक के मकान के पास ही रहता था। संरक्षक ने खबर भेज दी वह दूसरे दिन दफ्तर में आए। तब वह आदमी मजिस्ट्रेट के पास गया। मजिस्ट्रेट ने उसकी खून में भीगी हुई पगड़ी अदालत में रखवा ली और उसे इलाज के लिए अस्पताल भिजवा दिया। अस्पताल से छुट्टी पाने के बाद वह गाँधीजी के पास आया। गाँधीजी ने उसे अपनी भाषा तमिल में शिकायत लिख देने को कहा। वह मालिक पर मुकदमा चलाना चाहता था ताकि उसका मजदूरी का इकरारनामा रद्द कर दिया जाए। गाँधीजी ने उससे पूछा : अगर तुम्हारा किसी दूसरे मालिक के पास तबादला कर दिया जाए तो क्या तुम संतुष्ट हो जाओगे? उसने हामी भरी। गाँधीजी ने उसके मालिक को पत्र लिखा कि वह उसे दूसरे मालिक के पास काम करने की आज्ञा दे दे। मालिक ने पहले अनिच्छा प्रकट की, फिर राजी हुआ। बाद में फिर मुकर गया। उसने कहा, मेरी पत्नी इस बात के लिए तैयार नहीं है।

एक धर्मोपदेशक सुंदरम् को अपने यहां काम देने पर राजी हो गये। गाँधीजी के शब्दों में : इस तरह इस दुखमय नाटक के अंतिम दृश्य पर पर्दा पड़ा। (2/17-19) लेकिन उस गोरे मालिक को इस मारपीट के लिए कोई सजा नहीं मिली। उसे अपने पक्ष में इतना ही कहना था कि मजदूर ने उसे बहुत उत्तेजित कर दिया था, इसलिए उसने उसे मारा-पीटा। ऐसा लगता है, कानून ने उसका यह तर्क स्वीकार कर लिया था। इसीलिए मालिक के तबादले पर समझौता हो गया।

गोरों की रंगभेद की नीति का विरोध करते हुए गाँधीजी ने याद दिलाया : अंग्रेज और

भारतीय एक ही इंडो-आर्यन मूल वंश की संतान हैं। (1/181) इस धारणा के समर्थन में गाँधीजी ने सर विलियम विलसन हंटर की पुस्तक इंडियन एम्पायर के कुछ अंश उद्धृत किए। उनमें अन्य बातों के अलावा यह भी कहा गया था : यूनानियों और रोमनों, अंग्रेजों और हिंदुओं के पूर्वज एक साथ एशिया में रहते थे। एक ही भाषा बोलते थे और एक से ही देवताओं की पूजा करते थे। यूरोप और भारत के प्राचीन धर्मों का मूल एक-जैसा ही था। (1/181-82)

धर्म और दर्शन में भारत की श्रेष्ठता सिद्ध करने के लिए गाँधीजी उसी पुस्तक इंडियन एम्पायर से और भी उद्धरण दिए। उनमें कहा गया था : व्यावहारिक धर्म के जो हल ब्राह्मणों ने निकाले हैं, वे हैं—तप, दान, यज्ञ और ईश्वर का ध्यान। परंतु आध्यात्मिक जीवन के व्यावहारिक प्रश्नों के अलावा धर्म की बौद्धिक समस्याएँ भी हैं, जैसे कि दुनिया की बुराइयों के साथ ईश्वर की अच्छाई का समन्वय और जीवन में सुख और दुख का विषम विभाजन। ब्राह्मणों के दर्शन ने इन समस्याओं के, दूसरी बड़ी समस्याओं के हल खोज निकाले हैं जब कि यूनान और रोमन ऋषियों, मध्यकालीन आचार्यों और आधुनिक वैज्ञानिकों को इन्होंने उलझन में डाले रखा है। उन्होंने सृष्टि की, व्यवस्था और विकास की विभिन्न कल्पनाओं में से प्रत्येक का विस्तार किया है, और आधुनिक शरीरशास्त्रियों के विचार नई सूझ-बूझ के साथ हमें कपिल के विकास-सिद्धांत की ही ओर वापस ले जाने वाले हैं। (1/183) यह सब गाँधीजी ने 1894 में उद्धृत किया था। इसका अर्थ है, राजनीतिक लड़ाई शुरू करने से पहले वह भारत के सांस्कृतिक इतिहास से यथेष्ट परिचय प्राप्त कर चुके थे और राजनीतिक लड़ाई से उस इतिहास का उपयोग कर रहे थे।

इस प्रसंग में मैक्समूलर का नाम आना अनिवार्य था। मैक्समूलर ने लिखा था : अगर मुझसे पूछा जाए कि किस देश के मानवी मस्तिष्क ने अपने कुछ सर्वोत्तम गुणों का अधिक से अधिक पूर्ण विकास किया है, जीवन की बड़ी-से-बड़ी समस्याओं पर अत्यंत गंभीरता के साथ विचार किया है और उनके ऐसे हल प्राप्त किए हैं जो प्लेटो और कांट के दर्शन शास्त्र का अध्ययन किए हुए लोगों के लिए भली भांति विचार करने योग्य है, तो मैं कहूंगा कि वह देश भारत है। और अगर मुझे अपने आप से पूछना हो कि यूरोप के हम लोग, जो लगभग यूनानी, रोमन और एक सेमेटिक जाति—यहूदी—के विचारों मात्र पर ही पालित-पोषित हुए हैं, वह संशोधन कहां के साहित्य से प्राप्त कर सकते हैं, जो हमारे जीवन को अधिक परिपक्व, अधिक व्यापक, अधिक सार्वलौकिक, दरअसल अधिक सच्चे रूप में मानवीय...बनाने के लिए नितांत आवश्यक है, तो मैं पुनः भारत की ही ओर संकेत करूंगा। (1/183) मैक्समूलर जैसे विद्वान् यूरोप की जिस संस्कृति का प्रतिनिधित्व करते थे, उससे दक्षिण अफ्रीका के गोरे जमींदारों और व्यापारियों का कोई संबंध नहीं था। ये गोरे सभ्यता की डींग हांकते थे परंतु वे न तो यूरोप की सभ्यता से परिचित थे और न भारत तथा शेष एशिया की सभ्यता से। गाँधीजी के लेखन से यह

भी विदित होगा कि राजनीतिक संघर्ष चलाने के लिए भारत के सांस्कृतिक इतिहास से परिचित होना कितना आवश्यक है।

यूरोप की संस्कृति का एक स्रोत यूनान और रोम की प्राचीन संस्कृति थी, दूसरा स्रोत यहूदियों का धर्म था। मैक्समूलर समझते थे, इन स्रोतों से जो सामग्री प्राप्त की गई है और उसके आधार पर जो जीवन-पद्धति विकसित हुई है उसमें परिवर्तन आवश्यक है। और इस परिवर्तन के लिए नई सामग्री भारत से ही प्राप्त हो सकती है। जर्मन विद्वान् शोपेनहावर उपनिषदों के परम प्रशंसक थे। उनका कथन भी गाँधीजी ने उद्धृत किया था : एक-एक वाक्य से मौलिक और उदात्त विचार उदित होते हैं और संपूर्ण वस्तु एक उच्च, पवित्र तथा उत्कट भावना से व्याप्त है। हम भारतीय वातावरण और सगोत्र आत्माओं के मौलिक विचारों में लीन हो जाते हैं...सारे संसार में मूल तत्वों को छोड़कर और किसी वस्तु का अध्ययन इतना लाभदायक और इतना उन्नयनकारी नहीं है, जितना कि उपनिषदों का। उससे मुझे जीवन में समाधान मिला है और मृत्यु में भी समाधान मिलेगा। (1/183-184)

यह बात बहुत दिलचस्प है कि भारत की वैज्ञानिक उपलब्धि दिखाने के लिए गाँधीजी ने विलियम हंटर की पुस्तक से पाणिनि संबंधी अंश चुना है। यूरोप और भारत में भाषाविज्ञान की प्रगति की तुलना करते हुए विलियम हंटर ने लिखा था : पश्चिम के वैयाकरण जब भाषा विज्ञान का विवेचन आकस्मिक समानताओं के आधार पर कर रहे थे, उस समय भारत में उसे मूलभूत सिद्धांतों का रूप मिल चुका था। आधुनिक भाषा विज्ञान का आरंभ तो तब हुआ जब यूरोपीय विद्वानों ने संस्कृत का अध्ययन किया... पाणिनि के व्याकरण का स्थान संसार के व्याकरणों में सर्वोच्च है...संपूर्ण संस्कृत भाषा को उसके द्वारा तर्कसंगत और व्यवस्थित रूप में प्रस्तुत कर दिया गया है। और वह मानवीय आविष्कार और उद्योग की एक शानदार सिद्धि के रूप में दैदीप्यमान है। (1/184) यह सब 100 वर्ष से पहले लिखा गया था और गाँधीजी ने 100 वर्ष से पहले यह सब पढ़ा था और उसे गोरे उपनिवेशवादियों के सामने भारत की श्रेष्ठता प्रमाणित करने के लिए पेश किया था।

भारत ने अनेक दिशाओं में तुलनात्मक अध्ययन के लिए सामग्री प्रदान की थी। इनमें तुलनात्मक न्यायशास्त्र के विकास की संभावना शामिल थी। एच. एस. मेन ने लिखा था : भारत ने दुनिया को तुलनात्मक भाषा शास्त्र दिया है और ऐसी पौराणिक कथा सामग्री भी प्रदान की है, जिससे पुराणों का तुलनात्मक अध्ययन संभव हुआ है। वह अभी एक और नया शास्त्र दे सकता है। उसका महत्व भाषाशास्त्र और लोक कथा-शास्त्र से कम न होगा। मुझे उसको तुलनात्मक न्याय-शास्त्र कहने में संकोच है, क्योंकि यदि कभी उसका आविर्भाव हुआ तो उसका क्षेत्र कानून के क्षेत्र से बहुत विस्तृत होगा। कारण यह है कि भारत में एक ऐसी आर्य भाषा मौजूद है (या अधिक सही कहा जाए तो मौजूद रही है) जो उसी सर्वसामान्य मातृभाषा से निकली अन्य सब भाषाओं से पुरानी है।

उसके पास प्राकृतिक पदार्थों के ऐसे अनेकानेक नाम भी हैं, जो काल्पनिक व्यक्तियों के अर्थ में उतने रूढ़ नहीं हुए जितने कि अन्य देशों में। इसके अलावा असंख्य आर्य संस्थाएँ, आर्य प्रथाएँ, आर्य कानून, आर्य विचार और आर्य विश्वास उसके पास सुरक्षित हैं। उसकी सीमा के बाहर इनमें से भी जो वस्तुएँ अब भी अवशिष्ट रह गई हैं, उन सबकी अपेक्षा वे विकास तथा वृद्धि की अधिक प्राचीन अवस्था में है। (1/184) यहां जिन स्थापनाओं का उल्लेख है, उनमें प्रायः सभी पर विवाद संभव है। परंतु सामान्य बात यह है कि यूरोप में ऐसे लेखक थे जो भारत का सांस्कृतिक महत्व पहचानते थे। उसका विश्लेषण करते थे और उस पर विचार करने के लिए विद्वानों को आमंत्रित करते थे।

भारत में केवल धर्म और देवकथाओं का विकास नहीं हुआ। यहां ज्ञान-विज्ञान की अनेक शाखाओं का विकास भी हुआ है। एच. एस. मेन ने भारतीय खगोल शास्त्र के बारे में लिखा था : ब्राह्मणों के खगोल शास्त्र की कभी बहुत अधिक सराहना हुई है, कभी अनुचित तिरस्कार हुआ है... कुछ बातों में ब्राह्मण यूनानी खगोल विज्ञान से आगे बढ़ गए थे। उनकी कीर्ति सारे पश्चिम में फैली और उसे 'क्रॉनिकल पास्केल' में स्थान मिला। (इस पुस्तक के बारे में संपादकीय पाद-टिप्पणी है : ईसाइयों की पौराणिक पुस्तक जिसमें आदम से लेकर सन् 329 ईस्वी तक की सृष्टि-कथा का कालक्रम दिया गया है। माना जाता है कि यह सातवीं शताब्दी में लिखी गई थी।) आठवीं और नौवीं शताब्दी में अरब लोग उनके शिष्य बन गए। (1/184-85)

गणित के विकास पर एच. एस. मेन ने लिखा था : बीजगणित और अंकगणित में ब्राह्मणों ने पश्चिमी सहायता के बिना स्वतंत्र रूप से ऊंचे दर्जे की दक्षता प्राप्त कर ली थी। दशमलव प्रणाली के आविष्कार का उनका हम पर ऋण है...। अरबों ने ये अंक हिंदुओं से प्राप्त करके यूरोप में फैलाये...। गणित और यंत्रशास्त्र पर भारतीय भाषाओं में प्रकाशित ग्रंथों की संख्या 1877 में 89 और 1882 में 166 थी। एच. एस. मेन ने भारतीय चिकित्सा-विज्ञान के बारे में लिखा था : ब्राह्मणों ने चिकित्सा शास्त्र का विकास भी स्वतंत्र रूप से किया...। पाणिनि के व्याकरण में विशेष रोगों के जो नाम पाए जाते हैं, उनसे मालूम होता है कि चिकित्सा शास्त्र का विकास उनके काल (सन् 350 ईसा पूर्व) के पहले हो चुका था...। अरब चिकित्सा-प्रणाली की आधारशिला संस्कृत ग्रंथों के अनुवादों पर रखी गई...। यूरोपीय चिकित्सा शास्त्र का आधार 17वीं शताब्दी तक अरब चिकित्सा शास्त्र ही था। 1877 में भारतीय भाषाओं में चिकित्सा शास्त्र पर 130 और 1882 में 212 ग्रंथ प्रकाशित हुए थे। प्राकृतिक विज्ञान पर जो 87 ग्रंथ प्रकाशित हुए वे इनमें शामिल नहीं हैं।(1/185)

गाँधीजी तो अहिंसावादी थे। परंतु भारत में युद्ध शास्त्र का विकास हुआ था इस पर उन्होंने ध्यान दिया। मेन ने कहा था : ब्राह्मण लोग केवल चिकित्सा शास्त्र को ही नहीं, बल्कि युद्ध कला, संगीत और शिल्प कला को भी अपने देव प्रेरित ज्ञान के पूरक अंग समझते थे...। संस्कृत महाकाव्य से सिद्ध होता है कि युद्ध कला को ईसा के जन्म के

पूर्व ही एक सर्वसामान्य ज्ञान की अवस्था प्राप्त हो चुकी थी। संस्कृत में लिखे गये पुराणों में लंबे-लंबे परिच्छेदों में उसका व्यवस्थित वर्णन किया गया है। भारतीय संगीत कला का प्रभाव अधिक व्यापक हुए बिना रह नहीं सकता था...। यह स्वरलिपि ब्राह्मणों के पास से ईरानियों के द्वारा अरब पहुंची। वहां से बाद को गाइडो ड औरेंजों ने 11वीं शताब्दी के आरंभ में इसे यूरोपीय संगीत में दाखिल किया।(1/185)

संगीत के अतिरिक्त अन्य कलाओं का विकास भी भारत में हुआ था। गाँधीजी ने उसे महत्वपूर्ण माना था। मेन ने इस बारे में लिखा था : भारत के बौद्ध लोग पत्थर की भवन-निर्माण कला में अत्यंत कुशल थे। उनके विहार और मठ 22 शताब्दियों के कला-इतिहास का परिचय देने वाले हैं, जो पर्वत शिलाओं को काटकर बनाए गए। प्राचीनतम गुहा-मंदिरों से लेकर ईंट चूने के बने, झिलमिलाते हुए और अलंकारों से अति-सज्जित आधुनिकतम जैन मंदिरों तक में प्रदर्शित हैं। असंभव नहीं कि यूरोप के गिरजाघरों की मीनारें बौद्ध स्तूपों से ही विकसित हुई हों। हिंदू कलाकारों ने ऐसे स्मारक बना रखे हैं जो इस युग में बरबस हमें कौतूहल और आश्चर्य में डाल देते हैं। दक्षिण भारत के अनेक हिंदू मंदिरों के साथ-साथ, ग्वालियर के राजमहल की हिंदू स्थापत्य-कला, भारतीय मुसलमानों की मस्जिदें और दिल्ली तथा आगरा के मकबरे अपने सौन्दर्य, रूपरेखा और प्रचुर अलंकार-संपत्ति में कोई शानी नहीं रखते। हमारे युग की ब्रिटिश अलंकार कला ने भारतीय आकृतियों और नमूनों से बहुत कुछ ग्रहण किया है। सच्चे स्वदेशी नमूनों की भारतीय कलाकृतियों का अब भी यूरोप की अंतरर्राष्ट्रीय कला प्रदर्शनियों में अधिकतम सम्मान होता है। (1/185-86) अंग्रेजों ने कानून बनाकर अपने यहां भारतीय वस्त्रों की बिक्री पर तो रोक लगा दी पर भारतीय कला की प्रदर्शनियां अब भी यहां आयोजित होती थीं और उनसे लोगों को भारतीय संस्कृति का ज्ञान होता था।

भारतीय स्थापत्य-कला की परम उपलब्धि ताजमहल है। उसके बारे में गाँधीजी ने एंड्रू कार्नेगी की पुस्तक से एक अंश उद्धृत किया है। इसमें दो बातें ध्यान देने की हैं। एक तो पत्थर का रंग जो मनुष्य के मन को प्रभावित करता है, दूसरी उसकी सुकुमारता। कार्नेगी ने लिखा था : कुछ विषय इतने पवित्र होते हैं कि उनका विश्लेषण तो क्या, वर्णन भी नहीं किया जा सकता। और अब मैं मनुष्य की बनाई एक ऐसी इमारत को जानता हूं जिसकी उत्कृष्टता या अलौकिकता ने उसे ऐसा ही पवित्र विषय बना दिया है। ताजमहल हलके सफेद संगमर्मर का बना है, जिससे वह दर्शक को ठिठुरा नहीं देता, जैसा कि शुद्ध ठंडा सफेद संगमर्मर करता है...। इस मखनिया संगमर्मर में संगमूसा की बारीक काली रेखाओं की पच्चीकारी की गयी है और कहा जाता है, इस प्रकार अरबी लिपि में पूरी की पूरी कुरानशरीफ अंकित कर दी गई है...। चाहे पहाड़ी झरनों के बीच हो, चाहे छिटकी हुई चांदनी में और चाहे जंगल में सैर करते हुए हो, जब तक मैं मरता नहीं, जहां-कहीं भी और जब-कभी भी ऐसा मनोभाव पैदा होगा, जिसमें वह सब जो

अत्यंत पवित्र, अत्यंत उन्नत और अत्यंत शुद्ध है, शांत-स्थिर मानस पर अपना तेज बरसाने के लिए लौटता है, तब और तहां ही मेरी संचित निधियों में उस सुकुमार मोहिनी—उस ताजमहल की स्मृति पाई जाएगी।(1/186)

विधि व्यवस्था के विकास के बारे में गाँधीजी ने मनुस्मृति का उल्लेख किया और उसके बारे में एच. एस. मेन की राय उद्धृत की। उसके बाद उन्होंने नाट्य कला के बारे में लिखा और शकुंतला नाटक के बारे में गेटे ने जो बातें कहीं थीं, उन्हें उद्धृत किया। भारतीय चरित्र के बारे में मेगस्थनीज़ ने जो कुछ कहा था, उसका हवाला हंटर की पुस्तक इंडियन एम्पायर से दिया। यह तो पुरानी बात हुई। 19वीं शताब्दी में बिशप हेबर ने समकालीन भारतवासियों के चरित्र के बारे में लिखा था : जहां तक उनके स्वाभाविक चरित्र का संबंध है, समग्रतः मेरा बहुत अद्‌भुत अभिप्राय बना है। वे बड़े ऊंचे और बहादुराना साहस वाले पुरुष हैं—शिष्ट, बुद्धिमान और ज्ञान तथा सुधार के लिए अत्यंत उत्सुक... वे संयमी हैं, उद्योगी हैं, अपने माता-पिता के प्रति कर्तव्यनिष्ठ और अपने बच्चों के प्रति स्नेहशील हैं।(1/187-88)

भारतवासियों के चरित्र के बारे में सर टामस मनरो, पिनकॉट आदि के भी गाँधीजी ने उद्धरण दिए। 19वीं सदी में पिनकॉट हिन्दी भी लिखते थे। भारतेन्दु हरिश्चन्द्र से उनकी मैत्री थी। उन्होंने लिखा था : तमाम सामाजिक बातों में अंग्रेज लोग हिंदुओं के गुरु बनने के प्रयत्न करने की अपेक्षा उनके चरणों के पास बैठने और शिष्य बनकर उनसे शिक्षा लेने के ही बहुत अधिक योग्य हैं।(1/189)

जिस भारत की ऐसी सांस्कृतिक उपलब्धियां हैं, उस पर अंग्रेजों ने अधिकार किया। उसके उद्योग और व्यापार का नाश किया। उद्योग प्रधान देश को खेतिहर देश बनाया। भारत के भिन्न-भिन्न भागों में लाखों आदमियों ने अकाल में जान गंवाई और भुखमरी से बचने के लिए हजारों भारतवासी दूर-दूर अंग्रेजों के उपनिवेशों में उनकी गुलामी करने पहुंचे। वहां उन्होंने अंग्रेजों के विरुद्ध संघर्ष किया और गाँधीजी के नेतृत्व में संस्कृति का नया अध्याय लिखा।

दक्षिण अफ्रीका में साम्राज्य विरोधी आंदोलन

(क) आन्दोलन और पत्रकारिता

भारत से अफ्रीका में व्यापारी व्यापार करने और मजदूर मजदूरी करने गए थे। इनके साथ कुछ अन्य स्तरों के लोग भी थे। 19वीं सदी के अंतिम चरण में इन लोगों के बीच राजनैतिक आंदोलन चलाना आसान काम नहीं था।

राजनीति के प्रति भारतवासियों की उदासीनता के बारे में गाँधीजी ने सितम्बर 1895

में लिखा था : इस विषय में कोई मतभेद नहीं हो सकता कि भारतीय साधारणतः राजनीति में सक्रिय हस्तक्षेप नहीं करते। उन्होंने कभी किसी स्थान पर राजनीतिक सत्ता हड़पने का प्रयत्न नहीं किया। उनका धर्म (चाहे वे मुस्लिम हों चाहे हिंदू, युग-युग की शिक्षा सिर्फ नाम बदल जाने से मिट नहीं जाती) उनको भौतिक प्रवृत्तियों के प्रति उदासीन रहना सिखाता है। (पाठक यहां नोट करें; धर्म भारतवासियों को क्या सिखाता रहा है और गाँधीजी भौतिक प्रवृत्तियों के प्रति भारतवासियों की उदासीनता के बारे में क्या सोच रहे हैं अवश्य ही राजनैतिक आंदोलन से वह धर्म के इस प्रभाव को मिटा रहे थे और जिन भौतिक प्रवृत्तियों के प्रति भारतवासी उदासीन थे, उनके प्रति आकर्षित कर रहे थे। उन्हें अपनाने की सलाह दे रहे थे।) स्वाभाविक है कि जब तक वे इज्जत के साथ आजीविका कमा सकते हैं, तब तक उन्हें संतोष रहता है। मैं यह कहने की स्वतंत्रता लेता हूं कि अगर उनके व्यापार-धंधे को कुचलने का प्रयत्न न किया गया होता, अगर उन्हें समाज के अछूतों के दर्जे पर गिराने के प्रयत्न न किए गए होते और उन प्रयत्नों को बार-बार दोहराया न गया होता, अगर सचमुच उन्हें सदा के लिए 'लकड़हारे और पनिहारे' बनाकर अर्थात् सदा के लिए गिरमिटिया या उससे बहुत ज्यादा मिलती-जुलती हालत में रखने का प्रयत्न न किया गया होता, तो मताधिकार संबंधी आंदोलन होता ही नहीं।(1/288)

आंदोलन शुरू करने से पहले गाँधीजी ने बरसों तक प्रचार किया। ऊपर से देखने में ऐसा लग सकता है कि इस प्रचार में वह बार-बार साम्राज्य के प्रति अपनी वफादारी की घोषणा कर रहे हैं। किंतु इस साम्राज्य के अंतर्गत एक उपनिवेश में हिंदुस्तानियों के साथ जो व्यवहार हो रहा था, उसके प्रति भी वह उन्हें सचेत कर रहे थे। वह भारत के अखबारों में लिखते थे और जहां उनके लेख छपने की गुंजाइश होती थी, वहां अफ्रीकी अखबारों में भी लिखते थे। जून 1903 में उन्होंने मनसुखलाल नाजर के संपादन में इंडियन ओपीनियन नाम के पत्र का प्रकाशन शुरू करवाया। इस पत्र में उनका अग्रलेख छपा था। उस लेख के बारे में संपादकीय टिप्पणी है : गाँधीजी का यह अग्रलेख इंडियन ओपीनियन के प्रवेशांक के अंग्रेजी खंड में और उसका अनुवाद गुजराती, हिंदी तथा तमिल खंडों में भी प्रकाशित हुआ था। यह उनके नाम से नहीं था।(3/406) व्यापारियों में गुजरातियों की और मजदूरों में तमिलों तथा हिंदियों की संख्या ज्यादा थी। उन्हीं को ध्यान में रखकर यह पत्र चार भाषाओं में निकाला गया था। लेख के आरंभ में गाँधीजी ने लिखा : "इस समाचार पत्र की जरूरत के बारे में हमारे मन में कोई संदेह नहीं है। भारतीय समाज दक्षिण अफ्रीका के राजकीय शरीर का निर्जीव अंग नहीं है। उसे जीवंत अंग सिद्ध करने के लिए यह पत्र निकाला गया है "और इसलिए उसकी भावनाओं को प्रकट करने वाले और विशेष रूप से उसके हित में संलग्न समाचार पत्र का प्रकाशन अनुचित नहीं समझा जाएगा।" लेख के मध्य में गाँधीजी ने लिखा : "देश में जो रीति-परंपराएँ आवश्यक नैतिक मार्गदर्शन के द्वारा त्रुटियों का परिमार्जन करती रहती हैं,

दक्षिण अफ्रीका में बसे हुए हमारे भारतीय उनके नेतृत्व से वंचित हैं। जो यहां कम उम्र में आ गए या जो यहीं पैदा हुए उन्हें अपनी मातृभूमि के इतिहास या महानता को जानने का अवसर नहीं मिल पाया। यह हमारा कर्तव्य होगा कि हम यथाशक्ति इंग्लैंड, भारत और इस उपमहाद्वीप के समर्थ लेखकों के लेख देकर उन्हें पूरा करें।" (3/406) भारत के इतिहास का ज्ञान और भारत के महत्व की पहचान गाँधीजी के प्रचार कार्य की आधारशिला थी। अंत में उन्होंने लिखा था : "जो महान एंग्लो सैक्सन कौम सप्तम एडवर्ड को अपना राजाधिराज कहती है, क्या हम उससे भी यही आशा नहीं कर सकते? क्योंकि हमारा ध्येय इस एक शक्तिशाली साम्राज्य के अनेक वर्गों में सद्भाव तथा प्रेम बढ़ाने के अतिरिक्त और कुछ भी नहीं है।" (3/406-7) अखबार से घाटा होता था। उससे बचने के लिए यह तरकीब निकाली गई कि छापाखाने में काम करने वाले लोगों को भागीदार, या भागीदार जैसा, बना दिया जाए। हिंदी के माध्यम से विभिन्न भाषाएँ बोलने वाले लोगों के बीच सम्पर्क स्थापित किया जा सकता है, यह नीति अभी निर्धारित न हुई थी। गाँधीजी के सहयोगियों में कुछ अंग्रेज भी थे। हर्बर्ट किचिन, हेनरी पोलक और जोसफ डोक ने भी इस पत्र का संपादन किया था। यह पत्र लोगों को शिक्षित करने के लिए था और उन्हें सूचनाएँ देने के लिए भी था। आंदोलन के लिए इस तरह के पत्रों के महत्व के बारे में गाँधीजी ने लिखा था : मेरी मान्यता है कि जिस लड़ाई का आधार आंतरिक बल हो वह लड़ाई अखबार के बिना नहीं चलाई जा सकती है। किंतु साथ ही मेरा अनुभव यह भी है कि इंडियन ओपीनियन के होने से हमें कौम को आसानी से शिक्षा दे सकने और संसार में जहां-जहां हिंदुस्तानी रहते थे, वहां-वहां हमारी हलचलों की खबरें भेजते रहने में आसानी हुई। ये सब काम कदाचित् किसी दूसरी रीति से नहीं किए जा सकते थे। इसलिए यह निश्चित रूप से कहा जा सकता है कि लड़ाई के साधनों में इंडियन ओपीनियन भी एक बहुत उपयोगी और सबल साधन था।(29/109-10)

पहले इस पत्र में विज्ञापन भी छपते थे। कौन-से विज्ञापन दिए जाएँ और कौन से न दिए जाएँ, यह तय करने में काफी समय नष्ट होता था। अंत में तय हुआ, विज्ञापन देना बंद कर दिया जाए। जो समय विज्ञापन छांटने में लगाया जाता था, वह पत्र को अधिक सुंदर और प्रभावशाली बनाने में खर्च किया जाए। जो पत्र जनता की सेवा के लिए हो, उसे जनता कैसे अपनाती है, इसका विवरण पढ़कर 'लोक युद्ध' और 'पीपुल्स वॉर' के प्रारंभिक दिनों की याद आती है। अंतर यह है कि इन पत्रों में शुरू में विज्ञापन न छपते थे, बाद में छपने लगे जब इनका नाम बदल गया, और 'इंडियन ओपीनियन' में शुरू से ही विज्ञापन छपते थे, बाद में बंद कर दिए गए। कम्युनिस्ट पार्टियों से संबंधित कई लोग यह कहते हैं कि उनके अखबार बिकते नहीं, जितनी संख्या में उन्हें छपना चाहिए उतनी संख्या में छपते नहीं। गाँधीजी ने लगभग सौ वर्ष पहले दक्षिण अफ्रीका में जो कुछ इस दिशा में किया था, वह आज के वामपंथी पत्रकारों के लिए प्रेरणादायक हो सकता है।

गाँधीजी ने लिखा था : जो लोग विज्ञापन आदि की झंझट में पड़े थे, वे अखबार को सुंदर बनाने के कार्य में जुट गए। हिंदुस्तानी जाति ने तुरंत समझ लिया कि इंडियन ओपीनियन उसकी अपनी मिल्कियत है और उसको चलाने की जिम्मेदारी भी उसी की है। हम सभी कार्यकर्ता निश्चिंत हो गए। हमें इतनी ही चिंता करनी रह गई कि यदि जाति अखबार की मांग करती रहे तो उसको निकालने में पूरी मेहनत करें। हमें किसी का हाथ पकड़कर इंडियन ओपीनियन खरीदने के लिए कहने में भी संकोच न रहा। इतना ही नहीं, बल्कि हम सभी को उसे खरीदने के लिए कहना अपना कर्तव्य मानने लगे। इंडियन ओपीनियन का आंतरिक बल और रूप भी बदल गया और वह एक महान शक्ति बन गया। जहां सामान्यतः उसके 1200 से 1500 तक ग्राहक होते थे, वहां अब उनकी संख्या दिन प्रतिदिन बढ़ने लगी। अखबार का मूल्य बढ़ाना पड़ा था, फिर भी जब आंदोलन ने उग्र रूप लिया तब उसकी ग्राहक संख्या 3500 तक बढ़ गई थी। इंडियन ओपीनियन के पाठकों की संख्या 20 हजार तक रही होगी। इनमें 3000 से अधिक प्रतियों का खरीद कर पढ़ा जाना पत्र का आश्चर्यजनक प्रचार माना जा सकता है। जाति ने इस अखबार को इतना अपना लिया था कि यदि निश्चित समय पर वह कभी जोहानिसबर्ग में न पहुंच पाता तो मेरे पास शिकायतों का ढेर लग जाता। अखबार प्रायः रविवार के सबेरे जोहानिसबर्ग पहुंचता था। मुझे मालूम है कि बहुत से लोग अखबार आते ही पहला काम यह करते थे कि उसके गुजराती भाग को आदि से अंत तक पढ़ जाते। कोई एक व्यक्ति अखबार पढ़ता और 10-5 लोग उसके इर्द-गिर्द बैठकर उसे सुनते। कुछ लोग गरीब होने के कारण मिल-जुलकर भी अखबार खरीदते थे।(29/110-11) यह सब हिंदुस्तान के बाहर हुआ था, कुछ वैसा ही हिंदुस्तान के भीतर हुआ था और इस देश के भीतर फिर हो सकता है। प्रेस ने खुदरा काम बंद कर दिया और लोगों को शिक्षित करने के लिए पुस्तकें भी प्रकाशित कीं। कुछ इस तरह का काम गाँधीजी से पहले हिंदी प्रदेश में भारतेन्दु युग के पत्रकारों ने भी किया था।

आंदोलन चलाने के लिए सभाएँ करना भी जरूरी था। जब आंदोलन में कानून तोड़ना शामिल नहीं था, राजनीतिक गतिविधि प्रार्थना पत्रों और आवेदनों तक सीमित थी, तब सभाएँ इमारतों के बड़े-बड़े कोठों में हो सकती थीं। परंतु जैसे ही आंदोलन का प्रसार हुआ, वैसे ही कोठों में सभाएँ करना असंभव हो गया। सभा में आने वालों की संख्या बढ़ती गई। इसलिए खुले मैदान में सभाएँ करना आवश्यक हुआ। आज हम किसी भी सामाजिक-राजनीतिक समस्या पर खुले मैदान में सभाएँ करने के आदी हो गए हैं। परंतु इस चलन की शुरुआत दक्षिण अफ्रीका में हुई थी। भारत के राजनीतिक इतिहास के लिए इस शुरुआत का महत्व है। गाँधीजी ने इस संबंध में लिखा था : जुलाई का महीना पास आ गया था। इसलिए उसके पहले ट्रांसवाल की राजधानी प्रिटोरिया में एक वृहद सभा करने का निश्चय किया गया। उसमें दूसरे शहरों में से भी प्रतिनिधि बुलाए गए। सभा खुली जगह में प्रिटोरिया की मस्जिद के चौगान में की गई। सत्याग्रह

आरंभ होने के बाद सभाओं में इतने लोग आने लगे थे कि किसी भवन में सभा करना संभव नहीं था। पूरे ट्रांसवाल में हिंदुस्तानियों की आबादी 13 हजार से अधिक नहीं थी, किंतु इसमें से 10 हजार से ज्यादा लोग तो जोहानिसबर्ग और प्रिटोरिया में ही रहते थे। इस संख्या की आबादी में से 5-6 हजार लोगों का किसी भी सभा में आ जाना कहीं भी बहुत और संतोषजनक माना जाएगा। सामूहिक सत्याग्रह की लड़ाई किसी दूसरी तरह नहीं लड़ी जा सकती। जो लड़ाई अपनी ही शक्ति पर अवलम्बित हो और उसके लिए सार्वजनिक शिक्षण न दिया जाए तो वह आगे नहीं बढ़ सकती। इसलिए हम कार्यकर्ताओं को इतने लोगों का उपस्थित हो जाना आश्चर्यजनक नहीं लगता था। हमने पहले से ही यह निश्चय कर लिया था कि अब सार्वजनिक सभा खुले मैदान में ही की जानी चाहिए ताकि खर्च भी कुछ न हो और लोगों को जगह की तंगी के कारण लौटकर भी न जाना पड़े। यहां यह भी उल्लेखनीय है कि इन सभी सभाओं में प्रायः पूर्ण शांति रहती थी। उनमें उपस्थित सभी लोग सारी बातें ध्यानपूर्वक सुनते थे। यदि कुछ लोगों को सभा में दूर खड़े होने के कारण भाषण सुनाई नहीं देता था तो वे वक्ता से जोर से बोलने की प्रार्थना करते थे। पाठकों को यह बताने की जरूरत नहीं होनी चाहिए कि ऐसी सभाओं में कुर्सियों की व्यवस्था तो की ही नहीं जा सकती थी। सब लोग जमीन पर ही बैठ जाते थे। केवल अध्यक्ष, भाषणकर्ता और दूसरे दो-चार लोगों के बैठने लायक मंच बना लिया जाता था और उस पर एक छोटी मेज और दो-चार कुर्सियां या चौकियां रख ली जाती थीं।(29/100-101) सभा में बोलने के लिए बुलंद आवाज और मजबूत काठी की आवश्यकता थी इसलिए कि तब माइक्रोफोन का चलन न हुआ था।

दक्षिण अफ्रीका में हिंदुस्तानियों को जगह-जगह गोरों से अपमानित होना पड़ता था। गाँधीजी ने उनके मान-अपमान को समस्त भारतीय जनता के मान-अपमान से जोड़ा। भारतीय होने का गर्व जगाया और उनसे कहा : "तुम्हें गुलामों की तरह नहीं रहना, भारतीय होने के नाते तुम्हें पूरे राष्ट्र के आत्मसम्मान की रक्षा करना है।" जैसे आज अमेरीका में रहने वाले भारतीयों के हृदय में अपने देश के प्रति सम्मान की भावना जगाना कठिन है, वैसे ही दक्षिण अफ्रीका के व्यापारियों के बीच राष्ट्रीय आत्मसम्मान की भावना जगाना कठिन था। पर गाँधीजी ने यह काम किया। 1904 में उन्होंने कहा था : यह नहीं हो सकता कि उपनिवेश अनिश्चित काल तक गुस्ताखी से 30 करोड़ भारतीयों को अपमानित करते रहें और उनकी भावनाओं को कटु बनाते रहें। (4/319) 1905 में गाँधीजी ने गिरमिट प्रथा को 'राष्ट्रीय कलंक' कहा।(13/136) भारत में रहने वाली जनता से प्रवासी भारतीयों का संबंध जोड़ते हुए 1919 में उन्होंने कहा : दक्षिणी अफ्रीका, पूर्वी अफ्रीका और फिजी आज हमारे लिए समस्याएँ प्रस्तुत करके उनका समाधान मांग रहे हैं और हमारी राष्ट्रीय क्षमता को चुनौती दे रहे हैं। जब तक अपने छोटे-से-छोटे देशवासी के लिए भी हमारे मन में वैसा ही दर्द नहीं होता जैसा कि अपने लिए है, तब तक यह नहीं कहा जा सकता कि हमारे अंदर राष्ट्रीय चेतना है। हमारे वे

देशवासी जो संसार के विभिन्न भागों में जाकर बस गए हैं, नेतृत्व, सहायता और रक्षा के लिए हमारी ओर आंखें लगाए हुए हैं।(16/360) राष्ट्रीय चेतना आवश्यक है, उस समय इसे सिद्ध करना आवश्यक नहीं था। पर हमने अब इतनी प्रगति कर ली है कि इसे सिद्ध करना आज आवश्यक हो गया है।

हिंदुस्तानी दस उंगलियों के निशान दें, परवाना हासिल करें तब दक्षिण अफ्रीका में रहें, यह कानून लागू होने जा रहा था और इसका विरोध करना था। दक्षिण अफ्रीका के गोरे शासक यह न चाहते थे कि आंदोलन शुरू किया जाए। वे चिंतित थे क्योंकि गाँधीजी के शब्दों में—"एक पूरी जाति को बलपूर्वक झुकाना किसी को अच्छा नहीं लग सकता।" (29/101) सवाल कुछ व्यापारियों को नहीं, पूरी जाति को झुकाने का था। हिंदुस्तानियों से सहानुभूति रखने वाले एक सज्जन हॉस्कैन थे। वह प्रिटोरिया की सभा में हिंदुस्तानियों के लिए जनरल बोथा का संदेश लेकर आए। बोथा ने हिंदुस्तानियों से हमदर्दी जाहिर की। साथ ही कहा : "हम लाचार हैं। ट्रांसवाल के सभी गोरे कानून बनाने का आग्रह किए हुए हैं। मैं स्वयं भी इस कानून को जरूरी समझता हूं। ट्रांसवाल सरकार में कितनी शक्ति है इस बात को हिंदुस्तानी जानते हैं। साम्राज्य सरकार ने इस कानून को स्वीकार कर लिया है। हिंदुस्तानी कौम ने जितना हो सका, उतना किया और अपनी प्रतिष्ठा की रक्षा की। किंतु जब कौम का विरोध सफल न हुआ और यह कानून मंजूर हो गया, तब कौम को उस कानून को मान लेना चाहिए और अपनी राजभक्ति और शांतिप्रियता सिद्ध करनी चाहिए।" हास्कैन ने बोथा का संदेश सुनाया और अपनी ओर से कहा : मैं भी आपको यह सलाह देता हूं कि आप जनरल बोथा की इस सलाह को मान लें। मैं जानता हूं कि ट्रांसवाल की सरकार इस कानून के संबंध में दृढ़ है। उसका विरोध करना दीवार से सिर मारना है। मैं चाहता हूं कि आपकी जाति इसका विरोध करके तबाह न हो और व्यर्थ कष्ट न पाए।(29/101-2)

गाँधीजी ने कहा : श्री हॉस्कैन ने अध्यादेश के बारे में बहुत-सी बातें समझाई हैं। उन्होंने इस संकट के समय भारतीयों के साथ सहानुभूति भी प्रकट की है। परंतु उनका ख़याल है कि यद्यपि हमारे संघर्ष का आरंभ सही विचारों से हुआ है, हम गुमराह कर दिए गए हैं। हमें अध्यादेश को मान लेना चाहिए, अर्थात् अध्यादेश के पीछे छिपी जबर्दस्ती तथा दसों उंगलियों की छाप वाले हुक्म के सामने भारतीयों को अपना सिर झुका लेना चाहिए।... श्री हास्कैन ने हमें बताया है कि एशियाई पंजीयन कानून के पीछे गोरे निवासियों के लोकमत का बल है, इसलिए उसको पलटा नहीं जा सकता। उसके सामने झुकना ही होगा। परंतु मैं उसे अवश्यंभावी नहीं मानता। अवश्यंभावी तो यह है कि जिन ब्रिटिश भारतीयों को इस देश में मताधिकार नहीं है, जिनकी कोई पूछ नहीं है, जिनके प्रार्थना पत्र रद्दी की टोकरी में फेंक दिए जाते हैं और जिनके लिए विधान सभा में एक आदमी ने भी अपनी आवाज़ नहीं उठाई है और तो और, खुद श्री हॉस्कैन भी जिनके पक्ष में एक शब्द नहीं कह सके, क्योंकि वह जानते थे कि उन्हें सुसंगठित और ठोस

विरोध का सामना करना पड़ेगा—वे भारतीय इस कानून का विरोध करें। ऐसी स्थिति में अवश्यंभावी है, ईश्वर की इच्छा के सामने ही अपना सिर झुका देना। अगर उसकी यह इच्छा है कि पूरे के पूरे 13 हजार भारतीय अपने सर्वस्व का बलिदान कर दें, इस संसार में हमें आर्थिक लाभ पहुंचाने वाली जो भी चीजें हैं, उन सबको छोड़ दें, तो भारतीयों को इस नियति के सामने सिर झुकाना है। परंतु इस अपमान और नीचे गिराने वाले कानून को हरगिज नहीं मानना है। श्री हॉस्कैन के प्रति पूर्ण आदर रखते हुए भी मेरा विचार है कि वह अपनी चमड़ी का रंग नहीं बदल सकते। और न ही वह इस देश में रहने वाले भारतीयों को उनके जीवन-मरण के संबंध में सलाह दे सकते हैं।(7/134-40)

सभाओं में तय हुआ कि कोई आदमी परवाना लेने न जाएगा। परंतु कुछ लोग चोरी-छिपे परवाना लेने जाने लगे। उन्हें रोकने के लिए परवाना दफ्तर पर धरना दिया गया। इसके लिए प्रशिक्षित स्वयंसेवक भेजे गए। भारत में धरना देना अब आम बात हो गई है। इसकी शुरुआत भी दक्षिण अफ्रीका से हुई थी।

गाँधीजी जिस तरह हृदय-परिवर्तन के द्वारा आंदोलन चलाने की बात कर रहे थे, उसमें एक मंजिल तक सरकार से समझौता करना अनिवार्य था। गाँधीजी पकड़े गये, जेल भेजे गये। फिर समझौते की बात शुरू हुई। गाँधीजी ने अपने सहयोगियों से सलाह करके समझौता कर लिया।

(ख) आन्दोलन और समझौता

आम जनता को राजनैतिक रूप से शिक्षित करना कितना कठिन है, इसके दो उदाहरण हमें मिलते हैं, पहला समझौते के पहले का और दूसरा उसके बाद का। हॉस्कैन ने परवाना संबंधी कानून मान लेने की सलाह दी। गाँधीजी ने उसका विरोध किया। इसके बाद भी हॉस्कैन तालियों की गड़गड़ाहट के बीच वहां से विदा हुए। (29/102) इसका अर्थ है, गाँधीजी की बातों का बहुत कम असर उन लोगों पर हुआ। समझौते का मसौदा सम्राट ने भेजा। हिंदुस्तानी अपने परवाने स्वेच्छा से बदल लें तो उन पर अमल न होगा। सरकार हिंदुस्तानियों से सलाह करके परवाने का रूप निश्चित करेगी। और यदि हिंदुस्तानी कौम का बड़ा भाग स्वेच्छा से परवाना ले लेगा तो सरकार खूनी कानून को रद्द कर देगी और ऐच्छिक परवानों के लिए दूसरा कानून बनाएगी। गाँधीजी ने कुछ परिवर्तन सुझाए। फिर स्मट्स से मुलाकात की। स्मट्स ने कहा : मैं आपको विश्वास दिलाता हूं कि बाद में ज्यादातर लोग परवाना ले लेंगे तो मैं एशियाई कानून को रद्द कर दूंगा। मैं ऐच्छिक परवाने को स्वीकार करने के लिए कानून बनाऊंगा तो उसके मसविदे की नकल आपकी राय लेने के लिए भेज दूंगा।(29/120) आधी रात को सभा की गई। गाँधीजी ने लिखा है : सभा होने से पहले जो नेता वहां मौजूद थे, मैंने उन्हें समझौते की शर्तें समझाई थीं। पहले कुछ लोगों ने उनका विरोध किया, किन्तु वे लोग मेरा तर्क सुनने

के बाद समझौते को समझ गए। फिर भी एक संदेह तो सभी को था–जनरल स्मट्स दगा करें तो क्या होगा? खूनी कानून अमल में न आने पर भी वह हमारे ऊपर तलवार की तरह लटकता तो रहेगा ही। यदि हम इस बीच ऐच्छिक परवाने लेकर अपने हाथ कटा देंगे तो हमारे हाथ से इस कानून के विरोध का एकमात्र बड़ा शस्त्र भी निकल जाएगा। यह तो जा़नबूझकर शत्रु के पंजे में फंसने जैसा होगा। सच्चा समझौता तो वही कहा जाएगा कि पहले खूनी कानून रद्द किया जाए और बाद में हम ऐच्छिक परवाना लें।(29/121) यह संदेह सही था। यहां जनता को राजनीतिक ऊंच-नीच समझाने में कठिनाई हो रही थी। विशेष रूप से गाँधीजी जो नई राजनीति चला रहे थे, उसे समझाने में कठिनाई थी।

ट्रांसवाल में कुछ पठान रहते थे। उनमें कुछ गाँधीजी के मुवक्किल भी थे। उनके बारे में गाँधीजी ने लिखा : वे बहुत भोले होते हैं। शूरवीर तो होते ही हैं। मारना और मरना उनकी दृष्टि में बहुत ही सामान्य बातें हैं। यदि उन्हें किसी पर रोष आ जाता है तो वे मारपीट कर डालते हैं– उनकी भाषा में कहूं तो उसकी पीठ गरम कर देते हैं और उसे कभी-कभी जान से भी मार देते हैं।(29/125) गाँधीजी और लोगों से पहले दफ्तर जाकर स्वयं परवाना भरना चाहते थे। जब वह दफ्तर के पास पहुंचे तब उनके मुवक्किल मीर आलम ने उनसे पूछा : "आप कहां जा रहे हैं?" गाँधीजी ने कहा, "दस अंगुलियां देकर रजिस्टर नीकलवाना चाहता हूं। अगर तुम भी चलोगे तो तुमारे अंगुलियां देने की जरूरत नहीं हय? तुम्हारा रजिस्टर पहले नीकलवा के मे अंगुलियां देकर मेरा नीकलवाऊंगा।" (दक्षिण अफ्रीका में गाँधीजी जैसी हिंदी बोलते थे, उसका यह नमूना है। आगे की हिंदी अनुवादकों की है।)

गाँधीजी ने आगे लिखा : "मेरा इतना कहना ही था कि मेरी खोपड़ी पर पीछे की ओर से डंडे का प्रहार हुआ। मैं 'हे राम!' कहता हुआ औंधा गिर पड़ा और बेहोश हो गया...। मीर आलम और उसके साथियों ने मुझ पर लाठियों से और प्रहार किए और मुझे ठोकरें भी मारीं। इनमें से कुछ चोटें ईसप मियां और थंबी नायडू ने झेलीं।" पादरी डोक गाँधीजी को उठाकर अपने घर ले गए और वहां उन्होंने कहा : आपका होंठ फट गया है और गाल भी। पुलिस आपको अस्पताल में ले जाने वाली है। किंतु यदि आप मेरे वहां चलें तो मेरी पत्नी और मैं आपकी यथासंभव सार-संभाल करेंगे।(29/128) गाँधीजी उनके साथ गए। डॉक्टर आये। उन्होंने चोटें देखीं। "मेरा ऊपर का ओठ फट गया था। उन्होंने उसे सिया और गाल में भी टांके लगाए। उन्होंने पसलियों की परीक्षा करके उन पर लगाने की दवा दी। उन्होंने हिदायत दी कि जब तक टांके न काटे जाएँ तब तक मैं बोलू नहीं।" (29/129)

समझौते की बातें समझाने के लिए गाँधीजी एक सभा में भाषण करने वाले थे। कुछ लोगों को पहले से पता था मारपीट का खतरा है। उन्होंने गाँधीजी को सावधान किया। गाँधीजी फिर भी सभा में गए। वहां लोगों ने जो सवाल किए, उनके जवाब उन्होंने दिए।

सभा लगभग समाप्त होने को थी। तभी एक पठान लाठी लेकर मंच पर चढ़ आया। उसी समय बत्तियां बुझ गईं। सभा के अध्यक्ष मेज पर चढ़ गए और लोगों को समझाने लगे। गाँधीजी का बचाव करने वाले लोगों ने उन्हें घेर लिया। वे सब तैयार हो गए। उनमें से एक आदमी ने जेब से रिवाल्वर निकाला और हवा में खाली फायर किया। रुस्तमजी नाम के पारसी सज्जन ने दौड़कर पुलिस को खबर दी। पुलिस की टुकड़ी गाँधीजी को अपने बीच में घेरकर रुस्तमजी के घर ले गई।

हिंदुस्तानियों ने स्वेच्छा से परवाने ले लिये। अब सरकार के लिए खूनी कानून रद्द करना बच रहता था। जनरल स्मट्स ने खूनी कानून रद्द करने के बदले नया ही कदम उठाया। उन्होंने जो विधेयक प्रकाशित किया उसके द्वारा खूनी कानून बहाल रखा और ऐच्छिक परवानों को कानूनी माना। गाँधीजी ने लिखा : उन्होंने उसमें एक धारा यह रखी कि इन परवाने लेने वालों पर खूनी कानून लागू नहीं किया जा सकता। इसका अर्थ यह हुआ कि एक ही उद्देश्य के लिए दो कानून साथ-साथ रहें और नये आने वाले अथवा परवाने लेने वाले हिंदुस्तानी खूनी कानून से नियंत्रित हों। (29/146) संघर्ष की तैयारी फिर शुरू हुई। सरकार को पत्र लिखा– इतनी अवधि में कानून रद्द हो जाना चाहिए। नहीं तो उसके बाद सत्याग्रह शुरू किया जाएगा। सरकार ने इसे अल्टीमेटम माना। गाँधीजी कहते हैं : कौम के सामने दो स्थितियां थीं। एक तो यह कि वह अपने आप को असभ्य मान कर दबी रहे और दूसरी यह कि अपने आप को असभ्य मानने से इन्कार करके कुछ अमली कदम उठाए। (29/153) जातीय आत्मसम्मान के लिए दक्षिण अफ्रीका के सभी हिंदुस्तानियों को लड़ना था।

सरकार ने कानून रद्द करना स्वीकार न किया। उसके बाद लड़ाई शुरू हुई। गाँधीजी की प्रेरणा से जिन लोगों ने स्वेच्छा से परवाने लिए थे, उन्होंने उन्हें बुलाना शुरू किया। परवाना जलाने वालों में वह पठान मीर आलम भी था जिसने गाँधीजी पर आक्रमण किया था। उसने उनसे क्षमा मांगी। दो हजार से अधिक परवाने जलाए गए।(29/156)

नेटाल में एक कानून प्रचलित था जिससे हिंदुस्तानियों को भीतर आने से रोका जा सकता था। इसी का अनुकरण करते हुए नया कानून बनाया गया था जिससे ट्रांसवाल में हिंदुस्तानियों के प्रवेश को नियंत्रित किया जा सके। (29/157) लोगों ने कानून तोड़ा। जेल जाने लगे। जेलें भर गईं। सरकार ने एक नया उपाय निकाला। लोगों को देश निकाले की सजा दी। एक बड़ा जत्था हिंदुस्तान भेज दिया गया। गाँधीजी कहते हैं : इन लोगों को बहुत परेशानियों का सामना करना पड़ा।(29/168) जेल में कैदियों को गिट्टियां तोड़ने का काम दिया गया। उन्हें अलग-अलग जेलों में रखा गया। ट्रांसवाल में सर्दी बहुत पड़ती थी। सबेरे काम करते समय हाथ ठिठुर जाते थे। कुछ कैदी एक छोटी जेल में रखे गए जहां उनसे मिलने कोई नहीं जा सकता था। इस छोटी जेल में स्वामी नागप्पन नामक एक युवक था। वह सबेरे बहुत जल्दी सड़क पर मिट्टी डालने के लिए ले जाया जाता था। उसे डबल निमोनिया हो गया। उसे रिहा कर दिया गया पर जुलाई

1909 में उसका देहांत हो गया। (29/171) अगले साल अक्तूबर 1910 में निर्वासन के कष्टों के कारण नारायण स्वामी की मृत्यु हुई। (उपर्युक्त) जिन कैदियों को सरकार खतरनाक समझती थी, उन्हें वह एक विशेष जेल में रखती थी जिसका अधिकारी कठोर था। वहां उनसे कड़ी मेहनत कराई जाती थी। जेलर ने उनका अपमान किया। इसलिए उन्होंने अनशन आरंभ कर दिया। वे चाहते थे कि या तो जेलर हटाया जाए या उन्हें दूसरी जेल में भेज दिया जाए। एक हफ्ते बाद उन्हें दूसरी जेल में भेज दिया गया।(29/172)

जेलें भर गई थीं। सत्याग्रहियों को निर्वासित करने से सरकार की बदनामी होती थी। एक-आध मामले में सरकार अदालत में हार भी गई। इधर सत्याग्रह करने वालों में भी कुछ कमजोर थे। गाँधीजी ने लिखा है : हिन्दुस्तानी भी जोरदार मुकाबला करने के लिए तैयार नहीं थे। उतने सत्याग्रही रहे भी नहीं थे। कुछ सत्याग्रहियों ने हार मान ली थी। कुछ तो हिम्मत खो बैठे थे और संकल्पवान सत्याग्रहियों को मूर्ख मानते थे।(29/173) दक्षिण अफ्रीकी इस समय उपनिवेश बनाने का प्रयत्न कर रहे थे। परंतु इसके लिए ब्रिटिश सरकार की मंजूरी आवश्यक थी। गाँधीजी ने लिखा : कुछ लोग अंग्रेजों से नाममात्र का संबंध रखना पसंद करते थे। अंग्रेज पूरी तरह संबंध तोड़ना सहन नहीं कर सकते थे। जो कुछ मिलना था, वह तो ब्रिटिश संसद की मार्फत ही मिल सकता था।(29/173) गोरों का एक शिष्ट मंडल इंग्लैंड गया। हिंदुस्तानियों को डर था कि ये लोग संघबद्ध हो जाएंगे तो उन पर अत्याचार और बढ़ेगा। उनका एक शिष्ट मंडल इंग्लैंड भी गया और इसमें गाँधीजी भी थे। शिष्ट मंडल को कोई विशेष उपलब्धि नहीं हुई। इस बार इंग्लैंड से जो शिष्ट मंडल लौटा, वह कोई अच्छा समाचार लेकर नहीं लौट सका।(29/176)

जो लोग जेल गए थे, उनके परिवारों की देखभाल की व्यवस्था करनी थी। इसके सिवा नए सत्याग्रहियों को भी शिक्षित करना था। इसके लिए गाँधीजी ने एक बड़ा फार्म चुना। हरमन कैलेनबेक नाम के एक जर्मन वास्तुकार गाँधीजी के मित्र और सहयोगी थे। वह तोलस्तोय की शिक्षा से बहुत प्रभावित थे। 1100 एकड़ जमीन पर उन्होंने फार्म बनाया था और उसका नाम 'तोलस्तोय फार्म' रखा था। वह दो मील लंबा और पौन मील चौड़ा था। जमीन उपजाऊ थी। उसमें फलों के लगभग एक हजार पेड़ थे। उसमें दो कुएं और छोटा झरना था। एक सिरे पर पहाड़ी थी और पहाड़ी के नीचे समतल मैदान था।(10/291) यहां गाँधीजी ने प्रयत्न किया कि सारा काम लोग अपने हाथों से करें, नौकरों की सहायता न लें। "इसलिए टट्टियां साफ करने से लेकर खाना बनाने तक का सब काम हमें अपने हाथों से करना था।"(29/178) यहां पुरुषों के साथ स्त्रियां भी थीं। तय हुआ कि स्त्रियां और पुरुष अलग-अलग रखे जाएँ। दोनों के लिए मकान अलग-अलग और फासले से बनाए जाएँ। बढ़ई, मोचियों आदि कारीगरों के काम भी थे। ऐसे ही और कामों के लिए एक कारखाना भी बनाना था।(29/179) सत्याग्रहियों में अनेक धर्मों के लोग थे। उनके खानपान की आदतें अलग-अलग थीं।

अनेक मांसाहारी थे। केवल निरामिष भोजियों को ही सत्याग्रह में शामिल किया जाए, ऐसा नियम न बनाया जा सकता था क्योंकि 'वह लड़ाई तो सभी हिंदुस्तानियों की है।' गाँधीजी को अपना जो कर्तव्य दिखाई दिया, वह यह था : यदि ईसाई, मुसलमान भारतीय गोमांस भी मांगें तो मुझे यह जुटाना ही होगा। मैं उनका यहां आना कदापि वर्जित नहीं कर सकता।(29/179) स्त्रियों ने गाँधीजी की सहायता की और निरामिष भोजन का ही प्रबंध किया जाने लगा।

दक्षिण अफ्रीका में रहने वाले चार हिंदुस्तानी अनुमति पत्र लेकर भारत गए थे। वहां से लौटते समय उन्हें देर हो गई। उन्हें उपनिवेश में न रहने दिया गया। उनके वकील ने कहा, रास्ते में मौसम की खराबी के कारण देर न हुई होती तो वे लोग 12 दिन पहले आ जाते। जज ने यह बात मंजूर की। किंतु यह कहकर अपनी असमर्थता जाहिर की, 'उसे तो कानून के शब्दों के स्पष्ट अर्थ का अनुसरण करना होगा।'(11/312) इस घटना का जिक्र करते हुए गाँधीजी ने लिखा : नेटाल के प्रवासी प्रतिबंधक अधिनियमों में या तो संशोधन कर देना चाहिए या उनको समाप्त कर देना चाहिए। इस प्रांत में कानूनन बसे हुए भारतीयों तक को आएदिन डरबन से केवल एक आदमी की सनक के कारण निकाला जा रहा है। वह सरकारी नौकर है और इसलिए जनता का नौकर है, परंतु उसमें समझ अथवा व्यवहार-बुद्धि किसी स्कूल में पढ़ने वाले लड़के जितनी भी नहीं है। उच्चतम न्यायालय तक को यह मानना पड़ता है कि वह प्रवासी अधिकारी के निरंकुश अधिकारों का नियंत्रण करने में असमर्थ है। इस अधिकारी को केवल अपनी दिलजमई की चिंता है और इसमें कोई आड़े नहीं आ सकता। क्या दक्षिण अफ्रीका के भारतीय हाथ पर हाथ रखकर बैठे रहेंगे और असह्य स्थिति को चुपचाप सहन करते चले जाएंगे? यदि वे चुप बैठे रहे तो यही मानना पड़ेगा कि वे उसी के योग्य हैं। (11/312)

भारत से कोई नेता उपनिवेशों में हिंदुस्तानियों की दशा देखने न जाता था। गाँधीजी की बड़ी इच्छा थी कि कोई नेता दक्षिण अफ्रीका आए। इसलिए जब गोखले के आने की बात हुई तो वह बहुत प्रसन्न हुए। गोखले को दक्षिण अफ्रीका के प्रवासी हिंदुस्तानियों, और खास तौर से गिरमिटिया मजदूरों की दशा से बहुत दिलचस्पी थी। उनका स्वास्थ्य अच्छा नहीं था पर अपना कर्तव्य समझ कर वह अफ्रीका आ रहे थे। वह वायसराय की काउंसिल के सदस्य थे। कर्जन ने उन्हें सी.आई.ई. की उपाधि दी थी। वह सर्वेन्ट्स ऑफ इंडिया सोसायटी के संस्थापक थे और भारतीय राष्ट्रीय कांग्रेस के अध्यक्ष भी चुने गए थे। वह इंग्लैंड में थे। वहां से चलते समय उन्होंने जहाज-कंपनी को लिखा कि उनके लिए ऐसे केबिन की व्यवस्था कर दी जाए जहां वह शांति से एकांत में समय बिता सकें। कंपनी की तरफ से जवाब दिया गया : "हमारे पास ऐसा केबिन कोई नहीं है।" इसकी सूचना इंडिया ऑफिस को मिली। इंडिया ऑफिस ने कंपनी को लिखा। गाँधीजी कहते हैं : जहां केबिन था ही नहीं, वहां श्री गोखले को अच्छे से अच्छा केबिन मिल गया। जहाज के कप्तान को निर्देश दे दिया गया कि वे गोखले का पूरा खयाल रखें।(29/197)

गाँधीजी और उनके सहयोगी गोखले के स्वागत की जोरों से तैयारियां करने लगे। लिखते हैं : सत्याग्रही और गैरसत्याग्रही सभी हिंदुस्तानी खुशी से उनके स्वागत की तैयारियों में सम्मिलित हुए। इस स्वागत में सम्मिलित होने के लिए गोरों को भी निमंत्रित किया गया और वे लगभग सभी जगह उसमें सम्मिलित हुए। हमने यह भी निश्चय किया कि जहां-जहां सार्वजनिक सभाएँ की जाएँ वहां यथासंभव उनकी अध्यक्षता वहां के मेयर स्वीकार करें तो उन्हीं से कराई जाए और वहां के टाउन हॉल की अनुमति मिल सके तो सभाएँ उन टाउन हॉलों में ही की जाएँ। हमने रेल विभाग से अनुमति लेकर मुख्य-मुख्य स्टेशनों को सजाने का खुद ही जिम्मा लिया। हमें बहुत से स्टेशनों को सजाने की अनुमति मिल भी गई। ऐसी अनुमति सामान्यतः दी जाती थी। हमारी स्वागत की सारी तैयारियों का प्रभाव अधिकारियों पर हुआ और जितनी सहानुभूति वे दिखा सकते थे उतनी सहानुभूति दिखाई। उदाहरण के लिए हमने जोहानिसबर्ग रेलवे स्टेशन को सजाने में लगभग 15 दिन लगाए होंगे क्योंकि हमने वहां एक सुन्दर चित्रकारी किया हुआ दरवाजा बनाया था, जिसका नक्शा श्री कैलेनबेक ने बनाया था।(29/196)

जोहानिसबर्ग में उनके स्वागत की विशेष तैयारी की गई थी। गोखले डायमंड एक्सप्रेस से आ रहे थे। योजना बनी : उनकी अगवानी के लिए लगभग 500 आदमी 27 तारीख को रात्रि के 10 बजे एक स्पेशल ट्रेन द्वारा पार्क स्टेशन से क्लार्क्सडॉर रवाना होकर वहां लगभग 2 बजे सबेरे जा पहुंचेंगे। किम्बर्ले से खास तौर पर श्री गोखले और उनके दल के लिए नियत किया गया डिब्बा उक्त एक्सप्रेस से काटकर इस स्पेशल में जोड़ दिया जाएगा।(11/331) जोहानिसबर्ग से 5 मील दूर एक पहाड़ी पर कैलेनबेक का एक बंगला था। वहां गोखले के ठहरने की व्यवस्था की गई। इस बंगले के बारे में गाँधीजी कहते हैं : वहां का दृश्य ऐसा सुंदर था, उसकी शांति ऐसी सुखद थी और बंगला इतना सादा था, फिर भी इतना कलापूर्ण बना हुआ था कि वह श्री गोखले को बहुत ही अच्छा लगा।(29/199) दक्षिण अफ्रीका की सरकार ने गोखले से अनुरोध किया था कि वे उसका आतिथ्य स्वीकार करें और उसकी ओर से रेल का राजकीय सैलून स्वीकार करें। गाँधीजी से सलाह करके गोखले ने उसे स्वीकार किया। (29/197) केपटाउन से गोखले जोहानिसबर्ग चले। रास्ते में कई शहर पड़ते थे। उन शहरों में सभाएँ हुईं और उन सभाओं की अध्यक्षता उनके मेयरों ने की। गाड़ी जोहानिसबर्ग पहुंची। "स्टेशन पर विशेष गलीचे आदि बिछाए गए थे।"(29/198) जोहानिसबर्ग की सभा में वहां के मेयर तथा कुछ अन्य गोरे आए थे। उस सभा में उन्हें मानपत्र दिया गया। वह मानपत्र इस तरह का था : "सोने की पट्टी पर हिंदुस्तान और श्रीलंका का नक्शा था। उसकी बाजुओं में दो सोने की पट्टियां और थीं जिनमें एक पर ताजमहल का दृश्य था और दूसरी पर कोई अन्य विशिष्ट दृश्य।"(29/198)

जोहानिसबर्ग में गोखले के सम्मान में एक बड़ा भोज दिया गया। उसमें 400 लोग सम्मिलित हुए। उनमें लगभग 150 गोरे थे। भोज में हिंदुस्तानियों का प्रवेश टिकट से

था। इसका शुल्क एक गिन्नी रखा गया था। इस टिकट से भोजन का खर्च निकल आया था। (29/199) गोखले शासक वर्ग के प्रतिनिधियों से मिले। उनकी समझ में बातचीत बहुत सफल हुई। उन्होंने गाँधीजी से कहा : "आपको एक वर्ष के भीतर हिंदुस्तान लौटना है। सब बातों का फैसला हो गया है। काला कानून रद्द कर दिया जाएगा। प्रवासी कानून में से रंगभेद निकाल दिया जाएगा। 3 पौंड का व्यक्ति कर भी रद्द कर दिया जाएगा।" गाँधीजी ने इसमें संदेह प्रकट किया। तब गोखले ने कहा : "मैं जो कुछ कह रहा हूं, इसमें अंतर नहीं पड़ेगा। मुझे जनरल बोथा ने वचन दिया है कि काला कानून रद्द कर दिया जाएगा और 3 पौंडी कर भी उठा दिया जाएगा। आपको 12 महीने में हिंदुस्तान आना ही पड़ेगा। मैं आपका एक भी बहाना सुनने वाला नहीं हूं।"(29/202)

गाँधीजी ने गोखले के भाषण-कौशल की प्रशंसा करते हुए लिखा : जनरल बोथा के समक्ष उन्होंने अपनी आत्मा की संपूर्ण शक्ति का प्रयोग किया। जनरल बोथा और जनरल स्मट्स पर उनकी बातों का ऐसा प्रभाव पड़ा कि वे पिघल गए और उन्होंने यह वचन दिया कि संघ संसद की आगामी बैठक में यह कर रद्द हो जाएगा।(15/513) संसद का अधिवेशन हुआ। उसमें जनरल स्मट्स ने घोषणा की : नेटाल के गोरे इस कानून को रद्द करने को तैयार नहीं हैं इसलिए दक्षिण अफ्रीकी सरकार उसे रद्द करने का कानून पास करने में असमर्थ है।(29/205) गोरों की सरकार ने अपना वचन भंग किया। गाँधीजी ने इसे गोखले और भारत का अपमान माना। उन्होंने लिखा : इस वचन भंग से हिंदुस्तान के गोखले जैसे प्रतिष्ठित प्रतिनिधि का अपमान होता था और उनका अपमान सारे हिंदुस्तान का अपमान था। अतः यह अपमान सहन नहीं किया जा सकता।(29/205) सत्याग्रह की लड़ाई को आगे चलाने में यह भी एक महत्वपूर्ण कारण बना।

(ग) जातीय आंदोलन और मजदूर

अब तक गिरमिटिया इस आंदोलन में शामिल न हुए थे। वह बहुत कुछ व्यापारियों और मध्य वर्ग के लोगों का आंदोलन था। गिरमिटियों के शामिल होने से उस समय की राजनीति में बहुत बड़ा परिवर्तन हुआ। विभिन्न देशों के श्रमिक आंदोलनों और पिछड़े हुए देशों के स्वाधीनता आंदोलनों के लिए यह कदम बहुत महत्वपूर्ण था। गाँधीजी ने इस प्रसंग में लिखा : गिरमिटियों में अब तक सत्याग्रह की कोई भी चर्चा नहीं की गई थी। तब उन्हें इसका शिक्षण कैसे दिया जाता। वे निरक्षर होने से इंडियन ओपीनियन अथवा कोई दूसरा अखबार कैसे पढ़ते। ऐसा होते हुए भी मैंने देखा कि ये गरीब लोग सत्याग्रह को ध्यान से देख रहे थे और जो कुछ हो रहा था, उसे समझते थे। उनमें से कुछ को लड़ाई में सम्मिलित न होने का दुख भी होता था। जब वचन-भंग हुआ और 3 पौंडी कर को आंदोलन के मुद्दे में शामिल करने का नोटिस दे दिया गया, तब मुझे इस बात का बिल्कुल पता नहीं था कि उसमें से कौन-कौन लोग लड़ाई में सम्मिलित होंगे।(29/206)

कभी-कभी इतिहास में ऐसे क्षण आते हैं जब विरोधी वर्गों के हित समान हो जाते हैं। उस समय पूंजीपति और मजदूर मिलकर काम करते हैं या कर सकते हैं। इंग्लैंड में मजदूरों का शक्तिशाली चार्टिस्ट आंद्रोलन चला था। इसका उद्देश्य देश में समाजवादी व्यवस्था कायम करना न था; संसद पर भूस्वामी वर्ग हावी था, उसे हटाकर पूंजीवादी जनतंत्र कायम करना था। परंतु पूंजीपति इस आंदोलन में शामिल नहीं हुए। 19वीं सदी के उत्तरार्ध में पेरिस के मजदूरों ने विद्रोह किया। यह विद्रोह पेरिस कम्यून नाम से प्रसिद्ध है। इस विद्रोह में मजदूरों ने किसानों का भी सहयोग नहीं लिया, पूंजीपतियों के सहयोग की बात तो बहुत दूर थी। जर्मन आक्रमणकारी सरहद पर थे, इसलिए कम-से-कम कुछ पूंजीपतियों के साथ संयुक्त मोर्चा बन सकता था। नवंबर 1917 में लेनिन के नेतृत्व में जो क्रान्ति रूस में हुई, उसमें किसानों का सहयोग लिया गया। नारा समाजवाद का था जिसके स्थापित होने की अभी संभावना नहीं थी। रूसी अर्थतंत्र पर ब्रिटेन और फ्रांस के पूंजीपति हावी थे। इसलिए यहां भी कुछ रूसी पूंजीपतियों को क्रान्ति में शामिल किया जा सकता था। आगे लेनिन ने जब नई आर्थिक नीति चलाई तब राजकीय पूंजीवाद (स्टेट कैपेटलिज़्म) का नारा दिया गया। राजकीय पूंजीवाद चलाने के लिए लेनिन ने सलाह दी कि पश्चिम के बड़े पूंजीपतियों के अनुभव से सीखना चाहिए। कुछ बड़े पश्चिमी पूंजीपतियों से सहायता ली भी गई। यदि बाहर के पूंजीपतियों से सलाह या सहायता ली जा सकती थी, तो यह काम रूस के कुछ पूंजीपतियों से भी मिलकर किया जा सकता था। कम्युनिस्ट इंटरनेशनल की स्थापना के बाद एशिया के लिए लेनिन ने यह नीति निर्धारित की कि उन्हें पूंजीपतियों के साथ मिलकर स्वाधीनता आंदोलन चलाना चाहिए। 1847-48 में मार्क्स और एंगेल्स ने कम्युनिस्ट घोषणा पत्र में ही स्पष्ट कर दिया था कि जहां पूंजीपति वर्ग क्रांतिकारी संघर्ष में शामिल होने को तैयार हो, वहां मजदूरों को उससे सहयोग करना चाहिए। लेनिन की बताई हुई नीति के अनुसार स्तालिन ने चीन के कम्युनिस्टों को सलाह दी कि वे पूंजीपतियों के साथ मिलकर काम करें। तोतस्की और स्तालिन के मतभेद का यह एक कारण था। एम. एन. राय ने यह नीति छोड़कर तोतस्की के मार्ग पर चलने का प्रयत्न चीन और भारत में किया था। माओ त्से तुंग की सफलता का बहुत बड़ा कारण यह था कि वह लेनिन के बताए हुए मार्ग पर चले थे। साम्राज्यविरोधी पूंजीपतियों के सहयोग का यह अर्थ नहीं होता कि आंदोलन की बागडोर उनके हाथ में सौंप दी जाए और मजदूर वर्ग उनका पिछलगुआ बना रहे। माओ ने बराबर यह प्रयत्न किया था कि पूंजीपति वर्ग के साथ सहयोग करते हुए उसे आंदोलन पर हावी न होने दिया जाए। इस नीति में वे सफल हुए। गाँधीजी और माओ त्से तुंग या लेनिन के उद्देश्यों और काम करने के तरीकों में बड़ा अंतर था पर देश-विदेश के स्वाधीनता आंदोलनों के लिए यह बात बहुत महत्वपूर्ण है कि गाँधीजी ने प्रथम विश्वयुद्ध से पहले गिरमिटिया मजदूरों को व्यापारियों के साथ अपने आंदोलन में शामिल किया था।

अपने आंदोलन का विवेचन करते हुए गाँधीजी अक्सर कौम शब्द का प्रयोग करते हैं। 'दक्षिण अफ्रीका के सत्याग्रह का इतिहास' पुस्तक में उन्होंने 28वें अध्याय का शीर्षक दिया है : कौम पर नए मुद्दे का आरोप। इसमें आगे लिखा है : इस कानून का विरोध करना तो कौम के लिए आवश्यक ही था। किंतु कौम के सम्मुख यह समस्या खड़ी हुई कि उसे सत्याग्रह में सम्मिलित किया जाए या नहीं।(29/157) सोहराबजी के बारे में वह कहते हैं : सोराबजी कौम का आशीर्वाद और सम्मान प्राप्त करके इंग्लैंड गए और बैरिस्टर बन गए।(29/161) आगे कहते हैं : जब कौम ने देखा कि सरकार कोई कदम नहीं उठाकर कौम को थका देना चाहती है तब उसके लिए दूसरा कदम उठाना जरूरी हो गया। जब तक सत्याग्रही में कष्ट सहने का सामर्थ्य रहता है, तब तक वह हार नहीं मानता। इसलिए कौम सरकार के इस अनुमान को गलत सिद्ध करने में समर्थ हुई।(29/164) फिर सीधे गिरमिटिया मजदूरों के प्रसंग में उन्होंने लिखा : वे मेरे पास अपने पहनने के कपड़ों और ओढ़ने के कम्बलों के सिवा दूसरी कोई चीज न लाएं। जब तक हड़ताल चलेगी और वे जेल से बाहर रहेंगे तब तक मैं उन्हीं के साथ रहूंगा, खाऊंगा-पीऊंगा। ऐसा करने से ही हड़ताल चल सकती है और कौम जीत सकती है।(29/216) मजदूरों की जीत पूरी कौम की जीत हो सकती है और उसमें अन्य वर्गों के लोग सहयोग कर सकते हैं। यह स्थापना बहुत स्पष्ट रूप से प्रस्तुत की गई है।

व्यापारियों में गुजराती अधिक थे। गिरमिटिया मजदूरों में तमिल और हिंदुस्तानी अधिक थे। इस तरह यह बहुजातीय आंदोलन था। भारत बहुजातीय राष्ट्र है। उसके स्वाधीनता आंदोलन में अनेक जातियों के लोगों ने भाग लिया। इस राष्ट्रीय आंदोलन का पूर्व रूप दक्षिण अफ्रीका में देखा गया। जहां अब 'राष्ट्र' शब्द का व्यवहार होता है, वहां गाँधीजी ने 'कौम' शब्द का व्यवहार किया है। कौम के अंतर्गत अनेक प्रादेशिक जातियों के लोग हैं। कौमी आंदोलन अर्थात बहुजातीय आंदोलन अथवा राष्ट्रीय आंदोलन। गाँधीजी ने दक्षिण अफ्रीका के सत्याग्रह का इतिहास मूलतः गुजराती में लिखा था। अपनी भाषा में उन्होंने 'कोम' शब्द का प्रयोग किया था।

सामंती समाज में उच्च वर्ण की स्त्रियों को भी हीन माना जाता है। उन्हें शूद्रों का दर्जा दिया जाता है। एंगेल्स ने स्त्रियों को समाज का प्रथम सर्वहारा कहा है। मजदूरों के आंदोलन में स्त्रियां भाग लेना चाहें, यह स्वाभाविक था। पुरुष जेल जा रहे थे तब स्त्रियों की स्थिति यह थी : फीनिक्स की टुकड़ी जेल गयी, इसलिए जोहानिसबर्ग से भी नहीं रहा गया। वहां की स्त्रियां अधीर हो गईं। उन्हें जेल जाने की लगन लग गई। श्री थम्बी नायडू का सारा कुटुम्ब तैयार हो गया। उनकी स्त्री, साली, सास, श्री मुद्गल के सगे-संबंधी, श्रीमती पी.के. नायडू, अपना नाम अमर कर जाने वाली बहिन बलिअम्मा और कई दूसरी स्त्रियां तैयार हुईं। वे अपनी गोद में बालक लेकर निकलीं।(12/503) वहां एक स्थान का नाम था फ्रीनिखन। योजना यह बनी कि स्त्रियां वहां जाएंगी तो फ्री स्टेट की सरहद पर पहुंचने के बाद वापस आते समय पकड़ ली जाएंगी। गाँधीजी कहते

हैं : यदि स्त्रियों को सरकार ने फ्रीनिखन में ही पकड़ा होता तो शायद हड़ताल न हुई होती। इतना तो निश्चित है कि हड़ताल जिस पैमाने पर हुई, उस पैमाने पर वह कभी न हुई होती।(12/504) इससे समझ में आता है, हड़ताल में स्त्रियों की भूमिका बहुत महत्वपूर्ण थी। न्यूकैसल नाम के स्थान में कोयले की खानें थीं। कोयला-मजदूरों का वह बहुत बड़ा केन्द्र था। स्त्रियां अब वहां पहुंचीं। डी. लाज़रस नाम के सज्जन ने "अपना घर स्त्रियों को सौंप दिया और उनकी पत्नी तथा साली कुमारी टामस ने इन सत्याग्रही स्त्रियों की सेवा-सहायता आदि करने का काम अपने ऊपर उठा लिया।"(12/504)

गाँधीजी अपनी योजना के बारे में कहते हैं : योजना यह थी कि स्त्रियां न्यू कैसल में गिरमिटियों की स्त्रियों से और गिरमिटियों से मिलेंगी। उन्हें उनकी दशा का भान कराएंगीं और 3 पौंडी कर के सवाल पर हड़ताल करने के लिए समझाएंगीं। बाद में जब मैं न्यू कैसल पहुंचूं तब यह हड़ताल की जाए।(12/504) पर ऐसे आंदोलन में बहुत-सी बातें स्वतः स्फूर्त ढंग से होती हैं। ऐसा ही यहां भी हुआ। गाँधीजी लिखते हैं : स्त्रियों की उपस्थिति तो सूखी लकड़ी में आग की चिनगारी लगने जैसी सिद्ध हुई। कोमल शैय्या के बिना न सोने वाली और कदाचित् ही मुंह खोलने वाली इन स्त्रियों ने गिरमिटिया लोगों में खुलेआम व्याख्यान दिए। वे जागे और उन्होंने मेरे पहुंचने के पहले ही हड़ताल करने का आग्रह किया।(12/504) जब गाँधीजी न्यूकैसल पहुंचे तो दो खानों के मजदूरों ने पहले ही काम बंद कर दिया था। इस समय एक घटना और हुई। दक्षिण अफ्रीका के हिंदुस्तानी अपने-अपने धर्म के अनुसार विवाह करते थे और यह विवाह वैध माना जाता था। परंतु एक मुकदमे में इस तरह के विवाहों को अवैध घोषित किया गया। गाँधीजी लिखते हैं : एक मुकदमे में केप के सर्वोच्च न्यायालय के न्यायाधीश सर्ल ने 14 मार्च 1913 को यह निर्णय दिया कि दक्षिण अफ्रीका में ईसाई धर्म के अनुसार किया गया विवाह—अर्थात् विवाह-अधिकारी के यहां दर्ज किया गया विवाह—ही वैध है और उसके अतिरिक्त अन्य विवाह के लिए वहां स्थान नहीं है। इस प्रकार हिंदुओं, मुसलमानों और पारसियों आदि के धर्म-विधि से किए गए विवाह उक्त भयंकर निर्णय के कारण दक्षिण अफ्रीका में अवैध हो गये और इससे उस कानून के अनुसार दक्षिण अफ्रीका में बहुत-सी विवाहित स्त्रियों का दर्जा अपने पतियों की पत्नी का न रहकर उनकी रखैल का हो गया और उनकी संतान भी पैतृक संपत्ति पाने के अधिकार से वंचित हो गई। इस स्थिति को न स्त्रियां सहन कर सकती थीं और न पुरुष। इससे दक्षिण अफ्रीका में रहने वाले हिंदुस्तानियों में बहुत उत्तेजना फैली।(29/207-8)

मजदूरों के अपने घर नहीं थे। उनके रहने के लिए खान मालिकों ने घर बनवाए थे। रोशनी और पानी का प्रबंध भी खान मालिक ही करते थे। गाँधीजी के शब्दों में : मजदूर हर तरह से पराधीन थे।(29/214) उनकी शिकायतें बहुत तरह की थीं। "मालिकों ने हमारी गलियों की बत्तियां बंद कर दी हैं।" दूसरे मजदूरों ने कहा, "उन्होंने पानी बंद कर दिया है।" किसी और ने कहा, "वे हड़तालियों का सामान उनकी कोठरियों से बाहर

फेंक रहे हैं।" एक पठान ने गाँधीजी को अपनी पीठ दिखाई और कहा, "ये देखो मुझे कैसे मारा है उन्होंने। मैंने उन बदमाशों को आपकी खातिर छोड़ दिया है। आपका यही हुक्म है। मैं पठान हूं और पठान कभी मार खाता नहीं, मार मारता है।"(29/214) गाँधीजी ने हड़ताल का वर्णन करते हुए एक अध्याय का शीर्षक दिया है : 'मजदूरों की धारा।' धारा का अर्थ इस वाक्य से प्रकट होता है : न्यू कैसल के पास की खानों के मजदूरों ने अपने औजार डाल दिए और वे धारा की तरह नगर की ओर उमड़ चले।(29/214)

गाँधीजी ने मजदूरों से कहा : "समझ लो, हड़ताल लंबी चलेगी। मालिकों की कोठरियां खाली कर दो। जो सामान बेचने लायक हो उसे बेच डालो। बाकी सामान कोठरियों में पड़ा रहने दो। मालिक उसे फेंक भी दें तो यह जोखिम उठाने के लिए तैयार रहो। अपने साथ ओढ़ने के लिए कम्बल और पहनने के लिए कपड़े छोड़कर और कुछ न लाओ।" गाँधीजी ने उन्हें विश्वास दिलाया : "जब तक हड़ताल चलेगी—मैं तुम्हारे साथ रहूंगा, खाऊंगा-पीऊंगा।" इसका बहुत असर हुआ। "सभी अपने स्त्रियों-बच्चों को साथ ले-लेकर और अपने सिरों पर अपनी कपड़ों की पोटलियां रखकर आने लगे।"(29/216) न्यू कैसल के हिंदुस्तानी व्यापारियों ने मजदूरों की मदद की। खाना पकाने के बर्तन दिए, चावल और दाल के बोरे दिए। दूसरे शहरों से भी सामग्री आई। मजदूर केवल अपनी लड़ाई नहीं, वरन् व्यापारियों की लड़ाई भी लड़ रहे थे। गाँधीजी ने लिखा है : "सभी जेल जाने के लिए तैयार नहीं हो सकते थे। सहानुभूति सहायता देकर अपना हिस्सा अदा करने के लिए तैयार थे। जिनमें कुछ भी देने का सामर्थ्य नहीं था, उन्होंने अपनी सहायता सेवा के रूप में दी।" बहुत से मध्य वर्गीय लोग स्वयंसेवक बने। गाँधीजी कहते हैं : इन अज्ञानी और अशिक्षित लोगों को संभालने के लिए जानकार और समझदार स्वयंसेवकों की जरूरत तो थी ही; वे मिल गए और उन्होंने अमूल्य सहायता की। उनमें बहुत से जेल भी गए। इस तरह सभी ने यथा सहायता दी और हमारा मार्ग सरल बनाया।(29/216) हड़ताल चलाते समय गाँधीजी के सामने बहुत तरह की समस्याएँ आईं। उन्होंने धीरज से और बुद्धिमानी से उनका सामना किया। लिखा है : असंख्य लोग इकट्ठे हो गए। इन्हें और निरंतर बढ़ते हुए मजदूरों को एक जगह बिना किसी कामकाज के संभाले रखना अशक्य नहीं तो अत्यंत दुष्कर काम अवश्य था। उनकी शौचादि की आदतें तो अच्छी होती ही नहीं। इस समुदाय में कुछ लोग ऐसे भी थे जो अपराध करके जेल काट आए थे। कोई हत्या का अपराधी था, कोई चोरी के जुर्म में कैद काट कर छूटा था और कोई व्यभिचार के अपराध में कैद भुगत आया था। हड़ताली मजदूरों में नीति का भेद करना मेरे लिए संभव नहीं था। मैं भेद करता भी तो मुझे अपना रहस्य कौन बताता? मैं उनका काजी बनने बैठता तो अविवेकी सिद्ध होता। मेरा कर्तव्य केवल हड़ताल चलाना था।(29/216-17) गाँधीजी ने इन समस्याओं को हल करने का तरीका यह सोचा कि ये गिरफ्तार हो जाएं, जेल में रहें तो अधिक सुविधा होगी। नेटाल से ट्रांसवाल जाने पर

उनके गिरफ्तार किए जाने की संभावना थी क्योंकि परवाने के बिना एक राज्य से दूसरे राज्य में जाना गैरकानूनी था। गाँधीजी के साथ लगभग 5 हजार आदमी थे। उन सबको रेलगाड़ी से ले जाना संभव नहीं था। फिर सबको पैदल ले जाने का विचार किया। यह यात्रा 36 मील की थी। जो अपंग थे, उन्हें रेलगाड़ी से भेजने का फैसला किया। बाकी आदमी न्यू कैसल से ट्रांसवाल की सीमा तक पैदल ही चलने को तैयार हुए।(29/217)

जहां तक संघर्ष का सवाल है, व्यापारियों और मजदूरों के चरित्र में फर्क था। मजदूर निडर होकर हड़ताल चला रहे थे परंतु व्यापारी डरे हुए थे। गाँधीजी ने लिखा : हिन्दुस्तानी व्यापारी इतने डर गए थे कि वे मुझे खुल्लमखुल्ला कोई मदद देने के लिए तैयार नहीं थे। उनका व्यापार खान-मालिकों और दूसरे गोरों के साथ था, इसलिए वे खुल्लमखुल्ला मेरा साथ कैसे देते? मैं जब-जब न्यू कैसल जाता, तब उन्हीं के यहां ठहरता। मैंने इस बार स्वयं ही उनका रास्ता आसान कर दिया और दूसरी जगह ठहरने का निश्चय किया।(29/215) डी. लाजरस, दक्षिण भारतीय ईसाई, गिरमिटिया मजदूर रह चुके थे। "वे स्वभावतः गिरमिटियों के कष्टों को भली भांति जानते थे और उनके प्रति पूरी सहानुभूति रखते थे।"(उपर्युक्त) उन्होंने गाँधीजी का स्वागत किया और गाँधीजी कहते हैं : "मेरा स्वागत करना मेरे मित्रों के लिए कभी आसान तो रहा नहीं। किंतु इस समय मेरा स्वागत करने का अर्थ था आर्थिक विनाश और शायद जेल का भी स्वागत करना।" फिर व्यापारियों और लाजरस जैसे व्यक्तियों के चरित्र में भेद बताते हुए गाँधीजी लिखते हैं : ऐसी स्थिति में पड़ने के लिए कम ही धनी व्यापारी तैयार हो सकते थे। अतः मैंने सोचा कि मुझे अपनी और उनकी मर्यादा समझकर उन्हें इस विषम स्थिति में न डालना चाहिए। बेचारे लाजरस। मजूरी जाने से थोड़ा नुकसान उठाना पड़ता तो उठा लेते। गिरफ्तारी होती तो जेल भी वह चला जाता, किंतु अपने से भी गरीब गिरमिटियों का कष्ट बिना बेचैनी अनुभव किए वह कैसे सह सकता था? लाजरस ने इन गिरमिटियों की मदद के लिए आई हुईं अपने यहां ठहरने वाली बहनों को अपनी आंखों से जेल जाते देखा था। उस भाई ने सोचा कि गिरमिटियों के प्रति मेरा भी कुछ कर्तव्य है। इसलिए उसने मुझे ठहरा लिया। उसने मुझे ठहराया ही नहीं, बल्कि अपना सब कुछ दे दिया। वह घर मेरे आने के बाद धर्मशाला बन गया। सैकड़ों लोग, और चाहे जैसे लोग आते और जाते। घर के आसपास की जमीन लोगों से ठसाठस भर गई। चौका चौबीसों घंटे चलता रहता। इसमें लाजरस की पत्नी ने तनतोड़ मेहनत की। फिर भी उन दोनों के चेहरों पर सदा प्रसन्नता रही। मैंने उनकी मुखाकृति पर कभी म्लानता नहीं देखी।(29/215-16)

ट्रांसवाल में प्रवेश करने के लिए पहले 500 आदमियों की टुकड़ी गाँधीजी के नेतृत्व में चली। उसमें बच्चों वाली 60 स्त्रियां भी थीं। गाँधीजी कहते हैं : इस टुकड़ी का दृश्य मैं कभी नहीं भूल सकता। द्वारकाधीश की जय, रामचंद्र की जय, वंदेमातरम्—इस तरह जयजयकार करते हुए टुकड़ी आगे बढ़ती जाती थी। उनके साथ दो दिन तक चले, इतना

पका हुआ दाल-चावल बांध दिया गया था। सब अपनी-अपनी पोटलियां बांधकर निकले थे।(12/506)

इस टुकड़ी की एक विशेषता यह थी कि उसमें सभी संप्रदायों, प्रदेशों और वर्णों के लोग थे। "हिंदू, मुसलमान, ब्राह्मण, क्षत्रिय, वैश्य और शूद्र थे। कलकतिया थे, तमिल थे। कुछ पठानों और उत्तर की ओर के सिंधियों को मार खाकर भी अपना बचाव न करने की शर्त बहुत कठिन मालूम हुई। लेकिन उन्होंने वह शर्त खुशी से स्वीकार की।"(12/507) दिनभर चलने के बाद पहली रात इस टुकड़ी ने एक वीरान प्रदेश में घास पर सोकर बिताई। रास्ते में लगभग 150 मनुष्यों के नाम वारंट लेकर अधिकारी मिले। वे लोग खुशी से गिरफ्तार हो गए। पकड़ने के लिए केवल एक पुलिस अधिकारी आया था। समस्या यह थी कि इन सबको कैसे ले जाया जाए। वहां से नेटाल का सरहदी नगर चार्ल्स टाउन 6 मील दूर था। गाँधीजी ने कहा : ये सब मेरे साथ चलेंगे। वहां इन्हें गिरफ्तार कर लेना। इस तरह वे लोग गाँधीजी के साथ चार्ल्स टाउन पहुंचे। वहां हिंदुस्तानी बहुत थोड़े थे। छोटा कस्बा था। "हमारी टुकड़ी देखकर गोरों को आश्चर्य हुआ। चार्ल्स टाउन में इतने हिंदुस्तानी पहले कभी गए ही नहीं थे। ...चार्ल्स टाउन के थाने में इतने कैदियों को रखने की जगह नहीं थी।" उन्हें पुलिस ने गाँधीजी को सौंप दिया और उनकी खुराक का बिल चुकाना स्वीकार किया। इस तरह 4 दिन तक ये गिरफ्तार किए हुए आदमी गाँधीजी के साथ रहे। बाद में पुलिस उन्हें पकड़कर ले गई और वे खुशी से चले गए।(12/507)

फिर चार्ल्स टाउन से एक बड़ा दल आगे बढ़ा। उस दल में तीन हजार आदमी थे। गाँधीजी के शब्दों में : पूरी कतार एक मील से भी ज्यादा लंबी थी।(12/508) सीमा पर पुलिस मौजूद थी परंतु किसी को पकड़ा नहीं गया। सरहद पर लोगों ने पड़ाव डाला। सबने खाना खाया। "स्त्रियां कूच में शामिल न हों, ऐसी योजना की गई थी। फिर भी उनके जोश को रोकना मुश्किल हुआ और कुछ स्त्रियां भी उसमें शामिल हो गईं।"(12/508)

हड़ताल के दौरान गाँधीजी को बहुत तरह के अनुभव हुए। कुछ अनुभवों का संबंध भोजन से था। "खाने में दाल चावल दिए जाते थे। साग-सब्जियां खूब आ गई थीं, किन्तु उनको अलग पकाने की स्थिति नहीं थी। इसलिए ये दाल में ही डाल दी जाती थीं।"(29/221) खाना कभी अच्छी तरह पका और कभी अच्छी तरह न पका। "खाना बनाने वालों का मुखिया मैं ही था। कभी दाल में ज्यादा पानी पड़ जाता तो कभी वे कच्ची रह जातीं। कभी शाक न गल पाता तो कभी भात ही कच्चा रह जाता। ऐसे खाने को हंसते-हंसते खाने वाले लोग मैंने संसार में बहुत कम देखे हैं।"(उपर्युक्त) खाने वाले आदमियों की संख्या निश्चित नहीं थी। खाना कम भी पड़ सकता था, ज्यादा भी हो सकता था। गाँधीजी कहते हैं : खाना पकाने से खाना परोसने का काम ज्यादा मुश्किल था; और वह तो मेरे ही हाथ में था। उसके कच्चे-पक्के का जवाब तो मुझे ही देना होता था। खाना कम होता और लोग ज्यादा हो जाते तब खाना कम देकर लोगों को संतोष

देने का काम भी मेरे ही जिम्मे था। बहनें कम खाना मिलने पर एक पल मुझे कड़ी निगाह से देखतीं और फिर कारण समझकर हंसती चली जातीं। वह दृश्य मैं जीवन भर नहीं भूल सकता। मैं उन्हें कह देता, मैं मजबूर हो गया हूं। मेरे पास पका हुआ खाना कम है और खाने वाले लोग ज्यादा हैं, इसीलिए मुझे हिसाब से ही देना है। वे यह बात समझ जातीं तो 'संतोषम्' कहकर हंसती हुई चल पड़तीं।(29/221)

लोग लड़ते-झगड़ते भी थे और नैतिक आचरण-संबंधी समस्याएँ भी उठ खड़ी होती थीं। गाँधीजी कहते हैं : लोग घड़ी भर फुरसत मिलती तो आपस में लड़ते-झगड़ते। इससे भी बुरी बात थी व्यभिचार की घटनाएं होना। स्त्रियों और पुरुषों को साथ-साथ रखना पड़ता और भीड़ भी बहुत ज्यादा थी। व्यभिचार को तो लाज-शर्म हो ही कैसे सकती है? मैं ऐसी घटनाएँ होते ही वहां जा पहुंचता। अपराधी लज्जित होते। मैं उन्हें अलग-अलग कर देता।(29/221)

आंदोलन ने नैतिक साहस के अनेक अनुपम उदाहरण प्रस्तुत किए। गाँधीजी हरवंश सिंह के बारे में कहते हैं : वह एक 75 वर्षीय गिरमिटिया मजदूर फोक्सरस्ट जेल में मेरे साथ था। उसे आप क्या कहेंगे? उसका कद पूरे 6 फीट का था और उसका शरीर भव्य था। उससे मैंने पूछा : कि आप क्यों आ गए? उसने जवाब दिया कि मैं आए बिना कैसे रह सकता था? अपने भाइयों को छुड़ाने के लिए मेरी उम्र के आखिरी दिन जेल में बीत जाएँ तो मेरी आत्मा को बड़ी तसल्ली होगी। यही हुआ। वह जेल में ही मर गया।(12/515) दूसरा उदाहरण : नौजवान नारायण सामी के बारे में आपका क्या ख्याल है? उसके माता-पिता मद्रास प्रांत से आए थे जिसे लोग भ्रमवश अज्ञान के अंधकार से विजड़ित प्रांत मानते हैं। निर्वासित होने से पूर्व नारायण सामी ने भारत देखा ही नहीं था। उसे कुछ दिन भूखा रहना पड़ा। और इसके बाद उसका देहांत हो गया।" तीसरा उदाहरण : "इसी तरह मद्रास का एक लड़का था जिसका नाम नागप्पन था। वह भी जेल गया था। एक कैदी के रूप में अफ्रीका के एक मैदान में जाड़े की कड़कड़ाती सर्दी में कई दिन तक उसने सूर्योदय से पहले उठकर काम किया। आपको लंदन के जाड़े का तो अनुभव है परंतु सूर्योदय के पहले अफ्रीका के मैदानों में जैसी कड़कड़ाती हुई सर्दी पड़ती है उसकी कल्पना आपको शायद ही होगी। काम करने की शक्ति नहीं होने पर भी वह वहां काम करता रहा और अंत में मर गया।" (उपर्युक्त) गाँधीजी ने ये बातें लंदन के एक स्वागत समारोह में अगस्त 1914 में कही थीं। चौथा उदाहरण : "फिर एक 18 वर्ष की लड़की थी—बहन बलिअम्मा। वह जेल गई और वहां से जब छोड़ी गई तब वह मौत के दरवाजे तक पहुंच गयी थी। जब श्री पोलक और मैं उसे देखने गए तब की बात मुझे अच्छी तरह याद है। बड़ी सावधानी के साथ हमने उसे उठाकर दरी पर लिटाया और अपने वश भर उसकी सुश्रूषा की। परंतु दक्षिण अफ्रीका के अपने हजारों भारतीयों को रोता छोड़कर वह भी चल बसी।" (उपर्युक्त) ये तो इक्के-दुक्के उदाहरण हैं। मजदूरों की सामूहिक वीरता के बारे में गाँधीजी कहते हैं : "उधर मजदूरों के कानों पर भनक

आई कि कहीं कोई गड़बड़ी है। बस, इतने पर 20 हजार मजदूर अपने औजारों को फेंक कर, काम छोड़कर बाहर निकल आए। इस कथन में, लोगों ने कहा कि वे जानते ही नहीं कि उन्होंने हड़ताल क्यों कर दी है, सत्य का कुछ अंश था। वे विश्वास के वश होकर बाहर आए। हिंसा का कहीं नामो निशान नहीं था। ये पुरुष और स्त्रियां भारत के रत्न हैं। इन्हीं के बल पर नए भारतीय राष्ट्र का निर्माण होने वाला है। इन वीरों और वीरांगनाओं की तुलना में हम तो तुच्छ मानव हैं।" (उपर्युक्त) गाँधीजी चाहे अफ्रीका में हों चाहे लंदन में, वह हर समय भारत की बात सोचते थे और उसके नव निर्माण का स्वप्न देखते थे।

आंदोलन के दौरान कुछ स्त्रियों को अपने बच्चों से हाथ धोना पड़ा। गाँधीजी कहते हैं : उस समय हड़ताल पूरे जोर से चल रही थी। उसमें पुरुषों की तरह स्त्रियां भी कूच कर रही थीं। इनमें से दो स्त्रियों के गोद में बच्चे थे। एक बच्चे को सर्दी लग गई और वह जाता रहा। दूसरा बच्चा एक नाले को लांघते समय अपनी मां की गोद से गिर गया और धारा में डूबकर मर गया। किंतु बच्चों की मां इससे भी निराश नहीं हुईं। दोनों ने अपना कूच जारी रखा। एक ने कहा : कि हम मरे हुओं का शोक करके क्या करेंगी? वे क्या वापस आएंगे? जीवितों की सेवा करना हमारा धर्म है। ऐसी शांतिपूर्ण वीरता, ईश्वर के प्रति आस्था और ज्ञान-गरिमा के उदाहरण मैंने गरीबों में बहुत बार देखे हैं।(29/222)

सभी गोरे एक जैसे नहीं थे। उनमें अनेक ऐसे थे जिन्हें हड़तालियों से हमदर्दी थी। जब मजदूर चार्ल्स टाउन से चले, तब वहां के अंग्रेज डॉक्टर ब्रिस्को ने गाँधीजी के लिए दवाओं की पेटी तैयार कर दी और उसमें कुछ औजार रख दिए जिन्हें कोई नौसिखिया भी काम में ला सकता था। ऐसे ही रोटी के दुकानदार एक गोरे व्यापारी ने इनकी सहायता की। समस्या यह थी, "खाने के लिए रोटी और चीनी के सिवा कुछ था ही नहीं, किंतु यह रोटी 8 दिन तक किस तरह जुटाई जाए, यह प्रश्न था। वह रोज लोगों में बांटनी थी। इसका उपाय एक ही था कि हमें हर पड़ाव पर कोई रोटी पहुंचाता। इस काम को कौन करता? वहां रोटी बनाने वाले हिंदुस्तानी तो होते नहीं थे।"(29/223) यह समस्या इस तरह हल हुई : ट्रांसवाल के भीतर सरहदी नगर फोक्सरस्ट था। वहां एक गोरे रोटी वाले की बड़ी दुकान थी। उसने हमें हर जगह खुशी से रोटी देने का करार किया। उसने हमें संकट में जान कर हमसे बाज़ार भाव से ज्यादा दाम लेने की कोई कोशिश नहीं की और रोटी भी बहुत अच्छे आटे की बनाकर दी। उसने रोटी समय पर स्टेशन पर पहुंचाई और रेलवे कर्मचारियों ने (जो गोरे ही थे) ईमानदारी से वह हमारे पास पहुंचाई। इतना ही नहीं, बल्कि पहुंचाने में पूरी सावधानी रखी और हमें कुछ विशेष सुविधाएँ भी दीं।(29/224)

गाँधीजी रेल कर्मचारियों की सहानुभूति से प्रभावित हुए। उसके बारे में उन्होंने अन्यत्र भी लिखा : "डबरन जाते हुए और वहां से आते हुए मैंने देखा कि रेल के गार्ड

वगैरह पर इस हड़ताल और लोगों की शांति का बहुत अच्छा असर पड़ा है। मैं तो तीसरे दर्जे में यात्रा कर रहा था किंतु वहां भी गार्ड और अन्य कर्मचारी मुझे घेर लेते, बड़ी उत्सुकता से सारी बातें पूछते और सभी हमारी जीत की कामना करते। वे मुझे अनेक प्रकार की छोटी-छोटी सुविधाएँ देते। (29/219) विशेष बात यह कि "गरीब, अपढ़ और नामसझ मजदूर इतनी दृढ़ता दिखा सकते हैं, इससे उनको आश्चर्य होता था।" (उपर्युक्त) ऐसी परिस्थिति में गोरे और काले मजदूरों का संयुक्त मोर्चा बन सकता था। गाँधीजी ने हिंदुस्तानी मजदूरों को हड़ताल के खतरे समझाए, जेल जाने के कष्ट बताए। उन्होंने निर्भयता से उत्तर दिया : जब तक आप लड़ने के लिए तैयार रहेंगे तब तक हम हार न मानेंगे। हम दुखों को समझते हैं। आप हमारी चिंता न करें।(29/219)

आंदोलन के कुछ नेता पकड़े गए। पोलक भारत जाने वाले थे। भारत जाने से पहले ही वह पकड़े गए। कैलनबेक भी पकड़े गए। "नेताओं के पकड़े जाने पर लोग झुक जाएंगे, ऐसा मानने में सरकार ने भूल ही की। सब हड़तालियों को चार विशेष ट्रेनों में भरकर डंडी तथा न्यू कैसल में वापस खानों में ले जाया गया। वहां उन पर बड़ा अत्याचार हुआ। उन्हें बहुत कष्ट सहना पड़ा। लेकिन कष्ट सहन करने के लिए तो वे सब निकले ही थे। सच तो यह है कि सब अपने नेता खुद ही थे। जिन्हें नेता कहा जाता था, उनकी गैरहाजिरी में अब उन्हें अपना बल बताना था और वह उन्होंने बता दिया।"(12/509-10)

अंत में हड़ताल समाप्त हुई। हड़तालियों की मांगें आंशिक रूप मे स्वीकार की गईं। गाँधीजी ने कहा : इस समझौते का महत्त्व समझौते के लिए किए गए संघर्ष में है। इस संघर्ष ने दक्षिण अफ्रीका की विवेक-बुद्धि को जगा दिया है और आज जो सारा रुख पलटा हुआ दिखता है, उसका कारण भी यही संघर्ष ही है।(12/453)

पराधीन देशों और उपनिवेशों के साम्राज्य-विरोधी आंदोलन में यह हड़ताल ऐतिहासिक महत्त्व की थी। ऐसी हड़ताल और किसी उपनिवेश में संगठित न की गई थी। अपने देश से दूर हिंदुस्तानी मज़दूरों ने अनुशासन और संगठन की क्षमता का अपूर्व परिचय दिया। भारी संख्या में वे शामिल हुए। अनेक कष्ट सहे, अनुशासन का परिचय दिया। पहले से जिनकी कल्पना न की गई थी, ऐसी समस्याएँ गाँधीजी के सामने बार-बार आईं और उन्होंने उनका तात्कालिक समाधान खोज निकाला। सबसे बड़ी बात यह कि आम जनता और मजदूरों में नई राजनीतिक चेतना का प्रसार हुआ। इसका गहरा असर भारत की राजनीति पर होने वाला था। दक्षिण अफ्रीका में साम्राज्य विरोधी संघर्ष के प्रसार की बहुत बड़ी संभावना थी, इस बात पर यहां ध्यान देना जरूरी है।

(घ) दक्षिण अफ्रीका में साम्राज्य विरोधी संघर्ष के प्रसार की संभावनाएँ

दक्षिण अफ्रीका में काले मजदूरों के अलावा गोरे मजदूर भी थे। उनकी हालत काले

मजदूरों से अच्छी थी परंतु वे भी अपने मालिकों से परेशान थे। उन्होंने भी हड़ताल की थी और उस हड़ताल का इतिहास गाँधीजी ने ही लिखा था। वह इतिहास इस प्रकार है :

"जोहानिसबर्ग में सोने की खानों के क्षेत्र में गोरे मजदूरों ने एक बहुत बड़ी हड़ताल की। ऐसी हड़ताल पहले कभी देखने में नहीं आई। यह सोमवार को समाप्त हुई। उसमें लगभग 40 हजार मजदूरों ने काम करना बंद कर दिया था। ऐसा कहा जा सकता है कि कारण बिल्कुल तुच्छ था; राई का पहाड़ बन गया। एक खान में 40 नए मजदूरों की नियुक्ति की गई थी। मालिकों ने इन नए मजदूरों से हर शनिवार 15 मिनट अधिक काम करने के लिए कहा। मजदूरों ने ऐसा करने से इन्कार किया। मालिकों ने जिद की जो सरासर भूल थी। आग भड़की। मजदूर-संघ के मंत्री ने नोटिस दिया कि अगर मजदूरों से 15 मिनट अधिक काम करने के लिए कहा गया तो मजदूर हड़ताल कर देंगे। यह मंत्री खान में नौकर नहीं था। उसके नोटिस को कोई महत्व नहीं दिया गया। इससे मजदूर संघ का अपमान हुआ। आग में घी पड़ा। मजदूरों ने हड़ताल कर दी। अब मालिकों की समझ में आया। उन्होंने नए मजदूरों को उनकी शर्तों पर वापस लेना स्वीकार किया। लेकिन बाजी हाथ से निकल चुकी थी। अब मजदूर क्योंकर मानते? मंत्री के अपमान को उन्होंने अपना अपमान समझा। आग और भड़की। दूसरी खानों के मजदूर भी उसी संघ के सदस्य थे। उन्होंने भी हड़ताल कर दी। एक के बाद एक करके सब खानें बंद होने लगीं। जो कोई मजदूर काम पर जाता था उसे बलपूर्वक रोका जाता था। बेनोनी में मजदूरों ने लूटमार आरंभ कर दी। मैनेजर आदि के घरों में आग लगा दी। बड़ी-बड़ी सभाएँ हुईं। रोषपूर्ण भाषण दिए गए। सरकार सोयी हुई थी। पुलिस की भी व्यवस्था नहीं थी। जो थी, वह अपर्याप्त थी। इससे मजदूरों का साहस बढ़ा। इसके लिए बहुत से लोग सरकार को दोष देते हैं।

"....लपटें जोहानिसबर्ग तक पहुंचीं। शुक्रवार को हद हो गई। जान और माल खतरे में पड़ गए। सरकार ने समस्त दक्षिण अफ्रीका की पुलिस को बुलाया। इस बीच खून-खराबी तो होती ही रही। मजदूरों की आंखों में खून था। वे लाल पताका और बिल्ले धारण किए हुए थे। उन्होंने ट्रामों में काम करने वाले व्यक्तियों को डराया-धमकाया। अधिकारियों ने समझ से काम लिया और ट्रामें बन्द कर दीं। मजदूरों में श्रीमती फिट्ज जेराल्ड नाम की एक स्त्री है। वह सबसे आगे थी। 50 व्यक्तियों की एक टुकड़ी ले जाकर उसने दुकानदारों को धमकाया और दुकानें बंद करवा दीं। जोहानिसबर्ग का कारोबाद बंद हो गया। लोगों ने डर के मारे घरों में अनाज आदि इकट्ठा करना शुरू कर दिया। एक थैले कोयले की कीमत 10 शिलिंग तक जा पहुंची।

"बात यहीं तक सीमित न रही। रात को श्रीमती फिट्ज जेराल्ड और उसके साथी रेलवे स्टेशन पर गए। स्टेशन के दरवाजे और खिड़कियां आदि तोड़ डाले। टिकटघर और गोदाम को जलाकर राख कर डाला। पुलिस की परवाह न की। एक वतनी कर्मचारी उसमें जलकर मर गया। उसके पश्चात् वह टोली रात के लगभग 9 बजे स्टार

समाचारपत्र के कार्यालय में गई। कई व्यक्ति खिड़कियां तोड़कर अंदर घुस गए। समाचारपत्रों का एक ढेर बनाकर उसमें आग लगा दी और पलभर में एक सुंदर इमारत राख बन गई। यह समाचार पत्र बड़े संकट में पड़ गया है। मंगलवार तक वह प्रकाशित न हो सका। आग बुझाने वाले आए लेकिन मजदूरों ने उन्हें लौटा दिया। उसके बाद उन्होंने गोला-बारूद की दुकान को लूटा। वहां से बंदूक और गोला-बारूद प्राप्त करके लड़ने को तैयार हो गए। अन्य दुकानें भी लूटी गईं। तीन-चार भारतीय दुकानों को भी लूटा गया। यह काम मजदूरों का नहीं, बल्कि गुंडों का जान पड़ता है। अंधेरगर्दी में कौन किसकी सुनता है?

".....इस बीच सरकार चेत गई। जोहानिसबर्ग में जहां देखो वहां पुलिस हो गई। मुख्य इमारतों पर पुलिस तैनात कर दी गई। शनिवार दोपहर को हड़तालियों ने रैंड क्लब पर आक्रमण किया। पुलिस ने उन लोगों को धमकी दी, अनुरोध किया। उपद्रवकारी नहीं माने। उनके सरों के ऊपर आसमान में गोलियां चलाई गईं लेकिन वे नहीं डरे। इस पर पुलिस ने सीधे उनके शरीर पर बंदूकें तानीं। गोलियों की बौछार हुई और उसमें अपराधी और निअपराधी दोनों ही तरह के व्यक्ति मारे गए। खून की धारा बह चली। अनेक व्यक्ति मरे और अनेक घायल हुए। रेडक्रॉस वाले आए और हताहतों को अस्पताल ले गए। अब भय फैल गया। दौड़-भाग होने लगी। रैंड क्लब बच गया। इस बीच किसी ने अफवाह उड़ा दी कि श्री चेडले ने क्लब से गोली चलाई थी। तुरंत ही लोग प्रतिशोध लेने के लिए उनकी महल जैसी दुकान पर गए। वहां उन्होंने खिड़कियों के शीशे आदि तोड़ दिए और लूटमार की।

".....इसी परिस्थिति में जनरल बोथा और जनरल स्मट्स जोहानिसबर्ग आए। हड़तालियों के नेताओं से मिल कर उन्होंने सुलहनामा लिखवाया और उस पर दोनों जनरलों ने तथा हड़तालियों के तीन नेताओं ने हस्ताक्षर किए। समझौते में शर्तें इस प्रकार हैं : खान में (काम करने वाले मजदूर) वापस लिए जाएंगे। अन्य हड़ताली मजदूरों को भी वापस लिया जाएगा। हताहतों की जिम्मेदारी सरकार लेगी तथा जहां तक बन पड़ेगा वह उनके संबंधियों को मुआवजा देगी। अन्य कष्टों की भी सरकार जांच करेगी। मजदूर नेताओं ने यह मांग की थी कि जिन व्यक्तियों ने जनता को उकसाया और लूटमार में भाग लिया, उनके विरुद्ध कोई कार्रवाई नहीं की जाएगी। जनरल बोथा ने कहा कि उनसे जो बन पड़ेगा, वह करेंगे। लेकिन न्याय में दखल देने के संबंध में वचन नहीं दे सकते। फिलहाल लगभग एक सौ व्यक्ति पकड़े गए हैं। श्रीमती फिट्ज जेराल्ड भी गिरफ्तार कर ली गई है। समाचार पत्र निकलने बंद हो गए थे। 'स्टार' के अतिरिक्त अन्य सभी (पत्र) मंगलवार से निकलने लगे हैं। अन्य काम भी शुरू हो गए हैं और यह लिखते समय ऐसा लगता है मानो जोहानिसबर्ग में कभी कुछ घटित ही न हुआ हो। मनुष्य अपने कष्टों और विपत्ति को कितनी जल्दी भूल जाता है।

"......सोमवार को जोहानिसबर्ग में शोक मनाया गया। झंडे झुका दिए गए। सारे

मृतकों को शाम के 4 बजे दफनाया गया। अनुमान है कि उनके पीछे लगभग 30 हजार व्यक्तियों की भीड़ थी। इन व्यक्तियों की आंखों से अभी कल ही खून टपक रहा था। सोमवार को ये ही लोग शोक में डूबे हुए, अर्थियों के पीछे-पीछे धीमी चाल से चल रहे थे।

"हड़ताली नेताओं की मुश्किलें तो अब शुरू हुई हैं। हड़तालियों में अनेक इन नेताओं को दोष देते हैं और कहते हैं कि सरकार ने उनको धोखा दिया है। कुछ कहते हैं कि नेताओं ने उनके साथ विश्वासघात किया है। कुछ अभी तक लड़ना चाहते हैं। नेताओं ने जो किया है, उसे अधिकांश लोगों ने स्वीकार कर लिया है। भिन्न-भिन्न संघों के मत लिए गए हैं। रेलवे में काम करने वाले लोग भी पहले उत्तेजित थे, लेकिन बाद में शांत हो गए। अनेक लोगों का विचार है कि सरकार अपनी शर्तों का किस तरह पालन करेगी, यह देखना चाहिए। और इस प्रकार दैनिक काम-काज शुरू हो गया है। मजदूरों की एक सभा हुई, जिसमें कहा गया है कि इस बात का ध्यान रखना चाहिए कि जिस प्रकार सरकार ने एशियाइयों को धोखा दिया है, उसी प्रकार वह मजदूरों को भी धोखा न दे। इस आशंका के उत्तर में एक नेता ने कहा कि अगर मजदूर लोगों में बल कायम रहा तो सरकार विश्वासघात नहीं करेगी और करेगी तो इस बार इससे भी बड़े पैमाने पर हड़ताल की जाएगी।

"....सरकार के विशेष अनुरोध पर तथा इस बात का विचार करके कि लोगों की भावनाएँ उत्तेजित न हों, दोनों मुख्य समाचारपत्रों ने अब तक इस भयंकर हड़ताल की टीका करके इसके गुण-दोष नहीं बताए हैं।

"....इंग्लैंड में श्री हरकोर्ट पर दबाव डाला जा रहा है। दक्षिण अफ्रीका में साम्राज्य सरकार की सेनाएं तैनात हैं। ऐसा माना जाता रहा है कि इन सेनाओं का उपयोग इस काम के लिए नहीं किया जा सकता। इसलिए श्री हरकोर्ट से प्रश्न पूछा गया कि लॉर्ड ग्लैड्स्टन ने इस सेना का उपयोग कैसे किया? कुछ लोग ग्लैड्स्टन को दोष देते हैं। इस प्रकार इस विद्रोह का इतिहास अभी तक पूरा नहीं हुआ है। अभी तो कोई नहीं कह सकता कि कौन जीता और कौन हारा। अनुमान किया जाता है कि लूटपाट और आगजनी की घटनाओं से जोहानिसबर्ग में लगभग 50 हजार पौंड की हानि हुई। व्यापार, रेलवे, ट्रामों आदि को जो नुकसान हुआ, वह अलग। 18 व्यक्तियों की मृत्यु हुई। कुल मिलाकर 400 व्यक्ति घायल हुए। अब भी लगभग 10 घायल व्यक्ति चिंताजनक स्थिति में अस्पताल में पड़े हुए हैं।" (12/127-29)

यह लेख मूलतः गुजराती में लिखा गया था और 13 जुलाई, 1913 के 'इंडियन ओपीनियन' में प्रकाशित हुआ था। विश्व मजदूर-आंदोलन और भारतीय स्वाधीनता आंदोलन के इतिहास के विचार से यह लेख बहुत महत्वपूर्ण है। गाँधीजी स्पष्ट ही बहुत ध्यान से सारे घटनाक्रम का अध्ययन कर रहे थे। अफ्रीकी आन्दोलनों यह नया विकास था। खान-मालिकों ने काम का समय बढ़ाया था। इस मुद्दे को लेकर अन्य देशों में

पहले भी हड़तालें हुई थीं। उसी तरह की हड़ताल यह भी थी। हफ्ते में एक दिन 15 मिनट ज्यादा काम करना बहुत तुच्छ बात मालूम होती है। लेकिन अनेक वर्षों तक यह क्रम चले तो ये 15 मिनट बढ़ कर कई महीने और वर्ष हो जाएंगे। यह भी संभव था कि पहले एक दिन 15 मिनट समय बढ़ाया, उसके बाद दूसरे दिन के लिए भी समय बढ़ा सकते थे। सिद्धांत की बात थी और मजदूरों ने मालिकों की मनमानी का उचित उत्तर दिया। पहले एक खान में हड़ताल हुई, फिर दूसरी खानों में हुई। 40 हजार मजदूरों ने हड़ताल में भाग लिया। इसका अर्थ यह कि वे हिंदुस्तानी मजदूरों की अपेक्षा कहीं अधिक संगठित थे। ट्रामें बंद कर दी गई थीं। रेल मजदूरों की सहानुभूति इन खान मजदूरों के साथ थी। वे भी हड़ताल में शामिल किए जा सकते थे। हिंदुस्तानी मजदूरों की हड़ताल की तरह यहां भी स्त्रियों ने आगे बढ़ कर भाग लिया। एक स्त्री सबकी अगुवा थी। गाँधीजी ने अलग से उसका उल्लेख किया है। शहर का कामकाज ठप्प कर दिया गया। दुकानें बंद कर दी गईं। जोहानिसबर्ग बंद, शहरों के बंद का, जैसे यह पहला नमूना था। रेलवे स्टेशन जलाने जैसी घटनाएँ इंग्लैंड में मजदूर आंदोलन के प्रारंभिक दौर में भी घटित हुईं। कुछ घटनाएँ लूटमार की हुईं और गाँधीजी समझते हैं कि यह काम गुंडों का था। वे भी इस तरह के आंदोलन में घुस आते हैं। खास बात यह है कि हड़ताली मजदूरों ने हथियारों की दुकान से हथियार लिए और लड़ने को तैयार हो गए। यह स्वतः स्फूर्त कार्य था और हथियारबंद लड़ाई के लिए वे तैयार नहीं थे। इसीलिए पुलिस ने जब गोली चलाई तब कुछ मजदूर मारे गए।

इस गोली कांड का वृत्तांत पढ़कर इंग्लैंड के मैनचेस्टर हत्याकांड की याद आती है। 1819 में मैनचेस्टर के मजदूरों ने इसी तरह प्रदर्शन किया था और उन पर गोली चलाई गई जिस पर शेली ने एक प्रसिद्ध कविता लिखी थी। पूंजीपतियों के वर्ग स्वार्थ जहां भी खतरे में होते हैं, सरकार उनके पक्ष में शस्त्र बल प्रयोग करने के लिए आगे आ जाती है। वह गोरे-काले का भेद नहीं करती। जो मारे गए और घायल हुए उनके अलावा 100 मजदूर गिरफ्तार किए गए। जो मजदूर मारे गए उनकी शव यात्रा में 30 हजार आदमियों ने भाग लिया। इससे जाहिर होता है कि आम जनता की हमदर्दी मजदूरों के साथ थी। सरकार और मजदूर नेताओं के बीच समझौता हुआ। जिस तरह समझौता हुआ, वह हिंदुस्तानियों के साथ किए गए समझौतों से बिल्कुल अलग ढंग का था। दोनों तरफ के प्रतिनिधियों ने लिखित कागज पर हस्ताक्षर किए थे। सभी मजदूरों की वर्ग-चेतना एक स्तर की नहीं थी। अधिकांश मजदूरों ने समझौता स्वीकार किया लेकिन जो मजदूर जुझारू थे, वे दूसरों को सावधान कर रहे थे कि सरकार धोखा दे सकती है। पूरे विवरण में एक वाक्य बड़े मार्के का है। मजदूरों की एक सभा हुई जिसमें कहा गया कि इस बात का ध्यान रखना चाहिए कि जिस प्रकार सरकार ने एशियाइयों को धोखा दिया है, उसी प्रकार वह मजदूरों को भी धोखा न दे। एशियाई मजदूर जो कुछ कर रहे थे, उसे गोरे मजदूर ध्यान से देख रहे थे। एशियाइयों को धोखा दिया गया है, यह बात वे जानते थे।

सरकार ने धोखा दिया तो मजदूरों को लड़ने के लिए तैयार रहना चाहिए। इसीलिए उनके एक नेता ने कहा था : पहले तो सरकार विश्वासघात नहीं करेगी, करेगी तो अब की बार इससे भी बड़े पैमाने पर हड़ताल की जाएगी। इससे पता चलता है कि मजदूर लड़ने-मरने को तैयार थे और आगे भी हड़ताल कर सकते थे। विवरण के अंत में दक्षिण अफ्रीका और ब्रिटेन का संबंध ध्यान देने योग्य है। दक्षिण अफ्रीका में साम्राज्य-सरकार की सेनाएँ तैनात थीं। मजदूरों के विरोध में इस सेना का उपयोग भी किया जा सकता था और कुछ लोग गवर्नर जनरल लॉर्ड ग्लैड्स्टन को दोष दे रहे थे कि उन्होंने सेना का उपयोग नहीं किया। बहुत से गैरमजदूर गोरों को हिंदुस्तानी मजदूरों से सहानुभूति थी। इससे कल्पना की जा सकती है कि गोरे मजदूरों को भी उनसे सहानुभूति रही होगी। 40 हजार तो हड़ताल में शामिल हुए थे, इनके सिवा और बहुत से गोरे कर्मचारी थे, विशेष रूप से रेल कर्मचारी जो संघर्ष में शामिल हो सकते थे। काले और गोरे मजदूरों की जमात एक बहुत बड़े जन संघर्ष में अगुवाई कर सकती थी।

गाँधीजी को एक सुझाव दिया गया था कि गोरे मजदूरों की हड़ताल के साथ अपने गिरमिटिया मजदूरों की हड़ताल मिलाकर चलाएँ। परंतु उन्होंने इसे अस्वीकार किया। "दक्षिण अफ्रीका में सत्याग्रह की लड़ाई के दौरान कई हजार गिरमिटिया भारतीयों ने हड़ताल कर दी थी। वह हड़ताल सत्याग्रह से प्रेरित थी, इसलिए उसका स्वरूप बिल्कुल ऐच्छिक और शांतिपूर्ण रहा। जब यह हड़ताल जारी थी, उसी समय यूरोपीय खान मजदूरों, रेलवे कर्मचारियों आदि ने भी हड़ताल कर दी। उस समय मुझसे अनुरोध किया गया था कि मैं उनके साथ हो जाऊं। एक सत्याग्रही की भांति मुझे ऐसा न करने के निर्णय में एक क्षण की भी देर न लगी।" (15/251) गोरे मजदूरों के साथ हिन्दुस्तानी मजदूर मिल कर न लड़े। इससे लाभ साम्राज्यवादियों को हुआ। यह हड़ताल 1913 में हुई थी। प्रथम विश्व युद्ध छिड़ने के पहले मजदूरों की अंतरर्जातीय एकता की संभावना कार्य रूप में परिणत की जाती तो उसका असर युद्ध पर भी हो सकता था। मार्क्सवाद मजदूरों की अंतरर्जातीय एकता पर जोर देता है। यह एकता पिछड़े हुए देशों के स्वाधीनता आंदोलन को बहुत शक्तिशाली बना सकती है, यह दक्षिण अफ्रीका में उक्त संभावना से प्रमाणित होता है।

साम्राज्यवादी शासन में भारत का चौमुखी ह्रास हुआ। इसलिए उसका अंत करना आवश्यक था। "हमारा विश्वास है कि अपनी प्रगति के लिए पूरा-पूरा अवसर होने की दृष्टि से दूसरे देशवासियों की तरह हिंदुस्तान के लोगों का स्वाधीनता पाने, अपनी मेहनत का सुख भोगने तथा जीवन के लिए आवश्यक वस्तुओं को प्राप्त करने का पूर्ण अधिकार है। हमारा यह भी विश्वास है कि अगर कोई सरकार लोगों को उनके अधिकारों से वंचित करती है और उन पर जुल्म करती है तो लोगों को यह भी अधिकार है कि वे उसे बदल दें, उसे समाप्त कर दें। भारत की अंग्रेज सरकार ने हिंदुस्तानियों को न केवल उनकी स्वाधीनता से वंचित कर दिया है, बल्कि उसने जनता के शोषण को ही अपना

आधार बनाया है और हिंदुस्तान को आर्थिक, राजनीतिक, सांस्कृतिक तथा आध्यात्मिक दृष्टि से तबाह कर दिया है। इसलिए हम मानते हैं कि हिंदुस्तान को अवश्य ही ब्रिटेन से संबंध तोड़ देना चाहिए और पूर्ण स्वराज्य या पूर्ण स्वाधीनता हासिल कर लेनी चाहिए।" (42/395-96)

युद्ध, आतंक और जातीय उत्पीड़न की साम्राज्यवादी व्यवस्था भीतर से सड़ रही थी, टूट रही थी। 'लाहौर और अमृतसर में पुलिस द्वारा स्वयंसेवकों की बुरी तरह पिटाई। खबर है लाहौर सेंट्रल जेल में कैदियों को बेंत लगायी गयी।' "इन रंगारंग खबरों के नमूने मैंने यह दिखाने के लिए प्रस्तुत किए हैं कि यदि हम इस प्रकार के बर्ताव से बचकर निकल सकें तो स्वराज्य आसानी से हमारी पकड़ में आ जाएगा। बच निकलने का अर्थ यह है कि हम तैश खाए बिना बहादुरी से उसका सामना करें। और हारकर दम तोड़ती हुई इस शासन व्यवस्था के संचालकों को यह कहना पड़ जाए, कि हमने कोशिश तो की लेकिन कामयाबी नहीं मिली। जब परवाना शमा के इर्द-गिर्द मंडराने लगता है, तब उसका मरण निश्चित होता है। इसी प्रकार यह सरकार भी स्वयं अपने हिंसा के भार की नीचे दबकर तेजी से टूक-टूक होती जा रही है।" (22/64-65) "हमारा वास्ता ऐसी शासन प्रणाली से पड़ा है जो पूरी तरह सड़ चुकी है और जिसने क्या अंग्रेज, क्या भारतीय, सारी मनुष्य जाति का मान घटाया है। असल में हम एक रोग से जूझ रहे हैं।" (22/377) इस सड़ी हुई व्यवस्था को हटाने की ताकत मजदूरों और किसानों में है। "यदि भारत के छात्र मेरी मदद नहीं करते तो मजदूरों के साथ संघर्ष में मध्यवर्ग और व्यापारी वर्ग के लोग आ सकते थे। आर्थिक मांगों से आगे बढ़कर यह मांग रखी जा सकती थी कि दक्षिण अफ्रीका से ब्रिटिश फौजें हटाई जाएँ और यहां नए ढंग का लोकतंत्र स्थापित किया जाए जिसमें गोरों के साथ काले आदमियों को भी मत देने का अधिकार हो। अनेक धाराएँ मिलकर इस साम्राज्य-विरोधी आंदोलन को बहुत शक्तिशाली बना सकती थीं। इसके सिवा अफ्रीका के मूल निवासियों की समस्याएँ थीं। अंग्रेज अपने आतंक के द्वारा इन पर शासन कर रहे थे और वे अंग्रेजों से लड़ भी चुके थे।"

अफ्रीका में काफिर नाम की एक जाति थी। इनके साथ अंग्रेज किस तरह का बर्ताव करते थे, इसका उदाहरण यह है : "प्रिटोरिया की नगर-परिषद् काले लोगों की कट्टर विरोधी है। प्रतिवर्ष जब परीक्षाएँ होती हैं, तब विद्यार्थी टाउन हॉल में बैठते हैं। इस बार एक काफिर परीक्षा में सम्मिलित हुआ। उसी हॉल में गोरे भी थे। इसलिए परिषद् ने नाराज होकर परीक्षकों को नोटिस दिया कि गोरों के हॉल में काफिर को बैठाया गया, इस कारण आइंदा उन्हें वह हॉल नहीं दिया जाए। तब परीक्षकों ने काफिर के लिए अलग कमरे की मांग की। परिषद् ने इसे भी नामंजूर कर दिया और प्रस्ताव पास किया कि काफिर या दूसरे काले लोगों को टाउन हॉल अथवा उसका कोई अन्य कमरा कभी न बरतने दिया जाएगा। इस प्रस्ताव को जिन गोरों ने पास किया है, वे बहुत भले और विद्वान माने जाते हैं। ऐसे देश में काले लोगों की स्थिति बड़ी विषम हो जाती है।"

(10/119) इससे यह निष्कर्ष निकलता है कि दक्षिण अफ्रीका में काफिर और हिंदुस्तानी मिलकर गोरों से लड़ सकते थे। काफिरों में अंग्रेज-विरोधी भावना व्यापक रूप से फैली हुई थी। गाँधीजी ने एक सभा में कहा था : दोगले (हाफ कास्ट्) और काफिर भी, जो हमसे सभ्यता में गिरे हुए हैं, सरकार का विरोध करते हैं। उन पर पास का नियम लागू है, फिर भी वे पास नहीं लेते। (5/429)

इन काफिरों ने विद्रोह किया। गाँधीजी ने इस विद्रोह के बारे में लिखा है : "नेटाल में व्यक्तिकर के कारण काफिरों ने विद्रोह किया। सार्जेंट हंट और आर्मस्ट्रांग इस विद्रोह में मारे गए। नेटाल में फौजी कानून की घोषणा हुई और वतनियों के साथ सख्ती होने लगी। फौजी कानून के अनुसार कुछ वतनियों की जांच-पड़ताल हुई और उनमें से 12 को तोप से उड़ा देने की सजा दी गई। आसपास से वतनियों और उनके राजा को अपने लोगों को तोप से उड़ते हुए देखने के लिए बुलाया गया।" यह खबर विलायत पहुंची। तब लॉर्ड एल्गिन ने नेटाल के गर्वनर को तार दिया कि फिलहाल वतनियों को तोप से उड़ाना मुल्तवी रखा जाए। इस पर नेटाल के गोरों ने बहुत विरोध किया। इंग्लैंड की सरकार का कहना था, "विद्रोह को समाप्त करने में उसने नेटाल की मदद की थी। इसलिए वतनियों को न्याय मिलता है या नहीं, इसे देखने का काम उसी का था।" (5/277) किंतु गोरों के विरोध के सामने एल्गिन को झुकना पड़ा और उन्होंने नेटाल के गर्वनर को जैसा वह चाहे, करने की छूट दे दी। दो अंग्रेज मारे गए थे, उनके बदले 12 आदिवासियों को प्राण दंड मिला। गाँधीजी ने लिखा : "दो प्राणियों के लिए 12 प्राण गए हैं। 12 वतनियों को शनिवार के दिन तोप से उड़ा दिया गया है।" (5/277)

आदिवासियों के साथ मिलकर हिंदुस्तानी बहुत कुछ कर सकते थे। हिंदुस्तानियों के साथ अन्य एशियाई भी आ सकते थे। काफी बड़ी संख्या में चीनी थे। और जिन कानूनों से हिंदुस्तानियों को तकलीफ होती थी, उन्हीं से उनको भी तकलीफ होती थी। उनके एक नेता ने कहा था : "हम स्वेच्छया पंजीयन करवाने को तैयार हैं, किंतु गोरे लोग हमें गुलाम बना लें, यह कभी नहीं हो सकता। हम यह व्यवहार सहन नहीं करेंगे। इस शर्मनाक कानून के सामने हम नहीं झुकेंगे। इससे भले वे हमारा कुछ भी करें, चूंकि हम सच्चे हैं, इसलिए अंत तक लड़ते रहेंगे। हम कोई अनुचित बात नहीं, बल्कि शुद्ध न्याय मांग रहे हैं।"(7/59) गाँधीजी चीनियों की सभा में बोले भी थे। वहां उन्होंने बताया, कैसे उन्होंने ब्रिटिश प्रजा को चीनियों से अलग रखने का प्रयत्न किया था। परंतु सरकारी नीति ने उन्हें एक ही मंच पर इकट्ठा होने को विवश किया। उन्होंने कहा था, "यद्यपि मैंने आदिवासियों के लिए और स्वयं अपने लिए उन सब अधिकारों की मांग की जो ब्रिटिश प्रजाजनों को समुचित रूप से प्राप्त होने चाहिए, तथापि वह मांग शीघ्रता से ठुकरा दी गई और ब्रिटिश भारतीय तथा अन्य एशियाई एक ही श्रेणी में रख दिए गए। मुसीबत ने हमें इस संघर्ष में अजीब हमबिस्तर बना दिया है।" चीनियों और हिंदुस्तानियों के संघर्षों में अंतर स्वीकार करते हुए गाँधीजी ने कहा : "जहां तक इन काले कानूनों के

परिणामों का संबंध है, चीनी संघर्ष ब्रिटिश भारतीयों के संघर्ष जैसा ही है, और चूंकि यह कानून दोनों को समान रूप से पीसता है, इसलिए दोनों उससे लड़ रहे हैं। (7/394-95)

दक्षिण अफ्रीका में सभी गोरे समान रूप से ब्रिटेन के भक्त नहीं थे। उनमें डच किसान थे जो बोअर कहलाते थे। वे अंग्रेजों से युद्ध कर चुके थे और गाँधीजी उनके बल-विक्रम और स्वाधीनता-प्रेम के प्रशंसक थे। लिखा था : सभी बोअर युद्ध कला में पूर्ण कुशल होते हैं। वे आपस में भले ही लड़ते-झगड़ते रहें, किंतु उन्हें अपनी स्वतंत्रता इतनी प्यारी है कि जब उस पर कोई आक्रमण होता है तो वे सभी एक होकर लड़ने के लिए तैयार हो जाते हैं। उनको बहुत अधिक कवायद आदि सीखने की आवश्यकता नहीं पड़ती, क्योंकि लड़ना तो उस समस्त जाति का स्वाभाविक गुण ही है। (29/15) इन्हें अपनी जातीय अस्मिता की रक्षा की बड़ी चिंता थी और इस अस्मिता का प्रतीक थी उनकी भाषा। इसके बारे में गाँधीजी ने लिखा : उन्होंने अपनी भाषा की सेवा और रक्षा ऐसे ही की जैसे कोई सपूत अपनी माँ की करता है। उनके मन में यह बात बैठ गई है कि जाति की स्वतंत्रता और उसकी मातृभाषा में बड़ा घनिष्ठ संबंध है। निरंतर प्रहार होने पर भी वे लोग अपनी मातृभाषा की रक्षा कर रहे हैं।(29/15)

जातीय प्रेम में स्त्रियां पुरुषों से पीछे नहीं थीं। "जैसे बोअर पुरुष वीर और सरल हैं, वैसे ही बोअर स्त्रियां भी वीर और सरल हैं। बोअर पुरुष बोअर युद्ध में अपना इतना खून बहा सके और इतना बड़ा बलिदान कर सके सो अपनी स्त्रियों के साहस और प्रोत्साहन के कारण ही। इन स्त्रियों को न विधवा होने का भय था और न अपने भविष्य की चिंता। ...अपनी स्वतंत्रता की रक्षा के लिए जितना दुःख सहन करना पड़ता उसे बोअर स्त्रियों ने भी धर्म का आदेश समझकर धैर्यपूर्वक और प्रसन्नतापूर्वक सहन किया। स्वर्गीय लॉर्ड किचनर ने इन स्त्रियों को झुकाने का उपाय करने में कोई कमी नहीं रखी। उनको अलग-अलग बाड़ों में बंद किया गया और उन्हें इन बाड़ों में असह्य कष्ट सहन करने पड़े। उन्होंने खाने-पीने का दुःख भी सहा और जबर्दस्त सर्दी और गर्मी भी सही। कभी-कभी उन्हें शराब के नशे में चूर अथवा काम-विकार से मत्त सैनिकों के अत्याचार भी सहने पड़े। इन बाड़ों में अनेक प्रकार की आफतें उन पर आईं, किंतु वे वीर स्त्रियां नहीं झुकीं। ...जब इन कष्टों और अत्याचारों के समाचार इंग्लैंड पहुंचे, तब अंग्रेज जनता को बहुत संताप हुआ। लोग बोअरों की वीरता के बारे में जानकर चकित रह गए। एक छोटी-सी जाति ने सारी दुनिया में फैले हुए साम्राज्य को नाक में दम कर दिया, यह बात पहले अंग्रेजों के मन में खटकती थी, किंतु जब इन बाड़ों में कैद स्त्रियों का आर्तनाद, उन स्त्रियों और लड़ाइयों में जूझते हुए उनके पुरुषों के मार्फत नहीं, बल्कि इक्के-दुक्के उदारमना अंग्रेज स्त्री-पुरुषों के मार्फत, जो उस समय दक्षिण अफ्रीका में थे, वहां पहुंचा तब अंग्रेज लोगों के मन अनुताप से भर गए।" (29/16-17) जो बोअर कैदी जेल में मरे थे, उनकी संख्या बीस हजार थी। (1/373)

गाँधीजी ने उपनिवेशों में अंग्रेजों के वंशज गोरों की आलोचना करते हुए 1904 में

लिखा था : वे भारत के साथ ब्रिटिश संबंध से मिलने वाले गौरव को अपनाने और भारतीय सैनिकों की बहादुरी की तारीफ दूर से करने के लिए तो तैयार हैं, परंतु जब उन्हीं सैनिकों के भाईबंदों के साथ अच्छे बर्ताव का मामला आता है, तब वे अपने को अलग रखना चाहते हैं। (4/318) अपने सैनिक बंधुओं की तरह गिरमिटिया मजदूर स्वयं अस्त्र उठाकर अत्याचार का विरोध कर सकते थे। 1914 में गाँधीजी ने कहा था : पिछली हड़ताल के समय आपके ऊपर बहुत अत्याचार हुआ, इसलिए अथवा किसी और कारण से क्षुब्ध होकर आपने भी (अत्याचारियों पर) अपना हाथ उठाया था, यह जानकर मुझे बहुत दुःख हुआ।(12/458) दक्षिण अफ्रीका के अलावा बहुत से हिंदुस्तानी पूर्वी अफ्रीका में थे। यहां भी गोरे उनका विरोध कर रहे थे। इस विरोध के बारे में और हिंदुस्तानियों की स्थिति के बारे में गाँधीजी ने कहा था : पूर्वी अफ्रीका में भारतीय-विरोधी आंदोलन नितांत सिद्धांतहीन है। दक्षिण अफ्रीका में इसी किस्म का जो आंदोलन हुआ था, वह देखने में कुछ युक्तियुक्त प्रतीत होता था; लेकिन इसमें तो वह बात भी नहीं है। दक्षिण अफ्रीका का यूरोपीय उपनिवेशी दक्षिणी अफ्रीका को अपना घर मानता है और यह दावा करता है कि वहां आकर बसने वालों में वह अग्रणी है। लेकिन पूर्वी अफ्रीका का यूरोपीय इस तरह का कोई दावा नहीं कर सकता। उसका तो वहां एक ही स्वार्थ है—शोषण। वहां बसने वालों में अग्रणी अगर कोई है तो भारतीय लोग ही हैं जो वहां तब पहुंच चुके थे जब किसी भी यूरोपीय के पैर वहां नहीं पड़े थे। पूर्वी अफ्रीका के ऊंचे मैदानों को जब तक भारतीयों ने अपने श्रम से विकसित नहीं कर दिया, तब तक यूरोपीयों के स्वार्थ पनपने की वहां कोई गुंजाइश नहीं थी। चूंकि नैरोबी की जलवायु सुंदर है और शिकार खेलने की वहां काफी गुंजाइश है, अतः भारतीय व्यापारी और भारतीय भूस्वामी को यूरोपीय सहन नहीं कर सकते। पूर्वी अफ्रीका में बसने और वहां के राजनीतिक जीवन को प्रभावित करने के अपने अधिकारों में किसी तरह की कमी हम बरदाश्त नहीं कर सकते।(16/360)

इस प्रसंग में गाँधीजी ने यह भी कहा था : पूर्वी अफ्रीका की समस्या अधिकाधिक गंभीर हो चली है...। जो लोग ईसाई सभ्यता का ढिंढोरा पीटते हैं वे ईसाइयत की सीख से अनभिज्ञ हैं और कतई नहीं जानते कि वहां बसने वाले भारतीयों ने किस प्रकार अफ्रीका वासियों को उन्नत किया है। वे इतिहास के इस तथ्य की अवहेलना करते हैं कि जब पूर्वी अफ्रीका में एक भी यूरोपीय नहीं था, उस समय भारतीय उस भूभाग के अंदर तक पहुंच गए थे और वहां की जनता के रीति-रिवाजों और तौर-तरीकों पर लाभकारी प्रभाव डाल चुके थे। जो भारतीय पूर्वी अफ्रीका गए, उन्होंने अफ्रीकियों पर अपने रीति-रिवाज कभी नहीं थोपे, न वे एक हाथ में शराब की बोतल और दूसरे हाथ में बंदूक लेकर वहां गए, क्योंकि पूर्वी अफ्रीका जाने में उनका उद्देश्य वहां के बर्बरों को 'सभ्य बनाना' नहीं था। वे वहां के लोगों की अनुमति लेकर उनमें केवल व्यापार करने के लिए वहां गए और उन्होंने उसी प्रकार वहां अपनी सभ्यता की छाप छोड़ी जिस प्रकार

दो भिन्न-भिन्न जातियों के लोग प्रच्छन्न रूप से एक-दूसरे के आचार से प्रभावित हुए बिना नहीं रह सकते। यह कहना कि पूर्वी अफ्रीकियों के बीच भारतीयों की किसी भी रूप में उपस्थिति उनके लिए हानिप्रद है, सुविदित तथ्यों को तोड़ना-मरोड़ना है।(16/361-62) दो भिन्न देश, उनकी दो संस्कृतियां और अफ्रीका के आदिवासियों से उनके व्यवहार में भेद। दक्षिण और पूर्वी अफ्रीका के व्यापारी मिलकर साम्राज्य-विरोधी संग्राम में मजदूरों की बहुत सहायता कर सकते थे।

20वीं सदी के प्रथम दशक में एक साम्राज्य-विरोधी लहर एशिया और अफ्रीका के देशों में दूर-दूर तक उठान पर थी। इस लहर के बारे में 1907 में गाँधीजी ने लिखा था कि जगह-जगह हम 'हमारा देश' का नारा सुनते हैं। (7/6) जिस लेख में गाँधीजी ने काफिरों के विद्रोह की चर्चा की थी, उसके अंत में उन्होंने लिखा था : आने वाले वर्षों में दक्षिण अफ्रीका में बहुत उथल-पुथल होने को है। भारतीयों और दूसरे काले लोगों को बहुत सोचना और सोच समझ कर चलना है।(5/277) ये वाक्य एक विशाल साम्राज्य विरोधी-आंदोलन की संभावना की स्वीकृति हैं। परंतु इन संभावनाओं के अनुरूप कोई काम नहीं हुआ। गाँधीजी के नेतृत्व में शायद ऐसा काम हो भी न सकता था? दक्षिण अफ्रीका के रेल मजदूरों ने हड़ताल की। सत्याग्रह से वह बहुत दूर थी। गाँधीजी ने लिखा : हम कोई राजगद्दी नहीं मांगते। हम तो अपना स्वाभिमान—अपना धर्म—निबाहना चाहते हैं। हम तो स्वयं अपने आप पर चाहे जितना दुःख पड़े, कदापि प्रतिपक्षी को शारीरिक कष्ट देना अथवा उसका पद नहीं छीनना चाहते थे। रेलवे वालों की स्थिति इसके एकदम विपरीत है। उन्होंने अपने स्वाभिमान की रक्षा के लिए संघर्ष नहीं छेड़ा है। धर्म से उनका कोई सम्बन्ध नहीं है। उन्होंने तो अपने वेतन आदि की वृद्धि और अपनी आर्थिक स्थिति के सुधार की बात सोची। उन्होंने जो हड़ताल की, वह जेल जाने के हेतु से नहीं बल्कि सरकार दबाने के इरादे से की। सरकार यदि शस्त्रबल का उपयोग करे और इन हड़तालियों से बने, तो वे भी शस्त्रबल से उसका मुकाबला करना चाहेंगे। बनपड़े तो वे राजगद्दी छीनकर उसका भी उपभोग करना चाहेंगे। उनका तो अंतिम उद्देश्य ही यह है।(12/336)

प्रतिपक्षी था ब्रिटिश साम्राज्यवाद। गाँधीजी उसे दबाना धर्म विरुद्ध मान रहे थे। इसके विपरीत मजदूर सरकार को दबाना ही नहीं, उससे राजगद्दी छीन लेना चाहते थे। शस्त्रबल का जवाब वे शस्त्रबल से देना चाहते थे। गाँधीजी ने रेल मजदूरों पर टिप्पणी फरवरी 1914 में लिखी थी। तीन साल बाद लेनिन के नेतृत्व में रूसी मजदूरों ने पूंजीपतियों और सामंतों से राजगद्दी छीन ली, उनके शस्त्रबल का उत्तर शस्त्रबल से दिया, साम्राज्यवाद का घेरा टूटा और पराधीन देशों के मुक्ति संघर्ष को रूसी क्रांति ने गहराई से प्रभावित किया। दक्षिणी अफ्रीकी घटनाक्रम ने सिद्ध कर दिया कि साम्राज्य विरोधी आंदोलन की पूरी सफलता के लिए मजदूर वर्ग का क्रांतिकारी नेतृत्व आवश्यक है। स्वाधीनता आन्दोलन की बागडोर पूंजीवादी नेतृत्व के हाथ में हो या सर्वहारा नेतृत्व

के, यह प्रश्न इतिहास ने दक्षिण अफ्रीका में प्रथम विश्वयुद्ध से पहले क्रान्ति की कार्य सूची में पेश कर दिया था। सन् 20 से सन् 46 तक भारत में स्वाधीनता आंदोलन की विभिन्न मंजिलों से भी यही सिद्ध हुआ। परिस्थितियां कितनी भी क्रांतिकारी हों, यदि उनके अनुसार काम करने वाला क्रान्तिकारी नेतृत्व न हो तो साम्राज्यवादी उत्पीड़न का अंत नहीं किया जा सकता।

गाँधीजी का आंदोलन व्यर्थ नहीं था। उनका यह कहना सही था कि "यदि यह लड़ाई न चलती और बहुत से हिंदुस्तानियों ने जो कष्ट सहे, वे न सहे होते तो आज दक्षिण अफ्रीका में हिंदुस्तानियों के पैर उखड़ गये होते; इतना ही नहीं, बल्कि दक्षिण अफ्रीका में हिंदुस्तानियों की विजय से अन्य उपनिवेशों में भी हिन्दुस्तानियों की न्यूनाधिक रक्षा ही हुई।"(29/250) हिन्दुस्तानियों के पैर तो नहीं उखड़े पर साम्राज्यवादियों के पैर भी मज़बूती से जमे रहे। वे महायुद्ध की तैयारी कर रहे थे उसमें हज़ारों आदमियों की जान गयी और भुखमरी से भारत में लाखों आदमियों के प्राण गये। इसलिए साम्राज्यवादी व्यवस्था को खत्म करना जरूरी था। अंग्रेज प्रथम विश्वयुद्ध की तैयारी कर रहे थे। भारत में गिरमिटियों की मुक्ति के लिए सभाएँ हो रही थीं। दक्षिण अफ्रीका में आंदोलन समाप्त हुआ। सत्याग्रही जेल से छोड़े गये। सरकार से समझौता हुआ। आन्दोलनों के बाद ऐसे समझौते कई बार भारत में होने वाले थे। भारत लौटते हुए गाँधीजी ने रायटर के प्रतिनिधि से 'जोर देकर' कहा कि "दक्षिण अफ्रीका में जो समझौता हुआ है, वह उन भारतीयों के लिए अत्यन्त प्रसन्नता की बात है कि जो महान् संकट काल में सरकार का साथ दे रहे हैं।...जनरल बोथा और जनरल स्मट्स के साथ मेरी जो अंतिम मुलाकात हुईं, मेरे मन में उनकी बड़ी ही मीठी यादगार है।"(12/555)

लेकिन फरवरी 1917 में गाँधीजी ने बंबई की एक सभा में कहा : फीजी आदि जगहों में गिरमिट की जिस प्रथा के कारण हमारे देश के अनाथ और अशिक्षित भाइयों और बहनों की बड़ी दुर्दशा होती है, वह तत्काल और संपूर्णतया उठा दी जानी चाहिए। ...यह काम तभी होगा जब हम वहां जाने के लिए तैयार मजदूरों के घर जा-जाकर उन्हें समझाएंगे और जाने से रोकेंगे।(13/344) यह काम आसान नहीं था क्योंकि अधिकांश किसानों की हालत गिरमिटियों जैसी या उससे भी बदतर थी। अप्रैल 1917 में गाँधीजी बिहार में थे। वहां से मदनलाल गाँधी को उन्होंने लिखा : यहां का मामला जितना मैंने समझा था, उससे अधिक गंभीर है। यह फीजी और नेटाल की स्थिति से भी बुरा जान पड़ता है। फिर भी ज्यादा तो जांच करने पर ही मालूम हो सकेगा।(13/365)

गिरमिटियों के भाईबंद—बिहार के किसान

(क) गोरे जमींदार और बंधुआ भारतीय किसान

अंग्रेजी राज में हिंदुस्तानी किसानों ने जितनी मार खाई, उतनी उन्होंने अपने पूरे लंबे इतिहास में न खाई थी। मई 1917 में गाँधीजी ने बिहार को ध्यान में रखते हुए लिखा था : रैयत इतनी अधिक अपंग बना दी गई है और इतने लंबे अरसे तक उसने कष्ट सहन किया है कि वह ऐसा मानने लगी है कि राहत कभी मिलने वाली नहीं है। वह अपने उन देशभाइयों की हार्दिकता को प्रत्यक्ष महसूस करती है जो कम से कम उसकी बात सुनने को तैयार हैं, चाहे वे कोई प्रभावशाली मदद नहीं दे पाएँ। उनकी निराशा में डूबती हुई भावनाओं को इससे बड़ा सहारा मिला है।(13/431) मरता क्या न करता, इस न्याय से पस्ती और निराशा में लोग जवाबी हमला कर सकते थे। गाँधीजी ने उसी टिप्पणी में लिखा : जब तक सवाल हल नहीं हो जाता और उन्हें आजादी का आश्वासन नहीं मिल जाता, तब तक उन्हें अरक्षित छोड़ देना क्रूरता होगी। कार्यकर्ताओं को उनके बीच से बलपूर्वक हटाने से संभव है कि आतंकवाद फैल जाए और उसके फलस्वरूप अब तक दिए गए वक्तव्यों से लोगों के विमुख हो जाने का अंदेशा भी है।(13/431) गाँधीजी ने जिसे आतंकवाद कहा है, वह गोरे जमींदारों पर किसानों का संभावित जवाबी हमला है।

बिहार में गोरे जमींदार किसानों को बंधुआ बनाकर उनसे नील की खेती कराते थे। गाँधीजी वहां की परिस्थितियों की जांच करना चाहते थे। परंतु ये जमींदार डरते थे कि जांच करने से असलियत जाहिर हो जाएगी और उनके विरुद्ध आंदोलन चलेगा। गाँधीजी ने अप्रैल 1917 में चम्पारन के जिला मजिस्ट्रेट को आश्वासन दिया : कमिश्नर का कथन है कि मेरा उद्देश्य संभवतः कोई आंदोलन करना है। मैं इसका खंडन करता हूं। मेरी विशुद्ध और एकमात्र इच्छा जानकारी प्राप्त करने का वास्तविक प्रयत्न करना है और जब तक मुझे मुक्त रहने दिया जाएगा, तब तक मैं अपनी इस इच्छा के अनुसार काम करता रहूंगा।(13/369) गाँधीजी का जांच करना गोरे जमींदारों और सरकार को चुनौती देना था और उसका परिणाम आंदोलन ही हो सकता था। मोतीहारी के जिला मजिस्ट्रेट के मार्फत गाँधीजी ने वायसराय के निजी सचिव को सूचित किया, गोरे जमींदारों के खिलाफ किसानों के जो आरोप हैं, उनमें सच्चाई है या नहीं, यह जांचने के लिए वह वहां गए थे। उन्होंने गोरे जमींदार-संघ के मंत्री और फिर डिवीजन के कमिश्नर से भेंट करके उनका सहयोग मांगा। उन्होंने गाँधीजी का निवेदन अस्वीकार किया और उनसे यह भी कहा कि वह इस काम से अलग हो जाएँ। लेकिन गाँधी जांच का काम करते रहे। मजिस्ट्रेट ने उन पर हुक्म तामील किया कि उन्हें जिले से चला जाना चाहिए। गाँधी ने लिखा : इस हुक्म के जो कारण बताए गए हैं उनसे मैं सहमत नहीं हो सकता। इसलिए मर्जी न होते हुए भी लाचार होकर मुझे इस हुक्म की उदूली करनी पड़ी है और

मजिस्ट्रेट को लिखना पड़ा है कि मैं इस हुक्मउदूली की सजा भुगत लूंगा।(13/369)

चम्पारन के जिला मजिस्ट्रेट ने गाँधीजी को आदेश भेजा : चूंकि इस डिवीजन के कमिश्नर ने अपने एक पत्र द्वारा, जिसकी एक प्रति संलग्न है, मुझे बतलाया है कि इस जिले में कहीं भी आपकी उपस्थिति सार्वजनिक शांति के लिए खतरनाक होगी और उसके कारण ऐसे गंभीर ढंग का उत्पात हो सकता है जिसमें लोगों के प्राणों की हानि का अंदेशा है और चूंकि इस संबंध में तत्काल कार्रवाई करना अत्यधिक महत्वपूर्ण है, इसलिए मैं इसके द्वारा आपको आदेश देता हूं कि आप जिले में उपस्थित न रहें और अगली ट्रेन से ही जिले से बाहर चले जाएँ।(13/584) कुछ लिखा-पढ़ी के बाद मजिस्ट्रेट को अपना आदेश वापस लेना पड़ा और गाँधीजी अपना जांच का काम करते रहे। उन्होंने लगभग 4 हजार किसानों के बयान लिए। अपने एक लेख में उन्होंने बताया : मोतीहारी और बेतिया में किसान भारी संख्या में इकट्ठे हुए हैं। भीड़ इतनी ज्यादा है कि स्वयंसेवक अपना काम रोज-ब-रोज पूरा नहीं कर पाते।(13/395) अब से 80 साल पहले बिहार के किसानों के लिए हिंदी में अपनी बात समझाना बहुत ही मुश्किल रहा होगा। वे अपनी देहाती बोलियों में ही गाँधीजी और बयान लिखने वालों के सामने बोलते होंगे। सौभाग्य से वहां बहुत से स्वयंसेवक थे। ये ज्यादातर वकील थे और इनमें भारत के भावी राष्ट्रपति राजेन्द्र प्रसाद भी थे। किसानों के साथ गोरे जमींदारों को भी सभाओं में आने का निमंत्रण हमेशा दिया जाता रहा है। सभाओं शब्द से प्रतीत होता है कि बयान देने वाले किसानों की भीड़ सभा का रूप ले लेती थी। गोरे जमींदार सभाओं में नहीं आए, उनके जमादार जरूर आए। गाँधीजी जमींदारों से अलग-अलग मिले और उनके प्रतिनिधियों से भी बातचीत की। इन सभाओं के अतिरिक्त "कार्यकर्ता अनेक गांवों में गए हैं और सैकड़ों काश्तकारों से उन्होंने उनके घरों में जाकर भेंट की है।"(13/395)

गोरे जमींदारों और उनके सहयोगी अधिकारियों ने हर संभव प्रयत्न किया कि गाँधीजी और उनके सहयोगी अपना जांच का काम न कर पाएँ। बेतिया के सब डिवीजनल अफसर ने तो कई बार यहां तक कहा कि "हमारी जांच के कारण इस इलाके में किसी भी दिन आगजनी आदि के उपद्रव होने की आशंका है। वह कहता है कि काश्तकार पहले से ज्यादा ढीठ हो गए हैं और उन्होंने हमारी जांच के बारे में जरूरत से अधिक आशाएँ बांध रखी हैं। उसने सरकार से कहा है कि अगर जांच का काम बंद नहीं कराया जाता तो वह अपने जिले में शांति बनाए रखने के लिए जिम्मेदार नहीं होगा। कुछ गोरे जमींदार सरकार के पास यह शिकायत करने रांची पहुंचे थे कि अगर जांच जारी रहती है तो उन्हें अपनी जान का खतरा है।" (13/396) गोरे जमींदारों का दावा था कि उन्होंने हमेशा किसानों के उपकारकों का-सा व्यवहार किया है और उन्हें साहूकारों के लोभ का शिकार होने से बचाया है। (उपर्युक्त) इतने भले काम करने के बाद भी वे गाँधीजी जैसे व्यक्ति से जांच कराने को अपने लिए खतरनाक समझते थे।

इसी समय "एक औद्योगिक प्रतिष्ठान का मुख्य कोठी से दूर बना हुआ एक हिस्सा जला दिया गया है। गोरे जमींदार इस घटना से घबराए और उन्होंने इसे हमारी जांच कार्य का परिणाम बताया। किंतु जांच का इस घटना से कोई संबंध नहीं है।" (उपर्युक्त)

गोरे जमींदारों के दबाव में मॉड नाम के उच्च अधिकारी ने गाँधीजी को मिलने के लिए बुलाया। गाँधीजी मिले। बातचीत का सारांश मॉड ने लिखा। "जब मैंने उनको सुझाया कि अब तक वे यथेष्ट साक्ष्य जुटा चुके होंगे और अब अपना प्रतिवेदन तैयार करने की स्थिति में होंगे, तो उन्होंने एक प्रारंभिक प्रतिवेदन भेजने की बात तुरंत मान ली और यह भी मान लिया कि इस बीच उनके सहयोगी लोग साक्ष्य दर्ज करना बंद कर देंगे और वे केवल उन नए-नए गांवों में जाकर जहां बागान-मालिकों या रैयत की ओर से उनको विशेष तौर पर बुलाया जाएगा, स्वयं ही चुपचाप जांच-पड़ताल करेंगे।" (13/586) जांच चालू रही। अभी तक लोगों के बयान स्वयंसेवक लिखते थे। अब वे नहीं लिखेंगे। गाँधीजी को ज्यों ही सुविधा होगी त्यों ही वह प्रतिदिन कुछ घंटे किसानों के बीच बैठेंगे और उनके बयान सुनने के बाद उनके संबंध में अपना मंतव्य लिखा करेंगे। (13/397) यह काम गाँधीजी के लिए कितना कठिन रहा होगा, इसकी कल्पना की जा सकती है।

गाँधीजी ने किसानों के जो बयान दर्ज किए उनके कुछ नमूने संपूर्ण गाँधी वाङ्मय के खंड 13 के परिशिष्ट 6 में दिए हुए हैं। इन नमूनों के बारे में यह सूचना है : "टाइप की अंग्रेजी प्रति से।" इसका अर्थ है, गाँधीजी बयान सुनते थे और अंग्रेजी में उलथा करके अपनी रिपोर्ट लिखते जाते थे। उस रिपोर्ट का पुनः हिन्दी अनुवाद ग्रंथावली में दिया गया है। ये गर्मियों के दिन थे। 19 मई 1917 को गाँधीजी ने यह बयान दर्ज किया था : "मौजा चेलाभर, टोला राजकुमार, ढोकरहा कोठी का हीरा राय वल्द दुर्गा राय। मेरी उम्र करीब 50 साल है। मेरी स्त्री जीवित है। मेरे एक पुत्र और 3 पुत्रियां हैं। मेरे पास चेलाभर में 5 बीघे और बेलवा कोठी में डेढ़ बीघा जमीन है। करीब ढाई कट्‌टे जिरात जमीन मुझ पर थोपी गई है। मैंने श्री गांधी के जरिए उसे वापस कर देने की बात कहलवाई थी। कल सुबह लगभग 10 बजे श्री हॉल्टन मेरे घर के पास आए। उनको देखकर मैं उनके पास गया। वह घोड़े पर सवार थे। पटवारी रामलगन लाल और तहसीलदार अमलासिंह और तीन कारिंदे उनके साथ थे। यहां कई लोग इकट्‌ठे हो गए। श्री हॉल्टन ने हम सभी को सम्बोधित करके कहा–'तुम लोक को हम देखेगा। तुमसे (हमारा) कौन नाता अब है। जिरात दे दिया। मैं तुम हर भैंस पीछे 12 आने, हर बैल पीछे 8 आने और हर गाय पीछे 4 आने परती में चराने के लिए वसूल करूंगा। अगर तुम नहीं दोगे तो मैं तुम्हारे मवेशियों को कांजी हाउस में डाल दूंगा। तुमको नील भी उगानी पड़ेगी।' मवेशी चराने के लिए अभी हमको कुछ भी नहीं देना पड़ा है।' हम उनकी बात सुनते रहे, कहा कुछ नहीं। वे अपने आदमियों से बात करके चले गए।" (13/587-88)

जिरात वह भूमि थी जिसमें जमींदार खास पैदावार कराते थे। (पाद टिप्पणी) जिरात-संबंधी नियम इसलिए बनाया गया था कि "जब नील के भाव गिरें तो कम्पनियों का घाटा पूरा हो जाए। रैयत इस बात को जोर देकर कहती है कि जिरात जमीन लेने के लिए उस पर बड़ा दबाव डाला गया। उसे वापस लौटाने के लिए जितनी तत्परता से वे आगे आए हैं, उससे उनका विचार स्पष्ट व्यक्त हुआ दीखता है।"(13/405-06)

गाँधीजी 1917 में चम्पारन पहुंचे थे। उससे तीन साल पहले 1914 में बेतया के सब-डिवीजनल अफसर ने कहा था : "अवज्ञा करने वाले किसानों को अदायगी करने पर विवश करने के लिए इस सब डिवीजन में चार तरीके अपनाए जाते हैं। आम तरीका तो यह है कि उसके पीछे चपरासी लगा दिए जाते हैं। ...दूसरा तरीका है कि खलिहानों में जमा फसल जब्त कर ली जाती है। ...कभी-कभी नाइयों और धोबियों को काम करने से मना कर दिया जाता है। ...और सबसे ज्यादा कारगर तरीका है रैयत के मवेशियों को या तो गैरसरकारी कांजी हाउस में या यदि डी. बी. कांजी हाउस भूस्वामी को पट्टे पर दे दिया हो तो उसमें बंद करा दिया जाता है।" (13/429-30)

गोरे जमींदारों ने शासन तंत्र को अपनी मुट्ठी में कर रखा था। गाँधीजी के शब्दों में कहा जा सकता है कि वहां स्थानिक सरकार के शासन की जगह गोरे जमींदारों का ही शासन चल रहा है। किसानों की ओर से बोलने की किसी को हिम्मत नहीं पड़ती। (13/397) बहुत से किसानों ने अकेले में गाँधीजी को अत्याचार की कहानियां सुनाई थीं। गिरमिटियों से इन किसानों की हालत ज्यादा खराब थी, इसकी कैफियत देते हुए गाँधीजी ने लिखा : फीजी और नेटाल में तकलीफ का कारण कोई एक कानून था। अगर वह कानून हटा दिया जाए तो बुराई का उपाय हो जाता था। लेकिन चम्पारन में फैली हुई बुराई चारों ओर उगने वाले घास-पात की तरह है जो उगता ही जाता है, बढ़ता ही जाता है और इस तरह फैल-फैल कर जिसने कानून और व्यवस्था को चौपट कर दिया है।(13/397)

अंग्रेज और उनके राज के हितैषी इस बात की बड़ी डींग हांकते थे कि अंग्रेजों ने यहां शांति व्यवस्था और कानूनी शासन कायम किया है पर बिहार का अनुभव यह था : "जो कानून किसानों की रक्षा के लिए बनाये गये हैं, गोरे जमींदारों ने उन्हीं का उपयोग उन्हें गुलाम बनाने में कर डाला है।"(13/397) गाँधीजी के सामने गवाहों ने जो बयान दिए, उनके अनुसार "किसानों को झुकाने के वास्ते जो अन्य उपाय वे काम में लाते हैं, उनमें से कुछ ये हैं : उनके गाय-बैल आदि पकड़वा कर कांजी हाउस में डाल देना, उनके घरों पर चपरासी बिठा देना; उनके नाई, धोबी, बढ़ई और लुहार बंद कर देना; गांव के कुएं बंद कर देना। उनके घरों के सामने या पिछवाड़े की जमीन और रास्ते जोतकर कुओं और चारागाहों पर उनका जाना मुश्किल कर देना; उनके खिलाफ दीवानी मुकदमे चलाना या चलवाना; उनके खिलाफ फौजदारी की शिकायतें करना; उन पर शारीरिक बल का प्रयोग करना और उन्हें बेजा तौर पर बंद कर रखना।" (13/392)

क्रांतिकारी उथल-पुथल के लिए भरपूर सामग्री मौजूद थी। रिपोर्ट छपने पर जनता आवेश में कुछ भी कर सकती थी। गाँधीजी का विचार था, "कि सरकार से जमींदारों के साथ सख्ती बरतने को कहा जाये और इस प्रकार उक्त रिपोर्ट प्रकाशन टाला जाये; क्योंकि अगर रिपोर्ट का प्रकाशन हुआ तो भारतीय जनता (इस कष्ट-गाथा) को सुनकर कांप उठेगी। अगर रिपोर्ट प्रकाशित होती है तो हमारे सार्वजनिक कार्यकर्ता—स्त्रियां और पुरुष तब तक कभी शांत नहीं बैठ सकते जब तक कि उसमें गिनाये हुए अत्याचार दूर नहीं हो जाते। इन अत्याचारों के वर्णन मात्र से लोगों का क्रोध भड़क उठेगा।"(13/397)

यहां गाँधीजी ने गोरे जमींदारों के साथ देसी जमींदारों को भी याद किया है। दोनों का वर्ग-चरित्र मिलता-जुलता है। उन्होंने लिखा : मैं यह भी जानता हूं कि कुछ भारतीय जमींदारों पर भी ये सब आरोप लगाए जा सकते हैं। किसान जिस प्रकार गोरे जमींदारों के अन्याय से मुक्ति पाना चाहते हैं, उसी प्रकार उनके अन्यायों से भी मुक्ति पाना चाहते हैं। (13/392) भारत की स्वाधीनता तभी सार्थक हो सकती थी जब किसानों को देसी जमींदारों से भी मुक्ति मिले। किसानों की मुक्ति के लक्ष्य को सामने रखकर उन्हें स्वाधीनता आंदोलन में लाने से वह शक्तिशाली बनाया जा सकता था। गाँधीजी जिस क्षेत्र में काम कर रहे थे, वह भारत के सबसे पिछड़े हुए क्षेत्रों में था। उन्होंने स्पष्ट लिखा था : यहां की ग्रामवासी जनता भारत की लगभग सबसे ज्यादा पिछड़ी हुई और अपढ़ जनता है। शिक्षा का स्तर इस जिले में सबसे नीचा है। सफाई की हालत सबसे खराब है। बच्चों को भरपेट खाना नहीं मिलता जिससे वे बीमार से नजर आते हैं और वयस्क लोग किसी न किसी रोग से पीड़ित हैं। अनेक लोगों को गलगंड नामक गले की एक बीमारी है। उनमें कोई शारीरिक या नैतिक सत्त्व नहीं रह गया है। यहां तक कि—देखकर दुःख होता है—राजपूत भी भय से पीड़ित हैं। (13/398) वैष्णव साहित्य के प्रेमी गाँधीजी को बिहार में राम कथा याद आ रही थी। साथ ही वह अपने चारों ओर फैली हुई गरीबी देखकर दुखी भी थे। "लोग बहुत गरीब हैं। जिस प्रदेश में रामचंद्र ने रमण-भ्रमण और पराक्रम किया, उसकी यह कैसी दुर्दशा!" (13/368)

इस सारी स्थिति के लिए अंग्रेज सरकार जिम्मेदार थी। वह कानून बनाती थी लेकिन कानून किस तरह अमल में आते हैं, इस पर ध्यान न देती थी या ध्यान देती थी तो वह जमींदारों का पक्ष लेती थी। "जितनी भी गंभीर शिकायते हैं, उनमें से अधिकांश को स्वीकार किया जाता है। वे सरकार की कमजोरी के कारण ही दूर नहीं हो सकी हैं। राहत देने के लिए जो कदम जरूरी हैं, उन्हें दृढ़तापूर्वक उठाने से वह डरती रही है। उसने बागान-मालिकों की सद्वृत्ति के ऊपर जरूरत से ज्यादा भरोसा किया है, और बागान-मालिकों ने कानूनों और सरकारी निर्देशों, दोनों की ही उपेक्षा की है।" (13/411) मुख्य बात यह कि जमींदार बहुत शक्तिशाली थे। सरकार पर उनका प्रभाव था, और यदि किसानों के साथ न्याय किया जाता, तो जमींदारों की आमदनी घट जाती। गाँधीजी ने बिहार के मुख्य सचिव को लिखा : यदि रैयत के साथ पूरा न्याय किया जाए तो मालिकों की

वार्षिक आमदनी में भारी कमी आ जाएगी और कई ऐसे विशेषाधिकार भी छिन जाएंगे जो अभी तक उनको मिले हुए हैं। (13/428) ऐसी अन्याय व्यवस्था का पोषण अंग्रेज सरकार कर रही थी। लोगों ने गाँधीजी से कहा : "बागान मालिक अपने स्वार्थ की पूर्ति के लिए कुछ भी करने से नहीं हिचकेंगे।" गाँधीजी ने देखा, "हर बात में हर एक पर मालिकों का अनुचित और बहुत अधिक दबदबा है।" (उपर्युक्त) उन्होंने गाँधीजी को चंपारन से निकलवाने के लिए भरसक प्रयत्न किया। जो उनके सहयोगी थे, उन पर कीचड़ उछाला। जमींदारों को न्यायप्रेमी दिखाने के लिए उन्होंने झूठे गवाह इकट्ठे किए। एक कोठी का मैनेजर गांव से गवाहों को यह कहने के लिए लाया कि वहां किसी को कोई शिकायत नहीं और दूसरे गांव में शिकायतें होने की वजह केवल शोर मचाने वाले एक-दो लोगों की शरारत है। (उपुर्यक्त) गाँधीजी से दोनों गांवों के किसानों ने जमींदारों की शिकायत की। गाँधीजी को बदनाम करने के लिए और उनकी जांच बंद करवाने के लिए जमींदारों ने कुछ कोठियों के हिस्सों में खुद ही आग लगवा दी थी। किसानों ने यही गाँधीजी से कहा था। उन्होंने लिखा : मैं ऐसी परिस्थिति में रैयत के इस बयान को बिल्कुल निराधार तो नहीं मानता कि मेरे कार्य को बदनाम करने और मुझे रैयत के बीच से हटाने के लिए जानबूझ कर अग्निकांड कराए हैं। (13/428)

(ख) असन्तोष और प्रतिरोध

किसानों के बढ़ते हुए असन्तोष को देखकर बिहार और उड़ीसा की सरकार ने जून 1917 में चम्पारन जिले में खेती की जांच के लिए एक समिति बनाई। उसमें सरकारी अधिकारियों के अलावा गाँधीजी भी एक सदस्य थे। इसका विवरण अक्तूबर 1917 में प्रकाशित हुआ। गाँधी वाङ्मय के 13वें खंड में वह 11वें परिशिष्ट के रूप में दिया गया है। रिपोर्ट के अंत में 4 अंग्रेज अधिकारियों के नाम हैं, उनके साथ बनैली के राजा कीर्त्यानंद सिंह हैं और अंत में गाँधीजी का नाम है। जांच अंग्रेज अधिकारियों की ओर से कराई गई थी और उन्हीं ने रिपोर्ट प्रकाशित की थी। इसलिए यहां जो तथ्य दिए गए हैं, उन पर ध्यान देना आवश्यक है।

सबसे पहले जो बात ध्यान आकर्षित करती है, वह यह है कि गाँधीजी के बिहार पहुंचने से बहुत पहले किसान वहां नील की खेती के विरुद्ध आंदोलन कर रहे थे। जमींदारों के लिए किसान जो नील उगाते थे, उसका दाम समय-समय पर बदलता रहा था। इस बदलने का कारण उनके आंदोलन थे। रिपोर्ट में कहा गया है : "मालूम हुआ है कि झगड़े-फसाद के दिनों के बाद 1869 में नील की कोठियों ने प्रति एकड़ नील का दाम 6 रुपए 8 आने से बढ़ाकर 9 रुपए कर दिया था और दूसरी बार फिर फसाद होने पर 1877 में उसे बढ़ाकर 11 रुपये 5 आने कर दिया था।"(13/600) जिसे झगड़ा-फसाद कहा गया है, वह आंदोलन रहा होगा और किसानों ने इस तरह के आंदोलन 19वीं सदी

के उत्तरार्ध में किए थे। जांच समिति बनाते समय बिहार और उड़ीसा की सरकार ने अपने प्रस्ताव में कहा था : "पिछले 50 सालों में विभिन्न अवसरों पर चम्पारन जिले में जमींदारों और किसानों के संबंधों और नील की खेती से सम्बन्धित स्थितियों के कारण खासी परेशानी रही है।" पिछले 50 सालों में, अर्थात् जून 1917 से पहले के 50 सालों में, समय-समय पर किसान आंदोलन करते रहे थे। 1908 में उनके आंदोलन ने उग्र रूप धारण किया था। इसलिए प्रस्ताव में कहा गया : "1908 में नील के कुछ संस्थानों में उपद्रव हुए।" हर आंदोलन के बाद सरकार जांच समिति बनाती थी और किसानों को कुछ न कुछ रियायतें देती थी। प्रस्ताव में कहा गया था : "1912 में फिर आंदोलन उठा।" बताया गया कि इस आंदोलन का मुख्य कारण नील की खेती की शर्तें नहीं था बल्कि नील के कुछ कारखानों की कार्रवाई थी। परंतु ये कारखाने नील उगाने वाले जमींदारों के ही थे। कार्रवाई यह थी, "ये कारखाने नील बनाना कम कर रहे थे और अस्थायी पट्टे के गांवों में अपने पट्टेदारों से नील की खेती की बजाय इकट्ठा रुपया देने या स्थायी पट्टे के गांवों में लगान बढ़ा देने के संबंध में करार करा रहे थे।"(13/594) जैसे बंगाल में अंग्रेज अधिकारियों ने अपनी शर्तों पर जुलाहों से कपड़ा बुनवाया था, वैसे ही यहां अपनी शर्तों पर गोरे जमींदारों ने किसानों से नील की खेती कराई थी। खेती की उपज का जो मूल्य वे तय कर देते थे, वही किसानों को लेना पड़ता था। और चीजों के दाम तो बढ़ते जाते थे, लेकिन नील के लिए जो दाम किसानों को दिए जाते थे, वे एक बार तय कर दिए गए तो बरसों तक वैसे ही बने रहते थे। अपनी उपज के मूल्य में हर बार किसान आंदोलन करके ही कुछ बढ़ती करा पाते थे। रिपोर्ट में कहा गया है : "हम देखते हैं कि 1897 में नील के दाम में जो वृद्धि की गई थी उसके सिवा हर बार नील के दाम झगड़े और असंतोष के बाद ही बढ़ाए गए थे।" (13/601) इससे जाहिर है, किसान आंदोलन का मतलब समझते थे और उसके लिए तैयार रहते थे।

दूसरी बात जो ध्यान आकर्षित करती है, वह यह है कि बिहार के जमींदार बहुत शक्तिशाली थे और किसानों की हालत गिरमिटिया मजदूरों की सी थी। रिपोर्ट में बताया गया है : "ऐतिहासिक कारणों से यह जिला बड़ी-बड़ी जमींदारियों का जिला है और अब भी इसका तीन-चौथाई भाग इन तीन बड़े मालिकों के अधिकार में है—बेतिया राज, जो 1898 से सरकारी (कोर्ट ऑफ वार्ड के) प्रबंध में है, रामनगर की जमींदारी, वह भी सरकारी प्रबंध में ली जा चुकी है और मधुबन की जमींदारी।"(13/597) जमींदारी चाहे कोर्ट ऑफ वार्ड के अधीन हो और चाहे देसी जमींदार के, थी वह जमींदारी। तीन बड़ी-बड़ी जमींदारियों के पास जिले की तीन-चौथाई जमीन थी। जब तक ये जमींदारियां खत्म न की जाएँ, तब तक किसान स्वाधीन रहकर खेती न कर सकते थे। जमींदारों के निजी ठेकेदार और पट्टेदार थे जो किसानों पर अत्याचार करने वाले जमींदारों के हथियार थे। "बेतिया और रामनगर की जमींदारियों में ठेकेदारों को पट्टे पर गांव देने की प्रथा का, बड़ी हद तक सदा से अनुगमन किया जा रहा है।" (13/597) बेतिया में

यदि 252 गांव जमींदार के सीधे प्रबंध में थे तो 964 अस्थायी या अन्य पट्टों पर ठेकेदारों को दिए गए थे। इसी तरह रामनगर में यदि 31 गांव सीधे जमींदार के प्रबंध में थे तो 368 गांव ठेकेदारों को दिए गए थे। “जिले में इन ठेकेदारों में सबसे अधिक महत्वपूर्ण वर्ग यूरोपीय नील उत्पादकों का ही है।” (13/598) कब से ये लोग नील की खेती करा रहे थे? “नील की कुछ पुरानी कोठियों को 19वीं शताब्दी के पहले दशक से बेतिया राज के कुछ गांवों में पट्टे मिले हुए हैं और वे तब से लगातार उनके नाम चले आते हैं। अन्य कोठियां बाद में स्थापित हुई हैं। उत्तरी-पश्चिमी जिले में भी कुछ यूरोपीय ठेकेदार हैं जिन्होंने नील की खेती कभी नहीं की या दो साल पहले तक नहीं की थी। 1892-99 के बंदोबस्त से यह पता चला था कि यूरोपीय ठेकेदार जिले के 46 प्रतिशत भाग में जमींदारी अधिकारों का उपभोग कर रहे हैं और प्रतीत होता है कि यह क्षेत्र अब तक संभवतः कुछ बढ़ गया है। मोटे तौर पर यह कहा जा सकता है कि जिले का लगभग आधा भाग यूरोपीय ठेकेदारों को और आधे से कुछ ही अधिक भाग अन्य ठेकेदारों को पट्टे पर दे दिया गया है। (13/598) अंग्रेज भारत में जो सामंती व्यवस्था कायम कर रहे थे उसका यह प्रत्यक्ष रूप था। बिहार की इस जमींदारी का संबंध इंग्लैंड की साहूकारी से किस तरह का था? “बेतिया में मुकर्ररी पट्टे 1888 में आरंभ हुए थे। ये एक बड़े कानूनी करार के अंग थे जिसके अनुसार इंग्लैंड में कर्ज लिया गया था और उस कर्ज से राज्य के कर्जे इकट्ठे किए गए और उनका ब्याज घटाया गया था।”(13/598) इस तरह जमींदार की आमदनी में अंग्रेज साहूकार का भी हिस्सा था।

1892-99 के बंदोबस्त के समय नील की खेती 93 हजार एकड़ भूमि में होती थी। यह कुल खेती की भूमि का 6.63 प्रतिशत थी। रिपोर्ट में बताया गया है, इस भूमि का महत्व अर्थतंत्र के लिए इस प्रतिशत से कहीं अधिक था। इस जमीन के तिहाई भाग में नील की कोठी वाले खुद खेती करते थे और दो-तिहाई भाग में उनके पट्टेदार किसान खेती करते थे। जिस दो-तिहाई जमीन पर गोरे जमींदार पट्टेदारों से खेती कराते थे, वहीं तमाम झगड़े होते थे। और यह प्रथा काफी दिन से चली आ रही थी। “इसके मुख्य तत्व पिछले 100 वर्षों में बदले नहीं जान पड़ते। इस प्रणाली के अंतर्गत पट्टेदार अपनी जमीन के एक भाग में कोठीदार के लिए नील की खेती करना स्वीकार करता है।”(13/599) पहले जिस जमीन पर किसान खेती करता था, वह बीघे में 5 कट्ठे या 5 बिस्वा होती थी। 1867 से पहले यह घटाकर 4 कट्ठे कर दी गई थी। 1868 में यह तीन कट्ठे की गई और इसी से इस प्रथा का नाम तिनकठिया हो गया। जैसे हिंदुस्तानी मजदूरों को फिजी, मॉरीशस या दक्षिण अफ्रीका में काम करने के लिए करारनामे पर दस्तखत करने पड़ते थे, उसे गिरमिट कहा जाता था, वैसे ही यहां किसानों को एक शर्तनामे पर हस्ताक्षर करने होते थे, उसे साठा कहा जाता था। “इसमें किसान यह लिखकर देता है कि उसे एक निश्चित रकम पेशगी मिली और वह हर साल एक निश्चित रकबे में नील की खेती करने का वचन देता है।”(13/599) इस तरह वह किसान के

बदले बंधुआ मजदूर बन जाता है। "एक बीघे में उत्पन्न नील का कितना दाम दिया जाना है, यह साठे में नियत होता है और वह वास्तविक उपज में कमी या बेशी के साथ कम या ज्यादा नहीं होता।" पूंजीवाद की प्रारंभिक अवस्था में व्यापारी कुछ पेशगी रकम कारीगरों को देता है और जो माल वे बनाएँ, वह उसका मालिक हो जाता है। कुछ इसी तरह की प्रथा यहां थी। अंतर यह था कि रकम"पेशगी दी गई है, यह मान लिया जाता था, वास्तव में दिया कुछ न जाता था। रिपोर्ट में स्पष्ट कहा गया है, "जुताई के वक्त शुरू में किसान को नील के दाम का कुछ हिस्सा बिना ब्याज पेशगी दे दिया जाता है; किंतु वह प्रायः उसके लगान खाते (में) जमा कर लिया जाता है और नकद नहीं दिया जाता।"(13/599) अपनी जमीन के किस हिस्से पर जमींदार के लिए किसान नील की खेती करे, यह जमींदार तय करता है। "नील के कोठीदार नील बोने के लिए स्वयं खेत छांटते हैं।" गांव वालों का कहना था, "आसपास की जमीनें जो बहुत खतीली और सर्वोत्तम होती हैं, प्रायः नील बोने के लिए छांटी जाती हैं।" निलहे जमींदार को क्षेत्रफल के अनुसार उपज का दाम देना है, इसलिए वह अच्छी भूमि ही छांटता है। "जब तक नील उत्पादक को अच्छी या बुरी फसल का दाम अधिक ही देना पड़ता है, तब तक वह नील बोने के लिए किसान की जमीन में से अच्छी जमीन ही छांटेगा।"(13/601)

जो किसान एक बार नील की खेती में फंसा, वह जमींदार का गुलाम हो गया। जमींदार के कर्मचारी जब चाहें, उससे काम कराते थे। कोठीदार के मातहत कर्मचारी नील की खेती अपनी कड़ी देखरेख में कराते थे। "किसान खेती के विभिन्न कार्यों को अपनी ज्यादा से ज्यादा फुर्सत के समय के बदले कोठीदार के कर्मचारी की जब मर्जी हो जाए, तभी करने के लिए मजबूर किए जाने पर रोष प्रकट करते हैं।"(13/601) रिपोर्ट में स्वीकार किया गया है, "इस प्रथा से कोठीदार के कारिंदों को उन किसानों पर अत्याचार करने का मौका मिलता रहता है जिनसे उन्हें द्वेष हो सकता है या जिनसे वे अपने अनुग्रह की कीमत वसूल करना चाह सकते हैं।" कोई भला आदमी मैनेजर हुआ तो वह कर्मचारियों के जुल्मों को कम कर सकता है। लेकिन "अच्छे से अच्छा मैनेजर भी अल्प वेतन भोगी अधीनस्थ कर्मचारियों को सत्ता में आने पर अत्याचार करने से बिल्कुल नहीं रोक सकता।"(13/601) जैसे गिरमिटिया मजदूर गिरमिट स्वीकार करने पर 5 साल के लिए बंधुआ मजदूर हो जाता था, वैसे ही यहां किसान जमींदार की तरफ से पेश किया गया करारनामा मंजूर करने पर 4-5 साल या उससे अधिक के लिए बंधुआ किसान बन जाता था। रिपोर्ट में यह प्रस्ताव किया गया है : "करार की अवधि को कम करने पर जोर देना चाहिए और यह अवधि 3 बरस से ज्यादा की न हो।"(13/602) इससे जाहिर है कि यह अवधि 3 वर्ष से ज्यादा की भी होती थी। आगे बताया गया है, लंबी अवधि क्यों अवांछनीय है। "हम इस पिछली शर्त को महत्वपूर्ण मानते हैं। किसानों के हित की दृष्टि से हम नहीं मानते कि उनको अपने जमींदारों के साथ बरसों पहले नियत किए गए दामों पर किसी फसल विशेष को उगाने के लिए बंध जाने दिया जाए।

यह स्पष्ट है कि हम जिस बाध्यता की बात समाप्त कर देना चाहते हैं, लंबे करारों से उसे कायम रखने में सहायता मिलेगी।"(13/602-3) किसान लंबी अवधि के लिए बंधुआ न बनें, छोटी अवधि के लिए बनें, बंधुआपन अभी खत्म न हो रहा था।

जमींदारों का कहना था कि नील बोने की शर्त पट्टे में है जिसे किसानों ने स्वीकार किया है। वे नील की खेती करेंगे, इसलिए जमीन का लगान कम रखा गया। लेकिन किसानों का कहना था, उन्होंने नील बोने का कोई वचन नहीं दिया और न उसके कारण उनकी जमीनों का लगान ही कोई खास कम है। इस बात पर भी जोर दिया गया कि "लगान बढ़ाना कानून सम्मत हो चाहे न हो, किसान जिस भार से इतने दीर्घकाल से पीड़ित हैं, उससे मुक्ति के मूल्य के रूप में उन पर लगान बढ़ाना अन्यायपूर्ण है।" अंत में यह भी कहा गया है कि किसानों ने ये करार दबाव से या डर कर या वास्तविक कानूनी स्थिति न जानने के कारण किए थे।(13/605)

1903 में गाँधीजी ने इंडियन ओपीनियन में 'बाघ और मेमना' शीर्षक लेख लिखा था। इसमें पहले बाघ और मेमने की कहानी कही। उसके बाद गोरा बाघ हिंदुस्तानी मेमने से कैसे पेश आता है, इसकी मिसाल दी। गोरा बाघ कहता है : 'झोंपड़ी में रहता है और तिलहे चीथड़े की बू पर जीता है, इसलिए मैं तुझे बर्दाश्त नहीं कर सकता।' हिंदुस्तानी मेमना गिड़गिड़ाता है : 'किंतु इस बात पर भी गौर कीजिए कि पिछले इन तमाम बरसों में आपकी तरह रहने की कोशिश मैंने की है। मसलन सारी की सारी ग्रे स्ट्रीट में मैंने झोंपड़ियों की जगह खासी इमारतें बना ली हैं। यह सिलसिला धीरे-धीरे मगर चलता तो जरूर जा रहा है।' इस पर बाघ ने कहा, 'यह तो तेरे लिए और भी कमबख्ती की बात है। तेरी इतनी मजाल की तू ऐसे महल बनाए और हमारे हलके में दखल जमाए। तब तो तेरी बेशक शामत आ गई है।'(3/433) बाघ और मेमने का ऐसा ही रिश्ता बिहार के गोरे जमींदारों और हिंदुस्तानी किसानों में था। दबाव में आकर उन्होंने नील की खेती करना स्वीकार किया हो, उस खेती से मुक्ति पाने के लिए ज्यादा लगान देना स्वीकार किया हो, यह बिल्कुल संभव है। कुछ किसानों ने अदालतों में मुकदमे दायर किए थे। उनमें प्रार्थना की गई थी—अदालत "उनकी उन कबूलियतों को, जिनमें उन्होंने लगान बढ़ाना मंजूर किया है, इस आधार पर अवैध करार दे कि वे दबाव में आकर लिखी गई हैं और कानून-सम्मत नहीं हैं।"(13/605)

रिपोर्ट में बताया गया है, दो मुद्दों पर समझौता हुआ। पहले मुद्दे के अनुसार जो लगान बढ़ाया गया था, उसे घटाया जाएगा; दूसरा मुद्दा यह था कि नील की खेती करने के लिए किसानों को बाध्य किया जाता था, अब बाध्य न किया जाएगा। लगान में जो वृद्धि की गई थी वह पूरी तरह खत्म नहीं की गई, आंशिक रूप से ही वह घटाई गई। दूसरे मुद्दे के अनुसार नील की खेती करने का दायित्व तो समाप्त हो जाएगा पर उसके बदले किसान को बढ़ा हुआ लगान तो देना होगा, भले ही उसमें कुछ कमी कर दी जाए। आर्थिक कारणों से गोरे जमींदार नील की खेती अब कम कर रहे थे किंतु परोपकार के

नाम पर वे किसानों से हर्जाना भी वसूल करना चाहते थे। रिपोर्ट में बताया गया है : "पिछली शताब्दी के अंतिम दशक में जर्मनी में कृत्रिम नील बनने लगा और वहां की पेढ़ियां कुदरती रंग की अपेक्षा उसे सस्ता बेचने लगीं। इसका बिहार के नील-उद्योग पर गहरा असर हुआ। कुदरती रंग का काम लगातार घटता गया...। एक-एक करके नील की कोठियां कृत्रिम रंग से स्पर्धा कर सकने की आशा त्यागती गयीं और अन्य उपायों की ओर ध्यान देने लगीं जिनमें किसानों को नील की खेती से मुक्त करने का किसी-न-किसी रूप में हर्जाना लेना मुख्य काम था।" (13/603)

कुछ किसानों ने एकमुश्त रकम देकर नील की खेती के दायित्व से मुक्ति पाई। रिपोर्ट में कहा गया है, "मुक्ति के इस तरीके को हम काश्तकारों के हितों के लिए स्पष्ट रूप से हानिकर समझते हैं।" (13/607) यह तरीका अन्यायपूर्ण भी था क्योंकि "जब दोनों पक्ष एक अनुबंध को समाप्त करना चाहते हैं, तब उनमें से एक को कोई बहुत बड़ी रकम क्यों अदा करनी पड़े—विशेषकर उस हालत में जब अनुबंध को समाप्त करने का प्रस्ताव रकम प्राप्त करने वाले पक्ष ने रखा हो।"(13/607)

जांच से पता चला कि चम्पारन जिले के पश्चिमोत्तर हिस्से में "गैरनिलहे संस्थानों के ठेकेदार, काश्तकारों से दर्ज किए गए लगान के अलावा भी कुछ रकमें नियमपूर्वक वसूल करते थे।"(13/609) इस वसूली को 'सलामी' या 'पानीखर्चा' के नाम से भी जाना जाता है, अबवाब कहते थे। "इस उगाही की रकम आमतौर पर 3 रुपए से लेकर साढ़े 3 रुपए प्रति बीघे होती है, जिसका मतलब हुआ लगान में 60 से 100 फीसदी तक की वृद्धि। इस राज के यूरोपीय ठेकेदार नियमपूर्वक इस ढंग से अबवाब की उगाही कर रहे हैं, यद्यपि उन्होंने अभी हाल तक नील का कोई उत्पादन नहीं किया। इनके अतिरिक्त कुछ भारतीय ठेकेदार तथा छोटे-छोटे मालिकान भी ऐसी उगाही करते हैं।"(13/610)

जो वसूली गैरकानूनी हो, उसके खिलाफ कचहरी में मुकदमा लड़ा जा सकता था। परंतु यहां स्थिति ऐसी नहीं थी। कानून का होना न होना बराबर था। जांच समिति की रिपोर्ट में कहा गया था : "जिले के पश्चिमोत्तर हिस्से में इस प्रकार की आम गैरकानूनी वसूली चलती ही रही है। फिर भी इस तथ्य के बावजूद कि बंगाल काश्तकारी कानून, खंड 75 में ऐसे मामलों में कानूनी प्रतिकार की व्यवस्था है, इसके अंतर्गत कोई मुकदमा दायर नहीं किया गया है। कलक्टर का विचार है कि यह खंड एक निष्प्रयोजन नियम के रूप में ही पड़ा रह गया, क्योंकि काश्तकारों ने कोई शिकायत नहीं की और वैसे भी इस कानून को लागू करने में बड़ी कठिनाइयां हैं।"(13/611) अंग्रेजी राज में हर चीज कानून के अनुसार होती थी। सैकड़ों कचहरियां थीं और कानूनी मुद्दों पर बहस करने के लिए हजारों वकील थे। लेकिन जहां तक बिहार के किसानों का संबंध है, कानून का होना और न होना बराबर था।

कानूनी लगान और गैर कानूनी अबवाब, दोनों की वसूली की जाती थी, पर रसीदें देने में धांधली होती थी। जांच समिति ने लिखा : "जहां अबवाब नियमित रूप से लिए जाते

हैं, वहां प्रचलन यह है कि काश्तकार द्वारा चुकाई गई पहली किस्त की रकम अबवाब के मांगखाते (में) जमा कर ली जाती है और उसे तब तक कोई रसीद नहीं दी जाती जब तक कि काश्तकार पूरे अबवाब और लगान का कम से कम कुछ हिस्सा चुका नहीं देता। यह प्रचलन इस कारण से और भी आसान हो जाता है कि आमतौर पर लगान की रसीदें तब तक नहीं दी जाती हैं जब तक कि वर्षभर की अदायगी पूरी नहीं हो जाती। फिर, उपज के रूप में चुकाए गए लगान के लिए कोई रसीद नहीं दी जाती।"(13/611-12) जांच समिति ने सिफारिश की कि रसीदें दी जानी चाहिए। जमींदारों और किसानों के बीच में एक वर्ग ठेकेदारों का था। इस वर्ग के बने रहने से किसानों की हानि तो होती ही थी, जमींदारों के हितों की भी हानि हो सकती थी, यह जांच समिति के इन वाक्यों से मालूम होता है : "यदि ठेकेदारों के आचरण काश्तकारों के या ऊपर के जमींदारों के हितों के लिए हानिकर सिद्ध हुए हैं तो पट्टा नया करने से पहले उसके आचरण की जांच-परख कर लेनी चाहिए।"(13/612-13) इस ठेकेदारी प्रथा का चलन चम्पारन में व्यापक था। समिति का कहना था कि पहले जितनी बुराइयां हुई थीं उनका घनिष्ठ संबंध इस प्रथा से है। इसे हटाने का अनुरोध समिति ने किया। गैरकानूनी वसूली कई तरह की थी। किसान अपनी जोत का कोई हिस्सा दूसरे किसान को दे तो इसके लिए जमींदार को शुल्क देना होता था, यहां तक कि किसान के बाद उसका बेटा खेती करे, तो भी जमींदार को शुल्क देना होता था। जांच समिति के शब्दों में : "जहां तक उत्तराधिकार द्वारा स्वामित्व हस्तांतरण का सवाल है, यह फीस गैरकानूनी है।"(13/613)

अंग्रेजी राज में पुराने सामंतवाद की जगह नया सामंतवाद कायम हो रहा था। पहले गांवों में जानवर मरते थे तो उनकी खाल कुछ चमार उतारते थे। इसके बदले वे किसानों को जूते के जोड़े तथा कुछ और सामान देते थे। उनके घर की स्त्रियां दाई वगैरह के रूप में किसानों के यहां टहल करती थीं। लेकिन जांच समिति के अनुसार "अब यह सब बदल गया है। चरसा महाल के नाम से ज्ञात बेतिया राज की आमदनी का यह स्रोत विभिन्न लोगों को पट्टे पर दे दिया गया। इनमें से कुछ लोग तो ऐसे थे जिन्होंने बहुत बड़े क्षेत्र में चमड़े के स्वामित्व का अधिकार प्राप्त कर लिया।"(13/614-15) विशेष बात यह कि यह चमड़ा-संबंधी अधिकार नील की खेती कराने वाले जमींदारों को भी मिल गया। समिति ने लिखा : "अन्य आय स्रोतों के साथ चमड़ा संबंधी अधिकार भी उन नील कोठियों को हस्तांतरित कर दिया गया जिन्हें 1887 में मुकर्ररी पट्टे दिए गए।"(13/615) किसानों की निजी भूमि पर जो पेड़ थे, उन पर जमींदारों ने हक जताया। किसान "चाहने पर भी अपनी ही जोत से जमींदार की अनुमति के बिना लकड़ी नहीं ले सकता। उसे इससे जमींदारों के अमलों द्वारा दुर्व्यवहार से डर रहता है।" जमींदारों का कहना था, पेड़ों पर किसानों का अधिकार हो गया तो वे सारे जिले को वृक्ष शून्य बना देंगे। लेकिन जांच समिति ने जो कुछ देखा, वह इससे बिल्कुल भिन्न था। सारन में "जहां काश्तकार जिस जमीन का लगान देते हैं, उस पर खड़े पेड़ों पर उन्हें पूरा अधिकार प्राप्त है। भूमि को वृक्ष शून्य बना

देने की प्रवृत्ति का कोई चिह्न दिखाई नहीं देता।" जांच समिति ने सिफारिश की : "बेतिया राज में काश्तकारों के सामने लकड़ी में जमींदारों का आधा हिस्सा खरीद लेने का विकल्प रखा जाए।"(13/615-16) इसी तरह गांवों की जो सामान्य भूमि थी, जहां पर किसान अपने जानवर चराते थे, वह अब जमींदारों के हाथ में आ गई। सड़कों, कब्रिस्तान और खलिहान जैसे स्थानों की कुछ थोड़ी ही भूमि अब किसानों के अधिकार में रह गई। जांच समिति ने कहा : "जांच के दौरान हमने पाया कि लगभग सारी परती जमीन निरपवाद रूप से जमींदारों की संपत्ति के तौर पर दर्ज है। अपवाद जमीन के वे कुछ थोड़े-से टुकड़े ही हैं जो सड़कों, कब्रगाहों और खलिहानों आदि के रूप में सामूहिक उद्देश्यों के लिए उपयोग में लाये जाते हैं। और इस प्रकार जमींदारों को सारी परती जमीन आबाद करने या अपने निजी उपयोग के लिए घेर रखने का अधिकार मिल जाता है। लोगों का कहना है कि यह ग्रामीण समुदाय के हित के मार्ग में बाधक है, और इससे जमींदार के हाथ में एक ऐसा हथियार आ जाता है कि अगर वह दुष्ट हुआ तो अपने काश्तकारों के साथ कोई विवाद होने पर उसका उपयोग उसके खिलाफ कर सकता है।" समिति ने सिफारिश की कि जमीन का कुछ हिस्सा सामुदायिक उपयोग के लिए छोड़ देना चाहिए। "यह जरूरी नहीं कि वह टुकड़ा इतना विस्तृत हो कि गांव भर के जानवर उसमें चर सकें, लेकिन उसे इतना बड़ा तो होना ही चाहिए कि उसमें वे निर्बंध रूप से घूम-फिर सकें और आबाद जमीनों में उनके जाने का भय न रहे।"(13/616) जमींदारों ने किसानों की सामुदायिक जमीन पर गैरकानूनी ढंग से अधिकार कर लिया था। उसे जांच समिति ने अंशतः स्वीकार किया।

नील की खेती कराने वाले जमींदार नील ढोने के लिए, खेतों में कूड़ा-करकट फैलाने के लिए, अपनी गाड़ियां रखते थे, जरूरत पड़ने पर किसानों की गाड़ियों का उपयोग भी करते थे। इसके लिए वे उन्हें 30-40 रुपये पेशगी देते थे और यह अनुबंध करते थे कि वे 3 साल, 10 साल, यहां तक कि 20 साल तक इसी दर पर जमींदारों के लिए अपनी गाड़ी देते रहेंगे। समिति ने सिफारिश की कि 50 रुपये पेशगी दिए जाएँ और 3 साल की अवधि निश्चित की जाए। यदि 50 रुपये से अधिक रकम पेशगी दी जाए तो अवधि 5 साल की हो।(13/617) जमींदार किसानों पर जुर्माना कर देते थे। उनकी हानि हुई हो चाहे न हुई हो, मनमाने ढंग से जुर्माना करते थे और जुर्माने का पैसा सरकारी खजाने में जाना चाहिए था, पर वे उसे अपने पास ही रख लेते थे। समिति ने कहा : "यह बात स्पष्टतः गैरकानूनी है, और यह चीज, जिसे दंडकर की वसूली कहना ही उचित होगा, बंद की जानी चाहिए।" नील की खेती कराने वाले जमींदारों को पट्टे पर मवेशीखाने मिल जाते थे। इनका उपयोग वे किसानों को परेशान करने के लिए करते थे। अकारण ही उनके जानवर मवेशीखानों में बंद कर देते थे। जांच समिति ने सिफारिश की थी : "प्रयोग के तौर पर मवेशीखानों की व्यवस्था सीधे जिला बोर्ड के हाथों में दे कर देखा जाए कि कैसा चलता है।"(13/618)

जांच समिति की अनेक सिफारिशें स्वीकार करते हुए बिहार-उड़ीसा की सरकार ने

खेती-संबंधी नए कानून का मसौदा तैयार किया। यह मसौदा उसने गाँधीजी के पास भेजा। उसमें कुछ सिफारिशें छोड़ दी गई थीं। उनमें एक का संबंध गाड़ियों के इस्तेमाल से था। गाँधीजी ने राजस्व मंत्री को लिखा : "मैं देखता हूं, गाड़ियों का साटा, जिसके संबंध में समिति ने विचार किया है, प्रस्तावित कानून के अंतर्गत नहीं आता। कुछ साटे 7 से 20 साल तक पुराने हैं जिनमें दरें शुरू से आखिर तक एक ही रहती हैं। कुछ गोरे जमींदारों ने, जो समिति के पूछने पर अपने साटों को उचित सिद्ध नहीं कर सके थे, कहा था कि असल में वे इन साटों को लागू नहीं करते। मैं नम्रतापूर्वक कहना चाहता हूं कि एक खंड ऐसा रख जाना चाहिए जिसमें इन साटों को अवैध घोषित किया गया हो।"(14/110-11) विधेयक का मसौदा गाँधीजी के पास भेजा गया था लेकिन उसमें कोई महत्वपूर्ण परिवर्तन होने वाला नहीं था। किस तरह का कानून बनने जा रहा है, यह बहुत लोगों को मालूम था, किसानों को भी मालूम था। इसलिए वे भी क्षुब्ध हो रहे थे। गाँधीजी ने यह ठीक समझा कि जैसा भी विधेयक है उसे जल्द से जल्द कानून का रूप दे देना चाहिए। 24 जनवरी 1918 को उन्होंने बिहार-उड़ीसा के राजस्व सचिव को लिखा : "विधेयक के उपबंधों पर विचार करते हुए मेरी नम्र राय में सभी संबंधित लोगों के लिए यह स्मरण रखना अत्यंत आवश्यक है कि सरकार ने समिति की सिफारिशों पर एक घोषणा निकाल करके अपना निर्णय किसानों को बता दिया है। हम आदरपूर्वक कहना चाहते हैं कि उपर्युक्त घोषणा में किसानों को जो आश्वासन दिए गए हैं, उनको कार्य रूप देने के लिए विधेयक प्रस्तुत किया गया है। इसलिए विधेयक में किसी महत्वपूर्ण मामले में परिवर्तन की कोई गुंजाइश नहीं है। ऐसी स्थिति में अखबारों में जो कटुता-भरे पत्र छप रहे हैं तथा संबंधित पक्षों द्वारा जो भांति-भांति की अफवाहें फैलाई जा रही हैं, उनसे किसान क्षुब्ध हो रहे हैं। 'तुरंत दान महा कल्यान' यह कहावत इस मामले में बहुत सटीक बैठती है। विधेयक को पास करने में अनुचित विलंब करने से भारी अनर्थ हो सकता है। इसलिए मैं अनुरोध करता हूं कि विधेयक जितना जल्दी हो सके, प्रांत की कानूनी संहिता में आ जाना चाहिए।"(14/151-152)

दक्षिण अफ्रीका में गिरमिटिया मजदूरों का जैसा आंदोलन चलाया गया था, वैसा कोई आंदोलन चम्पारन में नहीं दिखाई दिया। चम्पारन के बाद गाँधीजी ने गुजरात में खेड़ा जिले के किसानों के आंदोलन का नेतृत्व किया। वहां बहुत बड़ी संख्या में किसानों ने आंदोलन में भाग लिया। वहां सरकार से सीधी टक्कर थी। ऐसा लगता है, बिहार-सरकार और किसानों के बीच में जमींदार थे और गाँधीजी यह न चाहते थे कि जमींदारों से किसानों की सीधी टक्कर हो। इसलिए गुणात्मक रूप से चम्पारन का आंदोलन खेड़ा के आंदोलन के नीचे स्तर पर रहा और दक्षिण अफ्रीका के गिरमिटिया-आंदोलन से भी नीचे स्तर पर रहा।

19 अक्तूबर 1917 को गाँधीजी बिहार से गुजरात लौट आए और और वहां व्यापारियों ने उनका अभिनंदन किया।

स्वराज्य और गुजरात के किसान

(क) गरीबी, गंदी बस्तियां और अंग्रेजों के सुधार

19 अक्तूबर 1917 को भड़ौंच के व्यापारियों ने गाँधीजी के लिए एक समारोह का आयोजन किया। उसमें गाँधीजी ने कहा, "व्यापारियों के पास बुद्धि और धन आदि तो होते ही हैं...पर अब (इसके साथ-साथ) उन लोगों में देशभक्ति की प्रबल भावना भी होनी चाहिए। ...व्यापारी लोग आजकल सार्वजनिक कामों में पहले की अपेक्षा अधिक हिस्सा लेते हैं। यदि वे देशभक्ति की भावना से प्रेरित होकर राजनीतिक हलचलों में भी हाथ बंटाने लगें तो स्वराज्य को हाथ पर हाथ धरे आंवले के समान सहज प्राप्त समझिए। ...स्वराज्य प्राप्ति की चाभियों में सोने की चाभी तो स्वदेशी का व्रत ही है। अपने देश के लोगों से स्वदेशी व्रत का पालन करवाना व्यापारियों के हाथ में है और व्यापारी ही इसे लोकप्रिय भी बना सकते हैं। आपसे नम्र निवेदन है कि आप लोग इस कार्य को एक बार अपने हाथ में लें तो फिर देखेंगे कि आप कैसे-कैसे आश्चर्यनहक काम कर सकते हैं।" इसके बाद व्यापारियों की आलोचना करते हुए गाँधीजी ने कहा : "ऐसा प्रतीत होते हुए भी मुझे दुःख के साथ कहना पड़ता है कि इस देश में स्वदेशी के चलन और आंदोलन का सत्यानाश व्यापारी वर्ग ने ही किया है। वे देशी माल के बदले लोगों के सामने विदेशी माल पेश करते हैं और भाव बढ़ाते चले जाते हैं। अभी हाल में लोगों ने बंगाल में भाव बढ़ाए जाने की शिकायतें की हैं और उनमें से एक शिकायत गुजरात के विरुद्ध भी है। कहा गया है कि धोतियों का दाम बहुत अधिक बढ़ गया है। ये धोतियां वहां गुजरात से भेजी जाती हैं। आप पैसा कमाएँ लेकिन सही तरीके से; बुरे तरीकों से नहीं। बेईमानी का सहारा कभी नहीं लेना चाहिए।"(14/14) गाँधीजी स्वदेशी का आंदोलन चलाने के लिए व्यापारियों के साथ संयुक्त मोर्चा बना रहे थे पर वह इस वर्ग की चेतना में परिवर्तन भी करना चाहते थे। व्यापारी जिस तरह से काम कर रहे थे, वैसे ही काम करते जाएँ, उनकी शर्तों पर संयुक्त मोर्चा बनाया जाए, यह नीति गाँधीजी की नहीं थी।

गुजरात में एक राजनीतिक परिषद् थी। नवंबर 1917 में गाँधीजी ने इसकी अध्यक्षता की। उस समय जिस तरह की विचारधारा फैली हुई थी, उससे अलग हटकर वह काम करने जा रहे थे, यह उनके भाषण से स्पष्ट होता है। उन्होंने कहा : "मेरे विचार सामान्य प्रवाह की दिशा में नहीं बहते हैं। ...सभापति का भाषण प्रायः सभा के विचारों का दर्शक होता है। परंतु मेरे विषय में यह बात चरितार्थ न हो सकेगी। ...मेरे इन विचारों पर इस सभा में टीका-टिप्पणी हो, उनसे मतभेद प्रकट किया जाए तथा उनका कड़ा विरोध हो तो इससे मुझे दुःख नहीं होगा।"(14/51) इस तरह बिल्कुल लोकतांत्रिक ढंग से गाँधीजी लोगों को विचार-विनिमय के लिए आमंत्रित कर रहे थे। परिषद् के साथ राजनीतिक शब्द लगा हुआ था। इसके लिए उन्होंने कहा : 'राजनीतिक' शब्द अंग्रेजी के 'पोलिटीकल' शब्द

का अनुवाद है। अक्सर इस शब्द का संकुचित अर्थ किया जाता है। किंतु मेरा ख्याल है कि हमें उसका व्यापक अर्थ करना चाहिए। ऐसी परिषदों की इतिश्री यदि राजा-प्रजा के संबंधों के विचार मात्र से ही हो जाए तो इससे न केवल काम अधूरा रह जाएगा बल्कि इस विषय की पूरी कल्पना भी हम न कर सकेंगे।(14/51) गाँधीजी चाहते थे, राजनीतिक जागरण हो, इसके साथ चौमुखी सामाजिक जागरण भी हो, अनेक वर्गों की समस्याओं पर, विशेष रूप से किसानों की समस्याओं पर ध्यान दिया जाए। उन्होंने महुए के फूलों का सवाल उठाया और कहा, "यदि हम महुआ-संबंधी कानून की उत्पत्ति का विचार करें और उसके साथ अपने कर्तव्य का भी विचार करें, तो सरकार से अपनी लड़ाई में हम ज्यादा जल्दी कामयाब होंगे और लड़ाई की चाभी भी हमें आसानी से मिल जाएगी।"(उपर्युक्त) यहां लड़ाई की बात कही गई है। गाँधीजी अंग्रेजी राज का समर्थन कर रहे थे पर इस समर्थन में भी लड़ने की भावना छिपी हुई थी। लड़ाई चलाने के लिए कार्यकर्ताओं का ऐसा दल आवश्यक था जो बहुत समय राजनीति को दे सके। आगे चलकर देश में ऐसे कार्यकर्ता अनेक राजनीतिक पार्टियों ने तैयार किए। परंतु इस दिशा में सबसे पहले प्रयास संभवतः गाँधीजी ने किया था। 3 नवम्बर 1917 को अपने भाषण में गोखले का हवाला देते हुए उन्होंने कहा : "अधिवेशन समाप्त होने के पश्चात् परिषदें अपने पीछे कोई कार्यकारी मंडल नहीं छोड़ जातीं और यदि ऐसा कोई कार्यकारी मंडल हो भी तो उसमें स्व. महात्मा गोखले के शब्दों में, 'अपने धंधों से समय मिलने के बाद कार्य करने वाले होते हैं।' हमें ऐसे आदमियों की आवश्यकता है जो परिषदों के प्रस्तावों को व्यवहार में लाना ही अपना कार्य समझें। ऐसे ही आदमियों के होने से परिषदों का कार्य सुंदर और सफल हो सकता है।"(14/52) स्पष्ट ही गाँधीजी इस परिषद् को जो रूप देना चाहते थे, वह केवल विचार करने वाले, बहस करने वाले बुद्धिजीवियों का संगठन नहीं था, वह ऐसी परिषद् चाहते थे जिसके सदस्य अपना सारा समय सक्रिय राजनीति में लगायें।

भारत-सचिव, भारत-भाग्य-विधाता मांटेग्यु भारत पधारने वाले थे। उनसे रियायतें प्राप्त करने के लिए कांग्रेस और मुस्लिम लीग ने आपस में समझौता किया था। गाँधीजी ने उसके बारे में कहा : "यह योजना स्वराज्य नहीं है, स्वराज्य की नसैनी पर चढ़ते हुए पैर रखने की जगह है।"(14/53) रियायतों से आगे बढ़कर शासन में जनता की अधिक भागीदारी चाहिए थी। स्वराज्य की मांग के विरोध में अंग्रेज कहते थे : भारत अपनी रक्षा नहीं कर सकता। गाँधीजी ने कहा, "इस स्वराज्य में अंग्रेज हिस्सेदार हो सकते हैं और यदि उनके हिस्से में सैनिक सेवा आई तो वह उन्हें करनी चाहिए। परंतु भारत के लोग अपनी रक्षा भी कर सकते हैं। भारत की वृत्ति जिस समय सैनिक शक्ति प्राप्त करने की होगी, उस समय वह थोड़े ही समय में प्राप्त हो जाएगी। संहार करने की शक्ति कठोर वृत्ति का परिणाम है और कठोरता का पोषण करने में देर नहीं लगती।"(14/53) इसके बावजूद उन्होंने कहा : "भारत में धार्मिक साम्राज्य भोगने की शक्ति है। जैसी तपस्या इस देश में हुई, वैसी और कहीं नहीं हुई। भारत को लोहे के हथियारों की जरूरत नहीं है। वह तो

दिव्य अस्त्रों से लड़ता आया है। और अब भी लड़ सकता है।"(14/54)

गाँधीजी ने गरीबी का सवाल उठाया। देश में बढ़ती हुई गरीबी के लिए उन्होंने सरकार को दोषी ठहराया और अंशतः भारत के लोगों को भी दोषी माना। उन्होंने कहा : "श्रीमती एनी बेसेंट का यह कहना बिल्कुल ठीक है कि 'या तो भारत को स्वराज्य मिले, नहीं तो यहां भूखों मरने का रोग फैल जाएगा।' मैं आंकड़ों के फेर में नहीं पड़ना चाहता। मेरे लिए मेरी आंखों की गवाही पर्याप्त है। यह गवाही बताती है कि भारत में दरिद्रत बढ़ रही है। दूसरा कोई नतीजा हो भी कैसे? जो देश स्वयं कपास पैदा करता है, फिर भी अपने कपड़ों के लिए करोड़ों रुपये बाहर भेजता है, उस देश में गरीबी न हो तो और क्या हो?"(14/54-55) यहां गाँधीजी ने साम्राज्यवाद की मुख्य पहचान बताई है। पिछड़े हुए देश से कच्चा माल ले जाना, अपने यहां से तैयार माल लेकर उसी देश में बेचना, यह साम्राज्यवादी शोषण का मुख्य तरीका था। गाँधीजी ने उसकी आलोचना की। शोषण की इस पहचान से ही उसे रोकने का तरीका भी निकलता था। वह तरीका था, स्वदेशी का।

विशेष बात यह कि अंग्रेजी राज में गरीबी बराबर बढ़ रही थी। गाँधीजी ने कहा : "जिस देश के लोग कड़े जाड़े में ऊनी वस्त्रों के अभाव में सोने-जैसा बहुमूल्य खाद जलाकर शीत-निवारण करते हैं, जिस देश के अधिकारी-वर्ग की तनख्वाहों का बड़ा हिस्सा बाहर के देशों में खर्च किया जाता है, वह देश यदि कंगाल रहे और उस देश की प्रजा दिन-प्रतिदिन दरिद्र होती जाए तो आश्चर्य की क्या बात है?" फिर उन्होंने अपनी भारत की यात्राओं का जिक्र किया : "समस्त भारत में घूमते हुए मैंने कहीं प्रजा में श्री और संपन्नता नहीं देखी। मध्यम श्रेणी के लोगों की बड़ी दुर्दशा है। कनिष्ठ श्रेणी के लोगों के पास बस नीचे धरती और ऊपर आसमान है। उनके लिए अच्छा दिन ही नहीं है।"(14/55) यहां गाँधीजी ने विभिन्न वर्गों की स्थिति का जिक्र किया है। महंगाई बराबर बढ़ रही थी। "लोगों की आमदनी तो बढ़ी नहीं, खर्च अलबत्ता बढ़ गए हैं। यह दशा सरकार ने जानबूझ कर पैदा की हो, ऐसा नहीं। मैं मानता हूं कि सरकार का हेतु शुद्ध है। उसका विश्वास है कि प्रजा की उन्नति होती जाती है। अपनी 'ब्लू बुकों' पर उसकी अटल श्रद्धा है। एक अंग्रेजी कहावत है कि 'अंकों से जो चाहे सो सिद्ध हो सकता है, वह यथार्थ है। इन्हीं आंकड़ों के बल पर सरकारी अर्थशास्त्री सिद्ध करते हैं कि भारत उन्नति कर रहा है। मेरे जैसे साधारण लोग तो इन आंकड़ों को देखकर शंकायुक्त हो सिर हिलाते हैं। ऊपर से देवता आकर कुछ कहें तो भी मैं यही कहूंगा कि भारत को मैं कंगाल होते हुए देख रहा हूं।(14/55) यहां गाँधीजी साम्राज्यवादियों के अर्थशास्त्र के सामने अपना नया अर्थशास्त्र पेश कर रहे हैं जिसका आधार जनता की स्थिति का प्रत्यक्ष अनुभव है।

गाँधीजी ने पार्लियामेंट की अनेक बार आलोचना की है। स्वाधीन भारत की पार्लियामेंट शायद दूसरे ढंग की होगी। उन्होंने इस दूसरे ढंग की कल्पना की थी। स्वाधीन भारत की भावी पार्लियामेंट के बारे में उन्होंने 1917 में जो कुछ कहा था, वह आज की पार्लियामेंट के लिए बहुत प्रासंगिक है। "हमारी पार्लियामेंट हो तो वह क्या करेगी? जब भारतवर्ष में

पार्लियामेंट हो जाएगी तब भूलें करने तथा उन्हें सुधारने की सत्ता हमें प्राप्त होगी। पहले तो हमसे भूलें जरूर होंगी; परंतु चूंकि हम इस देश की मिट्टी के बने हैं, इसलिए उन्हें सुधारने में भी देर न लगेगी और इस कंगाली का इलाज भी हमें तुरंत सूझेगा। तब हम लंकाशायर की चीजों पर निर्भर नहीं होंगे। तब हमें अपार धन लगाकर शाही दिल्ली बनाने की आवश्यकता नहीं होगी। शाही दिल्ली का आकार भारतीय झोंपड़ियों के अनुसार होगा। झोपड़ियों और पार्लियामेंट हाउस में कुछ मेल तो रहेगा। प्रजा इस समय निर्धन हो गई है। उसे भूलें करने का भी हक नहीं रहा। जिसे भूलें करने का हक न हो, वह कभी उन्नति भी नहीं कर सकता। हाउस ऑफ कामंस का इतिहास भूलों का इतिहास है।"(14/55) आजाद भारत की पार्लियामेंट 'हाउस ऑफ कामंस' से होड़ कर रही है। तुम्हारी संसद का इतिहास भूलों का इतिहास है तो हम तुम से कम भूलें नहीं करेंगे, और उन्हें सुधारने की तरफ तुम से कम ध्यान देंगे! गाँधीजी सोचते थे, भारत की पार्लियामेंट होगी तब हम लंकाशायर की चीजों पर निर्भर नहीं होंगे। इस समय भारत लंकाशायर ही क्या, जापान, जर्मनी, इंग्लैंड, अमेरिका बड़े-बड़े पूंजीवादी देशों के माल पर निर्भर है। माल पर ही नहीं, वहां से विदेशी पूंजी का आयात भी करता है। गाँधीजी सोचते थे, शाही दिल्ली का आकार भारत की झोंपड़ियों की तरह होगा। दिल्ली में झुग्गी-झोंपड़ियों की संख्या बहुत बढ़ी है परंतु शाही दिल्ली का आकार भी बढ़ा है। यह आकार-प्रकार वह नहीं है जो शाहजहां के जमाने में था, वरन् जो आकार-प्रकार इर्विन-लिनलियगो आदि के जमाने में था बहुत कुछ वही अब भी जारी है।

गाँधीजी ने शहरों की व्यवस्था के बारे में जो कुछ कहा था, वह वर्तमान दिल्ली के प्रसंग में और भी ध्यान देने योग्य है। गंदगी और मैले आदि से मुक्ति दिल्ली को नहीं मिली और जो बात गाँधीजी के समय में नहीं थी, जल और वायु के प्रदूषण की, वह पुरानी बुराइयों में जोड़ दी गई है। गाँधीजी ने कहा था : "शहर की व्यवस्था कर सकने में ही सच पूछिए तो स्वराज्य की कुंजी है। इसलिए उसके विषय में अधिक विचार करने क़ी आवश्यकता है। भारत में प्लेग ने अपना घर बना लिया है। हैजा तो हमारे साथ है ही। मलेरिया प्रतिवर्ष सहस्रों प्राणियों की बलि लेता है।"(14/57) कुछ समय पहले सूरत में जो कुछ हुआ था, और उससे दिल्ली में जिस तरह की परेशानी पैदा हुई थी, उसका स्मरण करना चाहिए। मलेरिया का उन्मूलन कई बार हुआ परंतु उसकी जड़ें फिर लहलहा उठीं, और इसके साथ तपेदिक का प्रसार भी भारी पैमाने पर होता जा रहा है। हर शहर के अंदर दो शहर हैं। एक अमीरों का, दूसरा गरीबों का। गाँधीजी कहते हैं : "यह आश्चर्य की बात है कि जब हमारे मोहल्लों में—हमारे रहने के स्थानों में—प्लेग जारी रहता है, तब अंग्रेजों के मोहल्लों में उसका पता भी नहीं लगता। इसका कारण भी शीघ्र समझ में आ जाता है। वहां हवा स्वच्छ रहती है, घर दूर-दूर हैं, रास्ते चौड़े और साफ हैं और पाखानों की व्यवस्था बहुत अच्छी है।"(14/57) जिस तरह के मोहल्लों में अंग्रेज रहते थे, उस तरह के और मोहल्ले आबाद हुए हैं। उनमें कुछ विदेशी रहते हैं और कुछ शासक वर्ग के लोग रहते हैं। जो अमीर

हैं, वे भी इस तरह के मोहल्लों में रहते हैं। लेकिन अब हवा में उस तरह का बंटवारा नहीं है। वायु इतनी प्रदूषित है कि वह मोहल्लों का ध्यान नहीं रखती। उसका असर अब अमीरों के मोहल्लों पर भी होता है। शहरों और गांवों की गंदगी पर गाँधीजी ने विशेष ध्यान दिया। उन्होंने कहा : "हमारे यहां तो पाखाने जाना नरक वास करने जैसा है। जिस देश में 90 फीसदी लोग नंगे पांव चलते हैं, लोग चाहे जहां थूकते हैं, जहां चाहे पाखाना फिरते हैं और ऐसे ही रास्तों पर हमें चलना पड़ता है ऐसी दशा में यदि प्लेग वहां अपना डेरा डाले तो आश्चर्य की कौन-सी बात है?"(14/57)

अंग्रेजों ने देशी सेना की सहायता से भारत पर विजय पाई। उसी सेना की सहायता से वे यहां अपना अधिकार बनाए रहे और उसी सेना की सहायता से उन्होंने एशिया तथा अन्य स्थानों में अपने साम्राज्य का विस्तार किया। जैसे, अंग्रेजी जमाने की बहुत-सी चीजें बनी रहीं, वैसे ही इस ब्रिटिश देशी सेना की परम्पराएँ कायम रहीं, और आश्चर्य की बात तो यह है कि स्वाधीन भारत के नेता इन परम्पराओं पर गर्व भी करते हैं। गाँधीजी ने देशी सेना के बारे में जो कुछ कहा, वह आज के संदर्भ में बहुत ही महत्वपूर्ण है। उन्होंने कहा था : हम बहुधा कहते हैं कि भारत के सिपाहियों ने फ्रांस और मैसोपोटामिया के मैदानों में अपने प्राणों की आहुति दी है। इसका श्रेय अवश्य हम शिक्षितों को नहीं मिल सकता। इन सिपाहियों को हमने तैयार नहीं किया और न सिपाही देशाभिमान से प्रेरित होकर युद्ध-क्षेत्र में गए। उनको स्वराज्य का ज्ञान नहीं है। युद्ध की समाप्ति पर वे स्वराज्य मांगेंगे भी नहीं। वे अपने अन्नदाता का नमक अदा करने अपनी नमक हलाली का परिचय देने वहां गए हैं।(14/56) निस्संदेह भारतीय सैनिकों ने अपनी वीरता दिखाई थी। परंतु प्रश्न यह है कि किस उद्देश्य से उन्होंने यह वीरता दिखाई थी, किस भावना से प्रेरित होकर वे युद्ध कर रहे थे। गाँधीजी का संकेत बिल्कुल सही है कि जहां देशाभिमान से प्रेरित होकर सैनिक लड़ें, वहीं उन पर गर्व करना चाहिए। युद्ध से लौटकर सैनिक स्वराज्य की मांग न करेंगे, इसमें संकेत यह है कि उन्हें ऐसी मांग करनी चाहिए अर्थात् स्वाधीनता संग्राम से देशी सेना का सम्पर्क और संबंध होना चाहिए।

स्वाधीनता आंदोलन की जड़ें गहरी होनी चाहिए। उसके साथ समाज में चहुंमुखी विकास होना चाहिए। गाँधीजी ने कहा था : जिस प्रजा के हृदय में स्वराज्य की तरंगे हिलोरें मार रही हों, उसमें और सब दिशाओं में जागृति के चिह्न देखने चाहिए।(14/56) इसीलिए वह शहरों की स्वच्छता जैसे प्रश्नों पर ध्यान दे रहे थे। शहरों की सफाई स्वयं करने के बदले जिन कर्मचारियों से लोग सफाई कराते थे, उन्हें वे अछूत कहते थे। गाँधीजी ने 1917 में कहा था, "हम अपने सबसे उपयोगी सेवक मेहतरों को अस्पृश्य मानते हैं। उसका फल यह होता है कि हम उन्हें अपने पाखाने भी अच्छी तरह साफ नहीं करने देते और खुद साफ करते नहीं, क्योंकि धर्म के नाम पर हम मानते हैं कि उससे हम अशुद्ध हो जाएंगे।" जो धर्म अस्पृश्यता को सामाजिक रीति के रूप में स्वीकार करता है, उसे गाँधीजी अस्वीकार करते हैं।

गंदगी तीर्थस्थानों में भी है। ऐसे स्थानों का जिक्र गाँधीजी ने किया था। "हमारे पड़ोस में डाकोरजी का प्रसिद्ध धाम है। मैंने उसे देखा है। उस पवित्र धाम की अपवित्रता का पार नहीं है...। यात्री, जैसा उनके जी में आता है, उस तरह तालाब को और रास्तों को गंदा करते हैं। मंदिर के मुखिया लोग आपस में लड़ते हैं और रणछोड़ राय जी के आभूषणों आदि की हिफाजत के लिए 'रिसीवर' नियुक्त हुआ है, सो अलग।"(14/58) तीर्थस्थानों में संपत्ति को लेकर, उत्तराधिकार को लेकर झगड़े हुए, कचहरी-अदालत हुई। मुकदमे प्रीवी काउंसिल तक पहुंचे। इन सबका विवरण काणे के 'धर्मशास्त्र का इतिहास' में मिल जाएगा।

गाँधीजी की निगाह में शराब पीना बुरा था। उन्होंने कहा : शहरों में शराब का व्यसन बढ़ रहा है।(14/58) बहुत से प्रगतिशील लेखक गाँधीजी की विरासत पर गर्व करते हैं। पता लगाना दिलचस्प होगा, इनमें कितने हैं जो शराब नहीं पीते। पहले शराब पीने का चलन अधिकतर उर्दू लेखकों में था। हिंदी लेखक अपवाद रूप में शराब पीते थे। किंतु अब मेरे मित्रों का कहना है, ऐसे हिंदी लेखक मुश्किल से मिलेंगे जो नित्य शराब न पीते हों।

भारत में अनेक बार गोरक्षा संबंधी आंदोलन चलाए गए। इनके बारे में गाँधीजी ने कहा : यहां गोरक्षा का मुख्य अर्थ यह देख पड़ता है कि गायें मुसलमान भाइयों के हाथों में न पड़नें दी जाएं, उन्हें गोमांस का भक्षण न करने दिया जाए। हमारे शासकों को गाय का मांस जरूरी होता है। उनके लिए रोज हजारों गायों का वध होता है। इसे रोकने के लिए हम कुछ नहीं करते। कलकत्ते में हिंदू ही फूंके की क्रूर क्रिया के द्वारा गाय का सारा दूध रोज खींच लेते हैं। हमने शायद ही कभी गाय के साथ की जाने वाली इस घोर हिंसा को मिटाने की चेष्टा की हो। गुजरात में हिंदू बैल को हांकने के लिए कील लगी लकड़ियां काम में लाते हैं। हम उनके खिलाफ कुछ नहीं कहते। अपने शहर के बैलों की दशा करुणाजनक है। गाय और उसके वंश की रक्षा करने का काम बड़ा भारी है। उसे हमने मुसलमानों के साथ झगड़ा करने का संकुचित रूप देकर गो-वध की वृद्धि की है। गो-रक्षा के लिए मुसलमान भाइयों का वध धर्म नहीं, अधर्म है।(14/59)

गाँधीजी ने अपनी भाषा और संस्कृति के प्रेम को स्वदेशी आंदोलन का अंग माना। उन्होंने प्रश्न किया : अपना सब बुरा और विदेशी का सब अच्छा लगे तो स्वराज्य का क्या अर्थ रह जाएगा?(14/59) वह विदेशी रीति-नीति, विदेशी सभ्यता से बहुत अच्छी तरह परिचित थे। उन्होंने कहा : यदि हमें हर चीज विदेशी ही ग्राह्य मालूम होती हो तब तो अभी हमें विदेशी तालीम की बहुत आवश्यकता है, क्योंकि विदेशी रीति-नीति ने हमारे जन समाज में बहुत ही कम प्रवेश किया है।(14/59-60) यह कमी अब दिल्ली जैसे महानगरों में पढ़े-लिखे लोगों ने बहुत हद तक दूर कर दी है। गाँधीजी तीसरे दर्जे की रेल-यात्रा के कष्टों से अच्छी तरह परिचित थे। उन्होंने कहा : ये कष्ट सचमुच असह्य हैं। भारत की प्रजा बड़ी सीधी-सादी है। उसे चुपचाप दुख सहन करने की शिक्षा मिली है।(14/61) लेकिन हर परिस्थिति में दुख सहते जाना कोई वीरता का चिह्न नहीं है। गाँधीजी

का मत था, रेलगाड़ियों में यात्री जो कष्ट सहते जा रहे हैं, उससे पौरुषहीनता ही सूचित होती है। ये कष्ट दो प्रकार के हैं—एक तो रेल विभाग की अकर्मण्यता से होने वाले और दूसरे यात्रियों की लापरवाही से होने वाले।(14/61-62) ये दोनों प्रकार अब तक सही-सलामत हैं। पहले प्रकार में बहुत वृद्धि हुई है। दूसरा प्रकार भी जीवित है। परंतु शहरों की तरह रेलगाड़ी में भी दो मोहल्ले होते हैं। एक अमीरों के लिए और दूसरा साधारण लोगों और गरीबों के लिए। इस दूसरे मोहल्ले में ही यात्रियों को ज्यादा कष्ट सहने पड़ते हैं। दुर्घटनाएँ अंग्रेजों के जमाने में भी होती थीं पर उनका अनुपात स्वाधीन भारत में बढ़ गया है। गाँधीजी अहिंसा के प्रबल समर्थक थे परंतु हथियार इस्तेमाल करने की शिक्षा और उनका प्रयोग करने के वह सर्वथा विरुद्ध नहीं थे। इस संबंध में उन्होंने कहा : उतावली में मेरे विचारों की आलोचना करने वाला कहेगा कि उनमें कितने ही स्थलों में अंतर्विरोध है। एक ओर तो मैं सरकार से शस्त्रों की तालीम की मांग करता हूं, दूसरी ओर सत्याग्रही को सर्वोपरि पद प्रदान करता हूं। सत्याग्रह में शस्त्र का क्या काम? सचमुच कोई काम नहीं है। परंतु शस्त्र-शिक्षा की आवश्यकता उनके लिए है जो सत्याग्रही नहीं हैं। मैं ऐसी कल्पना नहीं करता कि सारा देश सत्याग्रही बन जाएगा। लेकिन कायर बनकर देश की सेवा अथवा निर्बलों की रक्षा तक न करना सदा सर्वथा त्याज्य है। अत्याचारी मनुष्य से निरपराधिनी स्त्री की रक्षा करने के लिए या तो हमें अपना बलिदान देकर उसे आत्मबल से, प्रेमबल से वशीभूत करना चाहिए और यदि ऐसी शक्ति न हो तो शरीर बल से उसको अत्याचार करने से रोकना चाहिए। सत्याग्रही कभी दीन बनता ही नहीं।(14/64) यदि कोई मनुष्य शस्त्रधारी है न सत्याग्रही, जैसे हमारे देश के अधिकांश लोग हैं, तो उसे क्या करना चाहिए? गाँधीजी के अनुसार, "जो न शस्त्रधारी है और न सत्याग्रही, वह आदमी ही नहीं है।"(उपर्युक्त) या तो शस्त्र धारण कर आदमी बनो या सत्याग्रही होकर आदमी बनो, पर आदमी जरूर बनो। इस तरह स्वाधीनता प्राप्ति के साथ मनुष्य बनने की प्रक्रिया जुड़ी हुई है।

गुजरात की परिषद् ने अनेक मुद्दों पर प्रस्ताव पास किए। उनमें एक का संबंध गांवों से था। उसमें कहा गया था : राजस्व-संबंधी मामलों और जिले में शांति व्यवस्था बनाए रखने के संबंध में कलक्टर फिलहाल तो मामलतदारों और पुलिस द्वारा पेश किए गए इकतरफा तथ्यों पर ही निर्भर करते हैं। उससे अनेक बार जिले के प्रशासन में बहुत बड़ी भूल हो जाती है तथा लोगों को अन्याय सहना पड़ता है। इसलिए यह परिषद् सरकार से सिफारिश करती है, वह प्रत्येक जिले से निर्वाचित सदस्यों का एक सलाहकार बोर्ड नियुक्त करे।(14/69-70) सरकार के फैसले काफी नहीं हैं। वे उचित हैं या अनुचित, इनकी जांच करने का अधिकार जनता और उसके प्रतिनिधियों को है। सरकार अपनी इकतरफा कार्रवाई से यदि किसानों के साथ अन्याय करती है, तो उसका प्रतिकार आवश्यक है। यह प्रस्ताव 5 नवंबर 1917 को पास किया गया था। 18 मार्च 1918 को नडियाड में सभा हुई। अवश्य ही इसमें काफी किसान आए होंगे और कुछ राज्य कर्मचारी भी रहे होंगे।

इसमें गाँधीजी ने कहा : कुछ महीने से इस जिले में सरकार से लगान मुल्तवी करवाने का आंदोलन किया जा रहा है। इस साल फसल रुपये में चार आने से भी कम हुई है, इसलिए कानून के मुताबिक लगान मुल्तवी किया जाना चाहिए।(14/261) सभा गुजरात परिषद् की प्रेरणा से हुई थी, यह गाँधीजी के वाक्य से स्पष्ट है : गुजरात सभा के प्रस्ताव के अनुसार मैंने जिले के कई गांवों में घूमकर जांच की। मेरे साथियों ने भी जांच की। जो गवाहियां दी गई हैं, उनसे सिद्ध होता है कि तमाम जिले में फसल रुपये में चार आने से ज्यादा नहीं हुई है।(14/261) चम्पारन की तरह यहां भी गाँधीजी ने जांच की और जांच से पाया कि सरकार जो कुछ कहती है, वह सही नहीं है। लेकिन यहां चम्पारन से भिन्न सरकार से सीधी टक्कर थी। गाँधीजी ने लोगों को बताया, "सरकार कहती है कि उसने भी जांच की है, किंतु वह किसानों को जरूरी राहत देने के लिए तैयार नहीं है। उसने लगान वसूली करने का निश्चय किया है। वह कहती है कि लोग लगान न देंगे तो वह सख्त कार्रवाई करके वसूल करेगी। लगान की वसूली के और वसूली न होने पर जमीनें जब्त करने के नोटिस निकाल दिए गए हैं।" सरकार और किसानों के बीच तलाटी नाम के राज्य कर्मचारी थे। सरकारी जुल्म इन्हीं के माध्यम से होता था। गाँधीजी ने कहा : तलाटियों के जुल्म की शिकायतें भी आ रही हैं। जो तलाटी और मुखिया इस सभा में आए हों, उनसे मुझे इतना ही कहना है कि वे सरकार के प्रति वफादार रहें, किंतु वफादारी जुल्म करने में नहीं है। उन्हें सरकारी आज्ञा के अनुसार लगान वसूल करना चाहिए, किंतु सरकार ऐसा तो नहीं कह सकती कि वे लोगों को मारें-पीटें।(14/261)

(ख) सत्याग्रह और समझौता

अवश्य ही मारपीट की घटनाएँ हो रही थीं। यह मारपीट गैरकानूनी थी। इसका विरोध करने के लिए गाँधीजी ने तलाटियों से कहा : ऐसा जुल्म करने का हुक्म कानून के मुताबिक हरगिज नहीं दिया जा सकता। यदि ऐसा कोई हुक्म दिया भी गया हो तो तलाटी उसे मानने के लिए बंधे नहीं हैं। जो ऐसा कृत्य करता है, वह देशद्रोही है, राजद्रोही और ईश्वरद्रोही है। वे निष्ठापूर्वक अपने ऊपरी अधिकारियों का हुक्म अवश्य बजाएँ, किंतु उन्हें लोगों को हैरान करने का कोई अधिकार नहीं है।(14/261) कर्मचारियों से सरकारी आज्ञा न मानने के लिए गाँधीजी ने कहा : "यदि उन्हें यह विश्वास हो जाए कि फसल रुपये में चार आने से कम हुई है तो वे हिम्मत के साथ अपने ऊंचे अफसरों से यह बात कह दें।" सरकार अपनी बात के आगे दूसरों की सुनती नहीं थी। गाँधीजी ने कहा : "सरकार का तरीका यह रहा है कि वह अपनी बात को ही सच बताती है।" गाँधीजी भारत के वायसराय से भी मिले थे। वायसराय की राय भारतवासियों के बारे में यह थी कि अंग्रेज तो सच्चे हैं, भारतवासी झूठे हैं। उस बातचीत का हवाला देते हुए गाँधीजी ने जनता से कहा : इसमें उन्होंने मेरे सम्मुख अपनी यह राय प्रकट की कि भारत के लोग अपने समूचे विचार प्रकट

नहीं करते। उनमें अपने मन की बात कहने की हिम्मत नहीं होती। वे अपने विरोधी को प्रसन्न करने के लिए कुछ भी कह देते हैं। उनमें नैतिक साहस नहीं होता।(14/261) सरकार अनुचित ढंग से लगान निश्चित करे, फिर जबरन उसे वसूल करे, तो लोगों को उससे क्या कहना चाहिए? लोगों को कहना चाहिए, "हम इस अन्याय को सहन नहीं कर सकते। फसल मारी गई, फिर भी हम लगान दे दें और झूठे बनें, यह नहीं हो सकता। यदि सरकार को जुल्म करके लगान वसूल करना हो तो भले ही करे।"(14/262) गाँधीजी अहिंसा के साथ सत्य की बात भी करते थे। यहां दो तरह के सत्य आमने-सामने हैं। एक अंग्रेज अधिकारियों का सत्य, गाँधीजी ने उसका विरोध करने के लिए कहा। दूसरा जनता का सत्य, उसके लिए लड़ने-मरने को उन्होंने जनता को आह्वान किया।

नडियाड की सभा में गाँधीजी को बिहार याद आया। बिहार में प्रकृति ने प्रदेश को सुंदर बनाया था लेकिन लोग बहुत गरीब थे। गुजरात के इस क्षेत्र में प्रकृति ने उतनी समृद्धि प्रदान न की थी परंतु लोगों के पास पैसा था। अब ये मुफलिस बन रहे थे। गाँधीजी ने किसानों को इस बात पर गर्व करना सिखाया कि उन्होंने अपने परिश्रम से अपने जनपद को सुंदर बनाया है। "यह जिला बहुत सुंदर है। लोगों के पास पैसा है। वह हरा-भरा भी खूब है। बिहार के अतिरिक्त पेड़-पौधों से भरा पूरा ऐसा सुंदर उपवन मैंने अन्यत्र नहीं देखा।" फिर किसानों के परिश्रम की प्रशंसा करते हुए उन्होंने कहा : "जहां प्रकृति ने बिहार को सुंदर बनाया है, यह जिला स्वयं अपने किसानों की लगन और निजी मेहनत से सुंदर बना है। इस जिले में ऐसे निपुण और उद्योगी किसान हैं कि उन्होंने प्रदेश को सुंदर उपवन का रूप दिया है। इस पर हम गर्व कर सकते हैं। इसका अर्थ यह नहीं कि फसल न हुई तो भी लोगों को लगान देना चाहिए। जिले का ऐसा उद्योगी वर्ग गरीबी में दबता जा रहा है। ऐसा समय आ गया है जब लोग खेती छोड़कर मजदूरी करने लगे हैं। खेती छोड़कर मजदूरी करना बड़ी दुखजनक स्थिति है। जिस देश के किसानों को ऐसा करना पड़ता है, उस देश का अब पतन ही समझना चाहिए।"(14/262) 'गोदान' में होरी के जीवन का स्मरण हो आता है। सरकार और महाजन से लड़ते हुए वह अपनी जमीन खो देता है और मजदूर बन जाता है। लगभग वैसी ही प्रक्रिया गुजरात में घटित हो रही थी।

अंग्रेज सुधारों की बात करते थे, अपने जनतंत्र की डींग हांकते थे। वास्तव में उनकी सत्ता निरंकुश थी और उसकी निरंकुशता कहीं भी ऐसे नग्न रूप में प्रकट न होती थी जैसे किसानों के प्रसंग में। गाँधीजी ने इस निरंकुशता के बारे में आगे उसी सभा में कहा, "असल में जो फसल होती है, उसी में से लगान दिया जाना चाहिए। सरकार फसल खराब होने पर दबाव से लगान वसूल करे, यह असह्य है। किंतु इस देश में यह नियम ही बन गया है कि सरकार का मत हमेशा ठीक होता है। लोग चाहे जितनी सच्चाई पर हों, तो भी सरकार अपनी मनमानी करती है—यह स्थिति असह्य है। यदि बात न्याय की है तब तो ठीक है कि वह दूसरों से स्वीकार कराई जाए, किंतु यदि वह अन्यायपूर्ण है, तब तो वह बदली ही जानी चाहिए। किसानों और जांच करने वालों की गवाही से पता चलता है कि फसल

हुई ही नहीं, फिर भी सरकार कहती है कि फसल अच्छी हुई है। इस स्थिति में लोगों को सरकार से यह कहने का अधिकार है कि उनके भी आंखें हैं, कान हैं, और उन्हें भी बुद्धि मिली है और वे अधिकारियों के अन्याय के सामने कदापि न झुकेंगे। यह बात मानने योग्य नहीं है कि लोग एक वर्ष का लगान मुल्तवी करवाने और इस प्रकार एक वर्ष का ब्याज बचाने के लिए झूठ बोलेंगे। अधिकारी जो यह कहते हैं कि हजारों लोग झूठ बोलते हैं, यह असह्य है। इसलिए हमें यह सिद्ध कर देना चाहिए कि न्याय की दृष्टि से हमारा आग्रह उचित है। मेरी सलाह है कि यदि सरकार हमारी मांग मंजूर न करे तो हमें सरकार से कह देना चाहिए कि हम लगान नहीं देंगे और इसके लिए जो कुछ कष्ट सहने पड़ेंगे, उन्हें सहने के लिए तैयार हैं।"(14/262) यहां लगानबंदी का ऐलान किया गया है। किसानों के संघर्ष में यह क्रांतिकारी परिवर्तन था। यदि इसका प्रसार देश में बड़े पैमाने पर होता तो अंग्रेजी राज जड़मूल से उखड़ जाता। भारत का जैसा रूप आज दिखाई दे रहा है, उससे तब कुछ भिन्न रूप होता।

संघर्ष के दौरान जिस तरह की मुसीबतें आ सकती थीं उनके बारे में गाँधीजी ने किसानों को सावधान कर दिया : सरकार हमारा सामान बेचकर लगान वसूल कर सकती है। चौथाई जुर्माना देना पड़ सकता है। इनाम की जमीनों को जब्त किया जा सकता है और लोग उद्दंडता करते हैं, ऐसा कहकर सरकार उन्हें जेल भेज सकती है।(14/263) जो भी सरकारी नीति का विरोध करता था, वह उद्दंड या उपद्रवी कहलाता था। ऐसे शब्दों से सरकार वास्तव में अपनी उद्दंडता पर परदा डालती थी। गाँधीजी ने कहा : उद्दंडता शब्द सरकार का है और वह मुझे बहुत अखरता है। जो सच्ची बात कहे, उसे उद्दंड कैसे कहा जा सकता है?(14/263) जिले में गरीब किसान थे और धनी तथा मझोले किसान थे। जिन किसानों के पास संपत्ति थी, उनसे गाँधीजी कह रहे थे, उन्हें गरीब किसानों का साथ देना चाहिए। "संपन्न आसामी सुविधा होने पर भी गरीब की रक्षा की खातिर लगान न दे, यह उद्दंडता नहीं, बल्कि वीरता है। ऐसा करते हुए उसे गांव भी छोड़ना पड़े तो वह छोड़ देगा और जो उसके लिए तैयार है, वही इस व्रत को भी ले सकता है।"(14/263)

दक्षिण अफ्रीका और बिहार की तरह गाँधीजी आंदोलन के संचालन और प्रसार के लिए पत्रकारिता से काम ले रहे थे। यहां उन्होंने पोस्टर भी गांवों में लगवाए। पहला पोस्टर जिले भर में दीवारों पर लगाया गया था। उसकी प्रति अब अप्राप्य है। उसमें किसानों से कहा गया था कि वे सरकार की दमनकारी कार्रवाई के बारे में गाँधीजी से लिखा-पढ़ी करें।(14/260 पाद टिप्पणी) गाँधीजी ने नडियाड के हिंदू अनाथ आश्रम को अपना सदर मुकाम बनाया। वहीं से उन्होंने किसान-आंदोलन का संचालन किया। 27 मार्च 1918 को उन्होंने एक परिपत्र जारी किया जिसमें खेड़ा जिले की रैयत के कर्तव्य बताए गए थे। इसमें कहा गया था : खेड़ा जिले में फसल बहुत कम हुई है अर्थात् अधिकांश गांवों में चौथाई से भी कम रह गई है, इसलिए सरकारी नियम के अनुसार इस वर्ष लगान वसूली मुल्तवी कर देनी चाहिए। इसके लिए रैयत की ओर से सरकार के पास बार-बार प्रार्थना भेजी गई

है।(14/266) जनता की ओर से गुजरात सभा के जी.के. पारेख और भारत सेवक समाज के वी.जे.पटेल आदि व्यक्तियों ने फसलों के बारे में जांच पड़ताल की। गाँधीजी ने स्वयं लगभग 400 गावों में फसलों के बारे में काफी ब्यौरेवार पड़ताल करके देखा कि "लगभग उन सभी गांवों में फसल रुपये में चार आने से भी कम रह गई है।" बहुत से लोगों के पास पैसा नहीं है और अन्न की बहुत सी खत्तियां खाली पड़ी हैं। जिले में कई किसान अपने खाने के लिए वहां पैदा होने वाले अन्न के स्थान पर बाहर से बड़े पैमाने पर मकई मंगा कर काम चला रहे थे। जहां लोगों ने लगान अदा भी कर दिया था, वहां तलाटी वगैरह के भय से ही ऐसा किया था। कई जगह लोगों ने अपने पेड़ बेच कर लगान भरा। गाँधीजी ने यह भी देखा कि जनता अब बढ़ी हुई कीमत के बोझ से कराह रही है। इसके सिवा लोग प्लेग फैलने के भय से बहुत चिंतित थे। कलक्टर और कमिश्नर को ये सब बातें बतला दी गई थीं। कुछ रियायतें भी दी गई थीं, पर लोगों की जरूरतें देखते हुए वे बहुत कम थीं। ऐसी परिस्थिति में जनता को केवल एक ही सलाह दी जा सकती है, वह यह कि अपनी सच्चाई सिद्ध करने के लिए उसको लगान तो अदा नहीं करना चाहिए, पर यदि सरकार उनकी संपत्ति बेच कर लगान वसूल करना चाहे तो उसे करने देना चाहिए। भय के कारण लगान अदा करके अपने को झूठा साबित करने से कहीं अच्छा है कि लगान अदा न करके अपना सर्वस्व होम होने दिया जाए।(14/267) एक ओर अंग्रेजी सरकार, दूसरी ओर नई जागी हुई लोक शक्ति। "सरकार को लोकमत के आगे सिर झुकाना पड़ेगा, लेकिन यह तभी होगा जब अपने आचरण से जनता सरकार को अपनी राय का सम्मान करना सिखाएगी।" गाँधीजी ने किसानों को आश्वस्त किया कि वे अकेले नहीं हैं। बाहर के लोग भी उनकी सहायता करेंगे। "कई प्रमुख सज्जन इस संघर्ष में जनता की सहायता करने के लिए तैयार हैं, और यदि किसी को घर से बेदखल किया गया है, तो उसके रहने और खाने का प्रबंध भी किया गया है।"(14/263) उन्होंने एक प्रतिज्ञा पत्र बनाया। किसानों से उस पर हस्ताक्षर करने को कहा। साथ ही उन्हें चेतावनी भी दी : हस्ताक्षर करने से पहले ही भली भांति विचार कर लेना चाहिए, परंतु यह याद रखना चाहिए कि एक बार हस्ताक्षर कर देने के बाद फिर पैर पीछे नहीं हटाना है।(14/263)

खेड़ा के किसानों की सहायता के लिए गाँधीजी बंबई जैसे बड़े शहर में जनमत तैयार कर रहे थे। उन्होंने पहली अप्रैल 1918 को उदारपंथी नेता वी.एस. श्रीनिवास शास्त्री को पत्र लिखा : "खेड़ा की स्थिति के बारे में मेरा वक्तव्य शायद आपने पढ़ा होगा। यह संघर्ष लोगों के जोश को कुचल डालने के अधिकारियों के प्रयत्न के विरुद्ध है। ऐसी परिस्थिति में मैं मानता हूं कि किसानों की मदद करना हमारा स्पष्ट कर्तव्य है। युद्ध चल रहा है, इस कारण ऐसे जुल्मों पर पर्दा नहीं डाला जा सकता। मुझे मालूम हुआ है कि लोगों के प्रति सहानुभूति दिखाने के लिए बंबई में एक सार्वजनिक सभा होने वाली है। हो सके तो आप इस सभा में आइए और बोलिए भी।" लेकिन शास्त्रीजी ने उत्तर दिया : "यह मान लेने पर भी कि हम रैयत के पक्ष में हैं, खेड़ा की परिस्थिति में सत्याग्रह छेड़ने के औचित्य

के बारे में संतुष्ट नहीं हूं अलबत्ता मैं सरकार के अत्याचार को भी ठीक नहीं मानता।"(14/285-86) यहां पुराने उदारपंथी नेताओं और गाँधीजी में अंतर स्पष्ट हो जाता है। पुराने नेता किसानों का हक जायज मानते हुए भी उनको समर्थन न दे रहे थे। गाँधीजी किसानों को संघर्ष के लिए संगठित कर रहे थे। उन्होंने गुजरात के गांवों की यात्रा की। खेड़ा के अनेक गांवों में उन्होंने भाषण दिए। कठाना में उन्होंने किसानों से कहा : सरकार चाहती है कि उसे लगान वसूल करना ही है। मैं कहता हूं कि 'हमारी जमीनों में से ले लो। हमारी मिल्कियत को जब्त कर लो या हमें हिरासत में ले लो। किंतु हम अपने हाथ से लगान का रुपया न देंगे और झूठे न बनेंगे।' (14/286) यह जानते हुए कि स्त्रियां यह कभी न चाहेंगी कि उनके पति कष्ट पाएं, गाँधीजी ने कठाना में स्त्रियों को संबोधित करते हुए कहा : आपने अपने पतियों से विवाह किया है, उनके आभूषणों या पशुओं से नहीं। अपने पतियों को उनकी प्रतिज्ञा के पालन में सहायता देना आपका धर्म है।(14/286) यहां लोगों का माल नीलाम हो गया था। उसके बारे में गाँधीजी ने कहा : आपके माल के नीलाम होने की खबर मिली। ऐसा नुकसान आपको असहनीय जान पड़ेगा, इसे मैं अच्छी तरह समझता हूं। लेकिन मुझे लगता है कि हम इसी तरह आगे बढ़ सकेंगे।(14/287) लिबासी गांव में। गाँधीजी ने किसानों की लड़ाई को सारे देश की लड़ाई से जोड़ा। उन्होंने कहा : हम इस संघर्ष को 'सत्याग्रह की लड़ाई' का नाम देते हैं। हमने सत्य को अपना हथियार बनाया है, इसलिए यदि आप असत्य बोलेंगे और मुझे धोखा देंगे तो आप गिरेंगे और देश भर में यह कहा जाएगा कि हमारी लड़ाई कायरों की लड़ाई थी।(14/287) फिर जिन्होंने लगान न दिया हो, उनसे हाथ उठाने को कहा। 200 आदमियों ने लगान न दिया था। लगान देने वाले केवल 3 थे। गाँधीजी ने प्रसन्न होकर कहा : इससे सिद्ध होता है कि अधिकांश किसानों ने लगान नहीं दिया है। यह प्रसन्नता की बात है।(14/287) गाँधीजी ने किसानों को लगान के बारे में नियम समझाया; और बताया, कैसे सरकार खुद अपने नियम का उल्लंघन कर रही है। नियम था कि 4 आने से कम फसल हो तो सारा लगान, 4 आने और 6 आने के बीच फसल हो तो आधा लगान मुल्तवी किया जाएगा। "कितने ही लोगों की फसल 4 आने से कम हुई है, फिर भी उनमें से कुछ लोग अपना लगान आधा दे चुके हैं। बाकी लगान नहीं देना है, यही हमारी लड़ाई का उद्देश्य है। सरकार का कहना है कि बहुत जगह फसल छह आने से अधिक हुई है। इस पर हमने न्याय की दृष्टि से सरकार से पंच नियुक्त करने का निवेदन किया, किंतु उसने हमारे निवेदन को अस्वीकार कर दिया।"(14/288) सरकार यह नहीं चाहती थी कि लोगों को वास्तविक स्थिति का ज्ञान हो। वह हर हालत में उनसे पैसा खसोटना चाहती थी। गाँधीजी ने किसानों को समझाया कि यह केवल लगान की बात नहीं है। "मुझे तो यह देखकर दुख होता है कि सरकार सदा अपनी बात सच्ची बताती है और लोगों की सदा झूठी। यह गुलामी की हालत है।"(14/288) गुलामी सहन नहीं करना है, अपने को आजाद करना है। गाँधीजी ने किसानों से कहा : हम अब इसे सहन न करेंगे, हरगिज सहन

नहीं करना चाहते। आपकी इच्छा यही होनी चाहिए। आपको स्वतंत्रता का सुख प्राप्त कराना इस लड़ाई का उद्देश्य है। यह संघर्ष प्रजा हठ और राज-हठ के बीच है। हमारा हठ सच्चा है, इसीलिए हम उसे सत्याग्रह कहते हैं।"(14/288)

गांवों में सरकारी कर्मचारियों का आतंक था। गाँधीजी किसानों के मन से यह डर निकालना चाहते थे। उन्होंने कहा : जहां तलाटी, मुखिया और चौकीदार का आतंक है, वहां तहसीलदार का कहना ही क्या है? कलक्टर की ओर तो देखा भी कैसे जा सकता है? आपके मन में यह झूठा भ्रम पैठ गया है। अधिकारियों से डरना चाहिए, ऐसा कानून में कहीं नहीं है। हम डरेंगे नहीं तो कानून के अंतर्गत भी हमें दंड नहीं दिया जा सकता। हमें तो ईश्वर से ही डरना चाहिए।(14/289) आदमी पाप करने से डरे तो वह डर ठीक है परंतु अन्याय करने वालों से डरे तो वह गलत है। गाँधीजी ने कहा : यदि दूसरों से डरकर कोई ऐसा काम करे जो उसे नहीं करना चाहिए तो उसकी आत्मा पतित हो जाती है। यदि वह डर से अकर्तव्य न करे तो यह उसका पौरुष और वीरत्व होगा। हम गुलाम नहीं हैं बल्कि स्वतंत्र हैं। सरकार कहती है कि यदि वह लोगों को एक बार सिर उठाने देगी तो वे अपना सिर सदा ही ऊंचा रखेंगे।(14/288) अंग्रेज चाहते थे कि भारत की जनता दबी रहे, लोग सर न उठाएँ, खासतौर से किसान सर न उठाएँ। किंतु गाँधीजी ने कहा : लोगों के पास अपना सिर व्यर्थ ऊंचा उठाने का समय नहीं है। उनका बहुत-सा समय अपनी रोटी कमाने में ही चला जाता है। हम तो स्वयं कष्ट उठा कर लड़ रहे हैं।(14/288) गाँधीजी ने किसानों को आश्वस्त किया कि हर हालत में वह और उनके सहयोगी किसानों के साथ रहेंगे। लिंबासी के किसानों से उन्होंने कहा : यदि लिंबासी के किसान सत्य के निमित्त बर्बाद हो जाएंगे तो हम कहेंगे कि राजा नल की कहानी सच्ची है। यह भी कहा जाएगा कि लिंबासी में आज सैकड़ों राजा नल हैं। खलिहानों को जब्त हो जाने दें और जमीनों को भी। जिस दिन हम अपनी जमीन जब्त हो जाने पर प्रसन्न होकर ढोल बजाते हुए गांव से बाहर निकलेंगे, वह दिन सोने का दिन होगा, क्योंकि उस दिन यह सिद्ध होगा कि हमारी प्रतिज्ञा पूरी हो गई। जो लोग बर्बाद होंगे, उन्हें हम भूखों न मरने देंगे। यदि आपको लंघन करना पड़ेगा तो आपके साथ मैं और मेरे समान और सैकड़ों व्यक्ति लंघन करेंगे। यदि आप कष्ट सहन करेंगे तो सुख आपके पीछे दौड़ता हुआ आएगा। यह प्रकृति का नियम है।(14/288-89) गाँधीजी ने लोगों को दिलासा दिया : जिन लोगों के ऊपर अत्याचार किए जा रहे हैं, उन्हें घबराना नहीं चाहिए। सरकार से जूझने का यह नया ही अवसर है।(14/289) गाँधीजी ने यह व्यवस्था की कि गांवों में उनके साथी कार्यकर्ता रहें। इंदुलाल और हरिप्रसाद को उन्होंने उस ताल्लुके में रहने के लिए कहा। किसानों को उन्होंने बताया, "आप उन्हें अपने कष्टों की जानकारी देते रहें।" फिर उन्होंने एक हस्तलिखित पत्रिका निकालने की बात कही : "हम नित्य प्रति एक हस्तलिखित पत्रिका निकालेंगे। उसमें दैनिक स्थिति बताते रहेंगे। इससे आपको विश्वास हो जाएगा कि हम एक भी क्षण आलस्य में नष्ट न करके आपकी लड़ाई में ही खर्च करते हैं।"

बंबई में एक सभा होने वाली थी। वहां बहुत से करोड़पति, लखपति थे। वे किसानों की मदद कर सकते थे। गाँधीजी ने किसानों को सावधान किया : यदि कोई करोड़पति आपका लगान स्वयं दे देने का प्रस्ताव करे तो आप उसे मानने से साफ इन्कार कर दें। ऐसी सहायता से हम गिरेंगे। लोगों को अपने बलबूते पर लड़ना चाहिए।(14/288) बंबई में सभा नहीं हुई। गाँधीजी ने किसानों को समझाया कि बंबई में सार्वजनिक सभा बुलाने की बात फिलहाल मुल्तवी कर दी गई है। आप लोगों को छोड़कर बंबई जाने की इच्छा नहीं होती। मैं आपको छोड़कर कहीं जा नहीं सकता। यह लड़ाई बंबई के लोगों की सहायता से नहीं जीतनी है। यदि खेड़ा के किसान सरकार के डर से एक के बाद एक गिरते जाएँ तो बंबई के लोगों की सहायता क्या काम देगी? आप सरकार को छाती ठोंक कर कहें कि आपकी यह लड़ाई सत्य की लड़ाई है और इसमें आप कष्ट सहने के लिए तैयार हैं।(14/290) अंग्रेजों की राज्य सत्ता को खुली चुनौती देते हुए गाँधीजी ने कहा : सरकार कहती है कि सत्ता का सम्मान किया ही जाना चाहिए। सत्ता अंधी है, अन्यायी है। जो सरकार उस सत्ता का सम्मान करने की बात कहती है, वह टिक नहीं सकती।(14/307) स्कूल में बच्चों को क्या सिखाया जाता था? उन्हें सिखाया जाता था कि "अंग्रेजों का राज्य न्याय का राज्य है। न्याय उसका आदर्श है।" परंतु लोगों ने अपने अनुभव से क्या देखा? गाँधीजी ने कहा : "मुझे लगता है कि इस आदर्श के स्थान पर अब मनमानी चल रही है। इसलिए मैं कहता हूं कि हमें इस सरकार के विरुद्ध विद्रोह करना चाहिए।"

गाँधीजी किसानों से सीधी-सादी भाषा में उनके अनुभवों के उदाहरण लेकर उनसे बातें कर सकते थे। उनका उद्देश्य किसानों के मन से अधिकारियों का भय निकालना था। उन्होंने कहा : भय तो पशु करते हैं। परसों मैंने यह उदाहरण दिया था कि जब सड़क पर कोई मोटर निकलती है तो (गाड़ी में जुता) बैल उसे देखकर डर जाता है। उसकी भयभीत आंखों को देखकर मुझे दया आ जाती है। मोटर पास आता देखकर वह थर-थर कांप उठता है और कई बार तो गाड़ी उलट जाने का भय होता है। बैल का भय अकारण है। हमारी दशा भी बैल ही जैसी है।(14/308) गाँधीजी ने किसानों को समझाया : इस समय खेड़ा जिले पर समस्त देश की दृष्टि जमी हुई है। यदि इस लड़ाई में खेड़ा जिला हार गया तो समझना चाहिए कि भारत के लोग फिर बहुत समय तक उठ न सकेंगे।(14/306) गुजरात के एक जनपद को सारे भारत से जोड़ते हुए गाँधीजी ने कहा : इस अवसर पर मैंने आप सब बहनों और भाइयों को जो सलाह दी है, उससे आपका नैतिक स्तर ऊंचा होगा और उनकी उन्नति भी होगी एवं देश-भर में खेड़ा के लोगों का डंका बज जाएगा।(14/338)

एक जनपद का आंदोलन सारे देश को प्रभावित कर सकता था तो वह एक प्रदेश को भी अवश्य प्रभावित कर सकता था। कुछ लोग कहते थे-गुजरात सो रहा है। गाँधीजी ने इसका खंडन करते हुए कहा : गुजरात कुम्भकर्णी निद्रा ले रहा है, यह आरोप मुझे अनुचित लगता है। ठीक मध्याह्न काल में आप इतने भाई और बहन यहां इकट्ठे हुए हैं, यह देखकर कैसे कहा जा सकता है कि गुजरात सो रहा है।(14/345) जनपद, प्रदेश, राष्ट्र, तीनों पर

गाँधीजी की निगाह थी। अखबारों को भेजे हुए एक पत्र में उन्होंने कहा : यह बात कुछ झूठ नहीं है कि भारतवर्ष अपनी एक बहुत लंबी निद्रा से जाग रहा है। अपने अधिकारों और कर्त्तव्यों को समझने के लिए रैयत का पढ़ा-लिखा होना आवश्यक नहीं। रैयत जिस समय अपनी अजेय शक्ति समझ लेती है, उस समय कोई भी सरकार, चाहे वह कितनी ही बलवती क्यों न हो, उसकी इच्छा के विरुद्ध नहीं ठहर सकती।(14/321) तिलक ने कहा था कि स्वराज्य हमारा जन्मसिद्ध अधिकार है। गाँधीजी ने कहा : जिस आज्ञा को लोग ज्ञानपूर्वक अन्यायपूर्ण या अत्याचारपूर्ण मानें, उसका विरोध करना उनका जन्मसिद्ध अधिकार और कर्तव्य है।(14/329)

कुछ किसानों की जमीन जब्त कर ली गई। नायका गांव के निवासियों से गाँधीजी ने कहा : आप में से 25 लोगों की जमीनें जब्त हो जाने का समाचार मैंने अभी-अभी सुना है। अगर ऐसा हुआ हो तो मैं आपकी बारी पहले आने पर आपको बधाई देता हूं। मैं मानता हूं कि जो जमीनें जब्त हुई हैं, वे कागजों में ही जब्त रहेंगी। फिर भी आपने तो इन सभी दुखों को सहने की प्रतिज्ञा की है; इसलिए मुझे आपको दिलासा देने की जरूरत नहीं रह जाती। आपको तो मैं बधाई ही देता हूं।(14/323) गाँधीजी ने किसानों से अपनी शक्ति पहचानने और सरकार के खिलाफ उसका उपयोग करने को कहा : बरसों से आप लोग अपनी शक्ति और निडरता का उपयोग पारस्परिक कलह में करते रहे हैं। एक बार उठें और संगठित हों एवं सशक्त तत्वों का उपयोग सरकार के भय से लड़ने में करें, जो आप सबका संयुक्त शत्रु है।(14/324, पाद टिप्पणी) यहां सरकार को समग्र जनता का शत्रु बताया गया है। कमिश्नर प्रैट ने किसानों को उनके कर्तव्य और अधिकार बताए। गाँधीजी ने कहा : वे यह बताना भूल गये कि मनुष्य मात्र का भी एक सच्चा अधिकार और कर्तव्य होता है। वह कर्तव्य यह है कि कोई भी व्यक्ति कोई काम डर के मारे न करे। इसलिए यदि कोई उसे डर दिखाकर कोई काम कराना चाहे तो उसका अधिकार है कि वह उस बात का विरोध करे।(14/328) लेकिन सरकारी डर अपना काम कर रहा था। 80 फीसदी किसानों ने लगान जमा कर दिया था। गाँधीजी ने कहा : इसलिए 20 फीसदी के हाथ में 100 फीसदी की लाज रह गई है। जिसने अपना पौरुष खो दिया है, वह सच्ची वफादारी भी नहीं दिखा सकता। पशुओं और मनुष्यों के बीच का भेद पौरुष में ही निहित है। हमारी यह लड़ाई पौरुष दिखाने की लड़ाई है।(14/328) 80 फीसदी किसानों ने सर झुका दिया था। गाँधीजी 20 फीसदी का भरोसा करके बहुसंख्यक झुके हुए सिर उठाना चाहते थे। किसानों के विरुद्ध यह प्रचार बराबर किया जाता था कि उन्हें बाहर के लोग भड़का रहे हैं। गाँधीजी ने बंबई की सभा में कहा : "इस लड़ाई के पीछे होमरूल या वकील और बैरिस्टर नहीं हैं। मैं इस बात की साक्षी देने के लिए यहां खड़ा हूं कि इसको हलजोता किसानों ने ही आरंभ किया है। गोधरा के राजनीतिक सम्मेलन के बाद खेड़ा जिले में कुछ किसानों ने अनावृष्टि के कारण सरकार से राहत देने की प्रार्थना करने का विचार किया। उन्होंने मुझे एक पत्र लिखा कि उन्हें कानून के मुताबिक सरकार

से राहत लेने का हक है; क्या मैं इसमें उनकी सहायता करूंगा? इससे आप देख सकते हैं कि इस संघर्ष का मूल कारण कोई बाहरी आंदोलन नहीं है।" बाहरी आंदोलन न होने पर भी बाहरी सहायता आवश्यक थी। और गाँधीजी ने कहा : यह सच है कि बाहरी सहायता से यह संघर्ष चमका है।(14/349) गाँधीजी ने इस बात पर जोर दिया कि यह सिद्धांत की लड़ाई है। "मैं इस लड़ाई से यह सिद्धांत स्थिर करना चाहता हूं कि सरकार लोगों से पूछे बिना लगान लेने का निर्णय नहीं कर सकती।"(14/350) आंदोलन के दौरान नेताओं को जनता से किस तरह का संबंध बनाए रखना चाहिए, इस बारे में गाँधीजी ने उसी सभा में कह : मैंने खेड़ा और चम्पारन के अनुभव से यही सीखा है कि यदि नेता लोगों में जाएँ, उनके साथ रहें और खाएँ-पिएँ तो इससे दो वर्ष में ही बहुत महत्वपूर्ण परिवर्तन किया जा सकता है। आप इस लड़ाई का सूक्ष्म अध्ययन करें, आप खेड़ा जिले के लोगों को पहचानें, उनके प्रति सद्भाव दिखाएँ और अपनी शुभ वाणी से उनकी जितनी सहायता कर सकें, करें। हम अविनयपूर्वक नहीं, बल्कि सरकार के हृदय में सत्य को जाग्रत करके न्याय मांगते हैं। जब तक न्याय न मिलेगा, तब तक ये लोग जूझते रहेंगे।(14/350-51)

इस सभा का ऐतिहासिक महत्व था। तिलक और गाँधी जैसे महान नेता किसानों के पक्ष में एक ही मंच से बोले थे। वाङ्मय की सम्पादकीय टिप्पणी में बताया गया है, जब गाँधीजी अपना भाषण समाप्त कर चुके तो लोकमान्य तिलक ने खेड़ा जिले के किसानों के प्रति सहानुभूति का प्रस्ताव पेश किया और यह मांग रखी कि सरकार या तो एक वर्ष के लिए लगान मुल्तवी कर दे या उनके कष्टों की जांच के लिए एक निष्पक्ष जांच समिति नियुक्त करे।(14/351) गोकुलदास पारेख और वल्लभभाई पटेल ने किसानों की स्थिति की जांच की थी। परंतु कमिश्नर ने इस जांच पर विश्वास नहीं किया। इस पर गाँधीजी ने जांच समिति की नियुक्ति का सुझाव दिया और कहा : "सचमुच सरकार के लिए इससे उचित और कोई चीज हो ही नहीं सकती थी। यदि उसने ऐसा कर दिया होता तो काश्तकारों को उनके दुधारु पशुओं और गहना-गांठी से वंचित करने तथा उनकी जब्ती के आदेश जारी करने जैसी अशोभन कानूनी कार्रवाइयों की नौबत न आती।"(14/368) सरकार ने जांच समिति के बदले एक नया कलक्टर नियुक्त किया और उसे बहुत अनुभवी बताया। गाँधीजी ने कहा : बेचारा कलक्टर कर ही क्या सकता था! आज तो अच्छे-से-अच्छे अधिकारियों को भी एक दूषित व्यवस्था के अधीन काम करना पड़ता है।(14/368-69) वास्तव में व्यवस्था दूषित और हृदय विहीन थी। इसलिए अच्छे अधिकारी भी इस व्यवस्था में रहते हुए किसानों के हित में कोई महत्वपूर्ण परिवर्तन न कर सकते थे। सत्याग्रह द्वारा हृदय-परिवर्तन करने के प्रयास की सीमा यहां स्पष्ट दिखाई देती है।

सरकार ने एक विज्ञप्ति निकाली। उसमें गैरसरकारी जांच को झूठा बताया और अपना पक्ष लोगों के सामने रखा। इसमें सबसे दिलचस्प बात यह थी कि गाँधीजी को लगान बंदी आंदोलन चलाने के लिए दोषी ठहराया गया था। गाँधीजी ने इसका खंडन करते हुए यह भी बताया कि डर के कारण लोगों ने लगान अदा किया है। उन्होंने कहा : मैं इस आक्षेप

को बिल्कुल अस्वीकार करता हूं कि मैंने लगान देने के इच्छुक लोगों को वैसा करने से मना किया। प्रेस-विज्ञप्ति में विभिन्न ताल्लुकों से की गई वसूली की रकमों को दिखाते हुए जो आंकड़े दिए गए हैं, उनसे यदि कोई बात सिद्ध होती है तो यह कि कानून की मार उन पर बहुत गहरी पड़ी है और चौकीदारों तथा पटवारियों का भय उनके लिए बहुत ज्यादा साबित हुआ है।(14/371) किसानों की सही स्थिति के बारे में गाँधीजी ने कहा : मैं यह दिखाने को तैयार हूं कि सैकड़ों लोगों ने या तो कर्ज लेकर या अपने मवेशी, वृक्ष अथवा अन्य बहुमूल्य सामान बेचकर अपना लगान चुकाया है।(14/372) सरकारी नीति यह थी कि किसानों को ऐसा सबक सिखाया जाए जिससे वे फिर कभी सिर न उठाएँ। "काश्तकारों को उनके तथाकथित दुराग्रह के कारण एक सबक सिखाया जा रहा है। 4 लाख रुपये की वसूली के लिए उन पर 3 करोड़ रुपये की जमीन से हाथ धो बैठने का खतरा आन पड़ा है।"(14/372)

6 जून 1918 को गाँधीजी ने घोषित किया : "खेड़ा जिले की जनता ने तारीख 22 मार्च को जो लड़ाई शुरू की थी, वह खत्म हो गई है।" किसानों की प्रतिज्ञा का आशय समझाते हुए उन्होंने कहा : "अगर सरकार गरीबों का लगान मुल्तवी रखे, तो समर्थ आसामी लगान जमा करा देंगे।" कुछ गांवों में ऐसा हुआ था। "उत्तरसंडा, नडियाड के मामलतदार ने तारीख 3 जून को ऐसा हुक्म जारी किया। इस पर उत्तरसंडा के लोगों में जो समर्थ हैं उन्हें लगान जमा कर देने की सलाह दे दी गई है, और वहां लगान जमा कराना शुरू हो गया है।" गाँधीजी ने कहा, जो बात उत्तरसंडा में हुई है, वह पूरे जिले में होनी चाहिए। उत्तरसंडा में इस प्रकार का हुक्म जारी होने के बाद, कलक्टर साहब को पत्र लिखकर प्रार्थना की गई कि अगर उत्तरसंडा जैसा ही हुक्म सब जगह जारी हो जाए तो लड़ाई का अंत हो जाए। इस पर कलक्टर ने उत्तर दिया : "उत्तरसंडा में जारी किया गया हुक्म सारे जिले में लागू होता है।" गाँधीजी ने कहा : "इस प्रकार लोगों की प्रार्थना अंततः स्वीकार हो गई।" गाँधीजी जानते थे, अधिकारियों के हृदय में कोई परिवर्तन नहीं हुआ। इसलिए उन्होंने यह भी कहा : "हमें अफसोस के साथ कहना पड़ता है कि लड़ाई का अंत हो गया, परंतु बहुत शोभनीय ढंग से नहीं। उसमें जो खूबी होनी चाहिए, वह नहीं है। ऊपर का हुक्म उदार हृदय से खुश होकर नहीं दिया गया है। ऐसा लगता है कि उक्त हुक्म बहुत बेमन से जारी किया गया है।"(14/399-400) खेड़ा के सत्याग्रह का इतना ही महत्व है कि उससे किसानों में राजनीतिक चेतना फैली। पर उससे अधिकारियों का हृदय परिवर्तन नहीं हुआ। गाँधीजी ने इस वक्तव्य में अधिकारियों की हठधर्मिता की आलोचना की।

खेड़ा में कमिश्नर ने धमकी दी थी कि जिन्होंने सत्याग्रह किया है, उनकी जमीनें जब्त कर ली जाएंगी और उनके वारिसों को भी जमीन न दी जाएगी। गाँधीजी ने कहा, "उनका यह कथन भयंकर, क्रूरतापूर्ण और कठोर है।" किसानों की प्रतिज्ञा में कहीं कोई उद्दंडता या अविनय का भाव नहीं था। "ऐसी धार्मिक भावना से उन्नति के लिए ली गई प्रतिज्ञा का उपर्युक्त घोर दंड दिया जाए, यह मुझे असंभव लगता है। भारत ऐसे दंड को सहन

नहीं कर सकता और ब्रिटिश अधिकारी कभी उसका समर्थन नहीं कर सकते। ब्रिटिश जनता को ऐसी सजा से अवश्य ही दुख होगा। अगर ऐसा घोर अन्याय ब्रिटिश राज्य में हो तो ऐसे राज्य में मैं विद्रोही की हैसियत से ही रह सकता हूं। परंतु ब्रिटिश शासन-नीति में कमिश्नर साहब की अपेक्षा मेरा विश्वास अधिक है।"(14/330-31) आगे की घटनाओं ने सिद्ध कर दिया कि ब्रिटिश अधिकारी और कमिश्नर अंग्रेजी राज की नीति खूब पहचानते थे। और उस राज में गाँधीजी विद्रोही की हैसियत से ही रह सकते थे।

युद्ध और साम्राज्य में भागीदारी

(क) युद्ध और सरकार की मदद

अंग्रेज भारत को कुछ रियायतें देने की बात सोच रहे थे। उन्हें रिफॉर्म्स या सुधार कहा जाता था। इनके बारे में बात करने के लिए भारत सचिव मांटेग्यु भारत आ रहे थे। उनके सामने मिली-जुली मांग पेश करने के लिए कांग्रेस और मुस्लिम लीग ने समझौता किया था। इस पृष्ठभूमि में गाँधीजी का विचार था कि यदि युद्ध में अंग्रेजों की सहायता की जाए तो वे हमें स्वराज्य दे देंगे। अप्रैल 1918 में उन्होंने वायसराय को लिखा : मैं मानता हूं कि हम निकट भविष्य में जिस साम्राज्य के वैसे ही हिस्सेदार बनने की आकांक्षा रखते हैं जैसे कि समुद्र पार के अन्य 'डोमेनियन' हैं, उस साम्राज्य की संकट की घड़ी में हमें बिना किसी मीन मेख के पूरी तौर पर उसका समर्थन करना चाहिए और हमने यही निर्णय भी किया है।(14/358) गाँधीजी चाहते थे, सरकार की सहायता किसी शर्त के बिना की जाए, दूसरे नेता चाहते थे कि सरकार स्वराज्य देने का वादा करे। उसी पत्र में गाँधीजी ने लिखा : "मैं अपने देश-बंधुओं को समझा सकूं, तो जब तक युद्ध जारी है, तब तक कांग्रेस के सारे प्रस्ताव उससे एक ओर रखवा दूं और 'होमरूल' या 'उत्तरदायी शासन' शब्दों का उच्चारण तक न करने दूं और साम्राज्य के इस संकट के समय में सभी भारतीयों को उसके रक्षार्थ चुपचाप कुर्बान हो जाने को प्रेरित करूं।" परंतु पढ़े-लिखे लोग इस नीति के विरोध में थे और गाँधीजी ने स्वीकार किया, जनता पर इन लोगों का बहुत असर है। उन्होंने लिखा : "मैं जब से दक्षिण अफ्रीका से भारत आया हूं, तभी से जनता के गहरे संपर्क में आता रहा हूं और मैं आपको विश्वास दिलाता हूं कि 'होमरूल' की आकांक्षा जनता के दिलों में घर कर गई है।"

सरकार को होमरूल लीग के नेताओं पर भरोसा नहीं था। गाँधीजी ने इसके लिए सरकार की आलोचना की। जून 1918 में बंबई की एक सभा में प्रस्ताव पास किया गया। "बंबई के गवर्नर ने होमरूल लीग के सदस्यों की साम्राज्य की सहायता करने की इच्छा और नेकनीयती पर शक करके और इस प्रकार सम्राट के प्रति उनकी वफादारी पर शक

करके उसके प्रायः सभी सदस्यों का जो सार्वजनिक अपमान किया है, बंबई के नागरिकों की सभा उसका विरोध करती है।"(14/415) सरकार युद्ध संचालन के लिए अनेक उपायों से काम ले रही थी, परंतु बंबई की सभा और गाँधीजी की सम्मति में ये उपाय ऐसे नहीं थे जिनसे सरकार अधिक से अधिक लाभ उठा सके। कारण यह था कि वह जनता के प्रति अविश्वास दिखा रही थी और सरकारी अधिकारी युद्ध के संचालन में लोगों के सहयोग को समानता की भावना से प्राप्त न कर पाते थे। एक कारण यह भी था कि लोगों को निशस्त्र कर दिया गया था। गाँधीजी आर्म्स ऐक्ट या शस्त्र कानून को रद्द कराना या उसमें सुधार कराना चाहते थे। उन्होंने कहा, "शस्त्र कानून में ऐसा आवश्यक संशोधन करने में अत्यधिक विलंब हो रहा है, जिससे अगर आम लोग चाहें तो हथियार ले सकें और रख सकें।" इसके सिवा "अभी तक भारतीय फौज में कमीशन प्राप्त अफसरों की जगह पर भारतीयों को लेने की अनुमति नहीं है।"(14/416) दिल्ली में युद्ध सम्मेलन हुआ था। उसमें भारतीय नेताओं ने प्रस्ताव पास किया था कि मौजूदा फौजी कालेजों में दाखिल करने तथा हिंदुस्तानियों के लिए नये कालेज अविलंब खोलने की सिफारिश की जाती है। उसे अमल में नहीं लाया गया। ब्रिटेन के प्रधानमंत्री ने फौज में भर्ती होने के संबंध में एक आमंत्रण प्रकाशित किया था। "उसके उत्तर में प्रत्येक राजभक्त भारतीय सच्चे हृदय से भर्ती होने को तैयार बैठा है।" लेकिन सरकारी नीति में दोष थे। इसलिए लोग फौज में भर्ती न हो पा रहे थे। जो हृदय से सहयोग देना चाहते थे, वह न दे पा रहे थे। ये बातें गाँधीजी ने ब्रिटेन के प्रधानमंत्री को तार द्वार बताई थीं। अंग्रेजों और जर्मनों में कौन अच्छा है? जून 1918 में गाँधीजी ने नाडियाड के किसानों से कहा, "किसानों का सबसे पहला और महत्वपूर्ण कर्त्तव्य सरकार की मदद करना है। जर्मनों को पराजित करने के लिए पूरी सहायता दी जानी चाहिए। अंग्रेज जर्मनों से अच्छे हैं। हम अंग्रेजों के निकट सम्पर्क में आए हैं और दोनों एक-दूसरे को अच्छी तरह जानते हैं। इसलिए अंग्रेजों की सहायता करना हमारा सर्वप्रथम कर्त्तव्य है।"(14/416) गाँधीजी ने उन लोगों का जिक्र किया जो कहते थे, हम सहायता तभी करेंगे जब अंग्रेज हमें स्वराज्य दे देंगे। लेकिन गाँधीजी ने कहा : "मेरा विश्वास तो यह है कि जब तक हम सैनिक परम्पराओं को नहीं अपनाते, तब तक हम देश को नहीं बचा सकते। हमें कुछ समय बीतने पर स्वराज्य मिल ही जाएगा। वह हमारी सहायता का निश्चित परिणाम होगा।"(14/417) यहां गाँधीजी ने स्पष्ट कर दिया है कि वह युद्ध में सहायता कर रहे थे इसके बदले स्वराज्य चाहते थे। यहां से कितने आदमी जायें इसका हिसाब लगाकर उन्होंने कहा, "लड़ाई के मोर्चे पर काम करने के लिए भारत से एक वर्ष में 5 लाख आदमी चाहिए। और हम इतने आदमी फौज में न भेज पाएँ तो सरकार उन्हें स्वयं भर्ती करेगी और तब सेना सरकारी सेना कही जाएगी। परंतु अगर हमने ही इतने आदमी दे दिए तो वह राष्ट्रीय सेना कही जाएगी।" यह 'राष्ट्रीय सेना' अंग्रेजों के बनाए हुए नियमों के अनुसार ही काम करती। गाँधीजी ने कहा : "सेना में आज जो नियम और उपनियम चालू हैं, वे ही हमारे द्वारा भर्ती की गई सेना पर भी लागू

होंगे।"(14/417) स्वराज्य के लिए युद्ध में सहायता का महत्व समझाते हुए गाँधीजी ने कहा : सैनिक शक्ति के अभाव में स्वराज्य व्यर्थ होगा और उसे प्राप्त करने का यही सर्वोत्तम अवसर है। इसलिए हमें उसे हाथ से नहीं जाने देना चाहिए।(14/417) उन्होंने यह भी बताया कि वह इस बारे में तिलक, एनी बेसेंट, मदनमोहन मालवीय और मोती लाल नेहरू से बात कर चुके हैं। उन सबकी यह राय है। "वे इस विचार को अच्छा अवश्य मानते हैं परंतु उन्हें अंदेशा है कि किसान इस विचार को स्वीकार न करेंगे।" गाँधीजी ने बताया कि वह किसानों के बीच रहे हैं और किसान उसे अवश्य स्वीकार करेंगे। उन्होंने कहा : मैं किसानों में विश्वास रखता हूं। प्लेग और हैजे से हजारों आदमी मर गए। फिर लड़ाई में मरना कोई कठिन कार्य नहीं है। अगर लोग आगे आए तो मैं लड़ाई में जाने के लिए तैयार हूं। मैं होमरूल लीग का सदस्य नहीं हूं। सैनिक शिक्षा पाना स्वराज्य की दिशा में एक सहायक कदम है। इसलिए होमरूल लीग के प्रत्येक सदस्य को फौज में भर्ती होना चाहिए।(14/417) गाँधीजी केवल होमरूली लीग के सदस्यों से नहीं, किसानों से भी भर्ती होने को कह रहे थे और स्वयं भर्ती होने को तैयार थे। उन्होंने इस अफवाह का खंडन किया कि भारतीय सैनिक अगले मोर्चों पर रखे जाते हैं। उन्होंने कहा : "अगर कभी ऐसा होगा तो मैं स्वयं आपत्ति करूंगा और जब तक मैं मार न डाला जाऊं, तब तक अपने सब लोगों को इस तरह न मरने दूंगा।" राष्ट्रीय सेना का महत्व समझाते हुए उन्होंने कहा : मैं राष्ट्रीय सेना में भर्ती होने की बात समस्त देश के सामने रखने से पहले खेड़ा जिले के लोगों से, जो सत्याग्रही बने हैं, अपील करना चाहता हूं। नडियाड खेड़ा जिले का महत्वपूर्ण कस्बा है। इसीलिए मैंने आप लोगों को खानगी तौर पर यहां बुलाया है। यदि आप लोग सहमत होंगे तो काम हाथ में ले लिया जाएगा। इसलिए आप खूब सोच विचार कर लें और उसके बाद फौज में भर्ती हों। अगर मुझे विश्वास हो गया तो दो-तीन दिन में एक सार्वजनिक सभा बुलाई जाएगी।(14/417) यहां महत्वपूर्ण बात यह है कि वह सत्याग्रहियों से फौज में भर्ती होने को कह रहे थे जहां अहिंसा के बदले उन्हें हिंसक व्यवहार करना होगा। वह योजना उपयोगी हो सकती थी यदि राष्ट्रीय सेना के सूत्रधार उचित समय पर अंग्रेजों से लड़ने को तैयार होते।

गाँधीजी का विचार था, अंग्रेजों से भारत का संबंध बहुत दिनों तक बना रहेगा, और ऐसा होना आवश्यक भी है, इसलिए कि भारत स्वयं अपनी रक्षा नहीं कर सकता। उन्होंने कहा : "जापान, अमरीका और इंग्लैंड को भी किसी-न-किसी से मित्रता रखनी ही पड़ती है। सभी देशों के लोग अपने स्वभाव के अनुकूल लोगों से संबंध रखते हैं। भारतीयों की भी यही स्थिति है। हम स्वतंत्रता की कामना करते हैं, वह भी इसी रूप में। इस संबंध में आस्ट्रेलिया और कनाडा का उदाहरण हमारे सामने है। हम भी इन्हीं के समान दर्जा चाहते हैं। वे सुरक्षा का उपभोग भी करते हैं और स्वयं रक्षा-व्यवस्था में योग भी देते हैं। हम भी ऐसा ही चाहते हैं।" पर अभी तो भारत पंगु है। "हम जब तक अपनी रक्षा करने में समर्थ न हों, तब तक स्वराज्य के योग्य नहीं हो सकते। भारत की रक्षा सदा अंग्रेज करें,

यही उसकी पंगुता है। हमें इस पंगुता को दूर करने का पवित्र कार्य सबसे पहले करना चाहिए।"(14/419)

अंग्रेज और हिंदुस्तानी, दोनों ही साम्राज्य के नागरिक थे पर दोनों की दशा में बड़ा फर्क था। गाँधीजी ने कहा : "साम्राज्य में हमारी दशा भंगी की है।"(4/420) इसे बदला जा सकता था-मैत्री भाव से या वैर भाव से। मैत्री भाव से हो तो युद्ध में अंग्रेजों की सहायता करना चाहिए। वैर भाव से हो तो हमें उनको एक भी मनुष्य अथवा एक भी पाई की सहायता नहीं देनी चाहिए। यदि अन्य लोग दे रहे हों तो उन्हें भी रोकना चाहिए। "हमें मित्र राष्ट्रों की पराजय की कामना करनी चाहिए और अंग्रेजों को लड़कर बाहर निकाल देना चाहिए। ऐसा करना अभीष्ट हो तो भी यह असंभव है...हममें सरकार के, अथवा अन्य किसी के, विरुद्ध लड़ने की शक्ति नहीं है। सरकार भारत से दस लाख लोग और करोड़ों रुपयों की सहायता लेने में समर्थ हो गयी है। यह बात स्पष्ट दिखाई पड़ती है कि यदि हम अंग्रेजों को वैर-भाव से भारत से खदेड़कर अपनी भंगी की स्थिति से मुक्त होना चाहते हों तो भी फिलहाल, और जहां तक हमारी नजर पहुंच सकती है, वहां तक, एक लंबे अरसे तक, शरीर बल से युद्ध का प्रयोग करके और अंग्रेजों से युद्ध करके, ऐसा करना असंभव है। हम इस प्रकार अंग्रेजों से संबंध नहीं तोड़ सकते।"(4/420) यहां गाँधीजी ने बहुत स्पष्ट रूप से बता दिया है कि शस्त्र उठाकर युद्ध करना असंभव है, इसलिए अहिंसा का रास्ता अनिवार्य है। यह अहिंसा परिस्थितिजन्य है, देश की मजबूरी का परिणाम है। शरीरबल से आत्मबल श्रेष्ठ है, इस विश्वास का परिणाम नहीं है। परंतु अंग्रेज भारत पर शासन हिंदुस्तानियों के सहयोग से ही कर रहे थे। उनके शस्त्रबल का आधार देशी सेना थी। असहयोग की यही बहुत बड़ी उपयोगिता थी कि वह इस सहयोग को खत्म कर रहा था। यदि समाज में और पूरे देश में ऐसा वातावरण हो कि अंग्रेजों से सहयोग न करना चाहिए, कुछ लोग सहयोग करते भी रहें, परंतु अधिकांश जनता असहयोग में विश्वास करती हो, उस समय जनता की ओर से शस्त्रबल का प्रयोग बहुत कारगर हो सकता था। अंग्रेजी राज में यही स्थिति अनेक बार उत्पन्न हुई लेकिन अहिंसा के नाम पर उसे तर्कसंगत परिणति की ओर बढ़ने नहीं दिया गया।

जून 1918 में गाँधीजी ने कहा, साम्राज्य में दोष हैं। उनका विरोध करना चाहिए। परंतु मुख्य कार्य इस समय साम्राज्य की सहायता करना है। उन्होंने परिवार के दो भाइयों के झगड़े की मिसाल दी। आपस में झगड़ा होता है परंतु यदि एक भाई पर विपत्ति आये तो दोनों मिलकर उसका मुकाबला करते हैं। उन्होंने कहा : "हम इस अधम स्थिति से छुटकारा पा सकते हैं। और वह इस समय सरकार को पूरी शक्ति से सहायता देने पर ही संभव है। हम साम्राज्य के साझेदार होना चाहते हैं; किन्तु यदि साम्राज्य न हो तो साझेदार किसके साथ होंगे? हमारी आशाएँ साम्राज्य के अस्तित्व में छिपी हुई हैं। हमें साम्राज्य के दोषों के विरुद्ध अवश्य लड़ना चाहिए। भाई-भाई के दोषों के विरुद्ध लड़ता है। ...लेकिन जब पहले भाई पर आपत्ति आती है तो दूसरा भाई उसकी भरसक मदद करके भ्रातृ-भाव का परिचय

देता है और पुराने वैर-भाव को भी भुला देता है।"(14/420) गाँधीजी जो स्वराज्य चाहते थे, वह ब्रिटिश साम्राज्य के अंतर्गत था, उसे पाने के लिए साम्राज्य का अस्तित्व आवश्यक था।

साम्राज्य की सहायता करने से जो लाभ हो सकता था, उसके बारे में गाँधीजी ने कहा : साम्राज्य की मदद करते हुए हम सैनिक अनुशासन सीखेंगे। उससे हमें सैनिक-अनुभव मिलेगा और हममें अपना बचाव करने की शक्ति आएगी। यदि साम्राज्य हमसे विश्वासघात करे तो हम इस प्राप्त शक्ति की सहायता से उसका विरोध कर सकते हैं।(14/421) साम्राज्य ने बार-बार वादे किए और बार-बार उन्हें तोड़ा। उसके विश्वासघात की एक लंबी कहानी है। इस स्थिति में यदि भारतवासियों ने जहां-तहां शस्त्रबल का प्रयोग अंग्रेजों के विरुद्ध किया तो वह गाँधीजी के वाक्य से उचित ही ठहरता है। अंग्रेजों से सैनिक शिक्षा प्राप्त करें तो किन्हीं परिस्थितियों में उसका उपयोग अंग्रेजों के विरुद्ध किया जा सकता है, यह बात यहां स्वीकार की गई है। नैतिक बल और शस्त्रबल एक-दूसरे के विरोधी नहीं हैं। शस्त्र बल के सफल प्रयोग के लिए भी नैतिक बल आवश्यक होता है। अंग्रेजों की प्रशंसा करते हुए गाँधीजी ने कहा : "अंग्रेजों में राज्य करने की शक्ति है। यह केवल उनके पशु बल के कारण ही है। उनमें कला है, कौशल है, दूरदर्शिता है, चतुराई है और बुद्धिमत्ता है। उन्हें लोगों से यथायोग्य व्यवहार करना आता है। वे जानते हैं कि हम स्वराज्य मिलने की आशा से मदद करते हैं। उनके दृष्टिकोण में और हममें से कुछ लोगों के दृष्टिकोण में यह भेद है। हम कहते हैं, हमें स्वराज्य दे दो, तब हम लड़ेंगे। उनका कहना है, कि हम किसी के दबाव में नहीं आते। तुम मदद करो और तुम्हें स्वराज्य मिल जाएगा।"(14/421) भारत-सचिव मांटेग्यु भारत आने वाले थे। उस समय गाँधीजी ने कहा : "हमारी सच्ची शक्ति सैनिक-शक्ति पर निर्भर है। इस समय जो भारतीय लड़ रहे हैं, वे हमारी शक्ति नहीं बढ़ाते, सरकार की शक्ति बढ़ाते हैं। यदि स्वराज्य के अभिलाषी हम लोग उनके समान सैनिक बन जाएंगे और मृत्यु का भय त्याग देंगे तो हम राष्ट्रीय सेना के सैनिक होंगे। ऐसा होने पर सरकार और हमारे बीच ऊंच-नीच का भेद नहीं रहेगा।"(14/421) मांटेग्यु योजना के बारे में उन्होंने कहा : "(वह) थोड़े ही दिनों में प्रकाशित कर दी जाएगी। ...योजना कैसी होगी या हम उसमें कैसे संशोधन-परिवर्धन करा सकेंगे, यह सब हमारे ऊपर निर्भर करता है। (अटकल यह थी-) ऐसे समय में यदि यह खबर इंग्लैंड पहुंचेगी कि सारा भारत सेना में भर्ती होने के लिए तैयार है तो ब्रिटिश लोकसभा इसका स्वागत करेगी और हमारी जो मांगें उचित होंगी, उन्हें पूरा करेगी। और यदि वह पूरा न भी करे तो क्या होता है? उस पर ब्रिटिश लोकसभा को पछताना पड़ेगा।"(14/421) सेना में भर्ती होकर भारतीय नई शक्ति अर्जित करेंगे, उसके बल पर वे तुरंत स्वराज्य प्राप्त कर सकते हैं। "युद्ध के लिए सन्नद्ध भारतीय अपनी स्वतंत्रता एक क्षण में प्राप्त कर सकते हैं। लेकिन सरकार इतनी मूर्ख नहीं है। अंग्रेज वीर जाति के लोग हैं। वे वीरता को पहचानेंगे। हम अपनी खोई हुई वीरता को जाग्रत करें तो सब कुछ आज ही प्राप्त कर सकते हैं। इसलिए मेरा आप सबसे

अनुरोध है कि समस्त संशयों को छोड़कर आप सेना में भर्ती हों।"(14/421) अंग्रेज वीर जाति के लोग हैं। वे वीरता पहचानेंगे। गाँधीजी वीरता के प्रदर्शन से अंग्रेजों के हृदय-परिवर्तन की बात सोच रहे थे।

सेना में भर्ती होकर लोग हथियार चलाना सीखेंगे, फिर अपनी रक्षा करने के योग्य होंगे, यह लक्ष्य गाँधीजी के सामने था। उन्होंने सैनिक-भर्ती की अपील में कहा : जब तक हमारी रक्षा केवल अंग्रेजों पर निर्भर है और जब तक हम सिपाही-वर्ग से डरते हैं, तब तक हम अंग्रेजों की बराबरी के कहला ही नहीं सकते। इसलिए हमें हथियार चलाना सीखकर अपनी रक्षा करने की शक्ति प्राप्त करनी चाहिए।(14/422-23) साम्राज्य में हिस्सेदारी के लिए कष्ट उठाना पड़ सकता है। "यह निश्चय है कि हमें साम्राज्य में हिस्सेदार बनना है। तब हमें चाहे कितना ही दुःख उठाना पड़े, प्राण भी देने पड़ें, फिर भी हमें साम्राज्य का बचाव करना चाहिए। अगर साम्राज्य का नाश हो जाता है तो उसके साथ हमारी महती आशाएँ भी नष्ट हो जाती हैं।"(14/423) यहां गाँधीजी ने भारत के भविष्य को साम्राज्य और साम्राज्यवादी युद्ध के साथ जोड़ दिया है। बिना शर्त सहयोग देने का विरोध करने वाले बहुत लोग थे। उनके बारे में गाँधीजी ने कहा : "कुछ लोग कहेंगे कि यदि हम अभी इन हकों को न लेंगे तो बाद में धोखा होगा। किन्तु जिस शक्ति से हम साम्राज्य का बचाव करेंगे, उसी शक्ति से हम अपने हक भी ले सकते हैं।" सहयोग सूत्र यह था : "अगर हम स्वराज्य लेना चाहते हैं तो हमारा कर्तव्य है कि हम भी साम्राज्य की मदद करें और हमें उसका बदला अवश्य मिलेगा।" खेड़ा जिले के किसानों से उन्होंने कहा : इस जिले में 600 गांव हैं। हर गांव की औसत आबादी एक हजार से अधिक है। अगर हर गांव कम-से-कम 20 आदमी दे तो खेड़ा जिले में 12,000 लोगों की सेना बन सकती है। खेड़ा जिले में 7 लाख की आबादी है। इसमें इस भर्ती का अनुपात 100 के पीछे 1-7 आता है। इससे तो हमारी प्रतिशत मृत्यु-संख्या अधिक है। इसलिए डर के मारे सेना में भर्ती न हुए तो यह काम योग्य पुरुषों वाला न होगा। अगर हर गांव 20-20 आदमी दे तो वे लड़ाई से लौटकर गांव की जीवित किलेबंदी बन जाएंगे। अगर वे लड़ाई में खेत रहे तो वे स्वयं अमर बन जाएंगे और अपने गांव और देश को अमर बना देंगे और उनके पीछे वैसे ही दूसरे 20 सैनिक तैयार होकर देश की रक्षा करेंगे।(14/425) यह सारा काम भारत में अंग्रेजी सेना के रहते होगा। प्रतिशत मृत्यु संख्या का उल्लेख करने के बाद गाँधीजी ने कहा : "अगर हम साम्राज्य के लिए—स्वराज्य के लिए इतनी भी कुर्बानी देने के लिए तैयार न हों और नालायक ठहराए जाएँ तो इससे आश्चर्य की कोई बात नहीं है।" यहां साम्राज्य और स्वराज्य लगभग पर्यायवाची शब्द बन गए हैं।

अगस्त 1918 में भारत सचिव की सुधार योजना के बारे में गाँधीजी ने कहा : "स्वराज्य के सिलसिले में हमें जो भी मांगना हो, वह हमें अपना अधिकार समझ कर मांगना चाहिए और उसके लिए मृत्युपर्यंत संघर्ष करना चाहिए और साथ ही सरकार के पक्ष में रहते हुए उसकी मदद करनी चाहिए।"(15/1) इस मदद की व्याख्या आगे उन्होंने इस तरह की :

"मतलब यह कि वर्तमान महायुद्ध में फ्रांस और मैसोपोटामिया आदि में हमें अपने आदमी भेजने चाहिए। जब तक हम (युद्ध के लिए की जाने वाली) भर्ती में शामिल नहीं होते, तब तक हम स्वराज्य की मांग नहीं कर सकते। कर्तव्य का पालन किए बिना फल की आशा करना व्यर्थ है।"(15/1) इस तरह सेना में भर्ती होना और साम्राज्यवादी युद्ध में अंग्रेजों की सहायता करना इस समय गाँधीजी के लिए भारतवासियों का कर्तव्य बन गया था। सैन्य शक्ति के अभाव में भारतवासियों की दशा और उस शक्ति को पुनः प्राप्त करने के बारे में उन्होंने कहा : "पिछले तीन महीनों के अनुभव से मैं जान पाया हूं कि एक तो हम लोग बहुत डरपोक हैं। जो प्रजा एक गिलहरी तक से डरती है, उसे स्वराज्य प्राप्त करने की कल्पना न करके अपनी स्थिति सुधारने के संबंध में विचार करना चाहिए। हमने लड़ने की जो शक्ति खो दी है, उसे (पुनः) प्राप्त करने के लिए हमें अमूल्य अवसर मिला है। उसे हमें व्यर्थ नहीं खोना चाहिए। जिस प्रजा को किले की दिशा का भान नहीं है, तोप कैसे चलानी चाहिए इसका ज्ञान नहीं है, बचाव के लिए सरहद पर नाकाबंदी करने के संबंध में कुछ पता नहीं है– वह प्रजा यदि यह सब-कुछ जानना चाहती है तो हमें 5 लाख व्यक्तियों को सेना में भर्ती करने का जो अतिउत्तम अवसर मिला है, उसे कदापि नहीं खोना चाहिए।"(15/2) यहां गाँधीजी की निगाह केवल साम्राज्य की सहायता पर नहीं है, सैनिक अनुभव के बल पर भारतीय जनता किस तरह स्वतंत्र हो सकती थी, इस बात पर भी उन्होंने जोर दिया है। जो लोग सेना में भती हों, वे स्वराज्य की भावना से प्रेरित हों, इज्जत से लौटने के बाद वे उसके लिए कार्य करें; यह विचार गाँधीजी के सामने था। "जिन 5 लाख व्यक्तियों की सेना को हम तैयार करके युद्ध में भेजेंगे, वे स्वराज्य की भावना से ही जाएंगे। वे वापस आएंगे तो उन्हें तो स्वराज्य अवश्य मिलेगा। इन 5 लाख व्यक्तियों ने सैनिक अनुशासन का प्रशिक्षण किया होगा तो अन्य 5 लाख लोगों को प्रेरणा मिलेगी। और इसलिए रंगरूटों की भर्ती से माता-पिताओं को देश-प्रेम की बात समझनी चाहिए।"(15/3) यहां स्वराज्य का अर्थ स्वतंत्रता नहीं है। अंग्रेजी राज में रहते हुए कनाडा जैसे उपनिवेश का दर्जा-डोमिनियन स्टेट्स-प्राप्त करना है। गदर पार्टी के लोग हथियारबन्द संघर्ष के जरिये भारत में अंग्रेजी राज खत्म करना चाहते थे। वे सफल नहीं हुए, गाँधीजी को भी स्वराज्य न मिला। गदर पार्टी की दिशा सही थी, गाँधीजी की दिशा गलत थी।

कांग्रेस में अधिकांश नेता गाँधीजी की नीति के समर्थक नहीं थे। 10 अगस्त 1918 को गाँधीजी ने कांग्रेस अध्यक्ष सुरेन्द्र नाथ बनर्जी को लिखा : "अभी-अभी मुझे सरकार से खबर मिली है कि गुजरात में सैनिक शिक्षण खोलने और गुजरात का एक सैनिक दल बनाने का मेरा प्रस्ताव उसने स्वीकार कर लिया है। ...मेरा आना संभव होता तो भी शायद मैं भी कोई बड़ी मदद न दे पाता। इस मामले में मेरे विचार बहुत सख्त और अजीब से लगने वाले हैं। अधिकांश नेता उनसे सहमत नहीं हैं।"(15/15) जो नेता गाँधीजी से सहमत नहीं थे, उनमें बाल गंगाधर तिलक भी थे। उन्हें गाँधीजी ने लिखा : कांग्रेस में आने का मेरा इरादा है नहीं। नरम दल के सम्मेलन में भी आने का इरादा है नहीं। मैं देखता हूं,

अभिप्राय दोनों से विचित्र है। वह आपको मैंने बतला दिया है। मेरा मंतव्य है कि इस समय युद्ध की भर्ती में हम सब (के) लग जाने से और लाखों को ले जाने से हिंदुस्तान की हम बड़ी सेवा कर सकते हैं।(15/32) पूरी स्पष्टता से उन्होंने देवदास गाँधी को लिखा : मैं कांग्रेस में नहीं गया क्योंकि श्रीमती बेसेंट और तिलक महाराज से बात करने के बाद मुझे वातावरण में बहुत कृत्रिमता का आभास मिला। मुझे ऐसे महत्वपूर्ण अवसर पर योजना के संबंध में व्यर्थ वाद-विवाद करने की अपेक्षा यह अधिक आवश्यक प्रतीत हुआ है कि हम अपनी मांगों को स्वीकार कराने के उपाय ढूंढें और उनको कार्यान्वित करें।(15/41) अप्रैल 1919 को मद्रास की जनता के नाम अपने संदेश में गाँधीजी ने कहा : गत महायुद्ध के अवसर पर उन्होंने (अर्थात् अंग्रेजों ने) किस प्रकार निस्संकोच होकर अपना रक्त और धन उड़ेल दिया था। हमारा उद्देश्य तो उच्चतर है और हमारे साधन अपेक्षाकृत कहीं अधिक अच्छे हैं क्योंकि हम अपना रक्त तो बहा सकते हैं परंतु दूसरों का कभी नहीं।(15/187) परंतु, यदि हिंदुस्तान के जवान फौज में भर्ती होंगे तो वे अपना रक्त बहाने के साथ-साथ दूसरों का भी रक्त बहाएंगे। पर गाँधीजी ने कहा, "युद्ध में अंग्रेजों की सहायता करना अहिंसा है। अहिंसा तभी होगी जब सहायता बिना शर्त के दी जाएगी।" उन्होंने कहा, "यह केवल युद्ध अहिंसा के आधार पर ही किया जा सकता था।"(15/41) न केवल कांग्रेस की कार्यसमिति गाँधीजी के साथ नहीं थी, वरन् पूरा देश उनके साथ नहीं था, यह एहसास उनके वक्तव्य से प्रकट हुआ : मैं जानता हूं कि बिना किसी शर्त के सहयोग-संबंधी मेरे विचारों में देश मेरे साथ नहीं है।(70/210)

दूसरे महायुद्ध से पहले अनेक प्रांतों में कांग्रेसी सरकारें थीं। इन प्रांतों में युद्ध के दौरान प्रांतीय सभाओं को कौन-सी नीति अपनानी चाहिए, इसके बारे में एक प्रस्ताव गाँधीजी ने तैयार किया था। उसमें कहा गया था : ब्रिटिश सरकार ने घोषणा की है कि यह युद्ध लोकतंत्र की रक्षा के लिए है, लेकिन भारत के प्रति उसकी जो नीति है, वह उसकी इस घोषणा का प्रतिवाद करती है। हालांकि लोकतंत्र और स्वाधीनता के उद्देश्य को ध्यान में रखकर लड़े जा रहे युद्ध के साथ इस सभा की पूरी-पूरी हमदर्दी है और यह नाजी सरकार द्वारा पोलैंड पर किए गए आक्रमण की भर्त्सना करती है, तथापि जब तक प्रजातंत्र के सिद्धांतों को भारत पर लागू नहीं किया जाता और भारतीय जनता को स्वयं अपनी नीति निर्धारित नहीं करने दी जाती, तब तक यह सभा युद्ध में अपना सहयोग नहीं दे सकती।(70/209) एक स्थिति यह थी—पहले स्वराज्य ले लो उसके बाद युद्ध में अंग्रेजों की सहायता करो। दूसरी स्थिति यह थी— अंग्रेजों की सहायता पहले करो, उसके बाद वे स्वराज्य दे देंगे। दोनों ही स्थितियों में अंग्रेजों की सहायता करने की बात थी और यह सहायता युद्ध में की जानी थी। युद्ध में हिंसा होती है, इसलिए कांग्रेस और गाँधीजी, दोनों ही हिंसा से पूरी तरह असम्पृक्त नहीं थे।

अंग्रेज व्यापारी बनकर भारत आए थे। अन्य देशों में भी उन्होंने व्यापारियों के रूप में प्रवेश किया था, बहुत से देशों से व्यापारिक संबंध कायम किए थे। आखिर उनका उद्देश्य

क्या था? नवंबर 1909 में गाँधीजी ने कहा था : अंग्रेज अपने माल के लिए सारी दुनिया को अपना बाजार बनाना चाहते हैं। ऐसा कर नहीं सकेंगे, यह सही है। किंतु इस पर तो उनका कोई वश नहीं है। हां, वे अपने प्रयत्नों में कुछ उठा रखने वाले नहीं है।(10/22) इन प्रयत्नों में युद्ध भी एक प्रयत्न था। गाँधीजी ने यह विश्वास प्रकट किया था कि सत्याग्रह से साम्राज्यवाद और युद्धों का अंत किया जा सकता है। जुलाई 1914 में उन्होंने कहा था : यह एक ऐसा बल है जो यदि सार्वभौमिक बन जाए तो सामाजिक आदर्शों में क्रांति ला देगा और उस निरंकुशता तथा निरंतर पैर पसारते जाने वाले सैन्यवाद की कपालक्रिया कर देगा जिसके जुए के नीचे पाश्चात्य देश कराह रहे हैं, जिसके बोझ से उनका दम घुटा जा रहा है और जो लगता है कि पूर्व के देशों की ओर दिन-ब-दिन मुंह बाए बढ़ता जा रहा है।(12/452) सैन्यवाद के बिना युद्ध संभव नहीं है और इस सैन्यवाद से केवल पूर्व के देश पीड़ित नहीं होते, पाश्चात्य देश भी पीड़ित होते हैं। कहने को वहां लोकतंत्र है, वास्तव में निरंकुशता है और यह निरंकुशता निरंतर पैर पसारती जाती है, और वह पूर्व के देशों की ओर दिन-ब-दिन बढ़ती जा रही है।

यूरोप के साम्राज्यवादी ईसाइयत के प्रचार और अपनी सभ्यता के प्रसार की बातें करते थे। प्रथम विश्व युद्ध के दौरान ही गाँधीजी ने एस्थर फैरिंग को इस विषय में लिखा था : धर्म का उन पर कोई स्थायी प्रभाव तो पड़ा नहीं है, यह बात आज के युद्ध से भी सिद्ध हो जाती है। मेरी मान्यता तो यह है कि आधुनिक सभ्यता का ईसाइयत से ही विरोध है। और यदि यूरोपीय कोई चीज लेकर भारत आये हैं, तो वह यह आधुनिक सभ्यता ही है, ईसा मसीह का जीवन नहीं।(13/445) युद्ध में जीत किसकी होती है? गाँधीजी कहते हैं : मुकदमेबाजी और युद्ध में जीत उसी की होती है जिसके पास धन अधिक होता है।(13/544) धन कहां एकत्र किया जाता है? स्पष्ट ही बैंकों में एकत्र किया जाता है। बैंकों में किसकी साख ज्यादा होती है? गाँधीजी दक्षिण अफ्रीका के अपने अनुभव के बल पर कहते हैं : दक्षिण अफ्रीका के बैंकों से लेन देन करने वाले सैकड़ों मनुष्यों ने अपने 20 वर्ष के अनुभव के बाद जो विचार मुझे बार-बार सुझाए, उससे मेरा विचार दृढ़ हो गया है कि जो मनुष्य जितना बड़ा लुच्चा होता है, बैंकों में उसकी साख उतनी ही अधिक होती है।(13/543) क्या इस बैंक-पूंजी से, बैंकों की ऋण-व्यवस्था से, युद्ध का कोई संबंध है? गाँधीजी कहते हैं : ऋण की प्रथा ने हमारे इस सुंदर संसार को उसी तरह घेर लिया है जिस तरह सांप कुंडली बनाकर किसी चीज को घेर लेता है; और हमारे असावधान होते ही वह हमें कुंडली में जकड़ कर हमारा दम घोट डालता है। इस प्रथा के कारण मैंने बहुत से घरों को बर्बाद होते देखा है। ऋण पर सरकारी होने की छाप लगी है या नहीं, इससे कोई अंतर नहीं पड़ता। इसी प्राणलेवा कुंडली की करामात से यूरोप में विनाश का दृश्य उपस्थित हो गया है।(13/544) यह बात गाँधीजी ने युद्ध के दौरान 1917 में कही थी। युद्ध में मनुष्यों का रक्त बहाया जाता है, यह सभी लोग जानते हैं। यह रक्त बड़े-बड़े बैंकपतियों, लुच्चों के लिए बहाया जाता है। इसी रक्त बहाने को वीरता माना जाता है।

यह दुर्भाग्य की बात है और दुख की बात भी है कि युद्ध का चरित्र जानते हुए भी गाँधीजी ने उसमें सहभागी होने की इच्छा प्रकट की और अंग्रेजों की वीरता की प्रशंसा की। उन्होंने गुजरात के किसानों से कहा था : विदेशों में रक्त की नदियां बह रही हैं। यूरोप में अंग्रेजों ने अपनी वीरता प्रमाणित कर दी है। हम इन वीरों के सहभागी होना चाहते हैं।(14/290)

(ख) जनविक्षोभ और रौलेट बिल

युद्ध में सहायता करने के बदले वीर जाति के साथ साम्राज्य की यह भागीदारी तो नहीं मिली रौलेट बिल, मार्शल लॉ और अनेक गोलीकाण्ड अवश्य मिले। कुछ ऐसी ही भागीदारी अमरीका के साथ रूसी नेता गोर्बाचोव ने चाही थी। भागीदारी तो नहीं मिली सोवियत संघ का विघटन अवश्य हो गया। पर गाँधीजी ने रौलेट बिलों का विरोध किया। अमरीकी साम्राज्यवाद का वैसा विरोध न गोर्बाचोव ने किया न उत्तराधिकारी येल्तिसन ने।

भारत के स्वाधीनता आंदोलन को दबाने के लिए अंग्रेजों ने रौलेट एक्ट कमेटी बनायी। उस कमेटी की रिपोर्ट के बारे में गाँधीजी ने फरवरी 1919 में कहा : उसे पढ़ने के बाद मैं जिन निष्कर्षों पर पहुंचा हूं, वे समिति के निष्कर्षों के सर्वथा प्रतिकूल हैं। इस रिपोर्ट से मैं तो यही निष्कर्ष निकालूंगा कि प्रच्छन्न हिंसात्मक कार्रवाइयां भारत में छुटपुट ही हुई हैं, और उनका आपस में कोई संबंध नहीं है। इसके अतिरिक्त उनमें बहुत थोड़े लोग हैं। फिर भी मैं यह मानता हूं कि ऐसे थोड़े लोगों का होना भी सचमुच समाज के लिए खतरनाक है। परंतु समस्त भारत और भारतीय जनता पर लागू किए जाने वाले इन विधेयकों के पास होने से सरकार को इतने अधिक अधिकार प्राप्त हो जाते हैं जितने अधिकारों की वर्तमान परिस्थितियों का सामना करने के लिए कोई आवश्यकता नहीं है, वास्तव में यह स्थिति हिंसात्मक कार्रवाई करने वाले उक्त थोड़े से लोगों की अपेक्षा ज्यादा खतरनाक है।(15/124)

फरवरी 1919 में गाँधीजी का स्वास्थ्य अच्छा नहीं था, फिर भी वे रौलेट बिलों का विरोध करना बहुत आवश्यक मानते थे। उन्होंने श्रीनिवास शास्त्री को लिखा : यद्यपि अभी मेरा बिस्तर नहीं छूटा है, फिर भी मुझे लगता है कि अब बिस्तर पर लेटे-लेटे इन विधेयकों की प्रगति देखते रहना मेरे लिए असंभव है। मेरे लिए ये विधेयक किसी मूलबद्ध रोग के उभर उठने के निशान हैं। ये विधेयक प्रशासनिक सेवा (सिविल सर्विस) के हमारी गर्दन पर सवार रहने के दृढ़ निश्चय के द्योतक हैं। वे अपने अधिकारों में से रत्ती भर भी छोड़ने की इच्छा नहीं करते। यदि हमारे ऊपर प्रशासनिक सेवा का लौह शासन ज्यों का त्यों कायम रहा और यदि व्यापार के क्षेत्र में ब्रिटेन को वर्तमान अमंगलकारी विशेष सुविधाएँ प्राप्त रहीं तो मुझे लगता है कि किसी सुधार का कोई अर्थ नहीं होगा। मैं इन विधेयकों को एक खुली चुनौती मानता हूं। यदि हम झुक गए तो नष्ट हो जाएंगे। यदि हमने इन शब्दों को सच कर दिखाया कि अब की बार सरकार को ऐसे आंदोलन का मुकाबला करना पड़ेगा,

जैसा उसने पहले कभी देखा नहीं था, तो हम सिद्ध कर दिखाएंगे कि हममें निरंकुश या अत्याचारी शासन का प्रतिरोध करने की सामर्थ्य है।(15/90)

रौलेट विधेयकों के बारे में गाँधीजी ने कहा था : इन विधेयकों को काले विधेयकों का नाम दिया गया है। इनके संबंध में समस्त हिंदुस्तान में भारी हलचल हो रही है और ये विधेयक इतने कठोर माने गए हैं कि उनके विरुद्ध सत्याग्रह आरंभ किया गया है। अनेक स्त्री-पुरुषों ने सत्याग्रह की प्रतिज्ञा ली है। सत्याग्रह सभा की स्थापना की गई है और लोगों को यह प्रतिज्ञा लेने की सलाह भी दी गई है। इस प्रतिज्ञा को लेने का अर्थ यह है कि सत्याग्रही अपनी टेक का पालन करने की खातिर अपना सर्वस्व भी होम कर देने को तैयार हैं।(15/113) जिस तरह की प्रतिज्ञा खेड़ा के सत्याग्रहियों ने की थी, कुछ वैसी ही प्रतिज्ञा इन बिलों की विरोधी आम जनता कर रही थी। गाँधीजी ने कहा था : ऐसी कड़ी प्रतिज्ञा लेने वाले तथा इसकी सलाह देने वाले लोगों के पास ऐसा करने के ठोस कारण होने चाहिए। सत्याग्रहियों ने यह प्रतिज्ञा की है कि ये विधेयक अन्यायपूर्ण हैं, जनता की स्वतंत्रता के सिद्धांत को भंग करते हैं और मानव के स्वाभाविक हकों का नाश करने वाले हैं।(15/113-14) आजकल मानव अधिकारों की बात बहुत की जाती है। मानव अधिकारों के लिए गाँधीजी और भारत के लोग सन् 1919 में कैसे लड़ रहे थे, यहां यह देखा जा सकता है।

गाँधीजी ने एक विधेयक का प्रयोजन बताया : यदि कोई विशेष स्थिति उत्पन्न हो जाए तो सरकार को आम फौजदारी कानून के अंतर्गत जितनी सत्ता प्राप्त है, उससे अधिक सत्ता दी जा सके और सरकार उस संकट की स्थिति में उस विधेयक का उपयोग कर सके।(15/114) "जब स्थानीय सरकार को ऐसा जान पड़े कि अमुक व्यक्ति पर इस कानून के अंतर्गत मुकदमा चलाया जाना चाहिए, तब वह किसी भी सरकारी अधिकारी को आदेश दे सकती है कि वह अधिकारी ऐसे व्यक्ति के विरुद्ध मुख्य न्यायाधीश के सम्मुख फरियाद करे।" (15/114) यह व्यवस्था की गई थी कि फरियाद होने के बाद अभियुक्त अधिक से अधिक 10 दिन की मोहलत मांग सकता है, जिनकी गवाहियां ली जाएं, अदालत उनकी गवाहियों के सार मात्र को ही दर्ज करने के लिए बंधी है। गाँधीजी ने इस पर टिप्पणी की : "जो वकील नहीं है, वह भी इस बात को सहज ही समझ सकेगा कि इस प्रकार गवाहों की गवाहियों का सार-मात्र ही दर्ज करने में भारी अन्याय हो सकता है। समस्त गवाहों की तफतीश करने के पहले गवाहियों के किस भाग पर कितना बल दिया जाना चाहिए, यह कोई भी न्यायाधीश निश्चयपूर्वक नहीं कह सकता।"(15/115) अदालत जो फैसला करे, उनके विरुद्ध किसी ऊंची अदालत में अपील न की जा सकती थी।(15/116) गवर्नर जनरल को यह अधिकार था कि यदि उसे विश्वास हो जाए कि भारत के किसी प्रदेश में ऐसी हलचल हो रही है जो शासन के लिए खतरनाक है तो वह वहां यह कानून लागू कर सकता था।(15/116) यदि स्थानीय सरकार को लगे कि कोई व्यक्ति ऐसे काम कर रहा है जिनसे देश में हलचल बढ़ेगी, तो वह उससे कह सकती थी कि जमानत के

साथ या जमानत के बिना एक साल के लिए अपने अच्छे चाल-चलन के लिए मुचलका लिख कर दे। उसे यह हुक्म दिया जा सकता था कि वह अपने रहने के स्थान अथवा उसमें परिवर्तन की सूचना पुलिस को दे और आदेश में उल्लिखित समय पर पुलिस के पास जाकर उसे हाजिरी देनी होगी।(15/116) गाँधीजी की टिप्पणी : इस खंड के अधीन किसी भी व्यक्ति पर केवल संदेह के आधार पर बिना कोई जांच किए ऊपर लिखित आशय का आदेश जारी किया जा सकता है।(15/116) इस कानून के अंतर्गत अधिकारी किसी भी व्यक्ति के विरुद्ध कुछ भी कर सकता था। प्रत्येक अधिकारी उपर्युक्त आदेश को अमल में लाने के लिए जो भी कदम उठाने की आवश्यकता जान पड़े उठा सकता है।(15/116) जिस पर भी अधिकारियों को शक हो, वे उसे गिरफ्तार कर सकते थे और उसके घर की तलाशी ले सकते थे। यदि उसके यहां कोई ऐसे कागज-पत्र मिलें जिन्हें सरकार राजद्रोहात्मक समझती हो तो उस आदमी को ही साबित करना था कि वह निर्दोष है। इस पर गाँधीजी ने लिखा : मेरे ऊपर आरोप लगाया जाए तो मैं यह कैसे सिद्ध कर सकता हूं कि मैंने अपराध नहीं किया। इसका तो यही अर्थ हुआ कि मुझे जेल जाना पड़ेगा।(15/119) सजा काटने के बाद भी आदमी पुलिस की निगरानी में रहने को बाध्य था। वह कहां रहे, कहां न रहे, इसका फैसला सरकार करती और सरकार को शांति भंग होने का खतरा हो तो उसके राजनीतिक विषयों पर बोलने अथवा लेख लिखने पर वह पाबंदी लगा सकती थी। गाँधीजी ने कहा : इसका अर्थ यह हुआ कि कथित अपराध के लिए पर्याप्त सजा भुगतने के बाद भी व्यक्ति को सरकार की ओर से किए जाने वाले अत्याचार से मुक्त होने की उम्मीद नहीं करनी चाहिए।(15/120)

रौलेट विधेयकों के विरोध में 14 मार्च 1919 को बंबई में सभा हुई। वहां गाँधीजी का भाषण पढ़कर सुनाया गया, इसलिए कि वे अस्वस्थ थे। इस सभा में श्रद्धानंद भी मौजूद थे। गाँधीजी के वक्तव्य के अनुसार 600 पुरुषों और स्त्रियों ने सत्याग्रह की प्रतिज्ञा पर हस्ताक्षर कर दिए थे।(15/140) अनेक स्थानों पर सभाएँ हुईं और उनमें गाँधीजी ने रौलेट विधेयकों का विरोध करने को कहा। 24 मार्च को तंजौर में उन्होंने लोगों से कहा : नए फौजदारी कानूनों का देश द्वारा स्वीकार किया जाना देश के लिए अधोपतन और अपमान की बात है। जब कोई राष्ट्र यह अनुभव करे कि कोई कानून राष्ट्र के लिए अपमानजनक है तो उसको एक स्पष्ट कर्तव्य पूरा करना होता है। (15/153) और वह स्पष्ट कर्तव्य था उस कानून को अस्वीकार करना। कुछ लोगों ने कहा, सभी कानून बुरे नहीं होते। कुछ कानून न्यायपूर्ण होते हैं, उनका पालन करना चाहिए। गाँधीजी ने कहा : जो कानून नैतिक दृष्टि से सही हैं, उन्हें तोड़ने का सवाल नहीं है। परंतु कानून बनाए जाते हैं राज्य सत्ता को चलाने के लिए। कुछ ऐसे कानून भी हैं, जो न अच्छे हैं और न बुरे—न नैतिक हैं और न अनैतिक। ऐसे कानून उपयोगी भी हो सकते हैं और हानिकर भी। इनका पालन लोग उस चीज को ध्यान में रखकर करते हैं जिसे देश का सुशासन कहा जाता है। ऐसे कानून या तो राजस्व संबंधी उद्देश्यों से बनाए जाते हैं या ऐसे राजनीतिक कानून होते हैं जिनमें

विधान की दृष्टि से अपराधों का निरूपण किया जाता है। इन्हीं कानूनों के बल पर सरकार अपनी सत्ता कायम रखती है। इसलिए जब सरकार इतनी बुरी हो जाए कि वह राष्ट्रीय जीवन को आघात पहुंचाए, जैसा कि रौलेट कानूनों की रूल से कर रही है, तो लोगों का हक हो जाता है, बल्कि यह उनका धर्म बन जाता है कि वे सरकार को राष्ट्र की इच्छा के सामने झुकाने के लिए जहां तक आवश्यक हो, वहां तक ऐसे कानूनों की अवज्ञा करें।(15/172-73) यहां गाँधीजी ने राज्य सत्ता और कानून के संबंधों को बहुत अच्छी तरह समझाया है और राज्य सत्ता जनता का दमन करे, तो उसके कानूनों की अवज्ञा करना क्यों आवश्यक होता है, यह भी उन्होंने स्पष्ट किया है।

30 मार्च को सत्याग्रह दिवस मनाया गया।(15/539) जगह-जगह सत्याग्रहियों ने जुलूस निकाले। दिल्ली में पुलिस ने जुलूस पर गोली चलाई। कई आदमी मारे गए और बहुत से घायल हुए। जो सत्याग्रही दिल्ली रेलवे स्टेशन के पास इकट्ठे हुए थे, उन पर आरोप लगाया गया कि वे "मिठाई बेचने वालों से अपनी दुकानें बन्द करने के लिए जबर्दस्ती कर रहे थे। कुछ ऐसे थे जो लोगों को ट्रामों में और दूसरी सवारियों में बैठने से जबर्दस्ती रोक रहे थे। कुछ लोगों ने पत्थर फेंके थे।" उस भीड़ ने उन लोगों को छोड़ देने की मांग की थी जिन्हें जबर्दस्ती करने के आरोप में रेलवे अधिकारियों के अनुरोध पर पकड़ा गया था। मजिस्ट्रेट ने जब भीड़ को तितर-बितर हो जाने का हुक्म दिया, तब भीड़ ने तितर-बितर होने से इन्कार कर दिया।(15/180) यह सरकारी पक्ष था। गाँधीजी ने कहा : सारे आरोपों को सच्चा मान लें, तब भी मुझे ऐसा ही लगता है कि स्थानीय अधिकारियों ने मक्खी को मारने के लिए विशाल धन इस्तेमाल किया है। किंतु उन्होंने भीड़ पर गोली चलाने की जो कार्रवाई की है, उसके बारे में ज्यादा फिर कभी कहूंगा।(15/181) बंबई की एक सभा में गाँधीजी ने लोगों को बताया : गोली चलाने के बाद ही स्वामी श्रद्धानंद घटना-स्थल पर आ पहुंचे थे। उनका कहना था : "कि मैं कुछ यूरोपियों के पास, जिनमें से एक सिटी मजिस्ट्रेट श्री कारी थे, गया। मैंने उनसे ठीक क्या हुआ था, यह बताने को कहा। उन लोगों ने मेरी बात पर कोई ध्यान न दिया। श्री कारी ने तो मेरी ओर से मुंह ही फेर लिया। मैंने उन्हें सूचित किया कि यद्यपि अभी समय नहीं हुआ है, मैं लोगों को सभा स्थल पर लिये जा रहा हूं। यह उचित नहीं है कि आप मशीनगनों और फौजी प्रदर्शन द्वारा लोगों के दिलों में डर पैदा करें।"(15/190) स्वामी श्रद्धानंद के प्रति सरकार के व्यवहार का जिक्र करते हुए गाँधीजी ने सभा में कहा : सवाल उठता है कि क्या श्री कारी ने श्रद्धानंद जी की उपेक्षा की? गोरखे सिपाहियों ने जनता को जो धमकियां दी थीं, संन्यासीजी ने उसका बड़ा सुस्पष्ट वर्णन किया है। मैं पूछता हूं कि क्या गोरखों ने संन्यासीजी के सामने बंदूकें तानी थीं? उनके इस विवरण को पढ़कर यह निष्कर्ष निकलता है कि यदि अधिकारी जनता पर उसके स्वाभाविक नेताओं द्वारा नियंत्रण पाने का प्रयत्न करते तो फौजी शक्ति के प्रदर्शन अथवा प्रयोग की जरूरत ही न रह जाती।(15/190)

सरकार जनता को कैसे आतंकित कर रही थी, उसका यह एक उदाहरण है। अंग्रेजी

राज के सहयोगी उदारपंथी नेता दिल्ली के गोलीकांड के बाद चुप थे। गाँधीजी ने वी.एस. श्रीनिवास शास्त्री को तार दिया : क्या दिल्ली की दुर्घटना से आपके तथा अन्य सज्जनों के लिए यह अनिवार्य नहीं हो गया है कि आप लोग स्पष्ट रूप से अपने विचार प्रकट करें? (15/178) इसी तरह उन्होंने मदन मोहन मालवीय को तार दिया : दिल्ली में जो कुछ हुआ है, वह निर्दोष व्यक्तियों का कत्ल ही माना जा सकता है। उसे देखते हुए मेरी राय में आप आंदोलन में शरीक हों चाहे न हों, परंतु खामोशी अख्तियार नहीं कर सकते। (15/179-80) दिल्ली के लोगों के समर्थन में बंबई में विशाल सभा हुई। उसने अपने प्रस्ताव में कहा : बंबई के नागरिकों की यह सभा दिल्ली के लोगों को अत्यंत कठिन परिस्थिति में आदर्श आत्म-नियंत्रण दिखाने के लिए और संन्यासी स्वामी श्री श्रद्धानंद जी तथा हकीम अजमल खां को उनके प्रशंसनीय नेतृत्व के लिए साधुवाद देती है और उन निर्दोष पुरुषों के परिवारों के प्रति जिन्होंने स्थानीय अधिकारियों के हुक्म से चलाई गई गोलियों से अपने प्राण गंवाए, सम्मानपूर्वक अपनी सम्वेदना प्रकट करती है। (15/193) समुद्र तट से सभा जुलूस में बदलकर माधव बाग तक गयी। "नर-नारियों का अपार समूह था जिसमें बीच-बीच में और लोग भी आकर शामिल होते जाते थे। सड़कों के दोनों ओर स्थित मकान असंख्य पुरुषों, स्त्रियों और बालकों से भरे हुए थे।" (15/194) इस तरह रौलेट विधेयकों का विरोध एक नगर से दूसरे नगर तक, एक प्रदेश से दूसरे प्रदेश तक और सारे देश में फैल रहा था।

सम्पूर्ण गाँधी वाङ्मय के संपादकों के अनुसार रौलेट अधिनियम के खिलाफ 6 अप्रैल 1919 को सारे देश में संपूर्ण हड़ताल रखी गयी थी। (83/21, पाद टिप्पणी) 27 साल बाद उस दिन को याद करते हुए 6 अप्रैल, 1945 को गाँधीजी ने दिल्ली में कहा : "27 साल पहले ठीक आज ही के दिन रौलेट-अधिनियम के खिलाफ सत्याग्रह का ऐलान किया गया था। उन दिनों स्वामी श्रद्धानंद जी जिंदा थे। उसके बाद के हफ्ते में एक नया ही इतिहास बना। समूचा हिंदुस्तान इस छोर से उस छोर तक जाग उठा। पहले ऐसा कभी नहीं हुआ था। किसी ने इसके लिए कोशिश नहीं की थी। खुद मुझे कोई कल्पना न थी कि इसका इतना चमत्कारी परिणाम होगा। मैंने अनुभव किया है कि इस चमत्कार में ईश्वर का हाथ था।" फिर उन दिनों हिंदू-मुस्लिम एकता के दृश्य याद करते हुए गाँधीजी ने कहा : "यह वह समय था जब कि हिंदू-मुसलमान अपने आपसी झगड़ों को भूल गए थे। सगे भाइयों की तरह अली बंधुओं के साथ मैं सारे देश में घूमा करता था। हम एक आवाज से बोलते थे और लोगों को हिंदू-मुस्लिम एकता का और स्वराज्य का संदेश सुनाते थे। हमने तय किया था कि अब से आगे जो कुछ मांगना होगा, वह ब्रिटिश सल्तनत से नहीं, भगवान से मांगेंगे। सत्याग्रह का जन्म दक्षिण अफ्रीका में हुआ था। हिंदुस्तान में उसका श्रीगणेश इस तरह 6 अप्रैल के दिन हुआ।" (83/425)

कई जगह यह आंदोलन स्वतःस्फूर्त था। बंबई में लोगों ने ट्राम गाड़ियां रोकीं। अंग्रेज अधिकारी ने इसकी शिकायत की। गाँधीजी ने उसे उत्तर दिया : "उस स्वतः स्फूर्त जुलूस

में भाग लेने वाले मुख्य-मुख्य व्यक्तियों के बयान अब मेरे सामने हैं।" वे ट्रामें रोकने के बारे में लगाये गये आरोप से दृढ़ता से इंकार करते हैं। वे इस बात से इंकार करते हैं कि वहां इकट्ठे लोगों ने तितर-बितर होने से इंकार किया था, या श्री हार्कर के आदेश का उल्लंघन करके आगे बढ़ते जाने की धमकी दी। इसके विपरीत उन्होंने तुरंत ही बिना किसी आनाकानी के उनके आदेशों का पालन किया। उनका कहना है कि लठैत रंगरूट और सशस्त्र पुलिस अकारण ही जनसमूह पर टूट पड़ी और बड़ी मुश्किल से श्री हार्कर के रोकने पर मारना बंद किया।(15/212) दो घायलों को गाँधीजी ने देखा था। उनके सिरों पर काफी गहरी चोटें थीं। ऐसी ही घटनाएँ उड़ीसा में हुई थीं। उनके बारे में सी.आर. दास को गाँधीजी ने तार दिया : अखबारों में समाचार है, रविवार को प्रदर्शनकारी किसी बात पर उत्तेजित होकर ब्रिस्टल होटल की तरफ झपटे और पत्थर फेंक कर खिड़कियों के शीशे तोड़ डाले। शाम को कोम टोला में भीड़ ने उड़िया अभियुक्त को पुलिस की हिरासत से छुड़ा लिया और पुलिस पर जोर का हमला किया। कृपया तार द्वारा सही स्थिति बतलाइए।(15/210) गाँधीजी ने दिल्ली जाने का कार्यक्रम बनाया। उन्होंने स्वामी श्रद्धानंद को तार दिया : कल शाम वहां पहुंच रहा हूं। कृपया मेरे आने की बात अपने तक ही रखें। किसी प्रकार का प्रदर्शन नहीं चाहता।(15/211) तार बाबू के बिना तार न जा सकता था। जनता जाने चाहे न चाहे, सरकार तो जानती ही थी। 9 अप्रैल को जब वह कोसी स्टेशन पर पहुंचे थे, उन्हें सरकारी हुक्म मिला। महादेव देसाई के विवरण के अनुसार, "महात्मा गाँधी को दिल्ली जाते हुए मार्ग में कोसी में यह हुक्म दिया गया कि वे पंजाब में प्रवेश न करें, दिल्ली में प्रवेश न करें और बंबई में ही रहें। जिस अधिकारी ने उन पर हुक्म तामील किया, उसने बहुत ही शिष्ट व्यवहार किया और उन्हें विश्वास दिलाया कि यदि उन्होंने इस हुक्म को न मानने का निर्णय किया तो उसे बड़े दुःख के साथ उनको गिरफ्तार करना पड़ेगा, किंतु इस कारण उनके बीच कोई दुर्भाव उत्पन्न न होगा। श्री गाँधी ने मुस्कराते हुए कहा कि मुझे तो इस हुक्म को मानने से इंकार करना ही पड़ेगा, क्योंकि यह मेरा कर्तव्य है, लेकिन आपको भी प्रसन्नता पूर्वक अपने कर्तव्य का पालन करना चाहिए।"(15/214) गाँधी वाङ्मय, खंड 15 के अंत में दिए हुए तारीखवार जीवन वृत्तांत के अनुसार 10 अप्रैल को "गाँधीजी ने कोसी में दिए गए निषेधात्मक आदेश का उल्लंघन किया। गिरफ्तारी के विरोध में समस्त भारत में हड़ताल हुई। गिरफ्तारी की खबर पाने पर अहमदाबाद में आगजनी, दंगे और जनता द्वारा हिंसात्मक कृत्य (हुए)। पुलिस द्वारा गोली चलाई गई। यूरोपीय लोगों की हत्या (हुई) स्टेशन के पास माल गोदामों तथा मिलों को जलाया गया।" उधर पंजाब में डॉ. सत्यपाल और डॉ. किचलू गिरफ्तार किए गए और उन्हें अमृतसर से निकाला गया। इस पर जनता भड़क उठी। पुलिस ने गोली चलाई। अनेक अंग्रेज मारे गए। लाहौर में भी पुलिस ने गोली चलाई। 11 अप्रैल को गाँधीजी बंबई पहुंचे। वहां चौपाटी में उन्होंने सार्वजनिक सभा को सम्बोधित किया। लोगों से हिंसा न करने की अपील की। देशव्यापी हड़ताल जारी रही। बंबई में बहुत से लोग पकड़े गए। अहमदाबाद में तारघर और कलक्टर का दफ्तर

जलाया गया। 12 अप्रैल को लाहौर की बादशाही मस्जिद में सभा हुई। फौज ने गोली चलाई। रेलगाड़ियां पटरी से उतारी और जलाई गईं। बंबई, वीरमगांव, नडियाड और अमृतसर में दंगे हुए। कलकत्ते में दंगों और रक्तपात की नौबत आई। (ये हिंदू-मुस्लिम दंगे नहीं थे। जन-प्रतिरोध के लिए यहां 'दंगा' शब्द इस्तेमाल किया गया है।)

गाँधीजी ने स्वामी श्रद्धानंद को तार दिया : "कुछ जगहों पर जानें गईं। इसका अफसोस। लोगों का अपने पर नियन्त्रण रखना और हिंसा से बचना बिल्कुल जरूरी। यह बात लाहौर, अमृतसर इत्यादि में कहें।"(15/217) 12 अप्रैल को गाँधीजी ने सत्याग्रह के संबंध में हिदायतें निकालीं : "जुलूस न निकालें। संगठित प्रदर्शन न हों। पहले से समिति का आदेश प्राप्त किए बिना किसी भी कारण कोई हड़ताल न हो, हिंसा न हो, पथराव न हो। ट्रामों के चलने या यातायात में कोई बाधा न डाली जाए। किसी पर भी किसी भी किस्म का दबाव न डाला जाए।" कुछ हिदायतें सभाओं के बारे में थीं : "तालियां न बजाई जाएँ। अनुमोदन या विरोध का प्रदर्शन न किया जाए। शर्म-शर्म की आवाजें न कसी जाएँ। हर्ष-ध्वनि न की जाए। पूर्णतया शांत रहें।"(15/220-21) 12 अप्रैल को समाचार पत्रों के प्रतिनिधियों से गाँधीजी ने कहा : सत्याग्रह संघर्ष के दौरान गिरफ्तार होने वालों के प्रति सभी को सहानुभूति व्यक्त करनी चाहिए।(15/221) सरकार भी यही चाहती थी। 13 अप्रैल को गाँधीजी ने अहमदाबाद के निवासियों से कहा : "मैं भी चाहता हूं और आप सब भी चाहते होंगे कि मार्शल लॉ तुरंत ही हटा लिया जाए। उसे हटवाना हमारे ही हाथ में है। मैं आपको इसका रास्ता बतलाना चाहता हूं। आप में से जो भी आ सकें, उनको सोमवार की शाम को 4 बजे आश्रम में पहुंचना चाहिए। आश्रम आने के लिए ऐसे मार्ग चुनिए जहां सेना के दस्ते तैनात न हों। एक साथ दो या तीन व्यक्तियों से अधिक नहीं आने चाहिए। पुलिस के सभी आदेशों का पालन करना चाहिए। मेरा अनुरोध है कि आप सड़कों पर किसी तरह का शोर न मचाएँ और यदि आप आश्रम में भी पूरी शांति रखेंगे तो मैं अपनी बात ज्यादा अच्छी तरह समझा सकूंगा। बहुत ही अच्छा हो यदि सभी दुकानदार अपनी दुकानें खोल लें और सभी मिल-मजदूर काम पर चले जाएँ।"(15/233) मार्शल लॉ लगा हुआ था। दुकानें बंद थीं। मिल-मजदूर हड़ताल पर थे और गाँधीजी लोगों से पुलिस के आदेश मानने को कह रहे थे।

उसी दिन, यानी 13 अप्रैल को, जलियांवाला बाग में कत्लेआम हुआ। जनता ने अपने ढंग से उसका जवाब दिया। 14 अप्रैल को हड़ताल हुई। गुजरांवाला में बम विस्फोट हुआ और भारी दंगे हुए। अमृतसर और लाहौर आदि में टेलीग्राफ के तार काटे गए। पंजाब में मार्शल लॉ जारी किया गया। 16 अप्रैल को गुजरांवाला में बहुत से लोग पकड़े गए। अनेक स्थानों में तार काटे गए और दंगे हुए। 17 अप्रैल को दिल्ली में पुलिस ने गोली चलाई। पंजाब के नेताओं को देश निकाले की सजा दी गई। 'अमृत बाजार पत्रिका' की जमानत जब्त की गई। 18 अप्रैल को "गाँधीजी ने सत्याग्रह को थोड़े समय के लिए स्थगित करने का निश्चय किया।"(15/541-42)

गाँधीजी द्वारा संपादित 'सत्याग्रही' में समाचार छपा : 'डॉ. किचलू और डॉ. सत्यपाल को पंजाब से निष्कासित कर देने के कारण लाहौर और अमृतसर में भीषण दंगे हुए हैं। बंबई में निषिद्ध साहित्य की बिक्री चल रही है। मुसलमान जनता भी आंदोलन में दिलचस्पी लेने लगी हैं।'(15/225) अहमदाबाद के कलक्टर को गाँधीजी ने लिखा : "मैंने कल कई लोगों से सुना कि फौज ने एक-दो स्त्रियां और कुछ आदमी मार डाले हैं, और सो भी बिना किसी उचित कारण के। क्या आप कृपया मुझे सही तथ्य बताएंगे?"(15/226) फौज जहां-तहां लोगों को मार रही थी। स्वभावतः अंग्रेज भी अपने को असुरक्षित महसूस कर रहे थे। 14 अप्रैल को गाँधीजी ने अंग्रेज अधिकारी मैफी को लिखा : मैंने अपने रहने के लिए जो जगह चुनी है, वहां असीम अराजकता है, लगभग बोल्शेविज्म जैसी। अंग्रेज स्त्री-पुरुषों को अपने बंगले छोड़कर कुछ सुरक्षित घरों में जा रहना जरूरी ही मालूम हुआ है। यह मेरे लिए गहरे अपमान और खेद का विषय है। मैं देखता हूं कि मैंने जनता में सत्याग्रह की समझ को अनुचित रूप से ऊंचा और घृणा विद्वेष की शक्ति को कम आंक लिया था। सत्याग्रह में मेरा विश्वास यथावत् है। परंतु मैं एक सामान्य प्राणी हूं और किसी भी अन्य प्राणी की भांति भूल कर सकता हूं। मैं अपनी भूल सुधार रहा हूं। मैंने फिलहाल अपना कदम कुछ पीछे हटा लिया है। जब तक मुझे यह भरोसा न हो जाए कि मेरे सहयोगी भीड़ को संभाल सकते हैं और उसे संयत रख सकते हैं तब तक मैं वादा करता हूं कि दिल्ली या पंजाब के अन्य हिस्सों में नहीं जाऊंगा। इसलिए इस समय मेरा सत्याग्रह मेरे ही देशभाइयों के विरुद्ध होगा।(15/226-27) लेकिन जनता में तीव्र असंतोष फैला हुआ था। उसी पत्र में गाँधीजी ने लिखा : मुसलमानों में जो जोश उमड़ रहा है, वह हमेशा के लिए रोका नहीं जा सकता। वह किसी भी क्षण प्रचंड प्रवाह की तरह फूट पड़ सकता है और उनके इस आत्यंतिक असंतोष के परिणाम वर्तमान उपद्रवों के मूल में देखे जा सकते हैं। यह असंतोष कुछ वर्गों तक ही सीमित नहीं है, बल्कि बिल्कुल विधिवत रूप से आम लोगों में व्याप्त है।(15/227)

अहमदाबाद के मिल मजदूर इस प्रतिरोध में आगे बढ़कर हिस्सा ले रहे थे। उनसे गाँधीजी ने कहा : मिलों के कताई-विभाग के मजदूर कुछ दिन से हड़ताल किए हुए हैं। उन्हें मैं सलाह देता हूं कि वे तुरंत काम पर चले जाएँ। काम पर चले जाने के बाद जो भी मांग करनी हो सो की जाए और न्याय के तरीके से जो वृद्धि प्राप्त की जा सके, सो की जाए। मालिकों पर जोर जुल्म करके वृद्धि कराना चाहोगे, तो अपने पैरों पर कुल्हाड़ी मारने के समान होगा। सारी मिलों के मजदूरों को मेरी खास तौर पर सलाह है कि वे दंगों से बिल्कुल अलग रहें।(15/231-32) गाँधीजी सक्रिय प्रतिरोध को पशु बल से जोड़ते थे। बल प्रयोग से स्वाधीनता मिले तो उसका भी त्याग करना चाहिए, यह उनकी मान्यता थी। अहमदाबाद के लोगों से उन्होंने कहा : कुछ भाइयों की यह मान्यता है कि इस प्रकार आतंक फैलाकर, संपत्ति आदि को जलाकर, मनुष्यों को सता कर हम अपने अधिकार प्राप्त कर सकते हैं। सत्याग्रह में तो यह माना जाता है कि ऐसा करने से हक मिलें भी तो उनका

त्याग करना चाहिए।(15/240) वास्तव में आतंक अंग्रेज फैला रहे थे। उसके जवाब में जनता अपना क्रांतिकारी प्रतिरोध संगठित कर रही थी। परंतु यदि इसे पशु बल का प्रयोग माना जाए तो यह भी देखना होगा कि युद्ध में सबसे अधिक 'पशुबल' का प्रयोग होता है। अंग्रेज प्रथम विश्वयुद्ध में बहुत बड़े पैमाने पर पशुबल का प्रयोग कर चुके थे।

युद्ध संचालन के लिए अंग्रेज भारत पर, और भारत में विशेष रूप से पंजाब पर निर्भर थे। जब युद्ध शुरू हुआ तब भारतीय सेना में एक लाख सैनिक थे। डायर ने बताया, 1917 में सवा लाख से कुछ कम नए सैनिक भर्ती किए गए। 1918 में सवा लाख से कुछ ऊपर और नए सैनिक भर्ती किए गए। 4 साल में 3 लाख 60 हजार सैनिक भर्ती किए गए थे। डायर ने कहा : "नेपाल को छोड़ दें तो भारत में कुल जितने सैनिक भर्ती किए गए हैं, उनमें आधे से अधिक केवल पंजाब में भर्ती किए गए हैं।"(17/129-30) लड़ाई के लिए चंदा लेने और फौज में भर्ती करने में बल प्रयोग से काम लिया जाता था। पंजाब के उपद्रवों पर कांग्रेस के लिए गाँधीजी ने एक रिपोर्ट तैयार की थी। उसमें उन्होंने लिखा था : "मुजफ्फरगढ़ जिले में लोहिया नाम का एक गांव है। वहां लोगों की एक बड़ी भीड़ ने नायब तहसीलदार का घर घेर लिया और चपरासी तथा गांव के पुलिस कांस्टेबिल को मारा-पीटा। कुछ लोग गिरफ्तार किए गए। इनमें से 52 लोगों पर भारतीय दंड विधान के खंड 147 के अंतर्गत मुकदमा चलाया गया। अपील करने पर दौरा जज ने कुछ लोगों को छोड़ दिया और कुछ की सजा घटा दी। दौरा जज ने अपने फैसले में कहा : 'यह सभी जानते हैं कि मुजफ्फरगढ़ के ज़िलेदारों और लंबरदारों पर युद्ध के प्रयास में मदद करने के लिए दबाव डाले जाने के कारण वहां के अधीनस्थ अधिकारियों ने तदर्थ ऋण प्राप्त करने और रंगरूट भर्ती करने के लिए प्रयत्न किए, जिनके परिणामस्वरूप कई स्थानों पर बहुत जबर्दस्त झगड़े हुए। यह भी स्वीकार करना पड़ेगा कि अक्सर ये तरीके गैरकानूनी, आपत्तिजनक, दमनकारी तथा सरकार की मंशा के विरुद्ध थे।"(17/148)

एक मुकदमे के दौरान एक गवाह ने बताया, किन तरीकों से लोगों को भर्ती किया जाता था। "तहसीलदार का तरीका यह था कि वह पटवारी से गांव के सब लोगों की एक सूची बनवा लेता था। यह सूची मिल जाने के बाद तहसीलदार उस गांव में जाता था और रंगरूटों की भर्ती के मामले में कोई आपत्ति होती थी तो उसकी सुनवाई करता था। जिस परिवार में तीन या चार भाई होते थे, उससे वह फौज के लिए एक या दो आदमी देने को कहता था।"(17/149) शाहपुर जिले में लोग तहसीलदार के भर्ती के तरीकों से बहुत नाराज हुए। उन्होंने उसे मार डाला। इस मामले की सुनवाई के लिए एक विशेष अदालत बैठी। जिले के 46 आदमियों पर मुकदमा चलाया गया। चार लोगों को फांसी की और 12 को कालेपानी की सजा दी गई। (17/149) एक गांव में भर्ती का विरोध करने वाले सात आदमियों को पुलिस ने पकड़ लिया। भीड़ ने पूरे गांव को घेर लिया। पुलिस ने भीड़ पर गोली चलाई। कुछ लोग मारे गए और कुछ घायल हुए। गाँधीजी ने लिखा : "अदालत ने बचाव पक्ष की यह दलील रद्द कर दी कि लोग चूंकि फौज में भर्ती होने से डरते थे,

इसलिए उन्होंने विरोध किया था। लेकिन विरोध किया गया और गोली चलाई गई, यह तथ्य ही इस आरोप को सिद्ध करता है कि अत्याचारपूर्ण तरीके अपनाए गए थे।"(17/151) भर्ती की देखरेख का काम स्वयं डायर करता था। भर्ती का काम धीमी रफ्तार से हो रहा था। इससे डायर नाराज हुआ। वहां के डिप्टी कमिश्नर का तबादला कर दिया गया और उसकी जगह नया आदमी नियुक्त हुआ। उसके बाद भर्ती का काम तेजी से चल पड़ा। (17/152-53)

डायर के राज में, अंग्रेजी राज की रक्षा के लिए, लोगों को कैसे जबर्दस्ती फौज में भर्ती किया गया था, इसका एक उदाहरण गुजरांवाला के सरदार खां के बयान में मिलता है। "तहसीलदार बैसाख के महीने में हमारे गांव में आया। रात को डुग्गी पीट कर मुनादी करा दी गई कि सुबह सब लोग गांव के दायरे (मैदान) में उपस्थित हो जाएँ। चूंकि यह फसल की कटाई का मौसम था और साथ ही लोगों में जबर्दस्ती फौज में भर्ती किए जाने का भय भी था, इसलिए सुबह थोड़े से ही लोग दायरे में इकट्ठे हुए। इस पर तहसीलदार ने लगभग 60 या 70 लोगों पर जुर्माना ठोक दिया। जुर्माने की कुल रकम 1600 रुपये थी। लोगों को फिर आदेश दिया गया कि वे गुजरांवाला स्थित मुख्य कार्यालय में हाजिर हों, जो गांव से 18 मील दूर पड़ता है। जब नियत दिन को लोग वहां गए तो उन्हें एक कतार में खड़ा कर दिया गया और उनमें से 7 जवानों को छाँट लिया गया। यह तहसीलदार फतेह खां ने खुद किया। बाकी लोगों को गालियां दी गईं, मारा-पीटा गया और उनसे कहा गया कि वे और रंगरूट लाएँ।"(17/153) कहने को रौलेट गुप्त षड्यंत्रकारियों को दबाने के लिए बनाया गया था, वास्तविकता यह थी कि लोग खुल्लमखुल्ला सभाएँ करके अंग्रेजी राज के विरुद्ध अपना असंतोष व्यक्त कर रहे थे। स्वयं डायर ने 7 अप्रैल को अपने भाषण में कहा : "मैं इस अवसर पर उन लोगों को, जिनका इस प्रांत में राजनीतिक गतिविधियों से संबंध है, यह चेतावनी देता हूं कि जो सभाएँ आयोजित करेंगे, उनका समुचित संचालन, उन सभाओं में प्रयुक्त होनेवाली भाषा और उन सभाओं के परिणामों के लिए उन्हीं को जिम्मेदार माना जाएगा। इन शर्तों के अलावा सरकार जनता के सार्वजनिक सभाएँ करने के अधिकार में किसी प्रकार से हस्तक्षेप नहीं करना चाहती, किंतु इस बात को सभी जानते हैं कि जो लोग, सर्वथा उचित कारणों से भी, ऐसी सभाएँ संगठित करते हैं, उनमें प्रायः इतना बल या नैतिक साहस नहीं होता कि वे उग्रतर वक्ताओं पर अंकुश रख सकें। और मेरा ख्याल है, तथा जो ठीक ही है कि थोड़े से चीख-पुकार मचाने वाले आंदोलनकारी बराबर जिस असंयत और प्रभावपूर्ण भाषा का प्रयोग करते हैं, उसके कारण संजीदा और समझदार लोग अपनी इज्जत का ख्याल करके ऐसी सभाओं में जाने से बचते हैं।"(17/133) यहां षड्यंत्र की कोई बात नहीं है। लोग सभाओं में खुल्लमखुल्ला अपने भाव प्रकट कर रहे थे। डायर को इस बात पर आपत्ति थी कि सभा के समझदार संचालक उन्हें नियंत्रित नहीं कर पाते।

6 अप्रैल को लोगों ने उपवास किया और रौलेट एक्टों के विरोध में एक विशाल प्रदर्शन

आयोजित किया। इस प्रदर्शन का मखौल उड़ाते हुए डायर ने कहा : अभी हाल में लाहौर और अमृतसर में जो बच्चों के खेल जैसे प्रदर्शन किए गए, उनका अगर कोई मतलब था तो बस यह प्रकट करना कि अज्ञानी और भोले-भाले लोग जिनमें हजार में से एक भी इस कानून के बारे में कुछ नहीं जानता, कितनी आसानी से गुमराह किए जा सकते हैं। (17/134) प्रदर्शन भले ही बच्चों के खेल जैसे हों परन्तु वे गुप्त षड्यंत्रकारियों के कारनामे नहीं थे। 29 मार्च 1919 को पंजाब सरकार ने डॉ. सत्यपाल को नजरबंद किया और उन्हें आज्ञा दी कि वे सार्वजनिक सभाओं में भाषण न करें। 30 मार्च को अमृतसर में हड़ताल हुई और एक सभा हुई जिसमें सरकारी बयान के अनुसार 30 से 35 हजार लोग शामिल हुए। सभी रिर्पोटों में यह बात स्वीकार की गई कि "सभा शांतिपूर्वक संपन्न हो गई और एक भी अशोभनीय घटना नहीं हुई।"(17/181) 3 अप्रैल को ऐसा ही आदेश डाक्टर किचलू तथा कुछ अन्य नेताओं पर लागू किया गया। परिणाम यह कि 6 अप्रैल को अमृतसर में फिर पूरी हड़ताल हुई और जो सभा हुई उसमें लगभग 50 हजार आदमियों ने भाग लिया।(17/182) 9 अप्रैल को रामनवमी थी। उस दिन एक बहुत बड़ा जुलूस निकाला गया। उसमें मुसलमानों ने बहुत बड़ी संख्या में भाग लिया। डॉ. सत्यपाल और डॉ. किचलू ने अलग-अलग स्थानों पर खड़े होकर जुलूस देखा। इन दोनों नेताओं के निकट से गुजरते वक्त जुलूस वालों ने उनकी जयजयकार के नारे लगाए। अमृतसर के डिप्टी कमिश्नर ने भी जुलूस देखा और जब जुलूस के बैंड बाजे वाले उसके सामने से गुजरे तो उन्होंने 'गाड सेव द किंग' की धुन बजाई।(17/183)

10 अप्रैल को डॉ. किचलू और डॉ. सत्यपाल को मोटर में बिठा कर किसी अज्ञात स्थान की ओर भेज दिया गया। इसकी जो प्रतिक्रिया हुई वह गाँधीजी के शब्दों में इस प्रकार थी : इसकी खबर सारे अमृतसर में बिजली की तरह फैल गई। तत्काल एक भीड़ इकट्ठी हो गई। यह भीड़ मातम माननेवालों की भीड़ थी। सभी नंगे सर थे, बहुत से नंगे पैर भी थे, और किसी के हाथ में छड़ी वगैरह नहीं थी। ये लोग अपने प्रिय नेताओं की रिहाई के लिए डिप्टी कमिश्नर से प्रार्थना करने उसके बंगले की ओर जा रहे थे। यह जुलूस अमृतसर की सभी सड़कों से गुजरा-नेशनल बैंक, टाउन हॉल और क्रिश्चियन मिशन हॉल, इन सभी इमारतों के सामने से होते हुए आगे बढ़ा। ये इमारतें वही इमारतें थीं, जिन्हें थोड़े ही समय बाद भीड़ के कुछ लोगों के हाथों ध्वस्त हो जाना था। इस तरह जुलूस शांतिपूर्वक आगे बढ़ रहा था। लेकिन रेलवे के ओवर-ब्रिज पर इसकी प्रगति को वहां तैनात फौजी गारद ने रोक दिया। भीड़ ने रास्ता मांगा और कहा कि हम लोग फरियाद करने के लिए डिप्टी कमिश्नर के बंगले पर जाना चाहते हैं। उसने आगे बढ़ने की कोशिश की और फौजी गारद थोड़ी दूर पीछे हट गई। भीड़ आगे बढ़ी। फौजी गारद ने गोली चलाई जिससे कुछ लोग मारे गए और कुछ घायल हो गए। भीड़ पीछे को लौटी लेकिन अब यह एक शांतिपूर्ण भीड़ नहीं रह गई थी। अब यह ऐसी भीड़ थी जिसे अपने नेताओं को रिहा करवाने की कोशिशों में नाकामयाब कर दिया गया था, और जो अब अपने बीच कुछ लोगों के मारे

जाने और घायल होने के कारण क्षुब्ध हो उठी थी। ये क्रुद्ध लोग मृतकों और घायलों को उठाए हुए रेलवे फुट-ब्रिज की ओर गए और कुछ लोग हॉल बाजार की ओर गए। घायलों और मृतकों को देखने वाले नागरिक क्रोध से भर गए। थोड़े ही समय के भीतर रेलवे के ओवरब्रिज और फुटब्रिज के पास फिर एक भीड़ जमा हो गई। इस बार लोगों के हाथ में डंडे और लकड़ी के चैले थे। दोनों ही पुलों पर सेना का पहरा था।(17/183-84) कुछ लोग भीड़ को समझाने की कोशिश कर रहे थे कि वह शांतिपूर्वक वापस चली जाए। परंतु इसी समय अधिकारियों ने गोली चलाने का हुक्म दिया और ये बीच-बचाव करने वाले बाल-बाल बचे। जो घायल हुए, उन्हें ले जाने के लिए कुछ लोग स्ट्रेचर ले आए। परंतु स्ट्रेचरों का प्रयोग करने से उन्हें रोका गया। करीब 20 आदमी मारे गए और बहुत से घायल हुए। कुछ घायलों को डॉ. केदारनाथ के घर ले जाया गया। वे जनाना अस्पताल के निकट ही रहते थे। कहा जाता है कि श्रीमती ईस्डन घायलों को देखकर हँस पड़ीं और बोलीं कि हिंदू और मुसलमान जिस लायक थे, उनके साथ वही हुआ। इस पर लोग अस्पताल में घुस गए और श्रीमती ईस्डन को ढूंढने की कोशिश करने लगे। लेकिन इस बीच मौका पाकर श्रीमती बेंजामिन ने उन्हें छिपा दिया था, और इस प्रकार भीड़ से उनकी रक्षा हो गई। उत्तेजित भीड़ ने नेशनल बैंक को लूट लिया और उसके मैनेजर श्री स्टुअर्ट तथा एकाउंटेंट श्री स्कॉट की हत्या कर दी। जो भीड़ रेलवे के माल गोदाम में गई थी, उसने रेलवे के एक गार्ड श्री रॉबिन्सन की हत्या कर दी। भीड़ ने एलाएंस बैंक पर भी हमला किया और उसके मैनेजर श्री थॉमसन ने रिवाल्वर से गोली चलाई तो भीड़ ने क्रुद्ध होकर उन्हें मार डाला और उनकी लाश को नीचे फेंक दिया और बैंक के फर्नीचर के साथ उसे भी फूंक दिया। छावनी में काम करने वाले एक इलेक्ट्रीशियन सार्जेंट रौलैंड को रिगो ब्रिज के पास मार डाला गया। टाउन हॉल डाकखाना और मिशन हॉल जला दिए गए और भगतांवाला रेलवे स्टेशन का भी कुछ हिस्सा फूंक दिया गया। चार्टर्ड बैंक पर भी हमला करने की कोशिश की गई, लेकिन इस बैंक के भारतीय कर्मचारियों ने स्थिति को बचा लिया और बैंक को कोई गंभीर क्षति नहीं पहुंच पाई। इसी समय मिस शेरवुड साइकिल पर कहीं जा रही थीं। उन पर भी हमला किया गया किन्तु उनको उनके एक भारतीय छात्र के पिता ने बचा लिया। भीड़ में निस्संदेह कुछ बदमाश लोग भी थे जिन्होंने मौका देखकर नेशनल बैंक के गोदाम को लूटना शुरू कर दिया। यहां हम यह भी बता दें कि उसके बाद से अभी तक कुछ पुलिस वालों को भी उनके पास से लूट का माल बरामद होने के कारण गिरफ्तार किया जा चुका है। 10 अप्रैल को शाम को 5 बजे तक तोड़फोड़ और लूटपाट का काम खत्म हो चुका था।(17/184-85)

इन घटनाओं पर गाँधीजी की टिप्पणी थी : "अमृतसर की जनता को उनके प्रिय नेताओं का निर्वासन करके जिस तरह उत्तेजित किया गया, वह अत्यंत गंभीर और अनावश्यक था। फिर जब निहत्थे लोगों की भीड़ शांतिपूर्ण उद्देश्य से डिप्टी कमिश्नर के बंगले की ओर जा रही थी, तब उसे आगे बढ़ने से रोककर, और भीड़ द्वारा आगे बढ़ने

का आग्रह करने पर उसके ऊपर गोली चलाकर उसे और अधिक उत्तेजित किया गया।"(17/185) अनेक सरकारी और गैर सरकारी जांच-समितियों के सामने जो साक्ष्य दिए गए, उनका अध्ययन करने के बाद गाँधीजी ने लिखा : "हम इस नतीजे पर पहुंचते हैं कि गोली चलाने का कतई कोई कारण मौजूद नहीं था। गोली चलाने से पहले अधिकारियों ने बीच के उन उपायों को बिलकुल आजमाने की कोशिश नहीं की जिन्हें सामान्यतः सभी सभ्य देशों में अपनाया जाता है।" जनता के असंतोष से निपटने के जो आम तरीके अंग्रेजों ने अपनाए थे, उनके बारे में गाँधीजी की राय थी : "इस देश में कार्यपालिका के अधिकारियों और फौज का यह आम कायदा ही बन गया है कि वे किसी तरह का खतरा नहीं उठाते या दूसरी तरह से कहें तो उनकी निगाह में भारतीयों की जान की कोई कीमत नहीं रह गई है।"(17/185-86) 10 तारीख को जो लोग मारे गए थे, 11 तारीख को लोगों ने उनकी अर्थियों का जुलूस बनाकर उनकी अंत्येष्टि की। अधिकारियों की आज्ञा लेकर यह जुलूस निकाला गया था और उस पर कोई भी हिंसात्मक घटना नहीं हुई। 12 अप्रैल को हंसराज नामक व्यक्ति ने, जो आगे चलकर अमृतसर षड्यंत्र कांड में मुखबिर बना, घोषणा की कि 13 अप्रैल को जलियांवाला बाग में सभा होगी।(17/188)

(ग) अमृतसर और जलियांवाला बाग

पंजाब व्यापार-मंडल के उपाध्यक्ष और अमृतसर फ्लोर एंड जनरल मिल्स कंपनी के प्रबंध-निदेशक लाला गिरधारी लाल 13 अप्रैल को लगभग 11.30 बजे सबेरे कलकत्ता मेल से अमृतसर पहुंचे। उन्होंने बताया : "अमृतसर के निकट शहर के नहर के पुल पर और उससे आगे भी मैंने पुलिस के दस्ते देखे जो रेल की पटरियों की रक्षा के लिए तैनाथ थे। गाड़ी जब स्टेशन पर पहुंची तो स्टेशन एक सैनिक चौकी जैसा लग रहा था। सर्वत्र सैनिक और बंदूकें ही दिखाई पड़ती थीं। न कहीं कोई कुली और न कोई सवारी।"(17/188-89) 13 अप्रैल के सबेरे 9.30 बजे जनरल डायर ने घोषणा की : "शहर में या शहर के किसी भी भाग में या शहर के बाहर किसी भी प्रकार का कोई जुलूस किसी भी समय निकालने की मुमानियत है। इस प्रकार के किसी भी जुलूस या 4 व्यक्तियों के किसी भी जमघट को गैरकानूनी जमघट माना जाएगा और आवश्यक होने पर शस्त्र-बल से तितर-बितर कर दिया जाएगा।"(17/189) लाला गिरधारी लाल जब स्टेशन से बाहर आ रहे थे, तब उन्होंने देखा, पैदल चलने वालों के लिए जो पुल है उस पर गोरे सैनिक पहरा दे रहे हैं। सब चीजों की अच्छी तरह तलाशी किए बिना किसी को शहर में जाने नहीं देते हैं। अगर किसी के पास किसी तरह की छड़ी होती थी, तो वह अवश्य ही उससे रखवा ली जाती थी।(17/189)

जब लाला गिरधारी लाल शहर आए तो उन्होंने देखा यहां बिजली और पानी की आपूर्ति बंद कर दी गई है। डायर ने सभाओं और जुलूसों पर पाबंदी लगाने की जो बात कही थी

वह बहुत कम लोगों को मालूम हुई। गाँधीजी के विवरण के अनुसार शहर का आधे से अधिक भाग जहां आबादी सबसे ज्यादा थी, वहां यह ऐलान किसी ने सुना ही नहीं। इसके सिवा 13 अप्रैल को बैसाखी का दिन था। आसपास के गांवों से लोग बहुत बड़ी संख्या में शहर आ रहे थे। उन्हें इस ऐलान के बारे में कुछ भी मालूम नहीं था। "सरकारी गवाहों ने इस बात को स्वीकार किया है कि इस प्रकार के लोग आए और उन्होंने घोषणा नहीं सुनी होगी।"(17/190) डायर की घोषणा से कुछ आगे-पीछे अमृतसर की गलियों में एक लड़का कनस्तर बजाकर ऐलान कर रहा था कि 4 बजे जलियांवाला बाग में सभा होगी। जनरल डायर को सभा की सूचना मिली थी और उन्होंने स्वीकार किया कि सभा को रोकने के लिए उन्होंने कोई कदम नहीं उठाया।(17/190)

जलियांवाला बाग के बारे में गाँधीजी ने यह महत्वपूर्ण सूचना दी है : 'बाग' शब्द दरअसल जगह को देखते हुए ठीक नाम नहीं है। 'जालियां' उसके मूल मालिकों का जातिनाम है। वाला संबंध बोधक शब्द है। 'बाग' जिसका अर्थ बगीचा है, दरअसल मकानों से घिरा एक परती जमीन का टुकड़ा है। उस समय यह जमीन एक निजी संपत्ति थी और उसके कई मालिक थे। जैसा कि संलग्न नक्शे से साफ है, यह स्थान एक असमान आयत है। इस आयत में 3 पेड़ हैं, एक टूटी-फूटी गुंबददार समाधि और एक कुंवा है। अंदर जाने का मुख्य रास्ता एक तंग गली से है, सौभाग्यवश जिसमें बख्तरबंद गाड़ियां नहीं जा सकती थीं। अंदर जाने के लिए और कोई नियमित रास्ते नहीं थे, किंतु चार-पांच स्थानों पर संकरे रास्ते थे, जिनमें से होकर बाहर निकला जा सकता था। इस अहाते के प्रवेश स्थल पर जमीन कुछ ऊंची है और सैनिकों को तैनात करने और सामने की भीड़ पर गोली चलाने के लिए बहुत उपयुक्त है। इसलिए जब जनरल डायर ने अपने 90 सैनिकों के साथ बाग में प्रवेश किया, उस समय भीड़ के लिए बाहर निकलने का कोई आसान रास्ता नहीं था।(17/191) (जलियांवाला बाग का नक्शा संपूर्ण गांधी वाङ्मय, खंड 17, पृष्ठ 193 के पहले दिया हुआ है।)

लाला गिरधारी लाल का घर जलियांवाला बाग के पास ही था। वहां से उन्होंने जो दृश्य देखा उसका विवरण इस प्रकार है : "मैंने सैकड़ों लोगों को जहां के तहां मरते देखा। सबसे बुरी बात यह थी कि गोलियां उन रास्तों की ओर से चलाई जा रही थीं जहां से लोग बाहर की ओर भाग रहे थे। निकलने के लिए केवल 4-5 छोटे-छोटे रास्ते थे और इन सभी रास्तों पर भीड़ के ऊपर गोलियों की सचमुच बौछार हो रही थी, और कई लोग भागती हुई भीड़ के पैरों के नीचे कुचल कर मर गए। खून की नदियां बह रही थीं। जो लोग जमीन पर लेट गए थे, उन पर भी गोलियां चलाई गईं। मृतकों और घायलों की देखभाल के लिए अधिकारियों ने कोई प्रबंध नहीं किया था। तब मैंने घायलों को पानी पिलाया और उनकी जो सहायता मैं कर सकता था, वह की। मैंने पूरी जगह का चक्कर लगाया और वहां पड़ी प्रत्येक लाश को देखा। जगह-जगह पर मृतकों के ढेर लगे हुए थे। मृतकों में वयस्क और किशोर दोनों ही थे। किसी की खोपड़ी खुल गई थी, किसी की आंख गोली से उड़ गई

थी, किसी की नाक, किसी का सीना, किसी के हाथ-पैरों के टुकड़े-टुकड़े उड़ गए थे। मेरा ख्याल है, उस समय एक हजार से अधिक लाशें बाग में होंगी। मैंने देखा कि लोग जल्दी-जल्दी भाग रहे थे और बहुतों को अपने घायल या मृतक परिजनों को वहां छोड़ना पड़ा, क्योंकि उन्हें भय था कि रात के 8 बजे के बाद उन पर फिर गोली चलाई जाएगी।"(17/194)

गोली कांड के 4 महीने बाद सरकार ने जांच की और कहा, 290 से अधिक लोग नहीं मारे गए। सेवा समिति ने जांच की और जितने लोग मारे गए थे, उनके यथासंभव नाम और पते इकट्ठे किए और कहा, 500 लोग मारे गए हैं। गाँधीजी का कहना था : बहुत सावधानी से जांच करने के बाद हमारा विचार है कि लाला गिरधारी लाल ने जो हिसाब लगाकर एक हजार की संख्या बताई, वह किसी प्रकार अत्युक्तिपूर्ण नहीं है। ... इसमें संदेह नहीं है कि जनरल डायर की योजना यह थी कि अधिक से अधिक लोग मारे जाएँ। और यदि मरने वालों की संख्या एक हजार से अधिक नहीं थी, तो इसमें उनका दोष नहीं। उनके कारतूस खत्म हो गए थे, और गली इतनी संकरी थी कि वे अपनी बख्तरबंद गाड़ियां बाग के अंदर नहीं ले जा सकते थे।(17/195)

जो मारे गए थे, वे तर गए। जो बचे रह गए, उन्होंने मृत्यु से भी भयानक यंत्रणा सही। 15 तारीख को दुकानें खुल गईं। लोग आशा कर रहे थे कि अब साधारण कानून लागू होगा। गाँधीजी कहते हैं, "किंतु यह नहीं होने को था। पूरा बदला अभी नहीं लिया गया था।" डिप्टी कमिश्नर माइल्स ईविंग ने कहा : "आप लोगों ने अंग्रेजों को मारकर बुरा काम किया। इसका बदला आप लोगों से और आपके बच्चों से लिया जाएगा।"(17/198) 15 अप्रैल को फौजी कानून लागू कर दिया गया। गाँधीजी के शब्दों में : "अब तक जो चीज तथ्य रूप से मौजूद थी, उस पर कानून की मोहर लग गई।"(17/198) इन शब्दों का अर्थ यह है कि अंग्रेज यहां हिंसा के द्वारा शासन करते थे। उसे फौजी कानून न कहा जाता था लेकिन वह हिंसात्मक शासन बराबर चालू रहा और अब इस तथ्य पर, फौजी कानून की घोषणा के बाद, कानून की मोहर लग गई। अंग्रेजी राज का कानून इसी तरह का था। बदला इस तरह लिया गया : "जिस सड़क पर कुमारी शेरवुड पर आक्रमण हुआ था, वह लोगों पर कोड़े लगाने के लिए नियत कर दी गई और आने-जाने वालों को मजबूर किया गया कि वे वहां से पेट के बल रेंगते हुए गुजरें। सबको मजबूर किया गया कि वे सलाम करें—कहने को केवल अंग्रेज अफसरों को किंतु वास्तव में सभी अंग्रेजों को। ऐसा न करने पर गिरफ्तार करने और जलील करने की धमकी दी गई। छोटी-छोटी बातों के लिए भी कोड़े लगते थे— सार्वजनिक रूप से भी तथा और तरह से भी।" अंग्रेजों ने बुद्धिजीवियों पर विशेष ध्यान दिया। "शहर के सब वकीलों को बिना वजह विशेष पुलिस सिपाही बना दिया गया और उनसे साधारण कुलियों की तरह काम करवाया गया।"(17/198) अदालतों से अन्याय का विशेष प्रबंध था। "अपराधों की जांच के लिए विशेष अदालतें स्थापित की गईं जिन्होंने कानून के नाम पर बहुत अन्याय किया और फिर न्याय के नाम

पर अन्याय के शिकार होने वाले इन लोगों को अपील का भी अधिकार नहीं दिया गया।"(17/199)

जिस गली में लोगों को रेंगना पड़ता था और जिस ढंग से उन्हें रेंगने के लिए विवश किया जाता था, गाँधीजी ने उसका बड़ी यथार्थवादी शैली में वर्णन किया है। लिखा है : जिस गली में लोगों को रेंगना पड़ता था, वह एक तंग और घनी आबादी वाली जगह है। इसके दोनों ओर दुमंजिली इमारतें हैं और इनमें से कई संकरी-संकरी गलियां निकलती हैं, जिनमें बहुत से मकान हैं। इस गली के निवासियों के लिए, यदि उन्हें सौदा खरीदने के लिए या शहर जाना होता था तो इसके सिवा कोई चारा नहीं था कि वे उसके किसी भाग से गुजरें–रेंगते हुए आएँ और जाएँ। स्वास्थ्य-सफाई संबंधी कोई भी सहायता बिना रेंगे हुए नहीं मिल सकती थी। जिस गली के लिए यह आदेश जारी किया गया था उसकी पूरी लंबाई लगभग 150 गज है। साथ का नक्शा देखने पर इसके बीचोंबीच एक आयत दिखाई देगा, जिस पर टिकटिकी लिखा हुआ है। यह चौखटा कोड़े लगाने के लिए विशेष रूप से खड़ा किया गया था। यह आदेश 8 दिन तक लागू रहा। यद्यपि जनरल डायर ने इसको चारों हाथ पैरों से चलना कहा है, और इसे अखबारों में 'हाथ और घुटनों का आदेश' कहा गया है, लेकिन इसका तरीका यह था कि लोगों को पेट के बल लेटना पड़ता था और छिपकली की तरह रेंगना होता था। यदि रेंगने वाला जरा भी घुटने को उठाता या मोड़ता था तो उसकी पीठ पर राइफल के कुंदे पड़ते थे, इसलिए चलने का काम केवल पेट और हाथों के बल करना पड़ता था। यह गली, हिंदुस्तान की अधिकांश गलियों की भांति ही गंदी है और कूड़े-कचरे से भरी है और इसमें कबाड़, कंकड़-पत्थर भी हैं।(17/199)

गाँधीजी कहते हैं, "इस तरह जानबूझ कर इतना दुष्टतापूर्ण दंड देने का दूसरा उदाहरण मुश्किल से ही मिलेगा।" डायर के चरित्र के बारे में वे कहते हैं : "जो आदमी दंड के ऐसे नित नए तरीके ढूंढता रहता है और फिर लोगों को ऐसे दंड देने में मजा लेता है, उसकी मनोवृत्ति को क्या कहा जाए? संतरी सुबह 6 बजे से रात को 8 बजे तक तैनात रहते थे... (15 तारीख को समय 8 बजे शाम से बदलकर 10 बजे तक कर दिया गया था) ...रात को 10 बजे के बाद कोई घर से नहीं निकल सकता था और यदि निकलता तो उसे गोरी मारी जा सकती थी।"(17/200)

27 साल बाद इस घटनाक्रम के बारे में गाँधीजी ने कहा : 6 अप्रैल को जलियांवाला बाग में निहत्थे लोगों पर गोली चलाई गई। इसलिए लोगों ने 6 और 13 अप्रैल के दिन, यानी राष्ट्रीय सप्ताह के पहले और आखिरी दिन, उपवास किया और प्रार्थना की।(83/425-26)

फिर राष्ट्रीय सप्ताह के अंत में, 13 अप्रैल 1946 को, उन्होंने जलियांवाला कांड के बारे में और विस्तार से कहा : आज राष्ट्रीय सप्ताह का, जिसे मैंने पवित्र सप्ताह भी कहा है, आखिरी दिन है। आज के दिन ही जलियांवाला बाग की दुःखद घटना हुई थी। 6 अप्रैल (1919) को भारत में सत्याग्रह का जन्म हुआ। इस सत्याग्रह से लोगों में जिस अभूतपूर्व

जागृति का संचार हुआ था उसका दमन करने के लिए सरकार को आतंक के तरीके का सहारा लेना पड़ा। उस आतंक की परिणति जलियांवाला बाग के हत्याकांड में हुई। जनरल डायर ने 50 सिपाहियों की एक टोली के साथ जाकर वहां एकत्रित शांत और निहत्थी भीड़ पर गोलियों की बौछार कर दी। फलस्वरूप लगभग 500 व्यक्तियों की मृत्यु हुई और इससे तिगुने लोग घायल हुए। सभा-स्थल से बाहर जाने का एक ही रास्ता था और वहीं से गोलियां बरसाई जा रही थीं। निर्दोष स्त्री-पुरुषों के सामने चारों ओर से घिरे हुए निरीह प्राणियों की तरह मारे जाने के सिवा कोई और चारा नहीं था। यह सही है कि सामूहिक हत्याकांड के पहले भीड़ ने कुछ असंयत आचरण किया था लेकिन सरकार के क्रूर प्रतिशोध के सामने वह कुछ भी नहीं था। सब जगह साम्राज्यवाद का यही तरीका है। 40 करोड़ आबादी वाले राष्ट्र पर मुट्ठी भर विदेशी और किसी तरह अपना शासन कायम रख भी नहीं सकते थे।(83/452-53) अंतिम वाक्य ध्यान देने योग्य है-एक विशाल देश पर मुट्ठी भर विदेशी और किसी तरह अपना शासन कायम रख भी नहीं सकते थे। आतंक और हत्याकांड के अलावा अंग्रेजों के पास कोई कारगर अस्त्र नहीं था। इसलिए युद्ध में उनकी सहायता करके स्वाधीन भारत में उन्हें अपना भागीदार बनाने की बात निराधार कल्पना थी।

(घ) कानून, दमन और वकील

हिंदुस्तानियों पर हुकूमत हिंदुस्तानियों के द्वारा करना है, यह सिद्धांत अमृतसर के वकीलों को सिपाही बनाकर लागू किया गया। कन्हैयालाल शहर के पुराने बुजुर्ग वकील थे। उन्होंने कहा, "इस बुढ़ापे में मुझे एक कुली की तरह काम करना पड़ा-कुर्सियां और मेजें उठाकर एक जगह से दूसरी जगह ले जानी पड़ीं और सख्त धूप में शहर की गश्त लगानी पड़ी। और जिस तरह हमें दुर्वचन कहे गए और जलील किया गया, उससे हमारी यातना और भी बढ़ गई। मैं यह नहीं मान सकता कि शहर में शांति-सुव्यवस्था कायम रखने के लिए हमें पुलिस सिपाहियों के रूप में नियुक्त करना आवश्यक था। यह दरअसल हमें दंड देने के लिए किया गया था। शहर का वकील-मंडल सार्वजनिक कामों में भाग लेता है और रौलेट कानून के विरुद्ध जो आंदोलन हुआ उसमें भी उसने प्रमुख रूप से भाग लिया था। इसीलिए सभी वकीलों को इस प्रकार दंडित किया गया।"(17/204) अंग्रेजों का कानून, उस कानून में प्रशिक्षित अंग्रेजी राज के वकील, ये अंग्रेजों के बनाए कानून का विरोध कर रहे थे और इसके लिए उन्हें दंड दिया जा रहा था। अंग्रेजों के कानून और उनकी शांति व्यवस्था का खोखलापन यहां बहुत साफ जाहिर हो जाता है।

उच्च न्यायालय के वकील और न्यायपालिका के सदस्य बालमुकुंद भाटिया ने बताया : "हम लोगों को जमीन पर बिठाया गया और फिर हमारे सामने दो नागरिकों को टिकटिकी से बांध कर कोड़े मारे गए। यह दृश्य देखने की हमें विशेष रूप से आज्ञा हुई। शाम को

वकीलों को एक पंक्ति में खड़ा किया गया।"(12/204) वकीलों से काम लेने के लिए लेफ्टिनेंट न्यूमैन को नियुक्त किया गया। उन्होंने आज्ञा दी : वकील दिन में तीन बार उनके सामने हाजिरी दें और बाकी दिन शहर में गश्त लगाएँ। (उपर्युक्त) भाटिया आगे कहते हैं : "दूसरे शब्दों में हमें दिनभर उपस्थित रहना पड़ता था, या तो बाग में या शहर में। हमें बार-बार याद दिलाया जाता था कि हम महज पुलिस के सिपाही हैं और हमारी किसी भी भूल का दंड केवल कोड़े या जेल नहीं, बल्कि मृत्यु भी हो सकता है। हमसे कुलियों की तरह काम कराया गया। हमें बहुत सारे लोगों के सामने, जो हमारा आदर करते हैं, मेज-कुर्सियां लाने-ले जाने का आदेश दिया गया यद्यपि इस काम के लिए अर्दली और दूसरे नौकर काफी संख्या में मौजूद थे।"(17/205)

गाँधीजी कहते हैं : "शायद सबसे परेशान करने वाली सजा, फौजी कानून के दरम्यान की गई अंधाधुंध गिरफ्तारियां और जेल में होने वाला दुर्व्यवहार था। जिन दिनों गिरफ्तारियों का दौर चल रहा था, उन दिनों कोई भी नागरिक अपने-आप को इससे सुरक्षित नहीं समझता था।"(17/205) गिरधारीलाल ने आपबीती सुनाई। "जहां तक मुझे याद है पुलिस ने 12 अप्रैल से लोगों को गिरफ्तार करना शुरू किया। उसके बाद यह सिलसिला फिर नहीं रुका। रोज-रोज हर पेशे और तबके के लोग गिरफ्तार किए जाने लगे– ऐसे लोग जो शांतिपूर्वक अपने-अपने धंधों में लगे थे। किसी भी मामले में यह नहीं बताया गया कि उस पर आरोप क्या है।" गाँधीजी कहते हैं : "उनके एकदम हथकड़ियाँ डाल दी जाती थीं और उन्हें हवालात में बंद कर दिया जाता था, जिसमें उन्हें कई-कई दिन तक या महीनों रखा गया। यह भी नहीं बताया गया कि उन पर क्या आरोप है, न उन्हें यह अवसर दिया गया कि मित्रों या संबंधियों से मिल सकें या सलाह कर सकें।"(17/205) लाला गिरधारीलाल का हाल यह है : "(वह) कानपुर में अपने एक रिश्तेदार को सख्त बीमारी की हालत में छोड़कर वापस लौटे थे। इसलिए वे कानपुर फिर वापस जाना चाहते थे। बड़ी कठिनाई से उन्हें अमृतसर छोड़ने के लिए अनुमति पत्र मिला। 21 अप्रैल को वह कलकत्ता मेल से रवाना हुए। व्यास नदी पर जो पुल है, उस पर गाड़ी रोक दी गई और सब मुसाफिरों के असबाब की बारीकी से छानबीन की गई। कुछ देर बाद उन्हें सूचित किया गया कि अमृतसर के अधिकारियों ने उन्हें तलब किया है।"(17/205-6) गिरधारीलाल कानपुर पहुंचे लेकिन स्पष्ट ही वह अपने रिश्तेदार की देखभाल करने के लिए समय न निकाल सके। उन्हें कानपुर के पुलिस सुपरिंटेंडेंट के सामने उपस्थित होना पड़ा। उसने उन्हें पुलिस की निगरानी में अमृतसर वापस भेजा। गाँधीजी कहते हैं : "उनके हाथ में एक अखबार था। क्योंकि जो पुलिस सब-इंस्पेक्टर उनके साथ था, उसने उन्हें इसकी इजाजत दे दी थी। अमृतसर के पुलिस सुपरिंटेंडेंट इसे बर्दाश्त नहीं कर सके। पर सब-इंस्पेक्टर ने शांतिपूर्वक उन्हें बताया कि लाला गिरधारीलाल को अखबार खरीदने की इजाजत उसने ही दे दी थी, क्योंकि कानपुर में उनके अफसर का ऐसा कोई आदेश नहीं था कि उनकी स्वतंत्रता पर इस प्रकार प्रतिबंध लगाया जाए। लाला गिरधारीलाल को तुरंत

हथकड़ियां पहना दी गईं और जब उन्होंने पूछा कि उन्हें क्यों गिरफ्तार किया जा रहा है तो कोई जवाब नहीं दिया गया। 22 तारीख को दिन के 11 बजे से दूसरे दिन सुबह 8 बजे तक उन्हें कुछ खाने को नहीं मिला। उन्हें एक छोटी-सी कोठरी में बंद कर दिया गया जिसमें 10-11 आदमी और थे। कोठरी के एक कोने में एक बदबूदार पेशाब का बरतन रखा था। दूसरे दिन सुबह शौचालय के लिए इन सबको कुछ मिनटों के लिए बाहर जाने दिया गया और फिर बंद कर दिया गया। न उन्हें नहाने दिया गया और न कपड़े ही बदलने दिए गए। पानी भी बड़ी कठिनाई से उन्हें मिल सका, सो भी एक दयालु सिपाही की मेहरबानी से। मई का महीना साल का शायद सबसे गर्म महीना होता है। आदमियों से ठसा-ठस भरी छोटी-सी तंग कोठरी में कितनी तकलीफ हो सकती है, इसका अनुमान आसानी से लगाया जा सकता है। कुछ समय बाद उन्हें कुछ अधिकारियों के सम्मुख पेश किया गया। उनमें से एक ने उनके प्रति भद्दे और अपमानजनक शब्दों का प्रयोग किया। 24 मई को उन्हें हवालात से छोटी जेल में ले जाया गया। जो भोजन उन्हें दिया गया, वह आदमी के खाने योग्य नहीं था। 27 मई को वे और उनके साथी लाहौर ले जाए गए। एक-एक हथकड़ी से दो-दो आदमी बंधे हुए थे। उनके पास किसी को आने नहीं दिया गया। जिन लोगों ने उनसे बात करने का साहस किया, उन्हें उसी समय गिरफ्तार कर लिया गया। लाहौर के रेलवे स्टेशन से अदालत तक, लगभग दो मील का फासला, उन्हें पैदल तय करना पड़ा। पुलिस इंस्पेक्टर ने उन्हें रास्ते में पानी भी नहीं पीने दिया। अदालत पहुंचने पर उन्हें दिनभर अदालत के बाहर इंतजार करना पड़ा। उसके बाद उन्हें सेंट्रल जेल ले जाया गया और वहां प्रत्येक को एक-एक लोहे के पिंजरे में बंद कर दिया गया जो 7 फुट लंबा, 2 फुट चौड़ा और 4 फुट ऊंचा था।"(17/206)

शेख गुल मुहम्मद पर जो बीती, उसे देखते हुए लाला गिरधारीलाल सस्ते में छूटे। सेठ गुल मुहम्मद का वृत्तांत इस प्रकार है : "कांच के बर्तनों के व्यापारी सेठ गुल मुहम्मद को 20 अप्रैल को, जब वह नमाज पढ़ रहे थे, गिरफ्तार कर लिया गया और कोतवाली ले जाया गया। उनसे झूठी गवाही देने के लिए कहा गया। इंस्पेक्टर जवाहरलाल ने उनकी दाढ़ी पकड़कर इतने जोर से चांटा मारा कि उन्हें थोड़ी देर के लिए चक्कर आ गया। उसके बाद उन्हें यह बयान देने को कहा कि डॉ. सत्यपाल और डॉ. किचलू ने मुझे उकसाया कि मैं 6 तारीख को हड़ताल करवा दूं। उन्होंने मुझे यह कहकर भी उत्साहित किया कि वे अंग्रेजों को देश के बाहर निकालने के लिए बमों का उपयोग करेंगे। झूठी गवाही देने से बार-बार इन्कार करने पर पुलिस के सिपाहियों ने उनकी एक बांह पकड़ी और एक को चारपाई के नीचे दबाया। फिर उस पर 8 पुलिस वाले बैठ गए। जब दर्द असहनीय हो गया तो वह चिल्लाए : "मेरा हाथ छोड़ दो, मैं जो कुछ तुम चाहोगे करूंगा'—इतना कहने पर भी जब वह फौज़ी अदालत के सामने पेश हुए, तो उन्होंने जजों से कह दिया कि उन्हें यंत्रणा दी गई थी, इसलिए उन्होंने वैसा बयान दिया था।"(17/210-11)

मस्जिद के इमाम गुलाम जीलानी ने रामनवमी के अवसर पर इंतजाम में प्रमुख रूप

से भाग लिया था। उन्हें 16 अप्रैल को गिरफ्तार किया गया। उन्हें तरह-तरह की यातनाएँ दी गईं। मुहम्मद शफी नाम के गवाह ने गुलाम जीलानी को दी गई कुछ यंत्रणाएँ अपनी आंखों देखी थीं और उनकी करुण चीत्कार भी सुनी थी। उस दिन खैरदीन नाम का एक और व्यक्ति भी लाया गया। उसके साथ भी इसी तरह का व्यवहार किया गया और उसकी हालत इतनी खराब हो गई कि जो चोटें उसे लगी थीं, उनके कारण वह मर ही गया।(17/212-13) हाजी शम्सुद्दीन जमींदार ने देखा था कि मौलवी गुलाम जीलानी और खैरदीन को यंत्रणा दी जा रही है। हाजी शम्सुद्दीन ने बयान दिया : "पुलिस वालों ने उनकी (अर्थात् मौलवी जीलानी को) गुदा में एक डंडा घुसेड़ा। वह दयनीय हालत में थे। मैंने उनका मल-मूत्र निकलते देखा। पुलिस ने हम सबसे जो बाहर थे, कहा कि जो गवाही नहीं देंगे, उन सबका यही हाल होगा।"(17/213)

पश्मीने के व्यापारी मलिक अब्दुल हई को लाहौर से अमृतसर बुलाया गया। वहां इंस्पेक्टर जवाहरलाल ने उनसे डॉ. किचलू के खिलाफ झूठी गवाही देने को कहा। इनाम देने की बात कही, धमकाया भी। जब सब धमकियां और समझाना बुझाना बेकार गया तो उन्हें एक कमरे में ले जाकर निर्दयतापूर्वक पीटा गया। भयभीत होकर अंत में झुक गए। लेकिन गवाही में उन्होंने जजों को बताया कि उनसे झूठी गवाही दिलवाने के लिए पुलिस ने उन्हें इतना परेशान किया। अपना बयान देकर वह जैसे ही बाहर आए, नायब कोर्ट ने उन्हें गिरफ्तार कर लिया और उन्हें पुलिस के कमरे में ले ही जाने वाले थे कि वह चीख उठे। वहां पर कुछ बैरिस्टर मौजूद थे। उनकी सहायता से जजों के पास आए। जजों को पूरी कहानी सुनाई। मुख्य न्यायाधीश ने उन्हें दूसरे रास्ते से घर जाने की आज्ञा दी।(17/213) वकीलों के साथ बैरिस्टरों को भी यातना दी गई। बैरिस्टर बदरुल इस्लाम अली खां को 19 अप्रैल को गिरफ्तार किया गया। पुलिस वाले उनकी स्त्री के शयनकक्ष में घुस गए और जब उन्होंने उनसे बाहर जाने को कहा तो उन्होंने इन्कार कर दिया।(17/213) बैरिस्टर गुरुदयाल सिंह सलारिया को भी गिरफ्तार किया गया। वह उन लोगों में से थे जिन्होंने 10 अप्रैल को अपनी जान हथेली पर रखकर भीड़ को पुल से वापस लौटाने का प्रयत्न किया था। वह भी उस अपमानजनक व्यवहार का वर्णन करते हैं जो उनके साथ किया गया। वह 23 मई से 5 जुलाई तक हिरासत में रहे।(17/214)

10 अप्रैल को लाहौर में भी हड़ताल हुई। यह हड़ताल पूरी तरह शांतिपूर्ण थी। गाँधी जी का कहना था : "सरकार के दृष्टिकोण से भी राहत पाने के साधन के रूप में शांतिपूर्ण हड़ताल का तरीका हिंसात्मक उपाय की अपेक्षा लाख दर्जे अच्छा होना चाहिए।"(17/221) लेकिन सरकार असाधारण उपायों से काम लेने पर तुली हुई थी। जुलूस निकाला गया और गोलियां चलाईं। पुलिस ने गोलियां चलाने का हुक्म दिया। दो-तीन जानें गईं और अधिक लोग घायल हुए। भीड़ पीछे हट गई। मृतकों और घायलों को पुलिस उठा कर ले गई। विशेष बात यह कि रास्ते में गुजरते हुए डॉक्टरों की सहायता अस्वीकार कर दी गई।(17/219) भीड़ पर गोली चलाना सामान्य नियम हो गया था। गाँधीजी ने बंबई का

हवाला देते हुए लिखा : सरकारी गवाही के आधार पर हम जानते हैं कि 10 अप्रैल को बंबई में एक विशाल भीड़ को दो दर्जन घुड़सवारों ने उसके अंदर घोड़े दौड़ाकर तितर-बितर कर दिया था और उपद्रव करने पर उतारू बंबई के पाय धुनी मुहल्ले की भीड़ की उद्दंडता तो विख्यात ही है। हमें तो कुछ ऐसा लगता है कि सामान्य रूप से हिंदुस्तान में और विशेष रूप से पंजाब में इस तरह का कोई अलिखित नियम हो कि पुलिस कभी भी किसी तरह का खतरा न उठाए और छोटी से छोटी बात पर गोली चला दे। (17/220) महाराष्ट्र, पंजाब, गुजरात, हर जगह जनता अंग्रेजों का विरोध कर रही थी और हर जगह अंग्रेज उन पर अपना दमन चक्र चला रहे थे। बेशक अंग्रेजों ने पंजाब में अपनी क्रूरता के नए कीर्तिमान स्थापित किए।

लाहौर में जब गोली चली तब अधिकारियों ने घायलों के संबंधियों को उन्हें ले जाने की अनुमति नहीं दी। (17/220) घायलों को न ले जाने देने पर जनता में रोष बढ़ा परंतु रोष की मात्रा जितनी जनता में थी, उतनी उसके नेताओं में नहीं थी। गाँधीजी ने इन नेताओं से बात की और लिखा : हमारा ख्याल है कि अधिकारियों द्वारा घायलों और मृतकों को वापस न करने पर भी अधिकांश नेताओं ने हड़ताल समाप्त करने का पूरा प्रयत्न किया, पर इसमें वे सफल नहीं हुए।(17/220) बादशाही मस्जिद में एक विशाल सभा हुई। सभा में बहुत रोष था। केवल पंडित रामभजदत्त चौधरी अपनी बुलंद आवाज के कारण लोगों से अपनी बात कह सके। बिना किसी अंतिम निर्णय पर पहुंचे सभा समाप्त हो गई, और जब लोग अपने-अपने घरों को लौट रहे थे फौज ने गोलियां चला दीं।(17/221) कुछ लोग मारे गए। इससे रोष और बढ़ा, नेताओं का काम प्रायः असंभव हो गया। हड़ताल चलती रही। भुखमरी फैल जाएगी और उसके फलस्वरूप लूटपाट होगी। इसीलिए लोगों ने लंगरखाने खोले। ये चंदे से चलाए गए और इस प्रकार 15 अप्रैल का दिन आ गया। कुछ प्रमुख नागरिक अधिकारियों द्वारा बुलाए गए और तुरंत गिरफ्तार कर लिए गए। उन्हें निर्वासित किया गया और इसके तुरंत बाद लाहौर में फौजी कानून लागू किया गया। डिप्टी कमिश्नर ने नेताओं को बताया कि मार्शल लॉ की घोषणा हड़ताल तोड़ने के लिए ही की जा रही है।(17/221)

दक्षिण अफ्रीका में भारत विरोधी कार्यवाहियों के लिए अंग्रेज वैसे ही जिम्मेदार थे जैसे पंजाब के दमन के लिए। इसका प्रमाण यह है कि जो फौजी अफसर दक्षिण अफ्रीका के दमन चक्र चला चुके थे, उन्हें पंजाब बुलाया गया। इनमें एक अफसर जॉनसन थे। गाँधीजी ने उनके बारे में लिखा है : अफ्रीका में शोहरत पाने वाले कर्नल जॉनसन 5 अप्रैल से 29 मई 1919 तक लाहौर मार्शल लॉ क्षेत्र के कमांडर थे। उनके शासन की निरंकुशता इतनी व्यापक थी कि क्या ऊंच व नीच, सभी वर्गों के लोग उसकी लपेट में आ गए। हजारों विद्यार्थी भी इससे नहीं बच सके। उनके लौह शासन के सामने ऊंचे से ऊंचे व्यक्ति को भी झुकना पड़ा। (17/223) लाहौर में कर्फ्यू लगा दिया गया। जिन लोगों को चिकित्सा की आवश्यकता थी, उन्हें भी उसके बिना ही रहना पड़ा। और जब पंडित जगत नारायण

ने इस कठिनाई की ओर संकेत किया तो उस अधिकारी ने तपाक से उत्तर दिया कि लड़ाई ठानी है तो इस प्रकार की कठिनाइयां तो झेलनी ही पड़ेंगी। लेकिन कर्नल जॉनसन को यह स्वीकार करना पड़ा कि लोगों ने कहीं भी हथियारों का प्रयोग नहीं किया।(17/223) जो लड़ाई हथियारों के बिना लड़ी जा रही थी, उसे अंग्रेज हथियारों के जरिए दबा रहे थे। जॉनसन ने लोगों को कोड़े लगाने की व्यवस्था विशेष रूप से की। उन्होंने समरी अदालतें चालू कीं। इन अदालतों ने 66 व्यक्तियों को कुल मिलाकर 800 कोड़े लगाने के आदेश दिए थे। सबसे अधिक कोड़े खाने वाले व्यक्ति को 30 और सबसे कम वाले को 5 कोड़े लगे।(17/224) अंग्रेजी राज में ऐसी शांति व्यवस्था थी कि लोग जेल से बाहर रहने के बदले जेल में रहना पसंद करते थे। जॉनसन का तर्क था कि जिन लोगों पर शक है उन्हें जेल भेजा जाए तो जेलों में जगह न रहेगी। इसीलिए उन्हें कोड़े लगाना ज्यादा अच्छा था। उनका कहना था : "इस शहर के आम लोगों के रहन-सहन का जो स्तर है, उसे देखते हुए जेल उनके लिए एक बहुत अच्छी जगह है। सेंट्रल जेल में कैदियों को अच्छा खाना-पीना मिलता है और इसलिए कोई भी अपने आप को आसानी से वहां की परिस्थितियों के अनुकूल ढाल लेगा। इस हालत में तो सभी लोग जेल जाना ही पसंद करते। अतः मुझे डर था कि जेलें ठसाठस भर जाएंगी।"(17/225) कर्नल जॉनसन वकीलों को ही नहीं, उनके छोटे कर्मचारियों को भी शक की निगाह से देखते थे। कहा था : "मेरे पास यह विश्वास करने के लिए पर्याप्त कारण मौजूद हैं कि वकीलों के मुंशी, उनके अलहकार और चपरासी लोग राजद्रोहात्मक प्रचार करने में लगे हुए हैं।" (17/226) पंजाब में बाहर के वकीलों का प्रवेश रोक दिया गया, इसलिए कि सरकार को विश्वास था कि वे भी राजद्रोहपूर्ण विचारों का प्रचार कर सकते हैं।

लोगों को डराने का एक तरीका यह था कि जिस पर शक हो, उसके घर पर एक नोटिस चिपकवा दिया जाए। नोटिस फाड़ा जाए या गंदा भी कर दिया जाए तो जिम्मेदारी घर के मालिक की होती थी। ऐसा एक नोटिस सनातन धर्म कालेज पर चिपकाया गया। किसी ने वह नोटिस फाड़ दिया। इस पर 500 विद्यार्थी गिरफ्तार किए गए। उनके साथ उनके अध्यापक भी थे। उन्हें कोर्ट से तीन मील पैदल चलने पर विवश किया गया और इस यात्रा के दौरान उन लोगों को अपने-अपने बिस्तर कंधे पर या सिर पर ले जाने का हुक्म दिया गया।(17/230) अंग्रेज लाहौर के छात्रों को अपने लिए खास तौर से खतरनाक समझते थे। कर्नल जॉनसन ने डी.ए.वी. कालेज, दयाल सिंह कालेज और मेडीकल कालेज के खिलाफ कार्रवाई की। कार्रवाई यह थी कि सभी विद्यार्थियों की हाजिरी दिन में चार बार ली जाएगी, सुबह 7 बजे से 11 बजे के बीच और शाम को 3 से 7.30 बजे के बीच। मेडीकल कालेज के छात्रों को दिन में चार बार हाजिरी देने के लिए कुल मिलाकर 16-17 मील चलना पड़ता था। लाहौर की उस चिलचिलाती धूप में उनको लगातार 3 हफ्ते रोजाना इसी तरह चलना पड़ा।(17/231-32) छात्रें को जो सजा दी गई, उसमें उन्हें कालेज से निकाल देना, परीक्षा में बैठने न देना भी शामिल था। (17/235) लाहौर में आई हुई एक

बारात को इसलिए गिरफ्तार कर लिया गया कि उसमें 100 से ज्यादा लोग थे। वे शहर में घूम रहे थे। दूल्हा सहित उन सबको पकड़ लिया गया और पंडितों तथा अन्य लोगों को कोड़े लगवाए गए।(17/237) कर्नल जॉनसन ने जो कुछ किया, वह ऊपर के अधिकारियों की इच्छानुसार किया। इस बारे में गाँधीजी कहते हैं : "कर्नल जॉनसन तो सर माइकेल ओ डायर की नीतियों और इच्छाओं का पालन ही कर रहा था।"(17/237) अंग्रेज अधिकारी जैसे सभाओं और जुलूसों से नाराज थे, वैसे ही अखबारों से नाराज थे। 'ट्रिब्यून' के एक ट्रस्टी मनोहर लाल थे। उन्हें इसलिए गिरफ्तार किया गया कि वे इस अखबार के ट्रस्टी थे, और उसके संपादक कालीनाथ राय पर मुकदमा चलाया गया। गाँधीजी कहते हैं : "उनका मुकदमा क्या था, राजनीतिक जीवन के सामान्य शिष्टाचार का गला घोंटने से किसी कदर कम नहीं था। प्रताप के संपादक पर मुकदमा चलाना भी इतना ही क्रूरतापूर्ण था।"(17/237-38) इस तरह अंग्रेज अधिकारी किसी भी तरह के विचारों की स्वतंत्रता करने के लिए तैयार नहीं थे। जैसे लोगों पर सामूहिक जुर्माना किया जाता था, वैसे ही उन पर अदालती कार्रवाई भी सामूहिक रूप से की गई। बैरिस्टर संतानम् का बयान था : "20-20, 30-30 अभियुक्तों के इतने गंभीर अभियोगों की सुनवाई भी साधारणतया एक ही दिन में पूरी हो जाती थी। आसानी से कल्पना की जा सकती है कि इन बेचारों की सुनवाई किस तरह की होती होगी।"(17/240)

हिंदुस्तानियों को अपमानित करने और उनका मनोबल तोड़ने के लिए बहुत से तरीके अपनाए गए थे। लाहौर से कुछ दूर कसूर नाम की मंडी है। वहां दंड देने का तरीका यह था कि तथाकथित उपद्रवी लोगों को स्टेशन के गोदाम में जाकर भारी-भारी गांठें ढोने का आदेश दिया जाता था। जो लोग हर गोरे को सलाम करने में चूक जाते थे, उन्हें या तो कोड़े लगाए जाते थे या फिर जमीन पर नाक रगड़ने को मजबूर किया जाता था।(17/249) मार्शल लॉ के एक नोटिस में बताया गया था, काले आदमियों के पास से कोई गोरा निकले तो उन्हें किस तरह उसका सम्मान करना चाहिए। "यदि कोई व्यक्ति घोड़े या किसी गाड़ी पर सवार हो तो उसे ऐसे अवसर पर नीचे उतर जाना चाहिए। यदि किसी के हाथ में छाता हो तो उसे वह नीचे कर लेना चाहिए या यदि उसने उसे खोल रखा हो तो बंद कर लेना चाहिए और सभी व्यक्तियों को अपने दाहिने हाथ से अदब के साथ सलाम करना चाहिए।"(17/262) एक फौजी अफसर का विचार था कि उसके बुलाने पर अगर कोई न आया तो वह फौजों के दस्ते भेजकर उसकी जायदाद में आग लगा सकता था।(17/250) कसूर में कैदियों के मुकदमों की सुनवाई पूरी होने से पहले ही सार्वजनिक स्थानों में फांसी के झूले खड़े कर दिए गए थे, इस विश्वास से कि न्यायाधीश फांसी की सजा देंगे।(17/250)

ऐसा लगता है कि कुछ स्थानों पर पुलिस को अंग्रेजों से सहानुभूति नहीं थी। गुजरांवाला में कई इमारतें जलाई गईं और पुलिस खड़ी देखती रही। कुछ लोगों का कहना था कि वह लोगों को आग लगाने को भी कह रही थी। गाँधीजी ने लिखा : "हमारे पास जो बयान

हैं, उनमें तो यहां तक कहा गया है कि पुलिस ने जनसमूह को आगजनी के लिए भड़काया भी था और इन बयानों में जो सबूत मौजूद हैं, उनसे इस कथन का समर्थन ही होता है।"(17/256) कुछ शहरों में वकीलों से पुलिसमैनों का काम लिया गया। उससे भी संकेत यही मिलता है कि हर जगह सरकार को पुलिस पर भरोसा न रह गया था। पुलिस के बदले जगह-जगह फौज तैनात की गई थी। इसका कारण भी यह हो सकता है कि अंग्रेजों को पुलिस पर पूरा विश्वास नहीं था कि वह दमन का काम ठीक से कर पाएगी। इसके साथ ही पंजाब की परिस्थितियों में बहुत से पुलिस अधिकारियों को घूस लेने का भी अच्छा अवसर मिला। गिरफ्तारी से बचने या झूठी शहादत देने के इच्छुक व्यक्तियों से पुलिस खुलेआम रिश्वतें लेती थी और उसे खुलेआम रिश्वतें दी जाती थीं।(17/226) शायद हर जगह उचित संख्या में फौजी दस्ते भेजने में अधिकारियों को कठिनाई थी। इसलिए हवाई जहाजों से बमबारी भी की गई थी। गुजरांवाला में कर्नल ओब्रायन ने सहायता के लिए हवाई जहाज मंगवाया। उनसे सर्वथा निर्दोष व्यक्तियों पर बमबारी की गई। जिस स्थान पर बमबारी की गई थी, वहां कोई भी सार्वजनिक सभा नहीं हो रही थी। खालसा बोर्डिंग हाउस पर बम गिराए गए।(17/257) अधिकारियों के बयानों से मालूम हुआ, पहले जहाजों ने मशीनगनों से गोली वर्षा की। जब लोग डरकर अपने गांवों की ओर भागने लगे, तब उन पर बम गिराए गए।(17/258) कुछ लोग गुजरांवाला से लौटकर अपने गांव जा रहे थे। उन पर हवाई जहाजों से मशीनगनों द्वारा गोलियां बरसाई गईं।(17/259) निजामाबाद नाम का गांव ब्रिटिश सैनिकों ने घेर लिया। उन्होंने दुकानें लूटीं, आटा, घी और गुड़ अपने कब्जे में ले लिया और उस सब माल को ट्रेन तक ढोने के लिए गांव वालों को मजबूर किया। करीब एक पखवाड़े तक लोगों को पुलिस चौकी जाकर वहां 7 बजे से 8 बजे शाम तक दिनभर धूप में बैठने पर विवश किया गया।(17/267) इस गैरकानूनी लूट के अलावा जो कानूनी लूट थी, वह अलग। "सैनिकों के लिए नियमित रूप से मक्खन इकट्ठा किया जाता था और उसके लिए एक कौड़ी भी नहीं दी जाती थी। मक्खन इकट्ठा करना बंद हुआ तो सेना के खर्च के लिए हर घर पीछे 1 रुपया वसूल किया जाने लगा।"(17/265)

(ङ) आतंक का जवाब और शांतिप्रेमी नेता

जनता अपने ढंग से अंग्रेजों के आतंक का उत्तर दे रही थी। जहां भी लोग पकड़े जाते थे, तुरन्त भीड़ इकट्ठा हो जाती थी और छुड़ाने के लिए सीधी कार्रवाई करती थी। 8 अप्रैल 1919 को गाँधीजी ने सी.आर. दास के नाम अपने तार में कहा : "शाम को कौमटोला में भीड़ ने उड़िया अभियुक्त को पुलिस की हिरासत से छुड़ा लिया और पुलिस पर जोर का हमला किया।"(15/210) ऐसी घटना पंजाब में शाहपुर के एक गांव में हुई। "लोगों की भीड़ ने एक गांव घेर लिया और सात आदमियों की गिरफ्तारी रोकने की कोशिश की। इस भीड़ पर पुलिस ने गोली चलाई और कुछ लोग हताहत हुए।"(17/151) दमन

चक्र चलाने के लिए संचार-व्यवस्था का चालू रहना जरूरी था। जनता अपने सहज बोध से जानती थी कि रेलों के द्वारा फौज एक जगह से दूसरी जगह पहुंचायी जाती थी। उसके आतंक को रोकने के लिए रेलों का चलना बंद करना चाहिए। चूंकि सरकारी अधिकारी एक जगह से दूसरी जगह तार द्वारा समाचार भेजते हैं इसलिए इस व्यवस्था को भी भंग करना चाहिए। इसलिए छोटी-बड़ी जगहों में बार-बार स्टेशन जलाए गए और तार काटे गए। गुजरात में नडियाड के पास ब्रिटिश सैनिकों से भरी एक रेलगाड़ी को पटरी से इसी तरह उतार दिया गया।(15/237) कसूर में भीड़ ने स्टेशन में आग लगाने की कोशिश की। वहां ट्रेन आकर रुकी। उसमें दो अंग्रेज सैनिक भी थे। "उन सैनिकों ने ट्रेन के स्टेशन पहुंचने पर वहां से निकल भागने में ही अपना कल्याण समझा। वे दोनों ट्रेन से बाहर निकले, और बिल्कुल अपनी आत्मरक्षा के लिए ही उन्होंने शोरगुल मचाती भीड़ पर गोलियां चलाईं। गोलियों का भीड़ पर अगर कोई असर पड़ा तो यही कि उसका क्रोध और भभक उठा और उन दोनों निर्दोष अंग्रेजों को लाठियों से मार गिराया गया।"(17/247) कसूर से थोड़ी दूर खेमकरन स्टेशन है। उसे लूटा गया और तार काटे गए। अंग्रेज अधिकारी मार्सडन के अनुसार, "इस घटना के पीछे लगता है कि निचले वर्गों के लोगों, दुकानदारों, मूढ़ गंवार मजदूरों और इसी तरह दूसरे लोगों का हाथ था।"(17/253) वजीराबाद में सभा हुई। वहां लोगों ने बाहर की घटनाओं के समाचार सुने। नतीजा यह कि वे भी तार काटने और रेल की पटरियां उखाड़ने के लिए चल पड़े।(17/263) 500 लोगों की आबादी का एक छोटा-सा गांव मनियांवाला था। वह धवन सिंह रेलवे स्टेशन के पास ही था। आसपास के गांवों के लोगों ने 16 अप्रैल 1919 को स्टेशन को लूटा और उसे जलाया। उन्होंने अमृतसर की घटनाओं की खबर सुनी थी और उसी से उत्तेजित होकर यह काम किया था।(17/283)

वजीराबाद के आगे अकालगढ़ नाम का स्टेशन है। वहां तार काटे गए। गाँधीजी के विवरण के अनुसार यह काम अकालगढ़ के लोगों ने नहीं किया वरन् वजीराबाद के बैसाखी मेले से लौटने वालों ने किया।(17/268) जिन्होंने भी किया हो, तार वहां काटे गए, यह निश्चित है। अकालगढ़ से आगे हाफिजाबाद की मंडी है। वहां रेलवे स्टेशन भी है। वहां ट्रेन के ऊपर हमला किया गया। गाँधीजी के शब्दों में, "लाहौर और अमृतसर में 10 तारीख को अधिकारियों द्वारा दी गई ज्यादतियों के विरोध स्वरूप हड़ताल की भावना मानो रेलवे की पटरी-पटरी आगे बढ़ रही थी, और हाफिजाबाद भी पहुंच चुकी थी। यहां 14 अप्रैल को मुकम्मल हड़ताल हुई। लोगों की भीड़ स्टेशन की तरफ गई। उसमें शराब पिये हुए निठल्ले लोग ही ज्यादा थे। इस भीड़ ने स्टेशन से करीब 300 गज की दूरी पर एक रेलवे फाटक के पास ट्रेन रोक दी और पहले दर्जे में अपने छोटे बच्चे के साथ सफर करते हुए लेफ्टिनेंट टैटम पर वहशियाना हमला कर दिया। लोगों ने डिब्बे की खिड़कियों के कांच तोड़ डाले। इस बीच उसी भीड़ के दूसरे लोगों ने इस बर्बरता का विरोध किया और अपनी जान का जोखिम उठाकर भी लेफ्टिनेंट टैटम को बचा लिया।(17/273) इससे साबित

होता है कि भीड़ में यदि कुछ लोग शराब पिये हुए थे तो वहां बहुत से लोग ऐसे भी थे जो होश में थे। इस तरह की घटनाएँ छोटे-बड़े स्टेशनों पर बार-बार हो रही थीं। इससे जनता की भावना का पता चलता है। उसे शराबियों और गुंडों का काम कहकर नहीं टाला जा सकता।

लाहौर-लायलपुर रेलवे लाइन पर सांगला हिल स्टेशन के पास तार काटे गए। एक अंग्रेज अधिकारी के अनुसार : "15 तारीख को सांगला और सालनवाला के बीच तार काटे गए। 16 तारीख को एक सिख ने कुछ और सिखों को लेकर, नगर के एक बड़े जन-समूह की सहायता से सांगला स्टेशन पर सेना के एक कैदी को जबर्दस्ती छुड़ा लिया। कैदी भारतीय था।"(17/278) सांगला के पास मोमन नाम का स्टेशन है। इसके बारे में गाँधीजी ने लिखा : "निस्संदेह आसपास के गांवों के लोगों की एक टोली इस स्टेशन की तरफ गई थी और स्टेशन को जलाया तथा लूटा था।"(17/282-83) ध्यान देने की बात है कि शहरों और कस्बों के अलावा गांवों के लोग भी इस तरह की कार्यवाही में हिस्सा ले रहे थे। मनियांवाला गांव के पास नवांपिंड नाम का गांव है-मनियांवाला से भी छोटा। गवाह खुशाल सिंह के अनुसार, "रेलवे स्टेशन में आग लगाई जाने के अगले दिन नवांपिंड सहित आसपास के कई गांवों के लोग रेलवे स्टेशन पर इकट्ठे हुए थे। डिस्ट्रिक्ट बोर्ड की सदस्यता के लिए एक व्यक्ति का चुनाव करने के लिए तहसीलदार भी वहां आया था। जब लोग वहां पहुंचे तो रेलवे के बुकिंग ऑफिस में आग लगी हुई थी। लोग अपने-अपने वोट देकर चले गए।"(17/286) चूहड़खाना नाम की मंडी के लोगों को अमृतसर और लाहौर की घटनाओं के समाचार मिले। "वे काफी उत्तेजित हो उठे थे। मंडी में रहने वाले कुछ लोग और आसपास के गांवों के कुछ ऐसे लोग जो उस समय मंडी में मौजूद थे, सभी मिलकर रेलवे स्टेशन की तरफ चल पड़े। उन्होंने दिन-दहाड़े रेलवे खलासियों से औजार ले लिए और लाइन को नुकसान पहुंचाने के साथ-साथ स्टेशन को आग भी लगा दी।"(17/291) तार काटने और स्टेशन जलाने की घटनाएँ आमतौर पर अमृतसर और लाहौर के समाचार मिलने पर हुई थीं। उदाहरण के लिए शेखूपुरा लाहौर से 25 मील दूर ऐतिहासिक स्थान है। इसका नामकरण 'शहंशाह जहांगीर के प्यार के नाम' पर हुआ था और महाराजा रणजीत सिंह की रानी यहीं रहती थी। यहां 6 अप्रैल को हड़ताल हुई। इसके बाद 13 तारीख तक पूर्णतया शांति बनी रही। "लेकिन अमृतसर और लाहौर की घटनाओं के समाचारों का शेखूपुरा की जनता पर असर हुआ और 14 तारीख की सुबह दूसरी स्वतःस्फूर्त और पूर्ण हड़ताल हो गई, पर उसमें भी कुछ अघटनीय नहीं घटा। ...हां, रात को कुछ अज्ञात व्यक्तियों ने डाक-तार विभाग और रेलवे सिगनल के कुछ तार जरूर काटे। वे लोग शायद शेखूपुरा के ही थे।"(17/298)

लोग एक तरफ सरकारी संचार व्यवस्था भंग कर रहे थे, दूसरी तरफ अपनी संचार-व्यवस्था चालू रखे हुए थे। एक जगह की खबरें दूसरी जगह कितनी तेजी से पहुंच जाती हैं, इसका एक उदाहरण वजीराबाद से मिलता है। "हर साल वहां बैसाखी मेले के

अवसर पर आसपास के गांवों और इलाकों से बड़ी संख्या में लोग इकट्ठा होते हैं। वहां पिछली 30 मार्च या 6 अप्रैल को कोई हड़ताल नहीं हुई, लेकिन वहां जो लोग इकट्ठे हुए थे, वे साथ में लाहौर, अमृतसर और गुजरांवाला की घटनाओं की खबरें भी लाए थे। आसपास के गांवों से आने वाले लोगों ने वजीराबादियों को हड़ताल न करने पर ताने मारने शुरू किए। उन्होंने कहा कि वजीराबाद के लोगों ने हड़ताल नहीं की इसलिए अब कोई भी उनकी लड़कियों से विवाह नहीं करेगा।"(17/263) इस तरह जो लोग खबर ले जाते थे, वे साथ ही आंदोलनकारियों का काम भी करते थे। पंजाब के एक ऐतिहासिक स्थान का नाम गुजरात है। यहीं अंग्रेजों से लड़ाई हुई थी। यहां 6 अप्रैल को हड़ताल की कोशिश की गई। सनातन धर्म सभा के अध्यक्ष और स्थानीय व्यापारी लाला रामचंद्र टंडन के प्रयत्नों से वह रुक गई। "लेकिन 13 तारीख को लाहौर में पढ़ने वाले गुजरात के कुछ विद्यार्थी और बैसाखी मेले के सिलसिले में वजीराबाद से लौटने वाले कुछ अन्य लोग 11 बजे रात को ट्रेन से गुजरात पहुंचे। उन्होंने ट्रेन से उतरकर एक जुलूस सा बना लिया और रौलेट अधिनियम के खिलाफ नारे लगाते हुए शहर में प्रवेश किया। सुबह उन्होंने लाहौर तथा अन्य स्थानों के कांडों के समाचार जनता को सुनाए और दुकानदारों को दुकानें बंद करने के लिए तैयार किया। हड़ताल हो गई... 15 तारीख को मिशन स्कूल के लड़के अपने स्कूल की ओर चले और रास्ते में कुछ और लोग भी साथ हो गए। सबने स्कूल पहुंचकर हेड मास्टर से स्कूल बंद करने के लिए कहा। हेड मास्टर ने स्कूल बंद करने से इंकार कर दिया। और इतना ही नहीं, कहते हैं, उन्होंने कुछ लड़कों को बेंत से पीटा भी। इस पर लड़कों ने स्कूल पर पथराव किया और खिड़कियों के कांच तोड़ डाले। उन्होंने स्टेशन को भी इसी तरह का नुकसान पहुंचाया। कुछ कागज-पत्र जला दिए।"(17/312) यहां भी समाचार पहुंचाने वालों को हम आंदोलन करते देखते हैं और सब मिलकर स्टेशन पर आक्रमण करते हैं। जलालपुर जट्टां गुजरात जिले का एक छोटा-सा गांव है। यहां 15 अप्रैल को हड़ताल हुई। एक जुलूस निकाला गया। "15 या 16 तारीख को रात में किसी ने टेलीग्राफ का एक तार काटा। वहां मार्शल लॉ लागू कर दिया गया।"(17/313-14) मलकवाल नाम के रेलवे जंक्शन पर कुछ लोगों, शायद रेलवे मजदूरों ने एक पटरी उखाड़ दी। यहां भी मार्शल लॉ लागू किया गया। जो लोग पकड़े गए, उनमें तरुण विद्यार्थी और बीसेक रेलवे क्लर्क भी थे।(17/314)

गाँधीजी ने कांग्रेस के लिए पंजाब के उपद्रवों पर जो रिपोर्ट तैयार की, उसमें जनता की हिंसात्मक कार्यवाहियों की बार-बार निन्दा की गई है। परंतु यह स्वीकार किया गया है कि इन सारी कार्यवाहियों में कुल मिलाकर 4 यूरोपियों की जानें गईं।(17/315) इसके विपरीत जो हिंदुस्तानी मारे गए उनकी संख्या हजारों में थी और जिनको यातनाएँ दी गईं उनकी संख्या लाखों में थी। सरकारी विवरण के अनुसार पंजाब की कुल 2 करोड़ की आबादी में सिर्फ साढ़े चार लाख लोगों ने ही उपद्रवों में भाग लिया था।(उपर्युक्त) साढ़े चार लाख की संख्या भी काफी बड़ी है। यदि उन सबका प्रयत्न संगठित रूप से एक

निश्चित उद्देश्य के लिए किया जाता तो अकेला पंजाब भारत में अंग्रेजी राज खत्म कर सकता था। यह स्मरणीय है कि देशी सेना में जितने जवान भर्ती किए जाते थे, उनमें आधे केवल पंजाब से थे। पंजाब के गांवों में और शहरों में जो कुछ हो रहा था उसका असर फौज पर पड़ना स्वाभाविक था। किसी भी दिन यह फौज अंग्रेजों के खिलाफ हो सकती थी। लोग 1857 की घटनाएँ भूले न थे। और 1857 से पहले भी पंजाब के लोग अंग्रेजों से लड़ चुके,थे। जनता ने जो कुछ किया, वह स्वतः स्फूर्त ढंग से किया। उसके पीछे कोई संगठन नहीं था। लेकिन जो लोग चाहते थे कि पंजाब में क्रांतिकारी आंदोलन न हो, वे संगठित थे। वे बराबर प्रयास कर रहे थे कि जनता में जो असंतोष बढ़ रहा है, क्रांतिकारी रूप न ले, शान्तिपूर्ण ढंग से व्यक्त होकर ठंडा पड़ जाये।

6 अप्रैल को सारे भारत में हड़ताल हुई। यह भारत बंद का पहला उदाहरण था। जनता इतने बड़े पैमाने पर अंग्रेजों के विरुद्ध प्रदर्शन करेगी, यह कल्पना किसी नेता ने न की थी। वास्तव में जनता की चेतना आगे बढ़ रही थी और नेता उसके पीछे चल रहे थे। गाँधीजी ने सत्याग्रह का महत्व अनेक बार समझाया, लोगों ने उसका महत्व अपने ढंग से समझा। और गाँधीजी यह बात खूब अच्छी तरह जानते थे, जनता सत्याग्रह का अर्थ किस तरह समझती है।

गुजराती में दो कविताएँ प्रकाशित हुईं : 'महात्मा गाँधी का सत्याग्रह' और 'महात्मा गाँधी के उद्‌गार'। गाँधीजी ने इन कविताओं में व्यक्त किए गए विचारों का खंडन करना आवश्यक समझा। उन्होंने लिखा : "इन कविताओं में जो विचार प्रकट किए गए हैं, वे मेरे उद्‌गार नहीं हैं। उनमें कुछ बातें बहुत द्वेषपूर्ण हैं, बैर बढ़ाने वाली हैं और गलत उत्तेजना फैलाने वाली हैं, इसलिए सत्याग्रह के विरुद्ध हैं।" इस टिप्पणी के अंत में उन्होंने लिखा : "स्पष्ट है कि सारे लेख जो मेरे नाम से लिखे और छापे जाते हैं, मैं पढ़ नहीं सकता। इसलिए मेरे नाम से प्रकाशित होने वाले सभी लेखादि को उपर्युक्त कसौटी पर कस लेने की सब भाइयों से मेरी प्रार्थना है।"(15/244-45) लोग गाँधीजी के विचारों पर पुस्तकें छापते थे; गाँधीजी क्या करना चाहते हैं, उनकी समझ में जो आता था, उसके बारे में लिखते थे। संभवतः कुछ लोग गाँधीजी के नाम से पुस्तकें भी छापते थे। इन पुस्तकों में उत्तेजना पैदा करने वाले भाव रहते थे, जब कि गाँधीजी चाहते थे अंग्रेजों से मैत्री भाव बना रहे। कुछ लोग पकड़े जाते थे तो दूसरे उन्हें छुड़ाने का प्रयत्न करते थे। इसके लिए वे सड़कों पर टकराव पैदा करते थे, ईंट-पत्थर इस्तेमाल करते थे। गाँधीजी ने कहा : "जो सत्याग्रह में शरीक होते हैं, उन्हें हर हालत में हिंसा से अलग रहना है। ईंट-पत्थर नहीं फेंकने हैं और न किसी को किसी अन्य प्रकार से चोट पहुंचानी है। लेकिन बंबई में हमने ईंट-पत्थर फेंके, और रास्ते में आड़-अटकाव खड़ा करके ट्रामों का आना-जाना रोका। यह सत्याग्रह नहीं है। हमने हिंसा के अपराध में गिरफ्तार किए गए लगभग 50 आदमियों को छोड़ देने की मांग की। हमारा कर्तव्य तो यह है कि हम गिरफ्तारी को चुपचाप स्वीकार कर लें। जिन लोगों ने हिंसात्मक कार्रवाई की है, उन्हें छुड़वाने की कोशिश करना धर्म या कर्तव्य

से विमुख होना है। इसलिए पकड़े गए लोगों को छोड़ने की मांग तो हम किसी भी तरह नहीं कर सकते।"(15/218)

आम जनता के अलावा जिन विशेष लोगों को सत्याग्रह की शिक्षा दी गई थी, वे भी इस तरह के कामों में भाग लेते थे। गाँधीजी ने कहा : "मुझसे पूछा गया है कि सत्याग्रही सत्याग्रह आंदोलन से उत्पन्न परिणामों के लिए जिम्मेदार हैं या नहीं। मैंने उत्तर दिया है कि वे जिम्मेदार हैं। इसलिए मैं उन्हें कह देना चाहता हूं कि अगर हम इस लड़ाई को हिंसा से बिल्कुल अलग रहकर नहीं चला सकते, तो लड़ाई बंद कर देनी पड़ सकती है या उसे दूसरा ही तथा और भी संकुचित स्वरूप देना पड़ सकता है।"(15/218-19) सत्याग्रही सत्याग्रह आंदोलन से उत्पन्न परिणाम—यह शब्दावली ध्यान देने योग्य है। लोग एक सीमा तक शांतिपूर्ण व्यवहार करने को तैयार थे। मार खाने के बाद मारने वालों पर हमला करना उनकी सहज प्रवृत्ति थी। इसलिए यहां सत्याग्रह से उत्पन्न होने वाले परिणामों का जिक्र किया गया है और उसके लिए सत्याग्रहियों को भी जिम्मेदार माना गया है। अनेक लेखों और भाषणों में गाँधीजी ने बार-बार जनता को समझाया कि सत्याग्रह में हिंसा नहीं होती और जहां भी उनकी समझ में हिंसा होती थी, उसके लिए उन्होंने जनता को जिम्मेदार ठहराया। 14 अप्रैल 1919 के 'सत्याग्रही' की संख्या 2 में उन्होंने कहा : "पिछले सप्ताह के अनुभव से यह स्पष्ट दिख गया है कि सत्याग्रही अभी तक जनता पर नियंत्रण करने की स्थिति में नहीं हैं। जनता में अभी तक सत्याग्रह की सच्ची भावना व्याप्त नहीं हो पाई है। नतीजा यह है कि वे सत्याग्रह के योग्य ढंग से अपनी संभावनाएँ व्यक्त नहीं कर पाते। निस्संदेह इससे सत्याग्रह पर लांछन आता है।"(15/224)

'बॉम्बे क्रॉनिकल' अखबार के संपादक हॉर्निमैन बहुत लोकप्रिय थे। सरकार ने उन्हें भारत छोड़कर बाहर जाने की सजा दी। इस पर बंबई की जनता अपना आक्रोश प्रदर्शित करना चाहती थी। गाँधीजी ने इस पर कहा : "मैंने यह अनुभव कर लिया है कि लोग अभी सत्याग्रह के मंत्र को पूरी तरह ग्रहण नहीं कर पाए हैं। हमें इस बात की ठीक प्रतीति नहीं है कि सत्याग्रह का आधार आत्मबल ही है। मैं अब यह बात समझ गया हूं। यदि मैंने यह कमी महसूस न की होती तो मैंने भाई हॉर्निमैन के विछोह पर दूसरी ही तरह का कदम उठाया होता...किंतु हम कोई कार्रवाई न करें उसका अर्थ यह है कि हम फिलहाल कोई बाहरी कार्रवाई नहीं कर सकते। हम अपनी दुकानें बंद नहीं कर सकते और न अपना कामकाज ही रोक सकते हैं। क्योंकि हमने यह देखा है कि इससे देश में उपद्रव हो जाते हैं। हमने यह भी देखा है कि उससे खून-खराबा हो जाता है। और खून-खराबी किसी भी अवसर पर सत्याग्रह का अंग नहीं हो सकती।"(15/261)

लोग सत्याग्रह के बारे में किस तरह के तर्क पेश करते थे, उसका एक उदाहरण यह है : "कुछ लोगों को मैंने यह कहते सुना है कि सत्याग्रह में भी अंत में तो रक्तपात से ही छुटकारा होता है। वे कहते हैं कि सत्याग्रहियों के पकड़े जाने से लोग उत्तेजित होते हैं, मारपीट करते हैं और ऐसा करके न्याय प्राप्त करते हैं। यह तो केवल भयंकर अंधविश्वास

है। सच बात तो इससे उलटी है।"(15/263) हॉर्निमैन की गिरफ्तारी पर बंबई के लोगों ने काफी समय तक धैर्य धारण किया। परंतु कुछ समय के बाद उनके लिए शांत बैठे रहना असंभव हो गया। गाँधीजी ने कहा : "सत्याग्रह सभा की बैठकों में हुई चर्चा से और लोगों में होने वाली चर्चाओं के जो विवरण आते हैं, उनसे मालूम होता है कि लोगों के हृदय शांत नहीं हुए। वे अपने शोक और अपनी भावना को किसी न किसी रूप में सार्वजनिक ढंग से व्यक्त करने की इच्छा रखते हैं। यह इच्छा दबाई नहीं जा सकती और दबानी चाहिए भी नहीं।"(15/281-82) लोगों की भावना को शांतिपूर्ण ढंग से व्यक्त करने के लिए गाँधीजी ने हड़ताल का सुझाव दिया। लेकिन यह हड़ताल पूरे देश में नहीं, केवल बंबई में होनी चाहिए और बंबई में भी हड़ताल चलाने के लिए कुछ विशेष बातों पर ध्यान रखना होगा। "हम इस समय अशांति के काल से गुजर रहे हैं। ऐसे समय सर्वत्र हड़ताल घोषित करना ठीक नहीं मालूम होता। दूसरे स्थानों पर हड़ताल न करना वहां के लोगों के लिए आत्मसंयम का काम होगा। बंबई शहर में भी हड़ताल स्वतंत्र धंधे वाले लोगों तक ही सीमित रहेगी। जो सरकारी अथवा खानगी दफ्तरों में काम करते हैं, उन्हें छुट्टी मिले, तभी वे काम पर न आएँ।"(15/282) ध्यान देने की बात है कि इस समय लोग लड़ने मरने को तैयार थे। 6 अप्रैल को सारा भारत बंद था। जब गाँधीजी पकड़े गए, तब 11 अप्रैल को सारे भारत में हड़ताल हुई। अब हॉर्निमैन की गिरफ्तारी के बाद गाँधीजी बंबई में भी सरकारी प्रतिष्ठानों को हड़ताल से बचाने की बात कह रहे थे। हड़ताल को धार्मिक रूप देते हुए गाँधीजी ने बंबई के लोगों को सलाह दी : "वे उपवास करेंगे और धार्मिक चिंतन और अपने धर्मशास्त्रों में से सत्याग्रह के उदाहरण याद करके यह समझने के प्रयत्न में दिनभर बिताएंगे कि सत्याग्रह का सच्चा स्वरूप क्या है।"(15/282) गाँधीजी की सलाह थी, लोग हड़ताल करें लेकिन सभा न करें। "बंबई में रविवार को किसी भी प्रकार के ऊधम न होने देने के लिए ही सार्वजनिक सभा का विचार छोड़ दिया गया है और सबको अपने-अपने घरों में रहने की सलाह दी गई है। सारे सत्याग्रही कार्य धार्मिक वृत्ति से चलने चाहिए, इसीलिए मैंने 24 घंटे का उपवास करने और सारा दिन धार्मिक चिंतन में बिताने का सुझाव दिया है। मैंने आशा रखी है कि परिवार के सभी आदमी, बच्चे और नौकर तक इस धर्म-कार्य में हिस्सा लेंगे। हिंदू लोग 'भगवद्गीता' का पाठ सुनें। स्पष्ट उच्चारण के साथ सारी गीता पढ़ने में 4 घंटे लगते हैं। अन्य हिंदू धार्मिक पुस्तकें भी पढ़ी जा सकती हैं। मुसलमानों और दूसरे लोगों को अपने-अपने धार्मिक ग्रंथों का पाठ करवाना और सुनना चाहिए।"(15/288) हड़ताल करने से लोगों का गुस्सा कुछ ठंडा हो जाएगा। वह क्रांतिकारी रूप न ले, इसलिए उन्हें गीता आदि धर्म ग्रन्थ पढ़ने की सलाह दी गई थी। 7 मई, 1919 को बंबई की जनता के नाम अपील में गाँधीजी ने कहा : "सड़कों पर बड़ी-बड़ी भीड़ें इकट्ठी न हों। सड़कों पर कोई प्रदर्शन न किया जाए।"(15/295) गाँधीजी ने गर्वनर मैफी को सूचित किया : "भारत में घटनाचक्र बड़े वेग से घूम रहा है। हम बारूद के ऊपर बैठे हुए हैं जो किसी भी क्षण भड़क सकती है। मौजूदा उलझनें अफगानिस्तान

वाली खबर से और भी पेचिदा हो गई हैं। ईश्वर से प्रार्थना करता हूं कि परम श्रेष्ठ को यह भारी बोझ वहन करने की शक्ति दे।"(15/311)

1919 भारत में क्रांतिकारी संघर्षों का साल था। गाँधीजी के सामने समस्या थी, भारत को क्रांति से कैसे बचाया जाए। वह सोच रहे थे, सत्याग्रह के द्वारा ही देश को क्रांति से बचाया जा सकता है। यह बात उन्होंने बहुत स्पष्ट रूप से मैफी को लिखी थी : "आज भारत में आप जो कुछ देख रहे हैं, वह कोई विप्लवी षड्यंत्र नहीं है। मैं यह नहीं कहता कि भारत में ऐसा कोई आदमी है ही नहीं जिसके मन में विप्लव के पागलपन भरे विचार नहीं हैं। किंतु मैं यह अवश्य कहूंगा कि जिन बहुत सारे लोगों ने हिंसात्मक कार्यों में भाग लिया है उन्होंने उग्र और क्रुद्ध रूप से अपनी दमित भावना को ही व्यक्त किया है। और यह उनका रोषपूर्ण विरोध भर है अधिक कुछ नहीं। यहां अभी विप्लववाद (बोल्शेविज्म) नहीं आया है। किंतु मैं चाहता हूं कि आप इस बात पर विचार करें कि क्या आप सत्याग्रह के सिद्धांत का समर्थन किए बिना इसका आना या इन रोषपूर्ण हिंसात्मक कार्रवाइयों का होना रोक सकते हैं?"(15/283) यह विप्लववाद या बोल्शेविज्म कहीं बाहर से न आ रहा था, भारत की परिस्थितियों से स्वयं उत्पन्न हो रहा था। विप्लव से अंग्रेजी राज खत्म हो सकता था और सत्याग्रह से भी वह खत्म हो सकता था। दोनों ही स्थितियों में प्रश्न यह था कि सत्ता किस वर्ग के हाथ में आएगी? स्वाधीनता आंदोलन में किस वर्ग की भूमिका प्रमुख हो, यह प्रश्न गाँधीजी के सामने था। उन्होंने सत्याग्रह की चर्चा करते हुए लिखा : प्रत्येक देश के महान आंदोलन अपनी सफलता के लिए मुख्यतः व्यापारी वर्ग पर निर्भर करते हैं।(15/264) व्यापारी तो मुट्ठी भर थे, मजदूर-किसान और मध्य वर्ग के लोग करोड़ों थे। इन करोड़ों के आंदोलन में व्यापारी वर्ग की भूमिका को मुख्य भूमिका बनाए रखना था, इसलिए सत्याग्रह के नियमों के पालन पर इतना जोर दिया गया था।

सरकारी सूत्रों से खबर फैलाई गई थी कि गाँधीजी पकड़े नहीं गए। गाँधीजी ने सर स्टैनली रीड को वास्तविक स्थिति की जानकारी देते हुए लिखा : "उनका (सरकारी संवाददाता का) कहना है कि मैं वास्तव में गिरफ्तार नहीं किया गया था। लेकिन वास्तव में, जो हुआ सो यह—एक अफसर पलवल स्टेशन पर ट्रेन में सवार हुआ और अपने हाथों को मेरे शरीर पर रखते हुए बोला—"श्री गांधी मैं आपको गिरफ्तार करता हूं।" उसके बाद तुरंत ही मैं एक भारतीय सिपाही के सुपुर्द कर दिया गया। मेरा अनुमान है, सिपाही भारतीय ही था। वह मेरी बांह पकड़कर मुझे गाड़ी से बाहर ले गया। पलवल स्टेशन के प्लेटफार्म पर जिस खाट पर मैं लेटा हुआ था, उसके चारों ओर 4 सिपाही तैनात थे। वे लोग मेरी निगरानी करते रहे। मुझे मेरी ही प्रार्थना पर प्रतीक्षागृह के बाहर प्लेटफार्म पर लाया गया था। एक बार मैं थूकने-खंखारने के लिए एक सिपाही से लगभग दो फीट आगे बढ़ा कि पकड़कर मुझे तेजी से पीछे खींच लिया गया।"(15/235) यह व्यवहार तो गाँधीजी के साथ हुआ था। जहां तक साधारण लोगों का संबंध है, उनके बारे में गाँधीजी ने वायसराय के निजी सचिव को जो तार दिया था उससे वास्तविकता का पता चलता है। "मार्शल लॉ के

मातहत जारी किए गए हुक्मों की तामील न करने के कारण गिरफ्तार किए गए लोगों को आम सड़कों पर कोड़े लगाए जा रहे हैं। ज्ञात हुआ है कि इन हुक्मों का संबंध दुकानें खोलने से था।"(15/254) जिन्होंने मार्शल लॉ के तहत जारी किए गए हुक्मों की तामील की, उनकी हालत क्या थी, उसका एक उदाहरण है : "एक मामले में मुझे बताया गया कि एक आदमी ने विशेष सावधानी बरती। उसने पहले पहरेदारों के बीच से गुजरने की अनुमति मांगी। यह उसे मिल गई। तब वह अपने दोस्तों के साथ उनके बीच से होकर गुजरा। परंतु जैसे ही वे लोग कुछ कदम आगे बढ़े कि गोलियों से घायल हो गए। जिसने इजाजत मांगी थी वह चल बसा, और पृथ्वी पर गिर पड़ा। एक दूसरे के प्राण खतरे में हैं। वह बहुत ज्यादा जख्मी है।"(15/236-37) मार्शल लॉ जारी करके अधिकारी कैसे अंधाधुंध गोली चलाते थे, इसका कुछ अनुमान गाँधीजी ने अस्पतालों में जो कुछ देखा उसके विवरण से स्पष्ट हो जाता है। "अस्पताल में मैंने कुछ 10-10, 11-11 वर्ष के बच्चे देखे। मैंने उनसे पूछा कि तुम लोग वहां क्या कर रहे थे? उन्होंने कहा कि हम खेलने के लिए बाहर गए थे। एक दम्पति को उनके घर ही में गोलियां आ लगी थीं। पत्नी तो जख्मों के कारण चल बसी, पति, जिसने घटना के बारे में बताया वह यह नहीं कहता कि जानबूझ कर उन पर गोली चलाई गई थी बल्कि गोलियां झन्नाते हुए घर में आ गईं और उन्हें लग गईं। कुछ लोगों ने कहा हम लोग अकेले (10 से कम) थे। हुक्म था कि अगर 10 व्यक्ति एक साथ पाए जाएंगे तो उन पर गोली चलाई जा सकती है।"(15/236) अहमदाबाद में कितने लोग मारे गए, इसका कुछ हिसाब न था। गाँधीजी ने सर इब्राहिम रहीमतुल्ला को लिखा था : "मैंने आज सरकारी अस्पताल में भरती तमाम आहत जनों को देख आने का दर्दनाक कर्तव्य पूरा किया। मै वहां छोटे-छोटे बच्चों के पास भी गया। मुझे पता चला है कि कम से कम 22 आहत व्यक्ति जख्मों के कारण मरे हैं। परंतु मार्शल लॉ (की अवधि) में मारे गए लोगों की ठीक-ठीक संख्या शायद कभी नहीं मालूम हो सकेगी क्योंकि मुझे बताया गया है कि कुछ शव तो वास्तव में अहमदाबाद की पोलों में (अर्थात् गलियों) जला दिए गए थे। मैं कहना केवल यही चाहता हूं कि अहमदाबाद को पर्याप्य कठोर दंड दिया जा चुका है।"(15/233)

गाँधीजी ने कहा था कि अमृतसर में 500 आदमी मारे गए हैं। किंतु स्वामी श्रद्धानंद का विचार था, कम से कम डेढ़ हजार लोग मारे गए हैं। गाँधीजी ने पंजाब को 'शोक का प्रदेश' कहा और बताया : "मैं पंजाब को शोक का प्रदेश इसलिए कह रहा हूं कि मैं देखता हूं कि एक ओर तो ऐसी घटनाओं की सूचनाओं का तांता लगा हुआ है जिनसे यदि घटनाओं के विवरणों पर विश्वास किया जाए, तो स्पष्ट ही अन्याय किया गया है और दूसरी ओर पंजाब सरकार इस बात पर तुली हुई मालूम पड़ती है कि वह अन्याय का निराकरण नहीं करेगी।"(16/169)

अमृतसर में कांग्रेस का अधिवेशन हुआ। "हजारों प्रतिनिधि और दर्शक कांग्रेस सप्ताह में तीर्थ यात्रियों की भावना से जलियांवाला बाग देखने गए थे। कहा जाता है कि कुछ ने

बाग की खून से सनी मिट्टी पर अपना माथा टेका और कुछ उसमें से थोड़ी-सी मिट्टी पवित्र निधि के रूप में रखने के लिए अपने साथ ले गए। कुछ लोगों ने उसे विभूति की तरह अपने माथे पर मला।"(16/384) कांग्रेस के अधिवेशन में गाँधीजी ने जलियांवाला बाग के हत्याकांड के लिए अंशतः जनता को भी दोषी ठहराया। उन्होंने कहा : "अनुशासन रहित आंदोलन—जिसे वाणी और कर्म की हिंसा का ही रूप कह सकते हैं—राष्ट्रीय विकास में बाधक होता है और कभी-कभी इसके फलस्वरूप जलियांवाला बाग के कत्लेआम जैसी प्रतिहिंसापूर्ण घटनाएँ हो जाती हैं।"(16/372) मोतीलाल नेहरू की प्रतिक्रिया दूसरे ढंग की थी। उनके भाषण के बारे में गाँधीजी ने कहा : "पंडित जी की भाषा बहुत शिष्ट और संयत होते हुए भी कटु हो जाती है। जब वे पंजाब के दुःखद कांड के हिस्से बताते हैं तो आंखों में बरबस आंसू भर आते हैं। उन्होंने अपनी पैनी कानूनी दृष्टि से पंजाब की घटनाओं का विश्लेषण किया है और उनका मन बहुत कठोर हो गया है। उनकी मांग है कि अपराधियों को कड़ा दंड दिया जाए।" (16/385)

जनता ईंट का जवाब पत्थर से देने के लिए सदा तैयार रहती थी। गुजरात में गांव के लोगों ने इसी नीति के अनुसार आचरण किया था। गांव वालों का एक समूह गाँधीजी के पास आया था। उन्हें देखते ही गाँधीजी ने कहा : "तो आप लोगों ने यह सब किया और मेरे संदेश का यही अर्थ लगाया।" इस पर उन लोगों ने क्षमा मांगी।(16/439) कुछ लोगों ने अंग्रेजों से लड़ने के लिए मंदिर से तलवारें निकाल ली थीं। उनके बारे में गाँधीजी ने कहा : मेरे पास कुछ ऐसे लोग भी आते थे जो स्वामी नारायण मंदिर से प्राप्त तलवारें मुझे समर्पित कर देना चाहते थे, लेकिन दुर्भाग्यवश उन्होंने वैसा करने का साहस और दिलेरी नहीं दिखाई।(16/439) जांच समिति में गाँधीजी से पूछा गया था कि क्या इन गांववालों को भड़काया गया था? गाँधीजी ने जवाब दिया, जी नहीं। यह सब 'प्रेम' ने करवाया। उन्होंने बताया कि 'आपके प्रति हमारे प्रेम ने यह सब करवाया।' (16/440) गाँधीजी भी प्रेम की बात करते थे। गांव के लोग 'प्रेम' शब्द का अर्थ अपने ढंग से करते थे। जब तक लोग सो रहे थे तब तक सो रहे थे, शांत थे। अब वे जाग उठे थे, कुछ करना चाहते थे। उन्हें नियंत्रित करना बहुत बड़ी समस्या थी। "अभी तक जनसाधारण तंद्रा में पड़ा हुआ था। दरअसल नेताओं ने उसे जगाने का प्रयास नहीं किया था। उसमें अनुशासन का अभाव था। जनता को एक नई शक्ति प्राप्त हो गई थी, लेकिन वह नहीं जानती थी कि वह शक्ति क्या है और इसका उपयोग कैसे किया जाए। जो लोग अभी तक बिल्कुल निश्चल पड़े हुए थे, उन्हें नियंत्रण में रखना नेताओं को कठिन जान पड़ा।"(16/382) कानून का उल्लंघन तो करना था लेकिन बिल्कुल शांतिपूर्ण ढंग से। जिन सत्याग्रहियों को गाँधीजी ने पर्याप्त प्रशिक्षित किया था, उन सब पर भी विश्वास न किया जा सकता था। उन पर अंकुश रखने के लिए एक सत्याग्रही-समिति बनाई गई। कानून तोड़ने के बारे में गाँधीजी ने कहा : मैं इसे एक सार्वजनिक आंदोलन का रूप देना चाहता था, इसलिए मैंने सोचा कि ऐसा कुछ करना आवश्यक है, जिससे, जहां तक सत्याग्रहियों का संबंध है, कोई व्यक्ति

सर्वसाधारण को मनचाहे ढंग से न नचाने लगे। इसलिए मेरे मन में यह योजना आई कि समिति ही यह कह सकने की स्थिति में हो कि इस कानून का सामूहिक रूप से उल्लंघन किया जाए।(16/392)

आंदोलन में हिंसा होती है, इसलिए उसे रोक देना होगा; गाँधीजी ने यह फैसला किया तो स्वामी श्रद्धानंद इससे असहमत हुए। उनके बारे में गाँधीजी ने कहा : जब मैंने सविनय अवज्ञा स्थगित की तो उनका यह विचार था कि मुझे ऐसा नहीं करना चाहिए। लेकिन जब लोगों को हिंसा से रोकने के लिए उन पर पर्याप्त नियंत्रण नहीं कर पाने के कारण मुझे सविनय अवज्ञा स्थगित करना आवश्यक जान पड़ा तो उन्होंने कहा कि अगर आप यह स्थिति अपनाते हैं तो उससे मैं यही सीख लूंगा कि सत्याग्रह कभी भी सार्वजनिक आंदोलन के रूप में नहीं किया जा सकता।(16/397) अर्थात् सत्याग्रह के साथ या उसके बाद हिंसक कार्यवाही अनिवार्य है। कांग्रेस ने जनता की हिंसक कार्यवाही की निंदा करते हुए प्रस्ताव पास किया। गाँधीजी ने इसके बारे में कहा : यदि हम खुद अपनी ज्यादतियों की निंदा करने के लिए तैयार नहीं होते तो हमारा अधिकारियों की निंदा करना और इसलिए जनरल डायर या सर माइकेल ओ डायर या वायसराय को वापस बुलाए जाने की मांग करना उचित नहीं होता। अप्रैल में भीड़ ने जो पागलपन-भरा रोष दिखाया, यह प्रस्ताव उसका प्रायश्चित है। यदि हमें कोई व्यवस्थित प्रगति करनी है तो हमें किसी भी रूप में की गई लोगों की हिंसा को स्पष्ट शब्दों में गलत बतलाना चाहिए।(16/386) गाँधीजी भविष्य के बारे में भी सोच रहे थे। देश में कांग्रेस का शासन होगा। लोग हिंसक कार्यवाही के आदी हो गए तो उस समय भी शासन के विरुद्ध ऐसी कार्यवाही करेंगे, तब शासन चलाना असंभव हो जाएगा। उसी भाषण में उन्होंने कहा : असल में जब अपने राष्ट्रीय मामलों पर हमारा पूरा नियंत्रण हो जाएगा तब आत्मसंयम के बिना देश का शासन चलाना भी हमें असंभव लगेगा। भारत जैसे विशाल देश में, जहां लोग सामान्यतः शांतिप्रिय हैं, यदि जन-समुदाय की मनमानी आमतौर पर चलने लगे तो हमारे लिए देश का शासन चलाना असंभव हो जाएगा।(16/386)

उपद्रवों की जांच करने वाली समिति के एक सदस्य ने गाँधीजी से कहा कि यह सत्याग्रह खतरनाक किस्म का आंदोलन है। गाँधीजी ने उत्तर दिया : "काश मैं सचमुच समिति के इस विचार को कि यह एक खतरनाक आंदोलन है, उसके मन से दूर कर सकता। यदि आप इस संघर्ष को देश के हिंसावादियों से मुक्त करने के प्रयास के रूप में देखें तो मेरी तरह आपको भी यह चिंता होगी कि जिस कीमत पर भी हो, देश में इस प्रकार का आंदोलन जारी रहना चाहिए ताकि वह देश के वातावरण को विशुद्ध बनाता रहे।"(16/392-93) देश की जनता स्वतःस्फूर्त ढंग से हिंसात्मक आंदोलन की तरफ बढ़ रही थी। गाँधीजी का प्रयास था, इस आंदोलन को रोका जाए, रोकने का सबसे अच्छा तरीका यह था कि सत्याग्रह आंदोलन चलाया जाए। रौलेट बिल भी इसलिए पेश किए गए थे कि देश को हिंसात्मक कार्यवाही से बचाया जाए। जांच समिति के एक सदस्य ने पूछा : "जहां तक

इस कानून के उद्देश्य का संबंध है, क्या आपको इसमें कोई संदेह है कि उसका उद्देश्य सिर्फ क्रांतिकारियों और अराजकतावादियों के अपराधों को रोकना ही है?" गाँधीजी ने उत्तर दिया : "मुझे इसमें तनिक भी संदेह नहीं है कि उद्देश्य ऊंचा है।" फिर उस सदस्य ने कहा : "तो क्या आप यह स्वीकार करते हैं कि इसका उद्देश्य काफी ऊंचा है?" और गाँधीजी ने उत्तर दिया : "पूरी तरह।" फिर उसने कहा : "तो आपको शिकायत निश्चय ही इसके लिए अख्तियार किए गए तरीकों के खिलाफ होगी।" और गाँधीजी ने उत्तर दिया : "बिल्कुल ऐसा ही है।"(16/393) जांच समिति के सदस्य ने गाँधीजी को सुझाया : "आपने ऐसा महसूस किया कि वर्तमान परिस्थितियों में सार्वजनिक आंदोलन के रूप में सविनय अवज्ञा चलाना बुद्धिमानी का काम नहीं है?" गाँधीजी ने कहा : "उन परिस्थितियों में उस समय यह चीज अवसरोचित नहीं थी। मैं भीड़ की हिंसात्मक प्रवृत्ति को रोक नहीं पा रहा था।"(16/441)

जो लोग मारे गए, उनके अलावा जो बचे, उनमें बहुतों को तरह-तरह की सजाएँ दी गईं। उन सजाओं में सामूहिक जुर्माना भी था। गाँधीजी ने इस जुर्माने के बारे में कहा : बेचारे अहमदाबाद वासियों पर जो जुर्माना ठोका गया वह बहुत भारी था और जिस ढंग से उसे मजदूरों से वसूल किया गया, वह अनावश्यक रूप से सख्त और तकलीफदेह था। मजदूरों पर एक लाख 76 हजार रुपये का जुर्माना ठोक देने के औचित्य में मुझे संदेह है।(16/383) विशेष बात यह कि जुर्माना मजदूरों से मोहर्रम के दिनों में वसूल किया गया था। गाँधीजी ने अधिकारियों के लिए कहा : ऐसा समय चुनने के लिए अधिकारीगण दोषी नहीं हैं। उन्होंने यह समय इसीलिए नहीं चुना कि यह मोहर्रम का अवसर था। यह तो एक संयोग की बात थी।" अहमदाबाद के कलक्टर की विशेष रूप से तारीफ करते हुए उन्होंने कहा : अगर मैं इस बात की ताईद न करूं कि अहमदाबाद के मौजूदा कलक्टर ने, उनके सामने जो भी बात आई है, उसे किस तरह सुंदर-से सुंदर ढंग से निपटाया है तो यह शायद उचित नहीं होगा। उनसे जहां कहीं निर्णय की कोई भूल हुई है और मुझे वे चीजें भूल जैसी लगती हैं, वहां अंशतः उसका स्पष्टीकरण कर दिया गया है, और इसलिए मजदूरों पर लगाए गए इस कर के बारे में भी शिकायत करना मेरे लिए ठीक चीज नहीं है। लेकिन ऐसा जो हो गया वह मजदूरों का दुर्भाग्य ही था।(16/450)

स्वाधीनता आंदोलन को दबाने के लिए अंग्रेज केवल दमन का भरोसा न करते थे। उनके साथ वे नेताओं को रियायतें देने की बात भी करते थे। 1919 का वर्ष समाप्त होने के पहले ब्रिटेन के सम्राट ने एक घोषणा की थी। उस घोषणा के बारे में गाँधीजी ने कहा : "दिसंबर 24 को सम्राट ने जो घोषणापत्र जारी किया है अंग्रेजों को उस पर गर्व होना पूर्णतया उचित है और प्रत्येक भारतीय को उससे संतोष होना चाहिए। लॉर्ड हंटर की समिति के सामने जो गवाहियां दी गई हैं और उनसे जो बातें प्रकट हुई हैं, उनके बाद ऐसे घोषणापत्र से अंग्रेजों के वास्तविक चरित्र का पता लगता है। जहां घोषणापत्र अंग्रेजों के चरित्र के उज्जवल पक्ष को प्रकट करता है, वहां जनरल डायर की अमानुषिकता के

बुरे-से-बुरे पक्ष को भी प्रकट करता है। घोषणापत्र से प्रकट होता है कि सम्राट के हृदय में न्याय करने की सदिच्छा है और जनरल डायर की करतूत इस बात का प्रत्यक्ष प्रमाण है कि मनुष्य भय और उत्तेजना में पड़कर शैतान का रूप धारण कर लेता है।" इसके बाद आंदोलन में सुधारों का संबंध जोड़ते हुए गाँधीजी ने कहा : "ब्रिटिश संविधान प्रणाली का यही रहस्य है कि कठिन-संघर्ष किए बिना उससे किसी वस्तु की प्राप्ति नहीं हो सकती। पार्लियामेंट में बार-बार ऐसे वक्तव्य दिए जाते रहे हैं कि ये सुधार भारतीय आंदोलन के कारण मंजूर नहीं किए गए हैं। पर उन पर किसी को विश्वास नहीं होता। हमें कांग्रेस के इस अधिवेशन के सभापति की बात सदा ध्यान में रखनी चाहिए कि आंदोलन के बिना हमें कुछ भी नहीं मिल सकता। यदि जनता के अधिकारों के लिए कांग्रेस इस तरह आंदोलन न करती तो आज तक हमें कुछ भी प्राप्त न होता। आंदोलन का मतलब इतना ही है कि हम लोग जो चाहते हैं, उस दिशा में बढ़ने का प्रयत्न करना।"(16/372-73) कांग्रेस अधिवेशन में उन्होंने कहा : "मैं यह नहीं मानता था और अब भी नहीं मानता कि सुधार बुरे हैं या अनुचित हैं। मैं उन्हें उत्तरदायी शासन की ओर ले जाने वाला एक कदम समझता हूं।" ब्रिटिश उदारता की प्रशंसा करते हुए उन्होंने कहा : "राजकीय घोषणा अत्यंत उदार भावना से तैयार की गई है। वह उदारता की भावना से परिपूर्ण है। इसलिए सम्राट के सहयोग की अपील का उत्तर न देना कांग्रेस के लिए अनुचित होगा।" यहां भारतीय संस्कृति का स्मरण करते हुए उन्होंने कहा : "कुछ भी हो, घोषणा के रूप में हमारी ओर मैत्री का हाथ बढ़ाया गया है, उसे ग्रहण न करना विवेकहीनता होगी और उससे हम अपनी संस्कृति से गिरेंगे।"(16/387)

गाँधीजी ने एक बार आंदोलन स्थगित किया, फिर उसे शुरू करना चाहते थे। शुरू नहीं किया। इसकी कैफियत देते हुए उन्होंने बताया : मैंने आंदोलन इसलिए शुरू नहीं किया क्योंकि गवर्नर जनरल महोदय तथा बंबई के गवर्नर महोदय को ऐसा लगा कि मेरे पास पर्याप्त आंकड़े नहीं हैं और यह बात उन्होंने मुझसे इस प्रकार कही कि—क्या आप भारत को सैन्य-शिविर बना देना चाहते हैं? मैंने कहा, नहीं। अगर नहीं तो फिर सत्याग्रह स्थगित क्यों नहीं कर देते? इस पर मैंने इसे स्थगित कर दिया।(16/447)

(च) सुधार और स्वाधीनता

अमृतसर कांग्रेस में दो बातें विशेष ध्यान देने के योग्य हैं। पहली यह कि सुधारों के संबंध में नेताओं के बीच तीव्र मतभेद था और दूसरी यह कि इस समय गाँधीजी सरकार से अधिक उपद्रवों के लिए जनता को दोषी ठहरा रहे थे। सुधारों का एक प्रस्ताव सी. आर. दास ने पेश किया था। उसमें तीन धाराएँ थीं जिनका आशय यह था—"पहला, हम आज भी पूर्ण स्वराज्य पाने के योग्य हैं। दूसरी धारा थी कि मांटेग्यु सुधार अपूर्ण, असंतोषप्रद और निराशाजनक हैं एवं तीसरी धारा यह थी, ब्रिटिश सरकार को चाहिए कि

वह जल्दी ही जैसे बने वैसे पूर्ण स्वराज्य दे।"(16/485) इस अधिवेशन में दिलचस्प बात यह हुई कि पंडित मदन मोहन मालवीय, मुहम्मद अली जिन्ना और गाँधीजी एक तरफ थे और सी.आर. दास और उनके सहयोगी दूसरी तरफ। "माननीय पंडित मालवीय जी, मिस्टर जिन्ना और मुझे ऐसा लगा कि केवल इतना भर कहकर बैठे रहने से जनता हमारे काम को समझ नहीं पाएगी। यदि हम सुधारों का उपयोग करने की इच्छा कर रहे हैं तो फिर उन्हें निराशाजनक नहीं कहना चाहिए और यदि हम उनका उपयोग करना चाहते हैं तो हमें यह बात साफ-साफ कह देनी चाहिए। अतः यदि हम मानें कि श्री मांटेग्यु ने हिंदुस्तान के लिए जो सुधार सामने रखे हैं, और जिन्हें स्वीकार कराने के लिए उन्होंने बहुत कोशिश की है तो हमें उनका आभार मानना ही पड़ेगा।" (16/485) यहां ध्यान देने की बात है कि अंग्रेज इस बात के लिए बहुत उत्सुक थे कि सुधार स्वीकार किए जाएँ और भारत-सचिव मांटेग्यु ने इस बात के लिए खासतौर से प्रयत्न किया था कि कांग्रेसी नेता उन्हें मान लें। कांग्रेसी नेता सुधार स्वीकार कर लें, इसके लिए अंग्रेज इस कारण उत्सुक थे कि इन्हीं के द्वारा वे राष्ट्रीय आंदोलन को भीतर से तोड़ सकते थे। गाँधीजी को विशेष आपत्ति 'निराशाजनक' शब्द पर थी, लेकिन जहां मूल तत्व सुरक्षित हो, वहां मतभेद उत्पन्न करना उन्हें उचित नहीं जान पड़ा। इसके सिवा मालवीय जी और जिन्ना भी उससे सहमत हो गए थे। गाँधीजी ने यहां तक लिखा : "यदि कांग्रेस ने सुधारों को स्वीकार न किया होता तो मेरी अल्पमति में यह हमारे लिए शर्म की बात होती।"(16/486)

कांग्रेस ने ब्रिटेन के सम्राट के प्रति आभार भी प्रकट किया। कांग्रेस का पहला प्रस्ताव इसी विषय पर था। गाँधीजी ने लिखा : "उस प्रस्ताव पर बहस तो काफी हुई परंतु आखिर में वह पास हो गया। साम्राज्यीय घोषणा में जैसी उदारता दिखाई गई है, वैसी उससे पहले की विज्ञप्ति आदि में नहीं थी।"(16/484) गाँधीजी की राय में सबसे महत्वपूर्ण प्रस्ताव वे थे जिनमें उपद्रवों के लिए जनता की निंदा की गई थी। "इन प्रस्तावों को मंजूर करने में जो आनाकानी हो रही थी, वह समझ में न आने लायक थी। अहमदाबाद, वीरमगांव, अमृतसर, गुजरांवाला, कसूर आदि स्थानों में हमारे अपने ही लोगों ने मकान जलाए, आदमियों को मार डाला, पुल फूंके, पटरियां उखाड़ीं, तार काटे। इसके लिए किसी प्रमाण की आवश्यकता नहीं।"(16/484)

उपद्रवों की जांच के लिए सरकारी (हंटर) समिति बनाई गई। उसके काम के बारे में गाँधीजी ने लिखा : अहमदाबाद में इस समिति ने अपना काम पूरा कर लिया है। समिति के सामने पेश किए गए प्रमाणों से इतना तो सिद्ध हो गया है कि पहले जनता ने भूल की, सरकार ने नहीं।(16/507) कुछ लोगों का विचार था कि जनता के प्रतिरोध के कारण गाँधीजी को छोड़ा गया। गाँधीजी ने इसका खंडन किया और यह भी कहा : यह तो हम जानते ही हैं कि आगजनी और खून-खराबी की वजह से बहुत अधिक नुकसान हुआ है। बहुत से लोगों को जेल की सजा भुगतनी पड़ी, अहमदाबाद पर भारी सामूहिक जुर्माना किया गया और इस शहर के लज्जित होने का प्रसंग आया।(16/507) सरकार ने मार्शल लॉ

लगाया था, सामूहिक जुर्माना किया था। इन कामों की आलोचना करने के साथ गाँधीजी ने कहा : सरकार ने हुल्लड़बाजी को दबाने के लिए जिन उपायों से काम लिया उनकी आलोचना और टीका-टिप्पणी तो किसी हद तक धृष्टता ही मानी जाएगी। पंजाब से तुलना करने पर सरकार ने यहां इतनी अधिक सहनशीलता का परिचय दिया है कि हमारे लिए उसकी छोटी-मोटी भूलों पर किसी तरह की टीका करना उचित नहीं होगा।(16/507)

इस समय गाँधीजी ने स्वदेशी और बहिष्कार में सूक्ष्म भेद किया। होमरूल आंदोलन के समर्थक जोसेफ बैपटिस्टा का विचार था कि बहिष्कार आंदोलन स्वदेशी था और उससे बढ़कर था। उनके विचार से, "एक तो यह अपने देश में बनी वस्तुओं के प्रयोग के लिए लोगों को प्रेरित करके स्वदेशी का उद्देश्य पूरा करता है और दूसरे ब्रिटिश व्यवसायियों और उद्योगपतियों की आमदनी पर चोट करके एक असर पैदा करता है।"(16/499) गाँधीजी इससे असहमत हुए। उन्होंने कहा : "स्वदेशी एक सनातन सिद्धांत है, जिसके प्रति असावधानी दिखाने से मनुष्य जाति को अकथनीय कष्ट भोगने पड़े हैं। स्वदेशी के माने हैं अपने ही देश में तैयार माल का उत्पादन और वितरण। अपने वर्तमान संकुचित अर्थ में उसका मतलब होगा किसान जनता के लिए काम जुटाकर प्रति वर्ष 60 करोड़ रुपयों की बचत। इसका मतलब 72 प्रतिशत आबादी के लिए एक अत्यावश्यक अनुपूरक उद्योग जुटाना भी है। स्वदेशी एक रचनात्मक कार्यक्रम है, जबकि बहिष्कार जानबूझ कर आर्थिक हानि पहुंचाकर ब्रिटिश जनता को विवश करने का एक अस्थायी काम-चलाऊ साधन है। इसलिए अपनी अभीष्ट सिद्धियों के लिए बहिष्कार तो एक अनुचित दबाव डालना हुआ। बहिष्कार का एक अप्रत्यक्ष परिणाम अपने देश के उत्पादन में वृद्धि भी तो हो सकता है, लेकिन तभी जब इसका प्रचार बहुत दिनों तक होता रहे।" बैपटिस्टा का कहना था कि गाँधीजी की तरह का कोई आदमी इस आंदोलन की देखभाल करने वाला हो तो राग-द्वेष से बचा जा सकता था। लेकिन गाँधीजी ने कहा, "मैं इस बात को दृढ़ता से कह सकता हूं कि श्री बैपटिस्टा की यह कल्पना निर्मूल है। जिस मनुष्य पर घोरतम अत्याचार किए गए हैं, उसके क्रोध और द्वेष को भड़काने के लिए जरा सा बहाना ही काफी होता है। उससे ब्रिटिश वस्तुओं का बहिष्कार करने को कहना उसके हृदय में अन्यायी को सजा देने का विचार जगाना है। और दंड की परिणति क्रोध में होती ही है।"(16/500) जनता पर घोरतम अत्याचार हुए थे। एक चिंगारी से ही विस्फोट हो सकता था। प्रयत्न यह था कि यह विस्फोट न हो। जनता के मन में एक बार क्रोध की आग जली तो उसे बुझाना संभव न होगा। इसलिए स्वदेशी का प्रचार करना चाहिए, चरखा कातना चाहिए।

गाँधीजी ने लायलपुर के प्रसंग में लिखा था : नेताओं ने हड़ताल टालने की कोशिश की। लेकिन वे जनता की भावनाओं को काबू नहीं कर सके। फिर भी उन्होंने शांति बनाए रखने में अधिकारियों की बड़ी मदद की।(17/306) यहां नेताओं की नीति और जनता की भावना के बीच का फासला बहुत साफ दिखाई देता है। नेताओं की निगाह अंग्रेजों से प्राप्त होने वाली रियायतों पर थी। अंग्रेजी राज को खत्म करना उनका लक्ष्य नहीं था।

गाँधीजी ने अपनी रिपोर्ट में लिखा : हम यह भी मानते हैं कि जब देश के प्रशासन में बड़े महत्वपूर्ण परिवर्तन होने वाले हैं, जब सम्राट ने अधिकारियों और जनता से सहयोग की अपील की है, तब ऐसी परिस्थितियों में हमें ऐसी कोई बात नहीं कहनी चाहिए जो प्रगति के आड़े आती हो।(17/318) यहां प्रगति का मतलब है अंग्रेजों के बनाए हुए संवैधानिक रास्ते पर चलना। इस रास्ते का सारतत्व यह था—हिंदुस्तान के हिंदू-मुसलमान-सिख आपस में लड़ते रहें, ये तय करें कि हिंदुस्तान पर या उसके प्रदेशों पर उनमें से किसको राज करना है। वे आपस में समझौता कर लें, अंग्रेज भारत छोड़कर चले जाएंगे। ये बातें स्पष्ट रूप से आगे कही गईं, परंतु इनके बीज 1919 और 1920 की सुधार-योजना में मौजूद थे। इन्हीं सुधारों को कांग्रेसी नेता अहिंसात्मक प्रगति की उपलब्धि मानते थे। पंजाब में क्रांतिकारी परिस्थितियां मौजूद थीं। गांवों से लेकर शहरों तक जनता के हर स्तर के लोग आंदोलन में आगे आ रहे थे। अंग्रेजों के प्रति चारों तरफ रोष फैला हुआ था। इस हालत में जनता को संगठित करके उसे निश्चित ही क्रांति के मार्ग पर आगे बढ़ाया जा सकता था। आम जनता को अंग्रेजों के वादों पर, उनके सुधारों पर विश्वास नहीं था। गाँधीजी ने गुजरात में जन असंतोष के जो कारण बताएँ हैं, उनमें एक यह भी है कि जनता को अंग्रेजों के सुधारों पर विश्वास नहीं था। अपनी रिपोर्ट में उन्होंने सत्याग्रह आंदोलन की उपलब्धियां गिनाते हुए कहा : सत्याग्रह आंदोलन और उसकी भूमिका के रूप में की गई हड़ताल ने जहां एक ओर सारे देश में एक नई सक्रियता का संचार किया, वहीं दूसरी ओर उसने जनता की हिंसक प्रवृत्तियों और उसके रोष को संयमित-संतुलित करके देश को एक भीषण तथा और अधिक बड़ी विपत्तियों से बचा लिया।(17/320) इन विपत्तियों में अवश्य ही अंग्रेजी राज का क्रांतिकारी विध्वंस शामिल था।

जलियांवाला बाग में स्मारक बनाने की बात थी। स्मारक में कुछ वाक्य लिखे जाने थे। गाँधीजी ने सावधान किया : "उस पर एक भी शब्द ऐसा नहीं हो जिससे किसी के प्रति कटुता या द्वेष उत्पन्न हो या उसे प्रोत्साहन मिले।"(17/33)

साम्राज्यवाद की आलोचना

गाँधीजी पंजाब को भूले नहीं। 1919 से 1922 तक जलियांवाला बाग से चौरीचौरा कांड तक उन्होंने बार-बार स्वराज और खिलाफत के साथ पंजाब को याद किया। सम्राट के प्रति उनके दृष्टिकोण में परिवर्तन हुआ, यह बात उन्होंने अनेक बार स्पष्ट की। 15 अप्रैल, 1921 को गुजरात में, सभा में, भाषण करते हुए उन्होंने कहा : एक समय मैंने जनता को सलाह दी थी कि वह सरकार को उसकी मुश्किल के वक्त मदद करे। साम्राज्य के अंतर्गत अगर हम हक प्राप्त करना चाहते हों तो पहले हमें अपना फर्ज अदा करना चाहिए, ऐसा

मैंने कहा था और इसी कारण खेड़ा जिले का संघर्ष पूरा होने के तुरंत बाद मैं लोगों को फौज में भर्ती होने के लिए समझाने आया था।(20/1) यद्यपि उन्होंने अपने इस काम को उचित ठहराया और इस बात पर अफसोस भी जाहिर किया कि लोग काफी संख्या में भर्ती न हुए, इसलिए नहीं कि वे भर्ती होना गलत समझते थे, वरन् इसलिए कि उनमें हिम्मत की कमी थी और फौज में भर्ती होकर मरने का खतरा था, इससे डरे हुए थे; लेकिन आगे उन्होंने अपने इसी भाषण में कहा : "मैं अब सरकार के विरुद्ध हूं। इस सरकार के लिए लड़ना मैं अधर्म समझता हूं। उसके प्रति मेरे मन में पूर्णतः अविश्वास की भावना घर कर गई है। उस समय मैं इस सरकार को राक्षसी नहीं कहता था, लेकिन आज मैं इस राज्य को राक्षसी राज्य अथवा रावण कहता हूं। जिस अनन्य भक्ति भाव से मैं खेड़ा जिले में पैदल घूम रहा था और सरकार के लिए अपनी ताकत खर्च कर रहा था, अपनी उसी ताकत को—विरासत में मिली अपनी ताकत को—अब मैं सरकार के विरुद्ध इस्तेमाल कर रहा हूं। कारण, जो सत्य हो उसे करने का नाम ही सत्याग्रह है।"(20/1)

पिछले युद्ध के प्रति और उसमें भाग लेने वालों के प्रति गाँधीजी के दृष्टिकोण में परिवर्तन हो रहा था। जून 1920 में जर्मनी और ब्रिटेन दोनों को हिंसा के लिए दोषी ठहराते हुए उन्होंने लिखा : "जर्मनी के मुकाबले में मित्र राष्ट्रों ने शस्त्र का प्रयोग किया। उसका क्या परिणाम निकला? जर्मनी का जैसा चित्र उन देशों ने हमारे सामने खींचा था, क्या उनकी स्वयं की अवस्था वैसी नहीं हो गई है?"(17/526)

तुर्की के प्रति मित्र राष्ट्रों के व्यवहार के संदर्भ में गाँधीजी ने जून 1920 में साम्राज्यवादियों की लूट-खसोट की तीखी आलोचना की। उन्होंने कहा : मित्र राष्ट्रों की लूट-खसोट उनको हानि पहुंचाने लगी है। फ्रांस को अपना काम कठिन लग रहा है। ग्रीस अपने अनुचित रूप से पाए हुए लाभ को पचा नहीं पा रहा है और इंग्लैंड के लिए मैसोपोटामिया एक कठिन समस्या बन गया है।(17/565) मैसोपोटामिया इंग्लैंड के लिए समस्या बन गया था, वहां के तेल के कारण। इंग्लैंड इराकी तेल के स्रोतों पर अधिकार जमाना चाहता था। गाँधीजी को विश्वास था, अरब अंग्रेजों की इस नीति का विरोध करेंगे और यह विरोध उचित होगा। उनका कहना था, "ब्रिटेन ने मनमानी करके जो आग भड़काई है, उसमें मोल में निकलनेवाला तेल ईंधन का काम करेगा, और इस प्रकार ब्रिटेन स्वयं अपने हाथ जला बैठेगा।"(17/565) विशेष बात यह कि गाँधीजी इस पक्ष में थे कि वहां अंग्रेज हितों की रक्षा के लिए भारतीय फौजें तैनात न की जाएँ। उन्होंने इस प्रसंग में लिखा : समाचारपत्रों का कहना है कि अरब के लोग अपने यहां हिंदुस्तानी फौजें पसंद नहीं करते हैं। मुझे इसमें आश्चर्य नहीं। वे उग्र स्वभाव वाले और वीर पुरुष हैं। वे यह नहीं समझ पाते कि भारतीय सिपाही मैसोपोटामिया में क्यों हों। असहयोग का परिणाम जो भी निकले, मैं चाहता हूं कि एक भी भारतीय मैसोपोटामिया में अपनी सेवाएँ अर्पित न करे।(17/565) प्रश्न केवल खिलाफत आंदोलन में मुसलमानों को अपना समर्थन देने का नहीं था। गाँधीजी ने स्पष्ट किया, "खिलाफत के सवाल के अतिरिक्त शुद्ध न्याय की

दृष्टि से भी मैसोपोटामिया पर कब्जा रखने का अंग्रेजों को कोई हक नहीं। किसी भी रूप में हमारी देशभक्ति का यह अंग नहीं कि हम साम्राज्यसरकार की एक ऐसे काम में मदद करें जो साफ शब्दों में कहें तो दिनदहाड़े की जाने वाली डाकाजनी है।"(17/565) यहां गाँधीजी अधिकांश उदारपंथी पूंजीवादी नेताओं से बहुत आगे बढ़े हुए हैं। साम्राज्यवादी लूट की ऐसी कड़ी आलोचना उस समय लेनिन ने की थी और गाँधीजी उस आलोचना के बहुत नजदीक हैं। दिसंबर 1920 में कांग्रेस के एक प्रस्ताव पर बोलते हुए उन्होंने घोषित किया : "इस साम्राज्य ने हम पर इतने अधिक अत्याचार किए हैं कि उसके झंडे के नीचे रहना ईश्वर के प्रति द्रोह करना है।"(19/169) उसी भाषण में उन्होंने आगे यह भी कहा : "हम साम्राज्य को दंड देना नहीं चाहते। हम उसके साथ सारे संबंध तोड़कर ही स्वराज्य प्राप्त करना चाहते हैं, ऐसी कोई बात भी इस प्रस्ताव में नहीं आती। यही साम्राज्य अगर हमें न्याय देने के लिए तैयार हो, हमारे अधिकार देने के लिए तैयार हो तो हम उसके अधीन रहने के लिए तैयार हैं।"(19/169-70) यहां पुराना पूंजीवादी उदारपंथ अपनी झलक दिखा रहा है।

प्रथम विश्वयुद्ध के बाद एशिया के बाजार में जापान प्रमुख पूंजीवादी शक्ति के रूप में उभर रहा था। जो लोग कहते थे, चरखा चलाने से देश गरीब हो जाएगा, उन्हें उत्तर देते हुए गाँधीजी ने ब्रिटेन के साथ जापान के प्रति भी लोगों को सावधान किया। उन्होंने पूछा : "क्या हजारों नए चरखे राष्ट्र की समृद्धि की जड़ें खोदते हैं?" फिर उत्तर दिया : "वे विदेशी आधिपत्य को जरूर ध्वस्त करते हैं फिर यह लंकाशायर का हो या जापान का।"(20/18) वायसराय की कार्य परिषद् के एक सदस्य थे सर विलियम विन्सेन्ट। वह गाँधीजी के आंदोलन को विध्वंसात्मक बताते थे। स्वाधीनता आंदोलन की रचनात्मक क्षमताओं का उल्लेख करते हुए गाँधीजी ने एक प्रश्न किया : "क्या हिंदू-मुस्लिम एकता एक ऐसी तुच्छ और ऊपरी चीज है कि जैसे ही हमारे देश से अंग्रेजों की बंदूकें, उनका शस्त्र बल हटेगा वैसे ही हम आपस में लड़ना शुरू कर देंगे?"(20/18-19) गाँधीजी ने यह प्रश्न अप्रैल 1921 में किया था। तब से अब तक यह प्रश्न भारतीय जनता के सामने है और जो उसका नेतृत्व करते हैं, उन्हें इस प्रश्न पर गंभीरता से विचार करना चाहिए। भारत की आत्मरक्षा के प्रसंग में गाँधीजी ने कहा : "क्या आज से 60 वर्ष पहले हम अपनी रक्षा करने में आज की अपेक्षा कम समर्थ थे? या क्या यह सच नहीं है कि पाश्चात्य मानदंडों से देखा जाए तो हम इतने असहाय कभी थे ही नहीं जितने कि आज हैं।"(20/19) ब्रिटिश शासन ने देश की आत्मनिर्भरता नष्ट कर दी थी। इस शासन के बारे में गाँधीजी का निष्कर्ष था, "इसे सुधारना या उसको बिल्कुल ही नष्ट कर देना अब एक फौरी आवश्यकता बन गई है।"(20/19) कुछ लोग सुधारों में बड़ी आशाएँ लगाए बैठे थे। गाँधीजी का कहना था : "भारत के सबसे महत्वपूर्ण हित को, उसकी स्वावलंबिता को इसी विदेशी शासन ने नष्ट किया है। और उसकी जो योजना है, वह तो भारत की गरीबी को और भी बढ़ा देगी।"(20/19)

वायसराय शिमला की ऊंचाई पर रहता था। नीचे गरीब जनता भूखों मरती थी। शिमला की ऊंचाई पर व्यंग्य करते हुए गाँधीजी ने लिखा : "शिमला 7 हजार 500 फुट की ऊंचाई पर स्थित है। यदि लोग इतनी ऊंचाई पर से चलने वाले राजकाज का अर्थ समझ लें तो यह साम्राज्य क्या है, इसका उन्हें पता चल जाए।" बंबई के व्यापारियों की इमारतें ऊंची थीं। लेकिन वे ऊपर की मंजिलों से व्यापार न चलाते थे। गाँधीजी ने कहा : "हिंदुस्तान का व्यापार 500 वीं मंजिल पर चलता है। फिर अगर हिंदुस्तान भूखा मरता है तो इसमें आश्चर्य की क्या बात है? शिमला नगर की तलहटी में 3 करोड़ बच्चे भूख से बिलबिलाते रहते हैं। हमें इसमें अब कुछ आश्चर्य की बात नहीं जान पड़नी चाहिए।"(20/116)

गाँधीजी के अपने जनपद में मुफलिसी फैल रही थी। उनके देखते-देखते किसानों के जीवन में जबर्दस्त तब्दीली आ रही थी। उन्होंने कहा : "काठियावाड़ के मजबूत काठी वाले खूबसूरत ग्रामीणों के घरों में पहले जो तेज दिखाई देता था, वह तेज मुझे अपनी इस बार की यात्रा में दिखाई नहीं दिया। मुझे संवत् 35 के अकाल के पहले गांवों में दूध-घी की बहुलता देखने की याद है। पत्ती से घी परसना तो कंजूसी मानी जाती थी। मुझे बचपन में काठियावाड़ की ऊंची पूरी देहाती बहनों के हाथों से चमचम करते हुए कटोरों में गाढ़ा मठा पीने का स्मरण है। आज तो मठे के नाम सफेद पानी दिखता है। घी की कुप्पियां आज नहीं दिखतीं। चम्मच दो चम्मच घी मिल जाए तो गनीमत है। समृद्धि के समाप्त होने से लोग दीनता का अनुभव करने लगे हैं और प्रांत छोड़कर बाहर भागने लगे हैं।"(20/497)

निर्धनता की पीड़ा एक, पराधीनता की पीड़ा दो। दोनों के मिलने से परिस्थिति असह्य होती जा रही थी। असम में नदी पार करते हुए गाँधीजी इन समस्याओं के बारे में सोच रहे थे। जहाज पर बैठे हुए उनके मन में विचार आया : "यह स्टीमर और यह महानद मेरे नहीं हैं। जिस सत्ता के अत्याचार ने मेरी आंखें खोल दी हैं, जिसकी करतूतों ने देश को घायल, निस्तेज और भिखारी बना दिया है, उसी सत्ता की मेहरबानी से मैं नदी पर इस जहाज में बैठा हुआ यात्रा कर रहा हूं—इस सारी शांति के बीच यह विचार मुझे विकल बनाए हुए है।" (21/87)

अंग्रेज यहां व्यापार के अलावा जमींदारी भी करते थे। "सरकार बंगाल, चम्पारन और असम में हजारों बीघा जमीन पर कब्जा करके उसमें फसलें उगाती है। किंतु वहां देखें तो मजदूर हम ही हैं। सारा व्यापार दबाव से अथवा लालच दिखाकर किया जाता है।"(22/304) मानव-स्वभाव पर साम्राज्यवादी व्यवस्था का जो असर हुआ था, उसके बारे में गाँधीजी ने कहा : "इस प्रणाली के अंतर्गत बर्बरता का पोषण किया गया है और मानव-स्वभाव को पतन के गर्त में ढकेल दिया गया है। और यह सब सिर्फ इसलिए किया गया है कि इस गरीब देश का—जिसके बारे में मेरी इच्छा ऐसा मानने की होती है कि वह किसी समय मानव-शक्ति तथा धन-धान्य से भरा-पूरा था—शोषण करने और इसकी संपत्ति लूटकर अपना घर भरने पर कटिबद्ध एवं अल्पसंख्यक समुदाय के व्यापारिक हितों के लिए बलात् छीनी गई सत्ता को कायम रखा जाए।"(22/322-323) पूरी साम्राज्य व्यवस्था रोग से

पीड़ित है और वह भीतर से सड़ रही है। "हमारा वास्ता ऐसी शासन प्रणाली से पड़ा है जो पूरी तरह सड़ चुकी है और जिसने क्या अंग्रेज क्या भारतीय, सारी मनुष्य जाति का मान घटाया है। असल में हम एक रोग से जूझ रहे हैं।"(22/377)

साम्राज्यवाद एक ओर शस्त्रबल और आतंक से काम लेता है, दूसरी ओर वह छल-कपट और धोखाधड़ी से भी काम लेता है। गाँधीजी ने कहा : "इस सरकार ने अपनी सत्ता हमेशा लोगों को भ्रम में रखकर कायम रखी है। रोग होता है कुछ और बताया जाता है कुछ और। बंगालियों को बंग-भंग के संबंध में शिकायत थी, इस कारण उन्होंने बम फेंके। सरकार ने इस बमबारी को ही बीमारी बताकर असली रोग को छिपाने का प्रयत्न किया। उसने बमबारी को रोकने के बहाने बेगुनाह लोगों को तंग करने और जनता को पौरुषहीन बनाने की योजना तैयार की। यही रौलेट कानून के बारे में समझिए।"(22/347) छल-कपट की यह नीति अंतरराष्ट्रीय पैमाने पर इस्तेमाल की जाती थी। युद्ध के समय बड़े देशों ने गुप्त संधियां की थीं। युद्ध के बाद कुछ समाचार पत्रों ने उन्हें प्रकाशित कर दिया। इस पर गाँधीजी ने लिखा : "खून छिपा नहीं रहता। पता नहीं, पिछली नापाक जंग के दौरान गुप्त संधियां करने वालों ने यह समझ लिया था या नहीं कि आखिरकार एक दिन उनका भेद खुलकर रहेगा। ज्यादा संभावना तो इसी बात की है कि वे शायद जानते होंगे कि भेद खुल ही जाएगा और संधियां करने वाले को एक दिन आलोचना का शिकार बनना पड़ेगा। ज्यादा संभावना यही है कि चोरी-छिपे साजिश करने वालों को जो संतोष मिलता है, वह उनको इस बात से भी मिला होगा कि जिस समय वे संधियां की गई थीं, उस समय वे उनको गुप्त रख सके और ये जिस मकसद से की गई थीं, वह पूरा हो गया।"(20/46) साम्राज्यवादी व्यवस्था में कुछ देश पूरी तरह पराधीन होते हैं, कुछ देश ऊपर से स्वाधीन दिखाई देते हैं, पर भीतर से वास्तव में पराधीन होते हैं। आयरलैंड के प्रसंग में गाँधीजी ने 'अधूरी-सी स्वाधीनता'—यह शब्दावली इस्तेमाल की है। वह साम्राज्यवादी व्यवस्था को समझने में बहुत सहायता करती है। उन्होंने लिखा, "लार्ड रीडिंग ने हम पर आयरलैंड के मार्ग पर जाने का आरोप लगाया है। हम उस अद्‌भुत राष्ट्र के बारे में थोड़ा विचार करें। आयरलैंड को आज जो अधूरी-सी स्वाधीनता मिली है, वह आयरिश लोगों द्वारा दूसरों की खून-खराबी के कारण नहीं मिली है, बल्कि उन्होंने स्वेच्छा से अपना जो मनों खून बहाया है, यह उसी का फल है।"(22/18) यहां बहस इस बात पर नहीं है कि आयरिश लोगों ने स्वाधीनता संग्राम कैसे चलाया। मुख्य बात यह है कि अंग्रेजों ने उन्हें जिस तरह स्वाधीन किया, उससे उन्हें यह 'अधूरी-सी स्वाधीनता' मिली। वे पूर्ण स्वाधीन नहीं हुए, यह बात भारत के संदर्भ में भी ध्यान देने योग्य है।

अंग्रेज इराक में अपनी फौज रखे हुए थे लेकिन अफगानिस्तान में लड़ाकू कबीलों के सरदारों को धन देकर खुश रखते थे। वे हिंदुस्तान को बराबर यह डर दिखाते थे कि अफगानिस्तान तुम पर हमला करेगा। गाँधीजी ने इस प्रसंग में कहा : "जो लड़ाकू कबीले लूट-मार करके ही जीवन यापन करते हैं, उन्हें अभी लाखों रुपया बतौर सहायता के दिया

जाता है। मैं भी उन्हें कुछ सहायता देना चाहूंगा। जब चरखा भारत में सुदृढ़ स्थान पा जाएगा, मैं उसका प्रचार अफगान कबीले में भी करूंगा और इस तरह उसे भारत पर हमला करने से रोकूंगा।"(21/116)

अंग्रेजों की न्याय-व्यवस्था वकीलों के सहारे चलती थी। गाँधीजी चाहते थे, वकील कचहरियों में वकालत करना छोड़ दें तो यह न्यायव्यवस्था ठप हो जाएगी। कानून की जगह वास्तविक न्याय करना संभव होगा। उन्होंने कहा : "मुझे दुःख है कि मुझमें प्रत्येक वकील को यह समझाने की शक्ति नहीं है कि जिन अदालतों से न्याय नहीं मिलता, उनमें वकालत करना अनुचित है।"(21/286) किसी भी आंदोलन के समय न्याय और कानून का फर्क साफ दिखाई देने लगता था। भारत में इंग्लैंड के युवराज आने वाले थे। अधिकारी चाहते थे, जनता उनका स्वागत करे। जनता इसके लिए तैयार न थी। कानून के साथ दमन कैसे मजबूती से बंधा हुआ है, यह गाँधीजी के विवरण से ज्ञात होता है। उन्होंने 'कानूनी अराजकता' शब्दावली का प्रयोग किया है। अराजकता तो है लेकिन उस पर कानून का आवरण चढ़ा हुआ है। इस अराजकता के द्वारा अंग्रेज यहां शांति और व्यवस्था कायम रखते थे। गाँधीजी ने लिखा : हड़ताल को तोड़ने की जी-तोड़ कोशिशों के बावजूद लोगों ने अपनी इच्छा से हड़ताल रखी और भड़काने की कोशिशों के बावजूद उन्होंने शांति कायम रखी, यह बात 'सिविल' गार्ड के सदस्यों और यूरोपीयों को बहुत खल गई है। स्पष्ट है कि इसका सारा दोष वायसराय साहब पर है। उन्होंने युवराज महोदय को ऐसे समय पर बुलाया है जब कि उन्हें नहीं बुलाना चाहिए था। और जब उन्हें बुला लिया गया तो जहां-कहीं वे जा रहे हैं, वायसराय जनता को उनका स्वागत करने के लिए मजबूर कर रहे हैं और इसमें असफल होने पर वे ब्रिटिश नागरिकों की भावनाओं को यह कहकर भड़का रहे हैं कि यंह बहिष्कार युवराज और ब्रिटिश जाति का खुल्लमखुल्ला अपमान है। जिस बात की आशंका थी, वही हुआ। पुलिस और सिविल गार्ड ने विभिन्न सरकारी ऐलानों का यही मतलब निकाला कि अब उन्हें छूट मिल गई है और वे जो चाहें कर सकते हैं। उन्होंने दुकानें लूटीं। अगर 'सर्वेंट' में छपी खबरें सच हैं तो वे लोग जूते पहने हुए मस्जिदों में घुसे और उन्होंने चोरियां भी की हैं। बेकसूर आदमियों को चोटें लगीं और कुछ ने तो जान से भी हाथ धोए। कलकत्तावासियों ने यह कानूनी अराजकता अत्यंत सहनशीलता के साथ बर्दाश्त की है।(22/146)

कानूनी अराजकता की स्थिति बनाए रखने के लिए अंग्रेज अधिकाधिक फौज का इस्तेमाल करते थे। भारत में दमन के लिए और दूसरे देशों में अपना साम्राज्यवादी प्रभुत्व कायम रखने के लिए, वे फौज का उपयोग करते थे और इस फौज में बहुत बड़ी संख्या इसी देश के जवानों की थी। गाँधीजी ने अप्रैल 1921 में लोगों से कहा : "फौज में भर्ती होना बंद करो। नौकरी छोड़ दो और रोटी-रोजी के लिए कोई दूसरा जरिया इस्तेमाल करो। न हो तो चर्खा कातो, बुनकर बनो।" उन्होंने इराक के बारे में एक पत्र छापते हुए लिखा : "मुझे उम्मीद है कि मेरे इस पत्र को प्रकाशित करने से दूसरे लोग भर्ती के प्रलोभनों में

पड़ते हुए हिचकिचाएंगे। बहादुर अरब लोगों पर आज जो विपत्ति आ पड़ी है, उसे किसी भी आत्मसम्मानीय भारतीय को अपनी जीविका का साधन नहीं बनाना चाहिए।"(20/47) गाँधीजी ने सितम्बर 1921 में कहा : "क्या सिपाहियों का उपयोग भारत को गुलामी में रखने के लिए नहीं किया गया है? चांदपुर में उस भयंकर रात्रि में क्या उनका उपयोग निरीह स्त्रियों, पुरुषों और बच्चों को स्टेशन से निकाल बाहर करने के लिए नहीं किया गया है? क्या उनका उपयोग मैसोपोटामिया के स्वाभिमानी अरबों को गुलाम बनाने के लिए नहीं किया गया है? और क्या उनका उपयोग मिश्र वालों को कुचलने के लिए नहीं किया गया है? जिस भारतीय में मानवता का तनिक भी लेश होगा, जिस मुसलमान में अपने धर्म का तनिक भी अभिमान होगा, उसकी भावना अली-बंधुओं से भिन्न कैसे हो सकती है? इन सिपाहियों का उपयोग कमजोर और असहाय लोगों की स्वतंत्रता या उनके सम्मान की रक्षा करने वाले सैनिकों के रूप में तो कम, किराए के कातिलों की तरह ज्यादा किया गया है।"(21/231) 'किराए के कातिल' बहुत अर्थव्यंजक शब्दावली है।

4 अक्तूबर 1921 को गाँधीजी, अबुल कलाम आजाद, अजमल खां, लाजपतराय, मोती लाल नेहरू, सरोजिनी नायडू तथा अन्य नेताओं के हस्ताक्षरों से एक ज्ञापन प्रकाशित हुआ। उसमें अंग्रेजी फौज के बारे में विस्तार से लिखा गया और लोगों से कहा गया कि वे किसी भी तरह सेना से सहयोग न करें, उसमें भर्ती न हों, सेना से संबंधित अन्य कार्य भी न करें। "हम नीचे हस्ताक्षर करने वाले लोगों के विचार से यह बात किसी भी भारतीय की राष्ट्रीय प्रतिष्ठा के खिलाफ है कि वह एक ऐसी शासन-प्रणाली के अधीन असैनिक और खासकर सैनिक सेवा करे जिस प्रणाली ने भारत को आर्थिक, नैतिक तथा राजनीतिक दृष्टियों से पतन के गर्त में गिरा दिया है, जिसने सैनिकों तथा पुलिस का उपयोग राष्ट्रीय आकांक्षाओं का दमन करने के लिए किया हो(है), जैसा कि रौलेट अधिनियम के खिलाफ होने वाले आंदोलन के समय किया, और जिसने (भारतीय) सैनिकों का उपयोग अरबों, मिस्रियों, तुर्कों और जिन दूसरे राष्ट्रों ने भारत का कुछ भी नहीं बिगाड़ा, उन सबकी स्वतंत्रता का अपहरण करने के लिए किया है। हमारा विचार यह भी है कि हर भारतीय सैनिक और असैनिक कर्मचारी का कर्तव्य है कि वह सरकार से सारे संबंध तोड़ ले और अपनी जीविका का कोई और साधन ढूंढे।" (21/244-45) कांग्रेस ने इसी आशय का एक प्रस्ताव पास किया। उसके बारे में गाँधीजी ने लिखा : "प्रस्ताव के दूसरे भाग में सैनिकों को सम्मानपूर्वक आजीविका कमाने का मार्ग बताया गया है। उसमें स्वदेशी का उल्लेख है ...प्रस्ताव में सैनिकों से कहा गया है कि वे रुई धुन कर और कपड़ा बुन कर अपनी आजीविका कमा सकते हैं।"(21/286)

भारत में देशी पूंजीपतियों के अलावा गोरे पूंजीपति भी थे जो पूंजीपति होने के साथ जमींदार भी थे। गाँधीजी ने तेजपुर के चाय बागानों के सिलसिले में लिखा था : "तेजपुर की आबादी 6 हजार होगी। लेकिन यहां नगरपालिका है, रेलवे और बिजली की रोशनी है और पानी के नल भी हैं। यह सब क्यों है? इसका उत्तर फौरन ही दिया जा सकता

है। तेजपुर के नजदीक ही चाय के बड़े-बड़े बागान हैं। बस, इसी चाय को ढोने के लिए रेलें हैं और बन्दरगाह के रास्ते से चाय भेजी जाती है। लोग यही मानते हैं कि असम में बागान मालिकों का राज है और अंग्रेजी राज तो है ही। लेकिन कर्ता-धर्ता सब बागान-मालिक ही हैं। चांदपुर में गरीब मजदूरों पर जो ज्यादती हुई थी, वह मिस्टर एंड्रयूज का कहना है कि इन चाय बागान-मालिकों के लिए ही हुई थी।" (21/89) ये जमींदार-पूंजीपति अंग्रेजों के सगे-संबंधी थे। इसलिए सरकार का राज और चाय बागान मालिकों का राज, असम में यह एक ही बात थी। असम की राजधानी शिलांग नगर था। उसे राजधानी क्यों बनाया गया, इसकी कैफियत देते हुए गाँधीजी ने कहा : "शिलांग की हवा ऐसी है कि वहां यूरोपीय लोग बारहों महीने मजे से रह सकते हैं। इसलिए शिलांग को असम की राजधानी बनाया गया है। इतने ऊंचे पर भला कहीं खेतों में काम करने वाले मजदूरों की पुकार पहुंच सकती है? हर बात में 'जिसकी लाठी उसकी भैंस' वाला मामला देखा जाता है। 'प्लांटर'—बागान मालिक—शिलांग में रह सकते हैं और जब चाहे तब वहां जा सकते हैं। उनके मजदूरों में किसी की ताब नहीं कि वह जा सके। उस बेचारे की तो अर्जी भी शिलांग तक पहुंचते-पहुंचते फटकर चिथड़ा हो जाती है।"(21/57-58)

मार्क्स-एंगेल्स ने कम्युनिस्ट घोषणापत्र में लिखा था कि पूंजीपति एक-दूसरे की स्त्रियों के साथ व्यभिचार करने के अलावा मजदूरों की स्त्रियों को भी अपनी वासना का शिकार बनाते हैं। यही स्थिति असम के चाय बागानों में थी। गाँधीजी ने लिखा : "आपको हर बागान में जो यूरेशियाई बच्चे मिलेंगे, वे वहां की मजदूर स्त्रियों की दयनीय दशा के साक्षी हैं। यदि मेरा बस चले तो मैं उन बागानों को, जहां यूरेशियाई बच्चे पाए जाते हैं, बंद कर दूं, क्योंकि ये बच्चे भारतीय नारीत्व के प्रति किए गए अपराध के जीते-जागते प्रमाण हैं।" (20/309) चाय बागानों के मालिक दावा करते थे कि वे मजदूरों को बहुत-सी सुविधाएँ देते हैं। इन सुविधाओं को धंधा चलाने का एक दांव बताते हुए गाँधीजी ने लिखा : "मुझे इस बात का पूरा अनुभव है कि मुफ्त दवा, मुफ्त इलाज, मुफ्त आवास और मुफ्त चरागाह—ये सब धंधा चलाने की चालें हैं, जिनका उद्देश्य कुलियों को सदा के लिए दास बनाकर रखना है। यदि उसे पूरी मजदूरी दी जाए और उससे आवास तथा दवा के लिए पैसे लिए जाएँ तो वह ज्यादा आजाद होगा।"(20/309)

प्रेमचंद के उपन्यास 'रंगभूमि' में जैसे उद्योगपति सूरदास की जमीन औद्योगिक विकास के लिए हड़प लेता है, वैसे ही भारत में कुछ किसानों की जमीनें देसी पूंजीपति हथिया रहे थे। उन्हें जितना मुआवजा मिलना चाहिए उतना नहीं मिलता था। युद्ध समाप्त हुआ। सरकार चाहती थी कि गाँधीजी ने धनी-निर्धन में भेद करते हुए लिखा : "धनवान लोग कहते हैं कि अगर हम जलसों में भाग नहीं लेंगे तो सरकार नाराज हो जाएगी। वे रुपये को भगवान मानते हैं। लोगों को भय है कि बड़े-बड़े आदमियों के बिना वे कुछ नहीं कर सकते। वे यह नहीं समझ पाते कि अगर उनका लक्ष्य न्यायपूर्ण है तो भगवान उनके साथ है। यदि हम अपने उद्देश्य, अपनी मांग के विषय में एक हैं तो एक दिन बड़े-बड़े लोग

भी हमारे साथ होंगे। 13 दिसंबर को हम एक दूसरा ही भारत देखेंगे। श्री लायड जॉर्ज को हमारे सामने झुकना ही पड़ेगा, किंतु यदि यह न हो तो हमें अपना कर्तव्य निभाना चाहिए।"(16/320) (13 दिसंबर, 1919 का दिन शांति समारोहों के लिए चुना गया था।)

अंग्रेज सुधार योजना लागू करने वाले थे। गाँधीजी का विचार था, इस सुधार योजना से भुखमरी की समस्या हल होने वाली नहीं है। विदेशी माल खरीदा जाता है, लाखों रुपये बाहर जाते हैं और इसलिए गरीबी और भुखमरी में बराबर बढ़ती हो रही है। उन्होंने कहा : हमने 1918 में वस्त्र खरीदने के लिए 60 करोड़ रुपये भारत से बाहर भेजे थे। यदि हम इसी रफ्तार से विदेशी वस्त्र खरीदते जाएँ तो हम भारतीय बुनकरों और कताई करने वालों को प्रतिवर्ष इतनी राशि से वंचित करते रहेंगे और इसके बदले उनके लिए लगभग कोई भी काम नहीं जुटाएंगे, फिर इसमें आश्चर्य ही क्या कि हमारे यहां की जनसंख्या का दशांश बुरी तरह भुखमरी का शिकार है और शेष जनसंख्या का अधिकांश जरूरत से काफी कम भोजन प्राप्त कर पाता है। जिनके भी आंखें हैं, वे खुद देख सकते हैं कि मध्यम वर्ग के लोगों को जरूरत से बहुत ही कम भोजन मिल पाता है और हमारे बच्चों को पर्याप्त मात्रा में दूध भी नहीं मिल पाता। यह सुधार योजना कितनी ही उदारतापूर्ण क्यों न हो, वह निकट भविष्य में समस्या का समाधान करने में समर्थ नहीं हो सकती। परंतु स्वदेशी से अभी इसी समय यह समस्या हल हो सकती है।(16/346) कुछ लोग गरीबी की रेखा के नीचे थे। वे निरंतर भुखमरी के शिकार थे। सबसे ऊपर खाते-पीते लोग थे। इनके बीच में ऐसे लोग थे जिनकी हालत दिन-प्रतिदिन खराब होती जा रही थी। विवरण में जिसे मध्यम वर्ग कहा गया है, उसमें नीचे के भूखे लोगों और ऊपर के खाते-पीते लोगों के बीच बहुत बड़ी जमात थी। इसकी हालत भी दिन-प्रतिदिन खराब होती जा रही थी।

पूंजीवादी विकास में श्रम और धन का केंद्रीकरण होता है। इस संबंध में गाँधीजी की यह स्थापना महत्वपूर्ण है : "मिलों की संख्या बढ़ाने से समस्या हल नहीं होगी। जो रुपया देश से बाहर जाता है, उसकी पूर्ति करने में उनको काफी समय लग जाएगा और वे हमारे घरों के लिए 60 करोड़ रुपये की राशि सुलभ नहीं बना सकेंगे। वे तो चंद उद्योगपतियों के हाथों में ही धन और श्रम को केंद्रित कर देंगी और उससे समस्या और भी लाइलाज हो जाएगी।"(16/347) सामाजिक विकास क्रम में धन और श्रम का केंद्रीकरण आवश्यक होता है और जो नई समस्याएँ उत्पन्न होती हैं, उनका इलाज यह है कि समाज का जो सारा धन और श्रम एक जगह केंद्रित हुआ है, वह व्यक्तिगत हाथों से हटाकर पूरे समाज को सौंप दिया जाए। यानि उद्योग-धंधों का समाजीकरण, उन पर पूरे देश का अधिकार, यह समस्या का निदान है। यह निदान तुरंत आवश्यक नहीं था। लड़ाई भारत के पूंजीवाद से नहीं थी, साम्राज्यवाद से थी। सबसे पहले देश को अंग्रेजों की गुलामी से छुड़ाना था।

गुजराती पूंजीपतियों में एक प्रभावशाली गुट पारसी व्यवसायियों का था। इनमें बहुतों की शराब की दुकानें थीं। इस प्रसंग में गाँधीजी ने कहा था : "शराब की दुकानों पर धरना देना पारसियों से बहुत संबंध रखता है। हमें अपने पारसी देशवासियों के प्रति बहुत

सहिष्णुता से काम लेना होगा। धरना देना हम बिल्कुल तो बंद नहीं कर सकते पर हमें चाहिए कि हम शराब के व्यापारियों से मिलें, उनकी कठिनाइयों को समझें और अपनी कठिनाइयां उन्हें बताएँ। श्री गोदरेज ने अपने चंदे को मद्यनिषेध तथा पद्दलित वर्गों के उत्थान-संबंधी कार्यों के लिए निर्धारित कर दिया है। अतः हमें यह नहीं सोचना चाहिए कि सभी पारसी अवश्य ही महान मद्यनिषेध आंदोलन के विरोधी हैं।"(20/295) यह स्पष्ट नहीं है कि गोदरेज ने जो रकम मद्यनिषेध के लिए निर्धारित की थी, वह मद्य बेचकर प्राप्त की थी अथवा नहीं। जून 1921 में पारसियों की सभा में गाँधीजी ने कहा, "पारसी लोग पवित्रता, सत्य और ईमानदारी से भरपूर हैं और मुझे एक जाति के रूप में आप पर अभिमान है। अगर आप लोगों ने 30 हजार रुपये इकट्ठे न किए होते और मुझे सिर्फ पांच रुपये ही दिए होते तो भी मैं आप लोगों से संतुष्ट रहता। श्री गोदरेज मुझे पहले ही 3 लाख रुपये दे चुके हैं और उन्होंने समस्त भारत को दिखा दिया है कि पारसी लोग क्या कुछ कर सकते हैं।"(20/319) फिर उन्होंने पारसी समाज को चेतावनी देते हुए कहा : "कोई जाति केवल अनुकरण से अपना अस्तित्व कायम नहीं रख सकती। (संभवतः वहां अनुकरण अंग्रेजों का होगा।) कोई जाति विलासिता में पड़कर जीवित नहीं रह सकती। मैंने देखा कि पारसियों की जिंदगी आरामतलबी की हो गई है। पारसियों के लिए अस्पताल, पारसियों के लिए आराम से रहने का इंतजाम, पारसियों के लिए अलग कोष। मैं घबरा गया। मैंने देखा कि दानशीलता ने ऐसा रूप ग्रहण किया है कि इससे पारसियों की जाति शायद पिछड़ जाएगी। जो जाति दान-पुण्य के सहारे जीवित रहती है, उसका नाश ही हो जाता है। अपने शरीर के पसीने से प्राप्त सुविधाएँ ही मनुष्य को पच सकती हैं। जो मनुष्य अपनी जाति की दी हुई सुख सुविधाओं का कम से कम उपयोग करता है, उसी का पुरुषार्थ सच्चा है।"(22/82) पारसी व्यवसायी जिस तरह का जीवन बिताते थे, उससे यह भी पता चलता है कि वे किस तरह धन उपार्जित करते थे।

बहुत से देशी व्यवसायियों का घनिष्ठ संबंध अंग्रेजों से था। भारतीय व्यापारियों की सभा में गाँधीजी ने कहा : "अध्यक्ष ने अभी कहा है कि आज की सभा में धनाढ्य लोग नहीं आए। इससे मुझे बहुत दुख हुआ। लेकिन उनके न आने का कारण है। वे इस सरकार की छाया में पले बढ़े हैं और उन्होंने अपनी विशाल संपत्ति उसी के संरक्षण में इकट्ठी की है। उन्होंने अपना धन उसके सहयोग से कमाया है, इसलिए वे उससे डरते हैं।"(19/286) मिल मालिकों के शोषण के बारे में गाँधीजी ने उसी सभा में कहा : "मिल मालिक जो शोषण कर रहे हैं, वह बहुत अनुचित है। जब रुई का दाम 9 रुपये है, तब सूत का दाम 34 रुपया क्यों हो?" कुछ लोग विदेशी माल की एजेंसियां लेकर धन कमाते थे। गाँधीजी इसे धर्म के विपरीत मानते थे।(19/288) जो देशी पूंजीपति ब्रिटेन के सहयोगी थे उनसे लड़ना स्वाधीनता आंदोलन की सफलता के लिए आवश्यक था। असम के चाय बागानों के मालिकों को लक्ष्य करके गाँधीजी ने लिखा : "असम के चाय बगानों के मालिक अगर भारतीय मजदूरों के शोषण पर पोषित नहीं हैं, (इस शोषण को छोड़कर

वे और किसी तरह पोषित न हो सकते थे। तो) उन्हें डरने की कोई जरूरत नहीं। समय आ रहा है जब अनाप-शनाप मुनाफा किसी भी तरह नहीं कमाया जा सकेगा। बड़े कारोबार के मुनाफों और वहां के मजदूरों की तनख्वाहों में जमीन-आसमान का अंतर नहीं होना चाहिए।"(20/183) यह बात गाँधीजी ने जून 1921 में कही थी। पर 20वीं सदी का अंत हो रहा है और यह स्थिति अभी भी बनी हुई है वरन् विषमता और भी बढ़ गई है।

साम्राज्य विरोधी संघर्ष और मजदूर

1908 की गर्मियों में अंग्रेजों ने तिलक को 6 साल के लिए देश निकाले की सजा दी। अपराध यह था कि उन्होंने अखबार में अंग्रेजों के विरुद्ध उग्र लेख लिखे थे। सजा के विरोध में बंबई के मजदूरों ने हड़ताल की। लेनिन ने इस हड़ताल का स्वागत करते हुए लिखा : "ब्रिटिश गीदड़ों ने भारतीय लोकतंत्रवादी तिलक के प्रति कुख्यात दंड की घोषणा की है। उन्हें देश से दीर्घकालीन निर्वासन का दंड दिया गया। ब्रिटिश हाउस ऑफ कामंस में प्रश्न किए जाने पर पता चला कि भारतीय पंचों ने उन्हें बरी कर दिया था। फैसला हुआ ब्रिटिश पंचों की ओर से। थैलीशाहों के चमचों ने एक लोकतंत्रवादी से बैर का बदला लिया। इससे बंबई में हड़ताल हुई और सड़कों पर प्रदर्शन हुए। भारत में सर्वहारा वर्ग सचेत राजनीतिक जनसंघर्ष के स्तर तक अभी भी विकसित हो चुका है। ऐसी स्थिति में भारत में रूसी ढंग की ब्रिटिश राज्य व्यवस्था का विनाश निश्चित है।"(कलेक्टेड वर्क्स, खण्ड 15, पृष्ठ 184) गाँधीजी ने अपनी प्रतिक्रिया इस तरह व्यक्त की : "देशभक्त श्री तिलक को जो सजा दी गई है, वह बहुत कष्ट पहुंचाने वाली है। हम 6 वर्ष के देशनिकाले का विचार करते हैं, तो उसके सामने ट्रांसवाल के भारतीयों का कुछ दिन जेल भोग कर चले जाना कुछ भी नहीं जान पड़ता।" इसके बाद उग्र लेख लिखने के लिए गाँधीजी ने तिलक की आलोचना भी की : तीखे, कड़वे और मर्मभेदी लेख लिखना उनका उद्देश्य था। अंग्रेजी राज्य के खिलाफ भारतीयों को उकसाना उनकी सीख थी। उसे ढांकना श्री तिलक की महानता में त्रुटि दिखाने जैसी बात है। ऐसे लेख लिखने वाले को राज्यकर्ता सजा दें, यदि वह उनकी दृष्टि से देखा जाए तो ठीक जान पड़ता है। यदि हम राज्य करने वालों के स्थान पर होते, तो अन्यथा न करते। इसे ध्यान में रखते हुए राज्यकर्ताओं के ऊपर क्रोध करने की कोई बात नहीं बचती।(8/412-413)

तय हुआ था कि 19 मार्च 1920 को सारे देश में खिलाफत दिवस मनाया जाए। गाँधीजी चाहते थे कि शातिपूर्ण प्रदर्शन हों। मजदूर हड़ताल करें तो अपने मालिकों से पूछ कर करें। उन्होंने लिखा : "19 तारीख को कारोबार बंद रखना और सिर्फ एक प्रस्ताव पास करके अपनी-अपनी न्यूनतम मांगों को स्पष्ट करना एक आवश्यक प्रारंभिक कार्रवाई

है। लेकिन शर्त यह है कि हड़ताल पूर्ण रूप से स्वयं स्फूर्त हो और जब तक मजदूरों को मालिकों की अनुमति न मिल जाए, तब तक उनसे काम से नागा करने को न कहा जाए।"(17/81) 19 मार्च 1920 को गाँधीजी ने लिखा : आए दिन देश की विभिन्न औद्योगिक पेढ़ियों में मजदूरों और मालिकों के बीच तनाव बना ही रहता है। इस चीज को देखते हुए हम मजदूरों को, जब तक उनके मालिक स्वेच्छा से उन्हें अनुमति न दे दें, तब तक अपने काम से अनुपस्थित होने को प्रेरित न करें तो अच्छा है।(17/111) 21 जुलाई 1920 को केन्द्रीय खिलाफत समिति, बंबई की ओर से गाँधीजी ने लिखा : यह समिति आगामी पहली अगस्त को पूर्ण हड़ताल करने की सलाह देती है। परंतु मिल-कर्मचारियों से प्रार्थना की जाती है कि जब तक वे अपने मालिकों से स्वीकृति न ले लें तब तक काम से गैरहाजिर न रहें। जिनकी आवश्यकता रोजमर्रा के नितांत आवश्यक कार्यों के लिए रहा करती है, जैसे अस्पताल कर्मचारी, सफाई करने वाले लोग तथा बंदरगाहों पर काम करने वाले मजदूर, उनको भी काम बंद नहीं करना चाहिए।(18/85)

1921 की गर्मियों में असम के चाय बागानों के मजदूरों ने हड़ताल की। संभव है, उन्होंने गाँधीजी का नाम लेकर हड़ताल शुरू की हो। गाँधीजी ने लिखा : वहां झगड़ा कैसे शुरू हुआ, इसके बारे में मुझे कुछ भी नहीं मालूम। अगर मेरा नाम लेकर किसी ने मजदूरों से मालिकों को छोड़ जाने की बात कही हो तो मुझे उसके लिए सख्त अफसोस है।(20/182) आगे उन्होंने लिखा : जाहिरा तौर पर यह मालिकों और मजदूरों का झगड़ा मालूम पड़ता है। यह बात भी मंजूर की गई है कि मालिकों ने मजदूरों की दरें कम कर दी हैं। (20/182-83) मजदूरों की राजनीतिक चेतना के बारे में गाँधीजी ने राय दी : मैं समझता हूं कि अभी तक भारतीय मजदूर वर्ग इतना प्रबुद्ध नहीं हो पाया है कि पूंजी और श्रम के पारस्परिक रिश्ते को न्याय पर आधारित करके उसे निभा सके।(20/183) भूखे हड़ताली मजदूरों के बारे में सी.एफ. एंड्रयूज ने लिखा था : सरकार अब भी जो कुछ मदद दे सकती है, उस तक को लेने से मुल्क के गरीब और जरूरतमंद इन्कार करने लगे हैं। आज के संकटपूर्ण समय का उस घटना से ज्यादा गंभीर प्रमाण और कुछ नहीं हो सकता जिसका आंखों देखा हाल एक आदमी ने मुझे बताया है। असम से चले आ रहे गरीब मजदूर सचमुच भूखों मर रहे थे। उनके आगे गरमागरम भात परोसा गया। लेकिन जब उन्हें पता लगा कि यह चावल सरकार की ओर से दिया जा रहा है तो उन्होंने खाने से साफ इन्कार कर दिया।(20/188) यह थी मजदूरों की नयी चेतना, उनकी देशभक्ति। असम के मजदूर प्रबुद्ध थे या नहीं, इस घटना ने उस प्रश्न का उत्तर दे दिया। मजदूरों को तितर-बितर करने के लिए गोरखा पलटन से काम लिया गया था। गाँधीजी ने इस बारे में लिखा : थोड़ी देर के लिए मान भी लिया जाए कि वे गलती पर थे, फिर भी मजदूरों की तात्कालिक आवश्यकताओं के प्रति, तटस्थता के नाम पर जो क्रूरतापूर्ण उपेक्षा बरती गई और बिल्कुल निहत्थे लोगों पर हथियारबंद गोरखे छोड़ कर उसे जिस घिसे-पिटे तरीके से वाजिब ठहराने की कोशिश की गई, उस सबसे तो इस सरकार की बर्बरता ही जाहिर होती है और यह

किसी भी इज्जत के काबिल नहीं रह जाती। कुलियों पर गोरखे छोड़े ही क्यों गए? फौज में कुछ लोगों को सिर्फ उजड्डता और क्रूरता ही सिखाई जाती है, इसे कौन नहीं जानता? निहत्थे नागरिकों के बीच फौज उतारने का मतलब जनता समझती है। सभी जानते हैं कि फौज में भर्ती होने वालों में मानव समाज का घटिया से घटिया अंश भी होता है। लड़ाई के लिए ऐसे लोग अच्छे हो सकते हैं, मगर हड़ताली कुलियों के खिलाफ इस्तेमाल करना तो साफ तौर पर मालदारों और ताकतवरों की मदद करना है।(20/229) मजदूर केवल आर्थिक कारणों से नहीं, राजनीतिक कारणों से भी हड़ताल कर रहे थे। एक संस्थान के मजदूर दूसरे संस्थान के मजदूरों की सहानुभूति में हड़ताल कर रहे थे। चाय बागान के मजदूरों की सहानुभूति में जहाजी कर्मचारियों ने हड़ताल की। गाँधीजी ने लिखा : कुलियों की सहानुभूति में जहाजी कर्मचारियों ने हड़ताल की, उसके लिए एंड्रयूज साहब ने अफसोस जाहिर किया है। उन्हें हड़ताल के लिए उकसाने वालों ने मजदूरों का अनिष्ट ही किया है। हम अपने देश में राजनीतिक हड़ताल नहीं चाहते। अभी हममें उसके लिए अपेक्षित समझदारी नहीं है। राजनीतिक हड़तालों से हमारी आजादी का पक्ष कमजोर ही होता है।(20/230) गाँधीजी के विचार से हड़तालें करना अराजकतावाद को बढ़ावा देना था। इसलिए उन्होंने लिखा : पागल होकर मार-धाड़ मचाने वाला सिपाही फौज में रहने के काबिल नहीं। गड़बड़ी मचाने वाले उच्छृंखल तत्वों पर हमें कड़ा नियंत्रण रखना चाहिए, या फिर उन्हें सरकार की ही तरह अलग-अलग कर देना चाहिए। इसलिए हड़तालियों को हम एक ही तरह से मदद दे सकते हैं, अर्थात् जब वे अपनी सच्ची शिकायतों को दूर कराने के लिए हड़ताल करें। दूसरी हड़तालें रोकने की हमें जी-तोड़ कोशिश करनी चाहिए।(20/230) इस दृष्टिकोण से स्वाधीनता आंदोलन को भारी क्षति पहुंची। पूंजीपतियों के लिए ब्रिटिश सुधारों को मंजूर करना आसान हो गया।

ब्रिटिश कंपनियों में काम करने वाले कर्मचारी खादी की टोपी पहनें तो उन्हें नौकरी से निकाल दिया जाता था। ऐसी एक घटना का उल्लेख करते हुए गाँधीजी ने लिखा : ब्रिटिश इंडिया स्टीम नेवीगेशन का एक कर्मचारी खादी की टोपी पहनने की गुस्ताखी करने पर नौकरी से निकाल दिया गया है। इस तरह की कार्यवाई पहले शॉ वैलेस एंड कंपनी ने की थी।(20/447) लेकिन मजदूरों का ऐसा भाईचारा क्लर्कों में नहीं था। और गाँधीजी ने लिखा : मुझे स्वीकार करना चाहिए कि इन पेढ़ियों के अन्य कर्मचारियों की निष्क्रियता से मुझे दुःखजनक निराशा हुई है। उन्हें कम-से-कम साधारण मजदूरों का सा साहस तो दिखाना ही था। भारत में एक पीड़ित भाई के लिए बड़ी भारी हड़ताल होने के उदाहरण अनेक मिल सकते हैं। क्या इन पेढ़ियों के क्लर्कों के मन में अपने भाई के लिए कोई दर्द नहीं है?(20/448) ऐसा दर्द मजदूरों के दिल में था और इसीलिए दूसरे मजदूरों के साथ भाईचारा निभाने के लिए वे राजनीतिक हड़तालें करते थे। मजदूर-पूंजीपति-संबंधों के बारे में गाँधीजी ने लिखा : मजदूरों और पूंजीपतियों के बीच विवादों से कोई राजनीतिक लाभ न उठाना तो असहयोगियों का घोषित उद्देश्य है। असहयोगियों ने दोनों के प्रति निष्पक्ष

रहने की कोशिश की है। मजदूरों को पूंजीपतियों के विरुद्ध खड़ा करने की बात सोचना हमारे लिए मूर्खतापूर्ण होगा। वह तो बिल्कुल सरकार के हाथों में खेलना होगा, क्योंकि सरकार पूंजीपतियों को मजदूरों के और मजदूरों को पूंजीपतियों के विरुद्ध खड़ा करके अपनी स्थिति काफी सुदृढ़ बना लेगी। उदाहरण के तौर पर झरिया में एक असहयोगी ने ही हड़ताल को बढ़ने से रोका था। कलकत्ता में असहयोगियों ने ही स्थिति को ज्यादा नहीं बिगड़ने दिया था। (20/17-18) वाजिब हड़तालों का समर्थन करना चाहिए, इस बारे में गाँधीजी को कोई दुविधा नहीं थी : "जहां-जहां हड़तालियों की शिकायतें वाजिब होंगी, वहां असहयोगी उनके पक्ष में खड़े होने में तनिक भी आगा-पीछा नहीं करेंगे। वे हमेशा गैर-वाजिब हड़तालों में मदद देने से तो इन्कार करते ही रहे हैं।"(20/18) लेकिन हड़तालें तो बराबर हो रही थीं और वे आर्थिक कारणों से कम, राजनीतिक कारणों से ज्यादा हो रही थीं। अप्रैल 1921 में गाँधीजी ने लिखा : हड़तालों का तांता ही बंध गया जान पड़ता है। इसमें कराची ने तो हद ही कर दी है। एक महीने में 5 हड़ताल। कोई जेल जाए तो हड़ताल, कोई जेल से छूटे तो हड़ताल, गवर्नर के आने पर भी हड़ताल। इस तरह हड़ताल करने से हड़ताल की कीमत जाती रहती है।(20/50) हड़ताल मज़दूरों के संघर्ष का खास उपकरण है। परंतु यहां, जाहिर है, हड़ताल में गैर-मजदूर लोग भी शामिल हो रहे थे। मई 1921 में गाँधीजी ने इसी विषय पर फिर लिखा : मैं इंडियन सोशन रिफार्मर की इस आलोचना से सहमत हूं कि इधर कुछ दिनों से बात-बात पर हड़तालें होने लगी हैं और उनकी गंभीरता तेजी से घटती जा रही है। 6 और 13 अप्रैल की तिथियां यदि इतनी पुनीत न होतीं तो मैं तो इन दो अवसरों पर भी हड़ताल करने की सलाह न देता।(20/56) 6 से 13 अप्रैल तक राष्ट्रीय सप्ताह मनाया जाता था। अप्रैल 1919 में जलियांवाला बाग में फौज ने निहत्थे लोगों पर गोलियां चलाईं थीं।

चाय बागानों के मजदूरों की सहानुभूति में रेल मजदूरों ने हड़ताल की। गाँधीजी ने इस हड़ताल के बारे में लिखा : असम-बंगाल रेलवे में जो हड़ताल हुई थी, वह कर्मचारियों ने अपना कोई स्वार्थ साधने के ख्याल से नहीं की थी। बल्कि चांदपुर में चाय बागानों से निकल कर आए हुए मजदूरों पर जो अत्याचार किए गए, उनका परिमार्जन कराने के लिए की थी। सरकार ने चाय बागान के मजदूरों को चांदपुर स्टेशन से मार-मारकर निकाल दिया और उनको उनके घर भेजने से इन्कार कर दिया। इससे रेलवे के कर्मचारियों को बहुत ही दुख हुआ। बागान के मजदूरों से कर्मचारियों का कोई संबंध नहीं था। बागान मजदूर बिहार आदि प्रांतों के हैं और रेल कर्मचारी प्रायः बंगाल के हैं।(21/24) इस तरह मजदूर अपने संघर्ष के दौरान अन्तर्जातीय भाईचारा कायम कर रहे थे। कुछ मजदूर बिहार के, कुछ मजदूर बंगाल के, और दोनों मिलकर असम के मजदूरों की मदद कर रहे थे। चटगांव में रेल कर्मचारियों से गाँधीजी ने कहा : आपने हड़ताल की, और इतने दिनों तक जारी रखी, यह आपने उचित किया या अनुचित किया, इस संबंध में गहराई से विवेचन न करूंगा; क्योंकि इसकी मुझे पूरी जानकारी नहीं है...फिर भी मैं यह देखता हूं कि आपने

जो हड़ताल की है, वह दूसरी हड़तालों की तरह स्वार्थ के कारण नहीं की गई है। अपने-अपने वेतनों में वृद्धि के लिए हड़ताल नहीं की है, बल्कि परहितार्थ हड़ताल की है। चांदपुर में जो अत्याचार किया गया और यहां आपके भाइयों को जो कष्ट उठाने पड़े, उसमें उनके प्रति अपनी सहानुभूति दिखाने के लिए आपने यह हड़ताल की है। मुझे यह बात सूझी ही नहीं थी कि भारत के मजदूरों में दूसरों के कष्ट निवारणार्थ हड़ताल करने की शक्ति आ गई है। (21/24-25) तब मजदूर प्रबुद्ध थे या नहीं?

जून 1921 में मौलाना मुहम्मद अली अहमदाबाद आए। वह खिलाफत आंदोलन के नेता थे। मजदूर मिल में गए और वहां से निकल आए। गाँधीजी ने कहा : मैंने सुना कि मजदूर आज काम पर नहीं आए। वे मिल में गए और चले गए। ऐसा करके हिंदू और मुसलमान मजदूरों ने अपनी नाक खुद काट ली है, अनसूया बेन की नाक काटी है, बैंकर की नाक काटी है। इसमें नाक काटने की क्या बात है, यह आप स्वयं सोचें, लेकिन मेरी नाक तो आपने काट ही दी है।(20/210) गाँधीजी को लगा, यह हड़ताल बलपूर्वक उन पर थोपी गई है। उन्होंने कहा : मैं हिंदुस्तान को गुलामी के शिकंजे से निकालने का प्रयत्न कर रहा हूं। तो फिर मैं मजदूरों की गुलामी में कैसे पड़ सकता हूं। (उपर्युक्त) वास्तव में गुलाम तो मजदूर थे जो विदेशी पूंजीवाद और देशी पूंजीवाद, दोनों के नीचे पिस रहे थे। उनका अपने अधिकारों के लिए राजनीतिक हड़तालें करना उचित ही था।

सितंबर 1921 में 'डेली एक्सप्रेस' के संवाददाता ने गाँधीजी को बताया : यहां (मद्रास में) एक हिंदुस्तानी मिल में आजकल हड़ताल चल रही है, जिसमें 5-6 हजार कर्मचारी काम छोड़कर निकल आए हैं। क्या आपके ही कार्यक्रम के अनुसार ये संभव नहीं है कि उन सबसे फिर मिल में जाने का आग्रह न करके उनमें से अमुक संख्या को करघे दिए जाएँ? गाँधीजी ने उत्तर दिया : "यह तो मैं कर रहा हूं। असम-बंगाल रेलवे में हड़ताल करने वालों के लिए मैंने इसी प्रकार का बंदोबस्त किया है। उन लोगों ने चाय बागान के अन्याय पीड़ित कुलियों के प्रति सहानुभूति प्रकट करने के लिए हड़ताल की थी। सरकार ने उन पर जो अन्याय किया था, उसका कोई परिशोधन न करके उनके साथ दुर्व्यवहार जारी रखा है। यदि मैं उन सब हड़तालियों को असम-बंगाल रेलवे और स्टीमर कंपनियों के हड़तालियों की तरह काम पर लौटने से रोक सका तो रोकूंगा और कांग्रेस कमेटी को यह सलाह दूंगा कि प्रत्येक हड़ताली को एक चरखा, कुछ हड़तालियों के बीच में एक करघा, तथा उनको सब प्रकार की सुविधा देने के लिए उनकी एक बस्ती का बंदोबस्त कर दिया जाए। जब मैंने सुना कि कुछ मिलों में औरतों ने हड़ताल की है, तब उनको भी मैंने यही संदेशा भेजा। हम महिला मजदूरों की संख्या घटाने का प्रयत्न कर रहे हैं।"(20/113) यहां गाँधीजी आंशिक रूप से हड़ताल का समर्थन करते हैं। हड़ताली मजदूरों के लिए खाने-पीने की व्यवस्था हो सके, इसके लिए वह चरखा कातने, करघा चलाने का प्रबंध भी कर रहे हैं। विवरण से यह नहीं मालूम होता कि मजदूरों ने मालिकों से पूछकर हड़ताल की थी या बिना पूछे। सितंबर 1921 में मद्रास के 10 हजार मजदूरों ने हड़ताल की। इस हड़ताल में

जाति-बिरादरी का सवाल उठ खड़ा हुआ। सवर्ण हिंदू हड़तालें करने के पक्ष में थे और अछूत मजदूर काम पर लौट जाने को तैयार थे। गाँधीजी ने उनकी सभा में कहा : "मुझे मालूम हुआ है कि आदि द्रविड़ लोग, अर्थात् हमारे पंचम कहलाने वाले मित्र लोग, एक ओर हैं और अन्य लोग अर्थात् आप, दूसरी ओर हैं। मुझे यह भी मालूम हुआ है कि इन पंचम भाइयों ने काम पर जाना शुरू कर दिया है, जबकि आप लोगों ने जो कि बहुत बड़ी संख्या में हैं, वैसा नहीं किया है। और मुझे यह बताया गया है कि आप में से कुछ लोगों ने उन भाइयों पर, जो काम पर वापस लौट आए हैं, जोर-दबाव डाला है।" गाँधीजी ने उन्हें बहुत अच्छी सलाह दी : "मैं आपसे आग्रह करूंगा कि उनको नीच न समझें। मैं यह भी आग्रह करूंगा कि आप उनके प्रति सहृदयता बरतें। निश्चय ही आप उनको कभी गालियां या बद्दुआ न देंगे। मैं आपसे कहूंगा कि उन्हें नौकरी से अलग हो जाने को राजी करने के लिए भी आप उनके पास न जाएँ। मेरी बात का विश्वास कीजिए कि जब वे देखेंगे कि आप उन पर कोई दबाव नहीं डालते, आप उनके प्रति जरा भी दुर्भाव नहीं रखते, तो वे अपनी खुद की मर्जी से आपके समीप आ जाएंगे। आपको यह ख्याल भी अपने मन में नहीं लाना चाहिए कि वे नीची जाति के हैं और आप ऊंची जाति वाले हैं।"(21/135-36)

मजदूरों को दृढ़ रहने और अपना भाईचारा मजबूत करने की सलाह देते हुए गाँधीजी ने कहा : अगर मालिक लोग आपको फिर से नौकरी पर लेना चाहते हैं तो आपको यह मांग करने का हक और विशेष अधिकार है कि उनसे कहें कि या तो आप सबको लें या किसी को भी न लिया जाए। आप जिससे सलाह लेना पसंद करें, उससे लेने का आपको हक है और मालिक लोग आपको आदेश के रूप में यह नहीं कह सकते कि आप बाहर वालों से सलाह न लें।(21/137) यह मानते हुए कि असम-बंगाल रेलवे और जहाजों के कर्मचारियों की हड़तालें मानवतावादी और राजनीतिक हड़तालें थीं, गाँधीजी इन्हें अपवाद रूप में ही स्वीकार करना चाहते थे। उनका कहना था : "अगर सही स्थिति आने से पूर्व सहानुभूति-प्रेरित हड़तालें कराई जाती हैं तो उनसे हमारे उद्देश्य का अहित ही होगा। अपने अहिंसात्मक कार्यक्रम में इस विचार को हमें कोई स्थान नहीं देना है कि हम सरकार को परेशानी में डालकर कुछ लाभ उठाएं।"(21/168) मजदूरों के हड़ताल करने से सरकार परेशान होती थी, वह गाँधीजी के कथन से स्पष्ट है। और स्वाधीनता आंदोलन से सरकार की परेशानियां बढ़ती थीं, यह भी सही है। इसलिए स्वाधीनता आंदोलन को मजबूत करने के लिए मजदूरों का हड़तालें करना और संघर्ष को आगे बढ़ाना उचित था। गाँधीजी हड़तालों को जिन सीमाओं में रखना चाहते थे, उन्हें मजदूर बराबर तोड़ रहे थे। ऐसा प्रतीत होता है कि वे अपनी ट्रेड यूनियन मांगों के अलावा सरकार से सीधी टक्कर ले रहे थे और संचार साधनों पर आक्रमण कर रहे थे। गाँधीजी ने कहा : "अगर यह सच हो कि अभी हाल में चटगांव में रेलगाड़ी को पटरी से उतारने का जो वाकया हुआ है, वह किसी हड़ताली की शरारत थी तो मुझे बहुत दुःख होगा।"(21/169) हड़तालों में सफाई कर्मचारी

शामिल हो रहे थे। गाँधीजी से पूछा गया : "हाल की हड़ताल के दौरान असहयोगियों ने नगरपालिका के मेहतरों को दो दिनों तक काम नहीं करने दिया, जल की आपूर्ति बंद करवा दी और लोगों के स्वास्थ्य के लिए बहुत खतरा पैदा कर दिया। क्या यह ठीक था?" गाँधीजी ने उत्तर दिया : मुझे लगता है कि इस सवाल में जो जानकारी दी गई है, वह कम से कम अंशतः सच है। हम अपने विरोधियों को जीवन के लिए आवश्यक सामाजिक सेवाओं के लाभ से वंचित करना नहीं चाहते। जैसे सूरज बिना कोई भेदभाव किए सबको प्रकाश बांटता है, वैसे ही ऐसी सेवाओं का लाभ सबको मिलना चाहिए।(21/172) इस तरह के सवालों के लिए गाँधीजी ने कहा था कि ये सवाल शरारत से पूछे गए हैं। (21/171) अहमदाबाद के मजदूर संघर्ष छेड़ने के लिए अधीर हो रहे थे। गाँधीजी ने समझाया : मैंने सुना है कि मजदूर भाइयों और मिल मालिकों के बीच कुछ मतभेद हो गए हैं। इस संबंध में अभी पंचों की बैठक होगी। जब तक पंच फैसला न दे दें, तब तक आपको धीरज रखना चाहिए। एक बार मजदूर अधीर हो गए थे, किंतु आखिर उन्होंने अपने सलाहकारों की बात सुनी और हड़ताल स्थगित कर दी।(21/271-72) मजदूर-हड़तालों के अनेक नेता कांग्रेसी थे। नवंबर 1921 में गाँधीजी ने लिखा : चटगांव के नेता और असम-बंगाल रेलवे के हड़ताल-आंदोलन के प्राण श्री सेनगुप्त को उनके 18 साथियों के साथ आखिर कैद की सजा दे दी गई। लेकिन बहुत दिन की नहीं। उन्हें और उनके साथियों को सिर्फ तीन-तीन मास की सख्त कैद की सजा दी गई है।(21/394)

मजदूरों का वर्ग आंदोलन आम जनता के स्वाधीनता आंदोलन से कैसे घुल-मिल रहा था, इसका उदाहरण नवंबर 1921 की घटनाओं से मिला। गाँधीजी ने इस संबंध में लिखा : मुझे खबर तक नहीं थी कि युवराज जब सजी-सजाई सड़कों से गुजर रहे थे और विदेशी वस्त्रों की होली जलाई जा रही थी, ठीक उसी समय नगर के एक दूसरे हिस्से में मिल-मजदूर अपने मालिकों की इच्छा की घोर अवज्ञा करके एक-एक करके जबरन मिलों से निकल भागे जा रहे थे। प्रतिक्षण बढ़ती हुई भीड़ ट्राम गाड़ियों के यात्रियों को बिना किसी कारण तंग कर रही थी और ट्रामों का आवागमन रोक रही थी तथा विदेशी वस्त्रों की बनी टोपियां जबरन लोगों के सिरों से उतार रही थी और सीधे-सादे यूरोपीयों को तंग कर रही थी। दिन चढ़ने के साथ-साथ प्रारंभिक सफलता के बाद भीड़ का उन्माद और क्रोध भी बढ़ता गया। उसने ट्राम गाड़ियों और एक मोटरगाड़ी में आग लगा दी, शराब की दुकानें तहस-नहस कर दीं और दो में आग लगा दी।(21/486) गाँधीजी ने इस टिप्पणी का शीर्षक रखा-'गहरा कलंक'। बंबई के मवालियों के नाम अपील निकाली। उससे पता चलता है, ऐसे उपद्रव बंबई में कुछ खास तरह के लोग करते थे और ऐसे लोग बंबई में ही नहीं, दक्षिण अफ्रीका में भी थे। गाँधीजी ने लिखा था : दक्षिणी अफ्रीका में मुझे हिंदुस्तानी मवालियों तक को नियंत्रित करने में कोई कठिनाई नहीं हुई थी।(21/492) लेकिन यहां स्थिति दूसरी थी। हिंदू मवाली, मुसलमान मवाली और पारसी मवाली-ये बहुत से काम ऐसे करते थे जो आंदोलन के लिए हितकर नहीं थे। गाँधीजी के अनुसार "हिंदू और मुसलमान

मवालियों ने पारसी मंदिरों की पवित्रता भंग की है और इस प्रकार पारसी मवालियों के लिए भी रास्ता खोल दिया है कि वे आपके धार्मिक स्थानों की दुर्गति करें। चंद पारसियों ने युवराज के स्वागत में सम्मिलित होना उचित समझा, सिर्फ इसीलिए हिंदू और मुसलमान मवालियों ने अपने सामने पड़ने वाले हरेक पारसी की फजीहत करना अपना कर्तव्य समझा। नतीजा यह हुआ है कि पारसी-मवाली भी हिंदू और मुसलमानों के साथ इसी तरह पेश आने लगे हैं।" (उपर्युक्त) और गाँधीजी ने मजदूरों से कहा : "मेरी इच्छा है कि आप सब मिलों के खुलते ही तुरंत काम पर जाएँ और फिर कभी मालिकों से छुट्टी लिए बिना काम से अलग न रहें और न किसी उपद्रव में भाग लें।"(21/512) गाँधीजी इस बात पर जोर दे रहे थे कि मजदूरों को मालिक से छुट्टी लेकर ही काम बंद करना चाहिए। मिल मजदूर मालिकों से छुट्टी मांगने जाएँ तो यह भी उन पर दबाव डालना हो सकता है। "मिल मजदूरों और ऐसे अन्य कर्मचारियों को इस बात के लिए नहीं उकसाना चाहिए कि वे अपने मालिकों पर छुट्टी देने के लिए दबाव डालें।"(21/532)

हड़तालें अब मजदूर वर्ग तक सीमित न रहकर शहर की पूरी आबादी को अपने भीतर समेट रही थीं। सितंबर 1921 में आंध्र प्रदेश के एक नेता ने गाँधीजी को लिखा, "हड़ताल को आपने गलत कदम बताया है। लेकिन मुझे यह कहने की अनुमति दीजिए कि हड़ताल के इन चंद दिनों में गंटूर में जो जन-जागृति हुई है, वह वर्षों के परिश्रमपूर्वक किए गए प्रचार-कार्य से भी नहीं हो सकती थी। इसके सिवा इस स्वल्प काल में लोगों में संयम और आत्मनिर्णय के गुणों का भी बहुत अच्छा विकास हुआ है।" यह नेता पकड़ लिए गए थे। फिर जन आंदोलन के दबाव में छोड़े गए। अपने छोड़े जाने का कारण बताते हुए उन्होंने कहा : "कारण यह है कि जनमत उसके (डिप्टी मजिस्ट्रेट के) खिलाफ हो गया था। व्यापारियों ने अपनी दुकानें बंद कर दी थीं। वकीलों ने अदालतों में जाना छोड़ दिया था। और सबसे बड़ी बात तो यह थी कि लोग रोज बड़ी-बड़ी सभाएँ कर रहे थे और उनमें इस सारी कार्रवाई के खिलाफ जोरदार आवाज उठा रहे थे।"(21/101) लेकिन गाँधीजी को यह सब अच्छा नहीं लगा। पत्र उद्धृत करने के बाद उन्होंने लिखा, "कार्य समिति की अनुमति लिए बिना हड़ताल करने के खिलाफ मेरा जो विरोध है, वह तो इसके बाद भी कायम ही है। गंटूर में हुई हड़ताल का फल अच्छा निकला है, यह बात गंटूर और उसके कार्यकर्ताओं के लिए प्रशंसा की है। लेकिन श्री वेंकटप्पया ने उसका जो वर्णन किया है, उसी से यह प्रकट हो जाता है कि हड़ताल में खतरा है और उसके सफल संचालन के लिए बहुत कौशल और चतुराई चाहिए।"(21/102) नवंबर 1921 में यह संभावना थी कि लाला लाजपतराय, गाँधीजी तथा कुछ अन्य नेता गिरफ्तार कर लिए जाएँ। गाँधीजी चाहते थे कि उनकी गिरफ्तारी के बाद कोई हड़ताल न हो, किसी तरह का प्रदर्शन न हो। उन्होंने लाहौर की एक सभा में कहा : "लालाजी ने अपने भाषण के अंत में कहा था कि अगले दिसंबर से पहले ही वह समय आ रहा है, जब शायद मैं और लालाजी तथा दूसरे लोग भी गिरफ्तार कर लिए जाएँ। उस हाल में आपको आगजनी और रेल की पटरियां उखाड़ने

पर आमादा नहीं हो जाना चाहिए, और न हड़ताल करनी चाहिए, अंग्रेज स्त्रियों को बुरी दृष्टि से नहीं देखना चाहिए। अगर आपने ऐसा कुछ किया तो उसका मतलब होगा कि आप लोग कायर हैं।"(21/422)

लोग गाँधीजी के आंदोलन का यह अर्थ लगाते थे कि अंग्रेजों को भारत से बाहर निकाल देना है। लेकिन गाँधीजी ने कहा : "मैं बार-बार यह बात कहता जा रहा हूं कि इस आंदोलन का उद्देश्य अंग्रेजों को निकालना नहीं है, बल्कि उस शासन प्रणाली को सुधारना या मिटा देना है जो उन्होंने हम पर जबरदस्ती लाद रखी है।" (21/475) इसी तरह कुछ लोग गाँधीजी के आंदोलन का यह अर्थ निकालते थे कि जब तक हथियार उठाते न बने, तब तक अहिंसक बने रहना चाहिए। जैसे ही शक्ति प्राप्त हो, वैसे ही हिंसात्मक तरीकों से अंग्रेजी राज को ध्वस्त कर देना चाहिए। इस संबंध में एक व्यक्ति ने गाँधीजी को लिखा : "क्या आप अपने हृदय में यह विश्वास नहीं रखते कि स्वराज अंततः बिना खून-खराबा किए कभी प्राप्त नहीं हो सकता? क्या यह अहिंसात्मक आंदोलन वर्तमान समय के अनुकूल महज ऐसा उपाय नहीं है, जिससे लोगों को आगे की मारकाट और सशस्त्र क्रांति की अवस्था के लिए संगठित और तैयार किया जा सके?"(21/429) स्पष्ट ही गाँधीजी ने इस धारणा को अस्वीकार किया। मजदूरों की हड़ताल के संदर्भ में उन्होंने अहिंसा की बड़ी सूक्ष्म व्याख्या की : हड़ताल होने पर भी जो मिल मजदूरों और अन्य कर्मचारियों को अपने सहानुभूति न रखने वाले या विदेशी मालिकों से छुट्टी नहीं मिल सकती, उन्हें क्या करना चाहिए? अहिंसा की दृष्टि से इसका केवल एक ही उत्तर हो सकता है : "जो कर्मचारी अपने आप छुट्टी करता है, वह हिंसा करता है, क्योंकि वह अपनी नौकरी का करार तोड़ने का अपराध करता है। अपने मालिक की इजाजत बिना वह गैरहाजिर नहीं हो सकता।"(21/531) इन मालिकों में विदेशी पूंजीपति भी शामिल थे।

जनवरी 1921 में मद्रास में हड़ताल हुई। उसका आंखों देखा विवरण डॉ. राजन नाम के सज्जन ने गाँधीजी को भेजा। उसमें उन्होंने लिखा था : "जो लोग जनमत की अवज्ञा करते हैं, बस भीड़ उनके खिलाफ क्रोध से भर उठती है। परंतु फिर भी गाँधी पार्टी के प्रतिनिधियों का एक मीठा शब्द, एक विनम्र उलाहना उन्हें शान्त कर देता है। हथियार बंद सैनिकों की उपस्थिति उन्हें उत्तेजित करती है। शहर में एक छोटे लड़के की जांघ में संगीन घोंप दी गई थी। कोई और दुर्घटना अभी तक हमारे सुनने में नहीं आई है। अभी-अभी यह सब लिखते हुए, मैं सुन रहा हूं कि माउंट रोड के दो आदमियों पर गोलियां चलाई गई हैं।"

"गवर्नर लार्ड विलिंगडन और मंत्रिपद स्वीकार करने वाले पक्ष के प्रमुख सर पी. त्यागराज चेट्टी खुद नगर के केन्द्रीय भाग, कोतवाल बाजार में गए। उन्होंने सैनिक सहायता का वचन दिया।"

"बाद में मैं पैदल माउंट रोड गया। दुर्घटनास्थल 'वैलिंगटन' नाम का एक पारसी सिनेमाघर था। सिनेमा के सामने एक क्रुद्ध भीड़ इकट्ठी हो गई और कुछ पत्थर फेंके

गए। एक पारसी ने ऊपर की मंजिल से भीड़ पर गोली चला दी। भीड़ में से एक आदमी वहीं मर गया और जैसा कि मुझे बताया गया, दो जख्मी हो गए। इस पर भीड़ उत्तेजित होकर सिनेमा पर टूट पड़ी और अंदर घुसकर उसने खिड़कियां और फर्नीचर तोड़ डाला। कुछ देर बाद उस पर काबू पा लिया गया और अब पूरे इलाके में फौज तैनात है। घुड़सवार सेना और बख्तरबंद सेना गश्त कर रही है। यह सड़क ऐसी है जिससे युवराज को आना-जाना है। लेकिन अब युवराज का मार्ग बदलकर समुद्र तट के साथ-साथ कर दिया गया है।"

"मुझे अभी-अभी सूचना मिली है कि भीड़ ने सर त्यागराज चेट्टी को उनके मकान में घेर लिया है। आज युवराज के आगमन के समय वे कौंसिल में भी भाग नहीं ले सके। पर मुझे इस बात की प्रसन्नता है कि कोई ज्यादा खराब बात नहीं हुई। मैं समझता हूं कि उन्हें शारीरिक रूप से कोई नुकसान नहीं पहुंचा और न ऐसी आशंका ही है।"

यह विवरण उद्धृत करने के बाद गाँधीजी ने लिखा : डॉ राजन का यह पत्र मैंने मद्रास को हड़ताल की सफलता पर बधाई देने के लिए उद्धृत नहीं किया है, बल्कि हड़ताल के दिन हुई गुंडागर्दी पर शोक प्रकट करने के लिए उद्धृत किया है। यदि हड़ताल न होती और गुंडागर्दी न होती तो ज्यादा अच्छा होता। यह कहने से कि यह निरंकुश बर्बादी गुंडों की करतूत थी, कोई बचाव नहीं होता। क्योंकि यह इस बात का पूरा प्रमाण है कि असहयोगी मद्रास में स्वराज्य के योग्य नहीं हैं।"(22/237)

ब्रिटेन के राजकुमार भारत आए थे। जनता अपना विरोध प्रकट कर रही थी। सरकार चाहती थी, किसी तरह भी यह दिखाया जाए कि जनता उनका स्वागत कर रही है। लोगों ने प्रदर्शन किए। उन पर गोली चलाई गई। एक लड़के की जांघ में संगीन भोंक दी गई। सिनेमाघर के मालिक ने भीड़ पर गोली चलाई, एक आदमी मारा गया। एक घायल हुआ। भीड़ ने उत्तेजित होकर सिनेमाघर में घुसकर कुछ तोड़फोड़ की। किंतु भीड़ की ओर से किसी की जान नहीं ली गई। इसे भी गाँधीजी ने गुंडागर्दी कहा है। (टिप्पणी का शीर्षक है 'मद्रास में गुंडागर्दी') भीड़ ने सरकारी हिंसा का प्रतिरोध किया और उसे ऐसा करने का पूर्ण अधिकार था। सिनेमाघर के मालिक का पक्ष लेते हुए गाँधीजी ने लिखा : "सिनेमा वाले का गोली चलाना मैं इसलिए उचित समझता हूं कि यदि वह गोली न चलाता तो उसका सिनेमाघर बर्बाद हो जाता।"(22/237-38) भीड़ चाहती तो उसे फिर भी बरबाद कर सकती थी। गोली चलाने से वह डरी नहीं, भीतर घुसकर उसने फर्नीचर तोड़ा।

मद्रास और बंबई की घटनाओं की निंदा करते हुए गाँधीजी ने यह विश्वास भी प्रकट किया कि अहिंसा की भावना आम जनता में व्याप्त है और वह उसका पालन करेगी। उन्होंने लिखा : डॉ. राजन और उनके साथियों ने हड़ताल को शांतिपूर्ण रखने में कोई कसर बाकी नहीं रखी। उनका हम आदर करते हैं। परंतु मद्रास में हमें एक शिक्षा मिलती है, जैसी कि बंबई से मिली है। हमें अभी बहुत काम करना है। तभी हम स्वराज्य का सच्चा वातावरण पैदा कर सकेंगे। या तो हम एक सफल शांतिपूर्ण क्रांति में विश्वास रखते हैं,

या फिर इस चीज में विश्वास रखते हैं कि अहिंसा केवल हिंसा की तैयारी मात्र है। यदि यह दूसरी बात ही सच है तो हमें अपने सिद्धांत में संशोधन कर लेना चाहिए। परंतु मैं इतना आशावादी हूं और मेरा यह विश्वास है कि भारत ने अहिंसा की भावना को बहुत ही विलक्षण रूप में हृदयंगम कर लिया है।(22/238) आम जनता यही समझती थी कि सत्याग्रह और असहयोग अहिंसात्मक तब तक रहेगा जब तक जनता कमजोर है। यदि उससे बनेगा तो वह अंग्रेजी राज का विरोध शस्त्रबल से भी करेगी।

साम्राज्यविरोधी संघर्ष और किसान

सरकार को टैक्स देना बंद कर देना चाहिए, इस तरह की मांग चारों तरफ से उठ रही थी। गाँधीजी ने इसका विरोध करते हुए कहा : करबंदी के संबंध में गुजरात में और शेष सारे भारत में चर्चा चल रही है। परंतु मैं ज्यों-ज्यों सोचता हूं, मुझे त्यों-त्यों स्पष्ट होता जाता है कि हम अभी करबंदी करने के योग्य नहीं हुए हैं। जो व्यक्ति रुपये बचाने के लिए कर न देना चाहता हो, वह तो चोर है, और हम चोरों की मार्फत स्वराज्य नहीं लेंगे क्योंकि वह तो चोर राज्य होगा।(22/252)

करबंदी आंदोलन चलाने की मांग अनेक प्रांतों से उठ रही थी। आंध्र प्रदेश इनमें आगे था। गाँधीजी ने जनवरी 1922 में लिखा : कर न देने का विचार भारत के वायुमंडल में छा रहा है। भारत के दूसरे भागों की अपेक्षा आंध्र प्रदेश ने हमें उसके घोष से अधिक परिचित कराया है। कांग्रेस ने जब प्रत्येक प्रांत को प्रांतिक स्वतंत्रता प्रदान की है, मैंने यह चेतावनी देने की धृष्टता की है कि जब तक मैं स्वयं अपनी देखरेख में किसी क्षेत्र में कर न देने का प्रयोग करके न देखूं, तब तक दूसरा कोई भी प्रांत यह आंदोलन न छेड़े।(22/278) फिलिस्तीन के अरबों ने अंग्रेजों का विरोध किया। उनके पशु छीने गए। उनकी आंखों के सामने वे मरे। गाँधीजी ने उनका उदाहरण देते हुए पूछा : "क्या हिंदुस्तान के किसान अहिंसा पर आरूढ़ रहकर अपने पशुओं को अपनी आंखों के सामने ले जाते हुए और बिना दाना-पानी के उन्हें मरते हुए देखने को तैयार हैं?"(22/279) और फिर उन्होंने स्वीकार किया कि आंध्र प्रदेश की जनता, वहां के किसान, अहिंसात्मक आंदोलन के लिए तैयार हैं। "मैं जानता हूं कि आंध्र-प्रदेश में ऐसी घटनाएँ पहले ही हो चुकी हैं। यदि आम किसान-समाज ऐसे कठिन समय में जानबूझकर और सोच-समझ कर अहिंसा पर आरूढ़ रह सकता हो, तो समझना चाहिए कि वह सही मानी में कर न देने के अभियान के लिए लगभग तैयार है।"(22/279) पर गाँधीजी के लिए इतना काफी नहीं था। उन्होंने और बहुत-सी शर्तें लगा दीं ताकि किसानों का करबंदी आंदोलन लगभग असंभव हो जाए। "हो सकता है, किसान लोग अहिंसा पर तो आरूढ़ रहें पर शायद अछूत लोगों को अपने

भाई के बराबर न मानें। हो सकता है, वे हिंदुओं, मुसलमानों, ईसाइयों, यहूदियों और पारसियों को, जैसा कि मौका हो, अपना भाई न समझें । हो सकता है वे चरखे और खादी की आर्थिक और नैतिक महिमा न सीख पाए हों। यदि उन्होंने यह सब न किया हो तो वे स्वराज्य प्राप्त नहीं कर सकते।"(22/280) इसका अर्थ यही था कि भारत की जनता स्वराज्य प्राप्त करने के लिए सर्वथा अयोग्य है।

बंगाल में लगानबंदी आंदोलन चलाने की मांग उठ रही थी। वहां के संवाददाता के बारे में गाँधीजी ने लिखा : एक मित्र हैं, पुराने और परखे हुए राष्ट्रसेवी। बंगाल के क्षितिज पर बार-बार जो अनिष्ट की आशंका से युक्त बादल घिर आते हैं, उनकी सूचना देने में वे कभी भी चूकते नहीं हैं। इस बार उन्होंने एक आम लगानबंदी आंदोलन को शह देने के खिलाफ चेतावनी दी है। उनका यह ख्याल है कि चूंकि अधिकतर नेता जेल में हैं, इसलिए बंगाल में उतावलेपन की कार्रवाई बिल्कुल संभव लगती है।(22/329) गाँधीजी ने यहां भी आंदोलन छेड़ने का विरोध करते हुए कहा : बंगाल ने बहुत कुछ किया है। उसने आश्चर्यजनक कार्य किए हैं, बहुत कष्ट सहे हैं। अब भी वह कष्ट सह रहा है और बहुत ही संयम से काम ले रहा है। मैं बंगाल के सभी नेताओं से अपील करूंगा कि वे जरा दम लें और कोई भी नया कदम न उठाएँ। उन्हें वाणी की स्वतंत्रता और सभा-संगठन की स्वतंत्रता के अपने अधिकार पर हर तरह से आग्रह करना चाहिए। लेकिन सामूहिक सविनय अवज्ञा या लगानबंदी, जो कि उसका एक रूप है, शुरू करने का यह अवसर नहीं है।(22/330)

अंग्रेजी राज में शोषकों का एक वर्ग जमींदारों का था। ये अंग्रेजों के बहुत बड़े सहायक थे और किसानों के बहुत बड़े शोषक। किसानों से संघर्ष होने पर अंग्रेजी राज की पूरी ताकत जमींदारों की सहायता के लिए पहुंच जाती थी। अंग्रेज अधिकारी सर विलियम विन्सेंट ने कांग्रेसियों के बारे में शिकायत की—"जमींदारों और किसानों के बीच जहां कोई झगड़ा हुआ कि यह शैतान चौकड़ी वहीं अशान्ति फैलाने और अव्यवस्था को उभारने पहुंच जाती है।" गाँधीजी ने इस पर टिप्पणी की : "सर विलियम को मालूम होना चाहिए कि किसान आंदोलन की बागडोर पंडित जवाहरलाल नेहरू के हाथ में है और उनका प्रमुख ध्येय ही यह है कि किसानों को शांत और धैर्यशील रहना सिखाया जाए।"(20/18) लेकिन हिंदी प्रदेश में किसान आंदोलन अपने आप फूट कर आगे बढ़ रहा था। उसका नेतृत्व हर जगह कांग्रेसी न कर रहे थे। गाँधीजी ने स्वीकार किया – "असहयोग से किसान आंदोलन को प्रेरणा और गति तो जरूर मिली, लेकिन उनका यह आंदोलन असहयोग के पहले से चल रहा है और उससे स्वतंत्र है।"(20/103) यह आंदोलन जिस रूप में चल रहा था, उसकी झलक गाँधीजी के विवरण में मिलती है। किसानों के लिए उन्होंने लिखा : "कहा जाता है कि कई जमींदारियों में उन्होंने ज्यादतियां की हैं। कानून को ताक पर रख दिया है, मनमानी करने लगे हैं और जो उनकी मर्जी के मुताबिक चलने को तैयार नहीं, उसे एक मिनट भी बर्दाश्त नहीं कर सकते। वे सामाजिक बहिष्कार का गलत ढंग से

इस्तेमाल कर रहे हैं और उन्होंने उसे हिंसा का एक साधन बना लिया है। यह भी पता चलता है कि उन्होंने कई जगह अपने जमींदारों का पानी, नाई और धोबी तक बंद कर दिया है और किसी भी खिदमतगार को उनके यहां काम करने के लिए नहीं जाने देते। कहीं-कहीं तो उन्होंने लगान देना भी बंद कर दिया है।"(20/103) कह सकते हैं कि शांतिपूर्ण ढंग से किसान जो असहयोग आंदोलन चला रहे थे, वह बहुत ही कारगर साबित हो रहा था। गाँधीजी का विचार था, समय आने पर किसान सरकार से तो लड़ें लेकिन जमींदारों के साथ सहयोग करते रहें। "समय आने पर हमें किसानों से यह कहने में जरा भी हिचकिचाहट न होगी कि वे सरकार को लगान देना मुल्तवी कर दें, लेकिन असहयोग के किसी भी दौर में हम जमींदारों को उनके लगान से वंचित करने की तो कोई भी बात नहीं सोचते। इसलिए किसान आंदोलन को किसानों की दशा सुधारने और किसान-जमींदार संबंधों को बेहतर बनाने तक ही सीमित रखना चाहिए। किसानों को यह बात समझाई जानी चाहिए कि जमींदारों के साथ किए गए इकरारनामों की शर्तों को वे ईमानदारी के साथ पूरा-पूरा पालन करें। चाहे वे इकरारनामे लिखित हों या रस्मी।"(20/103-4) दूसरे शब्दों में जमींदारी प्रथा कायम रहनी चाहिए। यह प्रथा अंग्रेजी राज का बहुत ही मजबूत सामाजिक आधार थी।

अवध में किसान-आंदोलन को दबाने के लिए सरकार जिस तरह के कदम उठा रही थी, उनका विवरण जवाहरलाल नेहरू ने लिखा था। यह विवरण गाँधी वाङ्मय खंड 20 के परिशिष्ट-5 में दिया हुआ है। उसके कुछ अंश मैं यहां उद्धृत करता हूं। उनसे चौरीचौरा कांड की पृष्ठभूमि का ज्ञान हो जाएगा। जवाहरलाल नेहरू ने लिखा था : "सरकार ने इस आंदोलन को कुचल देने का अत्यंत दृढ़ और अविरत प्रयत्न किया है। फरवरी के प्रारंभ में रामचंद्र, केदारनाथ और देवनारायण गिरफ्तार किए गए। कहीं किसी प्रकार का उपद्रव नहीं हुआ जिससे सरकार का हौसला बढ़ गया और उसने किसानों को कुचलने के लिए बहुत जोरदार कदम उठाए। घुड़सवारों के दस्ते, तोपें और पैदल सेना के दस्ते मुख्य-मुख्य जिलों में घुमाए गए और सैनिकों के लिए रसद इत्यादि मुहय्या करने को लोग मजबूर किए गए। एक स्थान पर स्कूली छात्रों से गोरे सैनिकों को जबर्दस्ती सलाम करवाया गया।"

"रायबरेली और फैजाबाद में बहुत बड़ी संख्या में किसान गिरफ्तार किए गए। उनकी गिरफ्तारी का कारण यही बताया गया कि उन्होंने गत जनवरी में की गई लूटपाट में भाग लिया था। इन गिरफ्तार किए गए किसानों में अधिकांश निर्दोष थे। उनका अपराध केवल इतना ही था कि वे (गांवों के) पंच थे। सैकड़ों को जेल में डाल दिया गया और बाद में बिना मुकदमा चलाए उन्हें छोड़ दिया गया। सैकड़ों व्यक्ति अब भी जेलों में हैं और मुकदमे की प्रतीक्षा कर रहे हैं। कुछ सप्ताह पहले फैजाबाद जेल में लगभग 700 किसान थे। वे बिना किसी मुकदमे के पिछले 3 माह से जेल में थे। रिहा किए गए कैदियों का कथन है कि जो लोग जेलों में हैं, उनको इतने खराब किस्म का भोजन दिया जा रहा है कि उन जेलों में हैजा फैल गया है और इस प्रकार पीड़ित कैदी बड़ी संख्या में मौत का शिकार

बन रहे हैं।...

"सुलतानपुर और प्रतापगढ़ जिलों में किसी किस्म का उपद्रव नहीं हुआ था; परंतु इन जिलों में भी पंचों और सरपंचों को या तो जेल भेज दिया गया है या मुचलका देने को विवश किया गया है। इन लोगों के खिलाफ सामान्यतः यह आरोप लगाया जाता है कि 'तुम सभा के सरगना हो और लोगों को सभा में शरीक होने के लिए मजबूर करते हो।' कभी-कभी यह भी कह दिया जाता है कि (तुम्हारे कहने से) 'नाई-धोबी बंद कर दिए गए हैं' इन आरोपों में, जहां तक गत दिसंबर और जनवरी का संबंध है, बहुत कुछ सच्चाई है परंतु उसके बाद इन जिलों में सामाजिक बहिष्कार का एक भी वाकया नहीं हुआ है। इन आरोपों की आड़ में झूठे मुकदमे चलाए जाते हैं और सजा हुए बिना नहीं रहती। इस तरह के मामलों में से अधिकांश मामले स्थानीय पुलिस या जमींदारों के उकसाने पर चलाए जाते हैं और इन मुकदमों को दायर करने वाले उसी हलके के कुछ लोग हुआ करते हैं।"

"राजद्रोहात्मक सभा अधिनियम फैजाबाद, प्रतापगढ़, सुल्तानपुर और रायबरेली में लागू किया गया है। इस अधिनियम को लागू करने के पहले कुछ जिलों में 144 धारा के अंतर्गत सभी प्रकार की सभाओं का बुलाया जाना निषिद्ध ठहरा दिया गया था। इस हुक्म की बाकायदा तामील की गई और कोई सभा नहीं की गई। तिस पर भी राजद्रोहात्मक सभा अधिनियम लागू कर दिया गया।"

"इन जिलों में काम करने वाले हमारे कार्यकर्ताओं को तरह-तरह से परेशान किया जाता है। उनके पीछे खुफिया पुलिस के बहुत से आदमी तथा वर्दीधारी पुलिसमैनों का एक गिरोह चला करता है और जहां वे कार्यकर्ता जाने वाले होते हैं, वहां वे पहले ही जा डटते हैं। नौजवानों को धमकाया जाता है ताकि वे कांग्रेस में शरीक न हों और हमारी कोई सहायता न करें। उनसे जबानी तौर पर यह भी कहा गया है कि चरखा चलाना गैरकानूनी है और 'महात्मा गाँधी की जय' का नारा लगाना बहुत बड़ा अपराध है, कांग्रेस की मेम्बरी के कागज पर दस्तखत अवैध हैं, इत्यादि, इत्यादि। जिन लोगों ने (कांग्रेस के सदस्यता-पत्र पर) हस्ताक्षर कर दिए हैं, उनको यह कहकर धमकाया जाता है कि तुम पर मुकदमा चलाया जाएगा और मामले को दबा देने की गरज से रिश्वतें मांगी जाती हैं।"

"परचे बांटने के अपराध में प्रतापगढ़ जिले के 6 नवयुवक विद्यार्थी कार्यकर्ता जेल भेज दिए गए। उनसे जमानत जमा करने को कहा गया, परंतु उन्होंने ऐसा करने से इन्कार कर दिया। सुल्तानपुर जिले में एक ऐसा ही मामला 6 व्यक्तियों के विरुद्ध चलाया गया था, परंतु अब वह वापस ले लिया गया है। राजद्रोहात्मक सभा अधिनियम भंग करने के झूठे अपराध में दो कार्यकर्ताओं को 6 महीने की सख्त कैद की सजा दी गई। इन दो कार्यकर्ताओं में से एक को पुलिस के एक सिपाही द्वारा ठोकरें लगाई गईं और पीटा गया।"

"किसानों को कुचल देने के लिए सरकार ने जो सैकड़ों तरीके अपनाए हैं, उसका अंदाजा लगाना कठिन है। जमींदार और कुछ स्थानीय लोग जो अपने को 'माडरेट' कहते हैं, सरकार से मिल गए हैं और उन लोगों ने सामान्य किसान की जिंदगी भारी कर रखी

है—इतनी भारी कि वह बेचारा पिसा जा रहा है।"

"संयुक्त प्रांत के अन्य जिलों में भी किसान आंदोलन को कुचलने का ठीक ऐसा ही, यद्यपि छोटे पैमाने पर, ढंग अख्तियार किया गया है।"(20/565-66)

किसान पिसा जा रहा था। अब उसने ऐसी हरकत की जो गाँधीजी को पसंद नहीं थी।

सारे देश में दमन चक्र तेजी से चल रहा था। गाँधीजी ने उसके लिए 'योजनाबद्ध उन्माद' शब्दावली का प्रयोग किया है। लिखा था : "ईश्वर को धन्यवाद है कि भारत आज सरकार के इस योजनाबद्ध उन्माद का सामना करने को तैयार है।"(22/186) इस उन्माद के अनेक रूप थे। गाँधीजी ने एक टिप्पणी का शीर्षक दिया था 'मार्शल लॉ से भी बदतर' लिखा था : "इसके मुकाबले में पंजाब का फौजी कानून तो एक तरह से सभ्यतापूर्ण चीज ही थी। और उसका नाम चूंकि मार्शल लॉ था, इसलिए लोगों के दिल थर्रा देने का अपना उद्देश्य तो उसे पूरा करना ही था और उसने वह किया।"(22/233) एक उदाहरण बंगाल से— डॉ. मैत्रे कलकत्ते के एक सुप्रसिद्ध चिकित्सक हैं। उनका संबंध किसी दल से नहीं है। उन्होंने फरीदपुर जेल का मुलाहिजा करने के बाद वहां का सजीव वर्णन भेजा है। दो भद्रपुरुष, जिन में एक हेडमास्टर थे, एक साथ कोड़े लगाने की एक चौखट से बंधे हुए थे और उन्हें अंधाधुंध कोड़े लगाए जा रहे थे। अपराध! जेल के अफसरों को सलाम न करना।(22/233-34) एक उदाहरण सिंध से। रहमत रसूल से कहा गया—वह जेल सुपरिटेंडेंट को सलाम करे और कहे—सरकार एक! रसूल ने कहा, "मेरे नजदीक खुदा ही एक है और मैं उसी को इबादत के वक्त हाथ उठा सकता हूं।" उसे सजा दी गई-30 कोडे, 6 महीने की काल कोठरी, 6 महीने तक टाट के कपड़े पहनना, 6 महीने तक डंडा-बेड़ियां और 6 महीने तक सादी बेड़ियां।(22/235) कुछ बस्तियों पर सामूहिक जुर्माना किया गया। एक सब इंस्पेक्टर "जुर्माने की रकम वसूल करने के लिए एक असहयोगी के घर, जो इस समय जेल में है, घुस गया और उसने जो पर्दानशीन औरतें घर में थीं, उनसे घर का माल-मत्ता जबर्दस्ती छीन लिया। उसने मुजरिम के भाई की औरत की नाक से सोने की नथ तक खींच ली।"(22/235) आंध्र प्रदेश से गाँधीजी को समाचार मिला—"लोगों की चल संपत्ति की कुर्की कर दी गई है। तनिक भी संयम और नरमी का परिचय दिए बिना मनमाने तरीके से उनके बैल और गाड़ियां छीन ली गई हैं।" (22/298) बनारस का समाचार—"अधिकारी लोगों को पीटते हैं और आधी रात को जाड़े में उन्हें नंगा कर भेज देते हैं। स्वयंसेवक लड़कों को गंदी गालियां दी जाती हैं और उनसे गंदे मजाक किए जाते हैं। देशभक्तों को सम्मेलन या समझौते की बात करने से पहले इस दिशा में राहत दिलानी चाहिए।"(22/323)

दमन और अहिंसा के प्रति लोगों का रुख वही नहीं था, जो गाँधीजी का था। आम लोगों की बात छोड़ दें, जो गाँधीजी के निकट सहयोगी थे, उनका दृष्टिकोण भी गाँधीजी से भिन्न था। गाँधीजी ने इस संबंध में लिखा था : "इसमें कोई संदेह नहीं कि हममें कुछ ऐसे लोग हैं जो प्रतिज्ञाबद्ध होने पर भी आस्था के साथ अहिंसा में विश्वास नहीं करते,

अर्थात् वे उन लोगों की सहायता को बुरा नहीं समझते जो कि हिंसा पर उतारू हो सकते हैं। लगता है उनका विश्वास है कि अहिंसा के साथ-साथ हिंसा भी चल सकती है और ये दोनों मिलकर देश को लक्ष्य तक पहुंचाने में गति दे सकती है।(22/395) गाँधीजी ने यह बात 9 फरवरी 1922 को लिखी थी। उसी दिन चौरीचौरा कांड के बारे में गोरखपुर से देवदास गाँधी का तार मिला। गाँधीजी ने उन्हें उत्तर दिया : लोगों को हिंसा से दूर रखो। पूरी जानकारी प्राप्त करो। कार्यकर्ताओं से कहो मुझे बहुत दुःख पहुंचा है।"(22/398) बारडोली में उन्होंने 10 फरवरी 1922 को कांग्रेस कार्यकर्ताओं से कहा : आज जो लोग यहां इकट्ठे हैं, उन्हें मैं देश के चुने हुए कार्यकताओं में मानता हूं। भारत की वर्तमान स्थिति को आज मैं इस छोटी-सी सभा में ठीक-ठाक प्रतिबिंबित देख पा रहा हूं। मैंने अभी जो सुना, उससे मेरा वह अनुमान दृढ़ हो गया है कि जो यहां मौजूद हैं, उनमें से अधिकतर लोग अहिंसा का संदेश समझने में सफल नहीं हुए हैं। इससे मुझे भरोसा हो गया है कि देश की ज्यादातर जनता अहिंसा का सबक सीखने में एकदम असमर्थ है। इसलिए मुझे सविनय अवज्ञा आंदोलन तुरंत बंद कर देना चाहिए।(22/399) वहां जो लोग एकत्र हुए थे, उनमें अधिकांश आंदोलन बंद करने के विरुद्ध थे। इस कार्यवाही पर गांधी वाङ्मय में पाद टिप्पणी में यह सूचना दी गई है : "महात्माजी ने सभी कार्यकर्ताओं से तथा उन सभी को जो आज बारडोली में मौजूद थे, चौरीचौरा की भयानक घटना हो जाने पर भी सविनय अवज्ञा शुरू करना उचित है या नहीं, इस पर बातचीत करने के लिए बुलाया। उन्होंने प्रत्येक उपस्थित व्यक्ति से राय मांगी। दो बच्चे भी उत्सुकतावश आ गए थे। उनसे भी महात्मा जी ने राय मांगी। लगभग हर छोटे-बड़े व्यक्ति ने यह कहा कि महात्मा गाँधी जी ने सरकारी विज्ञप्ति के उत्तर में जिस ढंग से पत्र लिखकर लॉर्ड रीडिंग को चुनौती दी है, उसे देखते हुए यदि पीछे कदम उठाया गया तो संसार के सामने सारे देश की बेइज्जती होगी। केवल तीन व्यक्तियों ने इस विचार से मतभेद व्यक्त किया।" (22/399) इससे स्पष्ट है कि अधिकांश कांग्रेसी नेता आंदोलन बंद करने के पक्ष में नहीं थे। किंतु प्रस्ताव में कहा गया : "इसे प्रकृति की चेतावनी ही समझना चाहिए कि जब-जब सामूहिक सविनय अवज्ञा का श्रीगणेश होने को हुआ, तब-तब जनता द्वारा हिंसापूर्ण उपद्रव किए गए। इससे यह पता चलता है कि अभी देश में सामूहिक सविनय अवज्ञा के लिए पर्याप्त अहिंसापूर्ण वातावरण नहीं है। सबसे ताजा उदाहरण गोरखपुर के समीप चौरीचौरा की दुःखद और भयानक घटनाएँ हैं। कांग्रेस कार्यसमिति निर्णय करती है कि बारडोली तथा अन्य स्थानों पर जो सामूहिक सविनय अवज्ञा शुरू करने का विचार था, उसे मुल्तवी रखा जाए। साथ ही यह स्थानीय कांग्रेस कमेटियों को आदेश देती है कि वे किसानों को सरकार का बकाया भूमिकर तथा अन्य कर जिन्हें सामूहिक सविनय अवज्ञा के विचार से रोके रखा गया था, तत्काल अदा कर देने की सलाह दें और स्वयं उन्हें यह निर्देश देती है कि वे आक्रामक ढंग की अन्य सभी तैयारियों को मुल्तवी कर दें।"(22/400)

गाँधीजी ने इस तरह पहली बार आंदोलन बंद न किया था। ईश्वर का सहारा लेते हुए

उन्होंने कहा : "ईश्वर की मुझ पर असीम कृपा रही है। उसने तीसरी बार मुझे चेतावनी दी है कि अभी भारत में वैसी सत्यपरायणता और अहिंसा का वातावरण स्थापित नहीं हो पाया है जैसा कि आवश्यक है।" पहले कब-कब ईश्वर से चेतावनी मिली, इसका विवरण उन्होंने दिया : "उसने मुझे 1919 में, जब रौलेट अधिनियम विरोधी आंदोलन प्रारंभ किया गया था, चेतावनी दी। अहमदाबाद, वीरमगांव और खेड़ा में गलतियां हुईं। अमृतसर और कसूर में भी गलतियां हुईं। मैंने अपने कदम वापस ले लिए। उसे अपनी हिमालय जैसी भारी भूल कहा। ईश्वर और मानव के सामने अपनी पराजय स्वीकार की तथा न केवल सामूहिक सविनय अवज्ञा को बल्कि अपनी वैयक्तिक सविनय अवज्ञा को भी, जिसे मैं मानता हूं कि विनयपूर्ण एवं अहिंसात्मक ही रखने का इरादा था, स्थगित कर दिया।"(22/438) इस बात के अनेक संकेत हैं कि चौरीचौरा कांड से पहले ही गाँधीजी आंदोलन स्थगित करने के बारे में सोच रहे थे। 14-15 जनवरी 1922 को नेताओं की परिषद् ने एक समिति बनाई थी। उसके सामने जयकर ने कुछ शर्तें रखी थीं। अपनी आत्मकथा में 9 फरवरी 1922 के अंतर्गत जयकर ने लिखा था : "मैंने कुछ वे शर्तें जिन पर वे (गाँधी) और समिति राजी हो चुके थे, लिखकर उन्हें दे दीं। उनका व्यवहार सदा की भांति ईमानदारी भरा है और उन्होंने उन्हें मान भी लिया।"(23/396, पाद टिप्पणी) जो शर्तें मानी गईं थीं, उनमें कुछ इस प्रकार हैं :

सामूहिक सविनय अवज्ञा के संबंध में :

"श्री गाँधी समिति को यह सलाह देनें वाले हैं कि वह 31 दिसंबर 1922 तक स्थगित रखी जाए।"

अन्य कार्यक्रमों के संबंध में :

"श्री गाँधी कार्य-समिति से यह कहेंगे कि शराब और कपड़े की दुकानों पर धरना देने का तरीका उन्हीं उपायों तक सीमित रखा जाए जो लोगों को भड़काने या कानून की अवहेलना करने वाले नहीं हैं, और विशेषकर वहां धरना नहीं दिया जाए, जहां का वातावरण पूर्ण अहिंसक हो।"

"स्वयंसेवक सामूहिक सविनय अवज्ञा के लिए भरती न किए जाएँ और न कानून की अवहेलना के लिए ही, बल्कि वे सामाजिक, नैतिक और आर्थिक सुधार-कार्य के लिए भर्ती किए जाएँ।"(22/396-97) यहां ध्यान देने की बात है कि गाँधीजी यह सलाह देने वाले थे कि 31 दिसंबर 1922 तक आंदोलन स्थगित रखा जाए। ये शर्तें कांग्रेसी नेता नहीं, उदारपंथी नेता जयकर ने गाँधीजी और कांग्रेसी नेताओं के सामने रखी थीं। इन्हें उन लोगों ने माना था। चौरीचौरा कांड से उन्हें एक कारण मिल गया जिसके आधार पर वह आंदोलन बंद कर सकते थे। जयकर ने जो शर्तें रखी थीं, उनमें एक का संबंध गोलमेज सम्मेलन से था। शर्त यह थी कि "जब तक गोलमेज परिषद् न हो जाए तब तक ऐतराज के काबिल, विरोधी या उत्तेजित करने वाली हलचलों की तैयारियों मुल्तवी रखी जाएँ।"(22/397) कांग्रेसी नेताओं की निगाहें गोलमेज सम्मेलन और अंग्रेजों के प्रस्तावित सुधारों पर लगी

हुई थीं इसलिए आंदोलन को बंद करना आवश्यक समझा गया।

चौरीचौरा की घटना 4 फरवरी 1922 को हुई थी। उसके बारे में गाँधीजी का कहना था : गोरखपुर जिला शायद सबसे बड़ा जिला है। उसमें प्रखर स्वभाव के लोग रहते हैं। अखबारों में जो खबरें छपी हैं, उनसे मालूम होता है कि उन्होंने अपने स्वभाव की प्रखरता का उपयोग विपरीत दिशा में किया है। उन्होंने पुलिस का एक थाना जला दिया, 21 निर्दोष सिपाहियों को मार डाला और उनकी लाशें जला दीं। इन मरे हुए लोगों में वहां के थानेदार का जवान लड़का भी है। अखबारों में जो विवरण छपा है, उसके अनुसार ये लोग एक जगह लगी हुई हाट को रोकने के लिए गए थे। लेकिन थोड़े से लोग गए थे, किंतु उनको वहां से भगा दिया गया। इसलिए बाद में और बड़ा दल गया। इस दल में स्वयंसेवक भी थे।(22/407) इसी समय गाँधीजी ने बारडोली में लगानबंदी का आंदोलन चलाया। गाँधीजी को भय था कि चौरीचौरा का असर बारडोली के आंदोलन पर भी पड़ेगा। उन्होंने कहा : जिस प्रकार दूध से भरे बर्तन में संखिए का एक छोटा-सा कण भी दूध को पीने लायक नहीं रहने देता, इसी प्रकार चौरीचौरा का घातक विष मिलने से बारडोली की विनय भी अस्वीकार्य हो जाएगी। चौरीचौरा भी उसी प्रकार भारत का प्रतिनिधित्व करता है जिस प्रकार बारडोली करता है।(22/440)

भारतीय समाज के वर्गों में सबसे बड़ी संख्या किसानों की थी। अन्य वर्गों की अपेक्षा सबसे ज्यादा तबाह और सबसे ज्यादा गरीब यही लोग थे। सरकार मनमाने ढंग से लगान बढ़ाती थी। इसलिए किसानों में लगानबंदी के लिए आम चेतना थी। लगानबंदी की जाए तो इसका सीधा असर अंग्रेजी राज पर पड़ता था। इस राज का खर्च ज्यादातर किसानों के शोषण से चलता था। गाँधीजी ने कहा था : सरकार का हमेशा बढ़ता रहने वाला खर्च, जो अधिकांश में सैनिक खर्च है, किसी न किसी तरह अवश्य पूरा करना है, इसलिए लगान मनमाने तौर पर बढ़ा दिया जाता है, क्योंकि इसका असर सबसे बड़े वर्ग और ऐसे वर्ग पर जिसकी कोई आवाज नहीं है, और उस वर्ग पर पड़ता है जिसे निःसंकोच दबाया जा सकता है।(36/97) सैनिक खर्च का सीधा संबंध युद्ध और हिंसा से था। इस बड़ी हिंसा को रोकने के लिए किसान यदि थोड़ी हिंसा करें तो उसे क्षम्य समझना चाहिए। बारडोली में 22 प्रतिशत लगान बढ़ा दिया गया था। वहां के किसानों की ओर से कल्याणजी ने गाँधीजी को बताया : "22 प्रतिशत की बढ़ोत्तरी लागू की गई है। लोग कहते हैं कि वे पुराना लगान अदा करना चाहेंगे और 22 प्रतिशत बढ़ोत्तरी को देने से इन्कार करेंगे।" गाँधीजी ने कहा : "यह तो बहुत ही जोखिम का काम है। फिर तो सरकार आपके ही पैसे की मदद से आपसे संघर्ष करेगी और पलभर में बढ़ोत्तरी वसूल कर लेगी। जब तक बढ़ोत्तरी रद्द नहीं की जाती, कोई लगान अदा नहीं किया जा सकता। आपको सरकार से साफ कह देना चाहिए, लगान की बढ़ोत्तरी रद्द घोषित कीजिए और तब फिर पुराना लगान, जिसे देने को हम तैयार हैं, वसूल कीजिए।"(26/98)

चाहे 1922 हो और चाहे 1928, स्वराज्य के आंदोलन में किसानों का सबसे बड़ा

योगदान लगानबंदी के द्वारा ही हो सकता था। 4 फरवरी, 1922 को चौरीचौरा कांड हुआ। 5 फरवरी, 1922 को गाँधीजी ने बारडोली के किसानों को कहा : आपने और मैंने कोई छोटी-मोटी जिम्मेदारी अपने ऊपर नहीं ली है। समस्त हिंदुस्तान का बोझ आपने अपने कंधों पर ले लिया है।(22/354) पूरे हिंदुस्तान का बोझ उठाने की बात इस अर्थ में सही थी कि यदि लगानबंदी का आंदोलन सारे देश में चलाया जाए तो अंग्रेजी राज का तख्ता उलटा जा सकता था। बारडोली का सत्याग्रह एक प्रयोग था जिसके सफल होने पर देश के अन्य भागों में इसी तरह का आंदोलन चलाया जा सकता था। 19 फरवरी, 1922 को गाँधीजी ने कहा : "बारडोली में कानून की सविनय अवज्ञा करने की हमारी योजना स्वप्न हो गई। जो मुहूर्त में आंदोलन को बंद करने की थी।" स्वराज्य के बारे में उन्होंने कहा : "स्वराज्य प्राप्त करने का सच्चा प्रयत्न ही स्वराज्य है। स्वराज्य तो जैसे-जैसे हम उसके पीछे भागेंगे, वैसे-वैसे दूर प्रतीत होगा।"(22/446) जून 1928 में बारडोली के दूसरे सत्याग्रह के बारे में गाँधीजी ने लिखा : "बारडोली स्वेच्छा से स्वीकार किए हुए कष्ट और बंबई सरकार की निरंकुशता से पीड़ित है। इन दोनों बातों के उदाहरण महादेव देसाई की बारडोली संबंधी टिप्पणियों में मिलेंगे। सरकार मानो मक्खी मारने जैसी बात के लिए एड़ी-चोटी का पसीना एक कर रही है। बढ़ाए गए लगाने के एक लाख रुपये के लिए, जो सरकार के लिए छोटी-सी रकम है, वह शक्ति, असत्य, खुशामद और घूस का सहारा ले रही है।" (36/432)

गाँधीजी ने स्वतंत्र जांच की मांग की। बारडोली के किसानों की ओर से उन्होंने कहा : "वे कोई ऐसी गुप्त जांच नहीं चाहते जिसमें उनके अपने आदमी न हों और उनका स्थान वहां ऐसा न हो कि वे उसमें उपयोगी और प्रभावी कार्य न कर सकें। वे तो खुली और स्वतंत्र जांच चाहते हैं।"(36/463) सरकार ने जांच की बात मान ली। इस बारे में गाँधीजी ने कहा : "सत्याग्रहियों ने हमेशा यह दावा किया है कि लगान बढ़ाने का कोई कारण नहीं था और बारडोली की जमीन में पुराना लगान सह सकने की शक्ति भी नहीं है। इस बात की जांच के लिए समिति नियुक्त करने की जो मांग की गई, वह बहुत परिश्रम के बाद स्वीकार हुई।"(37/162) समझौते के लिए गवर्नर को धन्यवाद देते हुए गाँधीजी ने कहा : "यदि माननीय गवर्नर निश्चय न करते तो समझौता नहीं हो सकता था। अपने तीखे भाषण के अनुरूप व्यवहार न करते हुए उन्होंने शांत नीति ग्रहण करके सत्याग्रहियों की मांग स्वीकार की। इसके लिए वे धन्यवाद के पात्र हैं।"(37/161) यह समझौता सत्याग्रह के नेता वललभ भाई पटेल को अलग रखकर किया गया था। पटेल को धन्यवाद देते हुए गाँधीजी ने कहा : "किंतु यदि वल्लभ भाई पटेल उदार न बनते तो समझौता संभव ही न था। बाजी उनके हाथ में थी। लगान वसूल करते समय राज्य ने जो निरंकुश व्यवहार किया था, उसकी जांच का आग्रह करने का अधिकार उन्हें था। पर उन्होंने यह आग्रह छोड़ दिया। दूसरी कई छोटी-मोटी बातों के बारे में वे न्याय की दृष्टि रखकर अड़ सकते थे, किंतु उन्होंने ऐसा नहीं किया। अपने पद का आग्रह न करना तो उनका सबसे बड़ा

त्याग है। उन्होंने अपना विचार ही नहीं किया। सरकारी तौर पर वल्लभ भाई को समझौते की अभी तक कोई खबर नहीं दी गई है। समझौता हो गया, यह बात उन्हें मित्रों के पत्रों और समाचार पत्रों में प्रकाशित समाचारों से मालूम हुई है।"(37/161) गाँधीजी समझौते से प्रसन्न थे। उन्होंने किसानों की एक सभा में कहा : "आप तो यह मानेंगे कि मैं सत्याग्रह शास्त्र का आचार्य हूं और उसके आचार्य की हैसियत से मैं आपसे कहता हूं कि इससे अधिक शुद्ध, खरी और निर्णायक विजय और कोई नहीं हो सकती थी। यदि सरकार ने निर्णय करने में आपके सरदार से सलाह-मशविरा नहीं किया तो उससे क्या फर्क पड़ता है? आपकी हरेक शर्त पूरी कर दी गई है। और आप इससे अधिक तो कुछ चाहते नहीं हैं।"(37/160) परंतु लोग इस समझौते से संतुष्ट नहीं थे। महादेव देसाई ने इसी भाषण के सिलसिले में लिखा था : "सत्याग्रहियों में से भी कुछ लोग इस समझौते से संतुष्ट नहीं थे और उन्होंने गाँधीजी तथा सरदार वल्लभ भाई से कहा था कि वे समझौते के बजाय अंत तक लड़ना पसंद करते।"(37/160-पाद टिप्पणी) जिस समय बारडोली में यह सब हो रहा था, उसी समय लखनऊ में बहुदलीय सम्मेलन भी चल रहा था जिसमें नेता अंग्रेजों से रियायतें मांगने के बारे में मसौदे तैयार कर रहे थे। गाँधीजी ने लखनऊ के इस सम्मेलन में नेताओं की मांगों को कानूनी स्वराज्य से जोड़ा और बारडोली के समझौते को विजय बताते हुए उसे रामराज्य का मार्ग प्रशस्त करने वाला कहा। "यदि इतिहास में बारडोली की विजय का उल्लेख होगा तो लखनऊ की विजय का भी उल्लेख होगा। यदि बारडोली ने जीवंत स्वराज्य का, रामराज्य का मार्ग बताया है, तो लखनऊ ने कानूनी स्वराज्य का द्वार खोला है। आवश्यकता इन दोनों की ही थी।" (37/262) वास्तव में ये दोनों चीजें जुड़ी हुई थीं। अंग्रेजों से रियायतें मांगना है तो हर तरह का आंदोलन बंद कर देना उचित होगा।

नवंबर 1929 में गाँधीजी ने एक टिप्पणी लिखी—'बारडोली की भूल' शीर्षक के आगे उन्होंने प्रश्न चिह्न लगाया, इसलिए कि बहुत से लोग उस समझौते से संतुष्ट नहीं थे। उस टिप्पणी में उन्होंने लिखा : "मुझे विश्वास है कि इतिहास उसे भीरुता नहीं मानेगा बल्कि पूर्ण सत्याग्रह के रूप में उसका परिचय देगा; मैं तो इसका परिणाम भी अच्छा ही देख रहा हूं। अगर दुराग्रहपूर्वक मैं उस आंदोलन को चलाता रहता तो देश व्यर्थ में ही कुचल दिया जाता। आंदोलन को स्थगित कर देने से देश धीमी गति से ही सही, लेकिन आगे बढ़ा है। उसमें विवेक-शक्ति का विकास हुआ है और उसके फलस्वरूप जो जागृति आई, वह स्थायी बनी है।" (42/137-38) देश धीमी गति से बढ़ रहा था। किस दिशा में? गोलमेज सम्मेलन की दिशा में। उसमें विवेक शक्ति का विकास हुआ था और इस विवेक शक्ति का उपयोग संवैधानिक दांव-पेंच खेलने में किया जा रहा था। कर्टिस नाम के राजनीतिज्ञ ने भारत के गांवों के बारे में लिखा था कि दूसरे देशों के गांवों से तुलना करें तो कह सकते हैं कि भारत के गांव घूरों पर बसी हुई बस्तियां हैं। इस पर गाँधीजी ने लिखा : "यह टीका जरा सख्त है। संभवतः हमें यह बुरी लग सकती है मगर यह कोई नहीं कह

सकता कि इसमें सच्चाई नहीं है। हम चाहे जिस गांव में चले जाएँ, सबसे पहले हमें उसके घूरे के दर्शन होंगे। गांव के घूरे अक्सर टीले पर होते हैं। गांव के भीतर घुसने पर हमें बाहर और भीतर की हालत में कोई खास फर्क नजर नहीं आएगा।" (41/490) इसके आगे गांव की गंदगी का विशद वर्णन है। गांवों की हालत के लिए सबसे पहले अंग्रेज शासक जिम्मेदार थे। उनके बाद उनके मातहत काम करने वाले यहां के जमींदार और ताल्लुकेदार। गरीबी का जिक्र होता है तो हिंदी राज्यों के साथ उड़ीसा का नाम आता है। हिंदी प्रदेश के एक प्रांत, संयुक्त प्रांत, की चर्चा करते हुए गाँधीजी ने उत्कल, अर्थात् उड़ीसा को भी याद किया। "संयुक्त प्रांत बड़े-बड़े जमींदारों और ताल्लुकेदारों का केंद्र है। साथ ही वहां निर्धनता भी है। संभव है, संयुक्त प्रांत की गरीबी उत्कल की गरीबी से बहुत कम न हो। कई स्थानों में तीन-तीन साल से बराबर अकाल पड़ता चला आ रहा है। लोगों के पास न काम है, न पैसा है और वे भूखों मरते हैं। जिसमें उन्हें स्थायी काम मिले और वे भूखों मरने से बचें, उनके लिए तो यही स्वराज्य हो सकता है। अगर संयुक्त प्रांत के नौजवान चाहें तो वे गांवों में प्रवेश करके चरखा-प्रचार द्वारा जनता को काम और दाम दोनों दे सकते हैं।"(41/548) हो सकता है, चरखा चलाने से लोगों को कुछ आमदनी हो जाए परंतु लगान के जरिए अंग्रेज अपनी फौज के लिए जो खर्च वसूल करते थे, उसका क्या होगा? गरीबी का मुख्य कारण तो यह अंग्रेजों का और जमींदारों का शोषण था। संयुक्त प्रांत के कुछ जमींदार और ताल्लुकेदार कांग्रेस में शामिल हो गए थे। उन्हें देखकर गाँधीजी प्रसन्न हुए। उन्होंने समझा, उनकी सहायता से किसानों की हालत सुधर जाएगी। "हाल के संयुक्त प्रांत के दौरे में मुझे जितना हर्ष इस बात को देखकर हुआ, उतना और किसी बात से नहीं हुआ कि कई युवक जमींदारों और ताल्लुकेदारों ने अपने जीवन को काफी सादा बना लिया है और देशभक्ति पूर्ण उत्साह से किसानों का भार कम कर रहे हैं। मैंने बहुत से जमींदारों के कथित अत्याचारों के भयंकर वर्णन सुने थे और यह भी सुना था कि वे कैसे सभी तरह के मौकों पर जायज और नाजायज कर वसूल करते हैं जिसके परिणामस्वरूप किसानों की स्थिति बिल्कुल गुलाम की-सी हो गई है। इसलिए इस तरह के कई नौजवान ताल्लुकेदार जब मेरे देखने में आए तो मुझे सानंद आश्चर्य हुआ।"(42/250) इस तरह के जमींदारों और ताल्लुकेदारों के एक प्रतिनिधि **गोदान** के राय साहब हैं। वेश बदल गया, बातचीत का ढंग बदल गया, लेकिन जो जायज और नाजायज कर वे किसानों से वसूल करते थे, उनमें कोई तब्दीली न हुई। परिणाम यह कि किसानों की हालत गुलामों जैसी पहले थी, वह इन लोगों के कांग्रेस में शामिल होने के बाद भी बनी रही।

किसानों और जमींदारों की जीवन-पद्धतियों में जो अंतर था, वह गाँधीजी से छिपा नहीं था। फिर भी उन्हें आशा थी कि जमींदार जमाने की हवा पहचानेंगे और अपनी पद्धति बदलेंगे। उन्होंने लिखा : "इस समय धनिक वर्ग के सर्वथा अनावश्यक दिखावे और फिजूलखर्ची तथा जिन किसानों के बीच वे रहते हैं, उनके गंदगी से भरे वातावरण और पीस डालने वाले दारिद्र्य के बीच कोई अनुपात नहीं है। इसलिए एक आदर्श जमींदार को

चाहिए कि वह किसानों का बहुत कुछ बोझा, जो वह अभी उठाए चल रहा है, एकदम कम कर दे। वह रैयतों के गहरे संपर्क में आए और उनकी आवश्यकताओं को जानकर उस निराशा के स्थान पर, जो उनके प्राणों को ही सुखाए डाल रही है, उनमें आशा का संचार करे। वह रैयतों में सफाई और तंदुरस्ती के नियमों की जो अनभिज्ञता है, उसे बर्दाश्त न करे और उन्हें इस बारे में समझाए। किसानों के जीवन की आवश्यकताओं की पूर्ति करने के लिए वह स्वयं अपने को दरिद्र बना ले। वह अपने संरक्षित किसानों की आर्थिक स्थिति का अध्ययन करे और ऐसे विद्यालय खोले जिनमें किसानों के बच्चों के साथ-साथ वह अपने खुद के बच्चों को भी पढ़ाए।"(42/250-52) ऐसे उपदेशों का बहुत कम असर हुआ। कोई भी ताल्लुकेदार किसानों की तरह दरिद्र बनने को तैयार नहीं था। जो देश सेवा का व्रत ले रहे थे, वे भी अपने राजमहल छोड़ने को तैयार नहीं थे। लेकिन जमींदार और ताल्लुकेदारों के पास जो संपत्ति थी, वह उन्हें ईश्वरीय नियम से प्राप्त न हुई थी, यह बात गाँधीजी मानते थे और उन्होंने यह बात स्पष्ट रूप से कही भी : "यदि पूंजीपति काल का संकेत समझकर संपत्ति के बारे में अपने इस विचार को बदल डाले कि उस पर इस वर्ग का ईश्वर-प्रदत्त अधिकार है, तो जो सात लाख घूरे आज गांव कहलाते हैं, उन्हें आनन-फानन शांति, स्वास्थ्य और सुख के धाम बनाया जा सकता है।"(42/251) गाँधीजी बार-बार कहते थे कि स्वराज्य गांवों में रहने वाले करोड़ों किसानों के लिए है। उनके इस वाक्य से इतना तो स्पष्ट है कि जमींदारों और किसानों के संबंधों को बदले बिना वास्तविक स्वराज्य भारतीय जनता को प्राप्त न हो सकता था।

गाँधीजी के विचार से जापान की प्रगति में वहां के जमींदारों का बहुत बड़ा हाथ था। उनकी मिसाल देते हुए उन्होंने कहा : "मुझे दृढ़ विश्वास है कि पूंजीपति जापान के उमरावों का अनुसरण करने से सचमुच कुछ खोएगा नहीं और सब कुछ पाएगा। केवल दो मार्ग हैं जिनमें से हमें अपना चुनाव कर लेना है। एक तो यह कि पूंजीपति अपना अतिरिक्त संग्रह स्वेच्छा से छोड़ दें और उसके परिणामस्वरूप सबको वास्तविक सुख प्राप्त हो जाए। दूसरा यह कि अगर पूंजीपति समय रहते न चेते तो करोड़ों जाग्रत किंतु अज्ञानी और भूखे रहने वाले लोग देश में ऐसी गड़बड़ी मचा देंगे कि एक बलशाली हुकूमत की फौजी ताकत भी उसे नहीं रोक सकेगी। मैंने यह आशा रखी है कि भारतवर्ष इस विपत्ति से बचने में सफल रहेगा।"(42/251) गाँधीजी मानते हैं कि किसानों में ऐसी शक्ति है कि यदि वे क्रांति करें तो बलशाली हुकूमत की फौजी ताकत भी उसे नहीं रोक सकती। वह ऐसी क्रांति को विपत्ति कहते हैं। परंतु यदि पूंजीपति या जमींदार स्वेच्छा से अपनी संपत्ति न छोड़ें तो दूसरा मार्ग अपनाया जाएगा, यह अनिवार्यता भी उनके सामने है। गाँधीजी ने जिस विपत्ति की बात कही है, उसका संबंध जमींदारों और उनके ऊपर वाले, संरक्षकों-अंग्रेजों से ज्यादा है, किसानों से कम। किसान तो ऐसी विपत्ति का स्वागत करने को तैयार थे।

जमींदारों और ताल्लुकेदारों के बड़े भाई देशी रियासतों के राजा और नवाब थे। भारत में जो पुराना सामंतवाद था, उसमें किसानों के कुछ अधिकार भी थे। उस समय उनकी

हालत इतनी खराब नहीं थी जितनी इन नए सामंतों के समय में हुई। ये सामंत अंग्रेजों के सहायक थे। इनके राज्य में रहने वाली प्रजा पर दोहरा बोझ था। सबसे ऊपर अंग्रेजों का बोझ और उनके नीचे इन राजाओं का बोझ। देशी रियासतों में रहने वाले किसान ब्रिटिश भारत के किसानों से कुछ ज्यादा ही गरीब निरक्षर थे और बहुत-सी बातों में गुलामों जैसे थे। जब ब्रिटिश भारत में सत्याग्रह की हवा चली तो देसी रियासतों के लोगों ने भी इसी तरह सत्याग्रह करने की बात सोची। लेकिन गाँधीजी ने जून सन् 24 में उन्हें सावधान किया : "हिंदुस्तान में स्वराज्य प्राप्ति की खातिर देशी रियासतों में सत्याग्रह नहीं किया जा सकता। वहां तो वह स्थानीय समस्याओं को लेकर ही किया जा सकता है...सामान्य दृष्टि से देखते हुए मुझे फिलहाल सारे देश का वातावरण सत्याग्रह के प्रतिकूल ही दिखाई देता है। यहां द्वेष, असत्य और अशांति इत्यादि की बहुत वृद्धि हुई है। सत्याग्रह का अर्थ विरोधी को परेशान करना ही हो गया है। लोग नाम तो सत्याग्रह का लेते हैं परंतु दुराग्रह करते हुए दिखाई देते हैं।" (24/253) सामान्य जनता के लिए यह संभव नहीं था कि वह राजाओं या अंग्रेजों से लड़े और उन्हें परेशान भी न करे। यदि समूचे देश में सत्याग्रह के लिए वातावरण अनुकूल नहीं था तो देशी रियासतों में भी वह अनुकूल न हो सकता था।

अप्रैल 1929 में देशी रियासतों के शासकों के बारे में कक्कल भाई नाम के सज्जन ने गाँधीजी से कुछ सवाल किए। उनका उत्तर देते हुए गाँधीजी ने लिखा : "मुझे लगता है कि रियासतों की बुराइयां मैं खूब अच्छी तरह जानता हूं। पहले भी वे मनमानी कर पाती थीं। किंतु आज एक चक्रवर्ती की छत्रछाया में होने के कारण ही उनकी बुराइयां निभ रही हैं। सरदार के होते हुए गुलाम के दोषों को अलग से गिना नहीं जा सकता। कक्कल भाई पूरा विश्वास रखें कि वे अपनी रियासत के दोषों को जितना जानते हैं, उससे ज्यादा इन दोषों को सरकार जानती है। कक्कल भाई दो आंखों से देखते हैं तो सरकार हजार आंखों से देखती है। इतना होने पर भी वह रियासतों के दोष सहन करती है तो वह स्वयं दोषी बन जाती है। यह बात प्रसिद्ध है कि जिस कुकर्म को करने में सरकार डरती है या शर्माती है, उसे वह रियासतों की मार्फत कराती है। कानून के अनुसार प्रतिनिधि या कार्यकर्ता द्वारा किए हुए काम के लिए नेता या मालिक जवावदेह हैं।" (42/312) ये सामंत स्वतंत्र नहीं हैं, वे अंग्रेजों के सेवक हैं। जो काम ब्रिटिश भारत में नहीं हो सकते, उन्हें अंग्रेज देशी रियासतों में कराते हैं। इसका अर्थ यह है कि जितना उत्पीड़न ब्रिटिश भारत की जनता को सहना पड़ता था, उससे अधिक उत्पीड़न देशी रियासतों की प्रजा को सहना पड़ता था। इस स्थिति में निष्कर्ष यह निकलेगा कि यदि अंग्रेजों से लड़ना है, तो उनके सेवकों, देशी रियासतों के शासकों से भी लड़ना होगा।

अंग्रेजों से देशी रियासतों के संबंध के बारे में गाँधीजी ने अप्रैल 1929 में लिखा : "ब्रिटिश राज्य एक व्यक्ति नहीं बल्कि एक पद्धति है। जिस पद्धति से वह चलता है, उससे हिंदुस्तान का सर्वनाश हुआ है और होता जा रहा है। इसीलिए मैं इस पद्धति को समाप्त कर देना चाहता हूं।" (40/313) यह बहुत महत्वपूर्ण स्थापना है। व्यक्तियों से नहीं लड़ना,

पूरी पद्धति से लड़ना। पद्धति के हृदय नहीं होता। इसलिए अंग्रेजी राज्य को खत्म करने के लिए हृदय-परिवर्तन का भरोसा नहीं किया जा सकता। पद्धति को ही बदलना आवश्यक है। अंग्रेजी राज्य में भी कुछ विदेशी अफसर अच्छे स्वभाव के थे। पर उनके भरोसे रहकर पद्धति को न बदला जा सकता था। अंग्रेजी राज्य में पद्धति है और देशी रियासतों में पद्धति नहीं है, ऐसा भेद गाँधीजी ने किया। ब्रिटिश भारत से रियासतों की भिन्नता बताते हुए उन्होंने लिखा : "रियासतें तो व्यक्तिनिष्ठ हैं। मनुष्यों में सुधार की गुंजाइश है। इसलिए रियासतों में भी उसकी गुंजाइश है। यदि इन रियासतों को अपने स्वेच्छाचार के लिए साम्राज्य का सहारा न होता तो आज इन रियासतों की प्रजा राजाओं से कई हक प्राप्त कर सकी होती।" (उपर्युक्त) सभी रियासतों को साम्राज्य का सहारा है। यह पद्धति की बात हुई। सभी रियासतों के राजा भिन्न स्वभाव के होते हुए भी अंग्रेजों के सेवक जैसे हैं। ये भी पद्धति की बात हुई। इस पद्धति को बदले बिना रियासतों की प्रजा की हालत में कोई सुधार न हो सकता था। और यदि केवल व्यक्तियों में सुधार हो सकता है, पद्धति में सुधार नहीं हो सकता, तो अंग्रेजी राज्य को खत्म करने में हृदय परिवर्तन कारगर कैसे होगा? गाँधीजी को आशा थी कि राजा भी जमींदारों की तरह कुछ सुधार कर सकते हैं जैसे मद्यपान-निषेध, लगान कम करना, इत्यादि। परंतु बड़े पैमाने पर ऐसा न तो राजाओं ने किया, न जमींदारों ने। गाँधीजी आशा लगाए बैठे थे। "मैं अवश्य ही यह मानता हूं कि रियासतों में अर्थात् राजाओं में आगे बढ़ने की अनंत गुंजाइश है। तब राजाओं के दोष क्यों ढूंढ़ें और प्रजा को बिल्कुल निर्दोष क्यों मान लें? यहां पर प्रजा का अर्थ है राजनीतिज्ञ। यदि इस वर्ग के लोग थोड़े निर्भय बनें, खुशामद कम करें, स्वार्थ छोड़कर परमार्थ का ध्यान करें तो वे राजाओं को सुधार सकते हैं। वे राजा के हाथ-पैर हैं। यदि हाथ-पांव चलने से इन्कार कर दें तो बेचारा राजा तो असहाय हो जाए।" (40/313) रियासतों में राजनीतिज्ञ दो तरह के थे। एक वे जो राजाओं के हाथ-पैर थे, जिनके सहारे राजा प्रजा पर शासन करता था, दूसरे वे जो इन राजाओं और उनके हाथ-पैरों का विरोध करते थे। अवश्य ही एक-दो राजाओं को सुधारा जा सकता था, परंतु सवाल पूरी व्यवस्था का था। एक-दो को सुधारने से व्यवस्था न बदली जा सकती थी। अंग्रेज इसी व्यवस्था के सहारे स्वाधीनता आंदोलन में अड़ंगे लगा रहे थे।

जमींदारों की तरह देशी रियासतों के नरेशों के प्रति गाँधीजी की नीति का सारांश यह था कि उनके विरुद्ध किसी तरह का आंदोलन न करना चाहिए। "रियासतों को परेशान करने से उनका सुधार नहीं होगा। जिस तरह खुजलाने से दाद का रोग बढ़ता चला जाता है, उसी तरह परेशान करने से वे चक्रवर्ती राजा के पास जाकर अपना इलाज कराएंगे।" (40/314) चक्रवर्ती राजा यानी अंग्रेज। और अगर परेशान करने से रियासतों के राजाओं का सुधार नहीं हो सकता तो अंग्रेजों को परेशान करने से उनका सुधार कैसे हो सकता है? स्वराज्य या रामराज्य की व्याख्या करते हुए उसमें राजाओं के स्थान के बारे में गाँधीजी ने कहाः "इसमें राजा का स्थान है लेकिन वहां राजा के मानी हैं रक्षक, अभिभावक या

ट्रस्टी; राजा अर्थात् सर्वश्रेष्ठ सेवक, दासानुदास। स्वराज्य का राजा प्रजा का अवशिष्ट खाने वाला है; दूसरे शब्दों में वह प्रजा को सुलाकर सोता है, खिलाकर खाता है और जिलाकर जीता है। ऐसे राजा सदा जिएँ। अगर इस युग में ऐसे राजा होना संभव न हो तो राजा नाम तक नहीं बचेगा, इसमें मुझे जरा भी शक नहीं।" (42/24) अंतिम वाक्य बड़े मार्के का है। रामराज्य में जैसे राजाओं की कल्पना गाँधीजी ने की थी, वैसे राजाओं का होना अब संभव नहीं था। इसलिए राजा नाम तक नहीं बचेगा यानी क्रांति की भावना देशी रियासतों में भी थी। क्रान्ति के बदले सुधार हुए। शासकों ने राजा नाम छोड़ा पर अपनी बहुत सी संपत्ति दबाए रहे। प्रजा दरिद्र बनी रही।

आंदोलन बंद कराने और कांग्रेसी नेताओं को समझौते की ओर खींचने का एक तरीका यह भी था कि अंग्रेज गोलमेज सम्मेलन बुलाएँ। इस सम्मेलन की चर्चा 1922 में ही होने लगी थी। ऐसे सम्मेलन में कांग्रेस की मांगें क्या होंगी, इसके बारे में गाँधीजी ने लिखा था। पहली मांग खिलाफत के बारे में थी। कुस्तुनतूनिया आदि स्थान तुर्क लोगों को वापस दे दिए जाएँ। अरब, मेसोपोटामिया, फिलिस्तीन आदि से गैर मुस्लिम सत्ता हटा ली जाए और इन प्रदेशों से तमाम ब्रिटिश सेना, वह चाहे अंग्रेजी हो चाहे हिंदुस्तानी, वापस बुला ली जाए। कांग्रेस की मांग थी, जनरल डायर आदि अफसरों को बर्खास्त किया जाए, उनकी पेंशनें बंद कर दी जाएँ। स्वराज्य की भी मांग थी। स्वराज्य की व्याख्या करते हुए स्पष्ट कहा गया था, "स्वराज्य से हमारा अभिप्राय पूरा औपनिवेशिक स्वराज्य होगा। ऐसे स्वराज्य की योजना उन प्रतिनिधियों द्वारा तैयार की जानी चाहिए जो कांग्रेस के संविधान के अनुसार निर्वाचित किए गए हों। (22/229) गोलमेज सम्मेलन में स्वयं गाँधीजी शामिल होंगे या नहीं, इस प्रश्न का उत्तर देते हुए जनवरी 1922 में उन्होंने कहा : "मैं एक व्यक्ति की हैसियत से, बिना किसी शर्त के, किसी भी परिषद् में जा सकता हूं। मैं तो एक सुधारक हूं और सुधारक की हैसियत से मेरा यह काम ही है कि जो लोग मेरा कथन सुनने के लिए तैयार हों, उनके पास मैं जाऊं और जिन विचारों को मैं ठीक समझता हूं, उन्हें भी उनका कायल करूं।" (22/227) गोलमेज सम्मेलन से कुछ प्राप्त होगा, ऐसी आशा गाँधीजी को नहीं थी इसलिए फरवरी 1922 में उन्होंने यह भी कहा : "मेरी राय में तो गोलमेज सम्मेलन निष्फल ही सिद्ध होगा।" (22/472) बहुत जगह लोग आंदोलन चलाने की मांग कर रहे थे। आंध्र प्रदेश के बारे में गाँधीजी ने जनवरी 1922 मे लिखा : "वहां की साहसी जनता कुछ तहसीलों में सार्वजनिक रूप से सविनय अवज्ञा आंदोलन शुरू करने की तैयारी कर रही है और इसीलिए उसने अभी फिलहाल करों की अदायगी मुल्तवी कर दी है। मैंने आंध्र कमेटी को आगाह कर दिया है कि यदि गोलमेज सम्मेलन हो गया तो मुल्तवी करों की अदायगी तुरंत करने के लिए उनको तैयार रहना चाहिए और कठिन संघर्ष की तैयारी केवल तभी करनी चाहिए जब जनता अहिंसापूर्ण आचरण में पूरी तरह दीक्षित-अनुशासित हो जाए।" (22/286) गोलमेज सम्मेलन हो सकता है, इसलिए आंदोलन को रोक रखना उचित होगा, यह धारणा यहां प्रकट की गई है। भारत को औपनिवेशिक स्वराज्य दिया जाए,

ऐसा कोई इरादा ब्रिटिश सरकार का नहीं था। 18 मार्च 1922 को प्रधानमंत्री ने स्पष्ट कर दिया कि "ब्रिटिश प्रभुसत्ता को हमें बनाए रखना है और ब्रिटिश नीति का ध्येय, जैसा कि 1919 के भारत सरकार अधिनियम की भूमिका में कहा गया है, भारत में एक उत्तरदायी सरकार स्थापित करना है, न कि उसे एक उपनिवेश का दर्जा देना।" (23/616)

कुछ देशी पूंजीपति औद्योगिक विकास के लिए किसानों की जमीन हथिया रहे थे। उन्हें जितना मुआवज़ा मिलना चाहिए था, वह उन्हें न दिया जाता था। ऐसा ही एक गांव महाराष्ट्र में था। उसके संबंध में गाँधीजी ने लिखा : "मेरी सहानुभूति मुलशी के गरीब लोगों के साथ है। मैं चाहता हूं टाटा-जैसे बड़े घराने के लोग अपने कानूनी अधिकारों पर अड़ने की बजाय खुद इन लोगों के साथ बातचीत करें और इनसे सलाह-मशविरा करके इनके लिए जो कुछ कर सकते हों, करें। भू-अधिग्रहण अधिनियमों का मुझे भी थोड़ा अनुभव है। मैं इस तरह के लगभग 80 मुकदमों की पैरवी कर चुका हूं। किंतु यहां भूमि के अधिग्रहण का कारण औद्योगिक विकास नहीं बल्कि गंदगी था। मैं जानता हूं कि जिन लोगों की जमीनें ली गई हैं, उनको जितना चाहिए था, ठीक उतना ही समुचित मुआवजा नहीं मिला है। यदि एक भी गरीब आदमी को कुछ भी नुकसान उठाना पड़े तो फिर उस टाटा-योजना का क्या मूल्य रह जाएगा जो भारत के लिए इतनी कल्याणकारी बतलाई जाती है? कहने को तो यह भी कहा जा सकता है कि अगर अधपेट रहने वाले लोग 3 करोड़ स्त्री-पुरुषों और लाखों भूखे-नंगे किसानों को गोली मार दी जाए और उनकी लाशों को खाद के काम में लिया जाए या उनकी हड्डियों से चाकुओं के बेंट बना डाले जाएँ तो रोग और निर्धनता की समस्या आसानी से हल की जा सकती है। और बाकी बचे हुए लोग बड़े ऐशो-आराम से जिंदगी बसर कर सकते हैं। उससे समस्या हल हो सकती है, फिर भी कोई सिरफिरा ही होगा जो ऐसा सुझाव पेश करेगा।" (20/42-43) आयरिश लेखक स्विफ्ट ने अंग्रेजों के अत्याचार से पीड़ित अपने देशवासियों की भुखमरी के इलाज के लिए ऐसा ही प्रस्ताव किया था; आयरलैंड के सारे बच्चे मार डाले जाएँ, उनका मांस बेच दिया जाए तो इस तरह गरीबी की समस्या हल हो जाएगी। गाँधीजी ने कठोर व्यंग्य करते हुए यहां पूंजीवादी उद्योगीकरण की आलोचना की है। यह प्रक्रिया निर्मम होती है। न जाने कितने किसानों के बसे हुए घर उजड़ जाते हैं। इस प्रक्रिया में गाँधीजी की गहरी सहानुभूति किसानों के साथ थी, इसमें कोई संदेह नहीं।

खिलाफत और स्वराज्य

युद्धकाल में अंग्रेज सुधार-योजना लागू करने की बात कर रहे थे। मांटेग्यु-चेम्सफोर्ड नाम से सुधारों की योजना प्रकाशित हुई। गाँधीजी इसे अमल में लाने के पक्ष में थे। 1916

में कांग्रेस और मुस्लिम लीग ने आपस में समझौता किया था। उस समझौते के आधार पर इन सुधारों में कुछ तब्दीली आवश्यक हो सकती है। उस तब्दीली के लिए काम करना चाहिए, ऐसा गाँधीजी का विचार था। धीरे-धीरे सुधारों की बात छोड़कर स्वराज्य के लिए सत्याग्रह करने की नीति पर गाँधीजी आगे बढ़े। इस दिशा में उन्हें खिलाफत आंदोलन से भी प्रेरणा मिली। प्रथम विश्वयुद्ध में तुर्की राष्ट्र जर्मन गुट के साथ था। स्वभावतः अंग्रेजों से उसकी लड़ाई थी। दुश्मन का दुश्मन अपना दोस्त—इस नीति के अनुसार भारत के बहुत से लोगों की सहानुभूमि जर्मनी और तुर्की के साथ थी। तुर्कों ने अपना एक विशाल साम्राज्य स्थापित किया था और उसने अरबों समेत बहुत से मुसलमानों को पराधीन बनाया था। यह बात पीछे छूट गई थी। खलीफा तुर्क साम्राज्य में ही था। इस खलीफा को बहुत से मुसलमान अपना धर्मगुरु मानते थे। अब यह प्रचार किया गया कि तुर्की परास्त हो गया और तुर्क साम्राज्य विघटित हो गया, इसलिए खलीफा अपदस्थ कर दिया जाएगा। मक्का-मदीना जैसे पवित्र स्थानों पर अब मुसलमानों का अधिकार न रहेगा। इस धारणा से भारतीय उच्च वर्गों के कुछ मुसलमान बहुत प्रभावित हुए। उनमें मौलाना मुहम्मद अली भी थे। युद्ध अभी खत्म न हुआ था। अंग्रेजों के विरुद्ध खिलाफत के पक्ष में आंदोलन करने के लिए मुहम्मद अली और शौकत अली को नजरबंद कर दिया गया था। 21 दिसंबर 1917 को अखिल भारतीय मुस्लिम लीग के कलकत्ता-अधिवेशन में गाँधीजी ने कहा : “कोरे प्रस्ताव पास करने से कुछ न होगा। सबको कुछ ठोस कार्य करना चाहिए। प्रत्येक व्यक्ति चाहे हिंदू हो अथवा मुसलमान, सरकार से यह कह दे कि अगर वह अली भाइयों को रिहा नहीं करती तो उनके साथ हम सबको भी नजरबंद कर ले।” (14/118) 9 मई 1919 को बंबई की एक सभा में गाँधीजी के भाषण के बाद तय हुआ वायसराय और भारत सचिव से प्रार्थना की जाए कि वह ब्रिटेन की नीति की घोषणा करे जिसे ब्रिटिश प्रतिनिधि शांति सम्मेलन में रखेंगे। उसका उद्देश्य यह हो, खिलाफत का प्रश्न भारत के मुसलमानों की इच्छा के अनुसार तय किया जाए; मक्का-मदीना, यरूसलेम, नजफ, कर्बला, केक्सोमिना, बगदाद आदि पवित्र स्थान खलीफतुल मुसलमानों के संरक्षण में दे दिए जाएँ; टर्की साम्राज्य का प्रस्तावित विघटन न होने दिया जाए; कुस्तुनतुनिया जो 400 साल से खलीफाओं की राजधानी रही है और जिसमें मुख्यतः तुर्क प्रजाति के मुसलमान रहते हैं, टर्की साम्राज्य की राजधानी रहे। (15/307)

जर्मन गुट के राष्ट्रों पर विजय पाने के बाद अंग्रेज भारत में भी विजय समारोह संगठित कर रहे थे। गाँधीजी ने लिखा : कई मित्रों ने पूछा है कि आगामी शांति-समारोहों के बारे में हमारा क्याा रुख होना चाहिए। मैं जानता हूं कि खिलाफत-दिवस पर कुछ सभाओं में प्रस्ताव पास किए गए थे कि यदि खिलाफत का सवाल संतोषजनक ढंग से हल नहीं हो जाता तो मुसलमान इन समारोहों में भाग नहीं ले सकेंगे। जब तक यह बड़ा सवाल हल नहीं हो जाता और जब तक मुसलमानों की भावनाओं को घातक चोट पहुंचाने का खतरा बना हुआ है, तब तक भारतीयों के लिए कोई शांति नहीं हो सकती। (16/279) गाँधीजी

ने कहा : मैं वायसराय तथा सरकार को बताता रहा हूं कि यदि उनका इरादा मुसलमानों को संतुष्ट करने का है तो टर्की के लिए न्यायपूर्ण तथा सम्मानजनक शर्तों पर शांति स्थापित की जाए और तब सभी भारतीय पूरे उत्साह से विजयोत्सवों में शरीक होंगे। (16/316) गाँधीजी के भाषणों से ज्ञात होता है कि सरकार से असहयोग करने का विचार खिलाफत आंदोलन में पैदा हुआ था। दिल्ली के खिलाफत सम्मेलन में उन्होंने दिसंबर 1919 में कहा था : "मुसलमानों ने निश्चय किया है कि यदि सरकार उनकी न्यायोचित मांग पूरी नहीं करेगी तो वे सरकार को सहयोग देना बंद कर देंगे। ऐसा करने का उन्हें पूर्ण अधिकार है। सचमुच यह एक बहुत मुश्किल काम है। पर उन्होंने अपने अंतरतम के विचार सरकार के सामने स्पष्ट शब्दों में रख दिए हैं। इसका अर्थ साफ-साफ यह है कि यदि आप हमारी सहायता नहीं कर सकते तो यह हमारा अधिकार है कि हम आपको सहायता देना बंद कर दें।" (16/320) ब्रिटिश माल के बहिष्कार की शुरुआत तो बंगभंग आंदोलन से हो गई थी, उस विचार का पुनर्जन्म खिलाफत आंदोलन में हुआ। गाँधीजी इस समय इस विचार का विरोध कर रहे थे। उन्होंने दिल्ली के उसी खिलाफत सम्मेलन में कहा : "उन्होंने एक ऐसा कदम भी उठाया है जो हास्यास्पद है, क्योंकि उन्होंने यह भी निश्चय किया है कि यदि जिसकी उन्हें आशंका है, वह हो जाए तो वे धीरे-धीरे ब्रिटिश माल का बहिष्कार करेंगे। मैं उनको राय दूंगा कि वे इस निश्चय को रद्द कर दें।" (16/320)

कुछ लोग खिलाफत आंदोलन से पंजाब की घटनाओं को जोड़ना चाहते थे। गाँधीजी ने उनका विरोध करते हुए कहा : कुछ लोग कहते हैं कि आने वाले उत्सव में भाग न लेने के कारणों में हमें पंजाब की वीभत्स घटनाओं को भी शामिल कर लेना चाहिए। मैं इस बात को मानने को तैयार नहीं हूं। (16/320) अंग्रेजों द्वारा प्रस्तावित सुधारों के बारे में गाँधीजी ने कहा : सुधारों का अध्ययन करने के बाद जनता को धारा सभाओं में प्रमाणित और समझदार प्रतिनिधि भेजने के प्रयत्न करने चाहिए। (16/352) और रौलेट बिल के बारे में उन्होंने कहा : रौलेट विधेयक रद्द होना चाहिए और उसके लिए विधान-परिषद में आंदोलन किया जा सकता है। और यदि रद्द न हो तो हमारा हथियार तैयार ही है। (16/353) जो हथियार तैयार है, वह असहयोग है। पहली जनवरी 1920 को अमृतसर कांग्रेस में गाँधीजी ने कहा : अधिकारी तथा जनता दोनों परस्पर सहयोग करते हुए सुधारों को इस तरह अमल में लाएंगे जिससे पूर्ण उत्तरदायी सरकार की शीघ्र स्थापना हो सके, कांग्रेस इस बात की आशा करती है। (16/374) मार्च 1920 में गाँधीजी ने कहा : हम ऐसे अधिकारों का अन्यायपूर्वक छीना जाना दीनभाव से बर्दाश्त कर लें जिनके साथ मुसलमानों के जीवन-मरण का सवाल जुड़ा हो, इसकी आशा इंग्लैंड को नहीं करनी चाहिए। इसलिए हमें ऊपर और नीचे दोनों ही स्तरों पर असहयोग शुरू करना चाहिए। जो लोग सम्मानजनक पदों पर या मोटी तनख्वाहों वाले पदों पर बैठे हुए हैं, उन्हें उनसे अलग हो जाना चाहिए। जो लोग छोटे दर्जे की सरकारी नौकरी कर रहे हैं, उन्हें भी ऐसा ही करना चाहिए। लेकिन जो लोग किसी की वैयक्तिक सेवा में लगे हुए हों, उनको असहयोग नहीं

करना चाहिए। (17/81) सेना के बारे में उन्होंने कहा : सैनिकों को काम करने से इन्कार करने की सलाह देना अभी ज़ल्दबाजी होगी। यह आखिरी कदम है, पहला नहीं। (17/82) 19 मार्च 1920 को देश में खिलाफत दिवस मनाया गया। गाँधीजी ने देशव्यापी शांतिपूर्ण हड़ताल के लिए संयोजकों और खिलाफत समिति को बधाई दी। "उसके प्रयास से कम-से-कम बंबई के लोगों का व्यवहार इस संबंध में बड़ा अच्छा रहा।" (17/110)

जून 1920 में इलाहाबद की खिलाफत सभा ने असहयोग का सिद्धांत स्वीकार किया। इस सभा में हिंदू नेता भी शरीक थे। उनमें कुछ ने भाव प्रकट किया कि यदि मुसलमानों ने अफ़गानों को भारत पर आक्रमण के लिए निमंत्रित किया तो बखेड़ा खड़ा हो सकता है। गाँधीजी के अनुसार, "इस पर मुसलमान वक्ताओं ने स्पष्ट शब्दों में कहा कि यदि कोई भी विदेशी शक्ति भारत पर आक्रमण कर उसे अपने अधीन करने की चेष्टा करेगी तो उसके प्रतिरोध में एक-एक मुसलमान बलिदान हो जाएगा, किंतु उन्होंने यह बात भी स्पष्ट रूप से कही कि यदि कोई बाहरी शक्ति इस्लाम की प्रतिष्ठा की रक्षा और न्याय दिलाने के लिए भारत पर आक्रमण करेगी तो वे उसे वास्तविक सहायता न भी दें पर उसके साथ उनकी पूरी सहानुभूति होगी।" (17/527-28) साम्प्रदायिक भावना का पूरी तरह विरोध न करके खिलाफत आंदोलन के साथ असहयोग चलाने में खतरे हो सकते थे। उनकी ओर यहां संकेत है। गाँधीजी ने इस स्थिति में असहयोग आंदोलन जल्द शुरू करने पर जोर दिया। उन्होंने कहा : हिंदुओं की आशंका समझ में आती है और वह उचित भी है। पर मुसलमानों की स्थिति का विरोध करना भी कठिन है। तब मेरे विचार से अगर भारत को इस्लाम की शक्तियों और अंग्रेजी ताकत के बीच संघर्ष नहीं होने देना है तो उसका सबसे अच्छा तरीका यह है कि हिंदू लोग असहयोग को पूरी तरह सफल बनाएँ, और यह भी जितनी जल्दी हो सके उतनी जल्दी। (17/528)

1919 के सुधार कानूनों के अंतर्गत अक्तूबर 1920 तक नई काउंसिलों के लिए उम्मीदवारों के नाम घोषित होने को थे। लाजपतराय ने 'वंदेमातरम्' में लिखा था कि वह चुनाव में खड़े नहीं होंगे। (17/567, पाद टिप्पणी) लाजपतराय के सुझाव पर गाँधीजी ने लिखा : "यह कहने की जरूरत नहीं है कि (सुधार कानून के अंतर्गत गठित) नई काउंसिलों के बहिष्कार के प्रश्न पर मैं लाला लाजपतराय से पूरी तरह सहमत हूं।" (17/567) 21 जुलाई 1920 को केंद्रीय खिलाफत समिति, बंबई ने यह घोषणा की : "आगामी पहली अगस्त को पूर्ण हड़ताल होनी चाहिए। केन्द्रीय खिलाफत समिति, टर्की के साथ हुए सुलहनामे में मुसलमानों की भावनाओं और इस्लामी कानून के अनुसार परिवर्तन कराने के लिए जो आंदोलन चलाया जा रहा है, उसके साथ अपनी पूर्ण सहानुभूति व्यक्त करती है। और इस बात को अपनी स्वीकृति प्रदान करती है कि खिलाफत समिति द्वारा अपनाया गया असहयोग आंदोलन तब तक चलाया जाए जब तक कि उक्त सुलहनामे की शर्तों में संशोधन न हो जाए।" (18/86) खिलाफत के साथ विदेशी माल के बहिष्कार और स्वदेशी माल के व्यवहार का सवाल जुड़ा हुआ था। खिलाफत आंदोलन के एक प्रमुख

नेता हसरत मोहानी थे। गाँधीजी ने अगस्त 1920 में लिखा : स्वदेशी को मैंने बहुत आशंकित मन से असहयोग के कार्यक्रम में शामिल किया था। मौलाना हसरत मोहानी इतने उत्साह में थे कि मुझे लाचार होकर इसे स्वीकार करना ही पड़ा। लेकिन मुझे ऐसा लगता है कि स्वदेशी को इस कार्यक्रम में शामिल करने के उनके जो कारण हैं, वे मेरे कारणों से भिन्न हैं। वे ब्रिटिश माल के बहिष्कार के पक्षधर हैं। जैसा कि मैंने इसी अंक में अन्यत्र बताया है, मैं इस सिद्धांत को स्वीकार नहीं कर सकता। (18/213) खिलाफत के साथ स्वराज्य और पंजाब के सवाल भी जुड़ गए।

दिसंबर 1920 में गाँधीजी ने एक नेता के पत्र के उत्तर में लिखा : यह ठीक है कि असहयोग का विचार सर्वप्रथम खिलाफत के संबंध में ही आया था किंतु मैंने अथवा मेरे पूर्व सहयोगियों ने यह कभी नहीं माना था कि ब्रिटिश सरकार के साथ असहयोग करने में किसी भी रूप में देशहित का कोई बलिदान होगा। (22/13) गाँधीजी की रणनीति यह मालूम होती है कि खिलाफत के मसले पर यदि मुसलमानों को अहसयोग करने पर राजी किया जाए तो इस आंदोलन के द्वारा स्वराज्य प्राप्त हो सकता है और फिर पंजाब के साथ न्याय हो सकता है। इसलिए स्वदेशी, स्वराज्य, खिलाफत, पंजाब, ये सब चीजें एक साथ जुड़ गईं। यदि इस आंदोलन से स्वराज्य मिल गया और खिलाफत का मसला हल न हुआ तो स्वाधीन भारत इस मसले को अंग्रेजों की मदद के बिना हल कर लेगा। गाँधीजी ने लिखा : यदि खिलाफत के प्रश्न का संतोषजनक हल निकले बिना हमें स्वराज्य मिल जाता है तो हम इंग्लैंड से बिल्कुल अलग हो जाएंगे। आज सरकार खिलाफत को दबा रही है तो केवल हमारी ही मदद से और हमें दबाने की खातिर। जब उसका हिंदुस्तान पर अधिकार खत्म हो जाएगा तब उसे मेसोपोटामिया अथवा इस्तम्बूल की आवश्यकता भी नहीं रह जाएगी। पर आवश्यकता रहे अथवा न रहे, यदि तब हमने अपने सिपाहियों को बाहर के देशों से वापस बुला लिया तो सरकार मेसोपोटामिया में रह ही नहीं सकेगी। हमें लड़ाई करने की जरूरत ही नहीं पड़ेगी। हमें यूरोप और एशिया में से अपने व्यक्तियों को खींच लेने भर की जरूरत है। लेकिन मान लीजिए हम लड़ना चाहें तो स्वतंत्र भारत को लड़ने का अधिकार तो रहेगा ही। (19/302-3) सारे मसले हल करने के लिए जनता को शक्तिशाली होना चाहिए। "स्वराज्य लेने की, खिलाफत और पंजाब का न्याय प्राप्त करने की शक्ति हममें आनी चाहिए। वह अभी नहीं आई है, हां, आती-जाती है।" (20/118) मुसलमानों को लग रहा था, उनके धर्म के साथ अन्याय हो रहा है। उनकी बेचैनी बढ़ रही थी। अगस्त 1921 में गाँधीजी ने लिखा : "मैंने लखनऊ में मुसलमानों को खिलाफत के मामले में बेचैन पाया। उनकी बेचैनी स्वाभाविक है।" लोगों को अंग्रेजों के वादों पर भरोसा नहीं था। "इसमें कोई शक नहीं कि तुर्कों के साथ मित्रभाव रखने के संबंध में अंग्रेजों ने जो आश्वासन दिए हैं, उनके प्रति अविश्वास बढ़ता जा रहा है। अब इन दोनों में से किसी बात पर कोई विश्वास नहीं करता कि अंग्रेजों के आश्वासन बिल्कुल सच्चे हैं या ब्रिटिश सरकार की मदद करने में असमर्थ हैं। अतएव अधीर और क्रोधित होकर मुसलमान तुरंत कांग्रेस और

खिलाफत कमेटी की ओर से कोई कड़ी और जोरदार कार्रवाई की मांग करते हैं।" (20/542) गाँधीजी का तर्क था, जल्द से जल्द स्वराज्य मिल जाए तो स्वाधीन भारत खिलाफत का मामला हल कर लेगा। उन्होंने मुसलमानों को समझाया : "मेरी राय में तो खिलाफत के अन्याय को जल्दी से जल्दी मिटाने का अगर कोई साधन है तो वह स्वराज्य ही है। और यही कारण है कि मेरे लिए तो स्वराज्य का पाना ही खिलाफत के सवाल का हल होना है और खिलाफत के सवाल का हल होना ही स्वराज्य पाना है।" (20/542)

लेकिन ब्रिटिश सरकार सभाओं और जुलूसों पर प्रतिबंध लगा रही थी। गाँधीजी ने नोट किया, "पिछली 25 नवंबर को सरकार ने एक साधारण गजट निकालकर 1908 के दंड विधि संशोधन-अधिनियम को संयुक्त प्रांत पर लागू कर दिया और विदेशी कपड़े के बहिष्कार, धरना देने अथवा युवराज की यात्रा के बहिष्कार को अपना उद्देश्य मानकर चलने वाले खिलाफत, कांग्रेस तथा वैसी ही अन्य संस्थाओं के स्वयंसेवी दलों को अवैध संगठन घोषित कर दिया।" (22/68) सबसे पहले भाषण और लेखन की आजादी प्राप्त करना था। खिलाफत का सवाल उसके बाद ही हल हो सकता था। दिसंबर 1921 में गाँधीजी ने लिखा : इस समय फौरी प्रश्न खिलाफत, पंजाब और स्वराज्य के प्रति किए गए अन्यायों के निराकरण का नहीं है। इस समय तो फौरी प्रश्न है सार्वजनिक सभाएँ करने और शांतिमय कार्यों के निमित्त सभाएँ और संघ स्थापित करने के हमारे हक का, और हम अपने इसी हक को महफूज रखने के लिए लड़ रहे हैं। (22/95)

गाँधीजी को उनके एक मित्र ने न्यूजीलैंड से लिखा था : "मुझे यह देखकर सदैव दुःख तो हुआ है कि आप जैसा व्यक्ति टर्की साम्राज्य का कट्टर समर्थक है, और ब्रिटिश सरकार की जड़ खोदने, उसे पंगु और कमजोर बनाने के लिए खिलाफत के सवाल का राजनीतिक उद्देश्यों से उपयोग किया जा रहा है। बल्गेरियाई, यूनानी, और आर्मीनिया वालों के प्रति टर्की ने जो अपराध किए हैं, उनका न्याय ईश्वर के दरबार में ही होगा।" (21/67) तुर्की ने बल्गारिया, यूनान और आर्मीनिया के लोगों पर अवश्य अत्याचार किए थे। गाँधीजी का कहना था : "जिसे टर्की के सवाल का तनिक भी ज्ञान है, वह देख सकता है कि पत्र लेखक के मन में टर्की के खिलाफ जबर्दस्त पूर्वाग्रह है।" (21/71) हो सकता है, ब्रिटिश प्रचार के कारण तुर्की के विरुद्ध कुछ लोगों के मन में पूर्वाग्रह रहा हो किंतु खलीफा की संस्था तो प्रपतिक्रियावादी थी। तुर्की साम्राज्य के सुल्तान की संस्था प्रतिक्रियावादी थी। गाँधीजी जिस सर्वइस्लामवाद के सहारे तुर्की के पक्ष में हिंदुस्तान के मुसलमानों को एकजुट कर रहे थे, वह विचारधारा भी प्रतिक्रियावादी थी। इसका प्रमाण यह है कि जब तुर्की में क्रांति हुई तब कमाल अतातुर्क ने खलीफा का पद निरस्त कर दिया और सुल्तान का पद भी निरस्त कर दिया। तुर्क साम्राज्य का विघटन आवश्यक था। अरबों की स्वाधीनता आवश्यक थी। तुर्की साम्राज्य को विघटित करके अंग्रेज वहां अपना प्रभुत्व कायम कर रहे थे। ब्रिटिश सरकार की जड़ खोदने का प्रयत्न भारतवासियों के लिए स्वाभाविक था। गाँधीजी तुर्क साम्राज्य के कट्टर समर्थक थे, ऐसा कहना सही न होगा। वह अरबों की स्वाधीनता का

समर्थन भी करते थे।

प्रथम विश्व युद्ध के बाद भारत के अनेक वर्ग साम्राज्यवाद का मुकाबला कर रहे थे। इन वर्गों की भूमिका अलग-अलग तरह की थी। सबसे धनी वर्ग पूंजीपतियों का था और इससे कांग्रेस को आर्थिक सहायता मिलती थी। फरवरी 1921 में गाँधीजी ने कहा : "आज गल्ला और तिलहन के व्यापारियों ने मुझे दस हजार रु. दिए हैं और यह वचन दिया है कि वे चंदा करके और भी रुपया देंगे। (19/288) अप्रैल 1921 में गाँधीजी ने हिसाब लगाया : हिंदुस्तान की आबादी 32 करोड़ की है। एक करोड़ रुपए देने – इकट्ठा करने—का मतलब प्रति व्यक्ति के हिसाब से 2 पैसे इकट्ठा करना हुआ। यदि करोड़पति 2 पैसे देकर ही बैठ रहें तो कंगाल की ओर से, बालकों की ओर से, लूले-लंगड़ों की ओर से तथा भिखमंगों की ओर से कौन देगा? सीधा हिसाब ही यह है कि करोड़पति को ज्यादा बोझ उठाने की वृत्ति रखनी चाहिए। जिसे भगवान ने बहुत दिया है, वह बहुत दे।(20/39) गुजराती व्यापारी भारत के विभिन्न प्रांतों में फैले हुए थे, भारत से बाहर अफ्रीकी उपनिवेशों में भी वे व्यापार कर रहे थे। गुजरातियों को लक्ष्य करके गाँधीजी ने कहा : "इस तरह से ही हिसाब किए जाने पर गुजरात को अपना हिसाब लगाना चाहिए। गुजरात अगर 10 लाख रुपया इकट्ठा करे तो वह कोई ज्यादा नहीं कहा जाएगा। बाहर रहने वाले गुजरातियों को मैं इनमें नहीं गिनता। बंगाल में रहने वाले गुजराती धन प्राप्त करें, वहां वे अपनी कमाई का एक अच्छा भाग खर्च करें, यह उनको और हिंदुस्तान की सभ्यता को शोभान्वित करने वाली बात है। इस तरह विचार करके ही मैं गुजरात के लिए 10 लाख रुपये की रकम निर्धारित करता हूं। (20/39)

अहमदाबाद गुजराती व्यवसायियों का प्रमुख केन्द्र था। वहां मजदूरों को लक्ष्य करके जून 1921 में गाँधीजी ने कहा : हमसे अगर आप काम करवाना चाहते हैं तो हम जो कहें, उसका आप उलटा अर्थ न लगाएँ। अब मैं किस मुंह से मिल मालिकों के पास खिलाफत और स्वराज्य के लिए मदद मांगने जा सकता हूं? वे मुझसे कहेंगे कि आप जो कर रहे हैं, उससे तो हिंदुस्तान का नाश ही होने वाला है। अगर हम करोड़पति बन गए हैं तो हमने मजदूरों को भी तो कुछ दिया है। हम उनको जो पैसा देते हैं वे उसका कम-से-कम सदुपयोग तो करें। अभी तो वे जिस तरह से पैसे का उपयोग कर रहे हैं, अगर वैसे ही करते रहे तो हिंदुस्तान बिल्कुल बैठ जाएगा। मैं ऐसा नहीं चाहता। लेकिन आप तो ऐसा ही रास्ता अपनाए हुए हैं। मैं स्वयं मिल मालिक होता तो आपको बता देता कि आप मुझे कभी गुलाम बना ही नहीं सकते। अभी तो वे आपके सामने बकरी बन गए हैं। आप दोनों ऐसे अवसर की तलाश में हैं जब आप दोनों परस्पर एक-दूसरे को कुचल सकें। आप दोनों वर्ग एक-दूसरे से डरते हैं और इसी से आप नहीं चाहते कि आप मिल मालिकों से माफी मांगें और उन्हें सिर उठाने का अवसर मिल जाए। (20/211-12) पहली बात ध्यान देने वाली यह है गाँधीजी को करोड़पतियों की सहायता चाहिए और इसके लिए मजदूरों का शांत रहना जरूरी है। दूसरी बात यह कि मजदूर शक्तिशाली हैं और करोड़पति उसके सामने बकरी

बने हुए हैं। इस स्थिति में गाँधीजी मजदूरों को साथ लेना चाहते थे और साथ ही करोड़पतियों से आर्थिक सहायता भी प्राप्त करना चाहते थे।

कांग्रेस में स्वराज्यवादियों का एक दल तैयार हो गया था। इसका कहना था कि 1919 के सुधारों से जो काउंसिलें बनी हैं, उनमें कांग्रेसियों को प्रवेश करना चाहिए और उनमें रहते हुए देश के लिए जो हो सके, वह काम करना चाहिए। इस संबंध में गाँधीजी ने अप्रैल 1924 में कहा : "असेम्बली और काउंसिलों में कांग्रेस जन प्रवेश करें या न करें, इस बहुचर्चित प्रश्न पर स्वराज्यवादी मित्रों से बातचीत करने के बाद मुझे खेद के साथ यह कहना पड़ता है कि स्वराज्यवादी मित्रों से मेरे विचार बिल्कुल नहीं मिले।" (23/444) जो लोग आंदोलन चलाना चाहते थे, वे स्वराज्यवादियों की निगाह में अपरिवर्तनवादी थे। इन अपरिवर्तनवादियों में गाँधीजी भी थे। गाँधीजी ने स्वराज्यवादियों से अपने मतभेद के बारे में जुलाई 1924 में कहा : स्वराज्यवादियों का तरीका अंग्रेजों की राय को अपने पक्ष में लाना है, यह दल स्वराज्य के लिए ब्रिटिश संसद का मुंह ताकता है; पर अपरिवर्तनवादियों का तरीका उसके लिए जनता की ओर देखता है। दोनों तरीके दो परस्पर विरुद्ध मनोवृत्तियों को प्रदर्शित करते हैं। (24/348) स्वराज्यवादियों के एक प्रमुख नेता मोतीलाल नेहरू थे। आपस में तनाव बढ़ रहा था। नौबत यहां तक आई कि गाँधीजी को लगा कि या तो कांग्रेस में वह रहेंगे या फिर स्वराज्यवादी ही रहेंगे। 15 अगस्त, 1924 को उन्होंने मोतीलाल नेहरू को लिखा : मैं काउंसिलों के कार्यक्रम के झमेले में अपने को नहीं डालना चाहता। यह तभी हो सकता है जब स्वराज्यवादी कांग्रेस पर छा जाएँ या फिर वे कांग्रेस से हट जाएँ। आपको और हमारे मित्रों को इनमें से जो रास्ता ठीक जंचे, मैं उसी पर चलने के लिए बिल्कुल तैयार हूं। (24/589)

6 नवंबर 1924 को गाँधीजी और स्वराज्यवादियों की ओर से एक संयुक्त वक्तव्य जारी किया गया। इस वक्तव्य में दोनों दलों के एक ही मंच पर आने के दो मुख्य कारण बताए गए। पहला कारण यह था कि सभी दलों का लक्ष्य स्वराज्य था परंतु विभिन्न दिशाओं में काम करने से स्वराज्य की ओर प्रगति में बाधा पड़ती थी। दूसरा कारण यह था कि बंगाल में सरकार जो दमनचक्र चला रही थी उसका लक्ष्य किसी हिंसावादी दल को नहीं बल्कि बंगाल की स्वराज्य पार्टी को कुचलना था। इसलिए दोनों दलों ने आपस में समझौता किया। और इस समझौते की पहली शर्त यही थी कि अंग्रेजों के विरुद्ध सविनय अवज्ञा आंदोलन न चलाया जाए। वक्तव्य में कहा गया था : "कांग्रेस को राष्ट्रीय कार्यक्रम के रूप में अपना असहयोग का कार्यक्रम स्थगित कर देना चाहिए, लेकिन जहां तक उसका संबंध भारत के बाहर बने हुए कपड़े का इस्तेमाल करने अथवा उसे पहनने के वर्जन से है, उस कार्यक्रम को जारी रखा जाए।" (25/307) स्वदेशी का आंदोलन चालू रहेगा परंतु असहयोग आंदोलन बंद कर दिया जाएगा। जुलाई 1924 में दिल्ली में दंगे हुए। गाँधीजी ने कहा : दिल्ली ने तो अपनी प्रतिष्ठा को मिट्टी में मिला लिया। वहां के दंगों से यह प्रकट होता है कि वहां असहयोग का लेश भी नहीं बचा है क्योंकि सरकार के साथ

असहयोग करने का मतलब है लोगों में परस्पर सहयोग का होना। (24/397) फिर नवंबर 1924 में गाँधीजी ने कहा : हिंदुओं और मुसलमानों का तनाव दिन पर दिन बढ़ता जा रहा है। सिवा इसके कि देश के तमाम दल कांग्रेस के अंदर एक होकर इस अत्यंत जटिल समस्या को हल करने का सबसे अच्छा उपाय सोचें, इसे दूर करने का दूसरा कोई रास्ता मुझे नहीं दिखाई देता। (25/129) कांग्रेस के सभी दल मिलकर प्रयत्न करें, इसका अर्थ यह था कि जो लोग आंदोलन चलाना चाहते थे और जो लोग आंदोलन बंद करना चाहते थे, वे दोनों मिलकर काम करें। स्पष्ट ही इसमें आंदोलन बंद करने वालों की जीत हुई। जून 1925 में गाँधीजी ने कहा : यदि एक बार इस बात को कबूल कर लें कि काउंसिल प्रवेश हर दृष्टि से बुरा नहीं है तो फिर स्वराज्यवादियों को काउंसिलों में किए गए अपने काम पर शर्मिन्दा होने की कोई वजह नहीं। (27/251) काउंसिलों में जाकर कुछ अच्छा काम किया जा सकता था, इसलिए अब उनके पूर्ण बहिष्कार का प्रश्न नहीं था। अक्तूबर 1925 में गाँधीजी ने घोषित किया : "सत्ता को स्वराज्यवादियों के हाथों में सौंपने का जो सिलसिला प्रारंभ हुआ था, वह अखिल भारतीय कांग्रेस कमेटी ने अपनी पटना की बैठक में पूरा कर दिया।" (28/268) अर्थात् कांग्रेस की बागडोर अब स्वराज्यवादियों के हाथ में थी। अभी तक स्वराज्यवादी कांग्रेस के नाम पर काउंसिलों में जाकर काम करते थे, काउंसिल प्रवेश कांग्रेस के कार्यक्रम में नहीं था। अब वह उसके कार्यक्रम में भी शामिल कर लिया गया। गाँधीजी ने घोषित किया : "काउंसिल-कार्यक्रम को जिसे अब तक स्वराज्य दल कांग्रेस के नाम पर चला रहा था, अब कांग्रेस स्वयं स्वराज्य दल के जरिए चलाएगी।" (28/269)

सभी लोग जानते थे, अंग्रेज कुछ रियायतें देने को तैयार हैं। इसलिए कांग्रेस को अपनी मांगें पहले से तैयार कर रखनी थीं। 19 मई 1928 को बंबई में सर्वदलीय सम्मेलन आयोजित हुआ। उसने भारत के लिए संविधान निर्धारित करने के उद्देश्य से एक समिति बनाई। इस समिति के लिए मोतीलाल नेहरू ने एक रिपोर्ट बनाई जो 'नेहरू रिपोर्ट' के नाम से विख्यात हुई। इसकी प्रशंसा करते हुए अगस्त 1928 में गाँधीजी ने लिखा : पंडित मोतीलाल नेहरू और उनके सहयोगी शतशः बधाई के पात्र हैं। जिस प्रश्न को लेकर सभी दल पिछले कई महीनों से परेशान थे, उस पर वे बहुत ही उपयोगी और प्रायः सर्वसम्मत रिपोर्ट तैयार कर पाए हैं। (37/188) रिपोर्ट पर सर तेजबहाहदुर सप्रू जैसे उदारपंथी नेता के साथ गरमदलीय नेता सुभाषचन्द्र बोस ने भी हस्ताक्षर किए थे। गाँधीजी ने रिपोर्ट की प्रशंसा में यह भी कहा : "इसकी सबसे बड़ी खूबी यह है कि सर्वदलीय सम्मेलन की समिति एक सर्वसम्मत रिपोर्ट तैयार कर पाई है, जिस पर प्रभावशाली प्रतिनिधियों के हस्ताक्षर हैं।" लखनऊ में सर्वदलीय सम्मेलन होने वाला था। वहां इस रिपोर्ट को स्वीकृत होना था। गाँधीजी आशावान थे कि रिपोर्ट स्वीकृत हो जाएगी और यह स्वराज्य प्राप्ति के मार्ग में एक बहुत आगे बढ़ा हुआ कदम होगा। "समिति बहुत ही कठिन परिश्रम के बाद जो व्यावहारिक मतैक्य प्राप्त कर पाई है, उस पर यदि वह सम्मेलन, जो शीघ्र ही लखनऊ में

होने जा रहा है, अपनी मोहर लगा देता है तो स्वतः विकसित होने वाले स्वराज्य से भिन्न संवैधानिक स्वराज्य की दिशा में एक महत्वपूर्ण कदम उठाया जा चुका होगा।" (37/189) यहां स्वराज्य के दो रूपों की बात कही गई है। एक स्वतः विकसित होने वाला स्वराज्य और दूसरा संवैधानिक स्वराज्य। जो स्वतः विकसित होने वाला स्वराज्य था, उसका आधार चरखा चलाना, अछूतों में जाकर काम करना, हिंदू-मुस्लिम एकता के लिए प्रयत्न करना आदि बातें थीं जो रचनात्मक कार्यक्रम के नाम से प्रसिद्ध हुईं। सविनय अवज्ञा आंदोलन संभवतः ध्वंसात्मक माना गया, इसलिए चरखा कार्यक्रम 'रचनात्मक' कहा गया। संवैधानिक स्वराज्य अंग्रेजों के बनाए हुए संवैधानिक मार्ग पर चलते हुए प्राप्त होने वाला था। औपनिवेशिक स्वराज्य के लिए भारतीय दलों की मांगें ऐसी हों, जिन्हें अंग्रेज स्वीकार कर लें, इस उद्देश्य से नेहरू रिपोर्ट बनाई गई थी। चाहे संवैधानिक स्वराज्य हो और चाहे स्वतः विकसित स्वराज्य हो, दोनों में से किसी का संबंध अंग्रेजों के विरुद्ध सक्रिय आंदोलन चलाने से नहीं था।

अगस्त 1928 के अंतिम सप्ताह में सर्वदलीय सम्मेलन लखनऊ में हुआ। उसमें औपनिवेशिक स्वराज्य प्राप्त करने के लिए नेहरू समिति द्वारा तैयार की गई रिपोर्ट का सर्वसम्मति से अनुमोदन किया गया। गाँधीजी ने प्रसन्न होकर लिखा : बारडोली के तुरंत बाद लखनऊ से मिलने वाली शानदार विजय घटनाओं का एक सुंदर संयोग प्रस्तुत करती है। आज पंडित मोतीलालजी को जो गौरव अनुभव हो रहा होगा, उसकी समानता दूसरा कौन कर सकता है? और वे उसके अधिकारी भी हैं। (37/246) रिपोर्ट इस उद्देश्य से बनाई गई थी कि ब्रिटेन की सरकार उस पर विचार करे। गाँधीजी ने कलकत्ता कांग्रेस में कहा : मैं यह बात फिर दोहराना चाहता हूं कि नेहरू रिपोर्ट का यदि कोई परिणाम निकलता है, तो उस पर ब्रिटिश संसद और वायसराय को विचार करना होगा। (38/311) कांग्रेस में रिपोर्ट का विरोध करने वालों से उन्होंने कहा : पर आप इतने परेशान क्यों हैं? आप इस हीन भावना से व्यथित होकर कष्ट क्यों भोग रहे हैं कि एक साल के अंदर हम ब्रिटिश पार्लियामेंट को विश्वास नहीं दिला सकेंगे कि हम अपनी सेनाओं को सुव्यवस्थित नहीं कर सकेंगे और अपने में आवश्यक शक्ति पैदा नहीं कर सकेंगे? (38/330)

साम्राज्य-विरोधी आंदोलन नहीं चलाया जा सकता—बेबसी की इस स्थिति में नेहरू रिपोर्ट बनी थी। चारों ओर निराशा का वातावरण था। उसमें स्वराज्यवादियों की नीति ही आशा की किरण प्रतीत होती थी। गाँधीजी ने कलकत्ता कांग्रेस में कहा : आपको ध्यान रखना चाहिए कि जब समिति ने यह काम हाथ में लिया, उस समय आसमान बादलों से घिरा हुआ था। मैं खुद भी मानता हूं कि परिस्थितियां बड़ी कठिन थीं और एक ऐसा भी वक्त आया था जब सदस्यों के सामने निराशा के सिवा और कुछ था ही नहीं।" (38/288) सरकार ने सिफारिशें मंजूर न कीं तो फिर आंदोलन चलाया जा सकता है, यह संभावना गाँधीजी के सामने स्पष्ट थी। उन्होंने कहा : किंतु यदि 31 दिसंबर 1930 को

या उससे पहले इन सिफारिशों को स्वीकार नहीं किया जाता तो कांग्रेस इस संविधान से बंधी नहीं रहेगी, और उस तिथि तक ब्रिटिश पार्लियामेंट के उसे स्वीकार न करने पर वह फिर से अहिंसात्मक असहयोग का आंदोलन छेड़ देगी तथा देश को सलाह देगी कि वह किसी प्रकार के कर अदा न करे और न सरकार को कोई सहायता दे। (38/286)

वाम पक्ष का अभ्युदय

भारतीय जनता जिम्मेदार शासन के योग्य हुई है या नहीं, यह जांचने के लिए 3 फरवरी, 1928 को साइमन कमीशन भारत आया। हड़तालों से उसका स्वागत किया गया। जहां निराशा छाई हुई थी, वहां एक प्रबल आंदोलन उठ खड़ा हुआ। गाँधीजी ने बंबई की जनता के नाम संदेश भेजा : "मैं आशा करता हूं कि बहिष्कार शांतिपूर्वक संपन्न हो जाएगा और राष्ट्र के दृढ़ संकल्प को व्यक्त करेगा।" (36/9) अहमदाबाद में सभा हुई। सभा का उद्देश्य साइमन कमीशन के प्रति विरोध प्रकट करना था। गाँधीजी ने सभा को संदेश दिया : "मैं आशा करता हूं कि यह सभा कोई निश्चित कार्य करने का निश्चय किए बिना नहीं उठेगी। कांग्रेस कमेटी ने हमें इस तरह का काम सौंपा है। यदि हम विदेशी कपड़े का बहिष्कार जैसा निश्चित काम भी नहीं कर पाएंगे तो हमारी हँसी होगी।" (36/10) हड़ताल की सफलता से प्रसन्न होकर गाँधीजी ने लिखा : "मैं प्रबंधकों को हड़ताल के दिन की (अर्थात् 3 फरवरी 1928 की) महान सफलता के लिए बधाई देता हूं। उदार दल, इंडिपेंडेंट दल और कांग्रेस वालों को एक साथ एक ही मंच पर देखकर मेरी आत्मा को संतोष हुआ। सरकारी कॉलेज के विद्यार्थियों ने राष्ट्रीय कार्य के लिए कॉलेज से गैरहाजिर रहकर जो साहस दिखाया, उसकी सराहना किए बिना मैं नहीं रह सकता। सारे संसार में राष्ट्रीय आंदोलन को गढ़ने और आगे बढ़ाने में विद्यार्थियों का जबर्दस्त हाथ रहता है। अगर हिंदुस्तान के विद्यार्थी उस दिशा में कुछ कम करते तो यह बहुत ही बुरी बात होती।" आगे आंदोलन चलाते रहने के बारे में उन्होंने लिखा : "मैं अब इस बात की ओर ध्यान दिलाना चाहता हूं कि अगर हड़ताल के बाद यथेष्ट और अनवरत काम न होता रहे, तो हड़ताल की यही महान सफलता हमारे विरुद्ध दलील देते समय काम में लाई जाएगी।" विशेष रूप से विदेशी वस्त्रों के बहिष्कार पर जोर देते हुए उन्होंने कहा : "इसलिए हमें अगर पूरी तरह से बहिष्कार करना हैं, तो जहां-जहां कमीशन आये, वहां-वहां बहिष्कार कराने के लिए और हो सके तो धरना देने के लिए, सभी दलों का एक संयुक्त संगठन तो होना ही चाहिए; साथ ही वहां राष्ट्र की शक्ति का कुछ और भी प्रदर्शन किया जाना चाहिए।" (36/15-16) आंदोलन चलाने वालों के समानांतर समझौतों में विश्वास करने वाले अपना काम किए जा रहे थे। अगस्त 1928 के राजनीतिक वातावरण का बहुत सही चित्रण गाँधीजी ने इन

शब्दों में किया : "चारों ओर समझौते की बातें हो रही हैं और नेपथ्य में सुनाई देती है लड़ाई की गूंज। कभी सुनते हैं, 'सरकार तो दृढ़ है। जो बातें सूरत में हुईं, वह उनमें से एक भी बदलने के लिए तैयार नहीं है।' कभी यह सुनने में आता है, 'सरकार समझौते के लिए इच्छुक है। वह जितना झुक सकती है, उतना झुकना चाहती है और यदि उसकी कोई बात ही नहीं सुनी गई तो वह लाचार होकर लड़ेगी।" (37/140) सितंबर 1928 में गाँधीजी ने सी. एफ. एंड्रयूज को लिखा : "कमीशन की कही किसी भी बात में मुझे कोई सच्चाई नहीं दिखाई देती। सर जॉन साइमन कमीशन के पत्रों से झूठ ही ध्वनित होता है। और यदि वे जानबूझ कर ये झूठी बातें न कह रहे हों, तो फिर यह मानना पड़ेगा कि उन्हें वस्तुस्थिति की जानकारी बिल्कुल ही नहीं दी जा रही है।" (37/304)

साइमन कमीशन के विरुद्ध लाहौर में प्रदर्शन हुआ। जुलूस का नेतृत्व लाला लाजपतराय कर रहे थे। उन पर पुलिस ने आक्रमण किया। उनके चोट आई। आरंभ में गाँधीजी को पता न था कि चोट कितनी गंभीर है। उन्होंने प्रदर्शनकारियों को सराहते हुए लिखा : "यह देश गरीब है। इसके भीतर उपद्रव, उस पर बाहर से दबाव, और लगता है, उसके चारों ओर घोर अंधकार छाया हुआ है। फिर भी वह भाग्यशाली जान पड़ता है। लालाजी पर लाहौर में पुलिस द्वारा किया गया आक्रमण उसके भाग्यशाली होने का शुभ लक्षण है।" उनके शरीर पर किस तरह की चोटें आई थीं, उनके बारे में गाँधीजी ने लिखा : "पुलिस को यह प्रदर्शन और प्रदर्शन करने वालों की यह दृढ़ता बहुत अखरी। इसलिए उसने लालाजी को सबक सिखाने का निश्चय किया और उन पर आक्रमण कर दिया। आक्रमण खतरनाक नहीं हो पाया, इसका श्रेय पुलिस को नहीं दिया जा सकता। आंख के पास चोट लगी तो यह आंख पर भी लग सकती थी। छाती पर गंभीर चोट आने के बजाय कुछ हलकी चोट आई। इसमें भी दोष दैव का था, पुलिस का नहीं। समाचार पत्रों में जो विवरण छपा है, उससे मालूम होता है कि पुलिस ने तो अपना हस्तलाघव दिखाने में कोई कमी नहीं रखी थी।" (30/18) यह सब गाँधीजी ने 4 नवंबर 1928 को लिखा था। 27 दिसंबर 1928 को उन्होंने लिखा : "उस हमले के कारण लोगों में भारी उत्तेजना तो पहले ही से थी, पर लालाजी की मृत्यु से दूनी हो गई। पुलिस के उस आक्रमण से उनके दिल पर गहरा धक्का पहुंचा था और निःसंदेह उसके कारण उनकी मृत्यु इतनी जल्दी हो गई। कुछ लोग तो यहां तक कहेंगे कि लालाजी की मृत्यु उनकी छाती पर लगी चोट के ही कारण हुई है, और उनका ऐसा मानना बहुत हद तक ठीक भी हो सकता है।" (38/293) सांडर्स ने लाजपतराय पर आक्रमण किया था। क्रांतिकारियों ने उसको मार डाला। सांडर्स के वध की प्रतिक्रिया गाँधीजी ने इस तरह व्यक्त की : "लाहौर के सहायक पुलिस अधीक्षक श्री सांडर्स की हत्या, इस बात को अलग रख कर भी कि उसके मूल में कोई राजनैतिक हेतु था कि नहीं, मेरी राय में एक बुजदिली का कृत्य हुआ। जब देश के वायुमंडल में हिंसा भरी हुई है, इसमें कोई शक नहीं कि लोग इस कृत्य को मन ही मन पसंद करेंगे।"(38/293)

29 मार्च 1931 को गाँधीजी ने भगत सिंह और उनके साथियों के बारे में लिखा :

"वीर भगतसिंह और उनके दो साथी फांसी पर चढ़ गए। उनकी देह को बचाने के लिए बहुतेरे प्रयत्न किए गए, कुछ आशा भी बँधी, पर वह व्यर्थ हुई। भगतसिंह को जीवित रहने की इच्छा नहीं थी। उसने माफी मांगने से इन्कार किया। अर्जी देने से इन्कार किया। यदि वह जीते रहने को तैयार होता तो वह या तो दूसरों के लिए काम करने की दृष्टि से होता या फिर इसलिए होता कि उसकी फांसी से कोई आवेश में आकर व्यर्थ ही किसी का खून न करे। भगतसिंह अहिंसा का पुजारी नहीं था, पर वह हिंसा को भी धर्म नहीं मानता था। वह अन्य उपाय न देखकर खून करने को तैयार हुआ था। उसका आखिरी पत्र इस प्रकार था—'मैं तो लड़ते हुए गिरफ्तार हुआ हूं। मुझे फांसी नहीं दी जा सकती। मुझे तोप से उड़ा दो, गोली से मारो।' इन वीरों ने मौत के भय को जीता था। उनकी वीरता के लिए उन्हें हजारों-नमन हों।" (45/382) वीरता की प्रशंसा करने के साथ गाँधीजी ने यह भी कहा कि भगतसिंह और उनके साथियों के काम से देश को नुकसान पहुंचा है। "उनका कार्य अनुकरणीय नहीं है। मैं यह मानने को तैयार नहीं कि उनके काम से देश को लाभ हुआ है। नुकसान तो देख रहा हूं। यह प्रवृत्ति न होती और अगर हम केवल अहिंसक युद्ध लड़ सके होते तो स्वराज्य कभी का मिल गया होता।" (45/382)

देश के नौजवानों पर भगतसिंह की शहादत का जो असर हुआ उसका सही अनुमान गाँधीजी नहीं कर पाये। कांग्रेस के बाहर ही नहीं, कांग्रेस के भीतर भी आंदोलन के समय लोग आदर और श्रद्धा के साथ भगतसिंह का नाम लेते थे। गाँधीजी ने इन नौजवानों पर हिंसावादी होने का जो आरोप लगाया था, वह तो स्वयं गाँधीजी के कथन से खंडित होता है। उन्होंने कहा था : "भगतसिंह अहिंसा का पुजारी नहीं था पर वह हिंसा को भी धर्म नहीं मानता था।" यह मान लेने के बाद भी वह कहते गए : "इस बात से कोई इन्कार नहीं कर सकता कि अगर हमारे यहां किसी की हत्या करने वाले की प्रशंसा करना रूढ़ हो जाए तो जिसे हम न्याय समझते हैं, उसके लिए एक-दूसरे का खून करने लगें। जिस देश में करोड़ों कंगाल और अपाहिज लोग हों, उस देश में यह स्थिति भयानक होगी। हमारे बलप्रयोग का असर इन गरीबों पर पड़े बिना नहीं रहेगा। यह उचित है कि सब इसके परिणाम को सोच लें। और हम तो इन गरीबों का स्वराज्य मांगते हैं, और इनके ही लिए मांगते हैं। हिंसा को धर्म बनाना तो अपने हाथ से पांव पर कुल्हाड़ी मारने जैसा होगा।"

गाँधीजी को भय था कि भगतसिंह की देखादेखी गरीब लोग भी हथियार उठाएंगे, अंग्रेजों और जमींदारों से लड़ेंगे। रूस की तरह यहां भी क्रांति हो सकती है। इस क्रांति से देश का भारी नुकसान होगा। रूसी क्रांति से जमीदारों और पूंजीपतियों का नुकसान हुआ। जो विदेशी पूंजीपति रूस पर हावी थे, उनका भी नुकसान हुआ। भारत में अगर क्रांति होती तो उससे अंग्रजों का नुकसान होता, उनसे गठबंधन करनेवाले पूंजीपतियों, राजाओं और जमींदारों को नुकसान होता। लेकिन आम जनता की हालत में बुनियादी परिवर्तन होता। कांग्रेस सुसंगत ढंग से अहिंसात्मक आंदोलन नहीं चला सकी तो इसका कारण भगत सिंह या उनके साथियों के हिंसक कार्य नहीं थे। इसका सबसे बड़ा कारण कांग्रेस के अंदर

स्वराज्यवादी लोग थे। इस संगठन के अंदर वे सुधारवादी रुझान थे जो अहिंसात्मक आंदोलन चलाने का विरोध कर रहे थे। क्रमशः स्वराज्यवादी कांग्रेस पर हावी हो गए। इसी से पता चल जाता है कि कांग्रेस क्यों अहिंसात्मक आंदोलन नहीं चला सकी। जो संगठन स्वयं अपने अंतर्विरोधों के कारण अहिंसात्मक आंदोलन नहीं चला सका, उसे यह कहने का कोई अधिकार नहीं था कि बाहर के लोग हिंसा कर रहे हैं, इसलिए यह अहिंसात्मक कार्यक्रम अभी तक सफल नहीं हुआ है।

भगतसिंह के साथियों ने नौजवान भारत सभा नाम से एक संस्था चलाई थी। उसके सदस्य गाँधीजी से मिले। 27 मार्च 1931 का यह समाचार सम्पूर्ण गाँधी वाङ्मय में प्रकाशित है। "लाल कुर्ती दल के कुछ प्रतिनिधि शिष्टमंडल के रूप में गाँधीजी से मिलने आए और उन्होंने गाँधीजी से जी खोल कर बात की। उन्होंने बताया कि हम कभी आपको शारीरिक हानि नही पहुंचाना चाहते। आपका जीवन और स्वास्थ्य हमारे लिए भी उतना ही बहुमूल्य है जितना कि किसी और के लिए। वैयक्तिक आतंकवाद हमारा पंथ नहीं है। हम समझौते के बारे में अपने विरोध पर डटे हुए हैं, क्योंकि हमारा विश्वास है कि यह समझौता हमें भारत में मजदूरों और किसानों के स्वतंत्र गणतंत्र के उद्देश्य की ओर कभी नहीं ले जाएगा।" (45/376) मजदूरों और किसानों का स्वतंत्र गणतंत्र स्थापित करना, यह ध्येय भगतसिंह के साथियों का था। स्वतंत्र गणतंत्र अर्थात् ब्रिटेन से आर्थिक और राजनीतिक संबंध तोड़ना, पूंजीपतियों-जमींदारों के बदले किसानों और मजदूरों की राज्य सत्ता स्थापित करना। यह उद्देश्य कांग्रेसी नेताओं की दृष्टि से अभी बहुत दूर था। उस संगठन के अंदर पूर्ण स्वाधीनता मांगी जाए या औपनिवेशिक स्वराज्य मांगा जाए, इसी बात पर बहस हो रही थी।

इसी समय भारतीय राजनीति में वामपंथी विचारधारा उभर रही थी, वह कांग्रेस के बाहर ही नहीं, कांग्रेस के अंदर भी उभर रही थी। गाँधीजी का संघर्ष केवल स्वराज्यवादियों से नहीं था, वह इस वामपंथी विचारधारा के प्रतिनिधियों से भी था। इस आंतरिक संघर्ष के बारे में दिसंबर 1928 में उन्होंने कहा था : "हमारा यह विकासमान राष्ट्रीय जीवन एक निरंतर संघर्ष है। यह संघर्ष न केवल उस वातावरण के विरुद्ध है जो हमें कुचलना चाहता है बल्कि हमारे अपने ही दलों के बीच भी है। हमारी पांतों के बीच चलने वाला संघर्ष प्रायः अपने से बाहर के वातावरण के विरुद्ध चलने वाले संघर्ष से अधिक लंबा, अधिक कठोर और अधिक कटु होता है।" (38/303) जिन लोगों से यह संघर्ष हो रहा था, उनकी विचारधारा किस तरह की थी, यह आगे के वाक्यों से प्रकट होता है। इस वामपंथी रुझान के प्रतिनिधियों को लक्ष्य करके गाँधीजी ने कहा : "मैं आपको असल बात बता देना चाहता हूं। जैसा कि उन्होंने शुरू में ही कहा था, वे जो कुछ हमारे बीच हो रहा है, उससे बिल्कुल सहमत नहीं हैं। वे इस जुए को उतार फेंकने को बेचैन हैं। अपने जीवन में चौबीसों घंटे वे अपने देशवासियों के कष्टों की ही चिंता करते रहते हैं। जनता को पीस डालने वाली इस दरिद्रता को मिटाने के लिए वे उतावले हो रहे हैं। जिस तरह देश पर शासन करने

वाले और लॉर्ड सेलिसबरी के शब्दों में इस देश का शोषण करने वाले और खून चूसने वाले बाहरी पूंजीपतियों के विरुद्ध हैं, उसी तरह वे जन-साधारण का शोषण करने वाले इस देश के पूंजीपतियों के विरुद्ध भी हैं।" (38/304) देश के पूंजीपतियों का विरोध न होना चाहिए, एक विचारधारा यह थी। देश के पूंजीपतियों का विरोध भी हो सकता है, बाहर के पूंजीपतियों का तो होना ही चाहिए, दूसरी विचारधारा यह थी। वामपंथी रुझान के एक प्रतिनिधि जवाहर लाल नेहरू थे। उनके पिता उदारपंथी थे, परंतु उनसे हटकर जवाहर लाल नेहरू नया रास्ता बना रहे थे। उन्हें लक्ष्य करके गाँधीजी ने कहा : "अपने मार्ग पर बढ़ते हुए यदि उन्होंने अपने लिए कोई बिल्कुल अनोखी और मौलिक राह नहीं निकाली तो वे जवाहर लाल ही क्या हुए। उन्हें किसी की चिंता नहीं है, अपने पिता, अपनी पत्नी, अपनी बच्ची तक की चिंता नहीं है। उन्हें अपने देश और उसके प्रति अपने कर्तव्य की चिंता को छोड़कर और किसी चीज की चिंता नहीं है।" (38/304) देशी पूंजीपतियों से निपटने की बात तो भविष्य के गर्भ में थी, अभी तो सवाल अंग्रेजी राज से छुट्टी पाने का था। 31 दिसंबर 1928 को जब गाँधीजी नेहरू रिपोर्ट का समर्थन कर रहे थे, तब 'सभा में नौजवान दल पूर्ण स्वाधीनता के लिए बेताब था।' (38/327) गाँधीजी ने कहा : "यदि आप लोग भारत को स्वतंत्र करना चाहते हैं तो औपनिवेशिक दर्जे और स्वाधीनता की बहस बंद कीजिए और बस इतना याद रखिए कि स्वराज्य वही है जिसकी रूपरेखा हमने यहां (इस रिपोर्ट) में रखी है।" (38/328) नौजवान सभा के लोग किसानों और मजदूरों के जिस स्वतंत्र गणराज्य की बात सोच रहे थे, वह इस राजनीतिक वातावरण में नेहरू कमेटी की सिफारिशों से बहुत आगे की चीज था।

भारतीय राजनीति की एक विशेषता इस समय यह थी कि मजदूर आगे बढ़कर, कांग्रेसी नेतृत्व की चिंता किए बिना, स्वाधीनता आंदोलन में भाग ले रहे थे। साइमन कमीशन जब भारत आया तो बंबई के मजदूरों ने हड़ताल की। रजनी पामदत्त के अनुसार : "म्यूनिसिपल कर्मचारियों को हड़ताल करने के अपराध में बर्खास्त कर दिया गया। परंतु उन्होंने फिर हड़ताल की और उन्हें काम पर बहाल करना पड़ा।" (पुस्तक—इंडिया टुडे, पृष्ठ 384) 1928 में अप्रैल से अक्तूबर तक बंबई के डेढ़ लाख मिल मजदूरों ने 6 महीने तक बड़ी दृढ़ता से हड़ताल चलाई। हर तरह का दबाव उन पर डाला गया। सरकारी हिंसा का सामना उन्हें करना पड़ा पर वे अडिग रहे। (उपर्युक्त पृष्ठ 385)

अक्तूबर 1929 में जब गाँधीजी मेरठ षड्यंत्र के वंदियों से मिले, तब 1928 की हड़ताल से संबंधित कार्यकर्ताओं की शिकायतों के बारे में उन्होंने कहा, "हड़ताल के नेताओं में से किसी ने भी मुझसे मिलने और सारी बातें ब्यौरेवार समझाने की परवाह नहीं की।" इस सुझाव पर कि उन्हें कम से कम उन बच्चों और महिलाओं की सहायता तो करनी चाहिए थी जो भूखों मर रहे थे, गाँधीजी ने कहा कि "मैं तो इसके बजाय उन महिलाओं से यही कहता कि वे अपने आदमियों से कहें कि वे काम पर जाएँ और उनका पेट भरें।" (42/60) अर्थात् गाँधीजी हड़ताल के विरुद्ध थे।

अहमदाबाद सूती उद्योग का बहुत बड़ा केंद्र था। यहां 55 हजार से ऊपर मजदूर काम करते थे। 1923 में इनकी पगार में साढ़े 15 फीसदी कटौती की गई। मजदूरों और मालिकों के बीच जो शर्त हुई थी, उसके अनुसार यह कटौती पंचों की मार्फत होनी चाहिए थी किंतु वैसा नहीं हुआ। मजदूरों ने एक लंबी हड़ताल की पर वे उस में सफल नहीं हुए। गाँधीजी ने सितंबर 1929 में लिखा : "अब लगभग पिछले 8 महीनों से मजदूर इस कटौती को रद्द करने की मांग कर रहे हैं।" (41/404) मालिकों का कहना था कि कटौती पंचों के मार्फत हुई है। मजदूरों का कहना था, "1923 में पंचों ने कोई फैसला नहीं किया था। मजदूरों ने यह कटौती खुशी से कबूल नहीं की थी, बल्कि इसलिए कबूल की थी कि उनमें हड़ताल को और लंबा चलाने की शक्ति नहीं बच रही थी। तथ्य कुछ भी क्यों न हो, सन् 1923 में मजदूरों को जो वेतन मिल रहा था, वह उनकी जरूरतों को पूरा करने भर के योग्य था। कटौती होने से उन्हें बहुत अधिक नुकसान उठाना पड़ा है।" (उपर्युक्त) यह मजदूरों का पक्ष था। मजदूरों की मांग पर विचार करने के लिए 2 पंच नियुक्त हुए—सेठ मंगलदास गिरधरदास और गाँधीजी। मजदूर पक्ष के बारे में गाँधीजी कहते हैं : "पंचायत के सामने जो प्रमाण पेश किए गए, मैं उनके आधार पर इस निश्चय पर पहुंचा हूं कि मजदूर-पक्ष की ऊपर की तीनों बातें सही हैं। मेरा यह भी मत है कि वेतन इत्यादि के विषय में किसी जमाने में किया गया कोई निर्णय हमेशा कायम नहीं रह सकता। इसलिए जब-जब मजदूरों अथवा मालिकों की ओर से इस तरह की स्थितियां पेश की जाएँ, तब-तब पंचायत को चाहिए कि वह उनके पक्ष और विपक्ष की बातों को जांच कर कोई फैसला दे।" (41/404-5) केवल दो पंच थे—सेठ मंगलदास और गांधी जी। पर दोनों एक मत नहीं हो सके। गाँधीजी सेठ का हृदय परिवर्तन नहीं कर पाये। उन्होंने लिखा : "मुझे यह कहते हुए खेद होता है कि हम अपने निर्णय में एकमत नहीं हो सके।" (41-404) यदि अहमदाबाद का सेठ और गाँधीजी एकमत नहीं हो सके तो पंचों के भरोसे मजदूर कब तक बैठे रहते? चाहे अहमदाबाद हो और चाहे बंबई, जब तक मजदूर दृढ़ता न करें, सभी कठिनाइयों का सामना न करें, तब तक पूंजीपतियों को झुकाया न जा सकता था। यह स्वयं गाँधीजी के अनुभव से प्रमाणित होता है।

सवाल था कि मजदूरों को जो पगार मिलती है, उससे उनके जीवन की साधारण आवश्यकताएँ पूरी हो सकती हैं या नहीं? गाँधीजी ने लिखा : "पंचायत के सामने जो प्रमाण उपस्थित किए गए, उनसे मैं इस निष्कर्ष पर पहुंचा हूं कि बहुत बड़ी संख्या में मजदूरों को उनकी आवश्यकता के अनुसार वेतन नहीं मिलता।" (41/405) जैसे प्रकाशक कहते हैं किताबें नहीं बिकतीं, वैसे ही मिल-मालिक कहते थे, मिलों में घाटा हो रहा है। गाँधीजी ने कहा : "मालिकों की ओर से एक तर्क पेश किया जाता है कि मिलें तो आज भी नुकसान में चल रही हैं। इसके समर्थन में जो प्रमाण पेश किया गया है, उसे मैं लचर मानता हूं। यह संभव है कि कुछेक मिलें नुकसान में चल रही हों, किंतु अधिकांश मिलें नुकसान में नहीं चल रही हैं।" (41/407)

1929 में अहमदाबाद के मजदूरों और पूंजीपतियों में एक बार फिर टक्कर हुई। दीवान बहादुर कृष्णलाल मोहनलाल झवेरी पंच बनाए गए। उन्होंने जो फैसला किया, उससे न गाँधीजी संतुष्ट थे और न मजदूर। फिर भी गाँधीजी ने मजदूरों से कहा : "चूंकि पंच ने उनकी मांग पूरी तरह स्वीकार नहीं की है, इसलिए जैसा मजदूरों को दुख लगा होगा, वैसा ही मुझे लगा है। उनकी मांग बिल्कुल सही थी। परंतु पंच फैसले का सिद्धांत स्वीकार कर लेने के बाद उन्हें मध्यस्थों या पंच का निर्णय अवश्य मान लेना चाहिए, चाहे वह उन्हें पसंद हो या न हो।" (42/257) कृष्णलाल मोहनलाल झवेरी यदि मजदूरों के समर्थक होते तो वे दीवान बहादुर न होते। वह पंच बने और उन्होंने जो फैसला दिया, वह पूंजीपतियों के हित में था, इसमें कोई आश्चर्य की बात नहीं है। मजे की बात यह है कि दीवान बहादुर सिद्धांत रूप में स्वीकार करते थे कि मजदूरों को उनकी आवश्यकता के अनुरूप पगार नहीं मिलती। परंतु सिद्धांत रूप में कोई बात मानना और उसे व्यवहार में स्वीकार करना, दो अलग बातें थीं। गाँधीजी ने लिखा : "पंच ने एक सिद्धांत स्वीकार किया है जो मजदूरों के दृष्टिकोण से बड़े महत्व का है। वे कई वर्षों से संघर्ष करते आ रहे हैं कि उन्हें जीवन-निर्वाह करने योग्य मजदूरी भी नहीं मिलती; इसे पाना उनका हक है और उसमें कोई कटौती नहीं की जा सकती। पंच ने यह बात सिद्धांत रूप में स्वीकार कर ली है। वह इस बात से सहमत हैं कि उन्होंने खर्चे के जो आंकड़े दिए हैं, वे न्यायसंगत हैं और उन आंकड़ों की तुलना में उनकी मजदूरी कम है। इस आधार पर उनकी मांग पूरी तरह स्वीकार होनी थी। परंतु पंच ने जो कुछ दिया है, उससे संतुष्ट होना उनका कर्तव्य है।" (42/257)

जनवरी 1929 में अहमदाबाद के मजदूर हड़ताल पर थे। गाँधीजी ने लिखा : गुजरात जिनिंग मिल में जो हड़ताल चल रही है उसमें मजदूरों को श्रीमती अनुसूया बहन, श्री शंकरलाल बैंकर और मजदूर संघ के मंत्रियों की हिदायत पर चलना चाहिए। (38/453) गाँधीजी स्वीकार करते थे कि "मजदूरों को अपने अधिकार प्राप्त करने के लिए पूरी-पूरी कोशिश तो करनी चाहिए, लेकिन शिष्टता और शांति के साथ। यदि पंच लोग कोई फैसला न दें या मालिक पंचों से फैसला कराने न जाएँ या वे पंच-फैसले पर अमल न करें, तो मजदूरों को हड़ताल करने का पूरा अधिकार है। परंतु एक बार हड़ताल शुरू कर देने के बाद उनको किसी भी हालत में बेसब्री से काम नहीं लेना चाहिए। हड़ताल में शामिल न होने-वाले अपने साथियों के साथ उनको जोर-जबर्दस्ती भी नहीं करनी चाहिए।" गाँधीजी को मजदूरों से सहानुभूति थी। अनेक बार उन्होंने मजदूरों की मांगें सही हैं, यह स्वीकार किया। परंतु अनेक बार पूंजीपतियों को झुकाने और उन्हें समझाने में वह असफल हुए। इसीलिए मजदूरों में एक नया नेतृत्व उभर रहा था। अंग्रेज सरकार यह जानती थी कि मजदूरों में जो लोग काम कर रहे हैं, उनसे उसे खतरा है। उसने उन्हें गिरफ्तार किया। उनकी गिरफ्तारी पर गाँधीजी ने लिखा : "मजदूर नेताओं या तथाकथित साम्यवादियों की गिरफ्तारी से सरकार की भयभीत अकुलाहट का पता चलता है, और वह ऐसे काम कर रही है जिनके कि हम आदी हो चुके हैं, और जो दमनचक्र आरंभ होने की पूर्व सूचना

देते हैं। इससे यह भी स्पष्ट है कि देश की सरकार तमाम कानूनों की उपेक्षा करने की अपनी ताकत का समय-समय पर प्रदर्शन करने की बात में विश्वास रखती है, और भयभीत भारत को पर्दे की आड़ में छुपे रहने-वाले अपने खूनी पंजे कभी-कभी दिखाते रहना जरूरी समझती है।" (40/213) मजदूरों में काम करने वाले कम्युनिस्ट नेताओं को गिरफ्तार करने के बाद औद्योगिक केंद्रों से दूर मेरठ में उन्हें इसलिए रखा गया कि वहां मुकदमा लड़ने में उनको कठिनाई होगी। गाँधीजी ने अक्तूबर 1929 में मेरठ की सार्वजनिक सभा में कहा : मेरठ की जिम्मेदारी इस दृष्टि से हजार गुना बढ़ गई है कि मुकदमा यहां चलाया जा रहा है। यह एक छोटा-सा शहर है, जिसको ऐसे काम के लिए चुनना ठीक नहीं है। शहर में सही ढंग के वकीलों, किताबों और अन्य सुविधाओं की कमी है। (41/62)

मजदूर नेताओं की गिरफ्तारी की चर्चा करते हुए गाँधीजी ने साम्यवाद को राक्षस बताया जिससे उनका अहिंसात्मक आंदोलन देश की रक्षा कर रहा था। "मेरे विचार में इन गिरफ्तारियों का हेतु साम्यवाद को मिटाना नहीं है। इसका हेतु तो जनता में आतंक पैदा करना है। अगर साम्यवाद के मानी हिंसापूर्ण साधनों द्वारा सत्ता और संपत्ति को अपने अधीन करना है, तो कहना होगा कि देश का जनमत साम्यवाद रूपी इस राक्षस का सफलतापूर्वक मुकाबला कर ही रहा था।" (40/213) फिर गाँधीजी ने इस राक्षस अथवा उसके प्रतिनिधियों से जेल में भेंट की। 'बॉम्बे क्रानिकल' के विवरण के अनुसार, "भेंट को समाप्त करते हुए उन्होंने फिर से यह मंतव्य व्यक्त किया कि प्रांत के सारे दौरे में एक घंटे का समय जो उन्होंने यहां बिताया, वह सबसे ज्यादा सुखकारी रहा।" (42/62) 'यंग इंडिया' में छपे विवरण के अनुसार "गाँधीजी ठीक दो बजे जेल पहुंच गए और कैदियों के साथ डेढ़ घंटे का समय बड़े आनंद से बिताया। क़ैदियों का दल फर्श पर बिछी मूंज की चटाई पर बैठा था। कैदियों की कोठरी खुली, हवादार, एक आयताकार जगह थी; और उसमें उनके लिए चारपाइयां लगी हुई थीं। कैदियों ने, जो काफी हंसमुख और प्रसन्न थे, गाँधीजी का स्वागत करते हुए कहा कि सच तो यह है कि हम लोग ऐसी आशा नहीं करते थे कि आप हम से मिलने आएंगे। गाँधीजी ने तुरंत जवाब दिया कि निश्चय ही आपको आशा नहीं रही होगी। आप मुझे नहीं जानते। मेरे आपसे मतभेद भले ही हों, आप कांग्रेस की सभाओं में मेरे लिए परेशानी भले ही पैदा करें, लेकिन मेरा धर्म मुझे सिखाता है कि मैं अपने विरोधियों के प्रति आदर व्यक्त करने के लिए विशेष रूप से प्रयत्न करूँ और इस तरह उन्हें यह दिखा दूं कि मेरे मन में उनके प्रति कोई दुर्भावना हो ही नहीं सकती।" (42/112-13) दुर्भावना दरकिंनार, कुछ मुद्दों पर दोनों मिल कर काम कर सकते थे। 'बॉम्बे क्रानिकल' के अनुसार, "इस मंतव्य पर कि जब तक कांग्रेस कार्यकर्ताओं और किसानों को संगठित करने का कार्यक्रम स्वीकार न करे, सरकार पर कोई असर नहीं होगा, महात्माजी ने कहा कि मैं ऐसे हर व्यक्ति का स्वागत करता हूं जो कांग्रेस को किसी भी कार्यक्रम के बारे में आश्वत कर दे और उसे पूर्ण करे।" (42/61) किसानों को संगठित करना, स्वाधीनता आंदोलन में उनकी सक्रिय भागीदारी को बढ़ावा देना, यह सामान्य भूमि

थी जहां दोनों मिलकर काम कर सकते थे। परंतु वामपक्ष की मांग थी कि जमींदारी प्रथा खत्म की जाए। गाँधीजी इसके लिए तैयार नहीं थे, और वामपक्ष पूर्ण स्वाधीनता का लक्ष्य घोषित करने पर जोर दे रहा था। गाँधीजी ने मेरठ जेल के बंदियों से कहा : "यदि नेहरू रिपोर्ट के अनुसार औपनिवेशिक स्वराज्य का दर्जा जल्दी दे दिया जाए तो उससे मुझे संतोष होगा। जैसा कि नेहरू द्वारा निर्दिष्ट व्यवस्था में अभिप्रेत है, यदि इसमें संबंध विच्छेद करने की बात निहित हो तो मैं इसे स्वतंत्रता ही समझूंगा।"(42/60)

कांग्रेस का उद्देश्य पूर्ण स्वाधीनता होगा, उसके लिए आंदोलन चलाया जाए, यह विचारधारा कांग्रेस के भीतर जोर पकड़ रही थी। 1929 में प्रश्न यह था कि नेतृत्व की बागडोर किस के हाथ में हो। कुछ लोग चाहते थे, कांग्रेस के सभापति गाँधीजी हों। पहली अगस्त 1929 को उन्होंने लिखा : "मैं देख रहा हूं कि मैं पद से संबंधित सारे कामों की तफसील में उतरने के योग्य नहीं बचा और यह बिलकुल जरूरी है कि अगर मैं कोई पद स्वीकार करता हूं तो अपने स्वभाव के अनुसार उसकी तफसील में उतरूं। मैं यह भी मानता हूं कि जिस रफ्तार से घटनाएँ हो रही हैं, उसके मुकाबले मेरी गति धीमी है। इस तरह मेरे और उगती हुई पीढ़ी के बीच एक खाई सी खड़ी है। मैं उनके बीच में पिसा हुआ नजर आता हूं। मैं स्वयं अपने को पिछड़ा हुआ समझता हूं सो तो नहीं है। किंतु जब उनके बीच रह कर काम करने का सवाल पैदा होता है, तब मैं महसूस करता हूं कि मुझे पिछली पांत में बैठना चाहिए। और उमड़ती हुई लहर को अपने ऊपर से होकर गुजर जाने देना चाहिए।" (41/278) गाँधीजी ने यही किया। जवाहर लाल नेहरू कांग्रेस अध्यक्ष बनाए गए। अक्तूबर 1929 में गाँधीजी ने कहा : "पिछली तारीख 19 सितंबर के दिन पंडित जवाहर लाल नेहरू को अगले साल के लिए महासभा का कर्णधार चुन कर अखिल भारतीय कांग्रेस कमेटी ने बड़ी बुद्धिमानी से काम लिया है ...कुछ लोग यह सोच कर भयभीत हो रहे हैं कि सत्ता के इस तरह बूढ़ों से निकल कर जवानों के हाथ में चले जाने से कांग्रेस नष्ट हो जाएगी-- उसके दुर्दिन निकट आ लगेंगे। लेकिन मुझे यह भय नहीं है। अगर महासभा का राजदंड मेरे जैसे पुरुष के निर्बल हाथों में रहता तो अवश्य ही इस दुर्दिन का डर बना रहता। मैं पाठकों को एक रहस्यपूर्ण बात बता देना चाहता हूं। वह यह है कि इस भार को संभालने के संबंध में पंडित जवाहर लाल नेहरू की सिफारिश करने से पहले मैंने उनसे यह पक्का कर लिया था कि क्या वह इस भार को उठाने की काफी ताकत अपने में अनुभव करते हैं या नहीं। उन्होंने अपने स्वभाव के अनुरूप कहा था कि अगर बोझ मेरे सिर लाद ही दिया जाएगा तो, मुझे आशा है, मैं उसे उठाने में पीछे न हटूंगा।" (41/545) अनेक बार गाँधीजी ने नौजवानों के उतावलेपन की आलोचना की थी। पर इस समय उन्होंने उसे आवश्यक माना। "कुछ लोग कहते हैं, जवाहर लाल जल्दबाज और साहसी या गर्म-मिजाज हैं। लेकिन इस समय के लिए तो ये बातें भी विशेष गुणरूप हैं। और जहां उनमें एक योद्धा के समान साहस और चपलता है, वहां एक राजनीतिज्ञ की सी बुद्धिमत्ता और दूरंदेशी भी है।"(41/543) नौजवानों में जिस नई राजनीतिक चेतना का

प्रसार हो रहा था, उसके बारे में गाँधीजी ने कहा : साल भर हुआ, नौजवानों में जागृति की लहर उठ रही है। साइमन कमीशन के बहिष्कार की उज्ज्वल सफलता में नौजवानों का निःसंदेह अधिक से अधिक हाथ था। जवाहर लाल नेहरू के इस चुनाव को वे अपनी उन सेवाओं का पुरस्कार मान सकते हैं।(41/545-46)

पूर्ण स्वाधीनता के लक्ष्य के बारे में गाँधीजी ने अखिल भारतीय कांग्रेस कमेटी की विषय समिति में कहा : "मैं आपसे कह सकता हूं कि अब चूंकि कांग्रेस स्वतंत्रता की घोषणा कर रही है, किसी भी कांग्रेसी के लिए यह उपयुक्त नहीं होगा कि वह औपनिवेशिक स्वराज्य पर विचार विमर्श करने के लिए किसी भी परिषद में जाए। कांग्रेसी सिर्फ सत्ता की चर्चा करने के लिए किसी परिषद् में जा सकते हैं।" (42/340) स्वतंत्रता की घोषणा के बाद आंदोलन चलाना आवश्यक हो गया। गाँधीजी चाहते थे कि उसके लिए तैयारी करने को दो साल का समय दिया जाए। परंतु लोग इसके लिए तैयार नहीं थे। उन्होंने उसी भाषण में आगे कहा : "कलकत्ता में मैंने दो साल का वक्त दिए जाने की वकालत की थी। अगर इतना वक्त दिया गया होता तो मुझे खुशी होती। इससे हमें तैयारी के लिए अधिक समय मिल जाता। परंतु अपने उन नवयुवकों की, जो प्रगति को और तीव्र करना चाहते थे, आकांक्षा पूरी करने के विचार से, मैं दो साल के बजाय एक साल के लिए राजी हो गया।"(42/340)

कांग्रेस के अंदर नई उग्र विचारधारा के एक प्रतिनिधि सुभाष चंद्र बोस थे। वह चाहते थे, कांग्रेस गांवों और शहरों में समानांतर सरकारें स्थापित करे। उन्होंने गाँधीजी के प्रस्ताव के साथ संशोधन पेश किया। गाँधीजी ने संशोधन और सुभाष चंद्र बोस के बारे में, लाहौर के कांग्रेस अधिवेशन में कहा : "हम समस्त संसार को यह बताएँ कि हम सब मिलकर एक साथ स्वतंत्रता पाने के लिए उठ खड़े हुए हैं और हमने उस स्वतंत्रता को कम से कम समय में पाने के लिए प्रतिज्ञा की है। अतः मैं आपसे श्री सुभाष चंद्र बोस के संशोधन को भी एकदम रद्द करने की प्रार्थना करता हूं। मैं जानता हूं कि वे बंगाल के एक कर्मठ कार्यकर्ता हैं। बहुत से क्षेत्रों में चमके हैं। बंगाल में हमारे कार्यकर्ताओं के वे सेनापति थे। उन्होंने एक बात रखी है जो संशोधन नहीं है, वह वास्तव में मूल प्रस्ताव के बदले में रखा गया एक प्रस्ताव ही है। मैं इस बात से नहीं मुकरता कि यह एक अच्छा सुझाव है पर यह मेरे प्रस्ताव से कहीं आगे जाता है। इसमें समानांतर सरकार का सुझाव दिया गया है। यदि आप यह सोचते हैं कि आज आप समानांतर सरकार की स्थापना कर सकते हैं, तब मैं आपसे यह कह दूं कि इस समय एक हजार गांवों में भी कांग्रेसी झंडा नहीं फहराता। जो लोग इस संशोधन का समर्थन करते हैं, उनके प्रति मेरा आदर भाव है। पर यह वीरता नहीं है, यह दूरदर्शिता नहीं है, यह बुद्धिमानी नहीं है। आप मात्र प्रस्ताव पास करके स्वराज्य की स्थापना नहीं कर सकते।" (42/367) गाँधीजी स्वयं गांवों और शहरों में कांग्रेस कमेटियां स्थापित करके उन्हें समानांतर सरकारी संस्थाएँ बनाना चाहते थे। परंतु यह समय उसके लिए उपयुक्त नहीं था, इसलिए उन्होंने सुभाष चंद्र बोस के संशोधन का विरोध किया।

यद्यपि कांग्रेस की बागडोर जवाहर लाल नेहरू के हाथ में थी, फिर भी आंदोलन की बागडोर गाँधीजी के ही हाथ में थी। 2 मार्च 1930 को उन्होंने वायसराय को नमक कानून भंग करने के अपने कारण बतलाते हुए पत्र लिखा। 17 मार्च को वल्लभभाई पटेल गिरफ्तार हुए। गाँधीजी ने उन की गिरफ्तारी पर बयान जारी किया और जनता से आम हड़ताल करने की अपील की। 11 मार्च के आसपास प्रार्थना सभा में उन्होंने कहा : "या तो हम उस ध्येय को प्राप्त करेंगे अथवा उसको प्राप्त करने का प्रयत्न करते हुए अपने प्राण दे देंगे।" (43/485) 12 मार्च को गाँधीजी ने नमक कानून भंग करने तथा सविनय अवज्ञा आंदालेन आरंभ करने के लिए 78 स्वयंसेवकों के साथ प्रात : 6.30 बजे साबरमती से दांडी के लिए कूच किया। 5 अप्रैल को वह दांडी पहुंचे और वहां जनता को सरकारी नमक न खाने की सलाह दी। 6 अप्रैल को दांडी में गाँधीजी और उनके जत्थे ने नमक-कानून भंग किया। सायं काल सार्वजनिक सभा में गाँधीजी ने जनता को आगे से ऐसे नमक का इस्तेमाल बंद कर देने की सलाह दी जिस पर कर लगाया गया हो। सारे देश में सविनय अवज्ञा की गयी। (43/486)

सविनय अवज्ञा और पदग्रहण

5 मई 1930 की आधी रात को गाँधीजी गिरफ्तार करके कराड़ी से यरवदा जेल ले जाए गए। (43/488) जुलाई और अगस्त में उदारपंथी नेता सप्रू और जयकर अनेक बार गाँधीजी तथा दूसरे कांग्रेसी नेताओं से मिले। 12 सितंबर को गाँधीजी की अनुपस्थिति में लंदन में गोलमेज सम्मेलन आरंभ हुआ। (44/484)

गाँधीजी 5 मई 1930 से 26 जनवरी 1931 तक यरवदा जेल मे रहे। 26 जनवरी की आधी रात को उन्हें जेल से रिहा किया गया। जवाहर लाल नेहरू और कांग्रेस कार्यसमिति के दूसरे सदस्य भी छोड़े गए। लेकिन उसी दिन कलकत्ते में मेयर सुभाष चंद्र बोस को गिरफ्तार कर लिया गया। (43/495) फरवरी 1931 के दूसरे पखवाड़े में गाँधीजी ने कई बार वायसराय से भेंट की। इसके फलस्वरूप मार्च के पहले हफ्ते में सरकार के साथ एक अस्थायी समझौता हो गया। इस समझौते के अनुसार तय हुआ कि "सविनय अवज्ञा आंदोलन रोक दिया जाए और भारत सरकार और स्थानीय सरकारें, सम्राट की सरकार की स्वीकृति से, कुछ कार्रवाइयां करें।" संवैधानिक प्रश्नों के बारे में कहा गया, "भावी विचार-विमर्श का क्षेत्र, सम्राट की सरकार की सहमति से, भारत की संवैधानिक सरकार की इस योजना पर आगे विचार करना बताया गया है, जिस पर गोलमेज परिषद् में विचार विमर्श हुआ है।" (45/460-61) कांग्रेस गोलमेज सम्मेलन में शामिल होगी। इस बारे में कहा गया : "प्रधानमंत्री ने 19 जनवरी 1931 को अपनी घोषणा में जो कहा है,

उसके अनुसार, संवैधानिक सुधार की योजना पर भविष्य में जो और विचार विमर्श होना है, उसमें कांग्रेस के प्रतिनिधियों को शामिल करने के लिए कदम उठाए जाएंगे।" (45/461) समझौते के अनुसार मध्य वर्ग का आंदोलन, किसानों का आंदोलन, हर तरह का साम्राज्य विरोधी आंदोलन पूरी तरह बंद किया जा रहा था। एक शर्त यह थी– "सविनय अवज्ञा आंदोलन प्रभावी ढंग से बंद कर दिया जाएगा और सरकार की ओर से भी अनुरूप कार्यवाही की जाएगी। सविनय अवज्ञा आंदोलन को प्रभावी ढंग से बंद करने का अर्थ यह है कि उसको बढ़ावा देने वाली सभी गतिविधियां, चाहे वे कैसे भी तरीकों से चलाई जा रही हों, प्रभावी ढंग से बंद कर दी जाएंगी। ऐसी विशेष परिस्थितियां निम्नलिखित हैं :-

1. किसी भी कानून की व्यवस्थाओं की संगठित अवज्ञा
2. लगान और अन्य कानूनी देनदारियों को अदा न करने का आंदोलन
3. सविनय अवज्ञा आंदोलन के समर्थन में पत्रों का प्रकाशन
4. सरकारी और फौजी कर्मचारियों या ग्राम अधिकारियों को सरकार के खिलाफ करने या उन्हें अपने पदों से त्यागपत्र देने को प्रवर्तित करने की कोशिशें।" (45/461)

आंदोलन के दौरान पुलिस ने जनता पर बहुत जगह अत्याचार किए थे। गाँधीजी चाहते थे इन सबकी जांच की जाए। परंतु वायसराय ने इसका विरोध किया और गाँधीजी ने जांच के लिए जिद नहीं की। इस संबंध में समझौते में कहा गया था : "श्री गाँधी ने सरकार का ध्यान पुलिस-आचरण संबंधी कुछ विशिष्ट आरोपों की ओर आकर्षित किया है, और उनकी सार्वजनिक जांच को वांछनीय बताया है। आज की परिस्थितियों में सरकार को इसमें भारी कठिनाई दीखती है और वह यह महसूर करती है कि यह जांच अनिवार्य रूप से हमें आरोपों और प्रत्यारोपों पर ले जाएगी, और इस तरह वह शांति की स्थापना के प्रतिकूल होगी। इन बातों का ख्याल करते हुए श्री गाँधी इस मामले पर जोर न देने को राजी हो गए।" (45/562) सबसे अद्भुत बात नमक कानून के बारे में कही गयी थी। "नमक व्यवस्था से संबंधित मौजूदा कानून के उल्लंघनों को सरकार क्षमा नहीं कर सकती, और न वह देश की वर्तमान वित्तीय अवस्थाओं में नमक अधिनियमों में ठोस परिवर्तन ही कर सकती है।" (45/465) स्पष्ट है, बहुत से लोगों को इस समझौते से असंतोष हुआ, पर जहां तक कांग्रेसी नेताओं का संबंध है, उन्होंने इसका विरोध नहीं किया, चुपचाप उसे स्वीकार किया। नौजवान भारत सभा ने इस समझौते का विरोध किया था।

समझौते को आवश्यक और न्यायपूर्ण ठहराने के लिए गाँधीजी को बहुत से मुद्दों पर कैफियत देनी पड़ी। सबसे ज्यादा कैफियत उन्हें भगतसिंह की शहादत के बारे में देनी पड़ी। यह कैफियत उन्होंने कांग्रेस के बाहर ही नहीं, कांग्रेस के भीतर भी दी। गाँधीजी ने कराची कांग्रेस में कहा : "मैं वायसराय को जिस तरह समझा सकता था, उस तरह से मैंने समझाया। समझाने की जितनी शक्ति मुझमें थी, सब मैंने उन पर आजमा देखी। भगतसिंह की परिवार वालों के साथ निश्चित आखिरी मुलाकात के दिन, अर्थात् 23 मार्च को सबेरे मैंने वायसराय को एक खानगी खत लिखा। उसमें मैंने अपनी सारी आत्मा उँड़ेल दी थी,

पर सब बेकार हुआ। आप कहेंगे कि मुझे एक बात और करनी चाहिए थी– सजा को घटाने के लिए समझौते में एक शर्त रखनी चाहिए थी। ऐसा हो नहीं सकता था। और समझौता वापस ले लेने की धमकी देना तो विश्वासघात कहा जाता।" (45/373) दिल्ली की सार्वजनिक सभा में उनसे इसी बारे में सवाल किया गया। वहां उन्होंने कहा : "मुझसे पूछा गया है कि जब इन देशभक्तों के सिर पर मौत की छाया मंडरा रही है, शांति हो कैसे सकती है? यह दुर्भाग्यपूर्ण है कि इन पत्रकों को बांटने वाले नौजवान ऐसी सीधी बात भी नहीं समझ सकते। उन्हें समझना चाहिए कि हमने कोई शांति-संधि नहीं की है। सिर्फ अल्पकालीन और अस्थायी समझौता किया है।" यह समझौता उन्होंने कांग्रेस कार्यसमिति की ओर से किया था, इसलिए आगे कहा : "परंतु मैं आपको बता दूं कि भगतसिंह और बाकी लोग रिहा क्यों नहीं किए गए हैं। हो सकता है कि यदि आप समझौते की बातचीत कर रहे होते तो आप वायसराय को ज्यादा अच्छी शर्तों के लिए राजी कर लेते, परंतु कार्य समिति के लोग तो इससे ज्यादा प्राप्त नहीं कर सकते थे।" फिर रिहाई के लिए समझौते का महत्व बताते हुए उन्होंने कहा : "परंतु जिनका आपने नाम लिया है, उन सबको रिहा कराने का रास्ता अभी खुला है। आप समझौते को कार्यरूप दें, तो ऐसा हो सकता है।" (45/288)

भगतसिंह और उनके साथियों की शहादत पर कांग्रेस में प्रस्ताव गाँधीजी ने ही पेश किया। 29 मार्च 1931 को पारित वह प्रस्ताव इस प्रकार था–"यह कांग्रेस किसी भी रूप अथवा प्रकार की राजनीतिक हिंसा से अपना संबंध न रखते हुए और उसका समर्थन न करते हुए स्व. भगतसिंह और उनके साथी सर्वश्री सुखदेव और राजगुरु के बलिदान और बहादुरी की प्रशंसा को अभिलेखबद्ध करती है और इनकी जीवनहानि पर शोकाकुल परिवार के साथ शोक प्रकट करती है। कांग्रेस की राय है कि इन तीनों को फांसी पर लटकाना अत्यंत निम्न प्रतिशोध का कृत्य है और इस तरह सजा कम करने की राष्ट्र की सर्वमुखी मांग का जानबूझ कर निरादर किया गया है। इस कांग्रेस की यह भी राय है कि सरकार ने दो राष्ट्रों के बीच अत्यंत आवश्यक सद्भाव बढ़ाने की इस घड़ी का, और जो दल निराश होकर राजनीतिक हिंसा का सहारा लेता है, उसे शांति के मार्ग पर लाने का सुनहरा मौका खो दिया है।" (45/385) जून 1931 में बंगाल से एक कांग्रेसी ने गाँधीजी को लिखा था : "भगतसिंह और उसके साथियों के बारे में बहुत कुछ कहा गया है। फिर भी अभी तक मुझे यह समझने में कठिनाई हो रही है कि कराची कांग्रेस का उनसे संबंधित प्रस्ताव पास करना किस हद तक बुद्धिमानी का काम था। भगतसिंह विषयक आपके वचनों का और उनकी स्तुति करने वाले कराची के प्रस्ताव का दुरुपयोग करके यहां कुछ स्वार्थी राजनीतिज्ञ अपना मतलब गांठ लेंगे और आपके प्रभाव को नष्ट करने के लिए जो तरह-तरह के विचित्र और छिपे प्रयत्न करते हैं, मुझे लगता है कि मैं उनका वर्णन आपके सामने नहीं कर सकता।" (45/379-80) गाँधीजी ने इन सज्जन को उत्तर देते हुए सफाई में कहा : "भगतसिंह और उनके साथियों की फांसी की सजा घटाने के लिए आंदोलन में मैंने

दिलचस्पी ली थी। उस काम में मैंने अपनी सारी शक्ति लगा दी थी। उस करुण कथा के सूत्रधार के जीवन का मुझे इसीलिए अध्ययन करना पड़ा। उनके भक्त पिता से और दूसरे लोगों से, जो भगतसिंह से, उनके कृत्य के कारण नहीं, बल्कि उनकी सच्चरित्रता के कारण स्नेह रखते थे, मुझे परिचय प्राप्त करना आवश्यक हुआ। इस प्रकार स्वाभाविक रूप से मैं उस प्रस्ताव की दिशा में बढ़ता चला गया। मैं इतना भावनाशून्य व्यक्ति नहीं हूं कि जिन संयोगों में सहानुभूति की जरूरत हो, उनमें भी मेरा हृदय न पसीजे।" (46/381)

भगतसिंह की शहादत से, उनकी लोकप्रियता से, वामपक्ष, कांग्रेस के भीतर और बाहर अधिक सफल हो रहा था। दक्षिण पंथ अकेला पड़ता जा रहा था। दक्षिणपंथियों ने गाँधीजी पर दबाव डाला कि वे भगतसिंह और उनके साथियों के प्रति अपनी सहानुभूति वापस लें। जुलाई 1931 में गाँधीजी ने 'यंग इंडिया' में लिखा : "भगतसिंह की पूजा से देश की अपार हानि हुई है और हो रही है। मैंने भगतसिंह के चरित्र के बारे में विश्वस्त सूत्रों से इतनी अधिक बातें सुनी थीं और मृत्युदंड को कम कराने के जो प्रयत्न किए जा रहे थे, उनके साथ मेरा इतना गहरा संबंध था कि मैं उनके असर में बह गया, और कराची में जो सावधानीपूर्ण और संतुलित प्रस्ताव पास किया गया, उससे मैं पूरी तरह सहमत रहा। मुझे यह देखकर दुख होता है कि उस सावधानी की कोई परवाह नहीं की जा रही है। उस कृत्य की इस तरह पूजा की जा रही है मानो वह अनुकरणीय हो। नतीजा यह हो रहा है कि जहां कहीं वह अंधपूजा की जा रही है, वहां गुंडागर्दी और पतन फैल रहा है।" (47/255) सहानुभूति प्रकट करने के लिए पश्चाताप करते हुए गाँधीजी ने अखिल भारतीय कांग्रेस कमेटी की बंबई बैठक में कहा : "पिछले अवसरों पर हमने जब-जब ऐसे कार्यों की निन्दा की है, तब-तब हमने नौजवानों के बीच मौजूद बलिदान की भावना की सराहना भी की है। लेकिन जब भगतसिंह और उनके साथियों के बारे में प्रस्ताव पास किया गया था, तब हम सीमा को लांघ गए थे। उस समय मैंने सोचा था कि एक ऐसे व्यक्ति को जिसका त्याग इतना महान था और जिसका चरित्र मुझे निर्मल दिखाई देता था, फांसी के तख्ते पर जाने से बचाने के लिए हम जो कुछ कर सकते हैं, सो हमें करना चाहिए और यदि हम अपने इस प्रयन्त में सफल नहीं होते तो हमें प्रस्ताव अवश्य पास करना चाहिए जो कि हमने उस समय किया। मैंने यह कार्य इस विश्वास के साथ किया था कि इसका नौजवानों पर गंभीर प्रभाव पड़ेगा। लेकिन मैं अपने प्रयत्न में असफल रहा। नौजवानों की बढ़ती हुई शक्ति से मैं अनभिज्ञ नहीं हूं लेकिन उसका दुरुपयोग किया जा रहा है। उस प्रयत्न में मुझे तनिक भी सफलता नहीं मिली। इसके विपरीत उससे अनुचित रूप से लाभ अधिक उठाया गया और इसका मुझे दुख है।" (47/288)

साम्यवादी भी क्रांतिकारियों की कार्य पद्धति के आलोचक थे परंतु वे उन्हें समझा-बुझा कर किसानों और मजदूरों में कार्य करने को प्रेरित कर रहे थे। भगतसिंह के साथियों में अधिकांश कम्युनिस्ट पार्टी में शामिल हुए और उसके भीतर उन्होंने महत्वपूर्ण काम किया। मेरठ षड्यंत्र नाम से साम्यवादियों पर केस चलाकर ब्रिटिश सरकार ने प्रयत्न किया था

कि किसान मजदूरों के आंदोलन को ठप्प कर दिया जाए। मेरठ के इन बंदियों की रिहाई की मांग में किसी तरह हिंसा का समर्थन न होता था। रिहाई की मांग करते हुए ब्रिटिश नागरिक फेनर ब्रॉकवे ने एक आवेदन तैयार किया था। उसे हस्ताक्षरों के लिए उन्होंने गाँधीजी के पास भेजा था। परंतु गाँधीजी ने उस पर हस्ताक्षर न किये। फेनर ब्रॉकवे भारतीय स्वतंत्रता आंदोलन और स्वयं गाँधीजी के प्रबल समर्थक थे। जब गाँधीजी लंदन में थे, तब उनका 63 वां जन्मदिन मनाने के लिए अनेक संगठनों ने मिलकर एक समारोह का आयोजन किया था। उसकी अध्यक्षता फेनर ब्रॉकवे ने की थी। (48/120) फेनर ब्रॉकवे ने मेरठ के बंदियों की रिहाई के लिए आवेदन का जो मसौदा बनाया था, वह इस प्रकार है : "हम मानते हैं कि इन 31 राजनीतिक कैदियों को मार्च 1929 में इसीलिए गिरफ्तार किया गया था कि उन्होंने, जिन असह्य परिस्थितियों में भारतीय मजदूरों को काम करना पड़ता है, उनके खिलाफ मजदूरों के विद्रोह का नेतृत्व किया और वे सफलतापूर्वक ऐसे श्रमिक संगठन खड़े कर रहे थे जो ब्रिटिश साम्राज्यवाद और भारतीय शोषकों के लिए सचमुच एक चुनौती थे। इन कैदियों को मुकदमे के सिलसिले में 2 वर्ष से भी अधिक समय तक जेल में रखा गया है। कई सौ गवाहों की गवाहियां ली गई हैं और श्रमिक वर्ग का झंडा उठाने वाले इन बहादुरों पर चलाए गए मुकदमे में सरकार ने हजारों पौंड खर्च किए हैं। हम न केवल उनकी बिना शर्त और तत्काल रिहाई की मांग करते हैं बल्कि यह मांग भी करते हैं कि उन गढ़वाली बंदूकचियों को तुरंत रिहा कर दिया जाए जिन्होंने अपने देशभाइयों के निहत्थे समूह पर गोलियां चलाने से इन्कार करने की बहादुरी दिखाई और फलतः जिन्हें आजीवन कारावास का दंड दिया गया है।" (48/97)

साम्यवादियों के बारे में खींचतान कर कहा जा सकता है कि वे हिंसा में विश्वास करते थे। परंतु गढ़वाली सैनिकों ने तो निहत्थी भीड़ पर गोली चलाने से इंकार किया था। वह अहिंसा का श्रेष्ठ प्रदर्शन था। उनकी रिहाई की मांग के लिए भी आवेदन पर हस्ताक्षर न करना साम्राज्यवादियों की हिंसा का समर्थन ही कहा जाएगा। गाँधीजी ने आगे चलकर एक फ्रांसीसी पत्र 'मोंद' के प्रतिनिधि से उन सैनिकों के बारें में अपनी राय बताई। "जो सिपाही गोली चलाने का हुक्म मानने से इन्कार करता है वह अपनी कसम तोड़ता है जो उसने पहले खाई थी, और इस तरह हुक्मउदूली के अपराध के लिए स्वयं को दोषी ठहराता हैं। मैं अफसरों से और सिपाहियों से हुक्मउदूली के लिए नहीं कह सकता, क्योंकि जब सत्ता मेरे हाथ में होगी, तब यह बहुत संभव है कि मैं इन्हीं अफसरों और सिपाहियों को इस्तेमाल करूं। यदि मैं उम्हें हुक्मउदूली करना सिखाऊं तो यह बहुत संभव है कि जब सत्ता मेरे हाथ में हो तब भी वे ऐसा ही करें।" (इंडिया टुडे, पृ. 303) इस साक्षात्कार का उल्लेख संपूर्ण गाँधी वाङ्मय में नहीं है, किंतु रजनी पामदत्त ने उस पत्र को दी हुई इंटरव्यू का विवरण अपनी पुस्तक में प्रकाशित किया था। इस विवरण से यह भी मालूम होता है कि अंग्रेजों ने जो सेना तैयार की थी, स्वाधीनता प्राप्त करने के बाद गाँधीजी उसे बनाए रखना चाहते थे और उसका उपयोग भी जनता के विरुद्ध हो, यह संभावना वह स्वीकार कर रहे

थे। स्वाधीनता प्राप्ति के बाद वह बहुत दिन जीवित नहीं रहे। परंतु जितने दिन जीवित रहे, इस सेना का उपयोग किया गया और इसका विरोध उन्होंने नहीं किया। इसके पहले सन् 37 में कांग्रेसी मंत्रिमंडल बने, तब भी जनता के विरुद्ध अनेक स्थानों पर प्रयोग किया गया।

मार्शल लॉ के तहत शोलापुर के बंदियों को 12 जनवरी 1931 को फांसी दी गई। इनके बारे में भी गाँधीजी से सवाल किया गया—'समझौता करते समय इनकी सजा रद्द कराने के लिए उन्होंने हठ क्यों नहीं किया?' इलाहाबाद में कांग्रेसी नेताओं के सामने भाषण करते हुए उन्होंने कहा : "कैदियों की बात का भी जिक्र हुआ है। जिन्हें फांसी की सजा मिली है, उन कैदियों को फांसी नहीं मिलनी चाहिए। मेरे अपने धर्म के अनुसार तो उन्हें फांसी क्या कैद भी नहीं मिलनी चाहिए। पर यह तो मेरी निजी राय है। इसे शर्त बना सकते हैं या नहीं, यह कहा नहीं जा सकता। शोलापुर के लोगों को, न्यायाधीश की शंका और लोगों के इतने आग्रह के बावजूद, फांसी दे दी गई। कैसे कहें कि ऐसी फांसी देने वाली सरकार के साथ हम बात भी नहीं कर सकते। ऐसी बात शर्त के रूप में रखने में जोखिम है, अन्याय है, क्योंकि न्याय तो यह है कि इस संघर्ष में भाग लेने वालों को ही हम मुक्त करवाने की मांग करें। दूसरे लोगों का छुटकारा हम संधि की शर्तों में नहीं रख सकते।" (45/135) सारा देश भगतसिंह और उनके साथियों की सजा रद्द कराना चाहता था। सारा देश शोलापुर के कैदियों की सजा रद्द कराना चाहता था। पर गाँधीजी समझौता करते समय इनकी सजा रद्द कराने की शर्त रखना अनुचित मानते थे। इस समझौते से उन्हें स्वराज्य का मार्ग प्रशस्त होता दिखाई दे रहा था परंतु उससे सबसे ज्यादा नुकसान देश की बहुसंख्यक किसान जनता को हुआ।

जमींदार की निगाह में किसान की हस्ती क्या थी? इसके बारे में अंग्रेज अधिकारी हूपर ने कहा था : "किसान वह है जो रोज एक जून खाकर जीने को तैयार हो, जो जमीन का अधिक से अधिक लगान देने के लिए या गंवारू भाषा में कहें तो स्त्री-बच्चों को बेचने के लिए तैयार हो, जमींदार जो मनमाने कर आदि मांगे सो सब देने को तैयार हो, जो जमींदार के लिए बेगार करने, उसके लिए अदालत में गवाही देने और साधारणतया उससे जो कहा जाए, वह भी सब काम करने को राजी हो।" (46/249) किसान की यह जमींदारी व्याख्या उद्धृत करने के बाद गाँधीजी ने लिखा : "यह वर्णन ऐसा नहीं है जिस पर कोई जमींदार गौरव का अनुभव कर सके। परंतु मिस्टर हूपर के काल के बाद जमींदारों के विचारों में क्रांति हो गई है। उनमें से बहुतेरे अपने काश्तकारों के प्रति समभाव रखते हैं।" 'क्रांति' के बाद भी गाँधीजी जमींदारों को जो काम करने या न करने के लिए कहते थे, उनसे पता चलता है कि 'क्रांति' के पहले हालत किस तरह की रही होगी। गाँधीजी ने जमींदारों को सलाह दी, वे अपने काश्तकारों के रक्षक और विश्वासपात्र मित्र बनें। वे अपने खजाने पर अंकुश रखें। वे विवाह वगैरा के असवरों पर जबर्दस्ती भेंट के रूप में, या एक किसान को बेदखल कर चुकने के बाद उसे फिर से जमीन लौटाते वक्त नजराने के रूप में, लगान

के सिवा जो अनुचित कर वसूल करते हैं, वह वसूल करना छोड़ दें। वे किसानों को लगान देने की अवधि ठहरा दें, उनकी भलाई के कामों में पूरी-पूरी दिलचस्पी लें, उनके बालकों के लिए सुव्यवस्थित शालाएँ, बड़ी उम्र के स्त्री पुरुषों के लिए रात्रि शालाएँ, बीमारों के लिए अस्पताल और दवाखाने स्थापित करें। (46/250) लगान तो वे वसूल ही करते थे। उसके अलावा गैरकानूनी तौर पर और बहुत सी वसूली करते थे, इसी को गाँधीजी ने बंद करने के लिए कहा था।

जमींदारों में क्रांतिकारी परिवर्तन की बात गाँधीजी ने मई 1931 में कही थी, और ये संयुक्त प्रांत के जमींदार थे। जून 1931 में बिहार और उड़ीसा में रहने वाली राजवार जाति के लोगों ने गाँधीजी को बताया था, जमींदार उन पर किस तरह का अत्याचार करते हैं। उन्होंने लिखा था, "बेगार देने से इंकार करने पर जमींदार फौरन बकाया लगान की वसूली के लिए मुकदमा चला देता है, डिगरी करा देता है, जोत को नीलाम करवा देता है और किसान को उसकी जमीन से बेदखल कर देता है। राजवार जाति का कोई लड़का 6 या 7 साल की उम्र होते ही मां बाप के जमींदार की लगभग संपति बन जाता है। उसे जमींदार के मवेशियों की देखभाल करनी पड़ती है और छोटे-मोटे सभी तरह के काम उससे लिए जाते हैं। वस्तुतः वह एक गुलाम का जीवन बिताता है और जमींदार की संपत्ति होता है।" (47/59) ये लोग अछूत नहीं थे। पिछड़ी हुई जातियों के लोग थे जिनके साथ गुलाम जैसा सलूक किया जाता था। गाँधीजी ने उनका पक्ष उद्धृत करने के बाद अपनी ओर से लिखा : "ये बातें संभवतः मोटे तौर पर सच ही हैं। कारण इस प्रकार का व्यवहार केवल बिहार की ही विशेषता नहीं है। लगभग सभी प्रांतों में पिछड़ी हुई दलित गुलाम जातियां हैं। ये कोई अंग्रेजों से मिली हुई विरासत नहीं है। हमारे यहां ये युगों से मौजूद हैं, और यह हमारे लिए और भी लज्जा की बात है।" (47/60) जिसे हम सामंतवाद कहते हैं, उसके अंतर्गत निम्न जातियों के साथ ऐसा व्यवहार किया जाता था। अंग्रेजी राज कायम होने के बाद इस व्यवहार में इजाफा हुआ। इन पिछड़ी जातियों की हालत पहले से भी ज्यादा खराब हो गई।

फरवरी 1916 में बनारस हिंदू विश्वविद्यालय का शिलान्यास समारोह हो रहा था। उसमें वायसराय आए थे। बड़े-बड़े राजा और जमींदार आए थे और गाँधीजी को भी बुलाया गया था। वहां उन्होंने अपने भाषण में किसानों और जमींदारों-राजाओं के जीवन में फर्क के बारे में कहा : "जिन महाराजा महोदय ने कल की हमारी बैठक की अध्यक्षता की थी, उन्होंने भारत की गरीबी की चर्चा की। दूसरे वक्ताओं ने भी इस बात पर बड़ा जोर दिया। किंतु जिस शामियाने में वायसराय द्वारा शिलान्यास समारोह हो रहा था, वहां हमने क्या देखा? एक ऐसा शानदार प्रदर्शन, जड़ाऊ गहनों की ऐसी प्रदर्शनी, जिसे देखकर पेरिस से आने वाले किसी भी जौहरी की आंखें चौंधिया जातीं। जब मैं गहनों से लदे हुए उन अमीर -उमरावों को भारत के लाखों गरीब आदमियों से मिलाता हूं तो मुझे लगता है कि मैं इन अमीरों से कहूं, जब तक आप अपने ये जेवरात नहीं उतार देते और उन्हें गरीबों की धरोहर

मानकर नहीं चलते, तब तक भारत का कल्याण नहीं होगा।" (13/215) जिन कीमती गहनों से वे राजा-महाराजा और जमींदार लदे हुए थे, वे किसानों की कमाई से ही गढ़वाए गए थे। मई 1931 में सयुक्त प्रांत के जमींदार को यह आश्वासन देते हुए कि कांग्रेस उनका साथ देगी, गाँधीजी ने उन्हें अपना बंगाल का अनुभव सुनाया—"निश्चय ही कांग्रेस आपका साथ देगी पर आपको भी अपना जीवन अपने चारों ओर के वातावरण के अनुरूप बनाना पड़ेगा। कुछ वर्ष पहले मैं बंगाल के जमींदार का मेहमान बना था। वहां मुझे सोने के गिलासों और तश्तरियों में दूध और फल परोसा करते थे। जाहिर है, मेरे भले मेजबान का यही ख्याल था कि वे अपनी सबसे कीमती तश्तरियों में भोजन परोसकर मुझे बड़े से बड़ा सम्मान दे रहे थे। उनको नहीं मालूम था कि उस समय मैं क्या सोच रहा था। इनको सोने की तश्तरियां मिलीं कहाँ से? मैंने अपने आप से पूछा और मुझे उत्तर यही मिला—रैयत की संपत्ति से।" (46/216) जो संपत्ति रैयत से उन्हें मिली थी, यदि वह रैयत को लौटा दी जाए तो यह न्यायपूर्ण ही होगा। लेकिन गाँधीजी जमींदारों की संपत्ति में हाथ लगाने के विरुद्ध थे। जमींदारों ने यह संपत्ति अंग्रेजों के संरक्षण में कमाई थी और उसी की बदौलत वे उसकी रक्षा कर रहे थे। जून 1931 में रायबरेली के डिप्टी कमिश्नर ने जमींदारों के नाम एक गश्ती खत जारी किया। उसमें कहा गया था :

"तजवीज यह है कि पुलिस हलके के कुछ आंदोलकों पर केस चलाया जाए। मैं एहसान मानूंगा अगर आप मेहरबानी करके... पुलिस की हर तरह की मदद करेंगे। क्या आप इसके मुतालिक अपने एजेंटों यानी मैनेजरों वगैरह के नाम फरमान जारी कीजिएगा? ...जमींदारों या सरकार के खिलाफ कांग्रेस, किसान-सभा या पंचायतों की किसी भी काबिले एतराज कार्रवाई की इत्तला... थाने में की जानी चाहिए।

"...आपको चाहिए कि आप इस मामले में अपने मातहतों को फुर्ती के साथ उत्साहपूर्वक और निडर होकर काम करने की सलाह दें।" (47/106) इस तरह के पत्रों के बारे में गाँधीजी की राय थी : "इससे ताल्लुकेदारों और जमींदारों को मनमानी करने का परवाना मिल जाता है।" (47/107) ताल्लुकेदारों और जमींदारों को मनमानी करने के लिए शह देने के अलावा अंग्रेज सीधे किसानों को धमकाते भी थे कि वे आंदोलनों से दूर रहें। गाँधीजी ने लिखा : मैंने शायद हजारों की संख्या में किसानों के नाम जारी किए गए नोटिसों की प्रतियां देखी हैं जिनमें उन्हें इस बात के लिए आगाह किया गया है कि अगर उन्होंने अमुक कांग्रेसजनों के साथ किसी प्रकार का संबंध रखा, तो उन पर मामला चलाया जा सकता है। (47/108)

कांग्रेस ने जो सरकार से समझौता किया था, उसे देखते हुए किसानों को हर तरह का आंदोलन बंद कर देना था। मई 1931 में गाँधीजी ने संयुक्त प्रांत के किसानों से कहा : गत संघर्ष में पूर्ण स्वराज्य की प्राप्ति के लिए सविनय अवज्ञा के अंगरूप, कुछ जिलों में करबंदी आंदोलन शुरू किया गया था। पर सरकार और कांग्रेस के बीच समझौता हो जाने के कारण सत्याग्रह और फलतः करबंदी भी स्थगित कर दी गई। (46/213)

स्वाधीनता आंदोलन को मजबूत करने के लिए उसमें किसानों को लाया गया था। सबसे शक्तिशाली अस्त्र लगानबंदी था। वह कुछ क्षेत्रों में चलाया गया। परंतु बंद कर दिया गया। किसानों की हालत में किसी तरह का सुधार न हुआ था। हालत बहुत खराब थी। गाँधीजी ने इसी अपील में आगे कहा : "उस समय आप लोग घोर आर्थिक कष्ट में थे। यों तो आपकी हालत साधारण समय में भी कठिन ही रहा करती है, परंतु इस वर्ष यह अत्यधिक खराब हो गई है, क्योंकि जो फसल आप हर साल बोते हैं, उसकी दर इस बार असाधारण रूप से घट गई है। कांग्रेसी कार्यकर्त्ताओं ने मुझे लिखा है, कि आप में से बहुतेरे पूरा लगान चुकाने में बिलकुल असमर्थ हैं। कई जिलों में, कुछ सौ गांवों में जांच की गई जिससे पता चला कि स्थिति भयावह है। यह पाया गया कि आपकी कुछ पैदावार के दाम इतने घट गए हैं कि उसकी बिक्री से लगान अदा करने जितनी रकम भी नहीं मिल सकती।" (46/213) गाँधीजी किसानों को माफी दिलाने के लिए गवर्नर से मिले, ताल्लुकेदारों से भी मिले, और फिर किसानों को समझाया : "मुझे आशा है कि आप लोग तुरंत लगान अदा करना आरंभ कर देंगे। आप पूरा आठ आना इसी समय न दे सकते हों, तो आपका लगान मुल्तवी हो जाएगा, और अगली फसल तक बाकी रकम या कर की वसूली के लिए आपके साथ किसी तरह की सख्ती न की जाएगी।" (46/214) यह बात गाँधीजी ने 23 मार्च 1931 को कही थी। दस दिन भी न बीते थे कि उन्नाव से विश्वंभर दयाल त्रिपाठी ने उन्हें सूचित किया : "गांव, पिपरी, तहसील पुरवा, जिला उन्नाव में कहा जाता है कि 30 मई सन् 1931 को जमींदारों ने सब डिवीजनल मजिस्ट्रेट पंडित चंद्रमोहन नाथ और हथियारबंद सिपाहियों के साथ काश्तकारों के ऊपर हमला किया।" विश्वंभर दयाल त्रिपाठी का पत्र छापने के बाद गाँधीजी ने लिखा : "यदि ये आरोप सही नहीं हैं, तो यह पत्र निःसंदेह अपमानजनक है। जमींदार लोग या सब डिवीजनल मजिस्ट्रेट इस बारे में कोई सफाई देना चाहें तो मैं प्रसन्नतापूर्वक उसे छापूंगा। यदि ये आरोप मोटे तौर पर सही हों तो इस मामले की जांच तुरंत होने की जरूरत है। जमींदार एसोसिएशन को मामला हाथ में लेकर जमींदारों के खिलाफ कार्रवाई करनी चाहिए।" (47/67) जमींदारों का एसोसिएशन जमींदारों के खिलाफ काम करे, यह आशा वैसी ही थी जैसे भेड़ियों की सभा मेमनों पर अत्याचार के लिए दूसरे भेड़ियों के खिलाफ कार्रवाई करे।

लगानबंदी के बदले हर जगह गाँधीजी किसानों को लगान चुकाने की सलाह दे रहे थे। जून 1931 में उन्होंने गुजरात के किसानों से कहा : "जो लोग देने की स्थिति में हों, उन्हें पिछले लगान और तकाबी की रकम सहित सारा लगान चुकता कर देना चाहिए।" (47/42) यह पूछे जाने पर कि हमारी जो जमीन जब्त करके दूसरे लोगों के हाथ बेच दी गई है, उसके बारे में हम क्या करें, महात्मा गांधी ने कहा : "मुझे अभी भी उम्मीद है कि मैं ऐसी सारी जमीनें वापस दिला सकूंगा। लेकिन यदि तथाकथित खरीदार जमीन का कब्जा लेने के लिए आएँ, तो उनका कोई प्रतिरोध नहीं किया जाना चाहिए।" (47/43)

गाँधीजी लंदन से लौटे और 4 जनवरी 1932 को बंबई में गिरफ्तार कर लिये गए।

बंबई में हड़ताल हुई, जगह-जगह प्रदर्शन हुए। सरकार ने दमनचक्र पूरी ताकत से चलाया। 11 जनवरी 1932 को तिरूपुर में, लाठी-चार्ज में, कुमार स्वामी की मृत्यु हुई। 23 जनवरी 1932 को गाँधीजी ने दमन के बारे में बंबई के गर्वनर को लिखा : "अहमदाबाद में एक शांतिपूर्ण सभा को जबर्दस्त लाठी चार्ज से तितर-बितर करना और सभा में लोगों पर घोड़े दौड़ाना एक नृशंस तरीका लगता है। अनेक नौजवानों को गंभीर चोटें आईं और कुछ औरतों को भी थोड़ी-बहुत चोटें लगीं। एक युवा स्त्री को बाल पकड़कर घसीटा गया।" (49/20) 25 जनवरी 1932 को वायसराय ने कहा : "सविनय अवज्ञा आंदोलन का मुकाबला करने के सवाल पर कोई समझौता नहीं हो सकता।" और 28 जनवरी को भारत सचिव सैमुअल होर ने कहा : "हमारी नीति दृढ़ता और प्रगति की है। कुत्ते भौंकते रहते हैं पर कारवां आगे बढ़ता रहता है।" (49/529) लेकिन 27 फरवरी को ब्रिटेन की इंडिपेंडेंट लेबर पार्टी ने एक घोषणा पत्र जारी किया जिसमें भारत सरकार की दमन-नीति की निंदा की गई थी।(49/530)

8 मई 1933 को गाँधीजी रिहा कर दिए गए। तारीखवार वृत्तांत में यह सूचना है : "सविनय अवज्ञा आंदोलन को छह सप्ताह के लिए स्थगित करने की घोषणा की। सरकार से अध्यादेशों को वापस लेने और सभी सविनय अवज्ञाकारियों को रिहा करने का आग्रह किया।" (55/486)

सामूहिक सविनय अवज्ञा बंद करने के संबंध में 22 जुलाई 1933 को जारी अणे के वक्तव्य में कहा गया है : "हाल में पूना में हुए अनौपचारिक सम्मेलन की सिफारिशों, सम्मेलन के भीतर और बाहर हुए कांग्रेस जनों के आपसी विचार-विमर्श तथा गाँधीजी द्वारा दी गई सलाह पर बहुत ध्यानपूर्वक विचार करने के बाद मैं इस नतीजे पर पहुंचा हूं कि देश का सर्वोपरि हित निम्न हिदायतों के पालन करने में ही है—

"पहली बात यह है कि वर्तमान परिस्थितियों में सविनय अवज्ञा आंदोलन को बिना शर्त वापस नहीं लेना चाहिए। दूसरे, सामूहिक सविनय अवज्ञा को, जिसमें कर और लगान न देने का आंदोलन भी शामिल है, फिलहाल बंद कर देना चाहिए।" ऐसा लगता है, कुछ लोग आंदोलन बंद करने के पक्ष में नहीं थे। इसीलिए आगे कहा गया है : "मुझे खेद है कि अब तक आंदोलन को खत्म करना संभव नहीं हो सका है और मेरे लिए इन हिदायतों को जारी करना आवश्यक हो गया है। कांग्रेसजनों और अन्य लोगों के साथ-साथ मुझे भी इस बात से निराशा हुई है कि शांति की संभावनाओं की खोज करने के लिए गाँधीजी ने बिना किसी शर्त के वायसराय से भेंट का जो एक साधारण सा अनुरोध किया था, वह तुरंत ही ठुकरा दिया गया।" (55/470) इस बार कहीं चौरीचौरा जैसी घटना न हुई थी, न आंदोलन के दौरान कहीं लोगों ने तोड़-फोड़ की थी। फिर भी बंद कर दिया गया। और बंद इसलिए किया गया था कि सुधारों का रास्ता दिखाई दे रहा था जिस पर चलने से कांग्रेसी नेता स्वराज्य पाने की आशा करते थे।

गाँधीजी ने सामूहिक आंदोलन बंद करते हुए भी व्यक्तिगत आंदोलन के लिए गुंजाइश

रखी। उनके व्यक्तिगत सत्याग्रह और क्रांतिकारियों के आंदोलन में काफी समानता थी। दोनों में हिंसा और अहिंसा का अंतर अवश्य था, परंतु व्यक्तिगत प्रयत्नों से भारत को स्वाधीन किया जा सकता है, इस समय यह बात गाँधीजी कह रहे थे और क्रांतिकारी भी इसी रास्ते पर चलते रहे थे। अणे के वक्तव्य के बारे में गाँधीजी ने कहा : "वह अनौपचारिक सम्मेलन में दी गई मेरी सलाह के बहुत ही अनुरूप है।" (55/310) फिर वैसी सलाह देने के कारण बताते हुए उन्होंने कहा : "कांग्रेसियों की संख्या जहां करोड़ों में गिनी जा सकती है, वहां नई योजना के अधीन सत्याग्रह का प्रतिनिधित्व केवल कुछ हजार या इससे भी कम व्यक्ति करेंगे। यदि ये नर-नारी सच्चे हुए, तो पक्का विश्वास है कि इनकी संख्या बढ़कर लाखों हो जाएगी।" (55/313) यहां सच्चे सत्याग्रहियों और कम सच्चे सत्याग्रहियों में भेद किया गया है। कांग्रेस में दो तरह के लोग होंगे, सच्चे सत्याग्रही, जो सत्याग्रह का सही प्रतिनिधित्व करेंगे, और वे लोग जो इस प्रतिनिधित्व के अयोग्य होंगे। आगे उन्होंने कहा : "इस बीच बाकी कांग्रेसी भी अन्य विविध रचनात्मक गतिविधियों में जुटे रहेंगे—जैसे हरिजन सेवा, सांप्रदायिक एकता, खादी का उत्पादन और वितरण इत्यादि।" इस तरह कांग्रेस का मूल ध्येय आंदोलन का संचालन न हुआ। आंदोलन यदि चलाया जाए तो कांग्रेस के थोड़े ही आदमी उसमें भाग लेंगे। बाकी आदमी उस रचनात्मक काम में भाग लेंगे जिसका आंदोलन से कोई सीधा संबंध नहीं था। यदि गाँधीजी की बात मानी जाए तो अधिकांश कांग्रेसजन समाज-सुधारक होकर रह जाएंगे। आवेदन पत्र प्रस्तुत करने वाली जमात से कांग्रेस में जो परिवर्तन हुआ था, वह मानो इस समय निरस्त हो रहा था। यदि कांग्रेस को आंदोलन नहीं चलाना तो उस के लिए गाँधीजी की विशेष उपयोगिता भी न रह गई थी। ऐसी स्थिति में गाँधीजी के लिए यह तर्कसंगत निष्कर्ष था कि वह कांग्रेस से अलग हो जाएँ। 30 अगस्त 1935 को उन्होंने श्रीनिवास शास्त्री को लिखा : "मैं आपसे पूरी तरह सहमत हूं कि मैं वर्तमान परिस्थिति में संविधान बनाने के लिए बिलकुल अनुपयुक्त हूं। मेरी राय में अभी वह समय भी नहीं आया है। वह समय तभी आएगा जब राष्ट्र उसके लिए उपयुक्त शक्ति अर्जित कर लेगा। इसलिए अभी मैं खुशी से कांग्रेस से हट जाऊँगा।" (55/402) इन वाक्यों से ऐसा लगता है, कांग्रेस में बहुमत संविधान बनाने के पक्ष में था और गाँधीजी समझते थे, यह समय इसके लिए अनुकूल नहीं है। वह राष्ट्र के लिए उपयुक्त शक्ति अर्जित करना चाहते थे। इसके लिए कांग्रेस के बाहर सविनय अवज्ञा चलाने के काम में और हरिजन कल्याण कार्य में लग जाना चाहते थे। पर ऐसा प्रतीत नहीं होता कि सविनय अवज्ञा के लिए वह कोई विशेष तैयारी कर रहे थे। अखबारों को दिए हुए 29 अक्तूबर 1934 के वक्तव्य में उन्होंने कहा : कांग्रेस से मेरे अवकाश ग्रहण करने के पीछे जो भावना है, यदि उसको कांग्रेसजनों ने समझ लिया है, तो इसका मतलब यह होना चाहिए कि विधानसभा के लिए कांग्रेसी उम्मीदवारों को विजयी बनाने के लिए वे दूने जोर से और पूरी ईमानदारी तथा मेहनत के साथ प्रयत्न करें। (59/278)

इस वाक्य से स्पष्ट होता है कि अंग्रेजों की सुधार-योजना को अमल में लाने के लिए अनेक कांग्रेसी नेताओं की तरह गाँधीजी भी जिम्मेदार थे। उनके कांग्रेस से अलग होने पर संगठन कमजोर होगा, ऐसा वह न मानते थे। उन्होंने आगे कैफियत दी, "मैंने इस राष्ट्रीय संगठन को कमजोर बनाने के लिए नहीं, बल्कि उसे और ज्यादा मजबूत बनाने के लिए अवकाश ग्रहण किया है। मैंने विरोधी पार्टियों द्वारा प्रकाशित सूचनाएँ देखी हैं, जिनमें मेरी प्रशंसा की आड़ में यह संकेत किया गया है कि मैंने कांग्रेस को विरक्त होकर छोड़ दिया है। यह बात बिलकुल मिथ्या है।" कांग्रेस को मजबूत बनाने के लिए सुधारों को अमल लाना चाहिए। सुधारों पर अमल करना और रचनात्मक कार्य में जुट जाना, दोनों धाराएँ समानांतर चलती हैं। जैसे पहले हुआ था, स्वराज्यवादी कांग्रेस को संभालें, आंदोलन न चलाया जाए, स्वराज्यवादियों के काम के साथ रचनात्मक कार्य होता रहे, वैसे ही इस बार हुआ। रचनात्मक कार्य में अधिकांश कांग्रेसी लगे रहेंगे, और शेष कांग्रेसजन अपने उम्मीदवारों को जिताने के लिए काम करेंगे। गाँधीजी, और संभवतः उनके बहुत थोड़े साथी, सविनय अवज्ञा के लिए प्रयत्न करेंगे। 30 अक्तूबर 1934 को गाँधीजी ने गुजरात प्रांतीय कांग्रेस कमेटी के मंत्री को सूचित किया : मैंने सार्वजनिक रूप से कांग्रेस के बाहर रहने का अपना जो निश्चय व्यक्त किया है, उसके अनुसार मैं आपसे इस पोस्टकार्ड के द्वारा विनती करता हूं कि आप कांग्रेस रजिस्टर से मेरा नाम काट डालें। (59/287) उसी दिन उन्होंने राजेन्द्र प्रसाद को सूचित किया : मेरे निश्चय के अनुसार मैं आल इंडिया कांग्रेस क़मेटी से हट जाता हूं। मेरा नाम कमेटी के दफ्तर में से निकाल दिया जाए। (59/288)

अंग्रेजों ने जो सुधार योजना बनाई है, उससे गुलामी की जंजीरें नहीं टूटतीं, परंतु इस योजना को अमल में लाने से बहुत बड़ा निर्वाचन मंडल तैयार होता है। कांग्रेसी नेता सुधारों को अमल में लाकर अंग्रेजों की आशा पर पानी फेर सकते हैं और स्वराज्य की लड़ाई को आगे बढ़ा सकते हैं। सन् 36 में लखनऊ के खुले अधिवेशन में जब मंत्रिमंडल बनाने पर बहस हो रही थी, तब सुधारों के पक्ष में लोग यही दलील दे रहे थे। जवाहर लाल नेहरू तथा उनके कुछ अन्य सहयोगी इन दलीलों का विरोध कर रहे थे। गाँधीजी ने 17 जुलाई 1937 को 'हरिजन' में लिखा : "मंत्रिपद ग्रहण करने के मामले में चूंकि कांग्रेस कार्य समिति तथा अन्य कांग्रेसी लोगों ने अपने आप को मेरी राय से प्रभावित होने दिया है, इसीलिए मेरे लिए शायद सर्वसाधारण को यह बताना जरूरी है कि पद ग्रहण के संबंध में मेरी क्या कल्पना है और कांग्रेस के चुनाव घोषणा-पत्र को ध्यान में रखते हुए पद ग्रहण करके क्या-क्या किया जा सकता है। भारत सरकार अधिनियम हिंदुस्तान की आजादी के लिए बिल्कुल नाकाफी है, आमतौर पर सभी मानते हैं। मगर इसे तलवार के शासन को बहुमत के शासन में तब्दील करने का एक प्रयास कहा जा सकता है। फिर वह प्रयास कितना ही सीमित और कमजोर क्यों न हो। 3 करोड़ स्त्री-पुरुषों के विशाल निर्वाचन-मंडल का निर्माण करके उसके हाथ में विशाल सत्ता सौंप देने को हम और कह ही क्या सकते हैं? यह सच है कि इसके अंतर्गत यह आशा निहित है कि हमारे ऊपर जो कुछ भी जबर्दस्ती

लादा गया है, वह हमें धीरे-धीरे अच्छा लगने लगेगा, यानी अपने शोषण को अंत में वस्तुतः हम अपने लिए एक आशीर्वाद समझने लगेंगे। लेकिन 3 करोड़ मतदाताओं के प्रतिनिधियों की यदि अपनी सुनिश्चित निष्ठा हो और इसमें इतनी कुशलता हो कि अपने हाथ में आई हुई सत्ता का, जिसमें पद ग्रहण भी शामिल है, अधिनियम बनाने वालों के सोचे हुए इरादे को खंडित कर देने के उद्देश्य से उपयोग कर सकें, तो यह आशा निष्फल हो सकती है। और ऐसा करना कुछ मुश्किल नहीं है, बशर्ते कि हम कानूनी तौर पर इस तरह अधिनियम का उपयोग करें जिस तरह का उपयोग किए जाने की उन्होंने आशा नहीं की है, जैसा वे चाहते हैं, उस तरह उसका उपयोग न करें।" (65/438)

यहां हिंसा और अहिंसा के बीच चुनाव न करना था, वरन् अहिंसात्मक आंदोलन और अहिंसात्मक चुनावों के बीच चुनाव करना था, एक को स्वीकार करके अपनी नीति निर्धारित करनी थी। चुनाव-योजना को अमल में लाने से, ऐसा लगता था, किसी तरह की हिंसा न होगी। परंतु उसमें हिंसा के बीज छिपे हुए थे। यह योजना हिंदू-मुसलमान किसानों या हिंदू-मुसलमान मजदूरों की एकता को मजबूत करने वाली नहीं थी वरन् हिंदू-मुसलमान जमींदारों, राजाओं और कुछ पूंजीपतियों के बीच भेदभाव पैदा करके जनता को दो हिस्सों में बांट देने की योजना थी। इसको अमल में लाने से स्वाधीनता-आंदोलन को भारी धक्का लगने वाला था। आगे के आंदोलनों के बावजूद कुल मिलाकर कांग्रेस इसी सुधारवाद के रास्ते पर चली और उसके भयानक परिणाम हुए।

संघर्ष के नए रास्ते, नए मुद्दे

गाँधीजी के न चाहने पर भी लोग अंग्रेजी राज का सक्रिय प्रतिरोध संगठित कर रहे थे। जनता के नए-नए अंश आंदोलन में भाग ले रहे थे और यह आंदोलन बहुत जगह क्रांतिकारी रूप ग्रहण कर रहा था। 1930 में शोलापुर, पेशावर और चटगांव की घटनाएँ इस तथ्य की साक्षी हैं। महाराष्ट्र में शोलापुर एक महत्वपूर्ण औद्योगिक केंद्र है। वहां अनेक सूती मिलें हैं और दो मिलें ऐसी हैं जिनके मालिक अंग्रेज थे। 1928 में मिल मजदूरों ने हड़ताल की। उस समय चक्रवर्ती राजगोपालाचारी शोलापुर आए। उन्होंने जिस सभा में भाषण किया, वहां मजदूर लाल झंडे लिए हुए आए। राजाजी ने आम जनता से कहा कि उन्हें मजदूरों का समर्थन करना चाहिए। (चैलेंज, पृ. 335) (1984 में पीपुल्स पब्लिशिंग हाउस, दिल्ली से 'चैलेंज' नामक एक लेख-संग्रह निकला था। उस समय जो क्रांतिकारी आंदोलन चल रहा था, इस संकलन के अनेक लेखों में उसका विवरण दिया हुआ है।) मई 1930 में गाँधीजी के पकड़े जाने के बाद यहां के मजदूरों ने हड़ताल की। पुलिस ने उन्हें लाठियों से मारा। इस हमले की निंदा करते हुए शहर में एक भारी जुलूस निकाला गया। इस जुलूस

में बहुत से लोग कांग्रेसी विचारधारा से प्रभावित थे। यह बात इस तथ्य से जाहिर होती है कि उन्होंने शराब और ताड़ी की दुकानों पर हमला किया। ऐसी दुकानें मिलों के इलाके के आसपास भी थीं। उन्हें इन लोगों ने नष्ट कर दिया। वहां जो शराब और ताड़ी बोतलों में थी, उसे बाहर फेंक दिया। मजिस्ट्रेट ने कहा 18000 मिल मजदूर थे, उनसे सौ हथियारबंद पुलिस वाले कैसे निपट सकते थे? इसीलिए वे शराब और ताड़ी की दुकानों की रक्षा नहीं कर सके। अतिरिक्त पुलिस दल के आ जाने के बाद पुलिस ने गोली चलाई। लोगों ने एक थाना घेर लिया और वहां दो पुलिस वालों को मारा और फिर थाने में आग लगा दी। चौरीचौरा जैसी घटनाएँ शोलापुर में हो रही थीं। फिर लोगों ने जिले की कचहरी पर हमला किया। वहां जो रिकार्ड रखे हुए थे, उनमें आग लगा दी और कचहरी को बर्बाद कर दिया। (इस तरह की घटनाएँ 1857 में भी हुई थीं। विद्रोह होने पर लोग थानों और कचहरियों पर हमले करते थे क्योंकि ये ब्रिटिश राज के चिह्न उन्हें सबसे पहले दिखाई देते थे।) बख्तरबंद गाड़ियों में ब्रिटिश फौज आई। उसने सड़कों पर गश्त लगाई। बहुत जगह गोलियां चलीं। सरकारी आंकड़ों के अनुसार 12 आदमी मारे गए। गैर सरकारी आंकड़ों के अनुसार इनकी संख्या इससे बहुत ज्यादा थी। इन फौजी गाड़ियों के बावजूद गोरे अफसर घबराए हुए थे। वे शोलापुर छोड़कर अपने परिवारों के साथ पूना भागे। जो पुलिस वाले मारे गए थे उनमें एक मुसलमान था। अंग्रेजों ने प्रयत्न किया कि इसे सांप्रदायिक रंग दिया जाए और हिंदू-मुस्लिम दंगा कराया जाए। बकरीद का दिन नजदीक था। उस दिन वे कोई दंगा कराने में सफल न हुए, ठीक वैसे ही जैसे 1857 में वे ईद के दिन दिल्ली में दंगा कराने में असफल हुए थे। कुछ समय के लिए शोलापुर में अंग्रेजी राज समाप्त हो गया।

एसोसिएटेड प्रेस के संवाददाता ने अखबारों को यह सूचना भेजी : यहां के मिल मजदूर और छोटे दुकानदार बाजारों में यह प्रचार कर रहे हैं कि अंग्रेजी राज खत्म हो गया है और गाँधी राज कायम हो गया है। गोरों के बंगले खाली पड़े हुए हैं। सड़कों पर जो पुलिस दल दिखाई देते थे, वे वहां मौजूद नहीं हैं। पुलिस चौकियां खाली पड़ी हुई हैं। जिला मजिस्ट्रेट की अदालत अब जले हुए खंडहरों का ढेर रह गई है। चौराहों पर जहां पहले पुलिस वाले यातायात की व्यवस्था करते थे, वहां अब कांग्रेस के स्वयंसेवक दिखाई देते हैं। गाँधीजी ने विदेशी पत्र 'डेली हेराल्ड' के संवाददाता से कहा : "शोलापुर में जो हिंसा होने की खबर है, उससे मुझे बहुत चिंता हो रही है। वहां जो पुलिस वाले मारे गए हैं, उसका मुझे बड़ा दुख है, लेकिन मुझे पूरा विश्वास है कि हिंसा सत्याग्रहियों ने नहीं की है।" (43/437)

12 मई 1930 को शोलापुर में फौजी कानून लागू किया गया। सैकड़ों निर्दोष मजदूर पकड़े गए। पत्रकार रामभाऊ राजवाड़े ने अपने पत्र 'कर्मयोगी' का विशेषांक निकाला। उसमें अंग्रेजों ने जो अत्याचार किए थे, उनका विवरण छपा। इसके लिए उन पर 10,000 रुपये जुर्माना किया गया और 7 साल की सख्त कैद की सजा दी गई। हत्या का अपराध लगाकर सरकार ने 4 आदमियों को पकड़ा। मल्लपा धन शेट्टी एक दुकान में काम करने वाले कर्मचारी थे। कुर्बान हुसैन पत्रकार थे और मजदूर संघ के नेता थे। जगन्नाथ शिंदे

नौजवानों के नेता थे और श्रीकिशन शारदा व्यवसायी थे। इन सबको मौत की सजा दी गई। फौजी कानून हटाने और इन चारों की रिहाई के लिए देशव्यापी आंदोलन हुआ। इसी सिलसिले में फेनर ब्रॉकवे ने मेरठ बंदियों के साथ उन्हें छुड़ाने के लिए बयान निकाला था और उस पर गाँधीजी से हस्ताक्षर करने को कहा था। गाँधीजी ने उस पर हस्ताक्षर न किए थे और 12 जनवरी 1931 को यरवदा जेल में इन चारों आदमियों को फांसी की सजा दी गई। ये चार आदमी चार भिन्न सामाजिक स्तरों के थे और उनमें हिंदू और मुसलमान दोनों थे। क्रांतिकारी आंदोलन सुधारों की राह न देखता था और समाज के विभिन्न स्तरों के लोग खिंचकर उसमें आ रहे थे।

पश्चिमोत्तर प्रदेश के पठान साम्राज्य विरोधी आंदोलन में काफी पहले से भाग ले रहे थे। 1919 में खान अब्दुल गफ्फार खां ने रौलेट एक्ट के विरोध में प्रदर्शन किए। उन्हें गिरफ्तार किया गया। पठानों ने जबर्दस्त आंदोलन छेड़ा और उसे दबाने के लिए पूरे प्रांत में फौजी शासन लागू किया गया। जब लाहौर कांग्रेस में पूर्ण स्वाधीनता का प्रस्ताव स्वीकार किया गया, तब उस अधिवेशन में पश्चिमोत्तर प्रदेश के सैकड़ों स्वयंसेवक मौजूद थे। मार्च में गाँधीजी ने नमक कानून तोड़ने का आंदोलन शुरू किया। अप्रैल में खान अब्दुल गफ्फार खां ने पठानों से सविनय अवज्ञा आंदोलन में भाग लेने को कहा। वे पेशावर में एक सभा को संबोधित करने आ रहे थे कि पुलिस ने उन्हें रास्ते में पकड़ लिया और उन्हें वापस उनके गांव ले गई। वहां बहुत से पठान इकट्ठे हो गए। गोली चली और लोग मारे गए। जब पुलिस खान अब्दुल गफ्फार खां को फौजी गाड़ी में ले जा रही थी, तब लोग उसके रास्ते में लेट गए। अब्दुल गफ्फार खां के कहने पर उन्होंने गाड़ी जाने दी। फिर वहां सभा हुई और उस सभा के ऊपर घुड़सवारों ने हमला किया। पेशावर में कांग्रेस कमेटी ने शराब की दुकानों पर धरना देने का कार्यक्रम बनाया था। बहुत से नेता पकड़ लिए गए। धरना फिर भी शुरू हुआ। पूरे शहर में हड़ताल हो गई। शोलापुर की तरह यहां भी जनता शराब की दुकानें बंद करा रही थी और सरकार शराब के ठेकेदारों की रक्षा कर रही थी। यहीं पेशावर में निहत्थी जनता पर अधिकारियों ने गढ़वाल फौजियों की टुकड़ी को गोली चलाने का हुक्म दिया था और चंद्र सिंह गढ़वाली के नेतृत्व में इन वीर जवानों ने अपने निहत्थे देशवासियों पर गोली चलाने से इंकार किया था। गढ़वाली सैनिकों के इस शांतिपूर्ण असहयोग का गहरा असर पठान जनता पर हुआ। आंदोलन शहरों से दूर गांवों में फैल गया। दिलचस्प बात यह है कि पठान और बातों के अलावा यह मांग भी कर रहे थे कि मलंग बाबा, अर्थात् गाँधीजी, को रिहा किया जाए। (चैलेंज, पृष्ठ 353)

अप्रैल 1930 में बंगाल के नौजवान क्रांतिकारियों ने चटगांव में पुलिस के शस्त्रागारों पर हमला किया। उनका उद्देश्य यह था कि क्रांतिकारी संघर्ष चलाकर स्वाधीन भारत की अस्थायी क्रांतिकारी सरकार कायम की जाए। इसमें भाग लेने वालों ने जो विवरण लिखा, वह 'चैलेंज' संकलन में छपा है। एक शस्त्रागार से 500 रायफल और दर्जनों रिवाल्वर निकाले गए। वहां बहुत सा गोली-बारूद का सामान भी था जिसे क्रांतिकारियों ने प्राप्त

किया। एक दूसरे शस्त्रागार से उन्होंने 303 रायफलें प्राप्त कीं। वहां कुछ स्वतःचालित यंत्र भी थे। परंतु गोली बारूद नहीं था। इसलिए उन्होंने उन्हें नष्ट कर दिया। जहां शस्त्र रखे जाते थे, उस कमरे में उन्होंने आग लगा दी। सरकारी यातायात और संप्रेषण के साधनों का नाश करने के लिए उन्होंने टेलीफोन केन्द्र पर आक्रमण किया और उसे जला दिया तथा रेल यातायात भी भंग किया। उन्होंने एक सभा में स्वाधीन भारत की सरकार का ऐलान किया और स्वयं को भारतीय गणराज्य की सेना का चटगांव ब्रिगेड बताया। उन्हें जनता का इतना समर्थन प्राप्त था कि उन्होंने अपने उद्देश्यों पर एक इश्तेहार छापकर पूरे जिले में बांटा। जब शस्त्रागार घेर लिया गया, तब वे वहां से निकल कर जलालाबाद की पहाड़ियों में चले गए। वहां ब्रिटिश फौजों से काफी संघर्ष हुआ। वे गांवों में रहकर छापामार युद्ध चलाना चाहते थे। गणेश घोष ने लिखा है : लंबी लड़ाई चलने वाली थी, इसीलिए छापामार युद्ध चलाने की योजना बनाई गयी थी। (पृष्ठ 27) इस क्षेत्र के लगभग 24 गांवों के किसान इन लोगों के साथ थे। वहां हिंदुओं के साथ मुसलमान किसान भी रहते थे। हिंदुओं और मुसलमान, दोनों ने इन क्रांतिकारियों की सहायता की। सरकारी दस्तों ने कई बार इन गांवों को घेरा। लेकिन वे क्रांतिकारियों को पकड़ने में सफल न हुए। जब पुलिस ने गांव घेर लिए थे, तब क्रांतिकारियों का हिंदू घरों में रहना सुरक्षित नहीं था। उस समय मुसलमान स्त्रियों ने उनकी बहुत बड़ी सहायता की और इस तरह के काम में जो खतरा था, उनका सामना किया। (पृष्ठ 28) कल्पना दत्त ने अपने संस्मरण में इस संघर्ष का विवरण देते हुए उचित ही 1857 को याद किया है। उन्होंने लिखा है : ऐसा संघर्ष बंगाल में 1857 के बाद कभी नहीं चलाया गया। (पृष्ठ 50) उन्होंने बंगाल सरकार के एक उच्च पदाधिकारी एस. एन. राय का पत्र उद्धृत किया है जिसमें पुलिस अफसर गार्डन को बताया गया था, इन दुस्साहसिक नौजवानों ने शस्त्रागारों पर जो हमला किया, वह बंगाल के आतंकवाद के इतिहास में अभूतपूर्व है। उसका गहरा असर यहां के लोगों पर हुआ। जोशीले नौजवानों की कल्पना को उसने उत्तेजित किया। देहात में जनता के एक बड़े भाग में इन्हें अपना काम करने के लिए और रहने के लिए आश्रय मिला। 'लार्ज सेक्शंस ऑफ द पीपुल इन द कंट्रीसाइड' इन शब्दों से गांव में उनके प्रभाव की व्याख्या हो जाती है। आगे कहा गया है : बौद्ध और मुसलमान इस आंदोलन में खिंच आए हैं। इस तथ्य से पता चलता है यह संक्रामक रोग कितनी तेजी से फैलता गया है। (पृष्ठ 74)

उत्तर में पेशावर और पूर्व में चटगांव, दूर-दूर तक एक विकल्प लोगों के सामने आ रहा था कि किसानों में जाकर काम करने से क्रांतिकारी आंदोलन को आगे बढ़ाया जा सकता है। इसमें हिंदू और मुसलमान दोनों ही हिस्सा ले रहे थे। यदि आंदोलन सुसंगत रूप से चलाया जाता तो ये निश्चित बात है कि संप्रदायवादियों और कांग्रेस के दक्षिणपंथी नेताओं की समझौतावादी नीति निरस्त की जा सकती थी।

गाँधीजी लंदन में थे। वहां रहते हुए वह भारत और बंगाल की राजनीतिक गतिविधि ध्यान से देख रहे थे। पहली दिसंबर 1931 को उन्होंने समाचार पत्रों को एक वक्तव्य दिया।

उसमें उन्होंने कहा : भारत में, और खासकर बंगाल में, स्थिति इतनी बुरी हो चली है कि ऐसी आशा रखने की कोई गुंजाइश नहीं बच रही है कि परिषद् का कोई बड़ा परिणाम हो सकता है। मेरा तात्पर्य बंगाल में पास किए गए उस ताजा अध्यादेश से है जिसमें सरकार को उस चीज का मुकाबला करने के लिए असाधारण अधिकार दिए गए हैं जिसे आतंकवादी प्रवृत्ति कहा गया है और एक हद तक ठीक ही कहा गया है। लेकिन अतीत के अनुभव से मैं यही निष्कर्ष निकालता हूं कि सरकार अपना संतुलन खो बैठी है, जैसा कि उसके साथ किसी भी यूरोपीय की हत्या अथवा हत्या के प्रयत्न किए जाने पर होता है। अपराधों से मुझे सख्त नफरत है। लेकिन इस संबंध में मेरे मन में कोई शंका नहीं है कि आतंकवादी प्रवृत्ति के जितना फैलने की आशंका है, उसकी तुलना में सरकार को दी गई सत्ता बहुत ही अधिक है। अगर मुझ पर छोड़ दिया जाए तो मैं इसका मुकाबला साधारण कानून के अधीन ही कर सकता हूं। (48/413-14) गाँधीजी के वक्तव्य से यह बात भी स्पष्ट होती है कि जिन्हें आतंकवादी कहा जाता था, उनका उद्देश्य आतंक फैलाना नहीं था वरन् हथियारबंद लड़ाई चलाकर देश को आजाद करना था। गाँधीजी ने कहा : सभी स्वीकार करते हैं कि आतंकवादी आतंक का सहारा केवल आतंक पैदा करने के उद्देश्य से ही नहीं लेते। कोई भी बिना किसी उद्देश्य के अपनी जान को खतरे में नहीं डालता है और मेरा ख्याल है, इस बात को सभी स्वीकार करते हैं कि आतंकवादी अपने देश को स्वतंत्र कराने की आशा से ही इस तरीके का सहारा लेते हैं। (48/414) इससे सीधा निष्कर्ष यह निकलता है कि यदि देश स्वाधीन हो जाए तो आतंकवाद अपने आप समाप्त हो जाएगा। गाँधीजी ने कहा : "मुझे बहुत भय है कि देश जिस पूर्ण स्वतंत्रता के लिए तड़प रहा है, वह जब तक उसे प्राप्त नहीं होती, तब तक आतंकवादी प्रवृत्ति पूरी तरह समूल नष्ट नहीं होगी।" गाँधीजी इस प्रवृत्ति को कांग्रेसी आंदोलन के लिए एक चुनौती के रूप में देख रहे थे। उन्होंने कहा, "कांग्रेस ने एक ऐसा तरीका अपनाया है जिससे सविनय प्रतिरोध और उसमें जो कुछ समाया हुआ है, वह पूर्ण रूप से आतंकवादी प्रवृत्ति का स्थान ले सकता है।

दिसंबर 1931 में गाँधीजी ने लंदन से एक घोषणा पत्र जारी किया जिसमें कांग्रेस के उद्देश्य के बारे में उन्होंने कहा : कांग्रेस सुरक्षा-सेनाओं, विदेशी मामलों तथा वित्त पर नियंत्रण के अधिकार सहित पूर्ण स्वतंत्रता की मांग करती है। साझेदारी दो में से किसी भी पक्ष की इच्छा होने पर समाप्त की जा सकती है। हां, उस साझेदारी में एक दूसरे के प्रति अपने दायित्वों का निर्वाह अथवा उनका पारस्परिक समंजन (ऐडजस्टमेंट) करना आवश्यक होगा। (48/430) इस वक्तव्य में उन्होंने एक ओर स्वाधीनता न मिली तो संघर्ष के मार्ग की ओर संकेत किया। दूसरी ओर यदि सरकार झुकने को तैयार हो तो साझेदारी के आधार पर आपस में समझौते की बात भी कही। लंदन के गोलमेज सम्मेलन में गाँधीजी ने नवंबर में 1931 में कुछ क्रांतिकारी घोषणाएँ की थीं। "जिन लोगों को प्रकृति ने अथवा स्वयं सरकार ने कृपा करके धन और अन्य सुविधाएँ प्रदान की हैं, उनके विरुद्ध

और भूखे मरते भारतीयों के पक्ष में उसे (भावी सरकार को) बराबर भेदभाव करना पड़ेगा। शायद भावी सरकार को मजदूरों के लिए मुफ्त घरों की व्यवस्था करना आवश्यक होगा।" (48/349) यानी स्वाधीन भारत की सरकार मजदूरों की पक्षधर होगी। वह पूंजीपतियों के साथ वैसा ही व्यवहार नहीं करेगी जैसा वह मजदूरों के साथ करेगी। मजदूरों के लिए वह मुफ्त घरों की व्यवस्था कर सकेगी। यह सोचते थे गाँधीजी।

दूसरी घोषणा, खेत-मजदूरों, विशेष रूप से अछूत खेत-मजदूरों, के बारे में थी। अस्पृश्यता की समस्या मूलतः जमीन की समस्या है। "आज उनके पास जरा भी जमीन नहीं है। वे आज एक जगह से दूसरी जगह खदेड़े जा सकते हैं। इसकी न तो वे शिकायत कर सकते हैं न कानून की सहायता ही ले सकते हैं। इसलिए विधानमंडल का पहला काम यह देखना होगा कि इस स्थिति को कुछ हद तक समान करने के लिए इन लोगों को मुक्त हस्त से अनुदान दिए जाएँ।" (48/351) दलितों के उद्धार का यह बहुत कारगर तरीका था।

तीसरी घोषणा शहरी अचल सम्पत्ति के वितरण के बारे में थी। क्या यूरोप और क्या भारत, दोनों जगह कुछ लोगों ने विशेषाधिकार प्राप्त करके बहुत सी जमीन पर अधिकार कर लिया था। उन्होंने जो संपत्ति खड़ी की थी, विशेष रूप से इमारतों के रूप में, उसे नए बंटवारे की आवश्यकता थी। "अकेले यूरोपियों की बात नहीं है। भारतीयों में भी ऐसे लोग हैं जो आज ऐसी भूमि पर कब्जा किए हुए हैं जो उन्हें राष्ट्र की किसी सेवा के बदले में नहीं मिली है। यदि आप मुझ से कहें कि राज्य इन रियायतों और विशेषाधिकारों की जांच नहीं करेगा तो मैं आपसे फिर कहूंगा कि तब अकिंचनों की ओर से, जिनसे उनके अधिकार छीन लिए गए हैं, उनकी ओर से, शासनतंत्र चलाना असंभव हो जाएगा। यदि इन्होंने सरकारी अधिकारियों की सेवा करके रियायतें हासिल की होंगी, मीलों जमीन प्राप्त की होगी तो यदि शासन की लगाम मेरे हाथ में हुई तो मैं तुरंत इन्हें उससे बेदखल कर दूंगा। वे भारतीय हैं, इसलिए मैं उनका लिहाज नहीं करूँगा।" (48/352) यह पूंजीवाद को नियंत्रित करने की दिशा में पहला कदम होता।

गाँधीजी संपत्ति के बारे में अब तक जो कहते आये थे, उससे ये घोषणाएँ भिन्न स्तर की थीं। इस समय वह लंदन में ऐसी बातें क्यों कह रहे थे? इस प्रश्न का उत्तर खोजते हुए कांग्रेस के भीतर और बाहर वामपक्ष का जो विकास और प्रसार हो रहा था, उस पर एक नजर डालना उचित होगा। दिसंबर 1928 में गाँधीजी ने जवाहर लाल नेहरू और उनकी तरह सोचने वाले लोगों के लिए कहा था : वे केवल विदेशी पूंजी के विरुद्ध नहीं हैं। वे देशी पूंजी के विरुद्ध भी हैं। (38/304) यह बात कांग्रेस के भीतर वामपंथी विचारधारा के अभ्युदय की सूचना देती है।

अक्तूबर 1929 में गाँधीजी मेरठ जेल में साम्यवादी बंदियों से मिले। उस मुलाकात के विवरण में बताया गया है : "इस मंतव्य पर कि जब तक कांग्रेस कार्यकर्ताओं और किसानों को संगठित करने का कार्यक्रम स्वीकार न करे, सरकार पर कोई असर नहीं होगा,

महात्माजी ने कहा कि मैं ऐसे हर व्यक्ति का स्वागत करता हूं, जो कांग्रेस को किसी भी कार्यक्रम के बारे में आश्वस्त कर दे और उसे पूर्ण करे।" (42/61) यह बात कांग्रेस के बाहर वामपंथी विचारधारा के प्रसार की सूचना देती है। इसी क्रम में देखना चाहिए, भगतसिंह के साथी भारत के भावी स्वरूप के बारें में क्या कहते थे। मार्च 1931 में गाँधीजी से नौजवान भारत सभा के सदस्य मिले। इस मुलाकात के विवरण के अनुसार, भगत सिंह के साथियों ने कहा : "वैयक्तिक आतंकवाद हमारा पंथ नहीं है। हम समझौते के बारे में अपने विरोध पर डटे हुए हैं, क्योंकि हमारा विश्वास है कि यह समझौता हमें भारत में मजदूरों और किसानों के स्वतंत्र गणतंत्र के उद्देश्य की ओर कभी नहीं ले जाएगा।" (45/376) यह मुलाकात मार्च 1931 में हुई थी। अक्तूबर 1931 में गाँधीजी ने लंदन में जो बातें कहीं, वे मानों इसी गणराज्य की व्याख्या थीं।

नौजवान भारत सभा के प्रतिनिधियों ने गाँधीजी से 27 मार्च को मुलाकात की। 31 मार्च को कराची की कांग्रेस में मौलिक अधिकारों और आर्थिक परिवर्तनों के संबंध में प्रस्ताव पास किया गया। गाँधी वाङ्मय के संपादकों के अनुसार : "अनुमान है कि इसका मसविदा गाँधीजी द्वारा बनाया गया था।" (45/392) यह प्रस्ताव बहुत ही महत्वपूर्ण है। उस समय गाँधीजी और कांग्रेस के दूसरे नेता भारत के जिस भावी स्वरूप की कल्पना कर रहे थे, वह इस प्रस्ताव से ज्ञात होता है। इसकी कुछ मुख्य बातें इस प्रकार हैं : "कोई भी नागरिक अपने धर्म, जाति-पाति, विश्वास या लिंग-भेद के कारण सार्वजनिक नौकरी में, सत्ता या सम्मान के पदों में और किसी भी व्यापार अथवा धंधे में किसी प्रकार से निर्योग्य न ठहराया जाए। सार्वजनिक रास्तों, कुंओं, पाठशालाओं और सार्वजनिक उपयोग की दूसरी तमाम जगहों की बाबत सब नागरिकों के समान अधिकार (होंगे)। (यह धारा विशेष रूप से अछूतों को ध्यान में रख बनाई गयी थी) हथियार रखने के बारे में जो नियम और मर्यादाएँ बनाई गयी हों उनके अनुसार हथियार रखने और धारण करने का अधिकार (होगा)। (यहां अहिंसा की धारणा में किंचित् परिशोधन किया गया है।) मुफ्त प्राथमिक शिक्षा का प्रावधान किया गया था। (मजदूरों के बारे में कहा गया था) कारखानों के मजदूरों को जीवन निर्वाह के लिए पर्याप्त मजदूरी, मजदूरी के नियत घंटे, काम की जगह आरोग्यप्रद और साफ सुथरी, बुढ़ापा, बीमारी और बेकारी के आर्थिक परिणामों के विरुद्ध सुरक्षा (प्रदान की जाएगी)। (मजदूरों की हालत उस समय जैसी थी, उससे उन्हें मुक्त करना था।) दासत्व या लगभग दासत्व जैसी दशा से मजदूरों की मुक्ति (होगी)। मजदूर स्त्रियों की रक्षा और खास कर के प्रसूति काल के समय में छुट्टी का पूरा बंदोबस्त (किया जाएगा)। (बच्चों से मजदूरी न कराई जाए, इस बारे में कहा गया था) पाठशाला में जाने योग्य उम्र के बालकों से कारखानों में काम लेने पर रोक (लगाई जाएगी)। (विदेशी माल से होड़ में देशी उद्योग-धंधों को संरक्षण देने के बारे में कहा गया था) विदेशी वस्त्र और विदेशी सूत पर पाबंदी लगाकर देसी वस्त्र को संरक्षण देना होगा (और सबसे महत्वपूर्ण) यह मुख्य उद्योगों और खनिज पदार्थों के स्वामित्व पर सरकार का नियंत्रण होगा।" (45/392-93) पूंजीवाद

को नियंत्रित करने की दिशा में यह दूसरा महत्वपूर्ण कदम था।

कांग्रेस के भीतर अब समाजवादियों का एक गुट संगठित हुआ। इन लोगों से अहमदाबाद में जून 1934 में गाँधीजी की बातचीत हुई। उस बातचीत के विवरण के अनुसार, "गाँधीजी से पूछा गया कि समाजवादी दल के कार्यक्रम का विरोध करते हुए आपने कांग्रेस के अंदर उसके गठन का स्वागत क्यों किया? गाँधीजी ने बताया कि जांच-पड़ताल से मुझे कार्यक्रम में कुछ अंश ऐसे दिखे जिनमें परिवर्तन की जरूरत थी। वर्ग संघर्ष के बारे में सवाल किए जाने पर उन्होंने इस बात पर अपनी सहमति प्रकट की कि आज समाज में वर्ग संघर्ष तो चल ही रहा है। किंतु वर्ग संघर्ष में हिंसा भी आती है, निश्चय ही वह कांग्रेस के सिद्धांत के प्रतिकूल है। समाजवादियों ने अपने ऊपर लगाए गए आरोपों का खंडन करते हुए कहा कि जो भी हो, हमने अहिंसा को एक राजनीतिक आवश्यकता मान कर स्वीकार किया है। गाँधीजी ने कहा कि मैं ऐसे वर्ग संघर्ष का विरोधी नहीं हूं जिसका दृष्टिकोण अहिंसावादी है। उन्होंने कहा कि मैं ऐसे संघर्ष में भाग ले रहे कांग्रेसियों का साथ दूंगा। राज्य सत्ता की भूमिका और समाज के भावी स्वरूप के बारे में उन्होंने कहा कि राज्य को बुद्धिमत्ता के साथ और उचित ढंग से संपत्ति के उपयोग पर नियंत्रण रखना चाहिए। उन्होंने कहा कि ऐसे राज्य की कल्पना की जा सकती है जिसमें इस तरह की मुनाफाखोरी और विषमता के लिए कोई जगह न हो। उसका काम जनता को शिक्षित करना और उसे एक सूत्र में बांधना हो। अगर इससे जनता अपने कर्त्तव्यों, अधिकारों तथा सुविधाओं के बारे में जागृत होती है, अगर इससे जनवर्ग संगठित होता है और जिस समाजवाद को मैं लाना चाहता हूं, उसे लाने के लिए वह राज्य की जिम्मेदारी लेता है तो उसका पक्ष लेने में मुझे बिल्कुल संकोच नहीं होगा। इस तरह की निष्पत्ति का मैं स्वागत करूंगा।" (58/129-30)

कांग्रेस में समाजवादियों के एक प्रमुख नेता जयप्रकाश नारायण थे। 1936 में उन्होंने एक पुस्तक लिखी थी 'ह्वाई सोशलिजम?' (समाजवाद ही क्यों?) इस पुस्तक में उन्होंने गाँधीजी और उनके सहयोगियों की तीखी आलोचना की थी। पुस्तक की एक प्रति उन्होंने गाँधीजी के पास भेजी थी। पुस्तक पढ़कर गाँधीजी ने 12 मार्च 1936 को जयप्रकाश नारायण के नाम पत्र में लिखा : "तुमारी किताब मैंने ध्यान से पढ़ी—मुझे अच्छी लगी—उसमें मुझ पर जो हमला किया है, काफी अज्ञान मेरे बारे में बताता है। यह तो दूर हो सकता है। लेकिन तुमारे अभ्यास पर मैं मुग्ध हूं। इतना कहने के बाद मैं यह कहुं कि तुम्हारी पुस्तक में मैंने हमारे दर्द का इलाज नहीं पाया है। जो तुमने बताया है वह इस मुल्क के लिए आज तो उपयुक्त नहीं है। जो तुम चाहते हो वह सब करीब-करीब मैं और बहुत कांग्रेस वाले चाहते हैं। लेकिन उसे पाने का तरीका तुमारे तरीके से भिन्न है। मेरी दृष्टि में तुमारा तरीका उस भूमि के लिए चलने के योग्य नहीं। मेरे तरीके पर मुझे ऐसा कोई राग नहीं है कि मैं दूसरे की विशेषता न देख सकुं। शुभ प्रयत्न करते हुए तुमारी बात मुझे जंचती नहीं है।" (62/271-72) यहां गाँधीजी ने अंशतः समाजवादी विचारधारा को

स्वीकार किया है और अंशतः उसका विरोध भी किया है।

कांग्रेस के भीतर समाजवादी विचारधारा के अभ्युदय और प्रसार का एक परिणाम यह हुआ कि जब 1939 में कांग्रेस के अध्यक्ष का चुनाव हुआ, तब गाँधीजी के उम्मीदवार को हराकर सुभाष चंद्र बोस अध्यक्ष चुने गए। इस संबंध में गाँधीजी ने 31 जनवरी 1939 को समाचार पत्रों को दिए हुए वक्तव्य में कहा : "श्री सुभाष बोस ने अपने प्रतिद्वंदी उम्मीदवार डॉ. पट्टाभि सीतारमैया पर निर्णायक विजय प्राप्त की है। मैं यह स्वीकार करता हूं कि शुरू से ही कुछ कारणोंवश, जिनमें इस समय जाने की आवश्यकता नहीं है, मैं निश्चित रूप से उनके दोबारा चुने जाने के विरुद्ध था। इस चुनाव के संबंध में उन्होंने जो वक्तव्य जारी किए, उनमें दी गई दलीलों या तथ्यों से मैं सहमत नहीं हूं। मेरे ख्याल में तो उन्होंने अपने सहयोगियों के बारे में जो कुछ कहा है, वह अनुचित और अशोभनीय है। तो भी मैं उनकी विजय से खुश हूं और चूंकि मौलाना अबुल कलाम आजाद द्वारा अपना नाम वापस ले लेने के बाद डॉ. पट्टाभि को चुनाव से पीछे न हटने की सलाह मैंने दी थी, इसलिए यह हार उनसे ज्यादा मेरी है। अगर मैं अमुक निश्चित नीति और सिद्धांतों का प्रतिनिधित्व नहीं करता हूं तो फिर कुछ भी नहीं हूं। इसलिए यह स्पष्ट हो गया है कि कांग्रेस के प्रतिनिधि उन सिद्धांतों और उस नीति को मान्य नहीं करते, जिनका कि मैं प्रतिपादन करता हूं।" (68/396) कांग्रेस में एक दक्षिणपंथ है, एक वामपंथ है, यह बात गाँधीजी ने उसी वक्तव्य में इस तरह स्वीकार की है : "सुभाष बाबू अब उन लोगों की कृपा के सहारे अध्यक्ष नहीं बने जिन्हें वे दक्षिणपंथी कहते हैं, बल्कि, चुनाव में जीतकर अध्यक्ष बने हैं।" इस समय वामपंथी विचारधारा के लोग बहुसंख्यक थे, दक्षिणपंथी विचारधारा के लोग अल्पसंख्यक थे। इन लोगों को उत्साहित करते हुए गाँधीजी ने उसी वक्तव्य में कहा, "अल्पसंख्यकों को हतोत्साहित होने की जरूरत नहीं, अगर वे कांग्रेस के वर्तमान कार्यक्रम में विश्वास रखते हैं तो उन्हें मालूम हो जाएगा कि उसके अनुसार काम किया जा सकता है, फिर चाहे वे अल्पमत में हों अथवा बहुमत में, और कांग्रेस के बाहर हों या अंदर।" (68/396-97)

ब्रिटिश सुधारों के तहत जो विधानसभाएँ बनी थीं, उनमें काम करने वाले ज्यादातर वे कांग्रेसी थे जिन्हें सुभाष चंद्र बोस ने दक्षिणपंथी कहा था। नये अध्यक्ष के चुने जाने के बाद इनकी स्थिति में कोई परिवर्तन हो सकता था, इस के बारे में गाँधीजी ने कहा : मौजूदा परिवर्तन से केवल संसदीय कार्यक्रम में फर्क पड़ सकता है और किसी में नहीं। मंत्रिमंडलों का चुनाव उन लोगों ने किया है जो अभी तक बहुमत में थे और उन्होंने ही उसका कार्यक्रम बनाया है। लेकिन संसदीय कार्यक्रम कांग्रेस-कार्यक्रम का एक छोटा सा अंग है। कांग्रेसी मंत्रियों को आखिरकार यही समझकर चलना है कि उन्हें अपना पद किसी भी दिन छोड़ना पड़ सकता है। (68/397)

सुभाष चंद्र बोस को कांग्रेस के बाहर जाना पड़ सकता है, यह संकेत भी गाँधीजी के वक्तव्य में है : सुभाष बाबू देश के दुश्मन तो हैं नहीं। उन्होंने उसके लिए कष्ट सहन किए

हैं। उनकी राय उनका कार्यक्रम और उनकी नीति अत्यंत अग्रगामी है। अल्पसंख्यक उसकी सफलता ही चाहेंगे। लेकिन यदि वे उसके अनुसार न चल सके, तो उन्हें कांग्रेस के बाहर आ जाना चाहिए। उनसे बन पड़ा तो वे बहुमत की शक्ति बढ़ाएंगे। (68/397)

लोकतांत्रिक पार्टियों में अंदरूनी झगड़े निपटाने का एक तरीका यह है कि दो गुटों के बीच सामंजस्य स्थापित किया जाए। यदि यह संभव न हो तो जो अल्पसंख्यक गुट है, वह बहुसंख्यक गुट के मातहत रहकर काम करे। कांग्रेस में सामंजस्य पैदा करने का प्रयत्न किया गया था। यह संभावना तो बनी हुई थी कि अल्पसंख्यक गुट बहुमत के अधीन रहकर काम करे। किंतु 10 अप्रैल 1939 को गाँधीजी ने सुभाष बोस को लिखा : मैंने यह सुझाव दिया था कि दोनों विरोधी पक्ष आपस में मिल बैठें और एक दूसरे से बिना किसी दुराव-छिपाव के अपनी बातें साफ-साफ कह कर सारा मामला निपटा लें। लेकिन तब से अब तक बहुत कुछ घटित हो चुका है। इसलिए मैं नहीं कह सकता कि वह सुझाव आज भी किसी-काम का है या नहीं। वे सिर्फ एक दूसरे को कोसेंगे ही और इस तरह कटुता और बढ़ेगी। दोनों के बीच जो खाई पड़ गई है, वह बहुत चौड़ी है और पारस्परिक संदेह बहुत गहरा है। इस झगड़े को बंद करने का कोई रास्ता मुझे नहीं दिखता। यदि कोई रास्ता दिखता है तो केवल यही कि दोनों मतभेदों को स्वीकार करके दोनों को अपने-अपने ढंग से काम करने दिया जाए। (69/140) गाँधीजी ने स्वीकार किया— वे दोनों गुटों के बीच सामंजस्य स्थापित करने में सफल नहीं हुए। "आपस में झगड़ते हुए इन तत्वों को साथ लाकर मिल-जुलकर काम करने को तैयार करने में मैं अपने आपको अक्षम पाता हूं।" (69/141) तब एक ही रास्ता रह जाता था कि दोनों अलग-अलग रास्तों पर चलते हुए अपना काम करें। गाँधीजी ने कहा : "मैं तो मानता हूं कि एक दूसरे से भिन्न दृष्टिकोण रखने वाले गुट परस्पर बिल्कुल बेमेल तत्वों को जैसे-तैसे राजी करके तय की गई किसी नीति और कार्यक्रम को अंजाम देने की कोशिश करें, इसके बजाय यदि हम अपने-अपने रास्ते पर अपने ही ढंग से काम करें तो उसमें देश की ज्यादा सेवा हो सकेगी।" (उपर्युक्त) अपने सहयोगियों का हृदय परिवर्तन करना बहुत कठिन था। जाहिर है अंग्रेज शासकों का हृदय परिवर्तन करना इससे भी ज्यादा कठिन था।

सुभाषचंद्र बोस और बंगाल में उनके सहयोगी चाहते थे कि सरकार को एक नोटिस दिया जाए। निश्चित अवधि के भीतर वह स्वराज्य दे तो ठीक और न दे तो उसके बाद आंदोलन शुरू किया जाए। गाँधी वाङ्मय के संपादकों ने पट्टाभि सीतारमैया का लिखा हुआ कांग्रेस का इतिहास उद्धृत किया है। जलपाईगुड़ी में बंगाल के प्रतिनिधियों ने मिलकर एक प्रस्ताव पास करके कहा कि ब्रिटिश सरकार को 6 महीने का नोटिस दिया जाए और सामूहिक सविनय अवज्ञा आरंभ की जाए। (69/232, पाद टिप्पणी) गाँधीजी ने इस प्रस्ताव का उल्लेख करते हुए कहा : "उन्होंने जलपाईगुड़ी में जो प्रस्ताव किया, वैसी आज भी उनकी राय है, ऐसा मैं समझता हूं। उसमें मैंने देखा कि मैं कहीं शामिल नहीं हो सकता। उसमें सरकार को अंतिम सूचना (अल्टीमेटम) देने की बात है। वे मानते हैं कि हमारे पास

लड़ाई का सामान मौजूद है। मैं बिल्कुल उलटा मानता हूं। आज हमारे पास लड़ाई करने का कोई सामान है ही नहीं। आज सारा वायुमंडल हिंसा से इतना भरा हुआ है कि मैं लड़ाई कर ही नहीं सकता।" अनेक घटनाओं का उल्लेख करने के बाद गाँधीजी ने कहा : "मुट्ठी भर कांग्रेस वालों पर हमारा काबू रहने से हमारा काम नहीं चलेगा। हमारा तो हमेशा यह दावा रहा है कि सारे मुल्क पर हमारा काबू है। लेकिन आज मुट्ठी भर लोगों पर काबू रह गया है। मजदूर और किसान तो कांग्रेस वाले ही माने जाते थे। किसानों पर बिहार में हमारा पहले जो काबू था वह आज नहीं रहा। क्या यह लड़ाई के लिए अनुकूल स्थिति है?" (69/232) बिहार के किसानों पर पहले काबू था, अब नहीं है। इसका अर्थ यह है कि पहले वहां के किसान गाँधीजी और उनके सहयोगियों के असर में थे और उन पर जयप्रकाश नारायण और समाजवादियों का असर था। गाँधीजी सोचते थे, आंदोलन किया जाए तो उसके भीतर उनके अनुयायियों का बहुमत होना चाहिए। पर इस समय स्थिति ऐसी थी कि वह और उनके अनुयायी अल्पमत में थे। इसीलिए उन्हें चारों तरफ हिंसा दिखाई दे रही थी।

कांग्रेस में दक्षिणपंथी नेता अब भी बहुत शक्तिशाली थे। वामपंथी विचारधारा के लोग एक-दूसरे से अलग-थलग थे। एक गुट जवाहरलाल नेहरू का, दूसरा गुट जयप्रकाश नारायण का, तीसरा गुट कम्युनिस्टों का और चौथा गुट सुभाषचंद्र बोस का। ये सब लोग मिलकर काम करते तो उस समय दक्षिणपंथ को हमेशा के लिए अल्पमत बना सकते थे। 11 अगस्त 1939 को कांग्रेस की कार्य समिति ने सुभाषचंद्र बोस पर अनुशासन-भंग करने का दोष लगाते हुए प्रस्ताव पास किया। उसमें कहा गया : "कार्य समिति अत्यंत दुख के साथ इस निष्कर्ष पर पहुंची है कि यदि वह सुभाष बाबू के जानबूझ कर और खुल्लमखुल्ला किए गए अनुशासन-भंग कार्य की उपेक्षा करती है तो वह अपने कर्त्तव्य से च्युत होती है। इसीलिए कार्य समिति यह निश्चय करती है कि अनुशासन भंग करने के गंभीर अपराध में सुभाष बाबू अगस्त 1939 से तीन वर्ष के लिए बंगाल प्रांतीय कांग्रेस के अध्यक्ष पद के लिए अयोग्य होंगे। कार्य समिति को विश्वास है कि सुभाष बाबू अपनी भूल को पहचानेंगे और उनके विरुद्ध यह जो अनुशासनात्मक कार्रवाई की गयी है, उसे सच्चे हृदय से स्वीकार करेंगे।" (70/95)

बहुत लोगों ने इस प्रस्ताव का विरोध किया। 23 अगस्त 1939 को अपने वक्तव्य में गाँधीजी ने कहा : "कार्य समिति ने सुभाष बाबू के बारे में जो प्रस्ताव पास किया है, उसको लेकर मेरे पास बराबर ऐसे खत आ रहे हैं, जिनमें से अधिकांश गाली-गलौज से भरे होते हैं।" कार्य समिति का प्रस्ताव गाँधीजी ने ही बनाया था। "मुझे स्वीकार करना चाहिए कि सुभाष बाबू वाले प्रस्ताव का मसौदा मैंने ही तैयार किया था।" (70/125) सुभाषचंद्र बोस कांग्रेस से अलग हो गए। उन्होंने फॉरवर्ड ब्लॉक नाम से अपना दल बनाया। युद्ध छिड़ने पर कुछ दिन बाद वह देश से बाहर चले गए और फिर लौटकर नहीं आए।

युद्ध और सविनय अवज्ञा

युद्ध छिड़ने पर अंग्रेज भारत के संसाधनों का उपयोग अपने साम्राज्य की रक्षा के लिए करने वाले थे। इस संभावना को ध्यान में रखते हुए कांग्रेस की कार्य समिति ने एक प्रस्ताव में कहा : "विश्व की इस संकट की घड़ी में कार्य समिति की सहानुभूति पूर्णतया उन लोगों के साथ है जो लोकतंत्र और स्वतंत्रता के पक्ष में हैं। कांग्रेस ने यूरोप, अफ्रीका और सुदूर पूर्व के एशिया में हुए फासिस्ट आक्रमण तथा चेकोस्लोवाकिया और स्पेन में लोकतंत्र के साथ ब्रिटिश साम्राज्यवाद द्वारा विश्वासघात किए जाने की बार-बार निंदा की है। कांग्रेस ने यह भी स्पष्ट कर दिया है कि युद्ध छिड़ा तो उसकी नीति क्या होगी और यह घोषणा कर दी है कि भारत पर युद्ध थोपने की सभी कोशिशों का वह डट कर विरोध करेगी। कार्य-समिति कांग्रेस की इस नीति से बँधी हुई है और वह इसे अमल में लाएगी, ताकि साम्राज्यवादी उद्देश्यों के लिए भारतीय साधनों का शोषण न होने पाए। ब्रिटिश सरकार की पिछली नीति को और हाल की घटनाओं से यह भली भांति स्पष्ट हो जाता है कि यह सरकार स्वतंत्र लोकतंत्र की पक्षधर नहीं है और इन आदर्शों के साथ किसी भी समय विश्वासघात कर सकती है।" (70/456-57) गाँधीजी अंग्रेजों को बिना शर्त सहायता देने के पक्ष में थे परंतु कार्यसमिति का बहुमत उनका समर्थन न कर रहा था। अगस्त 1939 में उन्होंने लिखा : "युद्ध संबंधी प्रस्ताव पर मेरी पूरी हार हुई। मुझसे प्रस्ताव का मसौदा तैयार करने के लिए कहा गया। इसी तरह पंडित जवाहरलाल नेहरू से भी कहा गया था। मुझे अपने मसौदे पर गर्व था पर मेरा गर्व चूर-चूर हो गया। मैंने देखा कि जब तक मैं दलील और आग्रह से काम न लूं मेरा प्रस्ताव पास नहीं हो सकता। लेकिन मुझे कोई इच्छा नहीं थी। पर हमने जवाहरलाल जी का प्रस्ताव सुना और मैंने तुरंत यह स्वीकार कर लिया कि उनका प्रस्ताव मेरे प्रस्ताव की बनिस्तब देश के मत को, बल्कि कुल मिलाकर कार्य-समिति के मत को भी, ज्यादा अच्छी तरह व्यक्त करता है।" (70/126)

मार्च 1940 में कांग्रेस ने अपने रामगढ़ अधिवेशन में प्रस्ताव पास करके ब्रिटेन के साम्राज्यवादी स्वरूप की फिर पुष्टि की। "साम्राज्यवाद के अंतर्गत भारतीय स्वतंत्रता का अस्तित्व संभव नहीं है। और साम्राज्यवादी ढांचे के अंतर्गत औपनिवेशिक दर्जा या इसी प्रकार का कोई दर्जा प्रदान करने की बात भारत के मामले में बिल्कुल लागू नहीं होती। इस प्रकार का दर्जा भारत जैसे महान् राष्ट्र की गरिमा के अनुकूल नहीं है और इससे भारत कई प्रकार से ब्रिटिश नीतियों तथा ब्रिटिश आर्थिक ढांचे में जकड़ा रहेगा। केवल भारत के लोग ही स्वयं वयस्क मताधिकार के आधार पर निर्वाचित संविधान सभा के जरिए अपने देश का संविधान सही तौर से तैयार कर सकते हैं तथा अन्य देशों के साथ अपने भावी संबंधों को निर्धारित कर सकते हैं।" (71/497) स्थिति का बहुत सही वर्णन किया गया है। भारत के लोग वयस्क मताधिकार के बल पर अपना संविधान बनाएँ, संविधान सभा

का निर्माण करें, इसके लिए जरूरी था कि ब्रिटेन का साम्राज्यवादी प्रभुत्व खत्म किया जाए। इसके लिए जन-संघर्ष आवश्यक था।

अंग्रेजों के विरुद्ध कोई शक्तिशाली आंदोलन चलाया जाएगा, इसकी संभावना इस समय बहुत ही कम थी। 13 अक्तूबर 1939 के वक्तव्य में गाँधीजी ने कहा : "मैं देखता हूं कि कुछ कांग्रेसी बहुत अधीर हो उठे हैं और युद्ध के खिलाफ कुछ कर दिखाना चाहते हैं, क्योंकि उनका विचार है कि यह युद्ध साम्राज्यवाद की रक्षा करने के उद्देश्य से लड़ा जा रहा है। मैं उनसे कह देना चाहूंगा कि यदि वे कांग्रेस के निर्णय का, जो किसी लोकतांत्रिक संगठन के लिए निर्णय लेने के एकमात्र तरीके के अनुसार लिया गया है, विरोध करेंगे तो वे सामान्य उद्देश्य का अहित करेंगे... इसलिए मैं कांग्रेसियों से विनयपूर्वक निवेदन करता हूं कि ऐसे संकट के समय कोई भी ऐसी कार्रवाई न करें जिससे अनुशासनहीनता अथवा अवज्ञा की गंध आती हो। उन्हें निश्चय ही यह समझ सकना चाहिए कि उनकी ऐसी कार्रवाई से कांग्रेस की प्रतिष्ठा को आघात पहुंचेगा और उसका प्रभाव भी कम हो जाएगा।" (70/277) कोई ऐसा काम न किया जाए जिससे सविनय अवज्ञा की गंध भी आती हो। गाँधीजी का ऐसा सोचना बिल्कुल स्वाभाविक था, इसलिए कि कार्यसमिति में वह अकेले ऐसे व्यक्ति थे जो अंग्रेजों को बिना शर्त सहायता देना चाहते थे। उन्होंने कहा : "मुझे दुख के साथ कहना पड़ता है कि वहां पर केवल मैं ही एक ऐसा व्यक्ति था जिसका यह विचार था कि ब्रिटेन को जो भी सहायता दी जाए, वह बिना शर्त के दी जानी चाहिए।" (70/194) लेकिन उन्होंने यह भी स्वीकार किया, "बिना किसी शर्त के सहयोग-संबंधी मेरे विचारों में देश मेरे साथ नहीं है।" (70/210) ऐसी स्थिति में गाँधीजी अंग्रेजों के विरुद्ध कोई शक्तिशाली आंदोलन चलाते यह संभव नहीं था।

आंदोलन चलाया जाए, कांग्रेस कार्य-समिति के सभी सदस्य यह मानते थे। उन्होंने आंदोलन चलाने का सारा भार गाँधीजी पर डाल दिया। किस पैमाने पर आंदोलन चलाया जाए, इस बारे में मतभेद था। गाँधीजी ने कहा : यद्यपि अकेले मुझ पर लड़ाई की पूरी-पूरी जिम्मेदारी है, फिर भी मैं कार्य-समिति के सदस्यों के साथ मशविरा किए बगैर पहला कदम उठाने की बात सोच नहीं सकता था। और मशविरा का नतीजा यह हुआ; "समिति के दो सदस्यों के सख्त मतभेद रहे। मैंने उन्हें अपनी बात समझाने का बहुत प्रयत्न किया, मगर मुझे लगता है कि मैं असफल ही रहा।" (73/108) क्यों असफल रहे, यह उनकी योजना के कुछ अंश देखने से जाहिर हो जाता है : "योजना सिर्फ यह है कि श्री विनोबा भावे प्रत्यक्ष कार्रवाई शुरू करेंगे और यह उन तक ही सीमित रहेगी। और चूंकि हम इसे व्यक्तिगत सविनय अवज्ञा से आगे नहीं ले जाना चाहते और फिलहाल विनोबाजी के सिवा और किसी को इसमें शामिल करना नहीं चाहते, वह उनके द्वारा इस तरह चलाई जाएगी कि दूसरे लोग सीधे या परोक्ष रूप से उसमें भाग नहीं लेंगे।" (73/109) इस तरह गाँधीजी ने सामूहिक आंदोलन का रास्ता बंद कर दिया था। व्यक्तिगत सत्याग्रह आंदोलन में कुछ अन्य व्यक्ति शामिल हुए। पर लोगों को कांग्रेस से जिस तरह के आंदोलन की अपेक्षा थी,

वह सामने नहीं आया। गाँधीजी के पास इस बारे में बहुत सी शिकायतें आईं। उनमें से कुछ इस प्रकार हैं : "उत्साह में बड़ी कमी आ गई है। अब पहले की अपेक्षा बहुत कम लोग आ रहे हैं। जिन लोगों को रिहा कर दिया गया है, वे अब ऐसी कोई कार्रवाई नहीं कर रहे हैं जिससे उन्हें फिर जेल जाना पड़े। बहुत से सत्याग्रही कैदियों में अनुशासन नहीं है और उनमें से कुछ को तो सत्य या अहिंसा के सिद्धांत का कोई बोध नहीं है। 'सी' श्रेणी के कैदियों के साथ आमानवीय व्यवहार किया जाता है। ...परिणामस्वरूप अधिकांश कैदियों का स्वास्थ्य खराब हो गया है। और इसका नतीजा यह हुआ है कि जो लोग रिहा हुए हैं, उनमें बहुत से ऐसे हैं जिनके लिए पर्याप्त विश्राम और स्वास्थ्य लाभ के बिना फिर जेल जाना असंभव है ...सरकार को परेशानी में न डालने की नीति समझ में नहीं आती क्योंकि शासक लोग खुद ही इस बात की कोई कद्र नहीं कर रहे हैं ...कांग्रेस में कोई जान नहीं रह गई है। उसकी सभाएँ नहीं होतीं, उसकी ओर से प्रदर्शन नहीं किए जाते और न कोई और प्रवृत्ति चलाई जाती है।" (75/60-61) गाँधी जी ने ये सारी शिकायतें 28 अक्तूबर 1941 के अपने एक लेख में प्रस्तुत कर दी थीं। उन पर अपनी राय भी दी थी। सरकार को परेशानी में न डाला जाए इसके बारें में गाँधीजी ने कहा : "यदि हम इस अवस्था में सरकार को परेशानी में डालेंगे तो सत्ताधारी निश्चय ही इसका बहुत बुरा मानेंगे और फिर वे विवेकशून्य होकर प्रतिशोध की भावना से काम ले सकते हैं।" (75/66) व्यक्तिगत सत्याग्रह का महत्व बताते हुए उन्होंने उसे और भी कम लोगों तक सीमित करने की बात कही। "सविनय अवज्ञा कुछ चुनिंदा व्यक्तियों तक सीमित है। आगे इसे और भी मर्यादित कर दिया जाएगा। तब वे ही लोग सविनय अवज्ञा कर सकेंगे जो आवश्यकता होने पर चाहे जितनी बार करने को आगे आएंगे। यदि ऐसे लोगों की संख्या केवल दस या दो ही रह जाए तो उससे कोई फर्क नहीं पड़ता। ये दो संपूर्ण कांग्रेस का प्रतिनिधित्व करेंगे। क्या एक ही राजदूत एक संपूर्ण राष्ट्र का प्रतिनिधित्व नहीं करता?" (75/66) जैसे पुराने क्रांतिकारी अपने व्यक्तिगत बलिदान और वीरता के बल पर देश को स्वाधीन करना चाहते थे, वैसे ही ये सत्याग्रही अपने व्यक्तिगत त्याग से आंदोलन चलाना चाहते थे। अंतर यह था कि उन पुराने क्रांतिकारियों के बलिदान का बड़ा व्यापक प्रभाव पड़ा जबकि इन सत्याग्रहियों का प्रभाव शून्य के बराबर था।

देश में कांग्रेस में सबसे बड़े सत्याग्रही गाँधीजी थे। परंतु बहुत दिनों से वह कांग्रेस से अलग हो जाने की बात सोच रहे थे। अगस्त, 1933 में उन्होंने श्रीनिवास शास्त्री को लिखा था : "यदि कांग्रेस से मेरा अलग होना संभव हुआ तो मैं खुशी से अलग हो जाऊंगा।" (55/402) हृदय परिवर्तन की सीमाएँ थीं। गाँधीजी कांग्रेस को अपनी कल्पना का सच्चा सत्याग्रही बनाने में असफल हो गए थे। सत्याग्रही झूठे हों चाहे सच्चे, कांग्रेसी नेता चाहते थे आंदोलन का नेतृत्व गाँधीजी ही करें। परंतु जब तक उनकी शर्तें पूरी न हों, गाँधीजी नेता बनने को और आंदोलन चलाने को तैयार न थे। मार्च, 1940 में उन्होंने कहा : "यह साफ समझ लेना चाहिए कि मुझे कोंच-कोंच कर, मुझसे जल्दबाजी में लड़ाई नहीं छिड़वाई

जा सकती।" (72/345) 21 जून 1940 को कांग्रेस कार्य समिति ने कांग्रेस के भावी कार्यक्रम और नीतियों की जिम्मेदारी से गाँधीजी को मुक्त करते हुए प्रस्ताव पास किया। (72/532) प्रश्न अहिंसा का था। बाहरी आक्रमण हो, तो उसका शस्त्र बल से मुकाबला करना चाहिए या नहीं? 18 जून को गाँधीजी ने लिखा था : "यदि मेरी दलील ठीक लगी हो तो क्या आज वह समय नहीं है जब हमें सबल की अहिंसा में अपनी अविचल आस्था की घोषणा करनी चाहिए और कहना चाहिए कि हम अपनी स्वतंत्रता की रक्षा शस्त्र बल से नहीं करना चाहते बल्कि हम उसका बचाव अहिंसा की नीति से करेंगे?" (72/222) कांग्रेस कार्य-समिति इस नीति से सहमत नहीं थी। गाँधीजी को जिम्मेदारी से मुक्त करते हुए उसने अपने प्रस्ताव में कहा : "यद्यपि कार्य समिति यह मानती है कि कांग्रेस को अपने स्वातंत्र्य-संघर्ष में ...जिन मानवीय तत्वों से उसका वास्ता पड़ता है, उनकी अपूर्णता और त्रुटियों की वह उपेक्षा नहीं कर सकती। ...इस प्रकार जो समस्या सामने आई है, उस पर पूरा-पूरा विचार करके समिति इस निष्कर्ष पर पहुंची है कि वह गाँधीजी के साथ अंत तक नहीं चल सकती। लेकिन समिति स्वीकार करती है कि उन्हें अपने महान् आदर्श के मार्ग पर अपनी रीति से चलने की स्वतंत्रता है। और इसलिए बाहरी आक्रमण तथा आंतरिक अराजकता को लेकर भारत और विश्व में जो स्थिति विद्यमान है, उससे कांग्रेस को जिस कार्यक्रम और जिन प्रवृत्तियों को चलाना है, उनकी जिम्मेदारी से वह उन्हें मुक्त करती है।" (उपर्युक्त पाद टिप्पणी) गाँधीजी कांग्रेस से अलग हुए पर उसके काम में भाग भी लेते रहे, इसलिए कुछ दिन बाद उन्हें फिर दायित्व से मुक्त करने की आवश्यकता सामने आई। सवाल अहिंसा का ही था। 30 दिसंबर 1941 को गाँधीजी ने अबुल कलाम आजाद को लिखा : "कार्यसमिति की चर्चा के दौरान मुझे पता चला कि बंबई प्रस्ताव का अर्थ लगाने में मैंने एक भारी भूल की है। मैंने उसका अर्थ यह लगाया था कि कांग्रेस को मुख्य रूप से अपने अहिंसा के सिद्धांत के आधार पर वर्तमान युद्ध या किसी भी युद्ध में शामिल होने से इंकार करना है। मुझे यह देखकर बड़ा आश्चर्य हुआ कि अधिकांश सदस्य मेरी व्याख्या से असहमत हैं और वे मानते हैं कि जरूरी नहीं कि युद्ध का विरोध अहिंसा के आधार पर किया जाए। बंबई प्रस्ताव को दोबारा पढ़ने पर पाया कि मुझसे असहमति प्रकट करने वाले सदस्य सही थे और मैंने प्रस्ताव से ऐसा अर्थ निकाला था जो उसके शब्दों से किसी तरह नहीं निकलता।" निष्कर्ष यह : "इसलिए बंबई प्रस्ताव की रू से मुझ पर जो दायित्व आता है, उससे आप मुझे मुक्त कर देने की कृपा करें।" (75/208-209) गाँधीजी के पत्र का उल्लेख करते हुए कांग्रेस कार्य समिति ने 30 दिसम्बर 1941 के प्रस्ताव में कहा : "कार्यसमिति को गाँधीजी का निम्नलिखित पत्र प्राप्त हुआ है और उसमें उन्होंने जो मुद्दा उठाया है, उसके औचित्य को वह स्वीकार करती है, और इसलिए गाँधीजी ने जिस बंबई प्रस्ताव का जिक्र किया है, उसके तहत उनके सिर पर आई जिम्मेदारी से उन्हें मुक्त करती है।" (75/491) गाँधीजी खुद तो कांग्रेस से अलग हुए ही, वह दूसरों को भी उससे अलग होने की सलाह दे रहे थे। 5 जुलाई 1942 को उन्होंने चक्रवर्ती राजगोपालाचारी

को लिखा : "तुम्हारे लिए सबसे शोभनीय यही होगा कि तुम कांग्रेस से अपना संबंध तोड़ लो और उसके बाद अपना प्रचार पूर्ण उत्साह और शांति से चलाओ।" (76/306)

इसी तरह गाँधीजी ने कन्हैयालाल माणिकलाल मुंशी को सलाह दी कि वे कांग्रेस से अलग हो जाएँ। 15 जून 1941 को समाचार पत्रों को दिए हुए अपने वक्तव्य में उन्होंने बताया : "मैंने उन्हें सलाह दी कि उनके लिए सम्मानजनक और बहादुरी का रास्ता यही है कि वे कांग्रेस से त्यागपत्र दे दें ताकि वे कांग्रेस की अहिंसा-नीति के प्रतिबंधों से मुक्त होकर स्वतंत्र रूप से कार्य कर सकें।" (74/125) मार्च 1940 में आंदोलन की संभावना से इंकार करते हुए गाँधीजी ने कहा : "सब लोग मुझसे एक ही सवाल कर रहे हैं—यह नहीं कि मैं देश को सविनय अवज्ञा करने के लिए आमंत्रित करूँगा या नहीं, बल्कि यह कि आह्वान कब करूंगा।" क्यों आह्वान नहीं करते, इसके बारे में उन्होंने कहा : "जब खुद कांग्रेस के भीतर ही इतनी अनुशासनहीनता और हिंसा भरी है, ऐसे वक्त में सविनय अवज्ञा आंदोलन का ऐलान करना आत्महत्या करना होगा।' (75/344-345) इसी महीने कांग्रेस की कार्यसमिति में उन्होंने कहा : "आपसे मैंने जो कुछ सुना है, उससे मेरा यह विश्वास और भी पुष्ट हो गया है कि हमारा देश सविनय अवज्ञा आंदोलन के लिए तैयार नहीं है ...छोटी सी अनुशासनपूर्ण कांग्रेस को लेकर मैं पूरे विश्व से लड़ सकता हूं। किंतु हमारे पास यह जो बड़ी कांग्रेस है, वह दुर्वह और लचर है। यदि सविनय अवज्ञा शुरू कर दी जाए, तो 'अवज्ञा' ही रह जाएगी और 'सविनय' लुप्त हो जाएगा।" (71/380-381) जो संगठन निर्बल और लचर हो, जो अनुशासनहीनता और हिंसा से भरा हुआ हो, वह कोई शक्तिशाली जन आंदोलन नहीं चला सकता। गाँधीजी को कांग्रेस पर विश्वास नहीं था। जिस संगठन पर उसके नेता को भरोसा न हो, वह यदि उसके ही सहारे कोई आंदोलन चलाए, तो वह अवश्य उसमें असफल होगा। 8 अगस्त 1942 को गाँधीजी ने अखिल भारतीय कांग्रेस कमेटी की बैठक में कहा : "आपने अपने सारे अधिकार मुझे सौंप दिए हैं। अब मैं वायसराय से भेंट करने जाऊंगा और उनसे कांग्रेस की मांग स्वीकार करने का अनुरोध करूँगा।" (76/433) 14 जुलाई 1942 के अपने प्रस्ताव में कार्य समिति ने कहा था : "दिन-प्रतिदिन की घटनाओं से और भारत की जनता आज जिस अनुभव के दौर से गुजर रही है, उससे कांग्रेसियों के इस मत की पुष्टि होती है कि भारत में अंग्रेजी शासन तुरंत समाप्त हो जाना चाहिए।" (76/501)

भारत को तुरंत स्वाधीन करने की अपील यदि स्वीकार नहीं होती, तो "उस अवस्था में कांग्रेस अनिच्छापूर्वक उस सारी अहिंसात्मक शक्ति का उपयोग करने को विवश होगी, जो राजनीतिक अधिकारों और स्वतंत्रता की रक्षा की अपनी नीति के अंग के रूप में 1920 में अहिंसा को अपनाने के बाद से संचित की हो। इस तरह का व्यापक संघर्ष अनिवार्य रूप से महात्मा गांधी के नेतृत्व में चलेगा।" (76/504) 8 अगस्त 1942 को अखिल भारतीय कांग्रेस कमेटी की बैठक में गाँधीजी ने कहा : "अगर हो सके तो आजादी फौरन दे दी जाए—आज रात को ही, कल पौ फटने से पहले ही। अब आजादी

के लिए साप्रदायिक एकता की स्थापना तक इंतजार नहीं किया जा सकता।" (76/431-32) आगे उन्होंने कहा : "यह एक छोटा सा मंत्र मैं आपको देता हूं। आप इसे अपने हृदय पटल पर अंकित कर लीजिए और हर श्वास के साथ उसका जाप किया कीजिए। वह मंत्र है : 'करो या मरो' या तो हम भारत को आजाद कराएंगे या आजादी की कोशिश में प्राण दे देंगे।" (76/434) आंदोलन को अहिंसात्मक रूप से ही चलाना था। इसलिए गाँधीजी ने सावधान किया : "कोई भी काम गुप्त रूप से नहीं करना चाहिए। यह एक खुली बगावत है। इस संघर्ष में गुप्त रूप से काम करना पाप है।" (76/436) किंतु जहां भी संगठनों ने काम किया, गुप्त रूप से किया। पकड़े गए, वह अलग बात है। और अहिंसात्मक रूप तो बहुत जल्दी समाप्त हो गया, यदि वह कभी शुरू भी हुआ हो।

प्रो. विपिन चंद्र ने 'भारत का स्वतंत्रता संघर्ष' पुस्तक में तोड़फोड़ की घटनाओं की सूची दी है। सरकारी आकलनों के अनुसार नेताओं की गिरफ्तारी के पहले हफ्ते के अंदर 250 रेलवे स्टेशन या तो नष्ट कर दिए गए या क्षतिग्रस्त हुए और 500 से ज्यादा डाकघरों तथा 150 स्थानों पर हमला हुआ। पूर्वी यू.पी. और बिहार में रेलगाड़ियों का आवागमन कई हफ्ते तक अस्त-व्यस्त रहा। सिर्फ कर्नाटक में टेलीफोन के तार काटने की 1600 घटनाएँ हुईं तथा 26 रेलवे स्टेशनों और 32 डाकघरों पर हमला हुआ। निहत्थी भीड़ ने 532 अवसरों पर पुलिस और सेना की गोलीबारी का सामना किया—यहां तक कि हवाई जहाज से मशीनगनें भी चलाई गईं। दमन के अन्य रूप थे—सामूहिक जुर्माना, कुल 90 लाख रुपए इस तरह वसूल किए गए, संदिग्ध लोगों को कोड़ों से पीटना तथा जिन गांवों के लोग भाग गए थे, उनमें आग लगा देना। 1942 के अंत तक 60 हजार से अधिक लोगों को गिरफ्तार किया जा चुका था। लगभग 26 हजार लोगों को सजा हुई और 18 हजार लोगों को भारत रक्षा नियमों के तहत बंद रखा गया। मार्शल लॉ लागू नहीं किया गया था, सेना कहने को नागरिक प्रशासन के तहत काम कर रही थी, पर दरअसल वह मनमानी कर रही थी। दमन उतना ही कठोर था जितना मार्शल लॉ के अंतर्गत हो सकता था।

आगे आंदोलन के प्रसार और उसके शमन के बारे में विपिन चंद्र ने लिखा है : "सरकार को जनता के खुलेआम विद्रोह पर काबू पाने में 6 से 7 हफ्ते लगे। पर इस बीच देश के विभिन्न हिस्सों में आंदोलन का एक भूमिगत संगठनात्मक ढांचा भी तैयार हो रहा था। आंदोलन की बागडोर अच्युत पटवर्धन, अरुणा आसफ अली, राम मनोहर लोहिया, सुचेता कृपलानी, छोटू भाई पुराणिक, बीजू पटनायक, आर. पी, गोयनका और बाद में जेल से भाग निकलने के बाद जयप्रकाश नारायण जैसे अखिल भारतीय नेताओं ने फरार रहते हुए संभाल ली थी ये लोग पैसा और बम, हथियार, बारूद आदि सामग्री इकट्ठा करते और देश भर में छितराए हुए गुप्त समूहों को बांटते थे। करना क्या है, इसका निर्णय स्थानीय स्तर पर ही होता था। ये गुप्त समूह या भूमिगत संगठन इन इलाकों में ज्यादा सक्रिय थे— बंबई, पूना, सतारा, बड़ौदा, कर्नाटक, केरल, आंध्र, यू.पी., बिहार और दिल्ली। कांग्रेस

सोशलिस्ट पार्टी के सदस्य ही आमतौर पर इन गतिविधियों का नेतृत्व कर रहे थे। पर गाँधीवादी, फॉरवर्ड ब्लॉक के सदस्य तथा आतंकवादी भी काफी सक्रिय थे।" (पृष्ठ 426-427)

स्पष्ट ही गाँधीजी जिस तरह का आंदोलन चाहते थे, उससे यह आंदोलन बिलकुल भिन्न कोटि का था। जिसे वे हिंसा कहते थे, इस आंदोलन में उसकी कमी नहीं थी। कांग्रेसी नेताओं ने एक ओर इस क्रांति का श्रेय लिया और कहा, इसके कारण ही भारत स्वाधीन हुआ। दूसरी ओर उन्होंने गाँधीजी को आदर्श अहिंसक नेता के रूप में चित्रित करते हुए यह भी दावा किया कि उन्होंने अहिंसा के द्वारा भारत को स्वाधीन करके पूरे संसार के सामने एक आदर्श उपस्थित किया। 'भारत छोड़ो' आंदोलन या अगस्त क्रांति का श्रेय यदि किसी संगठन या गुट को दिया जा सकता है, तो वह कांग्रेस सोशलिस्टों का गुट है। ये लोग गाँधीजी की तरह अहिंसा में विश्वास नहीं करते थे। जहां तक गाँधीजी का संबंध है, जितनी कम तैयारी के बाद उन्होंने सन् 42 का आंदोलन शुरू किया था, उतनी कम तैयारी के बाद उन्होंने न सन् 20 का आंदोलन शुरू किया था और न सन् 30 का आंदोलन। उन आंदोलनों के पहले उन्होंने काफी तैयारी की थी। पर इस 'करो या मरो' आंदोलन के लिए उन्होंने उससे एक-चौथाई तैयारी भी न की थी। यह जानते हुए कि कांग्रेस संगठन लचर और निर्बल है, उन्होंने आंदोलन छेड़कर भारी खतरा मोल लिया था। यह स्वाभाविक था कि बाद में वे हिंसात्मक कृत्यों की जिम्मेदारी से स्वयं को और कांग्रेस को मुक्त करें।

कांग्रेस और सारे देश को मालूम था कि आंदोलन चलाने पर सरकार तेजी से दमन करती है, जहां तक कांग्रेस का संबंध है गाँधीजी का सूत्र था, दमन का शांतिपूर्वक मुकाबला करो। आवश्यकता हो तो अपनी जान दे दो। पर कांग्रेसी सोशलिस्ट जान देने में विश्वास न करते थे। हिंसा से उन्हें परहेज न था। दमन होगा, यह बात उन्हें भी मालूम थी। इस दमन का मुकाबला कैसे करें? क्या छापामार लड़ाई चलाएँ? ऐसी बातों के बारे में उन्होंने कोई योजना न बनाई थी। सन् 42 का आंदोलन चलाने वाले गांव में फैल कर लंबे समय तक छापामार लड़ाई चलाने के लिए तैयार होते। पर ऐसा कोई प्रयत्न नहीं किया गया। इसलिए छह-सात हफ्तों में सरकार को पूरा आंदोलन दबाने में सफलता मिली।

28 जुलाई 1944 को गाँधीजी ने समाचार पत्रों को दिए हुए वक्तव्य में कहा : "मेरे मुलाकाती मुझसे जिस विषय पर सबसे अधिक चर्चा करते हैं, वह यह है कि क्या मैं भूमिगत प्रवृत्तियों का अनुमोदन करता हूं। इन प्रवृत्तियों में तोड़ फोड़ की कार्रवाई, अनधिकृत पर्चों का प्रकाशन इत्यादि शामिल है। मुझसे कहा गया है कि यदि कुछ कार्यकर्त्ता भूमिगत न हुए होते तो वे कुछ भी नहीं कर पाते। कुछ ने यह दलील दी कि यदि लोगों की जान की हिफाजत की जा सके, तो संपत्ति के विध्वंस को, जिसमें संचार व्यवस्था की तोड़-फोड़ भी शामिल है, अहिंसा ही माना जाना चाहिए। ऐसे दूसरे राष्ट्रों के उदाहरण दिए गए हैं जो यह सब ही नहीं, इससे भी बहुत अधिक करने में भी नहीं झिझके। मेरा उत्तर यह है

कि जहां तक मुझे मालूम है, आज तक किसी भी देश ने जानबूझकर अपनी स्वतंत्रता प्राप्ति के एकमात्र साधन के रूप में सत्य और अहिंसा का प्रयोग नहीं किया है। इस मापदंड के अनुसार देखें तो मैं बेहिचक कह सकता हूं कि अहिंसक कार्य-प्रणाली में भूमिगत कार्रवाइयों का, चाहे वे अपने आप में नितांत हानिरहित ही क्यों न हों, कोई स्थान नहीं होना चाहिए। तोड़-फोड़ की कार्रवाई और उसमें शामिल सभी बातें, जिनमें संपत्ति का विनाश भी आ जाता है, अपने-आप में हिंसा है। शायद यह सिद्ध किया जा सकता हो कि इन कार्रवाइयों ने लोगों की कल्पना को छुआ है तथा उनका उत्साह बढ़ाया है, किंतु मुझे तनिक भी संदेह नहीं कि आंदोलन को समग्र रूप में लें, तो इनसे उसको क्षति पहुंची है।" (77/459) सन् 42 का आंदोलन सत्य और अहिंसा का प्रयोग नहीं था। वह गाँधीजी की इच्छाओं और उनके सिद्धांतों के विपरीत चलाया गया था। भारत की स्वाधीनता के लिए उसका जो भी महत्व हो, उसकी सफलता या असफलता के लिए गाँधीजी को जिम्मेदार नहीं ठहराया जा सकता। गाँधीजी की अहिंसा में विश्वास न करते हुए भी अन्य कांग्रेसियों की तरह सोशलिस्ट भी उनके नाम से राजनीतिक फायदा उठाना चाहते थे। 1942 में जो कुछ हुआ वह गाँधीजी के लिए बिल्कुल अप्रत्याशित था। अगस्त 1944 को उन्होंने कहा : 9 अगस्त 1942 का दिन मैंने शांतिपूर्ण ढंग से आत्मनिरीक्षण करने और समझौते के लिए बातचीत का सूत्रपात करके बिताने का निश्चय किया था। लेकिन सरकार अथवा भाग्य ने कुछ और ही बात सोच रखी थी। सरकार उन्मत्त हो उठी और कुछ लोग भी उत्तेजित हो गए। तोड़-फोड़ और इसी तरह की अनेक घटनाएँ हुईं और बहुत सारी चीजें कांग्रेस अथवा मेरे नाम पर की गईं। (78/12)

अगस्त क्रांति में कांग्रेसी सोशलिस्टों के अलावा बहुत से सामान्य कांग्रेसी भी शामिल थे। पर उस क्रांति की घटनाएँ गाँधीजी को इतनी अप्रिय थीं कि उन्होंने कहा : "ऐसी क्रांति फिर दोबारा नहीं होनी चाहिए।" दिसंबर 1945 में उन्होंने कांग्रेस कार्यकर्त्ताओं से कहा : "मैं कह नहीं सकता कि जो कुछ किया गया है, वह ठीक किया गया है या वह सब किया जाना चाहिए था। इसके विपरीत, उसमें से बहुत-कुछ तो नहीं ही किया जाना चाहिए था। ...आपने रेल की पटरियों को कैसे उड़ा दिया, सड़कों को कैसे बेकार कर दिया, कचहरी को किस तरह जलाया, थाने पर कैसे कब्जा कर लिया, समानांतर सरकार किस प्रकार बना ली, इनका तथा ऐसी अन्य बातों का आपने अपने विवरण में सजीव वर्णन किया है। मगर यह अहिंसक कार्य-पद्धति नहीं है। लोग यह समझने की भूल कर बैठे कि जिसमें हत्या नहीं हो, वह सारा आचरण अहिंसक है। कभी-कभी तो हत्या भी हिंसा का शुद्धतम पक्ष हो सकती है। यदि हम किसी दुष्ट को एकदम मार डालते हैं, तो जहां तक उसका प्रश्न है, वह बात तो वहीं खत्म हो जाती है। लेकिन इसके विपरीत किसी को यातना देना तो इससे भी बुरा है। उससे दुष्टता समाप्त नहीं होती, बल्कि उल्टे वह हमारे सिर आ पड़ती है ...अगस्त 1942 में अधिकारीगण अपना संतुलन खो बैठे थे। हमने उसके लिए उन्हें बहाना दिया। लेकिन वे ऐसे लोग हैं जो पराजय को जानते ही नहीं, उनकी

कायरता उनका बुनियादी स्वभाव नहीं है। इसलिए उन्होंने थानों, कचहरियों, पंचायत, अदालतों आदि को कुछ समय तक आपके हाथों में खिलौनों की तरह रहने दिया लेकिन अपनी तैयारी पूरी होते ही हमें अपनी प्रतिशोध की ज्वाला में पूरी शक्ति से झोंक दिया। भारत इस तरीके से स्वराज्य प्राप्त नहीं कर पाएगा। इसकी पुनरावृत्ति हमें कभी नहीं करनी चाहिए।" (82/296)

अगस्त क्रांति की एक विशेषता यह थी कि कांग्रेस, संगठित रूप से, उसमें भाग न ले रही थी। दिसंबर 1945 में गाँधीजी ने कार्यसमिति में प्रस्ताव पेश किया। उसमें उन्होंने कहा : अगस्त 1942 में प्रमुख कांग्रेस जनों की गिरफ्तारी के बाद नेतृत्वहीन जनता ने खुद बागडोर संभाल ली और लगभग अपनी ही प्रेरणा पर काम किया। जहां उसे शौर्य और बलिदान के अनेक कृत्यों का श्रेय है, वहां कुछ ऐसे कार्य भी किए गए, जिनकी गिनती अहिंसा में नहीं की जा सकती।" गाँधीजी ने क्रांति के विकल्प के रूप में रचनात्मक कार्यक्रम रखा। कहा गया : "कार्य समिति का विचार है कि जब तक भारत की आम जनता रचनात्मक कार्यक्रम को यथासंभव व्यापक पैमाने पर नहीं अपनाती, तब तक स्वराज्य-प्राप्ति के लिए सामूहिक या अन्य किसी प्रकार की सविनय अवज्ञा करने की कल्पना नहीं की जा सकती।" (82/213) इस तरह कुछ समय के लिए अपनी ओर से हिंसक या अहिंसक किसी भी तरह की क्रांति का रास्ता गाँधीजी ने बंद कर दिया।

अप्रैल 1945 में एक प्रश्नकर्ता के प्रश्न के उत्तर में गाँधीजी ने कहा : अगर, कांग्रेसियों ने अगस्त 1942 में सचमुच अपने-आप काम करना सीख लिया है, तो यह एक बड़ी चीज है। लेकिन मैं नहीं मानता कि उन्होंने सीखा है। अपने आप तो वही काम कर सकते हैं जो अपने आप सोच भी सकते हैं (83/351) इसी क्रम में उन्होंने कहा : प्रश्न के दूसरे हिस्से से यह भी प्रकट होता है कि 1942 (आंदोलन) के (ने) कांग्रेसियों को स्वतंत्र रूप से सोचना और काम करना नहीं सिखाया। यदि उन्होंने यह सबक सचमुच और भली भांति सीखा होता, तो कार्य समिति द्वारा निर्धारित हर कार्यक्रम का कांग्रेसी पूरे मन से पालन करते और प्रांतीय कमेटियों तथा उसके अधीन अन्य घटकों की प्रतिक्रिया ऐसी सहज होती कि संपूर्ण संगठन एक व्यक्ति की तरह मिलकर आगे बढ़ता। 1942 में मेरी यही आशा थी। यह आशा पूरी नहीं हुई, यह और बात है। (83/352)

किशोरलाल मशरूवाला और काका कालेलकर गाँधीजी के नजदीकी सहयोगी थे। वे अहिंसा और सत्याग्रह के विशेषज्ञ माने जाते थे। परंतु सन् 42 के आंदोलन के संदर्भ में उन्होंने अहिंसा की जो व्याख्या की, उससे गाँधीजी सहमत नहीं थे। अरुणा आसफ अली जैसी महिलाओं ने अहिंसा के बारे में जो कुछ कहा, उससे तो गाँधीजी का असहमत होना और भी स्वाभाविक था। फरवरी 1946 में उन्होंने समाचार-पत्रों को दिए हुए वक्तव्य में कहा : सन् 1942 की घटनाओं का यह बहादुर बहन (अर्थात् अरुणा आसफ अली) जो अर्थ समझती है, वह मैं नहीं समझता। यह अच्छी बात थी कि लोगों ने इसमें स्वेच्छा से भाग लिया। मगर बुरी बात यह हुई कि कुछ लोगों ने या बहुत लोगों ने हिंसा का सहारा

लिया। इससे कुछ फर्क नहीं पड़ता कि श्री किशोरलाल मशरूवाला, काका साहब और दूसरे काम करने वालों ने उस आंदोलन के अधीरतापूर्ण उत्साह में अहिंसा की गलत व्याख्या की। उनके ऐसा करने से ही साबित होता है कि अहिंसा कितना नाजुक हथियार है। (83/212-13)

दूसरे महायुद्ध के दौरान महंगाई बढ़ी। गरीबों की हालत पहने से भी ज्यादा खराब हुई। हजारों आदमियों ने बंगाल की भुखमरी में प्राण गंवाये। अंग्रेजी राज के नीचे जनता पिस रही थी। उस राज के देशी समर्थक ने कहा : "वातावरण में घृणा फैली है और अधीर देशभक्त संभव हो तो आजादी प्राप्त करने के उद्देश्य को हिंसा के जरिए आगे बढ़ाने के लिए खुशी-खुशी उसका लाभ उठाना पसंद करेंगे। मैं यह कहना चाहता हूं कि यह बात हर समय और हर जगह गलत होगी।" (83/156) तालीमी संघ के सदस्यों से गाँधीजी ने कहा : "आपके यह कहने से काम नहीं चलेगा कि वर्तमान संकट की स्थिति में, जबकि लोगों के सामने भूख से मरने का खतरा उत्पन्न है, आप अपने शिक्षा के कार्य में लगे हुए हैं। नई तालीम को वर्तमान स्थिति के अनुसार अपने को बदलकर हमारी खाद्य वस्तुओं की आपूर्ति का साधन बनना है और लोगों को बताना है कि भोजन की कमी का सामना वे किस प्रकार करें।" (83/167) गाँधीजी ने बागों और पार्कों में खेती करने का सुझाव दिया। मसल है कि जब प्यास लगे तब कुआं खोदो। वैसे ही एक सुझाव यह भी था कि जब भूख लगे तब सरकार कुएं खोदे। "जहां मुमकिन और जरूरी हो, सिंचाई के लिए और पीने के पानी के लिए सरकार को गहरे कुएं खुदवाने चाहिए।" (83/150) जो अन्न पैदा किया गया था, वह मुनाफाखोरों के हाथ में था। आगे जो अन्न पैदा किया जाएगा वह भी उनके हाथ में आ सकता था। गाँधीजी ने कहा : "सबसे जरूरी यह है कि चोरबाजारी का और बेईमानी का तो बिल्कुल ही अंत हो जाना चाहिए और जहां तक आज के इस संकट का सवाल है, सब दलों के बीच हार्दिक सहयोग होना चाहिए।" (83/150) चोर बाजारी के साथ घूसखोरी का भी व्यापक चलन था। गाँधीजी के शब्दों में : "इस समय जैसी घूसखोरी चल रही है, वैसी कभी नहीं चली, और यदि इसे रोका नहीं गया और सरकारी कर्मचारियों में और जनता में ईमानदारी और सच्चा काम करने की भावना नहीं पैदा हुई, तो निराशा की भावना के विरुद्ध तथा और अधिक अन्न उपजाने का कोई भी अभियान व्यर्थ होगा।" (83/190)

तुलसीदास ने कहा था : आगि बढ़वागि ते बड़ी है आगि पेट की। अब एक नई तरह की आग भारतीय जनता के हृदय में जल रही थी। गाँधीजी ने कहा : "ब्रिटिश शासकों ने भारत छोड़ने के लिए अपने विचार का ऐलान कर दिया है ताकि भारत में भारतीयों की सरकार बन सके। जनता के दिलों में छिपी हुई यातना भरी बेचैनी की आग भड़कने के कारण अब क्षण भर के लिए भी इस वायदे का अमल रुकना नहीं चाहिए। उनकी शक्ति के बारे में किसी को संदेह नहीं। अनिवार्य आवश्यकता से अधिक उसका उपयोग अनुचित होगा। इतना ही नहीं, अगर जनता या उसके किसी भाग का दमन करने के लिए इसका

उपयोग हुआ, तो वह दुष्टता होगी। जनता बहुत समय तक विदेशी सत्ता के पैरों तले रौंदी जाती रही है।" (83/200) सरदार पटेल ने विदेशी पत्रों को वक्तव्य देते हुए कहा : "हम लोग सरकारी प्रतिनिधि मंडल के आने की प्रतिक्षा में लगे हैं और आशा करते हैं कि वह प्रतिनिधि मंडल के आने की प्रतीक्षा में लगे हैं और आशा करते हैं कि वह प्रतिनिधि मंडल समय रहते पूरे भारत में अंग्रेजी शासन हटाने और ब्रिटेन एवं भारत के बीच स्थायी मित्रता की नींव डालने के लिए पक्के इरादे से आ रहा है। कहीं इतिहास में इस बात का उल्लेख न हो कि उन्होंने बहुत देर कर दी।" (83/478) देर होने से क्रांति की आग भड़क सकती थी और तब गाँधीजी और दूसरे कांग्रेसी नेता उसे बुझा न सकते थे। अंग्रेजों का और कांग्रेसी नेताओं का सामान्य स्वार्थ यह था कि जल्दी से जल्दी समझौता हो जाए जिससे क्रांति की आग बुझा दी जाए।

स्वाधीनता आन्दोलन की नई मंजिल

सन् 39-40 में यह संभावना थी कि सुभाषचंद्र बोस, कांग्रेस के वामपंथी सदस्य, कांग्रेसी सोशलिस्ट, कम्युनिस्ट सब मिलकर एक विशाल संयुक्त मोर्चा बनाएँ और युद्ध का विरोध करें। यह संभावना कार्यरूप में परिणत नहीं हुई। किंतु युद्ध के बाद ऐसा ही संयुक्त मोर्चा बन रहा था। सुभाषचंद्र बोस अब नहीं थे पर उनकी आजाद हिंद फौज के बहुत से लोग भारत में थे। गाँधीजी ने लिखा : "आजाद हिंद फौज का जादू हम पर छा गया है। नेता जी का नाम सारे देश में गूंज रहा है। वे अनन्य देशभक्त हैं (वर्तमान काल का उपयोग मैं जानबूझकर कर रहा हू) उनकी बहादुरी उनके सारे कामों में चमक रही है। उनका उद्देश्य महान् था पर वह असफल रहे। असफल कौन नहीं रहा? हमारा काम तो यह देखना है कि हमारा उद्देश्य महान् हो और सही हो। सफलता यानी कामयाबी हासिल कर लेना हर किसी की किस्मत में नहीं होता। इससे ज्यादा तारीफ मैं नहीं कर सकता क्योंकि मैं जानता था कि उनका काम विफल होने ही वाला है, और अगर वह अपनी आजाद हिंद फौज को विजयी बनाकर हिंदुस्तान में ले आए होते, तो भी मैंने यही कहा होता, क्योंकि इस तरह आम जनता में जागृति नहीं फैल पाती।" (83/158) आजाद हिंद फौज विजयी नहीं हुई। उसके सैनिक कैद कर लिये गए। फिर भी आजाद हिंद फौज का जादू देश पर छा गया था। क्या हम उसे जागृति नहीं कहेंगे?

आजाद हिंद फौज ने छोटे पैमाने पर ऐसी सामाजिक क्रांति भी की थी जिसकी ओर गाँधीजी और कांग्रेसी नेता बरसों से बढ़ने का प्रयास कर रहे थे परंतु उन्हें सफलता नहीं मिली थी। आजाद हिंद फौज की ओर से इस संबंध में गाँधीजी को एक विवरण भेजा गया था जिसे उन्होंने 'हरिजन' में प्रकाशित किया था। उसमें कहा गया था : "पूर्व एशिया में

आजाद हिंद आंदोलन के फलस्वरूप कई समस्याएँ सुलझ गयीं। इनमें से एक थी सांप्रदायिक एकता की प्रमुख और उलझी हुई समस्या। यद्यपि 1942 का आंदोलन आरंभ होने के समय ही इस दिशा में प्रयास किए गए थे, लेकिन नेताजी सुभाषचंद्र बोस के आने के बाद ही यह समस्या हल हुई। एक दूसरा प्रश्न था अस्पृश्यता का, हालांकि यह उतना बड़ा नहीं था। यह बीमारी भी नेताजी के आगमन के बाद आजाद हिंद फौज के शिविरों और दफ्तरों में भारतीयों को एक साथ सार्वजनिक प्रशिक्षण दिए जाने के फलस्वरूप दूर हो गई।" (83/292) आजाद हिंद फौज के बंदियों से मिलने के बाद स्वयं गाँधीजी ने कहा : "यद्यपि आजाद हिंद फौज अपने तात्कालिक उद्देश्य को प्राप्त करने में असफल रही, लेकिन उसे अनेक प्रकार के श्रेय प्राप्त हैं, जिन पर वह गर्व कर सकती है। इनमें से सबसे बड़ी बात है, भारत के सभी धर्मों और जातियों के लोगों को एक झंडे के नीचे एकत्र करना और उनमें संगठन और एकता की भावना भरना तथा सभी सांप्रदायिक और संकुचित भावना का पूर्ण बहिष्कार। यह ऐसा उदाहरण है जिसका हम सबको अनुकरण करना चाहिए।" (83/420) सुभाषचंद्र बोस का रास्ता संघर्ष का रास्ता था और गाँधीजी संघर्ष को रोकने और फिर समझौता करने के रास्ते पर चल रहे थे। दक्षिण अफ्रीका में संघर्ष के दौरान गाँधीजी वह सब कर सके थे।

आजाद हिंद फौज के सदस्य भारत में बहुत ही लोकप्रिय थे। अंग्रेजों ने जब उन्हें कैद की सजा दी, तब उन्हें छुड़ाने के लिए विशाल प्रदर्शन हुए। अंग्रेजों ने इन प्रदर्शनों को दबाने का प्रयत्न किया। जनता ने उनके दमन का मुकाबला किया और जवाबी हमला किया। ऐसा जवाबी हमला फरवरी 1946 में कलकत्ते में हुआ था। गाँधीजी ने सुरेंद्रमोहन घोष को तार दिया था : "कलकत्ते के दंगों और सैनिक लारियों के जलाने के बारे में कृपया सच्चाई तार द्वारा सूचित करें।" (83/152) पाद-टिप्पणी में सूचना है—ये दंगे आजाद हिंद फौज के कैप्टेन अब्दुल रशीद को आजीवन कारावास की सजा होने के फलस्वरूप हुए थे। बाद में कमांडर इन-चीफ ने उसे कम करके 7 वर्ष के कठोर कारावास में बदल दिया था। (उपर्युक्त) सुरेंद्रमोहन घोष ने गाँधीजी को सूचित किया : "पुलिस द्वारा शांतिपूर्ण जलूस पर गोली चलाए जाने के विरोध में प्रतिक्रिया स्वरूप लोगों में उत्तेजना फैल गई और वे हिंसा पर उतर आए और सैनिक लारियां जला दी गईं। कुल मिलाकर 53 लोग मारे गए और करीब 500 घायल हो गए। कांग्रेस के शांति-दस्ते शहर में गश्त लगा रहे थे लेकिन सेना कार्य में दखल दे रही थी और शहर पूरी तरह सैनिक नियंत्रण में था।"

अंग्रेजों ने दमन पहले भी किया था, 1919-20 में और 1930 में। दमन के प्रसंग में गाँधीजी मुख्यतः अंग्रेजों को दोष देते थे। 1946 में वह जनता को दोष दे रहे थे। कलकत्ते की घटनाओं के प्रसंग में उन्होंने प्रार्थना सभा में कहा : "कांग्रेस अध्यक्ष ने अभी उसी दिन कलकत्ते की हाल की घटनाओं की भर्त्सना करते हुए कहा था कि इस प्रकार के कार्य स्वतंत्रता की कामना करने वाले लोगों के लिए सर्वथा अयोग्य हैं। मैं आशा करता हूं कि वे अपने को इस तरह अब कभी कलंकित नहीं करेंगे। यदि वे ऐसा सोचते हैं कि

गुंडागर्दी करके वे अंग्रेजों को भारत छोड़ने पर मजबूर कर सकते हैं तो वे अपने आप को बहुत बड़ा धोखा दे रहे हैं।" (83/179) आजाद हिंद फौज के लोग भारत में हिंसा के लिए उत्तरदायी नहीं थे, परंतु उन्होंने जो रास्ता अपनाया था, वह गाँधीजी के रास्ते से अलग था। उनकी लोकप्रियता से गाँधीजी का क्षुब्ध होना स्वाभाविक था। प्रार्थना सभा में उन्होंने पहले कहा : "आजाद हिंद फौज पर हम सबको गर्व करना चाहिए।" फिर उनके भ्रष्ट मार्ग के बारे में उन्होंने कहा : "जनभावना के उठते हुए ज्वार में हर आदमी अपना संतुलन खो बैठा लगता है। लेकिन मैं आपके समक्ष निसंकोच यह स्वीकार करता हूं कि इस विवेक शून्य वीर पूजा में मैं शामिल नहीं हूं। आजाद हिंद फौज और नेताजी बोस की योग्यता, त्याग और देशभक्ति की मैं प्रशंसा करता हूं। लेकिन जो तरीका उन लोगों ने अपनाया, मैं उससे सहमत नहीं हो सकता और कांग्रेस ने आजादी हासिल करने के लिए जो तरीका 25 सालों से अपना रखा है, वह उसके अनुरूप नहीं है।" (83/419)

बंबई, कलकत्ता, कराची, हर जगह अंग्रेजों के विरुद्ध बड़े-बड़े प्रदर्शन हो रहे थे और गाँधीजी इनकी निंदा कर रहे थे। उन्होंने कहा : "मैं फिर से कहता हूं कि मुझे अंग्रेजों से उतना ही प्रेम है जितना हिंदुस्तानियों से। दोनों मनुष्य हैं। तो भी मैं हिंदुस्तान का राज करोड़ों हिंदुस्तानियों के हाथ में और उनके अपने हित के लिए चाहता हूं। स्व. लोकमान्य ने हमें सिखाया है कि स्वराज्य हमारा जन्मसिद्ध अधिकार है। आजकल बंबई, कलकत्ता और कराची में जो हो रहा है, उससे करोड़ों को यह स्वराज्य नहीं मिलेगा।" (83/205)

इस क्रांतिकारी जन-उभार की एक ऊँची और शानदार लहर थी फरवरी 1946 का नाविक विद्रोह। संपूर्ण गाँधी वाङ्मय के संपादकों के अनुसार "खराब भोजन दिए जाने और दुर्व्यव्हार किए जाने के विरोध में एम. आई. एस. तलवार के सैनिकों ने विद्रोह शुरू कर दिया था और उसे समस्त भारतीय नौसैनिकों का प्रतिनिधित्व करने वाले 20,000 सैनिकों का समर्थन प्राप्त हुआ। 19 फरवरी को बंबई बंदरगाह पर हड़तालियों ने 2 घंटे तक भारी और हिंसक प्रदर्शन किए।" (83/199) गाँधीजी की प्रतिक्रिया यह थी : "आज हिंदुस्तान में जो कुछ हो रहा है, वह मैं बड़े दुख के साथ देख रहा हूं। नौसेना में विद्रोह और उसके बाद की घटनाएँ किसी भी तरह अहिंसात्मक कार्रवाई नहीं है। जब भी एक भी व्यक्ति को 'जय हिंद' या कोई दूसरा लोकप्रिय नारा लगाने के लिए मजबूर किया जाता है, तो हिंदुस्तान की लाखों-करोड़ों मूक जनता के स्वराज्य को हानि पहुंचती है। गिरजाघरों या ऐसी ही दूसरी जगहों का ध्वंस कांग्रेस के द्वारा बताए गए स्वराज्य का रास्त नहीं है। लूटमार करना, ट्राम गाड़ियों और दूसरी चीजों को जलाना, गोरों का अपमान करना या उन पर हमला करना कांग्रेस द्वारा अपनाई हुई अहिंसा नहीं है और यदि किसी हद तक मेरी अहिंसा कांग्रेस से अलग है, तो यह मेरी अहिंसा तो हरगिज ही नहीं है।" जैसा दुःख गाँधीजी को सन् 46 की घटनाओं से हुआ, वैसा दुःख सन् 42 की घटनाओं से न हुआ था। सन् 42 में तोड़-फोड़ के काम गाँधीजी के नाम पर हुए थे। उन्होंने अपने को उनसे अलग किया। सन् 46 की घटनाएँ गाँधीजी के नाम पर नहीं, उनके विरोध के बावजूद हो रही थीं।

विदेशी समाचार पत्रों को दिए हुए संदेश में वल्लभ भाई ने स्वीकार किया कि सेना में गोरे-काले के बीच भेद किया जाता है। यह भेद नाविकों के विद्रोह का मुख्य कारण था। उन्होंने यह भी स्वीकार किया कि नाविकों को जनसाधारण का समर्थन प्राप्त है। उन्होंने कहा : "असमानता अब भी अपनी चरम कोटि पर है और आशा की गई थी कि वह समाप्त हो जाएगी, पर वह भारतीय नाविकों को खटक रही है तथा यूरोपीय एवं भारतीयों के बीच भेदभाव से उत्पन्न असंतोष ने उन्हें इस कदर बेचैन कर दिया कि उसके परिणामस्वरूप थोड़े से अपर्याप्त अस्त्रधारी व्यक्ति अस्त्रों से सुसज्जित बहुसंख्यकों के विरुद्ध एक असफल प्रतिरोध करने के लिए बाध्य हो गए।" जन समर्थन के बारे में उन्होंने कहा : "जन साधारण ने भी जिनकी सहानुभूति सदा ही साम्राज्यवाद के विरुद्ध लड़ने वाले लोगों के प्रति रही है, उनका साथ दिया और उन नेताओं की सलाह को भी ताक पर रख दिया जो आजादी के उनसे कोई कम दीवाने नहीं हैं।" (83/477) नाविकों के पक्ष को उचित मानते हुए भी सरदार पटेल ने उनके कार्यों की निंदा की। "पिछले 25 वर्ष से कांग्रेस द्वारा अपनाए गए सत्य तथा अहिंसा के तौर-तरीकों में दृढ़ विश्वास रखने के कारण मैंने संपत्ति-विनाश, आगजनी, रेल इंजनों को रोकने तथा गोरे लोगों की बेइज्जती करने और चोट पहुंचाने की निंदा की है। किंतु उन सब बातों को स्वतंत्रता की घोषणा को एक दिन के लिए भी स्थगित करने का कारण नहीं बनाना चाहिए।" (83/478) क्रांतिकारी संघर्ष नहीं, अंग्रेजों द्वारा संधि की घोषणा पटेल का लक्ष्य था।

बंबई की जनता ने नाविकों का साथ दिया। गाँधीजी की प्रतिक्रिया यह थी : "देखिए, आज बंबई में क्या हो रहा है। जहां मैंने इतना पैसा दिया है, जिस बंबई में सार्वजनिक कामों के लिए इतना समय बिताया है, मैं समझता था कि उसने कुछ हद तक अहिंसा को समझा है। क्या वही बंबई अहिंसा की कब्र बनेगा?" जनता की कार्रवाई को गुंडागर्दी और लूटमार बताते हुए उन्होंने कहा : "मैं यह मानने को तैयार नहीं कि जो आगजनी, लूटमार और जो बेइज्जती आज यहां अंग्रेजों की हो रही है, वह गुंडों का काम है। आखिर गुंडे कौन हैं? क्या अंग्रेजों के राज के साथ उनका भी खात्मा हो जाएगा? गुंडों के सिर सारा दोष मढ़ने का आज जो रिवाज चल रहा है, वह बंद होना चाहिए। गुंडों को बनाने वाले भी हम ही हैं। जैसी हवा होती है, वैसा ही उनका बर्ताव हो जाता है।" (83/204)

कुछ दिन बाद उन्होंने बंबई की प्रार्थना सभा में फिर कहा : "बंबई में हुई हाल की घटनाओं से जैसे मैं लज्जित व अपमानित महसूस कर रहा हूं, वैसे ही आप भी महसूस कर रहे होंगे। . . . ऐसी अशोभनीय घटनाओं की जिम्मेदारी गुंडों के मत्थे मढ़ कर संतोष कर लेने का आज फैशन सा हो गया है। नैतिक जिम्मेदारी से इस तरह बच निकलना हमें शोभा नहीं देता।" (83/278) कुछ दिन बाद अहिंसा के मापदंड की चर्चा करते हुए गाँधीजी ने प्रार्थना सभा में कहा, "यदि इस मापदंड से देखें तो कहना होगा कि हाल के उपद्रवों में जो लोग मरे, उन्होंने अपना जीवन व्यर्थ गंवाया। बहुत सी जानें व्यर्थ चली गईं। जहान लूटने और अपने-अपने काम धंधे में लगे विदेशियों पर हिंसात्मक आक्रमण करने

में कोई शोभा या विशेष कला नहीं है। ऐसा करने वाले लोग सत्याग्रही नहीं हो सकते। और जो इसे रोकने में कोई मदद दिए बिना तमाशा देखते रहे, वे भी सत्याग्रही नहीं थे।" (83/298)

कुछ कांग्रेसी नेताओं ने सन् 42 के आंदोलन में भाग लिया था और वे सन् 46 के आंदोलन में भी सक्रिय थे। इनमें अरुणा आसफअली प्रमुख थीं। वह कांग्रेस सोशलिस्ट गुट दोनों की सदस्य थीं। 20 फरवरी 1946 को नाविक विद्रोह की निंदा करते हुए गाँधीजी ने बयान दिया। अरुणा आसफअली ने उसका खंडन किया। उनके खंडन का विरोध करते हुए गाँधीजी ने 26 फरवरी 1946 के बयान में कहा : "अगर श्रीमती अरुणा केवल अपना ही नहीं, अपितु भूमिगत रहकर काम करने वालों की एक काफी बड़ी संख्या का प्रतिनिधित्व न करती होतीं, तो मैंने उनके खंडन पर ध्यान न दिया होता।" यहां प्रश्न लोगों को मारने या तोड़-फोड़ करने का नहीं था। तुमने गुप्त जीवन बिताकर काम क्यों किया? छिपे रह कर तुमने काम क्यों किया? गाँधीजी ने अगस्त सन् 42 में ही कहा था : "छिपकर काम नहीं करना।" उस आदेश का इन लोगों ने उल्लंघन किया था। अरुणा आसफअली की वीरता की प्रशंसा करने के बाद गाँधीजी ने कहा : "मैंने उनके छिपकर काम करने को पसंद नहीं किया। मैं छिपकर किए जाने वाले किसी काम की सराहना नहीं करता। मैं जानता हूं कि देश के करोड़ों स्त्री-पुरुष छिपकर काम नहीं कर सकते। उन्हें जरूरत भी नहीं है। कुछ मुट्ठी भर लोग यह सोच सकते हैं कि इस तरह छिपकर काम करके वे करोड़ों लोगों को स्वराज्य दिला सकेंगे। लेकिन क्या यह कभी पर्याप्त हो सकता है? आम जनता तो खुली चुनौती और खुले कामों का रास्ता ही अपना सकती है। असली स्वराज्य का प्रभाव तो स्त्रियों, पुरुषों और बच्चों सभी पर पड़ना चाहिए। ऐसे उद्देश्य के लिए मेहनत करना ही सच्ची क्रांति होगी।" (83/212) यहां दो बातें उलझा दी गई हैं। एक, जनता से छिपकर रहना और दूसरा सरकार से छिपकर रहना। अरुणा आसफ अली और उन जैसे लोग जनता में ही रहते थे। उनकी लोकप्रियता का यह बहुत बड़ा कारण था। जनसमर्थन से ही वह बहुत दिनों तक गुप्त जीवन बिता सकीं और काम कर सकीं। लेकिन इस तरह छिपकर रहना अगर वह छोड़ देतीं तो तुरंत पकड़ी जातीं और काम करना संभव न होता। सरकार से छिपकर काम करना उस समय आवश्यक होता है जब वह दमन का भरोसा करे और लोगों के जनतांत्रिक अधिकार नष्ट कर दे। सभी लोग जानते हैं, सन् 42 और 46 में सरकार पूरी शक्ति से दमनचक्र चला रही थी। ऐसी स्थिति में नेताओं से यह कहना, गुप्त जीवन न बिताओ, सब कुछ सरकार को बता दो, वास्तव में आंदोलन को खत्म करना था। दो दिन पहले 24 फरवरी को गाँधीजी ने कहा था : आजाद हिंद फौज का जादू सारे देश पर छा गया है। नेताजी का नाम सारे देश में गूंज रहा है। (83/158) यह इस बात का प्रमाण है कि जनता में जागृति का श्रेय केवल अहिंसावादियों को नहीं था। जो लोग हथियार उठाकर लड़ने को तैयार थे, उनकी भी बहुत बड़ी देन थी और उससे भी जनता में जागृति फैली। 26 फरवरी के बयान में गाँधीजी ने अपने और अरुणा आसफअली के

मतभेद के बारे में कहा : "सन् 1942 की घटनाओं का यह बहादुर बहन जो अर्थ समझती हैं, वह मैं नहीं समझता।" (83/212) अरुणा आसफअली ही नहीं, 1942 को लेकर गाँधी जी के परम विश्वसनीय सहयोगी पट्टाभि सीतारमैया से भी थोड़ी देर के लिए उनका मतभेद हो गया था।

"ऐसी खबर प्रकाशित हुई कि 20 जुलाई 1945 को पट्टाभि सीतारमैया ने कहा था कि 1942 में जारी किए गए आंध्र परिपत्र का 'जनक अकेला मैं हूं' और 'परिपत्र में जो हिदायतें थीं वे मुझे गाँधीजी के साथ विस्तार से चर्चा करने के बाद उन्हीं से मिली थीं,' लेकिन आंध्र परिपत्र के संबंध में 15 जुलाई 1943 को गाँधीजी द्वारा सरकार को दिए गए उत्तर को ध्यान में रखते हुए 22 जुलाई 1945 को पट्टाभि सीतारमैया ने अपने पहले के कथन में संशोधन करते हुए कहा कि 'गाँधीजी को ऐसे किसी परिपत्र की कोई जानकारी नहीं थी। परिपत्र उनकी जानकारी में या उनके कहने पर तैयार नहीं किया गया'।" (81/70, पाद टिप्पणी) इस प्रसंग में गाँधीजी ने 2 अगस्त 1945 को पट्टाभि सीतारमैया को लिखा : "तुम्हारा आचरण विचार शून्य था। तुम बहुत जिम्मेदार आदमी हो। गोपाल रेड्डी के चाहे जितना भी कोंचने पर तुम्हें तो चुप रहना चाहिए था या बस एक-आध शब्द कह देना चाहिए था।" (उपर्युक्त) ऐसी कोई परिस्थिति थी जब पट्टाभि सीतारमैया को चुप रहना था।" जो बात जानते थे, वह खुलकर न कहनी चाहिए थी। कोई उनको प्रेरित कर रहा था, कोंच रहा था, कि सच-सच बताओ। गाँधीजी की सलाह थी, या तो चुप रहते या एकाध शब्द कह देना चाहिए था। यानी पूरी सचाई प्रकट न करनी चाहिए थी। यहां अपने ही लोगों से कोई बात गुप्त रखने को कहा गया है। यदि ऐसी परिस्थिति आपस के लोगों के बीच, यानी कांग्रेसी नेताओं के बीच, पैदा हो सकती थी, तो अरुणा आसफ अली ने सरकार से छिपकर काम किया, तो कौन-सा अपराध किया।

गाँधीजी को विश्वास था, नाविकों की पराजय अनिवार्य है। 24 फरवरी वाले बयान में उन्होंने कहा : "जिन्होंने नौसेना विद्रोहियों को भड़काया, उन्होंने बिना सोचे समझे सब काम किया। उन्हें समझना चाहिए था कि बलवा करने वालों को आखिर हारना पड़ेगा। क्या यह सब हिंसा का पाठ सीखने के लिए था? इतिहास को समझने का यह तरीका नहीं है।" (83/204) नाविकों की पराजय अनिवार्य नहीं थी, उन्हें आत्मसमर्पण करने के लिए विवश किया गया था। भारत पर अंग्रेज देशी सेना के भरोसे शासन कर रहे थे, इस देशी सेना में बराबर परिवर्तन हो रहा था। 1946 में देशी सेना के जवान अपनी वर्दी पहने हुए आजाद हिंद फौज से संबंधित प्रदर्शनों में भाग लेते थे। वे गाँधीजी तथा अन्य नेताओं से मिलने आते थे। अप्रैल 1946 में एक सैनिक ने गाँधीजी से कहा : "एक समय था जब हमें कोई भी असैनिक अखबार पढ़ने नहीं दिया जाता था। लेकिन अब हम अपने अफसरों से जाकर कहते हैं कि हम अपने सबसे बड़े नेता से मिलने जा रहे हैं, तब भी हमें कोई रोकने का साहस नहीं करता।" (83/348) और स्वयं गाँधीजी ने कहा : "मैं जानता हूं कि आज पूरी सेना में एक नया जोश, नई जागृति आई हुई है। इस सुखद

परिवर्तन में नेताजी का श्रेय कुछ कम नहीं है। मैं उनके तरीके को नापसंद करता हूं, लेकिन उन्होंने भारतीय सिपाहियों को एक नई दृष्टि और एक नया आदर्श देकर भारत की बहुत बड़ी सेवा की है।" (उपर्युक्त) इस सेवा से लाभ उठाया जा सकता था और नाविकों के विद्रोह को सफल बनाया जा सकता था। सुभाषचंद्र बोस के अलावा गाँधीजी जिस आंदोलन का नेतृत्व कर रहे थे उससे भी सैनिक प्रभावित हुए थे। सन् 42 में गाँधीजी के पास आते थे और उनसे कहते थे –हम आपका साथ देने को तैयार हैं। गाँधीजी ने अगस्त सन् 42 में अखिल भारतीय कांग्रेस कमेटी की बैठक में कहा था : "वर्तमान कार्यक्रम सैनिकों के लिए भी है। मैं उनसे अभी यह नहीं कहता कि आप अपने पदों से इस्तीफा दे दें और सेना से अलग हो जाएँ। सैनिक मेरे पास, जवाहर लाल के पास और मौलाना के पास आते हैं और कहते हैं : 'हम पूरी तरह आपके साथ हैं। हम सरकार के अत्याचार से तंग आ चुके हैं।' इन सैनिकों से मैं कहूंगा– आप सरकार को बता दीजिए कि हमारे दिल कांग्रेस के साथ हैं। हम अपनी नौकरी नहीं छोड़ेंगे। जब तक आप हमें वेतन देते रहेंगे हम आपकी नौकरी करते रहेंगे। हम आपके उचित हुक्म को मानेंगे। लेकिन अपने देशवासियों पर गोली चलाने से इंकार कर देंगे।" (73/437) वे देशवासियों पर गोली न चलाएँ, यह तो बहुत अच्छा था। लेकिन वे मुट्ठी भर अंग्रेज अफसरों को बाध्य कर सकते थे कि वे सेना से बाहर हो जाएँ और देश छोड़ कर चले जाएँ। सेना की कमान, 1857 की तरह, देशी अफसर संभाल सकते थे, लेकिन गाँधीजी ने उन्हें सलाह दी : जब तक वेतन मिले नौकरी करते रहो और केवल यह ध्यान रखना कि देशवासियों पर गोली मत चलाना। गढ़वाली सैनिकों ने यही किया था।

वल्लभभाई पटेल ने नाविक विद्रोहियों को समझा-बुझाकर उनसे आत्म समर्पण कराया। उन्होंने कहा : "मैंने उन्हें विश्वास दिलाया कि उनकी लड़ाई में जो न्यायोचित है, कांग्रेस उसका प्रचार करेगी और जहां तक संभव है, उनके प्रति पूरा न्याय किया जाएगा तथा उन पर किसी तरह का अत्याचार नहीं किया जाएगा।" (83/477) ध्यान देने की बात है कि नाविक विद्रोह का एक कारण काले-गोरे के बीच भेद था। पटेल ने कहा था : "असमानता अब भी अपनी चरम कोटि पर है... यूरोपीय एवं भारतीयों के बीच भेदभाव से उत्पन्न असंतोष ने उन्हें इस कदर बेचैन कर दिया कि थोड़े से नाविकों ने भी बहुसंख्यक सैनिकों के विरुद्ध हथियार उठा लिए।"(83/477) अंग्रेजों ने जो फौज बनाई थी, उसमें गोरे और काले के बीच, और अफसर और सिपाही के बीच, बहुत बड़ा फासला था। आजाद हिंद फौज की स्थिति इससे बिल्कुल भिन्न थी। उस फौज के सैनिकों ने गाँधीजी को बताया था : "हमारे बीच तो अफसर और सिपाही दोनों साथ-साथ रहते हैं और बिना किसी भेदभाव के साथ-साथ खाते-पीते हैं। हमारे बीच छोटे-बड़े का कोई भेद नहीं है। (83/446) जब कोई फौज क्रांतिकारी उद्देश्यों से प्रेरित होती है तब उसके अफसरों और जवानों में ऐसा ही भाईचारा कायम होता है। आजाद हिंद फौज को आधार बनाकर स्वाधीन भारत की सेना को पुनर्गठित किया जाता तो उसका स्वरूप बदल जाता।

उन्होंने जिस तरह का संगठन अपने यहां बनाया था, उसी के अनुसार सेना को पुनर्गठित किया जाता तो उसमें संप्रदायों का भेदभाव न रहता, ऊँच-नीच जातियों का भेदभाव न रहता और अफसरों और सिपाहियों के बीच जो बहुत बड़ा फासला अंग्रेजों ने कायम कर रखा था, वह भी मिट जाता। लेकिन इसके लिए न तो प्रयत्न गाँधीजी ने किया, न जवाहरलाल नेहरू ने और न किसी अन्य नेता ने।

भारत के स्वाधीनता आंदोलन से देशी सैनिक ही नहीं, कुछ हद तक अंग्रेज सैनिक भी प्रभावित हुए थे। एक अंग्रेज सैनिक को गाँधीजी ने संदेश दिया था : "अंग्रेज लोगों के लिए मेरा जीवन स्वयं एक संदेश है।" इस संदेश पर पाद-टिप्पणी में संपादकों ने लिखा है : "समाचार के अनुसार यह संदेश गाँधीजी ने एक ब्रिटिश सैनिक को दिया था, जिसे नौकरी से निकाल दिया गया था। उसने गाँधीजी से कहा था कि वह इंग्लैंड जाकर वहां भारत की स्वाधीनता के उद्देश्य का प्रचार करेगा क्योंकि वह जानता था कि ब्रिटिश शासन के अधीन भारतीयों का शोषण किस तरह किया जाता है।" (83/188)

देशी सेना में किस तरह की बेचैनी थी, यह प्यारे लाल की एक टिप्पणी से मालूम होता हैः "इस सप्ताह गाँधीजी की सलाह लेने कई फौजी उनके कैंप में गए। उनमें से एक ने गाँधीजी से मुलाकात की। उसने कहा : लोग निराशांध होते जा रहे हैं। क्या आप उन्हें सर झुकाकर सारे अपमान और अन्याय को सह लेने की सलाह देंगे?" गाँधीजी ने उन्हें यह सलाह दी : 'सिपाहियों को यह घोषणा कर देनी चाहिए कि वे सिपाही का कर्त्तव्य अपने पेट की खातिर नहीं, बल्कि भारत को आजाद करने और उसे आजाद बनाए रखने के लिए करेंगे। मैं नहीं चाहता कि जिस सरकार से वे वेतन लेते हैं, उसके साथ वे विश्वासघात करें। क्योंकि आज अगर वे वर्तमान सरकार के साथ विश्वासघात करते हैं, तो कल उसी तरह राष्ट्रीय सरकार के साथ भी कर सकते हैं।' (83/237) गाँधीजी सिपाहियों से जिस आजादी के लिए घोषणा करने को कह रहे थे, वह अंग्रेजों के समर्थन से प्राप्त हो रही थी। उसके फलस्वरूप भारत के पूंजीपतियों का हित होता था और साथ ही ब्रिटिश पूंजीपतियों को यहां अपनी पूंजी बनाए रखने की सुविधा भी मिल रही थी। सैनिक यह बिल्कुल न चाहते थे कि देश विभाजित हो। गाँधीजी उनसे यह भी कह सकते थे कि यदि देश का बंटवारा हो तो तुम डटकर मुकाबला करना। परंतु उन्होंने ऐसा कुछ नहीं कहा। गाँधीजी से देशी सेना के जवानों ने कहा था : "कोई भी भारतीय भारत को दो, तीन अथवा अधिक हिस्सों में बांटने की बात कैसे सोच सकता है। यह हम सैनिकों की समझ में नहीं आता। हम तो सिर्फ एक भारत को जानते हैं जिसके लिए हम लड़े हैं, हमने अपना खून बहाया है।" (83/348) ये सैनिक अवश्य ही भारतीय एकता के लिए लड़ सकते थे और अंग्रेजों के षड़यंत्र को नाकाम कर सकते थे। परंतु गाँधीजी ने उनसे इस संयुक्त भारत के लिए लड़ने को नहीं कहा। उन्हें अंग्रेजों की कूटनीति के भरोसे छोड़ दिया। अंग्रेजी राज को खत्म करने के लिए जनता जो क्रांतिकारी कदम उठा रही थी, उनका विरोध करते हुए गाँधीजी ने बार-बार अंग्रेजों पर भरोसा करने के लिए कहा। "ब्रिटिश घोषणाओं में अविश्वास करने

और पहले से बखेड़ा खड़ा करने में दूरंदेशी की कमी जाहिर होती है।" (83/213) फिर, "ब्रिटेन के मंत्रियों का प्रतिनिधि मंडल अब जल्द ही हमारे यहां आएगा। उनकी सदाशयता पर पहले से ही संदेह करें, यह भी एक प्रकार की कमजोरी ही होगी।"(83/279)

मार्च 1946 में डाक-तार विभाग के कर्मचारी हड़ताल करने जा रहे थे। उन्हें गाँधीजी ने तार दिया—"मामले की जानकारी के बिना अपनी राय देना मुश्किल है।" (83/264) इस हड़ताल का समर्थन करके गाँधीजी तथा अन्य कांग्रेसी नेता अंग्रेजों की संचार व्यवस्था को ठप्प कर सकते थे। जो काम सन् 42 में न हुआ था, वह आसानी से सन् 46 में हो सकता था। यहां हिंसा की भी कोई बात नहीं थी। हैदराबाद में निजामशाही से आम जनता की टक्कर हो रही थी। 'गुलबर्गा में पुलिस की जुल्म-जबर्दस्ती' शीर्षक से 'भारत ज्योति' में एक समाचार प्रकाशित हुआ। गाँधीजी ने नवाब छतारी को उसकी कतरन भेजते हुए लिखा : "संलग्न आपको भेज दूं। यही सबसे अच्छा होगा। यदि इसमें तथ्य सही रूप से बताए गए हैं, तो वे भयावह हैं।" (83/43) यदि निजामशाही के खिलाफ वहां की जनता के क्रांतिकारी संघर्ष को समर्थन दिया जाता, तो उसका बहुत बड़ा असर सारे भारत पर होता। निजाम मुसलमान, अधिकांश प्रजा हिंदू। यह हिंदू प्रजा मुसलमान शासक को हटाकर नया जनतंत्र कायम करती। इसका असर भारत की हिंदू मुस्लिम समस्या को हल करने पर पड़ता। अप्रैल 1946 को गाँधीजी ने क्रिप्स को पत्र लिखा : "भारत की रियासतों के बारे में मैं आपसे कल रात कुछ कहना चाहता था, लेकिन भूल गया। पंडित नेहरू स्टेट्स पीपल्स कांफ्रेंस (देशी राज्य प्रजा परिषद्) के अध्यक्ष हैं और कश्मीर के शेख अब्दुल्ला उपाध्यक्ष। गत बुधवार को मैं कांफ्रेस की समिति से मिला था। उन लोगों की शिकायत थी कि कैबिनेट मिशन उनकी उपेक्षा कर रहा है और नरेशों को जरूरत से ज्यादा महत्व दे रहा है। बेशक, यह नीति अच्छी हो सकती है, लेकिन यह भी हो सकता है कि यह नीति अनुचित हो और नैतिकता के आधार पर समर्थन के योग्य न हो।" (83/449) जैसे कचहरी में वादी का पक्ष सही हो सकता है और प्रतिवादी का पक्ष भी सही हो सकता है, वकील दोनों की पैरवी कर सकता है, वैसे ही यहां गाँधीजी नरेशों और प्रजा के बीच संतुलन स्थापित कर रहे थे। नरेशों को जरूरत से ज्यादा महत्व देना किसी भी हालत में सही न हो सकता था। अंग्रेज महत्व दे रहे थे तो यह स्वाभाविक था, इसलिए कि ये नरेश उनके साम्राज्य के स्तंभ थे। लेकिन कांग्रेस उनके प्रति ऐसी सहानुभूति क्यों दिखाए।

अनेक बातों में जवाहरलाल नेहरू से गाँधी का मतभेद था। उनमें एक देशी रियासतों के बारे में थी। अगस्त 1942 में अखिल भारतीय कांग्रेस कमेटी की बैठक में गाँधीजी ने कहा था : "नरेशों के प्रति उचित आदर प्रकट करते हुए मैं एक छोटी-सी विनती करूँगा। मैं नरेशों का हितैषी हूं। मेरा जन्म एक रियासत में हुआ था। मेरे दादाजी अपनी रियासत के नरेश के सिवाय किसी दूसरे नरेश को दाहिने हाथ से सलाम नहीं करते थे। लेकिन उन्होंने अपने नरेश से यह कभी नहीं कहा, जैसा कि मेरे ख्याल से उन्हें कह देना चाहिए था, कि उनका अपना मालिक भी उन्हें अर्थात् अपने मंत्री को, अपने अंतःकरण की

आवाज के विरुद्ध काम करने के लिए बाध्य नहीं कर सकता। मैंने नरेशों का नमक खाया है और मैं नमकहरामी नहीं करूंगा। एक वफादार सेवक के नाते मेरा यह कर्त्तव्य है कि नरेशों को सचेत कर दूं कि अगर वे मेरे जीते जी कुछ कर दिखाएंगे तो हो सकता है कि स्वतंत्र भारत में उन्हें सम्मानपूर्ण स्थान मिले। जवाहर लाल नेहरू ने स्वतंत्र भारत की जो योजना बनाई है, उसमें विशेषाधिकारों या विशेषाधिकार संपन्न वर्गों के लिए कोई जगह नहीं है। जवाहरलाल के विचार में सब संपत्ति सरकार की मिल्कियत होनी चाहिए। वे योजनाबद्ध अर्थव्यवस्था चाहते हैं। वे योजना के अनुसार भारत का पुनर्निर्माण करना चाहते हैं। वे उड़ना पसंद करते हैं, मैं नहीं पसंद करता।" (76/435) गाँधीजी ने नरेशों का जो नमक खाया था, वह नरेशों को प्रजा से ही प्राप्त हुआ था। इसलिए वास्तविक वफादारी प्रजा के प्रति होनी चाहिए, उसके शासकों के प्रति नहीं। कश्मीर में प्रजा शासक के विरुद्ध लड़ रही थी। हैदराबाद में शासक मुसलमान था, अधिकांश प्रजा हिंदू थी। कश्मीर में शासक हिंदू था, अधिकांश प्रजा मुसलमान थी। यदि यह मुसलमान प्रजा शासक को हटा कर वहां एक नया जनतंत्र कायम करती तो उसका भी प्रभाव सारे देश पर होता और आज तक जो कश्मीर की समस्या हल नहीं हुई, वह सन् 46 में हल हो गई होती। लेकिन स्वराज्य मिलने ही वाला था। जैसे गाँधीजी ब्रिटिश सरकार के सामने और 'बखेड़ा' खड़ा नहीं करना चाहते थे, वैसे ही वे रियासतों में नरेशों के सामने कोई बखेड़ा खड़ा करना नहीं चाहते थे। अर्थात् मार्ग में कोई रुकावट नहीं खड़ी करना चाहते थे।

मार्च 1946 में एच. एन. ब्रेल्सफोर्ड गाँधीजी से मिले। उन्होंने लिखा : "जब मैं गाँधीजी से मिला, तब वे बहुत प्रसन्न थे, क्योंकि भारत के प्रश्न पर हुई बहस में श्री एटली ने जो भाषण दिया था, उससे भारत की स्वतंत्रता का मार्ग प्रशस्त हो गया था।" गाँधीजी ने उनसे कहा : "मैं मानता हूं इस बार ब्रिटेन सचमुच कुछ करना चाहता है। लेकिन यह प्रस्ताव अकस्मात् आया है। क्या भारत को तुरंत ही स्वतंत्रता दे दी जाएगी? ...पिछले दो महीने उदारतापूर्ण कार्रवाइयों से ओतप्रोत होने चाहिए थे। यह केवल भारत और ब्रिटेन के इतिहास में ही नहीं, बल्कि संसार के इतिहास में एक महत्वपूर्ण घड़ी है।" (83/318-19) उदारतापूर्ण कार्रवाइयों के उदाहरण भी शीघ्र सामने आ गए। जयप्रकाश नारायण और डॉ. राममनोहर लोहिया छोड़ दिए गए। गाँधीजी ने कहा : "वे अहिंसा की कसौटी पर खरे नहीं उतरे, यह अप्रासंगिक है। प्रासंगिक तो यह है कि आज अंग्रेजों का और हमारा उद्देश्य एक ही है और वह है भारत की आजादी। इसलिए अब उन लोगों की रिहाई सरकार के लिए खतरनाक नहीं मानी जाती। कल रिहा किए गए आजाद हिंद फौज के सदस्यों की तरह ही उनकी रिहाई को भी कैबिनेट मिशन की और वायसराय की ईमानदारी का परिचायक मानना चाहिए। सदाशयता के इस प्रदर्शन के लिए हमें उनका कृतज्ञ होना चाहिए और कृतज्ञ मन से की गई प्रार्थना उस ईश्वर तक पहुंचनी चाहिए जिसने लगता है, उन्हें ऐसी समझदारी दी है।" (83/453) गाँधीजी ने कहा, आज अंग्रेजों का और हमारा उद्देश्य एक ही है और वह है भारत की आजादी। इसकी व्याख्या यों की जा सकती है,

कि कांग्रेसी नेताओं और ब्रिटिश शासकों का एक ही लक्ष्य था। क्रांति को दबाकर भारत को ऐसी आजादी देना जिससे देश का विभाजन हो और अंग्रेजों के निहित स्वार्थ सुरक्षित रहें। लोहिया–जयप्रकाश की रिहाई सरकार के लिए खतरनाक नहीं मानी गयी, इससे साबित होता है, जिस क्रांतिकारी उभार से सरकार को खतरा था, वह टल गया था।

अभी भारत स्वाधीन न हुआ था। परंतु चुनाव के संबंध में कांग्रेस के भीतर झगड़े शुरू हो गए थे। संसदीय बोर्ड के फैसले के खिलाफ मंचेरशा रुस्तमजी अवारी ने 18 फरवरी से भूख हड़ताल शुरू कर दी। इस हड़ताल ने गाँधीजी को काफी परेशान किया। वैसे ये सज्जन गाँधीजी को और भी पहले परेशान कर चुके थे। बंगाल के बंदी क्रांतिकारियों से उन्हें गहरी हमदर्दी थी। वे चाहते थे कि गाँधीजी उन्हें छुड़ाने के लिए कुछ करें। किंतु गाँधीजी इस मामले में अपने को असमर्थ पाते थे। बात मई 1927 की है। गाँधीजी ने कहा : "सार्वजनिक कार्यकर्ता को जिस बात में उसका बस न चले, उसे धीरज से सहना पड़ता है और यदि रोग शैया पर पड़ा हुआ भी मैं उन बंगाली देशभक्तों को उस कैद से छुड़ाने का कोई व्यावहारिक और शांतिपूर्ण उपाय सोच सकता, तो मैं जरा सी भी झिझक के बिना उस पर एकदम अमल करने लग जाता।" फिर उन्होंने देश के राजनीतिक वातावरण के बारे में कहा : "अभी देश में सविनय अवज्ञा के लिए अनुकूल वातावरण नहीं है, हमारे बड़े बुरे दिन चल रहे हैं। आज वातावरण अहिंसात्मक सविनय अवज्ञा के लायक नहीं, बल्कि देश में अत्यंत हिंसात्मक और आत्मघातक अवज्ञा का वातावरण है।" (33/364) राजनीतिक वातावरण के बारे में ऐसी बातें गाँधीजी ने 1940 में तथा अन्य अवसरों पर भी दोहराईं।

अवारी ने बंगाल के कैदियों को छुड़ाने के लिए सविनय अवज्ञा आंदोलन करने का विचार किया। जिस कानून की अवज्ञा करने का फैसला उन्होंने किया, उसका संबंध हथियारों से था। "अखबारों में एसोसिएटेड प्रेस का एक तार देख रहा था, जिसमें यह दिया गया है कि श्री मंचेरशा अवारी ने कहा कि बंगाल के कैदियों की रिहाई के उद्देश्य से शस्त्र कानून और विस्फोटक द्रव्य संबंधी कानून (एक्सप्लोसिव सब्सर्टेसेज एक्ट) के सिलसिले में उनके सविनय अवज्ञा आंदोलन के साथ मेरी पूरी सहानुभूति और अनुमति है।" (33/364) जैसे सनू 42 के आंदोलन को लेकर गाँधीजी और पट्टाभि सीतारमैया एक दूसरे की बात ठीक से नहीं समझे, वैसे ही 1927 में बंगाल के कैदियों के सिलसिले में मंचेरशा अवारी और गाँधीजी एक-दूसरे की बात ठीक से नहीं समझे। गाँधीजी ने कहा : "श्री अवारी की देशभक्ति और स्वार्थ-त्याग के लिए मेरे दिल में बड़ी जगह है और मैंने उनके साथ सविनय अवज्ञा के सिद्धांत पर बातचीत जरूर की थी। मैंने सविनय अवज्ञा की गंभीर मर्यादाओं की ओर भी उनका ध्यान आकर्षित किया था। उन्होंने बंगाल के नजरबंद कैदियों के विषय में बड़ी ममता और चिंता के साथ अपनी बात की थी और यह उचित भी था। मुझे याद है कि मैंने उनसे यह कहा था कि यदि सविनय अवज्ञा सरीखे किसी आंदोलन की बात सोची जा सके और सफलता के साथ उसे शुरू किया जा सके,

तो एक बड़ा काम होगा। अब भी मेरा यही मत है।" (33/364) इन शब्दों से यदि अवारी ने यह निष्कर्ष निकाला हो कि गाँधीजी सविनय अवज्ञा के बारे में उनके विचार से सहमत होंगे, तो इसके लिए अवारी को दोष नहीं दिया जा सकता। गाँधीजी अवारी की सविनय अवज्ञा से सहमत नहीं थे। किंतु उस अवज्ञा के बल पर अवारी कांग्रेस के भीतर और बाहर जनरल अवारी के नाम से प्रसिद्ध हो गए। संपूर्ण गाँधी वाङ्मय में उनका परिचय एक पाद टिप्पणी में इस प्रकार दिया गया है : "मंचेरशा रुस्तमजी अवारी, जो 1927 में बंगाल के कैदियों की रिहाई के उद्देश्य से शस्त्र कानून और विस्फोटक द्रव्य संबंधी कानून के सिलसिले में सविनय अवज्ञा आंदोलन करने के बाद से 'जनरल अवारी' के नाम से लोकप्रिय हो गए थे, मध्य प्रांत, प्रांतीय कांग्रेस कमेटी के कोषाध्यक्ष थे, और नागपुर संसदीय बोर्ड के सदस्य बोर्ड के सदस्य थे। कांग्रेस के केंद्रीय संसदीय बोर्ड ने, जिसके अध्यक्ष बल्लभ भाई पटेल थे, नागपुर के शहरी आम चुनाव क्षेत्र में एक सीट के लिए नागपुर कांग्रेस प्रदेश कमेटी द्वारा प्रस्तावित उम्मीदवारों के नाम रद्द कर दिए थे। इन नामों में अवारी का भी एक नाम था। उन्होंने इस कार्य को अन्यायपूर्ण बताया और इसके विरोध में 18 फरवरी से भूख हड़ताल शुरू कर दी थी।" (83/181) 20 फरवरी को गाँधीजी ने मध्य प्रांत की कांग्रेस कमेटी के मंत्री को तार दिया : "जनरल अवारी का अनशन सर्वथा अनुचित है। उन्हें अनशन छोड़ देना चाहिए।" (उपर्युक्त) 24 फरवरी को गाँधीजी ने अवारी को लिखा : "ऐसा हठ तुम्हें या किसी को कदापि शोभा नहीं देता। मेरे विचार से जो इस प्रकार आत्महत्या करना चाहता हो, उसे कौन रोक सकता है।" (83/207) 27 फरवरी को गाँधीजी ने अखबारों को दिए हुए बयान में कहा : "यह बड़े दुख की बात है कि वे उपवास द्वारा आत्महत्या करने पर तुले हुए हैं। लेकिन उनके मित्रों को उन्हें ऐसा करने से रोकना चाहिए। यदि वे सुनने से इंकार करें तो मेरा ख्याल है कि उन्हें मरने दिया जाना चाहिए।" (83/217) अवारी ने 27 फरवरी को गाँधीजी को लिखा : "मैंने तो आपसे यह उम्मीद की थी कि आप मुझे मेरी गलती बताएंगे। आप कहते हैं कि उपवास के दबाव में कुछ भी नहीं किया जा सकता। आपने जब-जब उपवास करने का निर्णय किया, तब-तब ब्रिटिश सरकार ने ऐसा ही कहा। मैंने आपसे यह अपेक्षा नहीं की थी कि आप भी ब्रिटिश सरकार का नारा अपनाएंगे। अपमान और अन्याय के विरोध में उपवास करना आत्मघात नहीं है।" (83/207) एक वक्तव्य में सरदार पटेल के बारे में अवारी ने कहा : "जबकि सरदार साहब ने नागपुर संसदीय बोर्ड द्वारा चुने गए लोगों की सारी सूची में परिवर्तन करने का निश्चय किया है तो संसदीय बोर्ड की नियुक्ति एक स्वांग है। हमारा प्रांत ही केवल ऐसा प्रांत था जहां संसदीय बोर्ड का अध्यक्ष विधानसभा के लिए उम्मीदवार नहीं था। मैं अपना यह उपवास जारी रखूंगा। चुनाव से पहले अथवा उसके बाद जब तक इन शिकायतों को दूर नहीं किया जाता, मैं अपने निश्चय से हटने वाला नहीं हूं।" (83/206) 7 मार्च को अखबारों को दिए हुए बयान में गाँधीजी ने कहा : "जनरल अवारी का जीवन-दीप बुझता सा लग रहा है। उनका जीवन बचाने में मेरी सहायता

की मांग करते हुए पत्रों और तारों की मुझ पर भरमार हो रही है। मैं जनरल अवारी को जानता हूं। वे एक लोकप्रिय कार्यकर्ता हैं। लेकिन मैं यह भी जानता हूं कि वे अक्सर अनुचित रूप से हठधर्मी पर उतर आते हैं। वर्तमान प्रसंग उसका एक उदाहरण है।" इसी बयान में सरदार पटेल के बारे में उन्होंने कहा : "सरदार तो अब इस मामले से अलग हैं। केंद्रीय बोर्ड अपने ही निर्णय पर विचार नहीं कर सकता, उसे करना भी नहीं चाहिए। उसे इसका अधिकार नहीं है। किसी सुव्यवस्थित लोकतंत्र में कोई भी संस्था मनमाने तौर पर काम नहीं कर सकती। जनरल अवारी और उनके मित्रों को यह अधिकार है कि वे कार्य-समिति से, फिर अखिल भारतीय कांग्रेस कमेटी और अंत में कांग्रेस से अपील करने और निर्णय पर पुनर्विचार करने का निवेदन करें। यह कार्य-विधि जनरल अवारी को लंबी लग सकती है, लेकिन अगर वे किसी व्यक्ति या कुछेक व्यक्तियों के लिए नहीं, बल्कि एक सिद्धांत के लिए लड़ रहे हैं तो यह कार्य विधि लंबी नहीं है।" (83/261) कोई न्यायाधीश अपने किसी फैसले पर फिर से विचार नहीं कर सकता, यद्यपि इस तरह के पुनर्विचार के लिए अनेक मामले उच्चतम न्यायालय में बराबर आते हैं। गाँधीजी ने हर तरह से अवारी पर दबाव डाला कि वे उपवास छोड़ दें लेकिन यह कहीं नहीं कहा कि संसदीय बोर्ड या सरदार पटेल ने जो कुछ किया, वह उचित था। नागपुर के मुख्य पारसी पुरोहित को गाँधीजी ने तार दिया : "निम्न समिति से उच्च समिति में जाकर गुणदोष के आधार पर पुनः विचार हमेशा संभव है। आपकी सफलता की कामना करता हूं। अवारी को समझाओ कि गलत स्थिति को त्याग दे।" (83/364) 18 मार्च को सरदार पटेल की अपील पर अवारी ने अनशन समाप्त कर दिया। (83/246)

सन् 46 में अंग्रेजों से समझौता करके गाँधीजी जो चीज पाने वाले थे, वह ब्रिटेन की संसद प्रणाली की नकल थी। इस नकल में उतनी जान भी नहीं थी जितनी ब्रिटेन की मूल संसद प्रणाली में थी। एक समय था जब इस प्रणाली की असलियत गाँधी बखूबी समझते थे। 1909 में उन्होंने 'हिंद स्वराज्य' में लिखा था : "इंग्लैंड की आज की स्थिति सचमुच दयनीय है और मैं तो ईश्वर से प्रार्थना करता हूं कि वैसी स्थिति भारत की कभी न हो। जिसे आप पार्लियामेंटों की माता कहते हैं, वह पार्लियामेंट तो वंध्या है और वेश्या है।" (10/15) ब्रिटिश पार्लियामेंट के काम करने के ढंग पर गाँधीजी ने कहा : "जब उसमें बड़े-बड़े प्रश्नों की चर्चा चलती है, तब उसके सदस्य पैर फैलाए ऊंघते बैठे रहते हैं। पार्लियामेंट में सदस्य इतना चीखते-चिल्लाते हैं कि सुनने वाला हैरान हो जाता है। वहां के एक महान् लेखक ने उसे दुनिया का बकवास घर कहा है।" (10/16) सोचना चाहिए, इसमें कितनी बातें भारत की लोकसभा पर लागू होती हैं। गाँधीजी ने भारत समेत सारी दुनिया को चेतावनी दी : "मेरा तो निश्चित विचार है कि यदि भारत अंग्रेजों की नकल करे तो वह बरबाद हो जाएगा।" (10/318) गाँधीजी को अपनी बात सन् 46 या 47 में याद रखनी चाहिए थी।

संविधान सभा और स्वाधीनता

1946 की राजनीतिक परिस्थिति में एक खास मुद्दा संविधान सभा का था। यह संविधान सभा स्वाधीन भारत का संविधान बनाने को थी। जून 1946 में गाँधीजी ने संविधान सभा में शामिल होना अंतरिम सरकार में शामिल होने से अधिक महत्वपूर्ण माना। (84/347) यह संविधान सभा क्रांतिकारी आंदोलन के फलस्वरूप स्थापित न हुई थी। इसलिए वह सर्वप्रभुता संपन्न संस्था नहीं थी। गाँधीजी ने कहा : "यद्यपि यह प्रभुसत्ताधारी सभा नहीं है फिर भी यह उसके निकट है जितनी कि हो सकती है।" (85/8) जितनी कि हो सकती है अर्थात् अंग्रेजी राज के अंतर्गत जितनी वह प्रभुसत्ता संपन्न हो सकती है, उतनी है। संविधान सभा के मुख्य सूत्रधार अंग्रेज थे। उन्हीं के कहने से वह सभा बुलाई जा सकती थी। दिसम्बर 1946 में गाँधीजी ने कहा : "यह बात कभी नहीं भूलना चाहिए कि कांग्रेस कितनी शक्तिशाली क्यों न हो गई हो, आज जिस संविधान सभा की कल्पना की गई है, उसकी बैठक केवल ब्रिटिश सरकार के कहने से ही हो सकती है।" (86/208) अंग्रेज कांग्रेसी नेताओं को धमकाते थे—हमारी शर्तें मानो नहीं तो हम संविधान सभा नहीं बुलाएंगे। यह धमकी की बात गाँधीजी ने अगस्त 1946 में वेवल को लिखी थी : "आपने धमकी दी कि अगर कांग्रेस ने उस फार्मूले पर अमल न किया जो आपने पंडित नेहरू और मेरे सामने रखा था तो आप संविधान सभा का अधिवेशन नहीं बुलाएंगे।" (25/209) संविधान सभा में भारतीय दलों के बीच मतभेद उठ खड़े हों तो उन्हें दूर करना और अपने तैयार किए हुए दस्तावेज की शर्तें मनवाने की जिम्मेदारी अंग्रेजों की थी। गाँधीजी ने कहा: "मेरी मान्यता है कि ब्रिटिश सरकार उस दस्तावेज पर अमल करने को बाध्य है, भले ही कुछ प्रांत उसी दस्तावेज के मुताबिक अपने को स्वतंत्र घोषित करने का फैसला ही क्यों न करें। मुझे उम्मीद है कि अंग्रेज भारत के साथ ईमानदारी का व्यवहार करने में अपनी सारी साख गंवाएंगे नहीं।" (86/488) संविधान सभा के बारे में अंग्रेजों की शर्त यह थी कि कांग्रेस और मुस्लिम लीग दोनों को शामिल होना चाहिए और उनके सहयोग से ही स्वतंत्र भारत का संविधान बन सकता है। गाँधीजी ने कहा : "मेरे सामने यह बात बिल्कुल स्पष्ट है कि यदि मुस्लिम लीग ने संविधान सभा का बहिष्कार किया तो कैबिनेट मिशन के 16 मई के वक्तव्य के अंतर्गत सभा की बैठक नहीं होनी चाहिए। उस वक्तव्य में स्पष्ट रूप से दोनों प्रमुख पक्षों अर्थात् कांग्रेस और लीग के सहयोग की बात सोची गई है।" (86/208) यदि भारत में क्रांतिकारी आंदोलन के फलस्वरूप संविधान सभा बनती तो उसमें मुस्लिम लीग और कांग्रेस के समझौते के बिना संविधान सभा अपना काम नहीं कर सकती। इस तरह स्वाधीन भारत का संविधान बनाने में उन्होंने पहले से ही बहुत बड़ा अवरोध खड़ा कर दिया था। क्या यह संभव था कि अंग्रेजों की छत्रछाया के बिना भारत में संविधान सभा बुलाई जाय? यदि कांग्रेस काफी शक्तिशाली होती तो यह ब्रिटिश सरकार

की उपेक्षा करके भी संविधान सभा बुलाती। गाँधीजी ने कहा : अगर हमने वह हैसियत और ताकत प्राप्त कर ली है कि ब्रिटिश सरकार की उपेक्षा करके भी हम संविधान सभा की बैठक बुला सकें तो यह एक उचित बात होती। तब हमें मुस्लिम लीग और देशी नरेशों सहित सभी पक्षों का सहयोग मांगना पड़ेगा और उस समय संविधान सभा किसी अनुकूल स्थान पर अपनी बैठक कर सकती है। फिर भले ही कुछ लोग उसमें सम्मिलित न हों, मसलन हो सकता है कि केवल कांग्रेस प्रांत और देशी नरेश ही इसमें सम्मिलित हों। मेरे विचार से यह शोभनीय और पूर्णतः तथ्यसंगत होगा।" (86/279) जो बात पूर्णतः शोभनीय और पूर्णतः तथ्यसंगत होती, वह न हो रही थी। कारण यह कि कांग्रेस इतनी शक्तिशाली नहीं थी कि ब्रिटिश सरकार की उपेक्षा करे। यह संभव था कि कांग्रेस इतनी शक्तिशाली होती तो कौन आता है, कौन नहीं आता, इसकी चिंता न करके वह स्वाधीन भारत का संविधान बनाती। परंतु ऐसी स्थिति नहीं थी।

कांग्रेस अब अंग्रेजों से लड़ने वाली जुझारू संस्था न रह गई थी। उसमें उदारपंथियों का बोलबाला था। जल्दी से संविधान सभा बनाकर, उसमें भारत का नया संविधान रचकर वे पदों पर आसीन होना चाहते थे। गाँधीजी कांग्रेस के नेता थे पर उनकी विचारधारा पर अधिकांश कांग्रेसियों की आस्था नहीं थी। इस बारे में गाँधीजी को कोई भ्रम नहीं था। उन्होंने कहा, "अधिकांश कांग्रेसी सत्य तथा अहिंसा या खादी से प्रतिबद्ध नहीं हैं।" (84/119) गाँधीजी ने कांग्रेसियों की मानसिक और शारीरिक शिथिलता का जिक्र किया। कारण बताते हुए कहा : "इसके मूल में यह झूठा आत्मसंतोष है कि जेल भोग लेने के बाद कांग्रेसियों को आजादी हासिल करने के लिए और कुछ नहीं करना है और कृतज्ञ कांग्रेस संगठन को चीजों और पदों के बँटवारे में उन्हें उच्चतम प्राथमिकता दे कर पुरस्कृत करना चाहिए और इसीलिए आज तथाकथित पुरस्कार पदों को प्राप्त करने के लिए एक अशोभनीय और भोंडी होड़ मची हुई है।" (84/413)

राजनीतिक परिस्थिति का सामना करने के लिए कोई कारगर नीति स्वयं गाँधीजी पेश न कर रहे थे। इसके फलस्वरूप जनता के बहुत बड़े हिस्से उनके प्रभाव से बाहर निकल रहे थे। उन्होंने जुलाई 1946 में वल्लभ भाई पटेल को लिखा : "ऐसा लगता है कि कांग्रेस के हाथों में से बहुत कुछ निकल जाएगा। डाकिए न माने। बंबई में डाकियों की हड़ताल शुरू हो रही थी। अहमदाबाद भी न माने। वहां हिंदू-मुस्लिम दंगे हो रहे थे। हरिजन न माने, मुसलमान न माने। यह कैसी स्थिति है?" (85/34) भिन्न-भिन्न स्तरों के मजदूर अपनी दशा सुधारने के लिए और देश की स्वाधीनता के लिए हड़ताल का अपना सुपरिचित हथियार इस्तेमाल कर रहे थे। इनमें बंबई के भंगी भी थे। इनके लिए गाँधीजी ने कहा : "कुछ काम ऐसे हैं जिनके बारे में हड़ताल वर्जित होनी चाहिए। भंगियों का काम ऐसा ही है।" (84/60) यानी भंगियों को किसी भी परिस्थिति में हड़ताल न करनी चाहिए। यह गाँधीजी की राय थी। भंगियों की हड़ताल से बीमारी फैलने का डर था। पर ऐसा कोई डर डाकियों की हड़ताल से नहीं था। गाँधीजी ने इस हड़ताल का विरोध किया था। पर

डाकियों ने उनकी बात नहीं मानी। गाँधीजी ने वल्लभभाई पटेल को लिखा : "लगता है कि डाकियों का मामला बिगड़ गया है। तुम्हें यह बयान जारी करना चाहिए, वे कांग्रेस की बात नहीं मानते। (95/112) मजदूर वर्ग से बाहर आम जनता की राजनीतिक हड़तालों का सिलसिला कांग्रेस ने शुरू किया था। इनमें 26 जनवरी की हड़ताल भी शामिल थी। गाँधीजी को चिंता थी, किसी तरह संविधान सभा को सफल बनाया जाए। इसलिए उन्हें हर हड़ताल में हिंसा की गंध आती थी। उन्होंने लिखा : "6 अप्रैल और 26 जनवरी की तरह 9 अगस्त भी भारत की आजादी की लड़ाई में स्मरणीय दिन है। ये सब सत्याग्रह अर्थात् सत्य और अहिंसा की दृष्टि से आम हड़ताल के दिन हैं। लेकिन आज अगर सत्याग्रह की दृष्टि से सोचें तो आमतौर पर सभी हड़तालों और खासतौर से आगामी 9 अगस्त की हड़ताल निषिद्ध है। अलबत्ता अगर हड़तालें अहिंसा का महत्व प्रकट करने के लिए की जाएँ तो भले की जा सकती हैं। (8/63) इन हड़तालों में, खासतौर से, मजदूरों की हड़तालों में, हिंदू-मुसलमान का भेद नहीं था। हिंदुओं और मुसलमानों की एकता कैसे कायम की जाए, यह बहुत बड़ी समस्या कांग्रेस और गाँधीजी के सामने थी। जिन संघों में हिंदू और मुसलमान मिलकर काम करते थे, वे मजदूरों के संघ थे। ये संघ हड़तालें करा रहे थे और गाँधीजी इन्हीं का विरोध कर रहे थे। इसलिए हिंदू-मुस्लिम एकता के एक समर्थ राजनीतिक आधार को वह कमजोर बना रहे थे। अगस्त 1946 में दो वर्गों के नेतृत्व आमने-सामने थे : एक मजदूर वर्ग का नेतृत्व जो कहता था हड़तालों के द्वारा शासन तंत्र को उलट देना चाहिए, दूसरा पूंजीवादी नेतृत्व जो अंग्रेज़ी राज के रहते हुए भी कहता था, आज तो सब प्रांतों में राष्ट्रीय सरकारें काम कर रही हैं (95/112) गाँधीजी यह मुकाबला बहुत स्पष्ट देख रहे थे और उतनी ही स्पष्टता से वह मजदूर संघों द्वारा चलाई जाने वाली हड़तालों का विरोध कर रहे थे। लिखा था : "आज तो शासन ठप करने के लिए सारे देश में हड़ताल करने की बात सुनी जाती है। हड़ताल के जरिए शासन को ठप करने का यह कदम एक आखिरी राजनीतिक कदम है और यह कदम उठाने का अधिकार सिर्फ कांग्रेस जैसे संगठन को ही होना चाहिए, श्रमिक संघों को नहीं, चाहे वे कितने भी शक्तिशाली हों। अगर आजादी हासिल करने के लिए कांग्रेस ही आम लोगों की सबसे बड़ी और मुख्य संस्था है, तो शासन को ठप करने का काम भी उसी के हाथ में रहना चाहिए। फिलहाल कांग्रेस प्रस्तावित संविधान सभा को सफल बनाने की कोशिश में लगी है। इस काम में अकथनीय कठिनाइयां हैं। ऐसी हड़तालों से कांग्रेस के काम में भारी रुकावटें पैदा हो सकती हैं।" पर इसी संविधान सभा को लेकर हिंदू-मुस्लिम दंगे भी आयोजित किए जा रहे थे। हड़तालें यदि अंग्रेजों के खिलाफ आम जनता का अस्त्र थीं, तो भारतीय जनता के खिलाफ हिंदू-मुस्लिम दंगे अंग्रेजों का अस्त्र थे। इन्हें रोकने में कांग्रेस और गाँधीजी असफल हो रहे थे।

गाँधी से पूछा गया था — 'हिंदू-मुस्लिम समस्या को कैसे हल किया जाए?' उन्होंने जवाब दिया : "इस मामले में मुझे अपनी हार स्वीकार करनी चाहिए। मैं जानता हूं कि

मेरी आवाज आज कोई नहीं सुनता।" (85/352) इस हार के फलस्वरूप संविधान सभा अनिवार्य हो गई। कम-से-कम गाँधीजी और कांग्रेस के सामने संविधान सभा के अलावा और कोई रास्ता नहीं था। संविधान सभा अहिंसात्मक आंदोलन की सफलता के कारण नहीं, उसकी असफलता के कारण बनी थी। गाँधीजी ने कहा : "अगर कांग्रेस में सविनय भंग का शुद्ध अहिंसक आंदोलन होता तो संसदीय कार्यक्रम देश के सामने आता ही नहीं।" (85/13) अहिंसात्मक आंदोलन की असफलता के कारण उन्हें पुराने उदारपंथी नेताओं का अनुसरण करना पड़ा। कभी उन्होंने इन नेताओं का तीव्र विरोध किया था। इस समय उन्होंने कहा : "मैं यह स्वीकार करता हूं कि संविधान सभा संसदीय प्रवृत्ति का तर्कसंगत परिणाम है। स्वर्गीय देशबंधु चितरंजन दास और स्व. मोतीलाल नेहरू के श्रम के फलस्वरूप मेरी आंखें खुल गईं और यह देख सका कि देश की आजादी की लड़ाई में संसदीय कार्यक्रम की भी अपनी जगह है। पहले मैंने इसका सख्त विरोध किया क्योंकि इसके साथ मेरा कोई मेल नहीं बैठता। मगर शुद्ध असहयोग कभी चला ही नहीं। जो चला वह भी धीरे-धीरे समाप्त हो गया।"(85/13) गाँधीजी ने उदारपंथियों का विरोध करके कांग्रेस का जुझारू संगठन बनाया था। आज वह अपना पुराना रास्ता छोड़ रहे थे। कह सकते हैं कि गाँधीजी की क्रांतिकारी विरासत के दावेदार वे श्रमिक नेता ही थे जो अंग्रेजी राज के विरुद्ध संघर्ष चलाने की बात कहते थे, विशेष रूप से मजदूरों को गोलबंद करके हड़तालें करा रहे थे, जिनका उद्देश्य शासन तंत्र को ठप कर देना था। कांग्रेस की जिस नीति से श्रमिक संघों की टक्कर थी, वह पुरानी जुझारू नीति नहीं थी, वरन् चितरंजन दास और मोती लाल नेहरू जैसे उदारपंथी नेताओं की सुधारवादी नीति थी और इसका विरोध करना उचित था।

यहां एक सवाल यह भी उठता है—औपनिवेशिक शासन के ढाँचे को तोड़े बिना क्या नवस्वाधीन देश का निर्माण हो सकता है? इस ढांचे में शासन के मुख्य उपकरण पुलिस, सेना आदि हैं। अंग्रेजों की बनाई हुई पुलिस के भरोसे क्या स्वाधीन भारत का शासन चलाया जा सकता था? अहमदाबाद में दंगे हुए। अंग्रेजी राज था, फौज थी। गाँधीजी ने मोरारजी देसाई को लिखा : "पुलिस ने पहले से एहतियात क्यों नहीं बरती? अब तो पुलिस जनता की हो गई ना।" (84/384) इस पुलिस में मौलिक परिवर्तन आवश्यक था। इसी तरह सेना में मौलिक परिवर्तन आवश्यक था। यह सब नहीं किया गया। पुराने शासनतंत्र के उपकरण ज्यों-के-त्यों ले लिए गए और जनता को बताया गया, अब ये तुम्हारी राष्ट्रीय सरकारें हैं और पुलिस जनता की है। मई 1947 में अरुणा आसफ अली और अशोक मेहता ने गाँधीजी से पूछा – 'क्या पाकिस्तान का कोई विकल्प है?' गाँधीजी ने कहा : "पाकिस्तान का एकमात्र विकल्प अविभाजित भारत है।" (87/436) कांग्रेस ने स्वयं को इस असहाय स्थिति में डाला था क्योंकि उसने आंदोलन का रास्ता छोड़कर समझौते की राह अपनाई थी। यहां सवाल हिंसा का और अहिंसा का नहीं था। सवाल यह था—गाँधीजी अपने ढंग से अहिंसात्मक आंदोलन चलाकर अंग्रेजी राज का मुकाबला करते हैं या नहीं? उन्होंने आंदोलन का रास्ता छोड़ दिया था। सारी आशाएँ संविधान सभा पर टिका दी थीं।

जो लोग इतना असहाय अनुभव न करते थे, वे हड़तालें करा रहे थे, संघर्ष के रास्ते पर चल रहे थे। परंतु गाँधीजी इनका विरोध कर रहे थे। दुर्भाग्य से ये संघर्ष के रास्ते पर चलने वाले लोग इतने एकताबद्ध और शक्तिशाली नहीं थे कि कांग्रेस के नेतृत्व की अनदेखी करके देश को नए रास्ते पर ले चलें। गाँधीजी देश का विभाजन न चाहते थे लेकिन संविधान सभा से बंधे रहकर जो पूरे तर्क के साथ कहती है कि यदि पाकिस्तान स्वीकार किया जाए तो बंगाल और पंजाब के बहुसंख्यक गैर-मुसलमान लोगों और सिखों के साथ न्याय किया जाना चाहिए। और इन प्रांतों का विभाजन उसी सिद्धांत पर होना चाहिए जिस पर मुस्लिम लीग भारत के विभाजन की मांग करती है।" (87/436) ऊपर से देखने में यह बात बड़ी तर्कसंगत लगती है—यदि भारत का विभाजन किया जाता है तो उसी सिद्धांत पर हिंदुओं और सिखों के साथ न्याय किया जाना चाहिए और बंगाल और पंजाब का विभाजन उसी तरह होना चाहिए। परंतु भारत का विभाजन हो क्यों? इसलिए कि इस विभाजन के बिना संविधान सभा अपना काम न कर सकती थी और अहिंसात्मक तरीके से भारत को स्वाधीनता प्राप्त न हो सकती थी। एक स्थिति यह हो सकती थी कि स्वतंत्रता आंदोलन की सफलता के फलस्वरूप संविधान सभा बनाई जाए। स्वाधीन भारत अंग्रेजों की छत्रछाया के बिना अपने विकास की रूपरेखा बनाए, पुलिस, सेना आदि का पुनर्गठन करे। दूसरी स्थिति यह थी कि वह अंग्रेजों की छत्रछाया में संविधान सभा में काम करे, मुस्लिम लीग से अर्थात् अंग्रेजों से समझौता करे, देश का बंटवारा होने दे। और फिर लोगों से कहे— अब स्वाधीनता मिल गई है, इसका फल चखो। गाँधीजी ने दिसंबर 1946 में असम के कांग्रेस जनों से कुछ मार्मिक बातें कहीं थीं : "अगर हम समझते हैं कि इग्लैंड या और कहीं से स्वतंत्रता हमारी गोद में उतरने वाली है तो हम बहुत बड़ी गलती कर रहे हैं। वह स्वतंत्रता नहीं होगी। वह हमें पीस डालेगी।" (86/265) जो स्वतंत्रता देश की जनता को पीस डालने वाली थी, वही उसे प्राप्त हुई, और इसका बहुत बड़ा कारण यह था कि गाँधीजी और कांग्रेस ने आंदोलन का मार्ग छोड़कर समझौते का मार्ग अपनाया था। संविधान सभा ने सविनय अवज्ञा का स्थान लिया है, यह बात उन्होंने जुलाई 1946 में स्पष्ट रूप से कही थी : "मैंने यह कहा है और मैं शत-प्रतिशत इस बात को मानता हूं कि प्रस्तावित संविधान-सभा रचनात्मक ढंग की सविनय अवज्ञा का एक कारगर विकल्प है।" (85/7) 1936-37 में कांग्रेस में बहुत से नेताओं ने 1935 के कानून का विरोध किया था, फिर उसी के अंतर्गत मंत्रिमंडल बनाए थे। गाँधीजी उस समय उदारपंथियों के मार्ग पर चल रहे थे। 1946 में उन्होंने 1935 के संविधान का समर्थन किया : "मैंने 1935 के संविधान का कभी तिरस्कार नहीं किया है। वह प्रांतीय स्वायत्तता पर आधारित है और उसमें विकास की पूरी क्षमता है, बशर्ते कि लोग उसके योग्य हों।"(86/266) जब 1935 के संविधान में विकास की गुंजाइश थी, तब यह नई संविधान सभा तो नया कानून बनाने वाली थी, उसमें अधिक क्षमता होनी ही चाहिए। परंतु यह उस समय काम कर रही थी जिस समय कांग्रेस अपने को असहाय अनुभव कर रही थी। गाँधीजी ने पराधीनता और

स्वाधीनता के बीच की स्थिति का विश्लेषण करते हुए कहा : "हम स्वतंत्रता और असहाय पराधीनता के बीच डांवाडोल हो रहे हैं। कैबिनेट मिशन की योजना इस दोनों के बीच की चीज है। अगर हम ठीक से कार्य करें तो स्वतंत्रता का पूरी तरह खिला हुआ पुष्प हमारे सामने होगा।" (86/265-66) यदि स्वतंत्रता का खिला हुआ पुष्प सामने होता तो दंगे न होते, साम्प्रदायिक हिंसा का अंत हो गया होता। 1931 में गाँधीजी ने लंदन में कहा था : "मुझे इसमें रत्ती भर भी संदेह नहीं है कि साम्प्रादायिक शक्तियों का हिमशैल स्वतंत्रता के सूर्य की गर्मी से गल जाएगा।" (48/129) यदि वास्तविक स्वतंत्रता का सूर्य उदय होता तो इसमें संदेह नहीं, साम्प्रदायिक मतभेदों का हिमशैल गल जाता। लेकिन वह नहीं गला। उसकी जगह एक विशाल रक्त का सागर दिखाई दिया। कारण यह था कि वास्तविक सत्ता का सूर्योदय न हो रहा था। सूर्योदय का आधार नकली अहिंसा थी।

संविधान सभा के बारे में कैबीनेट मिशन ने जो प्रस्ताव प्रकाशित किए थे, उन पर पहले कांग्रेस के भीतर ही गाँधीजी के नजदीकी सहयोगियों को विश्वास न था। वे उनका विरोध कर रहे थे। राजेन्द्र प्रसाद ने चम्पारन में गाँधीजी के दुभाषिए का काम किया था। वह इनका विरोध कर रहे थे। सरदार पटेल गाँधीजी की हजूरी करने वाले माने जाते थे। इसका वह बुरा न मानते थे, बल्कि गाँधीजी के शब्दों में : "इसे एक प्रशस्ति मानकर उछलते फिरते हैं। मेरा कहा उनके लिए ब्रह्मवाक्य बन गया है। लेकिन इस मामले में वे भी मुझसे सहमत नहीं हैं।" (84/407) और स्वयं गाँधीजी ने दिल्ली के अपने एक बयान में कहा : "जहां मुझे पहले प्रकाश दिखाई देता था, वहां अब अंधकार दिखाई देता है। अब भी वह अंधकार छंटा नहीं है। शायद और भी घनीभूत हो गया है। अगर मुझे अपना रास्ता साफ दिखाई देता तो मैं कार्य-समिति से संविधान-सभा विषयक प्रस्ताव को अस्वीकार कर देने को कह सकता था।" (84/406) गाँधीजी का एक मन कहता था, ये प्रस्ताव गलत हैं, इन्हें स्वीकार न करना चाहिए। दूसरा मन कहता था, देश अब आंदोलन नहीं कर सकता, कांग्रेस असहाय है, इसलिए संविधान-सभा के प्रस्ताव को स्वीकार करने के अलावा दूसरा मार्ग नहीं है। यदि संविधान-सभा अस्वीकार कर दी जाए तो क्या कांग्रेस फिर सत्याग्रह आरंभ करेगी? गाँधीजी ने इस प्रश्न पर भी विचार किया। उन्होंने अखिल भारतीय कांग्रेस कमेटी में कहा : "अगर आप मुझसे यह पूछें कि हमारे प्रस्तावित संविधान-सभा को स्वीकार कर देने या संविधान सभा के वास्तव में गठित न होने पर क्या आप लोगों को व्यक्तिगत या सार्वजनिक सविनय अवज्ञा करने की सलाह देंगे या स्वयं उपवास करेंगे? तो मेरा उत्तर होगा—नहीं, मैं तो अकेले चलने में विश्वास करता हूं ...मैं निपट अकेला ही रह जाऊं तो भी सत्याग्रह आरंभ करने की सामर्थ्य रखता हूं। पहले भी ऐसा कर चुका हूं। लेकिन यह कोई उपवास या सविनय अवज्ञा का प्रसंग नहीं है। संविधान-सभा को मैं सत्याग्रह का स्थापन्न मानता हूं। यह रचनात्मक सत्याग्रह है।" (84/408) इस तरह उन्होंने आंदोलन के रास्ते बंद कर दिए और अपने आपको संविधान सभा की कार्यवाही से बांध लिया। पहले अंग्रेजों की बनाई हुई काउंसिलों का स्थान सत्याग्रह लेता था। अब सत्याग्रह का स्थान

अंग्रेजों की बनाई हुई संविधान सभा ने लिया।

कांग्रेसियों में समाजवादियों का एक गुट था। वह गाँधीजी की नीति से सहमत नहीं था। वह आंदोलन करने, हड़ताल करने के पक्ष में था। मई 1946 में गाँधीजी ने जयप्रकाश नारायण की पत्नी प्रभावती को लिखा : "यदि तू उससे इतना कह सके कि उसका ज़ो भाषण समाचारपत्रों में प्रकाशित हुआ है, वह अच्छा नहीं है तो अच्छा हो।" (84/150) इससे स्पष्ट है कि जयप्रकाश नारायण की नीति गाँधीजी की नीति से भिन्न थी। गाँधीजी ने जयप्रकाश नारायण की प्रशंसा करते हुए कहा था : "जयप्रकाश हिंदुस्तान की आजादी की लड़ाई के एक असाधारण सेनापति हैं। कोई भी देश ऐसे रत्नों को पाकर गर्व कर सकता है। जवाहरलाल और सुभाष की तरह उनमें भी अधीरता की मात्रा जरूरत से ज्यादा है, परंतु यह तो आज की परिस्थितियों का एक गुण है। मैं जयप्रकाश की पूजा करता हूं।" (84/355)

वास्तव में गाँधीजी स्वयं कांग्रेस से निराश हो चुके थे। उन्होंने ही कांग्रेस के असहाय होने की बात कही थी और अपने सामने घने अंधकार के छाए रहने की कल्पना की थी। जयप्रकाश अभी आंदोलन की बात सोच रहे थे। वह चाहते थे, एक अगस्त को देशव्यापी हड़ताल हो। गाँधीजी और जवाहरलाल नेहरू इस हड़ताल का विरोध कर रहे थे। कांग्रेस कार्य समिति ने हड़ताल का विरोध किया। जयप्रकाश हड़ताल कराना चाहते थे। यदि वह ऐसा करते हैं तो यह कांग्रेस के प्रति विश्वासघात होगा। गाँधीजी ने इस संदर्भ में लिखा : जयप्रकाश नारायण कांग्रेसी हैं। यह रहस्य सबको मालूम है कि पंडित जी ने उन्हें कार्य-समिति में लेने की इच्छा व्यक्त की थी। स्वभावतः उनका विश्वास था कि जयप्रकाश नारायण के विचार चाहे जैसे हों, वे इतने ईमानदार हैं कि कांग्रेस के साथ विश्वासघात नहीं करेंगे। अब उन्हें मालूम है कि उन्होंने देश के सामने जो राय रखी है, वह कांग्रेस अध्यक्ष के विचारों के खिलाफ है। इसलिए अगर वे अब भी उस राय पर कायम रहते हैं, तो यह कांग्रेस के प्रति अनिष्ठा का कार्य (अर्थात् विश्वासघात) माना जाएगा। अतः यदि वे अपनी गलत स्थिति का त्याग नहीं कर चुके हों तो मैं आशा करता हूं कि मेरी बातों के औचित्य को स्वीकार करके अब वे अपना कदम वापस ले लेने में ही समझदारी देखेंगे ...हर कांग्रेसी का यह कर्तव्य है कि संविधान सभा में काम करने के लिए उपयुक्त वातावरण बनाकर वह कांग्रेस को उस सभा में प्रवेश करने में सहायता दे। यह बात मैं उन लोगों से भी कहता हूं जो अंग्रेजों के हर काम को अविश्वास की दृष्टि से देखते हैं।(85/63) जो लोग अंग्रेजों के काम को अविश्वास की दृष्टि से देखते थे, उनमें कांग्रेस के समाजवादी लोग भी थे। हड़तालों में हिंदू मुसलमान दोनों भाग लेते थे। दंगे रोकने के लिए ये हड़तालें कारगर साधन हो सकती थीं। परंतु गाँधीजी ने दंगों का हवाला देकर कहा : "अहमदाबाद आदि स्थानों में पागलपन भरी मारकाट और अव्यवस्था जारी है।" (85/64) डाक हड़ताल के बारे में उन्होंने कहा : "डाक हड़ताल को गुण-दोष परीक्षा के आधार पर ठीक मान लिया जाए तो भी उसके प्रति सहानुभूति में बंबई तथा अन्यत्र सारे कारोबार को ठप किए जाने में

कोई समझदारी है, इसमें मुझे संदेह है। ऐसा लगता है, बहुत से लोगों की बुद्धि भ्रष्ट हो गई है। (यानि जो भी संविधान सभा स्वीकार न करे, उसकी बुद्धि भ्रष्ट हो गई है।) जो भी नुस्खा लोगों के सामने रख दिया जाता है, वे उसके गुण-दोष का कोई विचार किए बिना उसे स्वीकार करने को तत्पर हो जाते हैं। ऐसे वातावरण में हड़ताल का आह्वान करना अव्यवस्था को निमंत्रण देना है। (किसी भी तरह का आंदोलन चाहे हिंसात्मक हो चाहे अहिंसात्मक, उस समय गाँधीजी के लिए अव्यवस्था को निमंत्रण देने के बराबर था।) अव्यवस्था स्वतंत्रता में सहायक नहीं है। किसी भी प्रकार की अव्यवस्था स्वतंत्रता के विकास में सहायक नहीं। हर दृष्टि से सोचने पर मैं यही आशा करूंगा कि आगामी 9 अगस्त को भारत में कहीं कोई हड़ताल नहीं होगी। इसके बजाय कांग्रेस अध्यक्ष के सुझाए तरीके से वह दिन शांतिपूर्वक, शोभनीय और व्यवस्थित रीति से मनाया जाएगा।" (85/64) जयप्रकाश नारायण और जवाहरलाल नेहरू की अधीरता में थोड़ा ही अंतर था। जैसे नेहरू थोड़ा-सा विरोध करने के बाद गाँधीजी के पीछे चलते थे, वैसे ही जयप्रकाश नारायण, उससे कुछ अधिक विरोध करके, गाँधीजी के पीछे चलते थे। इसी टिप्पणी के अंत में गाँधीजी ने यह सूचना दी : "श्री जयप्रकाश ने 9 अगस्त को हड़ताल करने के बारे में अपना सुझाव वापस ले लिया है।"

यद्यपि जयप्रकाश नारायण थोड़ा-सा विरोध करने के बाद गाँधीजी के पीछे चले परंतु स्वयं गाँधीजी समय-समय पर समाजवादियों से अपना मतभेद स्पष्ट कर देते थे। अधिकांश कांग्रेसी नेता अहिंसा में विश्वास न करते थे परंतु समाजवादियों की आलोचना करते हुए गाँधीजी ने कहा : "हालांकि मैं अपने समाजवादी मित्रों की त्याग और आत्मसंयम की भावना की बड़ी कद्र करता हूं, फिर भी उनके और मेरे तरीके में जो स्पष्ट अंतर है, उसे मैंने कभी छिपाया नहीं है। वे साफ तौर पर हिंसा और उसमें निहित बातों में विश्वास रखते हैं, जबकि मेरे लिए अहिंसा ही सब कुछ है।" (85/7) गाँधीजी एक कमाल यह करते थे कि वह क्रांति की हिंसा और सांप्रदायिक दंगों की हिंसा दोनों को मिला देते थे। यही नहीं, क्रांतिकारी हिंसा को साम्प्रदायिक हिंसा का कारण भी मान बैठते थे। समाजवादियों से उन्होंने कहा : "आप भले ही सहमत न हों, पर मेरा विश्वास है कि अगर बिहार की जनता को यह सबक न मिलता जो कि आप लोगों के द्वारा उन्हें 1942 में मिला था, तो जो ज्यादतियां बिहार ने पिछले साल देखीं, वे कभी न हुईं होतीं। मेरे लिए यह थोड़ा संतोष का विषय है कि जिन लोगों ने तोड़-फोड़ कार्यक्रम का आयोजन किया था, उन्होंने स्वयं हिंसा में सीधे-सीधे भाग नहीं लिया। उन्हें मालूम होना चाहिए था कि एक बार जब हिंसा की दुष्ट प्रवृत्ति को छूट मिल जाती है, तो उसे अपने सहजगत स्वभाव के कारण न तो रोका जा सकता है और न किन्हीं निर्धारित सीमाओं के अंदर ही रखा जा सकता है। हिंसा अपरिहार्य रूप से ज्यादती की ओर प्रवृत्त होती है।" (87/438) ऐसा लगता है, तोड़-फोड़ के विकल्प के रूप में संविधान सभा पर गाँधीजी का ध्यान 1942 में भी था। उस संघर्ष का मर्म समझाते हुए उन्होंने अखिल भारतीय कांग्रेस कमेटी के सदस्यों से कहा : "आपको

1942 में जो कुछ हुआ, उसे, संघर्ष के आंतरिक मर्म को और इस बात को समझने की कोशिश करनी चाहिए कि जहां जाकर वह रुक गया, वहां क्यों रुका? यह ऐशोआराम का समय नहीं है। मैंने पंडित जवाहरलाल नेहरू से कहा कि आपको देश की खातिर कांटों का ताज पहनना ही पड़ेगा और वे राजी हो गए हैं। संविधान-सभा आपके लिए फूलों की नहीं, केवल कांटों की सेज होने जा रही है। लेकिन आपको उससे जी नहीं चुराना है।" (84/408)

इस समय कम्युनिष्ट आगे बढ़कर हड़तालों में हिस्सा ले रहे थे। समाज के निम्नतम स्तरों के मजदूरों को वह इन हड़तालों में शामिल कर रहे थे। इनके उत्थान का एक रास्ता डॉ. आम्बेडकर ने अपनाया था—जाति-बिरादरी के आधार पर संगठित करके चुनाव के द्वारा उनके लिए सरकार से विशेष सुविधाएँ प्राप्त करना। गाँधीजी ने हरिजन सेवक संघ स्थापित किया था जो हरिजनों के कल्याण के काम करता था। कम्युनिस्ट इन दोनों से अलग हटकर समाज के इन निम्नतम जनों को संगठित करते थे, उनकी आर्थिक मांगों के लिए ही न लड़ते थे, उन्हें देश के बड़े राजनीतिक आंदोलन में भी शामिल करते थे। जुलाई 1946 में हरिजन-सेवक-संघ के सदस्यों के साथ गाँधीजी की बातचीत हुई। वहां उनसे एक प्रश्न किया गया, उससे पता चलता है, हरिजन सेवक-संघ और कम्युनिस्ट पार्टी के काम करने के तरीकों में अंतर क्या था। प्रश्न यह था कि कम्युनिस्ट पार्टी ने सफलतापूर्वक मेहतरों के संघों को संगठित किया और हड़ताल वगैरह के जरिए उनके हक दिलाने में उनकी मदद की। लेकिन हरिजन सेवक-संघ की गतिविधियां ज्यादातर हरिजनों के कल्याण-कार्य तक ही सीमित हैं। इसलिए संघ हरिजनों में लोकप्रिय बनने में कम्युनिस्टों से मुकाबला नहीं कर सकता। "इस बात को ध्यान में रखते हुए क्या आप यह नहीं समझते कि हरिजन सेवक संघ को अपनी नीति और कार्य-प्रणाली बदल देनी चाहिए?" गाँधीजी ने जो उत्तर दिया, उससे साफ है कि वह इस तरह के लोगों को विशाल राजनीतिक संघर्ष में शामिल न करना चाहते थे। अगर वे हड़ताल भी करें, तो उन्हें आर्थिक मांगों तक अपने को सीमित रखना चाहिए। प्रश्न के उत्तर में गाँधीजी ने कहा : "सस्ती लोकप्रियता का लालच छोड़कर सिर्फ न्याय की भावना से ही हमें अपनी नीति तय करनी चाहिए। अगर हरिजन सेवक संघ को यह यकीन है कि वह सही दिशा में कार्य कर रहा है तो दूसरे क्या करते हैं या क्या नहीं करते, इसकी परवाह किए बिना वह अपना काम करता रहेगा। इस तरह काम करते हुए हम मेहतरों के संघ कायम कर सकते हैं या हड़ताल भी करवा सकते हैं। लेकिन ऐसा हम सिर्फ हरिजनों की सामाजिक या आर्थिक स्थिति को सुधारने के लिए ही करेंगे, किसी राजनीतिक या इसी तरह के किसी दूसरे उद्देश्य से नहीं।" (85/22-23) मेहतरों में हिंदू और मुसलमान दोनों थे। अन्य मजदूरों की तरह ये राजनीतिक संघर्ष में खिंच आए थे। इस तरह के संघर्ष और आगे बढ़ाए जाते तो दंगों का मुकाबला किया जा सकता था और राष्ट्रीय एकता की रक्षा भी की जा सकती थी। गाँधीजी ने हरिजन मजदूरों को राजनीतिक आंदोलन से दूर रखकर संविधान सभा की सफलता के लिए मार्ग प्रशस्त

किया। परंतु इस तरह उन्होंने ब्रिटिश कूटनीति की सफलता के लिए भी मार्ग प्रशस्त किया।

डाकियों की हड़ताल के बारे में एक मजेदार बात हुई। हड़ताल शुरू करने के पहले एक डाकिए ने हड़ताल के लिए गाँधीजी से उनका आशीर्वाद मांगा। गाँधीजी ने उससे कहा : "अगर उनकी हड़ताल न्यायसंगत है और वे सब बिल्कुल अहिंसक रहे, तो उन्हें जरूर सफलता मिलेगी।" डाकिए ने इसका यह अर्थ निकाला कि गाँधीजी ने हड़ताल का अनुमोदन किया है। लेकिन गाँधीजी ने स्पष्ट किया "इसका यह मतलब नहीं कि मैंने उनकी हड़ताल का अनुमोदन किया है।" (85/112) हड़ताल हुई और जनता की सहानुभूति हड़ताली डाकियों के प्रति थी। गाँधीजी ने उससे दूर रहने का आग्रह किया : "सभी हड़तालियों को मेरा यह विनम्र सुझाव है कि वे पंच या अदालत के फैसले को मंजूर करने का साफ-साफ ऐलान करके कांग्रेस से मार्गदर्शन प्राप्त करें और उसकी सलाह पर चलें, और हमदर्दी दिखाने के लिए हड़ताल करने के इच्छुक लोगों को मेरी सलाह है कि वे तब तक हड़ताल न करें जब तक कांग्रेस प्रस्तावित संविधान-सभा को सफल बनाने की कोशिश में लगी है और प्रांतों में राष्ट्रीय सरकारें काम कर रही हैं।" (85/113) लेकिन कांग्रेस जब संविधान-सभा को सफल बनाने की कोशिश कर रही थी, तभी दंगे भड़क रहे थे और प्रांतों में राष्ट्रीय सरकारें जहां-तहां आंदोलन को दबा रही थीं। जरूरत पड़ने पर वे फौज का सहारा भी लेती थीं। बिहार में पुलिस-कर्मियों ने हड़ताल की। उसके दमन के लिए ब्रिटिश सेना बुलाई गई। गाँधीजी ने इस संदर्भ में कहा : "भंगियों की तरह ही पुलिस को भी कभी हड़ताल नहीं करनी चाहिए। उनकी सेवा आवश्यक सेवा है। और वेतन की परवाह किए बिना उन्हें अपना काम करना चाहिए।" (87/181) स्वाधीनता आंदोलन के दमन के लिए अंग्रेज सबसे पहले पुलिस का ही भरोसा करते थे। वह पुलिस तंत्र अब भीतर से टूट रहा था। अंग्रेजी राज को खत्म करने के लिए इस तरह की हड़तालें बहुत कारगर साबित हो सकती थीं। लेकिन गाँधीजी ने इन हड़तालों का यह अर्थ लगाया, किसी दिन देश पर फौज और पुलिस का शासन भी हो सकता है। उन्होंने कहा : "हिंदुस्तान के लिए वह दिन बुरा होगा जब फौज और पुलिस मुल्क पर हुकूमत करेगी।" आगे उन्होंने आशा प्रकट की कि पुलिस अपनी हड़ताल बिना शर्त तोड़ देगी और मंत्रिमंडल से अनुरोध करेगी कि वह उनके मामले की जांच करने के लिए एक निष्पक्ष पंच तैनात करे। (87/181) पुलिस-हड़ताल को दबाने के लिए फौज के प्रयोग के बारे में गाँधीजी ने खेद प्रकट किया कि बिहार सरकार ने पुलिस हड़तालियों का मुकाबला करने के लिए अंग्रेज सैनिकों का प्रयोग किया। उन्होंने कहा कि हिंदुस्तानी सरकारों को चाहिए कि वे नागरिक उपद्रवों का सामना करने के लिए गोरी फौजों का इस्तेमाल कभी न करें, चाहे वह गड़बड़ किसी वजह से और चाहे जहां हो। नहीं तो इसका यह मतलब होगा कि ब्रिटिश शक्ति की मदद के बगैर हिंदुस्तानी सरकारें कुछ कर ही नहीं सकतीं।' (87/182) बात एक हद तक सही थी। ये 'राष्ट्रीय सरकारें' ब्रिटिश शक्ति पर बहुत कुछ निर्भर थीं। ब्रिटिश सेना हट जाए तो वे गाँधीजी के प्रभाव से जन-आंदोलन को दबाने का प्रयत्न करती थीं। यह

प्रभाव न काम करे तो वे देशी पुलिस और देशी सेना का भरोसा करने में आगा-पीछा न करती थीं।

कम्युनिस्टों को सारे खुराफात की जड़ समझकर गाँधीजी ने कहा : "उन्होंने तो लगता है, उपद्रव करना अपना पेशा बना दिया है। उनके बीच मेरे दोस्त भी हैं। उनमें से कुछ तो मेरे लिए पुत्र समान हैं। मगर लगता है कि वे जायज और नाजायज में, सच और झूठ में कोई भेद ही नहीं करते। वे इस आरोप से इन्कार करते हैं लेकिन उनके कारनामों की जो खबर मिलती है, उनसे इस आरोप की पुष्टि होती है। इसके अतिरिक्त वे रूस से हिदायतें लेते हैं और उसी को अपना काशी-काबा समझते हैं, भारत को नहीं। एक बाहरी ताकत पर इस तरह की निर्भरता का मैं समर्थन नहीं कर सकता। मैं तो यहां तक कह चुका हूं कि हमें मौजूदा अन्न संकट में रूसी गेहूं पर भी निर्भर नहीं रहना चाहिए। विदेशी भीख पर निर्भर रहने के बजाय अपने देश की जमीन हमें जो कुछ दे सकती है, उससे निर्वाह करने की क्षमता और शक्ति हममें होनी चाहिए। अन्यथा हम एक आजाद देश की हैसियत से जिंदा रहने योग्य नहीं रहेंगे। यही चीज विदेशी विचारधारा पर भी लागू होती है। मैं उन्हें उसी हद तक स्वीकार करूंगा जिस हद तक उन्हें आत्मसात कर सकता हूं और भारतीय परिस्थितियों के अनुरूप ढाल सकता हूं। लेकिन मैं उन्हें अपने पर छा जाने दूं यह नहीं हो सकता।

"अतः कम्युनिस्टों के संदर्भ में मेरा सूत्र यह है कि मैं उनके हाथों अपनी जान देना पसंद करूंगा मगर उन पर हाथ नहीं उठाऊंगा।" (85/353-54) गाँधीजी की जान लेने वाले दूसरे लोग थे। कम्युनिस्ट उन पर हाथ उठाते, यह सवाल ही नहीं था। जब हिंदू-मुस्लिम दंगे हो रहे थे और गाँधीजी संविधान-सभा के द्वारा भारत को स्वाधीन बनाने का प्रयत्न कर रहे थे, तब धीरे-धीरे हिंदू सम्प्रदायवाद भी शक्तिशाली और संगठित हो रहा था। उसके प्रति वह लगभग बेखबर दिखाई देते हैं। उसी ने उग्र रूप धारण करके उनकी जान ली। यदि 1946 में कम्युनिस्टों की नीति के अनुसार गाँधीजी चलते तो देश का विभाजन न होता और उनकी जान बच जाती। कम्युनिस्टों को रूस पर निर्भर बताकर गाँधीजी ने रूस की आलोचना भी की। उन्होंने कहा : "रूस तो मेरे लिए एक अनबूझ पहेली है। (जो खबरें मिली हैं, अगर सच हैं तो) यह सोचकर मुझे बहुत दुःख होता है, जो देश आम जनता की खातिर खड़ा हुआ था, वह एक साम्राज्यवादी शक्ति बन गया है।" (85/357) यहां अप्रत्यक्ष रूप से गाँधीजी ने रूसी क्रांति का समर्थन किया है, इसलिए कि यह देश आम जनता की खातिर उठ खड़ा हुआ था। वह साम्राज्यवादी देश बन गया है, इसका आधार पूंजीवादी पत्रों में छपे हुए समाचार थे। लेकिन वह एक महान राष्ट्र है और उसके नेता स्तालिन महान व्यक्ति हैं, यह बात भी गाँधीजी ने इस समय स्वीकार की। उन्होंने कहा : "लेकिन एक महान राष्ट्र और स्तालिन जैसे महान व्यक्ति के संबंध में कोई निर्णय देना मेरे लिए उचित नहीं होगा। क्योंकि मेरे पास उसके लिए आवश्यक सामग्री नहीं है।"(85/357)

गाँधीजी ने इस समय जितना ही जनसंघर्षों का विरोध किया, उतना ही उन्होंने अंग्रेजों की ईमानदारी का प्रचार किया। अंग्रेजों की नीति छल-कपट की है, उन पर विश्वास नहीं करना चाहिए, ऐसा मानने वाले बहुत से लोग थे, कांग्रेस के भीतर थे और कांग्रेस के बाहर थे। कभी गाँधीजी भी अंग्रेजों के छल-कपट की बात कह चुके थे। 1946 में वह लोगों को समझा रहे थे : "कुछ लोग कहते हैं कि अंग्रेज कभी सही काम तो कर ही नहीं सकते। मैं उनसे सहमत नहीं हूं। मिशन के लोग और वायसराय उतने ही धर्मभीरू हैं जितना हम स्वयं को मानते हैं ...ब्रिटिश शासन ने चाहे भारत का जितना अहित किया हो, यदि मिशन का वक्तव्य सच्चे हृदय से निकला है—और मैं मानता हूं कि वह सच्चे हृदय से निकला है—तो उसके द्वारा उन्होंने अपनी घोषणा के अनुसार भारत के प्रति इंग्लैंड के कर्त्तव्य को निभाया है और यह कर्तव्य है भारत के कंधे पर से अपना जुआ उतार लेना। इसलिए उस वक्तव्य में इस शोकमय देश को शोक और दुःख से रहित देश बनाने का बीज विद्यमान है।" (84/159-60) आजाद हिंद फौजियों से उन्होंने कहा : मिशन का लक्ष्य अच्छा है, उसके सदस्यों के हृदय में सदाशयता है और उनकी योजना में परस्पर विराधी हितों तथा दलों के लक्ष्यों में भारत की स्वतंत्रता का एक व्यवहार्य योजना तैयार करने की सच्ची कोशिश दिखाई देती है। (84/259) अंग्रेजों के रहते यहां हिंदू-मुस्लिम एकता नहीं हो सकती, इस धारणा की पुष्टि करते हुए गाँधीजी ने प्रार्थना सभा में कहा : "मैंने अक्सर ऐसा लिखा है कि तीसरे पक्ष की उपस्थिति में हिंदू-मुस्लिम एकता की आशा नहीं की जा सकती। गुलाम और उनके मालिक दोनों एक अस्वाभाविक स्थिति में हैं। उनका आचार-विचार स्वाभाविक हो ही नहीं सकता।" (84/318) परंतु इस अस्वाभाविक स्थिति को 1946 में स्वाभाविक बनाते हुए गाँधीजी ने कहा : "लेकिन जैसे एक मां अपने बीमार बच्चे को दम तोड़ते देखकर भी आशा नहीं छोड़ती, और अंतिम क्षण तक वैद्यों और हकीमों के नुस्खे आजमाती रहती है, उसी तरह मिशन कोशिश नहीं छोड़ना चाहता।" (44/318) असाध्य बीमारी हिंदू-मुस्लिम वैमनस्य की है। जिसे यह बीमारी है, वह भारत नाम का देश है। मां की तरह इस बच्चे को बचाने के लिए जो प्रयत्न कर रहे हैं, वे कैबिनेट मिशन के अंग्रेज राजनीतिज्ञ हैं। कैबिनेट मिशन के अंग्रेज अपनी साम्राज्यवादी परम्पराएँ छोड़ नहीं सकते, यह मानते हुए भी गाँधीजी ने प्रार्थना सभा में एकत्र लोगों से कहा : "आपको मिशन के साथ भी धीरज से ही काम लेना चाहिए। उनको विरासत में साम्राज्यवादी परम्पराएँ मिली हैं और एकाएक त्याग नहीं सकते हैं और इसके लिए हमें उन्हें दोष नहीं देना चाहिए। हमें उनकी प्रामाणिकता में विश्वास रखना चाहिए। केवल संदेह के आधार पर हमें कुछ नहीं करना चाहिए। लेकिन हम सब मिलकर यह प्रार्थना करें कि ईश्वर सभी पक्षों को सद्‌बुद्धि और हृदय की शुद्धता प्रदान करे।" (84/327) ईश्वर ने ऐसा नहीं किया पर गाँधीजी आशा लगाए रहे। अखिल भारतीय कांग्रेस कमेटी के सदस्यों से उन्होंने कहा : "16 मई के राजकीय दस्तावेज के दोष चाहे जो हों, उसे तैयार करने वालों की ईमानदारी में मुझे कोई शक नहीं है। वे जानते हैं कि उन्हें यहां से जाना है। वे व्यवस्थित रीति से

जाना चाहते हैं, और इस उद्देश्य को ध्यान में रखकर वर्तमान परिस्थितियों में उनसे जैसा दस्तावेज तैयार करते बना, वैसा उन्होंने तैयार किया। मैं यह मानने को तैयार नहीं हूं कि वे दूर देश इंग्लैंड से सिर्फ हमें धोखा देने यहां आए हैं।" (84/409) भारत पर शासन करते रहने के लिए अंग्रेजों ने यहां साम्प्रदायिक भेदभाव को उभारा। अब जाते समय अपने हितों की रक्षा के लिए वे भारत को विभाजित कर रहे थे। लेकिन गाँधीजी उन्हें प्रमाण पत्र दे रहे थे : अगर उनके प्रयत्नों से संभव हो तो वे चाहते हैं कि वे भारत को गृहयुद्ध की बराबरी के आंतरिक कलह से विभक्त नहीं, संगठित छोड़ कर जाएँ। (84/167) साम्प्रदायिक भेदभाव को बढ़ाने की जिम्मेदारी से अंग्रेजों को मुक्त करते हुए गाँधीजी ने यह जिम्मेदारी भारत के राजनीतिक दलों पर डाली। उन्होंने कहा : "हमें हमारे बीच में से ही या यों कहें कि हमारे अपने अंतरविरोधों और मतभेदों के बीच में से स्वतंत्रता गढ़नी है और यही असली समस्या है।" (84/259) एक रास्ता यह था कि अंतरविरोध और मतभेद दूर किए जाएँ, उनके निर्मूल होने पर स्वतंत्रता गढ़ी जाए। दूसरा रास्ता यह था कि अंतरविरोध, मतभेद बने रहें, इनके बीच में से, इनके रहते हुए, स्वतंत्रता गढ़ी जाए। गाँधीजी दूसरे रास्ते पर चल रहे थे।

1905 में अंग्रेजों ने बंगाल का विभाजन किया। विभाजित बंगाल की राजधानी ढाका में, "समाचारों के अनुसार 20 हजार मुसलमानों ने इकट्ठे होकर विभाजन के लिए, और उसके फलस्वरूप हिंदुओं के अत्याचारों से मुक्ति पा जाने के लिए, खुदा की इबादत की और उसका शुक्र माना।" (5/126) क्या ये मुसलमान अपनी इच्छा से इकट्ठे हुए थे? क्या वास्तव में वे अंग्रेजों के राज में हिंदुओं के अत्याचारों से पीड़ित थे? यही बातें 1937 और 1947 में दोहराई गई थीं। गाँधीजी ने उस समय लिखा : "हमें विश्वास नहीं होता कि यह आंदोलन अनायास ही हुआ होगा। यह देखने में ही भोंडा है। यदि मान भी लिया जाए कि हिंदुओं की ओर से कोई अत्याचार होता था तो प्रांत का विभाजन किए बिना भी उसे राहत मिल सकती थी, क्योंकि एक सम्प्रदाय को दूसरे से बचाने के लिए ब्रिटिश राज्य की शक्ति वहां मौजूद थी।" (5/126) ये बातें 1947 और 1937 के लिए भी सही थीं। अंग्रेजों के इशारे पर बंगाल की जनता में फूट डालने के लिए जिस मुस्लिम सम्प्रदायवाद को उभारा जा रहा था, उससे निपटने का तरीका यह था कि बंग-भंग के विरोध में जो आंदोलन चलाया जा रहा था, उसे और मजबूत किया जाए। गाँधीजी ने उसी टिप्पणी में लिखा : "जो भी इन पंक्तियों को पढ़ें, उन सबसे हम अनुरोध करेंगे कि वे हमारे साथ मिलकर प्रार्थना करें कि बंगाल का वर्तमान आंदोलन बलशाली होता चला जाए, क्योंकि उसमें विभिन्न जातियों में एकता करा सकने का अंकुर विद्यमान है, और ढाका तथा अन्य स्थानों के लोगों को, वे चाहे हिंदू हों चाहे मुसलमान, यह सद्बुद्धि प्राप्त हो कि वे ऐसा कोई भी काम न करेंगे जिससे भारत की जनता का भविष्य उज्ज्वल होने की संभावना नष्ट हो जाए।" (5/127) जो बात यहां बंग-भंग-आंदोलन के संबंध में कही गई है, वही बात 1946 की हड़तालों और क्रांतिकारी जन उभार के बारे में कही जा सकती

थी। इस उभार में हिंदू-मुसलमान का सवाल नहीं था, सभी सम्प्रदायों के लोग इसमें शामिल हो रहे थे। उसके शक्तिशाली बनने से सम्प्रदायवाद को समाप्त किया जा सकता था। जिस नीति के अंतर्गत अंग्रेजों ने बंगाल का विभाजन किया था, उसी नीति पर कैबिनेट मिशन चल रहा था। यही साम्राज्यवाद की विरासत थी जो उसके साथ बनी हुई थी। 1921 में इंग्लैंड की एक सभा में गाँधीजी से पूछा गया था : सांप्रदायिक प्रश्न पर ब्रिटेन का रवैया किस हद तक आपके मार्ग में बाधक है? और गाँधीजी ने उत्तर दिया था : बहुत हद तक या कहना चाहिए कि आधा-आधा। फूट डालो और राज करो वाली नीति जाने-अनजाने भारत की तरह यहां भी काम करती रही है। ब्रिटिश अफसरों ने कभी इस पक्ष को रिझाया-फुसलाया है तो कभी उस पक्ष को। बेशक अगर मैं ब्रिटिश अफसर होता तो शायद मैं भी वही करता और ब्रिटिश शासन को मजबूत करने के लिए उनकी आपसी फूट का लाभ उठाता। हमारा दोष यह है कि हम आसानी से उनकी चाल में आ जाते हैं।" (48/255) ब्रिटिश शासन खत्म हो रहा था लेकिन ब्रिटिश हितों की रक्षा के लिए उसी नीति पर वे अब भी चल रहे थे। भारत के विभाजन से उन्हें पाकिस्तान के रूप में अपना एक विश्वसनीय अड्डा मिल रहा था। इसके सिवा भारत और पाकिस्तान दोनों राज्यों में वे अपने पूंजीवादी हितों को सुरक्षित बनाए रख सके।

अंग्रेजों की छत्रछाया में मुस्लिम लीग सम्प्रदायवादी खुलेआम हिंसा का प्रचार कर रहे थे। कहते थे : " जो मुसलमान लीग में नहीं है, वह गद्दार है, हिंदू काफिर है और काफिर के ही हक के काबिल है।"(85/180) कलकत्ता, बंबई, नोआखली में भयानक हत्याकांड रचाए गए। गाँधीजी ने कलकत्ता के दंगे के बारे में कहा : "जीवन में हिंसा का स्थान हो सकता है लेकिन अगर समाचार पत्रों की खबरें सही हों तो जैसी हिंसा कलकत्ता में हुई, उसका कोई स्थान नहीं हो सकता। चाहे जिस प्रकार का भी पाकिस्तान हासिल करने का रास्ता पागलपन भरी हिंसा नहीं है। यहां जब मैंने पागलपन-भरी हिंसा की बात की है तो जाहिर है कि मैंने यह मान लिया है कि समझदारी भरी हिंसा भी हो सकती है, चाहे वह जैसी भी हो। कलकत्ता में जो कुछ हुआ, वह समझदारी भरी हिंसा का उदाहरण नहीं था।" (85/180) यदि यह समझदारी-भरी हिंसा की बात क्रांतिकारी उभार के संदर्भ में कही जाती तो पागलपन भरी नासमझ साम्प्रदायिक हिंसा की नौबत ही न आती। जिन प्रांतों में मुसलमान अल्पसंख्यक थे, वहां उन्हें नकली ढंग से बहुसंख्यक बताने का प्रयत्न किया गया। ऐसा ही एक प्रांत असम था। गाँधीजी ने कहा : "आज असम पर जो धावा बोल दिया गया है और तथाकथित सविनय अवज्ञा का विचार किया जा रहा है, वह बिल्कुल बंद होना चाहिए।" धावा करने वालों पर यह पाद टिप्पणी दी गई है : "मुस्लिम लीग ने दूसरे प्रांतों के मुसलमानों को बड़े पैमाने पर असम में दाखिल कराके वहां की आबादी के साम्प्रदायिक अनुपात को बदलने का प्रयत्न आरंभ कर दिया था।" (87/264) अंग्रेजों की छत्रछाया में मुस्लिम लीग किस तरह हिंसा का सहारा ले रही थी, यह गाँधीजी के दो वाक्यों से मालूम होता है : "नेशनल गार्डों के वेश में गुप्त रूप से या खुलेआम, हथियारबंद

फौजें खत्म होनी चाहिए। जबरन धर्म-परिवर्तन, बलात्कार, अपहरण, आगजनी और लूट, जिनका अंजाम मुसलमानों के हाथों स्त्रियों, पुरुषों और बच्चों की हत्या होता है, बंद होने चाहिए।" (87/264) साम्प्रदायिक हिंसा से निपटने के लिए गाँधीजी का नुस्खा था : "मारकर मरना तो बहुत लोग जानते हैं, आपको बिना मारे मरना है।" (85/385) लेकिन लोग इस तरह मरने को तैयार नहीं थे। उन्होंने हिंदुस्तान की आबादी का उल्लेख करते हुए लोगों को समझाया : "हिंदुस्तान के 40 करोड़ लोगों में से कुछ लाख मर भी जाएँ तो कोई बड़ी बात नहीं है। हिंदुस्तान कर्मभूमि तो है ही, फिर स्वर्ग भूमि भी बन जाएगा।" (87/264) पर लोग इस तरह अपने देश को स्वर्ग भूमि बनाने को तैयार नहीं थे। कलकत्ता के हिंदुओं को उन्होंने समझाया : "अगर कलकत्ता के तमाम हिंदू विवेकयुक्त साहस के साथ मर-मिटते हैं तो वे न सिर्फ हिंदू धर्म को बल्कि समूचे हिंदुस्तान को बचा लेते और उससे हिंदुस्तान में इस्लाम भी शुद्ध हो जाता।" (85/230) पर लोग इस तरह न तो हिंदू धर्म को बचाने के लिए तैयार हुए न इस्लाम धर्म को शुद्ध करने के लिए।

जिस साम्प्रदायिक हिंसा का भय दिखाकर अंग्रेजों ने, मुस्लिम लीग की सहायता से, कांग्रेस को भारत का विभाजन स्वीकारने को बाध्य किया, वह देश के बहुत थोड़े भागों में सीमित थी। 1931 में इंग्लैंड के छात्रों की एक सभा में गाँधीजी ने कहा था : "साम्प्रदायिकता का यह हौआ, मुख्यतः शहरों तक ही सीमित है और ये शहर भारत नहीं हैं।" (48/245) यह बात 1946 में भी सही थी। अप्रैल 1947 में गाँधीजी ने एक छात्र को लिखाः "मेरी मान्यता है कि साम्प्रदायिकता तो शहरों की अनेक गंदगियों में से एक है और वह शहर की ही उपज है। गांवों में ऐसा वातावरण नहीं है। गांवों में यह चाल चल भी नहीं सकती। हमारे गांव इतने अधिक गरीब हैं कि जिनमें एक-दूसरे के साथ लोगों का काम पड़ता ही रहता है। पारस्परिक निर्भरता के संबंध से कुटुंब जैसा वातावरण बन जाता है। इसलिए वहां यह प्रश्न रहता ही नहीं।" (87/258) इस तरह भारत का बहुसंख्यक विशाल भाग साम्प्रदायिक हिंसा से मुक्त था। शहरों के कुछ खाते-पीते लोग अंग्रेजों के सुधारों को कैसे लागू किया जाए, इस पर एक दूसरे की हत्या करने में लगे थे। गांवों की शक्ति का भरोसा करके इन्हें शांत किया जा सकता था। और शहरों में मजदूर थे, अनेक स्तरों के श्रमिक थे। इन्हें गोलबंद करके, गांवों की सहायता के बिना, हिंसावादियों को खत्म किया जा सकता था। 1931 में गाँधीजी ने अछूतों के लिए कहा था : "आज उनके पास जरा भी जमीन नहीं है। आज वे तथाकथित ऊंची जातियों की दया पर, और मैं कह सकता हूं, सरकार की दया पर जीवित हैं। वे आज एक जगह से दूसरी जगह पर खदेड़े जा सकते हैं, और इसकी न तो वे शिकायत कर सकते हैं, न कानून की सहायता ही प्राप्त कर सकते हैं।" (48/351) गांवों के इस सर्वहारा वर्ग को गोलबंद किया जा सकता था और एक विशाल अखिल भारतीय क्रांतिकारी किसान आंदोलन चलाया जा सकता था जो स्वराज्य को आम जनता के लिए सार्थक बना सकता था। अंग्रेजों की कृषि-संबंधी नीति से गांवों के गैरसर्वहारा किसान भी परेशान थे। जैसा कि काटजू ने

गाँधीजी को लिखा था, "भारत सरकार ने प्रांतीय सरकारों से कहा है कि लगातार खाद्य-सामग्री मुहैया करने के लिए अतिरिक्त उपज वाले क्षेत्रों में फसल पर अनिवार्य उगाही लागू करना आवश्यक होगा। इस अनिवार्य उगाही की समस्या से जनमानस बहुत उत्तेजित है।" (84/1) ब्रिटिश भारत के अलावा अंग्रेजों की छत्रछाया में पलने वाली रियासतों में किसानों को बहुत तरह के अत्याचार सहन करने पड़ते थे। गाँधीजी ने कहा : "मैं काठियावाड़ में पैदा हुआ हूं । वहां कई छोटी-छोटी रियासतें हैं। मैं आपसे बयान नहीं कर सकता कि इंसान किस हद तक नीचे गिर सकता है। वहां कुछ रियासतें ऐसी हैं जहां किसी भी औरत की इज्जत सुरक्षित नहीं है। और ये राजा या नवाब कोई गुंडे नहीं, बल्कि बाकायदा राजगद्दी पर बैठाए गए लोग हैं।" (86/98) इस तरह क्रांतिकारी आंदोलन के लिए भारत में काफी विस्फोटक सामग्री मौजूद थी। अंग्रेज यहां से जाएंगे, यह तो वे भी कहते थे। परंतु वे अपनी कुछ शर्तें रख रहे थे। सवाल यह था—वे हमारी शर्तों के अनुसार जाएंगे या हम उनकी शर्तें मानकर उन्हें यहां से जाने देंगे। हम उनसे अपनी शर्तें मनवा सकते थे जिसमें पहली शर्त यह थी कि हम सम्प्रदायवाद से समझौता नहीं करेंगे, भारत का विभाजन नहीं होने देंगे। स्मरणीय है कि सभी मुस्लिमबहुल प्रांत मुस्लिम लीग के समर्थक नहीं थे। पश्चिमोत्तर प्रांत में कांग्रेस का बहुमत था। लेकिन "कहते हैं सीमा प्रांत और उसके बाद अन्यत्र भी उपद्रव करवाने के लिए मुस्लिम लीग सीमावर्ती कबीलों के साथ साजिशें कर रही है। यह भी बंद होनी चाहिए।" (87/264) यह सब बंद नहीं हुआ। लेकिन उसे बलपूर्वक बंद कराया जा सकता था। गाँधीजी के पास एक बहुत बड़ा अस्त्र आजाद हिंद फौज के रूप में था। उसके नेता अब गाँधीजी के अनुयायी बन गए थे। एक विवरण के अनुसार "आजाद हिंद फौज के ही एक लाख लोग बेरोजगार हैं।" (85/167) इन सबको पुलिस में भर्ती किया जा सकता था। इससे पुलिस का चरित्र बदल जाता। उन्हें फौज में भी बहाल किया जा सकता था। इससे फौज का चरित्र बदल जाता। फौज का चरित्र बदलना आवश्यक था, यह गाँधीजी के कथन से जाहिर होगा। पूर्वी बंगाल के हिंदुओं से गाँधीजी ने कहा था : "आपने मांग की है कि यहां मुसलमानों की जगह हिंदू अफसर, हिंदू पुलिस और हिंदू फौज रखी जाए। यह सरासर गलत है। आप इस बात को भूल जाते हैं कि अतीत में हिंदू अफसरों, हिंदू पुलिस और हिंदू फौज ने भी लूटने, आग लगाने, औरतों को भगाने, और उनका शील भंग करने के काम किए हैं।" (86/98) श्रमिक संघों, आजाद हिंद फौज और वामपक्ष की पार्टियों की सहायता से भारत में शक्तिशाली, क्रांतिकारी आंदोलन संगठित किया जा सकता था। वह अंग्रेजों को अपनी शर्तें मानने को बाध्य कर सकता था। इस आंदोलन में ब्रिटिश भारत और देशी रियासतों के किसान सम्मिलित होते। गाँधीजी राज्यों के संरक्षण के पक्ष में थे परंतु उन्होंने स्वीकार किया था : "कुछ मामलों में तो अंग्रेजों ने देशी राज्यों को पूरी तरह अपने अंगूठे के नीचे दबा रखा था जब कि कहीं-कहीं अपनी स्वार्थसिद्धि के लिए उन्हें शासन में खुली छूट दे रखी थी। ईमानदारी का तकाजा है कि भारत छोड़ने से पहले वे राज्यों के सवालों को हल कर दें।" (87/437) राज्यों की समस्या

को कौन हल करेगा? जाने से पहले अंग्रेज यह सवाल भी हल कर दें। उल्लेखनीय है कि उस समय देशव्यापी अन्नसंकट था। गाँधीजी के लेखों में उसका बार-बार हवाला दिया गया है। जनता इन परेशानी में लड़ने-मरने को तैयार थी। मई 1946 में गाँधीजी ने कहा : "सच तो यह है कि देश आज भी अकालग्रस्त है। करोड़ों को पूरा खाना नहीं मिलता। धनी लोग शायद पैसा देने को तैयार हैं, लेकिन पैसा खाया नहीं जा सकता। देश में पर्याप्त मात्रा में खाद्यान्न नहीं हैं। जो कुछ है, उसे शीघ्रता से कमी वाले इलाकों में पहुंचाने की व्यवस्था नहीं है। सरकार की ऐसी हीन अवस्था है। इसके अलावा ऐसी जगहें भी हैं जहां अनाज जमा है पर लोग भूखे हैं। इसका कारण चारों ओर फैला भ्रष्टाचार और हमारे अपने लोगों की लालची प्रवृत्ति है।" (84/241) इस तरह अंग्रेजी राज का ढांचा बदलने की, पुलिस फौज के पुनर्गठन तक, सारे कार्यों के पूरा करने की जिम्मेदारी अब भारत के जन संगठनों पर थी। देशी नागरिक शासनतंत्र टूट रहा था। विदेशी फौज अशक्त हो गई थी। ऊपर से देखने में उसका तामझाम बरकरार था। पर वह गोरों की रक्षा करने में भी असमर्थ थी। गाँधीजी ने बताया : "आज ही पोलैंड में रहने वाली एक बहन ने मुझे पत्र लिखा है कि यूरोपीयों को भारत छोड़ देने के गुप्त निर्देश मिले हैं, क्योंकि ब्रिटिश सेना अब उन्हें पर्याप्त सुरक्षा नहीं दे सकेगी।" (84/409) एक धक्का देने की जरूरत थी और पुराना ढांचा चरमरा कर बैठ जाता। उसके बाद नवनिर्माण कैसे हो, इसका फैसला भारत की जनता करती और यह फैसला निश्चित रूप से अविभाजित भारत के पक्ष में ही होता।

तोलस्तोय, अहिंसा और सत्याग्रह

निष्क्रिय प्रतिरोध अथवा अनाक्रामक प्रतिरोध अंग्रेजी के पैसिव रेज़िस्टेंस का अनुवाद था। दिसंबर 1907 में गाँधीजी ने 'इंडियन ओपिनियन' पत्र में लिखा था : "स्वदेशाभिमान की एक शाखा यह भी है कि हम अपनी भाषा का मान रखें। उसे ठीक तरह से बोलना सीखें और उसमें विदेशी भाषा के शब्दों का उपयोग यथासंभव कम करें।" पैसिव रेज़िस्टेंस के लिए इस पत्र के पाठक कोई शब्द सुझाएँ, इस आशय से उन्होंने लिखा : "जो कोई उनके लिए अच्छे शब्द बताएगा और जिसके शब्द स्वीकार किए जाएंगे, उसका नाम हम प्रकाशित करेंगे, और कानून की जो पुस्तक हमने प्रकाशित की है, उसकी दस प्रतियां उसे भेंट में देंगे, जिससे वह उनका प्रचार कर सके।" गाँधीजी ने गुजराती रूपांतर के लिए पैसिव रेज़िस्टेंस के अतिरिक्त पैसिव रेज़िस्टर, कार्टून, सिविल डिसओबिडिएंस शब्द भी दिए थे। (7/451) पैसिव रेज़िस्टेंस शब्द से सत्याग्रह तक गाँधीजी कैसे पहुंचे, इसका इतिहास उन्होंने स्वयं लिखा है। 'दक्षिण अफ्रीका के सत्याग्रह का इतिहास' में वह बताते हैं : "उस समय तक हम लोगों में से कोई यह नहीं जानता था कि कौम के इस विचार अथवा

आंदोलन को क्या नाम दिया जा सकता है। मैंने उस समय इस आंदोलन का परिचय 'पैसिव रेज़िस्टेंस' (निष्क्रिय प्रतिरोध) नाम से दिया।" मगनलाल गाँधी ने सुझाया था कि इसके लिए 'सदाग्रह' शब्द का प्रयोग किया जाए। उनका कहना था—"कौम का यह आंदोलन एक बड़ा आग्रह है और यह आग्रह सद् अर्थात् शुभ है।" गाँधीजी ने वह नाम पसंद किया पर कहते हैं : "फिर भी मैं उसमें जिस अर्थ का समावेश करना चाहता था, वह उसमें नहीं आ पाया था। इसीलिए मैंने 'द' का 'त' बनाकर उसमें 'य' जोड़ा और 'सत्याग्रह' नाम बनाया। मैंने 'सत्य' में शांति को निहित माना। किसी भी वस्तु का आग्रह रखने से बल उत्पन्न होता है। मैंने इसीलिए आग्रह में बल का समावेश माना।" (29/85)

'पैसिव रेज़िस्टेंस अथवा निष्क्रिय प्रतिरोध की धारणा गाँधीजी को तोलस्तोय से प्राप्त हुई थी। रूसी लेखक तोलस्तोय ने 'फ्री हिंदुस्तान' के संपादक को उनके पत्र का उत्तर रूसी भाषा में दिया था। उस उत्तर का अंग्रेजी अनुवाद गाँधीजी तक पहुंचा। उसे उन्होंने अपने पत्र में प्रकाशित किया। 'इंडियन ओपिनियन' में वह पत्र प्रकाशित करते हुए गाँधीजी ने अपनी ओर से प्रस्तावना लिखी। उसमें उन्होंने कहा : "मैं उस महान् उपदेशक का विनीत अनुयायी रहा हूं और एक लंबे अरसे से उन्हें अपना मार्गदर्शक मानता आया हूं। अतएव उनके पत्र के—विशेषतः इस पत्र के जो अब संसार के सामने प्रस्तुत किया जा रहा है—प्रकाशन से संबद्ध होना मेरे लिए सम्मान की बात है।" भारतीय जनता अपना लक्ष्य कैसे प्राप्त करे? गाँधीजी ने कहा : "इस लक्ष्य की प्राप्ति का एक माना हुआ और 'चिर प्रचलित' उपाय हिंसा है। इस उपाय का एक सबसे बुरा और निंद्य उदाहरण सर कर्जन वाइली की हत्या थी।" (10/4) कर्जन वाइली के बारे में पादटिप्पणी है : "भारत-मंत्री का राजनैतिक सहायक, जिसे एक पंजाबी विद्यार्थी मदनलाल धींगरा ने जुलाई 1, 1909 को लंदन के साउथ केंसिंगटन में स्थित 'इम्पीरियल इंस्टीट्यूट' में राष्ट्रीय भारतीय संघ के एक स्वागत समारोह में गोली मार दी थी।"(10/4) इस तरह क्रांतिकारियों से गाँधीजी का विरोध 1909 में ही शुरू हो गया था। इस संदर्भ में तोलस्तोय के बारे में गाँधीजी ने आगे लिखा : "अत्याचार की समाप्ति अथवा किसी सुधार के लिए हिंसात्मक उपाय के स्थान पर बुराई का प्रतिरोध न करने के तरीके को प्रतिष्ठित करने के लिए तोलस्तोय ने अपना जीवन उत्सर्ग कर दिया है। वे हिंसा के रूप में व्यक्त घृणा का सामना कष्ट-सहन के रूप में व्यक्त प्यार से करना चाहते हैं। वे प्यार के इस उदार और दैवी नियम में कांट-छांट करने वाले किसी अपवाद की गुंजाइश नहीं मानते। वे इन नियमों को उन समस्त समस्याओं पर लागू करते हैं जिनसे मानव जाति त्रस्त है।" (10/4)

अहिंसा और सत्याग्रह के अनेक मूल सूत्र गाँधीजी की इस प्रस्तावना में देखे जा सकते हैं। "यदि हम चाहते हैं कि अंग्रेज भारत में न रहें, तो हमें उसकी कीमत चुकानी पड़ेगी। तोलस्तोय उसकी ओर इंगित करते हैं। यास्नोया पेतियाना के साथ (से) गहरे विश्वास के साथ घोषित करते हैं :— बुराई का प्रतिरोध न करें, परंतु साथ ही यदि स्वयं बुराई में, न्यायालयों के कार्यों में—भाग न लें तो आपको संसार की कोई ताकत गुलाम नहीं बना सकेगी।"

उनके इस कथन की सच्चाई में कौन संदेह कर सकता है कि एक व्यापारी कंपनी ने बीस करोड़ लोगों के राष्ट्र को गुलाम बना लिया। यदि ऐसे किसी व्यक्ति से जो अंधविश्वासी न हो, यह बात कहिए तो वह नहीं समझ सकेगा कि इन शब्दों का अर्थ क्या है। 30 हजार लोगों ने—बीस करोड़ शक्तिशाली, बुद्धिमान, बलिष्ठ और स्वातंत्र्य प्रिय लोगों को गुलाम बना लिया। इसका रहस्य क्या है? क्या इन आंकड़ों से स्पष्ट नहीं हो जाता कि भारतीयों को अंग्रेजों ने गुलाम नहीं बनाया बल्कि ये स्वयं ही गुलाम बने हैं? (10/5)

प्रस्तावना के अंत में गाँधीजी ने लिखा : "इसमें संदेह नहीं कि तोलस्तोय ने जो कुछ कहा है उसमें कुछ नया नहीं है। परंतु पुरातन सत्य को प्रस्तुत करने का उनका ढंग स्फूर्तिदायक और ओजपूर्ण है। उनका तर्क अकाट्य है। और सबसे बड़ी बात यह है कि वे अपने उपदेशों, उद्देश्यों के अनुसार आचरण करने का प्रयास करते हैं। वे अपनी बात कुछ इस तरह से कहते हैं कि उस पर विश्वास हुए बिना नहीं रहता। वे सत्यशील और निष्ठावान हैं और वे बरबस अपनी ओर ध्यान आकर्षित कर लेते हैं।" (90/390) गाँधीजी ने स्वयं इसी तरह आचरण किया। अनाक्रमक प्रतिरोध, निष्क्रिय प्रतिरोध, पैसिव रेज़िस्टेंस, सत्याग्रह, यह विचार मौलिक नहीं था, तोलस्तोय से लिया गया था, और तोलस्तोय के लिए यह विचार मौलिक नहीं था। उन्होंने इसे ईसा मसीह के उपदेशों से ग्रहण किया था। केवल कहने का ढंग बहुत जोरदार था जो लोगों को प्रभावित करता था। गाँधीजी ने भी अपनी गद्य शैली को प्रभावशाली बनाया और इस धारणा का प्रचार अंत तक करते रहे। गाँधीजी पुनर्जन्म का सिद्धान्त मानते थे। तोलस्तोय उसे न मानते थे। इस प्रसंग में गाँधीजी ने लिखा : "तोलस्तोय के सब विचार मुझे मान्य हैं, ऐसा नहीं समझा जाना चाहिए। तोलस्तोय को मैं अपना शिक्षक मानता हूं किंतु उनके सब विचार मुझे मान्य हों, ऐसी कोई बात नहीं है। उनकी शिक्षा का मूलमंत्र मुझे पूर्णतया मान्य है और वह मूलमंत्र इस पत्र में आ गया है।" (10/3) गाँधीजी चाहते थे, तोलस्तोय के पत्र से पुनर्जन्म की बात निकाल दी जाए। उन्होंने तोलस्तोय को लिखा : "मैं एक बात और सुझाने की धृष्टता करूंगा। उपसंहार के अनुच्छेद में आपने पाठक को पुनर्जन्म के विश्वास से विरक्त करना चाहा है। मैं नहीं जानता (यदि मेरा यह करना आप अनुचित न मानें) कि आपने इस प्रश्न का विशेष अध्ययन किया है अथवा नहीं। भारत में करोड़ों लोगों का पुनर्जन्म या देहान्तरण में युगों से गहरा विश्वास रहा है और चीन में भी यही बात है। कहा जा सकता है कि अनेक व्यक्तियों को तो इसका अनुभव भी हुआ है और उनके लिए अब वह तर्क पर आधारित मान्यता नहीं है। इससे जीवन के अनेक रहस्य तर्कसंगत ढंग से समझ में आ जाते हैं।" (9/444-45) तोलस्तोय ने वह अंश अपने पत्र से निकालना स्वीकार न किया। उन्होंने लिखा : "जहां तक 'पुनर्जन्म' शब्द की बात है, मैं खुद उसे छोड़ना नहीं चाहूंगा, क्योंकि मेरी राय में, पुनर्जन्म में विश्वास कभी भी उतना दृढ़ नहीं हो सकता जितना कि आत्मा की अमरता तथा ईश्वर के न्याय व प्रेम में। फिर भी आप उस शब्द को छोड़ने के बारे में जैसा चाहें, कर लें।" (9/601) केवल पुनर्जन्म नहीं, गाँधीजी और तोलस्तोय

के विचारों में, उनकी कार्य-पद्धति में, अनेक प्रकार की भिन्नता थी। तोलस्तोय ने अनेक धर्मों की आलोचना की थी। गाँधीजी कहते हैं : "इस पत्र में वे किसी भी धर्म के अंधविश्वासों का खंडन करने से नहीं चूके हैं। लेकिन केवल इसी कारण हिंदू अथवा किसी अन्य धर्माभिमानी को उनकी शिक्षा का विरोध नहीं करना चाहिए। हमारे लिए इतना काफी होना चाहिए कि वे सभी धर्मों के सार को मानते हैं।" (10/3) गाँधीजी धार्मिक अंधविश्वासों की आलोचना भी करते हैं परंतु अधिकतर वे धर्म के नैतिक पक्ष पर जोर देते हैं और सभी धर्मों में सत्य है, सभी धर्म समान हैं, इस बात पर जोर देते हैं।

तोलस्तोय अहिंसावादी थे परंतु उन्होंने विश्व प्रसिद्ध उपन्यास 'युद्ध और शांति' लिखा था। रूस की सेना और जनता ने नेपोलियन के आक्रमण का सशस्त्र प्रतिरोध किया था। पूरा उपन्यास उसी वीरगाथा पर है। तोलस्तोय ने केवल तटस्थ होकर युद्ध का चित्रण किया हो, सो बात नहीं है। जनता ने जो छापामार लड़ाई चलाई, उसका वह अपनी ओर से जोरदार समर्थन करते हैं। उपन्यास के 14वें भाग के पहले अध्याय में तोलस्तोय ने लिखा था : "फ्रांसीसी लोग शिकायत करते थे कि रूसी लड़ाके छापामार युद्ध में नियम-कायदों का पालन नहीं करते। ऊंचे ओहदे वाले रूसी भी लाठी लेकर लड़ने से कुछ शर्माते थे। वे चाहते थे कि लड़ाई के पैंतरे, दांवपेंच सब नियमानुसार इस्तेमाल किए जाएँ। लेकिन इस सबके बावजूद जनसंग्राम की लाठी, विनाश और भव्यता लिए हुए, उठी। लोगों की नफासत, नजाकत, कायदे-कानून की परवाह न करके बहुत ही भोली सादगी से लगातार, बिना थमे हुए, उठी और गिरी, और फ्रांसीसी फौज की तब तक धुनाई की जब तक सारे हमलावर देश से बाहर नहीं खदेड़ दिए गए।" गाँधीजी ने ऐसे उत्साह से भारत के इतिहास में किसी सशस्त्र प्रतिरोध का उल्लेख नहीं किया। विचारक तोलस्तोय और कलाकार तोलस्तोय में अंतर था। विचारक तोलस्तोय अहिंसा का प्रचार करते थे और कलाकार तोलस्तोय अपने ग्रंथ में जनता के सशस्त्र प्रतिरोध का सर्मथन करते थे। विचारक तोलस्तोय के सिद्धांत, निष्क्रिय प्रतिरोध का खंडन रामचंद्र शुक्ल ने कर्म-सौंदर्य का विवेचन करते हुए रस मीमांसा में किया था। "कर्म-सौंदर्य के जिस स्वरूप पर मुग्ध होना मनुष्य के लिए स्वाभाविक है और जिसका विधान कवि-परंपरा बराबर करती चली आ रही है, उसके प्रति उपेक्षा प्रकट करके और कर्म-सौंदर्य के एक दूसरे पक्ष में ही—केवल प्रेम और भ्रातृ भाव के प्रदर्शन और आचरण में ही—काव्य का उत्कर्ष मानने का जो एक नया फैशन तोलस्तोय के समय से चला है, वह एकदेशीय है। दीन और असहाय जनता को निरंतर पीड़ा पहुंचाते चले जाने वाले क्रूर आततताइयों को उपदेश देने, उनसे दया की भिक्षा मांगने और प्रेम जताने तथा उनकी सेवा-सुश्रूषा करने में ही कर्तव्य की सीमा नहीं मानी जा सकती, कर्मक्षेत्र का एकमात्र सौंदर्य नहीं कहा जा सकता।" (पृष्ठ 64-65) और प्रेमचंद ने सत्याग्रह अर्थात् निष्क्रिय प्रतिरोध के बारे में प्रेमाश्रम में कह दिया था, सत्याग्रह में अन्याय का दमन करने की शक्ति है, यह सिद्धांत भ्रांतिपूर्ण सिद्ध हो गया।

सितंबर 1928 में तोलस्तोय शताब्दी समारोह के अवसर पर गाँधीजी ने अपने ऊपर

तीन लेखकों का प्रभाव स्वीकार किया। पहले गुजराती के वैष्णव कवि राजचंद्र, जो गाँधीजी के समकालीन थे। दूसरे तोलस्तोय और तीसरे अंग्रेजी लेखक रस्किन। तोलस्तोय के बारे में उन्होंने कहा : "उनकी जिस किताब का मुझ पर बहुत अधिक प्रभाव पड़ा उसका नाम है 'किंगडम ऑफ हैवन इज़ विदिन यू'। इसका अर्थ है ईश्वर का राज्य तुम्हारे हृदय में है। यदि हम उसे बाहर खोजने जाएंगे, तो वह कहीं नहीं मिलेगा। इसे मैंने 40 वर्ष पहले पढ़ा था। उस समय मेरे मन में कई एक बातों को लेकर शंका उठती रहती थी। कई मर्तबा मुझे नास्तिकतापूर्ण विचार भी सूझते रहते थे। विलायत जाने के समय तक तो मैं हिंसक था, हिंसा पर मेरी श्रद्धा थी और अहिंसा पर अश्रद्धा। यह पुस्तक पढ़ने के बाद मेरी यह अश्रद्धा चली गई। फिर मैंने उनके अन्य ग्रंथ पढ़े। उनमें से प्रत्येक का क्या प्रभाव पड़ा, सो मैं नहीं कह सकता, परंतु उनके समग्र जीवन का क्या प्रभाव पड़ा, यह अवश्य कह सकता हूं। उनके जीवन में दो महत्वपूर्ण बातें थीं। वे जैसा कहते थे वैसा ही करते थे। उनकी सादगी अद्‌भुत थी, बाह्य सादगी तो उनमें थी ही।" (37/274) जैसा कहना वैसा करना, यह कथनी-करनी की समानता कोई अहिंसावाद की विशेषता नहीं है! जो लोग सक्रिय प्रतिरोध में विश्वास करते हैं उनके जीवन में भी यह सिद्धांत चरितार्थ हो सकता है। ऐसे ही सादगी का कोई विशेष संबंध अहिंसावाद से नहीं है। जवानी में ईश्वर, धर्म आदि को लेकर गाँधीजी के मन में अनेक शंकाएँ उठा करती थीं। उनका यह संदेहवादी मन पूरी तरह कभी शांत नहीं हुआ। वेदांती आधा नास्तिक होता है, इसलिए कि वह व्यक्ति ईश्वर में अंधविश्वास नहीं करता। ईश्वर को अपने भीतर ही मानता है, ब्रह्म से आत्मा का तादात्म्य स्थापित करता है। नास्तिक भावनाओं की जमीन से वेदांत तक पहुंचना गाँधीजी के लिए आसान था। परंतु उनके मन में सक्रिय प्रतिरोध की जो धारा बह रही थी, वह तोलस्तोय के प्रभाव से कभी सूखी नहीं। वह जिसे हिंसा कहते हैं, वह अत्याचार का सक्रिय प्रतिरोध ही है। गाँधीजी उन अनेक वीर नायकों का जिक्र करते हैं, जो शस्त्र लेकर स्वाधीनता के लिए लड़े। 1906 में उन्होंने इंग्लैंड के किसान नेता वाट टाइलर के बारे में लिखा : "उसके साथ बहुत से किसान हो गए। फौज ने टाइलर और उसकी टोली का सामना किया। टाइलर मारा गया लेकिन अंत में किसानों के सिर से कर का बोझ भी चला गया। इस घटना के बाद लोगों को अपनी सत्ता का भी भान हुआ। उसका ज्यादा परिणाम 17वीं सदी में देखने को मिला।" 17वीं सदी में इंग्लैड में गृहयुद्ध हुआ। एक तरफ व्यापारी और मध्यवर्ग के लोग थे और दूसरी तरफ सामंत और बादशाह थे। हैमडन नाम के अंग्रेज ने कर देने से इंकार किया, उसे जेल भेजा गया। दूसरे न्यायाधीशों ने पहले न्यायाधीश का फैसला रद्द किया। वह जेल से छूटा। मुख्य बात यह कि हैमडग से गाँधीजी ने क्रामवेल का संबंध जोड़ा है।" हैमडग छूटा। उसने स्वतंत्रता के युद्ध का जो बीज बोया था, उसका विशाल वृक्ष बन गया। उसी के श्रम के परिणामस्वरूप क्रामवेल पैदा हुआ और इंग्लैड को सच्ची स्वतंत्रता मिली तथा लोगों को राज्य व्यवस्था में हाथ बंटाने का मौका मिला। हैमडग देश के लिए लड़ते-लड़ते मरा, फिर भी अमर है।" (5/488/89) क्रामवेल

ने युद्ध करके बादशाही समाप्त की थी और कुछ समय के लिए इंग्लैंड में गणराज्य स्थापित रहा। गाँधीजी ने इसे इंग्लैंड की सच्ची स्वतंत्रता कहा है। गाँधीजी ने इटली के वीर मैज़िनी के बारे में लिखा था : "सन् 1948 में वह गैरी बाल्डी को साथ लेकर इटली गया और वहां स्वराज्य स्थापित किया।" (5/30) यह स्वराज्य सत्याग्रह द्वारा स्थापित न किया गया था। उल्लेखनीय है कि मैज़िनी को अनेक बार गुप्त जीवन बिताना पड़ा और गाँधीजी उसका उल्लेख प्रशंसा के भाव से करते हैं। "फिर वह उस गुप्त संगठन में शामिल हो गया जिसका उद्देश्य इटली को संगठित करना था। जब इटली में उसका रहना दूभर हो गया, तब वह इंग्लैंड चला आया और यहां लेख लिख-लिखकर गुप्त रूप से इटली भेजता रहा।" उसे जासूसों से बचने के लिए गुप्त वेष में भ्रमण करना पड़ा था। इटली संगठित होकर जातीय राज्य बना परंतु मैज़िनी को देश में प्रवेश करने की अनुमति नहीं थी। "इसलिए वह छद्म वेश में इटली जाया करता था। एक बार उसे पुलिस पकड़ने के लिए आई। तब उसने स्वयं दरबान का वेष बनाकर दरवाजा खोला और इस प्रकार पुलिस को चकमा दिया।" (5/30-31) सन् 42 में और उसके बाद गाँधीजी हर तरह की गुप्त कार्यवाही का जो विरोध कर रहे थे वह उनके प्रारंभिक जीवन के संस्कारों के विरुद्ध था।

अनेक प्राचीन साम्राज्यों के विध्वंस और फ्रांस की राज्य क्रांति को गाँधीजी ने अनीति की पराज्य के रूप में देखा था। "असीरिया और बेबीलोन में अनैतिकता का घड़ा भरते ही फूट गया। रोम ने जब अनैतिकता का मार्ग लिया तो महापुरुष उसे नहीं बचा सके। यूनानी प्रजा बहुत होशियार थी, परंतु उसकी यह होशियारी अनीति को कायम न रख सकी। फ्रांस का विद्रोह भी अनीति के प्रतिकार में हुआ।" (6/318) भारत और रूस की तुलना करते हुए 1905 की रूसी क्रांति के बारे में गाँधीजी ने लिखा : "जैसे हम गरीब हैं वैसे ही रूस की जनता भी गरीब है। हमें राज-काज चलाने का कुछ भी अधिकार नहीं है और चुपचाप कर चुकाने पड़ते हैं, उसी प्रकार रूस के लोगों को भी करना पड़ता है। रूस में ऐसे कष्टों को देखकर कुछ अत्यंत वीर पुरुष सामने आ जाते हैं। कुछ समय पहले रूस में विद्रोह हुआ। उसमें जिन्होंने मुख्य भाग लिया, उनमें मैक्सिम गोर्की भी थे।" (5/5) गोर्की तोलस्तोय को महान लेखक मानते थे परंतु उनके अहिंसावाद को अस्वीकार करते थे। युद्ध में पुरुषों के साथ, और पुरुषों के समान, स्त्रियां भी लड़ सकती हैं। इस प्रसंग में गाँधीजी ने अरब स्त्रियों के साथ झांसी की रानी लक्ष्मीबाई को याद किया है। "लड़ाई में लड़ना मुख्यतः पुरुषों का ही काम है। लेकिन इस्लाम के प्रारंभिक युद्धों में अरब स्त्रियां अपने पतियों के साथ खड़ी होकर बहादुरों की तरह लड़ी थीं। गदर के दिनों में झांसी की रानी ने अपनी बहादुरी के लिए जो नाम पाया, वह बहुत ही थोड़े पुरुषों को नसीब हो सका।" (27/227)

गदर स्वाधीनता संग्राम है कि नहीं, इस बारे में इतिहासकार 1957 में तरह-तरह के विचार प्रकट कर रहे थे। गाँधीजी ने 1929 में संयुक्त प्रांत के लोगों से कहा था : "संयुक्त प्रांत भारत के मध्य भाग में बसा हुआ है। संयुक्त प्रांत में भारत की स्वतंत्रता का एक

युद्ध हो चुका है।" (41/548) 1857 के जीवंत हिंदी प्रदेश से 1931 के निर्जीव हिंदी प्रदेश की तुलना करते हुए गाँधीजी ने कहा : "संयुक्त प्रांत, जो 1857 के विद्रोह का मुख्य केंद्र था, उसके बाद पीढ़ियों से ऐसा निर्जीव पड़ा हुआ है जितना निर्जीव शायद ही कोई प्रांत रहा हो, क्योंकि लोगों को उस समय की अब भी स्पष्ट याद है जब मनुष्य पशु बन गया था और जब जनता को, जो केवल दर्शक मात्र थी, खेतों में खड़ी फसल की तरह काट डाला गया था।" (47/307) जो मनुष्य पशु बन गया था, वह भारत का नहीं था, विलायत से आया था। उसके कुछ सहयोगी हिंदुस्तानी अवश्य थे जो पशुओं की तरह व्यवहार कर रहे थे। 1857 में भारत के किसान और देशी सेना के जवान मिलकर लड़े थे। अंग्रेजों ने बड़े पैमाने पर हत्याकांड रचाए। पर यह बात सही नहीं है कि जनता दर्शक मात्र थी और खड़ी फसल की तरह काट डाली गई। गाँधीजी ने ये बातें अहिंसात्मक सत्याग्रह का महत्व बताने के लिए कही हैं, परंतु 1857 में जिस तरह हिंदू और मुसलमान मिलकर अंग्रेजों से लड़े थे, उस तरह गाँधीजी के जीवनकाल में, वे कभी कहीं भी, कम से कम कांग्रेस के नेतृत्व में, नहीं लड़े। उस तरह की एकता केवल सुभाष चंद्र बोस की आजाद हिंद फौज में देखी गई। हिंसा से भी आजादी प्राप्त हो सकती है। 1928 में गाँधीजी ने एक पत्र लेखक को संबोधित करते हुए कहा : "क्या मैंने इन पृष्ठों में बार-बार यह नहीं कहा है कि यदि मुझे इस शासन और हिंसा के बीच में चुनाव कराने के लिए बाध्य होना पड़े तो यद्यपि मैं हिंसा पर आधारित लड़ाई में सहायता नहीं दूंगा, उसमें सहायता दे नहीं सकता, फिर भी मेरा मत हिंसा के पक्ष में जाएगा।" (36/77) अहिंसा से आजादी प्राप्त न हो तो हिंसा का सहारा लिया जा सकता है। हिंसा से प्राप्त आजादी अहिंसात्मक गुलामी से बेहतर है। "यदि भारत का अहिंसा में विश्वास नहीं है और यदि उसमें उसके अनुसार अमल करने का धीरज भी नहीं है तो वर्तमान कुशासन को असहाय की तरह सहन करने और अपनी संपत्ति और सम्मान का अपहरण होते रहने देने की अपेक्षा इस कुशासन से हिंसा के द्वारा स्वतंत्र होना अधिक अच्छा है।"(36/77)

लेकिन गाँधीजी अहिंसात्मक सत्याग्रह को सशस्त्र संग्राम से बेहतर मानते थे। शस्त्र लेकर लड़ा जाए तो वह पशुबल की लड़ाई हुई। आदमी चुपचाप कष्ट सहे, शत्रु के हृदय-परिवर्तन का इंतजार करे, तो यह आत्मबल की लड़ाई हुई। दूसरों को दुख न देना चाहिए, उन्हें पीड़ा न पहुंचानी चाहिए, यह सिद्धांत तो ठीक है। परंतु जैसे दूसरों को दुख न देना चाहिए, वैसे ही स्वयं को भी दुख न देना चाहिए। आत्मपीड़न किसी भी तरह न्यायपूर्ण नहीं ठहराया जा सकता। पहले लोग समझते थे, शरीर को जितना ही कष्ट दिया जाए, उतना ही मनुष्य ईश्वर के नजदीक पहुंचता है। संतों ने इस धारणा का खंडन किया और पवित्र आचरण पर जोर दिया। अत्याचारी अत्याचार करे और हम चुपचाप सहते रहें, इस बात की राह देखें कि उसका हृदय परिवर्तन हो, यह मानव स्वभाव के विपरीत है। व्यक्ति से हटकर जहां पूरे समाज और देश की बात होती है, वहां यह बात और भी अव्यावहारिक हो जाती है। गाँधीजी निष्क्रिय प्रतिरोध को सक्रिय प्रतिरोध से बढ़कर मानते थे, यह धारणा सही

नहीं है। निष्क्रिय प्रतिरोध की बात सही हो सकती है, वह उपयोगी हो सकता है, वहां जहां सक्रिय प्रतिरोध की संभावना न हो। भारतीय इतिहास में यही हुआ। गाँधीजी के जीवन-काल में यह बार-बार देखा गया कि जनता तब तक निष्क्रिय प्रतिरोध के रास्ते पर बढ़ती है जब तक सक्रिय प्रतिरोध के साधन उसके हाथ में नहीं आते थे। जैसे ही ये साधन हाथ में आते थे, वैसे ही वह निष्क्रिय प्रतिरोध का रास्ता छोड़कर शत्रु का सक्रिय प्रतिरोध करने लगती थी।

दिसंबर 1920 में गाँधीजी ने बिहार में कहा था : “सब दुःखों के निवारण का उपाय सत्याग्रह है।” (19/91) यहां निष्क्रिय प्रतिरोध के लिए सत्याग्रह शब्द का व्यवहार किया गया था। निष्क्रिय प्रतिरोध में सफलता न मिले, आदमी अपने को उसके अयोग्य समझे, तो गाँधीजी सक्रिय प्रतिरोध का रास्ता अपनाने की बात भी कहते थे। उसी भाषण में उन्होंने कहा था : “हमें इस हुकूमत को मिटाना है। फिर भी मैं शांति का रास्ता बताता रहा हूं। परंतु मैं यह नहीं चाहता कि शांति के रास्ते पर चलते हुए भारत की प्रजा नामर्द बन जाए, पराधीन बन जाए और स्त्रियों की रक्षा करने में भी असमर्थ रहे। मुझे गांव वालों ने क्या बताया, क्या सुनाया? उन्होंने लुटेरों के मुकाबले में क्या किया? केवल भाग खड़े हुए। मन में यह खयाल आया कि क्या भारत के लोग इतने नामर्द बन गए हैं कि अपनी संपत्ति और स्त्रियों की भी रक्षा नहीं कर सकते? क्या हम में चोरों से भी अपनी रक्षा करने की ताकत नहीं है? चोर हमें लूटने आएँ तो हम भाग खड़े हों क्या यह सत्याग्रह है?” सभा में किसान लाठियां लेकर आए थे। उनकी लाठियों को लक्ष्य करके गाँधीजी ने कहा : “पुलिस अत्याचार करने के लिए तैयार हो जाए और आप उसके सामने मरने के लिए तैयार हो जाएँ तो मैं कहूंगा कि आप सत्याग्रही हैं, बहादुर हैं। परंतु आप खड़े-खड़े बेइज्जती सहें, इससे कहीं अच्छा यह है कि आप उन्हे मार भगाएँ। सत्याग्रह का अर्थ यह नहीं है कि आप स्त्रियों को छोड़कर भाग जाएँ, या उन्हें अपने सामने विवस्त्र किए जाते हुए देखें। आपमें से जो लोग लंबी-लंबी लाठियां लेकर यहां आए हुए हैं उनसे मैं पूछता हूँ कि क्या आप इसी को सत्याग्रह समझते हैं? हमारा धर्म यह नहीं सिखाता कि हम नामर्द बनें, अत्याचार सहन करते रहें।” (19/91-92) इस तरह सक्रिय प्रतिरोध और निष्क्रिय प्रतिरोध, दोनों रास्ते खुले हुए थे। दक्षिण अफ्रीका के सत्याग्रह में उन्होंने अपराधियों और चोरों को भी साथ लिया था, उन्हें सत्याग्रही बनाया था, कहा था : “दक्षिण अफ्रीका में तो मुझे हत्यारों और चोरों के साथ काम करना पड़ा था। वे कम से कम ऐसे लोग तो थे ही जो हत्या और चोरी के जुर्म में जेल की हवा खा चुके थे। हां, इतनी बात है कि उन्होंने अहिंसा का पालन उतने ही सम्मानप्रद ढंग से किया था जितना कि एक सत्याग्रही करता है।” (20/61) सन् 46 में जयप्रकाश नारायण, अरुणा आसफ अली जैसे लोग गाँधीजी का साथ देने को तैयार थे। ये चोरों और डाकुओं से तो अच्छे ही थे। इन्हें साथ लेकर वह सत्याग्रह शुरू कर सकते थे।

ग्रामसमाज, चरखा और उद्योगीकरण

निष्क्रिय प्रतिरोध अथवा सत्याग्रह की धारणा गाँधीजी ने तोलस्तोय से प्राप्त की और सुखी, शांत, स्वायत्त भारतीय ग्राम समाजों की धारणा उन्होंने हेनरी मेन नाम के अंग्रेज लेखक से प्राप्त की। उन्होंने हिंद स्वराज्य के अंत में उन पुस्तकों की एक सूची दी है जिनसे वह प्रभावित हुए थे। इस सूची के आरंभ में तोलस्तोय की पुस्तकें हैं और अंत में हेनरी मेन की पुस्तक का नाम है। तोलस्तोय और हेनरी मेन, दोनों के विचारों से गाँधीजी का परिचय 19वीं सदी के अंतिम दशक में हो गया था। जून 1894 में उन्होंने नेटाल विधान-सभा में एक प्रार्थना-पत्र दिया था। उसमें भारतीय जनतंत्र का उल्लेख हेनरी मेन की पुस्तक के आधार पर किया था। लिखा था :

"जब एंगलो-सैक्सन जातियों को प्रतिनिधित्व के सिद्धांतों का ज्ञान हुआ, उसके बहुत पहले से भारत-राष्ट्र चुनाव के अधिकारों से परिचित रहा है और उनका प्रयोग करता आ रहा है।

"उपयुक्त कथन के समर्थन में प्रार्थी आप की सम्माननीय परिषद् और सभा का ध्यान सर हेनरी समर मेन की पुस्तक 'विलेज कम्यूनिटीज' की ओर आकर्षित करते हैं। उसमें अत्यंत स्पष्टता के साथ बताया गया है कि भारतीय जातियां लगभग स्मरणातीत काल से प्रातिनिधिक संस्थाओं के सिद्धांतों से परिचित रही हैं। उस महान् कानून-विशारद और लेखक ने बताया है कि ट्यूटानिक मार्क पर जब तक शुद्ध शास्त्रीय रोमन स्वरूप की कलम नहीं लगा दी गई, तब तक वह उतना सुसंगठित या तात्विक रूप से उतना प्रातिनिधिक नही था, जितनी कि भारतीय ग्राम-पंचायतें थीं।" (1/135-36) जर्मनी के ग्राम-समाज 'मार्क' कहलाते थे। ये आदिम साम्यवादी व्यवस्था के समाज थे। यहां व्यक्तिगत संपत्ति नहीं थी, सामूहिक संपत्ति थी। जर्मनी पर रोम ने आक्रमण किया। इस तरह वहां के ग्राम-समाजों पर रोमन स्वरूप की शास्त्रीय मोहर लग गई। इससे पहले, मेन के अनुसार, ये जर्मन ग्राम समाज भी उतने जनतांत्रिक नहीं थे जितने भारतीय ग्राम-समाज थे। इन ग्राम समाजों की दूसरी विशेषता, मेन के अनुसार, यह थी कि वे आर्थिक रूप से आत्मनिर्भर थे। रमेश चंद्र दत्त के लेखन की चर्चा करते हुए गाँधीजी ने लिखा : "श्री दत्त की दिलचस्पी स्वशासन की समस्या में और भारत के महान ग्राम समाजों को जिन्हें स्वर्गीय सर हेनरी मेन ने अपनी वर्णन-शैली में आत्मनिर्भर गणराज्यों के रूप में चित्रित किया है, पुनरुज्जीवित करने या कायम रखने में भी बहुत गहरी है। (4/591)

भारत में कबीलाई समाज वैदिक काल में ही विघटित होने लगे थे। ऋग्वेद में व्यक्तिगत संपत्ति का उल्लेख है। समाज वर्णों में विभाजित होने लगा है। यहां सामूहिक संपत्ति और सामूहिक स्वामित्व का अभाव है। भारत में वर्ण-व्यवस्था और जाति-बिरादरी की प्रथा बहुत पुरानी है। समाज में ऊंच-नीच का भेद बहुत पुराना है। जहां समाज में ऊंच-नीच का भेद

हो, वहां कोई आदर्श जनतंत्र हो ही नहीं सकता। जो समाज कबीलाई जीवन बिताते हैं, वे भी आपस में वस्तुओं का आदान-प्रदान करते हैं। जब श्रम का विशेषीकरण होता है, उत्पादन में तरक्की होती है, तब यह विनिमय का काम और भी तेजी से आगे बढ़ता है। भारत के जनपद आपस में निरंतर विनिमय और व्यापार करते रहे हैं। इसके अनेक प्रमाण इतिहास-ग्रंथों में दिए हुए हैं। अंग्रेजों ने यहां के उद्योग और व्यापार को नष्ट किया, उनके लिए यह स्थापना बड़ी मोहक थी कि उद्योग और व्यापार का विकास भारत में कभी हुआ ही नहीं। वह हमेशा स्वायत्त-ग्राम समाजों का देश रहा है। गाँधीजी ने अनेक बार कहा है कि अंग्रेजों ने यहां के उद्योग और व्यापार का नाश किया। इस उद्योग और व्यापार को चलाने वाले व्यापारी कहां रहते थे? यहां की जहाजरानी प्रसिद्ध है। जहाज कहां बनाए जाते थे? पूंजी कौन लगाता था? भारत में व्यापार की बड़ी मंडियां थीं या नहीं? हड़प्पा-काल से लेकर गाँधीजी के समय तक भारत में बड़े नगरों का, व्यापार की बड़ी मंडियों का कभी भी अभाव नहीं रहा। ये मंडियां कैसे कायम हुईं? इन शहरों में रहने वालों को भोजन-वस्त्र कहां से प्राप्त होते थे? अंग्रेजों ने यहां के ग्राम-समाजों का जो चित्र उपस्थित किया उसमें किसान, खेती के साथ कारीगर का काम भी करता था। साल का काफी समय वह खेती में लगाता था, बाकी समय दूसरे धंधों में खर्च करता था। पर कुछ कबीलाई प्रदेशों को छोड़कर किसानी और कारीगरी का अलगाव भारतीय समाजों की विशेषता रहा है। मेन जैसे लेखकों ने इस अलगाव को मिटाकर कारीगरी और किसानी को मिला दिया था। यदि ऐसा होता तो बुनकरों और व्यापारियों के अलग-अलग वर्ग बनते ही नहीं। प्राचीन भारत में गुजरात, राजस्थान और सिंध उद्योग और व्यापार में बहुत आगे बढ़े हुए थे। देश के भीतर ही नहीं, बाहर भी उनके व्यापार का तानाबाना फैला हुआ था। इसी परंपरा में भारत के बहुत से व्यापारी दक्षिण अफ्रीका और पूर्वी अफ्रीका पहुंचे थे। उनके बींच गाँधीजी ने काम किया था। वे जो माल बेचते थे, वह अपने घरों में तैयार न करते थे। उसे कुशल कारीगर तैयार करते थे, इसीलिए इंग्लैंड और यूरोप के व्यापारियों को खुली होड़ में ठहरना बहुत कठिन मालूम होता था।

फरवरी 1920 में गाँधीजी पंजाब के जलालपुर जट्टा नाम के गांव पहुंचे। वहां केवल बुनकर रहते थे। उन्होंने लिखा है, "उसे केवल बुनकरों का गांव कहा जा सकता है। वहां की स्त्रियां कातती हैं और मर्द बुनते हैं।" (17/34) यह श्रम-विभाजन का पुष्ट प्रमाण है। बुनकर खेती नहीं करते। जो खेती करते हैं, वे कातने और बुनने का काम नहीं करते। श्रम-विभाजन इस हद तक बढ़ गया है कि एक गांव बुनकरों की बस्ती बन गया है।

हेनरी मेन से ग्राम-समाजों की धारणा प्राप्त करके उससे चरखे और करघे का संबंध जोड़ना कठिन नहीं था। इस काम में थोड़ा समय लगा। हेनरी मेन की पुस्तक से तो गाँधीजी का परिचय 1894 में ही हो गया था। किंतु ग्राम समाजों से चरखे का संबंध जोड़ने और भारत की गरीबी दूर करने के लिए चरखे को मुख्य साधन बनाने में उन्हें काफी समय लगा। नवंबर 1917 में गुजराती हिंदू स्त्री मंडल को अपने संदेश में गाँधीजी ने लिखा : "विधवाएँ

अभी मंदिरों में अथवा कथित साधु-संतों की सेवा में अथवा गप्पें हांकने में अपना समय गंवाती हैं। मंदिर जाने में ही धर्म है, मुझे ऐसा प्रतीत नहीं होता। लेकिन सदुद्देश्य को दृष्टि में रखकर मंदिर जाने से कुछ फायदा नहीं होता, मैं यह भी नहीं कहना चाहता। परंतु अन्य कार्यों को छोड़कर मंदिर में बैठना परमार्थ की पराकाष्ठा है, यह विचार तो कोरा भ्रम जान पड़ता है। उसी प्रकार जिन साधु-संतों को किसी प्रकार की सेवा की आवश्यकता नहीं है, उनके पास बैठे रहने से दोनों की ही हानि और व्यर्थ का कालक्षेप है। ऐसी प्रवृत्तियों से विधवाओं को हटाकर हिंदुस्तान का उपकार करने की परमार्थिक प्रवृत्ति में उन्हें फिर लगाना ही उनका शुद्ध पुनर्विवाह है। शिक्षित स्त्रियां ऐसा साहस क्यों नहीं करतीं? ऐसा काम करने की इच्छुक स्त्रियों को पहले तो स्वयं उद्योग की पाठशाला में पहला पाठ पढ़ना होगा, कातना होगा तथा खड्डियों पर कपड़ा बुनना होगा।" (14/85-86) विधवाएँ मंदिर में निठल्ली न बैठें, साधुओं और संतों के साथ व्यर्थ समय न गंवाएँ। इसके बदले वे सूत कातें, यह एक प्रगतिशील विचार था। लेकिन वह उनके पुनर्विवाह का स्थान न ले सकता था। यदि पुरुष को पुनर्विवाह का अधिकार है तो वह अधिकार नारी को भी होना चाहिए। यहां अभी एक सामयिक समस्या हल करने के लिए कताई के सीमित उपयोग की बात कही गई है। शीघ्र ही भारत की गरीबी दूर करने से उसका संबंध भी जोड़ा गया।

अगस्त 1919 में गाँधीजी ने गोधरा की सार्वजनिक सभा में जो कुछ कहा, उसमें चरखे और गांवों से संबंधित उनकी अनेक स्थापनाएँ आ गई हैं। भारत गरीब क्यों है? इसलिए कि "हमने सन् 1917-18 में भारत से बाहर के उत्पादकों को साठ करोड़ रुपयों की भारी रकम दी और अपने हजारों कातने-बुनने वालों के लिए कोई उल्लेखनीय दूसरा धंधा भी नहीं जुटाया। इस प्रकार श्रम का यह समूचा स्रोत जैसे एक वेगपूर्ण जलप्रवाह की तरह व्यर्थ ही बहने के लिए खोल दिया गया है।" (16/33) गरीबी दूर करने के लिए किसानों को क्या करना चाहिए? गाँधीजी कहते हैं, "देश में 21 करोड़ किसान हैं। मेरे अपने अनुभव और अधिकारी लेखकों के अनुभव से यह स्पष्ट है कि साल में लगभग चार महीने इनके पास कोई काम नहीं रहता। फिर ताज्जुब क्या कि वे गरीब हैं? शक्ति का यह बहुत बड़ा अपव्यय है। इसीलिए स्वदेशी की समस्या किसानों को कातने-बुनने का एक अनुपूरक धंधा अपनाने के लिए प्रोत्साहित करने की समस्या है।" किसान खेती करें, यह उनका मुख्य धंधा होगा। लेकिन अपना खाली समय वे कातने-बुनने में लगाएँ, यह उनका अनुपूरक धंधा होगा। इस तरह वे किसानी करेंगे और कारीगरों का काम भी करेंगे। किसानी और कारीगरी के अलगाव से जो श्रम का विशेषीकरण हुआ था, वह गाँधीजी की योजना में समाप्त हो रहा था। लेकिन भारत में विलायती कपड़ों की खपत गरीबी का एकमात्र कारण नहीं थी। अंग्रेजों की फौज और उनका पूरा शासन तंत्र यहां किसानों के शोषण पर निर्भर था। किसानों के ऊपर राजा और जमींदार थे और उनके ऊपर राजकर्मचारी और अंग्रेज थे। इस दोहरे उत्पीड़न से किसान पिसा जा रहा था इसीलिए आए दिन भारत में अकाल पड़ते थे और लाखों किसान जान से हाथ धो बैठते थे। भारत में अंग्रेजों की हिंसा के तीन

रूप देखने में आए। एक तो वे युद्ध करते थे वहां प्रत्यक्ष बहुत से लोग मारे जाते थे। दूसरे, हिंदू-मुस्लिम तनाव पैदा करके वे जगह-जगह दंगे आयोजित करते थे और वहां रक्त बहता था। इसके सिवा आए दिन भुखमरी फैली रहती थी और इस भुखमरी में लाखों किसान मरते थे। इस हिंसा के लिए भी अंग्रेज जिम्मेदार थे। विलायती कपड़े की बिक्री से जो धन विलायत जाता था उसमें किसानों का हिस्सा बहुत थोड़ा था। वे देहाती गंजी गाढ़ा पहनते थे या लंगोटी बांधकर रहते थे। उनके लिए मूल समस्या कपड़े की नहीं अन्न की थी। अन्न उन्हें कैसे मिले? यह अन्न चरखे के द्वारा उन तक न पहुंचाया जा सकता था।

जनवरी 1946 में रचनात्मक कार्यकर्ता-सम्मेलन में गाँधीजी से पूछा गया—जब गरीब आदमी अपनी आय का 80 प्रतिशत से अधिक भाग खाने के ऊपर और केवल 12 प्रतिशत ही कपड़े के ऊपर खर्च करता है, तब खादी-उत्पादन से गरीबों को किस तरह मदद पहुंचेगी?

गाँधीजी ने उत्तर दिया कि "अगर खद्दर की मदद से आम लोगों की आमदनी में कुछ आनों की भी वृद्धि हो सके तो सार्थक होगा। आज तो खादी केवल भारत तक ही सीमित है, लेकिन मैं उस दिन की प्रतीक्षा कर रहा हूं जब खादी संसार में सर्वत्र फैल जाएगी। पहला कदम मेरी दृष्टि में यह है कि खादी भारत के सभी चालीस करोड़ लोगों में फैल जाए।" (83/29-30) सारी दुनिया में खादी के फैलने की बात बहुत दूर थी, भारत में खादी का प्रसार तभी हो सकता था, जब मिलों में बना हुआ कपड़ा बिकना बंद हो जाए। मिलें तो चालू थीं और स्वदेशी आंदोलन से, विलायती माल के बहिष्कार से, मिल-मालिक मुनाफा भी कमा रहे थे। किंतु यदि भारत के सभी लोग खादी पहनने लगें और सभी किसान कताई-बुनाई करने लगें, तब भी भारत की गरीबी की समस्या हल होने वाली नहीं थी। इसलिए कि किसान जो कमाते थे, उसका बहुत बड़ा भाग अंग्रेजों के पास पहुंच जाता था। जब तक उस शोषण को बंद न किया जाए, तब तक खादी के प्रसार से समस्या हल होने वाली नहीं थी। खादी और चरखे का प्रसार यह भ्रम पैदा करता था कि जमींदारों और अंग्रेजों से लड़े बिना भारत की गरीबी दूर की जा सकती है।

इस समस्या का एक पक्ष यह भी था कि अंग्रेज भारत के उद्योगिकीरण के विरुद्ध थे। वे यहां के औद्योगिक विकास में भरसक अड़ंगे लगा रहे थे। वे चाहते थे यहां केवल उनके देश का बना हुआ माल बिके, कपड़े ही नहीं, अन्य वस्तुएँ भी जो विलायत में बनती थीं, भारत में बिकें। भारत का उद्योगिकीकरण न होना चाहिए, यहां लोग चरखा चलाकर ही सतयुग ला सकते हैं, इस तरह की स्थापना अंग्रेजों की नीति के अनुकूल थी। यदि बड़े पैमाने पर खादी तैयार की जाती, तो उसे वितरित करने गांवों के जुलाहे या किसान न जा सकते थे। व्यापारियों की जरूरत फिर भी होती और समाज वर्गों में विभाजित होता। सारी दुनिया में खादी फैलाने का विचार था तो उसके लिए जहाज भी आवश्यक थे। जहाज बनाना उद्यौगीकरण के बिना संभव नहीं था। इंग्लैंड में जिस तरह औद्योगिक क्रांति हुई, उससे विकट वर्ग-उत्पीड़न शुरू हुआ। अनेक अंग्रेज लेखकों ने औद्योगिक क्रांति के

हानिकारक परिणाम देखकर उसका विरोध किया। गाँधीजी भी उद्योगिकीकरण का विरोध कर रहे थे। उसमें पूंजीवादी वर्ग-संबंधों का विरोध भी शामिल था। परंतु भारत में उद्योगिकीकरण तो हुआ, स्वदेशी आंदोलन के फलस्वरूप भारतीय उद्योग-धंधों का सीमित विकास भी हुआ। इस विकास से कांग्रेस को लाभ हुआ और एक सीमा तक गाँधीजी को भी उससे कुछ सुविधाएँ प्राप्त हुईं। रचनात्मक कार्यकर्ता-सम्मेलन में उन्होंने कहा : "यदि मेरे पास 50 मोटरें हों, या दस बीघा जमीन भी हो तो मैं अपनी कल्पना की आर्थिक समानता स्थापित नहीं कर सकता। इसके लिए मुझे अपने को गरीब-से-गरीब आदमी के स्तर पर लाना होगा। पिछले पचास साल या उससे भी ज्यादा से मैं यही करने की कोशिश कर रहा हूं और इसीलिए मैं सबसे बड़ा कम्युनिस्ट होने का दावा करता हूं, हालांकि मैं अमीरों द्वारा प्रदान की गई मोटरों या अन्य सुविधाओं का उपयोग करता हूं। मेरे ऊपर उनका कोई दबाव नहीं है, और अगर जन-साधारण के हितों के लिए आवश्यक होगा, तो मैं उन्हें एक मिनट के नोटिस पर छोड़ सकता हूं।" (83/31-32) पूंजीपतियों की मोटरें तो गाँधीजी छोड़ सकते थे परंतु रेलगाड़ी के बिना वे देश में यात्रा कैसे करते? कांग्रेसी नेताओं में सबसे ज्यादा यात्राएँ गाँधीजी ने की थी।

मई 1927 में गाँधीजी ने उद्योगिकीकरण के बारे में कई महत्वपूर्ण बातें कहीं। पहली यह कि पश्चिम के जिन देशों में ग्रामीण उद्योग-धंधों का नाश किया गया, वहां कारखाने भी लगाए गए और बहुत से लोगों को काम मिला। "पश्चिम में तो जिन ग्रामीणों के गृह-उद्योग नष्ट किए गए, उन्हें तुरंत ही दूसरा धंधा मिल गया और इसलिए उनको कुछ तो काम जुटा दिया गया, लेकिन यहां उन लोगों में बहुत थोड़े से लोगों को ही कोई दूसरा काम मिला है, जिनकी रोजी धान कुटाई की मिलों ने छीन ली है और उनमें से अधिकांश तो बेकार और दरिद्र ही हो गए हैं।" (33/331) भारत में औद्योगीकरण अंग्रेजों की छत्रछाया में हो रहा था। यहां के और पश्चिम के उद्योगीकरण में बुनियादी अंतर था। गाँधीजी जिस उद्योगीकरण का विरोध कर रहे थे, उसमें साम्राज्यवाद का विरोध भी शामिल था। 26 जनवरी के घोषणा पत्र में भी उन्होंने कहा था, "गांव के उद्योग-धंधे जैसे कि हाथ कताई नष्ट कर दिए गए हैं ...जो हुनर इस तरह नष्ट हो गए हैं, उनके बदले में और देशों की भांति कोई नया धंधा भी नहीं मिल सका है।" (42/316) सन् 27 वाली टिप्पणी में उद्योगीकरण का सीमित उद्देश्य उन्होंने इस तरह बताया : "पाठक जल्दबाजी में यह नतीजा भी न निकाल लें कि हाथ-कताई का यह आंदोलन सभी प्रकार की मशीनों पर अविवेकपूर्वक चोट करता है। इस आंदोलन का उद्देश्य तो केवल ऐसी शक्तिचालित मशीनों का स्थान लेना है, जो भूखों मरने वाले करोड़ों लोगों के नैतिक और आर्थिक हितों को हानि पहुंचाती हैं।" (33/331) पिछड़े हुए देशों के औद्योगिक विकास के लिए संरक्षण की नीति जरूरी हो सकती है। इस प्रसंग में गाँधीजी ने जर्मनी का उदाहरण दिया। कर-मुक्त व्यापार की नीति, इंग्लैंड के लिए भले ही फायदेमंद साबित हुई हो पर उसी नीति पर यदि जर्मनी में अमल किया जाता तो वह निस्संदेह जर्मनी को तबाह कर देती। इस समय भूमंडलीकरण

और उदारीकरण की जो नीति चलाई जा रही है, वह भारत को तबाह ही कर रही है। "जर्मनी की समृद्धि तो इसलिए हुई कि उसके विचारकों ने गुलामों की तरह इंग्लैंड का अनुकरण करने की बजाय अपने देश की खास परिस्थितियों को ध्यान में रखते हुए अपनी अर्थ-नीति ऐसी बनाई जो उनके देश के लिए अनुकूल थी।"(42/316) गाँधीजी ने इस टिप्पणी में यह भी कहा कि "इंग्लैंड और जर्मनी जैसे देशों द्वारा औद्योगिक शोषण भारत के लिए संभव नहीं है और न उसे उसकी ओर बढ़ना चाहिए। और ज्यों ही इंग्लैड और जर्मनी द्वारा शोषित देश संभल जाएंगे और अपना शोषण नहीं होने देंगे, त्यों ही इन दोनों देशों को अपनी अर्थ-नीति बदलनी पड़ेगी क्योंकि इन दोनों देशों की सभ्यता दूसरे देशों के शोषण पर आधारित है। हमें याद रखना चाहिए कि यदि हम इस तरह किसी देश का शोषण करना भी चाहें तो आज हममें वैसा करने की शक्ति नहीं है। इसीलिए यदि हमें एक स्वतंत्र राष्ट्र के रूप में जीना है तो हमें अपनी अर्थ-नीति और स्थिति ऐसी बना लेनी चाहिए जो हमारे विकास के अनुकूल हो।"(42/316) यहां उद्योगीकरण का सापेक्ष विरोध है, निरपेक्ष विरोध नहीं है।

गाँधीजी ने हेनरी की पुस्तक के आधार पर भारत को अपरिवर्तनशील ग्राम समाजों का देश माना। भारत में उद्योग-धंधों का विकास हुआ। बड़ी-बड़ी मंडियों के रूप में नगर आबाद हुए। इनमें परस्पर व्यापारिक संबंध स्थापित हुए और इस देश के व्यापारियों ने दूसरे देशों से भी व्यापार किया। गुजरात इस क्षेत्र में सबसे आगे था और आश्चर्य की बात है कि वहीं जन्म लेने वाले गाँधीजी ने नगरों के अस्तित्व को लगभग नकार दिया। अंग्रेजी राज में जब बहुत से गुजराती व्यापारी अफ्रीका पहुंचे, तो वे एक पुरानी परंपरा का ही अनुसरण कर रहे थे। स्वायत्त ग्राम समाजों के अस्तित्व को अटल सत्य मानकर गाँधीजी ने उनका संबंध चरखे से जोड़ा। चरखा चलाकर, करघे पर कपड़ा बुनकर भारत अपनी गरीबी मिटा सकता है, यह मंत्र उन्होंने सिद्ध करना चाहा। परंतु भारत दिन-पर-दिन गरीब होता जा रहा था। यहां मुख्य समस्या अन्न की थी। कपड़े के बिना भी काम चल सकता था। स्वदेशी आंदोलन का एक फल यह हुआ कि भारतीय व्यवसायियों को मशीनों के जरिए उद्योग-धंधे कायम करने का रास्ता दिखाई दिया। व्यापारियों से और उद्योगपतियों से गाँधीजी का घनिष्ठ संबंध था। साम्राज्यवादी नीति के विरुद्ध भारतीय उद्योग धंधों का विकास यहां की जनता के हित में था। हिंदी प्रचार के लिए, हरिजन उद्धार के लिए बहुत-सा पैसा गाँधीजी ने व्यवसायियों से प्राप्त किया। उद्योगपतियों में गाँधीजी के सबसे बड़े सहायक घनश्याम दास बिड़ला थे। गाँधीजी को अपने राजनीतिक कार्यक्रम के लिए आवश्यक धन गांवों के गरीब किसानों से न मिलता था। वह व्यवसायियों से और शहर के धनी लोगों से मिलता था। इसमें अनुचित कुछ भी नहीं था। परंतु यदि कांग्रेस में मजदूर वर्ग प्रमुख होता तो उस तरह सहायता मिलती, इसमें संदेह है। "गरीब आदमी अपनी आय का 80 प्रतिशत से अधिक भाग खाने के ऊपर और केवल 12 प्रतिशत भाग ही कपड़े के ऊपर खर्च करता है।" (83/29)

इसलिए चरखा चलाने से, खद्दर पहनने से अन्न की समस्या हल न की जा सकती थी। सत्याग्रह की बात तो गाँधीजी ने दक्षिण अफ्रीका में सोच ली थी। परंतु चरखा चलाने की बात उन्हें उस समय वहां न सूझी थी। उन्होंने कुछ भेंट करने वालों से कहा : "जब मैं दक्षिण अफ्रीका में था, यदि उस समय मैंने चरखे की खोज कर ली होती तो मैंने अफ्रीकियों के बीच, जो फीनिक्स में मेरे पड़ोसी थे, उसका प्रचार कर दिया होता।" (83/15)

दूसरे महायुद्ध के दौरान और उसके बाद देश में दुर्भिक्ष की हालत पैदा हुई। इस हालत में समस्या का समाधान चरखा चलाने से न हो सकता था। किसी भी तरह अन्न उपजाना जरूरी था। गाँधीजी ने कहा : "यह निश्चित मानकर चलना चाहिए कि हमें अनाज के संकट का सामना करना पड़ेगा।" संकट आने पर क्या करेंगे? "हरेक आदमी जिसे पानी की सहूलियत मिल सकती हो, अपने लिए या आम लोगों के लिए कुछ-न-कुछ खाने की चीजें पैदा करे। इसका सबसे आसान तरीका यह है कि थोड़ी साफ मिट्टी इकट्ठा कर ली जाए, जहां मुमकिन हो वहां उसमें खाद मिला ली जाए—थोड़ा सूखा गोबर भी अच्छी खाद का काम देता है—और उसे मिट्टी के या टीन के गमले में डाल दिया जाए। फिर उसमें साग-सब्जी के कुछ बीज जैसे राई, सरसों, धनिया, मेथी, पालक, बथुआ वगैरह बो दिए जाएँ और उन्हें रोज पानी दिया जाए।" इसके अलावा "फूलों के तमाम बगीचों में खाने की चीजें उगा दी जानी चाहिए। इस बारे में मैं यह कहना चाहूंगा कि वायसराय, गवर्नर और दूसरे ऊंचे अफसर इसमें पहल करेंगे।"(83/149)

जून 1945 में एक सज्जन ने गाँधीजी से पूछा था : "आपने हाल में उन बड़े-बड़े उद्योगपतियों के खिलाफ एक जोरदार वक्तव्य दिया है जो सरकार के बाहर भाषण तो देते हैं पर थोड़े से टुकड़ों की खातिर सरकार का समर्थन करके अपने ही कथन को झूठा साबित कर देते हैं...क्या आप यह प्रबंध नहीं कर सकते कि कांग्रेस से इस तरह अनुचित लाभ न उठाया जाए?" गाँधीजी ने उत्तर दिया : "कांग्रेस बड़े उद्योगपतियों के विरुद्ध कभी नहीं रही और मेरा ख्याल है कि वह तब तक उनके विरुद्ध होगी भी नहीं जब तक कि उसे आशा हो कि वह उनके द्वारा अपने मतलब के लिए प्रयुक्त होने के बजाय राष्ट्र हित में उनका प्रयोग कर सकेगी।"(80/372) ये उद्योगपति चरखा चलाकर नहीं, कारखानों में मशीनें चलवाकर धनी बने थे। गांव के लोग खुशी से अपना घरबार छोड़कर शहरों में काम करने नहीं आते। जब उनकी रोटी-रोजी के जरिए वहां बंद हो जाते हैं तब मजबूरी में वे कारखानों में काम करते हैं। रस्किन मानते हैं व्यापारी का धंधा भी लोगों के लिए जरूरी होता है। (8/72) क्यों जरूरी होता है? इसलिए जरूरी होता है कि एक जगह का माल दूसरी जगह पहुंचाना होता है। लोग छोटे से मोहल्ले या गांव में रहें तो एक-दूसरे को अपना माल ले-दे सकते हैं। तब विनिमय के लिए अलग आदमी की जरूरत न होगी। लेकिन गांवों के बीच, गांवों और शहरों के बीच, दूर-दूर के शहरों के बीच, माल पहुंचाने के लिए ऐसे आदमी की जरूरत होती है जो स्वयं उत्पादक न हो।

उत्पादकों से माल लेकर वह दूसरी जगह माल पहुंचाता है, वहां से माल लेकर तीसरी जगह पहुंचाता है। इसी जरूरत से घरेलू बाजार कायम होता है। मनुष्य की आवश्यकताएं बढ़ती हैं। बाजार का दायरा बढ़ता है। तब पुराने धंधे में जो चीजें बनाई जाती हैं, उनसे काम नहीं चलता। पुराने शिल्पी कारखानों में एकत्र होते हैं, वहां मिलकर माल तैयार करते हैं। फिर इन कारखानों में मशीनें लगाई जाती हैं और उनसे माल तैयार किया जाता है। इस सारे विकास की जड़ में विनिमय या व्यापार है। बाजार में मांग न हो तो मशीनों से कारखाने चलाने की जरूरत भी न पड़े। इंग्लैंड में बड़े-बड़े जमींदारों ने किसानों को बेदखल कर दिया। उनकी जमीन छीन ली। उस पर खेती कराने के बदले वे भेड़ें चरवाने लगे। भेड़ों की ऊन बेचने से ज्यादा मुनाफा होता था। बेघर किसान दर-दर मारे-मारे फिरते थे। उनके खिलाफ बहुत से कानून बनाए गए। इन लोगों की दशा का चित्रण शेक्सपियर ने *किंग लियर* के तीसरे अंक में और मार्क्स ने *पूंजी* के प्रथम खंड में किया है। बेज़मीन किसान कारखानों में काम न करते तो भूखों मरते। इसलिए कारखाने लगाने वाले पूंजीपति और उनमें काम करने वाले मजदूर किसी भावना के वश होकर अपना काम न कर रहे थे। वे वस्तुगत नियमों से परिचालित होकर यह सब कर रहे थे। उनके काम का परिणाम क्या होगा, यह वे स्वयं न जानते थे।

गाँधीजी सोचते थे, भारत में उद्योगीकरण हुआ तो इंग्लैंड की तरह यहां भी तबाही होगी। क्रांतिकारियों और उद्योगपतियों को एक ही तराजू में तौलते हुए उन्होंने कहा : "जिस प्रकार पाप कर्म द्वारा—अंग्रेजों को मारकर—सच्चा स्वराज्य नहीं मिल सकता, उसी प्रकार भारत में कारखाने खोल देने से भी स्वराज्य मिलने का नहीं। सोना-चांदी इकट्ठा होने से कोई स्वराज्य नहीं मिल जाएगा। इस बात को रस्किन ने बड़ी स्पष्टता के साथ सिद्ध किया है।"(8/367) ब्रिटेन और भारत की स्थिति में एक बुनियादी अंतर था। भारत का सोना-चांदी लूटकर अंग्रेज अपने देश लिये जा रहे थे। इसे वह पूंजीवादी विकास के लिए इस्तेमाल कर रहे थे। वे चाहते थे कि भारत में उद्योग-धंधों का विस्ताार न हो जिससे वह कच्चा माल देने वाला महादेश बना रहे और उनका तैयार माल खरीदने वाला बाजार रहे। भारतीय धन की लूट को रोकने और भारत के स्वाधीनता संग्राम की प्रगति के लिए यहां उद्योग-धंधों का विकास आवश्यक था। भारत में अंग्रेजी राज्य न होता तो यहां भी अन्य देशों की तरह गांव के उद्योग-धंधों का नाश होने पर नए धंधे शुरू किए जाते। यहां यह ध्यान रखना चाहिए कि इंग्लैंड में किसानों की दशा अर्धदासों जैसी थी। वे बड़े-बड़े सामंतों के गुलाम थे। गरीब किसानों ने जहां-तहां विद्रोह किया। उनके विद्रोह आसानी से दबा दिए गए। हड़तालों में गरीब किसान जब मजदूर बने तो कम से कम पूंजीपतियों से टक्कर लेने के लिए उनको अधिक सुविधा हुई। भारत में जाति प्रथा का चलन था, ऊंच-नीच का भेदभाव था, अछूतों की दशा शोचनीय थी। कारखानों में काम करने से मजदूरों में नया भाईचारा कायम हुआ, जाति प्रथा के बंधन ढीले हुए, अछूतों की दशा में कुछ सुधार हुआ। लेकिन पूंजीवाद सामंती व्यवस्था से

समझौता करता है। वह ऊंच-नीच का भेदभाव मिटा नहीं पाता। वरन् नए तरह के भेदभाव पैदा करता है। गाँधीजी जब इंग्लैंड गए तब वहां गरीब मजदूरों की बस्ती में ठहरने पर उन्हें ऐसा लगा कि वह भारतीय अछूतों की बस्ती में रह रहे हैं।(7/9) 11 मार्च, 1946 को उन्होंने अमृतलाल ठक्कर को लिखा : "तुम्हें मालूम है कि गोलमेज परिषद् के दौरान भी मैं इस ईस्ट एंड में ठहरा था। ईस्ट एंड को लंदन की हरिजन बस्ती कहा जा सकता है। जिस कमरे में मैं रहता था, उसमें मुश्किल से दो व्यक्तियों के लिए जगह थी। फर्नीचर के नाम पर बस दराजों वाली एक अलमारी थी—न कुर्सी, न मेज। फर्श पर सोना पड़ता था। चारों ओर गंदी बस्तियां थीं।"(83/330) इस सामाजिक विषमता को समाजवाद ही निरस्त कर सकता है। रस्किन के आधार पर गाँधीजी ने पूंजीवाद की जो आलोचना की, वह उनके परवर्ती लेखन में पुष्ट होती दिखाई देती है : मिलें, वे तो चंद उद्योगपतियों के हाथों में ही धन और श्रम को केंद्रित कर देंगी।"(16/347) यह पूंजीवाद की विशेषता हुई कि वह उद्योगपतियों के हाथ में धन और श्रम को केंद्रित करता है। "मिल-मालिक शोषक हैं। मिल मालिक जो शोषण कर रहे हैं वह बहुत अनुचित है। जब रूई का दाम नौ रुपए है तब सूत का दाम 34 रुपए क्यों हो?"(19/287)

अहिंसात्मक हृदयपरिवर्तन और भारत का विभाजन

पहले महायुद्ध के बाद भारत में खिलाफत आंदोलन शुरू हुआ। इसकी मुख्य मांग यह थी कि तुर्क साम्राज्य को विघटित न किया जाए और कुस्तुतूनिया में खलीफा का संस्थान बना रहे। कुछ दिन बाद कमाल अतातुर्क इसके विपरीत दिशा में चलने वाले थे। परंतु भारतीय मुसलमान खलीफा के प्रश्न को लेकर बहुत आंदोलित थे। खिलाफत आंदोलन में दो तरह की धाराएँ थीं। एक धारा यह थी कि भारत में मुसलमानों का राज्य नहीं है, इसलिए सच्चे मुसलमानों को यहां से हिजरत करना चाहिए। इन हिजरत करने वालों का समर्थन मौलाना शौकत अली और मोहम्मद अली भी करते थे। गाँधीजी ने इनका विरोध किया। जून 1919 में उन्होंने अली-बंधुओं को लिखा : "आपके भारत से हिजरत करने का प्रस्ताव व्यावहारिक कदम नहीं है। यदि आप अनुमति दें तो आपने भारत से हिजरत करने के अपने प्रस्ताव के समर्थन में कुरान का जो उदाहरण दिया है, उसके संबंध में कुछ कहने की धृष्टता करूंगा। पैगंबर साहब ने जिन परिस्थितियों में हिजरत की, वे उन स्थितियों से भिन्न थीं जिनमें आप इस कार्रवाई को करने का विचार करते हैं।"(15/351-52) दूसरी धारा भारत को आजाद करना चाहती थी और इस उद्देश्य की पूर्ति के लिए असहयोग और बहिष्कार के अस्त्रों का उपयोग करना चाहती थी। इस धारा के प्रमुख प्रतिनिधि हसरत मोहानी थे। नवंबर 1919 में गाँधीजी ने कहा था : "मुसलमानों ने

निश्चय किया है कि यदि सरकार उनकी न्यायोचित मांग पूरी नहीं करेगी तो वे सरकार को सहयोग देना बंद कर देंगे किंतु उन्होंने एक ऐसा कदम भी उठाया है जो हास्यास्पद है, क्योंकि उन्होंने यह भी निश्चय किया है कि यदि जिसकी उन्हें आशंका है, वह हो जाए, तो वे धीरे-धीरे ब्रिटिश माल का बहिष्कार करेंगे।"(16/320)

विदेशी माल के बहिष्कार से, अंग्रेजी राज के शासकों से असहयोग द्वारा, भारतीय जनता को गोलबंद किया जा सकता था। असहयोग और बहिष्कार दोनों से स्वाधीनता आंदोलन को शक्ति मिलती थी किंतु खिलाफत का मुख्य मुद्दा, हिंदुओं और मुसलमानों पर जो अत्याचार होता था, उसके विरोध में नहीं था, वरन् तुर्की साम्राज्य पर जो अत्याचार हो रहा था, अथवा जिस अत्याचार की कल्पना की गई थी, उसके विरोध में था। गाँधीजी का तर्क था, मुसलमान इस अत्याचार से आंदोलित हैं। वे भारत में रहते हैं, वे हमारे भाई हैं, इसलिए इस विपत्ति में उनका साथ देना चाहिए। स्वभावतः यहां धर्म राष्ट्रीयता पर हावी हो जाता है। तुर्की में रहने वाले इस्लाम धर्म मानते हैं। भारत के मुसलमान इस्लाम धर्म मानते हैं। इस्लाम के आधार पर इनकी मैत्री होती है। यहां तुर्क और भारतीय राष्ट्रीयता धर्म के नीचे दब जाती है। तुर्क साम्राज्य में बहुत-सी जातियां रहती थीं जो इस्लाम धर्म मानती थीं परंतु जातीयता के आधार पर उनका तुर्कों से संघर्ष था, विशेष रूप से अरबों का तुर्कों से संघर्ष था। गाँधीजी यह बात जानते थे। सर्व-इस्लामवाद अपने ही अंतर्विरोधों के कारण विघटित हो रहा था। मार्च 1920 में गाँधीजी ने लिखा : "अरब ऑटोमन (अर्थात् तुर्क सम्राट के साथ) न रहना चाहें तो क्या उन्हें जोर-जबर्दस्ती से उनके साथ रखा जा सकता है? एक सत्याग्रही की तरह मैं तो तत्काल इसका उत्तर दे सकता हूं। मैं अरबों की स्वाधीनता छीन लेने की बात का समर्थन नहीं कर सकता। वे स्वतंत्र अवश्य रहें लेकिन खलीफा की सत्ता स्वीकार करके ही।"(17/119) अरब और तुर्क दो भिन्न जातियों के लोग हैं, यह मान्यता यहां मौजूद है। गाँधीजी अरबों की स्वतंत्रता का विरोध नहीं करते परंतु कहते हैं कि यह स्वतंत्रता खलीफा के मातहत होनी चाहिए। क्यों होनी चाहिए? किसी भी जाति का यह अधिकार है कि वह किसको धर्मगुरु मानती है, इसका निर्णय वह खुद करे। यदि अरब खलीफा को चाहें तो वे उसे स्वीकार कर सकते हैं और न चाहें तो उसे अस्वीकार भी कर सकते हैं। यहां सर्व-इस्लामवाद के नीचे अरब जातीयता को दबाया गया है।

गाँधीजी ने अपने उद्देश्य की घोषणा इन शब्दों में की : "भारत के मुसलमानों के इतिहास के इस संकटकाल में उनकी सहायता करके मैं उनकी मैत्री प्राप्त करना चाहता हूं।"(17/502) मैत्री वर्ग के आधार पर, जातीयता के आधार पर अथवा राष्ट्रीयता के आधार पर प्राप्त की जाए, तो टिकाऊ होगी। जो मैत्री धर्म के आधार पर प्राप्त की जाएगी, वह कभी भी धार्मिक भेदभाव के तीव्र होने पर मिट सकती है। 16वीं सदी में रोमन कैथलिक चर्च से इंग्लैंड के राजा का झगड़ा इसी बात को लेकर था कि वह अपने चर्च को रोमन आधिपत्य से स्वतंत्र रखें। एक के बाद एक यूरोप के राष्ट्रों ने रोमन चर्च

के आधिपत्य को अस्वीकार किया। वही बात खलीफा के इस्लामी साम्राज्य के भीतर हो रही थी। गाँधीजी ने अपने को इस स्थिति में पहुंचा दिया था कि उन्हें धर्म विशेष की व्याख्या करने के लिए विवश होना पड़ा। उन्होंने कहा : "हिंदुओं को यह न सोचना चाहिए कि मुसलमान लोग बाद में उनका विरोध करेंगे। इस्लाम शुद्ध धर्म है और वह कभी हिंदुओं को गुमराह नहीं करेगा।"(18/9) धर्म के आधार पर विभिन्न जातियों की एकता स्थापित करने के खतरनाक परिणाम हो सकते थे। यदि भारत पर इस्लाम की रक्षा के नाम पर कोई देश आक्रमण करे तो यहां के मुसलमानों का कर्तव्य क्या होगा? गाँधीजी ने कहा : "मुसलमान वक्ताओं ने स्पष्ट शब्दों में कहा कि यदि कोई भी विदेशी शक्ति भारत पर आक्रमण कर उसे अपने अधीन करने की चेष्टा करेगी तो उसके प्रतिरोध में एक-एक मुसलमान बलिदान हो जाएगा। किंतु उन्होंने यह बात भी स्पष्ट रूप से कही कि यदि कोई बाहरी शक्ति इस्लाम की प्रतिष्ठा की रक्षा और न्याय दिलाने के लिए भारत पर आक्रमण करेगी, तो वे उसे वास्तविक सहायता न भी दें, पर उसके साथ उनकी पूरी सहानुभूति होगी।"(17/527-28) यह दृष्टिकोण मुस्लिम सम्प्रदायवाद के साथ प्रतिक्रिया के रूप में हिंदू सम्प्रदायवाद को भी पुष्ट करने वाला था। 26 जुलाई 1920 को बंबई में एक इश्तहार छपा था। उसमें कहा गया था : "असहयोग (तर्कमवालात) का काम शुरू हो चुका है और यह इम्तहान की पहली मंजिल है। इस्लाम के नाम, अल्लाह और पैगंबर की शान का ख्याल करो, कोई ऐसा काम न किया जाए जिससे तुम्हारे अकीदे की कमजोरी जाहिर हो। यही दुश्मनों को शिकस्त देने का रास्ता है।"(18/96) ऊपर 'अल्लाहो अकबर' छपा है, उसके नीचे कलमा के शब्द हैं : 'बिस्मिल्लाहि रहमानिर्रहीम'। इश्तहार किसने लिखा, इससे कोई फर्क नहीं पड़ता। इस तरह के इश्तहार सम्प्रदायवाद को बढ़ावा देने वाले थे, भले ही उनसे कुछ समय के लिए राष्ट्रीय हित सिद्ध होता दिखाई दे।

मार्च 1921 में सर्व इस्लामवाद और खलीफा की प्रभुसत्ता का समर्थन करते हुए गाँधीजी ने लिखा : "टर्की की लौकिक सत्ता को कायम रखने के लिए तो हर सच्चा मुसलमान प्रयत्न करेगा ही, लेकिन इसका खयाल रखना उसका कर्तव्य है कि 'अरब द्वीप' पर जिसमें मैसोपोटामिया, सीरिया और फिलिस्तीन भी शामिल हैं, स्पष्ट रूप से मुसलमानों का नियंत्रण रहे और उन पर धार्मिक प्रभुसत्ता खलीफा की रहे, चाहे फिलहाल खलीफा कोई भी हो।"(19/478) धर्म ऊपर, जातीयता नीचे, इसका अनिवार्य परिणाम यह होगा कि धर्म के आधार पर भारत में एक जाति मुसलमानों की होगी और दूसरी जाति हिंदुओं की। नवंबर 1917 में गाँधीजी ने लिखा था : "हिंदू-मुसलमानों के बीच जो गांठ पड़ गई है, उनके दिल में जो कड़वाहट पैदा हो गई है—इसे कैसे दूर किया जाए? इन दोनों कौमों के बीच मित्रभाव की स्थापना करना ही मेरे जीवन का कार्य है।"(14/77) दो संप्रदायों को दो कौमें मान लिया जाए तो उनमें एक जीवन क्या, कई जीवन में एकता कायम नहीं की जा सकती। वर्ग और जाति के रूप में जहां एकता

स्थापित है, वहां यह धारणा उसे खंडित करती है। जून 1931 में पन्नालाल नाम के युवक की हत्या के सिलसिले में गाँधीजी ने लिखा : "क्या यह संभव नहीं है कि जिस जगह ये खून हुआ, उसी जगह दोनों कौमों की संयुक्त सभा हो, और उसमें यह ऐलान किया जाए कि राजनैतिक सवाल के बारे में हम सर्वसम्मति से कोई फैसला कर सकें या न कर सकें, तो भी ऐसे खून तो नामुमकिन ही बना देंगे।"(47/66)

यहां के राजनीतिक दलों से बातचीत करते हुए अंग्रेज वर्गों की बात न करते थे, प्रादेशिक जातियों की बात न करते थे, वे संप्रदायों की बात करते थे, हिंदुओं और मुसलमानों की बात करते थे। गाँधीजी यह न चाहते थे कि कांग्रेस को केवल हिंदुओं की संस्था माना जाए परंतु यदि अंग्रेज यह मनवाने में सफल हुए कि मुस्लिम लीग एकमात्र मुसलमानों की प्रतिनिधि संस्था है, तो उसका परिणाम यह होना ही था कि वे कांग्रेस को भी हिंदुओं की ही संस्था मानें। गाँधीजी चाहे जितना इंकार करते रहें, अंग्रेजों ने कांग्रेस से जो बातचीत की और मुस्लिम लीग से जो समझौता कराया, वह इसी आधार पर था कि हिंदुओं और मुसलमानों की दो कौमें हैं, एक कौम के प्रतिनिधि मुस्लिम लीग में हैं दूसरी के प्रतिनिधि कांग्रेस में हैं। हृदय-परिवर्तन के बाद जब अंग्रेज भारत से विदा होने लगे, तब उनका भारत-विभाजन का प्रस्ताव कांग्रेस की कार्य-समिति ने स्वीकार किया। इतना काफी नहीं था; उसे अखिल भारतीय कांग्रेस कमेटी में भी स्वीकार कराना था। गोविंद वल्लभ पंत, सरदार वल्लभ भाई पटेल, अबुल कलाम आजाद, जवाहरलाल नेहरू, सभी प्रस्ताव का समर्थन कर रहे थे परंतु इसकी पूरी संभावना थी कि उनके समर्थन के बावजूद यह प्रस्ताव उस अधिवेशन में गिर जाता। इसलिए आवश्यक हुआ कि गाँधीजी को बुलाया जाए और प्रस्ताव के समर्थन में बोलने को कहा जाए। गाँधीजी प्रस्ताव पर बोले, "प्रस्ताव को ठुकराने का मतलब होगा नए नेता ढूंढे जाएँ, और वे नेता ऐसे हों जिनसे कार्यकारिणी बनाई जाए। यही नहीं, वे सरकार का भार उठाने के योग्य भी होने चाहिए। उन्हें यह न भूलना चाहिए कि इस घड़ी देश में शांति अत्यधिक आवश्यक है। कांग्रेस पाकिस्तान के विरुद्ध है और वह उन लोगों में हैं जिन्होंने विभाजन का विरोध लगातार किया है। फिर भी वह ए.आई.सी.सी. के सामने उस पर यह जोर डालने के लिए आए हैं कि वह भारत के विभाजन का प्रस्ताव मंजूर कर ले।" (वी. पी. मेनन, *द ट्रांसफर ऑफ पावर*, पृष्ठ 392)

फूट डालो और राज करो की ब्रिटिश नीति, सम्प्रदायवाद की वृद्धि, भारत का विभाजन, इससे होने वाली हानि, इन सबको रोका जा सकता था। और इन्हें रोकने के लिए गाँधीजी के पास कई अस्त्र थे। मजहब नहीं सिखाता, आपस में बैर रखना। यदि मजहब बैर करना नहीं सिखाता तो कौन सिखाता है? अक्तूबर 20 में गाँधीजी ने कहा था : "यदि हम लोगों की यह धारणा है कि हम तो अतीत काल से आपस में लड़ते आए हैं, इसलिए भविष्य में भी लड़ते ही रहेंगे और हमारी यह लड़ाई तभी बंद हो सकती है जब ब्रिटेन जैसी कोई शक्तिशाली सत्ता हमारे बीच में पड़े और हमें बलपूर्वक एक दूसरे

का गला काटने से रोके, तो हमें यही कहना पड़ेगा कि हम लोगों ने अपने इतिहास का ठीक तरह से मनन नहीं किया है। किंतु हिंदू या मुस्लिम धर्म में ऐसी कोई बात नहीं जिसके आधार पर हम इस तरह की धारणा बना लें। यह सच है कि स्वार्थी पुरोहितों या मुल्लाओं ने उन्हें एक-दूसरे से लड़ने के लिए उभारा है। यह सच है कि ईसाई राजाओं की तरह मुसलमान बादशाहों ने भी इस्लाम धर्म के प्रचार के लिए तलवार की सहायता ली थी। पर अब वह समय नहीं रहा।"(18/350) यदि हिंदुओं और मुसलमानों को पुरोहित और मुल्ला लड़ाते हैं, राजा और बादशाह धर्म प्रचार के लिए हिंसा का सहारा लेते रहे हैं, तो इनका विरोध करना चाहिए। ऐसे लोग केवल एक सम्प्रदाय में नहीं हैं, सभी सम्प्रदायों में हैं। उनका सम्मिलित विरोध संगठित करना आवश्यक है। दूसरे महायुद्ध के दौरान मुनाफाखोर सेठ और जमींदार जनता को उत्पीड़ित कर रहे थे। सामाजिक विषमता बढ़ रही थी। लोग दासता खत्म करना चाहते थे और सामाजिक विषमता भी दूर करना चाहते थे। जनवरी 1946 में गाँधीजी ने कहा : "उच्च वर्ग और साधारण जनता, राजा और कंगाल के बीच जो घोर असमानता है, उसे कोई यह कहकर उचित नहीं ठहरा सकता कि उच्च वर्ग और राजा को ज्यादा की जरूरत है। यह कहना तो व्यर्थ का कुतर्क और मेरे तर्क का मजाक होगा। आज अमीर और गरीब में जो विषमता है, वह दुखदायी है। गरीब गांव वालों का एक विदेशी सरकार और स्वयं उनके देशवाले—शहरी निवासी—शोषण करते हैं। वे अन्न पैदा करते हैं लेकिन खुद भूखे रहते हैं। वे दूध पैदा करते हैं और उनके बच्चों को दूध नसीब नहीं होता। यह स्थिति शर्मनाक है।"(83/30) इस शर्मनाक स्थिति को बदलने के लिए लोग उठ खड़े हुए हों तो इसमें आश्चर्य की कौन-सी बात है।

फरवरी 1946 में विभिन्न प्रदेशों के अन्न संकट के बारे में गाँधीजी को प्रत्यक्ष जानकारी थी। उन्होंने कहा : "बंगाल, असम और मद्रास के अपने दौरे में मैंने अनाज और कपड़े की कमी के कारण लोगों के संकट के किस्से सुने हैं। हिंदुस्तान के दूसरे हिस्सों से भी मेरे पास खबरें आ रही हैं। उनमें भी उसी हालत का जिक्र है।"(83/131) अन्न संकट पैदा करने में व्यापारियों का भी हाथ था। "डॉ. राजेन्द्र प्रसाद ने मुझे बताया कि ज्यों ही सरकार ने अनाज की कमी की आशंका प्रकट की, त्यों ही बाजार में कीमतें दुगुनी हो गईं। यह लक्षण ठीक नहीं। इस तरह की सट्टेबाजी नहीं होनी चाहिए। व्यापारी समाज में ऐसे लालच को दबाने की ताकत होनी चाहिए।" लेकिन व्यापारी यह सब सुनने को तैयार नहीं थे। जनता के कष्ट से लाभ उठाकर वे मुनाफा कमाने में जुटे हुए थे। गाँधीजी ने व्यापारियों से कहा : "अनाज और कपड़े के व्यापारियों को जमाखोरी नहीं करनी चाहिए, उन्हें सट्टा भी नहीं करना चाहिए।" गाँधीजी ने यह भी माना कि इस समय अन्न संकट युद्धकाल से भी ज्यादा है। "मौजूदा समय कुछ दृष्टियों से लड़ाई की बनिस्बत भी ज्यादा खराब है।"(83/142) गाँधीजी ने सरदार पटेल को लिखा था : "करोड़ों गरीबों के पेट पर हम पट्टी नहीं बांध सकते।"(83/147) बात बिल्कुल सही

थी। गरीब अपने पेट पर पट्टी बांध कर जीते रहने को तैयार नहीं थे। शासकों और मुनाफाखोरों के प्रति घृणा का भाव जनता में फैला हुआ था। लोग जल्दी ही आजाद होना चाहते थे।

15 अगस्त 1947 को भारत स्वाधीन हुआ। उसके स्वाधीन होने में क्या अगस्त 1942 की क्रांति की मुख्य भूमिका थी? इस क्रांति में क्या कांग्रेस ने एक संगठन के तौर पर सक्रिय भूमिका निबाही थी? सन् 42 के पहले गाँधीजी कांग्रेस संगठन से संतुष्ट नहीं थे। उनके विचार से कांग्रेस इस स्थिति में नहीं थी कि वह संगठित रूप से किसी आंदोलन को नेतृत्व दे सके। दिसंबर 1945 में, कांग्रेस कार्य-समिति ने अपने प्रस्ताव में कहा : "अगस्त 1942 में प्रमुख कांग्रेसजनों की गिरफ्तारी के बाद नेतृत्वविहीन जनता ने खुद बागडोर संभाल ली और लगभग अपनी ही प्रेरणा पर काम किया।"(82/213) इस क्रांति ने जैसी भी भूमिका निबाही, उसका श्रेय जनता को दिया जा सकता है। परंतु ये जनता नेतृत्वविहीन थी। कम-से-कम कांग्रेसी नेता इसकी अगुवाई न कर रहे थे।

सन् 42 के आंदोलन की यह विशेषता थी कि उसकी शुरुआत कांग्रेस और गाँधीजी ने की थी, परंतु उसका संचालन दूसरे लोगों ने किया। सन् 46 के आंदोलन की विशेषता यह थी कि इसकी शुरुआत न गाँधीजी ने की थी न कांग्रेस ने। उसका संचालन दूसरे लोग कर रहे थे। सन् 42 को सन् 46 से जोड़ने वाली एक महत्वपूर्ण कड़ी थीं अरुणा आसफ अली। और उन्होंने खुल्लमखुल्ला गाँधीजी के बयान का खंडन किया था।

क्या सन् 42 के आंदोलन से अंग्रेजों का हृदय परिवर्तन हुआ जिससे वे भारत छोड़कर जाने को तैयार हुए? गाँधीजी का उद्देश्य था कि अंग्रेजों के हृदय-परिवर्तन में सफलता मिले। मार्च 1946 में उन्होंने 'भारत छोड़ो' का रहस्य बताते हुए कहा : "इसका ध्येय विदेशियों का विनाश नहीं, बल्कि उन्हें स्वेच्छा से भारतीय जीवन में एकाकार करना है। ...इस प्रकार उनके हृदय परिवर्तन का अर्थ हमारा भी हृदय परिवर्तन है।"(83/376) सन् 42 में और उसके बाद अंग्रेज बराबर भारतीय जनता के विरुद्ध शस्त्र बल का प्रयोग करते रहे थे। इसलिए यह नहीं कहा जा सकता कि अहिंसक आंदोलन के फलस्वरूप उनके हृदय में कोई परिवर्तन हुआ।

फरवरी 1946 में गाँधीजी शिकायत कर रहे थे कि अंग्रेज जो संवैधानिक सुधार करना चाहते हैं, उनके रास्ते में वे खुद ही मुश्किलें खड़ी कर रहे हैं। कैबिनेट मिशन के बारे में उन्होंने कहा : "जो मिशन आ रहा है, उसके लिए कहा जाता है कि वह दोस्ताना मिशन है। यह हो सकता है कि मिशन कभी हल न होने वाली पहेली पेश कर दे।"(83/213) यह संभावना बनी हुई थी कि मिशन कभी हल न होने वाली पहेली पेश कर दे। वास्तव में उसने ऐसी पहेली पेश कर दी थी। भारत की एकता कायम रखो और साथ ही मुस्लिम लीग से समझौता भी करो, तब अंग्रेज यहां से जाएंगे। और मुस्लिम लीग भारत के विभाजन पर तुली हुई थी। यदि कांग्रेस इस बात पर अड़ जाती कि भारत का विभाजन न होगा, तो मिशन कितना भी दोस्ताना हो, वह इस पहेली को हल न कर

सकता था। अगर कुछ मुश्किलें ऐसी थीं जिन्हें अंग्रेजों ने खुद खड़ा किया था, तो हृदय-परिवर्तन होने पर वे बात-की-बात में उन्हें दूर कर सकते थे। परंतु ऐसा हुआ नहीं। मार्च, 1946 में एच. एम. ब्रेल्सफोर्ड ने गाँधीजी से मुलाकात का जो विवरण दिया, उससे यह समझ में आ जाता है कि अंग्रेजों में किसी तरह का हृदय-परिवर्तन न हुआ था। वे किसी दबाव में आकर काम कर रहे थे और भरसक अपनी पुरानी नीति पर चलने का प्रयत्न भी कर रहे थे। ब्रेल्सफोर्ड ने लिखा था : गाँधीजी का अर्थ स्पष्ट था। ब्रिटिश सरकार ने सही काम किया है। लेकिन इसे करने में जो महानता का पुट होना चाहिए था, वह उन्हें दिखाई नहीं दे रहा था। जब मैंने उनसे उदाहरण देने को कहा तो उन्होंने दो चुने, एक तो यह कि राजनीतिक कैदियों की रिहाई बहुत धीरे-धीरे हो रही है और अब भी वह अपूर्ण है।

फिर उन्होंने नमक कर की चर्चा करते हुए कहा :

इसके हटाए जाने से ऐसी सद्भावना प्रकट होती जिसे गरीब-से-गरीब आदमी भी समझता। उसके लिए तो इसका महत्व स्वयं स्वतंत्रता से भी अधिक होता। (83/319)

भारत स्वाधीन हुआ तो उससे अंग्रेजों के हृदय-परिवर्तन का कोई संबंध न था। सन् 42 का आंदोलन अहिंसक नहीं था। सन् 46 में जो घटनाएँ हो रही थीं, जिनकी गाँधीजी बराबर निंदा कर रहे थे, उनसे अंग्रेज प्रभावित हुए, उन पर दबाव पड़ा। ये घटनाएँ भी अहिंसक नहीं थीं। सन् 45-46 में गाँधीजी कोई ऐसा आंदोलन न चला रहे थे जिसके लिए कहा जा सके कि उससे प्रभावित होकर अंग्रेज भारत छोड़ने पर तैयार हुए। इसलिए भारत स्वाधीन हुआ तो उसे अहिंसा की विजय नहीं कहा जा सकता। सन् 46 के क्रांतिकारी उभार का कैसा प्रभाव अंग्रेजों पर पड़ रहा है, गाँधीजी इसका विश्लेषण करते तो सत्ता-परिवर्तन उन्हें इतना आकस्मिक न दिखाई देता। परंतु वे इस उभार का महत्व न स्वीकार कर रहे थे। इसलिए जब उन्हें लगा कि स्वराज्य आ रहा है, तब वह उनके लिए आकस्मिक घटना जैसा था। ब्रेल्सफोर्ड से गाँधीजी ने कहा : "क्या भारत को तुरंत ही स्वतंत्रता दे दी जाएगी? आज तो मुझे ऐसा लग रहा है जैसे मैं किसी तूफानी समुद्र में जहाज का मुसाफिर हूं और झूलती हुई डलियानुमा कुर्सी में बैठाकर अचानक डेक पर पहुंचा दिया हो और अब मुझसे अपने पैरों पर खड़ा होते न बन रहा हो। इसके लिए पहले कुछ मानसिक तैयारी की जानी चाहिए थी।" (83/318-19) गाँधीजी ने अपनी समुद्री यात्राएँ याद करते हुए जो रूपक बांधा है, वह बहुत सारगर्भित है। स्वतंत्रता अचानक आ रही है। वह अप्रत्याशित है। गाँधीजी की हालत उस आदमी की सी है जिसे दूसरों ने डलियानुमा कुर्सी पर बिठाकर डेक पर पहुंचा दिया है। वह वहां खड़े नहीं हो पा रहे हैं। पैर डगमगा रहे हैं। तूफान 1946 का क्रांतिकारी उभार था। जिस आदमी को विश्वास हो, उसके आंदोलन से शत्रु के हृदय में परिवर्तन हो गया है, वह इस तरह न डगमगाएगा। इस समय दृढ़ता की जरूरत थी जिससे डेक के ऊपर आदमी अपने पैर मजबूती से जमाए रहे।

एक दृढ़ता गाँधीजी की थी कि अंग्रेज जो सुझाव दे रहे थे, उन्हें स्वीकार करना ही है। दूसरी दृढ़ता अरुणा आसफअली की थी कि स्वराज्य हमें अपनी शर्तों पर लेना है और अंग्रेज जो योजनाएँ रख रहे हैं, उनका डटकर विरोध करना है। गाँधीजी ने अरुणा के बारे में कहा : "श्रीमती अरुणा का यह कहना सही है कि इस बार लड़ने वालों ने जैसी दृढ़ता दिखाई, वैसी पहले कभी नहीं दिखाई थी। मगर जब दृढ़ता असामयिक और आत्मघाती हो, जैसी कि इस मौके पर थी, तो वह मूर्खता बन जाती है।" (83/214) यह दृढ़ता अंग्रेजों के लिए घातक हो सकती थी, उनसे सहयोग करने वाले पूंजीपतियों के लिए हो सकती थी किंतु वह भारतीय जनता के लिए अवश्य घातक नहीं थी। सवाल इस समय हिंसा और अहिंसा का नहीं था। सवाल यह था कि हम स्वराज्य अंग्रेजों की शर्तों पर प्राप्त करते हैं या अपनी शर्तों पर? गाँधीजी ने आगे कहा : "श्रीमती अरुणा और उनके साथियों को हर बार अपने से यह सवाल पूछना चाहिए कि अहिंसक रास्ते ने हिंदुस्तान को उसकी सदियों की नींद से जगाया है या नहीं और स्वराज्य के लिए हिंदुस्तानियों के दिलों में, चाहे धुंधली ही क्यों न हो, इच्छा पैदा की है या नहीं? मेरी राय में इस सवाल का एक ही जवाब हो सकता है।" (83/214) सवाल यह है कि इस समय गाँधीजी अहिंसक आंदोलन क्यों नहीं चला रहे थे? दिसंबर 1940 में सुभाषचंद्र बोस से गाँधीजी हिंसक आंदोलन चलाने को न कह रहे थे। उन्होंने अपने पत्र में लिखा था : "महादेवभाई जब मुझसे प्रेसीडेंसी जेल में मिले थे, तब मैंने उनकी मार्फत आपको एक संदेश भेजा था। मैंने उनसे आपको यह बताने का अनुरोध किया था कि यदि आप कोई आंदोलन आरंभ करेंगे तो हमारी सेवाएँ, वे जिस योग्य भी हैं; पूरी तरह आपको समर्पित होंगी।" यह आंदोलन किस तरह का होगा यह भी सुभाषचंद्र बोस ने स्पष्ट कर दिया था : "उस समय मेरी हार्दिक आशा यह थी कि आप एक जन-आंदोलन आरंभ करेंगे जैसा कि आपने 1921, 1930 और 1932 में किया, हालांकि महादेवभाई ने मुझको बताया था कि आप व्यक्तिगत सविनय अवज्ञा की बात सोच रहे हैं।" (73/509) सन् 20 और 30 के आंदोलनों की तरह गाँधीजी अब भी आंदोलन शुरू कर सकते थे। युद्ध आरंभ होने पर उन्होंने व्यक्तिगत आंदोलन कुछ दिन चलाया। वह बहुत ही सीमित था। उसने जन आंदोलन का रूप नहीं लिया। सन् 46 में यह स्थिति थी कि अंग्रेजों की शर्तें ठुकराने के लिए एक जन आंदोलन आवश्यक था। वह आंदोलन अहिंसक रूप में चलाया जाए या हिंसक रूप में, पहले से ही यह शर्त कोई न रख रहा था। परंतु गाँधीजी इस समय हर तरह के आंदोलन के विरुद्ध थे। जिससे यह अनिवार्य हो गया कि वह अंग्रेजों की शर्तों के अनुसार समझौता करें।

8 अगस्त 1942 को गाँधीजी ने अखिल भारतीय कांग्रेस कमेटी की बैठक में कहा था : "एक समय था जब हर मुसलमान दावा करता था कि सारा भारत उसकी मातृभूमि है।" (76/427) फिर ऐसा क्या हुआ कि वे इसी मातृभूमि के विभाजन की मांग करने लगे? गाँधीजी का दावा था कि अहिंसक रास्ते ने हिंदुस्तान को सदियों की नींद से

जगाया है। इस जागने में ऐसा क्या हो गया कि जो लोग मिलकर अंग्रेजों से लड़ते आए थे, वे आपस में ही लड़ने लगे? 1906 में मुस्लिम लीग का जन्म, 1909 के सुधार, 1935 का कानून, ये सारे कदम यह बता रहे थे कि अंग्रेजों की सुधार-योजना में खास मुद्दा यह है कि उच्च वर्ग के मुसलमानों को हिंदुओं से अलग किया जाए। थोड़े से कांग्रेसी नेता इन सुधारों का विरोध करते थे, फिर उन्हीं पर अमल करते थे। इस तरह अंग्रेजों की नीति को निरंतर आगे बढ़ाने में उनका हाथ भी था। स्वयं गाँधीजी अक्सर इन सुधारों के विरोध में बोले थे। किंतु सन् 35 के कानून के तहत जब 1937 में कांग्रेसी मत्रिमंडल बने, तब वे उनका समर्थन करने लगे। कांग्रेसियों को कितने दिन तक मंत्रिमंडलों में काम करना है, पद छोड़ना है, तब उन्हें क्या करना चाहिए, ये सारी नीति गाँधीजी निर्धारित कर रहे थे। सन् 35 की तुलना में अंग्रेज 1946 में भारतीय पूंजीपतियों को ज्यादा रियायत देने वाले थे। परंतु जो बातें 1935 के कानून में बीज रूप में थीं, वे 1946-47 की सुधार योजना में एक विषवृक्ष के रूप में बढ़कर सामने आईं। सन् 35 और 46 के बीच में मुस्लिम लीग ने पाकिस्तान का प्रस्ताव पास किया था। मुस्लिम लीग से समझौता करो, तब तुम्हें स्वराज्य मिलेगा, यह अंग्रेजों की शर्त थी। मुस्लिम लीग ही मुसलमानों की एकमात्र प्रतिनिधि संस्था है, ये राजनीतिक परिदृश्य तैयार करने में अंग्रेजों की निर्णायक भूमिका थी। यह भूमिका जन-आंदोलन द्वारा निरस्त की जा सकती थी।

अंग्रेज और मुस्लिम लीग या कांग्रेस के नेता जब मुसलमानों की बात करते थे, तब उनका ध्यान किसानों और मजदूरों पर न होता था। किसान और जमींदार, दोनों मुसलमान, बराबर! मजदूर और पूंजीपति, हिंदू या मुसलमान, दोनों बराबर! राजाओं, जमींदारों और नवाबों से आम मुस्लिम जनता को अलग न करने का परिणाम था कि अंग्रेजों को यह साबित करने में सुविधा हुई कि मुस्लिम लीग ही समस्त मुसलमानों की प्रतिनिधि है। एक रास्ता अरुणा आसफअली ने बताया था : क्रांतिकारी संघर्ष के दौरान हिंदु-मुसलमानों की एकता मजबूत होती है। विधानसभाएं अंग्रेजी कानून के अनुसार बनी थीं। जहां ये कानून नहीं था, वहां हिंदुओं और मुसलमानों की मजबूत एकता साफ दिखाई देती थी। सुभाषचंद्र बोस ने जो आजाद हिंद फौज बनाई थी, उसमें मुसलमानों की बहुत बड़ी संख्या थी। पर वहां मुसलमानों और हिंदुओं में कोई भेद नहीं था। आजाद हिंद फौज के अलावा जो भारतीय सेना थी, जिसके नायक अंग्रेज थे, वहां भी सैनिक कहते थे—हम तो एक ही भारत के लिए लड़े हैं, उसी भारत को आजाद कराना चाहते हैं। वे गाँधीजी से आकर कहते थे कि भारत के बंटवारे की बात हमारी समझ में नहीं आती। पश्चिमोत्तर प्रांत के पठान खान अब्दुल गफ्फार खां के साथ थे। वास्तव में मुस्लिम लीग का आंदोलन जितना शक्तिशाली संयुक्त प्रांत में था, उतना अन्य प्रांतों में नहीं। जो प्रांत बहुसंख्यक मुस्लिम जनता वाले थे, वहां मुस्लिम लीग कमजोर थी। जहां मुसलमान अल्पसंख्यक थे, वहां लीग के नेताओं ने उन्हें डराया कि हिंदू कांग्रेस तुम्हारे

ऊपर अत्याचार कर रही है, तुम मुस्लिम लीग का साथ दो और अलग राज्य की मांग करो। इस परिस्थिति का सामना जन-आंदोलन के द्वारा ही किया जा सकता था। सन् 30 में नौजवान भारत सभा के सदस्यों ने जब गाँधीजी से कहा था – हम आपकी समझौता करने की नीति का विरोध करते हैं तब उन्होंने हिंसात्मक आंदोलन चलाने के लिए न कहा था। सन् 40 में सुभाषचंद्र बोस ने गाँधीजी से सन् 20, 30 की तरह आंदोलन चलाने के लिए कहा था, यहां हिंसा का सवाल नहीं था। असल में गाँधीजी के अहिंसात्मक आंदोलन का परिणाम यह होता था, एक सीमा तक आंदोलन चलाओ, फिर उसे रोक दो। इसके बाद अंग्रेज जो सुधार या रियायतें दे रहे हैं, उन्हें स्वीकार करो, उन पर अमल करो। इस रास्ते पर चलते हुए जब वह सन् 46 तक पहुंचे तब उन सुधारों को स्वीकार करने के अलावा उनके सामने दूसरा रास्ता नहीं था।

सन् 42 का आंदोलन वह पहला आंदोलन था जिसकी शुरुआत गाँधीजी ने की थी परंतु जिसे रोकने या चलाने की शक्ति उनमें नहीं थी। वह आंदोलन उनके हाथ से निकल गया। सन् 42 के बाद सन् 46 का आंदोलन वह पहला आंदोलन था जिसकी शुरुआत भी गाँधीजी या कांग्रेस ने नहीं की थी। वह उनके विरोध के बावजूद आगे बढ़ता गया। और इस आंदोलन में सोशलिस्टों और कम्युनिस्टों के अलावा बहुत से कांग्रेसी भी शामिल थे। देश के सामने यह साम्राज्यविरोधी आंदोलन नए स्तर पर चलाया जा रहा था। यह गाँधीवाद का विकल्प था और इसके आगे बढ़ने पर अंग्रेजों के सुधारों और भारत-विभाजन की योजना को निरस्त किया जा सकता था। मुस्लिम लीग जैसी पार्टियां जमींदारों और नवाबों के सहारे टिकी हुई थीं और अंग्रेजों का भरोसा कर रही थीं, उन्हें कोने में किया जा सकता था। इस समय दृढ़ता से गाँधीजी और कांग्रेसी नेताओं की सुधारवादी नीति का विरोध करना आवश्यक था। यह दृढ़ता उस समय वामपक्ष के नेतृत्व ने नहीं दिखाई। इसलिए सुधारवादी नेताओं को अपने रास्ते पर आगे बढ़ने में सुविधा हुई।

गाँधीजी के कार्यों और उनके शब्दों से यह अनेक बार प्रमाणित हुआ कि वह अहिंसा को एक निरपेक्ष मूल्य के रूप में स्वीकार न करते थे। प्रथम विश्वयुद्ध के दौरान उन्होंने फौज में रंगरूट भर्ती कराए थे। उस समय भी वह अहिंसावादी थे और यह अच्छी तरह जानते थे कि युद्ध में हिंसा होती है। जो रंगरूट भर्ती किए गए हैं, वे मरने और मारने के लिए ही भर्ती किए गए हैं। कहा जा सकता है कि उस समय साम्राज्य के बारे में उनके मन में भ्रम था। लेकिन 1939 में जब दूसरा विश्वयुद्ध हुआ, तब उन्हें साम्राज्य के बारे में कोई भ्रम नहीं था। उन्होंने इस युद्ध को साम्राज्यवादी युद्ध अनेक बार कहा। फिर भी अनेक कांग्रेसी नेताओं से अलग हटकर उन्होंने बिना शर्त अंग्रेजों का समर्थन करने की बात कही। इस युद्ध का समर्थन करना अप्रत्यक्ष रूप से हिंसा का समर्थन करना ही था।

इसके अलावा गाँधीजी ने अनेक बार उन परिस्थितियों का उल्लेख किया है जब

मनुष्य को या देश को आत्मरक्षा के लिए हिंसा का सहारा लेना चाहिए। नवंबर 1917 में उन्होंने कहा था : "मैं ऐसी कल्पना नहीं करता कि सारा देश सत्याग्रही बन जाएगा। लेकिन कायर बनकर देश की सेवा करना अथवा निर्बलों की रक्षा तक न करना सदा सर्वथा त्याज्य है। अत्याचारी मनुष्य से निरपराधिनी स्त्री की रक्षा करने के लिए या तो हमें अपना बलिदान देकर उसे आत्मबल से—प्रेमबल—वशीभूत करना चाहिए और यदि ऐसी शक्ति न हो तो शरीर बल से उसको अत्याचार करने से रोकना चाहिए।" (14/64) भारत का विभाजन भारत की जनता के ऊपर अत्याचार ही था, उसे हर तरह से रोकना चाहिए था। उसे रोकने में जो हिंसा होती, वह उस हिंसा से कहीं कम थी जो विभाजन के परिणामस्वरूप उस समय भारत में हुई और जिसका सिलसिला आगे 50 साल तक बराबर जारी रहा। जैसे सारा देश 1917 में अहिंसक नहीं था, वैसे ही वह 1946 में नहीं था। अप्रैल 1917 में गाँधीजी ने कहा था : "रैयत जिस समय अपनी अजेय शक्ति समझ लेती है, उस समय कोई भी सरकार, चाहे वह कितनी ही बलवती क्यों न हो, उसकी इच्छा के विरुद्ध नहीं ठहर सकती।" (14/321) यह बात जितनी 1917 के लिए सही थी, उससे कहीं ज्यादा 1946 के लिए सही थी। अंग्रेजों के पैर उखड़ रहे थे। उन्हें दृढ़ता से सिर्फ एक धक्का देने की जरूरत थी। धक्का देने वाली स्थिति रैयत की थी जिसकी शक्ति के बारे में, 1917 में गाँधीजी को कोई संदेह नहीं था। इस जन शक्ति में हिंसक और अहिंसक दोनों तरह के लोग शामिल हो सकते थे। सवाल यह था, हम अंग्रेजों की कूटनीति समझते हैं या नहीं, उसके काट के लिए तैयार हैं या नहीं, अंग्रेजों के बनाए हुए सुधार-मार्ग पर आगे बढ़ना चाहते हैं या उसे ठुकरा कर क्रांति के रास्ते पर आगे बढ़ना चाहते हैं। गाँधीजी ने उस समय सुधारवाद का मार्ग ही अपनाया। आंदोलन के दौरान जहां-तहां कुछ लोग हिंसा करें तो क्या अहिंसावादी नेता अपना काम बंद कर देगा? अगस्त 1919 में गाँधीजी ने अब्दुल अजीज को लिखा था : "खैर, जो कुछ हुआ सो हुआ परंतु देश के कुछ भागों में विशेष कारणों से लोगों ने पिछले अप्रैल मास में हिंसा का प्रयोग किया, इस आधार पर मैं सविनय अवज्ञा फिर से शुरू करने का विचार स्थायी रूप से कैसे छोड़ सकता हूं? संभव है, कुछ लोग उसी वक्त-अकृत्य करने लगें तो क्या मैं सत्कृत्य करना छोड़ दूंगा?"(16/17) यह तर्क बिल्कुल सही है और इसका अनुसरण 1946 में किया जा सकता था।

गाँधीजी का जन्म एक रियासत में हुआ था। 1945-46 में जब ब्रिटिश भारत के प्रांतों में हिंदू-मुस्लिम दंगे हो रहे थे, तब रियासतों में शांति थी। हिंदू-मुस्लिम दंगे ब्रिटिश भारत की विशेषता थे। रियासतों में दंगे नहीं हुए और ब्रिटिश भारत में हुए, इस तथ्य से प्रमाणित होता है कि दंगे कराने में अंग्रेजों का हाथ था। गाँधीजी ने कहा था : "फिर दक्षिण अफ्रीका में जाकर मैंने देखा कि मुझे अपना ज्यादा वक्त मुसलमान भाइयों के साथ ही बिताना है। मैं वहां एक मुसलमान भाई के मुकदमे के सिलसिले में ही गया भी था इसलिए मैं उनकी आकांक्षाएँ और अभिरुचियां जानने लगा।"(15/304)

व्यापारी-व्यापारी सब एक, मजदूर-मजदूर सब एक थे। भारत से दूर दक्षिण अफ्रीका में साम्प्रदायिक तनाव नहीं था। गाँधीजी व्यापारियों के वर्ग हितों के लिए लड़े और मजदूरों के लिए भी लड़े। अपने वर्ग हितों के कारण हिंदू और मुसलमान मजदूर एक साथ थे। दोनों की हालत सुधारने के लिए गाँधीजी ने दोनों का मिला-जुला आंदोलन चलाया। आजाद हिंद फौज के निर्माण से बहुत पहले दक्षिण अफ्रीका में हिंदू और मुसलमान एक साथ भोजन करते थे और उन्होंने छुआछूत को दूर भगा दिया था। "दक्षिण अफ्रीका में हमारे हिंदू और मुसलमान भाई छुआछूत जानते भी नहीं हैं और एक साथ बैठकर खाते-पीते हैं।"(29/119) सब स्वप्न की सी बातें मालूम होती हैं। अंग्रेजों के सुधारों के प्रकाश में ऐसा जागरण हुआ कि समाज की जितनी प्रगतिशील परंपराएँ थीं, वे नष्ट हो गईं। गाँधीजी ने वे दिन देखे थे जब दक्षिण अफ्रीका की मस्जिदों में राजनीतिक सभाएँ होती थीं और उनमें वे भाषण देते थे और कलकत्ते की सभाओं में मौलवी वंदे मातरम् के नारे लगाते थे। दक्षिण अफ्रीका के अपने अनुभव के बारे में उन्होंने लिखा था : "जुलाई महीना पास आ गया था, इसलिए उसके पहले ट्रांसवाल की राजधानी प्रिटोरिया में एक वृहद् सभा करने का निश्चय किया गया। उसमें दूसरे शहरों से भी प्रतिनिधि बुलाए गए। सभा खुली जगह में प्रिटोरिया की मस्जिद की चौपाल में की गई।"(29/100) और कलकत्ते की सभा मार्च, 1915 में– "सभा विसर्जित होने से पूर्व मौलवी लियाकत हुसैन ने वंदे मातरम् का नारा लगाया, समस्त सभा ने उसे दोहराया। अंत में कुछ व्यक्तियों ने समवेत स्वर में, वंदेमातरम् गीत गाया।" (13/39) 'दक्षिण अफ्रीका के सत्याग्रह का इतिहास' में गाँधीजी ने अहमद मुहम्मद काछलिया को इतिहास के नायक के रूप में याद किया है। (29/102) यह इतिहास वह 1923 में लिख रहे थे। काछलिया के चरित्र के बारे में उन्होंने कहा है : "साहस और निष्ठा में उनसे बढ़कर कोई व्यक्ति मुझे न तो दक्षिण अफ्रीका में मिला और न हिंदुस्तान में।"(29/102) दक्षिण अफ्रीका के सत्याग्रह में बहुत से मुसलमान पुरुष तो शामिल हुए ही थे, उनके साथ अनेक मुसलमान स्त्रियां भी इस आंदोलन में शामिल हुई थीं। 6 अक्तूबर 1913 को डरबन की दो मुसलमान महिलाएँ फोकरस्ट में सीमा पार करते हुए गिरफ्तार हुईं। 8 अक्तूबर को बाई फातिमा मेहताब, उनकी माता, उनका पुत्र तथा नौकर गिरफ्तार होने के लिए डरबन से फोकरस्ट गए। 14 अक्तूबर को श्रीमती मेहताब और उनके दल को 3 मास के कठोर कारावास की सजा दी गई। (12/638-39) जो रूढ़ियाँ शताब्दियों से चली आ रही हैं, वे जन-आंदोलन छिड़ने पर एक क्षण में टूट जाती हैं। इस तरह मुसलमान महिलाओं का आंदोलन में भाग लेना बताता है कि यदि दृढ़ता से जन-आंदोलन चलाया जाए तो समाज में, स्त्रियों की स्थिति में बहुत बड़ा परिवर्तन हो सकता है। विधेयकों के विरोध में 6 अप्रैल 1919 को मुंबई में स्त्रियों की एक सभा हुई। उसमें सभी वर्गों और संप्रदायों की महिलाओं ने भाग लिया था। (15/195)

आधुनिक भारत के इतिहास में 6 अप्रैल 1919 का दिन विशेष रूप से स्मरणीय है।

गाँधीजी ने लिखा : "6 अप्रैल को पंजाब में पूर्ण हड़ताल रही। पंजाब में, और पंजाब ही क्या, सारे भारत में यह एक अभूतपूर्व दृश्य था। उस दिन नेता और जनता एक व्यक्ति की भांति मिलकर काम करते प्रतीत होते थे। हिंदुओं और मुसलमानों में पूरा भ्रातृ-भाव था। सारे देश में रौलेट अधिनियम का विरोध करते हुए प्रस्ताव पास किए गए और उसे रद्द करने की मांग की गई। 6 अप्रैल का प्रदर्शन जनता की इच्छा की शांतिपूर्ण अभिव्यक्ति था।"(17/178)

पंजाब के प्रसिद्ध नगर अमृतसर के लिए इस दिन का विशेष महत्व था। गाँधीजी कहते हैं : "अमृतसर में 6 अप्रैल का दिन पूरी तरह मनाया गया। मुसलमानों, सिखों और अन्य सभी हिंदुओं ने उस दिन पूरी हड़ताल रखी। यह हड़ताल स्वतःस्फूर्त और ऐच्छिक थी।"(17/180) 9 अप्रैल को रामनवमी का त्यौहार था। "इस बार इस अवसर का उपयोग हिंदू-मुस्लिम एकता के लिए किया गया। उत्सव में मुसलमानों ने आगे बढ़कर हिस्सा लिया। भाईचारा उत्पन्न करने वाले इस उत्सव के आयोजकों में डॉ. किचलू और डॉ. सत्यपाल भी थे। इन दोनों नेताओं ने अपनी सार्वजनिक सेवाओं के कारण बहुत पहले ही काफी प्रसिद्धि प्राप्त कर ली थी।"(17/180) पंजाब के उपद्रवों के संबंध में कांग्रेस की जो रिपोर्ट गाँधीजी ने तैयार की थी, उससे पता चलता है, कैसे साम्राज्यविरोधी आंदोलनों में पंजाब के हिंदुओं और मुसलमानों, दोनों ने मिलकर भाग लिया था।

इस एकता को नष्ट करने वाले बीज अंग्रेजों की सुधार-योजना में थे और गाँधीजी उसी योजना की ओर बढ़ रहे थे। अपनी रिपोर्ट के अंत में उन्होंने लिखा था : "सुधारों को कार्यरूप देना और भारत द्वारा अपना लक्ष्य यथाशीघ्र प्राप्त करना—ये दोनों ही बातें लगभग असंभव हो जाएंगी यदि जनता और अधिकारी दोनों ही पूरी नेकनीयती के साथ स्वस्थ मस्तिष्क से इनके लिए प्रयत्न नहीं करेंगे।" (17/318) जनता और अधिकारियों के सम्मिलित प्रयत्न से सुधारों को अवश्य लागू किया जा सकता था। और जितना ही इन सुधारों को लागू किया गया, उतना ही उच्च वर्ग के मुसलमानों और हिंदुओं के बीच फासला बढ़ता गया। जुलाई, 1918 में गाँधीजी ने श्रीनिवास शास्त्री को लिखा था : "मेरी राय तो यह है कि जो योजना अभी हाल में प्रकाशित हुई है, वह बहुत अच्छी बन पाई है और इस दृष्टि से कांग्रेस-लीग योजना से अच्छी है। मेरा यह भी ख्याल है कि श्री मांटेग्यू तथा लॉर्ड चेम्सफोर्ड, दोनों ही सच्चे दिल से भारत का कल्याण चाहते हैं।"(14/471) ऐसी ही बातें 1946 में गाँधीजी ने कैबिनेट मिशन के बारे में कहीं। मांटेग्यू और चैम्सफोर्ड जितना ही भारत का कल्याण चाहने वाले दिखाई दिए, उतना ही उच्च वर्गों के हिंदू और मुसलमान एक-दूसरे के शत्रु बनते गए।

पूंजी, श्रम और वर्ग संघर्ष

24 मार्च 1910 को बंबई सरकार ने गजट में सूचना प्रकाशित की कि "गाँधीजी की लिखी 'हिंद स्वराज्य', 'सर्वोदय', 'मुस्तफा कामेल पाशा का भाषण' और 'सुकरात का प्रतिवाद' या 'एक सत्यवीर की कथा' पुस्तकें जब्त की जाती हैं, क्योंकि इनमें ऐसी सामग्री है जो राजद्रोहात्मक घोषित की गई है।"(10/261) इन पुस्तकों के बारे में गाँधीजी ने लिखा : 'हिंद स्वराज्य' इंडियन होम रूल के रूप में हमारे पाठकों के सामने है। 'सर्वोदय' रस्किन के 'अनटु दिस लास्ट' का गुजराती रूपांतर है। 'मुस्तफा कामेल पाशा का भाषण' उस भाषण का गुजराती अनुवाद है जो मिस्र के इस देशभक्त ने अपनी मृत्यु के पहले काहिरा की एक विराट सभा में दिया था और 'सुकरात का प्रतिवाद' या 'एक सत्यवीर की कथा' प्लेटो की अमर कृति का गुजराती रूपांतर है।"(10/261) कहां, किसने सत्ता का विरोध किया, इसके लिए उसे किस तरह का बलिदान करना पड़ा, इस सब पर गाँधीजी ध्यान देते थे। उसी के परिणामस्वरूप उन्होंने कामेल पाशा, सुकरात आदि पर सामग्री प्रस्तुत की थी। रस्किन ललित कलाओं के बहुत अच्छे समालोचक थे और उन्होंने पूंजीवाद की आलोचना करते हुए भी लेख और पुस्तिकाएँ प्रकाशित की थीं। उनके लेखों के मूल अंग्रेजी रूप पर इंग्लैंड या भारत में कहीं कोई प्रतिबंध नहीं था। परंतु अंग्रेज इस बात से डरते थे कि रस्किन के विचार यदि देशी भाषाओं के माध्यम से जनता तक पहुंचे तो वे उसे सरकार का विरोध करना सिखाएंगे। इससे देशी भाषाओं का महत्व भी प्रमाणित होता है। अंग्रेज सरकार विचार-स्वातंत्र्य का समर्थन किस तरह करती थी, यह भी इस कारनामे से जाना जाता है। सर्वोदय लेखमाला गुजराती में, 1908 की गर्मियों में, 'इंडियन ओपीनियन' में प्रकाशित हुई। उसके बारे में, प्रस्तावना में, उन्होंने बताया : यह रस्किन के लेखों का सार है, अनुवाद नहीं है। और उसके नाम के बारे में उन्होंने कहा : "पुस्तक लिखने का हेतु सबका कल्याण-सर्व का उदय-(केवल ज्यादा लोगों का नहीं) होने के कारण, हमने इस लेखमाला का नाम सर्वोदय रखा है।"(8/233) इन लेखों में पूंजीवादी अर्थतंत्र और पूंजीवादी अर्थशास्त्र की तीखी आलोचना है।

व्यापारी के बारे में रस्किन कहते हैं : "यद्यपि व्यापारी का धंधा भी लोगों के लिए जरूरी होता है, तथापि हम ऐसा मान लिया करते हैं कि उसका हेतु तो अपनी तिजोरी भरना ही है। कायदे-कानून भी ऐसे बनाए जाते हैं जिनसे व्यापारी झटपट मालामाल हो जाएँ। नीति-रीति भी ऐसी चलाई है कि खरीदार व्यापारी को कम-से-कम दाम चुकाए और बेचने वाला जैसे बने, तैसे खरीदार से अधिक दाम मांगे और ले। इस प्रकार व्यापारी की आदत डाल दी गई है और फिर लोग खुद ही व्यापारी को उसकी अप्रामाणिकता के लिए नीच मानते हैं।"(8/272) पूंजीवादी अर्थशास्त्रियों के बारे में

रस्किन ने कहा : "वे जिस शास्त्र का विचार करते हैं, उसमें तो केवल इस बात का विचार होता है कि किस प्रकार से धनाढ्य हो सकते हैं...यूरोप के सभी धनवान व्यक्तियों ने इस शास्त्र के नियमों का अनुसरण करके धन संग्रह किया है।"(8/280) धन संग्रह की तुलना रहट से करते हुए रस्किन ने कहा : "वास्तव में यह प्रक्रिया कुएं के रहट जैसी है जिसमें एक डिब्बा खाली होता है और तभी दूसरा भरता है...मेरे रुपए की सत्ता, मेरे पड़ोसी की तंगदस्ती पर निर्भर है।"(8/280)

पूंजीवादी समाज में धनी और निर्धन का भेद क्यों होता है? इस प्रश्न का उत्तर रस्किन ने इस प्रकार दिया है, "गहराई से विचार करें तो देखेंगे कि पैसे संग्रह करने का अर्थ है, दूसरों पर सत्ता प्राप्त करना—अपने सुख की खातिर नौकरी की, व्यापारी की, अथवा कारीगर की मजदूरी हासिल करना। ऐसी सत्ता हमें दूसरे लोगों की गरीबी के अनुपात से ही मिल सकती है।"(8/281) जिसके पास पैसा है, वह सत्ताधारी है, और सत्ता में बने रहने के लिए यह जरूरी है कि दूसरे लोग गरीब रहें।

पूंजीपति और मजदूर एक ही जाति के अंग हैं। पैसा सिमट कर पूंजीपतियों के पास आता है। मजदूर-जनता निर्धन रहती है। इसका असर पूरी जाति पर होता है। द्रव्य के संचरण की तुलना रक्त-संचार से करते हुए रस्किन ने लिखा : "अमुक जाति में पैसे का घूमना शरीर में रक्त के घूमने जैसा है। रक्त वेग से दौड़ रहा है; वह या तो स्वास्थ्य अथवा व्यायाम का चिह्न है या लाज पैदा होने का अथवा ज्वर का सूचक है...जिस प्रकार रक्त का जमाव एक स्थान से दूसरे स्थान पर हो जाने से शरीर को हानि पहुंचती है, उसी प्रकार एक ही जगह धन का जमा हो जाना जाति की हानि का कारण हो जाया करता है।"(8/294) जातीय जीवन को स्वस्थ बनाए रखने के लिए यह आवश्यक है कि धन को कुछ लोगों के हाथों में सिमटने से रोका जाए। व्यापारी जिस ढंग से पैसा इकट्ठा करते हैं, उसका नीति और न्याय से कोई संबंध नहीं है। "सस्ते से सस्ते दामों में खरीदने और महंगे-से-महंगे दामों में बेचने की जो पद्धति है, उसके बराबर इंसान को लांछन लगाने वाली कोई चीज नहीं है।"(8/295-96)

किसी युग की पूंजीवादी व्यवस्था ऐसी नहीं है जब लोगों को शिकायत न रही हो कि चीजें महंगी हो रही हैं। रस्किन प्रश्न करते हैं : महंगाई आई कैसे? फिर उत्तर देते हैं : "रोटी का मूल्य आज आपको अच्छा मिला, लेकिन वह दाम क्या आपने मरते हुए आदमी की अंतिम कौड़ी लेकर प्राप्त किया? या यह रोटी आपने किसी ऐसे महाजन को दी जो कल आपका सब हड़प कर लेगा? या किसी डाकू को सौंपी जो आपका बैंक लूटने जा रहा है? यह संभव है कि शायद आप इन प्रश्नों में से एक का भी उत्तर न दे सकें क्योंकि आप जानते ही नहीं हैं। परंतु इतना तो आप बतला ही सकते हैं कि आपने रोटी उचित मूल्य पर और नीति के मार्ग से बेची थी या नहीं।" (8/296) लोगों की गरीबी और भुखमरी से फायदा उठाना और उन्हें अन्न बेचना, यह धन संग्रह का तरीका है। नैतिक आचरण पर बल देते हुए रस्किन ने कहा : "वास्तविक धन सोना-चांदी नहीं,

बल्कि खुद इंसान ही है।" (8/316) इसलिए हर हालत में इंसान के सुख-दुख का ध्यान रखना उचित है।

बाइबिल में व्यापारी सोलोमन की कहावतें दी हुई हैं। रस्किन ने उसकी कहावतें उद्धृत करते हुए लिखा : "वह बुद्धिमान मनुष्य फिर कहता है कि जो लोग अपनी दौलत बढ़ाने की खातिर गरीबों को सताते हैं, वे अंत में भीख माँगते फिरेंगे। आगे वह कहता है कि गरीबों को मत सताओ क्योंकि वे गरीब हैं। व्यापार में पीड़ितों पर अत्याचार मत करो क्योंकि जो गरीबों को सताएंगे, उन्हें ईश्वर सताएगा। तिस पर भी आज तो व्यापार में मरे हुए को ही ठोकर मारी जाती है। जो व्यक्ति मुसीबत में फंस गया हो, उससे हम अपना लाभ उठाने को उद्धत हो जाया करते हैं। डाकू तो धनवानों को लूटते हैं, मगर व्यापार में गरीबों को लूटा जाता है।"(18/317) पूंजीवाद के अनेक रूप हैं। व्यापारिक पूंजीवाद, औद्योगिक पूंजीवाद, महाजनी पूंजीवाद। सभी रूपों में व्यापार का चलन रहता है। पूंजीवादी व्यवस्था किसी भी तरह की हो, उसमें मुनाफाखोरों के रूप में डाकुओं की प्रधानता रहती है।

धन कमाने के बहुत से तरीके हैं। "एक जमाना था जब यूरोप में लोग धनवान व्यक्ति को विष देकर उसका धन खुद लेकर धनाढ्य बन जाते थे। आजकल निर्धन लोगों के लिए जो खुराक तैयार की जाती है, उसमें व्यापारी लोग मिलावट कर दिया करते हैं—जैसे दूध में सुहागा, आटे में आलू, कॉफी में चिकोरी, मक्खन में चर्बी इत्यादि। यह भी जहर देकर धनवान बनने के समान है।" (8/329) पूंजीवादी व्यवस्था का बुनियादी नियम है होड़, एक-दूसरे से प्रतिद्वंद्विता, इस होड़ में दूसरे को परास्त करना, वह मरता है या जीता है, इसका ध्यान न रखना। इस होड़ का उद्देश्य क्या है? "स्पर्धा-होड़ का हेतु मजदूरी की दर घटाना है। ऐसी दशा में धनवान अधिक धन जमा करता है और गरीब ज्यादा गरीब होता जाता है। इस प्रकार की स्पर्धा से अंततोगत्वा प्रजा के विनाश की संभावना है।"(8/330) पूंजीवादी होड़ के फलस्वरूप गरीबी बढ़ती है। थोड़े से आदमियों के हाथ में धन सिमटता आता है और इसका परिणाम होता है, प्रजा के विनाश की संभावना। जो भी जाति मृत्यु से बचना चाहे, उसे इस व्यवस्था से निकलने का प्रयत्न करना चाहिए। पूंजीवादी समाज में मालिकों से मजदूरों का संबंध इस तरह का होता है, "उनकी खातिर—उनके मौज-शौक पूरे करने की खातिर गरीब मजदूर रात-दिन गुलामी करते हैं। उन्हें कुछ सीखने के लिए अथवा अच्छा काम करने के लिए एक पल भी नहीं मिलता।"(8/364-365) पूंजीपतियों के पास अवकाश की कमी नहीं होती। उन्हें अवकाशभोगी वर्ग कहा जाए तो गलत न होगा। परंतु मजदूरों के पास अवकाश नहीं होता। दिन-रात उन्हें रोटी-रोजी की चिंता में बिताना पड़ता है। सारा समय, कहने को मजदूर आजाद है, परंतु वास्तव में वे मालिकों की गुलामी करते हैं। पूंजीवादी समाज में पशु-जगत का नियम चालू हो जाता है। जिस तरह बिल्ली और चूहे में सदा अनबन बनी रहती है, उसी तरह धनी और गरीब में, मालिक और मजदूर में

बैर-भाव पैदा हो जाता है और मनुष्य मनुष्य नहीं रह जाता, पशु बन जाता है।"(8/366)

दक्षिण अफ्रीका में गाँधीजी का अनुभव कैसा था? नेटाल भारत की तरह पराधीन नहीं था। उसके बारे में गाँधीजी ने लिखा : "नेटाल में स्वराज्य है, फिर भी हम कहा करते हैं कि यदि हम नेटाल जैसा ही करने की इच्छा रखते हैं, तो वह स्वराज नरकराज्य के समान होगा।"(8/366) जिस लोकतंत्र पर पूंजी की शक्ति हावी हो, उसमें प्रजा सुखी नहीं रह सकती। गाँधीजी कहते हैं : "लुटेरों की टोली में स्वराज्य हो तो क्या नतीजा आएगा? इसकी कल्पना सब कर सकते हैं। वे तो अंत में तभी सुखी हो सकते हैं जब उन पर ऐसे लोगों का नियंत्रण हो जो खुद लुटेरे नहीं हैं।"(8/366-367) लुटेरे और लूटे जाने वाले लोग समान रूप से सुखी हों यह संभव नहीं है। लोकतंत्र ऐसा होना चाहिए जिसमें लुटेरों पर गैर लुटेरे लोगों का नियंत्रण हो। पूंजीपतियों को नियंत्रित किए बिना सच्चा लोकतंत्र स्थापित नहीं हो सकता और न उसमें प्रजा सुखी हो सकती है।

लेकिन सर्वोदय के बारे में रस्किन कहते हैं : "किसी घर में भुखमरी हो, और यदि उस घर में मां और उसके बच्चे हों, उनके पास रोटी का एक टुकड़ा ही हो, और दोनों को भूख लगी हो तो इसमें मां और बच्चे का स्वार्थ परस्पर प्रतिकूल है। मां खाती है तो बच्चे भूखों मरते हैं और बच्चे खाते हैं तो मां भूखी रह जाती है। फिर भी मां और बच्चों में कोई अंतर नहीं है। मां अधिक ताकतवर है, इसलिए ऐसा नहीं होता कि वह रोटी का टुकड़ा खुद खा ले, इसी प्रकार मनुष्यों के पारस्परिक संबंधों के बारे में भी समझना चाहिए।"(8/250) यह उदाहरण सही नहीं है। मां का अस्तित्व बच्चों के शोषण पर निर्भर नहीं है पर पूंजीपतियों का अस्तित्व मजदूरों के शोषण पर ही निर्भर है।

पूंजीपति अपनी जनता को लूटते हैं, दूसरे देशों की जनता को भी लूटते हैं। गाँधीजी के शब्दों में, "जो लोग स्वार्थ पर दृष्टि रखते हैं, वे पराई प्रजा को लूटने के पश्चात् अपनी प्रजा को लूटने के लिए आसानी से तैयार हो जाएंगे।" (8/366) अंग्रेजों ने दुनिया के बहुत बड़े भाग में अपने साम्राज्य का विस्तार किया। इस साम्राज्य में भारत भी था। गाँधीजी ने कहा : "यूरोप का प्रत्येक राज्य काले आदमियों को अपना भक्ष्य मान बैठा है। जहां केवल धन का लोभ है, वहां अन्य बात हो ही नहीं सकती। उन्हें एक भी मुल्क नजर आ जाए तो वे उस पर उसी प्रकार टूट पड़ते हैं जिस प्रकार कौए मांस के टुकड़े पर कूद पड़ते हैं। यह उनके कारखानों के कारण होता है, ऐसा मानने के कारण भी हैं।"(8/367) कारखानों से साम्राज्यवाद का संबंध इस तरह का है : कारखानों में वे माल तैयार करते हैं। दूसरे देशों में उसे बेचते हैं। वहां से कच्चा माल अपने देश में लाते हैं। इस तरह विकसित पूंजीवाद के लिए साम्राज्यवाद आवश्यक होता है। ब्रिटिश साम्राज्य में भारत ब्रिटेन के लिए कच्चे माल का स्रोत और उसके तैयार माल की बिक्री के लिए बहुत बड़ा बाजार था। किंतु ब्रिटेन से होड़ करने वाले दूसरे देश भी थे। वे कच्चे माल के स्रोतों और तैयार माल की बिक्री के लिए बाजारों की तलाश में थे। लुटेरों पर नियंत्रण न रखा जाए तो वे आपस में लड़ेंगे। यही हालत यूरोप में थी। गाँधीजी ने

लिखा : "यूरोप की प्रजाएँ एक-दूसरे पर घात लगाए बैठी हैं। केवल अपने-अपने गोले-बारूद की तैयारी के कारण ही सब चुप्पी साधे हुए हैं। किसी समय बड़ा ही जबर्दस्त धड़ाका होगा और उस अवसर पर यूरोप में नरक दृश्य दिखाई पड़ेगा।"(8/367) ऐसा ही हुआ। वास्तव में यूरोप के देशों की प्रजाएँ युद्ध की तैयारी न कर रही थीं, तैयारी बड़े-बड़े पूंजीपति कर रहे थे। प्रजाओं को गुमराह करके उन्हें बलि का बकरा बनाया गया था। 1908 में बड़े पूंजीवादी देश युद्ध की तैयारी कर रहे थे, यह गाँधीजी से छिपा नहीं था। यह बात रस्किन ने नहीं, गाँधीजी ने सर्वोदय लेखमाला के अंत में स्वयं कही थी। और उन्होंने जिस धड़ाके की बात कही थी, वह 1914 में घटित हुआ। ये लुटेरों का युद्ध था, इसलिए खासतौर से भारत को इस युद्ध में लुटेरों के एक दल की सहायता न करनी चाहिए थी। ब्रिटिश फौज में रंगरूट भर्ती करने के लिए गाँधीजी ने जो अभियान चलाया, वह गलत था।

रस्किन समाज में वर्गों का अस्तित्व स्वीकार करते थे परंतु वर्ग-संघर्ष अनिवार्य है, यह स्वीकार न करते थे। पूंजीवादी अर्थशास्त्र की आलोचना करते हुए उन्होंने लिखा : "अर्थशास्त्र कोई शास्त्र नहीं है। जब हड़तालें होती हैं, तब वह बेकार साबित होता है, यह हम स्पष्ट रूप से देख सकते हैं। वैसे अवसरों पर मालिक एक तरह से सोचते हैं और मजदूर दूसरी तरह से। लेन-देन का एक भी नियम लागू नहीं किया जा सकता।"(8/250) यहां तक तो पूंजीवादी समाज में वर्गों का अस्तित्व हुआ, अर्थशास्त्र वर्गों की टक्कर को बचा नहीं सकता, इसका वर्णन हुआ। आगे रस्किन कहते हैं : "लोग माथा-पच्ची करके यह सिद्ध करना चाहते हैं कि मालिक और मजदूर के स्वार्थ की दिशा एक ही है। (लेकिन) वे इस विषय में कुछ नहीं समझते। हकीकत यह है कि एक-दूसरे का, दुनियादारी का, रुपए-पैसे का स्वार्थ एक ही न होते हुए भी लोगों को आपस में विरोधी बनने या वैसे बने रहने की जरूरत नहीं है।" मालिक मजदूर को उतना ही वेतन देता है जितने से वह देह को बचाए रख सके। लेन-देन के नियम बनाने वाले इसे अर्थशास्त्र कहते हैं। वे यह भी कहते हैं कि इस तरह कम-से-कम पैसे में ज्यादा से ज्यादा काम निकालने में मालिक का लाभ है, इसलिए अंततोगत्वा पूरी कौम का लाभ है और इसलिए नौकरों का भी है।"(8/251)

यंत्र की तरह चलने वाली पूंजीवादी सभ्यता मजदूरों को यंत्र का एक पुर्जा बना देती है। रस्किन कहते हैं, "यदि नौकर यंत्र या मशीन होता और उसे चलाने के लिए केवल अमुक प्रकार की शक्ति का ही उपयोग किया जाता, तब तो इस प्रकार का हिसाब लागू होता, लेकिन यहां नौकर को चलाने वाली शक्ति उसकी आत्मा है और आत्मा का बल अर्थशास्त्रियों के सभी नियमों को उलट दिया करता है और गलत साबित करता है। मनुष्य रूपी यंत्र में पैसा रूपी कोयला डालने से अधिक से अधिक काम लिया जाना संभव नहीं। बढ़िया काम तो उसके द्वारा तभी होगा जब उसकी भावना को जाग्रत किया जाए। मालिक नौकर के बीच का गठबंधन पैसे का नहीं प्रीति का होना चाहिए।"(8/251)

मजदूर की भावना जाग्रत की जाए तो वह जरूर ज्यादा अच्छा काम करेगा। परंतु इसके लिए यह जरूरी है कि उसे गुलामी से छुट्टी मिले। जब तक मालिक मालिक है, तब तक मजदूर उसका गुलाम रहेगा। एक गुलाम, दूसरा उसकी मेहनत से पैसा कमाने वाला, आर्थिक संबंध तो यह हो और दोनों के बीच प्रीति का संबंध हो यह मुमकिन नहीं है। रस्किन का विचार था, अर्थशास्त्र के साधारण नियमों को "स्नेह-की-भावना की शक्ति तोड़ डालती है।"(8/261) ऐसा अपवाद रूप में ही हो सकता है, सामान्य रूप में तो नहीं होता। जिन वस्तुगत नियमों से पूंजीवाद कहलाने वाला डाकूतंत्र कायम होता है, वे मनुष्य की भावना के अनुसार संचालित नहीं होते। सेनापति और साधारण सैनिकों के बीच प्रेम-संबंध हो, तो सैनिक ज्यादा अच्छी तरह लड़ेंगे। रस्किन कहते हैं, "उसी प्रकार डाकुओं को लूट के माल में हिस्सा मिलता है, इसलिए वे अपने सरदार से प्रेम करते हैं। इसी तरह जब इंग्लैंड के पूंजीपतियों ने उपनिवेशों की लूट का माल मजदूरों के एक हिस्से में बांटना शुरू किया, तो वे मजदूर भी क्रांति का रास्ता छोड़कर पूंजीपतियों से प्रेम करने लगे और उनके आज्ञाकारी बन गए। इसी प्रेम के कारण जब इंग्लैंड का डाकू दल जर्मनी के डाकू दल से लड़ा, तब न इंग्लैंड के मजदूर अपने पूंजीपतियों को रोक पाए और न जर्मनी के मजदूर अपने देश के पूंजीपतियों को। इंग्लैंड और जर्मनी के मजदूर मिलकर दोनों देशों के लुटेरों को रोक सकते थे। इसमें यदि एशिया और अफ्रीका के लूटे जाने वाले देशों का सहयोग मिले, तो यह काम और भी आसान हो जाए।

वर्ग संघर्ष से बचने का एक उपाय रस्किन ने यह बताया कि मजदूरों को जीवन भर के लिए कारखाने में काम दिया जाए। छंटनी वगैरह करके उन्हें काम से अलग न किया जाए। "अब दूसरा प्रश्न लीजिए। वह यह है कि व्यापार की स्थिति चाहे जैसी हो, फिर भी कारखाने में जितने मजदूरों को शुरू में रखा गया हो, उतनों को कायम रखना ही चाहिए। जब मजदूरों को अपनी नौकरी के स्थायी होने का निश्चय नहीं होता, तब अधिक मजदूरी मांगना उनके लिए आवश्यक हो जाता है। परन्तु यदि किसी प्रकार का भरोसा हो जाए कि उनकी नौकरी आजीवन बरकरार रहेगी तो वे बहुत ही कम मजदूरी पर काम करेंगे। इसलिए यह स्पष्ट है कि जो मालिक अपने मजदूरों को हमेशा के लिए रखता है, उसे अंत में लाभ ही हुआ करता है।" (8/262-63) पूंजीवादी बाजार में कभी माल ज्यादा बिकता है और कभी कम बिकता है। कभी पूंजीवाद संकटग्रस्त होता है और कभी उसके उत्पादन और वितरण में उभार आता है। जब तक पूंजीपतियों में होड़ रहेगी, तब तक मुनाफे की दर को निश्चित रखना और उसके अनुरूप पगार की दर को निश्चित रखना संभव नहीं है। पूंजीपतियों की होड़ खत्म कर दी जाए, योजनाबद्ध ढंग से उत्पादन और वितरण किया जाए, तब मुनाफा नियंत्रित किया जा सकता है और मजदूरों की अनिश्चितता को निश्चित जिंदगी में बदला जा सकता है। पूंजीवादी व्यवस्था में जितने मजदूरों को काम मिलता है, उतने से ज्यादा बड़ी संख्या बेकार मजदूरों की रहती है। साम्राज्य विस्तार से किसी हद तक बेकार मजदूरों की संख्या कम हुई। लेकिन

दूसरे महायुद्ध के बाद जैसे-जैसे साम्राज्य का दायरा सिकुड़ने लगा, वैसे-वैसे जर्मनी, ब्रिटेन, अमेरिका, फ्रांस जैसे बड़े-बड़े देशों में बेकार मजदूरों की संख्या बढ़ने लगी। पूंजीवादी व्यवस्था में सभी कामकाजी लोगों को काम दिया ही नहीं जा सकता। यह बात गाँधीजी ने अपने अनुभव से सीखी। 11 मार्च, 1946 को उन्होंने सोन्या श्लेसिन को लिखा : पूंजीवाद के अंतर्गत एक उन्नत औद्योगिक व्यवस्था और हर एक को रोजगार, ये दो परस्पर विरोधी बातें हैं। (83/275) उन्नत पूंजीवादी व्यवस्था में हर आदमी को रोजगार मिल ही नहीं सकता। पूंजीवादी मुनाफाखोरी और होड़ को खत्म करके योजनाबद्ध विकास के द्वारा ही हर आदमी के लिए रोजगार की व्यवस्था की जा सकती है। रूस में ऐसा ही किया गया। वहां समाजवादी व्यवस्था टूटी। उसके कारणों का विवेचन यहां नहीं करना। जितने दिन भी वहां समाजवादी व्यवस्था रही, उतने दिन वहां बेकारी का नामोनिशान ही मिट गया था।

रस्किन सोचते थे, उद्योग-धंधों का विस्तार न होता, कारखाने न लगाए जाते, तो आदमी खुली हवा में सांस लेते और उनका जीवन सुखी रहता। पूंजीवादी अर्थशास्त्रियों के लिए वह कहते हैं : "वे यह समझाते हैं कि उद्योग-धंधों आदि के विस्तार से जितना धन इकट्ठा हो जाए, उतना अच्छा है। ऐसे विचारों के फैलने से इंग्लैंड तथा अन्य देशों में कारखानों की भरमार हो गई है। बहुत से लोग शहरों में आ बसते हैं और खेत छोड़ देते हैं। बाहर की सुंदर और स्वच्छ हवा छोड़ कर कारखानों में सारे दिन दूषित वायु में सांस लेने में वे सुख मानते हैं। इसके परिणाम-स्वरूप प्रजा निर्बल होती जाती है, लोभ बढ़ता जाता है, अनीति अधिक फैलती है और जब हम अनीति को दूर करने की बात करने बैठते हैं, तब बुद्धिमान गिने जाने वाले लोग कहने लगते हैं कि अनीति दूर नहीं हो सकती।" (8/364) मजदूरों और पूंजीपतियों के झगड़े निपटाने के लिए पंचायत के सामने जो प्रमाण पेश किये गये, उनसे गाँधीजी इस निष्कर्ष पर पहुंचे कि "बहुत बड़ी संख्या में मजदूरों को उनकी आवश्यकता के अनुसार वेतन नहीं मिलता।" (41/405) पूंजीपतियों की ओर से अक्सर कहा जाता था, धंधे में घाटा हो रहा है। गाँधीजी का कहना था : "इसके समर्थन में जो प्रमाण पेश किया गया है, उसे मैं लचर मानता हूं। यह संभव है कि कुछ-एक मिलें नुकसान में चल रही हों किंतु अधिकांश मिलें नुकसान में नहीं चल रही हैं।" (41/407) जिस तरह चीजों के दाम बढ़ते हैं, उसी तरह मजदूरों की पगार नहीं बढ़ाई जाती। मजदूरों ने गाँधीजी के सामने जो तथ्य रखे, उन्हें देखने के बाद उन्होंने फैसला किया : "मजदूरों की कुल आमदनी उनके आवश्यक मासिक खर्च की अपेक्षा कहीं कम है।" (42/1) उद्योगपतियों से शर्तें तय किए बिना यदि विदेशी कपड़े का बहिष्कार किया जाए तो "सिर्फ अपना ही उल्लू सीधा करने वाले मुनाफाखोर मिल वालों का ही काम साधना होगा।" (35/513) पूंजीवादी व्यवस्था में मुट्ठी भर लोग बहुजन समाज पर शासन करते है और यह शासन आतंक के सहारे चलाते हैं। "यदि मुट्ठी भर लोगों को करोड़ों लोगों पर राज्य करना हो तो या तो वह आतंक और

अत्याचार के द्वारा किया जा सकता है या उन्हें फकीर बनकर रहते हुए जितना-कुछ किया जा सके, उतना करना होगा।" (22/304) पूंजीपति फकीर तो बनते नहीं, इसलिए आतंक का सहारा ही लेते हैं। मजदूरों के संघर्ष को दबाने के लिए अमेरिकी पूंजीपतियों ने कुछ खास दमन के तरीके अपनाए थे। उनसे भारतीय पूंजीपति भी लोकतंत्र की शिक्षा ले रहे थे। हड़ताल होने पर पूंजीपतियों के सामने, गाँधीजी के अनुसार, "एक रास्ता तो है दमन का, जिसे 'अमेरिकन' की संज्ञा भी दी जाती है। इसमें संगठित गुंडागर्दी से मजदूरों को दबाया जाता है।" दूसरा रास्ता यह है कि हर हड़ताल पर उसके गुण-दोष के आधार पर विचार किया जाए और मजदूरों को उनका हक दिया जाए।" (83/353) गुजरात में लगान वसूल करने वाले नलाती कहलाते थे। उनके बारे में गाँधीजी का कहना था : "लगान वसूल करने वालों को अपने अंदर एक हृदयहीनता पैदा करनी पड़ती है। उसके बिना वह अपने प्रभुओं को खुश रखने लायक काम नहीं कर सकते। संसार भर में यही देखने में आता है।" (14/273) देशी और विदेशी दोनों तरह के शोषक गांवों के किसानों का शोषण करते थे। "वे अन्न पैदा करते हैं लेकिन खुद भूखे रहते हैं। वे दूध पैदा करते हैं और इनके बच्चों को दूध नसीब नहीं होता। यह स्थिति शर्मनाक है।" (83/30) व्यक्तिगत संपत्ति की समाज-व्यवस्था में "संपत्तिशाली व्यक्ति की प्रवृत्ति दूसरे व्यक्तियों को जबर्दस्ती दबाकर रखने की होती है।" (9/84) धनी लोगों की नैतिकता उनके आर्थिक परिवेश द्वारा निर्धारित होती है। "पैसे वाले पैसे का बोझ उठाते-उठाते थक जाते हैं, इसलिए उनसे सत्य का बोझ उठाया नहीं जाता।" (9/117) भारत में गोरों के खिलाफ लड़ाई इसलिए नहीं चलाई गई कि वे गोरे थे, बल्कि इसलिए कि उनके पास पैसा था। दूसरों के पास नहीं था। गाँधीजी ने कहा : "इसलिए यह धनिकों और गरीबों की लड़ाई होगी।" (48/351) पूंजीवादी व्यवस्था में इसी तरह का वर्ग-संघर्ष होता है। मार्च 1946 में गाँधीजी ने देशी पूंजीवाद के बारे में कहा : "मालिक अपने पक्ष में बुद्धि का संयोजन करते हैं। उनके पास पूंजी के संग्रह से प्राप्त होने वाला बल है और वे उस बल का प्रयोग करना जानते हैं।" (83/353) इनके मुकाबले मजदूर असंगठित थे। "भारत में पूंजी तो एक हद तक काफी संगठित है, किंतु संघों और उसके महासंघों के बावजूद मजदूर न्यूनाधिक असंगठित अवस्था में है। इसलिए इसमें सच्चे संयोजन से प्राप्त होने वाली शक्ति नहीं है।" (83/354) स्वाधीनता आंदोलन या सामाजिक परिवर्तन के किसी भी आंदोलन की सफलता के लिए मजदूरों का संगठित होना आवश्यक था। दक्षिण अफ्रीका में मजदूरों और व्यापारियों, दोनों ने ही वहां के आंदोलन में भाग लिया था। गाँधीजी का कहना था : "यदि आप दक्षिण अफ्रीकी संघर्ष का इतिहास पढ़ें तो आप देखेंगे कि वहां सफलता मजदूरों के कारण ही मिली।" (45/315) भारत के संदर्भ में उन्होंने कहा : "मजदूरों को अभी अपनी शक्ति का पूरा अहसास नहीं हुआ है। वे ठीक तरह से संगठित नहीं हैं। यदि वे संगठित हो जाएँ तो वे भारत का शासन चला सकते हैं।" (83/354) मजदूर वर्ग के लिए गाँधीजी के ये शब्द प्रेरणादायक

हैं, उनकी विरासत का बहुत ही बहुमूल्य अंश हैं। अपनी भूमिका निबाहने के लिए मजदूरों को अपने नैतिक जीवन में बहुत परिवर्तन करना होगा। संगठित होकर ही वे अपनी शक्ति पहचान सकते हैं। मजदूरों को संगठित होकर केवल अपनी ट्रेड यूनियन की मांगों के लिए न लड़ना चाहिए, वरन् देश के बारे में सोचकर, जो राष्ट्रीय समस्याएँ हैं, उन्हें हल करने के लिए भी आगे बढ़ना चाहिए। गाँधीजी ने जुलाई 1921 में कहा था : "मिल-मजदूरों का भी देश के प्रति कर्तव्य है। अब तक उनकी दिलचस्पी केवल अपनी मजदूरी में रही अब उन्हें जनहित का भी विचार करना पड़ेगा।"(20/343)

पूंजीपतियों और मजदूरों के अलावा भारत में दो वर्ग और थे। गाँधीजी ने संयुक्त प्रांत के लिए लिखा : "संयुक्त प्रांत बड़े-बड़े जमींदारों और ताल्लुकेदारों का केंद्र है। साथ ही वहां निर्धनता भी है। संभव है, संयुक्त प्रांत की गरीबी उत्कल की गरीबी से बहुत कम न हो। कई स्थानों में तीन-तीन साल से बराबर अकाल पड़ता चला आ रहा है। लोगों के पास न काम है, न पैसा है और वे भूखों मरते हैं।" (41/548) गांव तो और देशों में भी थे परंतु भारत के गांव विशेष रूप से दरिद्र थे। 1918 में कर्टिस नाम के एक अंग्रेज ने भारत की यात्रा की थी। उन्होंने कहा था : "दूसरे देशों के गांवों से तुलना करें तो कह सकते हैं कि भारत के गांव मानो घूरों पर बसी हुई बस्तियां हैं।" इस पर गाँधीजी ने लिखा : यह टीका जरा सख्त है। संभवतः यह हमें बुरी लग सकती है। मगर यह कोई नहीं कह सकता कि इसमें सच्चाई नहीं है। (41/490) शहरों में जैसे संपदा सिमट कर पूंजीपतियों के पास एकत्र हो जाती थी, वैसे ही गांवों में संपदा सिमट कर बड़े जमींदारों और राजाओं के यहां एकत्र हो जाती थी। बनारस हिंदू विश्वविद्यालय के शिलान्यास-समारोह में गाँधीजी ने देखा "एक ऐसा शानदार प्रदर्शन, जड़ाऊ गहनों की ऐसी प्रदर्शनी, जिसे देखकर पेरिस से आने वाले किसी भी जौहरी की आंखें भी चौंधिया जातीं।"(13/215) किसानों की गरीबी के लिए ये राजे-महाराजे और जमींदार जिम्मेदार थे। संयुक्त प्रांत में गाँधीजी ने सुना, "वे कैसे सभी तरह के मौकों पर जायज और नाजायज कर वसूल करते हैं जिसके परिणामस्वरूप किसान की स्थिति बिल्कुल गुलाम की सी हो गई है।"(42/250) बड़े जमींदार और ताल्लुकेदार किसानों के दमन और शोषण में अंग्रेजों के सहायक थे। सरकारी परिपत्रों का हवाला देते हुए गाँधीजी ने लिखा : "परिपत्रों में ताल्लुकेदारों से किसानों के साथ सख्ती करने को कहा गया है और उनके काम में सहायता पहुंचाने का वचन दिया गया है ...ताल्लुकेदारों और जमींदारों को मनमानी करने का परवाना मिल जाता है।" (47/107) जमींदारों के साथ किसानों के दूसरे शोषक थे महाजन। अंग्रेजी राज और उसके कानून की छत्रछाया में ये खूब फलफूल रहे थे। गाँधीजी ने लिखा था : "किसान मजबूती से महाजन की मुट्ठी में जकड़े हुए हैं।" किसान संगठित हों और दृढ़ता से सहकारिता आंदोलन चलाएँ तो गाँधीजी को विश्वास था, "बड़े से बड़ा शक्तिशाली महाजन भी यदि दुष्ट हो तो उसे सहकारिता के सामने... झुकना पड़ेगा।"(13/545)

पूंजीपति और कांग्रेस

कुछ पूंजीपति कांग्रेस से हमदर्दी रखते थे। अनेक प्रकार से उसकी सहायता करते थे। इसी तरह कुछ जमींदारों को कांग्रेस से हमदर्दी थी और वे उसमें शामिल भी हो गए थे। परंतु इससे न मजदूरों के शोषण में कमी हुई और न किसानों की गरीबी में कमी हुई। सवाल दो-एक अच्छे पूंजीपतियों या जमींदारों का नहीं था, पूरे वर्ग का सवाल था। पूंजीपति वर्ग द्वारा मजदूरों के शोषण को कैसे खत्म किया जाए, अंग्रेजों के सहयोगी जमींदारों द्वारा किसानों के शोषण को कैसे खत्म किया जाए—यह प्रश्न था।

पूंजीवादी समाज में वर्गों का गठन इस प्रकार होता है कि पूंजीपतियों के आर्थिक हित मजदूरों के आर्थिक हितों से टकराते हैं। इस टकराव से बचने के लिए गाँधीजी ने ट्रस्टीशिप का सिद्धांत रखा। उन्होंने अहमदाबाद के पूंजीपतियों से कहा : "आप अपनी सारी संपत्ति को न्यास रूप में रखें और उसे केवल उन लोगों के हित साधन में लगाएँ जो आपके लिए पसीना बहाते हैं और जिनके परिश्रम पर आपका पद और समृद्धि निर्भर है।" क्या इसके लिए कानून बनाया जाए? गाँधीजी कानून बनाने के खिलाफ थे। उन्होंने कहा : "ऐसा एकमात्र विधान पारस्परिक प्रेम और पिता-पुत्र के बीच सम्मान का विधान है—कानून का नहीं।" (36/307) पिता का अस्तित्व पुत्र के शोषण पर निर्भर नहीं है। मजदूरों के शोषण के बिना पूंजीपति का अस्तित्व असंभव है। इसीलिए यह ट्रस्टीशिप का सिद्धांत कहीं सफल नहीं हुआ।

ट्रस्टीशिप का सिद्धांत गाँधीजी ने राजाओं पर लागू किया। स्वराज्य की कल्पना के बारे में उन्होंने लिखा : "स्वराज्य का राजा प्रजा का अवशिष्ट खाने वाला है। दूसरे शब्दों में, वह प्रजा को सुलाकर सोता है, खिलाकर खाता है और जिला कर जीता है।" गाँधीजी के रामराज्य में राजा का स्थान है "लेकिन वहां राजा के मानी हैं रक्षक, अभिभावक या ट्रस्टी। राजा अर्थात् सर्वश्रेष्ठ सेवक, दासानुदास।"(42/24) अंग्रेजी राज के समर्थक और उस राज्य की छत्रछाया में प्रजा का शोषण करने वाले राजा प्रजा के दासानुदास बन गए हों ऐसा कहीं देखने में नहीं आया। कांग्रेस के आंदोलन में भाग लेने वाले अवध के एक ताल्लुकेदार के बारे में गाँधीजी ने कहा : "मैं आशा करता हूं कि अन्य युवा ताल्लुकेदार इस दृष्टांत का अनुकरण करेंगे और यदि केवल अमीर लोग, चाहे वे किसी उपाधि से विभूषित हों या न हों, इस तरह का आचरण करेंगे, जैसा कि मैं समझता हूं कि राजा साहब कर रहे हैं अर्थात् जनता के न्यासियों के रूप में रहेंगे और जमींदारी को उनके न्यासियों और संरक्षकों की तरह संभालेंगे तो वे शीघ्र ही सब तरह से सुखी हो जाएंगे।"(42/212)

पूंजीपति मजदूरों की संपत्ति के ट्रस्टी बनें यह सिद्धांत गाँधीजी ने रस्किन से प्राप्त किया था। जमींदार किसानों की संपत्ति के ट्रस्टी बनें, यह सिद्धांत उन्होंने जापान के

इतिहास से प्राप्त किया था। लिखा था : "यदि भारतीय समाज को शांतिपूर्ण तरीके से सच्ची प्रगति करनी है, तो धनिक वर्ग को निश्चित रूप से यह स्वीकार कर लेना होगा कि किसान के भी वैसी ही आत्मा है जैसी उनके है और अपनी दौलत के कारण वे गरीब से श्रेष्ठ नहीं हैं। जैसा जापान के उमरावों ने किया, उसी तरह उन्हें भी अपने-आप को संरक्षक मानना चाहिए और उनके पास जो धन है, उसे यह समझ कर रखना चाहिए कि उसका उपयोग उन्हें अपने संरक्षित किसानों की भलाई के लिए करना है।"(42/250) जापान में यही जमींदार वर्ग वहां के सैन्यवाद का मुख्य आधार बना। और इंग्लैंड के पूंजीपतियों ने पहले अपने देश के मजदूरों का शोषण किया, फिर भारतीय जनता का शोषण किया, और इस शोषण की रकम का एक हिस्सा उन्होंने मजदूरों के एक भाग में बांटना शुरू कर दिया। सद्भावना से वर्गों का चरित्र नहीं बदलता, साम्राज्यवाद और सैन्यवाद का स्वरूप नहीं बदलता। इसीलिए इनसे संघर्ष के लिए दूसरे तरीके अपनाने चाहिए। गाँधीजी जानते थे कि ट्रस्टीशिप का सिद्धांत सफल न होगा तो उसके बाद क्या हो सकता है। उन्होंने कहा था : "वर्तमान धनाढ्यों के सामने दो ही रास्ते हैं—या तो वे वर्ग-संघर्ष के लिए तैयार हों। और फिर से (या फिर वे) स्वेच्छा से अपनी संपत्ति के ट्रस्टी बन जाएँ।"(83/31) ट्रस्टी बनने पर पूंजीपति "जो सेवा करेंगे, समाज के लिए उसके मूल्य को देखते हुए उन्हें राज्य की ओर से उपयुक्त कमीशन दिया जाएगा।" यह राजकीय पूंजीवाद (स्टेट कैपेटलिज्म) की अवधारणा है। पूंजीवादी-सामंती व्यवस्था से निकल कर समाजवाद की ओर बढ़ने में यह एक बीच की मंजिल का काम कर सकती है। पहले कानून को ट्रस्टीशिप से गाँधीजी ने दूर रखा था पर जनवरी 1946 में उन्होंने ट्रस्टीशिप को कानूनी रूप देने की बात भी कही। "मान लीजिए कि भारत कल ही एक स्वतंत्र देश बन जाए, तब सभी पूंजीपतियों को कानूनी तौर पर ट्रस्टी बन जाने का अवसर रहेगा। लेकिन इस प्रकार का कानून ऊपर से नहीं थोपा जाएगा। इसे नीचे से ही आना होगा। जब लोग ट्रस्टीशिप का अर्थ समझ जाएंगे और वातावरण इसके लिए परिपक्व होगा, तब लोग खुद ही ऐसे कानूनों को ग्राम पंचायतों से शुरू करके ऊपर तक लागू करने लगेंगे। नीचे से शुरू होने वाली ऐसी किसी चीज को स्वीकार करना सरल होता है। ऊपर से थोपने पर यह बोझ समान लग सकता है।"(83/31) नीचे से शुरू करने का मतलब है ग्राम पंचायत को अधिकार दिया जाए, जमीदारों को कानूनी रूप से ट्रस्टी बनाया जाए, जो लोग उनकी जमीन पर खेती करते हैं, उन्हें उसका वास्तविक मालिक माना जाए। इस तरह नीचे से शुरू करके ऊपर तक कानून से ट्रस्टीशिप का सिद्धांत लागू किया जा सकता है।

मूल प्रश्न यह है : जो किसान खेत में हल चलाता है, उस जमीन पर उसका अधिकार है या किसी जमींदार का?

जनवरी 1946 के रचनात्मक कार्यकर्ता सम्मेलन में किसी ने गाँधीजी से पूछा : क्या भूमि का राष्ट्रीयकरण अहिंसक तरीके से किया जा सकता है? गाँधीजी ने उत्तर दिया :

"हां खेत जोतने वाले किसानों को जमीन का मालिक होना चाहिए। रचनात्मक कार्यकर्ताओं को चाहिए कि वे किसानों को उनके अधिकारों और कर्तव्यों के बारे में बताएँ और उनको समझाएँ कि उपने उचित अधिकारों को प्राप्त करने के लिए वे अपने अंदर आत्मविश्वास और साहस कैसे पैदा करें। जमीन पर स्वामित्व प्राप्त करने के लिए सत्याग्रह करने की जरूरत पड़ सकती है। जमींदार लोग भी राक्षस नहीं हैं कि उन्हें सताएंगे क्योंकि सताने से उन्हें लाभ नहीं होगा।"(83/61) खेत जोतने वाले किसानों को जमीन का मालिक होना चाहिए, यह बुनियादी बात है। जमीन का राष्ट्रीयकरण होगा तो जमींदारों के अधिकार समाप्त होंगे। उस राष्ट्रीयकरण के अंतर्गत ही किसान अपनी जमीनों के मालिक होंगे। व्यक्तिगत संपत्ति का अधिकार निरपेक्ष नहीं है। यदि जमींदार अपने विशेषाधिकार अपनी मर्जी से नहीं छोड़ते तो क्रांति होगी और कोई उसे रोक नहीं सकेगा। जमींदार के कर्तव्य बताते हुए गाँधीजी ने कहा : "वह किसानों को अपनी सड़कें और अपने पाखाने खुद आवश्यक परिश्रम करके साफ करना सिखाए। वह किसानों के बेरोकटोक इस्तेमाल के लिए अपने खुद के बाग निःसंकोच भाव से खोल दे। जो गैर-जरूरी इमारतें वह अपनी मौज के लिए रखता है, उनका उपयोग अस्पताल, स्कूल या ऐसी ही बातों के लिए करे। यदि पूंजीपति वर्ग (यहां इस वर्ग में जमींदार भी शामिल हैं) काल का संकेत समझ कर संपत्ति के बारे में अपने इस विचार को बदल डाले कि उस पर इस वर्ग का ईश्वरप्रदत्त अधिकार है, तो जो सात लाख घूरे जो आज गांव कहलाते हैं, उन्हें आनन-फानन शांति, स्वास्थ्य और सुख के धाम बनाया जा सकता है। मुझे दृढ़ विश्वास है कि पूंजीपति जापान के उमरावों का अनुसरण करने से सचमुच कुछ खोएगा नहीं और सब कुछ पा जाएगा। केवल दो मार्ग हैं जिनमें से हमें अपना चुनाव कर लेना है। एक तो यह कि पूंजीपति अपना अतिरिक्त संग्रह स्वेच्छा से छोड़ दे और उसके परिणामस्वरूप सबको वास्तविक सुख प्राप्त हो जाए। दूसरा यह कि अगर पूंजीपति समय रहते न चेते तो करोड़ों जाग्रत किंतु अज्ञानी और भूखे रहने वाले लोग देश में ऐसी गड़बड़ी मचा देंगे कि एक बलशाली हुकूमत की फौज की ताकत भी उसे नहीं रोक सकेगी। मैंने यह आशा रखी है कि भारतवर्ष इस विपत्ति से बचने में सफल रहेगा।"(42/251) जमींदार स्वेच्छा से अपनी अतिरिक्त भूसंपत्ति नहीं छोड़ते तो गांव की हालत नहीं बदल सकती और तब क्रांति अवश्यंभावी हो जाएगी। उसे कोई नहीं रोक सकेगा।

लंदन में गाँधीजी से कुछ लोगों ने पूछा था : आपके विचार से भारत के देशी राजा, जमींदार, उद्योगपति और साहूकार किस तरह से धन इकट्ठा करते हैं? गाँधीजी ने उत्तर दिया : "अभी तो जनसाधारण का शोषण करके ही करते हैं।"(48/267) राजा, जमींदार, पूंजीपति और महाजन, सभी जनता का शोषण करके धन इकट्ठा करते थे। उस धन को अपने पास रखने का उन्हें कोई नैतिक अधिकार नहीं था। किसानों की हालत यह थी कि "किसी प्रांत में जोत का रकबा प्रति व्यक्ति ढाई-तीन एकड़ से ज्यादा

नहीं आएगा...। हजारों हजार किसान ऐसे हैं जिनके पास एक-एक एकड़ जमीन भी नहीं है और दसियों हजार किसानों के पास बिल्कुल भी जमीन नहीं है जिससे वे भारत में कृषि-दासों; (सिर्फ) बल्कि शायद कहा जा सकता है कि दासों की तरह ही जी रहे हैं। इसे कानून-सम्मत दासता की स्थिति तो नहीं ही कहा जा सकता लेकिन वास्तव में यह स्थिति दासता के बहुत पास तक पहुंचती है।(48/216) किसानों की दासता सिर्फ अंग्रेजों की दासता नहीं थी। वह राजाओं और जमींदारों की दासता भी थी। देशी राजाओं के पास जो गांव थे, उनमें भी "लोगों का जीवन बहुत-कुछ वैसा ही है जैसा ब्रिटिश भारत के अधीनस्थ गांवों का है।"(48/217) इस तरह ब्रिटिश भारत और देशी रियासतों के किसानों का एक विशाल सामंत-विरोधी, साम्राज्य-विरोधी मोर्चा बन सकता था। ऐसा मोर्चा बना कर जमींदारों और अंग्रेजों से लड़ना इसलिए जरूरी था कि ब्रिटिश सेना का खर्च भारतीय जनता की बर्दाश्त से बाहर था। 1931 की स्थिति के बारे में गाँधीजी ने कहा था : "सैनिक व्यय 62 करोड़ का है। जिस देश के लोगों की औसत दैनिक आय केवल दो पैसे हो उसके लिए यह रकम बहुत बड़ी है।"(48/221) जिन लोगों की औसत दैनिक आय दो पैसे आंकी गई थी, उनमें बड़े पूंजीपति राजा-महाराजा और जमींदार भी थे। इनकी दैनिक आय निकाल दी जाए तो औसत गरीब किसान की आय दो कौड़ी से ज्यादा न ठहरेगी। ये गरीब किसान शहरी मजदूरों के साथ मिल कर बहुत बड़ी ताकत बन सकते थे।

मार्च 1946 में गाँधीजी के अनुसार मजदूरों की हालत इस तरह की थी : "समय की गति के साथ-साथ अपनी मांगों पर मजदूरों का आग्रह बढ़ता जा रहा है और दरअसल उनकी मांगें भी दिन-ब-दिन बढ़ती जा रही हैं। उन मांगों को मंजूर करवाने की उतावली में वे हिंसा का सहारा लेने में भी नहीं हिचकते। उन्हें मंजूर करवाने के नए-नए तरीके अपनाए जा रहे हैं। मालिकों की संपत्ति को क्षति पहुंचाने, मशीनों को तोड़ने-फोड़ने, हड़ताल में भाग न लेने वाले बूढ़ों और स्त्रियों को परेशान करने और नए मजदूरों को काम पर जाने से जबर्दस्ती रोकने में भी कर्मचारी संकोच नहीं करते। इन परिस्थितियों में मालिक क्या करें?"(83/353) मालिक न्यासी की तरह व्यवहार करें, इसके लिए अनंत काल तक न मजदूर इंतजार करने को तैयार थे, न किसान। 1929 में ही गाँधीजी ने पूंजीपतियों को सावधान कर दिया था। "पूंजीपति अपना अतिरिक्त संग्रह स्वेच्छा से छोड़ दें। अगर पूंजीपति समय रहते न चेते तो करोड़ों जाग्रत किंतु अज्ञानी और भूखे रहने वाले लोग देश में ऐसी गड़बड़ी मचा देंगे कि एक बलशाली हुकूमत की फौजी ताकत भी उसे नहीं रोक सकेगी।" (42/251) अंग्रेजों की हुकूमत अपनी फौजी ताकत से बलशाली मालूम होती थी परंतु उस फौजी ताकत में बहुत बड़ा हिस्सा हिंदुस्तानियों का था। मजदूरों की तरह ये सैनिक भी अब जाग रहे थे। वे अंग्रेजों के लिए लड़ने को तैयार न थे। गाँधीजी के एक इशारे पर वे किसानों और मजदूरों के साथ मिल कर अंग्रेजों को देश से बाहर निकाल सकते थे। लेकिन 'अंग्रेजो भारत छोड़ो' का जो नारा

1942 में गाँधीजी को बहुत आकर्षक मालूम होता था, वह 1946 में अनावश्यक, अनुचित और अनुपयोगी मालूम होने लगा। इसका परिणाम यह हुआ कि गाँधीजी के आजीवन प्रयत्न के बावजूद हिन्दू-मुस्लिम समस्या हल न हुई, उलटा भारत का विभाजन हो गया। गोलमेज सम्मेलन के दौरान नवम्बर 1931 में गाँधीजी ने अल्पसंख्यक समस्या समिति की बैठक में ठीक कहा था कि कांग्रेस में सभी सम्प्रदायों और वर्गों के लोग हैं। "मैं यह कहना चाहता हूं कि जमींदार, मिल-मालिक और लखपति तक उसके सदस्य हैं ... निःसंदेह कांग्रेस मजदूरों की भी प्रतिनिधि है।"(48/329) मुसलमान मजदूरों में थे और मुसलमान किसानों में थे। इन दोनों वर्गों के मुसलमान निकाल दिए जाएँ तो बाकी कितने मुसलमान बचेंगे? कुछ नवाब, जमींदार और मध्य वर्ग के लोग ही बचेंगे। बहुसंख्यक मुसलमान किसानों की तुलना में ये भी अल्पसंख्यक ठहरेंगे। मुसलमानों में जो अल्पसंख्यक जमात थी, उसी के हितों को लेकर इतना हो-हल्ला मचा था। यदि कांग्रेस वास्तव में किसानों की प्रतिनिधि संस्था होती, उन्हें संगठित करने में समर्थ होती, तो मुसलमानों के अलग समुदाय के रूप में राजनीतिक भाव-तोल करने की नौबत आती ही नहीं। कांग्रेस में जमींदार और पूंजीपति थे, किसान और मजदूर भी थे। सवाल यह है कि किसके हित सबसे ऊपर थे? कांग्रेस के नेता किसके हितों का ध्यान रखकर अपनी नीति निर्धारित करते थे? यदि कांग्रेस के नेता मजदूरों और किसानों को सबसे ऊंचा स्थान देकर उनके हितों के लिए लड़ते, तो वे पूंजीपतियों को नियंत्रित करते और जमींदारी प्रथा को मिटाने का प्रयत्न करते। ऐसा उन्होंने नहीं किया। स्वाधीनता-आंदोलन के दौरान राष्ट्रीय आंदोलन में, राजनीतिक संस्थाओं में, किसके वर्ग-हित सबसे ऊपर हैं, यह तथ्य निर्णायक होता है। स्वाधीनता किस तरह मिलेगी, किस तरह की स्वाधीनता मिलेगी, यह सब वर्ग-हितों के द्वारा निर्धारित होता है। कांग्रेस नेता अंग्रेजों से समझौता करने की नीति पर चल रहे थे। इसी तरह वे राजाओं और जमींदारों से समझौता करने की नीति पर चल रहे थे। इस नीति से जिस तरह का लोकतंत्र स्थापित हो सकता था, उसी तरह का स्थापित हुआ और उससे मजदूरों और किसानों की समस्याएँ हल न हुईं। पूंजीवादी व्यवस्था में अनीति फैलती है। उसे दूर करना चाहो तो बुद्धिमान गिने जाने वाले लोग कहने लगते हैं कि अनीति दूर नहीं हो सकती। (8/364) "जिस प्रकार रक्त का जमाव एक स्थान पर हो जाने से शरीर को हानि पहुंचती है, उसी प्रकार धन का एक ही जगह जमा हो जाना जाति की हानि का कारण हो जाया करता है।" (8/214) "अनेक नदियां जहां-तहां बहा करती हैं और उनके आसपास बहुत पानी जमा हो जाने के कारण विषाक्त वायु उत्पन्न होती है... इसी प्रकार धन का यदि मनमाना उपयोग किया जाए, तो लोगों में दुष्टता बढ़ेगी और भुखमरी फैलेगी।" (8/329) "चंद लोगों के हाथों में धन जमा हो जाने से वे उपयोगी काम नहीं करते। इस कारण उनके वास्ते दूसरों को मजदूरी करनी पड़ती है। यह मजदूरी उपयोगी न होने के कारण मजदूरी करने वालों को कोई लाभ नहीं होता। ऐसा होने से प्रजा की पूंजी घटती जाती है। इसलिए यद्यपि

ऊपर से ऐसा मालूम होता है कि लोगों को काम मिल रहा है, भीतर से देखने से ज्ञात होता है कि बहुतों को बेकार बैठे रहना पड़ता है।" (8/365-66) कारखानों में नौकरों के वेतन का आधार लेन-देन के नियमों पर रहा करता है। इसलिए मालिक नौकर के बीच स्नेह के व्यवहार के स्थान पर द्वेष का व्यवहार चलता है। और सहानुभूति के स्थान पर उनके बीच का संबंध विरोधी या प्रतिस्पर्धा का सा देखने में आता है। (8/262) "जब हड़तालें होती हैं तब वह (पूंजीवादी अर्थशास्त्र) बेकार साबित होता है ... वैसे अवसरों पर मालिक एक तरह से सोचतें हैं और मजदूर दूसरी तरह से। लेन-देन का एक भी नियम लागू नहीं किया जा सकता। लोग माथापच्ची करके यह सिद्ध करना चाहते हैं कि मालिक और मजदूर के स्वार्थ की दिशा एक ही है। (लेकिन) वे इस विषय में कुछ नहीं समझते।" (8/250) "मेरे रुपए की सत्ता मेरे पड़ोसी की तंगदस्ती पर निर्भर है। जहां पैसे की किल्लत होती है, वहीं अमीरी की दाल गल सकती है। इसीलिए सार यह निकला कि एक को अगर धनवान होना है, तो दूसरे को तंगी में रहना होगा।" (8/280) पूंजीवादी व्यवस्था में महंगाई बराबर बढ़ती जाती है। "परंतु महंगाई आई कैसे? रोटी का मूल्य आज आपको अच्छा मिला लेकिन वह दाम क्या आपने मरते हुए आदमी की अंतिम कौड़ी लेकर प्राप्त किया? या यह रोटी आपने किसी ऐसे महाजन को दी जो कल आपका सब हड़प कर लेगा? या किसी डाकू को सौंपी जो आपका बैंक लूटने जा रहा है?" (8/296) "एक जमाना था जब यूरोप में लोग धनवान व्यक्ति को विष देकर उसका धन खुद लेकर धनाढ्य बन जाते थे। आजकल निर्धन लोगों के लिए जो खुराक तैयार की जाती है, उसमें व्यापारी लोग मिलावट कर दिया करते हैं ... यह भी जहर देकर धनवान बनने के समान है।" (8/321) "स्पर्धा होड़ का एक हेतु मजदूरी की दर घटाना है। इस प्रकार की स्पर्धा से अंततोगत्वा प्रजा के विनाश की संभावना है।" (8/330) इसलिए पूंजीपतियों के बदले मजदूरों का भरोसा करना चाहिए। 1931 में गाँधीजी ने कलकत्ते के व्यापारियों से कहा था : "यदि भारत के छात्र मेरी मदद नहीं करते तो उससे कोई हानि नहीं। यदि वकील मदद नहीं देते तो भी कोई बात नहीं। यदि धनी लोग रुपए से सहायता नहीं करते तो उससे भी कोई फर्क नहीं पड़ता। स्वराज्य लेना मजदूरों और किसानों पर निर्भर है।" (19/286) "मजदूरों को अभी अपनी शक्ति का पूरा एहसास नहीं हुआ है। वे ठीक तरह से संगठित नहीं हैं। यदि वे संगठित हो जाएँ तो वे भारत का शासन चला सकते हैं। ऐसा करने से पहले उन्हें अपना सुधार करना है। वे अपने उन अनेकों दुर्गुणों को दूर करें जो उनके लिए अभिशाप हैं... यदि आप दक्षिण अफ्रीका के संघर्ष का इतिहास पढ़ें तो आप देखेंगे कि वहां सफलता मजदूरों के कारण ही मिली। जब कुल एक लाख आबादी में से 60 हजार सत्याग्रह के लिए संगठित हुए तो जो कुछ वे कई सालों में प्राप्त नहीं कर सके थे, उसे उन्होंने 6 महीने में प्राप्त कर लिया।" (45/319) पूंजीपतियों के सामने दो रास्ते हैं। "एक तो यह कि पूंजीपति अपना अतिरिक्त संग्रह स्वेच्छा से छोड़ दें और उसके परिणामस्वरूप सबको वास्तविक

सुख प्राप्त हो जाए। दूसरा यह कि अगर पूंजीपति समय रहते न चेते तो करोड़ों जाग्रत किंतु अज्ञानी और भूखे रहने वाले लोग देश में ऐसी गड़बड़ी मचा देंगे कि एक बलशाली हुकूमत की फौजी ताकत भी उसे नहीं रोक सकेगी।" (42/251) जनता का संघर्ष गड़बड़ का रूप लेता है या व्यवस्थित क्रांति का, यह बहुत कुछ कार्यकर्ताओं के संगठन पर निर्भर है। जन-आंदोलन को सफलतापूर्वक चलाने के लिए राजनीतिक समझबूझ के ऐसे कार्यकर्ताओं का संगठन आवश्यक है जो अपना सारा समय राजनीतिक कार्यों को दे सकें। "अधिवेशन समाप्त होने के पश्चात् परिषद अपने पीछे कोई कार्यकारी मंडल नहीं छोड़ जाती और यदि ऐसा कोई कार्यकारी मंडल हो भी तो उसमें स्वर्गीय महात्मा गोखले के शब्दों में 'अपने धंधों से समय मिलने के बाद कार्य करने वाले होते हैं।' हमें ऐसे आदमियों की आवश्यकता है जो परिषदों के प्रस्तावों को व्यवहार में लाना ही अपना कार्य समझें।" (14/51-52) कांग्रेस के रूप में गाँधीजी ने ऐसा ही संगठन बनाया था। परंतु उनके जीवन-काल में उसके भीतर अनेक दोष पैदा हो गए थे।

कांग्रेसी लोगों में मारपीट। दिसंबर 1920। कांग्रेस का नागपुर अधिवेशन। "कल बंगाल के शिविर में कुछ झगड़ा हो गया था। उसकी खबर सुनकर मुझे दुख हुआ ...कल जितने लोगों के हृदयों को चोट पहुंची और जिन्हें शारीरिक आघात लगा (उन्होंने शांति रखी), मैं आप में से हर व्यक्ति को उन लोगों का अनुकरण करने की सलाह देता हूं।" (19/170-71) दिसंबर 1928। कांग्रेस का कलकत्ता अधिवेशन। सदस्यों की झूठी सूची। "कांग्रेस की आज की सदस्य-सूची बिल्कुल झूठी है। जो बात सच है, हमें उसे स्वीकार करना चाहिए। यह सूची बेकार है। यदि मैं जांच करने वाले लोगों को साथ लेकर कांग्रेस-रजिस्टरों की जांच के लिए निकलूं तो मुझे दुखदायी निराशा ही हाथ लगेगी।"(38/312) फरवरी 1934। समाचार-पत्रों को वक्तव्य। "हरिजन में प्रकाशित मेरे लेखों से यह साफ हो चुका है कि कांग्रेस तेजी से एक भ्रष्ट संगठन बनती जा रही है, क्योंकि उसके रजिस्टरों में बहुत बड़ी संख्या में जाली नाम दर्ज हैं। पिछले कई महीनों से मैं यह सलाह देता आ रहा हूं कि कांग्रेस के इन रजिस्टरों का संशोधन किया जाए और उन्हें नए सिरे से लिखा जाए। मुझे इसमें जरा भी शक नहीं कि इस समय इन नकली मतदाताओं के कारण जो प्रतिनिधि चुने गए हैं, छानबीन करने पर वे प्रतिनिधि नहीं रहने पाएंगे।"(68/396-97) अगस्त 1946। गाँधीजी के अनुसार "हमारी संस्था में व्यक्तिगत रुचि-अरुचि, महत्वाकांक्षाओं और ईर्ष्याओं के लिए कोई जगह नहीं होनी चाहिए। इसलिए मुझे यह देखकर बहुत दुख होता है कि कांग्रेसियों में पारस्परिक वितृष्णा, घृणा और प्रतिहिंसा की भावना निजी जीवन में और सार्वजनिक भाषणों तक में आम बात हो गई है और इसके फलस्वरूप अनुशासनहीनता और हुल्लड़बाजी बढ़ रही हैं।" गाँधीजी ने कहा "व्यक्तिगत और सार्वजनिक रूप में, सब जगह क्रोध, अनुशासनहीनता और ईर्ष्या-द्वेष के बदले शांति, कठोर अनुशासन, सहयोग और सद्भाव कायम होना चाहिए। अन्यथा स्वराज्य-तंत्र टूट कर टुकड़े-टुकड़े हो जाएगा और बहुत संभव है कि

हमारी भावी सरकार, वर्तमान सरकार से भी, जो वैसी ही बुरी और असहनीय है बदतर बन जाए।"(83/101) गाँधीजी ने जिन्हें स्वराज्य के लुटेरे कहा था, वे अपना दल बनाएंगे तो उसमें यही सब होगा। कांग्रेस में पूंजीपति, जमींदार और उनके साधने वाले राजनीतिज्ञ भरे हुए थे। इसलिए सामाजिक क्रांति को सफल बनाने के लिए, और क्रांति के बाद जनता का लोकतंत्र स्थापित करने के लिए, पूंजीपतियों और जमींदारों को अलग रखते हुए, मजदूरों और गरीब किसानों का भरोसा करना उचित था। कम्युनिस्ट पार्टी की नीति यही थी। परंतु अहिंसा के नाम पर गाँधीजी उससे दूर रहना चाहते थे। वह अहिंसा किस काम की जो साम्राज्यवादी व्यवस्था से समझौता करे यह जानते हुए भी कि यह व्यवस्था भीतर से सड़ रही है और टूट रही है? कुछ व्यक्तियों के हृदय-परिवर्तन से व्यवस्था नहीं बदल सकती क्योंकि "आज तो अच्छे से अच्छे अधिकारियों को भी एक दूषित व्यवस्था के अधीन काम करना पड़ता है। उन्हें एक ऐसे राजकीय सेवा-विभाग की परंपराओं का निर्वाह करना पड़ता है जिसने अपनी प्रतिष्ठा को अपना दीन और ईमान बना लिया है, जो अपने आप को भूल करने की संभावना से लगभग परे मानता है, और जो शायद ही कभी अपनी भूल स्वीकार करता हो।"(14/368-69) इसलिए क्रांतिकारी संघर्ष के दौरान पूरे राज्य-तंत्र को बदलना जरूरी होता है, नई परंपराओं का निर्माण करना जरूरी होता है। किसानों और मजदूरों की मेहनत से जमींदारों और पूंजीपतियों ने जो संपत्ति बटोरी है, उस पर उनका कोई दैवी अधिकार नहीं है। "यदि पूंजीपति वर्ग काल का संकेत समझ कर संपत्ति के बारे में अपने इस विचार को बदल डाले कि उस पर इस वर्ग का ईश्वर-प्रदत्त अधिकार है, तो जो 7 लाख घूरे आज गांव कहलाते हैं, उन्हें आनन-फानन शांति, स्वास्थ्य और सुख के धाम बनाया जा सकता है।"(42/251) काल का संकेत अर्थात् इतिहास की गति। सामाजिक विकास की मांग है कि जो संपत्ति जनता के श्रम से इकट्ठा की गई है, उसका उपयोग जनता के हित में हो। जो लोकतंत्र जनता के हित में काम करेगा, उसमें "मुख्य उद्योगों और खनिज पदार्थों के स्वामित्व पर सरकार का नियंत्रण होगा।"(45/393) इस लोकतंत्र में "खेत जोतने वाले किसानों को जमीन का मालिक होना चाहिए।"(83/61) समाज में दलितों का बहुत बड़ा समुदाय है। "कानून को उनकी सहायता के लिए आना है और उनके लिए मीलों क्षेत्र अलग निकालना है। वे आज एक जगह से दूसरी जगह खदेड़े जा सकते हैं, और इसकी न तो वे शिकायत कर सकते हैं, न कानून की सहायता ही प्राप्त कर सकते हैं। इसलिए विधान-मंडल का पहला काम यह देखना होगा कि स्थिति को कुछ हद तक समान करने के लिए इन लोगों को मुक्त-हस्त से अनुदान दिए जाएँ।"(48/351) "भारत की भावी सरकार को परिस्थितियों को समान करने के लिए लगातार वह काम करना पड़ेगा जिसकी मौजूदा सरकार ने उपेक्षा की अर्थात् जिन लोगों को प्रकृति ने अथवा स्वयं सरकार ने कृपा करके धन और अन्य सुविधाएँ प्रदान की हैं, उनके विरुद्ध और भूखे मरते भारतीयों के पक्ष में उसे बराबर भेदभाव करना होगा। शायद भावी सरकार को

मजदूरों के लिए मुफ्त घरों की व्यवस्था करना आवश्यक होगा।"(48/349) देशी हो या विदेशी, यदि धनी लोगों ने "सरकारी अधिकारियों की सेवा कर के रियायतें हासिल की होंगी, मीलों जमीन प्राप्त की होगी तो यदि शासन की लगाम मेरे हाथ में हुई तो मैं तुरंत इन्हें उससे बेदखल कर दूंगा।"(48/352) संपत्ति का नए सिरे से बंटवारा करना, नई तरह के संपत्ति के संबंध स्थापित करना, यह लोकतंत्र का उद्देश्य होगा। पूंजीवादी व्यवस्था को खत्म करना इसलिए जरूरी है कि "पूंजीवाद के अंतर्गत एक उन्नत औद्योगिक व्यवस्था और हरेक को रोज़गार, ये दो परस्पर विरोधी बातें हैं।"(83/275) मिदनापुर के कार्यकर्ताओं में किसी ने गाँधीजी से पूछा : मार्क्स के बारे में आपके क्या विचार हैं। उन्होंने कहा कि "अपनी नजरबंदी के दौरान मुझे 'कैपिटल' पढ़ने का सुअवसर और सौभाग्य प्राप्त हुआ। मार्क्स की लगन और विलक्षणता का मैं बहुत कायल हूं। लेकिन उनके निष्कर्षों को मैं नहीं मान सकता। मुझे यह विश्वास नहीं है कि हिंसा अहिंसा का मार्ग प्रशस्त कर सकती है। विश्व-चिंतन तेजी से आगे बढ़ रहा है और मार्क्स पुराने पड़ते जा रहे हैं। किंतु इससे उस महान् व्यक्ति की लगन और कार्य की महत्ता कम नहीं होती।"(82/357-58) लेकिन आर्थिक समानता का जो लक्ष्य मार्क्स के सामने था वही गाँधीजी के सामने था, और यह बात उन्होंने स्वीकार की थी : "आर्थिक समानता की मेरी जो कल्पना है, उसका अर्थ यह नहीं है कि प्रत्येक व्यक्ति के पास सचमुच एक बराबर रकम होगी। इसका अर्थ सिर्फ यह है कि प्रत्येक मनुष्य के पास जरूरत भर का पर्याप्त धन होगा... हाथी को चींटी के मुकाबले हजार गुना ज्यादा भोजन चाहिए लेकिन यह असमानता का द्योतक नहीं है। आर्थिक समानता का वास्तविक अर्थ है हर मनुष्य को उसकी जरूरत के अनुसार मिले। यह मार्क्स की व्याख्या है।"(83/30)

पूंजीवादी व्यवस्था के समाप्त होने पर ही आर्थिक समानता की यह धारणा चरितार्थ हो सकती है। जनवरी 1922 में गाँधीजी ने कांग्रेसी कैदियों के बारे में लिखा था : "जिस समय ये कैदी स्वयं कष्ट सह रहे थे और बेंत खा रहे थे, तब तो उन्हें दुख के पहाड़ के पीछे से स्वराज्य का सूर्य निकलता हुआ दीखता था और उसकी गर्मी से वे अपना दुख भूल जाते थे। किंतु अब जब उन्हें जेल में स्वराज्य मिला, स्वतंत्रता मिली, तब जैसे लुटेरे लूट के माल के लिए आपस में लड़ते हैं, वैसे ही ये स्वराज्य के लुटेरे आपस में लड़ रहे हैं।"(22/241) कांग्रेस में वर्गों का जो समीकरण था, उससे इस तरह के स्वराज्य के लुटेरों का पैदा होना अनिवार्य था। 1922 में तो बहुत थोड़े अधिकार मिले थे। 1947 में जब ज्यादा अधिकार मिले तब लुटेरों की लड़ाई भी और तेज हुई और उनकी संख्या में भी वृद्धि हुई। सिद्धांत रूप में ट्रस्टीशिप की बात चाहे जितनी सुहावनी मालूम हो, व्यवहार में तो वह लुटेरेपन में बदल जाती थी।

पूंजीवादी विकास का अर्थ है नैतिक ह्रास। "गलत होड़ व्यापार में ही चल रही है और उसके परिणामस्वरूप छल कपट, चोरी इत्यादि अनीति बढ़ गई है। दूसरी ओर जो माल तैयार होता है, वह खराब और सड़ा हुआ होता है।" (8/330) पूंजीवाद पूरे समाज को पशु जगत के स्तर पर ले आता है। "केवल लेन-देन के नियम के अनुसार काम लेना या व्यापार करना ही काफी नहीं है। चूहे छोटे जंतुओं को खा डालते हैं। भेड़िया मनुष्य तक को खा जाता है। उनका दस्तूर ही यही है। उनकी बुद्धि में कुछ और आता ही नहीं है। परंतु ईश्वर ने मनुष्य को समझ दी है, न्याय बुद्धि दी है। अतएव दूसरों को खा कर, उन्हें ठग कर, उन्हें भिखारी बनाकर, मनुष्य को खुद धनवान नहीं होना है।" (8/329) पूंजीवादी लोकतंत्र लुटेरों का तंत्र है। "दुनिया पर चारों ओर दृष्टि डालने से हम देख सकेंगे कि स्वराज्य के नाम से पहचाना जाने वाला राज्य प्रजा की खुशहाली या उसके सुख के लिए पर्याप्त नहीं है। एक आसान उदाहरण से यह बात स्पष्ट हो जाएगी। लुटेरों की टोली में स्वराज्य हो तो क्या नतीजा आएगा, इसकी कल्पना सब कर सकते हैं। वे तो अंत में तभी सुखी हो सकते हैं, जब उन पर ऐसे लोगों का नियंत्रण हो जो खुद लुटेरे नहीं हैं। अमेरिका, फ्रांस, इंग्लैंड, ये सब बड़े राज्य हैं। लेकिन वे सचमुच सुखी हैं, ऐसा मानने का कोई कारण नहीं हैं। (8/366-67)

ब्रिटिश साम्राज्य और भारत। "हिंदुस्तान जिस समय गुलामी की जंजीरों में बंधा, उस समय हिंदुस्तान में जैसा और जितना कपड़ा बनता था, वैसा और उतना कपड़ा दुनिया के किसी अन्य देश में नहीं बनता था। और इतने पर भी तब यहां कपड़ों का एक भी कारखाना न था। उस समय खादी से लेकर ढाका की मलमल तक तरह-तरह का कपड़ा यहां बनता था। उससे हिंदुस्तान की आवश्यकता पूरी होती थी और अतिरिक्त कपड़ा विदेशों को भेज दिया जाता था।"(19/151) फिर भारत में ईस्ट इंडिया कंपनी आई। "ईस्ट इंडिया कंपनी ने जिस दिन भारत में कदम रखा, उसी दिन से भारत की हालत गिरने लगी। तभी से बुनकरों और कत्तिनों ने अपना-अपना धंधा छोड़ना आरंभ कर दिया। चंपारन में (अभी-अभी तक) जिस तरह लोगों से नील की पैदावार ले ली जाती थी, उसी तरह उन दिनों लोगों से सूत मांगा जाता था और वह भी इतना अधिक कि लोगों ने तंग आकर अपनी उंगलियां ही काट डालीं। इसके बाद यहां लंकाशायर का कपड़ा आने लगा।" (19/151) भारत के उद्योग-धंधों को तबाह करने और अपना माल यहां बेचने के लिए अंग्रेजों को राज्य शक्ति आवश्यक थी। "ईस्ट इंडिया कंपनी लालच की प्रेरणा से ही यहां आई थी। उसने यहां आकर देखा था कि राज्य के बिना तो व्यापार नहीं चलाया जा सकता। उसने यहां सोने और चांदी की खानें देखीं। ये खानें थीं हमारे शरीर और उन पर पहने हुए वस्त्र। इस सोने चांदी को लूटने के लिए इस हुकूमत ने

हमको नंगा कर दिया। हमें लालच दिखाकर, अत्याचार और अनेक प्रकार के अन्यायों से हमारे वस्त्रों का अपहरण कर लिया।" (22/304) "देश के लोगों को कपड़ा तैयार करने का अपना धंधा छोड़ने के लिए बार-बार आतंकित और विवश किया गया।" (21/119) "बंगाल तो उन नफीस कतैयों की जन्मभूमि है जिनकी टक्कर के कतैये दुनिया में कहीं पैदा ही नहीं हुए। बंगाल को ही ईस्ट इंडिया कंपनी का पूरा-पूरा शिकार होना पड़ा था।" (25/52) साम्राज्यवादी शोषण का मुख्य तरीका यह है कि पिछड़े हुए देशों को कच्चे माल का गोदाम बनाओ और वहां अपना तैयार माल भेजो। इस तरह उन देशों में गरीबी बराबर बढ़ती जाती थी। "भारत में दरिद्रता बढ़ रही है। दूसरा कोई नतीजा हो भी कैसे? जो देश अपना कच्चा माल बाहर भेजता है और बाहर से उसकी चीज बन कर यहां आती है, तब जो उन्हें लेता है, जो देश स्वयं कपास पैदा करता है, फिर भी अपने कपड़ों के लिए करोड़ों रुपए बाहर भेजता है, उस देश में गरीबी न हो तो और क्या हो?" (14/54-55) कर्जन ने कहा था : "भारत ब्रिटिश साम्राज्य रूपी भवन का कलश है। और भारत के ही कारण ब्रिटिश 'साम्राज्य' शब्द संभव हुआ है। मैं नहीं जानता भारत का अस्तित्व संभव भी है या नहीं।"(8/228-29) दूसरे उपनिवेशों में ब्रिटेन का जितना माल जाता था उससे ज्यादा माल भारत आता था। "भारत इस समय इंग्लैंड का सबसे बड़ा ग्राहक है··· भारत ब्रिटेन की उपज का और तैयार माल का साढ़े 14 प्रतिशत खरीदता है जब कि आस्ट्रेलिया सिर्फ 8 प्रतिशत और कनाड़ा तथा दक्षिण अफ्रीका मात्र 6-6 प्रतिशत ही खरीदते हैं।" (11/436) साम्राज्य की रक्षा के लिए अंग्रेज भारत में बहुत बड़ी फौज रखते थे। "मोटे तौर पर इसमें 60 हजार ब्रिटिश और एक लाख 60 हजार भारतीय सिपाही हैं। सबके सब किराए के टट्टू। भारतीय सिपाहियों का चुनाव यह देखकर किया जाता है कि उनमें कोई राष्ट्रीय भावना न हो। उन्हें एक प्रकार से ऐसा प्रशिक्षण दिया जाता है जिससे वे अपने आप को विदेशी समझें, उन साधारण लोगों को अवहेलना की दृष्टि से देखें जित्तसे उनका कोई साम्य नहीं है। इस सारी सेना का उपयोग बाहरी आक्रमणों के लिए, भारत में ब्रिटिश हितों तथा ब्रिटेन वालों की जान की सुरक्षा के लिए किया जाता है।" (48/476-77) इस हथियारबंद सेना के साथ ब्रिटिश नौकरशाहों की एक बहुत बड़ी फौज थी। इन दोनों फौजों का खर्च मूल रूप से किसानों से वसूल किया जाता था।

जर्मनी और इंग्लैंड आपस में लड़ते थे। स्वाधीनता और लोकतंत्र की दुहाई देते थे। परंतु दोनों ही देश शोषक थे। इंग्लैंड करमुक्त व्यापार का हामी था। जर्मनी ने इसका विरोध किया। इस तरह जर्मनी ने अपना विकास किया पर "ज्यों ही इंग्लैंड और जर्मनी द्वारा शोषित देश संभल जाएंगे और अपना शोषण नहीं होने देंगे, त्यों ही इन दोनों देशों को अपनी अर्थनीति बदलनी पड़ेगी, क्योंकि इन दोनों देशों की सभ्यता दूसरे देशों के शोषण पर आधारित है।" (33/331) दोनों देश आपस में लड़ते थे। दोनों की समृद्धि दूसरे देशों के शोषण पर निर्भर थी। दूसरे महायुद्ध में मित्र राष्ट्रों की विजय हुई तो इससे

संसार की परिस्थिति बदलने वाली नहीं थी। एक दूसरे युद्ध की तैयारी भी हो सकती थी। जनता सुखी, शांतिमय जीवन बिताए, इसके लिए साम्राज्यवाद को निर्मूल करना आवश्यक था। फरवरी 1945 में गाँधीजी ने मित्र राष्ट्रों की संभावित विजय के बारे में कहा : "ऐसी विजय का परिणाम तो यही हो सकता है कि निकट भविष्य में ही एक और युद्ध भी भड़क उठे जो मौजूदा युद्ध से भी अधिक खूनी होगा, यदि इससे अधिक खूनी युद्ध संभव हो, कारण, जैसा कि मैंने अन्यत्र कहा है, भारत की बलि चढ़ाकर प्राप्त की गई विजय का मतलब यह होगा कि फासीवाद, नाजीवाद और जापानी सैन्यवाद के ध्वंसावशेष में से एक ऐसे नए दानव का उदय होगा जो अपने सामने की सभी वस्तुओं को अपना ग्रास बना लेना चाहेगा और इस प्रयत्न में वह खुद ही काल का ग्रास बन जाएगा। वह अपने पीछे क्या छोड़ जाएगा, कहा नहीं जा सकता।"(19/145-46) फासीवादी नाजीवाद के खात्मे के बाद जो दानव सामने आया है, वह अमरीकी साम्राज्यवाद है। वह अपने सामने की सभी वस्तुओं को अपना ग्रास बना लेना चाहेगा। यह बात खरी उतरी है। इस प्रयास में वह खुद ही काल का ग्रास बन जाएगा, यह भविष्यवाणी आगे कभी सार्थक होगी।

1942 में कुछ लोग सोचते थे, जापानी आक्रमण भारत को आजाद करने के लिए है। जापान की लड़ाई तो अंग्रेजों से है, भारत वासियों से नहीं। जापानी ऐसा प्रचार भी करते थे। किंतु गाँधीजी ने दिसंबर 1942 में कहा : "निस्संदेह अंग्रेजी हुकूमत से छुटकारा पाने के लिए लोगों को किसी भी सूरत में जापान का सहारा नहीं लेना चाहिए। यह इलाज मर्ज से भी बदतर साबित होगा।"(77/184) बड़े पूंजीवादी देश पिछड़े हुए देशों को अपना बाजार बनाकर वहां अपना तैयार माल बेचते हैं। भारत के बाजार पर जापानियों और अमरीकियों की निगाह है, यह बात गाँधीजी ने 1920 में ही लक्ष्य की थी। बहिष्कार की सीमाएँ बताते हुए उन्होंने लिखा था : "बहिष्कार का एक अप्रत्यक्ष परिणाम अपने देश के उत्पादन में वृद्धि भी हो सकता है, लेकिन तभी जब इसका प्रचार बहुत दिनों तक होता रहे। परंतु इससे एक अन्य चिंताजनक बात अवश्य पैदा हो जाती है, इसलिए कि बहिष्कार का अर्थ सभी विदेशी वस्तुओं का बहिष्कार नहीं, केवल ब्रिटिश वस्तुओं का बहिष्कार है। इससे अधिक संभावना इसी बात की है कि अन्य देशों जैसे अमेरिका तथा जापान की वस्तुओं का भी प्रचार बढ़ जाएगा। जापान का व्यापार भारतीय बाजार में जिस तरह अपना प्रभुत्व जमाता जा रहा है, उसे मैं सदा आशंका की दृष्टि से देखता हूं।" (16/500) इसलिए देश को आर्थिक रूप से स्वाधीन बनाने के लिए जापान जैसे बड़े पूंजीवादी देशों के माल का बहिष्कार आवश्यक है।

जापानी सेनाएँ देश में घुस आएँ तो भारतवासियों को क्या करना चाहिए? इस बारे में गाँधीजी ने मई 1942 में मीरा बहन के प्रश्नों का उत्तर देते हुए विस्तार से अपने निर्देश दिए। लिखा : "याद रखें, कि हमारा रवैया जापानी सेना के साथ पूर्ण असहयोग का है। इसलिए हमें उन्हें किसी तरह की कोई मदद नहीं देनी चाहिए और न उनसे

लेन-देन करके फायदा उठाना चाहिए... एक बात उन्हें कहनी नहीं, करनी चाहिए। यानी खुशी से जापानियों की बात मानना। यह कायरता का काम होगा और स्वतंत्रता प्रेमी लोगों को शोभा नहीं देती। उन्हें एक आग से बचाने के लिए दूसरी आग में, जो शायद अधिक भयंकर होगी, नहीं पड़ना चाहिए। इसीलिए उनका रवैया तो सदा जापानियों का विरोध करना ही होना चाहिए। ...अगर भारतीय सैनिकों का हमारे लोगों से संपर्क हो और उनका सद्भाव हो, तो हमें उनसे भाईचारे का बर्ताव करना चाहिए और उनसे यथासंभव राष्ट्र का साथ देने को कहना चाहिए। संभवतः उन्हें यह वचन देकर लाया गया है कि वे देश को विदेशी जुए से छुड़ाएंगे। विदेशी जुआ नहीं रहेगा तो उनसे आशा रखी जाएगी कि वे जनता के मित्र बनें और ब्रिटिश सरकार की जगह जो राष्ट्रीय सरकार कायम हो, उसकी आज्ञा मानें। अगर अंग्रेज भारतीयों के हाथों में सब कुछ छोड़ कर व्यवस्थित ढंग से चले जाएंगे, तो सारी बातें खूबी के साथ हो सकेंगी और जापानियों के लिए भारत या उसके किसी भी हिस्से में शांति से जमकर बैठना कठिन हो सकता है, क्योंकि उनका वास्ता ऐसी आबादी से पड़ेगा जो दिल में नाराज और मुकाबले के लिए तैयार होगी।"(77/189-90)

अगस्त-क्रांति शुरू करने से पहले सरदार वल्लभ भाई पटेल ने जापान के बारे में जो कुछ कहा, वह भी यहां स्मरण करने योग्य है। "जापान भारत के प्रति प्रेम दिखा रहा है और भारत को स्वाधीनता दिलाने का वादा कर रहा है। यदि जापान सचमुच भारत को स्वाधीनता दिलाना चाहता है तो फिर जापान सरकार चीन के विरुद्ध अब तक युद्ध क्यों जारी रखे हुए है? भारत की स्वाधीनता की बात करने से पहले चीन को आजाद करना जापान का फर्ज है।"(77/212)

पूंजीवादी राज्य सत्ता की विशेषता क्या है? उसकी सबसे बड़ी विशेषता यह है कि वह जनता को लूटने का साधन है और यदि जनता विरोध करे तो शस्त्र बल से उसे दबाने का साधन भी है। जनवरी 1922 में गाँधीजी ने सत्ता और स्वराज्य में भेद करते हुए लिखा था : "सत्ता और स्वराज्य में बहुत भेद है, यह हम समझ लें। इस समय हममें से बहुत से लोग यह सारी खटपट केवल इस सत्ता के लिए ही कर रहे हैं। इस सत्ता की लूट में मुझे विघ्न और विक्षेप होते दीखते हैं। उसमें मुझे हिंसा के लक्षण दिखाई देते हैं। स्वराज्य की लूट में तो शुद्ध स्पर्धा ही हो सकती है। स्वराज्य का अर्थ है, हर एक का अपने ऊपर राज्य। इस लड़ाई में जो झुकता है और जो सहन करता है, वह प्रथम आता है। इसमें मर्यादा के पालन की बहुत जरूरत है। सत्ता की लूट में तो सभी प्रथम रहना चाहते हैं, इसलिए सभी लड़ते हैं। सत्तामूलक राज्य में जो प्रथम आ गया, वही प्रथम रहता है। स्वराज्य में जो पीछे आता है, वह प्रथम रहता है। इस प्रकार इन दोनों में उतना ही अंतर है जितना हाथी और घोड़े में अथवा पूर्व और पश्चिम में।"(22/250) गाँधीजी यहां जिस सत्ता की बात कहते हैं, वह पूंजीवादी राज्य सत्ता है। पूंजीवादी समाज में लोग धन कमाने में एक दूसरे से होड़ करते हैं। कोई मरता है या जीता है, इसकी उन्हें चिंता

नहीं होती। जो छलकपट में या शस्त्र बल में आगे बढ़ा हुआ होता है, वह दूसरों को परास्त कर देता है। जिनमें छल कपट नहीं या शस्त्र कपट नहीं है या शस्त्र बल नहीं है, वे पीछे रह जाते हैं और मारे जाते हैं। यह पूंजीवादी समाज की विशेषता है।

धन बल और शस्त्र बल थोड़े से लोगों के पास ही होता है। ये मुट्ठी भर लोग बहुसंख्यक जनता पर आतंक के द्वारा शासन करते हैं। फरवरी 1922 में गाँधीजी ने लिखा : "यदि मुट्ठी भर लोगों को करोड़ों लोगों पर राज्य करना हो तो या तो वह आतंक और अत्याचार के द्वारा किया जा सकता है या उन्हें फकीर बनकर रहते हुए जितना कुछ किया जा सके, उतना करना होगा। किंतु ऐसा फकीर बनने के लिए तो परहित बुद्धि और स्वार्थ त्याग की जरूरत है। यदि न हो तो आज की तरह अन्याय करके ही बहुसंख्यक लोगों के ऊपर शासन किया जा सकता है।"(22/304) पूंजीपति फकीर बनने के लिए पैसा नहीं कमाते। वे दूसरों को गुलाम बनाने के लिए पैसा कमाते हैं। बहुसंख्यक जनता फकीर बन जाती है इसलिए कि उसके पास पहनने की पर्याप्त चीजें नहीं होतीं। मुट्ठी भर लोग करोड़ों लोगों पर छल कपट से शासन करते हैं। छल कपट काम नहीं देता तब आतंक का सहारा लेते हैं। हर हालत में अन्याय करके ही वे बहुसंख्यक जनता पर शासन कर सकते हैं। पूंजीवादी व्यवस्था का आधार ही अन्याय है। कानून भले ही जनता के हित में बनाया जाए लेकिन जिसके हाथ में ताकत होती है, वह उसका उपयोग अपने हित में करता है। बिहार में गाँधीजी का अनुभव था : "जो कानून किसानों की रक्षा के लिए बनाए गए हैं, गोरे जमींदारों ने उन्हीं का उपयोग उन्हें गुलाम बनाने में कर डाला है।" (13/397) "अंग्रेजी राज में मजिस्ट्रेट उन्हें धड़ाधड़ सजाएँ दे रहे हैं।"(20/138) पूंजीवादी लोकतंत्र और फासिस्ट तानाशाही में अंतर होता है। परंतु पूंजीवादी लोकतंत्र अपनी नीति से इस फासिस्ट तानाशाही के लिए मार्ग प्रशस्त करता है। गाँधीजी ने कहा : "फासिस्ट और नाज़ी तथाकथित प्रजातंत्रों के दुष्कृत्यों की ही उपज हैं—उनके दुष्कृत्यों के जवाब हैं या यदि हम ऐसा न कहना चाहें तो ऐसा कह लें कि वे उनके संशोधित संस्करण हैं।" (69/196) यह बात यूरोप के लिए सही थी और भारत में भी घटित हो रही है। पूंजीवादी व्यवस्था वास्तव में लूटमार की अराजक व्यवस्था है। इस व्यवस्था को कायम रखने के लिए दमन का सहारा लिया जाता है। 1922 में अंग्रेजों ने हड़तालें तोड़ने और जनता को दबाने के लिए जो प्रयत्न किए, उनके लिए गाँधीजी ने 'कानूनी अराजकता' शब्दों का व्यवहार किया है : "कलकत्तावासियों ने यह कानूनी अराजकता अत्यंत सहनशीलता के साथ बर्दाश्त की है।" (22/146) अराजकता पर कानून का पर्दा पड़ा रहता है और कभी-कभी यह पर्दा उठ जाता है।

गाँधीजी पूंजीवादी राज्यसत्ता का विरोध करते थे। परंतु यदि वह स्वयं लोकतंत्र स्थापित करते, सत्ता की बागडोर उनके हाथ में होती, तो वह क्या करते?

अंग्रेजों की सेवा करके कुछ लोगों ने बहुत-सी जमीन पर अधिकार कर लिया था। गाँधीजी ने कहा, इनसे यह जमीन छीन लेनी चाहिए। "यदि इन्होंने सरकारी अधिकारियों

की सेवा करके रियायतें हासिल की होंगी, मीलों जमीन प्राप्त की होगी, तो यदि शासन की लगाम मेरे हाथ में हुई तो मैं तुरंत इन्हें उससे बेदखल कर दूंगा।"(48/352) दिल्ली में बहुत-सी बड़ी-बड़ी इमारतें हैं। यहां महामारी फैले और अस्पतालों की जरूरत हो तो क्या करना चाहिए? गाँधीजी कहते हैं : "हम उन इमारतों पर अधिकार करेंगे, इन प्लेगग्रस्त रोगियों को उनमें रखेंगे और उनका अस्पताल की तरह उपयोग करेंगे, क्योंकि मेरे खयाल से वे इमारतें राष्ट्र के सर्वोच्च हितों के विरुद्ध हैं।"(48/353) समाज का एक सबसे उत्पीड़ित हिस्सा दलितों का है। इन्हें दलित अवस्था में रखने के लिए कौन जिम्मेदार है? गाँधीजी कहते हैं : "मुझे भय है, पूंजीपतियों, जमींदारों, तथाकथित ऊंची जातियों और उसके बाद अंत में वैज्ञानिक विधि से ब्रिटिश शासकों ने दलितों और पतितों को जिस कीचड़ में डुबो दिया है, उससे उन्हें निकालने के लिए भारत आगामी अनेक वर्षों तक कानून बनाने में संलग्न रहेगा।" इनकी हालत बदलने के लिए कानून क्या करेगा? "कानून को उनकी सहायता के लिए आना है और उनके लिए मीलों क्षेत्र अलग निकालना है। आज उनके पास जरा भी जमीन नहीं है। आज वे तथाकथित ऊंची जातियों की दया पर, और मैं कह सकता हूं, सरकार की दया पर जीवित हैं।" सबसे पहले इनके लिए जमीन की व्यवस्था करना है। जमीन के साथ इनकी उन्नति के लिए विशेष अनुदान आवश्यक होंगे। ये अनुदान कहां से आएंगे? गाँधीजी कहते हैं : "ईश्वर की जेब से तो आएंगे नहीं। राज्य के लिए ईश्वर आकाश से रुपयों की वर्षा नहीं करेगा। स्वभावतः यह रकम धनिक वर्गों के पास से ही आएगी जिनमें यूरोपीय भी शामिल हैं।"(48/351) विशेषाधिकारों को समाप्त करना, जमीन का नए सिरे से बँटवारा करना, धनी लोगों से धन लेकर गरीबों की सहायता करना, दलितों को जमीन देना, उनकी उन्नति के लिए विशेष अनुदान की व्यवस्था करना, ये सारे काम गाँधीजी की राज्यसत्ता को करने थे। गाँधीजी का लोकतंत्र मजदूरों का पक्षधर होगा। "शायद भावी सरकार को मजदूरों के लिए मुफ्त घरों की व्यवस्था करना आवश्यक होगा। उस समय भारत के धनिक लोग यह कह सकते हैं कि यद्यपि हमें इस प्रकार के घरों की आवश्यकता नहीं है, फिर भी यदि आप उनके लिए घरों की व्यवस्था करते हैं तो हमें भी उसके बदले में सहायता दें। यह निस्संदेह मजदूरों के पक्ष में भेदभाव होगा। और इस सूत्र के अनुसार धनिक लोग यह कह सकते हैं कि वह उनके विरुद्ध भेदभाव है।"(48/349-50) इस तरह पूंजीवादी लोकतंत्र के बदले गाँधीजी ऐसा लोकतंत्र कायम करना चाहते थे जो जनता के हित में हो।

इस आदर्श जनतंत्र तक पहुंचा कैसे जाए? गाँधीजी का सुझाव था : "पूंजीवादी लोकतंत्र आतंक और हिंसा पर निर्भर है। जनता के समर्थन से गांव-गांव में समितियां बनाई जाएँ तो वे समानांतर सरकार का काम कर सकती हैं। इन समितियों को हिंसा से कुछ लेना देना न होगा। उन्हें जनता का समर्थन प्राप्त होगा इसलिए वे पूंजीवादी लोकतंत्र की हिंसा का मुकाबला कर सकेंगी।" 20 मार्च 1921 के नवजीवन में 'कांग्रेस

का संविधान' शीर्षक लेख गाँधीजी ने लिखा। उसमें उन्होंने बताया : "कांग्रेस के संविधान का पूरा-पूरा अर्थ समझ लेना जरूरी है। उस संविधान की रचना स्वराज्य समय पर प्राप्त करने के उद्‌देश्य से की गई है। उसके अनुसार यदि हम प्रत्येक गांव में कांग्रेस समिति बना सकें और उसके रजिस्टर में वहां के 21 वर्ष के प्रत्येक स्त्री-पुरुष का नाम दर्ज कर सकें, तो उसका अर्थ यह होगा कि सरकार की ही भांति प्रत्येक गांव में कांग्रेस की सत्ता भी चलती है। सरकार की सत्ता का आधार तो जोर-जबर्दस्ती है। तब यदि वहां लोगों की स्वेच्छा से एक अन्य सत्ता का शासन चलना प्रारंभ हो जाए तो लोक-प्रतिकूल सरकारी सत्ता एक पल के लिए भी नहीं टिक सकती। इसलिए यदि हम कांग्रेस के संविधान को पूर्णतया व्यापक कर सकें तो समझ लीजिए कि उसी दिन स्वराज्य की स्थापना हो जाएगी।"(19/467) सरकार की सत्ता का आधार तो जोर-जबर्दस्ती है। यह बात केवल ब्रिटिश शासन तंत्र के बारे में नहीं कही गई वरन् हर पूंजीवादी जनतंत्र के बारे में कही गई है। इस पूंजीवादी जनतंत्र को हटाकर जनता का लोकतंत्र कायम किया जा सकता है। कांग्रेस या कोई भी जनता की प्रतिनिधि संस्था गांव-गांव में अपनी समितियां कायम कर सकती है। और ये समितियां लोकसत्ता के संस्थान बन सकती हैं। रूस में सोवियतें इसी लोक ढंग की संस्थाएँ थीं। बोल्शेविक पार्टी ने पूंजीवादी लोकतंत्र के मुकाबले उन्हें लोक सत्ता का अधिष्ठान बनाया था। सोवियत राज्य सत्ता की स्थापना शांतिपूर्ण ढंग से हुई। जब पूंजीवादी लोकतंत्र ने उनके खिलाफ संघर्ष प्रारंभ किया, तब सोवियतों ने आत्मरक्षा में युद्ध किया।

ऐसी समानांतर सरकारों के बारे में कांग्रेस के अन्य नेता भी सोचते थे। उनमें एक नेता सुभाषचंद्र बोस थे। दिसंबर 1929 में कांग्रेस के लाहौर अधिवेशन में गाँधीजी के प्रस्ताव में सुभाषचन्द्र बोस ने एक संशोधन रखा जो वास्तव में एक अलग प्रस्ताव था। इस संशोधन के विरोध में गाँधीजी ने जो कुछ कहा, वह ध्यान देने योग्य है : "मैं इस बात से नहीं मुकरता कि यह एक अच्छा सुझाव है पर यह मेरे प्रस्ताव से कहीं आगे जाता है। इसमें समानांतर सरकार का सुझाव दिया गया है। यदि आप सोचते हैं कि आज आप समानांतर सरकार की स्थापना कर सकते हैं, तब मैं आपसे यह कह दूं कि इस समय एक हजार गांवों में भी कांग्रेसी झंडा नहीं फहराता। जो लोग इस संशोधन का समर्थन करते हैं, उनके प्रति मेरा पूरा आदर भाव है पर यह वीरता नहीं है, यह दूरदर्शिता नहीं है, यह बुद्धिमानी नहीं है। आप मात्र प्रस्ताव पास करके स्वराज्य की स्थापना नहीं कर सकते। आप स्वराज्य की स्थापना शब्दों में नहीं, वरन् अपने कार्यों में करेंगे।" (42/367) यहां गाँधीजी सीधे समानांतर सरकारों का विरोध नहीं करते। वह उन्हें स्थापित करने के लिए आवश्यक तैयारी करने के पक्ष में हैं। जो बात गाँधीजी ने सन् 21 में कही थी, वही बात सुभाषचन्द्र बोस सन् 29 में कह रहे थे। लेकिन दोनों नेताओं की कार्य-नीति में फर्क था। गाँधीजी के विचार को कार्यरूप में परिणत नहीं किया गया पर वह क्रांतिकारी विचार था और बहुत ही मूल्यवान था। जब भी लोग पूंजीवादी

लोकतंत्र के बदले जनता के लोकतंत्र की स्थापना करेंगे तब उन्हें किसी न किसी रूप में गाँधीजी के बताए मार्ग पर ही चलना होगा।

गाँधीजी के लोकतंत्र की एक बहुत बड़ी विशेषता उसकी धर्मनिरपेक्षता है। मार्च 1931 में कांग्रेस के कराची अधिवेशन में मौलिक अधिकारों पर प्रस्ताव पेश करते हुए गाँधीजी ने कहा : "धार्मिक निरपेक्षता उसकी एक और महत्वपूर्ण धारा है। स्वराज्य हिंदू धर्म को इस्लाम पर या इस्लाम को हिंदू धर्म पर कोई तरजीह नहीं देगा। परंतु हमारा राज्य धार्मिक निरपेक्षता पर आधारित हो, इसलिए हम अभी से इस सिद्धांत को अपने दैनिक जीवन में अपना लें। हिंदू व्यापारी योग्य मुसलमानों को नौकरी देने में संकोच न करें और हर कांग्रेसी धर्मनिरपेक्षता को जीवन के हर क्षेत्र में अपना सिद्धांत बना ले।" (45/395) जो लोग धर्म से राष्ट्रीयता का संबंध जोड़ना चाहते हैं और इस तरह राज्य सत्ता पर अधिकार करना चाहते हैं, गाँधीजी की विचारधारा उनके विरुद्ध है। पूंजीवादी लोकतंत्र में सांप्रदायिकता के आगे झुकने की प्रवृत्ति है। धर्मनिरपेक्षता पूरी तरह अमल में तभी आ सकती है जब सभी धर्मों और संप्रदायों के किसान और मजदूर मिलकर काम करें। क्रांतिकारी संघर्ष के दौरान जनता जब अपना असांप्रदायिक भाईचारा कायम करती है, वह राज्यसत्ता को धर्म-निरपेक्ष रास्ते पर चलने के लिए विवश करती है। पूंजीपति और जमींदार अपने स्वार्थ के लिए हर तरह का समझौता करने को तैयार रहते हैं। श्रमिक जनता ही धर्मनिरपेक्ष लोकसत्ता कायम कर सकती है।

लोकसत्ता अपना कामकाज किस भाषा में करेगी? कामकाज तीन स्तरों पर होगा। गांव और जनपद के स्तर पर, प्रांत अथवा जातीय प्रदेश के स्तर पर और केंद्र के स्तर पर। केंद्र में राष्ट्र भाषा का व्यवहार होगा और प्रांतों में प्रांतीय भाषाओं का व्यवहार होगा। गांवों और जनपदों में भी इसी प्रांतीय भाषा का व्यवहार होगा। लोकसत्ता की स्थापना और उसका कामकाज लोकभाषा में ही हो सकता है। यह लोकभाषा जातीय भाषा है। गाँधीजी ने कहीं भी ग्रामीण बोलियों को शिक्षा या राजकाज का माध्यम बनाने की बात नहीं की है। मैं होमरूल लीग में क्यों शामिल हुआ, इस प्रश्न का उत्तर देते हुए गाँधीजी ने मई 1920 में कहा था : "हमें करोड़ों व्यक्तियों के साथ काम करना है, उन पर प्रभाव डालना है। इसलिए मैं इस लीग तथा उसके बाहर अपने क्रियाकलापों में, विभिन्न प्रांतों में उनकी प्रांतीय भाषाओं का तथा राष्ट्रीय स्तर पर राष्ट्रभाषा अर्थात् हिन्दी का उपयोग करने और करवाने का प्रयत्न करूंगा। धारा सभा के प्रत्येक सदस्य से मैं यह वचन लूंगा कि वह (प्रांतीय) विधान परिषद् में प्रांतीय भाषा तथा केंद्रीय विधान परिषद में राष्ट्र भाषा का प्रयोग करने और करवाने का प्रयत्न करेगा।" (17/405) यहां प्रांतीय भाषा की बात है, ग्राम भाषा या जनपदीय भाषा की बात नहीं है। केंद्रीय राजकाज की भाषा का व्यवहार प्रांतों में भी हो, इस बात का निषेध है। प्रांतों के कामकाज में उनकी अपनी भाषाओं का व्यवहार होना चाहिए। यह बात अलग है कि जो भाषा केंद्र में इस्तेमाल की जाएगी, वह भी किसी जातीय प्रदेश की भाषा होगी। जब

मताधिकार अत्यंत सीमित था, तब भी, मतदाता क्या करें, इस प्रश्न का उत्तर देते हुए गाँधीजी ने कहा : "उम्मीदवार से पूछिये कि क्या आप मानते हैं कि विभिन्न प्रांतों का कामकाज उनकी प्रांतीय भाषा में ही चलाया जाना चाहिए और राष्ट्र का काम राष्ट्रीय भाषा हिंदुस्तानी—अर्थात् हिंदी-उर्दू के मिले-जुले स्वरूप में चलना चाहिए? यदि आप ऐसा मानते हैं तो क्या आप यथासंभव प्रांत का काम उसकी धारा सभा में उसी की भाषा में चलाने तथा राष्ट्र का कामकाज राष्ट्र की भाषा में चलाने के लिए निरंतर प्रयत्न करते रहेंगे।"(17/459)

दक्षिण अफ्रीका के गोरे शासकों ने कहा : "भारतीयों ने अपने देश में मताधिकार का प्रयोग कभी नहीं किया। गाँधीजी ने उत्तर दिया : जब एंग्लो सैक्सन जातियों को प्रतिनिधित्व के सिद्धांतों का ज्ञान हुआ, उसके बहुत पहले से भारत राष्ट्र चुनाव के अधिकारों से परिचित रहा है और उनका प्रयोग करता आ रहा है।(1/135) यह बात जून 1894 की है। नवंबर 1909 में गाँधीजी ने ब्रिटिश लोकतंत्र की खासियत बताई : "जिसे आप पार्लियामेंटों की माता कहते हैं, वह पार्लियामेंट तो बंध्या है और वेश्या है।"(10/15) वेश्या इसलिए है कि "जो मंत्रिमंडल उसे रखता है, वह उसके पास रहती है। आज उसका धनी एस्क्विथ है, तो कल बॉलफर और परसों कोई तीसरा।"(10/15) और वह बंध्या इसलिए है कि "अब तक पार्लियामेंट ने अपने-आप एक भी अच्छा काम नहीं किया।"(10/15) इसके सिवा वह 'बकवासघर' भी है। "जितना समय और धन पार्लियामेंट नष्ट करती है, उतना समय और धन यदि कुछ अच्छे लोगों को मिले तो राष्ट्र का उद्धार हो जाए।"(10/16) ब्रिटिश पार्लियामेंट ही नहीं, सभी पूंजीवादी संसदों का काम है, जनता पर अत्याचार करें। पहले भी अत्याचारी शासक रहे हैं पर उनके और पूंजीवादी संसदों के अत्याचारों में फर्क है। अप्रैल 1910 में गाँधीजी ने कहा : "संसद का मोह त्यागना कठिन है। चमड़ी उतारना, जीवित व्यक्ति को आग में झोंकना, लोगों के कान और नाक काटना निस्संदेह जंगलीपन था। लेकिन चंगेज खां, तैमूर लंग और ऐसे ही अन्य लोगों के अत्याचारों की अपेक्षा संसद का अत्याचार बढ़-चढ़ कर है। इसी कारण हम उसमें फंस गए हैं। आधुनिक अत्याचार मोहजनित है, इस कारण वह अधिक खराबी करता है। एक व्यक्ति के अत्याचार के सामने टिका जा सकता है परंतु जनता के नाम से जनता पर किए गए अत्याचार का सामना करना बहुत कठिन है।" (10/219) अंग्रेजों ने एक बहुत बड़ा साम्राज्य स्थापित किया। साम्राज्य स्थापित करने में उनका जो लक्ष्य था, उसकी पूर्ति उनकी संसद करती थी। अंग्रेजों का लक्ष्य क्या था? "अंग्रेज अपने माल के लिए सारी दुनिया को अपना बाजार बनाना चाहते हैं।"(10/22) साम्राज्यवादी संस्कृति का अर्थ है 'बर्बरता' और उसका सारतत्व है 'लूट'। फरवरी 1922 में गाँधीजी ने लिखा : "इस प्रणाली के अंतर्गत बर्बरता का पोषण किया गया है और मानव-स्वभाव को पतन के गर्त में ढकेल दिया गया है और यह सब सिर्फ इसलिए किया गया है कि इस गरीब देश का—जिसके बारे में मेरी इच्छा ऐसा मानने की होती है कि

वह किसी समय मानव-शक्ति तथा धन-धान्य से भरा-पूरा था—शोषण करने और इसकी संपत्ति लूटकर अपना घर भरने पर कटिबद्ध एक अल्पसंख्यक समुदाय के व्यापारिक हितों के लिए बलात् छीनी गई सत्ता को कायम रखा जाए।"(22/322-23) साम्राज्यवादी शोषण का मूल रूप यह है कि पिछड़े हुए देशों से कच्चा माल ले जाओ और वहां तैयार माल बेचो। इसीलिए भारत और अफ्रीका के बीच विचारों और सेवाओं का व्यापार होगा, तैयार माल के बदले कच्चे माल का व्यापार नहीं होगा, जैसा कि पाश्चात्य देशों के शोषणकर्ता करते हैं। (83/15) पिछड़े हुए देशों को कच्चा माल का स्रोत बनाए रखने और अपने तैयार माल की बिक्री के लिए उन्हें बाजार बनाए रखने के साम्राज्यवादी ताकतें आपस में युद्ध करती हैं। इस तरह सैन्यवाद का जन्म होता है। गाँधीजी को विश्वास था कि सत्याग्रह विश्वव्यापी शक्ति बन जाए तो वह "उस निरंकुशता तथा निरंतर पैर पसारते जाने वाले सैन्यवाद की कपालक्रिया कर देगा जिसके जुए के नीचे पाश्चात्य देश कराह रहे हैं, जिसके बोझ से उनका दम घुटा जा रहा है और जो लगता है कि पूर्व के देशों की ओर दिन-ब-दिन मुँह बाए बढ़ता जा रहा है।" (12/452) भारत जैसे देशों के शोषण के बल पर इंग्लैंड जैसे राष्ट्र बड़ी-बड़ी सेनाएँ बनाते थे। दुनिया के बंटवारे के लिए युद्ध करते थे। ये युद्ध शांति और जनतंत्र की रक्षा के नाम पर किए जाते थे। परंतु गाँधीजी से यह छिपा नहीं था कि वास्तविक उद्देश्य दुनिया को लूटना था। जून 1920 में खिलाफत के संदर्भ में उन्होंने कहा था : "मित्र राष्ट्रों की लूटखसोट उनको हानि ही पहुंचाने लगी है।" (17/565) ये लूटखसोट शब्द ध्यान देने योग्य हैं। वे मित्र राष्ट्रों का वास्तविक उद्देश्य प्रकाशित करते हैं। दुनिया के बंटवारे के लिए ये राष्ट्र गुप्त संधियां करते थे और सोचते थे, ये कभी प्रकट न होंगी। लेकिन गाँधीजी ने कहा : "खून छिपा नहीं रहता। पता नहीं पिछली नापाक जंग के दौरान गुप्त संधियां करने वालों ने यह समझ लिया था या नहीं कि आखिरकार एक दिन उनका भेद खुलकर रहेगा।" (20/46) युद्ध का उद्देश्य लूटखसोट था, इसीलिए एक युद्ध समाप्त नहीं हुआ कि दूसरे युद्ध की तैयारी होने लगती थी। गाँधीजी ने 1922 में कहा था : "आज विश्वयुद्ध के बाद इंग्लैंड और जर्मनी का विकास नहीं हो रहा, बल्कि दोनों देशों में द्वेष के रूप में विष फैला हुआ है... फलतः वे दोनों अब फिर लड़ने की तैयारी कर रहे हैं।" (22/217) कुछ दिन बाद ये आशंका दूसरे विश्वयुद्ध के रूप में लोगों के सामने आ गई।

स्वाधीनता आंदोलन और प्रादेशिक पुनर्गठन

अंग्रेजों ने जो प्रांत और महाप्रांत बनाए थे, वे भाषा या जातीयता के आधार पर न बनाए थे। एक ही भाषा बोलने वाले लोग एक से अधिक प्रांतों में बंटे हुए थे और इन प्रांतों

में भी ब्रिटिश भारत और देशी रियासतों का भेद बना हुआ था। दिसंबर 1920 में गाँधीजी के निर्देश से कांग्रेस ने नागपुर अधिवेशन में नया संविधान पास किया। कांग्रेस कमेटियों को सत्ता का अधिष्ठान बनना था। इसीलिए कांग्रेस कमेटियों का चुनाव भाषावार प्रांतों के आधार पर होना था। मद्रास महाप्रांत बहुत बड़ा था। तमिलनाडु के लिए मद्रास शब्द का व्यवहार करते हुए गाँधीजी ने वहां की भाषा तमिल बताई। इसके सिवा आंध्र की भाषा तेलुगू, कर्नाटक की भाषा कन्नड़ और केरल की भाषा मलयालम बताई। इस तरह महाप्रांत को विघटित करके और देशी रियासतों का अलग अस्तित्व निरस्त करते हुए गाँधीजी ने दक्षिण भारत में चार जातीय प्रदेशों की कल्पना प्रस्तुत की। 'यंग इंडिया' में 'प्रांतों का पुनर्गठन कांग्रेस का नया संविधान' शीर्षक देकर गाँधीजी ने एक टिप्पणी लिखी। स्वाधीनता संग्राम से प्रांतों के पुनर्गठन का कितना गहरा संबंध था, यह गाँधीजी के इन वाक्यों से ज्ञात होगा। "आशा है कि नए संविधान के अनुसार विभिन्न प्रांतों ने अपने को पुनगर्ठित करने का काम शुरू कर दिया है। अगर हम एक साल के अंदर स्वराज्य हासिल करना चाहते हैं, तो हमें एक मिनट का समय भी नहीं खोना चाहिए।" प्रांतीय कमेटियों में प्रतिनिधि कैसे चुन कर भेजे जाएँ, इस बारे में गाँधीजी ने लिखा : "प्रतिनिधि भेजने और प्रांतीय कांग्रेस समितियों के सदस्यों का चुनाव करने के लिए ताल्लुकों को मानना ज्यादा सुविधाजनक है।"(19/323) जिसे गांधीजी ने ताल्लुका कहा है, उसे हम जनपद कह सकते हैं। जनपदों से प्रतिनिधि चुनकर प्रांतीय कमेटी अथवा जातीय समिति में भेजे जाएँ। इस तरह जातीय भाषाओं के माध्यम से लोकसत्ता स्थापित होगी और अपना काम करेगी। गाँधीजी समस्त जनता को इस लोकसत्ता के भीतर समेट लेना चाहते थे। "कोई गांव ऐसा नहीं रहना चाहिए जहां कांग्रेस का संगठन न हो, और गांव के हर बालिग मर्द या औरत का नाम वहां के सदस्य रजिस्टर में दर्ज होना ही चाहिए। इसके लिए ईमानदार और मेहनती कार्यकर्ता चाहिए। जब लाखों-करोड़ों लोग स्वेच्छा से कांग्रेस में शरीक हो जाएंगे तो सरकार का जबर्दस्ती लादा गया संगठन भी बिखर जाएगा। मैं सरकारी संगठन को इसलिए जबर्दस्ती लादा हुआ मानता हूं कि उसका आधार प्रेम और आशा नहीं, भय है। गांव का पटेल या मुखिया गांव वालों की इच्छा के अनुसार काम नहीं करता। वह एक ऐसी सरकार की मर्जी उनके ऊपर लादता है जिसका जनता की भावनाओं और आकांक्षाओं से कोई भी संबंध नहीं है।"(19/323-24) पूंजीवादी लोकतंत्र जनता की भावनाएँ और आकांक्षाएँ प्रतिबिंबित नहीं करता। उसका आधार जोर-जबर्दस्ती है। सरकारी संगठन जनता पर जोर-जबर्दस्ती से लादा गया है। इस काम में अंग्रेजी भाषा माध्यम बनी है। वह भी जनता पर बलपूर्वक लादी गई है। उसे हटाकर जातीय भाषाओं और केंद्र में राष्ट्र भाषा का व्यवहार करना है।

कांग्रेस का संगठन अच्छी तरह चलाया जाए, केवल इसीलिए प्रांतों का पुनगर्ठन आवश्यक नहीं था। जातीय भाषा, जातीय अभिमान, जातीय साहित्य और संस्कृति का

विकास—ये सारी बातें प्रांतों के पुनर्गठन से जुड़ी हुई थीं। जनता के सामाजिक और सांस्कृतिक विकास के लिए जातीय प्रदेशों को एकताबद्ध करना आवश्यक था।

उड़ीसा के लोग चार प्रांतों में बंटे हुए थे। फरवरी 1920 में गाँधीजी ने 'उत्कल की पुकार' शीर्षक एक नोट लिखा। उसमें उन्होंने उत्कल यूनियन कांफ्रेंस के भूतपूर्व मंत्री और उत्कल पीपुल्स एसोसिएशन के अध्यक्ष का परिपत्र छापा। उसमें कहा गया था : "उड़िया लोग चार प्रशासनों के अधीन कर दिए गए हैं—बिहार, मद्रास, बंगाल और मध्यप्रांत। वे हर जगह अल्पसंख्यक हैं। इस हालत में एक स्वतंत्र इकाई के रूप में उनका विकास असंभव हो गया है। वे गत 15 वर्षों से प्रशासनिक एकीकरण के लिए संघर्ष कर रहे हैं। चूंकि वे विनयशील हैं और अपनी बात मनवाने के लिए आंदोलन वगैरह नहीं करते, इसलिए उनके बार-बार प्रार्थना करने के बावजूद अधिकारियों ने उनकी ओर कोई ध्यान नहीं दिया है। भारत की प्रगति में उसके किसी भी हिस्से की प्रगति की अवगणना नहीं की जा सकती। नया भारत राष्ट्र एक प्राचीन जाति की राख पर खड़ा नहीं किया जा सकता।"

इस पर गाँधीजी की टिप्पणी :

"हमें माननीय बाबू ब्रजसुंदर दास द्वारा प्रयुक्त भाषा पर कोई विवाद छेड़ने की जरूरत नहीं है। यह शिकायत उचित है और भाषा के आधार पर पुनर्गठन का एक महत्वपूर्ण प्रश्न खड़ा करती है। यह शानदार जाति यदि बिना किसी उचित कारण के चार भागों में बांट दी जाती है, तो वह कभी स्वाभाविक प्रगति नहीं कर सकती और प्रगति करने का हक तो उसे भी है ही। हमें भरोसा है कि जनता उड़िया आंदोलन को सहानुभूतिपूर्ण भाव से देखेगी और समझेगी।"(17/41)

उड़ीसा के बुद्धिजीवी सजग थे। 1920 से पहले, 15 साल से, वे उड़ीसा के एकीकरण के लिए आंदोलन कर रहे थे। अर्थात् जब गाँधीजी इटली के एकीकरण के बारे में लिख रहे थे, उस समय उड़ीसा के लोग भी अपने एकीकरण की बात सोच रहे थे। ब्रजसुंदर दास ने जो महत्वपूर्ण सिद्धांत प्रतिपादित किया है वह यह है : 'भारत की प्रगति में उसके किसी भी हिस्से की प्रगति की अवगणना नहीं की जा सकती।' भाषावार प्रांत बनाने के बारे में अक्सर लोग तर्क देते हैं कि इससे भारत विभाजित होगा। परंतु भारत अनेक जातीय प्रदेशों से मिलकर बना है। एकता के नाम पर यदि कुछ प्रदेशों को पिछड़ा रखा जाए तो इससे पूरे देश की प्रगति नहीं हो सकती। गाँधीजी ने जोरदार और निश्चित ढंग से उड़ीसा के एकीकरण का समर्थन किया। वह जाति चार भागों में बंटी हुई थी। इस तरह के बंटवारे से कोई जाति स्वाभाविक प्रगति नहीं कर सकती और हर जाति को प्रगति करने का हक है। इस तरह गाँधीजी ने जातीय प्रदेशों के एकीकरण को राष्ट्रीय स्वाधीनता आंदोलन से जोड़ा। होम-रूल लीग में गाँधीजी के शामिल होने के पीछे जो उद्देश्य थे, उनमें एक था भाषा के आधार पर प्रांतों का पुनर्विभाजन।(17/381) यद्यपि 1920 में मताधिकार बहुत सीमित था, परंतु जो लोग चुनाव लड़ रहे थे, गाँधीजी

चाहते थे, वे जातीय प्रदेशों के पुनर्गठन को भी एक मुद्दा बनाएँ। उम्मीदवारों से जो प्रश्न किए जा सकते थे, उनमें एक प्रश्न इस संबंध में भी था। अंग्रेजों ने प्रांत कैसे बनाए और उनका नए सिरे से निर्माण क्यों आवश्यक था, यह गाँधी के प्रश्न में बताया गया है। जब अंग्रेजी राज्य की नींव यहां पड़ी थी, तब अंग्रेजी अमलदारों ने जनता की सुविधा की अपेक्षा शासन-कार्य चलाने की सहूलियत का अधिक ख्याल करते हुए भाषा के आधार पर सूबे बनाने के बजाय अमलदारों की सुविधा को ध्यान में रखकर प्रांत बनाए थे। क्या आप मानते हैं कि उससे देश को बहुत क्षति हुई है? यदि हां, तो क्या आप भारत के सूबों का नए सिरे से भाषा के आधार पर शीघ्रातिशीघ्र विभाजन करने का प्रयत्न करेंगे?(17/457) अंग्रेजों ने प्रांत अपनी सुविधा के विचार से बनाए थे। जातीय विकास होता है या नहीं, इससे उन्हें कोई सरोकार नहीं था। परंतु जातीय विकास में जो बाधा पड़ती थी वह सारे देश की क्षति मानी जाएगी। जाति सहज ढंग से विकास कर सके, इसीलिए उसके प्रदेश का एकीकरण आवश्यक था।

सितंबर 1920 में, जब गाँधीजी कांग्रेस का नया संविधान बना रहे थे, तब भाषावार प्रांत बनाने का आंदोलन देश में चल रहा था। उन्होंने अखिल भारतीय कांग्रेस कमेटी के अध्यक्ष को 25 सितंबर 1920 को लिखा था : “हमने जो एक और उल्लेखनीय परिवर्तन किया है, वह है भाषा के आधार पर प्रांतों का पुनर्गठन। हमारा विश्वास है कि प्रांतों का जो गठन विजेताओं ने समय-समय पर अपनी जरूरतों को देखते हुए किया, वह ठीक नहीं किया तथा यह बात साधारणतया अलग-अलग भाषा बोलने वाले विभिन्न समुदायों की राजनीतिक और सामाजिक उन्नति में और इस प्रकार पूरे भारत की उन्नति में भी बाधक है। इसलिए हम महसूस करते हैं कि जहां तक कांग्रेस का सवाल है, हमें भारत को पुनः भाषावार प्रांतों के रूप में विभाजित करना चाहिए। सरकार से प्रांतों का भाषावार पुनर्गठन करवाने के संबंध में जो आंदोलन चलाया जा रहा है, इससे उसको बल मिलेगा।”(18/311-12) स्वाधीनता प्राप्ति के बाद जब भारत में भाषावार प्रांत बनाने का आंदोलन चलाया गया, तब विरोधियों ने कहा : “यह भारत को विभाजित करने का आंदोलन है।” गाँधीजी ने 1920 में ही प्रांतों के विभाजन की बात कही थी। यह विभाजन वास्तव में राष्ट्रीय एकता को मजबूत करने वाला था। भारत इन प्रांतों, जातीय प्रदेशों से मिलकर ही बना है। इन प्रदेशों का अंग-भंग अंग्रेजों ने अपनी सुविधा के लिए किया था। इस अंग्रेजों द्वारा किए गए विभाजन से जातीय विकास में क्षति होती थी और पूरे भारत के विकास में क्षति होती थी। इसलिए प्रांतों का पुनर्विभाजन करके भारत की एकता को मजबूत करना जरूरी था।

दिसंबर 1920 में गाँधीजी का बनाया हुआ कांग्रेस का नया संविधान नागपुर अधिवेशन में पास किया गया। इसमें बर्मा समेत 21 प्रांत हैं किंतु भाषाएँ केवल 13 हैं। इसका कारण यह है कि हिंदुस्तानी का संबंध 6 प्रांतों से जोड़ा गया है और मराठी का 4 प्रांतों से। (19/195) ऐसा क्यों किया गया? इसका कोई कारण नहीं बताया गया है।

प्रांतों का नवनिर्माण उनके अपने विकास के लिए आवश्यक था ही, वह सारे देश के विकास के लिए भी आवश्यक था। गाँधीजी ने फरवरी 1921 में लिखा : "आशा है कि नए संविधान के अनुसार विभिन्न प्रांतों ने अपने को पुनर्गठित करने का काम शुरू कर दिया है। अगर हम एक साल के अंदर स्वराज्य हासिल करना चाहते हैं तो हमें एक मिनट का समय भी नहीं खोना चाहिए।"(19/323) स्वाधीनता आंदोलन को शक्तिशाली बनाने के लिए प्रांतों का पुनर्गठन आवश्यक था। नवंबर 1924 में जब सर्वदलीय सम्मेलन भारत के भावी संविधान की समस्याओं पर विचार करने वाला था, तब गाँधीजी ने उसके लिए एक मुद्दा भाषावार प्रांतों का भी रखा था। प्रांतों का विभाजन नए सिरे से भाषा के आधार पर किया जाना चाहिए और प्रत्येक प्रांत को अपने आंतरिक विकास और शासन के मामलों में यथासंभव अधिक से अधिक स्वतंत्रता दी जानी चाहिए।(25/515) प्रांतों को अधिक से अधिक कितनी स्वतंत्रता मिले, यह मुद्दा बहस का विषय अब भी बना हुआ है।

अक्तूबर 1917 में गाँधीजी ने द्वितीय गुजरात शिक्षा सम्मेलन में सुझाव दिया, "परिषदों और शिक्षा-समितियों को सरकार के पास अर्जी भेजनी चाहिए कि समस्त शिक्षा मातृभाषा के माध्यम से ही दी जाए और अदालतों और धारा सभाओं का सारा कामकाज गुजराती में किया जाए।"(14/27) इसमें एक अड़चन थी। सिंधी, गुजराती, मराठी बोलने वाले एक ही महाप्रांत बंबई में बसे हुए थे। इस कठिनाई को दूर करने के लिए गाँधीजी ने कहा : "इस योजना में एक आपत्ति दिखाई देगी। वह यह है कि धारा सभा में मराठी, सिंधी और गुजराती सदस्य हैं और कर्नाटक के सदस्य भी हो सकते हैं। यह आपत्ति बड़ी तो है, परंतु इसका निवारण किया जा सकता है। तेलुगू लोगों ने इस विषय की चर्चा शुरू की है और इसमें शक नहीं कि किसी न किसी दिन भाषा के अनुसार नए प्रांत बनाने ही होंगे।"(14/27) 1917 से पहले आंध्र प्रदेश के लोग अपना अलग प्रांत बनाने की पहल कर चुके थे। 1917 में गाँधीजी ने कहा किसी न किसी दिन भाषा के अनुसार प्रांत बनाने ही होंगे। राजकाज और शिक्षा दोनों के लिए आवश्यक था कि प्रांतों का पुनर्गठन हो। यहां यह भी देखा जा सकता है कि अंग्रेजी को हटाने और उसकी जगह देशी भाषाओं का व्यवहार करने के प्रश्न से भाषावार प्रांत बनाने की समस्या जुड़ी हुई थी।

अंग्रेजी बनाम देश-भाषा, इस प्रश्न पर विचार करते हुए गाँधीजी ने उसी गुजरात शिक्षा सम्मेलन में मद्रास महाप्रांत का जिक्र किया। उन्होंने तमिलों से आंध्रों की तुलना करते हुए कहा : "मद्रास में देशी भाषाओं के जरिए शिक्षा देने का आंदोलन कुछ ही वर्षों से शुरू हुआ है। तमिलों की अपेक्षा तेलुगू भाषा-भाषी अधिक जागृत हैं। शिक्षित तमिलों पर अंग्रेजी का इतना ज्यादा असर हो गया है कि उनमें तमिल भाषा के माध्यम से अपना काम चलाने का उत्साह नहीं रहा। तेलुगू भाषी भाग में अंग्रेजी शिक्षा इतनी नहीं फैली है। इसलिए तेलुगू भाषी मातृभाषा का उपयोग ज्यादा कर रहे हैं। तेलुगू भाषी भाग में

सिर्फ तेलुगू के जरिए शिक्षा देने का प्रयोग किया जा रहा है। इतना ही नहीं, तेलुगू भाइयों ने भाषा के आधार पर प्रांत का निर्माण करने का आंदोलन भी शुरू किया है। इस विचार का प्रचार कुछ समय से ही शुरू हुआ है। फिर भी उनका प्रयत्न इतना महत्वपूर्ण है कि थोड़े दिनों में हम उसे क्रियान्वित होता देखेंगे। उनके काम में कठिनाइयां बहुत हैं परंतु उनमें दूर करने की शक्ति है। उनके नेताओं की मुझ पर ऐसी ही छाप पड़ी है।" (14/20) गाँधीजी का विश्वास गलत नहीं था। समय लगा परंतु आंध्रों ने लड़ाई लड़कर अपना प्रांत अलग बनाया।

जातीय समस्या की ओर गाँधीजी का ध्यान बीसवीं सदी के आरंभ से ही था। इटली के एकीकरण के बारे में उन्होंने जुलाई 1905 में लिखा था : "सन् 1890 से पहले वह बहुत से छोटे-छोटे भागों में बंटा था और उनमें से प्रत्येक का शासक एक सरदार था। जैसा इन दिनों भारत या काठियावाड़ है, वैसा सन् 1870 से पहले इटली था। लोग एक भाषा बोलते थे, एक स्वभाव के थे, फिर भी सबके सब छोटी छोटी रियासतों के अधीन थे। आज इटली यूरोप का एक स्वतंत्र देश है। और इटली के लोगों की एक पृथक् जातीयता कही जाती है। यह कहा जा सकता है कि यह सब एक ही पुरुष के हाथ से हुआ है। उस पुरुष का नाम था जोजेफ मैज़िनी।"(5/30) मार्क्सवादी विचारक इस बात पर ध्यान दें कि जाति की व्याख्या करने वाला स्तालिन का प्रसिद्ध निबंध 1913 में प्रकाशित हुआ था। गाँधीजी ने 1905 में जातीयता के साथ भाषा और जनता के स्वभाव की बात कही थी। 1905 में बंगाल का विभाजन हुआ। इस तरह जातीय एकीकरण की समस्या प्रमुख राजनीतिक समस्या के रूप में सारे भारत के सामने आई। उड़िया लोगों से संबंधित नोट में गाँधीजी ने 'शानदार जाति' की बात कही थी। अपनी स्थिति को बदलने के लिए वह उड़िया जनता के जातीय गर्व को जगा रहे थे। गाँधीजी ने गुजरात के लोगों को अपनी भाषा और इतिहास पर गर्व करना सिखाया। द्वितीय गुजरात शिक्षा सम्मेलन में उन्होंने कहा : "जो नरसी मेहता की भाषा है, जिसके बोलने वालों में पवित्र साधु-संत हो चुके हैं...जिसमें मुलू माणिक और जोधा माणिक की बहादुरी की प्रतिध्वनि काठियावाड़ के बरड़ा पहाड़ में आज भी गूंजती है, उस भाषा के विकास की सीमा नहीं बांधी जा सकती। ऐसी भाषा के द्वारा गुजराती लोक शिक्षा भी न लें तो उनसे भला और क्या होगा?"(14/26) गाँधीजी को अपनी भाषा और जातीयता पर अभिमान था। इसी तरह वह दूसरे लोगों को भी अपनी भाषा और जातीयता पर अभिमान करना सिखाते थे। भारत की सबसे बड़ी जाति हिंदी प्रदेश में रहती है। हिंदी राष्ट्र भाषा है, यानी गाँधीजी उसे राष्ट्र भाषा बनाना चाहते थे और वह हिंदी प्रदेश में रहने वालों की जातीय भाषा भी है। यद्यपि गाँधीजी ने हिंदी भाषियों को राजस्थान, बिहार, मध्य प्रदेश आदि में बंटा रहने दिया था, पर इन सब प्रांतों में वह एक ही भाषा बोलने वाली जाति का अस्तित्व स्वीकार करते थे। अपने ढंग से उन्होंने हिंदी भाषी जनता के जातीय गर्व को जगाया था और हिंदी भाषा तथा साहित्य की बार-बार प्रशंसा

की थी। फरवरी 1916 में उन्होंने कहा था : "जिस भाषा में तुलसीदास जैसे कवि ने कविता की हो, वह अवश्य पवित्र है और उसके सामने कोई भाषा नहीं ठहर सकती।"(13/212) मार्च 1918 में उन्होंने कहा : "आज भी हिंदी से स्पर्धा करने वाली कोई दूसरी भाषा नहीं है। हिंदी-उर्दू का झगड़ा छोड़ने से राष्ट्रीय भाषा का सवाल सरल हो जाता है...अंग्रेजी भाषा का मोह दूर करने के लिए इतना अधिक परिश्रम करना पड़ेगा कि हमें लाजिम है कि हम हिंदी-उर्दू का झगड़ा न उठावें। लिपि की तकरार भी हमें नहीं करनी चाहिए।"(14/279) गाँधीजी ने संस्कृत-फारसी शब्दों को मिलाकर हिंदुस्तानी गढ़ने और हिंदी और उर्दू दोनों की लिपियों को सीखने की बात अनेक बार कही। परंतु वह जानते थे कि एक लिपि के बिना जनता को शिक्षित नहीं किया जा सकता। उन्होंने मारवाड़ियों से कहा : "एक तो जहां हिंदी मातृभाषा है, वहां उसका विकास करें। दूसरे, जहां हिंदी नहीं बोली जाती, वहां उसका प्रचार करें। तीसरे, देवनागरी लिपि का प्रचार किया जाए। यदि अपनी भाषा के उपरांत लोग देवनागरी भी जान लें तो समझना और दूसरे प्रांत की भाषाएँ जो संस्कृत से उद्भूत हुई हैं, उनको समझना अत्यंत सहज हो जाएगा। इस दृष्टि से बंगला भाषा के अच्छे-से-अच्छे ग्रंथ देवनागरी लिपि में और हिंदी में शब्दार्थों सहित प्रकाशित किए जाएँ। यह हिंदी सीखने का आसान-से-आसान रास्ता है। इस कार्य को यदि मारवाड़ी, गुजराती और अन्य धनिक वर्ग तथा साक्षर वर्ग के लोग अपने हाथ में ले लें तो थोड़े समय में बहुत सुंदर कार्य हो सकता है।"(28/367-68) यहां दो लिपियां नहीं, एक लिपि सीखने पर जोर है। हिंदी प्रदेश में तो इस लिपि का प्रसार होना ही चाहिए। हिंदी प्रदेश के बाहर बंगला जैसी भाषाओं की पुस्तकें भी यदि नागरी लिपि में छापी जाएँ तो इससे हिंदी सीखने में आसानी होगी। दो लिपियां सीखने के बारे में गाँधीजी ने जो कुछ भी कहा उसके बावजूद उनका सारा जीवन हिंदी भाषा के प्रचार और नागरी लिपि सीखने-सिखाने पर जोर देते हुए ही बीता था। यदि बंगाल में नागरी का प्रचार आवश्यक है, तो उससे पहले वह हिंदी प्रदेश में आवश्यक होना चाहिए। इसी तरह यहां हिंदी-उर्दू का भेद मिटाया जा सकता है और जनता को साक्षर बनाकर उसके सांस्कृतिक विकास में सहायता की जा सकती है।

हिंदी भाषा और हिंदी जातीयता की रक्षा करने में हिंदी प्रदेश के जनसाधारण ने महत्वपूर्ण भूमिका निबाही है। जिन्हें लोग भैया कहते थे, जो मेहनत-मजदूरी करने बंबई या गुजरात जाते थे, उनके बारे में गाँधीजी ने लिखा : "जहां अपढ़ गुजराती भी उत्तर में जाकर थोड़ी-बहुत हिंदी का उपयोग कर लेता है वहां उत्तर का भैया बंबई के सेठ की नौकरी करते हुए भी गुजराती बोलने से इन्कार करता है और सेठ भैया के साथ टूटी-फूटी हिंदी बोल लेता है।"(14/30) जैसे अमरीका जाने वाले जर्मनों के बारे में एंगल्स ने लिखा था कि जर्मन भाषा और जर्मन जातीयता की रक्षा जर्मन किसान करते हैं, वैसे ही हिंदी भाषा और हिंदी जातीयता की रक्षा हिंदी प्रदेश से बाहर जाने वाले, मेहनत-मजदूरी करने वाले ये भैया लोग करते थे। मोतीलाल नेहरू के जीवन काल में

उनके पुत्र जवाहरलाल नेहरू कांग्रेस के अध्यक्ष बने। गाँधीजी ने लिखा : "उस प्रांत के लिए अवश्य ही यह गौरव की बात है।"(41/548) फिर हिंदी प्रदेश की भौगोलिक स्थिति और उसके नए-पुराने इतिहास पर ध्यान देते हुए गाँधीजी ने कहा : "संयुक्त प्रांत हिंदुस्तान के मध्य भाग में बसा हुआ है। संयुक्त प्रांत में भारत की स्वतंत्रता का एक युद्ध हो चुका है। (41/548) आशय यह है कि हिंदी भाषी जनता का नया-पुराना इतिहास शानदार है। उसके प्रदेश की भौगोलिक स्थिति ऐसी है कि वह अपने काम से सारे देश को प्रभावित कर सकता है। यदि हिंदी प्रदेश की जनता मेहनत करे, अपनी दशा सुधारे, तो वह अपने साथ सारे देश का उद्धार कर सकती है। यह बात 1929 में सही थी और 1998 में भी सही है।

गाँधीजी ने हिंदी प्रदेश की कुप्रथाओं पर भी ध्यान दिया। संयुक्त प्रांत के एक पढ़े-लिखे सज्जन ने उन्हें पत्र लिखा था। उस पत्र का हवाला देते हुए गाँधीजी ने कहा : "यदि इन सज्जन के लिखे अनुसार सचमुच अन्य प्रांतों के मुकाबले संयुक्त प्रांत में विद्यार्थी-वर्ग विवाह के लिए अधिक उत्सुक है, और ब्याह के अवसर पर खर्च भी ज्यादा होता है तो यह निस्संदेह खेद की बात है।" कुप्रथाओं में कौन प्रांत आगे है और कौन पीछे, इसका विवेचन करने के बदले गाँधीजी ने कहा : "कुप्रथा मात्र का नाश करना प्रत्येक विवेकशील मनुष्य का कर्तव्य है।"(41/432) बाल विवाह जैसी कुप्रथाओं का असर हिंदी प्रचार पर पड़ता था। गाँधीजी को आशा थी, "इस काम के लिए चरित्रवान, त्यागी, शिक्षित, राष्ट्रभाषा विशारद और ब्रह्मचारी समयुवक काफी संख्या में मिल सकेंगे। मगर... संयुक्त प्रांत से इस काम में बहुत कम सहायता मिली।"(41/433) हिंदी प्रदेश के बुद्धिजीवियों में अंग्रेजी की जड़ मजबूती से जमी हुई थी। उनमें अंग्रेजी-प्रेम अधिक था, हिंदी प्रेम बहुत कम। इस संदर्भ में गाँधीजी ने कहा : "जिन प्रांतों की मातृभाषा हिंदी है, वहां भी उस भाषा की उन्नति करने का उत्साह नहीं दिखाई देता। इन प्रांतों में हमारे शिक्षित वर्ग आपस में पत्र-व्यवहार और बातचीत अंग्रेजी में करते हैं।"(41/281)

गाँधीजी ने इसी विषय पर अक्तूबर 1929 में फिर लिखा : "आज तो हिंदी जिनकी मातृभाषा है, उन नवयुवकों की बोली में न प्रेम देखने में आता है, न प्रयत्न। व्याकरणादि के जो दोष संयुक्त प्रांत, बिहार के नवयुवकों की हिंदी में आते हैं, कभी बंगला और मराठी में भी देखने में नहीं आते। राष्ट्र भाषा का प्रचार मद्रास आदि प्रांतों में होता है, परंतु मेरा अनुभव है कि हिंदी शिक्षक कष्ट से ही मिलते हैं।"(42/328) इन वाक्यों से यह निष्कर्ष निकालना उचित होगा कि हिंदी प्रदेश के नवयुवक जितना अपनी भाषा की उपेक्षा करते हैं उतना महाराष्ट्र या बंगाल के नवयुवक नहीं करते। इससे यह भी समझना चाहिए कि जब तक दृढ़तापूर्वक हिंदी प्रदेश में हिंदी का प्रचार-प्रसार नहीं किया जाता, अंग्रेजी को हटाकर उसकी जगह हिंदी को शिक्षा का माध्यम नहीं बनाया जाता, तब तक पूरे देश में राष्ट्र भाषा हिंदी का व्यवहार होगा, यह दुराशा मात्र है। अगस्त 1931 में संयुक्त प्रांत के पिछड़ेपन के बारे में गाँधीजी ने लिखा : "संयुक्त प्रांत, जो

1857 के विद्रोह का मुख्य केन्द्र था, उसके बाद पीढ़ियों से ऐसा निर्जीव पड़ा हुआ है जितना निर्जीव शायद ही कोई प्रांत रहा हो।"(47/305) संयुक्त प्रांत निर्जीव था इस बात के बावजूद कि राष्ट्र के नेता बनकर जवाहरलाल नेहरू ने इस प्रांत को विशेष गौरव प्रदान किया था। बिहार के बारे में गाँधीजी ने लिखा था : "यहां की ग्रामवासी जनता भारत की लगभग सबसे ज्यादा पिछड़ी हुई और अपढ़ जनता है।"(13/318) इसी तरह के पिछड़े हुए इलाके राजस्थान और मध्य प्रदेश में थे।

भारत का शोषण जारी रखने के लिए, इस देश पर अपना शासन जमाए रखने के लिए, अंग्रेजों ने फूट डालो और राज करो की नीति का अनुसरण किया। इस नीति का एक पक्ष यह था कि हिंदुओं और मुसलमानों में तनाव पैदा किया जाए। उसका दूसरा पक्ष यह था कि हर जातीय प्रदेश को महाप्रांतों, रियासतों वगैरह में बांट दिया जाए। इस विभाजन की तरफ बहुत कम लोगों ने ध्यान दिया है। परंतु गाँधीजी ने उस ओर ध्यान दिया था और उनके समय में अनेक ऐसे प्रादेशिक नेता थे जो उस ओर उनका ध्यान आकर्षित कर रहे थे। भारत में बांग्ला, असमिया, गुजराती, मराठी, तमिल, तेलुगू, हिंदी, पंजाबी आदि भाषाएँ बोलने वाली जातियां रहती हैं।

किसी ने यह नहीं कहा कि अंग्रेजों के आने के बाद इन भाषाओं का जन्म हुआ। ये भाषाएँ अंग्रेजी राज कायम होने से पहले यहां मौजूद थीं और इन भाषाओं के बोलने वाले लोग जातियों के रूप में संगठित थे। पूंजीवादी विकास के बिना जातियों का गठन नहीं होता। परंतु पूंजीवादी विकास कई तरह का होता है। सबसे पहले विनिमय के विकास से व्यापारिक संबंधों का प्रसार होता है, मंडियां कायम होती हैं, जनपद एक-दूसरे के नजदीक आते हैं, जातीय भाषा का प्रसार होता है, घरेलू बाजार का निर्माण होता है और इस तरह अनेक जनपदों से मिलकर एक जातीय प्रदेश का गठन होता है। यह प्रक्रिया भारत में अंग्रेजों के आने से पहले घटित हो रही थी। देश की उन्नति के लिए जातीय प्रदेशों की उन्नति आवश्यक है, राष्ट्रीय एकता के लिए हर जातीय प्रदेश की अपनी एकता आवश्यक है, गाँधीजी यह सिद्धांत मानते थे।

सामाजिक विकास के लिए अंग्रेजी व्यवहार पर रोक लगाना आवश्यक है। "हमारी शिक्षा अंग्रेजी में होती है। एक विदेशी भाषा में शिक्षा पाने के कारण हमारा तेज और बल क्षीण हो गया है। केवल यही नहीं, इसी के कारण हम अपने जन-समाज में घुल-मिल नहीं पाते। हमारे शिक्षित वर्ग और जनसमाज के बीच एक खाई पड़ चुकी है।"(14/78) व्यक्ति का मानसिक विकास जातीय भाषा के व्यवहार द्वारा ही संभव है। "हम गुजराती भाषा के माध्यम से मानसिक शक्ति का विकास करना चाहते हैं" (13/432) सामाजिक विकास के लिए किसी भी भाषा के बोलने वालों के जातीय प्रदेश का एकताबद्ध होना आवश्यक है। यथा उड़िया जाति। "यह शानदार जाति यदि बिना किसी उचित कारण के चार भागों में बांट दी जाती है, तो वह कभी स्वाभाविक प्रगति नहीं कर सकती और प्रगति करने का हक तो उसे भी है ही।"(17/41) अंग्रेजों ने यहां प्रांत शासन की सुविधा

के विचार से बनाए थे। उनका पुनर्गठन आवश्यक था। "जब अंग्रेजी राज्य की नींव यहां पड़ी ही थी, तब अंग्रेजी अमलदारों ने जनता की सुविधा की अपेक्षा शासन-कार्य चलाने की सहूलियत का अधिक ख्याल रखते हुए, भाषा के आधार पर सूबे बनाने के बजाय, अमलदारों की सुविधा को सामने रखकर प्रांत बनाए थे। क्या आप मानते हैं कि उससे देश की बहुत क्षति हुई है? यदि हां, तो क्या आप भारत के सूबों का नए सिरे से भाषा के आधार पर शीघ्रातिशीघ्र विभाजन करने का प्रयत्न करेंगे?" (17/457) प्रांतों में प्रांतीय भाषाएँ, केंद्र में हिंदी—इस नीति पर अमल करना चाहिए। "हमें करोड़ों व्यक्तियों के साथ काम करना है, उन पर प्रभाव डालना है। इसलिए मैं इस लीग (होमरूल लीग) तथा उसके बाहर अपने क्रिया-कलापों में विभिन्न प्रांतों में उनकी प्रांतीय भांषाओं का तथा राष्ट्रीय स्तर पर राष्ट्र भाषा अर्थात् हिंदी का उपयोग करने और करवाने का प्रयत्न करूंगा। धारा सभा के प्रत्येक सदस्य से मैं वचन लूंगा कि वह (प्रांतीय) विधान परिषद् में प्रांतीय भाषा तथा केंद्रीय विधान परिषद में राष्ट्र भाषा का प्रयोग करने और करवाने का प्रयत्न करेगा।" (17/405) नागपुर अधिवेशन में पास किए गए कांग्रेस के संविधान के अनुसार हिंदी या हिंदुस्तानी भाषा संयुक्त प्रांत, दिल्ली, अजमेर, मारवाड़ तथा राजपूताना, मध्य प्रदेश, बिहार और सीमा प्रदेश में बोली जाती है। (19/195) सीमान्त प्रदेश की भाषा पश्तो है। शेष प्रांत हिंदी भाषी हैं। इनका एकताबद्ध होना आवश्यक है।

मुक्ति संघर्ष और जातीय अस्मिता

(क) दक्षिण अफ्रीका के अनुभव

दक्षिण अफ्रीका में गाँधीजी ने देखा यहां भारतीय अनेक भाषाएँ बोलते हैं। वे अनेक वर्णों और जाति-बिरादरियों में बंटे हुए हैं। उनके धर्म अनेक हैं। इन सब बातों को भुला दिया जाए तो बहुत अच्छा रहेगा। अगस्त 1903 में उन्होंने लिखा : "भारत में बसने वाली अलग-अलग कौमों में तरह-तरह के, उदाहरण के लिए तमिल, कलकतिया—उत्तर के प्रांतों के निवासियों को यहां के लोग इसी नाम से पुकारते हैं—पंजाबी, गुजराती आदि इनके अलावा हिंदू, मुसलमान, पारसी वगैरह धर्मों के अनुसार भेद भी हैं। फिर हिंदुओं में ब्राह्मण, क्षत्रिय, वैश्य और दूसरे लोग हैं। अब, हमारी समझ में, अगर हम अपने देश से इन सब भेदों और फर्कों को कीमती और रक्षणीय माल समझ कर इतनी दूर लाए हों तो इसमें कोई शक नहीं कि वह कदम-कदम पर हमारे रास्ते में आड़े आएगा और इसलिए हमारी प्रगति में रुकावट डालेगा। ब्रिटिश भारतीयों के लिए तो दक्षिण अफ्रीका जगन्नाथपुरी की तरह होना चाहिए, जहां सारे भेदभाव भुला दिए जाते हैं और सब बराबरी के बन जाते हैं। यहां पर हम तमिल, कलकत्तावाले, हिंदू या मुसलमान, ब्राह्मण

या बनिया नहीं हैं—न होने चाहिए। हम तो यहां सीधे-सादे केवल ब्रिटिश भारतीय हैं और इसी हैसियत से हमें साथ-साथ डूबना या उबरना चाहिए।"(3/530) धर्मों और बिरादरियों के बारे में यह बात सही हो सकती है कि इन्हें गौण स्थान मिलना चाहिए या उन्हें भुला दिया जाए तो और भी अच्छा। परंतु जहां तक जातीयता और भाषाओं का संबंध है, गाँधीजी ने बहुत जल्द पहचान लिया कि इनका उपयोग आंदोलन के लिए हो सकता है। जातीयता और राष्ट्रीयता एक-दूसरे की सहायक शक्तियां हैं। दोनों में परस्पर विरोध नहीं है।

दक्षिण-अफ्रीकी भारतीयों में गाँधीजी ने तमिलों पर विशेष ध्यान दिया। ये औरों की अपेक्षा अधिक संगठित थे और अपनी जातीयता के प्रति सचेत भी थे। अप्रैल 1905 में गाँधीजी को लंका से एक पत्र मिला था। इसमें अनुरोध किया गया था कि मैट्रिक और कला-विषयक परीक्षाओं के पाठ्यक्रम में तमिल भाषा को वैकल्पिक विषय के रूप में स्थान देने के लिए लंदन विश्वविद्यालय के रजिस्ट्रार को एक आवेदन भेजने के उद्देश्य से सभा आयोजित की जाए। गाँधीजी ने लिखा : "हम तमिल शिक्षा-प्राप्त भारतीयों का ध्यान इस मामले की ओर आकर्षित करते हैं। हमारा ख्याल है कि इस विषय को हर तरह से प्रोत्साहन देना चाहिए।" गाँधीजी ने सुझाव दिया कि लोग सभा करें और लंदन विश्वविद्यालय के रजिस्ट्रार को एक आवेदन भेजें। इस सिलसिले में उन्होंने यह भी कहा : "दुनिया के दूसरे हिस्सों में जाकर बसे तमिल लोगों ने अपने आवेदन पहले ही भेज दिए हैं, और हमें कोई कारण दिखलाई नहीं देता कि दक्षिण अफ्रीका के लोग भी वैसा ही क्यों न करें। तमिल एक महान द्रविड़ भाषा है और उसका साहित्य बहुत संपन्न है। वह भारत की इतालवी भाषा मानी जाती है। इसलिए वह लंदन विश्वविद्यालय द्वारा वैकल्पिक विषय के रूप में स्वीकार किए जाने के सर्वथा योग्य है।"(4/537-38) गाँधीजी के लिए यह स्वाभाविक था कि वह स्वयं तमिल भाषा और साहित्य से परिचित होने का प्रयास करें।

मई 1905 में उन्होंने छगन लाल गाँधी को सूचित किया : "मैं अपने अवकाश का बहुत सा समय तमिल में लगाता हूं।"(4/550)

सत्याग्रह आंदोलन में तमिल कार्यकर्ता थम्बी नायडू जेल गए। जेल से छूटे तो 10 अगस्त 1908 को गाँधीजी ने यह सूचना निकाली : "आज शाम को तमिल समाज की ओर से श्री नायडू के सम्मान में सभा होने वाली है।"(8/436) नायडू के सम्मान में सभा हुई। 11 अगस्त को गाँधीजी ने लिखा : "तमिल समाज ने मार्केट स्ट्रीट में श्री थम्बी नायडू के सम्मान में कल शाम को 6 बजे सभा की थी। उसमें श्री ईसप मियां, श्री इमाम अब्दुल कादिर, श्री कुबाड़िया आदि सज्जन उपस्थित थे। श्री नायडू की बहादुरी पर अनेक भाषण हुए। श्री नायडू को जब पुष्पहार पहनाया गया तब लोगों ने तालियां बजाईं। सभा 9 बजे तक होती रही।"(8/438) गाँधीजी के इस उल्लेख से ज्ञात होगा, तमिल यहां संगठित थे। सत्याग्रह-आंदोलन में तमिलों ने आगे बढ़कर हिस्सा लिया।

इससे गाँधीजी बहुत प्रसन्न हुए। लिखा : "तमिल लोगों ने तो हद ही कर दी है। उनके सारे मुख्य व्यक्ति इस समय जेल में जा बैठे हैं। इस बार का कारावास सिर्फ 7 दिन का नहीं, 3 माह का है। वह सादा नहीं, सख्त है। ऐसे कारावास का भय रखे बिना जो भारतीय जेल गए हैं, उनकी बहादुरी का पार नहीं है।"(9/185) जो आंदोलन में भाग ले रहे हैं, वे भारतीय हैं। इनमें तमिल अपनी पहचान बनाए हुए हैं। फरवरी 1909 में गाँधीजी ने आंदोलन में भाग लेने वाले तमिलों के बारे में लिखा : "हम तमिल समाज की बहादुरी के संबंध में लिख चुके हैं। श्री चेट्टियार जेल पहुंच गए। इस समय बहुत-से तमिल जेल में हैं। अर्थात् तमिल समाज ने अपना तेज अभी तक मंद नहीं होने दिया है।"(9/193) यहां आंदोलन से तमिलों की जातीयता नए प्रकाश से दीप्त हुई है। दक्षिण अफ्रीका में बहुत से पारसी भी थे। उन्होंने भी आंदोलन में भाग लिया था। गाँधीजी के अनुसार "जैसी बहादुरी तमिल लोगों ने दिखाई है, वैसी ही बहादुरी पारसियों ने भी दिखाई है।" पारसी समाज को बधाई देते हुए गाँधीजी ने कहा : "उनकी शोभा सारे भारतीयों की शोभा है, क्योंकि वे भी भारतीय हैं। तमिल और पारसी लोगों के सामने दूसरे भारतीयों–मुसलमानों और गुजराती हिंदुओं–को अपना सिर झुका लेना चाहिए और शर्मिन्दा होना चाहिए। इन दो समाजों के उदाहरण जब हमारे घर में ही मौजूद हैं, तब हम भारतीयों को दूसरे उदाहरण देकर क्या जोश दिलाएँ। तमिल और पारसी तो जीत गए। और जब लड़ाई का अंत होगा तब सारा भारतीय समाज उसका लाभ उठाएगा। लेकिन जीत का यश तो उन्हीं को देना ठीक होगा। वे ही राजा होंगे और राज्य पद उन्हीं को शोभा देगा। हम दूसरे लोग प्रजा माने जाएंगे।"(9/193-94) गुजराती, तमिल आदि सभी भारतीय हैं। परंतु इनमें एक जाति के लोगों को दूसरी जाति के कार्यों से शिक्षा लेनी चाहिए। एक जाति के लोगों की प्रशंसा करके गाँधीजी दूसरी जाति के लोगों को चेतावनी देते हैं कि वे भी आगे बढ़ें। प्रमुख तमिल कार्यकर्ता चेट्टियार को जेल हुई। गाँधीजी ने लिखा : "उनकी आयु लगभग 55 वर्ष की है। वे बहुत दिनों से रोग पीड़ित हैं। फिर भी वे पूर्ण उत्साह से निर्वासन स्वीकार कर रहे हैं। उनको नेटाल भेजा जा रहा है। वे वहां से तुरंत लौट आएंगे।"(10/228-29) फिर 'शाबाश चेट्टियार' शीर्षक से गाँधीजी ने टिप्पणी लिखी : "जो भारतीय हार मानकर बैठ गए हैं, श्री चेट्टियार का किस्सा सुनकर उन्हें भी रोमांच हुए बिना नहीं रह सकता। श्री चेट्टियार बुजुर्ग हैं। तमिल समाज के मुखिया हैं। वे दो बार तो जेल भोग आए हैं। उनका पुत्र अनेक बार जेल हो आया है। अब उसे निर्वासित करके भारत भेज दिया गया है... उन्होंने अपने रोग को नहीं गिना। वे अपना पैसा खो चुके हैं। उनके रोम-रोम में यह भावना भरी है कि मान के लिए, देश के लिए प्राण दे दूंगा पर आत्मसमर्पण नहीं करूंगा. ..। हम आशा करते हैं कि बूढ़े-जवान, छोटे-बड़े सभी भारतीय श्री चेट्टियार का उत्साह देखकर उत्साहित होंगे और श्री चेट्टियार के नाम पर अभिमान करेंगे।"(10/238) जिस पर तमिल समाज गर्व करता है, उस पर पूरा भारतीय समाज गर्व करता है। दोनों में कोई

अंतर्विरोध नहीं है। चेट्टियार का चित्र प्रकाशित करते हुए गाँधीजी ने लिखा : "इस अंक के साथ हम श्री चेट्टियार का चित्र पाठकों की सेवा में प्रस्तुत कर रहे हैं। यह केवल इसलिए नहीं कि श्री चेट्टियार जैसे वयोवृद्ध सैनिक तीसरी बार जेल गए हैं और उनके निर्वासित पुत्र जहाज से भारत जा रहे हैं, बल्कि इसलिए कि इस भेंट के द्वारा हम संपूर्ण तमिल समाज का अभिनंदन करना चाहते हैं। उक्त समाज ने इस लड़ाई में आश्चर्यजनक काम किया है।"(10/270) आंदोलन सभी भारतीयों का है, पर इस आंदोलन में किस जातीय प्रदेश के लोगों ने अधिक भाग लिया है, किस जातीय प्रदेश के लोगों ने कम भाग लिया है, इस पर गाँधीजी बराबर निगाह रखते थे। जोहानिसबर्ग की पाठशाला में शिक्षा भारतीय भाषाओं के माध्यम से दी जाए, इस प्रसंग में गाँधीजी ने लिखा : "तमिल भारत की एक महत्वपूर्ण भाषा है। उस भाषा को जानने वाले बच्चे इस पाठशाला में अच्छी संख्या में दाखिल हुए हैं। इन बच्चों को तमिल भाषा का उचित ज्ञान कराना सरकार का कर्तव्य है।"(11/468-69)

जुलाई 1914 में गाँधीजी ने तमिलों की सभा में कहा : "अपने तमिल भाइयों और बहनों से मिलने के लिए आने में मुझे ऐसा लगता है मानो मैं अपने सगे-संबंधियों से मिलने आया हूं। पिछले अनेक वर्षों से मुझे ऐसा ही लगता रहा है और इसका कारण सीधा-सादा है। मेरी समझ में भारतीय समाज के विभिन्न वर्गों में से संघर्ष का सीधा प्रहार तमिल भाइयों ने ही सहा है। सत्याग्रह की लड़ाई में सबसे अधिक संख्या में मौतें तमिल समाज में ही हुईं।"(12/485-86) दक्षिण अफ्रीका में तमिलजन नए जीवंत इतिहास का निर्माण कर रहे थे। अतीत के गौरव के अलावा गाँधीजी उन्हें इस नए इतिहास पर गर्व करना सिखा रहे थे। तमिलों के बलिदान के बारे में उन्होंने उसी सभा में कहा : "आज ही सुबह हम एक बहन और एक भाई के स्मारक का अनावरण करने के लिए गए थे। वे दोनों तमिल थे। नारायण सामी की अस्थियां डेलागोवा बे में पड़ी हैं। वे भी तमिल ही थे। निर्वासित किए गए लोग भी तमिल थे। लड़ाई में सबसे अंत तक लड़ने वाले और सबके बाद जेल से छूटने वाले भी तमिल ही थे। जो फेरी वाले बर्बाद हो गए, वे भी सब तमिल ही थे। टॉलस्टॉय फार्म पर रहने वाले सत्याग्रहियों में से अधिकांश तमिल हैं...इस तरह तमिलों ने सिद्ध कर दिया है कि वे हर क्षेत्र में सर्वोत्तम भारतीय परंपराओं के श्रेष्ठ उदाहरण हैं।" आंदोलन में तमिल स्त्रियों के योगदान के बारे में गाँधीजी ने कहा : "जेल जाने वाली बहनों में भी अधिकतर तमिल रही हैं। और गिरफ्तार करने के लिए आने वाले अधिकारियों की परवाह न करके न्यू कैसिल की बारकों में और घर-घर जाकर मजदूरों को काम छोड़कर हड़ताल के लिए समझाने के लिए जाने वाली बहनें कौन थीं? वे भी तमिल ही थीं।"(12/486) हिंदी भाषियों से तमिलों की तुलना करते हुए गाँधीजी ने कहा : "यद्यपि यहां न्याय की खातिर मुझे उन भाइयों की भी तारीफ करनी चाहिए जो कलकत्ता वाले कहे जाते हैं। आखिरी लड़ाई में इन्होंने भी अच्छा भाग लिया था। परंतु मैं उसे तमिलों के जितना अच्छा नहीं कह

सकता। हां, साहस उनका भी लगभग वैसा ही रहा जैसा कि तमिल भारतीयों का। परंतु यह नहीं भुलाया जा सकता कि तमिल भाई पिछले 8 वर्ष से लगातार लड़ते रहे हैं और उन्होंने शुरू से ही बता दिया कि वे किस धातु के बने हैं।"(12/486) आंदोलन में भाग लेने के लिए प्रशंसा करने के साथ गाँधीजी ने तमिलों में जाति प्रथा के चलन, ऊंच-नीच के भेदभाव की आलोचना की थी। "जाति प्रथा की अपनी उपयोगिता है, परंतु उसे यहां चिपकाए रखना उसका दुरुपयोग ही है। अगर जातीय भेदभावों को वे बेवकूफी की हद तक खींचें, एक दूसरे को ऊंच-नीच कहने लगें तो इससे हमारा नाश ही होगा। याद रखना चाहिए कि न तो कोई ऊंचा है और न कोई नीचा, बल्कि सब भारतीय, सब तमिल हैं। तमिल का नाम तो केवल उदाहरण के लिए लिया। यों तो यह बात सारे भारतीय समाज पर लागू होती है लेकिन उन पर सबसे ज्यादा लागू होती है, क्योंकि उन्हीं से सबसे ज्यादा आशा की जाती है।" (12/488) जाति शब्द का व्यवहार पेशेवर बिरादरियों के लिए किया जाता है और प्रदेशगत जातियों के लिए भी। प्रदेशगत भाषिक इकाइयों को पेशेवर बिरादरियों से अलग रखना चाहिए। ये बिरादरियां नष्ट हो रही हैं। प्रदेशगत जातियों पर गर्व करना उचित है, उनसे भारतीय राष्ट्र का तालमेल बिठाना उचित है। गाँधीजी ने समय-समय पर तमिल सीखने् का प्रयास किया। उद्देश्य यह था कि तमिल सीखकर वे तमिल भाषियों को प्रभावित कर सकें। अप्रैल 1920 में उन्होंने लिखा : "मैं तो प्रेम-रंग में डूबा हुआ हूं और प्रत्येक मनुष्य का हृदय चुरा लेना चाहता हूं। दक्षिण प्रांत के भाइयों का हृदय चुराने के लिए मुझे उनकी भाषा सीखनी पड़ी।"(17/333) जो भाषा उन्हें सीखनी पड़ी, वह तमिल थी। जब गाँधीजी को मालूम हुआ तमिलनाडु के प्रसिद्ध नेता चक्रवर्ती राजगोपालाचारी अपने पुत्र से अंग्रेजी भाषा में पत्रव्यवहार करते हैं, तब वह रात को सो नहीं पाए। उन्होंने राजाजी को लिखा : "रात 12 बजे के बाद मुझे लगभग नींद आई ही नहीं। इसमें आपका भी कुछ हाथ है। कल रात मैंने आपके पुत्र के साथ गपशप की थी। मैं उससे यों ही पूछ बैठा कि वह आपको और आप उसको अंग्रेजी में पत्र लिखते हैं या तमिल में। उसने जब मुझे बतलाया कि पत्र व्यवहार अंग्रेजी में होता है तो मेरे हृदय को बड़ी चोट पहुंची। इसके बाद हम लोग तमिल भाषा की संभावनाओं के बारे में विचार करते रहे। युवा रामस्वामी का मत था कि उच्च कोटि और वैज्ञानिक विचारों के लिए तमिल उपयुक्त नहीं है। तभी से मैंने सोचना शुरू किया और अभी तक उसी में उलझा हूं। आपसे ही मुझे सबसे ज्यादा उम्मीद है। फिर यह इतनी जबर्दस्त त्रुटि क्यों रह गई है। मुझे यह त्रुटि जबर्दस्त ही लगती है। यदि नमक अपना खारापन छोड़ दे तो क्या होगा? यदि तमिलनाडु के अच्छे-से-अच्छे सपूत ही तमिल की उपेक्षा करने लगें, तो तमिलभाषी जनता क्या करेगी?"(23/318)

गाँधीजी ने एक पत्र शुभ लक्ष्मी को अंग्रेजी में लिखा था परंतु अपने हस्ताक्षर तमिल में किए थे। देशी भाषाओं से उनके प्रेम का यह एक उदाहरण है।

(ख) गुजरात और गुजराती

गाँधीजी का जन्म गुजरात में हुआ था। गुजराती उनकी मातृभाषा थी। जातीयता के विचार से यह उनके लिए बिल्कुल स्वाभाविक था कि जैसा प्रेम उन्हें गुजराती जाति और भाषा से था, वैसा प्रेम भारत की अन्य जाति या उसकी भाषा से न हो। गुजराती भाषा और साहित्य की समृद्धि और विकास के लिए उनकी भूमिका अत्यंत महत्वपूर्ण थी।

संपूर्ण गाँधी वाङ्मय के पहले खंड में उनका सबसे पहला भाषण गुजराती में है और उनका सबसे पहला पत्र भी गुजराती में है। अक्तूबर 1917 में द्वितीय गुजराती शिक्षा-सम्मेलन की अध्यक्षता करते हुए उन्होंने कहा : "आपने मुझे इस सम्मेलन का अध्यक्ष बनाया है। इसके लिए मैं आप सबका कृतज्ञ हूं। मैं जानता हूं कि इस पद को सुशोभित करने लायक विद्वता मुझमें नहीं है...मैं इस पद के योग्य एक ही कारण से हो सकता हूं और वह है गुजराती भाषा के प्रति मेरा प्रेम। मेरी आत्मा कहती है कि गुजराती के प्रेम की होड़ में पहले दर्जे से कम में मुझे संतोष नहीं हो सकता, और उसी मान्यता के कारण मैंने जिम्मेदारी का यह पद स्वीकार किया है।"(14/15) गुजराती भाषा के प्रति गाँधीजी का प्रेम अनेक अवसरों पर उदात्त रूप में व्यक्त हुआ है। उसी शिक्षा सम्मेलन में गुजराती भाषा और साहित्य की प्रशंसा करते हुए उन्होंने कहा : "जो नरसी मेहता की भाषा है, जिसमें नंदशंकर ने अपना 'करणबेली' उपन्यास लिखा, जिसमें नवलराम, नर्मदा शंकर, मणिलाल, मलबारी आदि अपना साहित्य लिख गए हैं, जिस भाषा में स्वर्गीय राजचंद्र कवि ने अमृतवाणी सुनाई है, हिंदू-मुसलमान और पारसी जातियां जिस भाषा की सेवा करती हैं, जिसके बोलने वालों में पवित्र साधु-संत हो चुके हैं, जिस भाषा को बोलने वालों में धन भी प्रचुर है और जिनमें जहाजों द्वारा परदेशों में व्यापार करने वाले व्यापारी भी हैं, जिसमें मुलू माणिक और जोधा माणिक की बहादुरी की प्रतिध्वनि काठियावाड़ के बरड़ा पहाड़ में आज भी गूंजती है, उस भाषा के विकास की सीमा नहीं बांधी जा सकती। ऐसी भाषा के द्वारा गुजराती लोग शिक्षा भी न लें तो उनसे भला और क्या होगा? इस प्रश्न पर विचार करना पड़े, यही बड़े दुःख की बात है।"(14/26) गुजराती भाषा का लिखित साहित्य समृद्ध है। उसका पुराना साहित्य ही समृद्ध नहीं है, आधुनिक काल में भी बड़े-बड़े लेखक हुए हैं। लिखित साहित्य के अलावा गाँधीजी लोक साहित्य पर भी ध्यान देते हैं। मुलू माणिक और जोधा माणिक विद्रोही सरदार थे जिन्होंने ब्रिटिश साम्राज्य की स्थापना का विरोध किया था। अवश्य ही यह विरोध हिंसात्मक नहीं था। इन पर लोकगीत रचे गए थे और वे गांव वालों को अब भी याद थे। गाँधीजी ने गुजराती जाति के सांस्कृतिक पक्ष के साथ आर्थिक पक्ष पर भी ध्यान दिया है। गुजरात ने बड़े-बड़े व्यापारी पैदा किए हैं। उन्होंने देश के भीतर और देश के बाहर जाकर भी व्यापार किया है। यह भाषा धर्म के आधार पर बंटी हुई नहीं है। हिंदू-मुसलमान और पारसी तीनों इस भाषा की सेवा करते हैं। जातीय चेतना प्रखर हो

तो वह धार्मिक भेदभाव मिटाती है, अनेक धर्म मानने वाले साहित्यकारों को एक ही मंच पर संगठित करती है। विपुल साहित्य से समृद्ध अपनी महान् भाषा छोड़कर जो लोग अंग्रेजी का आश्रय ले रहे थे, गाँधीजी उनके विरोध में यह जातीय गर्व की भावना जगा रहे थे। जातीय चेतना का यह साम्राज्य विरोधी पक्ष है।

विभिन्न धर्मों को मानने वाले भारतीय व्यापारी दक्षिण अफ्रीका में कैसे मिल कर काम करते थे, इसका उदाहरण यह है। 1897 में भारत में अकाल पड़ा। बंगाल के मुख्य न्यायाधीश ने अकाल पीड़ितों की सहायत. के लिए अपील निकाली। अपील देखकर दक्षिण अफ्रीका के भारतीय व्यापारियों ने तय किया कि उन्हें भी सहायता करनी चाहिए। "श्री पोरन की दुकान में व्यापारियों की एक बैठक हुई और एक कोष चालू कर दिया गया। किंतु इतने से वहां उपस्थित लोग संतुष्ट नहीं हुए। इसलिए उन्होंने सोचा कि इसके अतिरिक्त कुछ और करना आवश्यक है। इसलिए दादा अब्दुल्ला एंड कंपनी के परिसर में एक और बैठक हुई, जिसमें लगभग उन सभी लोगों ने, जिन्होंने पोरन की दुकान में चंदा दिया था, अपने चंदे की रकम को दूना या तिगुना कर दिया। श्री अब्दुल करीम ने अपना चंदा 35 पौंड से 101 पौंड, श्री अब्दुल कादिर ने 36 पौंड से 103 पौंड तथा श्री दाऊद मोहम्मद ने 75 पौंड कर दिया। भारतीय समाज के सभी धर्मों तथा वर्गों का प्रतिनिधित्व करने वाली एक जोरदार समिति बना दी गई। अंग्रेजी, गुजराती, तमिल, उर्दू तथा हिंदी में परिपत्र छपवा कर विस्तृत रूप से बांटे गए।"(3/139) अंग्रेज अभी इन व्यापारियों को आपस में लड़ाने में सफल न हुए थे। हिंदी-उर्दू का लिपि भेद हिंदुस्तानियों के लिए है, गुजरातियों के लिए नहीं। यह अत्यंत महत्वपूर्ण तथ्य है कि 1905 में गाँधीजी ने अनेक पारसियों और मुसलमानों को गुजराती में पत्र लिखे। संपूर्ण गाँधी वाङ्मय के पांचवे खंड में ऐसे अनेक पत्र दिए हुए हैं। संख्या 8 कै. खुसरू व अब्दुल हक को, संख्या 12 दादा उस्मान को, संख्या 18 उमर हाजी आमद को, संख्या 25 उमर हाजी आमद झवेरी को, संख्या 26 हाजी इस्माइल, हाजी अबू बकर को, संख्या 51 तैयब हाजी खान मुहम्मद को, संख्या 52 हाजी हबीब को। इन सब पत्रों के नीचे संपादकीय नोट है : "गाँधीजी के स्वाक्षरों में गुजराती से।" गुजरात के हिंदू व्यापारियों को गाँधीजी अपनी भाषा में पत्र लिखते थे। ऐसे ही परिवार के लोगों को गुजराती में पत्र लिखते थे। हिंदू, मुसलमान, पारसी, सभी गुजराती एक ही भाषा, एक ही लिपि का व्यवहार करते थे। यह तथ्य उनकी जातीय एकता को सुदृढ़ करने वाला था। यदि ऐसी एकता हिंदी प्रदेश में होती तो भारत का विभाजन कभी होता ही नहीं।

गाँधीजी राष्ट्र भाषा हिंदी के प्रबल समर्थक थे। किंतु इस भाषा की खूबियां बताने के लिए अप्रैल 1919 में उन्होंने हिंदी साहित्य सम्मेलन के अपने व्याख्यान में गुजराती का सहारा लिया। उन्होंने कहा : "आज हम जिस कार्य के लिए एकत्रित हुए हैं उसकी दृष्टि से मुझे हिंदी में बोलना चाहिए। लेकिन इस समय मैं जानबूझकर हिंदी में नहीं बोल रहा हूं, क्योंकि मैं इस भाषा की खूबियां आपको समझाना चाहता हूं। ये खूबियां मैं

ापको गुजराती में समझाऊंगा। मेरा ख्याल है कि गुजराती भाषा में इन्हें बता सकने ी मुझमें विशेष शक्ति है।"(15/248) विचारों की अभिव्यक्ति के लिए जहां दूसरे ुद्धिजीवी अंग्रेजी का सहारा लेते थे और लेते हैं, वहां गाँधीजी ने मातृभाषा का सहारा लेया। विचारों की अभिव्यक्ति के लिए गाँधीजी के पास गुजराती सहज माध्यम थी। उससे प्रेम था, इस कारण भी उसका व्यवहार करते थे, वह अलग। एक शिक्षा-सम्मेलन ं उन्होंने अक्तूबर 1917 में कहा था : "मुझे अपनी मातृभाषा से प्यार हो गया ़–उसका रंग चढ़ गया है। मुझे लगता है कि इसके बिना हमारा गुजारा नहीं हो सकता। इसके बिना हमारा उद्धार नहीं हो सकता। इसी कारण मैं जहां-तहां इसके संबंध में आग्रह करता रहता हूं।"(14/45) इन शब्दों को ध्यान में रखें तो गाँधीजी को गुजराती के साम्राज्य विरोधी जातीय नव जागरण का प्रमुख नेता कहना अनुचित न होगा।

दक्षिण अफ्रीका छोड़ते समय तमिलों की तरह गुजरातियों ने विदाई समारोह के लिए एक सभा की। उस सभा में गाँधीजी ने तमिलों से गुजरातियों की तुलना करते हुए उनकी कुछ आलोचना भी की। जुलाई 1914 में अपने भाषण में उन्होंने कहा : "मेरे गुजराती बंधुओं ने मेरी और श्रीमती गाँधी की बहुत सेवा की है। परंतु इतना तो मुझे कहना पड़ता है कि हमारे संघर्ष में जैसी सेवा तमिल लोगों ने की वैसी गुजराती बंधु नहीं कर सके। मुझे उम्मीद है कि (इस दिशा में) गुजराती बंधु तमिल समाज से सबक लेंगे। मैं तो तमिल लोगों की भाषा भी नहीं जानता पर तो भी उन्होंने संघर्ष में मुझे बड़ी भारी मदद की है। चूंकि गुजराती समझता हूं, अतः मैं अपनी बात गुजराती बंधुओं को सबसे अधिक और सुगमतापूर्वक समझा सकता हूं। फिर भी गुजराती बंधु अपना कर्तव्य पालन नहीं कर पाए। वे तो पैसे के पीछे पड़े हैं। यह जानकर तो मुझे और भी दुःख है कि कुछ लोगों को शराब की लत लग गई है।"(12/490) आंदोलन में हर जाति का अपना विशिष्ट योगदान था। गाँधीजी इस योगदान पर बराबर ध्यान रखते थे।

भारत में गुजरात की अनेक सांस्कृतिक और राजनीतिक संस्थाओं से उनका घनिष्ठ संबंध था। अहमदाबाद में गाँधीजी ने एक गुजरात वर्नाकुलर सोसायटी बनाई थी। जो लोग इसके आजीवन सदस्य बनना चाहें, उन्हें एक पत्र हस्ताक्षर करके भेजना था। पत्र में लिखा था : "इसके साथ आजीवन सदस्यता की फीस के 25 रु. (अंक पच्चीस रुपये) भेजे हैं। प्राप्त होने पर पहुंच देने की कृपा करें।

नाम : मोहनदास करमचंद गांधी

हस्ताक्षर : मोहन दास करमचंद गांधी

उम्र : 46 वर्ष

शिक्षा : बैरिस्टरी पर्यंत

पता (स्थायी) : सत्याग्रह आश्रम

(वर्तमान) कोचरब के पास

अहमदाबाद"(13/270)

अप्रैल 1915 में गाँधीजी मद्रास गए। वहां के गुजरातियों ने उन्हें मानपत्र भेंट किया। गाँधीजी ने गुजराती में उत्तर देते हुए गुजराती समाज का ध्यान इस महत्वपूर्ण तथ्य की ओर आकृष्ट किया कि मद्रास में उनका कल्याण उसी बात में है जिसमें दूसरे समाजों का है। इसीलिए उन्होंने जोर देकर कहा कि गुजरातियों का दूसरों के साथ मिलकर काम करना आवश्यक है। उन्होंने मद्रास शहर और प्रांत में इतने अधिक गुजरातियों को स्थान देने के लिए वहां के लोगों के प्रति कृतज्ञता व्यक्त की।(13/71) बंबई में एक गुर्जर-सभा थी। उसके अध्यक्ष मुहम्मद अली जिन्ना थे। उसने गाँधीजी का स्वागत किया। उस स्वागत समारोह का विवरण बॉम्बे क्रॉनिकल में छपा। "श्री गाँधी और श्रीमती कस्तूरबा गाँधी के सम्मान में 14 जनवरी 1915 को मंगलदास भवन के प्रांगण में गुर्जर-सभा, बंबई की ओर से एक उद्यान-भोज दिया गया। समारोह की अध्यक्षता गुर्जर-सभा के सभापति मुहम्मद अली जिन्ना ने की। श्री जिन्ना तथा श्री कन्हैयालाल माणिकलाल मुंशी ने (अंग्रेजी में) बोलते हुए अतिथियों का स्वागत किया।

"श्री गाँधीजी ने गुजराती में बोलते हुए श्री जिन्ना को समारोह की अध्यक्षता करने के लिए धन्यवाद दिया और कहा कि जब मैं दक्षिण अफ्रीका में था, उन दिनों गुजरातियों के संबंध में जब भी कुछ कहा जाता था तो लोग यही मानते थे कि तात्पर्य केवल हिंदी समाज से है और पारसियों तथा मुसलमानों से उसका कोई संबंध नहीं है। इसलिए मुझे एक मुसलमान को गुर्जर-सभा के सदस्य और इस समारोह के अध्यक्ष के रूप में देखकर बड़ी प्रसन्नता हो रही है।"(13/10) यहां उन पत्रों को याद करना चाहिए जो गाँधीजी ने गुजराती में मुसलमान व्यापारियों को दक्षिण अफ्रीका में लिखे थे। दिलचस्प बात है कि कन्हैयालाल माणिकलाल मुंशी हिंदू राष्ट्रवाद की ओर झुके और मोहम्मद अली जिन्ना मुस्लिम राष्ट्रवाद की ओर, और दोनों इस सभा में अंग्रेजी में बोले।

1917 में अतिवृष्टि से खेड़ा जिले की फसल नष्ट हो गई। सरकार से अपील की गई कि वह लगान मुल्तवी कर दे। गाँधीजी ने गुजरात सभा को सलाह दी कि बंबई सरकार की ओर से जब तक उत्तर नहीं मिल जाता, वह लोगों से तब तक लगान अदा न करने की बात कहे। गाँधीजी इस सभा के अध्यक्ष थे। (14/131) अक्तूबर 1917 में गाँधीजी ने द्वितीय गुजराती शिक्षा-सम्मेलन की अध्यक्षता की। (14/15) भाषा का विकास स्वाधीनता आंदोलन से और स्वतंत्र उद्योग-धंधों से जुड़ा हुआ है, इसके बारे में गाँधीजी ने उस शिक्षा सम्मेलन में कहा : "हमने बहुत समय तक गुलामी भोगी है। इसलिए हम में विनय की अतिशयता सूचित करने वाले शब्दों का बड़ा भंडार दिखाई देता है। अंग्रेजी भाषा में नौका के लिए जितने शब्द हैं, उतने और किसी भाषा में शायद ही होंगे। यदि कोई साहसपूर्वक उन पुस्तकों का अनुवाद गुजराती में करे भी तो उससे न हमारी भाषा का कोई विकास होगा और न हम नौकाओं के बारे में ही ज्यादा जानने लगेंगे। अलबत्ता जब हम जहाज वगैरह बनाना सीखेंगे और जलसेना भी खड़ी करेंगे, नौका-संबंधी पारिभाषिक शब्द तब अपने-आप बन जाएंगे। यह विचार स्वर्गीय रेवरेंड टेलर ने अपने

व्याकरण में व्यक्त किया है।"(14/18) गुजराती भाषा के बारे में जो आंदोलन चल रहा था, उस पर गाँधीजी ने कहा : "गुजरात में भी मातृभाषा के जरिए शिक्षा देने का आंदोलन शुरू हो चुका है। इस बारे में हमें रा.ब. हरगोविंददास कांटावाला के लेख से जानकारी मिल सकती है। प्रो. गज्जर और स्व. दीवान बहादुर मणिभाई इस विचार के नेता माने जा सकते हैं। यह विचार करना हमारा काम है कि हमें इन लोगों के बोए बीज के अंकुरित होने में मदद देनी चाहिए या नहीं। मुझे तो लगता है कि इसमें जितनी देर हो रही है, उतना ही हमारा नुकसान भी हो रहा है।"(14/20) पहले से नवजागरण का जो कार्य शुरू हो गया था, गाँधीजी उसे आगे बढ़ा रहे थे। बराबरी का व्यवहार हो तो गुजराती में अन्य भाषाओं के शब्द लिए जा सकते थे। बहुत से मुसलमान गुजराती बोलते थे और उनकी भाषा में अरबी फारसी के शब्द भी होते थे। गाँधीजी ने कहा : "हम प्रसंगानुकूल अल्लाह और परमेश्वर दोनों शब्दों का प्रयोग कर सकते हैं। यदि अंग्रेज गुजरात के वतनी बन जाएँ तो हम अंग्रेजी शब्दों को भी जरूरत होने पर अपनी भाषा में ले लेंगे। इस समय जो अंग्रेजी शब्द लिये जाते हैं उसमें तो दंभ, अज्ञान या खुशामद रहती है। उसके पीछे भाषा की उन्नति का खयाल नहीं है।"(15/509)

गुजरात के पारसियों में कुछ बड़े लेखक पैदा हुए थे। परंतु सामान्य पारसियों की गुजराती मानक भाषा से कुछ हटकर होती थी। अप्रैल 1921 में गाँधीजी को कोलंबो से एक पारसी बरजोरजी रतनशाह भूरी का पत्र मिला। उसे छापते हुए उन्होंने नोट लिखा : "उनकी पारसी गुजराती को बदलकर मैंने गुजरातियों की गुजराती बना दिया है।"(19/513) फिर भारत और गुजरात से पारसियों के संबंध का उल्लेख करते हुए गाँधीजी ने उनकी भाषा की आलोचना की : "पारसी भाइयों ने हिंदुस्तान की सेवा की है। पारसी बुद्धिमान हैं। उन्होंने हिंदुस्तान को अपना देश बना लिया है। उनका सर्वस्व हिंदुस्तान में है। उनकी मातृभाषा गुजराती है। लेकिन उन्होंने उसके साथ न्याय नहीं किया है, ऐसा कहे बिना नहीं रहा जाता। भाई बरजोरजी के पत्र को यदि मैं उनकी ही गुजराती में यहां उद्धृत करता तो बहुत सारे गुजराती उसे कदाचित पूरा-पूरा समझ भी न पाते। ऐसे अनेक पारसी समाचार-पत्र हैं जो गुजराती भाषा का वध करते हैं, यह बात पारसी समाचार-पत्र पढ़ने वाला प्रत्येक पाठक जानता है। यदि वे सामान्य गुजराती लिखने का निश्चय करें तो ऐसी कोई बात नहीं कि वे न लिख सकें। इ. से. मलबारी (कवि, पत्रकार और समाज-सुधारक) शुद्ध गुजराती लिख सकते थे। 'खबरदार' ने गुजराती को अपने काव्य से सुशोभित किया है। लेकिन इतने से ही संतोष कैसे माना जा सकता है? क्या वे इस बात को स्पृहणीय नहीं मानेंगे कि पारसी गुजराती भाषा पर ममत्व रखें और उसे अपनी भाषा समझ कर उसकी सेवा करें?" (19/514) जब भाषा मानक रूप ग्रहण कर लेती है, तब उसमें फेरबदल उस भाषा की हत्या जैसा लगता है। गाँधीजी ने जब हिंदुस्तानी का आंदोलन चलाया और हिंदी-उर्दू को मिलाने की कोशिश की, तब हिंदी भाषियों को ऐसा लगा कि हिंदी की हत्या की जा रही है, और उर्दू वालों को भी लगा

कि उर्दू का नाश किया जा रहा है। भाषा के मानक रूप की अवश्य रक्षा करनी चाहिए। परंतु यह मानक रूप भी परिवर्तनशील है। जब ऐसा मानक रूप जनता की एकता के आड़े आने लगे, तब उसमें परिवर्तन करना आवश्यक हो जाएगा।

हिंदी राष्ट्रभाषा बने तो उसका व्याकरण बदलना चाहिए। उसके लिंगभेद से बहुत से लोगों को परेशानी होती है। सुनीतिकुमार चटर्जी ने यहां तक कहा कि व्याकरण की अशुद्धियों वाली जो हिंदी कलकत्ते में बंगाली बोलते हैं, उसी को राष्ट्रभाषा माना जाए? यह उस समय की बात है जब वह राष्ट्रभाषा के लिए अंग्रेजी का समर्थन करने लगे थे। भाषा के साथ मनमाना व्यवहार न करना चाहिए। गाँधीजी ने पारसियों, मुसलमानों और हिंदुओं के साथ गुजराती का सामान्य संबंध स्थापित करते हुए उसके मानक रूप की रक्षा करने पर जोर दिया। उन्होंने कहा : "कोई पारसी लेखक कहेगा कि पारसी सामान्य रूप से जो गुजराती लिखते हैं, उसे ही शुद्ध गुजराती क्यों नहीं माना जा सकता? ऐसी शंका का समाधान करना तो आसान है। जो गुजराती गुजरात के लाखों पढ़े-लिखे लोग बोलते हैं और लिखते हैं, वही शुद्ध गुजराती है।" यह हुआ भाषा का मानक रूप स्थापित करने के बारे में गाँधीजी का विचार। आगे– "गुजराती संस्कृत की पुत्री है, इसलिए उसका आधार संस्कृत ही होना चाहिए, इसमें तो कोई शंका नहीं उठा सकता।" यह हुआ पारिभाषिक शब्द निर्माण करने के बारे में उनका विचार। "पारसी लेखक और शिक्षक यदि चाहें तो गुजराती की सेवा कर सकते हैं। जैसे-जैसे हम में जनता के प्रति प्रेम बढ़ता जाता है, वैसे-वैसे हम में अपनी भाषा के प्रति भी प्रेम भाव बढ़ना चाहिए।" यह बात इस तरह भी कही जा सकती है : "जब भाषा के प्रति हमारा प्रेम बढ़ेगा और हमारा सारा प्रांतीय कार्य गुजराती में चलने लगेगा, तब हम कैसी गुजराती का प्रयोग करेंगे?" यदि हिंदी प्रदेश एकताबद्ध हो और उसका सारा काम हिंदी में चलने लगे तो वह हिंदी किस तरह की होगी? "हम अपने कानूनों की रचना किस गुजराती में करेंगे? हम अपनी विधान-परिषदों में किस गुजराती में भाषण देंगे? हम अपनी पाठ्य पुस्तकें किस गुजराती में लिखेंगे? गुजराती के प्रति हमारा मनमाना व्यवहार हमारे देश-प्रेम और भाषा प्रेम की न्यूनता का परिचायक है।" हिंदी-उर्दू का अलगाव और इस अलगाव को निरंतर बनाए रखने का प्रयास जातीय भाषा और जातीय संस्कृति को बीच से खंडित करने का प्रयत्न है। "देश प्रेम हो और भाषा प्रेम की चिंता न हो, यह असंभव है।" इसलिए देश प्रेम के साथ जितना ही जातीय भाषा-प्रेम बढ़ेगा, उतना ही हिंदी-उर्दू के बीच का फासला दूर होगा और एक सामान्य साहित्यिक भाषा का विकास होगा। "हिंदू, मुसलमान और पारसी तीनों कौमें गुजराती बोलती हैं।" अर्थात् एक कौम के तीन सम्प्रदाय एक ही भाषा बोलते हैं। "इन तीनों समाजों के लोग व्यापारी होने के कारण सारे हिंदुस्तान में और देश-देशांतर में घूमते हैं।" यह भाषा के प्रसार में, उसके एकीकरण में व्यापार की भूमिका हुई। "वे सब गुजराती हैं, इस बात का परिचय उनकी भाषा से ही मिलता है।" "गुजराती की सेवा करना तीनों कौमों का फर्ज है।" हिंदी की सेवा

करना हिंदी प्रदेश के हर सम्प्रदाय का फर्ज है।(19/514-15)

गुजराती साहित्य की प्रगति से गाँधीजी को कितनी गहरी दिलचस्पी थी, यह इस बात से जाना जा सकता है कि गुजराती साहित्य-परिषद के अधिवेशन में भाग लेने के लिए उन्होंने रवीन्द्रनाथ ठाकुर को आमंत्रित किया। आमंत्रण स्वीकार करने पर आभार प्रकट करते हुए गाँधीजी ने रवींद्रनाथ से पूछा : "आप गुजरात को कितना समय दे सकेंगे और क्या आप एक या दो महत्वपूर्ण केंद्रों में जा सकेंगे?" इसके सिवा उन्होंने यह भी पूछा : "क्या आप आश्रम में ठहरेंगे? आपके आश्रम में ठहरने से मुझे जो प्रसन्नता होगी, वह और किसी बात से नहीं हो सकती। मेरी उत्कट इच्छा है कि अपने निवास-काल में आप समझ लें कि आश्रम क्या है और यह किस उद्देश्य को लेकर चल रहा है। मेरी यह भी इच्छा है कि आप आश्रम में उन तमाम लोगों को, जो आपके शिष्य रह चुकने का दावा करते हैं, अपनी उपस्थिति का लाभ दें। गुजराती लड़के-लड़कियों के तथा उस सिंधी लड़के गिरधारी के अतिरिक्त किसकी याद आपको बनी होगी। मणीन्द्र भी अभी यहीं है और सरला देवी का पुत्र दीपक भी आश्रम में ही है। यह आश्रम अहमदाबाद शहर के केंद्र से लगभग 4 मील दूर, साबरमती के किनारे एक टीले पर स्थित है।"(17/94) साबरमती आश्रम और शांति निकेतन के तार आपस में मिले हुए थे। गाँधीजी चाहते थे, जो गुजराती लड़के शांति निकेतन में शिक्षा पा चुके हैं, उनके बीच रवींद्रनाथ आएँ और अधिक से अधिक गुजरात घूमने में समय लगाएँ। गाँधीजी स्वयं गुजरात में शिक्षा व्यवस्था को नया रूप दे रहे थे। वह अवश्य चाहते थे, रवींद्रनाथ इस नए परिवर्तन से भी परिचित हों। रवींद्रनाथ ठाकुर गुजरात आने वाले थे। गाँधीजी ने लिखा : "उनका आगमन छोटी-मोटी बात नहीं कही जा सकती। वह राजनीतिक पुरुष नहीं, महाकवि हैं। उनकी जोड़ का कोई और व्यक्ति हिंदुस्तान में तो नहीं ही है। ... वे जैसे कवि हैं वैसे ही तत्वज्ञानी और आस्थावान व्यक्ति हैं।"(17/78)

गाँधीजी ने दक्षिण अफ्रीका में गोखले के स्वागत की जैसी तैयारी की थी, कुछ-कुछ वैसी ही तैयारी वह गुजरात में रवीन्द्रनाथ ठाकुर के स्वागत की कर रहे थे। उन्होंने गुजरातियों से कहा : "मेरी कामना है कि गुजरात की राजधानी उन्हें उचित सम्मान दे। ऐसे नारे लगाना जिनसे कानों के पर्दे फट जाएँ, शोभनीय नहीं है। व्यक्तियों के बड़ी संख्या में होने के बावजूद धक्का-मुक्की किए बिना हमें हमारे जो प्रिय हैं, उन्हें रास्ता देना चाहिए। हम रास्तों को अलंकृत करें तो उस पर पाश्चात्य संस्कृति का प्रभाव न होकर पूर्व की सभ्यता का प्रभाव होना चाहिए।" फिर रवींद्रनाथ के कला-प्रेम का स्मरण करते हुए गाँधीजी ने लिखा : "वे अच्छे कवि होने के साथ ही चित्रकला और संगीत के भी पारखी हैं। इसलिए हम उनके प्रति अपना जो भाव प्रकट करना चाहें, वह शांतिमय, कलापूर्ण और सब प्रकार के आडंबरों, भावावेश से रहित एवं शुद्ध होना चाहिए। मैं व्यवस्थापकों से निवेदन करता हूं कि वे अभी से विचार-विमर्श करके सुव्यवस्था बनाए रखने के उपायों को निश्चित कर लें जिससे हमारे अतिथि को कष्ट न पहुंचे और गुजरात

धार्मिक उत्साह के साथ उनको ऐसा सम्मान प्रदान करे जो कविश्री और गुजरात की जनता दोनों को शोभान्वित करने वाला हो।"(17/78) रवींद्रनाथ ठाकुर और गाँधीजी दोनों भारत के प्रतिनिधि थे। इसके साथ ही गाँधीजी गुजरात के प्रतिनिधि और रवींद्रनाथ बंगाल के प्रतिनिधि थे। गाँधीजी चाहते थे, ऐसा स्वागत किया जाए जिससे रवींद्रनाथ ठाकुर के सम्मान के साथ ही गुजरात का गौरव भी बढ़े। ऐसे अवसरों पर भीड़ में जो हो-हल्ला होता है, उससे बचते हुए वह ऐसा शांतिपूर्ण समारोह करना चाहते थे जो रवींद्रनाथ की गरिमा के अनुरूप हो और जिससे गुजरातियों की संस्कृति का यश भी फैले। 1920 की मार्च के अंत में गाँधीजी ने लिखा : "खबर मिल चुकी है कि कविश्री रवींद्रनाथ ठाकुर गुजरात में एक सप्ताह तक रहेंगे। उनकी उपस्थिति का पूरा-पूरा लाभ तो हम तभी उठा सकते हैं जब हम उन्हें शांति से रहने दें और हमें जो कुछ सीखना है वह उनसे सीख लें।"(17/324) रवींद्रनाथ शांति निकेतन के लिए जगह-जगह चंदा इकट्ठा कर रहे थे। गाँधीजी ने गुजरातियों से कहा : "इस दिशा में भी उन्हें प्रयास करना चाहिए।" रवींद्रनाथ आए। अहमदाबाद में जिस तरह उनका स्वागत हुआ उससे गाँधीजी प्रसन्न हुए। "गुजरात ने अपनी राजधानी में उनका भव्य स्वागत करके अपने आपको सम्मानित किया है।" रवीन्द्रनाथ ने कलकत्ते को लक्ष्य करके पूंजीवादी सभ्यता की आलोचना की थी। अहमदाबाद भी पूंजीवादी उद्योग-धंधों का बड़ा केंद्र था। गाँधीजी ने कहा : "उन्होंने आधुनिक सभ्यता की उपज के रूप में कलकत्ते का जो उल्लेख किया वह उनकी सहज शिष्टता और विनयशीलता का सुंदर नमूना है। व्यावसायिक भावना से ओत-प्रोत और 60 से अधिक मिलों वाले इस नगर में उन्हें यह सत्य तो व्यक्त करना ही था। उन्हें अहमदाबाद के लोगों को यह बताना था कि ईश्वर की उपासना को कंचन की साधना से ऊपर रखना चाहिए। उन्होंने कलकत्ते की स्थिति का वर्णन करके अपने इस कर्तव्य का निर्वाह बड़े ही कुशल ढंग से कर लिया।"(17/339)

गाँधीजी को समकालीन गुजराती साहित्य की प्रगति से संतोष नहीं था। उन्होंने गुजरात साहित्य परिषद में कहा : "मैं साहित्यकारों से पूछता हूं कि आपकी कृति के सहारे मैं शीघ्र ही प्रभु के पास पहुंच सकता हूं या नहीं?" (17/332) इस कसौटी पर रवींद्रनाथ ठाकुर का भी कम से कम आधा साहित्य खरा न उतरेगा। लेकिन आगे गाँधीजी ने कला की कसौटी पर साहित्य को परखने पर जोर दिया : "यदि मैं किसी साहित्यकार की रचना से उकता जाता हूं तो इसमें मेरी बुंद्धि का दोष नहीं है। दोष उसकी कला का है। शक्तिवान साहित्यकार को अपनी कला को कम से कम इतना विकसित तो करना ही चाहिए कि पाठक उसे पढ़ने में लीन हो जाए। मुझे खेद होता है कि हमारे साहित्य में यह बात बहुत कम दिखाई देती है। हमारा साहित्य इस समय ऐसा है कि उसमें से जनता एकाध वस्तु भी ग्रहण नहीं कर सकती। उसमें एक भी वस्तु ऐसी नहीं है जिससे वह एक युग, एक वर्ष अथवा एक सप्ताह तक भी टिक सके।" (17/332) साहित्य पाठक को प्रभु के पास शीघ्र पहुंचाए चाहे न पहुंचाए, उसे कलात्मक

अवश्य होना चाहिए। गाँधीजी की यह बात बिल्कुल सही है कि साहित्य ऐसा होना चाहिए कि पाठक उसे पढ़ने में लीन हो जाए। तल्लीनता अच्छे साहित्य का लक्षण है। साहित्य में कलात्मक उत्कर्ष की गुंजाइश बराबर बनी रहती है। इसलिए गाँधीजी की चेतावनी भले ही अतिशयोक्तिपूर्ण रही हो, वह आवश्यक और उपयोगी है।

जातीय भाषा और शिक्षातंत्र

गाँधीजी तत्कालीन शिक्षा-व्यवस्था से असंतुष्ट थे। द्वितीय गुजरात शिक्षा-सम्मेलन में उन्होंने कहा था : "मैंने आधुनिक शिक्षा पर अब से 25 वर्ष पहले ही विचार करना आरंभ कर दिया था।" दक्षिण अफ्रीका में एक भारतीय शिक्षा-संघ था। बहुत दिन तक उसका कारोबार उन्हीं के हाथ में रहा। उन्होंने अपने बच्चों को भी पढ़ाया था। बड़े लड़के के बारे में लिखा : "उसने मुझसे निराश होकर कुछ समय तक अहमदाबाद के स्कूल में शिक्षा ली।" दक्षिण अफ्रीका में दूसरों के बच्चों को भी वह पढ़ाते थे। वहां सत्याग्रह के समय कभी उनके पास लगभग पचास लड़के थे।(14/31) रोचक विषय भी ठीक ढंग से न पढ़ाए जाएँ तो अध्ययन से छात्रों का मन उचाट हो जाता है। गाँधीजी ने अपने अनुभव के बारे में कहा : मुझे इंग्लैंड की 'काउंटियों' को रटना पड़ा था और भूगोल जैसा दिलचस्प विषय मेरे लिए जहर हो गया था।(14/32) इतिहास की पढ़ाई के बारे में उनका कहना था : इतिहास देश पर गर्व अनुभव करना सिखाने का साधन होता है। मुझे इतिहास सिखाने की अपने स्कूल की पद्धति में इस देश के बारे में गर्व अनुभव करने का कोई कारण नहीं मिला। उसके लिए मुझे दूसरी ही किताबें पढ़नी पड़ीं। (14/32) आज भी बहुत से इतिहासकार भारतीय इतिहास का विवेचन इस तरह करते हैं कि वहां देश पर गर्व करने के लिए कोई चीज न मिले। केवल पढ़ाने वालों का दोष नहीं है, पुस्तकें लिखने वालों का दोष भी है। अंकगणित के बारे में गाँधीजी ने कहा : "देशी पद्धति को कम स्थान दिया गया है।" विज्ञान के बारे में उन्होंने कहा : "उसके ज्ञान से हमारे बच्चे कोई लाभ उठा ही नहीं सकते। खगोल जैसे शास्त्र, जो बच्चे को आकाश दिखाकर सिखाये जा सकते हैं, सिर्फ पुस्तकों से पढ़ाए जाते हैं। मैं नहीं समझता कि स्कूल छोड़ने के बाद किसी विद्यार्थी को पानी की बूंद का विश्लेषण याद रहा होगा।" कृषि विज्ञान के बारे में उन्होंने कहा : "जिस देश में 85 से 90 फीसदी स्त्री-पुरुष खेती के धंधों में लगे हुए हैं, उसमें इस धंधे का जितना ज्ञान दिया जा सके, उतना ही कम है। फिर भी हाई स्कूल तक के हमारे पाठ्यक्रम में उसका कोई स्थान ही नहीं है।"(14/33) गाँधीजी युद्ध-विज्ञान की शिक्षा को भी आवश्यक मानते थे। उन्होंने कहा था : "हमारी शिक्षा में युद्ध विज्ञान का स्थान नहीं है। मेरे खुद के लिए तो यह दुःख

की बात नहीं है। मैंने तो इसे एक सहज प्राप्त सुख माना है। लेकिन लोग हथिया चलाना सीखना चाहते हैं। जिसे सीखना हो, उसे इसका मौका मिलना चाहिए। परंतु यह तो पाठ्यक्रमों में भुला ही दिया गया दीखता है।"(14/33) व्यक्तित्व के चहुमुखी विकास के लिए गाँधीजी संगीत का ज्ञान भी आवश्यक मानते थे। "संगीत के लिए कहीं स्थान नहीं दिखता। हम पर संगीत का बहुत असर होता है। हम काफी हद तक यह बात भूल गए हैं, नहीं तो हम किसी-न-किसी तरह अपने बच्चों को संगीत जरूर सिखाते। वेद मंत्रों की रचना संगीत के आधार पर हुई जान पड़ती है। मधुर संगीत आत्मा के ताप को शांत कर सकता है। हजारों लोगों की सभा में हमें कभी-कभी कोलाहल सुनाई देता है। हजारों कंठों से एक स्वर में कोई राष्ट्रीय गीत गाया जाए, तो वह कोलाहल के बदले प्रेरणा बन सकता है। हजारों बालक एक स्वर से वीर रस की कविता गाकर शौर्य पैदा कर सकते हैं। यह कोई साधारण बात नहीं है। मल्लाह और दूसरे मजदूर मिलकर 'हरिहर', 'अल्लाबेली' जैसे नारे लगाते हैं और उनके सहारे अपना कठिन काम निभा पाते हैं। यह संगीत की शिक्षा का एक उदाहरण है। अंग्रेज मित्रों को मैंने गाना गाकर अपनी ठंड भगाते देखा है। हमारे बालक चाहे जब, चाहे जैसे नाटक के गाने सीख लेते हैं और हारमोनियम वगैरह बेसुरे बाजे बजाते हैं। इससे उनका बड़ा नुकसान होता है। अगर संगीत की शुद्ध शिक्षा मिले, तो नाटक के गीत गाने में और बेसुरा राग अलापने में उनका समय नष्ट न हो। जैसे सच्चा गवैया बेसुरा या बेवक्त नहीं गाता, वैसे ही शुद्ध संगीत सीखने वाला अश्लील गाने नहीं गाएगा। जन-जागृति के लिए संगीत का उपयोग अधिक किया जाना चाहिए।"(14/33-34) लोक संगीत, आंदोलन के साथ नए ढंग का राष्ट्रीय संगीत, पुराना शास्त्रीय संगीत—संगीत के अनेक पक्षों पर गाँधीजी ने विचार किया। सबसे बड़ी बात यह कि मधुर संगीत आत्मा के ताप को शांत कर सकता है। संगीत में माधुर्य होना चाहिए। वह आत्मा के ताप अर्थात् स्नायु तंत्र के तनाव को शान्त करता है। जिसे हम मन कहते हैं, वह मस्तिष्क की स्नायुओं का काम है। मन को संतुलित रखने, स्नायु तंत्र के तनाव को दूर करने में संगीत बहुत उपयोगी भूमिका निबाहता है। केंद्र में गुजरात है। वहां शिक्षा के हर पक्ष पर गाँधीजी विचार करते हैं और उन्होंने जो विचार व्यक्त किए हैं उनसे दूसरे प्रदेशों के लोग भी बहुत कुछ सीख सकते हैं।

गाँधीजी अमरीकी सभ्यता के प्रशंसक नहीं थे परंतु वहां शिक्षा-व्यवस्था को जिस तरह संगठित किया गया था, उसकी वह प्रशंसा करते थे। "वहां की बड़ी-बड़ी शिक्षा-संस्थाएँ एक बड़े ट्रस्ट के जरिए चलाई जाती हैं। उसमें धनवान लोगों ने करोड़ों रुपया दान दिया है। ...इस ट्रस्ट की तरफ से उत्साह के साथ किए गए आंदोलन के परिणामस्वरूप अमरीका के बूढ़े किसानों को भी खेती की नई खोजों से संबंधित ज्ञान मिला है। ऐसी ही कोई योजना गुजरात में भी चलाई जा सकती है। यहां धन है, विद्वत्ता है और धर्म-वृत्ति भी मिटी नहीं है। बच्चे तो विद्या की राह देख ही रहे हैं। ऐसा साहस

किया जाए, तो कुछ ही वर्षों में सरकार को कह सकते हैं कि हमारा प्रयत्न सच्चा है।"(14/38) केवल पाठ्य पुस्तकें नहीं, गुजरात की उन्नति के लिए पूरी शिक्षा व्यवस्था को कैसे पुनर्संगठित किया जाए, इस पर गाँधीजी ने विचार किया था। प्रारंभिक शिक्षा पर उन्होंने विशेष ध्यान दिया। उन्हें इस शिक्षा से जुड़े हुए अध्यापकों में योग्यता का अभाव दिखाई दिया। "हम जहां-जहां नजर डालते हैं, वहां-वहां दिखाई पड़ता है कि कच्ची नींव पर भारी इमारतें खड़ी की गई हैं। प्रारंभिक शिक्षा के लिए चुने हुए शिक्षकों को शिष्टाचारवश भले ही शिक्षक कहा जाए, परंतु यथार्थ में उन्हें यह नाम देना शिक्षक शब्द का दुरुपयोग करना है।" (14/36) जातीय संस्कृति के विकास के लिए सामंती व्यवस्था में पनपने वाले अनेक अंधविश्वासों को निर्मूल करना आवश्यक था। गाँधीजी ने कहा था : "संस्कृत वचनों के बारे में ऐसा कुछ भ्रम व्याप्त पाया है कि संस्कृत में लिखे श्लोक तो शास्त्र-वचन ही होने चाहिए। यह भ्रम मिटाना होगा। स्त्रियों को हीन समझने की जो प्रथा पड़ी हुई है हमें उसे जड़ से उखाड़ फेंकना होगा।"(14/35-36) समाज में ऊंच-नीच का भेद तो था ही। बहुत से लोग अछूत गिने जाते थे। इस अछूतपन के चलते पूरा समाज उन्नति न कर सकता था। गाँधीजी ने समाज से ऊंच-नीच का भेद मिटाने के लिए काफी प्रयत्न किया। विशेष बात यह कि वह अछूतों की सभा में जाकर इस तरह बोल सकते थे कि लोग उनकी बात समझें और आंदोलित होकर अपनी व्यवस्था बदलने के लिए प्रयत्न करें।

गुजरात में निम्नतम वर्ण के लोगों को ढेढ़ कहा जाता था। 'गुजरात राजनीतिक परिषद् में एकत्रित उच्च वर्गों के अनुरोध पर ढेढ़ जाति ने अपनी एक सभा की थी।' गाँधीजी ने उसकी अध्यक्षता की। (टिप्पणी 5/78) वहां उन्होंने कहा : "हम में और इस जाति के लोगों में क्या अंतर है? उनके भीतर भी वैसा ही हृदय है, उनकी भी वैसी ही नाक है, वैसी ही जीभ है और उनकी भावनाएँ भी वैसी ही हैं। वे सभी बातों में तो मिलते-जुलते हैं। जहां हृदयों में अंतर होता है, वहां भगवान रामचंद्र का वास नहीं हो सकता। वहां इमाम भी नहीं होते। ईश्वर राजनीतिक परिषद् में था, ऐसा मेरा ख्याल नहीं है। किंतु मुझे विश्वास है कि वह यहां अवश्य है। मैं यहां कोई लंबा भाषण देने के लिए नहीं आया हूं। मैं तो यहां एक पदार्थ-पाठ सिखाने आया हूं। समाज-सुधार के संबंध में यह पदार्थ-पाठ अन्यत्र नहीं मिलेगा। यहां बहुत बड़ा जनसमुदाय इकट्ठा है। यह एक महासागर के समान है। कोई भी इस पानी को अपना भात पकाने के काम में ला सकता है। सभी बोलें। अब मैं माननीय श्री पटेल से भाषण देने की प्रार्थना करता हूं।" (14/71) वैसे तो अस्पृश्यता दूर करने के लिए गाँधीजी ने जो प्रयत्न किया, वह सारे भारत के लिए था, परंतु उसका विशेष संबंध गुजरात से था। गुजरात के निम्नतम जनों से वह जिस आत्मीयता से बातें कर सकते थे, उस आत्मीयता से अन्य प्रदेशों के निम्नतम जनों से न कर सकते थे।

गाँधीजी ने गुजरात के जातीय नवजागरण के लिए बहुत काम किया। उसका शतांश

भी जवाहरलाल नेहरू हिंदी प्रदेश के लिए करते तो केवल इस प्रदेश का नहीं, पूरे भारत का रूप आज दूसरा होता। गुजरात और गुजराती से गाँधीजी का संबंध और हिंदी प्रदेश तथा हिंदी से जवाहरलाल नेहरू का संबंध, दोनों की तुलना की जाए तो समझ में आ जायेगा, राष्ट्रीय आंदोलन से जातीय आंदोलन को जोड़ना क्यों आवश्यक होता है।

शिक्षा प्रसार में सबसे बड़ी बाधा अंग्रेजी का प्रभुत्व था। शिक्षातंत्र में भारतीय भाषाओं के व्यवहार का विरोध ज्यादातर वही लोग कर रहे थे जो सभी देशी भाषाओं के ऊपर अंग्रेजी का स्थान सुरक्षित रखना चाहते थे। भारतीय साहित्य और संस्कृति का विकास जातीय भाषाओं के माध्यम से ही हो सकता था। उनके सामने बड़ी बाधा अंग्रेजी का प्रभुत्व है। इसलिए जातीय भाषाओं के पूर्ण विकास के लिए भाषावार प्रांत बनाने के लिए अंग्रेजी का विरोध करना आवश्यक था। इस तरह भाषावार प्रांत बनाने का आंदोलन सांस्कृतिक विचार से साम्राज्य विरोधी आंदोलन था।

इस प्रसंग में महाराष्ट्र में मराठी भाषा को शिक्षा का माध्यम बनाने के लिए जो प्रयत्न किया गया था, उसका उल्लेख गाँधीजी ने किया : "महाराष्ट्र में भी यह प्रयत्न चल रहा है। साधुचरित प्रोफेसर वाबे इस प्रयत्न के समर्थक हैं। भाई नाइक का भी यही दृष्टिकोण है। अनेक निजी पाठशालाएँ इस काम में लगी हुई हैं। प्रो. बीजापुरकर ने बहुत कष्ट उठाकर अपने साहसपूर्ण प्रयत्न को फिर आरंभ किया है और कुछ समय में हम देखेंगे कि उनकी पाठशाला सुचारु रूप से चल निकली है। ...अगर दुर्भाग्य से उनकी पाठशाला बंद न हुई होती तो आज यह प्रश्न उठता ही नहीं कि मराठी के जरिए ऊंची शिक्षा दी जा सकती है या नहीं।"(14/20)

यह बात दिलचस्प है कि बंगाल के विभाजन के विरोध में स्वदेशी आंदोलन चला और उसके साथ बंगला भाषा के व्यवहार पर भी जोर दिया गया। गाँधीजी ने कहा : "बंग-भंग के समय जब स्वदेशी का जोश उमड़ रहा था, तब बंगाल में बंगला के जरिए शिक्षा देने का प्रयत्न किया गया। राष्ट्रीय पाठशाला की स्थापना भी हुई। रुपयों की वर्षा हुई। पर यह प्रयोग बेकार गया।"(14/17) प्रयोग के बेकार जाने का कारण गाँधीजी की समझ में यह था कि बंगाल के बुद्धिजीवियों पर अंग्रेजी का प्रभाव बहुत ज्यादा था : "मेरी यह नम्र राय है कि व्यवस्थापकों की अपने प्रयोग में आस्था नहीं थी। वैसी ही करुणाजनक स्थिति शिक्षकों की भी रही। बंगाल में शिक्षित वर्ग को अंग्रेजी से बड़ा मोह है।" बंगाल का नवजागरण अंग्रेजी भाषा और साहित्य से प्रभावित है, रवींद्रनाथ ठाकुर जैसे महान लेखक उसी की देन हैं, इस धारणा का खंडन करते हुए गाँधीजी ने कहा : "यह कहा गया है कि बंगला साहित्य ने जो प्रगति की है, उसका कारण बंगालियों का अंग्रेजी भाषा और साहित्य पर अधिकार है। लेकिन तथ्य इस तर्क के विरुद्ध है। रवींद्रनाथ ठाकुर की चमत्कारिक बंगला अंग्रेजी की ऋणी नहीं है। उनके भाषा-चमत्कार के पीछे उनका स्वभाषा विषयक अभिमान है। 'गीतांजलि' पहले बंगला भाषा में ही लिखी गई थी। महाकवि ठाकुर बंगाल में बंगला का ही प्रयोग करते हैं। उन्होंने हाल ही

में भारत की वर्तमान स्थिति पर कलकत्ते में जो भाषण दिया था, वह बंगला में दिया था। बंगाल के प्रमुख स्त्री-पुरुष उसे सुनने गए थे। जिन्होंने उसे सुना था, उन्होंने मुझे बताया है कि डेढ़ घंटे तक अपने श्रोताओं को उन्होंने रसविभोर रखा। उन्होंने अपने विचार अंग्रेजी साहित्य से नहीं लिये। वे कहते हैं कि उन्होंने ये विचार इस देश के वातावरण में से लिये हैं, उपनिषदों में से निचोड़े हैं। उन पर इन विचारों की वर्षा भारत के आकाश से हुई है। मेरा विश्वास है कि यही बंगाल के दूसरे लेखकों के संबंध में भी सही है।"(14/17)

देशी भाषाओं में भाषण किए जा सकते हैं, लोगों को प्रभावित किया जा सकता है। इसके दो उदाहरण गाँधीजी ने हिंदी से दिए। "हिमालय की तरह गंभीर और भव्यदर्शी महात्मा मुंशीराम जी (स्वामी श्रद्धानंद) जब हिंदी में भाषण देते हैं, तब बच्चे और बड़े, स्त्री और पुरुष सभी उनका सुंदर भाषण सुनते और समझते हैं। उन्होंने अपनी अंग्रेजी अपने अंग्रेज मित्रों के लिए ही सुरक्षित रख छोड़ी है। वे अंग्रेजी शब्दों का अनुवाद करके अपनी बात नहीं कहते।"

"कहा जाता है कि गृहस्थ होते हुए भी देश के लिए आत्मार्पण करने वाले महामना पंडित मदनमोहन मालवीय की अंग्रेजी चांदी की तरह शुभ्र होती है। वे जो कुछ कहते हैं, उस पर वाइसराय को सोचना पड़ता है। अगर उनके अंग्रेजी भाषण का प्रवाह चांदी जैसा चमकता है, तो उनके हिंदी भाषण का प्रवाह शुद्ध तरल सोने जैसा दमकता है। मानसरोवर से उतरते समय सूर्य की किरणों से जैसे गंगा दमकती है, वैसी ही शोभा उनकी हिंदी की होती है।"(14/17) यह केवल मालवीय जी की प्रशंसा नहीं है। हिंदी में कितनी बड़ी क्षमता छिपी हुई है, उसका उपयोग करने वाला उचित वक्ता होना चाहिए, इस बात पर भी यहां जोर दिया गया है। जैसे दक्षिण अफ्रीका के अनुभव से लाभ उठाकर गाँधीजी ने स्वाधीनता आंदोलन चलाया, वैसे ही वहां के अनुभवों से लाभ उठाकर उन्होंने यहां जातीय भाषाओं के उत्थान के लिए काम किया। मार्च 1913 में उन्होंने जोहानिसबर्ग की पाठशाला में तमिल और गुजराती पढ़ाने पर जोर दिया था : "इस पाठशाला को खुले अभी बहुत समय नहीं हुआ कि इतने में ही बाधा आ गई जान पड़ती है। सभी का ख्याल था कि पाठशाला में पढ़ाई के घंटों में तमिल और गुजराती सिखाई जाएगी। अब यह सुनने में आ रहा है कि तमिल की पढ़ाई पाठशाला के समय में नहीं होगी। उसके लिए कोई दूसरा समय दिया जाएगा। इसका अर्थ यह हुआ कि तमिल नहीं पढ़ाई जाएगी। यदि सरकार ऐसा करेगी तो यह बड़ा अन्याय होगा।"(11/468) नेटाल सरकार ने हिंदुस्तानी बच्चों की शिक्षा के लिए कुछ नियम बनाए थे। गाँधीजी ने कहा, इनका परिणाम यह होगा कि "सरकारी स्कूलों में भारतीय भाषाएँ पढ़ाने तथा हमारे बच्चों के प्रारंभिक शिक्षा से आगे की शिक्षा प्राप्त करने पर रोक लग जाएगी।" इस स्थिति से निपटने का उपाय उन्होंने बताया : "भारतीय माता-पिताओं का कर्तव्य स्पष्ट है। उन्हें अपने बच्चों के शिक्षण का राष्ट्रीय पैमाने पर पर्याप्त प्रबंध करना

चाहिए। हमें अपने स्कूल खोलने चाहिए, जिनमें हमारे बच्चों को अपनी मातृभाषाएं सीखने और उनके द्वारा अपना इतिहास पढ़ने का अवसर प्राप्त हो। हमारे लिए यह गंभीर चिंता का विषय है कि हमारे बच्चों का पालन और संवर्धन ऐसी किसी समुचित नींव के बिना हो रहा है, जिस पर उनके चरित्र का निर्माण हो सके।"(11/435)

मातृभूमि की सेवा करने के लिए लड़कों और लड़कियों को शिक्षित करने के उद्देश्य से गाँधीजी ने दक्षिण अफ्रीका में एक आश्रम स्थापित किया था। इसका एक नियम देशी भाषाओं के व्यवहार से संबंधित था। अप्रैल 1915 में उन्होंने 'मद्रास मेल' के प्रतिनिधि को बताया था : "आपसी बातचीत या पत्र व्यवहार में देशी भाषाओं का ही प्रयोग किया जाएगा। जहां तक हो सकेगा अंग्रेजी का प्रयोग सिर्फ अंग्रेजों से और उन लोगों से जो भारत की किसी भी मुख्य भाषा को नहीं समझते, व्यवहार करने के लिए ही किया जाएगा।"(13/57)

अंग्रेजी शिक्षा से ही भारत में राजनीतिक जागरण हुआ है, अंग्रेजी शिक्षा से ही साहित्य और संस्कृति में नवीन उत्थान हुआ है, ऐसा कहने वाले बहुत लोग थे। उन्हें फरवरी 1916 में गाँधीजी ने बनारस हिंदू विश्वविद्यालय के एक व्याख्यान में उत्तर दिया : "कहा जाता है कि आखिरकार भारत के अंग्रेजीदां ही देश का नेतृत्व कर रहे हैं और वे ही राष्ट्र के लिए सब कुछ कर रहे हैं। अगर इससे विपरीत बात होती तो वह और भी भयानक होती, क्योंकि हमें शिक्षा के नाम पर केवल अंग्रेजी शिक्षा ही तो मिलती है। शिक्षा का कुछ-न-कुछ परिणाम तो निकलता ही है। किंतु मान लीजिए हमने पिछले 50 वर्षों में अपनी-अपनी भाषाओं के जरिए शिक्षा पाई होती, तो हम आज किस स्थिति में होते? तो आज भारत स्वतंत्र होता, तब हमारे पढ़े-लिखे लोग अपने ही देश में विदेशियों की तरह अजनबी न होते बल्कि देश के हृदय को छूने वाली वाणी बोलते। वे गरीब से गरीब लोगों के बीच काम करते और 50 वर्षों की उनकी उपलब्धियां पूरे देश की विरासत होतीं।"(13/214) बंगाल में जगदीशचंद्र बोस और प्रफुल्लचंद्र राय ने विज्ञान के क्षेत्र में बहुत काम किया, यह सब अंग्रेजी शिक्षा से संभव हुआ—इस पर गाँधीजी की टिप्पणी थी : "आज तो हमारी अर्द्धांगनियां भी हमारे श्रेष्ठ विचारों की भागीदार नहीं हैं। प्रो. बसु और प्रो. राय तथा उनके शानदार आविष्कारों को ही लीजिए। क्या यह लज्जा की बात नहीं है कि जनता का उनसे कुछ लेना-देना नहीं है?"(13/214) गाँधीजी का दृढ़ विश्वास था : "बच्चों की मानसिक शिक्षा का विकास उनकी मातृभाषा से हो सकता है।" मई 1917 में उन्होंने सांकल चंद शाह को लिखा : "हम गुजराती भाषा के माध्यम से मानसिक शक्ति का विकास करना चाहते हैं।"(13/432) जो बात उन्होंने गुजराती के लिए कही थी, वह सभी भारतीय भाषाओं के लिए कही जा सकती थी।

देश की शिक्षा-व्यवस्था अंग्रेजों के साम्राज्य और उनकी भाषा से अभिन्न रूप से जुड़ी हुई थी। उस व्यवस्था का जो परिणाम हुआ, उसके बारे में गाँधीजी ने जुलाई 1917 में कहा : "इस समय जो शिक्षा प्रणाली प्रचलित है और जो भारत की आवश्यकताओं की

ृर्ति के लिए सर्वथा उपयुक्त मानी जाती है, वह पाश्चात्य प्रणाली की भोंडी नकल है और उसका माध्यम एक विदेशी भाषा होने के कारण स्कूलों और कालेजों से निकलने वाले हमारे युवक निःसत्व हो गए हैं और क्लर्कों एवं पदलोलुपों की एक सेना खड़ी हो गई है। उसकी मौलिकता का स्रोत सूख रहा है। देशी से अस्पृश्यता और शिक्षित वर्गों के संपर्क से जनसाधारण जो उच्चतर ज्ञान पा सकते थे, वे उसके लाभ से वंचित हो गए हैं।"(13/467) यदि यह स्थिति 1917 में थी तो 1997-98 में उसमें कोई विशेष परिवर्तन नहीं हुआ है। इसके विपरीत अंग्रेजी का वर्चस्व और भी बढ़ा है। लोग अब मौलिकता के बारे में सोचते ही नहीं। जो सोचते हैं वह यह कि अमरीका या इंग्लैंड में जो कुछ लिखा गया है सबसे पहले हमने उसकी नकल की है या नहीं। अगर पहले नकल की है तो यह हमारी मौलिकता हुई।

गाँधीजी उन थोड़े से लोगों में हैं जिन्होंने भाषा से जातीय चरित्र को जोड़ा है। द्वितीय गुजरात शिक्षा सम्मेलन में उन्होंने कहा था : "भाषाएँ उनके बोलने वाले लोगों के चरित्र का प्रतिबिंब होती हैं।"(14/18) विदेशी भाषा को शिक्षा का माध्यम बनाया जाए तो उससे यह चरित्र नष्ट होता है। उन्होंने दक्षिण अफ्रीका के काले आदमियों का उदाहरण दिया। "दक्षिण अफ्रीकी हब्शी साहसी, शरीर से कद्दावर और चरित्रवान हैं। बाल विवाह आदि जो दोष हममें हैं, वे उनमें नहीं हैं। फिर भी उनकी दशा वैसी ही है जैसी हमारी। उनकी शिक्षा का माध्यम डच भाषा है। वे भी हमारी तरह डच भाषा को तुरंत अधिकृत कर लेते हैं और हमारी ही तरह शिक्षा समाप्त होते-होते कमजोर हो जाते हैं।"(14/21) जापान में शिक्षा का माध्यम वहीं की भाषा है। इसका परिणाम यह हुआ : "यदि हम यह विचार एक तरफ रख दें कि जापान का उत्साह जिस ओर जा रहा है, वह ठीक है या नहीं तो हमें जापान का साहस आश्चर्यजनक मालूम होगा। उन्होंने मातृभाषा द्वारा जनजागृति की है, इसीलिए उनके हर काम में नयापन दिखाई देता है... शिक्षा के कारण जापान के जनजीवन में हिलोरें उठ रही हैं और दुनिया जापानियों का काम अचरज भरी निगाहों से देख रही है। विदेशी भाषा के माध्यम से शिक्षा देने की पद्धति से अपार हानि होती है।"(14/21-22) संस्थाओं में देशी भाषाओं के विरोध को मातृद्रोह की संज्ञा देते हुए गाँधीजी ने कहा : "मां के दूध के साथ जो संस्कार और मीठे शब्द मिलते हैं, उनके और पाठशाला के बीच जो मेल होना चाहिए, वह विदेशी भाषा के माध्यम से शिक्षा देने में टूट जाता है। इस संबंध को तोड़ने वालों का हेतु पवित्र ही क्यों न हो, फिर भी वे जनता के दुश्मन हैं। हम ऐसी शिक्षा के वशीभूत होकर मातृद्रोह करते हैं।"(14/22) सोचने की बात है, जनता के इन दुश्मनों और मातृद्रोहियों की संख्या बढ़ी है या घटी है? यदि भारतवासियों के हाथ में सत्ता होती तो क्या होता? गाँधीजी कहते हैं : "यदि हमारे हाथ में सत्ता होती तो हम इस दोष को तुरंत देख लेते और तब मातृभाषा का त्याग करना असंभव हो जाता।"(14/22) परंतु मातृभाषा का त्याग करना संभव हुआ, इसलिए कि सत्ता-परिवर्तन से समाज-व्यवस्था में मौलिक परिवर्तन नहीं हुआ है।

देश को एकताबद्ध करने के लिए प्रत्येक प्रादेशिक जाति को एकताबद्ध करना जरूरी है। उसकी एकता सम्प्रदायवाद से खंडित होती है। इसके साथ ही वह ऊंच-नीच के भेदभाव, छूत-अछूत के भेद से, द्विज और शूद्र के भेद से भी खंडित होती है। जैसे सम्प्रदायवाद को खत्म करना कठिन था, वैसे ही समाज में ऊंच-नीच के भेदभाव को, वर्ण भेद को समाप्त करना कठिन था। गाँधीजी ने इस दिशा में भी प्रयत्न किया, यह ध्यान देने की बात है।

मई 1915 में अछूतों ने गाँधीजी के स्वागत में एक समारोह का आयोजन किया। उन्हें मानपत्र भेंट किया। गाँधीजी ने अछूतों के सामाजिक उत्पीड़न के बारे में अनेक बातें कहीं : "यह बिल्कुल ही संयोग की बात है कि मुझे अपने पंचम (वर्ण के) भाइयों से मानपत्र पाने का सम्मान प्राप्त हुआ और उसमें उन्होंने कहा कि उन्हें पीने के पानी की सुविधा नहीं है, उन्हें जीवन-निर्वाह के लिए आवश्यक वस्तुएँ नहीं मिलतीं और वे न जमीन खरीद सकते हैं, न अपने पास रख सकते हैं। न्याय के लिए उनका अदालत में जाना भी मुश्किल है।" हिंदू धर्म कहता है, जो गंदा काम करते हैं उन्हें न छूना चाहिए—इस धारणा का खंडन करते हुए गाँधीजी ने कहा : "इस बात पर कि यह हिंदू धर्म का आवश्यक अंग है, मुझे विश्वास नहीं है और मैं तो आशा यही करता हूं कि मृत्युपर्यन्त इस पर विश्वास नहीं करूंगा। अछूतों के इस वर्ग के लिए कौन उत्तरदायी है? मुझे बताया गया है कि सभी स्थानों पर ब्राह्मण अधिकारपूर्वक अपनी श्रेष्ठता का लाभ उठा रहे हैं। क्या वे आज भी वैसा कर रहे हैं? यदि कर रहे हों तो इस पाप के भागी वे ही बनेंगे।" वेदांत का सहारा लेते हुए गाँधीजी ने कहा : "मुझे भगवद्‌गीता का वह सुंदर श्लोक याद आता है पर मैं उसे सुनाकर उपस्थित जनता को उत्तेजित न करूंगा। सिर्फ उसका सारमात्र देता हूं : सच्चा ब्राह्मण वह है जो पंडित और अछूत दोनों के प्रति समभाव रखे।"(13/73-74)

फरवरी 1916 में अस्पृश्यता को हिंदू धर्म का कलंक बताते हुए गाँधीजी ने कहा : "आज हिंदू धर्म पर एक अपरिमार्जनीय कलंक लगा हुआ है। मैं इस बात को नहीं मानता कि वह अनादि काल से चला आ रहा है। मेरी समझ से अस्पृश्यता का यह शर्मनाक, जघन्य और अभिभूत करने वाला भूत हम पर अपने जातीय इतिहास के उस काल में सवार हुआ होगा जब हम कालचक्र की गति से पतन की पराकाष्ठा तक पहुंच चुके थे।"(13/234) बात बिल्कुल सही है। अस्पृश्यता सामाजिक पतन की पराकाष्ठा है; जो मनुष्य जैसा काम करे उसी के अनुसार उसका वर्ण निर्धारित होना चाहिए, जन्म से किसी का वर्ण निश्चित न होना चाहिए—इस धारणा का समर्थन करते हुए अक्तूबर 1917 में गाँधीजी ने कहा : "अछूतों का जुदा वर्ग बना देना हिंदू धर्म के माथे पर कलंक

है। जात-पांत एक बंधन है, पाप नहीं। अछूतपन तो पाप है, सख्त जुर्म है, और यदि हिंदू धर्म इस बड़े सांप को समय रहते नहीं मार डालेगा, तो वह उसको खा जाएगा। अछूतों को अब हिंदू धर्म के बाहर हरगिज न समझना चाहिए। उन्हें हिंदू समाज के मातबर आदमी समझना चाहिए और उनके धंधे के मुताबिक वे जिस वर्ण के लायक हों, उसी वर्ण का उन्हें समझना चाहिए।"(14/72) सारे भारतवासी गुलाम हैं। गुलामों का कोई वर्ण नहीं होता। गाँधीजी ने कहा : "वर्ण की मेरी की हुई व्याख्या या तारीफ के हिसाब से तो आज हिंदू धर्म के वर्ण-धर्म का अमल होता ही नहीं। ब्राह्मण नाम रखने वाले विद्या पढ़ाना छोड़ बैठे हैं। वे और-और धंधे करने लगे हैं। यही बात थोड़ी-बहुत दूसरे वर्णों के बारे में भी सच है। असल में विदेशी हुकूमत के नीचे होने के कारण हम सब गुलाम हैं। और इस तरह पश्चिम वालों की निगाह में शूद्र से भी हल्के अछूत हैं।"(14/73)

अछूतों के उत्पीड़न के बारे में गाँधीजी ने कहा : "भूल से कोई भंगी हमारे डिब्बे में सवार हो जाए तो बेचारा पिटे बिना नहीं रह सकता और गालियों की तो मानो उस पर वर्षा ही होने लगेगी। उसके हाथ चायवाला चाय और दुकानदार सौदा नहीं बेचता। वह मरता है तो भी हम उसको छूना गवारा नहीं करते। अपना जूठा हम उसे खाने को देते हैं और फटे तथा मैले कपड़े पहनने को। कोई हिंदू उसे पढ़ाने को तैयार नहीं होता। वह अच्छे मकानों में नहीं रह सकता। रास्ते में हमारे भय से उसे बार-बार अपनी अस्पृश्यता की घोषणा करनी पड़ती है।"(14/75)

अपने राजनीतिक जीवन की हर मंजिल में गाँधीजी समाज से अछूतपन दूर करने के लिए बराबर प्रयत्न करते रहे। समाज के सबसे उत्पीड़ित अंग अछूत हैं, यह उनसे छिपा नहीं था। "अंत्यजों के दुःखों की तुलना हम जनता के किसी भी अंग के दुःखों के साथ नहीं कर सकते।"(17/514) शूद्र जब तक हिंदू रहता है, तब तक वह अछूत बना रहता है। धर्म बदल ले तो उसका अछूतपन दूर हो जाता है। इस विसंगति के बारे में गाँधीजी ने कहा : "अंत्यज मुसलमान हो तो मैं उसका स्पर्श करूं, ईसाई बने तो उसे सलाम करूं। जिस ईसाई अथवा मुसलमान का वह स्पर्श करता है, उन्हें छूने में मैं पाप नहीं मानता। लेकिन उस अंत्यज को स्पर्श करते हुए मुझे संकोच होता है। यह विचार तो मुझे अन्याय-भरा, विवेक रहित तथा अधार्मिक लगता है।"(17/514) आजकल दलित जातियों की बहुत चर्चा है। इनके लिए दलित शब्द का व्यवहार स्वामी विवेकानंद ने किया था। गाँधीजी ने बताया : "स्वामी विवेकानंद 'पंचमों' को 'दलित जातियां' कहा करते थे। स्वामी विवेकानंद द्वारा दिया गया यह विशेषण अन्य विशेषणों की अपेक्षा निःसंदेह सटीक है। हमने उनका दलन किया है और परिणामतः स्वयं ही पतन के गर्त में जा गिरे।" देश गुलाम है। गाँधीजी उनके लिए जो करना चाहते हैं, वह सब कर नहीं सकते। "गुलामों को तो सही काम करने की भी छूट नहीं होती। उदाहरणार्थ विदेशी माल का आयात बंद कर देना मेरे लिए उचित काम है, लेकिन मुझे वैसा करने का अधिकार नहीं है।" भारत के स्वाधीन होने पर वह उनके लिए क्या करना चाहेंगे, इसकी

रूपरेखा भी उन्होंने बताई : "अगर हमारी कोई सच्ची राष्ट्रीय विधान सभा होती तो मैं (सवर्ण) हिंदुओं की धृष्टता का उत्तर अवश्य देता—इस तरह कि केवल दलित जातियों के उपयोग के लिए ही खास कुएं खुदवाता जो आज के कुओं से बेहतर होते और विशेष रूप से उन्हीं के लिए अपेक्षाकृत अच्छे और इतने अधिक स्कूल खुलवा देता कि दलित जातियों में ऐसा एक भी व्यक्ति न बचता जिसके बच्चों की पढ़ाई-लिखाई के लिए स्कूल न होते। लेकिन अभी तो मुझे उस शुभ दिन के लिए प्रतीक्षा ही करनी है।" (18/400-401) वह शुभ दिन आया और दलितों के कुछ हिस्से की हालत में सुधार हुआ। परंतु निर्धनता और निरक्षरता की लपेट में आने वाले छूत और अछूत, बहुत से हिंदुओं और मुसलमानों, का एक बहुत बड़ा समुदाय भी तैयार हो गया।

अछूतों के प्रश्न पर हिंदू धर्म और शास्त्रों का हवाला देकर रूढ़िवादियों ने गाँधीजी का विरोध किया। गाँधीजी ने कहा : "जो बुद्धिगम्य नहीं है, जिसे हृदय स्वीकार नहीं करता वह शास्त्र हो ही नहीं सकता, ऐसी मेरी मान्यता है। और मुझे लगता है कि जो केवल धर्म पर आचरण चाहता है, उसे यह सिद्धांत स्वीकार करना चाहिए।"(19/99) अक्तूबर 1920 में गुजरात विद्यापीठ ने गाँधीजी की अध्यक्षता में निश्चय किया कि विद्यापीठ द्वारा मान्यता प्राप्त किसी भी स्कूल में तथाकथित अंत्यजों का बहिष्कार नहीं किया जाएगा।(19/7, पाद-टिप्पणी) इस प्रस्ताव के कारण गाँधीजी का जो विरोध हुआ, उसके बारे में उन्होंने लिखा : "गुजरात विद्यापीठ के एक निर्दोष प्रस्ताव से अहमदाबाद, बंबई आदि स्थानों पर खलबली मच गई है। विद्यापीठ ने जो प्रस्ताव पास किया है, उसके अनुसार किसी भी ऐसी पाठशाला को मान्यता नहीं दी जाएगी, जिसमें अंत्यजों को प्रवेश का निषेध होगा। यह प्रस्ताव विद्यापीठ के सिद्धांत के अनुसार ही पास किया गया है। तथापि इस प्रस्ताव से अनेक हिंदुओं के दिलों को ठेस पहुंची है और उनमें से कुछेक लोग कह रहे हैं कि मुझे इस बात की चर्चा ही नहीं करनी चाहिए थी। कुछ लोगों का कहना है कि अस्पृश्यता संबंधी मेरे विचार मेरे हिंदुत्व को बट्टा लगाते हैं। अन्य कितने ही लोग मेरे इन विचारों के कारण मेरे कट्टर सनातनी होने के दावे को रद्द हो गया मानते हैं।"(19/8)

गाँधीजी ने अछूतोद्धार के प्रश्न को स्वाधीनता आंदोलन से जोड़ा। उन्होंने बताया : अंग्रेजों ने जैसे हिंदुओं और मुसलमानों को आपस में लड़ाया, वैसे ही उन्होंने सवर्णों को अछूतों से भी लड़ाने का प्रयत्न किया है। "मुश्किलों पर परदा डाले रहने से वे दूर नहीं हो जातीं। आ पड़ने वाली मुश्किलों को तत्काल दूर करने से असहकार (अर्थात् असहयोग) आसान होगा। आपस में सहकार किए बिना हमें सरकार के विरुद्ध असहकार की शक्ति प्राप्त नहीं होगी। 6 करोड़ अंत्यजों को 'ढेढ़' मानकर तिरस्कार करके हम सफल नहीं होने वाले। जिस साम्राज्य ने हिंदू-मुसलमानों को लड़ाया है, वह साम्राज्य अंत्यज और दूसरे हिंदुओं के बीच लड़ाई कराने में चूकने वाला नहीं है।"(19/145) गाँधीजी ने यह बात 1920 में कही थी और इसमें संदेह नहीं कि अंग्रेजों ने बराबर प्रयत्न

किया कि अछूतों और शेष हिंदुओं के बीच फासला बराबर बढ़ता रहे।

गाँधीजी के कुछ आलोचकों का कहना था कि उन्हें राजनीति से अछूतोद्धार के सवाल को दूर रखना चाहिए था। गाँधीजी ने कहा : "कुछेक सामाजिक प्रश्न इतने व्यापक होते हैं कि उन्हें राजनीतिक बनाए बिना काम ही नहीं चल सकता। ...दक्षिण में ब्राह्मण और ब्राह्मणेत्तर प्रश्न इतना उग्र हो गया है कि जो राजनीतिक पक्ष उसे छोड़ देगा, वही मृत्यु को प्राप्त होगा।" कुछ लोगों का कहना था कि अंत्यजों के साथ सचमुच दुर्व्यवहार किया जाता, तो वे कभी के नष्ट हो गए होते। गाँधीजी ने कहा : "एक पत्र लेखक अभिमान के साथ लिखता है कि हिंदू समाज ने यदि तिरस्कार सचमुच किया होता तो अंत्यज कभी के नष्ट हो गए होते। मुझे तो लगता है कि हमने ही उनका नाश नहीं किया क्योंकि उनसे हमें अपनी गंदगी उठवानी थी। गुलामों का नाश कौन करता है? जिसे भार उठवाना है, वह अपने जानवरों का नाश नहीं करता। हमने अंत्यजों से कितना भार उठवाया है और उन्हें किस तरह गुलाम बनाया है, इसका जब मैं विचार करता हूं तब मुझे अपना जीवन भार लगने लगता है।"(20/528-29) सफाई कर्मचारियों के प्रति आदर का भाव जताते हुए गाँधीजी ने कहा : "मां अपने बच्चे का मैला उठाती है। इससे वह और भी अधिक पवित्र मानी जाती है। रोगी की सेवा शुश्रूषा करने वाली नर्स बदबूदार चीजों को उठाती है किंतु हम उसका सम्मान करते हैं। जो मनुष्य हमारे पाखानों को साफ रखकर हमें तंदुरुस्त रखने में मदद देता है, हम उसका आदर क्यों न करें?"(20/406)

अछूतों के उत्पीड़न पर गाँधीजी ने अनेक बार लिखा : "मैं यह लेख मद्रास प्रांत के कुंभकोणम् नामक स्थान से लिख रहा हूं। कुंभकोणम् अपने मंदिरों के लिए प्रसिद्ध है। जहां विद्वान् द्रविड़ लोग बसते हैं, किन्तु कुंभकोणम् के ब्राह्मण भंगी की छाया पड़ने से भ्रष्ट हो जाते हैं। जिस भंगी की छाया पड़ती है, उसे मार भी खानी पड़ती है और गालियां तो उस पर बरसती ही हैं। अस्पृश्यता की डायरशाही जैसी मद्रास में चलती है, वैसी कहीं अन्यत्र नहीं चलती। अस्पृश्य लोग ब्राह्मणों की गली में तो जा ही कैसे सकते हैं? अस्पृश्यों को जानबूझ कर अज्ञान में रखा जाता है। कोई पशु बीमार पड़ता है तो उसकी सार-सँभाल भी कोई न कोई करता है। किंतु अस्पृश्य का रक्षक तो भगवान ही है।"(21/208)

धर्मांधता और अस्पृश्यता में गहरा संबंध है। गाँधीजी ने इसकी तीखी आलोचना करते हुए कहा : मद्रासियों में धर्म के लिए भक्तिभाव होने पर भी धर्मांधता इतनी अधिक आ गई है कि वहां धर्म का बाह्य रूप मात्र रह गया है और धर्म का लोप हो गया है। मद्रास में अंत्यजों पर जितना अत्याचार किया जाता है, उतना अन्यत्र शायद ही कहीं किया जाता हो। वहां ब्राह्मणों और अब्राह्मणों में जितना भेदभाव है, उतना दूसरी जगह शायद ही कहीं हो। फिर भी विभूति, चंदन और कुमकुम का जितना प्रयोग मद्रास में किया जाता है, उतना किसी दूसरी जगह शायद ही किया जाता होगा। मद्रास में जितने

देव मंदिर हैं, उतने शायद ही कहीं हों। मंदिरों पर धन व्यय करना मद्रास ही जानता है, इससे वहां एक ओर जहां विद्वानों में नास्तिकता आ गई है और जिसके फलस्वरूप वे निराशावादी हो गए हैं, वहां दूसरी ओर आस्तिकों में केवल अंधकार फैला हुआ है।"(21/242) आस्तिकों में केवल अंधकार फैला हुआ है, यह कहने के लिए बहुत साहस चाहिए। ऐसा साहस महात्मा गाँधी में था।

आंध्र प्रदेश के लोगों से गाँधीजी ने कहा : "हमें अपने स्कूलों में उनके बच्चों को स्थान देना चाहिए, सार्वजनिक स्थानों में भी उन्हें निर्बाध प्रवेश करने देना चाहिए। उनकी रुग्णावस्था में अपने भाई की तरह हमें उनकी सेवा करनी चाहिए। हमें अपने को उनका आश्रयदाता-अन्नदाता नहीं समझना चाहिए। हमें अपने धर्म ग्रंथों की बातों को इस तरह तोड़-मरोड़ कर नहीं पेश करना चाहिए जिससे वे उनके खिलाफ बढ़ें। हमें अपने धर्म-ग्रंथों से उन चीजों को निकाल देना चाहिए जिनका उद्‌गम शंकास्पद हो और जिनका ऐसा अर्थ लगाया जा सकता हो जो अस्पृश्यों के मानवीय अधिकारों के खिलाफ हो। ऐसी प्रथाओं को भी प्रसन्नतापूर्वक उठा देना चाहिए जो विवेक, न्याय और मानव हृदय के स्वाभाविक धर्म के खिलाफ हों। हमें ऐसा नहीं करना चाहिए कि अज्ञान और अंधविश्वास के वशीभूत होकर किसी कुप्रथा से चिपटे रहें और उसका त्याग तभी करें जब और कोई चारा न रह जाए।"(22/301-2)

केरल में अछूतों की दशा के बारे में गाँधीजी ने मार्च 1924 में के.पी. केशव मेनन को लिखा : "मैं जानता हूं कि भारत में आपकी तरफ दलित वर्गों की हालत सर्वाधिक बुरी है। जैसाकि आप कहते हैं, वे केवल अछूत ही नहीं हैं बल्कि उन्हें कुछ विशेष सड़कों पर चल सकने की इजाजत तक नहीं है। उनकी दशा सचमुच शोचनीय है। फिर यदि अभी तक हमें स्वराज्य नहीं मिला तो इसमें आश्चर्य की क्या बात है। इन देश-भाइयों के आम सड़कों का उपयोग करने के अधिकार का समर्थन करने के लिए आपकी प्रांतीय कमेटी एक जुलूस का आयोजन कर रही है, जिसमें वे शरीक होंगे और जुलूस मनाही वाली सड़कों से गुजरेगा।"(23/290)

अछूतों का साथ देने के कारण गाँधीजी को धमकाया भी गया। "चूंकि मैंने अंत्यजों का साथ देना शुरू किया है इसलिए वैष्णवों ने मुझे इस आशय का पत्र लिखा है कि महीने दो महीने में तुम्हारे साथ बहुत भयानक घटनाएँ घटेंगी। इन लोगों से मैं साफ-साफ कहना चाहता हूं कि यदि ये वैष्णव लोग अंत्यजों से कोई संबंध रखना नहीं चाहते तो वे सच्चे वैष्णव नहीं हैं बल्कि अधर्मी और पापी लोग हैं।"(22/238)

अछूतों के प्रति दुर्व्यवहार की शिकायतें गाँधीजी के पास आती थीं और वह उन्हें प्रकाशित भी करते थे। एक शिकायत से पता चला, जिन अंत्यजों ने कई वर्षों से मरे हुए पशुओं को उठाने का काम छोड़ दिया था उनसे मारपीट कर यह काम करवाया गया है। इस पर गाँधीजी की टिप्पणी थी : "यदि यह बात सच हो तो यह स्वदेशी डायरशाही मानी जाएगी और किसी हद तक विदेशी डायरशाही से भी अधिक बुरी।"(25/458)

पुराना नियम था, जो बाप का धंधा है वही बेटे का धंधा होगा। इसी तरह बिरादरियां बनी थीं। मनुष्य को धंधा बदलने का अधिकार है, इसी धारणा का प्रचार गाँधीजी करते थे। चमारों का धंधा रहा है वे मुर्दा पशुओं को उठाएँ। पर इसके लिए उन्हें बाध्य नहीं किया जा सकता। "चमार का धंधा आज दूसरे लोग भी करते हैं। मरे हुए पशुओं को उठाकर उचित स्थान पर डाल देने के काम में मैं कोई दोष नहीं देखता। लेकिन दूसरों को मैं वह काम अथवा कोई और काम करने के लिए बाध्य कैसे कर सकता हूं? अमुक धंधा तो अमुक जाति अथवा व्यक्ति को ही करना होगा, हम ऐसा दुराग्रह नहीं रख सकते।"(25/459)

अछूतों को अधिकार दिलाने के लिए त्रावणकोर में आंदोलन किया गया। गाँधीजी ने उसका स्वागत करते हुए लिखा : "त्रावणकोर हिंदू राज्य है। वहां अस्पृश्य को दूर रखने का यह पाप पूरे जोर के साथ फैला हुआ है। इसका अर्थ भी अनेक गुजराती नहीं जानते होंगे। शब्दकोश में उसके लिए कोई शब्द भी नहीं है। शास्त्रों में हो भी कैसे सकता है? उसका अर्थ है अस्पृश्य लोगों का अमुक हिंदुओं से अमुक दूरी पर रहना तथा चलना। अस्पृश्यों की छाया-मात्र से अन्य हिंदू और मुख्य रूप से ब्राह्मण अपवित्र हो जाते हैं, इस मान्यता के कारण उन्हें जहां ब्राह्मण आदि चलते हों उन रास्तों पर चलते हुए अमुक गज के अंतर पर चलना पड़ता है। यदि वे ऐसा न करें तो उन पर गालियों की बौछार और मार भी पड़ सकती है। त्रावणकोर में कितने ही ऐसे रास्ते भी हैं जहां इन बेचारों को प्रवेश भी नहीं करने दिया जाता। इस असहनीय दूषण से दुखी होकर, जैसा ऊपर कहा गया है, वहां की कांग्रेस के हिंदुओं ने सत्याग्रह प्रारंभ किया है। इसमें दुरदुराए जाने वाले हिंदु जिस रास्ते पर चलने के अपने अधिकार को सिद्ध करना चाहते हैं, उस रास्ते पर एक इतर हिंदू को लेकर प्रवेश करते हैं। इस तरह से हमेशा तीन व्यक्ति एक साथ जाते हैं और पकड़े जाते हैं। इस तरीके से तीन व्यक्ति पकड़े जा चुके हैं और 6 महीने की सजा भोग रहे हैं। यदि यह सत्याग्रह शांतिपूर्वक और लगातार चलता रहा तो लोगों की जय होगी, इसमें तनिक भी संदेह नहीं है।"(23/411-12)

हिंदी प्रदेश में अस्पृश्यता दूर करने के लिए मदन मोहन मालवीय ने प्रयत्न किया था। उनके बारे में गाँधीजी ने लिखा : "उत्तर हिंदुस्तान में इस दोष को दूर करने के लिए जुटे हुए हिंदू इससे भी बहुत आगे बढ़ गए हैं। भारत-भूषण मालवीय जी की मदद से और उनके नेतृत्व में अंत्यज हिंदू कुँए से पानी भरते हैं। अस्पृश्यता का दोष तो, मालूम होता है, अनेक स्थानों पर नष्ट हो गया है। अब अस्पृश्य माने जाने वाले भाइयों को कुँए का उपयोग करने की सुविधा मिलने लगी है।(23/412)

गाँधीजी ने वीरता का एक काम यह किया था कि वह एक अछूत भाई को अपने साथ रखने लगे थे। उससे संबंधित एक घटना का जिक्र उन्होंने जून 1916 में अहमदाबाद में जाति-सम्मेलन में इस तरह किया था : अंत्यज को धिक्कारने का हमारा पाप समस्त हिंदू जाति को गिराता है। मेरे साथ दूदाभाई ढेढ़ रहते हैं और जो यहां भी

आए हैं, उन्होंने एक बार एक बहन से पानी मांगा। उस बहन ने पूछा, तुम्हारी जाति क्या है। तब दूदाभाई ने उत्तर दिया : मैं तो ढेढ़ हूं। उस बहन ने कहा, तुम ढेढ़ नहीं हो सकते। तुम तो अच्छे कपड़े पहने हो, साफ-सुथरे हो और ढेढ़ जैसे नहीं दिखते। लो पानी पियो। यह कहकर उसने पानी पिला दिया। किंतु दूदाभाई ने पानी पीकर उस बहन को फिर कहा, मैं तो ढेढ़ ही हूं और तुमको धोखा नहीं देना चाहता। इस पर उस बहन ने उन पर गालियों की झड़ी लगा दी। दूदाभाई ने उन गालियों को सह लिया। इस तरह उन्होंने अपने शौर्य और मनोबल का परिचय दिया। इसी तरह हमारे लाखों हिंदू भाई ढेढ़ लोगों का तिरस्कार करते हैं और जब तक इस स्थिति में सुधार नहीं होता, तब तक दक्षिण अफ्रीका में और अन्यत्र जो गोरे हमारा तिरस्कार करते हैं, हम उनके सम्मुख यह सिद्ध न कर सकेंगे कि हम इस व्यवहार के सर्वथा अयोग्य हैं।"(13/279)

गाँधीजी ने अछूतों के उद्धार के लिए बहुत प्रयत्न किया किंतु सफल नहीं हुए। मार्च 1946 में उन्होंने 'हरिजन बंधु' में लिखा : "गुजरात हरिजन सेवक संघ के सहायक मंत्री श्री हेमंत कुमार लिखते हैं कि कराड़ी को छोड़कर अन्य किसी गांव में हरिजनों के लिए न तो मंदिर खुले हैं और न सार्वजनिक कुओं का उपयोग ही वे कर सकते हैं।

अगर यह सच है तो यह कहना होगा कि यह अच्छा ही हुआ जो मैं बारडोली न जा सका। जो गुजराती हरिजनों को अपना ही नहीं मान सकते, आज भी सार्वजनिक कुओं से उन्हें पानी भी न भरने दें, मंदिरों में उन्हें जाने न दें और कोई महामारी आदि फैलने पर उसका दोष भी हरिजनों के माथे मढ़कर उन्हें मारने को दौड़ें, वे मेरा सम्मान क्यों करने लगे? या उनके मान-सम्मान को मैं कैसे स्वीकार करूंगा? और मेरे लिए उसका क्या महत्व?"(83/276)

अछूतों की दशा सुधारने के लिए दो चीजें आवश्यक थीं। पहली देश का उद्योगीकरण, जिससे लोगों को नए काम धंधे मिल सकें और वे पुराना धंधा छोड़ सकें। इसके सिवा उद्योगीकरण से नई प्रौद्योगिकी प्राप्त हो सकती थी और उससे मैला आदि ढोने का काम खत्म किया जा सकता था। यह अनिवार्य नहीं था कि समाज में भंगी का काम होता ही रहे। सफाई के नए तरीके इस्तेमाल किए जा सकते थे। दूसरी, बेजमीन खेत-मजदूरों को जमीन देना, इसके लिए जमीन का नए सिरे से बँटवारा करना आवश्यक था। यह तभी हो सकता था जब जमींदारों और राजाओं के विशेषाधिकार खत्म किए जाएँ। गाँधीजी यह बात जानते थे और गोलमेज सम्मेलन में उन्होंने अछूतों में भूमि बांटने की बात कही भी थी। किंतु वह स्वयं तथा अन्य कांग्रेसी नेता जमींदारों के विरुद्ध लड़ने को तैयार नहीं थे। गांव का ढांचा ज्यों का त्यों बना रहे और जाति प्रथा खत्म हो जाए, यह संभव नहीं था। मैला ढोने की समस्या गांव से ज्यादा शहरों में थी। यदि नए तरीके न अपनाए जाएँ तो मनुष्य का मैला ढोना अनिवार्य बना रहेगा और समाज में जैसा चलन है, कुछ काम अच्छे समझे जाते हैं और कुछ काम बुरे समझे जाते हैं। जो शारीरिक मेहनत बिल्कुल न करे वह समाज में श्रेष्ठ माना जाता है। ऐसी हालत में नए तरीके अपनाए बिना शहरों

में मैला ढोने का काम खत्म न किया जा सकता था और अछूतों की दशा में मौलिक परिवर्तन भी न किया जा सकता था।

सितंबर 1888 में जब गाँधीजी विलायत पढ़ने गए तब जाति के मुखियों ने इसका जोरदार विरोध किया। इस विरोध के बावजूद वह लंदन गए। (1/356) लौटने पर विलायत यात्रा के बारे में जातीय निषेध का भंग करने के कारण नासिक जाकर उन्होंने प्रायश्चित किया। (1/358) जाति-बिरादरी की ऐसी कट्टरता वाले परिवेश में बड़े होकर गाँधीजी ने इस बिरादरीवाद का विरोध करना सीखा। दक्षिण अफ्रीका में अपने अनुभव के बारे में गर्व से लिखा था : "दक्षिण अफ्रीका में हमारे हिंदू और मुसलमान भाई छुआछूत जानते ही नहीं हैं और एक साथ बैठकर खाते-पीते हैं।"(29/199) किंतु गाँधीजी ने स्वायत्त ग्राम समाजों की कल्पना भी की थी। उस कल्पना में गांव ही स्वायत्त नहीं थे, गांव में रहने वाली, अलग-अलग धंधों से जुड़ी हुई बिरादरियां भी स्वायत्त थीं। 1917 में उन्होंने प्रथम गुजरात राजनीतिक परिषद् में कहा था : "यदि हम जाति में एक-दूसरे से द्वेषपूर्वक व्यवहार करें, जातियां अपना कामकाज न चला सकें, उनमें कोई व्यवस्था न हो, बड़े लोग बड़प्पन चाहें तथा जाति भाई स्वेच्छाचारी हों और यदि हम इतना संकुचित स्वराज्य भी न चला सकें तो राष्ट्रीय स्वराज्य कैसे चला सकेंगे?"(14/57) जाति-भाइयों को स्वेच्छाचारी न होना चाहिए। सब लोगों को मिल-जुलकर जाति का काम चलाना चाहिए। यह धंधे से जुड़ी हुई जाति के भीतर स्वराज्य हुआ। इसी तरह हर गांव में यदि लोग अपना काम करने लगें तो गांव के स्तर पर वे स्वराज्य प्राप्त कर लेंगे। गाँधीजी अक्सर अंग्रेजी राज को दोष देते थे कि उसके कारण वर्ण-व्यवस्था टूट गई। जातियां अपने-अपने धंधे छोड़ बैठीं परंतु अंग्रेजी राज कायम होने से बहुत पहले वित्त के चलन से यहां वर्ण-व्यवस्था टूटने लगी थी। कोरी का काम कपड़ा बुनना था पर वह साहित्य भी रचता था। गाँधीजी संत साहित्य का हवाला अक्सर देते हैं। यह संत साहित्य जिस परिवेश में रचा गया था उसमें वर्ण-व्यवस्था टूट रही थी। शूद्र आगे बढ़ रहे थे और साहित्य भी रच रहे थे। धंधा बदलने से जातियों की सामजिक स्थिति निर्धारित होती है, यह बात गाँधीजी ने स्वयं स्वीकार की थी। जून 1916 में उन्होंने अहमदाबाद के जाति सम्मेलन में कहा था : "हमारी जातियों में जो परिवर्तन इस समय हो रहे हैं, उनसे हमने यह समझा होगा कि जातियां कर्म और अधिकार के बल पर उन्नत या अवनत होती हैं। चंपानेरी बनिए कभी वैश्य थे। पीछे वे धंधे से धांची हो गए। अब भारत के जाति-संगठन में विशेष शिक्षा लेकर और उन्नति करके उनका फिर वैश्य हो जाना और उससे भी अधिक ऊंचा उठ जाना अथवा धांची से भी नीचे हो जाना, अशक्य नहीं है।"(13/289) उद्योग-धंधों का विकास होने पर समाज का पुराना ढांचा टूटता है। पुराने धंधों से जुड़ी हुई बिरादरियां नए वर्गों में संगठित होती हैं। दुकान करने वाले व्यापारी वर्ग के अंग हुए। इसी तरह जो लोग व्यापारियों के लिए बिकाऊ माल तैयार करते हैं तो वे किसी भी बिरादरी के हों, सब मिलकर एक कारीगर वर्ग के अंग होंगे।

पुरानी जाति प्रथा का आर्थिक आधार टूट रहा था परंतु लोगों के मन में पुराने संस्कार बने हुए थे। समाज से ऊंच-नीच का भेदभाव मिटाने में स्वामी दयानंद के अनुयायी बहुत काम कर रहे थे। अछूतों की दशा सुधारने में अनेक आर्यसमाजी नेता गाँधीजी के सहयोगी हुए। इनमें स्वामी श्रद्धानंद का नाम सबसे पहले आता है। अछूतों की सेवा करने वाले आर्यसमाजी डाक्टर लाला मथुरादास के बारे में गाँधीजी ने 1927 में लिखा : "आर्यसमाज ने अंत्यजों की सेवा को अपना विशेष कर्तव्य माना है। अतः यदि इस भले डाक्टर ने अंत्यजों की सेवा बहुत ही उत्साहपूर्वक की तो इसमें आश्चर्य की बात नहीं है।"(34/67)

कुछ इतिहासकार यह मानते रहे हैं कि आर्यों ने भारत में आकर आदिवासी द्रविड़ों को शूद्र बनाया परंतु जिन राज्यों में द्रविड़ भाषाएँ बोली जाती हैं, वहां के शूद्रों और उच्च वर्णों में काफी फर्क है। पराधीन भारत के इन शूद्रों ने स्वयं को आदि कर्नाटक, आदि द्रविड़ आदि कहना शुरू किया। आशय यह कि द्रविड़ों में भी सभी द्रविड़ आदिवासी नहीं थे। आदिवासी तो आदिद्रविड़ अर्थात् शूद्र ही थे। कर्नाटक में कुछ लोग अपने को आदि कर्नाटक कहते थे। इनकी दशा सुधारने के लिए बंगलोर के नागरिकों ने एक विकास संघ बनाया था। जुलाई 1927 में, इस संघ में बोलते हुए गाँधीजी ने कहा : "आज आपने मुझे अपनी प्रवृत्तियों को जानने का मौका दिया है और मुझे यह जानकर बड़ा संतोष हुआ है कि उन प्रवृत्तियों में से एक प्रमुख प्रवृत्ति यहां के आदि कर्नाटक लोगों की अवस्था में सुधार करने का प्रयत्न करना है। हालांकि अपने नगर को उन्नत बनाने के तरीकों में एक मुख्य तरीका इस तरह के संघ की स्थापना भी है, फिर भी मैं आपसे कह सकता हूं कि अपने आदि कर्नाटक भाइयों और बहनों की अवस्था सुधारने के कार्य से बड़ा और कोई पुण्य कार्य नहीं है।"(34/249) इसी तरह चिदंबरम् में आदि द्रविड़ों की सभा हुई। इन आदि द्रविड़ों ने शूद्र संत नंदनार का मंदिर बनाने का निश्चय किया था। उसका शिलान्यास गाँधीजी से कराया। गाँधीजी ने कहा : "आपको यह समझना चाहिए कि नंदनार अपना जीवन-रक्त देकर जिस मंदिर में प्रवेश करने का प्रयत्न कर रहे थे, वह सिर्फ पत्थर और गारे का मंदिर नहीं था। वे जिस मंदिर में प्रवेश करना चाहते थे, उसमें उन्होंने अपनी आत्मा की मुक्ति देखी थी।" फिर समकालीन मंदिर व्यवस्था की आलोचना करते हुए गाँधीजी ने कहा : "आज तो मैं जानता हूं, बहुत से मंदिर चाहे वे विष्णु के हों या शिव के, ईश्वर के मंदिर हैं ही नहीं।" यद्यपि हजारों अंधविश्वासी वहां रोज जाते हैं। "इस मंदिर को उन अनेक मंदिरों की श्रेणी में न आने दें। जो इस पवित्र देश की धरती को कलंकित कर रहे हैं।"(34/560) जाति प्रथा हिंदू धर्म से जुड़ी हुई है और हिंदू धर्म में मंदिरों का महत्व था। इन मंदिरों पर सामंतों और पुरोहितों का अधिकार था। निम्न वर्ण के लोगों को उनमें उपासना करने की छूट नहीं थी। गाँधीजी समाज-सुधारक थे और इस नाते वह धर्म-सुधारक भी थे। धर्म को सुधारने की प्रेरणा से समाज को सुधारने की प्रेरणा पैदा हुई हो ऐसा नहीं था। समाज को सुधारने की प्रेरणा

ने ही धर्म को सुधारने की प्रेरणा का जन्म हुआ। यहां भारतीय दर्शन—सांख्य, योग, वेदांत आदि—ने गाँधीजी की सहायता की। 1913 में उन्होंने यह विचार प्रकट किया था : "यदि देहधारी आत्माओं के मुक्त होने के बाद किसी एक ही आत्मा की कल्पना की जा सकती हो तो वह ईश्वर है और वह जड़ वस्तु नहीं है बल्कि शुद्ध चेतन है। अद्वैतवादियों की भी यही मान्यता है।"(12/89) वेदांत की इसी धारा के बल पर गाँधीजी सभी मनुष्यों में एक ही ईश्वर की व्याप्ति देखते थे। यही मनुष्यों की समानता का आधार था। इस आधार के बल पर वह समाज में ऊंच-नीच का भेद मिटाने का प्रयत्न कर रहे थे।

गाँधीजी समाज सुधार का एक व्यापक आंदोलन चला रहे थे। बाल-विवाह का विरोध, बलि-प्रथा का विरोध आदि भी उसमें शामिल थे। अछूतों की दशा सुधारना इसी आंदोलन का एक अंग था। सामंती व्यवस्था में स्त्रियों को शूद्रों के समान माना जाता था। शूद्रों की दशा सुधारने के साथ गाँधीजी नारी मुक्ति के लिए भी आंदोलन कर रहे थे। वह जो भी राजनीतिक आंदोलन चलाते थे, उसमें भाग लेने के लिए स्त्रियों को निमंत्रित करते थे। राजनीतिक मुक्ति का आंदोलन स्वतः स्त्रियों की मुक्ति का आंदोलन बन गया।

अछूतों में धनी-निर्धन का भेद पैदा हो रहा था। 1929 में संयुक्त प्रांत का दौरा करते हुए गाँधीजी ने लक्ष्य किया : "तथाकथित अछूतों की भी एक सभा हुई। उन लोगों ने यहां महान चमार संत रैदास के नाम पर अपना नाम 'रैदासी' रख लिया है। ये सब परिवार अब अच्छे खाते-पीते हैं। रोजनदारी करते-करते अब वे चूने के भट्ठों के मालिक बन गए हैं।"(42/75) दक्षिण अफ्रीका की हड़ताल में "कोमल शैया के बिना न सोने वाली और कदाचित् ही मुंह खोलने वाली इन स्त्रियों ने गिरमिटिया लोगों में खुलेआम व्याख्यान दिए। वे जागे और उन्होंने मेरे पहुंचने के पहले ही हड़ताल करने का आग्रह किया।"(12/504) क्या दक्षिण अफ्रीका और क्या भारत, गाँधीजी द्वारा संचालित आंदोलनों में स्त्रियों ने आगे बढ़कर हिस्सा लिया। सुभद्रा कुमारी चौहान ऐसी ही स्त्रियों में थीं। उन्होंने देश प्रेम की अपूर्व रचनाएँ कीं। सरोजिनी नायडू कांग्रेस की अध्यक्ष बनीं। अरुणा आसफ अली क्रांति पथ पर चलते हुए समकालीन पुरुषों और स्त्रियों में सबसे आगे बढ़ गईं।

स्त्रियों का काम केवल घर की देखभाल करना और खाना पकाना नहीं है, यह बात गाँधीजी ने बहुत स्पष्ट कही थी। 20 जून 1927 को उन्होंने मणिलाल और सुशीला गाँधी को लिखा : "सुशीला ने कंपोजिंग सीखना शुरू कर दिया है, यह भी अच्छी बात है। वह प्रेस चलाने योग्य बन सकती है।... घरेलू कामकाज का झंझट बहुत अधिक नहीं बढ़ाना चाहिए...स्त्रियों को सिर्फ रसोई बनाने के लिए ही नहीं सिरजा गया है। और जिस हद तक रसोई बनाना आवश्यक है, उस हद तक उसमें (पति-पत्नी) दोनों को हाथ बंटाना चाहिए। और यदि दोनों सेवावृत्ति से हाथ बंटाएँ तो वे आसानी से समय की

बचत करने वाले अनेक नुस्खे खोज सकते हैं।"(34/34) फरवरी 1946 में गोल्डन रॉक के मजदूरों से गाँधीजी ने कहा : "मैं चाहता हूं कि आप लोग अपनी शक्ति को पहचानें और सत्य, अहिंसा व एकता के मार्ग पर चलते हुए प्रगति के लिए कार्य करें।" सभा में स्त्रियों को देखकर गाँधीजी ने कहा : "नमक सत्याग्रह के दिनों में महिलाओं ने अपनी देशभक्ति का परिचय दिया था और यह बता दिया था कि वे पुरुषों से लेशमात्र भी पीछे नहीं हैं।"(83/97) यद्यपि गाँधीजी अहिंसावादी थे, परंतु युद्ध में स्त्रियों की वीरता के प्रशंसक थे। लड़ाई में लड़ना मुख्यतः पुरुषों का ही काम है। लेकिन इस्लाम के प्रारंभिक युद्धों में अरब स्त्रियां अपने पतियों के साथ खड़ी होकर बहादुरों की तरह लड़ी थीं। गदर के दिनों में झांसी की रानी ने अपनी बहादुरी के लिए जो ईनाम पाया वह बहुत ही थोड़े से पुरुषों को नसीब हो सका।(27/227)

यह स्वाभाविक था कि देवदासी जैसी कुप्रथाओं का विरोध भी वह करें। उन्होंने लिखा था : "जो आवाज उठा सकता है, ऐसा सारा का सारा प्रबुद्ध लोकमत इस प्रथा को किसी भी रूप में बनाए रखने के विरुद्ध है। इस अनैतिक व्यापार में लगे हुए लोगों की राय को तो उसी तरह कोई महत्व दिया नहीं जा सकता, जिस तरह लोकमत के विरुद्ध होने पर चंडूखाने चलाने वालों की राय को कोई महत्व नहीं दिया जा सकता। जो इसका अस्तित्व सहन करते हैं, देवदासी-प्रथा उन लोगों के नाम पर कलंक है। जनता में ढिलाई न होती तो इस प्रथा का कभी भी खात्मा हो गया होता। लेकिन इस देश की जनता का सद-असद् विवेक न जाने क्यों सुषुप्त पड़ा है। बहुधा वह अनेक अन्यायों की कुरूपता तो महसूस करता है पर उनके बारे में हाथ-पैर हिलाने की ओर से बिल्कुल उदासीन या अकर्मण्य बना रहता है।"(41/382) चाहे स्त्रियों की मुक्ति का प्रश्न हो और चाहे अछूतोद्धार का प्रश्न हो, समाज में मौलिक परिवर्तन किये बिना इन समस्याओं का समाधान न हो सकता था।

राष्ट्र की बात बहुत लोग करते हैं। राष्ट्र उनके लिए ऐसी धारणा है जिसकी अंतर्वस्तु धर्म या संप्रदाय से संबंधित है। बहुतों के लिए राष्ट्र की अंतर्वस्तु हिंदुत्व है, दूसरों के लिए राष्ट्र की अंतर्वस्तु इस्लाम है बल्कि इन दोनों में कहीं संतुलन है, कहीं संघर्ष है। गाँधीजी ने राष्ट्र की धारणा को नई अंतर्वस्तु दी। यह अंतर्वस्तु बहुजातीयता की थी। भारत में अनेक प्रादेशिक जातियां रहती हैं। उन्हीं में हिंदी भाषी जाति भी है। इन जातियों से मिलकर ही भारत राष्ट्र बना है। राष्ट्र की धारणाओं को बहुजातीयता की अंतर्वस्तु देना गाँधीजी की बहुत बड़ी देन है। जाति समर्थ हो, शक्तिशाली हो, इसके लिए आवश्यक था कि वह अपने अंतर्विरोध दूर करे, उसके भीतर जो ऊंच-नीच का भेदभाव था, उसे दूर करे। गाँधीजी ने जातीयता को समाज-सुधार की अंतर्वस्तु दी। इस समाज-सुधार का मूल उद्देश्य धार्मिक अंधविश्वासों को दूर करना था, समाज पर पंडों और पुरोहितों के फैले हुए प्रभाव को दूर करना था। मद्रास में उन्होंने ब्राह्मणों से कहा : "मेरे विचार से अब्राह्मणों के प्रति ब्राह्मणों का व्यवहार उतना ही शैतानियत भरा है

जितना शैतानियत भरा हमारे प्रति ब्रिटेन का व्यवहार है।"(18/402) ब्राह्मणों और अब्रह्माणों के भेद से लाभ उठाकर अंग्रेज अब्राह्मणों को स्वाधीनता आंदोलन के विरुद्ध इस्तेमाल कर रहे थे। गाँधीजी ने चेतावनी दी : "अपने देश से प्रेम करने वाला कोई भी व्यक्ति अगर अपने देशभाइयों के तुच्छ-से-तुच्छ वर्ग की भी उपेक्षा करता है, तो वह अपने देश को सर्वमान्य रूप से आगे नहीं बढ़ा सकता। इसलिए ब्राह्मणेत्तर जाति के जो लोग सरकार को रिझाने की कोशिश कर रहे हैं वे अपने-आप को और अपने राष्ट्र को सरकार के हाथों बेच रहे हैं।"(18/403) गाँधीजी ने शूद्र संत नंदनार के मंदिर का शिलान्यास किया था। अछूतों की सभा में उन्होंने कहा था : "आप इस मंदिर को उन अनेक मंदिरों की श्रेणी में न जाने दें जो इस पवित्र देश की भूमि को कलंकित कर रहे हैं।"(34/560) गुजरात में रणछोड़जी के मंदिर के बारे में गाँधीजी ने कहा : "मैं तो इस पवित्र स्थान पर रणछोड़जी के दर्शनों के लिए नहीं आया हूं। इस समय रणछोड़ राय में ऋण से मुक्त करने की ताकत नहीं रही...यात्रा-स्थान पवित्रता के बजाय पाखंड के घर बन गए हैं, यह मैं आंखों से देख रहा हूं...मैंने कई बार सुना है कि डाकोर जी में आने वाले बहुत से लोग अच्छे चालचलन से नहीं रहते। वहां आते-जाते कुछ स्थानों पर वे अभद्र व्यवहार करते हैं।"(18/410) वहीं स्त्रियों की एक सभा में उन्होंने कहा : "आप सब इस तीर्थ स्थान में पवित्र भाव से आई हैं। आप को लगता होगा कि डाकोर जी के दर्शन किए कि सब पाप नष्ट हो गए। गोमती में स्नान लेने मात्र से सर्वस्व मिल गया। कुछ बहनों का यह भी ख्याल होगा कि गाँधी जैसे महात्मा के दर्शन करके कृतार्थ हो गए। यह बात बिल्कुल गलत है...जब तक हमारा मन शुद्ध नहीं, दिल जब तक साफ नहीं हुआ, तब तक गोमती का स्नान या रणछोड़ राय के दर्शन का कुछ भी फल नहीं हो सकता।"(18/416)

हरिद्वार के बारे में उन्होंने कहा : "मैंने हरिद्वार में देखा कि वहां नैतिक तथा शारीरिक दोनों ही तरह की मलीनता है और यह स्थिति देखकर मुझे अत्यंत दुःख हुआ...विधिवत् पूजा कराने के लिए मुझे गंगा तट पर ले जाया गया। जिस पानी को लाखों लोग पवित्र समझकर पीते हैं, उसमें फूल, सूत, गुलाल, चावल, पंचामृत वगैरह चीजें इस विश्वास से डाली गईं कि यह एक पुण्य कार्य है। मैंने इसका विरोध किया तो पंडित-सुलभ उत्तर मिला कि यह तो युगों से चली आ रही एक सनातन प्रथा है। इस सबके अलावा मैंने यह भी सुना है कि शहर की गंदी नालियों का गंदा पानी भी आकर नदी में ही मिलता है। यह एक बहुत बड़ा अपराध है...यह तो हरिद्वार की भौतिक गंदगी की रामकहानी हुई। मुझे विश्वस्त सूत्र से पता चला है कि वहां की नैतिक गंदगी इससे भी कहीं बढ़-चढ़कर है। हरिद्वार में रात-दिन होने वाले व्यभिचार की जो बातें मैंने सुनी हैं, उनका उल्लेख मैं इन स्तंभों में नहीं कर सकता। पंडों ने मुझे जो मानपत्र दिया था, उसमें उन्होंने अपने भोलेपन के कारण स्पष्ट ही स्वीकार किया था कि शास्त्रों की आज्ञानुसार हरिद्वार शहर में पूर्ण ब्रह्मचर्य से रहना आवश्यक है। अतएव पूर्ण ब्रह्मचर्य का पालन न करने के

कारण वे उस स्थान को यात्रियों के लिए छोड़कर स्वयं हरिद्वार की अंकित सीमा से बाहर रहते हैं। यह कहने की जरूरत नहीं कि हरिद्वार में इस तरह के आत्मविग्रह के कोई लक्षण नहीं हैं।" (42/82) और गाँधीजी ने पुरी में देखा—कतार बांधे हुए पुरुष, स्त्रियां और बच्चे खड़े हैं। जिनमें हाड़ और चमड़ी के सिवाय और कुछ नहीं था। एक दो नहीं, अनेक। और जो आ नहीं सके, वे अलग...उनके कमर के नीचे के अंग ढकने के लिए एक चिथड़ा काफी था, किंतु भोजन तो चाहिए ही...मैं उस विशाल मंदिर के पास से कई बार निकला, जिसमें जगत के नाथ विराजते हैं। रास्ते में मुझे खूब खाए-पिए महंत और पंडे तथा सैकड़ों तीर्थ यात्री मिले, जो कई सौ रुपए खर्च कर सकते थे।(19/570) सामाजिक विषमता दूर किए बिना मंदिरों का निर्माण व्यर्थ का श्रम है। अनेक मंदिरों में बलि-प्रथा का चलन था। एक जगह महाजनों ने बलि-प्रथा बंद कराने के लिए पुजारी को रुपए दिए। गाँधीजी ने लिखा : "कल नवरात्रि का अंतिम दिन है। गत वर्ष भद्रकाली के मंदिर में उस मंदिर के पुजारी को शहर के महाजनों ने बकरे का बलिदान नहीं करने दिया था और उसके साथ ऐसा समझौता किया था कि महाजन लोग उसे प्रतिवर्ष 600 रुपए देंगे और वह दूसरी पूजाएँ जो भी उसे करनी हों, करेगा, किंतु देवी को बकरा नहीं चढ़ाएगा। इस बार पुजारी का कहना है कि वह पिछले वर्ष की प्रतिज्ञा से बंधा हुआ नहीं है। यदि वह ऐसा कहता हो तो वह अपने पाप में प्रतिज्ञा-भंग के एक-दूसरे पाप की वृद्धि कर रहा है...जो लोग अपने को हिंदू मानते हैं, वे ऐसे प्राणि-वध में कोई सहयोग नहीं दे सकते। मेरी दृढ़ मान्यता है कि धर्म के नाम पर किसी प्राणि का वध करना अधर्म है। जिस मंदिर में ऐसा वध होता है, वह मंदिर ही नहीं है। ऐसे किसी भी मंदिर में हिंदुओं को जाना ही नहीं चाहिए।"(21/283-84) कलकत्ते के काली मंदिर के बारे में गाँधीजी ने लिखा : "मैं उस दृश्य को देखना भी सहन नहीं कर सकता। वहां धर्म के नाम पर जो निर्ममतापूर्ण अमानवीय कृत्य किया जाता है, उसके विरुद्ध मेरी आत्मा विद्रोह कर उठती है। यदि मेरे अंदर शक्ति होती तो मैं मंदिर के द्वार पर अड़कर खड़ा हो जाता और उसके प्रबंधकों से कहता—एक भी निर्दोष पशु की बलि चढ़ाने से पहले उनको मेरी गर्दन पर छुरी चलानी पड़ेगी।"(38/259)

अंधविश्वासों को दूर करना, नई मानवतावादी संस्कृति का निर्माण करना, यह जातीयता की अंतर्वस्तु है। स्वार्थी पुरोहितों के प्रभाव से मुक्त होकर सुसंस्कृत जातियां ही भारतीय संस्कृति का विकास कर सकती थीं। राष्ट्रीय चेतना और जातीय चेतना दोनों के ही विकास से इतिहास-बोध का गहरा संबंध है। गाँधीजी इतिहास के लेखक थे और इतिहास के निर्माता भी थे। उनके इतिहास-बोध पर विचार करना आवश्यक है।

सामाजिक यथार्थ और इतिहास-बोध

इतिहास-लेखन में गाँधीजी की श्रेष्ठ कृति है 'दक्षिण अफ्रीका के सत्याग्रह का इतिहास'। इसकी प्रस्तावना में उन्होंने कहा है : "बहुत समय से मेरी यह इच्छा थी कि इस लड़ाई का इतिहास मैं स्वयं लिखूं। उसका कुछ अंश तो लिख भी मैं ही सकता हूं, क्योंकि कौन-सा कार्य किस उद्देश्य से किया गया था, यह बात तो संघर्ष का संचालक ही जान सकता है।"(29/1) जो संघर्ष का संचालक हो, वही उसका इतिहास भी लिखे, ऐसे अवसर कम ही आते हैं।

प्रकृति के बिना मनुष्य का अस्तित्व नहीं, समाज का अस्तित्व नहीं, समाज के इतिहास का अस्तित्व भी नहीं। गाँधीजी ने दक्षिण अफ्रीका के सत्याग्रह का इतिहास लिखते समय पहले अध्याय का शीर्षक दिया, 'भूगोल'। "दक्षिण अफ्रीका में जिस तरह के अर्थतंत्र का विकास हुआ, उसका गहरा संबंध वहां की प्रकृति से है। दक्षिण अफ्रीका का मुख्य धंधा खेती है। यह देश इसके लिए है भी बहुत अच्छा। इसके कुछ भाग तो अत्यंत उपजाऊ और रमणीय हैं।"(29/8) यहां गाँधीजी भौगोलिक परिस्थितियों और अर्थतंत्र का संबंध उजागर करते हैं। "दक्षिण अफ्रीका में जोहानिसबर्ग नाम का नगर है और उसके पास हीरे की खानें भी हैं।"(29/7) ये खानें भी प्रकृति की देन हैं। यहां मनुष्य खानों से उत्पादन करते हैं और समाज में नए संबंध कायम होते हैं। दक्षिण अफ्रीका के अर्थतंत्र का वर्णन करते हुए गाँधीजी बार-बार अपने देश को याद करते हैं। वहां पशुधन अच्छा है। "गाय और बैल हिंदुस्तान के गायों और बैलों से अधिक बड़े और मजबूत होते हैं।"(29/9) वहां अंगूर होते हैं और आम भी होते हैं। जहां हिंदुस्तानी रहते हैं, वहां आम न हों, यह नहीं हो सकता। हिंदुस्तानियों ने यहां आमों की गुठलियां बोई थीं।(29/8)

हिंदुस्तानियों के सत्याग्रह का इतिहास लिखने से पहले गाँधीजी वहां के आदिवासियों का परिचय देते हैं। सभी आदिवासी एक ही जनजाति के नहीं हैं। इनमें जुलू लोग प्रमुख हैं। उनका रहन-सहन कैसा है? मुख्य आहार क्या है? ये सब बातें वह बताते हैं। जो लोग नस्लवादी दृष्टि से इतिहास लिखते हैं, उनके लिए अफ्रीका का इतिहास काले आदमियों का इतिहास है। गाँधीजी का दृष्टिकोण इससे भिन्न है। वह काले आदमियों में उनकी भाषाओं और जातियों की पहचान करते हैं। "उनकी जातियों के नाम ही उनकी भाषाओं के नाम भी हैं। उनकी कोई लिपि या वर्णमाला नहीं है।" फिर जुलू भाषा के बारे में कहते हैं : "जुलू भाषा अत्यंत मधुर है। उकसे शब्दों के अंत में ज्यादातर 'आ' की ध्वनि होती है। इसीलिए भाषा कानों को कोमल और मधुर लगती है।"(29/2) काले लोगों की तरह गाँधीजी गोरे आदमियों में भी जातियों की पहचान करते हैं। दक्षिण अफ्रीका में दो जातियों का राज है। एक अंग्रेजों का और दूसरा पुर्तगालियों का।

(22/7) यहां डच लोग कब कैसे आए, अंग्रेजों से उनका युद्ध कैसे हुआ, उनकी जातीय चरित्र की विशेषताएँ, भाषा-प्रेम, देश-प्रेम, उनकी स्त्रियों का जुझारूपन, इन सब बातों की चर्चा गाँधीजी करते हैं। चाहे डच हों, चाहे अंग्रेज, उनके साथ जो सभ्यता आई उससे वहां के आदिवासियों का जीवन कैसे दुखमय बना, इसका वर्णन गाँधीजी काफी विस्तार से करते हैं।

फिर यहां हिंदुस्तानी आए। पहले मजदूर और उनके बाद व्यापारी। जो समाज वर्गों में बंटा हो उसका इतिहास भी वर्गों का इतिहास होता है। गाँधीजी ने वर्गों का भेद देखा है। "नेटाल में दो वर्गों के हिंदुस्तानी हो गए, एक स्वतंत्र व्यापारी तथा उनके स्वतंत्र कर्मचारी; और दूसरे, शर्तबंद गिरमिटिया मजदूर।" (29/21) इन्हीं दो वर्गों का संयुक्त मोर्चा बनाकर गाँधीजी ने ब्रिटिश साम्राज्यवाद से संघर्ष किया था। वर्गों की तरह गाँधीजी हिंदुस्तानियों में उनकी जातीयता की पहचान पर ध्यान देते थे। उनके सहयोगियों ने जो 'इंडियन ओपीनियन' नाम का पत्र निकाला था, वह हिंदी, तमिल, गुजराती और अंग्रेजी में निकलता था। अंग्रेजी के सिवा भारत की तीन भाषाओं में पत्र निकालना इस बात की सूचना देता है कि वहां तीन-तीन भाषाओं को जानने वाले अपनी अलग पहचान बनाए हुए थे। आगे चलकर अनेक कारणों से हिंदी के संस्करण बंद करने पड़े। व्यापारियों में गुजराती अधिक थे और मजदूरों में तमिल अधिक थे।

दक्षिण अफ्रीका के सत्याग्रह के इतिहास में एक अध्याय का शीर्षक है : 'कौम पर नये मुद्दे का आरोप'। यहां 'कौम' शब्द राष्ट्र के अर्थ में प्रयुक्त हुआ है। इसी अध्याय में लिखते हैं : "समिति ने देखा कि हिंदुस्तानी कौम का सत्याग्रह केवल कानून के विरुद्ध है।"(30/157) यहां हिंदुस्तानी कौम सारे भारत में रहने वाली जनता है। जब गाँधीजी हिंदी या हिंदुस्तानी शब्द का प्रयोग भाषा के लिए करते हैं, तब उनका आशय भारत की समस्त भाषाओं से नहीं होता, वरन् भारत की एक भाषा से होता है। गुजराती की तरह हिंदी एक विशेष क्षेत्र में बोली जाती है। गाँधीजी ने गोखले से कहा : "आप मराठी में बोलें तो मैं उसका हिंदुस्तानी में अनुवाद करूंगा।"(29/200) यहां हिंदुस्तानी शब्द एक भाषा विशेष के लिए इस्तेमाल किया गया है। भारत की सभी भाषाएँ 'हिंदुस्तानी' नहीं हैं। हिंदुस्तानी से अलग मराठी है। हिंदुस्तानी एक विशेष प्रदेश की भाषा है। इसी को गाँधीजी राष्ट्र भाषा कहते थे। लिखा भी है : "मेरा यह आग्रह पहले से ही था कि हमें या तो मातृ भाषा में बोलना चाहिए या राष्ट्र भाषा हिंदुस्तानी में।"(उपर्युक्त) सत्याग्रह के दौरान स्त्रियों के जेल जाने के बारे में गाँधीजी ने लिखा : "यह उनका शुद्ध यज्ञ था। प्रभु इस तरह अंतर से निकली प्रार्थना को सुनते हैं।"(29/214) मजूदरों की संख्या कितनी है, उन्हें कहां ठहराना है, उनके खाने-पीने की व्यवस्था कैसे करनी है, एक स्थान से दूसरे स्थान तक जाने में रेलगाड़ी का व्यवहार किया जाएगा या पैदल जाएंगे, गाँधीजी उनके साथ कहां, कब, कैसे रहेंगे—ये सारी बातें प्रभु के भरोसे छोड़कर ध्यान में रखते हुए गाँधीजी ने पूरी व्यवस्था की। इतिहास के निर्माण और इतिहास के लेखन में ईश्वर

और धर्म की दखलंदाजी कम से कम है। किसी एक ही धर्म की दखलंदाजी तो यहां हो ही न सकती थी, इसलिए कि यहां अनेक धर्मों और संप्रदायों के लोग थे। गाँधीजी ने राज्य सत्ता के बारे में आगे जो कहा, वह धर्म निरपेक्ष होगी, वह बात इतिहास लेखन पर लागू की जाए तो कहा जा सकता है दक्षिण अफ्रीका के सत्याग्रह का इतिहास धर्मनिरपेक्ष इतिहास लेखन का श्रेष्ठ उदाहरण है।

इसी श्रेणी में गाँधीजी की लिखी हुई 'पंजाब के उपद्रवों के संबंध में कांग्रेस की रिपोर्ट' है। इसके पहले अध्याय का शीर्षक है 'पंजाब' और उसके नीचे लिखा है : 'इतिहास और भूगोल की दृष्टि से'। इतिहास के कितने बड़े परिप्रेक्ष्य में गाँधीजी किसी समस्या का अध्ययन करते थे, उसका यह अच्छा उदाहरण है। "इतिहास की दृष्टि से पंजाब को भारत का सबसे अधिक महत्वपूर्ण प्रांत समझा जा सकता है। वैदिक काल में आर्य सबसे पहले यहां आकर बसे थे। वैदिक मंत्र सबसे पहले यहीं उच्चरित हुए थे। तक्षशिला का महान् विश्वविद्यालय, जहां संसार के विभिन्न भागों से ज्ञान पिपासु लोग इकट्ठे हुआ करते थे, यहीं था। महाभारत के शूरवीर पांडवों और कौरवों का महायुद्ध इसी प्रांत में हुआ था।

"मिस्र का बादशाह ओसिरिस भारत में पहले-पहल यहीं आया था और इसी प्रदेश में असीरिया की रानी सेमिरामिस को, जो अपनी विशाल सेनाएँ लेकर भारत पर अपना प्रभुत्व स्थापित करने के लिए आई थी, करारी हार खानी पड़ी थी। सीथियनों, तातारों और ईरानियों को भारत में प्रवेश करने का प्रयत्न करते समय पंजाब के सपूतों से लोहा लेना पड़ा था। इसी प्रांत में सिकंदर महान् का पहली बार पुरु के नेतृत्व में एक ऐसे शत्रु से सामना हुआ था जिसके विरुद्ध विजयी होने पर भी उसका समस्त संसार में अपना राज्य स्थापित करने का स्वप्न चूर-चूर हो गया था।"(17/128-29) गाँधीजी पंजाबियों को अपने इतिहास पर गर्व करना सिखा रहे हैं। पंजाबियों के साथ वे समस्त भारतवासियों को हमलावरों पर एक नए दृष्टिकोण से विचार करने की सलाह भी दे रहे हैं। इतिहासकारों ने सिकंदर को महान् कहकर उसे कुशल सेनापति के रूप में प्रस्तुत किया है। गाँधीजी ने बताया, यहां उसका मुकाबला ऐसे लोगों से हुआ कि जीतने पर भी वह परास्त हो गया, संसार में साम्राज्य स्थापित करने का स्वप्न चूर-चूर हो गया। यूनान से भारत आने तक यह स्वप्न बना हुआ था। भारत में यहां की जनता से टकराने पर ही यह स्वप्न चूर-चूर हुआ। कुरुक्षेत्र समेत हरियाणा पहले पंजाब में था। इसलिए गाँधीजी ने लिखा : "महाभारत के शूरवीरों कौरवों और पांडवों का महायुद्ध इसी प्रांत में हुआ था। पंजाब के इस भाग से आर्यों का घनिष्ठ संबंध था। वे बाहर से आकर बसे या यहीं के रहने वाले थे, यह बहस का अलग विषय है।"

प्राचीन इतिहास की झलक दिखाने के बाद गाँधीजी पंजाब की भौगोलिक स्थिति का वर्णन करते हैं, उसके क्षेत्रफल आदि का परिचय देते हैं। आबादी कितनी है, कितने हिंदू, मुसलमान, सिख हैं, यह सब बताते हैं। पंजाब के लोग लड़ने में कुशल हैं, ब्रिटिश

भारतीय सेना के लिए सर्वोत्तम सैनिक पंजाब से मिलते हैं, यह बताने के बाद राजपूतों और जाटों के बारे में गाँधीजी यह दिलचस्प सूचना देते हैं : "पश्चिमी और दक्षिणी भागों के राजपूत और जाट जातियों के लोग मुख्यतया मुसलमान हैं और पूर्वी और उत्तरी भागों के हिंदू। मध्य पंजाब के जाट ज्यादातर सिख हैं।"(17/121) अनेक संप्रदायों में विभाजित होने के बाद भी जाटों और राजपूतों की पुरानी पहचान बनी हुई थी। पंजाबी जनता के संघर्ष और अंग्रेजों के दमन का वर्णन करते हुए गाँधीजी अनेक स्थानों के उल्लेख के साथ उनके इतिहास का स्मरण करते हैं। गुजरांवाला छोटा-सा कस्बा है। आबादी 30 हजार है। "लेकिन वह महाराजा रणजीत सिंह जी का जन्मस्थान होने के कारण विशेष प्रसिद्ध है।"(17/254) रामनगर, "यह चिनाव नदी के तट पर अकालगढ़ से 5 मील के फासले पर स्थित है। यहां रेलवे लाइन नहीं है। स्वर्गीय महाराजा रणजीत सिंह का बारादरी के नाम से प्रसिद्ध एक महल भी यहां था"(17/270) शेखूपुरा, "एक ऐतिहासिक स्थान है। यह लाहौर से 25 मील दूर है और गुजरांवाला जिले में इस पर सबसे बाद में नजर पड़ती है। इसका नामकरण शहंशाह जहांगीर के प्यार के नाम पर हुआ और महाराजा रणजीत सिंह की रानी नकाइन यहीं रहती थी।"(17/298) अमृतसर का ऐतिहासिक महत्व, "यहां स्वर्णमंदिर है जो सिखों का सबसे बड़ा पूजा-स्थल है। पंजाब का सबसे बड़ा व्यापार-केंद्र होने और स्वर्ण मंदिर होने के कारण यहां पंजाब के सभी भागों से, बाहर से और भी यात्री और पर्यटक आते रहते हैं।"(17/180) इसी अमृतसर में इतिहास-प्रसिद्ध जलियांवाला बाग है। अंग्रेज शासक जिस बर्बरता के प्रतिनिधि थे, उसका परिचय देने के लिए 'पंजाब के उपद्रवों के संबंध में कांग्रेस की रिपोर्ट' से बढ़कर दूसरी पुस्तक नहीं है। पुराना इतिहास और नया इतिहास, जातीय इतिहास और राष्ट्रीय इतिहास, इनमें कैसे सामंजस्य स्थापित करना चाहिए, इसका उदाहरण यह रिपोर्ट है।

अंग्रेजी शिक्षा-व्यवस्था हटाकर उसकी जगह जातीय भाषा के माध्यम से गाँधीजी नई शिक्षा-व्यवस्था चलाना चाहते थे। इस व्यवस्था की एक विशेषता यह थी कि विषय एक-दूसरे से नितांत अकेले न रखे जाते थे। भूगोल, इतिहास, साहित्य तीनों को मिलाकर एक साथ पढ़ाया जा सकता था। मई 1917 में उन्होंने सांकल चंद शाह को लिखा : "मुझे लगता है कि इतिहास और भूगोल को, जो अलग-अलग रखे गए हैं, गुजराती के साथ मिला दिया जाए। हम गुजराती भाषा के माध्यम से मानसिक शक्ति का विकास करना चाहते हैं। इसलिए हम एक दिन साहित्य की पुस्तक का और दूसरे दिन इतिहास की पुस्तक का प्रयोग करें।" तीनों विषयों को कैसे मिलाकर पढ़ाया जाए इसका उदाहरण उन्होंने राम के प्रसंग में दिया। "उनका जन्म अयोध्या में हुआ था, इसीलिए अयोध्या का भूगोल पढ़ाना होगा। नक्शा तो होगा ही। वह नगर अहमदाबाद से कितनी दूर है, वहां कैसे जाया जा सकता है, वहां आज क्या है, कवियों ने उसका जैसा वर्णन किया है वह वैसा है या नहीं, यह सब साहित्य है, इतिहास है और भूगोल भी। इस कथा

में आप कितना साहित्य सिखाना चाहते हैं, कितना इतिहास और कितना भूगोल, यह अपने मन में पहले ही तय कर लें। और फिर अपने शिष्यों के साथ एकाकार हो जाएँ।"(13/432) शिष्यों के साथ एकाकार हो जाएँ, देश भक्ति पर आधारित नई शिक्षा का आदर्श था।

द्वितीय गुजरात शिक्षा-सम्मेलन में मैकाले की आलोचना करते हुए गाँधीजी ने कहा : "मैकाले ने हमारे साहित्य का तिरस्कार किया, हमें अंधविश्वासी माना। जिन लोगों ने हमारी शिक्षा की योजना बनाई, उनमें से अधिकांश को हमारे धर्म के बारे में गहरा अज्ञान था।" फिर इतिहास, भूगोल कैसे पढ़ाना चाहिए इसके बारे में गुजराती लेखक मलबारी का हवाला देते हुए उन्होंने कहा : "मलबारी ने कहा है कि इतिहास-भूगोल पढ़ाना हो तो, पहले बच्चों को घर का भूगोल-इतिहास सिखाना चाहिए। मुझे याद है कि मुझे इंग्लैंड की 'काउंटियों' को रटना पड़ा था और भूगोल जैसा दिलचस्प विषय मेरे लिए जहर हो गया था। इतिहास में भी मुझे कोई उत्साहप्रद जैसी कोई बात नहीं मिली।" राष्ट्रीय शिक्षा स्वभावतः राष्ट्रीय आंदोलन से जुड़ी होगी। अपने देश का इतिहास आदमी एकदम तटस्थ होकर नहीं पढ़ सकता। इतिहास की शिक्षा का उद्देश्य होना चाहिए, उसमें राष्ट्रीयता की भावना जागे। इसलिए गाँधीजी ने कहा : "इतिहास देश पर गर्व करना सिखाने का साधन होता है। मुझे इतिहास सिखाने की अपनी स्कूल की पद्धति में इस देश पर गर्व अनुभव करने का कोई कारण नहीं मिला। इसके लिए मुझे दूसरी ही किताबें पढ़नी पड़ीं।"(14/32) गाँधीजी को सबसे अधिक अवकाश जेल में मिला था। वह देश और विदेश के साहित्य और इतिहास की पुस्तकें पढ़ते थे। 1922-23 की जेल डायरी के अनुसार चंद्रकांत लिखित भारत का इतिहास (गुजराती), एच. जी. वेल्स की आउट-लाइन ऑफ हिस्ट्री, कन्निंघम का लिखा सिखों का इतिहास, बकल की हिस्ट्री ऑफ सिविलाइजेशन, विकासवादी लेखक हैकल की इवोल्यूशन ऑफ मेन, मोटले की राइज ऑफ द डच रिपब्लिक जैसी पुस्तकें पढ़ीं। दक्षिण अफ्रीका में भारतीय संस्कृति पर आक्षेप करने वाले गोरे नस्लवादियों का जो उत्तर गाँधीजी ने दिया था, उसमें उन्होंने 19वीं सदी के अंग्रेज लेखकों से उद्धरण दिए थे। उनसे पता चलता है, उन्हें भारत के सांस्कृतिक इतिहास में गहरी दिलचस्पी थी। भारत की प्राचीन सभ्यता पर गर्व करते हुए उन्होंने कहा : "हम ऐसे मुल्क के रहने वाले हैं जो अभी तक अपनी सभ्यता पर निर्भर रह सका है। यूरोप की कई सभ्यताएँ नष्ट हो गईं, पर हमारा यह भारतवर्ष अब तक अपनी सभ्यता का साक्षी होकर बना रहा है।"(14/282) 'हिंद स्वराज्य' में उन्होंने लिखा : "मेरी मान्यता है कि भारत ने जो सभ्यता विकसित की है, वहां तक दुनिया में कोई नहीं पहुंच सकता। जो बीज हमारे पुरखों ने बोए हैं, उनकी बराबरी कर सकने योग्य कहीं कुछ देखने में नहीं आया। रोम मिट्टी में मिल गया, ग्रीस का नाम भर बच रहा, मिस्र का साम्राज्य चला गया, जापान पश्चिम के शिकंजे में आ गया और चीन का कुछ कहा नहीं जा सकता। किंतु इस भग्नावस्था में भी भारत की बुनियाद अभी मजबूत

है।"(10/35) इसी पुस्तक में मैकाले का खंडन करते हुए आम जनता की वीरता के बारे में गाँधीजी ने कहा : "मैकॉले ने भारतीयों को नपुंसक माना, यह उनके अधम अज्ञान का सूचक है। भारतीय नामर्द कभी रहे ही नहीं। जिस देश में पहाड़ी लोग और बाघ-बघेरे साथ-साथ रहते हों, उसके निवासी सचमुच डरपोक हों तो उनका तो नाश ही हो जाए। आप कभी खेतों में गए हैं? मैं आपसे विश्वास के साथ कहता हूं कि खेतों में आज भी हमारे किसान निर्भय होकर सोते हैं। अंग्रेज और आप वहां सोने में आनाकानी करेंगे। बल तो निर्भयता में है।"(10/24) गाँधीजी ने जिन्हें बाघ-बघेरे कहा है, संभवतः ये वही गुजरात के वनवासी लोग हैं जिन्होंने वीरता से अंग्रेजों का मुकाबला किया था, जिनका उल्लेख दयानंद सरस्वती ने 'सत्यार्थ प्रकाश' में किया था। "जब संवत् 1914 के वर्ष में तोपों के मारे मंदिर-मूर्तियां अंग्रेजों ने उड़ा दी थीं तब मूर्ति कहां गई थी? प्रत्युत बाघेर लोगों ने जितनी वीरता की और लड़े, शत्रुओं को मारा, परंतु मूर्ति एक मक्खी की टांग भी न तोड़ सकी।"(सत्यार्थ प्रकाश, पृष्ठ 334) 1957 में स्वाधीन भारत के इतिहासकार इस बात पर बहस कर रहे थे कि सन् 57 का गदर स्वाधीनता संग्राम था या नहीं। गाँधीजी ने अक्तूबर 1929 में लिखा था : "संयुक्त प्रांत में भारत की स्वतंत्रता का एक युद्ध हो चुका है।"(41/548) उन्होंने यह भी लक्ष्य किया था—संयुक्त प्रांत "1857 के विद्रोह का मुख्य केंद्र था।"(47/305) और लक्ष्मी बाई के बारे में तो उन्होंने लिखा ही था : "गदर के दिनों में झांसी की रानी ने अपनी बहादुरी के लिए जो नाम पाया, वह बहुत ही थोड़े से पुरुषों को नसीब हो सका।"(27/227) इंग्लैंड में जो लोग अन्याय के विरुद्ध लड़े, गाँधीजी ने उनकी भी प्रशंसा की। 12 वीं सदी में वाट टाइलर ने किसानों का नेतृत्व किया, फौज से टक्कर ली। "टाइलर मारा गया लेकिन अंत में किसानों के सिर से कर का बोझ भी चला गया। इस घटना के बाद लोगों को अपनी सत्ता का जो भान हुआ, उसका ज्यादा परिणाम 17वीं सदी में देखने को मिला।" 17 वीं सदी में हैम्डन ने "स्वतंत्रता के युद्ध का जो बीज बोया था, उसका विशाल वृक्ष बन गया। उसी के श्रम के परिणामस्वरूप क्रॉमवेल पैदा हुआ और इंग्लैंड को सच्ची स्वतंत्रता मिली तथा लोगों को राज्य व्यवस्था में हाथ बंटाने का मौका मिला। हैम्ड्न देश के लिए लड़ते-लड़ते मरा फिर भी अमर है।"(5/488-89)

गाँधीजी भारतीय इतिहास, भारतीय सभ्यता के अंतर्विरोधों से परिचित थे, यद्यपि उनके बारे में वह कम ही लिखते और बोलते थे। यहां की संस्कृति अहिंसावादी है, लोगों को अहिंसा में गहरी आस्था है। यह बात उन्होंने अनेक बार कही परंतु इसके विरुद्ध भी उन्होंने कुछ और तथ्य दिए। 6 जुलाई 1918 को उन्होंने जो सी. एफ. ऐंड्रज को पत्र लिखा, वह असाधारण महत्व का है। भारतीय इतिहास में कितनी हिंसा और कितनी क्रूरता है, इस सबका एक साथ उल्लेख उन्होंने यहां किया है :

"तुम कहते हो कि भारतवासियों ने एक जाति के रूप में अतीत में पूर्णतया ज्ञानपूर्वक हिंसा का त्याग किया था और ज्ञानपूर्वक मानवता के पक्ष में खड़े होने का निश्चय किया

था। क्या यह बात ऐतिहासिक दृष्टि से सच है? मुझे तो महाभारत या रामायण में यहां तक कि अपने प्रिय तुलसीदास में, जो आध्यात्मिक दृष्टि से वाल्मीकि से भी बहुत बढ़कर हैं, इस बात का कोई संकेत नहीं मिलता। इस समय मैं इन ग्रंथों के आध्यात्मिक अर्थों का विचार नहीं करता। इनमें अवतारी पुरुषों को अवश्य खून के प्यासे, वैर से भरे और दुश्मन के प्रति दयाहीन बताया गया है। शत्रु का पराभव करने के लिए उन्होंने छल-छदम् का आश्रय लिया, ऐसा भी बताया गया है। इन ग्रंथों में युद्धों का वर्णन आजकल की अपेक्षा कम उत्साहपूर्ण नहीं है। योद्धाओं को विनाश के उन सभी शस्त्रास्त्रों से सुसज्जित किया है, जिनकी मानव कल्पना कर सकता है। राम की कीर्ति गाने के लिए तुलसीदास जी ने जो सर्वोत्तम भजन रचा है, उसमें उनकी शत्रु के नाश करने की क्षमता को पहला स्थान दिया गया है। उसके बाद मुस्लिम काल को ले लो। उस काल में हिंदू, मुसलमानों से कम लड़ाकू नहीं थे। इतना ही है कि वे संगठित नहीं थे। शरीर-बल में दुर्बल और आपसी झगड़ों से छिन्न-भिन्न हो गए थे। इस जाति के बारे में तुम जिस त्याग का आरोपण करते हो, वह त्याग करने की बात मनुस्मृति में कहीं नहीं कही गई है। प्राणीमात्र के प्रति दया के सिद्धांत के रूप में बौद्ध धर्म पूरी तरह असफल सिद्ध हुआ है। अगर दंतकथाएँ सच हों, तो महान् शंकराचार्य ने हिंदुस्तान से बौद्ध धर्म को निकाल बाहर करने के लिए अवर्णनीय निर्दयता से काम लेने में संकोच नहीं किया था। और इसमें वह सफल भी हुए। इसके बाद ब्रिटिश काल ले लो। जनता का जबरन निःशस्त्रीकरण हो गया है, परंतु दिल से मारने की इच्छा जरा भी नहीं गई। जैनों में भी यह सिद्धांत पूरी तरह असफल साबित हुआ है। इन लोगों में खून-खराबी से डरने का जबर्दस्त वहम है। परंतु दुश्मन हो तो उसके प्राण के नाश की उन्हें उतनी ही परवाह है जितनी किसी यूरोपीय को। मेरे कहने का अर्थ यह है कि अपने दुश्मन के विनाश से जैनियों को भी उतना ही आनंद होगा जितना इस पृथ्वी पर और किन्हीं लोगों को। हिंदुस्तान के लिए अधिक से अधिक इतना ही कहा जा सकता है कि यहां कुछ व्यक्तियों ने अहिंसा के सिद्धांत को लोकप्रिय बनाने के गंभीर प्रयत्न किए, और इसमें उन्हें यहां संसार के किसी भी देश की अपेक्षा ज्यादा सफलता मिली। मगर ऐसा मानने का कोई कारण नहीं है कि इस (अहिंसा के सिद्धांत) ने लोगों में गहरी जड़ जमा ली है।"(14/458)

गाँधीजी इतिहास पढ़ते थे, आलोचनात्मक दृष्टि से उसका विवेचन करते थे। ऊपर का पैराग्राफ उनकी तटस्थ विवेचन क्षमता का अच्छा उदाहरण है। इस विवेचन से ग्राम-सभाओं का वह भव्य चित्र ध्वस्त हो जाता है जो उन्होंने मेन की विलेज कम्युनिटी के आधार पर खींचा था। इस कल्पना-चित्र में ग्राम-समाजों के भीतर किसी तरह का वर्ग-उत्पीड़न नहीं था। वर्ण और जाति-प्रथा सामाजिक सामंजस्य के साथ काम करती थी। चारों तरफ शांति का वातावरण था। आर्थिक रूप से ये ग्राम समाज आत्मनिर्भर थे और इनके यहां गण-व्यवस्था का चलन था। मार्क्स ने ग्राम समाजों में प्रचलित जाति प्रथा की निंदा की, साथ ही ग्राम-समाजों में सामूहिक स्वामित्व की धारणा स्वीकार की।

जहां सामूहिक स्वामित्व होगा, वहां ऊंच-नीच के भेदभाव वाली जाति प्रथा का चलन भी न होगा। मार्क्स ने ग्राम-समाजों की निंदा की, गाँधीजी ने उनको भव्यरूप में प्रस्तुत किया। परंतु इस तरह के ग्राम-समाज सामाजिक यथार्थ से बहुत दूर थे। 'पूंजी' के प्रथम खंड के बाद मार्क्स के भारत संबंधी अनेक उल्लेखों में यहां के विनिमय की भी चर्चा है। अंग्रेजों ने ग्रामीण व्यवस्था अंशतः ही बर्बाद की। उन्होंने शहरों के उद्योग-धंधों का पूरी तरह विनाश किया। गाँधीजी ने पंजाब में बुनकरों के गांव देखे थे। स्त्रियों को पंजाब और गुजरात में चर्खा कातते देखा था। अंग्रेज चरखे-करघे वाली ग्राम व्यवस्था का नाश नहीं कर पाए। परंतु उन्होंने यहां के उद्योग और व्यापार का नाश जरूर किया। अंग्रेजी राज कायम होने से पहले एक ही प्रदेश में गांव और शहर का अंतर था। इसके सिवा अनेक प्रदेशों के बीच भी अंतर था। गुजरात में व्यापार और विनिमय का जैसा विकास हुआ था, वैसा महाराष्ट्र में नहीं हुआ था। भूषण ने सूरत के लिए लिखा था : "सूरत को रस तूरि के नाख्यो। यह सूरत गुजरात में ही था। सोमनाथ के मंदिर में अथाह संपदा थी। वह सोमनाथ का मंदिर गुजरात में था, महाराष्ट्र में नहीं। स्वामी दयानंद ने 'सत्यार्थ प्रकाश' में सोमनाथ की मूर्ति के लिए लिखा थाः "जब मूर्ति तोड़ी तब सुनते हैं कि 18 करोड़ के रत्न निकले।" (सत्यार्थ प्रकाश, पृष्ठ 334) करोड़ों की इस संपदा की रक्षा ग्राम-समाजों की पंचायतें न करती थीं वरन् बड़े-बड़े सामंत और पुरोहित करते थे। अंधविश्वासों को पालने वाले ये पुरोहित और सामंत ही थे। स्वामी दयानंद ने सामाजिक यथार्थ का सही चित्रण करते हुए लिखा : "जो पोप-पुजारी पूजा, स्तुति, प्रार्थना करते थे कि 'हे महादेव! इस म्लेच्छ को तू मार डाल, हमारी रक्षा कर' और वे अपने चेले राजाओं को समझाते थे कि 'आप निश्चिंत रहिए, महादेव जी भैरव अथवा वीरभद्र को भेज देंगे . . . वे बिचारे भोले राजा इस विश्वास में और क्षत्रिय पोपों के बहकावे में रहे।" (सत्यार्थ प्रकाश, पृष्ठ 333-334)

ग्राम-समाजों की कल्पना से बहुत दूर, विभिन्न प्रदेशों में जो आर्थिक विषमता थी, वह साहित्य में भी प्रतिबिंबित है। गाँधीजी को इस बात का श्रेय है कि उन्होंने साहित्य में इस भिन्नता को देखा था। वह स्वयं वैष्णव थे, वैष्णव साहित्य से भली-भांति परिचित थे और उन्होंने इसी साहित्य में यह प्रादेशिक भिन्नता देखी थी। उन्होंने जुलाई 1918 में मगनलाल गाँधी को लिखा था : "स्वामिनारायण, (स्वामी सहजानंद, 1781-1833) और वल्लभाचार्य ने हमारे पौरुष का अपहरण किया है। उन्होंने मनुष्यों की रक्षण-शक्ति छीन ली है... स्वामिनारायण और वल्लभाचार्य का सिखाया हुआ प्रेम भावुकता है। उससे शुद्ध प्रेम पैदा नहीं हो सकता। अहिंसा का शुद्ध लक्षण तो उन्होंने सोचा ही नहीं। अहिंसा चित्तवृत्तियों का निरोध है। उसका मुख्य प्रयोग मनुष्यों के आपसी संबंधों में है। इसकी तो गंध तक उनके साहित्य में नहीं पाई जाती। उनका जन्म हमारे इस विषम काल में हुआ और उस वातावरण से वे मुक्त नहीं हो सके। उनका असर गुजरात पर बहुत अधिक हुआ। तुकाराम और रामदास का वैसा असर नहीं हुआ। तुकाराम के

अभंगों और रामदास के श्लोकों में बहुत पुरुषार्थ है। वे भी वैष्णव थे। वैष्णव संप्रदाय और वल्लभाचार्य तथा स्वामिनारायण की शिक्षा को मिला न देना। वैष्णव संप्रदाय बहुत पुराना है। मैं यह बात नहीं देख सका था कि हिंसा में अहिंसा है। वह अब देखने लगा हूं। यह बड़ा परिवर्तन हुआ है।" (14/487) शुक्लजी ने जैसे एक समय सूरदास के काव्य में लोकसंग्रह का अभाव देखा था, कुछ वैसी ही बात यहां गाँधीजी ने कही है। गुजरात और महाराष्ट्र में वैष्णव चेतना भिन्न स्तरों पर विकसित हुई। इसका कारण वहां की समाज-व्यवस्था का भेद है। महाराष्ट्र में शिवाजी के समय तक उस तरह की जमींदारी और जागीरदारी का विकास न हुआ था जिस तरह की जमींदारी और जागीरदारी का विकास मुगल साम्राज्य में हुआ था। और उसके अंतर्गत गुजरात में भी हुआ था। सामंती उत्पीड़न से बहुत कुछ मुक्त महाराष्ट्र के किसान शिवाजी के नेतृत्व में लड़े। इस तरह गुजरात के किसान नहीं लड़े। परंतु पंजाब के किसान लड़े। और कारण यह है कि पंजाब के और महाराष्ट्र के किसानों में बहुत बड़ी समानता थी। दोनों प्रदेशों में सामंती व्यवस्था की वैसी जकड़बंदी नहीं थी जैसी गुजरात या हिंदी प्रदेश के अनेक जनपदों में थी।

एक क्रांतिकारी ने गाँधीजी से पूछा था : "गुरु गोविंदसिंह किसी अच्छे उद्देश्य के लिए युद्ध करना ठीक समझते थे, इसलिए वे क्या भ्रांत देशभक्त थे? वाशिंग्टन, गैरी-बाल्डी और लेनिन के बारे में आप क्या कहेंगे? कमाल पाशा और डी. वेलेरा के बारे में आपका खयाल क्या है? क्या आप शिवाजी और प्रताप के संबंध में यह कहेंगे कि वे हिताकांक्षी और आत्मत्यागी वैद्य थे? किंतु जब उन्हें अंगूर का रस देना था तब उन्होंने उसकी जगह संखिया दे दिया था? कृष्ण 'दुष्कृतों के विनाश' के कायल थे। क्या इस कारण आप यह कहेंगे कि उन्होंने यूरोप के लोगों का विचार अपना लिया था?" गाँधीजी ने उत्तर दिया : "यह एक कठिन बल्कि कुछ विषम प्रश्न है। पर मैं इसे टाल नहीं सकता। पहली बात तो यह है कि गुरु गोविंदसिंह तथा दूसरे उल्लिखित व्यक्ति गुप्त हत्या के कायल नहीं थे। दूसरे, वे अपने काम और अपने आदमियों को खूब जानते थे। पक्षांतर में आधुनिक क्रांतिकारी नहीं जानते कि उनका काम क्या है? इन देशभक्तों के पास अपने आदमी थे और एक वातावरण था। किंतु ये दोनों उनके पास नहीं हैं।"(26/483) जिन क्रांतिकारियों की यहां बात है, वे अपने वीरतापूर्ण कृत्यों से भारत को स्वाधीन बनाना चाहते थे। वे जनता को संगठित करने की बात कहते थे परंतु उसे संगठित नहीं कर पाए। गाँधीजी के उत्तर में सूत्रवाक्य है : इन देशभक्तों के पास अपने आदमी थे और एक वातावरण था। राजनीतिक आंदोलन से वातावरण बनता है। वैसा वातावरण बनने पर देशभक्तों के साथ उनके अपने आदमी होने चाहिए अर्थात् ऐसे किसान होने चाहिए जो लड़ने-मरने को तैयार हों। गुरु गोविंदसिंह, शिवाजी और लेनिन तीनों की सामाजिक परिस्थितियों में अंतर था। परंतु एक बहुत बड़ी समानता थी, तीनों के साथ किसान मिलकर शत्रु से लड़े थे। रूस में मजदूर वर्ग भी था। परंतु वह बहुत थोड़े नगरों में सीमित

था। रूस की विशाल भूमि में बहुसंख्यक जनता किसान ही थी और इन किसानों की सहायता के बिना वोल्शेविक पार्टी विजय न प्राप्त कर सकती थी। पंजाब और महाराष्ट्र की सामाजिक परिस्थितियों में बड़ी समानता थी। दोनों जगह किसान गुरु गोविंदसिंह और शिवाजी के साथ एक ही शत्रु दिल्ली के सम्राट् के खिलाफ लड़े और उन्हें यथेष्ट सफलता भी मिली। गाँधीजी ने क्रांतिकारियों की कमजोरी बताई परंतु परोक्ष रूप से क्रांतिकारी जनसंग्राम की उपयोगिता स्वीकार की। उद्देश्य स्पष्ट हो, जनता साथ हो तो सशस्त्र संग्राम सफल हो सकता है।

जातीय भाषा और राष्ट्रभाषा

दक्षिण अफ्रीका में अनेक भाषाएँ बोलने वाले भारतीय थे। वे परस्पर संपर्क के लिए हिंदी का व्यवहार करते थे। जब गाँधीजी दक्षिण अफ्रीका से भारत आए तब उनसे इस विषय में प्रश्न किया गया था। 14 फरवरी 1915 के 'मराठा' में यह समाचार छपा था : जब श्री गाँधी से यह पूछा गया कि दक्षिण अफ्रीका में रहने वाले भारतीय तो भारत के भिन्न-भिन्न प्रांतों के निवासी हैं, फिर भी आपस में बातचीत किस प्रकार कर पाते हैं, तब उन्होंने गर्व के साथ कहा : 'हिंदी के माध्यम से'। (13/23) बोलचाल में हिंदी से काम चलाना एक बात थी। लिखित रूप में उसका व्यवहार करना दूसरी बात थी। 1897 में भारत के अकाल पीड़ितों की सहायता के लिए नेटाल के व्यापारियों ने एक समिति बनाई। उस समिति की ओर से अंग्रेजी, गुजराती, तमिल, उर्दू तथा हिंदी में परिपत्र छपवाकर विस्तृत रूप से बांटे गए। (3/139) इस परिपत्र में भारतीय भाषाओं को अंग्रेजी के बराबर दर्जा दिया गया था। उर्दू-हिंदी का भेद केवल हिंदी प्रदेश की भाषा में था, गुजराती और तमिल में ऐसा कोई भेद नहीं था। 1903 में गाँधीजी के सहयोगियों ने 'इंडियन ओपीनियन' नाम का पत्र निकाला। इसके पहले अंक के लिए गाँधीजी ने लेख लिखा। वह लेख अंग्रेजी में था। उसका अनुवाद गुजराती, हिंदी तथा तमिल भाषाओं में भी प्रकाशित हुआ। (3/406) यहां उर्दू का उल्लेख नहीं है। सभाओं में भी लोग अलग-अलग भाषाओं का व्यवहार करते थे। जोहानिसबर्ग में बड़ी सभा हुई। अध्यक्ष अब्दुल गनी का भाषण "सरल हिंदुस्तानी में संक्षिप्त और लच्छेदार था।" (5/451) नानालाल शाह और हाजी वजीर अली अंग्रेजी में बोले।(5/451-54) हाजी हबीब का भाषण "इतना तीखा और जोशीला था कि जो गुजराती नहीं समझते थे, वे भी कहते थे कि हम उनका मतलब समझते हैं।"(5/454) मूनलाइट मुदलियार तमिल में बोले।"(5/455) "अंत में गौड सेव द किंग गीत से सभा समाप्त हुई।"(5/456) संभवतः सभी अंग्रेजी जानते थे। परंतु अपनी जातीय अस्मिता के प्रति निष्ठा जताने के

लिए देशी भाषाओं का व्यवहार कर रहे थे। फरवरी 1906 में गाँधीजी ने 'इंडियन ओपीनियन' पत्र के हिंदी और तमिल स्तंभ बंद कर दिये। इस बात पर खेद प्रकट करते हुए उन्होंने लिखा : "कुछ समय से हमारे हिंदी और तमिल स्तंभों का स्तर वैसा नहीं रहा है जैसा हम चाहते हैं। इसलिए हम तब तक अनिच्छापूर्वक यह मार्ग ग्रहण करने के लिए मजबूर हो गए हैं, जब तक हमारे कार्यकर्ता-मंडल के कुछ सदस्य, जो अभी यह काम सीख रहे हैं, तैयार नहीं हो जाते और दोनों महान् भाषाओं के प्रति न्याय करने के योग्य नहीं बन जाते।"(5/191) हिंदी और तमिल दोनों भारत की महान भाषाएँ हैं। उनमें योग्य कार्यकर्ता मिलने पर ये स्तंभ फिर जारी किए जाएंगे। यहां भारतीय भाषाओं के प्रति गाँधीजी का आदर भाव व्यक्त हुआ है। राष्ट्रीय आत्मसम्मान की भावना अनेक भाषाओं के माध्यम से व्यक्त हो रही थी। नवंबर 1909 में दो गुजराती कविताओं की प्रशंसा करते हुए गाँधीजी ने लिखा : "जब हम भारत की सभी भाषाओं में देशभक्ति की भावना भरेंगे, तभी भारतीय जागृत होंगे।"(9/492)

जब गोखले दक्षिण अफ्रीका गए तब गाँधीजी ने प्रयत्न किया कि वह अंग्रेजी के बदले हिंदुस्तानियों की सभा में भारतीय भाषाओं का व्यवहार करें। "जोहानिसबर्ग में केवल हिंदुस्तानियों की विराट् सभा भी करनी जरूरी थी। मेरा यह आग्रह पहले से ही था कि उसमें या तो मातृभाषा में बोलना चाहिए या राष्ट्र भाषा हिंदुस्तानी में।" गोखले की मातृभाषा मराठी थी। वहां कोंकण के बहुत से लोग थे। वे विशेष रूप से चाहते थे कि गोखले मराठी में बोलें। "जोहानिसबर्ग में कोंकणी मुसलमान बहुत रहते थे। कुछ महाराष्ट्रीय हिंदू भी वहां थे ही। इन सब की बहुत इच्छा थी कि गोखले का मराठी में भाषण सुनें। उन्होंने मुझसे कह रखा था कि मैं उनसे मराठी में बोलने की प्रार्थना करूं।"(29/200) यहां उल्लेखनीय है कि हिंदू और मुसलमान दोनों मराठी के प्रेमी हैं। हिंदुओं की संख्या कम है। मुसलमानों की संख्या अधिक है। परंतु वे सब चाहते हैं कि गोखले मराठी में बोलें। कुछ लोग कोंकणी को मराठी से अलग मानते हैं। परंतु दक्षिण अफ्रीका के कोंकणी ऐसा न मानते थे। गाँधीजी ने लिखा : "मैंने उनसे पूछा, आप मराठी में बोलेंगे तो इन लोगों को खुशी होगी और आप मराठी में बोलें तो मैं उसका हिंदुस्तानी में अनुवाद करूंगा। इससे वे बड़े जोर से हंस पड़े। आपका हिंदुस्तानी का ज्ञान तो मुझे अच्छी तरह मालूम है। वह हिंदुस्तानी आपको मुबारक रहे। किंतु अब आप मराठी से अनुवाद करेंगे? मुझे आप यह तो बताइये कि आपने इतनी मराठी कहां से सीखी। मैंने कहा : जो बात आपने मेरी हिंदुस्तानी के बारे में कही, वही मेरी मराठी के संबंध में भी समझें। मैं मराठी का एक शब्द भी नहीं बोल सकता किंतु मुझे जिस विषय का ज्ञान है, यदि आप उस विषय में मराठी में बोलेंगे तो उसका आशय मैं अवश्य समझ जाऊंगा।" आखिर गोखले मराठी में बोलने को राजी हो गए। "उन्होंने मुझे यह कहकर खुश कर दिया कि आप अपनी जिद जरूर पूरी करेंगे। यहां तो मैं आपके पल्ले पड़ा हूं, इसलिए छूट नहीं सकता। इसके बाद उन्होंने ठेठ जंजीबार तक मराठी में ही भाषण दिए

और मैं उनका विशेष रूप से नियुक्त भाषांतरकार रहा। हमें यथासंभव मातृभाषा में और व्याकरण शुद्ध अंग्रेजी की अपेक्षा व्याकरण की भूलों से भरी टूटी-फूटी हिंदी में ही बोलना चाहिए, मैं यह बात उनके मन में बैठा सका या नहीं, यह मैं नहीं जानता। किंतु इतना जानता हूं कि उन्होंने दक्षिण अफ्रीका में मुझे खुश रखने के लिए ही मराठी में भाषण दिए।"(29/200-201) राष्ट्रीय भावना भारतीय भाषाओं के माध्यम से ही व्यक्त हो, इसके लिए गाँधीजी बराबर प्रयत्न कर रहे थे और इस प्रयत्न में उन्हें काफी सफलता मिली। जनवरी 1942 में बनारस हिंदू विश्वविद्यालय के अपने व्याख्यान में उन्होंने तेलुगू भाषी छात्रों से कहा : "मुझे यह जानकर खुशी हुई कि यहां आंध्र के 250 विद्यार्थी हैं। क्यों न वे सर राधाकृष्णन के पास जाएँ और उनसे कहें कि यहां हमारे लिए एक आंध्र विभाग खोल दीजिए और तेलुगू में हमारी सारी पढ़ाई का प्रबंध करा दीजिए? और अगर वे मेरी अक्ल से काम करें तब तो उन्हें कहना चाहिए कि हम हिंदुस्तानी हैं। हमें ऐसी जबान में पढ़ाइए जो सारे हिंदुस्तान में समझी जा सके। और मेरी जबान तो हिंदी ही हो सकती है।"(75/268)

गाँधीजी चाहते थे, जिस भाषा के बोलनेवाले उनके सामने हों, उनसे उन्हीं की भाषा में बात करें। दक्षिण अफ्रीका में तमिलों की प्रशंसा करने के बाद उन्होंने कहा : "मैं तो उनकी भाषा भी नहीं बोलता हालांकि चाहता बहुत हूं और फिर भी वे (तमिल) तो लड़ाई में डटे ही रहे हैं।"(12/486) तमिल भाषा से उन्होंने परिचय प्राप्त किया था। बंगला भी पढ़ी थी। जनवरी 1915 में उन्होंने मगनलाल गाँधी को लिखा था : "मैंने बंगला का अध्ययन अच्छा कर लिया है।"(13/5) एक सामान्य भाषा का महत्व स्वीकार करते हुए गाँधीजी इस बात पर बराबर जोर देते रहे कि लोगों को एक से अधिक भाषाओं का ज्ञान होना चाहिए। मगनलाल गाँधी के नाम उसी पत्र में उन्होंने लिखा : "मेरा ख्याल है, हम सबको हिंदी, उर्दू, तमिल और बंगला लिपि सीख लेनी चाहिए। यदि सब बच्चों को ये सिखाई जाएँ तो अच्छा हो। मैंने इस संबंध में जहाज में काफी विचार किया था।"(उपर्युक्त) यहां अंग्रेजी नहीं है। यदि बच्चों को भारतीय भाषाएँ ही सिखाई जाएँ तो हिंदी, तमिल, बंगला, कम-से-कम तीन भाषाएँ सीख लेना उनके लिए आसान होगा। परंतु यदि इनके साथ अंग्रेजी जोड़ दी जाए, और भिन्न लिपि में लिखी जाने वाली उर्दू भी जोड़ दी जाए, तो भाषाएँ सीखना उनके लिए बहुत बड़ा बोझ हो जाएगा। जुलाई 1915 में गाँधीजी ने मथुरा दास त्रिकमजी को लिखा था : "तुम एम.ए. पास करने का प्रयत्न कर रहे हो। मुझे तो यह शरीर का क्षय करने के समान लगता है। यदि तुम्हें धन कमाने की आवश्यकता न हो तो तुम संस्कृत का अच्छा अध्ययन करो और अन्य भारतीय भाषाएँ सीखो। यह आवश्यक है।"(13/123) अक्तूबर 1917 में अपनी राष्ट्रीय शिक्षा की योजना के अंतर्गत गाँधीजी ने पांच भाषाएँ सिखाने का प्रावधान रखा। "प्रत्येक विद्यार्थी को पांच भाषाएँ सिखाई जाएंगी 1. गुजराती, 2. हिंदी, 3. मराठी, 4. संस्कृत तथा 5. अंग्रेजी।"(14/43) यहां हिंदी के साथ उर्दू नहीं है पर चार भाषाओं के साथ पांचवी

अंग्रेजी जोड़ दी गई है।

जातीय भाषाओं के व्यवहार का समर्थन करते हुए गाँधीजी ने जातीय अलगाववाद का जोरदार खंडन किया। वह राष्ट्रीय एकता और जातीय अस्मिता में संतुलन बनाए रखने के पक्ष में थे। जनवरी 1946 में उन्होंने कहा : "आज भाषाओं के बीच जो प्रतिद्वंद्विता है, वह कल इससे भी खराब रूप धारण कर सकती है।" यह भविष्यवाणी दुर्भाग्य से सही साबित हुई। कुछ लोग तमिल चाहते हैं, कुछ तेलुगू और कुछ लोग कोई अन्य भाषा। इसके अलावा दक्षिण भारतीयों और उत्तर भारतीयों के बीच पृथकता और प्रतिद्वंद्विता की भावना भी है। "मेरी समझ में ही नहीं आता कि संपूर्ण भारत की आजादी की जो इच्छा लोगों में धीरे-धीरे बढ़ती जा रही है, उसके साथ इस प्रांतीयता की भावना का तालमेल कहां और कैसे बैठ सकता है। यदि एक बंगाली किसी क्षेत्र-विशेष में ख्याति अर्जित करे तो क्या वह ख्याति केवल बंगाल तक ही सीमित रहेगी? नहीं, यह सारे भारत की, और भारत के 40 करोड़ निवासियों में से प्रत्येक व्यक्ति की ख्याति होगी।"(83/33-34)

जातीयता की पहचान सबसे पहले भाषा से होती है और जातियों की प्रतिद्वंद्विता सबसे पहले भाषाओं की प्रतिद्वंद्विता के रूप में प्रकट होती है। राष्ट्रीय एकता के लिए एक सामान्य भाषा का प्रचार, प्रसार और व्यवहार आवश्यक है, इस सिद्धांत को अमल में लाते हुए गाँधीजी के सामने अलगाववादी संकीर्ण जातीयता, जिसे प्रांतीयता कहा जाता था, सामने आई। फरवरी 1921 में उन्होंने लिखा था : "बंगाल और मद्रास (आशय तमिलनाडु से है) ये दो ऐसे प्रांत हैं जो बाकी सारे देश से इसलिए कट गए हैं कि वहां वाले हिंदुस्तानी नहीं जानते। बंगाल तो इसलिए नहीं जानता कि वहां वाले हिंदुस्तान की कोई भी दूसरी भाषा सीखने के सख्त खिलाफ हैं, और मद्रास इसलिए कि मद्रासियों को हिंदुस्तानी मुश्किल पड़ती है। औसत बंगाली अगर रोज 3 घंटे लगाए तो बड़े मजे से दो महीने में हिंदुस्तानी सीख सकता है और मद्रासी इसी गति से 6 महीने में, जबकि इतने ही समय में औसत बंगाली या औसत मद्रासी इतनी अंग्रेजी नहीं सीख सकता।"(19/319) बंगाल में और खासकर कलकत्ते में हिंदुस्तानियों की बहुत बड़ी संख्या है। यही कारण है कि दक्षिण अफ्रीका में हिंदुस्तानियों को कलकत्ते वाला कहा जाता था। पुस्तकों से भाषा सीखने के बदले आपसी व्यवहार के कारण बहुत से बंगाली हिंदी सीख लेते हैं। दक्षिण अफ्रीका में तमिलों की संख्या काफी थी। परंतु पुस्तकों की सहायता के बिना वे तेलुगू भाषियों, हिंदी-अहिंदी भाषियों से हिंदी का व्यवहार करते थे। भारतीय समाज का विकास इस तरह हुआ है कि बहुत समय से एक प्रदेश के लोग दूसरे प्रदेश में जाकर बसते रहे हैं। इनमें हिंदी प्रदेश के निवासी भारत के प्रायः सभी प्रांतों में और उनके बड़े नगरों में बसे हुए हैं। इनके माध्यम से हिंदी का प्रसार हुआ है। जहां तक बंगाली बुद्धिजीवियों का संबंध है, हमें यहां सुनीतिकुमार चटर्जी का स्मरण करना चाहिए। भारत के स्वाधीन होने तक वे हिंदी भाषा के प्रबल समर्थक थे। *आर्य भाषा*

और हिंदी नामक ग्रंथ उन्होंने लिखा था। 'उक्ति व्यक्ति प्रकरण' और 'वर्ण रत्नाकर' जैसे पुराने ग्रंथों की बहुत ही पांडित्यपूर्ण भूमिकाएँ उन्होंने लिखी थीं। बांगला वर्ण में तुलसीदास, कबीर, दादू आदि संतों की रचनाएँ प्रकाशित हुई हैं। अंग्रेजों ने अपने शासन में कुछ जातियों को कम बुद्धिमान और दूसरी जातियों को अधिक बुद्धिमान मानकर इन्हें आपस में लड़ाना शुरू किया। मद्रास महाप्रांत में तमिलों को और बंगाल महाप्रांत में बंगालियों को उन्होंने इस तरह उत्साहित किया। इसके साथ स्वाधीनता आंदोलन का विरोध करने के लिए उन्होंने आर्य-द्रविड़ समस्या खड़ी की, अब्राह्मणों पर ब्राह्मणों का प्रभुत्व, इस तरह की धारणाएँ प्रचारित कीं। इस सबके फलस्वरूप प्रांतीय संकीर्णता बढ़ी। लोकजीवन संयुक्त था। बंगाल तो बंगाल, स्वयं गाँधीजी का अनुभव था कि मद्रास में यात्रा करते समय उन्हें हिंदी का व्यवहार करने में कोई कठिनाई नहीं हुई।

द्वितीय गुजराती शिक्षा-सम्मेलन में गाँधीजी ने माना, बंगाली लोग बंगाल के बाहर हिंदी का उपयोग करते हैं।(14/29) इसके बाद हिंदी प्रदेश के लोगों ने अपनी भाषा का प्रसार सारे देश में कैसे किया, इस विषय पर उन्होंने कहा : "हिंदी-भाषी जहां जाते हैं, वहां हिंदी का ही उपयोग करते हैं और इससे किसी को अचंभा नहीं होता। हिंदी भाषी धर्मोपदेशक और उर्दू भाषी मौलवी सारे भारत में अपने भाषण हिंदी में ही देते हैं और अपढ़ जनसाधारण उन्हें समझ लेता है। जहां अपढ़ गुजराती भी उत्तर में जाकर थोड़ी-बहुत हिंदी का उपयोग कर लेता है, वहां उत्तर का 'भइया' बंबई के सेठ की नौकरी करते हुए भी गुजराती बोलने से इंकार करता है और सेठ 'भइया' के साथ टूटी-फूटी हिंदी बोल लेता है। मैंने देखा है कि ठेठ द्रविड़ प्रांत में भी हिंदी की आवाज सुनाई देती है। यह कहना ठीक नहीं कि मद्रास में तो अंग्रेजी से ही काम चलता है। वहां भी मैंने अपना सारा काम हिंदी में चलाया है। सैकड़ों मद्रासी मुसाफिरों को मैंने दूसरे लोगों से हिंदी में बातचीत करते सुना है। इसके सिवा मद्रास के मुसलमान भाई तो हिंदी भाषा अच्छी तरह जानते हैं।"(14/29-30) मद्रास के लोगों से हिंदी सीखने की अपील करते हुए गाँधीजी ने अपना अनुभव बताया : "मैं अपने अनुभव से यह कह सकता हूं कि द्रविड़ बालक बहुत आसानी से हिंदी सीख लेते हैं। यह बात शायद ही कोई जानता हो कि दक्षिण अफ्रीका में रहने वाले सभी तमिल-तेलुगू भाषी लोग हिंदी में खूब अच्छी तरह बातचीत कर सकते हैं।"(17/534)

गाँधीजी ने स्वयं हिंदी सीखने का जो प्रयास किया, उसका इतिहास दिलचस्प है। दिसंबर 1916 में लखनऊ में 'अखिल भारतीय एक भाषा व एक लिपि सम्मेलन' हुआ। अध्यक्षता गाँधीजी ने की। इसमें उन्होंने कहा : "मैं गुजरात से आता हूं। मेरी हिंदी टूटी-फूटी है। मैं आप सब भाइयों से टूटी-फूटी हिंदी ही में बोलता हूं क्योंकि थोड़ी अंग्रेजी बोलने में भी मुझे ऐसा मालूम होता है मानो मुझे इससे पाप लगता है।" फिर अपने हिंदी सीखने के बारे में उन्होंने कहा : "मैं हिंदी सीखना चाहता था। अहमदाबाद में हिंदी सिखाने वाला नहीं मिला। एक गुजराती सज्जन से, जो टूटी-फूटी हिंदी जानते

थे और काशी में 15-20 वर्ष रहे थे, मैंने हिंदी सीखी।"(13/323) हिंदी की लिखत-पढ़त के लिए गाँधीजी को सहायता की जरूरत हुई होगी। बोलचाल की हिंदी वह जवानी के दिनों से ही जानते थे। जब वह दक्षिण अफ्रीका गए, तब टूटी-फूटी हिंदी से वह काम चला लेते थे। संपूर्ण गाँधी वाङ्मय के दूसरे खंड में अकाल पीड़ितों की सहायता के लिए धन संग्रह की अपील छपी थी। यह 3 फरवरी 1897 को लिखी गई थी। अपील पर दादा अब्दुल्ला की कंपनी, महमूद कासम कमरुद्दीन, आजम गुलाम हुसैन, पारसी रुस्तक जी, रेवरेंड सोमन वेदमुट, मूसा हाजी कासम, जोसफ रोयोपन, बी. लोरेंस, जी. गोडफ्रे, आदि-आदि के अंत में एम.के. गाँधी के हस्ताक्षर हैं। अपील की शुरुआत इस तरह होती है : "हिंदी अपने भाईबंद हमेशा खा-पी के मझा करते हैं और हिंदुस्थान में लाखों आदमी भुख से मरते हैं यह बारे में अपने कु ख्याल करना चाहिए, आपकु मालम होगा कि आजकाल हिंदुस्थान में दुकाल के लीए बड़ा कोष हुआ है।" आदि। अंत में लिखा है : "कमती से कमती अपने लोक में एक हजार पौंड होना चाहिए और उससे जास्ती पण होना चाहीए, लेकीन कीतना होना वो तुमारी दीलसोजी उपर है। दूंगलीश और तामील में लीखेली रसीद याने पहोंच बीना कोई कु पैसा देना नहिं। उसमें सही बाबु एम.के. गांधी और जो बाबु पैसा लेने कु जायगा उस्की होना चाहिए।"(2/145-146) यह दस्तावेज ऐतिहासिक महत्व का है। गाँधीजी के जितने पत्र आदि प्राप्त हैं, उनमें हिंदी में लिखा हुआ शायद यह पहला प्रपत्र है। संपूर्ण गाँधी वाङ्मय में अपील की नकल दी गई है। अपील किसी अन्य भाषा से अनुवादित नहीं है। 8 फरवरी 1915 को गाँधीजी ने महात्मा मुंशीराम को जो पत्र लिखा, उसकी हिंदी इस तरह की है : "आपका तार मुझे मीला था। उस्का प्रत्युत्तर तार से भेजा था। वह आपको मीला होगा। मेरे बालकों के लीए ये जो परिश्रम आपने उठाया और उन्होंको जो प्यार बतलाया उस वास्ते आपका उपकार मानने का मैंने भाई एंडरूझ को लीखा था। लेकीन आपके चरणों में सीर झुकाने की मेरी उमेद है।"(13/19-20) ऐसी ही हिंदी घनश्याम दास बिड़ला को लिखे पत्रों में है। जैसे—16 जनवरी 1930 के पत्र में "आपके दोनों पत्र मीले हैं। आजकल मैं इतना काम में पड़ा हुं कुछ समय ही पत्रोत्तर देने का नहीं रहता है। व्याख्यान पढ़कर अभिप्राय पीछे भेजुंगा। मालवी जी महाराज से मेरी भी बात हो गई थी। यदि वे दूसरे दल वालों को सहिष्णुता सीखा सकेंगे तो बहोत काम सुधर सकता है। इस बारे में जो प्रयत्न कर सकते हैं कीजिए।"(42/419) हिंदी के बहुत से गैर मानक रूप हैं—बंबइया हिंदी, कलकतिया हिंदी, बनारसी हिंदी, दिल्ली की पंजाबी हिंदी। वैसे ही समझना चाहिए कि ये गाँधीजी की गुजराती हिंदी है। बोलचाल के स्तर पर ऐसी भाषा को मान्यता देनी चाहिए। पर यदि कोई कहे कि राजकाज और साहित्य में ऐसी ही भाषा का प्रयोग होना चाहिए तो उसे अस्वीकार करना चाहिए।

बोलचाल की हिंदी से संतुष्ट न होकर गाँधीजी लिखित हिंदी का अभ्यास भी करना चाहते थे। हिंदी ही नहीं, हिंदी के साथ उर्दू भी सीखना चाहते थे और संस्कृत भी पढ़ना

चाहते थे। इन सबके साथ तमिल भी। जेल में उन्हें काफी समय मिलता था। उनका बहुत-सा अध्ययन जेल के भीतर हुआ था। यह काम दक्षिण अफ्रीका से शुरू हो गया था। लिखा है : “1894 के बाद से मुझे जमकर पढ़ने का समय दक्षिण अफ्रीका की जेलों में ही मिला। मुझे न केवल पढ़ने का शौक उत्पन्न हुआ बल्कि संस्कृत का अपना ज्ञान पूरा करने और तमिल और उर्दू का अभ्यास करने की रुचि भी जागी। तमिल इसलिए कि दक्षिण अफ्रीका में अनेक तमिल भारतीयों से मेरा संपर्क था और उर्दू इसलिए कि बहुत से मुसलमानों से मुझे काम पड़ता था। दक्षिण अफ्रीका की जैलों में मेरी पढ़ने की अभिरुचि तीव्र हो गई थी। इतनी कि दक्षिण अफ्रीका के अपने अंतिम कारावास के दौरान मीयाद पूरी होने से पहले ही छोड़ दिए जाने पर मुझे बहुत दुःख हुआ।”(25/79)

अंग्रेजी राज्य में सभ्यता की भाषा थी अंग्रेजी। हिंदी का व्यवहार गँवारपन की निशानी समझा जाता था। लखनऊवाले भाषण में गाँधीजी ने कहा : “बाजो-बाजो समय अंग्रेजी के बिना लोगों को बड़ा कष्ट उठाना पड़ता है। यह मैं मानता हूं। जैसे रेलवे आदि में लोग अंग्रेजी के व्यवहार के बिना कष्ट उठाते हैं। यहां तक कि मुझ जैसे लोगों को हिंदी का व्यवहार करने के कारण धक्के भी खाने पड़ते हैं।”(13/324) पर उन्होंने कहा : किसी के सामने झुकने की जरूरत नहीं है। वायसराय से बात करना हो तब भी अपनी भाषा का व्यवहार करो। “लोग कहते हैं वायसराय आदि अंग्रेजी के अतिरिक्त और कुछ नहीं समझते। इसलिए उसी का उपयोग करना आवश्यक है। पर मैं कहता हूं कि यदि मैं बोलना जानता हूं और मेरे बोलने में कोई ऐसी बात रहेगी जिससे वायसराय लाभ उठा सकें तो अवश्य ही वे मेरी बातें हिंदी में बोलने पर भी सुन लेंगे। उन्हें आवश्यकता होगी तो उसका अनुवाद करा लेंगे। अथवा सी.आई.डी. का कोई आदमी आकर उसकी रिपोर्ट ले जाएगा।”(13/324)

1918 में गाँधीजी वायसराय के सामने हिंदी में बोले। एक भाषण में उन्होंने बताया : “जब बहुत ज्यादा चर्चा के बाद मैंने युद्ध परिषद् में भाग लेना मंजूर किया तो मैंने वायसराय से प्रार्थना की थी कि परिषद् में मुझे हिंदी या हिंदुस्तानी में बोलने की छूट दी जाए। मैं जानता हूं कि इस तरह की प्रार्थना करने की कोई जरूरत न थी। फिर भी शिष्टता की दृष्टि से यह आवश्यक था। अन्यथा उनको बुरा लगता। उन्होंने मेरी प्रार्थना फौरन मंजूर कर ली और तब से इस संबंध में मेरी हिम्मत और भी बढ़ गई है।”(45/419) इस प्रसंग में गाँधी वाङ्मय के संपादकों ने उनकी आत्मकथा से ये पंक्तियां उद्धृत की हैं : तो मैं सम्मेलन में शामिल हुआ। वायसराय भर्ती से संबंधित प्रस्ताव पर मेरा समर्थन प्राप्त करने के लिए अत्यंत उत्सुक थे। मैंने हिंदी-हिंदुस्तानी में बोलने की अनुमति मांगी। वायसराय ने मेरी प्रार्थना स्वीकार कर ली, किंतु सलाह दी कि मैं अंग्रेजी में भी बोलूं। मुझे कोई भाषण नहीं देना था। मैं इस आशय का केवल एक वाक्य बोला : अपने उत्तरदायित्व को पूरी तरह समझते हुए मैं प्रस्ताव का समर्थन करता हूं।(14/356)

कांग्रेस के जन्म काल से राजनीतिज्ञ अंग्रेजी भाषा का व्यवहार करते आए हैं। इससे कांग्रेस की और देश की भारी हानि हुई। गाँधीजी ने कहा : "अंग्रेजी में व्याख्यान देने की आदत ने हिंदुस्तान के राजनीतिज्ञों के मन में जो घर कर लिया है, उसे मैं अपने देश और मनुष्यत्व के प्रति अपराध मानता हूं, क्योंकि हम लोग अपने ही देश की उन्नति में रोड़ा अटकाने वाले बन गए हैं।"(29/312) हानि के अलावा राष्ट्र के आत्मसम्मान की बात थी। राष्ट्र भाषा के बिना राष्ट्र के आत्मसम्मान की कल्पना नहीं की जा सकती। गाँधीजी का कहना था : "जिस राष्ट्र ने अपनी भाषा का अनादर किया है, उस राष्ट्र के लोग अपनी राष्ट्रीयता खो बैठते हैं। हममें से अधिकांश लोगों की यही हालत हो गई है। पृथ्वी पर हिंदुस्तान ही एक ऐसा देश है जहां मां-बाप अपने बच्चों को अपनी मातृभाषा के बदले अंग्रेजी में लिखाना पसंद करेंगे।"(15/249) इस स्थिति से उबरने के लिए रास्ता यह था कि लोग अपनी मातृभाषाओं का व्यवहार करें और राष्ट्रीय स्तर पर परस्पर संपर्क के लिए हिंदी का व्यवहार करें।

अंग्रेजी से टक्कर सभी भारतीय भाषाओं की थी, हिंदी की सबसे अधिक थी। कारण यह था कि वह भारत के सबसे बड़े जन समुदाय की भाषा थी। इस जन-समुदाय के अतिरिक्त आर्य परिवार की भाषाएँ बोलने वाले लोग हिंदी आसानी से समझते और बोलते थे। गाँधीजी ने मई 1917 में अंग्रेजी का विरोध और हिंदी का समर्थन करते हुए कहा था : "हिंदी ही हिंदुस्तान के शिक्षित समुदाय की सामान्य भाषा हो सकती है, यह बात निर्विवाद सिद्ध है। यह कैसे हो, केवल यही विचार करना है। जिस स्थान को आजकल अंग्रेजी भाषा लेने का प्रयत्न कर रही है और जिसे लेना उसके लिए असंभव है, वही स्थान हिंदी को मिलना चाहिए, क्योंकि हिंदी का उस पर पूर्ण अधिकार है। यह स्थान अंग्रेजी को नहीं मिल सकता, क्योंकि वह विदेशी भाषा है और हमारे लिए बड़ी कठिन है। अंग्रेजी की अपेक्षा हिंदी सीखना बहुत सरल है। हिंदी बोलने वालों की संख्या प्रायः साढ़े 6 करोड़ है। बंगला, बिहारी, उड़िया, मराठी, गुजराती, राजस्थानी, पंजाबी और सिंधी हिंदी की बहनें हैं। उक्त भाषाओं के बोलने वाले थोड़ी-बहुत हिंदी समझ तथा बोल लेते हैं। इन सबको मिलाने से संख्या प्रायः 22 करोड़ हो जाती है। जिस भाषा का इतना प्रचार है, उसकी बराबरी करने के लिए अंग्रेजी, जिसे एक लाख हिंदुस्तानी भी ठीक-ठाक नहीं बोल सकते, क्यों कर समर्थ हो सकती है। आज तक हमारा देशी काम और व्यवहार हिंदी में प्रारंभ नहीं हो पाया। इसका कारण हमारी भीरुता, अश्रद्धा और हिंदी भाषा के गौरव का अज्ञान है। यदि हम भीरुता छोड़ दें, श्रद्धावान बनें, हिंदी का गौरव समझें तो हमारी राष्ट्रीय और प्रान्तिक परिषदों तथा सरकारी व्यवस्था सभाओं का भी व्यापार हिंदी में चलने लगेगा।"(13/424) बिहार में भोजपुरी, मगही, मैथिली तीन उपभाषाएँ बोली जाती हैं। भोजपुरी का आधा क्षेत्र बिहार में है और शेष उस समय के संयुक्त प्रांत और आज के उत्तर प्रदेश में। हिंदी से अलग बिहारी नाम की कोई भाषा नहीं है। राजस्थान भी हिंदी प्रदेश के अंतर्गत है। पंजाबी हिंदी से बहुत मिलती-जुलती

है। यही बात सिंधी के लिए कही जा सकती है। उड़िया की लिपि भिन्न है परंतु भाषा हिंदी के बहुत नजदीक है। मराठी की लिपि वही है जो हिंदी की है। बंगला और हिंदी में बहुत बड़ी समानता है। इस तरह आर्य भाषापरिवार के बहुत बड़े क्षेत्र में हिंदी भाषा और लिपि का प्रचार-प्रसार आसान हुआ था।

राष्ट्रीय शिक्षा योजना पर विचार करते हुए गाँधीजी ने लिखा : "इस पाठशाला के पाठ्यक्रम में हिंदी भाषा पढ़ाई जाती है। उसका कारण यह है कि इस समय हिंदी भाषा बोलने वालों की संख्या लगभग 22 करोड़ है और हमारे देश के इतने लोग जो भाषा बोलते हैं, यदि वह (सब लोगों को) पढ़ाई जाए तो प्रत्येक व्यक्ति विभिन्न राजनीतिक हलचलों को आसानी से समझ सकेगा। मेरा दृढ़ विचार है, कि केवल हिंदी ही राष्ट्रभाषा का स्थान ले सकती है। हिंदी में बहुत अच्छा साहित्य है। वह हमारी भाषाओं के साहित्य को समृद्ध बना सकती है।"(14/43) हिंदी के महत्व की ऐसी उदात्त घोषणा करने वाले राजनीतिज्ञ आज न हिंदी प्रदेश में मिलेंगे और न भारत के अन्य प्रदेशों में। अब राजनीतिज्ञ राष्ट्र भाषा का नाम लेते डरते हैं, सोचते हैं हिंदी को राष्ट्रभाषा कहा तो हमारी ऑल इंडिया लीडरी खतरे में पड़ जाएगी। गाँधीजी से पहले के भारतीय नेताओं में लोकमान्य तिलक मराठी के बहुत अच्छे लेखक थे, और वह हिंदी का महत्व समझते थे। उस संबंध में गाँधीजी ने लिखा है : "मुझे पिछली कलकत्ता कांग्रेस के अवसर पर उनसे हिंदी के राष्ट्र भाषा होने के संबंध में एक बहुत ही विद्वतापूर्ण वार्ता सुनने का सौभाग्य प्राप्त हुआ था और यह वार्ता उन्होंने पहले से कोई तैयारी किए बिना प्रस्तुत की थी। वे उसी समय कांग्रेस पंडाल से लौटे ही थे। हिंदी पर उनकी गंभीर वार्ता सुनना सचमुच एक बहुत ही आनंददायक अनुभव था।"(18/121) अंग्रेजी के बिना आदमी हिंदी के द्वारा देश की बहुत बड़ी सेवा कर सकता है, इसके लिए गाँधीजी ने स्वामी दयानंद का उदाहरण दिया। "स्वामी दयानंद ने हिंदी भाषा की जो सेवाएँ की हैं, वे अंग्रेजी के ज्ञान के कारण नहीं कीं।"(14/18) और स्वामी दयानंद की परंपरा के अनुरूप गुरुकुलों में हिंदी को शिक्षा का माध्यम बनाया गया। गाँधीजी ने कहा : "उत्तर में हिंदी भाषा का विकास तो हो रहा है, फिर भी उसे शिक्षा का माध्यम बनाने का निरंतर प्रयत्न केवल आर्यसमाजियों ने ही किया मालूम होता है। गुरुकुलों में यह प्रयत्न जारी है।"(14/20)

हिंदी, उर्दू और हिंदुस्तानी

अक्तूबर 1917 में गाँधीजी ने राष्ट्र भाषा के लक्षण बताए : "यह भाषा सरकारी नौकरों के लिए आसान होनी चाहिए। उस भाषा के द्वारा भारत का आपसी धार्मिक, आर्थिक

और राजनीतिक कामकाज शक्य होना चाहिए। उस भाषा को भारत के ज्यादातर लोग बोलते हों, वह भाषा राष्ट्र के लिए आसान होनी चाहिए। उस भाषा का विचार करते समय क्षणिक या अस्थायी स्थिति पर जोर न दिया जाए।" फिर अंग्रेजी के लिए कहा : "अंग्रेजी भाषा में इनमें से एक भी लक्षण नहीं है।" और हिंदी के लिए कहा : "तब कौन सी भाषा उन पांच लक्षणों से युक्त है? यह माने बिना काम चल ही नहीं सकता कि हिंदी भाषा में ये सारे लक्षण मौजूद हैं।" पर हिंदी भाषा दो लिपियों में लिखी जाती है। बहुत-से मुसलमान हिंदी भाषा में फारसी-अरबी शब्द मिलाकर बोलते थे। गाँधीजी ने हिंदी की व्याख्या की : "हिंदी भाषा मैं उसे कहता हूं जिसे उत्तर में हिंदू और मुसलमान बोलते हैं और देवनागरी या फारसी (उर्दू की) लिपि में लिखते हैं।" इस स्थापना के विरोध में जो लोग कहते थे, हिंदी और उर्दू दो अलग भाषाएँ हैं, उनका खंडन करते हुए गाँधीजी ने कहा : "ऐसी दलील दी जाती है कि हिंदी और उर्दू दो अलग भाषाएँ हैं। यह दलील सही नहीं है। उत्तर भारत में मुसलमान और हिंदू दोनों एक ही भाषा बोलते हैं। भेद पढ़े-लिखे लोगों ने डाला है। इसका अर्थ यह है कि हिंदू शिक्षित वर्ग ने हिंदी को केवल संस्कृतमय बना दिया है। इस कारण कितने ही मुसलमान उसे समझ नहीं सकते। लखनऊ के मुसलमान भाइयों ने उस उर्दू में फारसी भर दी है और उसे हिंदुओं के समझने के अयोग्य बना दिया है।"(14/28-29) यहां महत्वपूर्ण बात यह है कि बोलचाल में हिंदी-उर्दू का भेद नहीं है। जो पढ़े-लिखे लोग हैं, वे संस्कृत या अरबी-फारसी की ओर झुकते हैं। इसलिए लिखित भाषा में और कभी-कभी पढ़े-लिखे लोगों के बोलने में, भाषा का भेद दिखाई देता है। गाँधीजी ने अपने अनुभव के बारे में कहा : "मैं उत्तर में रहा हूं, हिंदू-मुसलमानों के साथ खूब मिला-जुला हूं, और मेरा हिंदी भाषा का ज्ञान बहुत कम होने पर भी मुझे उन लोगों के साथ व्यवहार रखने में जरा भी कठिनाई नहीं हुई है। जिस भाषा को उत्तरी भारत में आम लोग बोलते हैं, उसे चाहे उर्दू कहें चाहे हिंदी, दोनों एक ही भाषा की सूचक हैं।"(14/29) यह हिंदी-उर्दू की बुनियादी एकता हुई। दोनों में लिपि का भेद है। यह भेद भी आगे चलकर मिटेगा। गाँधीजी ने कहा : "अब रहा लिपि का झगड़ा। अभी कुछ समय तक तो मुसलमान लड़के फारसी लिपि में अवश्य लिखेंगे और हिंदू अधिकतर देवनागरी में लिखेंगे। अधिकतर इसलिए कहता हूं कि हजारों हिंदू आज भी अपनी हिंदी फारसी लिपि में लिखते हैं और कितने ही तो देवनागरी लिपि नहीं जानते। अंत में जब हिंदू-मुसलमानों में एक-दूसरे के प्रति तनिक भी संदेह की भावना नहीं रह जाएगी और अविश्वास के सारे कारण दूर हो जाएंगे, तब जिस लिपि का ज्यादा जोर होगा वह लिपि ज्यादा लिखी जाएगी और वही राष्ट्रीय लिपि हो जाएगी। इस बीच जिन मुसलमान भाइयों और हिंदुओं को फारसी लिपि में अर्जी लिखनी होगी, उनकी अर्जी सरकारी कार्यालयों में स्वीकार की जानी चाहिए।"(14/29) गाँधीजी जिन सरकारी कार्यालयों की बात सोच रहे थे, वे अंग्रेजी राज में ही नहीं वरन् औपनिवेशिक स्वराज्य (डोमेनियन स्टेटस) मिलने पर भी यहां चालू रहते। स्वराज्य मिल जाने पर

कार्यालयों में यदि मुसलमान चाहें तो फारसी लिपि में अर्जी दे सकते हैं, यह गाँधीजी का विचार था। आगे भारत की व्यवस्था किस तरह की बनती है, यह बहुत कुछ जन-आंदोलन पर निर्भर था। यदि यह आंदोलन हिंदु-मुस्लिम जनता की एकता के आधार पर, हिंदी-उर्दू को बुनियादी रूप में एक भाषा मानकर, हिंदी के माध्यम से चलता, तो इसका प्रभाव अगली व्यवस्था पर भी पड़ता। परंतु हिंदी-उर्दू का भेद इस जन-आंदोलन में बना रहा और इनके साथ अंग्रेजी इन दोनों पर हावी रही। जिस लिपि का ज्यादा जोर होगा, वह आगे राष्ट्रीय लिपि बनेगी, सारी भाषाओं की लिपि बने चाहे न बने, हिंदी प्रदेश में और राष्ट्र भाषा के लिए, एक लिपि होनी चाहिए, और यह लिपि देवनागरी ही हो सकती थी। हिंदी प्रदेश के अलावा उसका व्यवहार महाराष्ट्र में होता था। इसके अतिरिक्त बंगाल से लेकर गुजरात तक और हिंदी प्रदेश से लेकर कश्मीर तक, उस कश्मीर तक जहां पहले शारदा लिपि का चलन होता था, जितनी भी लिपियां काम में लाई जाती थीं, वे नागरी लिपि से मिलती-जुलती थीं। इस दृष्टिकोण से नागरी लिपि आगे चलकर राष्ट्रभाषा की लिपि बन सकती थी। जहां तक दक्षिण की भाषाओं का संबंध है, उनकी वर्णमाला भी वही थी जो संस्कृत और हिंदी की थी। लिपि का सवाल हमारी सांस्कृतिक विरासत से जुड़ा हुआ है। जातीय भाषाएँ अपनी लिपियों का व्यवहार बहुत समय से करती आ रही थीं वे उन्हें छोड़ न सकती थीं। इसी तरह इन प्रदेशों की जातियां अपनी भाषाओं का विकास करती रही थीं। इस विकास की जो सामान्य दिशा थी, उसी में राष्ट्र भाषा बढ़ सकती थी। बांगला में शब्दभंडार का रूप क्या है, मराठी और गुजराती में शब्दभंडार का रूप क्या है, इस बात का ध्यान रखकर ही राष्ट्र भाषा हिंदी या हिंदुस्तानियों के शब्दभंडार का निर्धारण हो सकता था। किसान और मजदूर अपने आंदोलन के द्वारा राज्य सत्ता कायम करते तो वे अपनी भाषागत एकता साहित्य में भी कायम कर सकते थे। क्रांतिकारी जन-आंदोलन के बदले यदि अंग्रेजों के सुधारों का सहारा लिया जाए, तो जैसे अलग निर्वाचन क्षेत्र थे, वैसे ही हिंदी-उर्दू का अलगाव भी बना रहता। अलग निर्वाचन क्षेत्रों के चलते जैसे हिंदुओं और मुसलमानों, उनके उच्च वर्गों, को मिलाकर एक करना कठिन था, वैसे ही जन-आंदोलन का रास्ता छोड़कर अंग्रेजी सुधारों के सहारे हिंदी-उर्दू की समस्या को हल करना असंभव था। गाँधीजी ने ठीक कहा था : "आज भी हजारों हिंदू अपनी हिंदी-फारसी लिपि में लिखते हैं और कितने ही तो देवनागरी लिपि नहीं जानते।" इसलिए इस्लाम से उर्दू का संबंध जोड़ना गलत था। बिहार और मध्य प्रदेश में सैकड़ों मुसलमान हिंदी लिपि से काम लेते थे। बंगाल के मुसलमान बांगला भाषा बोलते थे ओर बांगला लिपि का ही व्यवहार करते थे। कहां कौन-सी लिपि सम्प्रदाय ने इस्तेमाल की, यह धर्म के आधार पर निश्चित नहीं हुआ था। इसके सामाजिक कारण थे। हिंदी प्रदेश में जैसे सदियों तक फारसी राजभाषा रही, वैसे ही वह बंगाल में नहीं रही। बंगाल में बांगला लिपि का चलन और हिंदी प्रदेश में लिपि भेद के साथ भाषा की दो शैलियों का चलन, इसका बहुत बड़ा कारण यही था।

गुजरात के हिंदू और मुसलमान गुजराती बोलते हैं और गुजराती लिपि का व्यवहार करते हैं—यह गाँधीजी को मालूम था। यह स्थिति बहुत से दूसरे प्रदेशों में भी थी। लेकिन गाँधीजी ने जैसे खिलाफत आंदोलन में हिंदुओं और मुसलमानों को दो भिन्न सम्प्रदाय मानकर उनकी जातीय एकता पर जोर नहीं दिया, वैसे ही हिंदी और उर्दू के सवाल पर उन्होंने इन दो भाषा-शैलियों को हिंदुओं और मुसलमानों के भेद से जोड़ा, और फिर राष्ट्रभाषा के लिए हिंदुओं और मुसलमानों के समझौते की तरह हिंदी और उर्दू, कहना चाहिए संस्कृत और अरबी-फारसी में समझौता करने की बात रखी। द्वितीय गुजरात शिक्षा-सम्मेलन में गाँधीजी ने जहां भैया लोगों के द्वारा हिंदी के प्रसार की बात कही, वहां उन्होंने यह स्थापना भी प्रस्तुत की : "यहां यह ध्यान में रखना चाहिए कि सारे भारत में मुसलमान उर्दू बोलते हैं और उनकी संख्या सब प्रांतों में कुछ कम नहीं है।"(14/30) प्रत्येक जाति को साम्प्रदायिकता के आधार पर विभाजित करने के लिए कुछ अंग्रेज भाषा विज्ञानी इस तरह का दावा करते थे। ऐसा ही दावा यहां गाँधीजी ने किया है। लाखों अपढ़ मुसलमान किसान अपने-अपने प्रदेशों में वहीं की बोलियां, ग्रामीण भाषाएँ, बोलते थे। वे उर्दू का अलिफ भी न जानते थे। किसानों से हटकर जब शहरी उच्च मध्य वर्ग पर ध्यान केंद्रित किया जाएगा, तब ऐसा लगेगा, सारे भारत के मुसलमान उर्दू बोलते हैं।

फारसी शब्दों के अधिक व्यवहार की ऐतिहासिक पृष्ठभूमि बताते हुए गाँधीजी ने कहा : "मुसलमान बादशाह फारसी अथवा अरबी को भारत की राष्ट्रभाषा नहीं बना सके। उन्होंने हिंदी के व्याकरण को मानकर फारसी की लिपि को अपनाया और फारसी शब्दों का ज्यादा उपयोग किया। परंतु वे जन साधारण के साथ विदेशी भाषा से व्यवहार नहीं चला सके। यह हालत अंग्रेज अधिकारियों से छिपी हुई नहीं है। जिन्हें सैनिक प्रशासन का अनुभव है, वे जानते हैं कि जवानों के लिए हिंदी या उर्दू पारिभाषिक शब्द बनाने पड़े हैं।"(14/30) मुसलमान बादशाह विभिन्न जातियों के थे, तुर्कवंशी, पठानवंशी और हिंदी। उसमें अनेक भारतीय माताओं से जन्मे थे—तुर्क, पठान या मुगल। बादशाहों की सभी समय एक ही भाषा नीति नहीं थी। बादशाहों के साथ एक बहुत बड़ा हिंदुस्तानी अभिजात वर्ग था जिसमें मुसलमानों के साथ हिंदू भी थे। ये राजकाज और शिष्ट व्यवहार के लिए फारसी का व्यवहार करते थे। लेकिन अभिजात वर्ग में अब्दुल रहीम खानखाना जैसे सरदार भी थे जो फारसी, अरबी, संस्कृत जानते थे और हिंदी लिखते थे। अभिजात वर्ग में जन्म लेने पर भी रहीम ने जैसा तादात्म्य जनसाधारण से कायम किया था, वैसा बहुत कम कवि कायम कर सके। इसके अलावा जायसी जैसे सूफी कवि, रसखान जैसे भक्त भी बहुत बड़ी संख्या में थे। विभिन्न प्रदेशों की तरह हिंदी प्रदेश में भी दरबारी कवियों में हिंदुओं के साथ मुसलमान भी थे और उनकी भाषा एक ही थी। साहित्य में हिंदुओं और मुसलमानों की यह जो मूलभूत एकता प्रतिबिंबित हुई थी, उस पर गाँधीजी ने ध्यान न दिया था।

गाँधीजी का यह कहना सही था, हिंदू-मुसलमानों के बीच जो भेद किया जाता है, वह

कृत्रिम है। ऐसी ही कृत्रिमता हिंदी-उर्दू के भेद में है। लेकिन इस भेद को दूर करने के लिए जो उपाय गाँधीजी ने बताए, वे भी कृत्रिम थे। उन्होंने कहा : "आज भी हिंदी से स्पर्धा करने वाली दूसरी कोई भाषा नहीं है। हिंदी-उर्दू का झगड़ा छोड़ने से राष्ट्र भाषा का सवाल सरल हो जाता है। हिंदुओं को फारसी शब्द थोड़े बहुत जानने पड़ेंगे। इस्लामी भाइयों को संस्कृत शब्दों का ज्ञान संपादन करना पड़ेगा। ऐसे लेन-देन से इस्लामी भाषा का बल बढ़ जाएगा और हिंदू-मुसलमानों की एकता का एक बड़ा साधन हमारे हाथ में आ जाएगा।"(14/279) बंगाल के मुसलमान लेखक जितने संस्कृत शब्दों का व्यवहार करते हैं, उतना हिंदी प्रदेश के औसत हिंदू लेखक नहीं करते। मलयालम और बांगला भारत की ये दो सबसे अधिक संस्कृत-गर्भित भाषाएँ हैं। इन्हें बोलने वाले मुसलमान बहुत से संस्कृत शब्द समझते हैं। मराठी में भी संस्कृत शब्दों की अधिकता है। औसत मराठी लेखक औसत हिंदी लेखक से अधिक संस्कृत शब्दों का व्यवहार करते हैं। स्वयं गाँधीजी की गुजराती में संस्कृत फारसी उद्‌भव के शब्दों का जैसा अनुपात रहता है, वैसा ही अनुपात औसत हिंदी लेखकों की भाषा में रहता है। जिन राजनीतिक संदर्भों में गाँधीजी हिंदू-मुस्लिम साम्प्रदायिक समस्या हल करने का विचार करते थे, उन्हीं में वह भाषा-समस्या हल करने की ओर बढ़े थे।

गाँधीजी का कहना था, राष्ट्रभाषा-संबंधी उनके विचारों में कोई परिवर्तन नहीं हुआ। "इस विषय पर मेरा पहला भाषण सन् 1917 में दिया गया था। तब से समय-समय पर मैंने जो विचार व्यक्त किए हैं, वे ही विचार मेरे आज भी हैं। अंतर केवल इतना है कि आज वे विचार दृढ़ हो गए हैं और उन्होंने अधिक स्पष्ट स्वरूप प्राप्त किया है। हिंदी और उर्दू को मैंने एक माना है। मैंने हिंदुस्तानी शब्द का प्रयोग भी धड़ल्ले से किया है।"(80/48) यहां तक ठीक। परंतु आगे वह कहते हैं : हिंदुस्तानी यानी उर्दू नहीं, बल्कि हिंदी-उर्दू का यह सुंदर सम्मिश्रण, जिसे उत्तर हिंदुस्तान के लोग समझ सकें, और जो नागरी या उर्दू की किसी भी लिपि में लिखी जाए, यही पूर्ण राष्ट्रभाषा होगी, बाकी सब अधूरी। पूर्ण राष्ट्रभाषा सीखने वाले को आज दोनों लिपियां सीखनी चाहिए और दोनों रूप जानने चाहिए।(80/48) हिंदी पहले से विद्यमान है, हिंदी-उर्दू को मिलाकर नई राष्ट्र भाषा गढ़ना नहीं है। यह स्थिति पहले थी। बाद में जैसे-जैसे सुधारों के मार्ग से स्वराज्य प्राप्त करने की घड़ी नजदीक आई, वैसे-वैसे हिंदी-उर्दू दोनों को सीखना, दोनों ही लिपियों का अभ्यास करना, दोनों के मिश्रण से हिंदुस्तानी तैयार करना, यह स्थापना आगे आई।

बहुत दिनों तक गाँधीजी हिंदी साहित्य सम्मेलन से जुड़े रहे। अंत में अलगाव की नौबत आई। 25 जुलाई 1945 को उन्होंने पुरुषोत्तम दास टंडन को लिखा : "मेरा ख्याल है कि सम्मेलन ने मेरी हिंदी की व्याख्या अपनाई नहीं है। अब तो मेरे विचार इसी दिशा में आगे बढ़े हैं। राष्ट्र भाषा की मेरी व्याख्या में हिंदी और उर्दू लिपि और दोनों शैली का ज्ञान आता है। ऐसा होने से ही दोनों का समन्वय होने का है तो हो जाएगा। मुझे डर

है कि मेरी यह बात सम्मेलन को चुभेगी। इसलिए मेरा इस्तीफा कबूल किया जाए।"(81/35) यहां हिंदी-उर्दू का अलगाव और भी स्पष्ट है। दोनों का समन्वय होना है, तो आगे कभी हो जाएगा। अभी तो दोनों शैलियां और दोनों लिपियां सीखनी होंगी। इस तरह राष्ट्रभाषा के दो रूप स्वीकार करने पर गाँधीजी जोर देते रहे। बनारसी दास चतुर्वेदी गाँधीजी के साथ रहे थे। उनसे पत्र-व्यवहार कर चुके थे। स्वयं संस्कृत गर्भित भाषा के पक्षपाती नहीं थे। उन्हें 23 अक्तूबर 1945 को गाँधीजी ने लिखा : "राष्ट्रभाषा का तुम क्या अर्थ करते हो? वह कुछ समझ में नहीं आया है। मेरा अर्थ तो अब स्पष्ट ही है कि वही मनुष्य राष्ट्रभाषा जानता है जो दोनों लिपियों को समझता है और दोनों प्रथाओं में लिख सकता है।"(81/443) गाँधीजी ने 1917 के भाषण में दो आदर्श हिंदी वक्ताओं के नाम लिये थे। पहले महात्मा मुंशीराम (अथवा स्वामी श्रद्धानंद) और दूसरे मालवीय जी। श्रद्धानंद जब हिंदी में भाषण देते हैं "तब बच्चे और बड़े, स्त्री और पुरुष सभी उनका सुंदर भाषण सुनते और समझते हैं।" और मालवीय जी? "अगर उनकी अंग्रेजी भाषा का प्रवाह चांदी जैसा चमकता है, तो उनके हिंदी भाषण का प्रवाह शुद्ध तरल सोने जैसा दमकता है।"(14/17) ये दोनों महानुभाव गाँधीजी की मिश्रित हिंदुस्तानी से काफी दूर थे। वे सरल हिंदी बोलते थे। परंतु उसमें अनावश्यक फारसी-उर्दू के शब्द न मिलते थे। उस भाषण में गाँधीजी ने हिंदी का प्रचार करने वालों में स्वामी दयानंद का नाम भी लिया था और यह भी माना था कि उत्तर भारत में हिंदी को शिक्षा का माध्यम बनाने का निरंतर प्रयत्न केवल आर्य समाजियों ने ही किया मालूम होता है। गुरुकुलों में यह प्रयत्न जारी है।"(14/20) गुरुकुलों की हिंदी गाँधीजी के मिश्रण से बहुत दूर थी।

मार्च 1918 में गाँधीजी ने हिंदी साहित्य-सम्मेलन के अध्यक्ष पद से एक बहुत जोरदार बात कही थी : "भाषा का मूल करोड़ों मनुष्यरूपी हिमालय में मिलेगा और उसमें ही रहेगा। हिमालय में से निकली हुई गंगा जी अनंत काल तक बहती रहेंगी। ऐसा ही देहाती हिंदी का गौरव रहेगा। और जैसे छोटी-सी पहाड़ी से निकला हुआ झरना सूख जाता है, वैसे ही संस्कृतमयी तथा फारसीमयी हिंदी की दशा होगी।"(14/279) यहां जनसाधारण की बोलचाल पर जोर है। हिंदी के अनेक रूप हैं। एक देहाती हिंदी भी है। कुछ उर्दू-प्रेमी किसी भी तरह की हिंदी को देहाती मानते हैं, अपनी शहरी नफासत पर गर्व करते हैं। जहां तक जनसाधारण, हिंदू-मुसलमान किसानों का संबंध है, वहां उर्दू की अपेक्षा हिंदी उनके अधिक नजदीक है। इससे निष्कर्ष यह निकला कि हिंदी-उर्दू की एकता स्थापित करने के लिए, उनके बीच का फासला कम करने के लिए बोलचाल की भाषा का सहारा लेना चाहिए। हिंदी-उर्दू का अलगाव, अंग्रेजी राज की विरासत है। जब तक वह कायम है तब तक न ही साक्षरता संभव है न प्रांतीय शिक्षा का पुनर्गठन। उर्दू को जानबूझकर हिंदी से अलग किया गया है, यह बात गाँधीजी जानते थे और कभी-कभी कह भी देते थे।

हिंदी-उर्दू बुनियादी तौर पर एक ही भाषा हैं। "मेरी तो यह मान्यता है कि दोनों

भाषाएँ एक ही हैं। मेरे खयाल से तो दोनों भाषाओं का गठन, दोनों का ढंग संस्कृत और अरबी शब्दों के भेद को छोड़कर, एक ही प्रकार का है।"(14/79) जातीय स्तर पर और राष्ट्रीय स्तर पर हिंदी-उर्दू का भेद मिटाने के लिए उर्दू के अलगाववादी रुझान का विरोध करना आवश्यक है। "मैंने देखा कि इस भाषा को हिंदी से बिल्कुल ही अलग कर दिया गया है और उसे ऐसा बनाने की तरफ रुझान बढ़ता जा रहा है। उर्दू लेखकों ने हिंदू-मुसलमानों में प्रचलित शब्दों का त्याग करके फारसी और अरबी शब्दों का उपयोग जानबूझ कर बढ़ा दिया है। दोनों भाषाओं के सामान्य व्याकरण तक का उपयोग करना छोड़कर उन्होंने अरबी और फारसी के व्याकरण को अपना लिया है। इसके परिणामस्वरूप मुसलमानी विचार-परंपरा से परिचित रहने के इच्छुक बेचारे देशप्रेमियों को उर्दू का अध्ययन एक बिल्कुल भिन्न और नई भाषा के रूप में ही करना पड़ेगा। मैं जानता हूं कि हिंदी के लेखकों ने भी इस मामले में इससे कुछ अच्छा काम नहीं किया है। हिंदी को एक बिल्कुल अलग भाषा बना देने के लिए कुछ कम कोशिश नहीं की गई है। हां, मैं यह जरूर सोचता था कि ये बुराइयां अभी तक बहुत गहरी नहीं गई हैं और हिंदी और उर्दू को अलग कर डालने की वृत्ति केवल थोड़े समय ही चलेगी। परंतु अब देखता हूं कि यदि हमें हिंदुस्तान के लिए हिंदी और उर्दू को मिला-जुलाकर एक सर्वसामान्य राष्ट्रीय भाषा बनानी हो, तो आजकल एक-दूसरे से अलग बहते दिखाई देने वाले इन दो प्रवाहों को एक करने की दिशा में लंबे समय तक विशेष प्रयत्न करने पड़ेंगे।"(25/133) यदि महावीर प्रसाद द्विवेदी और प्रेमचंद के विवेचनात्मक गद्य से गाँधीजी के गुजराती गद्य की तुलना की जाए तो पता चलेगा कि संस्कृत शब्दों का जितना व्यवहार गाँधीजी करते हैं, उससे कुछ कम ही व्यवहार ये दोनों हिंदी लेखक करते हैं। बोलचाल के स्तर पर हिंदी-उर्दू दोनों एक हैं। फिल्मों में दोनों के बीच भेद करना असंभव है। हिंदी-उर्दू का अलगाव दूर करने के लिए दोनों को जनसाधारण की बोलचाल का भरोसा करना चाहिए। परंतु यदि स्वराज मुस्लिम लीग और कांग्रेस के समझौते से मिलने वाला हो तो उसी राजनीतिक परिवेश में हिंदी और उर्दू को मिलाने का तरीका यह होगा कि संस्कृत और फारसी से किसी अनुपात में शब्द लेकर एक नई भाषा हिंदुस्तानी गढ़ी जाए।

जनवरी 1946 में गाँधीजी ने कहा : "संस्कृतमय हिंदी में संस्कृत शब्दों की बाढ़ आई है और फारसी-मिली उर्दू में फारसी और अरबी शब्दों की बाढ़ आई है। इससे हिंदुस्तानी की सुसंपन्नता तो बढ़ती ही है।" यहां नदियां सूखती नहीं वरन् इस बाढ़ से हिंदुस्तानी भाषा और भी सुसंपन्न होती है। "हिंदी और उर्दू नदियां हैं और हिंदुस्तानी सागर है। इन दोनों से हमें घृणा नहीं होनी चाहिए। हमें तो दोनों को अपना लेना है।" यहां जनसाधारणरूपी हिमालय अदृश्य है। "हिंदुस्तानी का पेट इतना बड़ा है कि वह दोनों को अपना लेगी इसके फलस्वरूप वह एक भारतीय और प्रौढ़ भाषा बन जाएगी जिसे हमारे देश और दुनिया के लोग सीखेंगे।"(83/50) यहां हिंदी और उर्दू के मिश्रण की बात है। जनसाधारण की बोलचाल के आधार पर उनकी एकता स्थापित नहीं करना वरन्

संस्कृतमयी हिंदी और फारसीमयी उर्दू को मिलाना है। यह कार्य भविष्य में होगा। जब इस सागर का बड़ा पेट भर जाएगा, तब हिंदुस्तानी नाम की यह भाषा भारत और दुनिया के लोग सीखेंगे।

खेतों और खलिहानों में काम करने वाले किसानों और शहरी कारखानों में काम करने वाले मजदूरों में हिंदी-उर्दू का भेद नहीं दिखाई देता। वे आपस में एक ही भाषा का व्यवहार करते हैं और इससे आगे बढ़कर फिल्मी कथाकार, फिल्मी गीतकार जो रचनाएँ श्रोताओं और दर्शकों के लिए प्रस्तुत करते हैं, उसमें हिंदी-उर्दू का भेद करना बहुत मुश्किल होगा। फिल्मों की भाषा लोगों को पसंद हो चाहे नापसंद, पर तथ्य यह है कि उससे हिंदी का व्यापक प्रसार हुआ है और लाखों आदमी ये फिल्में देखते हैं। जनसाधारण की यह एकता साहित्य के क्षेत्र में भी प्रतिफलित हो, इसके लिए आवश्यक है कि एक लिपि का व्यवहार किया जाए। जब तक दो लिपियों का चलन रहता है, तब तक हिंदी का बाजार विभाजित रहता है। संयुक्त बाजार में हिंदी और उर्दू के बीच होड़ हो, दोनों का साहित्य एक लिपि के माध्यम से आम पाठकों तक पहुंचे, तो वे फैसला कर सकेंगे, कौन-सी शैली उन्हें अधिक पसंद है! मांग और आपूर्ति का आर्थिक नियम भाषा पर भी लागू होगा। जिस शैली की अधिक मांग होगी, जो शैली लोगों को अधिक पसंद आयेगी, उसी का चलन होगा। पूरे भारत के मानचित्र को देखते हुए ऐसी सामान्य लिपि नागरी ही हो सकती है। फारसी और संस्कृत शब्दों को तो एक भाषा में मिलाया जा सकता है परंतु फारसी और नागरी लिपियों को मिलाकर कोई अजूबा लिपि तैयार नहीं की जा सकती। इसलिए इन दो में एक को ही चुनना होगा। अपढ़ किसानों और मजदूरों को शिक्षित करना हो तो उन पर दो लिपियां लादना उन पर भारी अत्याचार करना होगा। एक लिपि ही सीख लें तो बड़ी बात है। इसलिए जो लोग भी किसानों और मजदूरों के आंदोलन से दिलचस्पी रखते हैं, उन्हें, कम-से-कम हिंदी प्रदेश में, नागरी लिपि के व्यवहार और प्रयोग पर जोर देना चाहिए। गाँधीजी इस स्थिति से परिचित थे। भाषा और लिपि के प्रश्न पर वह साहित्य सम्मेलन से अलग हुए थे। मई 1945 में उन्होंने पुरुषोत्तम दास टंडन को लिखा : "मेरे पास उर्दू खत आते हैं, हिंदी आते हैं, और गुजराती। सब पूछते हैं, मैं कैसे हिंदी साहित्य सम्मेलन में रह सकता हूं और हिंदुस्तानी सभा में भी? वे कहते हैं, सम्मेलन की दृष्टि से हिंदी ही राष्ट्रभाषा हो सकती है जिसमें नागरी लिपि ही को राष्ट्रीय स्थान दिया जाता है, जब मेरी दृष्टि में नागरी और उर्दू लिपि को स्थान दिया जाता है, और जो भाषा न फारसीमयी है न संस्कृतमयी है। जब मैं सम्मेलन की भाषा और नागरी लिपि को पूरा राष्ट्रीय स्थान नहीं देता हूं, तब मुझे सम्मेलन में से हट जाना चाहिए। ऐसी दंलील मुझे योग्य लगती है। इस हालत में क्या सम्मेलन से हटना मेरा फर्ज नहीं होता है? ऐसा करने से लोगों को दुविधा न रहेगी और मुझे पता चलेगा कि मैं कहां हूं।"(80/187)

हिंदी प्रदेश और हिंदी

हिंदी प्रदेश बहुत बड़ा जातीय प्रदेश है। यहां अनेक जनपद हैं। निरक्षरता में ये जनपद अन्य प्रदेशों से काफी आगे बढ़े हुए हैं। निर्धन और निरक्षर लोगों से कहना कि दो लिपियां सीखें, उनमें शिक्षा-प्रसार को रोकना होगा। आम जनता की निरक्षरता दूर करने के लिए, अपनी जीवन-परिस्थितियों को बदलने के लिए उसे संगठित करना हर देशभक्त का कर्तव्य होना चाहिए। निरक्षरता दूर करने और आम जनता को संगठित करने के लिए सामान्य ज्ञान के प्रसार के लिए एक लिपि का व्यवहार आवश्यक है और यह लिपि नागरी ही हो सकती है।

कुछ हिंदी-उर्दू प्रेमियों को यह भ्रम है कि उनकी भाषा सारे भारत में बोली जाती है, वह किसी एक प्रदेश की भाषा नहीं है, उसका संबंध किसी एक जाति से नहीं है। गाँधीजी को ऐसा कोई भ्रम नहीं था। उन्होंने कहा था : "एक तो जहां हिंदी मातृभाषा है, वहां उसका विकास करें। हिंदी जानने वालों को इसे विशेष कर्तव्य मानना चाहिए।"(28/367) भारत में एक ऐसा क्षेत्र है जहां लोगों की मातृभाषा हिंदी है इसलिए अखिल भारतीय स्तर पर हिंदी के प्रसार का विशेष दायित्व इस प्रदेश के लोगों पर है। इस दायित्व के प्रति उदासीन होने के लिए गाँधीजी ने हिंदीभाषियों की आलोचना भी की थी : "मुझे खेद तो यह है कि जिन प्रांतों की मातृभाषा हिंदी है, वहां भी उस भाषा की उन्नति करने का उत्साह नहीं दिखाई देता है। उन प्रांतों में हमारे शिक्षित वर्ग आपस में पत्र व्यवहार और बातचीत अंग्रेजी में करते हैं। एक भाई लिखते हैं कि हमारे अखबार चलाने वाले अपना व्यवहार अंग्रेजी की मार्फत करते हैं। अपने हिसाब-किताब अंग्रेजी में ही रखते हैं। फ्रांस में रहने वाले अंग्रेज अपना सब व्यवहार अंग्रेजी में रखते हैं। हम अपने देश में अपने महत कार्य विदेशी भाषा में करते हैं। मेरा नम्र लेकिन दृढ़ अभिप्राय है कि जब तक हम हिंदी भाषा को राष्ट्रीय और अपनी-अपनी प्रांतीय भाषाओं को उनका योग्य स्थान नहीं देते, तब तक स्वराज्य की सब बातें निरर्थक हैं।"(14/281) ये बातें जितनी मार्च 1918 में सही थीं, उससे ज्यादा मार्च 1998 में सही हैं।

गुजरात की अपेक्षा राजस्थान के व्यवसायियों को हिंदी प्रसार से अधिक दिलचस्पी थी। गाँधीजी का संबंध दोनों प्रदेशों के व्यवसायियों से था। उन पर गाँधीजी का प्रभाव था। परंतु हिंदी के प्रति दोनों के दृष्टिकोण में भेद है, यह बात गाँधीजी ने लक्ष्य की थी। कहा था : "मारवाड़ी भाइयों ने जैसे गोरक्षा को अपना खास कर्तव्य मान रखा है, वैसे ही हिंदी प्रचार को भी उन्होंने अपने दान की एक दिशा माना है। उसमें भी पैसे की जितनी आवश्यकता है, उतनी ही बुद्धि की भी है। यह विषय गुजराती भाषा-भाषी को मारवाड़ी भाइयों के समान दिलचस्प नहीं लग सकता, यह मैं समझता हूं। तथापि गुजराती भी हिंदी के प्रचार में अधिक-से-अधिक रस लेने लगें, इस दृष्टि से 'नवजीवन' में इसकी चर्चा कर देता हूं।"(28/367) इस भेद का सबब क्या था? राजस्थान के

मारवाड़ी हिंदी प्रदेश के थे। राजस्थान में जातीय भाषा के रूप में हिंदी का प्रसार बहुत समय से हो रहा था। यह बात गुजरात के लिए नहीं कही जा सकती। राजस्थान के लोगों की जातीयता अलग और गुजरात के लोगों की जातीयता अलग। इसलिए राष्ट्रभाषा के प्रचार के प्रति भी उनके दृष्टिकोण में अंतर था। इससे नतीजा यह निकलता है, जब तक हिंदी प्रदेश के लोग संगठित होकर अपनी भाषा का, पहले अपने प्रदेश में, और उसके बाद और उसके साथ, सारे देश में, प्रचार-प्रसार नहीं करते, तब तक भारत की भाषा समस्या नहीं सुलझ सकती और भारत की सभी भाषाओं पर अंग्रेजी का प्रभुत्व बना रहेगा।

हिंदी प्रदेश में जनसंख्या के विचार से संयुक्त प्रांत सबसे बड़ा प्रांत था। इस प्रांत पर गाँधीजी ने विशेष ध्यान दिया था। उन्होंने कहा था : "हिंदी प्रचार संयुक्त प्रांत का एक खास कर्तव्य है। जब इंदौर में मैंने दक्षिण भारत में हिंदी-प्रचार की बात की थी, तब मुझे आशा थी कि इस काम के लिए चरित्रवान्, त्यागी, शिक्षित राष्ट्रभाषा विशारद और ब्रह्मचारी संतयुवक (स्वयंसेवक) काफी संख्या में मिल सकेंगे। मगर पाठकों को यह जानकर दुःख होगा कि संयुक्त-प्रांत से इस काम में बहुत कम सहायता मिली। आज भी ऐसे स्वयंसेवकों के अभाव के कारण ही बंगाल, सिंध, उत्कल इत्यादि प्रांतों में राष्ट्रभाषा का प्रचार बहुत कम हो रहा है। इसका कारण धन का अभाव नहीं, बल्कि सच्चे स्वयंसेवकों का अभाव ही है।"(41/433)

संयुक्त-प्रांत को केंद्र में रखते हुए गाँधीजी ने हिंदी प्रदेश के लोगों की जातीय चेतना को जगाने का प्रयत्न भी किया था। अक्तूबर 1929 में उन्होंने कहा था : "महासभा की बागडोर इस वर्ष संयुक्त प्रांत के एक महान पुरुष के हाथों में है और आगामी वर्ष वह उन्हीं के नवयुवक सुपुत्र के हाथों में रहेगी। इसलिए भारतवर्ष के प्रति संयुक्त प्रांत का कर्तव्य बहुत ज्यादा बढ़ गया है। मुझे याद नहीं आता कि कभी किसी प्रांत के दो नेता, लगातार एक के बाद एक सभापति हुए हों। पिता के बाद पुत्र के गद्दीनशीन होने का तो यह पहला ही दृष्टांत है। जिस प्रांत में पिता के रहते हुए पुत्र इतना योग्न माना जाता हो कि पिता के बाद दूसरे ही वर्ष में वह एक महान् राष्ट्र का नेता बने, उस प्रांत के लिए अवश्य ही यह गौरव की बात है।"(41/548) यह तो वर्तमान काल की बात हुई। अब अतीत का गौरव देखें। गाँधीजी ने आगे कहा : "दूसरे, संयुक्त प्रांत हिंदुस्तान के मध्य भाग में बसा हुआ है। संयुक्त प्रांत में भारत की स्वतंत्रता का एक युद्ध हो चुका है। संयुक्त प्रांत ही पूज्य मालवीय जी का सेवाक्षेत्र है। संयुक्त प्रांत में हिंदुओं के सर्वोत्तम तीर्थस्थान हैं और संयुक्त प्रांत में मुस्लिम बादशाहत के स्मारक रूप अनेक स्मृति-चिह्न भी हैं। इस या ऐसे संयुक्त प्रांत के लोग अगर जी-तोड़ मेहनत करें, पूरा-पूरा प्रयत्न करें तो अगले साल भारतवर्ष की अभिलाषा के परिपूर्ण होने में कुछ भी कष्ट न हो।"(41/548)

इसके बाद संयुक्त प्रांत के लोगों की वास्तविक दशा। "संयुक्त प्रांत बड़े-बड़े जमींदारों और ताल्लुकेदारों का केंद्र है। साथ ही वहां निर्धनता भी है। संभव है, संयुक्त

प्रांत की गरीबी उत्कल की गरीबी से बहुत कम न हो। कई स्थानों में तीन-तीन साल से बराबर अकाल पड़ता चला आ रहा है। लोगों के पास न काम है, न पैसा है और वे भूखों मरते हैं। जिसमें उन्हें स्थायी काम मिले और वे भूखों मरने से बचें, उनके लिए तो वही स्वराज हो सकता है।"(41/548) इस स्वराज्य को प्राप्त करने के लिए समाज-व्यवस्था में मौलिक परिवर्तन आवश्यक था। जमींदारों और ताल्लुकेदारों की भूमि गरीब किसानों और खेत मजदूरों में बांटना जरूरी था। इसी से हिंदी जाति का वास्तविक विकास हो सकता था। हिंदी प्रदेश में सामंत विरोधी आंदोलन का विरोध करने का मतलब था अकाल और भुखमरी के लिए रास्ता खोल देना।

राजस्थान से लेकर मिथिला तक हिंदी प्रदेश के लोगों को अपना आर्थिक पिछड़ापन दूर करना है। हिंदी-उर्दू की समस्या हल करनी है और अंग्रेजी हटाकर उसकी जगह हिंदी को दृढ़ता से स्थापित करना है। यदि गाँधीजी कांग्रेस के भीतर से अंग्रेजी हटाने में सफल होते तो सारे देश में अंग्रेजी की जगह प्रादेशिक भाषाओं, तथा संपर्क भाषा के रूप में हिंदी को प्रतिष्ठित करना बहुत आसान हो जाता।

दिसंबर 1916 में कांग्रेस के लखनऊ अधिवेशन में एक प्रस्ताव पेश करते हुए उन्होंने कहा : "मैं देखता हूं, मेरे तमिल भाइयों ने मुझसे अपील की है कि मैं उनके सम्मुख अंग्रेजी में बोलूं और मैं उनके प्रति-आग्रह तो अंशतः स्वीकार कर रहा हूं। किंतु मैं बदले में उनसे यह अपील करना चाहता हूं कि वे अगले वर्ष भर में राष्ट्रभाषा सीख लें। यदि उन्होंने अगले वर्ष तक राष्ट्रभाषा नहीं सीखी—मैं जानता हूं कि जब भारत को स्वराज दे दिया जाएगा तब कौन सी भाषा राष्ट्रभाषा होगी—यदि उन्होंने अगले वर्ष में ऐसा नहीं किया तो जहां तक मेरा संबंध है, मैं अंग्रेजी में नहीं बोलूंगा।"(13/322)

कांग्रेस के संविधान में दो धाराएँ दर्ज की गईं।

"(क) अखिल भारतीय कांग्रेस कमेटी और कार्य-समिति की कार्यवाहियां आमतौर पर हिंदुस्तानी में हुआ करेंगी। अगर कोई हिंदुस्तानी में न बोल सके या जब अध्यक्ष अनुमति दें तब अंग्रेजी या किसी प्रांतीय भाषा का इस्तेमाल किया जा सकता है।

(ख) प्रांतीय कांग्रेस कमेटी की कार्यवाहियां आमतौर पर संबंधित प्रांत की भाषा में हुआ करेंगी। हिंदुस्तानी का उपयोग भी किया जा सकता है।"

फरवरी 1942 में ये धाराएँ उद्धृत करने के बाद गाँधीजी ने 'हरिजन' में लिखा : "कांग्रेस ने इस प्रस्ताव पर किसी खास हद तक अमल नहीं किया है। यह बड़े दुःख की बात है। इसमें कसूर कांग्रेसजनों का ही है। वे हिंदुस्तानी सीखने की तकलीफ गवारा नहीं करते। मालूम होता है कि अंग्रेज विद्वानों की टक्कर की अंग्रेजी सीखने के असंभव प्रयत्न में भाषाएँ सीखने की उनकी सारी शक्ति चुक जाती है। इसका नतीजा बहुत ही दर्दनाक हुआ है। हमारी प्रांतीय भाषाएँ निस्तेज और कंगाल बन गई हैं और राष्ट्रभाषा हिंदुस्तानी स्थानच्युत हो गई है।"(75/277-78) 'हरिजन' के लेख का शीर्षक है 'हिंदुस्तानी'। गाँधी वाङ्मय में जहां यह लेख दिया गया है, वहां उसके अन्त में लिखा

है : "(अंग्रेजी से)" 'इंडियन ओपिनियन', 'यंग इंडिया', 'हरिजन' आदि पत्रों में अखिल भारतीय संपर्क अथवा अंतरराष्ट्रीय संपर्क के लिए गाँधीजी बराबर अंग्रेजी का व्यवहार करते रहे थे। उन्होंने भारतीय भाषाओं की उपेक्षा नहीं की। परंतु व्यवहार में वह अंग्रेजी का महत्व स्वीकार करते थे। 1935 में हिंदी साहित्य सम्मेलन के इंदौर अधिवेशन में उन्होंने कहा : "यदि हिंदी अंग्रेजी का स्थान ले तो कम-से-कम मुझे तो अच्छा ही लगेगा। लेकिन अंग्रेजी भाषा के महत्व को हम अच्छी तरह जानते हैं। आधुनिक ज्ञान की प्राप्ति, आधुनिक साहित्य के अध्ययन, सारे जगत के परिचय, अर्थ प्राप्ति, राज्याधिकारियों के साथ संपर्क और ऐसे ही अन्य कार्यों के लिए अंग्रेजी ज्ञान की हमें आवश्यकता है। इच्छा न रहते हुए भी हमको अंग्रेजी पढ़नी होगी। यही हो भी रहा है। अंग्रेजी अंतरराष्ट्रीय भाषा है।" (60/490-91) प्रादेशिक भाषा, राष्ट्रभाषा और अंतरराष्ट्रीय भाषा इनमें एक तरह से श्रम-विभाजन भी गाँधीजी ने किया। "इसलिए उचित और संभव तो यही है कि प्रत्येक प्रांत में उस प्रांत की भाषा, सारे देश के पारस्परिक व्यवहार के लिए हिंदी और अंतरराष्ट्रीय उपयोग के लिए अंग्रेजी का व्यवहार हो।"(60/491) 30 दिसंबर 1941 को गाँधीजी ने अबुल कलाम आजाद को पत्र लिखा। उद्धृत पत्र के बाद यह सूचना है : "अंग्रेजी से। अखिल भारतीय कांग्रेस कमेटी, फाइल नं. 1375 सौजन्य नेहरू स्मारक संग्रहालय तथा पुस्तकालय।" (75/208-09) इससे स्पष्ट है कि मूलपत्र अंग्रेजी में ही लिखा गया था। 15 अगस्त 1945 को गाँधीजी ने अबुल कलाम आजाद को पत्र लिखा था। अंत में सूचना है : "अंग्रेजी की नकल, सी. डब्ल्यू 10/551 से। सौजन्य मध्य प्रदेश सरकार" इत्यादि। (81/137-38) 12 अगस्त 1945 को गाँधीजी ने अरुणा आसफ अली को पत्र लिखा। पत्र के अंत में सूचना है : "मूल अंग्रेजी से। अरुणा आसफ अली पेपर्स, सौजन्य नेहरू स्मारक संग्रहालय तथा पुस्तकालय।" (81/116-117) 4 अगस्त 1945 को गाँधीजी ने अमृत कौर को पत्र लिखा। पत्र के अंत में सूचना है : "मूल अंग्रेजी से, सी.डब्ल्यू, 4163 से, सौजन्य अमृत कौर।"(81/75) गाँधीजी के नजदीकी राजनीतिक परिवेश में अंग्रेजी घुसी हुई थी। उससे निकलने का प्रयत्न उन्होंने अवश्य किया परंतु सुसंगत रूप से नहीं।

5 अक्तूबर 1945 को गाँधीजी ने जवाहरलाल नेहरू को लिखा : "तुमको लिखने का तो कई दिनों से इरादा किया था, लेकिन आज ही उसका अमल कर सकता हूं। अंग्रेजी में लिखूं या हिंदुस्तानी में यह भी मेरे सामने सवाल रहा था। आखिर में मैंने हिंदुस्तानी में ही लिखने का पसंद किया।"(81/344) 23 अक्तूबर 1945 को गाँधीजी ने अबुल कलाम आजाद को उर्दू में लिखा : "आपका खत मिला। मैं तो चाहता हूं कि मुझे इतना वक्त मिले जिससे मैं उर्दू के अच्छे हर्फ निकाल सकूं।" पत्र के अंत में सूचना है : "मूल उर्दू से, प्यारेलाल पेपर्स।"(81/447) 1922 की जेल डायरी में 18 जुलाई के अंतर्गत गाँधीजी ने नोट किया : "उर्दू की पहली पुस्तक समाप्त की।"(23/160) उर्दू की पहली पुस्तक समाप्त करने के 23 साल बाद, और इस अवधि में राष्ट्रभाषा के लिए दोनों

लिपियों के व्यवहार पर निरंतर जोर देने के बाद, यदि गाँधीजी को उर्दू के अच्छे हर्फ निकालने में कठिनाई हो रही थी, तो लोग समझ सकते हैं, राष्ट्र-भाषा के लिए दो लिपियों का व्यवहार कितना अव्यावहारिक था। पढ़े-लिखे होने का मतलब था सबसे पहले अंग्रेजी जानना। हिंदी प्रदेश के हुए तो अपनी प्रादेशिक भाषा जानना। इन दो के साथ उर्दू और हिंदी लिपियों का अभ्यास करना। कांग्रेसी कार्यकर्ताओं पर यह बहुत बड़ा बोझ था। लोग उसे उठा नहीं सके तो यह स्वाभाविक है। वास्तव में दो लिपियों के सिद्धांत से अंग्रेजी को ही बल मिलता था। दो लिपियों के झगड़े से मुक्ति पाने के लिए लोग सहज ही अंग्रेजी का सहारा ले सकते थे।

गाँधीजी कांग्रेस से, अपने नजदीकी राजनीतिक परिवेश से अंग्रेजी हटा नहीं सके। इससे यह न समझना चाहिए कि उनका सारा प्रचार-कार्य व्यर्थ गया। उन्होंने राष्ट्रीयता को नया अर्थ दिया। राष्ट्र की बात उनसे पहले भी बहुत लोग करते थे। परंतु यह राष्ट्र अनेक जातियों से मिलकर बना है, इन प्रादेशिक जातियों की अपनी भाषाएँ हैं, अपना साहित्य और संस्कृतियां हैं, इनके मेल से ही भारत राष्ट्र और भारतीय संस्कृति का निर्माण होता है, राष्ट्र की धारणा को गाँधीजी ने एक नई अंतर्वस्तु दी। भारत राष्ट्र है और वह बहुजातीय राष्ट्र है। बहुजातीयता को राष्ट्र की अंतर्वस्तु बनाना गाँधीजी की बहुत बड़ी देन है। विभिन्न प्रदेशों में लोगों को बराबर अपनी जातीय भाषाओं का व्यवहार करना चाहिए। परंतु आपसी संपर्क के लिए अंतरप्रादेशिक स्तर पर उन्हें हिंदी का व्यवहार करना चाहिए। गाँधीजी बहुत दिनों तक हिंदी साहित्य सम्मेलन से जुड़े रहे। उनके प्रयास से एक बहुत ही शक्तिशाली संस्था दक्षिण भारत हिंदी प्रचार सभा कायम हुई। उसने दक्षिण भारत में हिंदी प्रचार के लिए सराहनीय काम किया। यह सब न होता, तो हिंदी को जितनी प्रतिष्ठा मिली, उतनी भी न मिलती। गाँधीजी ने राष्ट्रीय एकता के लिए राष्ट्रभाषा पर जोर दिया। अंग्रेजी राष्ट्रभाषा हो सकती है, इस धारणा का आजीवन विरोध किया। दक्षिण भारत हिंदी प्रचार सभा जब तक हिंदुस्तानी प्रचार सभा नहीं बनी, तब तक वह निरंतर नागरी लिपि का प्रचार और व्यवहार करती रही। हिंदी साहित्य सम्मेलन अंत तक नागरी का प्रचार करता रहा और इसी प्रसंग पर गाँधीजी को उससे अलग होना पड़ा। परंतु अलग होने से पहले वह नागरी का यथेष्ट प्रचार कर चुके थे, जैसे कांग्रेस से अलग होने से पहले वह कांग्रेसी विचारधारा का यथेष्ट प्रचार कर चुके थे। आम जनता आपसी संपर्क के लिए किस भाषा का व्यवहार करे, राष्ट्रभाषा के सवाल का सार तत्व यह था। जो भाषा राष्ट्रभाषा का दर्जा पाए, उसमें अंग्रेजी के दर्जे समान साहित्य लिखा गया है या नहीं, यह प्रश्न गौण था। अक्तूबर 1925 में हिंदीभाषी प्रांतों को लक्ष्य करके गाँधीजी ने लिखा : "एक तो जहां हिंदी मातृभाषा है वहां उसका विकास करें। हिंदी बोलने वालों को इसे विशेष कार्य मानना चाहिए। उनमें आज एक भी रवींद्रनाथ नहीं है, इसके लिए मैं अपना दुःख प्रकट करने के अलावा और कुछ नहीं कहना चाहता।"(28/267) यह बात, कुछ और न जोड़कर, उन्होंने 1935 में हिंदी

साहित्य सम्मेलन के इंदौर-अधिवेशन में दोहराई : "इस मौके पर अपने दुःख की भी कुछ कहानी कह दूं। हिंदी भाषा राष्ट्रभाषा बने या न बने, मैं उसे छोड़ नहीं सकता। तुलसीदास का पुजारी होने के कारण हिंदी पर मेरा मोह रहेगा ही। लेकिन हिंदी बोलने वालों में रवींद्रनाथ कहां हैं? प्रफुल्लचंद्र राय कहां हैं? जगदीश बोस कहां हैं? ऐसे और भी नाम मैं बता सकता हूं। मैं जानता हूं कि मेरी अथवा मेरे जैसे हजारों की इच्छा-मात्र से ऐसे व्यक्ति थोड़े ही पैदा होने वाले हैं। लेकिन जिस भाषा को राष्ट्रभाषा बनना है, उसमें ऐसे महान् व्यक्तियों के होने की आशा रखी ही जाएगी।"(60/412) जो लोग आपसी संपर्क के लिए हिंदी का उपयोग करते हैं, वे ऐसा उसकी सामाजिक भूमिका के कारण करते हैं, उसकी साहित्यिक समृद्धि के कारण नहीं। इस सामाजिक भूमिका से लोगों का ध्यान हटाना हो तो साहित्य की समृद्धि की बात करना उचित होता। मूल बात यह थी कि गाँधीजी कांग्रेस से, और अपने नजदीकी राजनीतिक परिवेश से, अंग्रेजी हटा पाते हैं या नहीं इस काम के लिए रवींद्रनाथ का होना और न होना बराबर था। कांग्रेस कमेटियों के भाषावार प्रांत बनाने का सिद्धांत मानने पर भी गाँधीजी ने महाराष्ट्र और हिंदी प्रदेश को अनेक भागों में बंटा रहने दिया। यह बंटवारा हिंदी प्रदेश के लिए, विशेष रूप से, घातक था। हिंदी प्रदेश की एकता अंग्रेज स्वीकार करते चाहे न स्वीकार करते, गाँधीजी (और कांग्रेस) उसे स्वीकार करते, तो इससे हिंदी प्रदेश और सारे देश को बहुत लाभ होता। हिंदी प्रदेश के एकताबद्ध होने से जातीय चेतना का विस्तार होता, सम्प्रदायवाद को करारा धक्का लगता। मुस्लिम लीग के प्रचार केंद्र मुख्य रूप से हिंदी भाषी प्रदेश में थे। मुस्लिम सम्प्रदायवाद, और आगे चलकर हिंदू सम्प्रदायवाद, का मुकाबला करने के लिए हिंदी जातीय चेतना कारगर भूमिका निभा सकती थी। दिसंबर 1916 में गाँधीजी ने 'अखिल भारतीय एक भाषा व एक लिपि सम्मेलन' की अध्यक्षता की थी। सारे भारत में एक लिपि के व्यवहार की बात तो बहुत दूर थी, यदि वह केवल हिंदी भाषी प्रांतों में एक लिपि के प्रचार के लिए आंदोलन करते, तो उसके बहुत अच्छे परिणाम निकलते। साक्षरता का प्रसार करने में, हिंदी-उर्दू का अलगाव कम करने में, सम्प्रदायवाद का मुकाबला करने में, स्वराज्य के आंदोलन को मजबूत करने में बहुत बड़ी सहायता मिलती। हिंदी प्रदेश एकताबद्ध हो, हिंदी जाति एक भाषा एक लिपि का व्यवहार करे तो इससे सारे देश की राजनीति प्रभावित होगी।

दर्शन, विज्ञान और जीवन-पद्धति

(क) योग और वेदान्त

अहिंसात्मक सत्याग्रह, ट्रस्टीशिप और चरखा गाँधीवाद के ये तीन स्तंभ हैं और

व्यवहार में ये तीनों धराशायी हुए। पर लोग जिसे गाँधीवाद कहते हैं, वह गाँधीजी के चिंतन का एक बहुत छोटा-सा हिस्सा है। उसके बाहर बहुत कुछ है और वह बहुत मूल्यवान है और एक हद तक वह व्यवहार में भी सफल हुआ है। योग का सिद्धांत न रस्किन के पास था न तोल्स्तोय के पास और न जापानी जमींदारों के। योग भारत का अत्यंत प्राचीन दार्शनिक सिद्धांत है। सिद्धांत होने के कारण वह व्यवहार की वस्तु भी है। वास्तव में भारतीय दर्शन की विशेषता यह है कि वह व्यवहार में खरा उतरता है। योग के साथ सांख्य और वेदांत है। एक ही चेतना सभी मनुष्यों में विद्यमान है, इसलिए समाज में ऊंच-नीच का भेदभाव खत्म करके, साम्प्रदायिक विभाजन खत्म करके सब मनुष्यों को अपने समान समझना चाहिए। यह वेदांत का व्यावहारिक रूप हुआ।

अक्तूबर 1930 में गाँधीजी ने प्रेमाबहन कंटक को लिखा था : "जो व्यक्ति कर्तव्य-कर्म को समझता है और उस पर आचरण करता है, उसकी तृष्णा नष्ट हो जाती है। जिसकी तृष्णा नहीं मिटी, उसे कर्तव्य-कर्म का भान ही नहीं हुआ है। तृष्णा का पर्वत तो इतना ऊंचा है कि उसे कोई लांघ ही नहीं सकता। उसे धराशायी करने के सिवा अन्य कोई चारा नहीं है। तृष्णा का त्याग करना अर्थात् कर्तव्य का भान होना...सहज प्राप्त सेवा तेरे पास है। उसे एकनिष्ठा से तू करती रहे, तो उसमें तुझे पूर्ण संतोष की अनुभूति होगी। सेवा करते हुए तुझे जो संग मिले, जो पढ़ने को मिले, वह ग्राह्य है। उसके अलावा किसी अन्य वस्तु का विचार तक भी नहीं करना चाहिए। मेरे विचार से यह 'योगः कर्मसु कौशलम्' है। यही समत्व और समाधि है।"(44/192) योग का यह व्यावहारिक रूप है।

राजनीतिक धारणाओं की व्याख्या वह योग से संबद्ध दार्शनिक शब्दावली में करते हैं। स्वराज्य क्या है? "स्वराज्य का सच्चा अर्थ है अपने को काबू में रखना, जानना। ऐसा तो वही मनुष्य कर सकता है जो स्वयं नीति का पालन करता है, किसी को ठगता नहीं है, सत्य को छोड़ता नहीं है...ऐसा व्यक्ति चाहे जिस देश में हो, स्वराज्य भोगता है। जिस समाज में ऐसे मनुष्यों की बहुलता हो, उस समाज के लिए सहज ही स्वराज्य है।"(8/367) अहिंसा क्या है? "अहिंसा चित्तवृत्तियों का निरोध है।"(14/487) गाँधीजी ने गीता का अनुवाद किया और उस पर व्याख्यान दिए। उनके आश्रम में नारायण मोरेश्वर खरे नाम के संगीत शिक्षक थे। उनके गाये हुए एक श्लोक को गीता अभ्यास की कुंजी बताते हुए उसका अर्थ लिखा : "तू विष्णु हो, त्रिपुरारी शिव हो, चाहे, जो हो, यदि तू राग-द्वेष से मुक्त है तो तुझे नेरा नमस्कार है।"(32/100) ईश्वर का नाम कोई भी हो, रूप कोई भी हो, मुख्य बात यह है कि उसे राग-द्वेष से मुक्त होना चाहिए। अर्थात् उसे आदर्श योगी होना चाहिए। शरीर अनित्य है, आत्मा अमर है किंतु योग की साधना आत्मा नहीं करती, शरीर ही करता है। शरीर के बिना मन और इंद्रियों का अस्तित्व नहीं है। योग की समस्त साधना मन और इंद्रियों से जुड़ी हुई है। गीता के एक प्रसिद्ध श्लोक का अर्थ गाँधीजी ने किया है : "दुःख में अपने मन को उद्विग्न न करने वाला, दुख से दुखी न होने वाला,

(दुख किसी कारण का परिणाम होता है, इसे ज्ञानपूर्वक समझकर आपत्ति आने पर दुखी न होने वाला) और भांति-भांति के सुखों के सामने होने पर भी उनके प्रति आकर्षित न होने वाला, जिसकी आसक्ति, भय और क्रोध नष्ट हो गए हैं, ऐसे व्यक्ति को स्थितधी, अर्थात् जिसकी बुद्धि अचल रहती है और भँवर में नहीं पड़ती, कहेंगे।"(32/131) इस कसौटी पर अपने को बार-बार परखने का अवसर गाँधीजी के जीवन में आया। गीता में प्रयुक्त बहुत से शब्दों का नया अर्थ उन्होंने किया। योग शब्द भी इनमें था। "योग शब्द का अर्थ है प्रयोग।"(32/120)

गाँधीजी मानसिक और शारीरिक बहुत तरह के प्रयोग करते थे और कभी-कभी इससे उन्हें कष्ट भी होता था। 31 अगस्त 1918 को उन्होंने मिली ग्राहम पोलक को लिखा : "मैंने बहुत कष्ट भोगा, और सब अपनी मूर्खता के कारण। मैंने शरीर पर जो ज्यादती की थी, यह सजा उसके योग्य ही थी। एक सदोष प्रयोग के कारण मुझे पेचिश हो गई थी। जब उससे मैं अच्छा होने जा रहा था, तभी मैंने खाना शुरू कर दिया। मुझे जल्दी मामूली खुराक लेनी शुरू नहीं करनी चाहिए थी। इसी गलती के अवश्यंभावी परिणामस्वरूप यह परेशानी सिर पर आई। मेरा शरीर बहुत ही क्षीण हो गया है। मुझे (बड़ी सावधानी से) खोया हुआ स्वास्थ्य वापस पाना होगा, परंतु कोई चिंता की बात नहीं।"(15/39) 20 जनवरी, 1915 को अपने जाति भाइयों के मान-पत्र का उत्तर देते हुए गाँधीजी ने कहा : "मेरे भाई लक्ष्मीकांत गाँधी स्वर्गवासी हो गए हैं। मुझे ऐसे ही कई अन्य वियोग भी सहने पड़े हैं। फिर भी मुझे कई भोज आदि समारोहों में जाना पड़ता है, और ऐसी शोकपूर्ण स्थिति के बावजूद कविता, गायन आदि सुनने पड़ते हैं। ऐसे कष्टप्रद मनोभाव को अलग रखकर मैं जो मानपत्र लेता हूं, वह जनता के स्नेह के रूप में ही लेता हूं।"(13/13) शोक में विचलित न होना, गीता की यह शिक्षा गाँधीजी अपने जीवन में चरितार्थ कर रहे थे। फरवरी 1919 : रौलेट विधेयक के विरुद्ध आंदोलन चलाना था। "यद्यपि अभी मेरा बिस्तर नहीं छूटा है, फिर भी मुझे लगता है कि अब बिस्तर पर लेटे-लेटे इन विधेयकों की प्रगति देखते रहना मेरे लिए असंभव है। मेरे लिए ये विधेयक किसी मूलबद्ध रोग के उभर उठने का निशान है।"(15/90) 9 जनवरी, 1919 : "मेरी तबियत चंद्रमा की कलाओं जैसी है। बढ़ती और घटती है। सिर्फ अमावस्या से बची रहती है। बवासीर से होने वाला दर्द बिल्कुल मिट गया है, परंतु खाने की रुचि नहीं होती और शरीर में शक्ति नहीं आती। उस हद तक रोग अभी बाकी है।" (15/73) सभी इंद्रियां गाँधीजी को समान रूप से कष्ट न देती थीं। जो इंद्रिय उन्हें सबसे अधिक कष्ट देती थी, उसका संबंध खाने से था। सी.एफ. एंड्रयूज को उन्होंने लिखा : "मुझे अपनी इस बीमारी के कारण बिल्कुल साफ समझ में आ गए हैं और वे मेरे पक्ष में नहीं जाते। उनसे यह जाहिर होता है कि अपनी कमजोरियां दूर करने की अपनी तमाम कोशिशों के बावजूद मैं अभी तक कितना कमजोर हूं। इस बीमारी से यह बात और भी स्पष्ट हो गई कि हम किस तरह लगातार प्रकृति के जाने-माने नियम तोड़ते रहते हैं। दूसरे किसी

लालच को जीतना उतना मुश्किल नहीं है जितना जीभ के स्वाद को। और इसी कठिनता के कारण हम उस पर बहुत विचार ही नहीं करते। मेरी राय में जीभ को जीत लेना सब कुछ जीत लेना है।"(15/35) व्यावहारिक रूप में योग साधना कितना कठिन है। नियम प्रकृति के हैं, आत्मा या ईश्वर के नहीं, और उनके उल्लंघन करने का फल तुरंत शरीर को भोगना पड़ता है। शरीर के कमजोर रहते हुए भी वह उपवास करते थे और कभी-कभी उनकी हालत बहुत खराब हो जाती थी। 12 अगस्त 1918 : "मैंने कल पौने 6 बजे तक समझदारी से काम लिया और स्वास्थ्य की पूंजी इकट्ठी की। किंतु पौने छह बजे कांपते-कांपते उपवास तोड़ दिया और यह महादुख मोल ले लिया। खाने में भी संयम का पालन नहीं किया। इसलिए (कि) चावल की लप्सी खा ली। अगर सिर्फ शाक का रसा ही पिया होता, तो जो दुस्सह्य परिणाम निकला, वह तो हरगिज न निकलता। आज मुझमें उठने या चलने की भी शक्ति नहीं है। लगभग घिसटते-घिसटते पाखाने जाना पड़ता है और वहां ऐसा तीखा दर्द उठता है कि चीखने को जी चाहता है।"(15/19) एक बार शरीर टूट जाए तो फिर उसे संभालना बहुत मुश्किल होता है। 31 अगस्त 1918 : "तबीयत धीरे-धीरे सुधरती जा रही है। प्रगति इतनी धीमी है कि तंग आ जाता हूं। शरीर लगभग नए सिरे से बनाना है। स्वाभाविक है कि इसमें समय लगेगा। खासतौर पर जब मुझे यह काम रोज-ब-रोज दूध और उससे बनने वाले पदार्थों के अतिरिक्त अन्य चीजों से ही लेना है।"(15/40) 9 सितंबर 1918 : "तबीयत बिल्कुल ठीक हो रही थी कि इस बीच बुखार चढ़ आया। इससे कमजोरी बढ़ गई। अब बुखार (भी) नहीं है। मैं अपने इस रोग के कारण लज्जा का अनुभव करता हूं। मेरी ऐसी मान्यता थी कि मुझे पेचिश जैसा रोग हो ही नहीं सकता। इस रोग का कारण मैं स्वयं ही हूं।"(15/46) अपनी बीमारी के अनुभव से लाभ उठाकर दूसरों को उपदेश। 11 अक्तूबर 1918 : "तबीयत ठीक हो गई है, ऐसा महसूस होने पर भी तरल और सुपच सादा भोजन करते रहना चाहिए और बिस्तर में लेटे रहना चाहिए। कई रोगी दूसरे-तीसरे दिन एकाएक बुखार उतर जाने से धोखा खाकर कामकाज करना और सामान्य भोजन करना प्रारंभ कर देते हैं। इससे बीमारी फिर जोर पकड़ती है और ज्यादातर प्राण ही ले लेती है।" डाक्टरों ने सलाह दी कि गाँधीजी पत्र न लिखें। "डाक्टरों ने पत्र लिखने की भी मनाही की है, परंतु तुम्हें लिखे बिना कैसे रहा जाए?"(15/57) गाँधीजी को एक नए डाक्टर मिले। उनसे वह बहुत प्रसन्न थे। 19 अक्तूबर 1918 : "अब मुझे एक डाक्टर मित्र मिल गए हैं, जो मालिश से, बर्फ से और गहरे श्वासोच्छ्वास से मेरी शक्ति वापस ला देने की जिम्मेदारी लेते हैं। उनका ख्याल है कि दो महीने के भीतर मेरे शरीर में इतना खून भर जाएगा और मेरा वजन इतना बढ़ जाएगा कि मैं चल फिर सकूंगा और साधारण मानसिक श्रम बर्दाश्त कर सकूंगा। उनकी चिकित्सा मुझे बुद्धियुक्त और स्वाभाविक मालूम होती है, और बड़ी बात यह कि उसमें मेरा विश्वास जम गया है।"(15/66) स्वास्थ्य लाभ के लिए सेरों दूध और मीलों चलाई। 5 फरवरी 1919 : "7 सेर (पौंड)

दूध का प्रयोग जरा कठिन साबित हुआ। उसे दवा की तरह पी गया। शरीर को कोई नुकसान नहीं पहुंचा, इसलिए आज लगभग 6 सेर पिउंगा। बंबई आने के बाद आज पहली बार एक साथ सवा घंटा सैर की। मालाबार हिल पर गया था। कुछ परेशानी नहीं हुई।"(15/87) 20 फरवरी 1919 : बंबई में डाक्टर दलाल ने गाँधीजी के बवासीर का आपरेशन किया।(15/537) 12 जनवरी 1924 : सैसून अस्पताल में श्रीनिवास शास्त्री मिलने आए। कर्नल मैडॉक ने अपेंडिक्स का आपरेशन किया।(23/618) एक व्याधि रक्तचाप की भी। 11 फरवरी 1928 : रक्तचाप से परेशान होने की जरूरत नहीं। "डाक्टर तो लोगों को डरा ही देते हैं। जो रक्तचाप पाया गया है, इस बार उससे मुझ पर कोई असर हुआ नहीं लगता। मैं काफी ठीक चल रहा हूं। मुझ में चल-फिर सकने की ताकत है और मैं सिर्फ इसलिए बिस्तर पर लेटा रहता हूं कि डॉक्टर बाध्य करते हैं और कहते हैं कि रक्तचाप के कुछ मामलों में एक आध बार बड़ा धोखा हो जाता है। कई बार तो वे खतरनाक सिद्ध होते हैं, खासकर उस समय जब खुद रोगी को ऐसा लगता है कि रक्तचाप का कोई असर नहीं दिखाई दे रहा है।"(36/20) तारीखवार जीवन वृतांत में 5 फरवरी 1928 के अंतर्गत यह सूचना है : कातते हुए बेहोश हो गए। डाक्टरों ने पूर्ण विश्राम की सलाह दी।(36/506)

कभी-कभी गाँधीजी के सहयोगी उनके स्वास्थ्य का ध्यान न रखकर उन पर अत्याचार करते थे। दिसंबर 1928 कांग्रेस के कलकत्ता अधिवेशन में नेहरू रिपोर्ट संबंधी प्रस्ताव पर बोलते हुए गाँधीजी ने कहा : "मेरा इरादा आपके सामने कोई लंबा भाषण देने का नहीं है। पर मैं यह अवश्य स्वीकार करूंगा कि मैं अपने विचारों को एक सूत्र में पिरो नहीं पाया हूं। मेरा दिमाग अस्त-व्यस्त है और मुझे आपके सामने बोलते समय ही अपने विचारों को तरतीब देनी है। वास्तव में यह एक तथ्य है कि मेरा दिमाग अस्त-व्यस्त है। एक चिकित्सक आपको बता सकता है कि यदि किसी आदमी को सारी रात जागना पड़े तो उसका हाल क्या होगा। मेरे साथ भी ऐसा ही हुआ। पास के एक छोटे से तंबू में जहां कमेटी की बैठक हो रही थी, मुझे बैठक की गंभीर कार्यवाहियों को खूब ध्यान से समझना पड़ा। मैं उस बैठक में बुलाया नहीं गया था, बल्कि हमारे अध्यक्ष मुझे घसीट कर ले गए थे। मेरा ख्याल था कि मुझे उस कमेटी की बैठक में शामिल नहीं होना पड़ेगा। पर अनिवार्य आदेश मिला, मुझे एक गाड़ी में बैठना पड़ा और वह मुझे वहीं ले गई। सुबह ढाई बज चुके थे, तब मुझे वहां से छुट्टी मिली। उसके बाद सोना मेरे लिए संभव न था।"(38/307)

कभी-कभी गाँधीजी किसी सोच में पड़ जाते थे और नींद भाग जाती थी। 22 मार्च 1924 : "इस समय सुबह के साढ़े तीन बज चुके हैं। रात 12 बजे के बाद मुझे लगभग नींद आई ही नहीं।"(23/318) कारण यह कि राजगोपालाचारी के पुत्र से मालूम हुआ कि पिता-पुत्र में पत्र-व्यवहार अंग्रेजी में होता है, तमिल में नहीं। फिर गाँधीजी की अनवरत यात्राएँ, पैर छूने वालों की भीड़, जयजयकार और हर तरह का शोर। 26

जनवरी 1921 : "मैं चाहता हूं कि हिंदी और उर्दू के अखबार भी (इस बात को) छापें कि पैर छूना बुरा है। मेरी प्रार्थना है कि वे मेरे पैर न छुएँ। मुझे शोरगुल से भी बड़ी परेशानी होती है। मेरी तबीयत अच्छी नहीं है। मुझ से 'वंदेमातरम्', 'महात्मा गाँधीजी की जय' के नारे सहन नहीं होते।"(19/285) सितंबर 1929 : "मैं पैर छू कर भक्ति प्रदर्शित करनेवालों से बहुत घबराता हूं। प्रेम का प्रदर्शन करने के लिए इसकी तनिक भी आवश्यकता नहीं है। इसमें तो पतन की सहज संभावना है। फिर, इसके कारण आजादी के साथ चलना-फिरना मुश्किल हो जाता है, और अक्सर पैर छूने वालों के नाखूनों से मेरे पैरों में घाव हो जाते हैं। इसके कारण कुछ ही गज की दूरी पर बनाए गए व्यासपीठ तक पहुंचने में अक्सर पाव घंटे से ज्यादा समय लग जाता है।"(41/394)

गाँधीजी पत्रकार थे और पत्रकार का दायित्व बड़ी गंभीरता से निभाते थे। 'यंग इंडिया' में लालचंद नाम के सज्जन काम करते थे। 2 मई 1920 को गाँधीजी ने उन्हें सलाह दी : "तुममें जो उत्तम हो, वह देश को दो और हर नए हफ्ते में अपने काम का स्तर पिछले हफ्ते से ऊपर उठाओ। ऐसा करने के लिए तुम्हें स्वदेशी का अध्ययन करना होगा। दत्त, राधाकमल मुखर्जी, बैरो और हिंदुस्तान के उद्योगों पर लिखने वाले अन्य सभी लेखकों की चीजें पढ़ डालो। तुम्हें सरकारी रिपोर्टों (ब्ल्यू बुक्स) और आंकड़ों के सार पढ़ते रहना चाहिए और हर हफ्ते आंकड़ों और तथ्यों से पाठकों को सराबोर करते रहना चाहिए। मुझे यह मत कहना कि तुम्हारे पास पुस्तकालय नहीं है। अहमदाबाद जाकर सारे पुस्तकालय छान डालो और जो जरूरी चीजें मिल सकें, उन्हें ढूंढ निकालो। इसी प्रकार हिंदी और प्रादेशिक भाषाओं के प्रश्न को समझने के लिए इंग्लैंड में नॉर्मन युग में लोगों को फ्रेंच से जो मोह हो गया था, उसका इतिहास, कुछ अंग्रेजी-प्रेमी लोगों ने किस प्रकार अंग्रेजी राष्ट्र को बचाया उसकी कहानी, रूस में सिर्फ एक प्रोफेसर की मेहनत और लगन के कारण किस तरह रूस की शिक्षा पद्धति में क्रांति हो गई उसका विवरण और किस तरह लगभग उसी समय से रूस का राष्ट्रीय जागरण प्रारंभ हुआ, उसका वृत्तांत पढ़ना चाहिए। भाषावार क्षेत्रीय विभाजन का प्रश्न लो। मेरे कागजात में इस संबंध में संग्रह की हुई कुछ सामग्री मिल जाएगी। परंतु तुम स्वयं भी सामग्री एकत्र कर सकते हो। हिंदू-मुस्लिम एकता के संबंध में तुम्हें खिलाफत के सवाल पर अधिकार पाना है। तुम्हें श्री बैकर के अंग्रेजी साप्ताहिक 'न्यू एज', 'नेशन' वगैरह प्राप्त कर लेने चाहिए। टर्की के इतिहास का अध्ययन करो। उस पर जो झूठे आरोप लगाए जा रहे हैं, उन सभी का इस प्रश्न के एक अध्येता की तरह उत्तर दो। इन सबसे जब तुम्हें वित्त व्यवस्था-संबंधी ज्ञान मिल जाएगा, तब तुम्हें हर हफ्ते परोसने के लिए काफी सामग्री मिल जाएगी।"(17/413-14) इतिहास और समकालीन आर्थिक और राजनीतिक समस्याओं के अध्ययन पर जोर है। समकालीन समस्याओं के विवेचन के लिए बड़े परिप्रेक्ष्य में ऐतिहासिक अध्ययन आवश्यक है। भारतवासी अपनी भाषाओं के अधिकारों के लिए लड़ रहे हैं। उन्हें देखना चाहिए, कभी अंगरेज फ्रेंच के विरुद्ध अपनी भाषा के अधिकारों

के लिए कैसे लड़े थे। इस अध्ययन से समकालीन यथार्थ का जो सत्य प्रत्यक्ष होगा, वही 'यंग इंडिया' में प्रकाशित करना था। यहां आत्मचिंतन और आध्यात्मवाद से काम चलने वाला नहीं है। गाँधीजी ने लालचंद को जो कुछ लिखा, उससे पाठक अनुमान कर सकते हैं, वह स्वयं किस तरह अध्ययन करते होंगे। अपने मन और शरीर की अनेक समस्याओं से जूझते हुए, समाज में बहुत से विरोध का सामना करते हुए, राजनीतिक कार्यों में निरंतर व्यस्त रहते हुए गाँधीजी जितना पढ़ते थे और जिस तरह उसका उपयोग करते थे, वह आश्चर्यजनक है। जो अपने व्यावहारिक जीवन में योग को चरितार्थ करता है वही यह सब कर सकता है।

राष्ट्रीय और अंतरराष्ट्रीय स्तर पर गाँधीजी बहुत-सी प्रचलित मान्यताओं के विरोध में चले। राजनीति और अर्थशास्त्र के बहुत से दिग्गजों से उनका मुकाबला हुआ। इनके सिवा भारतीय समाज के बहुत से शास्त्रज्ञानी रूढ़िवादी पंडितों से उन्हें लोहा लेना पड़ा। इसके लिए बहुत बड़े पैमाने पर निरंतर अध्ययन आवश्यक था। वह काम उन्होंने पूरा किया। गाँधीजी ने शरीर और मन से बहुत कष्ट सहे। उनकी नीति ही यह थी : स्वयं को कष्ट दो, दूसरों को कष्ट न दो। दक्षिण अफ्रीका में फुटपाथ पर गोरे की ठोकर खाने से लेकर दिल्ली में गोडसे की गोली खाने तक उनके शरीर ने बहुत कुछ झेला। जब वह जेल में होते थे, शायद सबसे अधिक शांति उन्हें तभी मिलती थी। उनकी इच्छाशक्ति अद्भुत थी। कोई साथ न आए तो मैं अकेला लड़ूंगा, यह बात उन्होंने अनेक बार कही। राजनीति के दांव-पेंच में कभी-कभी वह अकेले पड़ जाते थे। परंतु उनका सबसे बड़ा गुण यह था कि जो समस्या भी वह हाथ में लेते थे, समाधान के लिए सीधे जनता के पास पहुंचते थे। ब्रिटिश साम्राज्य की शक्ति देखकर वह आतंकित नहीं हुए। अकेले पड़ने पर वह निराश नहीं हुए। एक बार उनके मन में कोई विचार आ जाए और उन्हें लगे, यह सही है तो उसे अमल में लाने के लिए वह सारी शक्ति लगा देते थे। उनसे पहले किसी ने यह न सोचा था कि दक्षिण अफ्रीका में व्यापारियों के साथ हजारों गिरमिटिया मजदूरों का संयुक्त मोर्चा बनाया जा सकता है। जब उनकी समझ में आया कि सबके हित के लिए उनका एक साथ लड़ना जरूरी है, तो वह इस काम में लग गए और 40 हजार भारतीय मजदूरों की हड़ताल इस तरह चलाई जिस तरह, उस समय तक, विश्व-मजदूर-आंदोलन में किसी ने न चलाई थी। उन्होंने भारतीय दर्शन का गंभीर अध्ययन किया था। उनके पत्रों, लेखों, व्याख्यानों, पुस्तिकाओं और रिपोर्टों में उनके बहुत से मूल्यवान विचार बिखरे हुए हैं। उनसे दार्शनिक यथार्थवाद की रूपरेखा बनाई जा सकती है। क्रांति के सूत्र भी उनकी रचनाओं में बिखरे हुए हैं। भारत के नव निर्माण के लिए और तीसरी दुनिया के देशों में सामाजिक परिवर्तन के लिए इस तरह के विचारों का असाधारण मूल्य है। गाँधीजी की सबसे कीमती विरासत यही है। उसकी रूपरेखा नीचे दी जाती है।

प्रकृति और मनुष्य : क्या संसार की रचना किसी ब्रह्मा ने की है? "यदि कोई चार

मुख वाले ब्रह्मा में विश्वास करता है और मैं उसकी कल्पना का नाश करूं तो उसे कौन सा ज्ञान दूंगा?... तिलक महाराज की 'गीता' में ब्रह्म का अर्थ प्रकृति ही किया गया है। इसलिए मैं कहूंगा कि प्रकृति ही ब्रह्मा है।"(32/158-59) प्रकृति के नियम अटल हैं। "बड़े से बड़ा योग-सिद्ध पुरुष भी प्रकृति के अचल-अटल नियमों के विरुद्ध नहीं जा सकता। वे भी प्रकृति के नियमों से वैसे ही जकड़े हुए हैं, जैसे हम सब।"(32/94) प्रकृति दृश्य और अदृश्य दोनों है। "अपरा प्रकृति—दृश्य जगत् के भीतर रहने वाला जीव और परा प्रकृति अर्थात् अदृश्य प्रकृति, ये दोनों समस्त जीवों के कारण हैं।"(32/240) "सब लोग अपने-अपने स्वभाव के अनुसार कार्य करते हैं।"(14/366) प्रकृति अर्थात् स्वभाव—सत्व, रजस् और तमस् के द्वारा किए जाने वाले कार्यों के विषय में मूर्ख मनुष्य अहंकारपूर्वक ऐसा मानता है कि ये काम तो मैं कर रहा हूं। (आंख की पलकें गिरती-उठती रहती हैं। यदि कोई व्यक्ति ऐसा माने कि मैं उन्हें उठा और गिरा रहा हूं, तो वह मूर्ख अथवा रोगी है। यदि वह आंखों को जानबूझ कर गति दे, तो वह उन्हें बिगाड़ लेगा।)"(32/168) "प्रकृति में से सत्व, रजस् और तमस्—ये तीन गुण उत्पन्न होते हैं। वे देह में स्थित अव्यक्त देही को बांध कर रखते हैं।"(32/305)

कोई भी मनुष्य कर्म किए बिना नहीं रह सकता। "कर्म का अर्थ है सभी क्रियाएँ, शरीर के किसी भी अवयव की चेष्टा...विचार भी कर्म में आ जाता है। कोई भी गतिविधि, स्वन (शब्द अथवा आवाज) श्वासोच्छ्वास—ये सभी कर्म हैं। कर्म किए बिना कोई रह भी नहीं सकता। कुछ कर्म इच्छापूर्वक करने पड़ते हैं और कुछ स्वाभाविक रूप से चलते हैं।"(32/147) परमार्थ किसे कहते हैं? "जब कोई अपने शरीर का उपयोग जगत् के लिए करता है, तब वह व्यक्ति पारमार्थिक कार्य करता है। यदि हम ऐसा मानकर अपने शरीर का उपयोग करें कि शरीर जगत का है तो शरीर पर आधिपत्य रखते हुए हम उसे स्वच्छ रखेंगे और उस पर दीमक नहीं चढ़ने देंगे।"(32/159) मुक्ति किसे मिलती है? "नरसी मेहता ने कहा है, कि मुक्ति त्यागी को नहीं मिलेगी भोगी को मिलेगी। यहां भोगी का अर्थ है जगत् की मजदूरी करने वाला और त्यागी का अर्थ है आलसियों का सरदार।"(32/159) मोक्ष किसे कहते हैं? "(पूरे मन से की गई) ऐसी सेवाओं को ही मैं मोक्ष का द्वार मानता हूं।"(14/45)

ज्ञान-प्रक्रिया और अनेकांतवाद : ज्ञान अनुभवजन्य होता है और अनुमान से भी प्राप्त होता है। "चाहे कितने ही जल बिंदुओं का विश्लेषण करें, उनमें दो भाग हाइड्रोजन और एक भाग आक्सीजन ही निकलेगी। तिस पर भी निश्चयपूर्वक नहीं कहा जा सकता कि पानी उन्हीं का संश्लेषण है। यह अनुमान-ज्ञान है। परंतु यदि मैं दो भाग हाइड्रोजन और एक भाग आक्सीजन का मिश्रण करके पानी बनाऊं तो यह निश्चित ज्ञान हुआ। यह अनुभव ज्ञान है। पानी भले ही दूसरी तरह बन सकता हो परंतु एक ही प्रयोग से मैंने निश्चयपूर्वक बता दिया कि उपर्युक्त गैसों के मिश्रण से तो पानी बनता ही है। बहुत से कार्य हम अनुमान से करते हैं और कोई हानि नहीं होती। किंतु महान् कार्यों में

अनुमान से हानि और अनुभव से लाभ देखा जा सकता है।"(14/431-32) प्रकृति में परिमाण के बदलने से वस्तु के गुण में परिवर्तन होता है। "रासायनिक प्रयोगों में एक ही द्रव्य के प्रमाण में कमीबेशी होने से अलग-अलग वस्तुएँ बनती हैं। उसमें रंच मात्र भी नया द्रव्य मिला देने से फिर दुबारा नई वस्तुएँ तैयार हो जाती हैं।"(47/117) यहां प्रमाण शब्द परिमाण के अर्थ में प्रयुक्त हुआ है। संसार में हर प्रपंच में अनेक पक्ष होते हैं। ऊपर से वे परस्पर विरोधी दिखाई देते हैं। उन पक्षों को पहचानना व्यावसायिक ज्ञान के लिए आवश्यक है। हिंसा और अहिंसा परस्पर विरोधी हैं। "मैं यह बात नहीं देख सका था कि हिंसा में अहिंसा है। वह अब देखने लगा हूं।"(14/487) ब्रह्मा-विष्णु-महेश पुराणों में इन तीन बड़े देवों की कल्पना की गई है। "मैं ऐसा नहीं मानता कि ये सब कई व्यक्ति हैं। हम ऐसा मानें कि ये सब ईश्वरीय अंश अथवा शक्तियां हैं। ये सब पुराणों के देवता हैं और इन्हें अलग अलग माना गया है। यह सब सच भी है और झूठ भी। उद्देश्य हमको किसी प्रकार धर्म की शिक्षा देना था और इसीलिए ये सारी कल्पनाएँ की गईं। अन्यथा न तो ब्रह्मा है, न महेश्वर। है केवल ब्रह्म जो न स्त्री है और न पुरुष।"(32/158) इसी तरह भक्त और भगवान एक दूसरे से अलग हैं और नहीं भी हैं। "जैसे भक्त वैसे भगवान् क्योंकि यह सब कल्पनाएँ ही है। लेकिन जब तक कल्पना काम करती है, तब तक वही सच्ची वस्तु जैसी प्रतीत होती है।"(41/382)

व्यक्ति और ब्रह्म : "जिस प्रकार सागर में प्रत्येक बूंद का एक व्यक्तित्व है भी और नहीं भी है, उसी प्रकार व्यक्ति की सत्ता है भी और नहीं भी। ऐसा इसलिए नहीं कि सागर से पृथक बूंद का कोई अस्तित्व ही नहीं है। ऐसा इसलिए कि यदि बूंद का अस्तित्व नहीं है अर्थात् उसकी कोई वैयक्तिक सत्ता नहीं है, तो सागर का भी कोई अस्तित्व नहीं है।"(44/131) संसार गतिशील है, परिवर्तनशील है। जो आज शक्तिशाली दिखाई देता है, कल वह उतना शक्तिशाली न रहेगा। आज अंग्रेजी का वर्चस्व लोगों को अभिभूत किए हुए है। किंतु कल यही स्थिति न रहेगी। अंग्रेजी भाषा की आज जो शक्ति है, वह क्षणिक है। स्थिति तो यह है कि भारत में सार्वजनिक कामों में अंग्रेजी भाषा की जरूरत सदा कम रहेगी।(14/28) अनेकांतवाद अथवा स्याद्वाद का विशेष संबंध जैन धर्म से जोड़ा जाता है। गाँधीजी ने स्याद्वाद का अध्ययन किया था और उसे धर्मों के आपसी भेद दूर करने के लिए काम में लाए थे। "स्याद्वाद की सहायता से ही मैं हिंदू अर्थात् वैदिक धर्म और जैन धर्म का ऐक्य साधन कर सकता हूं। बल्कि उसकी सहायता से मैंने कम-से-कम अपने लिए तो कभी का, समस्त धर्मों का ऐक्य साधन कर लिया है।"(34/26)

धर्म और नैतिकता : "यदि तुम्हारे जैसे (फूलचंद शाह जैसे) लोग निरंतर प्राणप्रद वायु (आक्सीजन) का काम करते रहेंगे, तभी अपान वायु (कार्बोनिक एसिड गैस) को दूर किया जा सकेगा। अपान वायु तो हमेशा बनती ही रहेगी। लेकिन प्राणप्रद वायु उसे सदा शुद्ध करेगी। जैसा पिंड में है, वैसा ही ब्रह्मांड में है।"(15/11) "मनुष्य का निर्दिष्ट लक्ष्य

है—पुरानी आदतों पर विजय पाना और भलाई को सर्वथा उचित स्थान पर बैठाने के लिए अंदर की बुराई पर विजय पाना। यदि धर्म हमें यह नहीं सिखाता कि यह विजय कैसे प्राप्त की जाए, तो वह हमें कुछ सिखाता ही नहीं।"(38/262) स्वभाव को जीतने में ही पुरुषार्थ है। यही धर्म है।(14/366) मनु के अनुसार धैर्य, क्षमा, आत्मसंयम, चोरी न करना, शुद्धि, इंद्रिय-निग्रह, बुद्धि, ज्ञान, सत्य और अक्रोध, ये दस धर्म के लक्षण अर्थात् साधन हैं।(4/512) अर्थ से धर्म का घनिष्ठ संबंध है। "सामान्यतः यह माना जाता है कि धर्म और अर्थ परस्पर विरोधी हैं। व्यापार आदि सांसारिक व्यवहारों में धर्म का पालन नहीं हो सकता। धर्म का उपयोग केवल मोक्ष के लिए ही किया जा सकता है। धर्म के स्थान पर धर्म शोभा देता है। अर्थ के स्थान पर अर्थ शोभा देता है।" मैं मानता हूं कि गीताकार ने इस भ्रम को दूर कर दिया है। उन्होंने मोक्ष और सांसारिक व्यवहार के बीच ऐसा कोई भेद नहीं रखा है, परंतु धर्म को व्यवहार में उतारा है। जो धर्म व्यवहार में नहीं उतारा जा सकता, वह धर्म ही नहीं है—यह बात गीता में कही गई है, ऐसा मुझे लगा है।(49/97) क्या करना धर्म है और क्या करना अधर्म है, यह परिस्थितियों से भी निर्धारित होता है। "जो वस्तु परिस्थिति-विशेष में धर्म बन जाए, यदि उसे न करें तो वह पाप होगा।"(45/386) "धर्म परोपकार में है, परोपकार यानी दूसरे का भला चाहना और करना, दूसरे की सेवा करना।"(32/384) स्वार्थी लोग उपकार की भावना को अपकार में बदल देते हैं। 1903 में गाँधीजी ने दक्षिण अफ्रीका के गोरे शासकों से कहा : "अगर अश्वेत लोगों के प्रति इस जिहाद को जारी ही रखना है, तो झूठमूठ विनय का नाम लेकर प्रार्थना के लिए दिन मुकर्रर करके ईश्वर और मानवता के प्रति अपराध क्यों करते हैं?"(4/6) भारतीय समाज में रूढ़ियों का पालन धर्म बन गया। "जहां रूढ़ि को धर्मानुसारी होना चाहिए था, तहां धर्म रूढ़ि का अनुसरण करने लगा है। जाति की रूढ़ि के खिलाफ किया गया काम अधर्म माना जाता है। मगर माना यह जाता है कि जाति में चाहे जितने अधर्म होते रहें, तो भी चूंकि वह सर्वपावनी गंगा है, निर्दोष ही बनी रहती है, और अधर्म को धर्म का रूप दे देने की उसमें शक्ति होती है। तिलक लगाने की रूढ़ि वंश परंपरा से चली आती है, अतएव वह धर्म है। जो तिलक को दंभ का निशान समझकर पूर्ण विश्वास के साथ तिलक नहीं लगाता है, वह भ्रष्ट माना जाता है। इस तरह रूढ़ि के गुलाम बनने से हम कायर बन गए और आखिर देश से भी हाथ धो डाले। एक क्षेत्र में उत्पन्न गुलामी सर्वव्यापी बन गई।"(41/177)

धार्मिक सिद्धांत और विवेक : "ऐसा कोई भी धार्मिक सिद्धांत जो तर्कसंगत और नीतिसम्मत न हो, मुझे कतई स्वीकार नहीं। मैं असंगत धार्मिक भावना को भी तभी सहन करता हूं जब तक वह अनैतिक न हो।"(18/79) "अनेक हिंदू भंगियों का स्पर्श न करने के औचित्य के संबंध में शास्त्रों का उद्धरण देते हैं। लेकिन मैं कहता हूं कि अगर कोई शास्त्र यह कहता है कि भंगी को छूना पाप है, तो वह शास्त्र नहीं, अशास्त्र है। जो बुद्धिगम्य न हो, जो सत्य न हो, उसे शास्त्र कदापि नहीं कहा जा सकता। इनके अलावा,

शास्त्र के भी कितने ही अर्थ किए जा सकते हैं। हम शास्त्र के नाम पर क्या नहीं करते। शास्त्र के नाम पर साधु बाबा भांग पीते हैं, गांजा फूंकते हैं। शास्त्र के नाम पर देवी के भक्त मांस-मदिरा का सेवन करते हैं। शास्त्र के नाम पर अनेक व्यक्ति व्यभिचार करते हैं। शास्त्र के नाम पर मद्रास में कोमल बालाओं को वेश्या बनाया जाता है। इससे ज्यादा शास्त्र का अनर्थ और क्या हो सकता है।"(20/7) गाँधीजी ने रवींद्रनाथ का एक गीत सुना। उसमें कहा गया था : "यह भजन, पूजन, साधन और आराधना रहने दे। यहां दरवाजा बंद करके मंदिर के एकांत कोने में क्यों बैठा हुआ है? प्रभु तो धूप में और वर्षा में वहां सबके साथ खड़े हैं। उनके दोनों हाथ मिट्टी से सने हुए हैं।" इस गीत का हवाला देते हुए गाँधीजी ने कहा : "जो सुंदर कविता मैंने अभी सुनी, उसमें कहा गया है कि ईश्वर उनके साथ रहता है जिनके वस्त्र धूल-भरे और तार-तार हैं। मेरा ध्यान तुरंत ही अपने कपड़ों की ओर गया और मैंने देखा कि न तो वह धूल धूसरित हैं, और न फटे हुए। वे बिल्कुल बेदाग और साफ हैं। ईश्वर मुझमें नहीं है। इसके साथ और बातें भी हैं। मगर हो सकता है, मैं उनमें भी पूरा न उतरूं और मेरे प्यारे देशवासियो, हो सकता है, आप सब भी पूरे न उतरें।"(13/82) एक महिला ने गाँधीजी को ईश्वरभक्त समझकर उन्हें गजलक्ष्मी की प्रतिमा भेंट की। गाँधीजी ने कहा : "लेकिन खेद की बात तो यह है कि मैं अविनाशी और अव्यक्त ईश्वर का भक्त हूं। इसलिए मैं इसे अपने पास नहीं रख रहा हूं और इसे अर्पण कर देना चाहता हूं।" संग्रह में से मुरलीधर की चांदी की प्रतिमा निकालकर महात्मा जी ने कहा कि "यह मुझे इसलिए दी गई थी क्योंकि मैं कृष्ण-भक्त हूं। लेकिन मेरा कृष्ण तो वह है जो मुझे देखता है लेकिन जिसे मैं नहीं देख पाता।"(83/81) "गीता के कृष्ण मूर्तिमान, शुद्ध, संपूर्ण ज्ञान हैं, परंतु वे काल्पनिक हैं। यहां मेरा हेतु कृष्ण नाम के अवतारी पुरुष का निषेध करना नहीं है। केवल इतना ही कहना चाहता हूं कि परिपूर्ण कृष्ण काल्पनिक हैं। संपूर्ण अवतार का आरोपण उन पर बाद में हुआ है।"(41/94) "और राम कौन है, यह तो हमें स्वयं सोचकर निर्णय लेना है। राम तो निरंजन है, निराकार है। राक्षसी वृत्तियों का समूह रूपी जो रावण है, दैवी वृत्तियों के अनेक शास्त्रों द्वारा उसका संहार करने वाली शक्ति ही राम है। इस शक्ति की प्राप्ति के लिए स्वयं राम को भी 12 वर्ष की तपश्चर्या करनी पड़ी। अस्तु, आप मन और तन दोनों को एक क्षण के लिए भी निष्क्रिय रहने न दें। दोनों ही को उत्साह पूर्वक कार्य में लगाए रहें। इसी से सारे उपद्रव शांत हो जाएंगे।"(12/369) "ईश्वर न तो फल देने वाला है और न वह कर्ता है। किंतु यदि देहधारी आत्माओं के मुक्त होने के बाद एक ही आत्मा की कल्पना की जा सकती हो, तो वह ईश्वर है।"(12/89) "अवतार लेता हूं, ऐसा कहना लौकिक भाषा का उपयोग है। ईश्वर आत्मा रूप है, इसलिए उसके अवतार लेने या जन्मने की बात नहीं हो सकती। वह तो जैसा है, वैसा है। लौकिक दृष्टि से हम किसी में विशेष विभूति देखते हैं और उसे अवतार कहते हैं। ईश्वर की भाषा में अवतार जैसी कोई वस्तु नहीं है। हमारी भाषा में अवतार जैसी वस्तु है।"(32/183) राम

की अपनी परिकल्पना पर प्रकाश डालते हुए गाँधीजी ने कहा कि जिस राम से मैं प्रार्थना करता हूं, वह दशरथ के पुत्र के रूप में इतिहास में वर्णित राम नहीं हैं। उन्होंने इस बात पर जोर दिया कि राम, अल्लाह और गॉड एक ही हैं। राम शब्द करोड़ों हिंदुओं को आकर्षित करता है और अल्लाह मुसलमानों को। उन्होंने सभी धर्मों के लोगों को अपनी प्रार्थना में शामिल होने के लिए आमंत्रित किया।(83/408) "मनुष्य का शरीर भगवान का मंदिर है। जो व्यक्ति इस मंदिर में प्रविष्ट होने वाली वायु को दूषित करता है, वह मंदिर को भ्रष्ट करता है। वह राम का नाम व्यर्थ ही लेता है।"(83/361) मृत्यु के बाद क्या होगा? "यह तमाशा एक दिन खत्म होगा और तब जीवन सरोवर का जल आंदोलन के फलस्वरूप और भी स्वच्छ हो जाएगा। और अगर न हुआ तो भी क्या?"(83/275)

गाँधीजी की यह बहुत बड़ी देन है कि उन्होंने धर्म को राष्ट्रीयता से अलग रखा। वह सभी धर्मों में सत्य खोजते थे। धर्म उनके लिए नैतिक आचरण का पर्याय था। सत्य और धर्म के संबंध में उन्होंने कहा था : "सभी धर्मों की चरम परिणति सत्य में होती है। सत्य ही परमेश्वर है। सत्य से परे कोई धर्म नहीं है।"(18/341) यहां धर्म है, ईश्वर है और सत्य है। एक धर्म के ईश्वर से दूसरे धर्म के ईश्वर में अंतर नहीं है। सभी धर्मों की परिणति सत्य में होती है। इसलिए ये सारे धर्म राष्ट्रीयता से परे हैं। गाँधीजी यहां जिस सत्य की बात कह रहे हैं, उसे हम वेदांत का सत्य कह सकते हैं। ब्रह्म के समान वह सर्वव्यापी है। वेदांत के इस सत्य में और प्रकृति-विज्ञान के सत्य में कोई मौलिक अंतर नहीं है। गाँधीजी ने प्रकृति-विज्ञान के सत्य का समर्थन भी किया है। जहां उन्होंने धार्मिक विद्वेष फैलाने के लिए मुल्लाओं और पुरोहितों की निंदा की है, वहां उन्होंने धार्मिक अंधविश्वास दूर करने के लिए आधुनिक विज्ञान की प्रशंसा भी की है। उन्होंने कहा था : "यद्यपि वर्तमान युग के माथे पर तरह-तरह की बुराइयों का टीका लगा है, तो भी जैसे वह आज जबर्दस्ती लादी गई गुलामी सहन करने के लिए तैयार नहीं होगा, उसी प्रकार धर्म-प्रचार में इस तरह का बलात्कार सहन करने के लिए भी तैयार नहीं होगा। आज का युग विज्ञान का युग है और इस वैज्ञानिक दृष्टि से हमने जो कुछ पाया है, उसका शायद सबसे लाभकारी प्रभाव यही है। विज्ञान की इस भावना ने ईसाई तथा इस्लाम धर्म की अनेक भ्रामक धारणाओं को बिल्कुल ही बदल डाला है।"(18/350) विज्ञान के प्रसार द्वारा अंधविश्वासों को खत्म करना, यह सूत्र गाँधीजी की विरासत का बहुत ही मूल्यवान अंश है। आज के भारत में इसे चरितार्थ करने की बहुत बड़ी आवश्यकता बनी हुई है। यह गाँधीजी के 'सत्य' की प्रगतिशील भूमिका है।

(ख) संदेह, जिज्ञासा और श्रद्धा

1894 में गाँधीजी ने धर्म संबंधी एक प्रश्नावली तैयार की थी। उसके कुछ प्रश्न बहुत ही दिलचस्प हैं।

"आत्मा क्या है? क्या वह कर्ता है? उस पर कर्म का प्रभाव पड़ता है या नहीं?

ईश्वर क्या है? वह जगत्‌कर्ता है, यह सही है?

मोक्ष क्या है?

मोक्ष मिलेगा या नहीं—क्या यह इसी देह में रहते हुए ठीक तरह से जाना जा सकता है?

पढ़ने में आया है कि मनुष्य, देह छोड़ने के बाद, कर्म के अनुसार जानवरों की योनि धारण कर सकता है, पेड़ या पत्थर भी बन सकता है। यह सही है?

आर्य धर्म क्या है? क्या सब भारतीय धर्मों की उत्पत्ति वेदों से ही हुई है?

वेद किसने रचे? क्या वे अनादि हैं? यदि ऐसा हो तो अनादि का अर्थ क्या है?

'गीता' किसने रची? ईश्वरकृत तो नहीं है? यदि ऐसा हो तो इसका कोई प्रमाण?

क्या यज्ञ में पशु आदि की बलि से कोई भी पुण्य होता है?

ईसाई कहते हैं, 'बाइबिल' ईश्वर प्रेरित है, ईसा ईश्वर का अवतार, उसका बेटा था। क्या ऐसा था?

अंत में दुनिया की क्या स्थिति होगी?

क्या यह अनीति मिटकर सुनीति स्थापित होगी?

क्या दुनिया का कभी प्रलय होगा?"(1/133-34)

वैज्ञानिक चिंतन के लिए सबसे पहले जिज्ञासा आवश्यक है। वह जिज्ञासा गाँधीजी में विद्यमान थी और यहां प्रचुर मात्रा में दिखाई देती है।

इन प्रश्नों से दो बातें झलकती हैं। इस समय गाँधीजी किन्हीं धार्मिक रूढ़ियों से बंधे हुए नहीं हैं। आत्मा, ईश्वर, संसार आदि के बारे में स्वतंत्र विचारक की तरह वह प्रश्न करते हैं। दूसरी बात यह कि उनके विज्ञान, दर्शन या धर्म-संबंधी प्रश्न सामाजिक समस्याओं से जुड़े हुए हैं। यह संसार सुनीति पर चलेगा या कुनीति पर चलता रहेगा, इस प्रश्न से उनके सामाजिक सरोकार का बोध होता है। इस तरह का संदेहवाद या अनिश्चयवाद भी गाँधीजी के जीवन में उभरता रहा है। 1928 में उन्होंने एक पाठक को लिखा था : धर्मग्रंथों को पढ़ते हुए एक एक पंक्ति का शब्दार्थ नहीं करते जाना चाहिए। उसका सार सोचकर शेष हवा में उड़ा देना चाहिए। (3/384) कई धर्मग्रंथों का अध्ययन वृहद दृष्टि से करन चाहिए। 1928 में 'यंग इंडिया' के एक पाठक ने उन्हें लिखा था : "मैंने 12-5-1927 के आपके 'यंग इंडिया' का पृष्ठ 149 देखा है। उसमें आपने लिखा है : इस संसार में जहां सत्य तथा ईश्वर के सिवा कुछ भी निश्चित नहीं है, निश्चितता का विचार करना ही दोषमय प्रतीत होता है।"(37/362) यह भी विवेकवादी दृष्टि है। गाँधीजी से ईश्वर के बारे में लोग बहुत प्रश्न करते थे। वेदांत के आधार पर उन्होंने इन प्रश्नों का एक उत्तर यह दिया, "एक ऐसी अव्यक्त, अपरिभाषित रहस्यमयी शक्ति अवश्य है, जो विश्व के कण-कण में व्याप्त है। मुझे उसकी प्रतीति होती है हालांकि मैं उसे देख नहीं पाता। यही वह अदृश्य शक्ति है जिसके प्रभाव का अनुभव तो होता है पर वह किसी भी प्रमाण की पकड़ में नहीं आती। क्योंकि मैं अपनी इंद्रियों के जरिए

जिन चीजों का अनुभव कर पाता हूं, वह उन सबसे सर्वथा भिन्न है। वह अतींद्रिय है।"(37/363) संसार में सभी चीजें अतींद्रिय नहीं हैं। जो चीजें इंद्रियों तथा बुद्धि की पकड़ में आती हैं, उन्हें युक्ति से समझना चाहिए। युक्तिहीन विश्वास अंधविश्वास ही होता है। गाँधीजी कहते हैं, "युक्ति से जो कुछ परे है, वह निश्चय ही अयुक्तियुक्त नहीं है, अयुक्तियुक्त विश्वास का नाम तर्कहीन विश्वास है और वह प्रायः अंधविश्वास होता है।"(33/251) वेदांत के साथ मानव-विज्ञान का समन्वय करते हुए उन्होंने लिखा : "इसलिए मार्गदर्शन के लिए जो सूत्र मैंने नम्रतापूर्वक प्रस्तुत किया है, वह यह है कि प्रत्येक ऐसी बात, जो प्रत्यक्षतः प्रमाणित की जा सकती है, श्रद्धा के आधार पर न मानी जाए और जिसके संबंध में निजी अनुभव के अतिरिक्त कोई प्रमाण न दिया जा सके, उसे बिनाहिचक श्रद्धा से मान लिया जाए।"(33/252) यद्यपि गाँधीजी विवेकहीन श्रद्धा का खंडन करते हैं, फिर भी उनकी श्रद्धा कहीं-कहीं अंधविश्वासों के नजदीक पहुंच जाती है। ईश्वर में विश्वास करने के लिए वह कर्मफल में विश्वास करना आवश्यक मानते हैं और यह कर्मफल ईश्वर निर्धारित करता है। "जब तक हम इस शरीर की निश्चित और गंभीर सीमाओं को उचित रूप में नहीं समझ लेते और जब तक ईश्वर में और उसके निर्धारित किए हुए कर्मफल के अपरिवर्तनीय नियम में हमारी स्थायी श्रद्धा नहीं होती, तब तक इस तरह की अनुभूति हो सकना असंभव है।"(33/332) यह दृष्टिकोण उन्हें मृत्यु के स्वागत की ओर ले जाता है, वह मृत्यु को वरदान मानने लगते हैं। "मृत्यु के संबंध में, चाहे वह कभी भी आए, इस तरह का ख्याल करना कि प्रकृति की अर्थव्यवस्था की यह एक विवेकपूर्ण योजना है, कैसा सुखद विचार है? यदि हम अपने पार्थिव अस्तित्व के इस नियम को ठीक से समझ सकें और मित्र और भ्राता के रूप में मृत्यु का स्वागत करने के लिए तैयार रह सकें, तो हम जीवन के ऐसे उन्मादपूर्ण संघर्ष में रत होना छोड़ देंगे।"(33/252) सौभाग्य की बात है कि मृत्यु की कामना करने के बदले गाँधीजी अक्सर 125 वर्ष तक जीवित रहने की इच्छा प्रकट करते थे। विश्वव्यापी ब्रह्म की धारणा से अलग हटकर वह ईश्वर को कर्ता रूप में भी देखते हैं जिसका एक काम मनुष्यों को उनके पापों के लिए दंड देना है। मैं स्वीकार करता हूं, "मेरा यह दृढ़ विश्वास है कि ईश्वर ने सांप, बाघ वगैरह जानवर, हमारे बुरे विचारों के जवाब में बनाए हैं...वे हमारे लिए चेतावनी हैं कि हम बुरे, दुष्ट और विकारयुक्त विचार अपने मन में न रखें।"(33/254)

गाँधीजी ने अनेक बार अंधश्रद्धा का विरोध किया था। उनसे प्रश्न किया गया था, श्रद्धा के साथ विवेक की आवश्यकता है या नहीं? विवेकरहित श्रद्धा को क्या आप अंध श्रद्धा, अंधविश्वास नहीं कहेंगे? और अंधश्रद्धा से तो संसार में बहुत से अनर्थ हुआ करते हैं। गाँधीजी ने उत्तर दिया : "मेरी श्रद्धा तो ज्ञानमयी और विवेकपूर्ण है। जो बुद्धि का विषय है, वह श्रद्धा का विषय कदापि नहीं हो सकता। इसलिए अंधश्रद्धा श्रद्धा ही नहीं है।"(41/383) गाँधीजी से मूर्ति पूजा की विधि के बारे में प्रश्न किया गया। उन्होंने कहा : "मेरे पास मूर्तिपूजा की कोई विधि नहीं है। प्रत्येक मनुष्य या समाज अपनी-अपनी

विधि निश्चित कर सकता है। यही होता भी है। विधि के द्वारा हम उस व्यक्ति या समाज की सभ्यता का दिग्दर्शन करते हैं। विधि में धर्म, कर्म और रिवाज का प्राबल्य ज्यादा है, जैसे भक्त वैसे भगवान। क्योंकि यह सब कल्पना ही है। लेकिन जब तक कल्पना काम करती है, तब तक वही सच्ची वस्तु जैसी प्रतीत होती है।"(41/382) यहां ध्यान देने की तीन चीजें हैं। एक तो धार्मिक विश्वासों के बारे में गाँधीजी सामाजिक विकासवाद का दृष्टिकोण अपनाते हैं, जैसा समाज होता है, वैसी ही उसमें उपासना प्रचलित होती है। दूसरी बात, मनुष्य में ब्रह्म है, इसलिए जैसे भक्त वैसे भगवान्। यहां ब्रह्म और मनुष्य का भेद मिट जाता है। इस धारणा का आधार उपनिषदों का वेदांत है। तीसरी बात, यह सब कल्पना ही है, लेकिन जब तक कल्पना काम करती है, तब तक वही सच्ची वस्तु जैसी प्रतीत होती है। यहां एक संदेहवादी दृष्टिकोण की झलक मिलती है। कल्पना जो कुछ बनाती है, वह सच्ची वस्तु जैसा प्रतीत होता है। अवतारों के बारे में उन्होंने एक दिलचस्प बात कही। "मुझे काल्पनिक उपास्य ही अभीष्ट है। संपूर्णावतार कृष्णचंद्र एक काल्पनिक आदर्श अवतार है। ऐतिहासिक श्रीकृष्ण सदोष है। यदि उपास्य गुण-दोषमय है, तो उपासक में भी उसके गुणदोष अवश्य आएंगे।"(33/383)

देशकालबद्ध उपासना को व्यापक सत्य और अहिंसा से अलग करते हुए गाँधीजी ने एक प्रश्न के उत्तर में कहा : "सत्य और अहिंसा सर्वव्यापक सिद्धांत या तत्व हैं। उपासना मनुष्यकृत एक आवश्यक प्रचंड साधन है। इसीलिए वह देशकाल से परिमित है और उसमें विविधता रहती है, रहना आवश्यक भी है। उसका अंतिम निचोड़ तो एक ही है, जैसे कहा भी है कि, सब नदियों का पानी जिस तरह समुद्र में गिरता है, उसी तरह सब देवों के प्रति की गई वंदना, किया गया नमस्कार मात्र केशव को पहुंचता है।"(33/384)

गाँधीजी अपने लेखों में गीता और उपनिषदों से उद्धरण देते हैं। भारत के बाहर वेदांत से मिलती-जुलती विचारधारा जहां मिलती थी, उसका समर्थन भी करते हैं। ईरान के सूफी कवि जलालुद्दीन रूमी पर एक पुस्तक के बारे में उन्होंने कहा था : इसे पढ़कर हिंदू तथा मुसलमान बहुत लाभ उठा सकते हैं। कारण यह कि रूमी मंदिर-मस्जिद के झगड़े में न पड़कर कहते थे : "अंत में मैंने उसे अपने हृदय में ढूंढा तो मुझे वह वहां दिखाई दिया, अन्यत्र कहीं नहीं।"(7/42) विशाल भौतिक प्रपंच में कण का महत्व बताते हुए गाँधीजी ने लिखा : "यह न समझना चाहिए कि राई का पहाड़ नहीं बनेगा। यह भी होता रहता है। यही खल के खलिस की खूबी है। पर्वत रजकणों से ही बना है। कैसे बना है, यह सोचें तो हम पागल हो जाएंगे। किंतु वह बना है, यह हम देख सकते हैं।" (9/117) प्रकृति के रहस्य जानने के प्रयास में सिर चक्कर खाने लगता है। गाँधीजी उसे प्रकृति कहकर आंखें नहीं मूंद लेते। वह पर्वत के सामने खड़े होकर अणु और द्वत् की कल्पना से अभिभूत हो जाते हैं।

धर्म में गाँधीजी नैतिक तत्व को ही प्रधान मानते हैं। इसी दृष्टि से सभी धर्मों को

बराबर स्थान देते हैं और तुलसीदास को महान् विचारक और कवि मानते हैं। "साधारण हिंदू धर्म सबको मान्य होने लायक है। उसका रहस्य नीति में समाया हुआ है। इस दृष्टि से कहा जा सकता है कि सभी धर्म सच्चे और समान हैं, क्योंकि नीति से अलग कोई धर्म हो ही नहीं सकता।" फिर तुलसीदास के बारे में "हम चाहते हैं कि जो सारांश जनता की सेवा में पेश किया जा रहा है, उसे हर भारतीय पढ़े, उसका मनन करे और जिस नैतिकता का चित्रण इसमें सजीवता से किया गया है, उसे ग्रहण करे।"(9/99-100) वेदांत और नैतिक व्यवहार में गहरा संबंध है। जैसे वेदांती के लिए आत्मा और ब्रह्म में अंतर नहीं है, वैसे ही ब्रह्म की जगह भारत को प्रतिष्ठित करके गाँधीजी ने मगनलाल गाँधी को लिखा, "तुम्ही भारत हो, इस ज्ञान में आत्मा की प्रौढ़ता निहित है। तुम्हारे उद्धार का अर्थ भारत का उद्धार है।" (10/222) उपनिषदों में एक धारा यह है कि आत्मा निर्विकार है, उसका इंद्रियों, संसार से, कर्म से कोई संबंध नहीं है। दूसरी धारा यह है कि वह इंद्रियों से भी काम कराती है और संसार पर शासन करती है। गाँधीजी ने इस दूसरे ढंग की विचारधारा का सहारा लेते हुए दक्षिण अफ्रीका के सत्याग्रह के प्रसंग में लिखा था : "इस बल का प्रयोग करने में समर्थ होने के लिए यह नितांत आवश्यक है कि व्यक्ति अपनी आत्मा को एक लंबे अरसे तक प्रशिक्षित करे, इसलिए कि सोलहों आने खरा सत्याग्रही बनने के लिए उसे यदि सोलहों आने नहीं तो चौदह-पंद्रह आने खरा इंसान बनना ही पड़ेगा।"(12/452) मई 1913 में गाँधीजी ने जमनादास गाँधी को लिखा : "ईश्वर न तो फल देने वाला है और न वह कर्ता है। किंतु यदि देहधारी आत्माओं के मुक्त होने के बाद किसी एक ही आत्मा की कल्पना की जा सकती हो तो वह ईश्वर है और वह जड़ वस्तु नहीं है बल्कि शुद्ध चेतन है। अद्वैतवादियों की भी यही मान्यता है। राजा-जैसे किसी सत्ताधारी ईश्वर की कल्पना किसी भी काल में और किसी भी स्थिति में आवश्यक मालूम नहीं होती। उसकी आवश्यकता मानकर हम आत्मा की अनंत शक्ति की सीमा बांधते हैं।"(12/89) यह वेदांत की सामान्य भूमि है। यहां धार्मिक भेदभाव समाप्त हो जाता है। जनवरी 1946 में गाँधीजी ने भारत में नीग्रो सैनिकों से एक बहुत जोरदार बात कही थी : "मत अनेक हैं, लेकिन धर्म एक ही है।"(83/13) जिन्हें लोग धर्म कहते हैं, वे मतवाद हैं। गाँधीजी ने धर्म शब्द का व्यवहार यहां वेदांतियों की तरह दार्शनिक अर्थ में किया है। सर्वव्यापी ब्रह्म एक है। इसी अर्थ में धर्म एक है। इसके अतिरिक्त वह मनुष्य के नैतिक व्यवहार, उसके कर्तव्यों के अर्थ में भी धर्म शब्द का व्यवहार करते हैं। 1929 की एक टिप्पणी का शीर्षक है 'संयुक्त प्रांत का धर्म'। यहां हिंदू धर्म या इस्लाम की बात नहीं है। मोतीलाल नेहरू के जीवन काल में जवाहरलाल नेहरू कांग्रेस के अध्यक्ष बने। गाँधीजी कहते हैं : "इसलिए भारतवर्ष के प्रति संयुक्त प्रांत का कर्तव्य बहुत ज्यादा बढ़ गया है।"(12/89) धर्म का अर्थ कर्तव्य है, यह इस वाक्य से स्पष्ट हो गया।

क्या धर्म का संबंध लोकोत्तर जीवन से है? इस विषय की चर्चा करते हुए मार्च

1946 में गाँधीजी ने प्रार्थना सभा में कहा : "हमने अपने को इस भ्रम में डाल दिया है कि शास्त्र हमारे अगले जीवन में आत्मा के लाभार्थ है और धर्म का लक्ष्य उसी लोकोत्तर जीवन के लिए पुण्य अर्जित करना है। मैं इस विचार से सहमत नहीं हूं। यदि इस जीवन में धर्म का कोई व्यावहारिक उपयोग नहीं है, तो मेरे लिए तो अगले जीवन में भी उसकी कोई सार्थकता नहीं है।"(83/357-58)

कलात्मक गद्यलेखन

गाँधीजी महात्मा थे। इसके साथ वह कलाकार भी थे। महात्मा बाद में बने, कलाकार पहले थे और आखिर तक बने रहे।

(क) यात्रा वृत्तान्त

4 सितम्बर 1888। डायरी के अंदाज में वह लिखते हैं : "समुद्र यात्रा। लगभग 5 बजे शाम को जहाज का लंगर उठा। यात्रा को लेकर मैं बहुत शंकित था, परंतु सौभाग्य से वह मेरे अनुकूल पड़ी। सारी यात्रा में मुझे प्रवासजन्य कष्ट नहीं हुआ और न उल्टियां हुईं। मेरे जीवन में यह पहली जहाज की यात्रा थी। मुझे यात्रा में बड़ा मजा आया।"(1/9) फिर कुछ आगे : "मुझे जहाज की व्यवस्था बहुत पसंद आई। जब हम कोठरियों या सैलूनों में बैठते हैं तो हमें यह भान नहीं रहता कि ये कोठरियां और सैलून जहाज के हिस्से हैं। कभी-कभी हमें जहाज का चलना महसूस नहीं होता। मजदूरों और खलासियों का कौशल तो सराहनीय है। जहाज में बाजे थे। मैं अक्सर पियानो बजाया करता था।"(1/10) फिर डेक के ऊपर। "कोठरियों में बैठे-बैठे मन अक्सर ऊब उठता है। छत पर खुली हवा मिलती है। अगर आप निःसंकोची हों और जरूरी लियाकत रखते हों तो साथी यात्रियों से मिल-जुल सकते हैं और उनसे बातचीत कर सकते हैं। जब आसमान साफ होता है तब दृश्य बड़ा सुहावना होता है। एक रात को जब चांदनी छिटकी हुई थी, मैं समुद्र का अवलोकन कर रहा था। चंद्रमा का प्रतिबिंब पानी पर पड़ रहा था। लहरों के कारण चंद्रमा ऐसा दिखलाई पड़ता था मानो वह इधर-उधर डोलता हो। एक अंधेरी रात को जब आकाश साफ था, तारों के प्रतिबिंब पानी पर दिखलाई पड़े उस समय हमारे चारों ओर का दृश्य बड़ा सुंदर था। पहले-पहले तो मैं अनुमान ही नहीं कर सका कि यह सब क्या है। ऐसा लगता था मानो इतने सारे हीरे बिखरे हुए हों। परंतु यह तो मैं जानता ही था कि हीरे तैर नहीं सकते। फिर मैंने सोचा कि ये कोई कीड़े होंगे जो रात को ही दीख पड़ते हैं। इन्हीं विचारों में डूबे हुए मैंने आसमान की ओर देखा और फिर मैं समझा कि ये तो और कुछ नहीं, तारों के प्रतिबिंब हैं। मैं अपनी भूल पर हंस

पड़ा। तारों की ये परछाइयां आतिशबाजी की कल्पना कराती हैं। जरा कल्पना कीजिए कि आप किसी बंगले की छत पर खड़े हुए हैं और अपने सामने छूटने वाली आतिशबाजियां देख रहे हैं। मैं अक्सर इस दृश्य का आनंद लिया करता था।" (1/10) सामने एक दृश्य है। कलाकार उसे देख रहा है। साथ ही उसकी कल्पना भी क्रियाशील है। जो सामने नहीं है, उसे भी वह कल्पना में देखता है और दोनों को मिलाकर जो दृश्य है और जो अदृश्य है, इन दोनों को मिलाकर वह एक भरा-पूरा विवरण प्रस्तुत करता है।

एक दूसरी तरह का दृश्य : "मुसीबतें कभी अकेली नहीं आतीं। 'आसाम' में बैठने के बाद समुद्र में तूफान का भी सामना करना पड़ा क्योंकि मौसम वर्षारम्भ का था। हिंद महासागर आमतौर पर शांत रहता है, इसलिए वर्षा काल में वह क्षुब्ध होकर सारी कसर निकाल लेता है। हमें बंबई पहुंचने में समुद्र पर 5 दिन ज्यादा बिताने पड़े। दूसरी रात को तूफान अपने सच्चे रूप में प्रकट हुआ था। बहुत से लोग बीमार हो गए थे। अगर कोई छत पर जाने का साहस करता तो उछलता हुआ पानी झपाटा मारता था। कहीं कुछ कड़ाका होता, कहीं कुछ टूटकर गिरता! कोठरी में शांतिपूर्वक सोया नहीं जा सकता था। दरवाजा फटफटाता रहा। सामान नाचने लगता। बिस्तर पर पड़े लोग बेलन जैसे लुढ़कते। कभी-कभी लगता कि जहाज डूब रहा है। भोजन की मेज पर अब कोई आराम नहीं। जहाज आजू-बाजू लुढ़कता है। उससे कांटे-चम्मच, शोरबे की रकाबियां और सिर का तेल आदि की शीशियों के स्टैंड भी गोद में आ गिरते हैं। तौलिया पीला रंग जाता है। इसी तरह जाने क्या-क्या होता है।"(1/57) यहां कल्पना नहीं, यथार्थवादी चित्रण है। मनुष्य प्रकृति का सामना कर रहा है, वह प्रकृति जो मनुष्य की भावनाओं को नहीं पहचानती, अपने नियमों के अनुसार परिचालित होती है। छोटी-छोटी चीजों पर भी ध्यान केंद्रित किया गया है। यथार्थवादी चित्र भरा-पूरा है।

1920 की फरवरी समाप्त हो रही है। वह काशी में हैं। "हमारे रहने का प्रबंध पंडित जी के साथ ही गंगा तट पर ही किया गया था। अरुणोदय और सूर्योदय का दृश्य सब स्थानों पर भव्य होता है, लेकिन गंगाजी के तट पर तो यह दृश्य मुझे नितांत अद्भुत जान पड़ा। आकाश में जैसे-जैसे प्रकाश बढ़ता जाता, वैसे-वैसे गंगा के पानी पर स्वर्णिम प्रकाश बिखरता जाता है और अंत में जब सूर्य पूर्णतः दृष्टिगोचर होता, उस समय ऐसा प्रतीत होता मानो पानी में एक वृहदाकार स्वर्ण-स्तंभ प्रतिष्ठापित कर दिया गया है। इस दृश्य को कितना भी देखें, आंखों को तृप्ति ही नहीं होती थी। भक्त जनों के कंठ से गायत्री मंत्र अपने-आप स्फुरित हो उठता था। उस भव्य दृश्य को देखने के बाद सूर्य की उपासना, नदियों की महिमा और गायत्री मंत्र के अर्थ को मैं अच्छी तरह समझ सका।"(17/62)

यहां गाँधीजी ऋग्वेद के संसार में हैं। शीघ्र ही वह आधुनिक काशी के वीभत्स यथार्थ के बीच पहुंच जाते हैं। "इसी स्थान पर घूमते हुए मैंने अपने देश और अपने पूर्व-पुरखों के बारे में गर्व का अनुभव किया, लेकिन इसके साथ ही मुझे वर्तमान स्थिति का विचार

करते हुए दुःख भी हुआ। मैंने नदी के किनारे ही लोगों को शौचादि करते हुए देखा। 'जंगल' जाना छोड़कर अब नदी पर जाते हैं। इस पवित्र स्थान पर तो ऐसी स्थिति होनी चाहिए कि हम आंख मूंद कर नंगे पांव चल-फिर सकें। लेकिन इसके बदले हमें बहुत संभल-संभल कर चलना पड़ता है और ऐसी जगह से गंगाजल पीते हुए भी घिन आती है। इस गंदगी के बारे में सोच ही रहा था कि मुझे काशी के विश्वनाथ मंदिर की याद आ गई। मंदिर के पास की संकरी गली, वहां की गंदगी, वहां रखे हुए सड़े फूलों का ढेर, वहां के पुजारी ब्राह्मणों की कठोरता और मलिनता—इन सबके विचार मात्र से मैंने एक लंबी सांस ली तथा मुझे भारतीयों की अवनति के कारणों की याद आई, और तब मुझे पंडितजी तथा उनके कार्यों का खयाल आया। काशी विश्वविद्यालय की सफलता से ही भविष्य में (हम) उनकी कीमत आंकेंगे। इस परीक्षा में क्या वे उत्तीर्ण होंगे?"(17/62) मालवीयजी तो उत्तीर्ण हो गए परंतु उनके समय के विश्वविद्यालय का स्मरण करते हुए ऐसा लगता है, सतयुग के बाद अब हम कलियुग में रह रहे हैं।

अप्रैल, 1921 में वह सिंधु नदी के किनारे थे। "मैं महान् सिंधु नदी के तट पर सुबह-सुबह एक वृक्ष के तले एकांत में बैठा हुआ हूं। वृक्षों पर पक्षी गुंजन कर रहे हैं। दो-तीन स्वयंसेवकों के अतिरिक्त और कोई नजर नहीं आता। एक ओर दूर से कोटरी का पुल दिखाई देता है तो दूसरी ओर पानी के अलावा और कुछ दिखाई नहीं पड़ता। सामने के तट पर मैं वृक्ष और कुछेक घर देख पा रहा हूं। नदी में दो-चार छोटी-छोटी नावें बिना किसी काम के खड़ी हुई हैं। मंद समीर बह रही है, और समीर बहने के कारण नदी का जल अठखेलियां करता हुआ मंद-मधुर स्वर में गा रहा है। जल और रेत सूर्य की किरणों से मिलकर स्वर्ण समान दीप्त हो रहे हैं। सिंधी भाइयों ने मुझे अपने प्रेम-पाश में बांध रखा है।"(20/38) मंद समीर जैसे दो-एक शब्दों को छोड़कर सारा विवरण यथार्थवादी शैली में है। ऐसा लगता है, मानो मुख्य बात कहने के पहले कोई रेडियो प्रसारक सामने के दृश्य का वर्णन कर रहा हो।

सितम्बर 1921 में वह ब्रह्मपुत्र नदी पर थे, जहाज में। "जहाज नदी पर चल रहा है। मेरा तीसरे दर्जे में मुसाफिरी करना तो कभी का बंद हो चुका है।" इसके बाद उस तीसरे दर्जे के सफर पर और पैदल चलने की आवश्यकता पर, उसके बाद फिर नदी। "नदी समुद्र की तरह विशाल जान पड़ती है। बहुत दूरी पर दोनों तरफ के किनारे दिखाई देते हैं। नदी का पाट लगभग दो मील या इससे भी कुछ अधिक होगा। 15 घंटे का सफर है। नदी की भव्य शांति मनोहर प्रतीत होती है। बादलों में छिपा हुआ चंद्रमा पानी पर अपनी हलकी रोशनी बिखेरे है। स्टीमर बढ़ रहा है और उसके पंखों से पानी काटने की मंद ध्वनि कर्णगोचर हो रही है। इसे छोड़कर सर्वत्र शांति छाई हुई है। पर फिर भी मेरे मन को चैन कहां? क्योंकि यह स्टीमर और यह महानद मेरे नहीं हैं।"(21/86-87)

गाँधीजी ने तीसरे दर्जे में रेलगाड़ी का बहुत सफर किया था। उस तरह की यात्राओं की मुसीबतों का वर्णन भी उन्होंने किया है। ऐसी मुसीबतें स्टीमरों और जहाजों में भी

तीसरे दर्जे के मुसाफिरों को उठानी पड़ती थीं। जब वह महात्मा नहीं थे, तब ऐसी यात्राओं में वह साधारण मुसाफिर की तरह दूसरे लोगों से घुल-मिल सकते थे। परंतु जब महात्मा हो गए तब तीसरे दर्जे में भी उनके लिए सुविधाएँ कर दी जाती थीं। इस फर्क पर उन्होंने स्वयं लिखा है : "मैंने रेलगाड़ी के तीसरे दर्जे में और समुद्री जहाज के डेक पर फिर से मुसाफिरी करना शुरू कर दिया है। फलस्वरूप पुराने अनुभव थोड़े फेरबदल के साथ फिर से ताजा हो रहे हैं। जब मुझे लोग बिल्कुल नहीं जानते थे, उस समय मैं आसानी से लोगों में हिल-मिल जाता था और उनके सुख-दुख में पूरी तरह भागीदार होता था। अब मैं एक प्रतिष्ठित 'अछूत' बन गया हूं। अब लोग कर्तव्य समझकर मेरे लिए जगह बना देते हैं। मुझे ऐसी सहूलियतें देते हैं जैसी मेरे दूसरे साथी मुसाफिरों को नहीं देते।" (40/239) अप्रैल 1929 में गाँधीजी ने जहाज से बर्मा की यात्रा की। जाते समय उनके लिए विशेष सुविधाएँ अधिकारियों ने उपस्थित कर दी थीं। संयोग से वह उसी जहाज से लौटे। किंतु इस बार अधिकारियों ने उनके लिए कोई विशेष व्यवस्था नहीं की। इसलिए पहले की अपेक्षा वह लोगों से अधिक मिल-जुल सके और तीसरे दर्जे के यात्रियों की कठिनाइयां पहचान सके। लिखते हैं : "इसमें शक नहीं कि महात्मापन के कारण यहां भी सामान्य यात्रियों के अनुभवों से मैं वंचित ही रहा, फिर भी मैं लोगों की कठिनाइयों में काफी कुछ भागीदार बन सका। इस बार मुझे जहाज के सबसे निचले दर्जे की यात्रा के बारे में अनुभव मिला। उसके आधार पर मैं कह सकता हूं कि रेलगाड़ी की भांति जहाजों में भी सन् 1915 और 1929 की मुसाफिरी के बीच कोई खास फर्क नहीं दीख पड़ा।"(40/239) फर्क इसलिए नहीं दीख पड़ा कि पूंजीवाद जैसा 1915 में था, वैसा ही 1929 में था। इस व्यवस्था में सामान्य जनों का कितना ध्यान रखा जाता है, यह गाँधीजी के विवरण से ज्ञात होगा : "इस बार भी जहाज में मैंने पहले जैसा ही शोरगुल देखा, वैसी ही लापरवाही या उपेक्षा देखी, वैसी ही भीड़भाड़, वैसी ही गंदगी और बदबू देखी। 'एरोंडा' जहाज पर मैंने देखा कि मुसाफिरों के लिए सुरक्षित जगह में मोटर-गाड़ियां, मुर्गे-मुर्गियां और मवेशी भर दिए गए थे। मुसाफिरों की भलाई और उनकी भावनाओं की ऐसी घोर उपेक्षा से मुझे बहुत दुख हुआ। वास्तव में मैंने देखा कि जहाज के मालिक लोग मानव-यात्रियों के मुकाबले अन्य माल तथा पशु-पक्षियों की ज्यादा अच्छी देखभाल करते हैं।"(40/239) मनुष्यों का कोई मूल्य नहीं। जनसंख्या बढ़ती जाती है। कुछ मर गए तो दूसरे उनका स्थान ले लेंगे। लेकिन पशु जीवित माल हैं और जो निर्जीव माल है, वह नष्ट हो जाए तो धन का नाश होता है। इसलिए उसकी देखभाल अधिक सावधानी से की जाती है।

गाँधीजी ने आगे लिखा : "क्योंकि अगर उनकी सार-संभाल में लापरवाही से काम लिया जाए तो जहाज के अधिकारियों को उनकी वजह से आर्थिक नुकसान होने का डर बना रहता है।" गाँधीजी संसार में जो कुछ घिनौना और वीभत्स है, उससे घबराते नहीं। उसका वर्णन करने से चूकते नहीं हैं। उद्देश्य यह होता है कि लोग इसे हटाएँ और स्वच्छ

जीवन के लिए मार्ग प्रशस्त करें। उन्होंने लिखा : "जहाज के पाखाने इतने गंदे थे कि उनका बयान नहीं किया जा सकता। पाखानों तक पहुंचने में मेरी बुरी तरह परीक्षा हो जाती थी, क्योंकि वहां जाने का गलियारा पेशाब की बदबू से भरा होता था, और किसी तरह पाखाने पहुंचने पर मैं देखता था कि पाखाने का दरवाजा आधा भी बंद नहीं होता।"(40/239-40) वीभत्स का बोध सौंदर्य-बोध से जुड़ा हुआ है। जिसमें सौंदर्य बोध जितना ही उत्कट होगा, उतना ही वह वीभत्स से घृणा करेगा, उसे दूर करने का प्रयत्न करेगा। इसलिए जिनमें वास्तव में सौंदर्य-बोध है, वे पूंजीवादी व्यवस्था का विरोध अवश्य करेंगे—इसलिए कि वह निरंतर वीभत्स का सृजन करती है।

भारत के पूर्वी क्षेत्र में गाँधीजी ने प्रकृति के ऐसे सुंदर दृश्य देखे जैसे उन्होंने न यूरोप में देखे थे, न भारत के किसी अन्य भाग में। उनके बारे में उन्होंने लिखा है : "डिब्रूगढ़ छोड़ने के बाद रेलगाड़ी ऐसे कितने ही प्रदेशों से होकर गुजरी, जिनकी शोभा अभी तक आंखों के आगे बनी है। लमडिंग जंक्शन को असम की हद कह सकते हैं। इसके बाद रेल धीरे-धीरे ऊपर को चढ़ती है और एक के बाद दूसरे पहाड़ पर लगातार चढ़ती ही जाती है। पूना के रास्ते में पड़ने वाले घाट, कह सकते हैं इनके आगे कोई चीज नहीं। हवा एकदम बदल जाती है। बीमार आदमी भी तरोताजा हो जाता है। जहां देखिए, वहीं हरी-भरी वादियां। इस हिस्से में बादलों का तो अंत ही नहीं है। कई बार तो बादल टेकड़ियों के नीचे ही रह जाते हैं। कभी-कभी भाप के गोले ऊपर जाकर बादलों में मिलते हुए साफ तौर पर नजर आते हैं। पहाड़ों में से निकलने वाली बड़ी-बड़ी नदियां तो मानो रेल के साथ शर्त बद कर दौड़ती हुई नजर आती हैं। ऐसा दृश्य मैंने तो दुनिया में और कहीं नहीं देखा। अफ्रीका, इंग्लैंड वगैरह के भिन्न-भिन्न दृश्य मैंने काफी देखे हैं, परंतु इसके मुकाबले में टिकने लायक कोई भी दृश्य मुझे नहीं दिखा।"(29/89-90) प्रकृति सुंदर है। गाँधीजी उसके दृश्यों पर मुग्ध हैं। यहां उद्योगीकरण का प्रतीक रेलगाड़ी भी है लेकिन पहाड़ों पर उसका चढ़ना सुंदर लगता है। उससे प्रकृति की शोभा नष्ट नहीं होती। यथार्थवादी ढंग से बादलों के बारे में, पहाड़ों और हरियाली के बारे में, और रेलगाड़ी के चढ़ने के बारे में गाँधीजी ने बहुत ही सजीव गद्य प्रस्तुत किया है। भारत के इसी पूर्वी अंचल में गाँधीजी ने एक दृश्य और देखा जिसे वह कभी नहीं भूलते। यह दृश्य प्राकृतिक नहीं था, मानवकृत था। बारीसाल में उनसे मिलने वहां की वेश्याएँ आईं।

"बारीसाल की कितनी ही पतित बहनों के नाम कांग्रेस के सदस्यों की तरह दर्ज हैं। उन्होंने तिलक स्वराज्य कोष में भी चंदा दिया है। उनकी संख्या 350 के करीब होगी। उन्होंने मुझे पत्र लिखा था कि हम आपसे मिलना चाहती हैं। वे कांग्रेस में कुछ अधिक कार्य करना चाहती थीं। उनका कहना था कि वे क्यों न चुनाव के लिए खड़ी हों और चुनकर आ जाने पर कांग्रेस में कोई पद क्यों न संभालें। ज्यों ही मैं रात को सभा में आया, मैंने कोई 100 बहनों को एक कोने में खड़े देखा। मुझे ध्यान आ गया और मैं बड़े आदर के साथ उन्हें छत पर ले गया। एक दुभाषिए को साथ रखकर शेष पुरुषों को

विदा कर दिया। मैंने उनसे कहा कि तुम दिल खोलकर अपनी बात मुझसे कहो। उनमें चार-पांच 10 वर्ष की लड़कियां भी थीं। कुछ प्रौढ़ और बाकी तो 20 से 30 वर्ष के अंदर होंगी।"(21/93)

गाँधीजी ने कहा : "बहनो, तुम यहां आईं यह बहुत अच्छा हुआ। मैं तो तुम्हें अपनी बहन और बेटियों के समान समझता हूं। मैं तुम्हारे दुख में हाथ बंटाना चाहता हूं। लेकिन यदि तुम मुझ से कुछ छिपाकर रखोगी तो मैं तुम्हें सहायता देने में असमर्थ हो जाऊंगा।" उन्होंने कहा : "आप जो कुछ पूछेंगे हम उसका उत्तर बिल्कुल सही-सही देंगी।"(21/93) गाँधीजी के प्रश्न के उत्तर में उन्होंने बताया : "जिनकी उम्र ज्यादा हो गई है, वे भीख मांगकर अपना पेट भरती हैं।" गाँधीजी ने कहा : "ऐसा करना शोभा देता है?" उन्होंने जवाब दिया : "यह पेट सब कुछ कराता है।" छोटी लड़कियों के बारे में गाँधीजी ने पूछा : "ये तो छोटी छोटी हैं। क्या इनका भी यही हाल है?" उन्होंने उत्तर दिया : "हम तो यह आशा करके आपके पास आई हैं कि आप कोई रास्ता बताएंगे। हममें से कोई भी इस पेशे को नहीं करना चाहती।"(21/94) उन स्त्रियों के बच्चे भी थे। गाँधीजी ने पूछा : "तुम अपनी लड़कियां मुझे दोगी?" उन्होंने कहा : "अगर आप परवरिश करें तो हम दे देंगी।" यदि वे पेशा छोड़ें तो कौन सा काम करेंगी? उन्होंने कहा : "हम जानती हैं, आप क्या काम बताएंगे। हममें से कुछ ने तो सूत कातना शुरू भी कर दिया है।" गाँधीजी कहते हैं : "यह सुनकर तो मुझे बड़ा संतोष हुआ। पर जिन बहनों ने कातना शुरू किया है उन्होंने अपना पेशा छोड़ दिया है या नहीं?" उत्तर मिला : "पेशा तो हमारे लिए आवश्यक बना हुआ है। केवल सूत कातकर हम अपना पेट कैसे पाल सकती हैं?" गाँधीजी ने कहा : "आजकल तुम कितना कमा लेती हो? तुम जवाब देने में शरमाती हो। तुम्हारी शर्म का मतलब मैं समझ सकता हूं। मैं तुम्हारे साथ बात तो कर रहा हूं पर मेरे दिल में आग लग रही है। जो बात हो, वह इस वक्त तो तुम मुझसे कह ही दो।" उन स्त्रियों ने बताया : "बहुत सी 60 रुपए महीना पैदा कर लेती हैं। 2 रुपए रोज पड़ते हैं।" गाँधीजी ने कहा : "यह तो मैं जानता हूं कि इतनी आमदनी सूत कातकर तुम नहीं कर सकतीं। परंतु तुम जो अनेक प्रकार के मनमोहक शृंगार-विलास करती हो, इन्हें तो अब छोड़ ही देना होगा। मैं अकेले तुम्हीं से यह बात कहता हूं, सो नहीं। मेरी धर्मपत्नी ने भी शृंगारों का त्याग कर दिया है। मेरे यहां कम उम्र की लड़कियां हैं। उनके मां-बाप उन्हें बढ़िया किस्म के कपड़े-गहने दे सकते हैं। तो भी वे खादी की धोतियां पहनती हैं और गहना तो किसी तरह का भी नहीं पहनतीं। इस कारण तुमसे बनाव-शृंगार छोड़ देने का इसरार करते हुए मुझे जरा भी दुख नहीं होता।"(21/94-95) इस तरह मनुष्य के व्यवहार में परिवर्तन करके गाँधीजी नए सौंदर्य-बोध की चेतना का प्रसार कर रहे थे। उनमें एक स्त्री ऐसी थी जिसने अपना सब कुछ रामकृष्ण मठ को अर्पण कर दिया था और खुद भिक्षा मांग कर रहती थी। "इस बहन की मैं वंदना करता हूं। अच्छा किया जो उसने सर्वस्व त्याग दिया।"(21/95)

गाँधीजी ने एक स्त्री को लक्ष्य करके कहा : "तुम्हारे हाथ-पैर अच्छे हैं। अगर तुम सूत कातती हुई सादगी से रहो तो और भी पुण्य हो। मैं तो यह चाहता हूं कि हिंदुस्तान का ऐसा एक भी भाई या बहन, जिसके हाथ-पैर दुरुस्त हों, भीख न मांगे—भीख मांगना एक शर्म की बात समझें। ऐसा कहने का समय अब आ गया है। चरखा कामधेनु है। यह तुम्हारे हाथ लग गई है। तुम बहनों के महज सूत कातने भर से मुझे संतोष नहीं हो सकता। तुम्हें बुनना और धुनना भी सीखना चाहिए। तब तुम अपनी जीविका पूरी तरह प्राप्त कर सकोगी।"(21/95) कह सकते हैं यह समस्या का अंतिम समाधान नहीं है। परंतु तात्कालिक समाधान अवश्य था। जिन्हें और कोई सहारा नहीं था, वे सूत कातकर, कपड़े बुनकर कुछ पैसा कमा सकती थीं। दूसरे लोग ऐसा विकल्प उनके सामने पेश करने में असमर्थ थे। चरखे और करघे की एक सीमित और उपयेागी तथा प्रगतिशील भूमिका थी, यह स्वीकार करना चाहिए।

उनमें 11 स्त्रियां तुरंत अपना पेशा छोड़ने के लिए तैयार थीं। उनसे गाँधीजी ने कहा : "अब तुम शादी का तो ख्याल ही छोड़ दो। पर अगर तुम सचमुच शुद्ध हो जाओ तो भूतकाल में तुमने जो कुछ किया है, संसार उसे भूल जाएगा। तुम गृहस्थाश्रम से अलग होकर संन्यासिनी हो सकती हो और भारतवर्ष की सेवा कर सकती हो। अगर तुममें बहुत सी बहनें रोज 12 घंटे तक, ईश्वर का भजन करती हुई काता-बुना करें तो प्रायः सारे बारीसाल को अकेली तुम ही कपड़ा दे सकती हो। तुम्हारी श्रेणी की हिंदुस्तान की सारी बहनें अगर यह गंदा काम छोड़कर कातने का पुण्य कार्य करने लगें तो सहज ही भारतवर्ष का उद्धार हो जाए। इसलिए मैं उम्मीद करता हूं कि तुम 11 बहनें अपने निश्चय पर दृढ़ रहोगी।"(21/95)

गाँधीजी देख रहे थे, उन्होंने मन में जो कुछ अनुभव किया है, उसे भाषा द्वारा पूरी तरह व्यक्त करना ही कठिन है। इस मार्मिक संवाद के अंत में उन्होंने लिखा : "पाठको, आप चाहे भाई हों, चाहे बहन, मैं नहीं कह सकता कि इसे पढ़कर आपके मन पर और हृदय पर क्या असर होगा। मैंने आपके सामने पूरा वर्णन नहीं दिया है। यह तो अपनी शक्ति के अनुसार उसकी छाया भर अंकित की है। चीज की असलियत तो प्रत्यक्ष देखने से ही मालूम होती है।" इसलिए गाँधीजी को यथार्थवादी लेखक कहना नितांत उचित है। "मैं तो स्त्रियों के प्रति किए गए पुरुषों के अपराध की नाप-तौल करता हुआ मारे शर्म के मरा जा रहा था। ये बहनें जानबूझ कर इस पाप में नहीं पड़ीं। पुरुषों ने उन्हें इसमें गिराया है। अपने विषय-भोग के लिए उसने स्त्री-जाति के ऊपर घोर अत्याचार किया है। जिनको इस बात पर दर्द होता हो, उन्हें चाहिए कि वे प्रायश्चित के रूप में इन पतित बहनों को हाथ बढ़ा कर सहारा दें। जब-जब इन बहनों का चित्र मेरी आंखों के सामने आता है, तब-तब मुझे ख्याल होता है कि अगर ये मेरी ही बहनें या लड़कियां होती तो—? और होती तो क्यों, हैं ही। उनको उठाना मेरा काम है, प्रत्येक पुरुष का काम है।"(21/96)

गाँधीजी ने जो कुछ भी लिखा है, उसमें यह अत्यंत करुण और मार्मिक प्रसंग है। करुणा मनुष्य को निष्क्रिय कर दे, उसे नीचे गिराए, पस्त कर दे, यह आवश्यक नहीं है। करुणा मनुष्य को संघर्ष की प्रेरणा भी दे सकती है। गाँधीजी ने एक दर्दनाक स्थिति का ही चित्रण नहीं किया, उससे उबरने का रास्ता भी बताया। पुरुष सत्ताक समाज में स्त्रियों पर बहुत अत्याचार हुए हैं, यह बात सही है। किंतु पुरुष सत्ताक समाज में सभी पुरुषों के अधिकार एक से नहीं होते। कबीलाई समाज हजारों बरस तक जीवित रहते हैं परंतु उनमें कहीं वेश्यावृत्ति नहीं देखी जाती। स्त्रियां स्वाधीन जीवन बिताती हैं। पुरुषों के समान ही समाज में उनका स्थान ऊंचा होता है। परंतु जैसे ही सामंती संबंधों का विकास होता है, भूमि का केंद्रीकरण होता है, पुरोहित और महाजन शक्तिशाली बनते हैं, वैसे ही वेश्यावृत्ति का चलन भी होता है। संसार में कोई समाज ऐसा नहीं है जिसमें भू-संपत्ति का केंद्रीकरण हुआ हो और वेश्यावृत्ति का चलन न हुआ हो।

गाँधीजी ने यह लेख सितंबर 1921 में लिखा था। लगभग उसी समय प्रेमचंद ने 'प्रेमाश्रय' उपन्यास लिखा था। उसमें कुंवर अनिरुद्ध सिंह कहते हैं : "हमें वेश्याओं को पतित समझने का कोई अधिकार नहीं। यह हमारी परम धृष्टता है। हम रात-दिन जो रिश्वतें लेते हैं, सूद खाते हैं, दीनों का रक्त चूसते हैं, असहाय का गला काटते हैं, कदापि इस योग्य नहीं कि इस समाज के किसी अंग को नीच या तुच्छ समझें। सबसे नीच हम हैं, सबसे बड़े पापी, दुराचारी, अन्यायी हम हैं, जो अपने को शिक्षित, उदार और उच्च समझते हैं। हमारे शिक्षित भाइयों ही की बदौलत दालमंडी आबाद है, चौक में चहल-पहल है, चकलों में रौनक है। ये मीना बाजार हम लोगों ने ही सजाए हैं, ये चिड़ियां हम लोगों ने ही फंसाई हैं, ये कठपुतलियां हमने ही बनाई हैं। जिस समाज में अत्याचारी जमींदार, रिश्वती कर्मचारी, अन्यायी महाजन, स्वार्थी बंधु आदर और सम्मान के पात्र हों, वहां दालमंडी क्यों न आबाद हो? हराम का धन हरामकारी के सिवा और कहां जा सकता है? जिस दिन नजराना, रिश्वत और सूद-दर-सूद का अंत होगा, उसी दिन दालमंडी उजड़ जाएगी, ये चिड़ियां उड़ जाएंगी—पहले नहीं।"

गाँधीजी ने बहुत तरह का गद्य लिखा है। मूलतः वह पत्रकार हैं। उनका कलात्मक गद्य लेखन इसी पत्रकारिता के अंतर्गत है। अधिकांश पत्रकारिता घटनाओं के विवेचन से संबंधित है। जहां-तहां वह घटनाओं का वर्णन भी करते हैं। उनके यात्रा-वृत्तांत सर्वाधिक रोचक हैं। उन्होंने विधाओं के विचार से गद्य नहीं लिखा। किंतु ये विधाएँ उनके गद्य में उभर आती हैं। संस्मरण, रेखाचित्र, यात्रा-वृत्तांत आदि-आदि विधाएँ उनके साहित्य में देखने को मिलती हैं। इन्हीं में एक विधा है ललित निबंध की। गाँधीजी का एक ललित निबंध है 'पांचसौवीं मंजिल'। यह मंजिल वायसराय का आवास है और शिमला में है। जैसा कि उसके शीर्षक से विदित होता है, निबंध व्यंग्यपूर्ण है। वेश्याओं से अपनी बातचीत के संबंध में उन्होंने जो कुछ लिखा है, उसमें करुणा का प्रवाह है। और इस 'पांचसौवीं मंजिल' में शिमला और वायसराय के बारे में जो कुछ वह कहते हैं,

उसमें आक्रोश भरा हुआ है। करुणा-आक्रोश परस्पर विरोधी भाव मालूम होते हैं। वास्तव में ऐसा है नहीं। जिस करुणा से द्रवित होकर वह वेश्याओं के बारे में लिखते हैं, उसी करुणा से आक्रोश का जन्म होता है। लोगों की जो करुण स्थिति है, उसके लिए जिम्मेदार कौन है? जब वे जिम्मेदार लोग उनके सामने होते हैं, तब करुणा का स्थान आक्रोश ले लेता है। 'पांचसौवीं मंजिल' उच्च कोटि का राजनीतिक लेखन है, साथ ही वह श्रेष्ठ ललित निबंध भी है। व्यक्तिपरक निबंध, अंग्रेजी में जिसे 'पर्सनल एस्से' कहते हैं, कुछ-कुछ उसी तरह का यह निबंध है। इस तरह के निबंधों में विनोद भाव रहता है, हास-परिहास रहता है। उसके साथ कहीं-कहीं व्यंग्य भी होता है।

(ख) हास-परिहास और व्यंग्य

गाँधीजी लेख की शुरुआत यों करते हैं : "मैंने शिमला का नाम सुना था, उसे देखा न था। देखने की इच्छा होती थी लेकिन जाते हुए भय होता था। मुझे ऐसा लगा करता था कि शिमला में मैं खो जाऊंगा। शिमला में मैं अकेला व्यक्ति ही जंगली के समान दिखाई दूंगा, मुझे ऐसा भी प्रतीत होता।"(20/115) यहां व्यक्तिगत संस्मरण वाला अंश है, अपने व्यक्तित्व का प्रकाशन भी है। उसके बाद कहते हैं : "अब शिमला देखा। मैं अभी भारतभूषण पंडित मालवीयजी से मिलकर आया हूं, उनकी छत्रछाया में हूं। मकान का नाम 'शांत कुटी' है और यहां आसपास मेरे अपने साथी हैं। जलवायु सुंदर है। प्रकृति ने अपना सौदर्य बिखरा देने में कुछ उठा नहीं रखा है। ये पहाड़ हिमाचल के अंग हैं। मुझे बाहरी वातावरण से तनिक भी शांति नहीं मिलती और अगर मेरी (मानसिक) शांति का आधार बाहर के वातावरण पर ही निर्भर करता हो तो मुझे यहां से भाग जाना पड़ेगा अथवा मैं पागल हो जाऊंगा।" इन वाक्यों से पहले कहीं यह आभास नहीं होता कि गाँधी किस पर व्यंग्य कर रहे हैं। पर आखिर तक पहुंचते-पहुंचते जब वह कहते हैं : "अथवा मैं पागल हो जाऊंगा", तब उनकी मानसिक प्रतिक्रिया का अनुमान होता है कि वह ऊपर से दिखने वाली शांति से भीतर-भीतर कितने क्षुब्ध हो रहे हैं।

फिर शिमले में रिक्शे की सवारी। "शिमला पर राशि-राशि पैसा खर्च किया जाता है। मेरे जैसे अभिमानी को भी यहां नीचा देखना पड़ा। शिमला में घोड़े अथवा रिक्शे की सवारी मिलती है। दक्षिण अफ्रीका में कभी रिक्शे पर नहीं बैठा। लेकिन मेरी कमजोरी ने यहां मुझे उस पर बैठने के लिए विवश कर दिया। छोटे-बड़े स्त्री-पुरुष सभी रिक्शे में बैठते हैं। मोटर चलाना मना है, जो उचित भी है। घोड़ा-गाड़ी का सिर्फ वायसराय महोदय और एक दो अन्य अधिकारी ही इस्तेमाल कर सकते हैं। यह भी ठीक लगता है। यहां की सड़कें संकरी हैं। ऊंचे-पहाड़ों पर बनाई गई सड़कें संकरी ही होती हैं। इन सड़कों पर गाड़ियों का आवागमन बहुत नहीं हो सकता।"(20/115-16) यहां तक विवरण हुआ। इसके बाद विनोद-भाव से आगे बढ़ते हुए वह व्यंग्य की जमीन पर पहुंच

जाते हैं : "लेकिन आश्चर्य तो यह है कि रिक्शा यहां इतनी आम सवारी हो गई है मानो गाड़ी में जुतना हमारा सहज धर्म हो। रिक्शा ले जाने वाले भाइयों से मैंने पूछा : तुम यह धंधा क्यों करते हो? जवाब मिला : पेट तो भरना है न। यह जवाब अपने में पूरा नहीं है सो मैं जानता हूं। और फिर वे शौक की वजह से जानवर बनते हैं, ऐसा तो कदापि नहीं कहा जा सकता। मेरी शिकायत तो यह है कि हम खुद ही मनुष्य को जानवर बनाते हैं। फिर अगर हम साम्राज्य के बैल बने हुए हैं तो इसमें आश्चर्य की क्या बात है?"(20/116) यहां साम्राज्य के ऊपर व्यंग्य है और जो साम्राज्य की छत्रछाया में सुखी जीवन बिता रहे हैं, उन भारतवासियों पर भी व्यंग्य है। व्यंग्य का स्रोत वह मानवीय संवेदना है जो मनुष्यों का जानवर की तरह रिक्शा खींचना सहन नहीं करती। जो मनुष्यों से ऐसा काम कराता है वह स्वयं पशु है। गाँधीजी कहते हैं : "रिक्शा का उपयोग सिर्फ अंग्रेज ही करते हों, सो नहीं। बल्कि जितने मुक्त भाव से वे उसका प्रयोग करते हैं, उतने ही मुक्त भाव से हम भी करते हैं। दूसरों को बैल बनाने में सहयोग देकर हम स्वयं भी बैल बन गए हैं।" पहाड़ के ऊंचे-नीचे मार्गों पर रिक्शा चलाने में बहुत परिश्रम करना पड़ता है। रिक्शा चालकों के परिश्रम के बारे में गाँधीजी कहते हैं : "एक रिक्शा पीछे चार व्यक्ति होते हैं। इनमें से तीन को प्रति मास 18 रुपए और चौथे को उनका अगुआ होने के कारण 20 रुपए मिलते हैं। रास्ते में इतना उतार-चढ़ाव होता है कि चार व्यक्ति होने के बावजूद वे हांफ उठते हैं। यह भी सौभाग्य की बात है कि रिक्शे की बनावट कुछ ऐसी होती है कि उसमें एक ही व्यक्ति बैठ सकता है।" रिक्शा बनाने वाले रिक्शा चलाने वालों के प्रति सहृदय थे। उन्होंने रिक्शे में एक ही आदमी के लिए बैठने की जगह रखी थी। अगर दो या अधिक आदमियों के बैठने के लिए जगह रखते तो कोई उनका क्या बिगाड़ लेता?

इसके बाद गाँधीजी शिमला की ऊंचाई का जिक्र करते हैं और लेख को जो शीर्षक दिया गया है, उसका रहस्य उद्‌घाटित करते हैं : "शिमला 7,500 फुट की ऊंचाई पर स्थित है। यदि लोग इतनी ऊंचाई पर से चलने वाले राजकाज का अर्थ समझ लें तो यह साम्राज्य क्या है, इसका उन्हें पता चल जाए। बंबई के सारे व्यापारी अगर सबसे ऊपरी मंजिल पर बैठ कर व्यापार करें तो ग्राहकों का क्या हाल होगा? चौथी मंजिल लगभग 60 फुट ऊंची होगी। हिंदुस्तान का व्यापार करने वाले इस सरकार रूपी व्यापारी के 30 करोड़ ग्राहकों को 60 फुट के बदले साढ़े सात हजार फुट ऊंचा जाना पड़ता है। बंबई का व्यापार चौथी मंजिल से नहीं चल सकता, सो हम जानते हैं। हिंदुस्तान का व्यापार 500वीं मंजिल पर चलता है। फिर अगर हिंदुस्तान भूखा मरता है तो इसमें आश्चर्य की क्या बात है? शिमला नगर की तलहटी में 3 करोड़ बच्चे भूख से बिलबिलाते रहते हैं, हमें इसमें अब कुछ आश्चर्य की बात नहीं जान पड़नी चाहिए।"(20/116) बारीसाल नगर की प्रकृति सुंदर थी किंतु वहां वीभत्स वेश्यावृत्ति का चलन था। शिमला और उसके आसपास की प्रकृति और भी सुंदर है किंतु उसकी तलहटी में तीन करोड़ बच्चे भूख से

बिलबिलाते रहते हैं, यह उससे भी अधिक भयानक है। भारत एक दिन स्वाधीन होगा। क्या उस समय शासक वर्ग और जनता के बीच ऐसा ही फासला रहेगा? भविष्य की ओर देखते हुए गाँधीजी कहते हैं : "स्वराज्य का कारोबार भी अगर उसी मंजिल से चलाया जाए तो वह स्वराज्य नहीं हो सकता।"

गाँधीजी को बंबई के सेठ फिर याद आते हैं। वे ऊंची मंजिल पर रहते हुए व्यापार करते हैं। पर ऊंची मंजिल पर रहने का खर्च वे स्वयं नहीं उठाते, उसे ग्राहकों से वसूल करते हैं। वायसराय उनसे भी ज्यादा ऊंची मंजिल पर रहता है और उसका खर्च वह भारत की जनता से वसूल करता है। वायसराय के साथ उसके तमाम कारिंदे और कर्मचारी हैं। इनका सारा खर्च भारत की जनता वहन करती है। इसलिए वह जनता दिन प्रतिदिन मुफलिस होती जाए तो यह स्वाभाविक है। गाँधीजी कहते हैं : "लेकिन कोई समझदार व्यक्ति कहेगा कि मैंने ठीक-ठाक तुलना नहीं की है। भले ही सेठ 7,500 फुट की ऊंचाई पर रहे लेकिन वह अपने गुमाश्तों को, पटवारी को, पटेल को और मामलतदार को तो जमीन पर ही रखता है। यदि सेठ अपने खर्च से 500वीं मंजिल पर रहता हो तो इस दलील में कुछ सचाई हो सकती है लेकिन सेठ तो वहां ग्राहक के खर्च पर रहता है। सेठ वहां रहने का खर्च लेता है और अपना लाभ भी लेता है। ऐसे व्यापारी के ग्राहकों का दीवाला निकल जाए, वे भिखारी बन जाएँ तो इसमें आश्चर्य की क्या बात है?"(20/116-17) गाँधीजी को मंहगाई के प्रसंग में गंगाजल याद आता है। इस देश में गंगाजल भी बिकता था। लिखा है : "यह तो बहंगी में गंगाजल ले जाने से भी ज्यादा महंगा हुआ। गंगाजल की बहंगी रामेश्वरम् तक जाती थी। एक लुटिया भर गंगाजल का दाम देने वाला ही जानता है कि वह गंगाजल महंगा था अथवा सस्ता।"(20/117) फिर शिमला में महंगाई का जिक्र करते हैं। "शिमला में बहुत ज्यादा आबादी हो गई है। सारे घर भर गए हैं। महंगाई तो होगी ही। पानी भी दो-एक हजार फुट नीचे से आता है। लोटा भर पानी इस्तेमाल करते हुए शर्म आती है। जहां हम रहते हैं, वहां पानी तो मिल जाता है पर हमें दिन भर ही उसकी जरूरत पड़ती है, इसलिए पानी भरने वाले को बहुत श्रम उठाना पड़ता है। शिमला के आसपास झरने नहीं हैं।"

इसके बाद स्वराज्य और नैतिक संबंधों के बारे में कहते हैं : "स्वराज्य प्राप्त करने का अर्थ यह हुआ कि सरकार को 500वीं मंजिल के नीचे जमीन पर लाना और अपने तथा उसके बीच स्वाभाविकता पैदा करना—फिर भले ही वह ब्रिटिश सरकार हो अथवा देसी। भेद काले गोरे का नहीं है, भेद ऊंच-नीच का है। ब्राह्मण वह है जो भंगी की सेवा करे, वह नहीं जो भंगी के कंधों की सवारी करे। जो जनता और अपने बीच 500वीं मंजिलों का अंतर रखता है, वह राजा नहीं है। कर्मों से हम सुखी अथवा दुखी, राजा अथवा रंक होकर जन्म लेते हैं। सुखी पुरुषार्थ करके दुखियों के दुख को टालता है, राजा पुरुषार्थ करके रंक को अपने समान बनाने का प्रयत्न करता है अर्थात् स्वयं राजा होते हुए भी जानबूझकर रंक बनता है। ईश्वर दासानुदास बनकर ऐश्वर्य प्राप्त करता है,

पतित को पावन करके स्वयं पूजनीय बनता है। शिमला में मुझे ठीक इसका उलटा दिखाई दिया और मेरा हृदय रो उठा।"(20/117) यहां निबंध समाप्त हो जाता है। अंतिम अंश में उन्होंने कर्मवाद के सिद्धांत की ओर संकेत किया है। यह निबंध का महत्वपूर्ण अंश नहीं है। महत्वपूर्ण अंश वह है जिसका संबंध आज के भारत से है। पूर्व जन्म में किसने क्या किया, उसकी चिंता नहीं। जिस वायसराय के बारे में गाँधीजी ने इतना लिखा, उसे कर्मवाद से कोई वास्ता नहीं था। महात्मा सदा मधुर भाषा का व्यवहार करते हैं। व्यंग्य-बोल और साधु-महात्मा, ये दो अलग चीजें मालूम होती हैं। परंतु गाँधीजी कलाकार थे। वे कितना सधा हुआ व्यंग्य और कैसा सार्थक व्यंग्य लिख सकते थे, यह लेख उसका उदाहरण है।

करुणा और आक्रोश का कैसा घनिष्ठ संबंध है, यह उनके एक अन्य टाटा-संबंधी लेख से भी जाना जा सकता है। टाटा का घराना महाराष्ट्र के एक गांव से किसानों को हटाकर जमीन ले रहा था। किसान असंतुष्ट थे। जितना मुआवजा उन्हें मिलना चाहिए था, वह उन्हें न मिला था। गाँधीजी ने सलाह दी थी कि टाटा उन लोगों से जाकर बात करें और किसी गरीब आदमी को दुखी न होने दें। उद्योगीकरण के पक्ष में बहुत सी दलीलें दी जाती थीं। कल्याणकारी योजनाओं के लिए किसानों को जमीन से हटाना आवश्यक है, ऐसी बात कही जाती थी। गाँधीजी ने उन दलीलों का खंडन करते हुए लिखा : "यदि एक भी गरीब आदमी को कुछ भी नुकसान उठाना पड़े तो फिर उस टाटा योजना का क्या मूल्य रह जाएगा जो भारत के लिए इतनी कल्याणकारी बताई जाती है? कहने को तो यह भी कहा जा सकता है कि अगर भरपेट रहने वाले तीन करोड़ स्त्री-पुरुषों और लाखों भूखे-नंगे इंसानों को गोली मार दी जाए और उनकी लाशों को खाद के काम में लिया जाए या उनकी हड्डियों से चाकुओं के बेंट बना डाले जाएँ तो रोग और निर्धनता की समस्या आसानी से हल की जा सकती है।" अंग्रेजी में ऐसा तीखा व्यंग्य स्विफ्ट ने लिखा है। गाँधीजी ने, पता नहीं, स्विफ्ट की रचनाएँ पढ़ी थीं कि नहीं, परंतु दृष्टिकोण बहुत मिलता-जुलता है। आयरलैंड पर अंग्रेज राज कर रहे थे, और वहां भुखमरी थी और भारत पर अंग्रेज राज कर रहे थे, यहां भी भुखमरी थी। परंतु संदर्भ यहां विदेशी पूंजी का नहीं, देसी पूंजी का है। पूंजीवादी प्रसार से कितने ही किसान उजड़ जाते हैं, यह गाँधीजी देख रहे थे। इस प्रक्रिया को अनिवार्य मानकर वह सारा अन्याय चुपचाप सहने के पक्ष में नहीं थे। उनकी सहानुभूति उन किसानों के प्रति थी जिनके घर उजाड़े जा रहे थे। साधु पुरुषों को क्रोध न करना चाहिए, यह बात वह जानते थे। उन्होंने अपने क्रोध को दबाया था। दबाया हुआ क्रोध तीव्र व्यंग्य के रूप में यहां फूट पड़ा है। दक्षिण अफ्रीका में गोरे जमींदारों को गिरमिटिया मजदूरों पर अत्याचार करते देखकर एक जगह गाँधीजी ने उन जमींदारों के लिए हरामखोर शब्द का व्यवहार किया है : "जो बच्चे गत वर्ष आए, वे कहीं के न रहे। कोई भी हरामखोर उनके प्रति क्रूरता बरत सकता है।"(10/332) इसी तरह कर्मचारियों के एक वर्ग-विशेष को गाँधीजी ने

'बेईमान' कहा है। गुजरात में फसल कितनी हुई, इसका निर्धारण मुखिया की मदद से तलाती कर्मचारी करते थे। उनके लिए गाँधीजी ने लिखा : "तलाती लोगों का पूरा वर्ग ही चापलूस, बेईमान और अत्याचारी होता है।"(14/273) चापलूस, बेईमान जैसे शब्द किसी महात्मा के मुंह से निकलेंगे, हम ऐसी आशा नहीं करते। परंतु गाँधीजी अत्याचार होते देखकर सहज ढंग से अपना क्रोध व्यक्त भी कर सकते थे। इन शब्दों का व्यवहार उसका प्रमाण है।

(ग) गद्य शैलीकार

किसी को हरामखोर या बेईमान कहना उसे गाली देना है। इसमें कोई विशेष कला नहीं है। परंतु गालियां कलात्मक ढंग से दी जा सकती हैं। गाँधीजी ने गालियों की एक विशेष विधा–'सत्याग्रही गालियां'– निकाली थी। लिखा : "सत्याग्रही गालियां अनंत हैं। जिस प्रकार प्रेम की कोई सीमा नहीं है, उसी प्रकार सत्याग्रही गालियों की कोई सीमा नहीं है। यदि मैं वल्लभभाई को सत्याग्रही गालियां देना चाहूं तो मैं यह कहूंगा : 'यह पटेलवा खुद तो नंगा हो ही गया है अब दूसरों को भी लूटने लगा है। इसीलिए उसकी नजर में 10 लाख रुपए कोई चीज नहीं।' अब्बास साहब (अब्बास तैयब जी) को यदि सत्याग्रही गालियां देनी हो तो कहेंगे : "बुड्ढा ठहरा। घर-बार छोड़कर सारा दिन भटकता-फिरता है। उसे न धूप की परवाह है, न छांह की। लोगों को परेशान करता ही रहता है। बुड्ढे का क्या? उसे रोक भी कौन सकता है।"(24/125) जो गालियां गढ़ सकता है, उसे गद्य लिखने में अच्छा शैलीकार होना चाहिए। गाँधीजी जानबूझकर शैली नहीं संवारते, पर सहज ढंग से जब वह बातें करते हैं और जब भाव उन्हें प्रेरित करते हैं, तब उनकी शैली में अनेक विशेषताएँ अपने आप पैदा हो जाती हैं। गालियों की तरह उपमाएँ गढ़ने में वह चतुर हैं। आमतौर से उपमाएँ सामान्य जीवन से ली जाती हैं।

दक्षिण अफ्रीका के सत्याग्रह के बारे में कहते हैं : "सत्याग्रह का संघर्ष त्रैराशिक जैसा है। गाड़ी जितनी मजबूत हो, उतना ही बोझ उस पर लाद सकते हैं।"(9/92) पहली उपमा से पता चलता है, वह गणित में कुशल थे। दूसरी उपमा ऐसी है जिसे हर आदमी समझ सकता है।

गाँधीजी ने एक जगह अपने बारे में लिखा : "मैं तो स्वभाव से ही जरा मजाक पसंद ठहरा।" (21/451) बात बिल्कुल सही है। गाँधीजी की परिहास-बुद्धि का एक अच्छा उदाहरण 1892 में लिखे समुद्री यात्रा के इस वर्णन में है : "हमें नाश्ते को हजम करने का समय भी मुश्किल से मिल पाता कि डेढ़ बजे दोपहर को फिर से भोजन की घंटी बज जाती थी। दोपहर का भोजन भी उतना ही अच्छा होता था जितना कि नाश्ता। उसमें यथेष्ट मांस और शाक, चावल, सालन और रोटी आदि वस्तुएँ होती थीं। किसी चीज की कमी दिखलाई नहीं पड़ती। हफ्ते में दो दिन दूसरे दर्जे के यात्रियों को साधारण भोजन

के अलावा फल आदि दिए जाते थे। परंतु यह भी बस नहीं था। भोजन का माल-मसाला इतना सुपाच्य होता था कि 4 बजे शाम को हमें ताजगी देने वाली चाय के प्याले और कुछ बिस्कुटों की जरूरत महसूस होती थी। परंतु शाम की हवा चाय के उस 'छोटे-से प्याले' का सारा असर इतनी जल्दी हर लेती कि साढ़े छः बजे हमें अच्छे-खासे नाश्ते के साथ चाय दी जाती—जिसमें डबल रोटी, मक्खन, फलों के मुरब्बे, सलाद, मांस, चाय, काफी आदि होती थी। समुद्र की हवा इतनी स्वास्थ्यवर्धक मालूम होती थी कि लोग कल्पना ही नहीं कर पाते थे कि थोड़े से, बिल्कुल ही थोड़े (सिर्फ आठ या दस-ज्यादा से ज्यादा पंद्रह) बिस्कुटों, थोड़ा-सा पनीर और थोड़ी-सी अंगूरी शराब या बियर लिये बिना सोने जाना संभव ही नहीं है। इस सबकी दृष्टि से क्या निम्नलिखित पंक्तियां बिल्कुल सही नहीं है।

"तुम्हारा जठर ही तुम्हारा भगवान है, तुम्हारा उदर ही तुम्हारा मंदिर है, तुम्हारी तोंद ही तुम्हारी बेदी है, तुम्हारा रसोइया ही तुम्हारा पुरोहित है। तुम्हारा प्रेम पकाने के बर्तनों में ही उद्दीप्त होता है, तुम्हारी श्रद्धा रसोईघर में ही तीव्र होती है, तुम्हारी सारी आशा मांस की थालियों में ही छिपी रहती है। बार-बार दावतें देने वाले के बराबर, उत्तम भोजन कराने वाले के बराबर, अभ्यस्त स्वास्थ्य-पान कराने वाले (अर्थात् शराब पिलाने वाले) के बराबर तुम्हारे आदर का पात्र कौन है?"(1/53-54) दक्षिण अफ्रीका के भारतीय व्यापारियों पर सरकार ने प्रतिबंध लगाया था। गाँधीजी ने सरकार पर व्यंग्य करते हुए कहा : "मुंह खोलने के लिए भी इस देश में महमूदी लगती है—खर्च लगता है।"(7/49) पाद टिप्पणी में बताया गया है महमूदी 'चांदी का पुराना सिक्का' था। यहां गाँधीजी ने गुजरात की ऐतिहासिक परम्परा से उपमान लिया है।

अनेक स्थानों पर वह किसानों के जीवन से उदाहरण देते हैं। बंग-भंग के प्रसंग में उन्होंने लिखा : "बीज कभी दिखलाई नहीं पड़ता। वह अपना काम मिट्टी के नीचे करता है और जब उसका अस्तित्व मिट जाता है, अंकुर तभी जमीन के ऊपर दिखाई देता है।"(10/11) दिवाली और हिंदू-मुस्लिम एकता के प्रसंग में उन्होंने कहा : "चौमासा ठीक न गया हो तब भी हम जाड़ों की फसल अच्छी होने की आशा रखें तो वह हवाई किले बनाने के समान होगी।"(10/368) सड़क पर मोटर आते देखकर कभी-कभी गाड़ी में जुते हुए बैल भड़क जाते हैं। किसानों की एक सभा में गाँधीजी ने कहा : "जब सड़क पर कोई मोटर निकलती है तो (गाड़ी में जुता) बैल उसे देखकर डर जाता है। भयभीत आंखों को देखकर मुझे दया आती है। मोटर पास आते देखकर वह थर-थर कांप उठता है और कई बार तो गाड़ी उलट जाने का भय होता है। बैल का भय अकारण है। हमारी दशा भी बैल ही जैसी है। मनुष्य के लिए यह उपमा बहुत कठोर है, किंतु है बिल्कुल वास्तविक।"(14/308-09) आंदोलन में कुछ लोग ढुल-मुल हों, इधर-उधर खींचतान करें तो आंदोलन को नुकसान पहुंचेगा। गाँधीजी पुनः किसानों के जीवन से उदाहरण देते हैं, "जब हमारी शांति का बल अधिक होगा तभी हमारी गाड़ी आगे चल सकती है। एक

गाड़ी में 4 बैल हों और उनमें से एक मर जाए या छूट निकले तो उसका बोझ बाकी के तीन बैलों को उठाना पड़ता है। परंतु अगर चार में से एक छूटे या मरे तो नहीं, पर विद्रोही हो जाए–उलटे रास्ते जाने लगे, तो बाकी के तीन बैलों का काम केवल इतना ही नहीं रहेगा कि एक का बोझा और उठाएँ, उन्हें उस उलटा चलने वाले उपद्रवी को रोकने की शक्ति भी प्राप्त करनी होगी।"(21/50) पूर्वजन्म के पुण्यफल से मनुष्य को भारत में जन्म लेने का सौभाग्य प्राप्त होता है, इस धारणा की पुष्टि करते हुए गाँधीजी ने कहा : "प्रत्येक व्यक्ति कर्जदार के रूप में जन्म लेता है। उसे अगर किसी से कुछ लेना है तो इसका उसे भान तक नहीं होता, होना भी नहीं चाहिए। जो व्यापारी अपने उधार खाते की जांच कर लेता है, उसे अपने जमा खाते की फिक्र ही नहीं करनी पड़ती।"(20/39) यहां गाँधीजी ने उदाहरण व्यापारियों के जीवन से लिया है। संगीत प्रेमी जब समुद्री यात्रा करे तो स्वभावतः उसे लहरें गाती हुई प्रतीत होंगी। गाँधीजी ने 1906 में लिखा था : "यह जहाज एक गांव के समान है। इसमें एक हजार व्यक्ति होंगे। फिर भी न कोई आवाज है, न गड़बड़ी। सब अपना-अपना काम करते रहते हैं। केवल लहरें गाया करती हैं, और याद दिलाती हैं कि उनकी गति निरंतर चलती ही रहती है।"(5/482)

गाँधीजी ने लेखन-कौशल कुछ तो साहित्यकारों से सीखा और कुछ साहित्य से दूर रहने वाले व्यापारियों से सीखा। व्यापारियों की एक सभा में उन्होंने कहा था : "हमने संक्षेप में और प्रसंगानुकूल बोलने की आदत गुजराती व्यापारियों के वातावरण में से सीखी होगी।"(13/279) प्रसंगानुकूल संक्षेप में बात कहना यह गाँधीजी के लेखन की विशेषता है। संस्मरण, रेखाचित्र, यात्रा-वृत्तांत, राजनीतिक टिप्पणियां–किसी भी तरह का लेखन हो, फालतू शब्दों का व्यवहार वह नहीं करते। उनके बोले और लिखे गद्य की भाषा में विशेष अंतर नहीं है। परंतु लिखा हुआ गद्य अधिक कसा हुआ होता है। विवरण लिखने में वह ऐतिहासिक और भौगोलिक बातों के अलावा अन्य छोटे-छोटे तथ्यों पर भी ध्यान देते हैं। 'दक्षिण अफ्रीका के सत्याग्रह का इतिहास' एक राजनीतिक कृति के अलावा कलात्मक कृति भी है। इसी तरह पंजाब पर अंग्रेजों के अत्याचारों का वर्णन करने वाली उनकी रिपोर्ट साम्राज्य-विरोधी साहित्य का अनमोल ग्रंथ है। नौजवानों को भारतीय जनता का साम्राज्य-विरोधी इतिहास समझाने के लिए ये दो बहुत ही महत्वपूर्ण दस्तावेज हैं। ललित निबंधों में उन्होंने शिमला पर जो कुछ लिखा, यात्रा वृत्तांतों में उन्होंने असम पर जो कुछ लिखा, वह भी उनके गद्य के अनूठे उदाहरण हैं। अपने भाषण और लेखन में सिद्धांत-चर्चा के अलावा वह लोगों को आंदोलित भी करते हैं। आंदोलित करने के लिए वह वक्तृत्व कला से काम लेते हैं।

पुराने वक्ताओं की अलंकारबहुल शैली से हट कर वह लोगों को प्रभावित करने के लिए अपने सिद्धांतों का सहारा लेते हैं : तुम मनुष्य हो, पशु नहीं हो। इसलिए तुम्हें इस तरह अत्याचार नहीं सहना चाहिए। लोगों के मन में जो न्यायबुद्धि रहती है, उसे जगाने का वह बराबर प्रयत्न करते हैं : तुमने भारत में जन्म लिया है। इस भारत का

महान-गौरवमय प्राचीन इतिहास है। इस तरह अपमानित होते रहोगे तो इससे पूरा राष्ट्र अपमानित होगा। तुम्हें अपने देश को इस तरह अपमानित नहीं होने देना चाहिए। इस तरह वह राष्ट्रीय भावनाएँ जगाते हैं। इस राष्ट्र में बहुत सी प्रादेशिक जातियां रहती हैं। उन प्रादेशिक जातियों के अपने गौरव को भी वह उकसाते हैं।

गाँधीजी के प्रिय नेता और वक्ता गोपालकृष्ण गोखले थे। वह दक्षिण अफ्रीका गए। वहां उनके लिए गाँधीजी ने एक भाषण तैयार किया। दोनों नेताओं की भाषण-कला में क्या समानता थी और क्या भिन्नता थी, वह भी गाँधीजी के संस्मरण से ज्ञात होता है। उन्होंने लिखा : "वह भाषण मुझे तैयार करके दे देना था और उसके साथ ही यह शर्त भी थी कि यदि वे उसके एक भी वाक्य या विचार का उपयोग न करें तो मैं कुछ दुख न मानूं। वह न लंबा हो और न छोटा, फिर भी उसमें कोई भी महत्व की बात न छूटे।" यह वाक्य बड़ा मार्के का है। और गाँधीजी की वक्तृत्वता की विशेषता भी इससे जाहिर होती है। "इन सब शर्तों को पूरा करते हुए मुझे उनके भाषण के नोट तैयार करने पड़े। मैं यह कह दूं कि उन्होंने मेरी भाषा का बिल्कुल उपयोग नहीं किया। मैं यह आशा रखता भी कैसे कि अंग्रेजी भाषा के धुरंधर विद्वान हो कर श्री गोखले मेरी भाषा का थोड़ा भी उपयोग करेंगे?" गाँधीजी ने यहां बड़ी नम्रता से अपनी भाषा के बारे में बताया है। परंतु भाषणों में जो अलंकृत शैली काम में लाई जाती है, वह गोखले की विशेषता थी और गाँधीजी सादे ढंग से अंग्रेजी, गुजराती या हिंदी का प्रयोग करते थे। "उन्होंने मेरे विचारों का उपयोग किया, मैं यह भी नहीं कह सकता। किंतु उन्होंने मेरे विचारों की उपयोगिता स्वीकार की, इससे मैंने अपने मन में यह मान लिया कि उन्होंने मेरे विचारों का कुछ न कुछ उपयोग किया होगा।" (29/199-200)

गाँधीजी ने गोखले को अपना गुरु कहा है। परंतु जैसी प्रशंसा उन्होंने की है अपने सहयोगी काछलिया की, वैसी प्रशंसा किसी अन्य व्यक्ति या नेता की नहीं की। 'दक्षिण अफ्रीका के सत्याग्रह का इतिहास' में एक सभा का विवरण देते हुए उन्होंने लिखा : "अब हिंदुस्तानियों के भाषण आरंभ हुए। इस प्रकरण के, और सच कहें तो इस इतिहास के, नायक का परिचय देना तो अभी शेष ही रहता है। जो वक्ता बोलने के लिए खड़े हुए, उनमें एक स्वर्गीय अहमद मुहम्मद काछलिया थे। मैं उनको एक मुवक्किल और दुभाषिए के रूप में ही जानता था। वह अभी तक सार्वजनिक कार्यों में आगे बढ़ कर भाग नहीं लेते थे। वे पहले फेरी लगाकर कपड़े बेचते थे किंतु बाद में उन्होंने अपने भाई के साझे में एक छोटा-सा व्यापार कर लिया था।" इसके बाद काछलिया की प्रशंसा करते हुए गाँधीजी कहते हैं : "साहस और निष्ठा में उनसे बढ़कर कोई व्यक्ति मुझे न दक्षिण अफ्रीका में मिला न हिंदुस्तान में।" यह बात गाँधीजी ने 1923 में कही थी। "उन्होंने कौम की खातिर अपने सर्वस्व की आहुति दे दी। मुझे उनके साथ सम्पर्क में आने के जितने अवसर मिले, उनमें मैंने उन्हें सदा अपनी बात का धनी पाया। वे सच्चे मुसलमान थे। और सूरती मैमनों की एक मस्जिद के न्यासी थे किंतु साथ ही वे हिदुओं और

मुसलमानों के प्रति समदृष्टि रखते थे। मुझे ऐसा एक भी प्रसंग याद नहीं आता जब उन्होंने साम्प्रदायिक दृष्टि अपना कर अनुचित रूप से हिंदुओं के विरुद्ध मुसलमानों का पक्ष लिया हो। वे बिल्कुल निडर और निष्पक्ष थे, इसलिए जब आवश्यकता होती, तब हिंदुओं और मुसलमानों दोनों के दोष बताने में उन्हें तनिक भी संकोच नहीं होता था। कह सकते हैं कि वह कबीर-परम्परा के बहुत अच्छे प्रतिनिधि थे। उनकी सरलता और निरभिमानता अनुकरणीय थी। वर्षों के गाढ़े परिचय के बाद उनके बारे में मेरा यह दृढ़ मत बना है कि हमारे समाज को स्व. अहमद मुहम्मद काछलिया जैसा आदमी मिलना मुश्किल है।" (29/102) गाँधीजी कैसे सुंदर रेखाचित्र खींच सकते थे, यह उसका एक उदाहरण है।

फिर वह काछलिया के भाषण का सारांश देते हैं। अंत में लिखते हैं : "मैं देख रहा था कि अहमद मुहम्मद काछलिया जब भाषण दे रहे थे, तब वे बहुत उत्तेजित थे। उनका चेहरा लाल हो गया था। उनकी गले और माथे की रगें खून की तेजी से उभर आई थीं। उनका शरीर कांप रहा था। उन्होंने अपने दाहिने हाथ की उंगलियां फैलाकर अपने गले पर फेरी और गरजते हुए कहा : 'मैं खुदा की कसम खा कर कहता हूं कि मुझे कत्ल भले ही कर दिया जाए पर मैं इस कानून को नहीं मानूंगा। और मैं यह चाहता हूं कि यह सभा भी ऐसा ही निश्चय करे।' वे यह कह कर बैठ गए। जब उन्होंने अपने गले में उंगलियां फेर कर यह कहा था, तब मंच पर बैठे हुए कुछ लोगों के चेहरों पर प्रसन्नता दौड़ गई थी। मुझे याद है कि उन लोगों में मैं भी था।" (29/103) गाँधीजी कितने यथार्थवादी ढंग से घटनाओं और व्यक्तियों का चित्रण कर सकते थे, उसका यह एक उदाहरण है। मार्मिक संस्मरण के रूप में भी वह अमूल्य है।

1904 में गाँधीजी ने लिखा था : "जैसा सर मंचरजी ने कहा है, यह नहीं हो सकता कि उपनिवेश अनिश्चित काल तक गुस्ताखी से 30 करोड़ भारतीयों को अपमानित करते रहें और उनकी भावनाओं को कटु बनाते रहें।" (4/319) 1908 में उन्होंने दक्षिण अफ्रीका के भारतीयों से कहा : "आप इस भारी संघर्ष के यश को मृत्युपर्यन्त हाथ से न जाने दें और अपना नाम और भारत का नाम सारी दुनिया में अमर कर दें।" (9/117-18) यह भारत केन्द्रित नेतृत्वकला है। 1915 में राजकोट के नागरिकों ने गाँधीजी को मानपत्र भेंट किया। गाँधीजी ने कहा : "अब आपने हमारा आज जो सम्मान किया है, उसे आशीर्वाद रूप में स्वीकार करके हम अपनी सेवाएँ इस देश के लिए अर्पित करते हैं और इस घोषणा के साथ उपकार मानते हैं कि यदि अपने कर्तव्यपालन के लिए हम निरंतर उत्सुक बने रहे तो हम राजकोट के सपूत हैं और यदि उससे पीछे हटे तो कपूत हैं।" (13/13) एक जनपद को पूरे देश से गाँधीजी कैसे जोड़ते थे, उसका यह उदाहरण है। इसी तरह खेड़ा जिले के किसानों से उन्होंने कहा : "यदि आप मजबूत बने रहेंगे और सत्य पर कायम रहेंगे तो आप अवश्य ही जीतेंगे। केवल प्रतिज्ञा लेने से ही आपका यश समस्त देश में फैल गया है।" (14/346-47) गुजरात

से बाहर 1922 में आंध्र प्रदेश के लोगों को उत्साहित करते हुए साथ ही उन्हें चेतावनी देते हुए गाँधीजी ने लिखा : "आंध्र के लोग बहादुर हैं। उन्हें अपनी परम्पराओं का अभिमान है। वे बड़े धार्मिक हैं और बलिदान की क्षमता रखते हैं। देश उनसे बहुत भारी उम्मीद रखता है और मुझे विश्वास है कि वे उसे अवश्य पूरा करेंगे। अगर वे सभी शर्तों का पूरी तरह पालन करने के लिए अभी तैयार न हों तो जरा ठहर जाने में उनकी कुछ भी हानि न होगी। किंतु अगर वे पूरी तैयारी के बिना रणक्षेत्र में उतरेंगे तो सब-कुछ खो बैठेंगे और देश की कुसेवा ही करेंगे।" (22/302) लोगों को आंदोलित करने के लिए गाँधीजी अक्सर उनके पुरुषत्व की भावना जगाते हैं। अंग्रेजों ने इस देश में अराजकता दूर की और शांति स्थापित की। इस तर्क का उत्तर देते हुए उन्होंने 'हिंद स्वराज्य' में लिखा : "मैं यह कहना चाहता हूं कि हम इस शांति से नामर्द, स्त्रैण और भीरू बन गए हैं।" (10/24) 1921 में अंग्रेजी शिक्षा के असर के बारे में गाँधीजी ने कहा : "मेरी यह सोची-समझी राय है कि अंग्रेजी शिक्षा जिस ढंग से दी गई है, उसने अंग्रेजी पढ़े-लिखे भारतीयों को नामर्द बना दिया है और हम लोगों को नकलची बना दिया है।" (20/44) 26 जनवरी की स्वाधीनता घोषणा गाँधीजी की श्रेष्ठ रचना है। उसमें भी उन्होंने भारतवासियों के पुरुषत्व खोने की बात कही है। "आध्यात्मिक दृष्टि से देखें तो हथियार न रखने देने की नीति ने हमें नामर्द बना दिया है।" (42/397) पुरुषार्थ खोने की बात बार-बार कह कर गाँधीजी लोगों को अपना पुरुषत्व प्रदर्शित करने के लिए उत्तेजित करते थे। असहयोग असहयोग न हुआ तो क्या होगा? इस संदर्भ में कवियों को लक्ष्य करके उन्होंने कहा था : "अगर हमारा असहयोग असहयोग नहीं हुआ तो इंग्लैंड तो पतनोन्मुख है ही, हम भी आज जितने दबे हुए हैं, उससे कहीं अधिक दब जाएंगे। हम तो नपुंसक हैं। इंग्लैंड की एड़ी तले कुचले हुए हम लोगों को इसका अहसास ही नहीं है कि वस्तुतः हम लोग ही कुचले हुए हैं, इसलिए हम उन्हें कुचलने के कार्य में सहायता देते हैं। लेकिन जो अत्याचारी लोगों को कुचलता है, वह स्वयं भी गिरता है। जिस तरह मनुष्य का पैर कीचड़ में पड़ने पर सने बिना नहीं रहता, उसी तरह जो हमें दबा कर, पतित बना कर रखता है, वह भी पतित हुए बिना न रहेगा। इसलिए मुझे विश्वास है कि यदि हमारी लड़ाई के दौरान और उसके अंत में हिंदुस्तान के कवि रस-समुद्र को मुक्त भाव से उलीचें तो भी वे उसे समाप्त न कर सकेंगे।" (22/217)

साहित्य और संगीत

(क) राजनीतिक कविता

1907 में गाँधीजी ने 'इंडियन ओपीनियन' में एक विज्ञापन निकाला था। शीर्षक था

: 'एक पौंड का इनाम'। इसमें कहा गया था : "शीर्षक हमने इनाम का दिया है किंतु पाठकों को इनाम की ओर कम दृष्टि रखनी है। आजकल भारतीयों के लिए मौसम नए कानून तथा जेल के प्रस्ताव का है। इसलिए जो भारतीय गुजराती या हिंदुस्तानी, (उर्दू या हिंदी) में जेल के प्रस्ताव के समर्थन में सरस गीत बना कर भेजेगा, उसे उपर्युक्त इनाम दिया जाएगा। हमें आशा है कि जिन्हें गीत रचने का अभ्यास है, वे इस प्रतिस्पर्धा को चूकेंगे नहीं। जरूरी यह है कि गीत पुरस्कार के लिए नहीं, बल्कि इज्जत के लिए बना कर भेजा जाए। उसकी शर्तें निम्न प्रकार हैं।" इन शर्तों में दो महत्वपूर्ण हैं। "राग चाहे जो हो, वीर रस की लावनी ज्यादा पसंद की जाएगी।" और "गीत में मुसलमानों एवं हिंदुओं की बहादुरी के वर्तमान तथा प्राचीन उदाहरण दिए जाएँ। दूसरे होंगे तो वे भी चल सकेंगे।" (7/5) गाँधीजी आंदोलन के लिए रचे गए गीतों में इतिहास की सामग्री का उपयोग करना चाहते थे और गीतों में विशेष रूप से ओजगुण आवश्यक मानते थे। जो गीत उनके पास आए, उनके बारे में उन्होंने लिखा : "गीत लिखने में कवियों ने ज्यादा लगन से काम लिया होता तो वे और भी अच्छे बन सकते थे। एक भी गीत में कोई विशेष ओज या कला नहीं दिखाई दी। यदि और भी ज्यादा शोध की जाती तथा विशेष लगन से काम लिया जाता तो अच्छे शब्द और उदाहरण मिल सकते थे।" (7/48) गीत लेखक अपनी सामग्री के लिए शोध करें तो यह अच्छा होगा। उसे लगन से काम करना चाहिए और गीत में अच्छे शब्दों के साथ ओज गुण हो, इसका विशेष ध्यान रखना चाहिए।

लंदन में रहते हुए गाँधीजी गुजराती पत्र और उनमें छपी हुई कविताएँ पढ़ते थे। अक्तूबर 1909 में 'चोट के बदले चोट' शीर्षक दे कर उन्होंने टिप्पणी लिखी : "मैंने बंबई के 'गुजराती' नामक पत्र में दो अत्यंत सुंदर कविताएँ पढ़ी हैं। उनमें से एक में कवि ने अनजाने ही सत्याग्रह की तस्वीर खींच दी है। वह कविता इस प्रकार है :

जब तक दीपक नहीं जलता
तब तक पतंगा कहां गिर कर जलेगा!
हमें जलाने का प्रयत्न करने से
पहले तुम्हें जलना पड़ेगा!"

पूरी कविता उद्धृत करने के बाद गाँधीजी कहते हैं : "यह गजल बहुत दिलचस्प है। इसको एक भारतीय एक अंग्रेज को सम्बोधन करके सुनाता है। तुम्हारे ये तीर मुझे घायल न करके वापस तुम्हारे ऊपर मुढ़ जाएंगे। इस वाक्य में सत्याग्रह का ईश्वरीय नियम आ जाता है।" आगे टिप्पणी में लिखा है : "जो मुझे मारने के लिए आता है, अंत में उसी को मरना पड़ेगा।" उसी तरह 'वह प्रजा के बिना राज्य क्या जंगल और पत्थर पर करेगा?' इस वाक्य का अर्थ यह है कि यदि प्रजा राजा की सत्ता को स्वीकार न करे तो राजा की सत्ता व्यर्थ है।"(9/480-90) एक दूसरी कविता उन्होंने उद्धृत की है। उसका शीर्षक है 'हमारी फकीरी' :

हमने अपनी मातृभूमि के लिए यह फकीरी ली है :
हमने भारत के लिए यह प्रेम की धूनी जलाई है।
हमने मूर्तियों की पूजा छोड़ दी है और पुस्तकें राख में डाल दी हैं।
हम सबने अब भारत की खातिर ये कीमती झोली ले ली है।
हमने देवदूतों और धर्माचार्यों की सब वाणी को भुला दिया है।
हमने मधुर सुखों को त्यागकर यह कड़वा जहर पिया है।
हमने वेदों, पुराणों और ग्रंथों को पानी में डाल दिया है;
हमें ईश्वर की परवाह नहीं है, हमें भारत की परवाह है।
हमारी नस-नस में बहुत तेज नशा छा गया है।
वैद्य, तुम उनको दूर करने के लिए क्यों आते हो?
तुमको तो सुख और सुविधाओं की आदत पड़ गई है;
किंतु हमें वफादार रहने की बुरी आदत है।
हम मस्तानों के मस्ताने हैं, हमारी यह मस्ती दूसरी ही तरह की है,
हमारा यह जीवन भारत के निमित्त है।"(9/491)

कविता पर राय देते हुए गाँधीजी लिखते हैं : "यह कविता उतनी अच्छी तो नहीं है जितनी पहली कविता है, फिर भी इसमें विचार अच्छा है। शब्दों की रचना भी अच्छी है। इस कविता की भावना सत्याग्रही पर लागू होती है। इस भावना, इस फकीरी के बिना सत्याग्रही होना कठिन है।"(9/492)

पहली कविता में ईश्वरीय या धर्म आदि का उल्लेख उस तरह नहीं है जिस तरह दूसरी कविता में है। देशभक्ति के नीचे सब धर्म, ईश्वर आदि हैं। देश के लिए कवि सब कुछ सहने को तैयार है। इस तरह की कविताएँ 1909 में गुजराती में लिखी जाती थीं, यह भारतीय साहित्य के लिए बहुत ही महत्वपूर्ण बात है। गाँधीजी धर्म और राजनीति के बारे में जो कुछ कहते थे, ये कवि अपनी कविता में उससे कुछ 10 कदम आगे की बात कहते हैं। टिप्पणी के अंत में भारतीय लेखकों को अंग्रेजी में लिखना चाहिए या भारतीय भाषाओं में, इस प्रश्न पर गाँधीजी विचार करते हैं। "ऊपर की गुजराती कविताओं को पढ़कर यह ख्याल पैदा होता है कि ऐसे विचारों को ऐसे माधुर्य के साथ अंग्रेजी में प्रकट करना कठिन है, क्योंकि सत्याग्रह और फकीरी—ये दोनों अंग्रेजों के खून में नहीं हैं। जो भाषा इतनी सुंदर है, उसका उपयोग हम क्यों न करें? जब हम भारत की सभी भाषाओं में देशभक्ति की भावना भरेंगे, तभी भारतीय जागृत होंगे।" इस समय इंग्लैंड के प्रधानमंत्री लॉयड जॉर्ज थे। वे वेल्स में पैदा हुए थे। वेल्स की भाषा अंग्रेजी से भिन्न है। उस प्रसंग में उसी टिप्पणी में गाँधीजी ने आगे लिखा : "श्री लॉयड जॉर्ज, जिनके विषय में मैं लिख चुका हूं, वेल्स के एक परगने में उत्पन्न हुए हैं। वेल्स इंग्लैंड का एक तालुका है। वहां एक अलग भाषा बोली जाती है। लॉयड जॉर्ज यह प्रयत्न कर रहे हैं कि वेल्स के बालक वेल्स की भाषा को न भूलें। वेल्स के लोगों को अपनी भाषा

की रक्षा करने की जितनी आवश्यकता है, उसके मुकाबले भारतीयों को भारतीय भाषाओं की रक्षा करने की कितनी ज्यादा जरूरत और गरज होनी चाहिए?"(9/492) भारतीय भाषाओं में कुछ विचारों के लिए ऐसे शब्द हैं जिनके पर्याय अंग्रेजी में नहीं हैं। उन विचारों को व्यक्त करना अंग्रेजी में कठिन होगा। इसके सिवा भारतीय भाषाओं का अपना माधुर्य है। इसलिए देश भर के लेखकों को अपनी भाषाओं में ही रचनाएँ करनी चाहिए।

गाँधीजी भक्ति-काव्य से बहुत प्रभावित थे परंतु उन्होंने कवियों से भक्ति पर लिखने के लिए शायद ही कभी कहा हो। वह उनसे राजनीतिक विषयों पर लिखने के लिए अवश्य कहते थे, यहां तक कि वे लोग जो अपने रहस्यवाद के लिए प्रसिद्ध थे, उनसे भी गाँधीजी राजनीतिक कविताएँ लिखवाना चाहते थे। 'नवजीवन' में एक टिप्पणी का शीर्षक उन्होंने दिया : 'काव्य रस' और इस टिप्पणी में उन्होंने बताया, कैसे रवींद्रनाथ को उन्होंने जलियांवाला बाग पर कविता लिखने के लिए कहा था। "एक बार मैं महाकवि से जलियांवाला बाग हत्याकांड के स्मारक के संबंध में बात कर रहा था और उन्हें उसमें रस लेने के लिए प्रलोभित कर रहा था। उस समय उन्होंने कहा : 'इसमें काव्य क्या है, मैं जिस में रस लूं? मुझ कवि को तो जिसमें काव्य हो, उसी में रस आ सकता है। जलियांवाला तो जनता की असहाय अवस्था का परिचायक है। फिर इसका क्या स्मारक हो सकता है?' यह टीका बहुत सारगर्भित है। किंतु मैंने स्पष्ट रूप से बताया कि स्मारक की स्थापना का सुझाव कवि के दृष्टिकोण को ध्यान में रखकर नहीं दिया गया है। मैंने कहा कि यदि जनता जलियांवाला बाग को भूल जाएगी तो वह काव्य-रस की उद्भावना ही न कर सकेगी। जब वे मेरी बात के मर्म को समझ गए तब उन्होंने बंबई की सभा के लिए पत्र लिखना स्वीकार कर लिया और उन्होंने वह पत्र भेजा भी। लेकिन चूंकि उन्हें सभा में काव्य का अभाव दिखाई दिया, इसलिए उनको सभा में उपस्थित होने की हिम्मत ही नहीं हुई।" इसके बाद लाला लाजपतराय की गिरफ्तारी का जिक्र करते हुए गाँधीजी ने लिखा : "किंतु अब कवि को काव्य का विषय मिल गया है। लालाजी जैसे सिंह को कोई जबर्दस्ती जेल में नहीं ले जा सकता। वे तो स्वतः और जानबूझ कर जेल जाते हैं। वे वहां जा कर अपने लिए कोई विशेष सुविधाएँ नहीं मांग रहे, अपितु असुविधा को ही सुविधा मान रहे हैं। सत्याग्रही जगह-जगह पर विवश हो कर नहीं, बल्कि यज्ञ के निमित्त मार खा रहे हैं और अपने माल को लूटने दे रहे हैं। इतना काव्य-रस इकट्ठा हो रहा है कि उसे हिंदुस्तान के कवि जितना चाहें उतना लूट सकते हैं।" (22/216) जलियांवाला बाग पर कविता अवश्य लिखी जा सकती थी। मार खाने पर कविता लिखी जा सकती है लेकिन वह जोरदार कविता होगी, इसमें संदेह है। भारतीय भाषाओं में स्वाधीनता आंदोलन, स्वाधीनता के लिए लड़ने वालों, पर बहुत सी कविताएँ लिखी गई हैं। परंतु कवि आंदोलित वहां होता है जहां वह देखता है कि अन्याय का जोरदार प्रतिकार किया गया है। पर यहां महत्व की बात यह है कि गाँधीजी कवियों से राजनीतिक रचनाएँ करने का आग्रह करते थे।

(ख) गुजराती कविता

देश-विदेश की भाषाओं में लिखा हुआ बहुत सा गद्य गाँधीजी ने पढ़ा था। किंतु साहित्य में उनकी विशेष रुचि कविता में ही थी। बचपन में जो उन्होंने कविताएँ पढ़ी थीं, वे बाद में भी उन्हें याद रहीं और अपने भाषणों और लेखन में उनका उपयोग भी करते थे। दक्षिण अफ्रीका के एक प्रसंग में उन्होंने लिखा है : "ऐसी खबर मिली है कि 18 अँगुली वाले कागज पंजीयन दफ्तर में नहीं रहते। वे सब पुलिस के सुपुर्द किए जाते हैं।" (7/341) इन कागजों पर अपराधियों के साथ हिंदुस्तानियों के नाम भी दर्ज किए जाते थे। गाँधीजी आगे कहते हैं : "18 अंगुलियों की याद करते हुए बचपन की एक कविता याद आ जाती है : 'ऊंट के टेढ़े-मेढ़े शरीर में 18 बल होते हैं। बताओ उसे ढका जाए तो वह ढका कैसे रहे?' ऐसा ही कुछ हाल 18 अंगुलियां लगाने वाले भारतीयों का भी मानें।" (7/342) एक पौंड का विज्ञापित पुरस्कार जिस कविता को दिया गया था, उसके प्रसंग में गाँधीजी ने भक्ति की चर्चा भी की। लिखा : "भक्ति में शौर्य का और शौर्य में भक्ति का समावेश हो, तभी उन दोनों की शोभा बढ़ती है।" (7/48) यह बात राम, लक्ष्मण और भरत और तुलसीदास के संदर्भ में विशेष स्मरणीय है।

इस देश में बड़ी कविता है। असम में भ्रमण करते हुए गाँधीजी को अपने सहयोगी काव्यप्रेमी महादेव देसाई याद आए। उन्हें लिखा : "असम में तुम मेरे साथ होते तो तुम्हारी काव्यशक्ति को अच्छा भोजन मिलता। लेकिन हम इस कर्मभूमि में कोई भोग भोगने के लिए पैदा नहीं हुए हैं। इसलिए असम और प्रयाग दोनों में से हमें काव्य-शक्ति को सींचने के लिए जो मिल जाए, उसी से संतोष करना है।" (21/6) स्वभावतः गाँधीजी से गुजरात के अनेक साहित्य-प्रेमियों का घनिष्ठ संबंध था। इनमें कवि राजचंद्र भी थे। 16 नवम्बर 1921 उनकी जयंती के अवसर पर गाँधीजी ने एक व्याख्यान दिया था। उसमें इससे पहले जयंती मनाने का उल्लेख भी उन्होंने किया था : "मेरे विलायत से लौटने के बाद अहमदाबाद में इस जयंती को मनाने के लिए हम प्रेमाभाई हॉल में इकट्ठे हुए थे। उस समय मैंने कहा था कि अगर हम शोर मचाते रहे तो जिसकी पूजा करने के लिए हम इकट्ठे हुए हैं, उसकी पूजा नहीं हो सकेगी। उलटे हम उसकी बदनामी करेंगे।" (21/448) इन कवि के चरित्र के बारे में गाँधीजी ने कहा : "जिनका पुण्य स्मरण करने के लिए हम यहां इकट्ठे हुए हैं, वे दया-धर्म की मूर्ति थे। उन्होंने दया, धर्म को जान लिया था और अपने जीवन में उसका विकास किया था।" (21/449) अपने जीवन पर उनके प्रभाव का उल्लेख गाँधीजी ने बड़ी आत्मीयता से किया : "मैं अनेक बार कह चुका हूं कि मैंने बहुत सारे व्यक्तियों के जीवन से बहुत कुछ ग्रहण किया है लेकिन सबसे अधिक अगर मैंने किसी के जीवन से ग्रहण किया है तो वह कविश्री के जीवन से ही किया है। दया-धर्म भी मैंने उनके जीवन से सीखा है।" (21/450) अनेक कवियों की तरह राजचंद्र को अपनी वेशभूषा का ध्यान न रहता था। उस जयंती भाषण में गाँधीजी ने एक दिलचस्प संस्मरण सुनाया : "बंबई में हम एक बार दया-धर्म की चर्चा

कर रहे थे। चमड़े का उपयोग करना चाहिए अथवा नहीं, इसका विचार हो रहा था। दोनों ने अंत में स्वीकार किया कि चमड़े के बिना तो नहीं चल सकता। खेती जैसे उद्योग तो चलने ही चाहिए, लेकिन अगर कुछ नहीं तो चमड़ा माथे पर तो कदापि नहीं पहनना चाहिए। मैं तो स्वभाव से ही जरा मजाकपसंद ठहरा। मैंने पूछा कि आपकी सिर की टोपी में क्या है? वह स्वयं तो आत्मचिंतन में लीन रहने वाले थे। स्वयं क्या पहनते हैं, क्या ओढ़ते हैं, इसका विचार करने नहीं बैठते थे। टोपी में चमड़ा लगा हुआ है, यह उन्होंने देखा नहीं था। लेकिन जैसे ही मैंने उन्हें बताया, वैसे ही उन्होंने टोपी में से चमड़ा तोड़ कर फेंक दिया।" (21/451) लेकिन यह संभावना बनी हुई थी कि कोई उन्हें चमड़े की टोपी दे दे तो बेखबरी में फिर शायद वह उसे पहन लेंगे। "उन्होंने तो तुरंत चमड़े को उतार फेंका और मैं समझता हूं कि बाद में उन्होंने कभी चमड़ा नहीं पहना। लेकिन अगर कोई आ कर मुझसे यह बात कहे कि उसने उन्हें बाद में भी चमड़े की टोपी पहनते हुए देखा है, तो भी मुझे उससे आघात नहीं पहुंचेगा। अगर मैं फिर उनके पास पहुंचूं तो वे उसे फिर उतार फेंकेंगे। वह इसीलिए रह गया होगा कि उसकी ओर उनका ध्यान ही नहीं था।" (21/451)

उल्लेखनीय है कि गाँधीजी के आदर्श पुरुष राजचंद्र को क्रोध भी आता था, विशेष रूप से धार्मिक पाखंड देखकर वह उत्तेजित हो जाते थे। "वे बहुत बार कहा करते थे कि अगर मुझे कोई चारों ओर से बरछे भोंके तो मैं उसे सह सकता हूं लेकिन जगत में जो झूठ, पाखंड और अत्याचार चल रहा है, धर्म के नाम पर जो अधर्म किया जा रहा है, उसकी बरछी सहन नहीं होती। अत्याचारों पर उन्हें रोष आता था और मैंने उन्हें अनेक बार क्रोधित होते हुए देखा है।" (21/452) साहित्य की विवेचना के साथ गाँधीजी धार्मिक रूढ़ियों के विरोधी थे और रूढ़िवादी उन्हें दंभी और अहंकारी कहते थे। गाँधीजी ने राजचंद्र का समर्थन करते हुए लिखा : "कविश्री का कहना था कि 'जैन धर्म अज्ञ श्रावकों के हाथ में न गया होता तो इसके तत्वों को देखकर जगत चकित हो उठता। बनिए तो जैन धर्म के तत्वों को बदनाम कर रहे हैं। वे तो चीटियों को चून डालते हैं। आलू उनके मुंह में चला जाए तो उन्हें दुख होता है। ऐसी छोटी-छोटी बातों में वे धर्म का पालन करते हैं। उनकी यह सावधानी उन्हें मुबारक हो लेकिन जो यह मानते हैं कि इन में ही जैन धर्म की परिसीमा है, वे लोग धर्म की निम्न से निमन्तर श्रेणी में आते हैं। इतना सा धर्म तो पतित का धर्म है, यह पुण्यवान का धर्म नहीं है।' इसलिए अनेक श्रावक कहते हैं कि राजचंद्र को धर्म का भान न था, वे दंभी थे, अहंकारी थे। मैं स्वयं तो यह जानता हूं कि उनमें दंभ अथवा अहंकार का नाम भी न था।" (21/452-53) गाँधीजी ने अपनी ओर से रूढ़ियों की आलोचना करते हुए कहा : "जो खटमल को तो नहीं मारता परंतु अपनी स्त्री और पुत्र पर हाथ उठाता है, वह व्यक्ति न तो जैन है, न हिंदू है और न वैष्णव ही है। वह तो शून्य है।" (21/453) और इसी क्रम में उन्होंने व्यापारियों के दया-धर्म की करारी आलोचना की। "श्रावकों से और दूसरे

सब लोगों से मैं कहता हूं कि जीवदया का अर्थ केवल कीड़े-मकोड़े आदि सूक्ष्म जंतुओं को न मारना ही नहीं। यह सच है कि उन्हें नहीं मारना चाहिए लेकिन मनुष्य योनि के किसी भी जीव को धोखा नहीं देना चाहिए। तिस पर भी अधिकांश व्यापारी इसके सिवा और क्या करते हैं? यदि कोई श्रावक मुझे अपनी बहियां दिखाए तो मैं उसे बता दूंगा कि वह श्रावक नहीं है। जिस कपड़े का हम व्यापार करते हैं, वह कैसे तैयार होता है? उसके उत्पादन में कहीं कोई पाप-कर्म तो नहीं है, उसको जो मांड़ी दी जाती है, उसमें चरबी तो नहीं होती, इन बातों पर व्यापारियों को विचार करना चाहिए। दुगना दाभ लेना उन्हें हराम होना चाहिए। यह श्रावकों का धर्म नहीं है। अपनी मजबूरी के खयाल से चीजों के दाम में वे एक पैसा अथवा दो पैसा बढ़ाएँ, यह तो ठीक है, लेकिन इतनी सब खटपट किसलिए? इतना पाखंड क्यों? ब्याज तो इतना अधिक लिया जाता है कि देने वाला बिल्कुल मर जाता है। जहां जाता हूं, वहां श्रावक और वैष्णव दोनों ही प्रकार के बनियों के खिलाफ शिकायतें मिलती हैं। अनेक गोरे मुझ पर व्यंग्य कसते हैं कि आपके लोग ही कितना ज्यादा ब्याज लेते हैं।" (21/454) गाँधीजी जिस कवि की चर्चा कर रहे थे, उसकी रचनाओं में नैतिकता की प्रधानता थी। इसलिए नैतिकता के प्रसंग में सूदखोरों की आलोचना करना उचित था।

गाँधीजी को ऐसे कवि विशेष रूप से प्रिय थे जिनमें नैतिकता की प्रधानता हो, जिनमें वैष्णव वृत्ति हो। ऐसे ही एक कवि दयाराम थे। 1777 में उनका जन्म हुआ था और 1853 में उनका स्वर्गवास हुआ था। एक लेख में गाँधीजी ने उनकी कविता उद्धृत की है। आरंभ में उसमें कहा गया है : "महान कष्ट सहे बिना कृष्ण को किसने पाया? चारों युगों के साधुओं का जीवन देखो।" वैष्णव परम्परा में जिन भक्तों का स्मरण किया जाता है, उन्हें दयाराम ने भी याद किया है।

ध्रुव, प्रहलाद, भीष्म, बलि, विभीषण,
विदुर, कुंती और उनके पुत्र—सबको दुख भोगना पड़ा;
बसुमति, देवकी, नंदजी, यशोदा माता
और ब्रज का सारा भक्त-मंडल
सब दुखी रहे
—भक्ति में ही उनका सुख था।

इसके बाद वे कवियों ओर देवों का उल्लेख करते हैं :

व्यास भी आधि-व्याधि के शिकार हुए; इसी प्रकार तुलसी और माधवादि;
शिव की कपालि विद्या के लिए सारा विश्व उनके निंदा करता है;
जगत-जननी जानकी को दुस्तर दुख सहना पड़ा,
पाप का लेश मात्र भी जिन्हें छू नहीं गया उन्हें भी ताप!

कविता में अंत में :

पाप और पुण्य तो कहने की बातें हैं।

असल में नंदकुंवर का नचाया यह सारा जगत नाचता है।
प्रभु इच्छा के बिना एक पत्ता भी नहीं हिलता।
परंतु हमारे इस अज्ञ मन का भ्रम दूर नहीं होता। (12/510)

गाँधीजी राजनीतिक लेखों और भाषणों में इन भक्तों का उल्लेख करते थे। कविता में जो विचार प्रकट किए गए हैं वे गाँधी के अपने विचारों से बहुत मिलते-जुलते हैं। नरसिंह मेहता का रचा हुआ वैष्णव जन वाला गीत गाँधीजी को विशेष प्रिय था। 1946 में उन्होंने एक प्रार्थना सभा में कहा : "युवा काल से ही इस भजन ने मुझे प्रभावित किया है। कुछ दिन पहले डॉक्टर भारतन कुमारप्पा ने मुझे बताया कि उनकी बहन यहां एक संस्था का संचालन कर रही हैं। उस स्कूल की छात्राएँ 'वैष्णव जन तो' भजन सीखना और गाना पसंद करेंगी। आज छात्राओं ने यह भजन बहुत अच्छे ढंग से गाया है। उससे मैं इतना प्रभावित हुआ हूं कि उसकी धुन और उसमें व्यक्त किए गए भाव अभी भी मेरे कानों में गूंज रहे हैं। हालांकि लड़कियों ने इसे बहुत ही अच्छे ढंग से गाने की भरसक कोशिश की है फिर भी मुझे स्वीकार करना होगा कि यह उस ढंग से नहीं गाया गया है जिस ढंग से गाया जाना चाहिए था। यह भजन, इसके अर्थ और महत्व को अच्छी तरह समझते हुए, गाया जाना चाहिए। यह भजन भक्त कवि नरसिंह मेहता का लिखा हुआ है और इसे पूर्णतया गांव वालों के लिए ही लिखा गया है। इसकी धुन ऐसी है कि इसे सामान्य ग्रामीण लोग भी गा सकते हैं और मधुर होने के साथ-साथ वह सारगर्भित है। भगवान विष्णु का उपासक इस भजन के द्वारा अन्य लोगों के कष्टों को अपने ऊपर लेने की कोशिश कर रहा है और ऐसा करते हुए उसे अपार प्रसन्नता हो रही है। भजन का मर्म यही है।" (83/85-86)

(ग) हिन्दी कविता

गाँधीजी की एक प्रिय कवियित्री मीरा थीं। उनके बारे में 1917 में उन्होंने ऐस्थर फैरिंग नाम की लड़की को लिखा था : "दो-तीन शताब्दी पूर्व मीराबाई नामक एक महान् रानी हुई है। उन्होंने अपने पति और समस्त वैभव का त्याग करके परम प्रेम का जीवन बिताया। अंत में उनके पति उनके भक्त बन गए। हम अक्सर उनके रचे हुए कुछ सुंदर भजन आश्रम में गाते हैं। जब तुम आश्रम में आओगी तब इन गीतों को सुनोगी, और किसी दिन गाओगी भी।" (13/447)

गाँधीजी साहित्य-समालोचक भी थे। जो समालोचक-बुद्धि वह राजनीति में लगाते थे, कभी-कभी उसे वह साहित्य और कला के क्षेत्र में भी लगाते थे। उनके साहित्य-विवेचन की बानगी तुलसीदास पर उनकी एक टिप्पणी है। उनके समय में भी तुलसीदास पर आक्षेप होने लगे थे। वह शूद्रों के विरोधी हैं, इस पर जोर कम था, स्त्रियों के विरोधी हैं, इस पर जोर अधिक था। गाँधीजी ने कहा : "रामचरित मानस में स्त्री-जाति की

काफी निंदा मिलती है परंतु उसी ग्रंथ द्वारा सीता जी के पुनीत चरित्र का भी हमें परिचय मिलता है। बिना सीता के राम कैसे? राम का यश सीता जी पर निर्भर है। सीता जी का राम जी पर नहीं। कौशल्या, सुमित्रा आदि भी मानस के पूजनीय पात्र हैं। शबरी और अहिल्या की भक्ति आज भी सराहनीय है। रावण राक्षस था मगर मंदोदरी सती थी। ऐसे अनेक दृष्टांत इस पवित्र भंडार में मिल सकते हैं। मेरे विचार में इन सब दृष्टांतों से यही सिद्ध होता है कि तुलसीदास जी ज्ञानपूर्वक स्त्री-जाति के निंदक नहीं थे। ज्ञानपूर्वक तो वे स्त्री-जाति के पुजारी ही थे।" (41/590) यहां विशेष बात यह कि सूत्रों की आवृत्ति न करके गाँधीजी ने चरित्र-चित्रण पर ध्यान दिया है। यदि तुलसीदास वास्तव में स्त्री-जाति के निंदक होते तो इसी उद्देश्य के अनुरूप चरित्र-चित्रण करते। मानस के पात्रों के बारे में उनका विचार था, उन्हें ज्यों का त्यों ग्रहण न करना चाहिए, उनका प्रतीकार्थ समझना चाहिए। गाँधीजी ने 1910 में मगनलाल गाँधी को लिखा था : "श्री रामचंद्र अथवा अन्य महापुरुषों के उदाहरणों का अक्षरशः स्थूल अर्थ लेना बहुत उलझन में पड़ना है। रावण के दस शीश और बीस भुजा वाले शरीर के रूप में होना मुझे संभव नहीं लगा, परंतु उसे महाविषयी और जड़ मानकर रामचंद्र जी रूपी चैतन्य ने उसका विनाशा किया, यह बात समझ में आ सकती है। तुलसीदास जी ने रामचंद्र जी को मद, मोह और ममता रूपी रजनी के तम पुंज का नाश करने वाले भगवान-भास्कर की सेना का रूप दिया है।" (10/220) गाँधीजी के सामने यहां एक समस्या हिंसा और अहिंसा की थी। राम शस्त्रों का प्रयोग करते हैं और गाँधीजी शस्त्रों के प्रयोग के विरोधी थे। इसी संदर्भ में उस पत्र में आगे कहते हैं : "जब हम में मद, ममता और मोह शेष नहीं रहेंगे, तब क्या तुम समझते हो कि हम में से किसी को भी शरीर का नाश करने की कामना लेशमात्र भी रह सकती है? अगर तुम 'नहीं' कहते हो तो रामचंद्र जी, जो अभिमान, ममता, मोह आदि से रहित और दया के निधान थे, रावण का वध किस प्रकार कर सकते थे? फिर भी, जब हम उस विभूति को प्राप्त कर लेंगे और लक्ष्मण की तरह 14 वर्ष तक निद्रा का त्याग कर देंगे और ब्रह्मचर्य का पालन करेंगे, तब समझ सकेंगे कि शरीर-बल का प्रयोग कहां किया जा सकता है।" (10/220) ये शर्तें कठिन हैं। 14 वर्ष तक निद्रा का त्याग न किया था, फिर भी वह समझ सके थे कि राम ने किस स्थिति में शस्त्र का प्रयोग किया था।

सितम्बर 1917 में सत्याग्रह की व्याख्या करते हुए गाँधीजी ने शस्त्रबल के प्रयोग को पश्चिम की देन बताया। लिखा : "प्रेम भाव के लिए ही आज हम जी रहे हैं। इसके साक्षी स्वयं हम सब हैं। हम पश्चिम की आधुनिक सभ्यता के भ्रम में पड़े हुए प्राचीन सभ्यता को भूल कर शस्त्र-क्रिया की पूजा करते हैं। और सर्व-धर्म के सारांश अहिंसा तत्व को भूल जाते हैं। शस्त्र ही एक अधर्म सूचक सूत्र है। उसी की अधीनता के कारण यूरोप में दारुण युद्ध हो रहा है। हिंदुस्तान में भी शस्त्र-पूजा पाई जाती है। तुलसीदास जी के अलौकिक ग्रंथ में भी यह पूजा दृटिगोचर होती है। परंतु सभी ग्रंथों में देखा जाता

है कि आत्मिक बल ही सर्वोत्कृष्ट शक्ति है।" (13/530) तुलसीदास के उल्लेख मात्र से इस भ्रम का खंडन हो जाता है कि शस्त्रों का प्रयोग केवल पश्चिम के लोग करते थे। ऋग्वेद, रामायण, महाभारत, सभी प्राचीन ग्रंथों में युद्धों का वर्णन है और ये युद्ध शस्त्रों से ही किए जाते थे। एक स्थिति ऐसी होती है जिसमें प्रेम के कारण ही युद्ध करना पड़ता है। साम्राज्यवादी युद्धों में लाखों आदमी मारे गए हैं। साम्राज्यवादी उत्पीड़न से करोड़ों आदमी कष्ट पाते हैं। इस साम्राज्यवाद के निर्मूलन के लिए यदि हिंसा का सहारा लिया जाए तो उसे प्रेम की अभिव्यक्ति ही मानना चाहिए। बड़ी हिंसा रोकने के लिए छोटी हिंसा का सहारा लेना न्यायपूर्ण है।

एक प्रसंग में गाँधीजी ने राम, भरत और लक्ष्मण के संबंधों के बारे में लिखा है : "रामचंद्रजी चाहे जितने वीर क्यों न रहे हों, उन्होंने कैसा ही पराक्रम क्यों न दिखाया हो और लाखों राक्षसों का वध क्यों न किया हो, किंतु यदि उनके पीछे लक्ष्मण और भरत-जैसे भक्त भाई न होते तो आज राम को कोई जानता भी नहीं। सारांश यह कि रामचंद्र जी में केवल असाधारण सा तेज होता तो उनकी कीर्ति कालांतर में समाप्त हो जाती। राक्षसों का संहार करने वाले उनके जैसे अनेक वीर हो गए हैं। उनमें से किसी की कीर्ति आज घर-घर में नहीं गायी जाती। रामचंद्रजी में कुछ विशेष तेज था और वे उस तेज को लक्ष्मण और भरत में उतार सके थे। इसलिए लक्ष्मण और भरत महान-तपस्वी हुए। उनके इस तप का महात्म्य गाते हुए तुलसीदास ने कहा है कि महान-मुनियों के लिए भी जो तप अगम है ऐसा तप करने वाले भरत जैसे तपस्वी न जन्मे होते तो मुझ जैसे मूढ़ को राम का दर्शन कौन कराता? इसका अर्थ यह हुआ कि राम के यश अथवा उनकी शिक्षाओं के रक्षक लक्ष्मण और भरत जी हैं। फिर तप ही सब कुछ नहीं है, क्यों कि आहार और निद्रा का 14 वर्ष तक त्याग जैसे लक्ष्मण ने किया था, वैसे ही इंद्रजित ने भी किया था। किंतु लक्ष्मण को रामचंद्रजी से तप का जो मर्म प्राप्त हुआ था, इंद्रजित उससे वंचित था। इतना ही नहीं, उसकी वृत्ति तप का दुरुपयोग करने की ओर भी थी। इसलिए उसे राक्षस कहा गया और भक्त तथा मुमुक्षु लक्ष्मण के हाथों पराजित हुआ। इसी प्रकार गुरुदेव (रवींद्रनाथ ठाकुर) का आदर्श चाहे जितना ऊंचा हो, यदि ऐसा कोई व्यक्ति न निकले जो उनके इस आदर्श को कार्यान्वित कर सके तो उनका यह आदर्श युग के गहन अंधकार में पड़ा रहेगा। इसके विपरीत यदि कोई व्यक्ति उस आदर्श को कार्यान्वित करने वाला निकल आया तो वह कई गुना प्रकाश फैला सकेगा। आदर्श को क्रियान्वित करने वाला मार्ग तप है। उस तप-अनुशासन-को बालकों के जीवन में उतारना कितना आवश्यक है, यह समझ लेना चाहिए।"(13/41-42) गाँधीजी बहुत-सी पुरानी धारणाओं को नया अर्थ दे रहे थे। उनमें एक यह तप की धारणा है। आदर्श को कार्य रूप में परिणत करना, यही वास्तविक तप है। इस दृष्टि से लक्ष्मण और भरत बड़े तपस्वी थे। उन्होंने राम के आदर्श को कार्य रूप में परिणत किया। रामचरितमानस में भरत का चरित्र गाँधीजी को विशेष रूप से आकर्षित करता था। नवंबर 1910 के पत्र

में उन्होंने मगनलाल गाँधी को लिखा था :

"सिय राम प्रेम पियूष पूरन होत जनम न भरत को।
मुनि मन अगम यम नियम सम दम विषम व्रत आचरत को।।
दुख दाह दारिद दंभ दूषन सुजस मिस अपहरत को।
कलिकाल तुलसी से सठन्हि हठि राम सन्मुख करत को।।

यह अयोध्या कांड का अंतिम छंद है। इस पर विचार करना। इसकी ध्वनि मेरे कानों में गूंजती ही रहती है। इस कठिन समय में भक्ति को प्रधान पद मिला है। भक्ति करने के लिए भी यम-नियम आदि तो चाहिए ही। वे हमारी शिक्षा के मूल हैं। उनके बिना सारी चतुराई व्यर्थ है। मैं तो इसका अनुभव क्षण-क्षण कर रहा हूं। अन्य आशीर्वाद तुम्हें क्या दूं?"(10/369)

राम ने अपना तेज भरत और लक्ष्मण में उतारा था, यह बात भारतीय काव्य-परंपरा के अनुरूप नहीं है। 'राम की शक्ति पूजा' में राम की स्थिति यह है :

अन्याय जिधर है उधर शक्ति, कहते छल-छल
हो गए नयन, कुछ बूंद पुनः ढलके दृगजल
रुक गया कंठ, चमका लक्ष्मण-तेज; प्रचंड।

जब राम की आंखों में आंसू हैं, तब लक्ष्मण का प्रचंड तेज चमकता है। यह स्थिति भारतीय परंपरा के अनुरूप है। वाल्मीकि रामायण में जब राम को वनवास मिला और लक्ष्मण उत्तेजित हुए, तब राम ने उन्हें समझाते हुए कहा : "हे लक्ष्मण! राज्य का मिलना, न मिलना दैवाधीन है। इसमें किसी का कुछ वश नहीं। क्योंकि यदि दैव मेरे प्रतिकूल न होता तो मुझे पीड़ा देने के लिए कैकेई की बुद्धि कभी ऐसी न होती। अर्थात् वह मुझे वन भेजने का दुराग्रह न करती।" (अयोध्या कांड, पृष्ठ 263) इस पर लक्ष्मण ने उत्तर दिया : "आप क्षत्रियश्रेष्ठ और दैव का सामना करने में समर्थ होकर एक असमर्थ पुरुष की तरह, अशक्त और दीन हो दैव की प्रशंसा कर रहे हैं।"(पृष्ठ 269) गाँधीजी और तुलसीदास के दृष्टिकोणों में एक मौलिक अंतर है। भक्ति में ईश्वर बड़ा बना रहता है, भक्त छोटा ही बना रहता है, यह दृष्टिकोण गाँधीजी का है। तुलसीदास के अनुसार अपने उत्कट प्रेम के कारण भक्त भगवान से भी बड़ा बन जाता है :

बड़ि प्रतीति गठिबंध तें, बड़ो जोग तें छेम।
बड़ो सुसेवक साईं तें, बड़ो नेमतें प्रेम।

(तुलसी ग्रंथावली, खंड-2, पृ. 119)

राम चित्रकूट गए थे। भरत भी उन्हें वापस लाने के लिए चित्रकूट गए। दोनों के जाने में अंतर था। तुलसीदास कहते हैं :

किऐ जाहिं छाया जलद, सुखद बहाइ बर बात।
तस भगु भयग न राम कहं, जस भा भरतहिं जात।

(रामचरितमानस, पृष्ठ 505)

आकाश में बादल छाये हुए हैं। सुखद वायु बह रही है। ऐसा मार्ग राम को भी सुलभ न हुआ था जैसा चित्रकूट जाते समय भरत को हुआ। कारण वही है : सेवक स्वामी से भी अपने प्रेम के कारण बड़ा है।

स्वाधीनता–आंदोलन के प्रमुख नेता गाँधीजी तुलसीदास के बारे में सोचते विचारते हैं। यह तथ्य अपने आप में महत्वपूर्ण है। जिसे देश से वास्तविक प्रेम होगा, जो उसे स्वाधीन और सुखी बनाना चाहेगा, इसके लिए संघर्ष करेगा, वह इस देश की भाषाओं, उन भाषाओं में रचे हुए साहित्य, यहां की संस्कृति से अवश्य प्रेम करेगा। गाँधीजी ने केवल हिंदी या गुजराती का नहीं, समस्त भारतीय भाषाओं के पक्ष का समर्थन किया था। काशी नागरीप्रचारिणी सभा में 5 फरवरी 1916 को उन्होंने अपने भाषण में कहा था : "साहित्यविहीन जाति को स्वाधीनता नहीं मिल सकती, इसलिए लोगों को चाहिए कि वे अंग्रेजी के उच्च विचार और नए ख्याल सब लोगों के सामने रखें। कल डॉ. जगदीशचंद्र बसु व्याख्यान देंगे। यदि वे बंगला में व्याख्यान देंगे तो मेरा कोई झगड़ा नहीं है, पर यदि वे अंग्रेजी में दें तो उनसे मेरा झगड़ा है। नागरी-प्रचारिणी सभा का कर्तव्य है कि जो पुस्तकें डॉ. जगदीशचंद्र बसु ने अंग्रेजी में लिखी हैं, उनका वह हिंदी में अनुवाद करें। जर्मनी में जो विद्वत्तापूर्ण पुस्तकें तैयार होती हैं, अंग्रेजी में दूसरे ही सप्ताह अनुवाद हो जाता है। इसी से यह भाषा प्रौढ़ है। हिंदी में भी ऐसा ही होना चाहिए। लोगों को अपनी भाषा की असीम उन्नति करनी चाहिए, क्योंकि सच्चा गौरव उसी भाषा को प्राप्त होगा जिसमें अच्छे-अच्छे विद्वान जन्म लेंगे और उसी का सारे देश में प्रचार भी होगा। यदि तमिल में अच्छे-अच्छे विद्वान पैदा होंगे तो हम भी तमिल ही बोलने लग जाएंगे। जिस भाषा में तुलसीदास जैसे कवि ने कविता की हो, वह अवश्य पवित्र है और उसके सामने कोई भाषा नहीं ठहर सकती। हमारा मुख्य काम हिंदी सीखना है, पर तो भी हम अन्य भाषाएँ भी सीखेंगे। अगर हम तमिल सीख लेंगे तो तमिल बोलने वालों को भी हिंदी सिखा सकेंगे।"(13/211-12)

सारी भाषाएँ पवित्र हैं, चाहे वे भारत की हों, चाहे बाहर की हों। अनेक भाषाओं में उच्च कोटि का साहित्य रचा गया है। परंतु भारत के विभिन्न प्रदेशों में सामाजिक आवश्यकताओं के लिए हिंदी का व्यवहार होता है। तुलसीदास अद्वितीय कवि थे, इसलिए हिंदी प्रदेशों में सब जगह लोग रामचरित मानस की भाषा नहीं बोलते। वास्तव में तुलसीदास ने अनेक जनपदीय भाषाओं का व्यवहार किया है। ब्रज भाषा में रचनाएँ की हैं, अवधि में भी रचनाएँ की हैं। गाँधीजी का यह विचार बहुत सही है कि हमें अन्य भाषाएँ भी सीखनी चाहिए और उनके साथ अपनी मातृभाषा भी सीखनी चाहिए।

(घ) उर्दू-फारसी कविता

एक लेख के आरंभ में गाँधीजी ने कुछ पंक्तियां उद्धृत की हैं जो नज़ीर अकबराबादी

की-सी लगती हैं :

जो पार उतारे औरों को उसको भी नाव उतरनी है।
जो गर्क करे उसको फिर भी यां डबकु-डबकु करनी है।
शमशीर तबर बंदूक सनां और नश्तर और नहेरनी है।
यहां जैसी-जैसी करनी है, फिर वैसी-वैसी भरनी है।(7/40)

कथनी और करनी में भेद न होना चाहिए, यह गाँधीजी का मूल सिद्धांत था।

1905 के एक लेख में गाँधीजी ने उर्दू के युग प्रवर्तक कवि हाली की चर्चा की है। "उन्होंने जो लिखा है, वह मौज-शौक के संबंध में नहीं लिखा बल्कि इस जमाने में मुसलमानों का क्या फर्ज है, हिंदू और मुसलमान दोनों आपस में कैसा बर्ताव रखें और खुद को किस तरह पहचाना जाए इत्यादि उपयोगी विषयों पर लिखा है। ... प्रो. मॉरीसन उनकी रचनाओं के संबंध में लिखते हैं कि अमीर मुसलमानों ने कौम के लिए जितना किया है, उससे ज्यादा इस एक गरीब कवि ने किया है।"(5/99) ईरान के सूफियों का चिंतन बहुत कुछ भारतीय वेदांत से मिलता-जुलता है। ऐसे ही एक सूफी जलालुद्दीन रूमी के बारे में गाँधीजी ने एक पुस्तक की समीक्षा करते हुए लिखा है : "सच्चा ज्ञान क्या है—इस संबंध में जलालुद्दीन कहते हैं कि 'खून का दाग पानी से धोया जा सकता है, परंतु अज्ञान का दाग तो केवल ईश्वर के प्रेम रूपी जल से ही मिटाया जा सकता है।' इसके उपरांत कवि कहते हैं कि 'सच्चा ज्ञान तो केवल ईश्वर का ज्ञान है।' ईश्वर कहां है—इस प्रश्न के उत्तर में कवि कहते हैं, 'मैंने क्रूस तथा ईसाई लोगों को देखा, परंतु मैंने ईश्वर को क्रूस में नहीं देखा। मैं मंदिरों में गया, वहां भी उसे नहीं देखा। किरात और कंदहार में भी वह नहीं मिला और न ही मिला कंदरा में। अंत में मैंने उसे अपने हृदय में ढूंढा तो मुझे वह वहां दिखाई दिया, अन्यत्र कहीं नहीं।' यह पुस्तक बहुत पठनीय है। यदि इससे ऊपर के जैसे बहुत से वाक्य उद्धृत किए जाएँ तो भी वे खत्म होने वाले नहीं हैं। हम इस पुस्तक को मंगवाने की सबसे सिफारिश करते हैं। इसे पढ़कर हिंदू तथा मुसलमान बहुत लाभ उठा सकते हैं।"(7/42)

(ङ) अंग्रेजी कविता

गाँधीजी बहुत से अंग्रेज कवियों की रचनाओं से परिचित थे। 'सत्याग्रह-सप्ताह' पर लेख लिखते समय कहते हैं : "प्रार्थना की बात पर एक मित्र को पत्र लिखते समय मुझे टेनिसन की बहुत सुंदर चीज हाथ लग गई। उसे मैं 'यंग इंडिया' के पाठकों के सामने प्रस्तुत कर रहा हूं।" उस कविता की प्रारंभिक पंक्तियां इस प्रकार हैं :

प्रार्थना से कितना क्या हो जाता है
इसकी संसार कल्पना नहीं कर सकता।
इसलिए रात और दिन मेरे लिए

किसी झरने की तरह मुक्त वाणी में प्रार्थना करो।(17/329)

गाँधीजी को ईसाई भक्त कवियों की रचनाएँ पसंद थीं। एस्थर फैरिंग को लिखे पत्रों में उन्होंने ऐसी बहुत सी कविताएँ उद्धृत की हैं। उन कविताओं की चर्चा से पहले उनके गद्य के बारे में यह कह देना उचित होगा कि उन्होंने बहुत तरह का गद्य लिखा है, पत्रों में अधिकतर वह सूचनाएँ देते हैं। परंतु एस्थर को लिखे हुए पत्रों में उनके हृदय की करुणा, स्नेह, संवेदनशीलता आदि गुण बहुत अच्छी तरह प्रकट हुए हैं।

फरवरी 1920 में लिखते हैं :

"रानी बिटिया।

तुम बिल्कुल रानी बिटिया नहीं हो। मुझे तुमने कितने दिनों से एक पंक्ति भी लिखकर नहीं भेजी। यों अन्य लोगों से मुझे तुम्हारे बारे में समाचार मिलता रहता है। तुम किसी विवाह में शामिल हुई थी, यह खबर मुझे कुछ अटपटी लगी। यह किसलिए? अपरिचित व्यक्तियों के बीच तुम कैसे रही होगी?"(17/3) पत्र के अंत में कहते हैं : "तुमने मुझे अपने आप को मेरी बेटी कहने का सौभाग्य दिया है।" फिर एक गीत की पंक्ति उद्धृत करते हैं, 'हे ईसा मसीह, अपने हृदय में तूने हमें जगह दी। हमें अपनी शरण में ले।"(उपर्युक्त) एस्थर के बारे में सूचना है : "डेनमार्क की एक ईसाई मतप्रचारिका जो 1916 में भारत आई और बाद में साबरमती आश्रम में रहने लगीं। गाँधीजी उनसे पुत्रीवत् व्यवहार करते थे।"(उपर्युक्त)

फरवरी 1920 के दूसरे पत्र में :

"रानी बिटिया,

मैं देखता हूं कि मैंने तुम्हारा दिल दुखाया है। मुझे क्षमा करना। मैंने वैसा इसलिए लिखा कि मैं तुम्हें बहुत प्यार करता हूं। मेरा ख्याल है कि तुम्हारा यहां आना बेकार है क्योंकि मैं 11 तारीख से दौरे पर रहूंगा। इसलिए अगर तुम आईं भी तो तुम्हारे साथ नहीं रह सकूंगा। आशा है, बहुत देर हुई तब भी 23 तारीख तक मैं तुम्हारे पास पहुंच जाऊंगा। फिर कम-से-कम कुछ समय तक तो हम तुम साथ रहेंगे ही।"(17/15) उसी महीने एक अन्य पत्र में : "किसने कहा कि तुम रानी बिटिया नहीं हो? अपने अद्‌भुत प्रेम और दिल की सफाई से तुमने अपने आप को सबसे अधिक प्रिय बना लिया है। तुम एक क्षण के लिए भी यह न सोचना कि तुम्हारी योग्यता के बारे में मेरे हृदय पर जो छाप है, वह तुम्हारे स्वभाव की स्वच्छंदता के कारण जरा भी बदल सकती है। तुम्हें अपने भीतर जहां मजबूती लानी है यह बताना मेरा अधिकार है।"(17/22) उसी महीने एक अन्य पत्र में एक गीतों की पुस्तक का जिक्र करते हैं : "डी. के पास एक मिशनरी की दी हुई एक छोटी-सी पुस्तक है। उसका नाम 'इनर शाइन' है। उसके एक भजन में मैंने ये पंक्तियां पढ़ीं : 'आज मेरे प्राण मधुर दुःख और विषण्ण सुख से आप्लावित हैं।' और मुझे तुरंत तुम्हारा ख्याल हो आया। सुखपूर्ण दुःख और दुःखपूर्ण सुख, ये अद्‌भुत व्यंजनाएँ हैं। परंतु आज बस इतना ही।"(17/25) फरवरी 1920 में ही गाँधीजी रानी

बिटिया को लिखते हैं : "मैं बनारस जा रहा हूं और हम शीघ्र ही मिलेंगे। कितना अच्छा होता कि तुम मेरे साथ होतीं और देवदास की तरह मेरी सेवा करती होतीं। मैं जानता हूं कि यह काम तुम्हें बड़ा सुखकर लगता और मुझे भी अच्छा लगता। वैसे तो पिता के स्थान की पूर्ति कोई नहीं कर सकता परंतु इस देश में जिसे तुमने अपना बना लिया है, मैं तुम्हारे लिए अपनी सामर्थ्य भर इस स्थान की पूर्ति करना चाहूंगा। स्वास्थ्य-लाभ के लिए तुम्हें डेनमार्क जाना पड़ रहा है, इस बात को सोचकर मैं लज्जित हो रहा हूं।" (17/40) मार्च 1920 के आरंभ में गाँधीजी बहुत व्यस्त हैं। अन्य कामों से समय बचाकर एस्थर को पत्र लिखते हैं : मुकदमा चल रहा है और चूंकि मुझे कुछ मिनटों का अवकाश मिला है, तुम्हें चंद पंक्तियां लिख भेजना चाहता हूं।

"तुम मेरे ध्यान में निरंतर रहती हो। कभी-कभी तो जब तुम्हारे साथ हुई अपनी बातों की ओर ख्याल जाता है और जब यह सोचता हूं कि कुछ अवसरों पर, जब मैंने तुम्हारे प्रति नरम होना चाहा था, मैं शायद कठोर प्रतीत हुआ होऊंगा, तब मैं बेचैन भी हो जाता हूं। हमारे शब्द, हमारे इरादे के अनुसार अच्छे या बुरे नहीं माने जा सकते, बल्कि उनके बुरे या अच्छे होने की कसौटी श्रोता पर पड़ने वाला प्रभाव है। क्या तुम सुखी और प्रफुल्लित हो? तुम्हारा स्वास्थ्य कैसा है?"(17/72) गाँधीजी का यह सिद्धांत बहुत महत्वपूर्ण है कि हमने किस इच्छा से शब्दों का व्यवहार किया है, इसी बात पर ध्यान नहीं देना वरन जिन लोगों के लिए शब्द कहे या लिखे गए हैं उन पर कैसा प्रभाव पड़ता है, विशेष रूप से इस पर ध्यान देना चाहिए। एस्थर के नाम गाँधीजी के पत्र पढ़कर शेक्सपियर के नाटक में लियर और कॉर्डीलिया के संबंधों की याद आती है।

मध्य मार्च में गाँधीजी पत्र में कविता उद्धृत करते हैं : "मैं अवश्य तुम्हारे लिए प्रार्थना करूंगा। मेरे लेखे इससे बढ़कर कुछ किया भी नहीं जा सकता। जिस संगीनी में से तुम इस समय गुजर रही हो, उसमें तुम्हारे मित्रगण तुम्हारी कोई बड़ी मदद नहीं कर सकते। ईश्वर तुम्हारी सहायता करेगा।

कभी न कभी हर व्यक्ति और राष्ट्र के सामने
प्रस्तुत होता है वह क्षण
जब सत् और असत् के संघर्ष में
चुनना पड़ता है अपना पक्ष
शिव और अशिव के बीच!..."(17/98)

अनेक पत्रों में गाँधीजी ने एस्थर को ईसाई भक्तों की कविताएँ भेजीं। फिर एस्थर का विवाह हो गया। अप्रैल 1920 में उन्हें लिखा : "मैं बंबई से अभी-अभी लौटा हूं। मैंने उपवास तथा प्रार्थना का सप्ताह वहीं बिताया। यह सच है कि मैंने तुम्हें पत्र नहीं लिखा है परंतु इसका यह अर्थ नहीं कि मैंने इस बीच तुम्हारे बारे में कुछ कम सोचा है अथवा तुम्हारे लिए कुछ कम प्यार से दुआएँ की हैं...

"लेकिन अब मुझे तुम्हारा मूल्यवान पत्र मिल गया है। तुम्हारे विवाह के संबंध में अब

मैंने वस्तु-स्थिति को स्वीकार कर लिया है। मैं उसके विरुद्ध कुछ नहीं कहूंगा। तुम वही करो जो करने की प्रेरणा तुम्हें ईश्वर दे। लेकिन यह हमेशा ध्यान रखो कि वह ईश प्रेरणा ही है या नहीं।

"हां, निश्चय ही मैं श्री मेनन से मिलना चाहूंगा। तुम जिनके प्रति स्वयं को समर्पित करना चाहती हो, मेरे लिए तो यही इस बात का पर्याप्त प्रमाण है कि वे कोई सामान्य युवक नहीं हैं।"(17/347-48)

(च) अंग्रेजी गद्य

अंग्रेजी गद्य लेखक भी गाँधीजी को बहुत प्रिय थे। इनमें अंग्रेजी के प्रारंभिक गद्यकार, धार्मिक वृत्ति के लेखक जॉन बनियन भी थे। इनके बारे में 1906 में गाँधीजी ने लिखा था : "जॉन बनियन एक साधु पुरुष था। उसे भगवान की प्रार्थना करने के सिवा कोई दूसरा व्यसन न था। उसने उस समय के अर्थात् 17वीं सदी के, धर्म का भारी अत्याचार देखा। उसे धर्माध्यक्ष (बिशप) की आज्ञा के अनुसार कार्य करना ठीक नहीं मालूम हुआ। वह सिर्फ खुदा की आवाज को ही मानता था। वह अपनी पत्नी और बच्चों को छोड़कर बेडफोर्ड की जेल में 12 वर्ष रहा। वहां उसने अंग्रेजी भाषा की एक अच्छी से अच्छी पुस्तक लिखी। उस पुस्तक को पढ़कर लाखों लोग समाधान प्राप्त करते हैं। वह इतनी सरल भाषा में लिखी गई है कि बच्चे और बड़े सभी उसको आसानी से पढ़ सकते हैं। जहां बनियन ने जेल भोगी, वह अब अंग्रेजों के लिए तीर्थस्थान बन गया है।"(5/489) बनियन के बारे में गाँधीजी ने जो कुछ लिखा है, उसे पढ़कर ऐसा लगता है, मानो वह अपने ही बारे में लिख रहे हों। धार्मिक वृत्ति के लेखक गाँधीजी को प्रिय थे। परंतु जो पुरोहितों के संघबद्ध धर्म का विरोध करते थे, वे उन्हें और भी प्रिय थे। ऐसे लेखकों में बनियन थे।

(छ) रूसी गद्य

और ऐसे ही लेखकों में रूस के तोलूस्तोय थे। 1904 में गाँधीजी ने ईसाई धर्म के बारे में 'तोलूस्तोय के विचार' शीर्षक लेख लिखा। इसमें ईसाई पुरोहितों की आलोचना के अलावा साम्राज्यवादियों की भी कड़ी आलोचना है जो ईसाई धर्म के प्रचारक थे। रोम के ध्वंसकर्ता आटीला और प्रसिद्ध लड़ाकू चंगेज खां का स्मरण करते हुए उन्होंने लिखा : "आटीला और चंगेज खां चाहे जितने क्रूर क्यों न रहे हों, किंतु आज के युग में जो क्रूरता नजर आती है, वह उनकी क्रूरता से कहीं बढ़कर है। हमारी दया-भावना इतनी कुंठित हो गई है कि हम कितना भी क्रूर काम करने से बिल्कुल नहीं हिचकते।" अफ्रीका और अमरीका में साम्राज्यवादियों ने जो नरसंहार किया, उसे याद करते हुए गाँधीजी

कहते हैं, “ईसाई जनता ने अमरीका के इंडियनों, हिंदुस्तान के हिंदुओं और अफ्रीका के हब्शियों को अपने अधीन कर लिया है और अब उनका इरादा चीनियों को अपने अधीन करने का है। ऐसा करते हुए वे गर्व अनुभव करते हैं। किंतु सचमुच देखा जाए तो उनकी ये विजयें ऐसी हैं जो उनकी धार्मिक उन्नति में बढ़ोतरी के बदले ह्रास लाती हैं...। उन सब लोगों ने धर्म को त्याग दिया है और इसी कारण निर्दयता के साथ बिना इस प्रकार एक-दूसरे पर अत्याचार करते हैं। लूटपाट मचाते हैं और क्रूरतापूर्ण व्यवहार करते हैं।”(4/357-58)

1905 में तोलूस्तोय का परिचय देते हुए गाँधीजी ने लिखा : “ऐसा माना जाता है कि काउंट तोलूस्तोय के समान धुरंधर विद्वान्, फिर भी फकीरी मनोवृत्तिवाला कोई दूसरा व्यक्ति पश्चिम के देशों में तो नहीं है। उनकी आयु आज प्रायः 80 वर्ष हो चुकी है, फिर भी वे बहुत स्वस्थ, परिश्रमशील एवं विलक्षण हैं।” आगे गाँधीजी बताते हैं, रूसी भाषा में बाइबिल का अनुवाद था। उससे तोल्स्तोय को संतोष नहीं हुआ। हिब्रू का अध्ययन करके उन्होंने उसका नए सिरे से अनुवाद आरंभ किया। उनमें लिखने की महान शक्ति थी, इस बात का पता भी उन्हें इन्हीं दिनों चला। उन्होंने लड़ाई से होने वाले अनर्थकारी परिणामों पर बड़ी प्रभावशाली पुस्तक लिखी। सारे यूरोप में उसकी ख्याति फैल गई। लोगों की नैतिकता सुधारने के अभिप्राय से कई उपन्यास लिखे। “इनके मुकाबले के ग्रंथ यूरोप की भाषाओं में बहुत कम माने जाते हैं। इन सब पुस्तकों में उन्होंने इतने अधिक प्रगतिशील विचार प्रकट किए हैं कि उनके कारण रूस के पादरी तोलूस्तोय से बिगड़ खड़े हुए। उन्हें बिरादरी से बाहर निकाल दिया गया। इन सब बातों की कुछ परवाह न करते हुए उन्होंने अपना प्रयत्न जारी रखा और अपने विचारों को फैलाना शुरू कर दिया।” तोलूस्तोय केवल पादरियों के ही नहीं, राजकर्मचारियों और स्वयं जार की आलोचना भी करते थे। “तोलूस्तोय अब तक जोशीले लेख लिखा करते हैं। स्वयं रूसी होने पर भी रूस और जापान की लड़ाई के संबंध में उन्होंने रूस के विरुद्ध बड़े तीखे और कड़े लेख लिखे हैं। रूस के सम्राट को तोलूस्तोय ने युद्ध के संबंध में बड़ा प्रभावशाली और तीखा पत्र लिखा है। स्वार्थी अधिकारी तोलूस्तोय पर बहुत कटु दृष्टि रखते हैं। फिर भी वे और स्वयं जार भी उनसे डर कर चलते हैं और मान देते हैं। लाखों गरीब किसान उनके कहे हुए वचनों का पालन करते हैं, यह उनकी भलमनसाहत और ईश्वरपारायण जीवन का प्रताप है।”(5/59-60) गाँधीजी के विचारों पर तोलूस्तोय का प्रभाव तो था ही, उनके लेखन पर, उनकी शैली पर, रचना-कौशल पर भी जहां-तहां तोलूस्तोय का प्रभाव दिखाई देता है।

तोलूस्तोय के अतिरिक्त उनसे भिन्न वृत्ति के, मैक्सिम गोर्की के जीवन और कृतित्व से भी गाँधीजी परिचित थे। 1905 में उन्होंने गोर्की पर एक टिप्पणी लिखी थी जिसमें उन्होंने भारत और रूस की सामाजिक परिस्थितियों की तुलना भी की थी। लिखा था : “रूस के लोगों और हमारे देश के लोगों के बीच एक हद तक तुलना की जा सकती है।

जैसे हम गरीब हैं, वैसे ही रूस की जनता भी गरीब है। जैसे हमें राजकाज चलाने का कुछ भी अधिकार नहीं है और चुपचाप कर चुकाने पड़ते हैं, उसी प्रकार रूस के लोगों को भी करना पड़ता है। रूस में ऐसे कष्टों को देखकर कुछ अत्यंत वीर पुरुष सामने आ जाते हैं। कुछ समय पहले रूस में विद्रोह हुआ। उसमें जिन्होंने मुख्य भाग लिया, उनमें मैक्सिम गोर्की भी थे। वे बहुत गरीबी में पले थे। शुरू में एक मोची के यहां नौकरी पर रहे। वहां से उनको छुट्टी दे दी गई। फिर उन्होंने कुछ समय तक सिपाहीगीरी की। उस समय उन्हें अध्ययन करने की तीव्र अभिलाषा हुई। लेकिन गरीब होने के कारण किसी अच्छी पाठशाला में प्रवेश नहीं मिल सका। उसके बाद उन्होंने एक वकील के यहां नौकरी की और अंत में एक नानबाई के यहां फेरीदार का काम किया। इस बीच सारे समय उन्होंने निजी परिश्रम से शिक्षा प्राप्त करने का कार्य जारी रखा। उन्होंने 1892 में अपनी पहली पुस्तक लिखी जो इतनी रोचक थी कि उससे उनकी ख्याति तुरंत फैल गई। उसके बाद उन्होंने बहुत-सी रचनाएँ की हैं। इन सबके पीछे उनका एक ही उद्देश्य था कि लोगों को उनके ऊपर होने वाले अत्याचारों के खिलाफ उकसाया जाए, सत्ताधीशों के कान खड़े किए जाएँ और यथासंभव जनता की सेवा की जाए। वे पैसा कमाने की कुछ भी परवाह न करके ऐसे तीखे लेख लिखते हैं कि उन पर अधिकारियों की कड़ी निगाह रहती है। वे लोक सेवा करते हुए जेल भी हो आए हैं किंतु इसे अपना सम्मान समझते हैं। ऐसा कहा जाता है कि यूरोप में लोगों के हकों की रक्षा करने वाला मैक्सिम गोर्की के समान कोई दूसरा लेखक नहीं है।"(5/5)

(ज) संगीत

अब संगीत-प्रेम की बानगी। छात्रों ने पूछा, "संगीत का आपके जीवन में क्या असर हुआ है?" गाँधीजी ने कहा : "संगीत से मुझे शांति मिली है। मुझे ऐसे मौके याद हैं, जब मैं किसी कारण परेशान था और तब संगीत सुनने से मन को शांति मिली थी। यह भी अनुभव हुआ है कि संगीत से क्रोध मिट जाता है। ऐसे तो कई उदाहरण याद हैं कि गद्य में लिखी हुई चीजों का असर नहीं पड़ा और उन्हीं के बारे में भजन सुनने पर मन पर उसका असर हो गया। मैंने यह भी देखा है कि भजन के बेसुरे गाये जाने पर उसके शब्दार्थ ने मुझे नहीं छुआ और जब वही भजन मधुर सुर में गाया गया, तो उसमें भरे हुए अर्थ का असर मन पर बहुत गहरा हुआ। 'गीता' जब मीठी आवाज में एक सुर से गाई जाती है, तब मैं उसे सुनते-सुनते थकता नहीं, और गाये जाने वाले श्लोकों का अर्थ दिल में ज्यादा-ज्यादा गहरा पैठता है। मीठे स्वर में जो 'रामायण' बचपन में सुनी थी, उसका असर अब तक चला आ रहा है। एक बार एक मित्र ने 'हरिनो मारग छे शूरानो' भजन गाया, तो उस बार उसका जैसा असर हुआ, वैसा पहले कई बार सुन चुकने पर भी नहीं हुआ था। सन् 1907 में ट्रांसवाल में मुझे आक्रमण के कारण बहुत चोट आई

थी। डाक्टर घावों पर टांके लगा कर चला गया था। मुझे दर्द हो रहा था। जो दुख मैं स्वयं गाकर या मनन करके नहीं मिटा सकता था, वह ओबिव डोक से एक मशहूर भजन सुनकर मैं भूल गया।"(38/93) केवल विचार गाँधीजी के मन पर असर नहीं करते। विचारों के साथ मधुर संगीत हो तो वह भावना के साथ मन में गहरे उतर जाते हैं। संगीत सुनने और उससे प्रभावित होने के संस्कार उनमें बचपन से थे। उन्होंने शब्दहीन संगीत की प्रशंसा नहीं की, शब्दबद्ध संगीत उन्हें प्रिय था। अर्थात् संगीत के साथ काव्य भी उन्हें अच्छा लगता था। पीड़ा शरीर को होती है, मन को होती है, इंद्रियों को होती है। इस पूरे शरीर-तंत्र को संगीत प्रभावित करता है। पर संगीत उसी को प्रभावित करता है जो स्वयं बहुत संवेदनशील हो। गाँधीजी संगीत से प्रभावित होते हैं, यह उनकी संवेदनशीलता का प्रमाण है।

संगीतकार दिलीप कुमार राय गाँधीजी से मिलने आए। दक्षिण अफ्रीका वाली घटना गाँधीजी ने उन्हें भी सुनाई। मीरा के गीत गाँधीजी को प्रिय थे। उनके बारे में उनकी राय यह थी : "वे मीरा के हृदय से निकले हैं और गीत रचने की इच्छा से या लोगों को खुश करने की इच्छा से नहीं लिखे गए हैं।" दिलीप कुमार राय ने अपने संस्मरण में लिखा है : "मैं उनकी इच्छाअनुसार उसी दिन शाम को उनके पास गया। गाने के बाद मैंने देखा कि उन पर संगीत का प्रत्यक्ष प्रभाव पड़ा है। मेरा ख्याल है कि अस्पताल के सामान्य प्रकाश में भी उनकी आंखें चमक उठी थीं।"

राय ने कहा : "मैं यह अनुभव करता हूं कि हमारे स्कूलों और कालेजों में हमारे सुंदर संगीत की उपेक्षा की गई है।" गाँधीजी ने उत्तर दिया : "हां उपेक्षा की गई है। मैं तो यह हमेशा से कहता आया हूं।" दिलीप कुमार राय को गाँधीजी का संगीत-प्रेम देखकर आश्चर्य हुआ। उन्होंने कहा : "मुझे आपकी यह बात सुनकर बहुत प्रसन्नता हुई है क्योंकि अब तक मेरा यह ख्याल रहा है कि आप संगीत जैसी समस्त कलाओं के विरोधी हैं।" गाँधीजी ने उत्तर दिया : "मैं और संगीत के विरुद्ध! मेरे बारे में इतनी भ्रांतियां फैली हुई हैं कि अब उन्हें फैलाने वालों से पार पाना मेरे लिए प्रायः असंभव हो गया है। फलतः जब मैं अपने मित्रों के सम्मुख स्वयं कलाकार होने का दावा करता हूं तो वे मेरी बात पर मुस्कुरा उठते हैं।"(23/206) पाठक नोट करें : गाँधीजी स्वयं कलाकार होने का दावा करते थे। गाँधीजी की कलात्मक क्षमता साहित्य और कलाओं से संबंधित विवरण में और स्वयं उनके गद्य लेखन में, अनेक बार प्रकट हुई है।

गीत पशुओं को भी मोह लेता है यह किंवदंती प्रचलित है। गाँधीजी ने इस संबंध में अपनी असम यात्रा के दौरान जो कुछ देखा और सुना, वह इस प्रकार है : "हाथी संगीत प्रिय होता है, इस कारण कभी-कभी महावत गाना सुनाकर उसे अपना बना लेने का प्रयत्न करता है। हाथी को हमारी भाषा की अच्छी परख है। यहां तक कि वह गुस्से या प्रेम के शब्दों को भी पहचान लेता है।... 'शाबाश' शब्द से असम का हरेक हाथी परिचित है।"(21/88) हाथी संगीत से आकर्षित होता है और मनुष्यों के संपर्क में रहने

से वह उनके कुछ शब्द भी समझ लेता है।

गाँधीजी साहित्य और संगीत की सामाजिक भूमिका की ओर भी ध्यान देते हैं। वैष्णव जन वाला गीत मद्रास में गाया गया था। वहीं एक सभा में गाँधीजी ने त्यागराज की भूमिका पर प्रकाश डाला। प्रार्थना के समय श्री त्यागराज का जो कीर्तन गाया गया था, उसकी चर्चा करते हुए गाँधीजी ने कहा कि "श्री त्यागराज को दक्षिण अफ्रीका में कितना ऊंचा स्थान प्राप्त है, यह मैं जानता हूं। मैं जहां भी गया हूं, चाहे तमिलनाडु हो या आंध्र प्रदेश, कर्नाटक या केरल, मैंने उनके गीतों को इतने मधुर स्वर में गाये जाते हुए सुना है जैसे वह स्वर सीधे गायक के हृदय से निकल रहा हो। मैंने आप लोगों के बीच प्रांतीयता और गुटबाजी की जो भावना देखी है, वह त्यागराज के नाम और त्यागराज के गीतों के अनुरूप नहीं है।"(83/33) गाँधीजी यहां संगीत में त्यागराज की भूमिका के साथ उनकी सामाजिक भूमिका का महत्व भी दिखा रहे हैं।

कला कौशल और सौन्दर्य बोध

मनुष्य का सौंदर्य बोध उनकी वेशभूषा से भी व्यक्त होता है। गाँधीजी सौंदर्य की कसौटी बदलने के पक्ष में थे।

भूमंडलीकरण के साथ आज उपभोक्तावाद का जोर है। गाँधीजी ने 1921 में कपड़े के व्यापारियों से कहा था, जीवंत कला की उपासना करें, सादगी के साथ-साथ स्वदेशी का ध्यान रखें। "मेरी आपसे प्रार्थना है कि आप उपभोक्ताओं की बात जरूरत से ज्यादा न सोचें। आपका झीनी जापानी धोतियां या साड़ियां या मांडीदार महीन सूती कपड़े दिखाकर उनको प्रलोभन देना उचित नहीं है। मेरा आपसे अनुरोध है कि आप इसकी अपेक्षा उपभोक्ताओं में खादी में कला देखने की रुचि पैदा करें। कपड़े में एक-सा पन और मुलायमियत ही कला हो, सो बात नहीं है। बहुत ही बढ़िया बने हुए रेशम के गुलाबी फूल में कोई कला नहीं है क्योंकि उसमें कोई जीवन नहीं है। लेकिन बाग में पैदा हुआ, बाग से तोड़ा हुआ गुलाब का ऐसा फूल जिसकी बहुत सी पंखुड़ियां झड़ गई हों, सफाई से बनाए हुए नकली गुलाब की अपेक्षा जो सजी हुई खिड़की में रखा हुआ है, किसी भी हालत में बढ़िया बैठता है। असली फूल में जीवन का संचार है। क्या ही अच्छा हो कि भारत के व्यापारी पैसे के लिए काम न करें बल्कि उसकी अपेक्षा प्राचीन कला का अध्ययन करें और उसे पुनर्जीवित करना अपना व्यवसाय बना लें।"(20/320) कला जीवंत हो सकती है और मानव जीवन कलात्मक हो सकता है यदि हम नकलीपन छोड़ दें। जीवन में और कला में सादगी और स्वच्छता का ध्यान रखें। कांग्रेस के अधिवेशन में व्यवस्था कैसी हो, इस प्रसंग में गाँधीजी ने लिखा : "आजकल तो यह माना जाता

है कि हिंदुस्तानी व्यवस्था के मानी हैं–गंदगी और अंग्रेजी व्यवस्था के मानी हैं–सफाई। पर नियम असल में यह होना चाहिए कि जितनी ही अधिक सादगी उतनी ही अधिक सफाई और जितना ज्यादा ढोंग-ढकोसला, उतनी ही ऊपरी शान-बान और अंदर मैलापन। परंतु अपने आजकल के बर्ताव में हमने सादगी के साथ गंदगी को मिला लिया है। हमें इसमें से बाहर निकलना होगा।" (21/51) इस बात का जितना ध्यान 20वीं सदी के आरंभ में रखना आवश्यक था, उससे ज्यादा अधिक ध्यान रखना 20वीं सदी के अंतिम चरण में आवश्यक है। गाँधीजी स्त्रियों को कीमती विलायती साड़ियां छोड़कर खादी की सादी धोतियां पहनने की सलाह दे रहे थे। आसामी, बंगाली और मारवाड़ी स्त्रियों की तीन सभाएँ हुईं। असम के अनुभवों में उन्होंने लिखा : "इनमें असमी और बंगाली बहनें तो अपनी कीमती-से-कीमती विलायती साड़ियों की जगह सादी-से-सादी धोतियां पहन कर आई थीं। बहुत-सी बहनें खादी की साड़ी अपने पास न होने के कारण शर्मिन्दा हो रही थीं। मारवाड़ी बहनें तो बिल्कुल विलायती कपड़े पहन कर आई थीं। परंतु श्री जमनालाल (बजाज) जी ने मुझसे कहा कि उन बहनों ने अब खादी की साड़ियां मंगवाई हैं। इस सभा में मौलाना मुहम्मद अली की धर्मपत्नी भी आई थीं। उनकी खादी की पोशाक देखकर लोग बड़े खुश हुए।"(21/56)

गाँधीजी खादी के प्रचारक थे। इसके साथ वह रेशम के पारखी भी थे। असम के अनुभवों में उन्होंने लिखा : "असम में रेशम भी अच्छा पैदा होता है। इससे वहां की औरतें रेशम और सूत दोनों बुनती हैं। उन पर अनोखे बेल-बूटे भी काढ़ सकती हैं। 50 बरस पहले प्रत्येक स्त्री सूत भी कातती थीं और बुनती भी थीं। पर जब से अंग्रेजी राज आया, तब से उसके साथ ही विलायती सूत भी यहां आ पहुंचा। इसी सूत ने सब कुछ चौपट कर दिया।"(21/55)

खादी रंग दी जाए, उसमें रेशम मिला दिया जाए, उसमें बेल-बूटे बना दिए जाएँ, तो ऐसे कपड़े भी गाँधीजी को अच्छे लगते थे। पंजाब के एक गांव के बारे में उन्होंने लिखा था : "गुजरात के पास जलालपुर जट्टा नामक एक छोटा-सा गांव है। हमें यहां भी जाना था। उसे केवल बुनकरों का गांव कहा जा सकता है। वहां की स्त्रियां कातती हैं और मर्द बुनते हैं। वहां की एक छोटी-सी गली को लोगों ने हाथ से बुने कपड़ों से सजा रखा था। ये कपड़े मात्र सफेद खादी के न थे, वरन् खादी को लाल रंग से रंग कर उसमें रेशम से काम कियां गया था। ऐसे वस्त्रों को यहां लोग फुलकारी कहते हैं। इनमें सुंदर बेलबूटे कढ़े हुए होते हैं। इससे वे आंखों को प्रिय लगते हैं। विवाह के अवसर पर वर-वधू को ऐसी फुलकारी भेंट की जाती है, और वह बहुत-से परिवारों में संभाल कर रखी जाती है।"(17/34-35) 'गुजरात' शब्द से लोगों को भ्रम हो सकता है, वहां के कमिश्नर को भी हुआ था। 'गुजरात में, यद्यपि कमिश्नर ने मार्शल लॉ लगाए जाने की मांग नहीं की थी, लेकिन फिर भी जब वह लगाया गया तो उन्होंने तार द्वारा पुछवाया कि कहीं यह बंबई प्रदेश के गुजरात के लिए तो नहीं है? इतना निर्दोष था पंजाब का यह

गुजरात।"(17/35) तो यह गुजरात पंजाब में है। पंजाब की स्त्रियों की कताई-बुनाई की प्रशंसा करते हुए गाँधीजी ने एक जगह उनके रूप का उल्लेख भी किया है। "पंजाब ने तो मेरे तईं इसे और भी स्पष्ट कर दिया है कि समस्या का यही एक हल है। ईश्वर के प्रति हमें कृतज्ञता प्रकट करनी चाहिए कि पंजाब की महिलाओं ने रूप-सौंदर्य के साथ-साथ अपने हाथ के हुनर को भी बनाए रखा है। ये किसी भी वर्ग की हों, सभी कताई की कला में निपुण हैं। अन्य अनेक गुजराती महिलाओं की तरह उन्होंने अभी तक अपने चरखे आग में नहीं झोंके हैं। वे जब सूत के गोले-पर-गोले मेरी गोद में फेंकती चलती हैं तो मेरे हर्ष की सीमा नहीं रहती। वे स्वीकार करती हैं कि उनके पास कताई के लिए काफी समय रहता है। वे मानती हैं कि उनके हाथ से कते सूत से बुना खद्दर मशीनों के कते सूत से बने वस्त्र से कहीं उत्तम होता है।"(16/346)

रूप-रस-गंध-स्पर्श-शब्द के संसार से गाँधीजी बेखबर नहीं थे। दक्षिण अफ्रीका में कहां कौन से बढ़िया फल होते हैं, इस सब का पता उन्होंने कर लिया था। अंगूरों के लिए लिखा, कि "केप कालोनी तो अंगूर और बड़े किस्म के बेरों का देश है। जैसे अंगूर वहां होते हैं, वैसे शायद ही दूसरी जगह होते हों।"(29/8) फिर आम। "जहां हिंदुस्तानी रहते हों वहां आम न हों, यह नहीं हो सकता। हिंदुस्तानियों ने वहां आमों की गुठलियां बोई थीं। फलस्वरूप दक्षिण अफ्रीका में आम भी पर्याप्त मात्रा में मिल सकते हैं और उनकी कुछ किस्में तो बंबई के हाफुस और पायरी आम का मुकाबला कर सकती हैं।" गाँधीजी ने जब बकरी का दूध पीना न शुरू किया था, तब उन्हें खीर-पूड़ी पसंद थी। दक्षिण अफ्रीका के संदर्भ में लिखा था : "भारतीय जनता बिना मताधिकार के थी। वह अब मताधिकार युक्त हो गई है। इसलिए अन्य उपनिवेशों के संबंध में अंगुलियों की चर्चा करना तो खीर-पूरी छोड़कर पापड़ की चिंता में पड़ना जैसा हास्यास्पद होगा।" (8/81) खीर-पूड़ी छोड़ कर पापड़ की चिंता करना भी हास्यास्पद होगा। इंग्लैंड में कुछ शाकाहारी ऐसे थे जो मांस-मछली-अंडे की कोटि में दूध को भी रखते थे। शाकाहार का अर्थ यह था कि आदमी दूध न पिये, मक्खन न खाए। गाँधीजी ने इंग्लैंड के पत्र 'वेजीटेरियन' में लिखा : "परंतु जिस तरह यहां के कट्टर अन्नाहारी दूध और मक्खन से भी परहेज करते हैं, वैसा भारतीय अन्नाहारी नहीं करते। उलटे वे तो उन्हें फलाहार-उपवास-के दिनों में सेवन करने योग्य पवित्र वस्तुएँ मानते हैं। ये फलाहार के दिन हर पखवारे में आते हैं और ऊंची जातियों के हिंदू समान रूप से इनका पालन करते हैं। उनका कहना है कि हम गाय का दूध लेकर उसकी हत्या नहीं करते। गोदोहन को तो भारत में काव्य और चित्रकला का विषय बना लिया गया है और निश्चय ही उससे कोमल भावनाओं को भी धक्का नहीं पहुंच सकता, जैसा कि गोवध से पहुंचता है।"(1/20) कृष्ण-काव्य में दूध और मक्खन की भरमार है। गाय का दूध छोड़कर बकरी का ही दूध पीना वैष्णव परम्परा के विरुद्ध है।

कलाओं में अभिनय कला अत्यंत प्राचीन है। अन्य कलाओं को उसने प्रभावित किया

है। गाँधीजी नाटक प्रेमी थी। समय मिल जाए तो नाटक देखते थे और उसके बारे में लिखते भी थे : "कलकत्ता में समय बड़ा अच्छा कटा, लेकिन कांग्रेस के मंडप में नहीं, मंडप के बाहर ही। कविवर और उनकी मंडली ने 'डाकघर' नाटक खेला जिसे देखकर मैं मुग्ध हो गया। यह लिखते समय भी कवि की मनोहर और मीठी आवाज मेरे कानों में गूंज रही है। बीमार बच्चे का अभिनय भी उतना ही सुंदर रहा। बंगला संगीत ने मुझे मोह लिया। यद्यपि मुझे अधिक सुनने को नहीं मिला, फिर भी जितना सुना, उससे मेरे ज्ञान-तंतुओं को, जो हमेशा तनाव की स्थिति में रहते हैं, बड़ा आराम मिला।"(14/141) स्नायु तंत्र तनाव की हालत में हो तो संगीत से मनुष्य को शांति मिलती है। यह उद्भावना यहां प्रस्तुत की गई है।

असम में चित्रों से सजी हुई हस्तलिखित पुरानी पोथियां गाँधीजी ने देखी थीं। उनकी सुंदरता की प्रशंसा करते हुए उन्होंने लिखा : "असम जिस प्रकार अपनी बुनाई की कला के लिए मशहूर है, उसी तरह हाथियों के लिए भी। भोजपत्र पर लिखी हुई 200 वर्ष पुरानी हस्तिविद्या की एक पुस्तक भी मुझे दिखाई गई थी। उसमें मजमून के अलावा हाथी वगैरह के कई खूबसूरत चित्र भी थे। उनके रंग अनूठे थे। वैसे सुहावने रंग कदाचित ही दिखाई देते हैं। चित्रों में तारतम्य का खयाल तो इतना रखा गया है कि देखने वाले के मन में असम की प्राचीन कला के प्रति अभिमान उत्पन्न हुए बिना नहीं रह सकता।"(21/88) चित्र में रंग सुंदर होने चाहिए। साथ ही जो अनेक चीजें दिखाई जाती हैं, उनमें तारतम्य होना भी जरूरी है।

गाँधीजी आत्मबल की बात बहुत करते हैं। परंतु मनुष्य का स्वस्थ, गठीला शरीर उन्हें प्रिय था। गाय का दूध पीकर अपने शरीर को स्वस्थ रखने वाले ग्वालों के बारे में उन्होंने लिखा था : "भारत का ग्वाला भीमसेनी शरीर और बहुत अच्छे गठन वाला होता है। अपनी मोटी, मजबूत लाठी से वह किसी भी तलवार वाले साधारण यूरोपीय का सामना कर सकता है। ग्वालों की ऐसी कहानियों के उल्लेख मिलते हैं जिनमें उन्होंने अपनी लाठियों से ही शेर या बाघों को मारा या भगाया है।"(1/25)

मनुष्य का सौंदर्य बोध उसके सामाजिक परिवेश से प्रभावित होता है। जो लोग साम्राज्यवाद से आतंकित हैं, गोरों का प्रभुत्व चारों ओर देखते हैं, वे गोरों के रंग-रूप, उनके रूप से भी प्रभावित होते हैं। गाँधीजी उन बिरले लेखकों में हैं जिन्होंने गोरों से अलग हटकर अफ्रीका की जातियों के सौंदर्य पर भी लिखा है। उन्होंने जुलू लोगों के शारीरिक गठन पर जो कुछ लिखा है, वह उनकी साम्राज्यविरोधी चेतना और उससे प्रभावित उनके नए सौंदर्य बोध का अद्वितीय प्रमाण है। लिखा था : "हम श्वेत वर्ण और नुकीली नाक को सुंदर मानते हैं। यदि हम थोड़ी देर के लिए यह अंधविश्वास अपने मन से हटा दें तो हमें ऐसा नहीं लगेगा कि विधाता ने जुलू लोगों को गढ़ने में कोई कसर उठा रखी है। स्त्री और पुरुष दोनों कद में ऊंचे, पूरे और उनके वक्ष तदनुरूप चौड़े होते हैं। शरीर के समस्त अवयव सुगठित और बहुत मजबूत होते हैं। उनकी पिंडलियां और

बाहें मांसल और गोल होती हैं। आपको शायद ही कोई जुलू स्त्री या पुरुष कमर या कंधे झुकाए चलता दिखाई देगा। उनके होंठ अवश्य बड़े और मोटे होते हैं, किंतु उनके समस्त शरीर के आकार को देखते हुए कम से कम मैं तो उन्हें तनिक भी बेढंगा नहीं कह सकता। उनकी आंखें गोल और चमकदार होती हैं। उनकी नाक चपटी और उतनी ही बड़ी होती है जितनी उनके बड़े मुंह पर शोभा दे सके। सिर के घुंघराले बाल उनकी शीशम जैसी काली और चमकती हुई त्वचा पर बहुत फबते हैं।"(29/10) क्या बात है शीशम जैसी चमकती काली त्वचा की!

कला के विकास के लिए अच्छे मानवीय संबंध आवश्यक हैं। युद्ध और अत्याचार से कला का विकास नहीं होता। एक अंग्रेजी लेखक का हवाला देते हुए गाँधीजी उसकी आलोचना करते हैं : "एक अंग्रेजी चित्रकार—कवि ने कहा है कि लोककलाएँ लड़ाइयों के अंत में विकसित होती हैं। यह अर्ध सत्य है। जिस हद तक एक राष्ट्र की जनता दूसरे राष्ट्र की जनता का हनन करती है, उस हद तक कला का विकास नहीं होता, बल्कि पाखंड का विकास होता है।"(22/216-17)

भारत में देशी राज्यों के कुछ शासक उदार विचारों के थे और वे यहां की कलाओं को प्रोत्साहन देते थे। दक्षिण अफ्रीका में रहते हुए गाँधीजी इस बात की खोज-खबर रखते थे कि भारत में कहां किस तरह का कलात्मक विकास हो रहा है। 1903 में उन्होंने 'टाइम्स ऑफ इंडिया' का हवाला देते हुए लिखा था : "जो भारतीय कभी भारत नहीं गए हैं, उनको भी यह जानकर राष्ट्रीय गौरव और संतोष का अनुभव होगा कि मैसूर के सुसंस्कृत नरेश किस प्रकार भारतीय कला को प्रोत्साहन देना और उसे अत्यंत व्यावहारिक रूप में पुनर्जीवित करना चाहते हैं। 'टाइम्स ऑफ इंडिया' में छपे वर्णन से ज्ञात होगा कि पुश्तों से अपनी भिन्न-भिन्न हस्तकलाओं की शिक्षा पाए हुए परिवारों के कोई 1200 कारीगर अनुभव करते हैं कि कम-से-कम मैसूर में तो उनकी कारीगरी की कद्र की जाती है, उसका उचित पुरस्कार दिया जाता है।"(3/577) इंग्लैंड के कुछ विद्वानों ने भारत की कलाओं के विकास पर बहुत अच्छा लिखा था। विलियम विल्सन हंटर की पुस्तक 'इंडियन एम्पायर' से गाँधीजी ने अनेक स्थानों पर उद्धरण दिए हैं। जब दक्षिण अफ्रीका में भारतीय अपने अधिकारों के लिए लड़ रहे थे, तब इस पुस्तक से उद्धरण देकर गाँधीजी अपनी कलात्मक विरासत से उन्हें परिचित कराते थे और संघर्ष में उनका उत्साह बढ़ाते थे। इसके साथ ही इन उद्धरणों से पता चलता है कि स्वयं गाँधीजी को स्थापत्य आदि कलाओं के विकास से कितनी गहरी दिलचस्पी थी। हंटर ने लिखा था : "ग्वालियर की प्रासाद-स्थापत्य कला, भारतीय मुसलमानों की बनाई दिल्ली और आगरा की मस्जिदें और मकबरे एवं दक्षिण भारत के प्राचीन मंदिर रेखांकन के सौंदर्य और सजावट की समृद्धि की दृष्टि से अप्रतिम हैं। आगरा के ताजमहल को देखकर श्री हेबर का यह उद्‌गार अक्षरशः सही प्रतीत होता है कि उसके बनाने वालों ने महामानवों की भांति उसकी कल्पना की और जौहारियों की भांति उसे कार्यान्वित किया। अहमदाबाद

की संगमर्मर की खुली उत्कीर्ण खिड़कियां और जाली कुशल सजावट के ऐसे नमूने पेश करती हैं जो बौद्धकालीन गुफाओं में बने मठों से लेकर बाद की हर भारतीय इमारत में पाये जाते हैं।"(3/578)

मन हो तो गाँधीजी कलाकृतियों का बहुत सुंदर वर्णन कर सकते थे। गुजरात की साहित्य परिषद में रविशंकर रावल की चित्रकला पर बोलते हुए उन्होंने रोम में देखी हुई एक मूर्ति के बारे में कहा : "चित्र ऐसे होने चाहिए जो मुझसे बोलें, मेरे आगे नाचें। ऐसे चित्र दुनियाभर में बहुत थोड़े हैं। रोम में पोप के संग्रह में मैंने एक मूर्ति देखी जिसे देखकर मैं अपना भान भूल गया था। यह मूर्ति 'क्राइस्ट ऑन दि क्रॉस' (सूली पर ईसा) की है। यह मूर्ति देखकर मनुष्य पागल हो जाता है। इसे समझाने को रवि शंकर रावल मेरे पास खड़े नहीं थे। उसे देखकर ही मैं स्तब्ध हो गया था। यह तो विदेशी की बात हुई। परंतु कुछ साल पहले मैं मैसूर में वेलूर गया था। वहां के पुराने मंदिर में नग्न अवस्था में खड़ी एक स्त्री की मूर्ति देखी थी। वह मुझे किसी ने बताई नहीं थी, परंतु एकदम मेरा ध्यान उधर गया और मैं आकर्षित हुआ। मैं नग्न अवस्था में खड़ी स्त्री का वर्णन यहां नहीं करना चाहता, किंतु जो चित्र का भाव मैंने समझा, वह बताता हूं। उसके पैर के सामने एक बिच्छू पड़ा है। उसका कवि वीभत्स नहीं था, इसलिए स्त्री को उसने कपड़े से कुछ ढंक दिया था। यह काले संगमरमर की मूर्ति है। उसे देखकर ऐसा लगता है कि कोई रम्भा है जो बेचैन हो रही है। मैं उसका वर्णन अपनी देहाती शैली में ही करता हूं। मैं तो देखता ही रह गया। वह अपने शरीर पर से कपड़े को झटक रही है। कला को वाणी की जरूरत नहीं होती। मुझे ऐसा लगा, साक्षात् कामदेव यहां बिच्छू बनकर बैठा है। उस स्त्री के शरीर में आग जल रही है। कवि ने कामदेव की विजय होने दी है, परंतु उस स्त्री ने आखिर अपने कपड़े में से उसे झाड़कर फेंक दिया है और उसकी जीत नहीं होने दी। उस स्त्री के अंग-प्रत्यंग पर उसकी वेदना चित्रित है।"(63/449) गाँधीजी कलाकार की वेदना और कलाकृति में व्यंजित वेदना दोनों को पहचानते थे।

गाँधीजी चाहते थे "कलाकार और साहित्यकार गांवों में जाएँ। रविशंकर रावल जैसे लोग अहमदाबाद में बैठे-बैठे कूची चलाया करते हैं। किंतु गांवों में जाकर वे क्या करेंगे? हां उनके चित्रों की प्रदर्शनी देखकर मेरी छाती फूल गई क्योंकि पहले यहां ऐसे चित्र नहीं थे।"(63/448)

गाँधीजी कलाकार थे और कला के पारखी थे। विभिन्न कलाओं में व्यक्त होने वाला सौन्दर्यबोध भारतीय जनता की श्रेष्ठ सांस्कृतिक उपलब्धि है।

आज का भारत और इतिहास की समस्याएँ

आम्बेडकर

डॉ. भीमराव रामजी आम्बेडकर का जन्म 1891 में हुआ। 1956 में उनका देहान्त हुआ। अनेक समकालीन राजनीतिज्ञों को देखते हुए उनकी जीवन-अवधि कुछ कम थी। किंतु इस अवधि में भी उन्होंने अध्ययन, लेखन, भाषण और संगठन के बहुत से काम किए जिनका प्रभाव उस समय की और बाद की राजनीति पर है।

भीमराव आम्बेडकर का जन्म निम्न वर्ण की महार जाति में हुआ था। उस समय अंग्रेज निम्न वर्ण की जातियों से नौजवानों को फौज में भर्ती कर रहे थे। भीमराव के पिता रामजी आम्बेडकर ब्रिटिश फौज में सूबेदार थे और कुछ समय तक एक फौजी स्कूल में अध्यापक भी रहे। वह शिक्षा का महत्व समझते थे और भीमराव की पढ़ाई लिखाई पर उन्होंने बहुत ध्यान दिया। अछूत समझी जाने वाली जाति में जन्म लेने के कारण अपने स्कूली जीवन में आम्बेडकर को अनेक अपमानजनक स्थितियों का सामना करना पड़ा। इन सब स्थितियों का धैर्य और वीरता से सामना करते हुए उन्होंने स्कूली शिक्षा समाप्त की। फिर कॉलेज की पढ़ाई शुरू हुई। इस बीच पिता का हाथ तंग हुआ। खर्चे की कमी हुई। एक मित्र उन्हें बड़ौदा के शासक गायकवाड़ के यहां ले गए। गायकवाड़ ने उनके लिए स्कॉलरशिप की व्यवस्था कर दी और आम्बेडकर ने अपनी कॉलेज की शिक्षा पूरी की। यह शिक्षा पूरी करने के बाद वह गायकवाड़ को धन्यवाद देने गए। गायकवाड़ ने पूछा, क्या वह बाहर जाकर और भी आगे पढ़ना चाहेंगे? आम्बेडकर ने यह प्रस्ताव तुरंत स्वीकार किया और न्यूयार्क की कोलंबिया यूनीवर्सिटी में उनके अध्ययन की व्यवस्था हो गई।

सुना है कि महाराष्ट्र के ब्राह्मण गायकवाड़ों को शूद्र वर्ण में गिनते हैं। बड़ौदा के गायकवाड़ों का पुराना सामंती घराना है। यदि ये शूद्र वर्ण में थे तो इससे निष्कर्ष यह निकलता है कि अंग्रेजी राज कायम होने से पहले भारत में शूद्र वर्ण के लोग भी शासक हो सकते थे। यदि ये शूद्र वर्ण में नहीं हैं तो दूसरा निष्कर्ष यह निकलता है कि उच्च वर्ण में जनमे एक प्रगतिशील सामंत ने शूद्र वर्ण में जन्म लेने वाले नवयुवक की शिक्षा के लिए धन व्यय किया। दोनों ही स्थितियों में जाति प्रथा के बन्धन उतने कठोर प्रतीत न होंगे, जितने वे प्रचारित किए जाते हैं।

अमेरिका में उन्होंने अर्थशास्त्र, राजनीति, समाजशास्त्र आदि विषयों का अध्ययन किया। कुछ समय के लिए वह बम्बई के एक कॉलेज में अध्यापक रहे। फिर लंदन जाकर उन्होंने लंदन स्कूल ऑफ इकनामिक्स से अर्थशास्त्र में उच्च उपाधि प्राप्त की और कानून का भी अध्ययन किया। अछूतों के जीवन से उन्हें गहरी सहानुभूति थी। उनके साथ जो भेदभाव बरता जाता था, उसे दूर करने के लिए उन्होंने आन्दोलन किया और उन्हें संगठित किया।

1926 में वह बम्बई की विधान सभा के सदस्य नामित किए गए। उसके बाद वह निर्वाचित भी हुए। क्रमशः ऊपर चढ़ते हुए सन् 42-46 के दौर में वह गवर्नर जनरल की कार्यकारिणी की सदस्यता तक पहुंचे। भारत के स्वाधीन होने पर वह जवाहरलाल नेहरू के मंत्रिमंडल में विधि मंत्री हुए। बाद में विरोधी दल के सदस्य के रूप में भी उन्होंने काम किया। भारत के संविधान के निर्माण में उनकी प्रमुख भूमिका थी। वह संविधान विशेषज्ञ थे। अनेक देशों के संविधानों का अध्ययन उन्होंने किया था। भारतीय संविधान का मुख्य निर्माता उन्हीं को माना जाता है। उन्होंने जो कुछ लिखा, उसका गहरा सम्बन्ध आज के भारत और इस देश के इतिहास से है। शूद्रों के उद्धार के लिए उन्होंने जीवन भर काम किया, पर उनका लेखन केवल शूद्रों के लिए महत्वपूर्ण नहीं है। उन्होंने दर्शन, इतिहास, राजनीति, आर्थिक विकास आदि अनेक समस्याओं पर विचार किया जिनका सम्बन्ध सारे देश की जनता से है। अंग्रेजी में उनकी रचनावली 'डॉ. बाबा साहब आम्बेडकर राइटिंग्स एंड स्पीचेज' नाम से महाराष्ट्र सरकार द्वारा प्रकाशित की गई है। हिन्दी में उनकी रचनावली 'बाबा साहब डॉक्टर आम्बेडकर सम्पूर्ण वाङ्मय' के नाम से भारत सरकार द्वारा प्रकाशित की गई है। आगे मैं कुछ बातें डॉ. आम्बेडकर की विचारधारा के बारे में मूल अंग्रेजी रचनावली के आधार पर कहूंगा। यदि हिन्दी रचनावली का उपयोग किया गया तो अलग से उसका उल्लेख कर दूंगा।

भारत के प्राचीन इतिहास में आर्य-द्रविड़ समस्या

उत्तर भारत की भाषाओं तथा यूरोप की जर्मन, स्लाव आदि समुदायों की भाषाओं में बहुत सी समानताएँ हैं। उनके आधार पर भाषा विज्ञानियों ने कल्पना की कि इन सबका स्रोत कोई आदि भाषा है। उसके बोलने वाले विभिन्न शाखाओं में बँट गए। कुछ यूनान पहुंचे और कुछ इटली और कुछ उत्तर यूरोप में बस गए। उन्हीं में एक शाखा ईरान होती हुई भारत आयी। यहां के द्रविड़ निवासियों को बाहर से आने वाले आर्यों ने जीता। स्वयं शासक बने और यहां के आदिवासियों को शूद्र अथवा दास बना लिया। ये विद्वान आर्यों को एक अलग नस्ल मानते थे, द्रविड़ों को दूसरी नस्ल। कल्पना यह थी कि आर्य गोरे थे, द्रविड़ काले थे। जैसे अंग्रेजों ने भारत पर 18वीं सदी में अधिकार किया, वैसे ही कुछ हजार साल पहले गोरे आर्यों ने यहां के काले द्रविड़ों पर अधिकार किया। भारत में कुछ लोग गोरे हैं। बहुत से लोग काले हैं। और दूसरे लोग ऐसे हैं जो न गोरे हैं न काले हैं, बीच के रंग के हैं। ऐतिहासिक भाषा विज्ञान की एक मान्यता से देशी-विदेशी विद्वानों को समाजशास्त्रीय विश्लेषण के लिए एक आधार मिल गया। गोरे आक्रमणकारियों ने काले निवासियों पर आधिपत्य प्राप्त किया जिससे जाति प्रथा का विकास हुआ। जाति प्रथा का सम्बन्ध उत्पादन-वितरण की व्यवस्था से भी है। जाति प्रथा को खत्म करने के लिए सामंती उत्पादन

पद्धति को बदलना जरूरी है। इस तरह के प्रश्नों से बच कर, जमींदारों और पुरोहितों के विरुद्ध आम जनता के संघर्ष से ध्यान हटा कर, विद्वानों ने गोरे-काले के बीच संघर्ष पैदा करने का प्रयत्न किया। दक्षिण भारत में द्रविड़ भाषाएँ बोली जाती हैं। ये द्रविड़ भाषी अपने यहां के जमींदारों और पुरोहितों से लड़ें, इसके बदले उनका ध्यान उत्तर में रहने वालों से लड़ने की ओर मोड़ दिया गया। यह आर्य-द्रविड़ समस्या भारत के इतिहास में इस तरह सामने पहले कभी न आई थी। भारत में अंग्रेजी राज कायम होने के बाद यह समस्या बहुत तीखे ढंग से बार-बार साहित्य, समाजशास्त्र, भाषा विज्ञान आदि क्षेत्रों में उठाई गई। भारत में अंग्रेजी राज के मुख्य सामाजिक आधार यहां के बड़े-बड़े राजा, जमींदार और पुरोहित थे। भारतीय जनता अंग्रेजी राज और उसके सामंती सहायकों के विरुद्ध न लड़े, उत्तर-दक्षिण के लोग आपस में लड़ते रहें, बिरादरियां आपस में लड़ती रहें, किसान-जमींदार संघर्ष पीछे ठेल दिया जाए, इसमें अंग्रेजी राज और उसके सामंती सहायकों का हित था।

1948 में डॉ. आम्बेडकर की पुस्तक 'द अनटचेबल्स' (अछूत, वे कौन थे और क्यों अछूत बने) प्रकाशित हुई। इसमें उनकी मुख्य स्थापनाएँ इस प्रकार हैं :

"द्रविड़ शब्द 'तमिल' का ही संस्कृत रूपांतर है। तमिल केवल दक्षिण भारत की नहीं, वरन् आर्यों के आने से पहले, समूचे भारत की भाषा थी।"

इस स्थापना के लिए उन्होंने बी. आर. भंडारकर का हवाला दिया है।

"द्रविड़ों का दूसरा नाम नाग था। उत्तर भारत में नागों ने अपनी भाषा छोड़ कर आर्यों की भाषा स्वीकार की परन्तु दक्षिण भारत में नाग लोग तमिल भाषा अपनाए रहे। जो दास कहे गए हैं, वे नाग ही हैं और नाग द्रविड़ हैं। भारत में मुख्य रूप से दो नस्लें (टू रेसेज) थीं - आर्य और नाग। नाग शब्द नस्ल या संस्कृति का सूचक है और द्रविड़ शब्द उनकी भाषा का नाम है।"[1]

यहां दो नस्लों का सिद्धांत मानते हुए भी आम्बेडकर ने वर्णभेद के लिए नस्ल के भेद को आधार नहीं माना। नस्ल का भेद पहचानने के लिए उन्होंने केवल रंग पर विश्वास नहीं किया वरन् नाक की नाप-जोख को आधार बनाया। भारत में जाति-बिरादरी और नस्ल पर घुर्ये की पुस्तक से लम्बा उद्धरण देने के बाद उन्होंने कहा : "पंजाब के अछूतों की नाक की बनक, उत्तर प्रदेश के ब्राह्मणों की नाक की बनक से भिन्न नहीं है। इसी तरह बिहार के चमारों और ब्राह्मणों की नाक के गठन में विशेष अंतर नहीं है।" परिणाम यह कि नस्ल भेद पहचानने के लिए लोगों की खोपड़ी, नाक आदि की नाप-जोख करके वैज्ञानिक ढंग से अध्ययन किया जाए तो लोग किसी नस्ल के आधार पर अछूत बनाए गए, यह सिद्धांत निरस्त हो जाता है।

यहां उन्होंने एक और महत्वपूर्ण सूत्र दिया है। भारत के लोग किसी समय गण समाजों के आधार पर (ट्राइबल बेसिस पर) संगठित थे। पर प्रत्येक गण, कुलों, गोत्रों आदि में विभाजित था। इन गोत्रों और कुलों का अध्ययन आवश्यक है। यह सूत्र क्यों महत्वपूर्ण है?

जो आर्य भाषाएँ बोलते थे, वे गणों में संगठित थे। जो द्रविड़ भाषा बोलते थे, वे भी

गणों में संगठित थे। आर्य भाषाएँ बोलने वाले सभी गण एक ही आदि गण से उत्पन्न हुए थे, द्रविड़ भाषाएँ बोलने वाले सभी गण एक आदि गण से उत्पन्न हुए थे, यह कोई नहीं कहता। यदि एक ही आदि गण से सभी द्रविड़ भाषा गण उत्पन्न नहीं हुए तो सभी द्रविड़ भाषाओं की आदि जननी कोई एक गण भाषा नहीं थी, सभी आर्य भाषाओं की जननी कोई आदि आर्य गण भाषा नहीं थी। इसी तरह यूनान, इटली, जर्मनी, भारत आदि देशों की भाषाओं में जो समानता देखी जाती है, वह किसी आदि गण भाषा की समानता नहीं है। अमेरिका, आस्ट्रेलिया आदि महाद्वीपों में बहुत से गण समाज अब भी हैं। उनकी भाषाओं का अध्ययन किया गया है। अमेरिकी आदिवासियों की भाषाओं को किसी एक भाषा परिवार से जोड़ना सम्भव नहीं हुआ। वास्तव में परस्पर सम्पर्क से, विनिमय के विकास से भाषा तत्वों का आदान-प्रदान होता है और इस तरह भिन्न भाषाओं में समानताओं का जन्म होता है। आर्य-द्रविड़ समस्या पर विचार करते हुए बहुत कम लोग गण समाजों की बात करते हैं, इसलिए डॉ. आम्बेडकर का यह सूत्र ऐतिहासिक महत्व का है।

डॉ. आम्बेडकर की ओर से यह समस्या का अंतिम समाधान नहीं है। अनेक बड़े विचारकों और विद्वानों की तरह वह समस्याओं पर निरंतर विचार करते रहते थे। उन्होंने कई पुस्तकें लिखने की योजना बनाई थी, पुस्तकों के कुछ अध्याय लिखे थे, कुछ पूरे और कुछ अधूरे। रचनावली के तीसरे खंड में ऐसी कुछ सामग्री पहली बार प्रकाशित हुई है। इस सामग्री के बारे में सम्पादकों ने भूमिका में जो कुछ कहा है, उससे यही पता चलता है कि 1956 में डॉ. आम्बेडकर के निधन से उनका बहुत सा काम अधूरा रह गया। यदि वह 10-15 साल और जीवित रहते तो अवश्य ही यह योजना पूरी कर डालते। अपने लेखों में वह बराबर काट-छांट करते रहते थे, कुछ जोड़ते, कुछ घटाते थे। यह कोई शैलीगत परिवर्तन नहीं था। परिवर्तन का सम्बन्ध विषयवस्तु से था। जो विद्वान् किसी समस्या पर वर्षों तक विचार करता रहेगा, वह इस तरह के परिवर्तन अपने लेख में अवश्य करेगा। यह आम्बेडकर-लिखित, परन्तु अप्रकाशित, सामग्री 30 वर्षों तक संदूकों में बन्द पड़ी रही। अंत में संदूक खोल कर जब पुराने कागज निकाले गए, तब उन्हें शुद्ध करने के लिए विषाक्त धुएं का प्रयोग किया गया। परिणाम यह कि जब सम्पादकों ने पुराने कागज बांचना शुरू किया तब कागजों में बसी हुई उस विषाक्त दुर्गन्ध का प्रभाव उनकी खाल और आँखों पर पड़ा और उन्हें डाक्टरों से अपना इलाज कराना पड़ा। डॉ. आम्बेडकर की जो भी अप्रकाशित सामग्री बाद में प्रकाशित हुई, उससे यह निष्कर्ष बहुत साफ निकलता है कि उनकी विचारधारा निरंतर विकासमान थी। एक बिंदु पर पहुंचने के बाद उनकी चिंतन-प्रक्रिया पूरी तरह बंद नहीं हुई थी।

'शूद्र और प्रतिक्रांति' लेख में आम्बेडकर ने प्रश्न किया है कि : मनु के पहले शूद्र की स्थिति क्या थी?[2] बहुत से मनुस्मृति के समर्थक मानते हैं कि यहां समाज व्यवस्था का जैसा वर्णन किया गया है, वह भारतीय इतिहास में आरम्भ से ही वैसी थी। जो मनुस्मृति के विरोधी हैं, वे भी यही मानकर उसकी आलोचना करते हैं। इनसे भिन्न आम्बेडकर स्पष्ट

देखते हैं कि शूद्र की एक स्थिति मनु से पहले है और दूसरी स्थिति मनु के बाद है। इस सम्बन्ध में वह कहते हैं : "मनु शूद्र की चर्चा इस तरह करते हैं मानो वह अनार्य हो जिसे आर्यों के सामाजिक और धार्मिक अधिकारों से बाहर रखा जाए। दुर्भाग्य से आम लोग यह बात बहुत आसानी से स्वीकार कर लेते हैं कि शूद्र अनार्य हैं। पर इसमें कोई संदेह नहीं कि प्राचीन आर्यों के साहित्य में इसके लिए रत्ती भर प्रमाण नहीं है।"[3]

आर्य किसी खास नस्ल के लोग थे, इस धारणा का बहुत स्पष्ट और तीव्र खंडन करते हुए आम्बेडकर ने लिखा : "आर्य एक जन समुदाय का नाम है। जो चीज उन्हें आपस में बांधे हुए थी, वह एक विशेष संस्कृति, जो आर्य संस्कृति कहलाती थी, को सुरक्षित रखने में उनकी दिलचस्पी थी। जो भी आर्य संस्कृति स्वीकार करता था, वह आर्य था। आर्य नाम की कोई नस्ल नहीं थी। इसलिए ऐसा कोई निश्चित रंग, कोई निश्चित शारीरिक गठन भी नहीं था जिसे आर्य संज्ञा दी जा सके। आर्यों के लिए ऐसी कोई काले और चपटी नाक वाले लोग नहीं थे जिन्हें वे अपने से भिन्न मानते।"[4] दस्यु काले थे, आर्य उनसे भिन्न गोरे थे। इस धारणा का खंडन करते हुए आम्बेडकर ने लिखा : "आर्यों में रंग सम्बन्धी द्वेषभाव था जिससे उनकी समाज व्यवस्था निर्धारित हुई, यह बात निहायत बेसिर-पैर की है। यदि कोई ऐसा जन समुदाय था जिसमें रंग सम्बन्धी द्वेषभाव का अभाव था तो वह आर्यों का समुदाय था और ऐसा इसलिए कि उनमें कोई ऐसा रंग प्रधान नहीं था जिससे वे अलग पहचाने जाते।"[5]

कुछ पाश्चात्य विद्वानों और उनके देसी अनुयायियों ने आर्य-अनार्य भेद पर बहुत जोर दिया है। इस सम्बन्ध में आम्बेडकर ने लिखा है : "यह कहना गलत है कि दस्यु लोग नस्ल के विचार से अनार्य थे। दस्यु कोई आर्यों से पहले भारत में रहने वाली आदिवासियों की नस्ल नहीं थे। कुछ आस्थाएँ, कुछ क्रियाएँ आर्य संस्कृति का मूल अंग मानी जाती थीं। आर्य जन समुदाय के जो सदस्य इन्हें स्वीकार न करते थे, उन्हें आर्य नाम से वंचित किया गया था। नस्ल के विचार से दस्यु अनार्य थे, यह विश्वास कैसे पैदा हुआ, यह समझ पाना कठिन है। ऋग्वेद (10:49) में इन्द्र कहते हैं : कवि नाम के मनुष्य के कल्याण के लिए मैंने वज्र से प्रहार किया। रक्षा के साधनों का व्यवहार करके मैंने कूप की रक्षा की है। मैंने शुष्ण को मारने के लिए वज्र उठाया। मैंने दस्युओं को आर्य उपाधि से वंचित किया।"[6] इन्द्र की इस बात से कि दस्यु आर्य थे, और अधिक सकारात्मक तथा स्पष्ट क्या होगा? आर्य और दस्यु एक ही समाज में लोगों के सांस्कृतिक व्यवहार का भेद सूचित करते हैं, आक्रमणकारियों और मूल निवासियों का भेद नहीं।

आगे इस प्रचलित धारणा का खंडन करते हुए कि आक्रमणकारी आर्यों ने बाहर से आकर मूल निवासियों पर विजय प्राप्त की, आम्बेडकर ने लिखा है : "यह धारणा गलत है कि आर्य आक्रमणकारियों ने शूद्रों को जीता। पहली बात तो यह कि आर्य भारत में बाहर से आए थे और उन्होंने यहां के मूल निवासियों पर आक्रमण किया, इस कहानी के समर्थन के लिए कोई भी प्रमाण नहीं है। भारत ही आर्यों का मूल निवास स्थान था, यह सिद्ध

करने के लिए प्रमाण-सामग्री काफी बड़े परिमाण में है। आर्यों और दस्युओं में युद्ध हुआ, यह साबित करने के लिए कोई प्रमाण नहीं है। फिर दस्युओं को शूद्रों से कुछ लेना-देना नहीं है। तीसरी बात यह कि सैन्य बल की दृष्टि से आर्य बहुत शक्तिशाली थे, इस पर विश्वास करना बहुत कठिन है।"[7] देवों और असुरों की जो व्याख्या आम्बेडकर ने की है, उस पर विचार करना यहां अनावश्यक है। मुख्य बात ये है कि उनके मत से शूद्र आर्यों से अलग नहीं थे। आर्य संस्कृति को माने वह आर्य है। इसी अर्थ में आर्य शब्द का प्रयोग हुआ था। इस दृष्टि से शूद्र भी आर्य थे। जिन्होंने आर्य संस्कृति के विरुद्ध विद्रोह किया, वे दस्यु कहलाये।[8] बहुत समय बाद कौटिल्य के अर्थशास्त्र में भी शूद्रों को आर्य माना गया है।

भारत के आर्थिक विकास की रूपरेखा

1913 और 15 के बीच जब आम्बेडकर कोलंबिया विश्वविद्यालय में अध्ययन कर रहे थे, तब एम. ए. की परीक्षा के एक प्रश्न पत्र के बदले उन्होंने प्राचीन भारतीय व्यापार पर एक शोध प्रबंध लिखा था। इस में उन्होंने अन्य देशों से भारत के व्यापारिक सम्बन्धों पर विचार किया है। इन व्यापारिक सम्बन्धों की विवेचना के दौरान भारत के आर्थिक विकास की रूपरेखा भी बन गई है। यह शोध प्रबंध रचनावली के 12वें खंड में प्रकाशित है। इस अनुभाग में इसी खंड में प्रकाशित सामग्री के आधार पर भारत के आर्थिक विकास की रूपरेखा पर कुछ बातें कहनी हैं।

शोध छात्र आम्बेडकर के विवेचन की तीन-चार विशेषताएँ महत्वपूर्ण हैं। वे आर्थिक सम्बन्धों के विवेचन के साथ भौगोलिक परिस्थितियों पर विशेष ध्यान देते हैं। उन्हें नियामक नहीं मानते परन्तु वे आर्थिक विकास को प्रभावित करती हैं, यह वह स्वीकार करते हैं। व्यापारिक सम्बन्धों का विवेचन करते हुए वह किसी भी देश के अर्थ-तंत्र में व्यापार के आधारभूत उत्पादन की स्थिति पर ध्यान देते हैं। एक देश के आर्थिक सम्बन्धों का विवेचन करते हुए वे पास-पड़ोस के देशों से उसके सम्बन्धों पर भी बराबर ध्यान देते हैं। विशेष रूप से वह भारत और यूरोप के आर्थिक विकास की समानताओं और भिन्नताओं का उल्लेख बराबर करते हैं। जैसे भाषा विज्ञान में भाषाओं के तुलनात्मक अध्ययन का महत्व है, वैसे ही आर्थिक विकास के अध्ययन में विभिन्न देशों की आर्थिक व्यवस्थाओं के तुलनात्मक अध्ययन का महत्व है। वह अनेक विदेशी लेखकों के ग्रंथों से उद्धरण देते हैं। इन सभी लेखकों का नाम यहां देना आवश्यक नहीं है। भारत को ध्यान में रखते हुए आम्बेडकर के विवेचन का सारांश इस तरह दिया जा सकता है : "पश्चिमी यूरोप पर रोम ने अधिकार किया। उसे अपनी सभ्यता से प्रभावित किया। यूरोप के लोग इस विरासत पर गर्व करते हैं। परंतु उस विरासत का निर्माण कैसे हुआ था, इस बात की खोज वे नहीं

करते। रोम अपनी विधि व्यवस्था और सैनिक तंत्र के लिए विख्यात था। एक विशाल सैनिक शिविर जैसा बन गया था। साम्राज्यवाद एक बार शुरू हो कर, सचेत या अचेत रूप से, रुकना नहीं जानता। रोम एक के बाद एक देश जीतता चला गया और युद्ध उसका एक मात्र सम्मानजनक व्यवसाय रह गया। सड़कों के निर्माण और सुव्यवस्थित शासन तंत्र के संचालन का श्रेय रोम को मिलना चाहिए। जहां भी साम्राज्यवाद होगा, वहां उसके साथ ये विशेषताएँ होंगी। रोमन साम्राज्यवाद की छत्रछाया में पूरब से दर्शन, खगोल, गणित, औषधि-विज्ञान आदि के तत्व बराबर शांतिपूर्ण ढंग से वहां एकत्र होते गए। रोमन प्रतिभा व्यवहार में दिखाई देती थी। विद्वत्ता पूरब के हिस्से में आई। मिस्र और एशिया के अनेक विद्वान् रोम में एकत्र हुए। रोमन सभ्यता का बहुत सा अंश पूरब से आए हुए दासों का रचा हुआ था। रोमन बच्चों की शिक्षा के लिए जो पाठशालाएँ कायम की गई थीं, उनका संचालन भी ये दास करते थे। सौंदर्य की अपेक्षा रोमन बल के उपासक थे। चटक रंगों से उनका प्रेम पूर्वी देशों से व्यापार का परिणाम था। रोमन इमारतें भी पूरब से आए हुए दासों के कौशल का परिणाम थीं। रोम में कुछ उद्योग धंधे थे परंतु उसकी उत्पादन-क्षमता बहुत ही निचले स्तर की थी। जितना उत्पादन होता था, उससे उपभोग कहीं ज्यादा था। परिणाम यह कि उपभोग-सामग्री प्राप्त करने के लिए उसे बराबर सोना चांदी बाहर भेजना पड़ता था। बड़ी-बड़ी जमींदारियों से खेती का सत्यानाश हो गया। किसान मुफलिस हो गये। रोम खाद्य-सामग्री के लिए पूरी तरह सिसिली के द्वीप और मिस्र पर निर्भर हो गया। भूसम्पत्ति के विशाल केंद्रीकरण से भूमि उपजाऊ न रह गई। इटली में कहने लायक कोई फसल होती ही न थी। जरूरत की सारी चीजें पूरब से आती थीं और उसे अपने यहां की कोई उपज बदले में देने लायक रोम के पास नहीं थी। रोम राजनीतिक शक्ति का केन्द्र बना, उससे पहले उद्योग और समृद्धि के लिए, औद्योगिक योग्यता और कलात्मक उत्पादन के लिए, बौद्धिक क्षमता और विज्ञान के लिए हमें पूरब की ओर देखना होगा, विशेष रूप से उन देशों की ओर जिनमें प्राचीन काल में सभ्यता का विकास हुआ था। ज्ञान-विज्ञान की सभी शाखाएँ पूरब से प्रभावित थीं। प्रौद्योगिक जानकारी के विस्तार में, उसके नपे तुले रूप में, कारीगरों की आविष्कारक प्रतिभा और योग्यता में रोम से पूरब के देश आगे थे। यह दिखाया जा सकता है कि पूरब के उद्योग-केन्द्रों ने धीरे-धीरे यूरोप की भौतिक सभ्यता में रूपांतर उपस्थित कर दिया। बाहर से आई हुई उद्योग प्रक्रियाओं और रीतियों ने फ्रांस की देशी उद्योग-पद्धति को बदल दिया। उत्पादों में ऐसा परिष्कार आया जो अभूतपूर्व था और वे उससे बेहद लोकप्रिय बने। अनादि काल से औद्योगिक क्रांति तक पूरब सारे संसार को तैयार माल बेचने वाला बड़ा कारखाना था। पश्चिम के देश जब प्रस्तर युग में थे और पत्थर से कुदाल बनाना अति मानवीय कार्य समझा जाता था, तब यह ध्यान देने की बात है कि पूरब विशाल और आश्चर्यजनक लौहस्तम्भ बना रहा था जिनसे उस समय की यांत्रिकी और प्रौद्योगिकी के विकास का अनुमान होता है। मिस्र की नील नदी, इराक की फरात, चीन की यांग सी क्यांग और भारत की सिंधु नदी के तटवर्ती मैदानों में सभ्यता

के प्रभात का प्रकाश सबसे पहले फैला। ज्ञान और प्रगति की शुरुआत यहां हुई। यूनान और रोम की देन यह थी कि उन्होंने पूर्व का यह प्रकाश देखा और उसे पश्चिमी देशों में फैलाया।"[9]

यहां आम्बेडकर ने एक महत्वपूर्ण प्रश्न उठाया है। यूरोप में अंधकार युग की बात की जाती है। यूरोप में अंधकार युग आया तो उससे पहले प्रकाश का युग कब था? इतिहास में उसका पता नहीं चलता। जो कुछ भी प्रकाश या सभ्यता थी, वह भूमध्य सागर के पूर्वी क्षेत्र तक सीमित थी। यह क्षेत्र निरंतर पूरब के सम्पर्क में था। इस समय और बहुत बाद तक पूरा यूरोप महाद्वीप बर्बरता में डूबा हुआ था। लोग अंधकार युग की बात इसलिए करने लगे कि उन्होंने पूरे यूरोप को रोम के बराबर कर दिया। परन्तु रोम तो यूरोप का एक अंश था। अंश पूरी चीज की बराबरी नहीं कर सकता।

अंधकार युग की बात पूरब के देशों के बारे में की जा सकती है। प्रकाश के शिखर पर पहुंचने के बाद यह अचानक अंधकार क्यों? यह खेद की बात है कि सबसे प्राचीन और सबसे विकासमान सभ्यताएँ ऐसे अंधेरे मार्ग में पहुंचीं कि उनकी गति रुक गई। उन सभ्यताओं का नाश हो गया और उनकी जानकारी प्राचीन अभिलेखों से ही होती है। कुछ में जान बाकी है और वे फिर से जीवित होने की प्रक्रिया में हैं। प्राचीनतम सभ्यताओं में भारत की सभ्यता भी है। किंतु उन सभ्यताओं की तरह यह सभ्यता भी गतिरुद्ध हो गई है। परन्तु वह जीवित है और हम आशा कर सकते हैं कि वह ऐसे पुनर्जीवित होगी कि फिर मरेगी नहीं। पश्चिम के सम्पर्क ने उसके ठहराव को झकझोर दिया है और आगे बढ़ने की उसकी पुरानी क्षमता बहाल कर दी है।

पूरब, पश्चिम और उत्तर में पर्वतों से घिरा हुआ भारत अपने आप में एक छोटा पूर्ण संसार है। यूरोप का क्षेत्रफल अधिक है। परन्तु पशु-जीवन की विविधता भारत में अधिक है। यहां की वनस्पति में बड़ी विविधता है। जलवायु के कारण यह विविधता संभव हुई है। मनुष्य के पास उपयुक्त सामग्री हो तो वह खाली बैठा नहीं रह सकता। आर्थिक प्रेरणा सबसे शक्तिशाली और गतिशीलता प्रदान करने वाली है। मनुष्य अपने परिवेश का उपयोग अपनी खुशहाली के लिए करता है। भारत के प्राचीन निवासी भी इस नियम का अपवाद नहीं थे। यह समझना भूल होगी कि आज के भारतवासी का बलिष्ठ पूर्वज भी उसी की तरह था। आकृति में कुछ समानता हो सकती है, परन्तु समानता की बात यहीं खत्म हो जाती है। जिस अवधि में वह पूर्वज देश का एकछत्र स्वामी था, उस अवधि में उसने जितना कर लिया, उतना करना किसी आदिम मानव के बस में नहीं था। उसके कार्यों के बहुत कम विवरण प्राप्त हैं परंतु जितने प्राप्त हैं, उनसे उसकी गरिमा का पता चल जाता है। यहां उसकी आर्थिक कार्यवाही का उल्लेख किया जाएगा।

हिन्दू लोग और बहुत सी चीजों के बारे में बातें करते हैं, परंतु आर्थिक कार्यवाही के बारे में नहीं बोलते। कारण यह कि शिक्षा पर एक परजीवी वर्ग का एकाधिकार बन गया था। भारत में ब्राह्मणों को या बौद्धिक जाति को काफी अवकाश प्राप्त था और उपभोग

की सामग्री भी प्राप्त थी। इसलिए जो धार्मिक साहित्य रचा गया, उसमें आर्थिक कार्यवाही का उल्लेख नहीं है। इसीलिए भारत में अर्थशास्त्र पर साहित्य नहीं रचा गया। इसलिए हमें विदेशी लेखकों और भारतीय व्यापार के बारे में जहां-तहां उनके उल्लेखों पर निर्भर रहना पड़ता है।[10]

यहां यह कह देना आवश्यक है कि कौटिल्य का अर्थशास्त्र भारत में ही रचा गया था। परंतु यह बात भी सही है कि यहां शास्त्र तो है परंतु भारत के आर्थिक विकास और व्यापारिक सम्बन्धों का इतिहास नहीं है। विदेशी लेखकों से पहले आम्बेडकर बौद्ध जातकों की चर्चा करते हैं, मानते हैं कि ये इस विषय के प्राचीनतम स्रोत-ग्रंथ हैं और इनमें जो सामग्री दी गई है, वह उनके रचनाकाल से बहुत पहले की है। सबसे पहले वह खेती पर विचार करते हैं। भारत में व्यक्तिगत भू सम्पत्ति थी या नहीं थी, इस पर काफी विवाद हुआ है। आम्बेडकर के विवरण से ऐसा प्रतीत होता है कि वह मानते हैं कि यहां व्यक्तिगत भू-सम्पत्ति थी।

किसान अपने परिवार के साथ और कभी-कभी भाड़े के मजदूरों के साथ जमीन पर खेती करते थे। परम्परागत भावना यह थी कि भूमि का हस्तांतरण नहीं होना चाहिए। फिर भी हम देखते हैं कि जमीन भाड़े पर उठाई जाती थी। स्वाधीन किसानों को सम्मान की दृष्टि से देखा जाता था किंतु पूंजीपति का खेत में काम करना सम्मानजनक न माना जाता था। ग्राम समाज में सामंतवाद था या नहीं यह कहने के लिए निश्चित रूप से प्रमाण-सामग्री नहीं है।[11] (यहां यह कह देना आवश्यक है कि सामंतवाद के अनेक रूप होते हैं। मार्क्स के अनुसार छोटे पैमाने की उत्पादन पद्धति का नाम सामंतवाद है।) सार्वजनिक इमारतों, तालाबों, सड़कों आदि की रक्षा के लिए गांव वालों में बड़ा सहयोग था। खेती बहुत लोगों का सामान्य पेशा थी और हम देखते हैं कि ब्राह्मण छोटी-बड़ी किसानी का काम करता है, बकरी पालता है और इससे उसकी जाति नहीं जाती। खेती से, क्या प्राचीन और क्या आधुनिक, हिन्दू का प्रेम प्राचीन यूनानी के खेती प्रेम से बढ़कर है और वह गोपूजा में प्रतिबिंबित होता है। बहुत से विदेशी यह गोपूजा का भाव समझ नहीं पाते और बहुत से ईसाई धर्मप्रचारक भारत में आकर हिंदुओं को बदनाम करने के लिए इसका सहारा लेते हैं और असफल होते हैं। जैसे रोमन अंगूर की बेलों की काटछांट किए बिना देवों को मदिरा चढ़ाना अनुचित मानते हैं, वैसे ही भारत में गोपूजा के आर्थिक कारण हैं। गाय, और कहना चाहिए, खेती से संबंधित सभी पशु किसान की जान होते हैं। गाय से बछड़े मिलते हैं और उन्हीं से किसानी का काम चलता है। मांस के लिए यदि गाय को मारा जाए तो खेती की समृद्धि में रुकावट पैदा हो जाएगी। प्राचीन काल के दूरदर्शी हिंदुओं ने गो-मांस पर रोक लगा दी और इस तरह गायों का मारा जाना बंद किया गया।[12]

हिंदुओं को इस बात का श्रेय देना चाहिए कि उनके आर्थिक जीवन में दास प्रथा की भूमिका बहुत थोड़ी थी। युद्ध में पकड़े जाने से, न्याय व्यवस्था द्वारा दंडित होने से, स्वयं अपने पतन से, और ऋण से, लोग दास बनते थे। दास-प्रथा के यही मुख्य चार स्रोत थे।

पर इस बात के लिए काफी प्रमाण-सामग्री है कि दासों के साथ सहानुभूतिपूर्ण व्यवहार किया जाता था और वे दासता से स्वतंत्र हो जाएँ, इसके लिए निरंतर अवसर रहता था। थोड़े से दासों के अलावा ऐसे स्वाधीन श्रमिक काफी थे जिन्हें उनकी मेहनत के लिए पैसा या भोजन दिया जाता था। (मेहनत मजदूरी करने वालों को पारिश्रमिक दिया जाता था, यह बड़ा महत्वपूर्ण मुद्दा है। शूद्रों की स्थिति का विवेचन करते हुए अक्सर इतिहासकार यही बात भूल जाते हैं।) आम्बेडकर का मूल वाक्य अंग्रेजी में इस प्रकार है : Besides few slaves there was a considerable amount of free labours paid in money or food.[13]

(कारीगरों को पगार मिलती थी। इसीलिए वे मन लगाकर काम करते थे। परिणाम यह होता था कि उद्योग धंधों का विकास हुआ। इसी पगार प्रथा के कारण भारत में इतना बिकाऊ माल तैयार किया गया कि वह दूर-दूर देशों तक पहुंचता था। इसी प्रथा के बल पर प्राचीन काल में भारत सारी दुनिया के लिए माल तैयार करने का बहुत बड़ा कारखाना बन गया था।)

आम्बेडकर कहते हैं : "व्यवसायों के संचालन के लिए नियम बने हुए थे। नगरों में व्यावसायिक संघों के मुखिया काम की निगरानी करते थे। कारीगर संघों या श्रेणियों में संगठित थे। बढ़ई, लुहार, चर्मकार, चित्रकार, विभिन्न कला-कौशल के विशेषज्ञ इन संघों में संगठित थे। समुद्र यात्राएँ करने वाले, सार्थवाहों के द्वारा व्यापार करने वाले भी संघबद्ध थे। यह प्रवृत्ति थी कि व्यवसाय वंशगत हो जाए किंतु जाति प्रथा की भयानक कठोरता उस समय नहीं थी। ब्राह्मण तक निम्न श्रेणी के व्यवसाय करते थे। जल मार्गों से व्यापार कम होता था। अधिकतर व्यापार सार्थवाहों के द्वारा होता था। उद्योग केंद्र एक दूसरे से सड़कों द्वारा जुड़े हुए थे जिससे सामान ले आने ले जाने में सुविधा होती थी। सिकंदर को यहां की सड़कों की विस्तृत और सही जानकारी थी। जहां अब अटक है, वहां पुष्कलावती से एक सड़क तक्षशिला होती हुई पाटलिपुत्र तक पहुंचती थी। (पुस्तक में पाटलीपुर छपा है और आगे कोष्ठकों में पाटा लिखा है। सम्भवतः यह छापे की गलती है। पाटलिपुत्र का पाटलीपुर हो गया है और पटना का 'एन' छूट गया है जिससे वह पाटा हो गया है।) एक अन्य सड़क पुष्कलावती को इंद्रप्रस्थ अथवा दिल्ली से जोड़ती थी, उज्जयिनी होती हुई विंध्य पर्वत-शृंखला पार करके वह दक्षिण में प्रतिष्ठान पहुंचती थी और नर्मदा, ताप्ती, नदियों को लांघ जाती थी। प्राचीन भारत में देशी विदेशी व्यापार का इतना विकास हुआ था कि बुद्ध जातक में एक तीन मील लंबे सार्थवाह का जिक्र है।"[14]

सारा व्यापार व्यक्तिगत स्तर पर न होता था, संघों द्वारा भी होता था, इसके लिए यथेष्ठ प्रमाण सामग्री है। व्यवसाय पर शासन का नियंत्रण बहुत कम था। जितना था, वह तब लागू होता था जब राजा के लिए सामान खरीदना होता था।

प्राचीन भारत में मुद्रा का चलन बहुत समय से था। इसका आविष्कार यहां किया गया या इसे बाहर के लोगों से सीखा, इसके बारे में विवाद है। जो भी हो, बौद्ध साहित्य में इस

बात के उदाहरण भरे पड़े हैं कि विनिमय के लिए धातु की बनी मुद्राओं का व्यवहार होता था। लोग उनका विनिमय मूल्य जानते थे और उसे स्वीकार करते थे। सोने के सिक्के भी काम में आते थे। सभी तरह के बिकाऊ माल और सेवाओं का मूल्य मुद्राओं के रूप में निर्धारित किया जाता था। साहूकारी का बहुत विकास न हुआ था किंतु धन के उधार देने पर कोई पाबंदी नहीं थी। ऐसे उच्च कोटि के आर्थिक विकास के साथ यह स्वाभाविक था कि व्यापार का विस्तार हो और उपनिवेश स्थापित किए जाएँ। इतिहासकार यह स्वीकार करने में बहुत आनाकानी करते हैं कि व्यापार का ऐसा विस्तार हुआ था और उपनिवेश कायम किये गए थे। जो आज की दशा है, उसी से वे प्राचीन काल को नापते हैं। भारत सारी दुनिया से अलग-थलग था, उसकी भौगोलिक स्थिति ऐसी थी कि वह विस्तार कर ही न सकता था, इस तरह के तर्क दिए जाते हैं।

चारों तरफ से घिरे रहने पर भी प्राचीन भारतवासियों ने प्राकृतिक और गैर प्राकृतिक सभी बाधाओं पर विजय प्राप्त की और हिंद महासागर की यात्राएँ करने लगे। हिंद महासागर भू मध्य सागर का बड़ा रूप है। इसका उत्तरी भाग भूमि से घिरा हुआ है। इसलिए बड़े महासागरों से यहां की आबोहवा और जल प्रवाहों की गति भिन्न है। उत्तर-पूर्वी और दक्षिण-पूर्वी मानसून से व्यापारियों को यह सुविधा हुई कि तटभूमि छोड़ कर वे बीच सागर में यात्राएँ करें।

प्राचीन सभ्यता का एक केंद्र मिस्र देश था। वह आर्थिक रूप से स्वतंत्र था। वहां के उत्खनन में विदेशी वस्तुएँ मिली हैं। मिस्र के लोग भारत से सीधे व्यापार करते थे या नहीं, यह विवादास्पद है। मिस्र से यहूदियों का बहिर्गमन हुआ। उससे बहुत पहले मिस्र और भारत के व्यापार-संबंध कायम हुए थे। आगे व्यापार चलता है, पीछे संस्कृति चलती है। प्राचीन काल में यह बात और भी सही थी। उस समय के सार्थवाह माल ही नहीं, सभ्यता भी एक स्थान से दूसरे स्थान तक ले जाते थे। भारत से व्यापारिक सम्पर्क ने मिस्र के स्थापत्य पर गहरा प्रभाव डाला। जेम्स फर्गुसन ने स्थापत्य के इतिहास में लिखा है कि ऐक्सम (Axum) का विशाल प्रस्तर कार्य भारतीय प्रेरणा का परिणाम है। पहली ईसवी सदी का एक नौ मंजिला मंदिर भारतीय स्थापत्य का मिस्री रूपांतर है। उन्होंने उसकी तुलना बौद्ध गया के मंदिरों से की है और बताया है कि यह भारतीय और मिस्री कलाओं का ऐसा संगम है जैसा व्यापारिक संबंधों के फलस्वरूप दो देशों की जनता का संगम स्थापत्य में प्रतिबिंबित हो सकता है।[15] एक विदेशी लेखक का हवाला देते हुए आम्बेडकर कहते हैं : "2500 ईसा पूर्व के आसपास आर्यों ने पश्चिमी एशिया में खाल्दिया पर आक्रमण किया। ईरान की खाड़ी के पास कन्नान जन और द्रविड़ रहते थे। आर्यों ने कन्नान जनों को उत्तर पश्चिम की ओर, और द्रविड़ों को भारत में दक्षिण-पूर्व की ओर खदेड़ा।

"यहूदियों और भारतवासियों में व्यापारिक संबंध थे, इसका उल्लेख बाइबिल में है। फिर भी पश्चिमी लेखक इस पर विश्वास नहीं करते। यहूदियों की निवासभूमि के पास कोई ऐसा जलमार्ग नहीं था जिससे वे भारत से सीधे संपर्क करते। इसके लिए वे मिस्र और

शाम (Syria) के निवासियों पर निर्भर करते थे। भारत के जहाज अपना माल अरब देश में यमन नगर तक ले जाते थे। उस समय भारतीय माल का एक बहुत बड़ा व्यापारिक केंद्र यमन था। यहां से माल शाम और मिस्र पहुंचाया जाता था। अत्यंत प्राचीन काल से मिस्र और शाम भारत से वे कीमती चीजें प्राप्त करते थे जो यहां बहुतायत में मिलती थीं। शाह सफलेमान ने गद्दी पर बैठने के बाद यह प्रयत्न किया कि भारतीय व्यापार पर वह अधिकार करे। परंतु यहूदियों को जल मार्गों से यात्राएँ करने का अनुभव नहीं था। इसके लिए उन्होंने फिनीशियन लोगों से मदद ली। रॉबर्टसन का मत है कि फिनीशियावासी भारत से व्यापार करते थे और उनकी आर्थिक कार्यवाही में इस व्यापार से उन्हें सबसे अधिक आय होती थी। एक ओर भारत, दूसरी ओर अफ्रीका के पूर्वी और दक्षिणी समुद्र तट, इनके बीच फिनीशियावासी व्यापार सम्बन्ध कायम करते थे।

"यहूदियों के देश और भारत के बीच व्यापारिक संबंध शाह सफलेमान के समय से आरंभ नहीं हुए। ये बहुत पुराने हैं। बाइबिल (इतिहास, राजा, यशायाह) में ओफिर का उल्लेख है। बाइबिल के इन उल्लेखों की पुष्टि भाषाई प्रमाण सामग्री से होती है। हिब्रू भाषा का 'तुर्की' शब्द तमिल-मलयालम भाषा का 'तोकई' शब्द है जो थोड़ा ही बदला है। शब्द का अर्थ है मोह। इसी तरह हिब्रू शब्द 'अहलिम' अथवा 'अहोलोथ' तमिल-मलयालम 'अगिल' का रूपांतर है।

"बैबिलोन के अभ्युदयकाल में भारत की व्यापारिक कार्यवाही चरम शिखर पर पहुँचती है। यहां अनेक देशों के व्यापारिक मार्ग आकर मिलते थे। इसलिए यह नगर पूर्व और पश्चिमी व्यापार की बहुत बड़ी मंडी बना। केनेडी के अनुसार यह विश्वास करने के पर्याप्त कारण हैं कि भारत और बैबिलोन के बीच समुद्री यातायात, ईसा से पहले की सातवीं और छठी सदियों में, विशेष रूप से छठी सदी में, खूब फल-फूल रहा था। यह व्यापार मुख्य रूप से द्रविड़ों के हाथ में था यद्यपि आर्यों का भी उसमें भाग था। इस समय भारतीय व्यापारियों की बस्तियां चीनी समुद्र तट पर थीं और आगे चल कर वे पूर्वी अफ्रीकी समुद्र तट पर और अरब में मिलती हैं। इसलिए यह कल्पना तर्कसंगत है कि भारतीय उस समय बैबिलोन में भी बस गए होंगे। बैबिलोन जब अपनी समृद्धि के शिखर पर था, तब इस समृद्धि का स्रोत पूर्व की संपदा था। आगे चल कर जैसे भारत की संपदा के लिए स्पेन और पुर्तगाल में स्पर्धा हुई, वैसे ही प्राचीन काल में इस सम्पदा के लिए बैबिलोन और मिस्र में स्पर्धा थी। इस व्यापारिक संपर्क का गहरा असर भारतीय साहित्य पर हुआ। पुराण कथाओं में समुद्र का जो बार-बार उल्लेख होता है, उसका यही रहस्य है।"[16]

समुद्र यात्राएँ बुद्ध से बहुत पहले आरंभ हो गई थीं, इसीलिए उपमाओं में इसका जिक्र मिलता है। समुद्री यात्रा करने वाले व्यापारी जहाज पर अपने साथ एक पक्षी ले जाते थे जो तटवर्ती भूमि का पता लगा सके। जहाज भूमि से जब दूर चला जाता था, तब वे उस पक्षी को छोड़ देते थे। वह ऊपर चारों दिशाओं में उड़ता था और यदि दूर उसे क्षितिज दिखाई दे जाए तो जहाज पर लौट जाता था। (ऐसे ही पक्षी के लिए सूरदास ने कहा होगा

: जैसे उड़ि जहाज को पंछी पुनि जहाज पर आवे।) ईरानी सम्राटों ने अपने साम्राज्यों का विस्तार किया, तब बैबिलोन का ह्रास हुआ। इनका साम्राज्य भारत के उत्तरी भाग से लेकर मिस्र तक फैल गया था। इसी को देखकर सिकंदर के मन में बड़ा साम्राज्य स्थापित करने की भावना पैदा हुई थी। प्रो. लासेन साहसपूर्वक कहते हैं कि सिकंदर के सैनिक अभियान का उद्देश्य सोना प्राप्त करना था। उसने यूनान में भारतीय माल देखा था। इससे उसका लोभ और बढ़ गया था। यहूदियों की भाषा की तरह यूनानियों की भाषा पर भी भारतीय व्यापारिक संबंधों की छाप है। चावल, अदरख और दालचीनी के लिए उनकी भाषा में जो शब्द हैं, वे तमिल अरीची, इंचीबर और करव के ही रूपांतर हैं। ग्रीक और तमिल शब्दों का यह तादात्म्य साबित करता है कि ये वस्तुएँ तमिल देश से यूनानी सौदागर ले जाते थे। संस्कृत काव्यों में यूनानियों के लिए यवन शब्द का व्यवहार बराबर होता है और उसका ग्रीक प्रतिरूप इओंसि है। इसी शब्द श्रृंखला में हाथी के लिए ग्रीक शब्द एलेफस है। मिस्री में एबू और संस्कृत में इभ है। प्रो. लासेन के अनुसार इन सबका सामान्य उद्‌गम संस्कृत में है।[17]

भारत की सम्पदा से फिनीशिया के व्यापारी लाभ उठा रहे थे। सिकंदर को भारत की इस सम्पदा का ज्ञान था। फिनीशिया के व्यापारियों से सिकंदर को ईर्ष्या थी। वह इस व्यापार से स्वयं लाभ उठाना चाहता था। मिस्र पर विजय प्राप्त करने के बाद सिकंदर सोचता था, भारत और यूनान के बीच सीधा व्यापारिक मार्ग बनाया जाए। इस उद्देश्य से उसने मिस्र में सिकंदरिया नगर बसाया। प्राचीन काल में यह व्यापार की बहुत बड़ी मंडी बना। सिकंदर के पतन के बाद भारत और यूनान के व्यापारिक संबंध समाप्त नहीं हुए। वास्तव में वे और भी घनिष्ठ हुए। सेल्यूकस चाहता था कि सिकंदर के जीते हुए भारतीय भागों को अपने राज्य में मिला ले। किंतु उसका प्रतिद्वंद्वी चंद्रगुप्त अधिक चतुर निकला। वह लोकहितैषी निरंकुश राजा की तरह राज करता था। तमाम मध्यकालीनता के बीच वह आधुनिक पुरुष था जिसके पास बुद्धिबल और बाहुबल दोनों थे। सेल्यूकस ने अनुभव किया, चंद्रगुप्त अधिक शक्तिशाली है। उसने उससे शांतिपूर्ण संबंध कायम किए और वहां अपने राजदूत भेजे। भारत के उत्तर-पश्चिमी सीमांत पर यूनानियों का बैक्ट्रिया राज्य था। इसके माध्यम से वे भारत से व्यापार-संबंध बनाए रहे। चीनी इतिहासकारों के अनुसार बैक्ट्रिया पर तातारों ने अधिकार किया। तब ये व्यापारिक संबंध टूट गए। लेकिन इसके बाद भी सिकंदरिया होकर यूनान और भारत का व्यापार चालू रहा।

यूनानियों ने लाल सागर के तट पर बेरेनिके नाम का नगर बसाया और वह भारतीय व्यापार की मंडी बना। मिस्र और शाम एक दूसरे से स्पर्धा करते हुए निरंतर प्रयत्नशील थे कि भारत का व्यापार उनके लिए लाभदायी हो। पर इसी समय रोमनों की शक्ति का अभ्युदय हुआ। उन्होंने कार्थेज पर विजय प्राप्त की, मखदूनिया और यूनान पर अधिकार किया। शाम और मिस्र भी उनके साम्राज्य में ले लिए गए। मिस्र के पराधीन होने के बाद भारतीय व्यापार की लाभदायी धारा रोम की ओर प्रवाहित हुई। जल मार्गों के अतिरिक्त

उत्तर-पश्चिमी एशिया होता हुआ एक स्थल मार्ग भी था जहां से भारतीय माल यूरोप पहुंचता था। इसी मार्ग पर पालमीरा नाम का प्रसिद्ध नगर आबाद हुआ। वहां से माल दूर दूर देशों के लिए वितरित होता था। परन्तु रोमनों ने इस पर भी अधिकार कर लिया। इस समय मध्य एशिया में पार्थिया का अभ्युदय हुआ। रोम और पार्थिया दोनों में काफी दिन तक संघर्ष हुआ। परन्तु उससे कोई निर्णय न हुआ। रोमन सम्राटों ने निर्णय किया कि फरात नदी का पश्चिमी तट उनके साम्राज्य की सीमा रहेगा। ईसा की प्रारंभिक दो शताब्दियों में रोमन साम्राज्य की नीति थी कि भारत से सीधे व्यापार को प्रोत्साहन दिया जाए। पार्थिया उनका शत्रु था। उसे बचाकर अन्य मार्गों से व्यापार चलाना था। रोम और भारत का यह व्यापार इतना बढ़ा कि रोम में व्यापारियों के लिए यात्रा-पुस्तकें, और सार्थवाहों के लिए निर्देशिका-पुस्तकें तैयार की जाने लगीं। पहली ईसवी सदी में मिस्र के एक यूनानी हिप्पोलस ने भारतीय मानसून की नियमित गति का पता लगाया और इससे व्यापारियों को यात्रा करने में बड़ी सुविधा हुई। इसी समय एक यूनानी सौदागर ने पेरीत्सुस (अथवा हिंद महासागर के लिए मार्गदर्शक) नाम से पुस्तक लिखी। ईशोदोर नाम के अन्य यूनानी यात्री ने पार्थिया को बचाते हुए एक स्थलमार्ग का विवरण लिखा। इससे पहले रोम को पूरब का माल दूसरों के माध्यम से मिलता था। अरब अपनी भारतसंबंधी जानकारी छिपा कर रखते थे जिससे व्यापार पर उनका इजारा बना रहे। यदि पार्थिया होकर माल रोम पहुंचता तो बहुत जगह व्यापारियों को चुंगी देनी पड़ती थी। इस तरह पार्थिया और अरब देशों के लोग भारत और रोम के लाभदायक व्यापार में हिस्सा बँटाते थे। मानसूनों के बारे में हिप्पोलस की जानकारी से रोमन लोगों को बड़ा लाभ हुआ। हिंद महासागर में रोमन जहाजों के आने से राष्ट्रों के शक्ति-संतुलन में भारी परिवर्तन हुआ। पार्थिया समेत अनेक देशों और नगरों की आमदनी घट गई और वह रोम पहुंचने लगी। लेकिन रोमन साम्राज्य में बहुत जगह विद्रोह फूट रहे थे और उन्हें दबाने में व्यापार से कमाया हुआ काफी धन खर्च किया गया। जो व्यापार जारी रहा, उससे रोम का सोना-चांदी बराबर पूरब की ओर आता रहा। सोना चांदी का निर्यात ऐसे देश के लिए काफी खतरनाक था जिसने उत्पादन या उद्योग में ऐसी प्रगति न की हो जिससे नई सम्पदा फिर से प्राप्त की जा सके।

विंसेंट स्मिथ ने लिखा है कि ईसा की पहली दो शताब्दियों में रोमन उपनिवेश व्यापार के लिए दक्खिनी भारत में कायम हुए थे। शक्तिशाली यवन सैनिक तमिल राजाओं के अंगरक्षकों में भरती किए गए थे। भारत और रोम के घनिष्ठ व्यापारिक संबंधों की जानकारी मुद्रा संबंधी सामग्री से भी होती है।

यूनानियों ने अपनी पुस्तकों में भारत के व्यापार-केंद्रों का वर्णन किया है, यहां से जो माल बाहर जाता था, उसका उल्लेख किया है। आम्बेडकर के विवेचन की विशेशता यह है कि उन्होंने तमिल काव्यों में प्राप्त विवरण का उल्लेख भी किया है। वह कहते हैं : कुछ तमिल कवियों ने दक्षिण भारत के बंदरगाहों और नगरों का सुंदर वर्णन किया है। उनमें एक ने लिखा है कि मुखीरी नगर समृद्ध है। वहां यवनों के बड़े और सुंदर जहाज आते

हैं। सागर की लहरों पर श्वेत फेन उछालते हुए ये जहाज सोना लाते हैं। बोरों में भर कर काली मिर्च बाजार लाई जाती है और उसके बदले में सोना प्राप्त किया जाता है। केर राजा समुद्र और पर्वतों की नायाब उपज यात्रियों को भेंट करते हैं। आम्बेडकर कहते हैं : कावेरी पट्टनम् का जो वर्णन किया गया है, वह भी उतना ही महत्वपूर्ण और प्रेरणादायक है। कावेरी चौड़ी और गहरी नदी थी जिसमें सामान से लदे हुए जहाज सीधे भीतर आ जाते थे। इसी के उत्तरी तट पर कावेरी पट्टनम् नगर बसा हुआ था। समुद्र तट के पास नगर के एक भाग में सामान उतारने के लिए गोदी और सामान रखने के लिए गोदाम बने हुए थे। चुंगी देने के बाद सामान पर चोल राजाओं की व्याघ्र मुद्रा अंकित कर दी जाती थी। (संभवतः इसी तरह हड़प्पा सभ्यता की मुद्राएँ व्यापारियों के माल पर ठप्पा लगाने के काम आती थीं।) पास ही यवन सौदागरों की बस्तियां थीं जहां बराबर कुछ न कुछ माल बिकता रहता था। विभिन्न भाषाएँ बोलने वाले जो विदेशी व्यापारी यहां आकर ठहरे हुए थे, उनका सदर मुकाम भी यही था। फूल और सुगंधित द्रव्य बेचने वाले, रेशमी, ऊनी और सूती कपड़ों पर काम करने वाले, चंदन के व्यापारी, मूंगा, चांदी, मोती, सोना आदि के व्यापारी, अनाज के व्यापारी, मांस-मछली बेचने वाले, लुहार, बढ़ई, चित्रकार, शिल्पकार, सुनार, मोची, खिलौने बनाने वाले, हर तरह के कारीगर यहां एकत्र होते थे।

फिर उत्तर भारत में कुषाण राज्य कायम हुआ। भारत के बाहर उत्तर-पश्चिमी सीमांत स्थित बैक्ट्रिया पर भी उनका अधिकार था। रोमन सम्राटों की प्रतिद्वंद्विता ईरान और पार्थिया से थी। कुषाण रोमन साम्राज्य के मित्र थे। जो स्थलमार्ग पूरब से पश्चिम को जाता था, उस पर कुषाणों का अधिकार था। इसलिए भारत से रोम का व्यापार बेरोकटोक होता रहा। 30 ईसा पूर्व से लेकर 550 ईस्वी तक कुषाण रोमन भारतीय व्यापार को जारी रखने में सहायक हुए।[18]

रोमन साम्राज्य के पतन के बाद भारत और यूरोप के व्यापार में मंदी आई। पश्चिमी यूरोप का विकास ठहराव की हालत में आ गया।[19] नवीं सदी में इटली के नगर फिर जीवित हो उठे और उन्होंने पूर्व से व्यापार करके भारी सम्पदा अर्जित की।[20] पश्चिमी एशिया में जो भी उथल-पुथल हुई, उसका कोई असर सिकंदरिया से होकर जाने वाले जलमार्ग पर नहीं हुआ।[21] समूचे मध्यकाल में पूर्व का सामान इटली होकर यूरोप पहुंचता रहा।[22] इस बीच अरबों का अभ्युदय हुआ। उनके बारे में आम्बेडकर का कहना है कि उनका देश बहुत ही गरीब था। पैदावार बहुत कम थी। इसलिए वे पूर्व और पश्चिम के बीच मध्यस्थ व्यापारियों की भूमिका निभाने लगे। उनके द्वारा पूर्व का सामान पश्चिम पहुंचता रहा और इस के साथ बहुत से सांस्कृतिक तत्व भी भारत से यूरोप पहुंचे। अरब पश्चिमी एशिया और उत्तरी अफ्रीका में फैल गए। आम्बेडकर कहते हैं : इसका मुख्य कारण उनका धार्मिक उत्साह नहीं था वरन् भूख और दूसरों का माल हड़पने का लोभ था। धर्म की भूमिका गौण ही थी।[23] इसके बाद तुर्कों और मंगोलों का अभ्युदय हुआ। उन्होंने अरबों के साम्राज्य पर दखल जमाया। तुर्कों के प्रसार का परिणाम यह हुआ कि इटली के व्यापारिक केंद्र

संकटग्रस्त हुए और यूरोप की सारी व्यापार-संस्थाएँ ध्वस्त हो गईं।[24]

रोमन साम्राज्य के अंतर्गत यूनानियों ने अपनी प्राचीन सभ्यता के अवशेष समेटे हुए लघु एशिया को अपना केंद्र बनाया। इस समय कुस्तुनतुनिया व्यापार का बहुत बड़ा केंद्र था।[25] तुर्क मिस्र और फलिस्तीन तक फैल गए। तुर्कों का विरोध करने के लिए यूरोप की जातियों ने क्रूसेड नाम के धर्मयुद्ध चलाए। इनकी शुरुआत 11वीं सदी के अंतिम चरण में हुई। इस समय जलमार्गों पर इटली के नगर-राज्यों का अधिकार था। इन धर्मयुद्धों से इन राज्यों को लाभ मिला।[26] (धर्मयुद्धों के दौरान व्यापारिक पूंजीवाद-मर्केन्टाइलिज्म का विकास हुआ)। पूर्व के देशों से इटली के नगर-राज्यों का सम्पर्क था। इस व्यापार के दौरान पूर्व की संस्कृति के अनेक तत्व इन राज्यों के माध्यम से यूरोप पहुंचे।[27] इन तत्वों को यूरोप तक पहुंचाने में एक भूमिका अरबों की भी थी। पूर्व के देशों से यूरोप के व्यापार का एक माध्यम इस समय जर्मनी भी था। वहां व्यापारियों का एक संघ था जिसका नाम हैन्स एशियाटिक लीग था। व्यापार के स्थल-मार्गों पर तुर्कों का अधिकार होने से यूरोप की जातियों को समुद्री मार्ग ढूंढ़ने के लिए विवश होना पड़ा। सिकंदरिया से जो सामान वितरित होता था, वह वहां अधिकतर स्थल-मार्गों से ही पहुंचता था। पूर्व के देशों से, मुख्य रूप से भारत से, जो व्यापार होता था उस पर एकाधिकार जमाने के लिए यूरोप की जातियों में संघर्ष हुआ। इस संघर्ष में अंग्रेज विजयी हुए। अंग्रेजों की विजय से पहले तमाम आक्रमणों के बावजूद भारत अब भी एक समृद्ध देश था।

आम्बेडकर कहते हैं : बाबर ने भारत में मुगल वंश का शासन स्थापित किया। उसने भारत को समृद्ध दशा में देखा और उसे इस बात पर आश्चर्य था कि यहां इतनी घनी आबादी है और यहां हर तरफ इतने कारीगर फैले हुए हैं। सार्वजनिक कार्यों के निर्माण से उसने अपनी शासन-क्षमता का परिचय दिया। यह काम शेरशाह ने भी किया जो अकबर के अलावा मुसलमान शासकों में सबसे बड़ा था। अकबर की उदार नीति से सभी लोग परिचित हैं। उसे दोहराने की आवश्यकता नहीं। शाहजहां शासनकाल में देश खूब समृद्ध था और वह समय सर्वाधिक शांतिपूर्ण था।[28]

उत्तरकालीन मुगलों के समकालीन मराठा शासक थे। उनके राज्य के बारे में एक यात्री ने लिखा है : जब सूरत से पर्वतमाला पार करके मैं मराठों के राज्य में पहुंचा तो मैंने चारों तरफ सुख और सादगी देखी। ऐसा लगा कि यहां स्वर्ण युग है। प्रकृति पहले जैसी थी वैसी बनी हुई थी और लोग युद्ध और मुफलिसी का नाम न जानते थे। उनका स्वास्थ्य बहुत अच्छा था और वे प्रसन्न रहते थे। अतिथि सत्कार ऐसा गुण था जो सर्वत्र देखा जाता था। दोस्त, पड़ोसी, अजनबी, जो कुछ घर में हो उससे इन सबका स्वागत किया जाता था।"[9]

दक्षिण भारत टीपू सुलतान के अधिकार में था। उसके बारे में एक इतिहासकार ने लिखा है : जब कोई बाहर का आदमी किसी नए देश में यात्रा करेगा और वहां देखेगा कि खेती-बाड़ी अच्छी हो रही है, आबादी घनी है, यहां के निवासी उद्यमशील हैं, नए-नए नगरों

का निर्माण हुआ है, व्यापार का प्रसार हो रहा है, नगरों की संख्या बढ़ रही है, हर चीज समृद्धि की ओर है, जिससे जनता की खुशहाली का पता चलता है, तो स्वभावतः यह परिणाम निकलेगा कि यहां ऐसी शासन-व्यवस्था है जो लोगों को अपने मन के अनुकूल मालूम होती है। यह टीपू के देश का चित्र है और उसके शासन के बारे में यह हमारा निष्कर्ष है।[30] मैकाले ने बंगाल के बारे में लिखा था : "पूरब में उसे धरती का नंदनवन - गार्डन ऑफ ईडन - माना जाता है। यह घनी आबादी का धनी देश है। यहां के धान्य से दूर-दूर के प्रांतों के लोगों का पालन पोषण होता था। लंदन और पैरिस की भद्र महिलाएँ यहां के करघों से बने हुए महीन वस्त्रों से अपना तन ढकती थीं।"

आम्बेडकर कहते हैं : पर अंग्रेजों के आने के बाद यह हालत बदलने लगी। समृद्धि ने भारत से विदा ली और उड़कर यूनियन जैक पर जा बैठी।[31]

आम्बेडकर ने संक्षेप में भारत के प्राचीन व्यापारिक संबंधों के बारे में ही लिखा है। पर इनके संक्षिप्त विवरण से भी देश की समूची आर्थिक व्यवस्था का अनुमान हो जाता है। व्यापार के लिए मुद्राव्यवस्था, यातायात व्यवस्था आदि आवश्यक होती हैं। ये सब भारत में थीं। भारत के व्यापारी केवल स्थल मार्गों से व्यापार न करते थे, वरन् समुद्री मार्गों से भी व्यापार करते थे और उनके जहाज भारत में बने हुए होते थे। एक देश का माल दूसरे देश पहुंचाने वाले वे बिचौलियों की तरह नहीं थे। वे भारत का माल ही बाहर पहुंचाते थे और उसके बदले में सोना-चांदी देश के भीतर लाते थे। प्राचीन काल से भारत में जिन नगरों का उल्लेख मिलता है, वे व्यापार की मंडियां थे। व्यापार के लिए यहां बिकाऊ माल का उत्पादन होता था। उत्पादन मशीनों से न होता था। फिर भी यहां का माल यूरोप के माल से बढ़ कर था। व्यापारिक संबंधों की रूपरेखा से प्राचीन संसार में भारत की स्थिति का ज्ञान होता है। अंग्रेजों ने शस्त्रबल से जो अपनी स्थिति 18वीं सदी के संसार में बनाई, वह स्थिति उनसे पहले उस समय के ज्ञात संसार में भारत ने अपनी आर्थिक क्षमता से बनाई थी। अंग्रेजी राज में भारत की दशा में किस तरह का परिवर्तन हुआ, उसका वर्णन आम्बेडकर ने विस्तार से किया है। उस वर्णन से भी अंग्रेजों के पहले के भारत की समृद्धि का ज्ञान होता है। अंग्रेजों ने भारत को तबाह किया। तबाही वहां होगी जहां पहले समृद्धि होगी। इस तबाही के इतिहास से भी भारत के आर्थिक विकास का ज्ञान होता है।

अंग्रेजी राज में भारत

भारत में अंग्रेजी राज कायम होने से पहले इंग्लैंड और भारत की आर्थिक अवस्थाओं में बुनियादी अंतर यह था : 'इंग्लैंड किसी तरह भी भारतीय सामान से होड़ न कर सकता था और औद्योगिक देश के रूप में भारत इंग्लैंड से बढ़कर था।'

सर जोसिया चाइल्ड के अनुसार 1545 में इंग्लैंड का व्यापार बहुत ही मामूली था और वहां के व्यापारी थोड़े और घटिया किस्म के थे। भारत से व्यापारिक संबंध कायम होने के बाद इंग्लैंड के व्यापारियों की संख्या बढ़ी। वे समृद्ध हुए। लेकिन जिस तरह का ऊनी लबादा पहनना भद्र वर्ग की महिलाएँ सौभाग्य मानती थीं उस तरह का लबादा पहनना अब कोई नौकरानी भी अपने लिए अपमानजनक मानेगी। पहले जहां एक बग्घी थी, वहां अब 100 बग्घियां हैं। हमारे पुरखे 20 साल में जितना टैक्स अदा करते थे, उतना हम एक साल में अदा कर देते हैं। 1600 के आसपास व्यापारी वर्ग इतना मजबूत हो गया कि वह इंग्लैंड के बादशाह चार्ल्स प्रथम को पराजित कर सका और चार्ल्स द्वितीय को गद्दी पर बिठा सका।[33]

बहुत सी बातों में अंग्रेजों ने रोमन साम्राज्यवादियों की नकल की। आम्बेडकर कहते हैं : यूनानियों के यहां साम्राज्यवाद के लिए कोई शब्द नहीं था। रोमनों ने साम्राज्यवाद शब्द पढ़ा और विरासत में वह उनके उत्तराधिकारियों को मिला। उन्होंने दावा किया कि वह दूसरों से श्रेष्ठ नस्ल के लोग हैं। उनकी संस्कृति दूसरों की संस्कृति से ज्यादा ऊंचे दर्जे की है। प्रशासन और कला कौशल में वह दूसरों से आगे बढ़े हुए हैं। उन्होंने यह भी घोषित किया कि दूसरे लोग घटिया नस्ल के हैं। उनकी संस्कृति निचले दर्जे की है। उनमें कला कौशल का अभाव है। उनके प्रशासक निरंकुश होते हैं। इससे उन्होंने नतीजा निकाला कि यह उनका दैवी उत्तरदायित्व है कि वे अपने पिछड़े हुए भाइयों को सभ्य बनाएँ, उन्हें जीतें और मानवता के नाम पर उन पर अपनी संस्कृति लादें।[34] आम्बेडकर कहते हैं : भारत में अंग्रेजों ने अपनी साम्राज्यवादी नीति को इसी तरह के तर्कों से सही ठहराया।[35]

भारत के अंग्रेज इतिहासकार आत्मप्रशंसा के रोग से ग्रस्त हैं। उनकी निगाह दूसरों के गुण नहीं देखती, अवगुणों को बढ़ा कर तिल का ताड़ बना देती है। मुगल और मराठा शासक उनके लिए तानाशाह या लुटेरे थे। यही नहीं, देश की समूची आबादी और उसकी सभ्यता पर उन्होंने कीचड़ उछाला है। यह बात व्यक्तियों और राज्यों, दोनों के लिए सही है क्योंकि वे दूसरों को छोटा दिखाकर ही अपने को बड़ा साबित कर सकते हैं। अंग्रेज इतिहासकारों के लिए उचित है कि वे इंग्लैंड और भारत के समकालीन शासकों की तुलना करें, वे नार्मन विजेताओं के अधीन ऐंग्लो सेक्शन जनता की दयनीय हालत का स्मरण करें, फिर मुसलमान शासकों के अधीन हिंदुओं की दयनीय दशा पर तरस खाएँ। उस समय अंग्रेज कहलाना अपमान की बात समझी जाती थी। जो न्यायकर्ता थे, वे साधारण चोर डाकुओं से भी ज्यादा लूट-खसोट करने वाले थे। भोग-विलास का यह हाल था कि स्काटलैंड की एक राजकुमारी को अपनी सम्मान-रक्षा के लिए भिक्षुणी का वेश धारण करना पड़ा।[36] मुसलमानों के अत्याचारों की बात बहुत की जाती है परंतु जो ईसाई धर्मयुद्ध में भाग लेने वाले यरुशलम पहुंचे, वहाँ उन्होंने जो कुछ किया, उसके सामने ये अत्याचार कुछ अधिक नहीं हैं। वहां नगर में 40000 आदमी थे। इन सबको मौत के घाट उतार दिया गया। जिस परिवार की माताएँ मारी गईं, उसी के उनके बच्चे मारे गए। बूढ़े, जवान,

स्त्री-पुरुष में किसी तरह का भेद नहीं किया गया। यरुशलम की सड़कों पर लाशों के ढेर लग गए और हर घर से रोने-चीखने की आवाज सुनाई देती थीं।[37]

ईस्ट इंडिया कम्पनी के राज में भारत की जो दशा हुई, उसे समझने के लिए कम्पनी राज कायम होने से पहले यहां के लोगों की जो हालत थी, उसे याद रखना जरूरी है। क्लाइव ने बंगाल के बारे में कहा था कि यहां अपार सम्पदा है, और मैकाले ने लिखा था : मुसलमान तानाशाह के बावजूद, और मराठा लुटेरे के बावजूद, बंगाल समस्त पूरब में समृद्ध देश के रूप में विख्यात था।[38] फ्रेडरिक लिस्ट ने लिखा था : यदि खुली प्रतिद्वंद्विता की अनुमति दी जाती और भारत का सूती और रेशमी माल इंग्लैंड में आता, तो यह निश्चित है कि इंग्लैंड का रेशमी और सूती उद्योग ठप्प हो जाता। भारत में कच्चा माल सस्ता था। मजदूरी सस्ती थी। यही नहीं, भारत के पास शताब्दियों का अभ्यास, अनुभव और कौशल था।[39]

आम्बेडकर बताते हैं, "15वीं सदी के अंत में यूरोप के लोगों ने जिन देशों में प्रवेश किया, वे तीन तरह के थे। पहली तरह के देश वे थे जहां आबादी घनी थी और जहां प्राचीन काल से विस्तृत और सुसंगठित राज्य विद्यमान थे। दूसरी तरह के देश वे थे जिनका पता कोलंबस ने लगाया था, जहां आबादी कम थी और राज्य का गठन प्रारंभिक अवस्था में था। तीसरी तरह के देश वे थे जहां आबादी थी ही नहीं और जमीन खाली पड़ी हुई थी।" यहां आम्बेडकर का आशय आस्ट्रेलिया जैसे महाद्वीपों से है जहां आदिवासियों की आबादी बहुत थोड़ी थी। भारत के लिए उन्होंने कहा : "यह पहली श्रेणी के देशों में है। 1757 में पलासी के युद्ध से भारत पर अंग्रेजों की विजय शुरू होती है और 1818 में मराठा राज्य की समाप्ति से वह खत्म होती है।"[40] ध्यान देने की बात है, 16वीं और 17वीं सदियों में यूरोप के लोग अमेरिका, अफ्रीका आदि के देशों में घुसते चले जा रहे थे। परन्तु भारत में उन्हें 250 वर्षों तक राह देखनी पड़ी। केंद्रीय सत्ता यहां जब विघटित हो गई और व्यापार के बहाने उन्होंने पैर जमा लिए, तब उन्होंने धीरे-धीरे राज्य प्रसार करना आरंभ किया। आम्बेडकर ने हालैंड और फ्रांस के व्यापारियों में दिलचस्प भेद किया है। हालैंड वालों से अंग्रेजों की व्यापारिक होड़ थी। परन्तु भारत में फ्रांसीसियों से उनका संघर्ष यहां अपना राज कायम करने के लिए था।[41] पलासी के युद्ध में नवाब के साथ फ्रांसीसी भी अंग्रेजों से लड़े थे।[42] यूरोप में भी अंग्रेज फ्रांसीसियों से लड़ने में लगे हुए थे। फ्रांसीसी राज्य क्रांति के बाद ही अंग्रेज फ्रांस के शत्रु हो गए थे। क्रांति की रक्षा करते हुए ही नेपोलियन कुशल सेनापति के रूप में विख्यात हुए थे। इंग्लैंड इस समय यूरोप के उन सभी राज्यों की अगुवाई कर रहा था जिन्होंने नेपोलियन और फ्रांसीसी राज्य क्रांति के दमन के लिए आपस में गठबंधन किया था। यूरोप में नेपोलियन के विरुद्ध लड़ाई चलाने के लिए इंग्लैंड ने ईस्ट इंडिया कम्पनी से धन प्राप्त किया, जहाज प्राप्त किए और सैनिक भी प्राप्त किए।[43] अंग्रेजों ने फ्रांस से लड़ने के लिए भारतीय धन और जन का उपयोग किया और अमेरिका में अपने ही उपनिवेशों से लड़ने के लिए उन्होंने भारतीय धन का उपयोग किया। भारतीय धन का उपयोग केवल युद्ध के लिए नहीं, वरन् अमेरिका में शिक्षा प्रसार के लिए भी किया गया।

येल नाम का एक व्यक्ति भारतीय व्यापार से काफी धन कमा चुका था। उसने अमेरिका में येल कॉलेज स्थापित किया।[44]

अंग्रेजों ने भारत पर विजय कैसे प्राप्त की? अंग्रेज गोरी नस्ल के थे, ज्यादा अच्छी तरह लड़ते थे, बड़े बहादुर थे, थोड़े से गोरों ने बड़ी-बड़ी देसी फौजों को देखते-देखते परास्त कर दिया– मैकाले जैसे लेखक इस तरह का दावा करते थे। इनका खंडन करते हुए सीली ने लिखा : आरका, पलासी और बक्सर जैसे निर्णायक युद्धों में कम्पनी की फौजों में गोरों की अपेक्षा देशी सैनिक ही अधिक थे। देशी सैनिक अच्छी तरह न लड़े हों, और लड़ाई का सारा भार अंग्रेजों को उठाना पड़ा हो, ऐसा हमने नहीं सुना। इतिहासकार बचकाने उत्साह से मिथ्या जातीय अभिमान पर फूले नहीं समाते। उन्हें यह जानकर आश्चर्य होगा कि अंग्रेज लेखक इन युद्धों का वर्णन करते हुए देशी सैनिकों का अस्तित्व भूल जाते हैं। क्लाइव पर मैकाले का निबंध पढ़िए। हर जगह आप देखेंगे कि ये शाही लोग थे, समुद्र के वीर सपूत, कोई भी क्लाइव और उसके अंग्रेजों का मुकाबला नहीं कर सका। पर एक बार यह तथ्य सामने आ जाए कि देशी सैनिक हमेशा संख्या में अंग्रेजों से अधिक थे और योग्यता में वे अंग्रेजों के बराबर थे, तो औरों से बहुत ज्यादा वीरता गोरों का प्राकृतिक गुण थी, यह सिद्धांत चकनाचूर हो जाएगा।[45]

अंग्रेजों ने देशी सैनिकों के बल पर भारत में एक के बाद एक विजय प्राप्त की। यही नहीं, उन्होंने युद्धों के लिए भारतवासियों से ही धन प्राप्त किया। बिनगेट ने लिखा था : अन्य उपनिवेशों में इंग्लैंड को अपना पैसा खर्च करना पड़ा था। कनाडा में विद्रोह हुआ तो उसके दमन पर पैसा खर्च करना पड़ा। वेस्ट इंडीज में दास मुक्त किए गए तो उनके मालिक इंग्लैंड से मुआवजा पा सके। भारत का राज्य प्राप्त करने के लिए अंग्रेजों को अपनी ओर से एक फूटी कौड़ी खर्च नहीं करनी पड़ी। भारत से जो मालगुजारी प्राप्त होती थी, उसका बहुत बड़ा भाग अंग्रेज़ युद्धों में खर्च करते थे। आम्बेडकर ने 1809 से लेकर 1857 तक के आंकड़े देकर बताया है कि सरकार जितना कुल खर्च करती थी, उसका आधे से ज्यादा फौज के ऊपर खर्च होता था। फौजों के ऊपर यह खर्च घटता-बढ़ता रहा है। देश की कुल माल गुजारी का आधे से ज्यादा भाग फौज पर ही व्यय होता रहा। इससे सिद्ध हुआ युद्धों के लिए अंग्रेज सूद पर धनी भारतवासियों से कर्ज लेते थे। आम्बेडकर कहते हैं : यह कर्ज सिर्फ युद्ध के लिए ही था। इस समूचे दौर में, अर्थात् 19वीं सदी के पूर्वार्ध में, भारत देशी ताकतों और ईस्ट इंडिया कम्पनी के बीच युद्ध का अखाड़ा बना हुआ था। दो मराठा युद्ध हुए, तीन कर्नाटक युद्ध हुए, दो बर्मा की लड़ाइयां हुईं, दो अफगान युद्ध हुए, मैसूर युद्ध हुए। (आम्बेडकर ने मैसूर युद्ध को कर्णाटक युद्धों से अलग दिखाया है।) इनके अलावा और छोटी-मोटी लड़ाइयां होती रहीं ताकि भारत को कम्पनी के राज्य में मिलाया जा सके। पार्लियामेंट यह दावा तो करती थी कि कम्पनी ने जो राज्य प्राप्त किया है, वह बादशाह का है किंतु वह इसके लिए धेला भी खर्च करने के लिए तैयार नहीं थी। इसके विपरीत अपने सीमित साधनों से यह सारा भार इस देश को ही वहन करना

पड़ा। इमारतों और किलेबंदी पर जो अलग खर्च दिखाया गया है, वह भी वास्तव में फौजी खर्च का ही हिस्सा है। इस सबका हिसाब लगाने पर पता चलता है कि यह देश 52 से 80 फीसदी तक अपना धन युद्ध-सेवाओं पर खर्च कर रहा था। फौज में देशी सैनिकों की बड़ी संख्या थी। परंतु उनकी और गोरों की तनख्वाह में बहुत बड़ा फर्क था। इसलिए फौजी खर्च का बड़ा भाग गोरों के हिस्से में आता था और बहुत छोटा भाग हिंदुस्तानी सैनिकों के हिस्से में।[46]

आम्बेडकर कहते हैं : पलासी के युद्ध में विजय प्राप्त करने के बाद क्लाइव राजाओं का विधाता हो गया। जिस नवाब से ज्यादा आमदनी होती थी, वह उसी का सहायक बन जाता था। उसने नवाबों से बड़ी-बड़ी घूस की रकमें प्राप्त कीं, जागीर प्राप्त की और नमक के व्यापार पर इजारा प्राप्त किया। कम्पनी के चाकरों को उसने छूट दे दी कि वे अपना निजी व्यापार चलाएँ, देशी लोगों को बाहर रखें और कुछ चीजों के व्यापार पर इजारा कायम कर लें। इससे लोग बहुत उत्पीड़ित हुए और निर्धन हो गए। मैकाले ने क्लाइव के बारे में लिखा है : बंगाल का खजाना उसके सामने खुला पड़ा था। जैसे पूरब के राजाओं की रीति है, वैसे ही यहां भी सिक्कों के ढेर लगे हुए थे। इनमें वेनिस के सिक्के भी थे जो भारतीय माल खरीद कर यूरोप के सौदागरों ने दिये थे। और तब दिये थे जब दक्षिण अफ्रीका का चक्कर लगाकर यूरोप का कोई भी जहाज भारत नहीं पहुंचा था। क्लाइव सोने-चांदी, हीरे और जवाहरात के ढेरों के बीच घूमता था और वह जितना चाहे वहां से उतना माल उठा सकता था। इस समय 3 करोड़ इन्सान एकदम मुफलिस बना दिए गए थे। 1766 में कम्पनी डाइरेक्टरों के बोर्ड ने लिखा था : हमारे सेवकों का भ्रष्टाचार और लोभ भयानक है। उनका आचरण, जहां भी उनका राज है, एकदम अनैतिक है। बेहद उत्पीड़न ओर अत्याचार के द्वारा उन्होंने भारी सम्पदा एकत्र की है।[47] आम्बेडकर ने लिखा है : यद्यपि क्लाइव स्वयं अपराधी (क्रिमिनल) था, पर अत्याचार हो रहा है, यह बात वह जानता था।[48] फ्रेडरिक जॉन शो बंगाल सिविल सर्विस में काम करते थे। उन्होंने लिखा था : भारत में सुख और शांति का युग समाप्त हो गया। जो सम्पदा कभी उसके पास थी उसका अधिकांश, लोग बाहर ढो ले गए हैं। खराब हुकूमत के शिकंजे ने उसे लुंज-पुंज बना दिया है। इस हुकूमत में थोड़े से आदमियों के लाभ के लिए करोड़ों आदमियों के हित बलिदान कर दिए गए हैं। अंग्रेजी राज में भारतीय जनता की गरीबी और बदहाली अभूतपूर्व है।[49]

इस तबाही से लाभ हुआ कम्पनी के मालिकों और उसके भागीदारों को। 1720 में कम्पनी के एक शेयर का मूल्य 450 पाउंड था। फिर यह गिर कर 1755 में 148 पाउंड रह गया। जब कम्पनी को बंगाल की मालगुजारी मिलने लगी, तब 1766 में यह बढ़कर 233 पाउंड हो गया। कर्नाटक के युद्ध में इसमें फिर 60 फीसदी तक की गिरावट आई। युद्ध और शांति के साथ इस तरह कम्पनी के शेयरों का मूल्य घटता-बढ़ता रहा।[50] भागीदारों को जो लाभांश मिलता था, उसे देखने से पता चलता है, भारत ने इंग्लैंड की सम्पदा में

कितना बड़ा योगदान किया।[51] 1682 में यह लाभांश 160 फीसदी तक पहुंच गया था। फिर इसमें गिरावट आई। बंगाल पर अंग्रेजों के अधिकार के बाद यह कुछ ऊपर बढ़कर 10 फीसदी तक पहुंचा और कुल मिला कर 319408 पाउंड लाभांशों के रूप में बांटे गए। भारी मुनाफा की उम्मीद से जो लाभांश बढ़ा-चढ़ा कर पहले से घोषित कर दिए गए थे, उन्हें देने के लिए कम्पनी ने भारी सूद पर कर्ज लिया। 1792 में टीपू के साथ संधि हुई इससे कम्पनी को लगभग ढाई लाख माल गुजारी प्राप्त हुई और खजाने के रूप में 16 लाख पाउंड प्राप्त हुए। इससे लाभांश में वृद्धि हुई और 1802 में वह 11 प्रतिशत हो गया।[52]

कम्पनी के मालिक और निर्देशक बहुत प्रभावशाली थे। उन्हें प्रभावित करने के लिए भी लोग बहुत सी रकम खर्च करते थे। आम्बेडकर ने दो कोर्टों का उल्लेख किया है। एक कोर्ट ऑफ प्रोप्राइटर्स यानी मालिकों की समिति और दूसरा कोर्ट ऑफ डाइरेक्टर्स यानी निर्देशकों की समिति। जिनके पास साधन थे, वे तो पैसा खर्च करते ही थे, सामान्य साधनों वाले भी कभी-कभी 13 या 14 हजार पाउंड इसलिए खर्च कर देते थे कि उन्हें मालिकों की समिति के लिए वोट देने का अधिकार मिल जाए तो वे बहुत से लोगों को प्रभावित कर सकेंगे। 'यद्यपि उन्हें लूट में हिस्सा न मिलता था, फिर भी भारत के लुटेरों की नियुक्ति में उन्हें हिस्सा मिलता था।'[53] भारत में इन की नियुक्तियां बोर्ड के डाइरेक्टर करते थे परन्तु वे अनिवार्यतः मालिकों के प्रभाव में थे। मालिकों की समिति डाइरेक्टर नियुक्त करती थी। कभी-कभी डाइरेक्टर जो नियुक्तियां करते थे, उन्हें मालिकों की समिति निरस्त कर देती थी। कोई आदमी मालिकों या निर्देशकों पर कुछ समय तक अपना प्रभाव बनाए रहे तो अपने कुछ दोस्तों को भारत में नियुक्त करा देता था। उसे लाभांश की चिंता न रहती थी। शेयर खरीदने में उसने जो पूंजी लगाई थी, वह डूब जाए तो भी उसे चिंता नहीं थी। उसके दोस्त भारत से भारी कमाई कर लाते थे। कम्पनी की इस लूट का विवरण इंग्लैंड के प्रसिद्ध अर्थशास्त्री ऐडम स्मिथ ने अपनी पुस्तक वैल्थ ऑफ नेशन्स (जातियों की सम्पदा) में दिया था।[54]

अंग्रेजों ने खेती, किसानी पर भारी टैक्स लगाया। इसे न्यायपूर्ण साबित करने के लिए उन्होंने एक सिद्धांत गढ़ा कि भारत में अनादि काल से भूमि पर किसान का नहीं, राजा का अधिकार होता था। अब कम्पनी राजा है, इसलिए वह किसान को भाड़े पर जमीन देती है और उससे इच्छानुसार भाड़ा और कर वसूल कर सकती है।[55] मालगुजारी वसूल करने के लिए अंग्रेजों ने जमींदार नियुक्त किए। वे ऐश की ज़िंदगी बसर करते थे। गरीब किसानों की कमाई के बल पर ये ऐश का सामान जुटाते थे।[56] नागरिक सेवाओं में गोरे काम करते थे। उन्हें भारी तनख्वाह मिलती थी। सरकार अपना रोब-दाब बनाए रखने के लिए भारी रकम खर्च करती थी। पर सरकार चलाने के लिए ये सरकारी नौकर कुछ पैसा न देते थे। अंग्रेजों ने नमक जैसी चीज पर टैक्स लगाया। इससे गरीबों की मुसीबतें बढ़ गईं।[57] आम्बेडकर ने लिखा : मुसलमान शासक भी जमीन पर भारी कर लगाते थे। परन्तु

उनमें और अंग्रेजों में फर्क यह था कि मुसलमान शासक जितना कर लगाते थे, उतना कभी वसूल न कर पाते थे। इसके विपरीत अंग्रेज जितना टैक्स लगाते थे उसे कड़ाई के साथ वसूल कर लेते थे।[58]

बिशप हेबर ने 1830 में लिखा था : कोई भी देशी राजा उतना टैक्स नहीं लगाता जितना हम लगाते हैं। ऐसे बहुत कम लोग हैं जो यह न मानते हों कि टैक्स जरूरत से ज्यादा लगाया जाता है और जनता मुफलिस होती जा रही है। बंगाल से भिन्न हिंदुस्तान में देशी राजाओं के अमल में रहने वाले किसान कम्पनी राज में रहने वाले किसानों से कहीं ज्यादा गरीब और पस्त दिखाई देते हैं। उनका व्यापार चौपट हो गया है। अब वहां की थोड़ी बहुत रुई बम्बई भेजी जाती है। ढाका से जितना व्यापार होता था, उसका अब 60वां भाग ही बचा है। वहां की आलीशान इमारतें बरबाद हो रही हैं। यही नहीं, फ्रांसीसियों, डचों और पुर्तगालियों के गिरजाघर भी उजड़ गए हैं और वहां जंगली घास और झाड़ियां उग आई हैं।[59]

हजारों आदमी जो कपास की खेती और सूती उद्योग से रोजी कमाते थे, अब भुखमरी के शिकार हैं। भारतवासियों की ओर से पार्लियामेंट के पास एक आवेदन पत्र भेजा गया जिसमें ये बातें कही गयीं। यह भी बताया गया कि अमेरिकी कपास और इंग्लैंड के सूती उद्योग को बढ़ावा दिया जा रहा है। इससे देश की जनता भुखमरी का सामना कर रही है। आम्बेडकर कहते हैं : यह अपील व्यर्थ गई क्योंकि जिन लोगों के हाथ में भारत के शासन की बागडोर आ गई थी, उनकी आंखों के सामने इंग्लैंड के हित सबसे ऊपर रहते थे।[60] भारत से अंग्रेजों को जो आमदनी होती थी, उसका बहुत बड़ा भाग फौज और सरकारी सेवाओं पर खर्च किया जाता था। सिंचाई व्यवस्था जैंसे सार्वजनिक कार्यों पर उसका अब थोड़ा हिस्सा खर्च किया जाता था। आम्बेडकर ने 1837-38 से लेकर 1845-46 तक के आंकड़े देकर बताया है कि सार्वजनिक कार्यों पर बंगाल में मालगुजारी का पौने दो फीसदी, उत्तर पश्चिमी प्रांतों में ढाई फीसदी और मद्रास में आधे फीसदी से कुछ ऊपर खर्च किया जाता था।[61] वित्तीय व्यवस्था का यह हाल था कि जितनी मालगुजारी वसूल की जाती थी, उसका बहुत बड़ा भाग खर्च कर दिया जाता था। जैसे 1792-93 में मालगुजारी 55 लाख से ऊपर और खर्च 38 लाख पाउंड से ऊपर। यह फर्क ज्यादा नहीं है। परन्तु 1818 और 19 में कुल मालगुजारी 1 करोड़ 94 लाख पाउंड से ऊपर और कुल खर्च 2 करोड़ पाउंड से ऊपर।[62] ऐसा अनेक वर्षों में हुआ है, जितनी आमदनी हुई, खर्च उससे ज्यादा किया गया।

भारत की लूट के बावजूद अंग्रेजों को यहां के सूती माल से खतरा दिखाई देता था। उन्होंने इस माल पर जो चुंगी लगाई थी, उसकी एक दर उस माल के लिए थी जो इंग्लैंड होकर दूसरे देशों में बेचा जाता, और दूसरी दर उस माल के लिए थी जिसकी खपत इंग्लैंड में ही होनी थी। जैसे छींट। इस पर 3 पाउंड 6 शिलिंग 8 पेंस चुंगी थी। परन्तु इसकी खपत इंग्लैंड में हो तो चुंगी 68 पाउंड 6 शिलिंग 8 पेंस थी। इसी तरह मलमल पर चुंगी

10 फीसदी थी और यदि उसकी खपत इंग्लैंड में हो तो चुंगी 27 पाउंड 6 शिलिंग 8 पेंस फीसदी थी। कुछ रंगीन किस्म के कपड़े थे जो इंग्लैंड में बिकने ही न दिए जाते थे। वे केवल बाहर भेजने के लिए थे। उन पर प्रतिशत चुंगी 3 पाउंड 6 शिलिंग 8 पैस थी। 1893 में अतिरिक्त 20 प्रतिशत चुंगी बढ़ा दी गई इसके फलस्वरूप इंग्लैंड में बेची जाने वाली छींट पर प्रतिशत 78 पाउंड 6 शिलिंग 8 पेंस की चुंगी हो गई और मलमल पर 31 पाउंड 6 शिलिंग 8 पेंस प्रतिशत चुंगी हुई।[63]

राजनीतिक रूप से गर्वनर जनरल भारत में तानाशाह जैसा था (नियरली ऐन औटोक्रैट)।[64] भारत में क्या होता है, इसकी जिम्मेदारी पार्लियामेंट में भारत सचिव पर थी। यहां लोग जिसे बुरा कहते थे, उसे गवर्नर जनरल और उसकी कार्य समिति करे, तो भारत सचिव उसे रोकने की जरा भी कोशिश न करता था। और यदि वह सोचे कि भारतीय लोगों की भलाई के लिए गवर्नर जनरल को यह काम करना चाहिए, तो इसके लिए भी वह उसे प्रेरित न करता था।[65] आम्बेडकर ने बताया : वित्तीय संस्था के संचालन में प्रान्तीय सरकारें गैर जिम्मेदार थीं और केंद्रीय सरकार अयोग्य थी।[66] आम्बेडकर कहते हैं : गवर्नर जनरल और उसकी कार्यसमिति पर पार्लियामेंट और भारत सचिव का नियंत्रण कहने भर को था। गवर्नर जनरल और उसकी कार्य समिति अनियंत्रित नौकरशाहों की जमात थे। व्यवस्था बनाए रखने के लिए इस गैर जिम्मेदार कार्य समिति ने देश की प्रगति का बलिदान कर दिया।[67] युद्ध चलाने के लिए अंग्रेज भारत के लोगों से जो कर्ज लेते थे, वह कैसे बढ़ता गया यह दिखाने के लिए आम्बेडकर ने 1857 के विद्रोह का उल्लेख किया है। उन्होंने बताया है : लोग इसे गदर या स्वाधीनता-संग्राम - इंडियन म्यूटिनी और वार ऑफ इन्डिपेंडेंस - कहते हैं।[68] इस विद्रोह के उद्देश्य के बारे में आम्बेडकर की राय बहुत स्पष्ट है : 1857 का गदर भारत में अंग्रेजी राज को खत्म करने का प्रयास था। वह प्रयास इस बात के लिए था कि अंग्रेजों को बाहर निकाला जाए और भारत को फिर से जीता जाए।[69]

विद्रोह तो दबा दिया गया पर भारत का शोषण जारी रहा। भारत के उद्योग धंधे तबाह कर दिए गए। उद्योग प्रधान देश खेतिहर देश में बदल दिया गया। जो कारीगर शहरों में काम करते थे, वे जीविका की खोज में भाग कर गांव में बस गए। बेकारों की संख्या बढ़ी और साथ ही खेती के लिए जमीन पर दबाव बढ़ा। इस संबंध में आम्बेडकर की निम्नलिखित स्थापनाएँ महत्वपूर्ण हैं।

'हमारा यह दृढ़ विश्वास है कि भारत में छोटी जोत की समस्या बुनियादी समस्या नहीं है। बल्कि यह एक मूल समस्या से निकली हुई समस्या है। अर्थात सामाजिक अर्थव्यवस्था में असामंजस्य की समस्या है। इतनी अधिक भूमि में खेती होने के बावजूद उसकी जनसंख्या के अनुपात से बहुत कम भूमि में खेती होती है।'[70]

'हम कह सकते हैं कि भारत में कृषि की खामियों को दूर करने के लिए बुनियादी तौर पर जोतों का आकार बढ़ाने की जरूरत नहीं बल्कि पूंजी और पूंजीगत सामान बढ़ाने की जरूरत है। यह बात अर्थशास्त्र में आमतौर पर कही जाती है, पूंजी बचत से प्राप्त होती

है और बचत तब संभव है, जब हमारे पास वेशी (सरप्लस) फसल हो। क्या कृषि से, जो जनता का मुख्य धंधा है, हमें वेशी (सरप्लस) फसल मिलती है? इसका सर्वसम्मत उत्तर होगा - नहीं। और हम उससे सहमत हैं।'[71]

'खेतिहर जनसंख्या बहुत अधिक है और वास्तविक कृषि के अंतर्गत भूमि को देखते हुए प्रति व्यक्ति भूमि का अनुपात बहुत कम है।' 1884 में जेम्स कैर्ड ने अनुमान लगाया था कि 'इंग्लैंड में जिस 1 वर्गमील क्षेत्र में अच्छी तरह खेती होती है, उसमें 50 व्यक्ति काम करते हैं, 25 युवा—वृद्ध पुरुष और 25 स्त्रियां तथा लड़के। यदि भारत में, एक वर्ग मील में उसके चौगुने, अर्थात 200 लोग भी खेती के काम में लगें तो उसमें भी भारत की केवल एक-तिहाई जनसंख्या लगेगी।'[72]

'1881 में देश की कुल जनसंख्या 25 करोड़ 40 लाख में से लगभग दो-तिहाई कृषि पर निर्भर दिखाए गए हैं। उक्त अनुमान के अनुसार यदि हम एक-तिहाई लोग भी खेती के लिए लें तो हम आराम से कह सकते हैं कि उतने ही लोग खाली बैठे रहते हैं, कोई उत्पादक कार्य नहीं करते। भारत में बढ़ते हुए ग्रामीणीकरण और कृषि के अंतर्गत आने वाली भूमि में उत्तरोत्तर कमी आने के कारण खाली बैठे श्रमिकों की संख्या बेहद बढ़ गई होगी। इन खाली बैठे श्रमिकों के आर्थिक प्रभाव दो प्रकार के हैं। एक तो इससे कृषि जनसंख्या का जमीन पर भारी दबाव पड़ता है।'[73] 'मजदूर कमाए चाहे न कमाए पर वह जीवित रहने के लिए खाता अवश्य है।'[74] 'इन निठल्ले श्रमिकों के कारण हमारा देश बिना पूंजी का हो गया है।'[75] 'भारत की कृषि संबंधी समस्याओं को हल करने के लिए सबसे जोरदार उपाय उसका औद्योगीकरण है। औद्योगीकरण का सम्पूर्ण प्रभाव यह पड़ेगा कि जमीन पर दबाव कम होगा और पूंजी तथा पूंजीगत सामान बढ़ने से जोतों का आकार बढ़ाने की आर्थिक आवश्यकता पैदा हो जाएगी। केवल इतना ही नहीं, औद्योगीकरण भूमि का महत्व कम कर देगा और इसलिए उसके उपविभाजन और विखंडीकरण के कम अवसर मिलेंगे।'[76]

'जहां संयुक्त राज्य अमरीका जैसे देश जो प्रारंभ में कृषि प्रधन देश थे, अब क्रमशः औद्योगिक देश बनते जा रहे हैं, वहीं भारत में दुर्भाग्यवश लोग शहरों को छोड़ते जा रहे हैं और आवश्यकता न होने पर भी गांवों की ओर भागे जा रहे हैं।[77]

1919 में ब्रिटिश पार्लियामेंट ने भारत-संबधी कानून बनाया। उसके अधीन वित्तीय व्यवस्था का विश्लेषण करते हुए आम्बेडकर ने लिखा : जो सरकार जनता के प्रति जिम्मेदार न होगी, वह प्रगति की ओर बढ़ने में असमर्थ रहेगी।[78] जिन लोगों के हाथ में सत्ता है, उनका चरित्र, उनके हित, उनकी आंतरिक प्रेरणाएँ उन पर पाबंदी लगाती हैं। सुलतान इस्लाम को निरस्त नहीं करता, पोप कैथलिक मत पर पाबंदी नहीं लगाता, ब्राह्मण जातिप्रथा की निंदा नहीं करता, ब्रिटिश पार्लियामेंट अपने लाडले सपूतों के भारत में पाले-पोसे जाने को गैर कानूनी करार नहीं देती। यह सब इसलिए नहीं कि वे ऐसा कर नहीं सकते वरन् इसलिए कि वे ऐसा करते नहीं हैं, वे ऐसा करेंगे नहीं। इसी तरह भारत की कार्यकारिणी,

अर्थात् गवर्नर जनरल और उसकी कार्य समिति ने, भारत की उन्नति के लिए यदि कुछ नहीं किया, तो इसलिए नहीं कि वे ऐसा कर नहीं सकते थे वरन् इसलिए कि अपने चरित्र, हितों और आंतरिक प्रेरणाओं के सबब उन्हें भारतीय समाज की कार्यशील जीवंत शक्तियों से सहानुभूति नहीं थी। यहां के लोगों की आवश्यकताएँ, उनका दुख दर्द, उनकी आकांक्षाएँ उन्हें प्रेरित न करती थीं। उनके प्रति उनका शत्रुभाव था। इसलिए उन्होंने शिक्षा को बढ़ावा नहीं दिया, स्वदेशी के लिए प्रतिकूल भाव दिखाया अथवा यहां किसी चीज से राष्ट्रीयता (नेशनलिज्म) की गंध आई तो उसे हटा दिया। यह सब इसलिए कि ये सारी बातें उनके आंतरिक हितों के विरुद्ध थीं।[79] शिक्षा का प्रसार, स्वदेशी और राष्ट्रीयता से अंग्रेजों को परहेज था। मानी बात है, इन्हीं के सहारे आंदोलन करके भारत आगे बढ़ सकता था।

आर्य और शूद्र

आम्बेडकर की पुस्तक 'हू वेयर द शूद्राज' (शूद्र कौन थे?) पहली बार 1946 में प्रकाशित हुई थी। अंग्रेजी में उनकी रचनावली के सातवें खंड में यह संकलित है। इसमें उन्होंने पहले सृष्टि और शूद्रों के उद्‌भव के बारे में भारतीय ग्रंथों में प्रकाशित विचार उद्धृत किए हैं। उन्हें असंतोषजनक बताने के बाद उन्होंने पाश्चात्य विद्वानों की चर्चा की है। आम्बेडकर ने इन विद्वानों की 7 मुख्य स्थापनाएँ प्रस्तुत की हैं : 1. जिन लोगों ने वैदिक साहित्य रचा था, वे आर्य नस्ल के थे। 2. यह आर्य नस्ल बाहर से आई थी और उसने भारत पर आक्रमण किया था। 3. भारत के निवासी दास और दस्यु रूप में जाने जाते थे और ये आर्यों से नस्ल के विचार से भिन्न थे। 4. आर्य श्वेत नस्ल के थे, दास और दस्यु काली नस्ल के थे। 5. आर्यों ने दासों और दस्युओं पर विजय प्राप्त की। 6. दास और दस्यु विजित होने के बाद दास बना लिए गए और शूद्र कहलाए। 7. आर्यों में रंगभेद की भावना थी और इसलिए उन्होंने चातुर्वर्ण्य का निर्माण किया। इसके द्वारा उन्होंने श्वेत नस्ल को काली नस्ल से, यथा दासों और दस्युओं से, अलग किया।[80] आगे आम्बेडकर ने इन सातों स्थापनाओं का खंडन किया है। सबसे पहले वह नस्ल का प्रश्न लेते हैं। उन्होंने आरंभ में ही सावधान कर दिया है कि कुछ लोग जन समुदायों को नस्ल का नाम दे देते हैं। यथा यहूदियों को नस्ल माना जाता है। परन्तु रिप्ले ने बताया है कि यहूदी कोई नस्ल नहीं हैं। वे एक जनसमुदाय हैं।[81] नस्ल की व्याख्या करते हुए उन्होंने लिखा : यह ऐसे लोगों की जमात है जिसकी कुछ अपनी वंशगत विशेषताएँ होती हैं। किसी समय लोग मानते थे कि सिर की बनक, बालों और आंखों के रंग, खाल के रंग और कद से नस्ल की पहचान होती है। अब आम धारणा यह है कि त्वचा का रंग और कद ऐसी विशेषताएँ हैं जो मनुष्यों की आवास भूमि और वहां की जलवायु के अनुरूप बदलती रहती हैं। इसलिए नस्ल की

पहचान के लिए इन्हें आधार नहीं बनाया जा सकता। इनमें सिर की बनक ही स्थायी विशेषता है। बनक का अर्थ है सिर की लम्बाई, चौड़ाई और ऊंचाई का अनुपात। नृतत्वशास्त्री मानते हैं कि नस्ल की पहचान के लिए यही सबसे अच्छी कसौटी सुलभ है। रिप्ले के अनुसार, सिर की बनक देखते हुए यूरोप के लोग तीन भिन्न नस्लों के हैं। आर्य नस्ल के बारे में कहा गया है : इस नस्ल के लोगों का सिर लम्बा होता था, नाक सीधी और लम्बी होती थी। चेहरा सुडौल और संकुचित आकार का होता था, इत्यादि।[82] मैक्समूलर का कहना था : रक्त के विचार से आर्य नस्ल नाम की कोई चीज नहीं है। विज्ञान की भाषा में आर्य शब्द किसी भी नस्ल के लिए कतई इस्तेमाल नहीं किया जा सकता। उसका अर्थ है भाषा, और भाषा के अतिरिक्त कुछ नहीं। हम कभी आर्य नस्ल की बात करते भी हैं तो हमें समझ लेना चाहिए कि इसका अर्थ आर्य भाषा के सिवा और कुछ नहीं है।[83]

इस के बाद ऋग्वेद का हवाला देते हुए आम्बेडकर ने बताया है कि 'आर्य' और 'अनार्य' शब्द ऋग्वेद में कहां कितनी बार आये हैं। इनके प्रयोग देखने से निष्कर्ष यह निकलता है कि ये शब्द नस्ल के अर्थ में कहीं भी प्रयुक्त नहीं हुए।[84] रिप्ले के अनुसार दो नस्लें हैं जिनके सदस्यों के सिर लम्बे होते हैं। इनमें कौन आर्य नस्ल के हैं, इस का फैसला अभी करना बाकी है।[85]

आर्य नस्ल के लोग भारत में आए तो वे किस देश से आए, इसके बारे में बहुत तरह के विचार हैं। पी. पी. श्रीनिवास आयंगर का मत था कि आर्य, दास और दस्यु शब्द नस्ल के लिए नहीं वरन सांस्कृतिक मतवाद - कल्ट - के लिए प्रयुक्त हुए हैं। आम्बेडकर अपनी ओर से कहते हैं : जहां तक वैदिक साहित्य का संबंध है, वह इस सिद्धांत के प्रतिकूल है कि आर्यों का मूल निवासस्थान भारत से कहीं बाहर था।[86] वह डी. एस. त्रिवेद का मत उद्धृत करते हैं कि गंगा-यमुना और सरस्वती सम्बोधित करते हुए उनके प्रति आत्मीय भाव दर्शाया गया है, कोई विदेशी इस तरह नदियों को आत्मीयता और स्नेह से सम्बोधित नहीं कर सकता।[87]

दासों और दस्युओं का उल्लेख ऋग्वेद में शत्रुओं के रूप में अवश्य हुआ है किंतु उनमें और आर्यों में युद्ध हुआ, इसका उल्लेख ढूंढ पाना कठिन है। ऋग्वेद में आर्य शब्द 35 बार आया है। इनमें 8 स्थानों पर वह दासों के विरोध में और 7 स्थानों पर दस्युओं के विरोध में प्रयुक्त हुआ है। इससे अधिक से अधिक यह निष्कर्ष निकाला जा सकता है कि उनमें कभी-कभी झगड़ा होता था। परंतु इसे अवश्य ही विजय का प्रमाण नहीं माना जा सकता। आर्यों और दासों में जो भी द्वंद्व रहा हो, उनमें सम्मानजनक शांति हो गई थी और दोनों ने सामान्य शत्रु का मुकाबला किया था। इस समर्थन में आम्बेडकर ऋग्वेद के छठे, सातवें, आठवें और दसवें मंडलों के सूक्तों का हवाला देते हैं। वह कहते हैं : इनमें जो भी द्वंद्व रहा हो, वह नस्लों का संघर्ष नहीं था। धर्मों की भिन्नता के कारण यह संघर्ष उत्पन्न हुआ था। इस धारणा के समर्थन में आम्बेडकर उन मंत्रों का हवाला देते हैं जहां

दासों को अव्रत, अब्रह्म आदि कहा गया है।[88] निष्कर्ष रूप में कहते हैं : इन उल्लेखों को देखने के बाद इस स्थापना के लिए कोई गुंजाइश नहीं रह जाती कि आर्य नस्ल के लोगों ने दासों और दस्युओं की अनार्य नस्लों पर सैनिक विजय प्राप्त की थी।[89]

ऋग्वेद में दस्युओं को मृध्रवाक् कहा गया है। इसका अर्थ है—उनकी भाषा अपरिष्कृत और भोंडी थी। इससे यह मानना कि आर्यों में नस्ल भेद की चेतना थी, बचकानापन है।[90] दस्युओं को अनास भी कहा गया है। मैक्समूलर के अनुसार अनास का अर्थ है कि बिना नाक वाला या चपटी नाक वाला। सायण ने अ न्-आस का अर्थ किया है, मुखविहीन अर्थात् अच्छी भाषा न बोलने वाला। सायण की बात गलत है, यह मानने के लिए कोई कारण नहीं है। दस्युओं को और कहीं भी नासाविहीन नहीं बताया गया। इसलिए सायण का अर्थ ठीक मालूम होता है। वह मृध्रवाक् (अनास) का पर्याय है, यह मानना उचित होगा। दस्यु भिन्न नस्ल के थे, यह साबित करने के लिए कोई प्रमाण-सामग्री नहीं है। दासों को केवल एक बार कृष्णयोनि कहा गया है। यह निश्चित नहीं है, यहां इस शब्द का प्रयोग आलंकारिक रूप में हुआ है या शाब्दिक अर्थ में। हमें यह भी पता नहीं है कि यहां इस शब्द का प्रयोग तथ्य के वर्णन के लिए किया गया है या निंदा करने के लिए। जब तक इन मुद्दों का स्पष्टीकरण न हो जाए, तब तक यह नहीं कहा जा सकता कि दास काली नस्ल के थे। आम्बेडकर ऋग्वेद के उन मंत्रों का हवाला देते हैं जिनमें इंद्र से कहा गया है, कि तुमने अपनी शक्ति से दासों को आर्य बनाया, बुरे को अच्छा बनाया। यह पता करो कि कौन आर्य हैं और कौन दस्यु और उन्हें अलग कर दो। एक अन्य मंत्र में इंद्र कहते हैं - मैंने दस्युओं को आर्य की पदवी से वंचित कर दिया है। इन उद्धरणों से पता चलता है, एक ओर दास और दस्यु, दूसरी ओर आर्य, इनमें नस्ल का भेद नहीं था।

पाश्चात्य विद्वानों के तथाकथित वैज्ञानिक विश्लेषण की समीक्षा करते हुए आम्बेडकर ने लिखा : पाश्चात्य लेखकों ने जो आर्य नस्ल का सिद्धांत बनाया, वह हर तरह से ध्वस्त हो जाता है। यह बात कुछ आश्चर्य की है क्योंकि पाश्चात्य विद्वानों के बारे में समझा जाता है कि वे कई चीजें समेट कर अनुसंधान करते हैं और सावधानी से उनका विश्लेषण करते हैं। इस सिद्धांत का आधार ऐसी परिकल्पनाएँ हैं जो मन को अच्छी लगती हैं और इन परिकल्पनाओं के आधार पर कुछ अनुमानित निष्कर्ष निकाले गए हैं। यह सिद्धांत वैज्ञानिक अनुसंधान का विपर्यय है। यहां तथ्यों के आधार पर सिद्धांत का विकास नहीं होता, इसके विपरीत सिद्धांत पूर्वकल्पित है और उसे सिद्ध करने के लिए कुछ तथ्य चुन लिए जाते हैं।[91]

आम्बेडकर की यह बात बिल्कुल सही है कि आर्य नस्ल की पूर्वकल्पना भाषाविज्ञानियों के दिमाग की उपज है। इस सिलसिले में उन्होंने जर्मन भाषावैज्ञानिक बॉप का नाम लिया है। उनका तुलनात्क व्याकरण 1835 में प्रकाशित हुआ था। आम्बेडकर कहते हैं : इस पुस्तक में बॉप ने दिखाया है कि यूरोप की बहुत सी भाषाएँ और कुछ एशिया की भाषाएँ किसी सामान्य पूर्वज भाषा से उत्पन्न हुई हैं, उन्हें आर्य भाषा भी कहा जाता है, बहुत कुछ इसलिए कि वैदिक भाषा आर्य भाषा है और उसी परिवार की है जिसकी इंडो-जर्मेनिक

भाषाएँ हैं। यही मुख्य परिकल्पना है जिसके आधार पर आर्य नस्ल का सिद्धांत रचा गया है। उस परिकल्पना से दो निष्कर्ष निकलते हैं। पहला यह कि नस्ल एकताबद्ध है और दूसरी यह कि यह आर्य नस्ल है। तर्क यह है कि यदि भाषाएँ किसी सामान्य पूर्वज भाषा से उत्पन्न हुई हैं, तो वह पूर्वज भाषा किस नस्ल की भाषा रही होगी। उस पूर्वज भाषा को आर्य भाषा कहा जाता था। इसलिए उसके बोलने वाले भी आर्य नस्ल के हुए। एक पृथक् और सुनिश्चित आर्य नस्ल का अस्तित्व अनुमानित निष्कर्ष - इन्फरेंस - मात्र है।[92] इससे दूसरा अनुमानित निष्कर्ष निकाला जाता है - सामान्य मूल निवास भूमि के बारे में। तर्क यह दिया जाता है कि लोगों में भाषा का व्यवहार तब तक संभव नहीं था जब तक वे सामान्य निवास भूमि में न रहते हों, जहां इस तरह का घनिष्ठ पारस्परिक व्यवहार संभव हो। आर्यों की मूल सामान्य भूमि का सिद्धांत अनुमानित निष्कर्ष से निकाला हुआ दूसरा अनुमानित निष्कर्ष है।

आक्रमण का सिद्धांत एक आविष्कार - इन्वेंशन - है। यह आविष्कार इस फालतू परिकल्पना से आवश्यक हो गया कि इंडो-जर्मेनिक लोग मूल आर्य नस्ल के सबसे विशुद्ध और आधुनिक प्रतिनिधि हैं। फिर यह कल्पना की गई कि इनकी मूल निवास भूमि कहीं यूरोप में थी। तब यह आर्य भाषा भारत में कैसे आई, इस प्रश्न का उत्तर देने के लिए यह कल्पना की गई कि आर्य लोग भारत में बाहर से आए थे। इसलिए आक्रमण सिद्धांत के आविष्कार की आवश्यकता उत्पन्न हुई।[93]

एक परिकल्पना और है, वह यह कि आर्य श्रेष्ठ नस्ल के थे। इस सिद्धांत का स्रोत यह विश्वास है कि आर्य यूरोपियन नस्ल के थे। यूरोपियन नस्ल एशियाई नस्लों से श्रेष्ठ है, यह मान लिया गया। नस्ल की श्रेष्ठता मान लेने के बाद दूसरा तर्कसंगत कदम यह था कि उस श्रेष्ठता को प्रमाणित किया जाए। देशी नस्लों पर आर्य नस्ल ने आक्रमण किया, उन पर विजय प्राप्त की, इससे बढ़िया उसकी श्रेष्ठता का प्रमाण और क्या हो सकता था? तब पाश्चात्य लेखकों ने यह सिद्धांत गढ़ा कि आर्यों ने भारत पर आक्रमण किया और यहां के दासों और दस्युओं पर विजय प्राप्त की।[94]

एक परिकल्पना यह भी है कि यूरोप की नस्लें श्वेत वर्ण की थीं और काली नस्लों के विरुद्ध उनके मन में रंग संबंधी द्वेषभाव था। आर्य यूरोपियन नस्ल के थे, इसलिए यह मान लिया गया कि उनमें रंग भेद वाला द्वेषभाव रहा होगा। इसके लिए पाश्चात्य लेखकों ने प्रमाण यह दिया कि भारत में आर्य आए और उन्होंने 4 वर्णों वाली व्यवस्था कायम की। इन विद्वानों के अनुसार वर्ण का अर्थ है रंग और यह व्यवस्था रंगभेद पर आधारित थी। इन सारी परिकल्पनाओं में एक का भी आधार तथ्यगत नहीं है। यदि वर्ग भेद का आधार रंगभेद है तो 4 वर्णों के लिए अलग-अलग 4 रंग चाहिए। किसी ने यह नहीं कहा कि यहां चार रंगों की नस्लें थीं जिन्हें मिलाकर 4 वर्णों की व्यवस्था बनाई गई। सिद्धांत तो आर्य और दास, दो ही नस्लों को मान कर चलता है। जिनमें एक को श्वेत और दूसरी को कृष्ण माना गया।[95]

नस्लवादियों की तीखी आलोचना करते हुए आम्बेडकर ने लिखा : आर्य नस्ल का सिद्धांत रचने वाले उसे सही साबित करने के लिए इतने आतुर थे कि उन्होंने धैर्यपूर्वक यह न देखा कि वे कितनी बेसिर-पैर की बातों के चक्कर में पड़ गए हैं। आर्य नस्ल का सिद्धांत इतना बेहूदा - एब्सर्ड - है कि उसे कभी का खत्म हो जाना चाहिए था। लेकिन खत्म होने के बदले वह काफी लोगों के मन में अब भी जमा हुआ है। इस स्थिति के दो कारण हैं। पहला कारण यह है कि ब्राह्मण विद्वान् इस सिद्धांत का समर्थन करते हैं। यह आश्चर्य की बात है, इसलिए कि हिंदुओं को वह सिद्धांत पसंद न आना चाहिए जिसमें यूरोप की नस्लों को एशियाई नस्लों से श्रेष्ठ ठहराया गया है। परंतु ब्राह्मण विद्वान् इस सिद्धांत को नापसंद करने के बदले इसका स्वागत करते हैं। कारण स्पष्ट है। वे दो जातियों के सिद्धांत - टू नेशंस थ्योरी - में विश्वास करते हैं। उनका दावा है कि वे आर्य नस्ल के प्रतिनिधि हैं और शेष हिंदुओं को वे अनार्यों की संतान मानते हैं। इस सिद्धांत से वे यूरोपियन नस्लों से अपना संबंध कायम कर लेते हैं, उनकी श्रेष्ठता और हेकड़ी में भागीदार बन जाते हैं। उन्हें यह बात विशेश रूप से पसंद है कि आर्य आक्रमणकारी और अनार्य देशी जातियों के विजेता थे। अब्राह्मणों पर अपना वर्चस्व न्यायपूर्ण ठहराने और उसे कायम रखने में उन्हें सहायता मिलती है।[96]

- आर्य नस्ल का सिद्धांत खत्म नहीं हुआ। इसका दूसरा कारण यह है कि यूरोपियन विद्वान् वर्ण शब्द का अर्थ रंग करते हैं, ब्राह्मण विद्वानों का बहुमत इसे स्वीकार करता है। आर्य नस्ल के सिद्धांत का यह पक्ष बहुत महत्वपूर्ण है। इसे अनेक दृष्टिकोणों से परखना आवश्यक है। यूरोप की नस्लें गोरी थीं या काली? क्या भारतीय आर्य गोरे थे? और वर्ण शब्द का मूल अर्थ क्या है?

यूरोप के प्राचीनतम निवासियों के बारे में रिप्ले का निश्चित मत है कि वे श्याम वर्ण के थे। वे दक्षिणी फ्रांस, उत्तरी इटली आदि क्षेत्रों में अब भी मिलते हैं। स्वीडन और नार्वे के लोग श्वेत वर्ण के थे।

आम्बेडकर ने ऋग्वेद से उद्धरण देकर दिखाया है कि आर्य गौर वर्ण के थे और श्याम वर्ण के भी थे। अश्विनी देवों ने श्याव और रुक्षती का विवाह कराया। श्याव श्याम वर्ण का है और रुक्षती गौर वर्ण की है। अश्विनी वंदना की रक्षा करते हैं और वह गौर वर्ण की है। एक प्रार्थना में ऋषि कहते हैं कि उन्हें पिशंग वर्ण अर्थात् भूरे रंग का पुत्र प्राप्त हो। आम्बेडकर का निष्कर्ष है : इन उदाहरणों से ज्ञात होता है कि वैदिक आर्यों में रंगभेद की भावना नहीं थी। होती भी कैसे? वे एक रंग के थे ही नहीं। कुछ गोरे थे, कुछ काले थे, कुछ भूरे थे। दशरथ के पुत्र राम श्याम वर्ण के थे। इसी तरह यदुवंशी कृष्ण भी श्याम वर्ण के थे। ऋग्वेद के अनेक मंत्रों के रचनाकार दीर्घतमस् हैं। उनके नाम से ही प्रतीत होता है, वे श्याम वर्ण के थे। आर्यों में एक प्रसिद्ध ऋषि कण्व थे। ऋग्वेद में उनका जो विवरण मिलता है, उससे ज्ञात होता है, वे श्याम वर्ण के थे। इसी तरह आम्बेडकर ने इस धारणा का खंडन किया कि आर्य गोरी नस्ल के ही थे। इसके बाद उन्होंने वर्ण शब्द की

व्याख्या की है। इसका अर्थ प्रकाश या चमक है, अथवा वर्ग (क्लास) है, रंग नहीं।[97] वर्ण शब्द दास के साथ आया है। यह स्पष्ट नहीं है कि यहां यह शब्द रंग का सूचक है या वर्ग का। इस प्रसंग में आम्बेडकर अवेस्त में वरन अथवा वरेन शब्द का उल्लेख करते हैं। वहां इसका अर्थ धर्म या मत है। यह शब्द वर् क्रिया मूल से बना है जिसका अर्थ है किसी चीज में विश्वास करना। निष्कर्ष रूप में आम्बेडकर कहते हैं : इसमें कोई संदेह नहीं, वर्ण शब्द का मूल अर्थ वर्ग था, ऐसे लोगों का समुदाय जो किसी विशेष मत का अनुयायी था। इसे रंग या रूप से कुछ लेना-देना नहीं है। पाश्चात्य सिद्धांत की समीक्षा करने पर पता चलता है कि वेदों में आर्य नस्ल जैसी किसी चीज का नाम नहीं है। वेदों में इस बात का कोई प्रमाण नहीं है कि आर्य नस्ल ने भारत पर आक्रमण किया तथा दासों और दस्युओं पर विजय प्राप्त की, जिन्हें भारत का मूल निवासी माना जाता था। इस बात का कोई प्रमाण नहीं है कि आर्य, दास और दस्यु में नस्लों का भेद है। वेदों से इस धारणा की पुष्टि नहीं होती कि दासों और दस्युओं से आर्यों का रंग भिन्न था।[98]

चार वर्णों की व्यवस्था दैवी विधान है, यह एक मत है। यह व्यवस्था सामाजिक विकास क्रम में उत्पन्न हुई, यह दूसरा मत है। इन मतों के चलन के लिए आम्बेडकर आर्यों के दो समुदायों (कम्युनिटीज) की कल्पना करते हैं।[99] इन समुदायों के लिए वह रेस (नस्ल) शब्द का प्रयोग भी करते हैं। आगे उन्होंने अल्पाइन रेस को आर्य नस्ल कहा है और बता दिया है, यहां नस्ल शब्द का व्यवहार सांस्कृतिक अर्थ (फिलोलॉजिकल सेंस) में किया गया है।[100] इसलिए आम्बेडकर जहां दो आर्य नस्लों की बात कहते हैं, वहां यह न समझना चाहिए कि वह ऐसा भेद रंग-रूप के आधार पर करते हैं। यह भेद सांस्कृतिक है। इन दो आर्य समुदायों का सम्बन्ध वे ऋग्वेद ओर अथर्ववेद से जोड़ते हैं। वेद पहले दो ही थे : ऋग्वेद और अथर्ववेद। सामवेद और यजुर्वेद ऋग्वेद पर ही निर्भर हैं। यहां यह कहना आवश्यक है, सामवेद के अधिकांश मंत्र ऋग्वेद से लिए गए हैं। पर यजुर्वेद में अपने मंत्रों की बहुत बड़ी संख्या है। वे मंत्र अवश्य ही बाद में रचे गए थे। पर यजुर्वेद का अस्तित्व ऋग्वेद से स्वतंत्र मानना उचित होगा। अथर्ववेद में बहुत से मंत्र ऋग्वेद के हैं। अथर्ववेद में अभिचार संबंधी जैसे मंत्र हैं, वैसे कुछ मंत्र ऋग्वेद में भी हैं। इसलिए दोनों को एकदम अलग करना संभव नहीं है। व्यास के लिए कहा जाता है कि उन्होंने एक ही वेद के 4 वेद बनाए। भारत के औषधि विज्ञानी अथर्ववेद को अपना विशेष वेद मानते थे। ऋग्वेद में औषधिविज्ञान संबंधी मंत्र अपवाद रूप में हैं। अथर्ववेद में उनकी संख्या बहुत अधिक है। यह परंपरा सही मालूम होती है कि आरंभ में एक ही वेद था और बाद में ऋग्वेद और अथर्ववेद को एक दूसरे से अलग किया गया।

आम्बेडकर कहते हैं : चार वर्णों की व्यवस्था के बारे में दो भिन्न मत थे। एक मत था कि दैवी शक्ति ने इस व्यवस्था का निर्माण किया और दूसरा मत था कि इस व्यवस्था का विकास मनु के वंशजों में हुआ और वह प्राकृतिक है, दैवी नहीं है। आर्यों का एक समुदाय इस वर्ण व्यवस्था पर विश्वास करता था और दूसरा न करता था। आगे चल कर

ये दोनों समुदाय एक हो गए।[101] इसमें कोई संदेह नहीं कि सृष्टि से लेकर वर्ण व्यवस्था तक प्राचीन भारत में दो तरह के मत प्रचलित थे। एक मत संसार को प्राकृतिक विकास का परिणाम मानता था, दूसरा उसे दैवी रचना अथवा मानसिक क्रियाओं का परिणाम मानता था। यह भिन्नता ऋग्वेद में दिखाई देती है। इसी तरह एक मत वर्ण व्यवस्था को दैवी रचना मानता था और दूसरा मत उसे सामाजिक विकास का परिणाम मानता था। दोनों मतों की यह भिन्नता महाभारत में देखी जा सकती है। एक ही समाज में पुरोहित होते हैं और उनके विरोधी भी होते हैं। इन के मतों की भिन्नता के लिए दो अलग जन समुदायों की कल्पना अनावश्यक है। दोनों मतों के लिए स्वयं आम्बेडकर ने दो शब्दों का प्रयोग किया है : सेसरडोटल और सेक्युलर। सेसरडोटल आइडियोलॉजी हुई पुरोहितों की विचारधारा और सेक्युलर आइडियोलॉजी हुई उससे भिन्न सामान्य जनता की विचारधारा। इन दोनों मतों में बुनियादी अंतर है, यह बात सही है। और इन्हें मिलाने का प्रयत्न किया गया, यह भी सही है। समाज में पुरोहितों का वर्चस्व स्थापित करने के लिए वर्ण व्यवस्था को दैवी रचना बताना आवश्यक था। दैवी रचना बता कर यह वर्ग कह सकता था कि यह दैवी विधान है, इसे तोड़ना पाप होगा। समाज में अपना वर्चस्व कायम करने के लिए यह वर्ग कथा गढ़ सकता था कि ब्राह्मण पुरुष के मुख से उत्पन्न हुए,. क्षत्रिय बाहों से, वैश्य कटि प्रदेश से और शूद्र चरणों से। यह कथा गढ़ी हुई है और ऋग्वेद में बाद में जोड़ी गई है, आम्बेडकर का यह दावा बिल्कुल सही है। पुरुषसूक्त बाद की रचना है, यह बात तो बहुत से विद्वान् मानते रहे हैं। परंतु इसके विरोध में एक विकासवादी दृष्टिकोण है, यह बात आम्बेडकर ने ही कही है। इस कथा को गढ़ने के पीछे पुरोहित वर्ग का स्वार्थ था, यह बात भी सबसे पहले उन्होंने कही है। इस बात पर ध्यान देना उचित है कि पुरोहितों की विचारधारा संस्कृत में है और उसकी विरोधी विकासवादी विचारधारा भी संस्कृत में है। संसार प्राकृतिक विकास का परिणाम है, यह स्थापना ऋग्वेद में है। वर्णव्यवस्था सामाजिक विकास का परिणाम है, यह स्थापना महाभारत में है। सामाजिक विकास से संबंधित अन्य स्थापनाएँ भी महाभारत में हैं। महाभारत भी संस्कृत में है। इसलिए ऋग्वेद और महाभारत दोनों को ब्राह्मणों की रचना मान कर इनका तिरस्कार करना उचित नहीं है। तिरस्कार का परिणाम यह होगा कि जो लोग पुरोहितों का विरोध करते हैं वे पुरोहितवादी विचारधारा के साथ उस दूसरी विचारधारा का भी तिरस्कार कर देंगे जो पुरोहितवाद का विरोध करती है, जो वैज्ञानिक और विकासवादी है।

आम्बेडकर ने रिज़ले का हवाला दिया है जिन्होंने भारत में चार नस्लें मानी थीं। इन नस्लों के लोगों की संख्या जहां अधिक थी, उन क्षेत्रों को भी उन्होंने बताने का प्रयास किया था। इसके बाद आम्बेडकर डॉ. गोअर का उल्लेख करते हैं जिनके अनुसार भारत में दो नस्लों के लोग थे। एक लम्बी खोपड़ी वाले जो भारत के भीतरी हिस्से में हैं और दूसरे छोटी खोपड़ी वाले जो बाहरी क्षेत्र में हैं। लम्बी खोपड़ी वाले मीडीटरेनियन अथवा भूमध्य सागरीय नस्ल माने गए और छोटी खोपड़ी वाले अल्पाइन स्रोत के माने गए। आम्बेडकर

कहते हैं : भूमध्य सागरीय नस्ल के लोग आर्य भाषा बोलते थे और उनके स्थान से ज्ञात होता है कि वे अल्पाइन नस्ल के पहले भारत में आए होंगे।[102] यहां ऐसा लगता है कि वह दोनों नस्लों को भारत में बाहर से आया हुआ मानते हैं। पर इसके बाद वह रिप्ले का हवाला देते हैं जिनके अनुसार अल्पाइन नस्ल का निवास एशिया में था। उनकी यह निवास भूमि हिमालय के आसपास कहीं थी।[103] इसके बाद आम्बेडकर एक दिलचस्प विवाद का उल्लेख करते हैं। यूरोप में आर्य भाषा किसके माध्यम से पहुंची? (हू इंट्रोड्यूस्ड दि आर्यन लैंग्वेज इन यूरोप?) इंडो-जर्मन लोगों में जार्डिक लोग सबसे शुद्ध नस्ल के माने जाते हैं। उन्होंने यह आर्य भाषा वहां चलाई या अल्पाइन लोगों ने? पर इस बारे में कोई मतभेद नहीं है कि अल्पाइन नस्ल की भाषा आर्य थी। इसलिए सांस्कृतिक अर्थ में उसे आर्य नस्ल कहा जा सकता है।[104] इस विवरण में आर्य भाषा भारत में नही, यूरोप में बाहर से लाई बताई जाती है। आम्बेडकर आगे कहते हैं : भारत पर आर्यो के आक्रमण और उस पर उनकी विजय के प्रश्न से यह विवाद जुड़ा हुआ है। वह कहते हैं : हम नहीं जानते दो आर्य नस्लों में किस नस्ल के लोग पहले भारत में आए। पर यदि वे अल्पाइन नस्ल के थे, तब उनका निवास स्थान हिमालय के पास ही था। उन्होंने आक्रमण किया और यहां बाहर से आए, इस सिद्धांत के लिए कोई गुंजाइश नहीं रह जाती। भारत पर आर्यों की विजय का सिद्धांत यूरोप वालों के कुछ पूर्वाग्रहों से मेल खाता था। इसलिए उन्होंने उस पर विश्वास कर लिया। इन तथाकथित इंडो-जर्मैनिक नस्लों के वंशज कुछ ऐसी विशेषताएँ लिए हुए थे जो प्राचीन आर्यों में भी थीं। पाश्चात्य विद्वानों द्वारा प्रतिपादित इस धारणा की बुनियाद बहुत ही कमजोर है।[105]

आम्बेडकर ने इस बात पर जोर दिया है कि शूद्र शब्द पहले किसी वर्ण या वर्ग का सूचक नहीं था। वह एक गण या कबीले का नाम था। उन्होंने बताया है : भारत पर सिकंदर के आक्रमण पर जिन इतिहासकारों ने लिखा है, उन्होंने यहां के स्वाधीन गणराज्यों का उल्लेख किया है। इनमें सोदरि गण का नाम भी है। यह गण सिकंदर से लड़ा था यद्यपि हार गया। लार्सन ने शूद्रों से इनका तादात्म्य स्थापित किया है। महाभाष्य में पतंजलि ने शूद्रों का उल्लेख आभीरों के साथ किया है। महाभारत के सभापर्व में शूद्रों के गण-संघ का उल्लेख है। विष्णु पुराण, मार्कण्डेय पुराण और ब्रह्मपुराण अन्य गणों के साथ शूद्रों के गण का नाम लेते हैं और उनका निवास भारत के पश्चिमी भाग में विंध्याचल के उत्तर की ओर बताते हैं।[106]

कीथ और मैकडनल की पुस्तक 'वैदिक इंडेक्स' पहली बार सन् 1912 में प्रकाशित हुई थी। इसमें शूद्र शब्द के अंतर्गत त्सिमर का उल्लेख है। उन्होंने प्रोनेमी का हवाला दिया है जिन्होंने सूदोइ शब्द का प्रयोग एक जन के लिए किया था। अपनी ओर से ये लेखक कहते हैं कि यह शब्द मूलतः एक बड़े कबीले का नाम था जिसने आर्यों के आक्रमण का विरोध किया था। यह बात तर्कसंगत प्रतीत होती है (वैदिक इंडेक्स, खंड-2, पृष्ठ 391-92)। आर्य आक्रमण की बात छोड़ दें। शूद्र शब्द गणवाचक रहा है, इस बात की

जानकारी विद्वानों को काफी पहले से रही है। आर्यों के आक्रमण का विरोध शूद्र गण ने किया हो चाहे न किया हो, उसने सिकंदर का विरोध अवश्य किया था। शौद्रायणों का उल्लेख पाणिनि की अष्टाध्यायी में है। इनके बारे में वासुदेव शरण अग्रवाल ने 'पाणिनिकालीन भारतवर्ष' में लिखा है : शौद्रायण लोग भी सिंकदर से लड़े थे। दिआदोरस ने लिखा है कि सोदराई सिंधु नदी के पूर्वी तट के प्रदेश में थे। (पृष्ठ 65-66) इसी तरह त्सिमर और मेयर ने दास शब्द को गणवाचक बताया है और कहा है : इसी का परिवर्तित रूप दहाए है जो गण कास्पियन समुद्र के तटवर्ती मैदानों में रहता था। हिले ब्रांट का मत था कि दासों और दहाए का उल्लेख ऋग्वेद में एक साथ हुआ है। ये परस्पर सम्बद्ध गण होंगे और दहाए ऋग्वेद के दास ही हैं। (वेदिक इंडेक्स, खंड-1, पृष्ठ 357-58) दासों को पूर्वी यूरोप में रहने वालों का स्लाव कहा जाता था। यह शब्द इटली और फ्रांस से घूमता घामता इंग्लैंड पहुंचा और वहां स्लेव हो गया। गुलाम के लिए अंग्रेजी का शब्द स्लेव जैसे मूलतः गणवाचक स्लाव था, वैसे ही दास और शूद्र शब्द मूलतः गणवाचक थे।

दस्यु लोग आर्य जनसमुदाय के बाहर नहीं थे, इस धारणा के समर्थन में आम्बेडकर ने महाभारत के शांति पर्व के 65वें अध्याय से एक श्लोक उद्धृत किया है :

दृश्यंते मानुषे लोके सर्ववर्णेषु दस्यवः,
लिंगांतरे वर्तमाना आश्रमेषु चतुर्ण्वपी। (10:64)

सभी वर्णों और आश्रमों में दस्यु पाए जाते हैं। आचार-विचार के भेद से एक ही समाज के लोगों को दस्यु कहा जाता था। इसी तरह आर्य और अनार्य का भेद था। धर्म सूत्रों में अनार्य को शूद्र माना गया है। आम्बेडकर कहते हैं : यह दृष्टिकोण मनुस्मृति के विरोध में है।[107] मनुस्मृति के 10वें अध्याय से आम्बेडकर श्लोक उद्धृत करते हैं : यदि ब्राह्मण शूद्र नारी से कन्या उत्पन्न करे और वह कन्या श्रेष्ठ वर्ण के पुरुष से संतान उत्पन्न करे तो वह संतान सात पीढ़ियों में श्रेष्ठ वर्ण की अर्थात् ब्राह्मण हो जाएगी। आम्बेडकर की टिप्पणी है : सात पीढ़ियों के बाद ही सही, कुछ परिस्थितियां ऐसी हैं जिनमें शूद्र ब्राह्मण हो सकता था। यदि शूद्र आर्य न होता तो यह बात असंभव होती। इसके आगे उन्होंने एक श्लोक और उद्धृत किया है जिसकी पहली पंक्ति बहुत जोरदार है :

शूद्रो ब्राह्मणतामेति ब्राह्मणश्चैति शूद्रताम्। (10:65)

शूद्र ब्राह्मणत्व को प्राप्त होता है और ब्राह्मण शूद्रत्व को प्राप्त होता है। ऐसा भिन्न वर्णों की स्त्रियों-पुरुषों में संतान के उत्पन्न होने से संभव होता है। ऐसे ही क्षत्रियों और वैश्यों के संबंधों में समझना चाहिए। इन श्लोकों से इस बात का संकेत मिलता है कि भिन्न वर्णों की स्त्रियों और पुरुषों में यौन संबंधों का चलन था। उनसे जो संतान उत्पन्न होती थी, उसका वर्ण निश्चित करने के लिए नियम बनाए गए थे। आगे शूद्र के स्थान पर अनार्य स्त्री का उल्लेख है। यह प्रश्न किया गया है कि अनार्य स्त्री से ब्राह्मण संतान उत्पन्न करे और ब्राह्मणी से अनार्य पुरुष संतान उत्पन्न करे तो इनमें श्रेष्ठ कौन है? और तर्क दिया है : अनार्य स्त्री से ब्राह्मण की संतान श्रेष्ठ है और ब्राह्मणी से अनार्य पुरुष की संतान

श्रेष्ठ नहीं है। (10:66-67) शूद्र स्त्री से ब्राह्मण का संबंध, फिर अनार्य स्त्री से ब्राह्मण का संबंध, इन दो उल्लेखों से भी पता चलता है कि शूद्रों को अनार्यों में न गिना जाता था। इसके बाद कौटिल्य ने अपने ग्रंथ 'अर्थशास्त्र' में दासों के संबंध में जो नियम बनाए हैं, आम्बेडकर उनकी चर्चा करते हैं। इस प्रसंग में अर्थशास्त्र की सामग्री को उन्होंने बहुत मूल्यवान माना है। अर्थशास्त्र से आवश्यक अंश उद्धृत करने के बाद वह कहते हैं : यहां कौटिल्य बहुत ही जोरदार और स्पष्ट रूप में स्वीकार करते हैं कि शूद्र आर्य हैं।[108]

धर्मसूत्रों और मनुस्मृति के दृष्टिकोणों में अंतर है। इससे यह समझना चाहिए कि इन प्राचीन ग्रंथों में शूद्रों के प्रति सर्वत्र एक सा दृष्टिकोण नहीं है। धर्मसूत्रों में कहा गया है, शूद्रों को वेदों का अध्ययन न करना चाहिए। परंतु आम्बेडकर बताते हैं कि छांदोग्य उपनिषद् में जानस्श्रुति की कथा है जो शूद्र थे और जिन्हें रैक्व नाम के ऋषि ने वेद विद्या सिखाई थी। इससे भी बढ़कर बात यह कि कवष, ऐलूष शूद्र थे, वह ऋषि थे और ऋग्वेद के दसवें मंडल के अनेक सूक्तों के रचयिता थे।[109] धर्मसूत्रों के लेखक कहते हैं, शूद्र को यज्ञादि वैदिक कर्म करने का अधिकार नहीं है। परंतु पूर्व मीमांसा के लेखक जैमिनि बदरि नाम के प्राचीन आचार्य का उल्लेख करते हैं जो कहते थे : शूद्रों को भी वैदिक कर्म करने का अधिकार है। भारद्वाज श्रौत सूत्र यह मानता है कि शूद्र के वे संस्कार किए जा सकते हैं जिनसे वह यज्ञ करने के योग्य बनता है।[110] इसी तरह कात्यायन श्रौत सूत्र का भाष्यकार मानता है, कुछ वैदिक ग्रंथों में ऐसे उल्लेख हैं जिनसे निष्कर्ष निकलता है कि शूद्र को भी वैदिक कर्म करने का अधिकार था।[111] धर्मसूत्रों का कहना है, शूद्रों को सोमरस पीने का अधिकार नहीं है। परंतु अश्विनी देवों और सुकन्या की कथा से प्रतीत होता है कि उन्हें यह अधिकार था। इंद्र ने कहा, अश्विनी देव शूद्र हैं। उन्हें सोमपान का अधिकार नहीं है। परंतु सुकन्या के वृद्ध पति च्यवन को अश्विनी देवों ने यौवन प्रदान किया था। च्यवन ने इंद्र को बाध्य किया कि वह अश्विनी देवों को सोम प्रदान करे।[112]

शूद्र अनार्य नहीं थे तो कौन थे? इस प्रश्न के उत्तर में आम्बेडकर की तीन स्थापनाएँ हैं : (1) शूद्र आर्य थे। (2) शूद्र क्षत्रिय थे। (3) क्षत्रियों में शूद्र ऐसे महत्वपूर्ण वर्ग के थे कि प्राचीन आर्य समुदायों के कुछ सबसे प्रसिद्ध और शक्तिशाली राजा शूद्र हुए थे।[113]

भारत पर आर्यों ने आक्रमण नहीं किया। वेदों के रचनाकार यहीं के निवासी थे। आर्यों के आक्रमण का सिद्धांत भाषाविज्ञानियों के दिमाग की उपज है। पाश्चात्य विद्वानों ने उसका खूब प्रचार किया परंतु उस सिद्धांत का कोई भी तथ्यात्मक आधार नहीं है। आम्बेडकर की यह स्थापना ऐतिहासिक महत्व की है। वास्तव में वह साम्राज्य विरोधी स्थापना है। 15वीं सदी के बाद यूरोप के व्यापारी और जमींदार संसार के विभिन्न भागों में फैल रहे थे। अमरीका, अफ्रीका और एशिया के देशों पर अधिकार जमाते जा रहे थे। जैसे-जैसे उनके साम्राज्य सुदृढ़ हुए, वैसे-वैसे उन्होंने अमरीकी, अफ्रीकी और एशियाई देशों की सम्पदा की लूट के साथ उनकी संस्कृति का अपहरण भी आरम्भ किया। ऋग्वेद के रचनाकार भारतीय नहीं थे, वे कहीं यूरोप से आकर भारत में बस गए, यह धारणा उनके

सांस्कृतिक अपहरण की नीति का परिणाम थी। ऐसा उन्होंने केवल वैदिक संस्कृति के साथ नहीं किया। उन्होंने अन्य क्षेत्रों में भी यह काम किया। भाषाओं के लिए कहा : आर्य भाषाएँ वैदिक भाषा से उत्पन्न हुई हैं और इस भाषा के बोलने वाले ईरान से भारत में आए थे। इसी तरह द्रविड़ों के लिए उन्होंने कहा कि ये बाहर से आए थे और फिनो उग्रियन परिवार की भाषाएँ बोलते थे। नाग भाषा को उन्होंने चीनी-तिब्बती परिवार का नाम दिया और जैसा कि नाम से ही प्रकट है, ये भाषाएँ भी बाहर से भारत में आई थीं। अब रह गया कोल या मुंडा भाषा परिवार। इसके लिए उन्होंने कहा : ये पोलीनीशिया के द्वीपसमूह की भाषाएँ हैं। इनके बोलने वाले वहां से आकर भारत में बस गए। इस तरह उन्होंने भारत के भाषाई रिक्थ से उसे वंचित कर दिया। दर्शन शास्त्र के लिए उन्होंने कहा : भारत में धर्म है, देव-कथाएँ हैं, परंतु यहां तर्कसम्मत, विवेकपूर्ण दर्शन का विकास हुआ ही नहीं। इस तरह भारतीय जनता को उन्होंने उसके दार्शनिक रिक्थ से वंचित किया। यहां के सामाजिक संगठन के बारे में उन्होंने कहा : यह ग्राम समाजों का देश है। यहां कहने लायक कोई आर्थिक विकास हुआ ही नहीं। यहां के राजा निरंकुश होते थे और प्रजा असहाय गुलामों की तरह उनकी आज्ञा का पालन करती थी। इस तरह भारतीय जन को उन्होंने उसकी राजनीतिक विरासत से वंचित किया। भारत पर आर्यों के आक्रमण का सिद्धांत इसी सांस्कृतिक अपहरण का एक अंग है।

भारत के आदिवासियों के लिए दस्यु और दास शब्दों का व्यवहार नहीं किया गया। वे भी आर्य थे। आचार-विचार में भेद था। गोरे आक्रमणकारी आर्यों ने काले आदिवासियों को जीत कर उन्हें शूद्र या दास नहीं बनाया। आम्बेडकर की यह स्थापना साम्राज्य विरोधी थी और सामंत विरोधी भी थी। द्विज और शूद्र के भेद को नस्ल के सिद्धांत से जोड़कर साम्राज्यवादियों ने एक ओर उत्तर और दक्षिण के निवासियों में शत्रुभाव पैदा किया, दूसरी ओर उत्तर और दक्षिण भारत के दोनों भागों में द्विज और शूद्र के भेद को नकली रूप देकर उन्होंने राष्ट्रीय आंदोलन में फूट डालने का प्रयास किया। इसलिए इस धारणा का खंडन, साम्राज्यविरोधी कार्य था। द्विज वर्ण के लोग, विशेष रूप से ब्राह्मण, शूद्रों को अपने समाज का अंग न मानकर उनसे घृणा करते थे, स्वयं को प्राचीन आर्यों के वंशज मानकर वे अपने वर्चस्व को इतिहास से सिद्ध करते थे। अनेक राजा शूद्र हुए और उन्होंने यहां के सांस्कृतिक विकास में महत्वपूर्ण योगदान किया, यह स्थापना पुरोहित वर्ग का वर्चस्व समाप्त करने वाली थी। इसलिए वह सामंत विरोधी है।

यहां दो बातों की ओर ध्यान दिलाना आवश्यक है। सभी पाश्चात्य विचारक आर्य आक्रमण का सिद्धांत न मानते थे। इनमें पुराणों के व्याख्याता पार्जिटर, पुरातत्वज्ञ मार्शल के सहयोगी, विधि विशेषज्ञ लैंगडन और 20वीं सदी के अंतिम चरण में कैम्ब्रिज विश्वविद्यालय में पुरातत्व विभाव के विशेषज्ञ रैनेफ्रेव भी हैं। इसी तरह पुरोहित वर्ग के वर्चस्व की आलोचना, उनके कर्मकांड की आलोचना यहां के अनेक मनीषियों ने की है। स्वयं आम्बेडकर ने इस वर्चस्व के विरुद्ध जो बहुत सी बातें कही हैं, उनमें अनेक उनसे

बहुत पहले चार्वाक कह गए थे और वह ब्राह्मण थे। कहना होगा, पाश्चात्य विद्वानों में एक साम्राज्यविरोधी धारा रही है और भारत के प्राचीन विद्वानों में एक पुरोहितविरोधी, सामंतविरोधी धारा रही है।

क्षत्रिय-ब्राह्मण संघर्ष-कथा

अंग्रेजी रचनावली के सातवें खंड में क्षत्रिय-ब्राह्मण संघर्ष के विवरण विस्तार से दिए गए हैं। आम्बेडकर की स्थापना है कि पुरुष सूक्त में जिन 4 वर्णों का उल्लेख है, वे बाद की कल्पना हैं। आरम्भ में केवल तीन वर्ण थे। स्वयं ऋग्वेद में इन वर्णों का ही उल्लेख होता है। शूद्र वर्ण का उल्लेख केवल पुरुष सूक्त में है। इसके सिवा शतपथ ब्राह्मण और तैत्तिरीय ब्राह्मण में तीन वर्णों का उल्लेख है।[114] इन तीन वर्णों में शूद्र क्षत्रिय वर्ण के अंतर्गत थे।[115]

आम्बेडकर बड़ी सूझबूझ के अनुसंधानकर्ता थे। सूझबूझ के साथ उनमें परिश्रम करने की भी अद्‌भुत क्षमता थी। वेदों, ब्राह्मणों, पुराणों आदि का विशाल साहित्य पढ़कर उन्होंने अपनी मान्यताएँ स्थिर की थीं। उनकी सूझबूझ के अनुसंधान का एक उदाहरण महाभारत में शूद्र राजा पैजवन का उल्लेख है। शांति पर्व में वह श्लोक इस प्रकार है :

शूद्रः पैजवनो नाम सहस्त्राणां शतं ददै,
ऐद्राग्रेन विधानेन दक्षिणामिति नः श्रुतम। (60-38)

सातवलेकर ने इसका अनुवाद किया है : हमने सुना है कि पहले पैजवन नामक शूद्र ने एंद्राग्नि-विधान से यज्ञ करके दक्षिणा स्वरूप एक लाख पूर्ण पात्र दान किए थे।

आम्बेडकर निरुक्त के आधार पर पैजवन की व्याख्या करते हैं : पिजवन का पुत्र पैजवन, और पैजवन के पुत्र का नाम था सुदास्। महाभारत के यह सुदास् वही हैं जिनका उल्लेख ऋग्वेद में अनेक बार हुआ है। इस प्रसंग में आम्बेडकर ने वेबर का मत उद्धृत किया है। उनके अनुसार, महाभारत और ऋग्वेद के सुदास् एक ही व्यक्ति हैं और वह शूद्र थे। आम्बेडकर कहते हैं : ऋग्वेद के प्रसिद्ध दाशराज्ञ युद्ध के नायक यह सुदास् ही थे। वह भरत गण के सदस्य थे और यह गण इतना शक्तिशाली था कि उसी के नाम पर पूरे देश का नाम भारत पड़ा। अपनी स्थापना के समर्थन में आम्बेडकर वेबर का हवाला देते हैं जिन्होंने माना था कि महाभारत और ऋग्वेद के सुदास् एक ही हैं और वह शूद्र थे। आम्बेडकर ने भागवत का भी हवाला दिया है जिसमें कहा गया है कि भरतों के नाम से ही देश का नाम भारतवर्ष पड़ा। इसके बाद आम्बेडकर मनुस्मृति का उल्लेख करते हैं। उसमें कहा गया है, ब्राह्मण को शूद्र के राज्य में न बसना चाहिए। निष्कर्ष यह निकला कि शूद्र यदि राजा न होते तो उनके राज्य में न बसने का प्रश्न कैसे सामने आया?

आम्बेडकर ने ब्राह्मणों और क्षत्रियों के संघर्ष का विवरण विस्तार से दिया है। ऋग्वेद

में सुदास् और वसिष्ठ के वैर का आरंभ हो गया। वसिष्ठ पहले सुदास् के पुरोहित थे। फिर उन्हें हटा दिया गया और सुदास् ने विश्वामित्र को अपना पुरोहित बनाया। विश्वामित्र क्षत्रिय थे। विश्वामित्र और वसिष्ठ का वैर ब्राह्मण और क्षत्रिय का वैर बन गया। फिर राजा त्रिशंकु को लेकर विश्वामित्र और वसिष्ठ में संघर्ष चला। यहां आम्बेडकर ने हरिवंश पुराण से उद्धरण दिया है। फिर त्रिशंकु के पुत्र हरिश्चंद्र को लेकर उनमें संघर्ष चला। यहां विष्णु पुराण और मार्कण्डेय पुराण का हवाला दिया गया है। पुनः राजा अम्बरीष को लेकर विश्वामित्र और वसिष्ठ में संघर्ष हुआ। यहां मुइर की पुस्तक से उद्धरण दिया गया है। मूल स्रोत का उल्लेख नहीं है। इसी तरह आगे कलमूषपाद के प्रसंग में दोनों में संघर्ष हुआ। इसका विवरण महाभारत के आदिपर्व में है। विश्वामित्र और वसिष्ठ, क्षत्रिय और ब्राह्मण, इन की शत्रुता जारी रही। इसका विवरण महाभारत के शल्य पर्व में है।

आम्बेडकर ब्राह्मणों और क्षत्रियों के इस संघर्ष और विवाद का कारण बताते हैं : ब्राह्मण चाहते थे कि दान लेने का अधिकार उन्हीं को हो। इसी तरह वेद पढ़ाने का अधिकार उन्हीं को होना चाहिए। यज्ञ कराने का अधिकार भी उन्हीं का है। क्षत्रिय ब्राह्मणों से यज्ञ करा सकता है परंतु स्वयं यज्ञ नहीं कर सकता।[116] त्रिशंकु से संबंधित विश्वामित्र वसिष्ठ के संघर्ष की कथा रामायण में भी है। वसिष्ठ—विश्वामित्र के संघर्ष का एक कारण यह भी था कि सुदास् ने वसिष्ठ के पुत्र शक्ति को जीवित ही अग्नि में झोंक दिया था। यह कथा सात्यायन ब्राह्मण में है। वहां इस वैर का कारण नहीं बताया गया। कात्यायन की अनुक्रमणिका पर टिप्पणी में सद्गुरु शिष्य ने सुदास् के इस क्रूर कर्म के कारण की ओर संकेत किया है। सुदास् ने यज्ञ किया। वहां विश्वामित्र और शक्ति के बीच विवाद हुआ। शक्ति ने अपने वक्तृत्व-कौशल से विश्वामित्र को परास्त कर दिया। इससे विश्वामित्र बहुत दुखी हुए। आम्बेडकर कहते हैं : विश्वामित्र के अपमान का बदला लेने के लिए सुदास् ने शक्ति को अग्नि में फेंका था। इस वैर का अंत सुदास् और वसिष्ठ से नहीं हुआ। वह उनके कुलों के बीच चलता रहा। तैत्तिरीय संहिता में कहा गया है, वसिष्ठ ने यज्ञ करके पुत्र प्राप्त किया और उसने सुदासों पर विजय प्राप्त की।[117] यहां सुदास् का बहुवचन रूप है जिससे विदित होता है, कि यह गोत्र नाम था। इसी तरह वसिष्ठ और विश्वामित्र भी गोत्र नाम थे। इस तरह वसिष्ठ और विश्वामित्र के जिस वैर का उल्लेख अनेक ग्रंथों में है, वह वास्तव में दो व्यक्तियों का वैर न हो कर दो कुलों का वैर हो जाता है।

आम्बेडकर आगे क्षत्रियों और ब्राह्मणों के संघर्ष के अन्य उदाहरण देते हैं। हरिवंश पुराण में राजा वेन से ब्राह्मणों का संघर्ष,[118] आदि पर्व में पुरुरवस से ब्राह्मणों का संघर्ष, फिर उद्योग पर्व में और वन पर्व में नहुष से ब्राह्मणों का संघर्ष,[119] विष्णु पुराण में राजा निमि से ब्राह्मणों के संघर्ष की कथा है।[120] आम्बेडकर ने यहां मनुस्मृति का हवाला भी दिया है जिसमें कहा गया है : राजा को अपने व्यवहार में विनय का ध्यान रखना चाहिए। अविनय के कारण अनेक राजा अपने तामझाम के साथ नष्ट हो गए और जो वनचारी थे, विनय के कारण राज्यों के स्वामी बन गए। अविनय के कारण वेन, नहुष, पिजवन के पुत्र सुदास्,

सुमुख और निमि राजा नष्ट हो गए। (739-41)

यहां आदिम समाजों के गठन के बारे में आम्बेडकर ने कुछ महत्वपूर्ण सूत्र दिए हैं। ये गठन 4 रूपों में होते हैं। उनके लिए उन्होंने अंग्रेजी शब्द क्लान, फ्रात्री, म्वाटी और ट्राइब इस्तेमाल किए हैं। क्लान के सदस्य स्वयं को एक ही पूर्वज का वंशज मानते हैं। इसे हम गोत्र कह सकते हैं। सामान्य कर्मकांड और कुछ सामाजिक हितों के कारण ये गोत्र आपस में मिल जाते हैं और उनके बड़े घटक बनते हैं। जिन्हें फ्रात्री कहा जाता है, उन्हें हिंदी में हम भैयाचार कह सकते हैं। फ्रात्री म्वाटी बन सकते हैं जिसमें प्रत्येक गोत्र एक या दो बड़े घटकों का अंश माना जाता है। म्वाटी में विभाजन न हो और पूरा गोत्र म्वाटी बन जाए, यह संभव है। ट्राइव कबीला या गण है। ये सभी घटक उसी के अंतर्गत हैं। आम्बेडकर कहते हैं : ये सभी गठन, चाहे वह क्लान, फ्रात्री, म्वाटी या ट्राइव हों, रक्त-संबंध पर आधारित हैं।[121]

गण और गोत्र, सामाजिक संबंधों के सूचक होने के साथ ही उत्पादन और वितरण के आर्थिक घटक भी होते हैं। इन साधनों पर पूरे गोत्र या गण का स्वामित्व होता है। सामूहिक स्वामित्व के साथ उत्पादन और वितरण की पद्धति भी सामूहिक होती है। इस व्यवस्था में श्रम का विशेषीकरण नहीं होता। सामाजिक आवश्यकताओं की पूर्ति के लिए श्रम का विशेषीकरण अनिवार्य हो जाता है। तब ये रक्त संबंध टूटते हैं और समाज का नए आधार पर पुनर्गठन होता है। ऋग्वेद का समाज आदिम मानव-समाज नहीं है, यह बात आम्बेडकर के सामने स्पष्ट है। वह कहते हैं : वैदिक आर्य सभ्यता में इतनी प्रगति कर चुके थे कि श्रम के विभाजन का अभ्युदय हो जाए। वैदिक आर्यों में भिन्न भिन्न लोग विभिन्न व्यावसायिक कर्म अपनाते थे।[122] इसके समर्थन में वह ऋग्वेद के पहले मंडल से एक मंत्र उद्धृत करते हैं जिसका आशय है : कुछ लोग क्षत्राय-शक्ति के लिए, अर्थात् सत्ता प्राप्त करने के लिए कर्म करते हैं। कुछ ख्याति के लिए, कुछ संपत्ति के लिए, क्रिया के लिए, सातवलेकर के अनुसार बड़े यज्ञ के लिए, सक्रिय होते हैं। उषा ने लोगों को जगा दिया जिससे वे अपने विभिन्न और विशिष्ट मार्गों पर जीविका अर्जित करने के लिए बढ़ें। मंत्र 113.6 में जो क्षत्राय शब्द है वह क्षत्रिय वर्ण के लिए नहीं वरन् सत्ता या शक्ति के लिए है। आम्बेडकर ने यह भी ठीक कहा है कि ऋग्वेद के पंच जनों का संबंध वर्णों से नहीं है। ये 5 गण हैं जिनकी प्रशंसा सामूहिक रूप से की गई है।[124] ऋग्वेद में गण और जन शब्दों में भेद किया जाने लगा है। मरुतों के साथ सदा गण शब्द का प्रयोग होता है, जन का नहीं। वैदिक जन खेतीबाड़ी करते हैं, उद्योग धंधे चलाते हैं, श्रम का विशेषीकरण हो गया है। वे गण से जन बन गए हैं। पूरा गण रक्त संबंधों पर आधारित होता है। यह बात जन के लिए नहीं कही जा सकती। अनेक गणों के अवशेषों और गोत्रों से मिल कर ये जन बने हैं। अनेक जनों में भी सामान्य सामाजिक संबंध विकसित हो रहे हैं। इसलिए 5 जनों को एक साथ याद किया जाता है।

आरंभ से ही समाज में 4 वर्ण न थे। यह सिद्धांत महाभारत में भी प्रतिपादित किया

गया है। भृगु कहते हैं : पहले वर्णों में कोई अंतर नहीं था। ब्रह्माजी से उत्पन्न होने के कारण यह सारा जगत ब्राह्मण ही था। (शांति पर्व -188.10) यहां तत्व की बात इतनी ही है कि आरंभ में एक ही वर्ण था, 4 वर्ण नहीं थे। परंतु भृगु के विवेचन में और बहुत सी बातें काल्पनिक हैं। वर्ण का अर्थ रंग है, यह मानते हुए उन्होंने 4 वर्णों के अलग-अलग 4 रंग निर्धारित किए हैं। ब्राह्मणों का रंग श्वेत, क्षत्रियों का लाल, वैश्यों का पीला तथा शूद्रों का काला बताया। (188.5) परंतु भारद्वाज को हर वर्ण में रंगों का मिश्रण दिखाई देता है। वह कहते हैं : यदि चारों वर्णों में से एक वर्ण के साथ दूसरे वर्ण का रंगभेद है, तब तो सभी वर्णों में विभिन्न रंगों के मनुष्य होने के कारण वर्ण संकरता ही दिखाई देती है। (188.6) इस स्थिति की कैफियत देते हुए भृगु कहते हैं : ब्राह्मणोचित धर्म का परित्याग करके जो लोग विषय भोग के प्रेमी, तीखे स्वभाव वाले, क्रोधी और साहस का काम पसंद करने वाले हो गए, उनके शरीर का रंग लाल हो गया। इस तरह ये ब्राह्मण क्षत्रिय बने। जिन्होंने खेती और पशुपालन का कर्म अपनाया, उनके रंग पीले पड़ गए। क्रोध के कारण ब्राह्मणों का रंग लाल हो गया और वे क्षत्रिय बने। इसी तरह यह नहीं बताया कि पशु पालन और खेती करने से ब्राह्मणों का रंग पीला कैसे हो गया? फिर शूद्रों के लिए कहा : वे सदाचार से हीन, व्याघों के समान सभी तरह के निंदित कर्म करने लगे, उनके शरीर का रंग काला पड़ गया। वे ब्राह्मण शूद्र भाव को प्राप्त हो गए। (188, 11-13)

वर्ण व्यवस्था केवल भारत में नहीं थी, अन्य देशों में भी थी। रंगभेद के सिद्धांत से इस सार्वजनीन व्यवस्था की व्याख्या नहीं हो सकती। भारत में जाति प्रथा पर लिखते हुए आम्बेडकर ने कहा है : यह उचित ही रहेगा कि शुरू में मैं यह बात याद दिलाऊं कि अन्य समाजों के समान भारतीय समाज भी 4 वर्णों में विभाजित था। ये हैं : 1. ब्राह्मण या पुरोहित वर्ग, 2. क्षत्रिय या सैनिक वर्ग, 3. वैश्य अथवा व्यापारिक वर्ग और 4. शूद्र अथवा शिल्पकार और श्रमिक वर्ग।[125] यहां वर्ण की जगह वर्ग शब्द का प्रयोग किया गया है - पुरोहित वर्ग, सैनिक वर्ग, व्यापारिक वर्ग, श्रमिक वर्ग। सामूहिक स्वामित्व वाले आदिम समाज में वर्गों का निर्माण कैसे होता है, इस समस्या पर ध्यान दें तो वर्ण-व्यवस्था के अभ्युदय और विकास की व्याख्या करने में सुविधा होगी।

आदिम समाज चाहे घुमंतू कबीलों का जीवन बिताते हों या चाहे कहीं बस गए हों, उन्हें युद्ध से बराबर साबका पड़ता है। अपने पशुओं की रक्षा के लिए, दूसरों के पशुओं के अपहरण के लिए, पशुओं के चरने के स्थान ढूंढने के लिए, उन स्थानों की रक्षा के लिए, स्त्रियों के अपहरण के लिए, अपहृत स्त्रियों की रक्षा के लिए उन्हें बराबर युद्ध करना पड़ता है। युद्ध की आवश्यकता सैनिक वर्ग को जन्म देती है। कुछ कुटुम्ब युद्ध-कौशल में आगे बढ़े हुए होते हैं। युद्ध के लिए वे नए नए अस्त्र-शस्त्र बनाते हैं, उनका उपयोग भी दूसरों से अच्छी तरह करते हैं। इसी तरह समाज में एक समुदाय दूसरों से अलग होता रहता है। जितना ही उत्पादन पिछड़ा हुआ होता है, उतना ही मनुष्य तंत्र-मंत्र का सहारा लेता है। बहुत से लोग विश्वास करते हैं, देवशक्ति के सहारे युद्ध में विजय मिल सकती है, मंत्रों

से देवों को प्रेरित किया जा सकता है, अस्त्रों और शस्त्रों में नई शक्ति आ सकती है। कुछ लोग इस मंत्र विद्या के विशेषज्ञ हो जाते हैं। इस तरह पुरोहित वर्ग का जन्म होता है। सेना से पुरोहित का घनिष्ठ संबंध होता है। वह सेना में सबसे आगे चलता है, इसीलिए उसे पुरोहित कहा जाता है। आरंभ में कोई भी सैनिक तंत्र-मंत्र का सहारा स्वयं ले सकता है और कोई भी मंत्र विद्या का विशेषज्ञ युद्ध कर सकता है। फिर कुछ कुटुम्बों और कुलों में युद्ध विद्या और मंत्र विद्या विशेष रूप से प्रतिष्ठित हो जाती है। जब श्रम का विशेषीकरण होता है, कारीगरी के धंधे किसानी से अलग होते हैं, कारीगरों में मिट्टी के बर्तन बनाने वाले अलग, चमड़े की चीजें बनाने वाले अलग हो जाते हैं, तब जाति प्रथा का जन्म होता है। जो पेशा बाप का है, वही पेशा बेटे का होता है। इस श्रम विभाजन का प्रभाव सैनिक वर्ग और पुरोहित वर्ग पर भी पड़ता है। बाप सैनिक है तो बेटा भी सैनिक होगा और बाप पुरोहित है तो बेटा भी पुरोहित होगा। इस तरह वर्णों का जन्म होता है। खेती का विकास होने पर कुछ कुटुम्ब, जो सैनिक विद्या के विशेषज्ञ हैं, भूस्वामी बन जाते हैं। अपनी भूमि पर वे कुटुम्ब का स्वामित्व मानते हैं, पूरे गांव का स्वामित्व नहीं।

सामंती व्यवस्था का क्षत्रिय केवल सैनिक नहीं होता, वह भूस्वामी भी होता है। मंत्रविद्या का विशेषज्ञ पुरोहित सोचता है, देवों तक पहुंच मेरी है, मंत्र विद्या पर अधिकार मेरा है। भूमि पर अधिकार क्षत्रिय कर रहा है। भूमि का वही स्वामी क्यों हो? भूस्वामी सैनिकों और भूमिहीन ब्राह्मण सैनिकों में युद्ध होता है। परशुराम ने अनेक बार क्षत्रियों का नाश किया। उस कथा के पीछे सारतत्व यही है। सामंतवाद के परिपक्व होने पर जब ब्राह्मण पृथ्वी के देवता बन गए, लोगों की भाषा और उनकी भाषा में देववाणी और लोकभाषा का अंतर हो गया, ऋग्वेद और महाभारत की भाषा बोलचाल की भाषा न रह गई, तब पुरोहितों ने पुराने ग्रंथों में अपना महत्व जताने के लिए बहुत से परिवर्तन किए। पूरे ग्रंथों को बदलना उनके वश में न था। इसका एक कारण यह भी था कि महाकाव्य और पुराण कथा वाचकों के हिस्से में थे। जगह जगह उन्हें गा कर या पढ़ कर वे अपनी जीविका अर्जित करते थे।

आम्बेडकर के विचार से हिंदुओं का जो साहित्य पवित्र या धार्मिक कहलाता है, वह प्रायः सबका सब ब्राह्मणों का रचा हुआ है। ब्राह्मण विद्वान् उसका आदर करें, यह स्वाभाविक है। उसी तरह अब्राह्मण विद्वान् उसके प्रति आदर न प्रकट करें, यह भी स्वाभाविक है।[126] यहां ब्राह्मण और अब्राह्मण का भेद करने के बदले पुरोहित और अपुरोहित का भेद करना उचित होगा। बहुत से ब्राह्मणों ने पुरोहित वर्ग के विरुद्ध साहित्य रचा है। इसके सिवा प्राचीन साहित्य का कुछ अंश क्षत्रियों का रचा हुआ भी है। और जो सबसे पवित्र ग्रंथ ऋग्वेद है, उसे रचने वाले सामंती व्यवस्था वाले ब्राह्मण थे, इसका कोई प्रमाण नहीं है। ब्राह्मण और क्षत्रिय जब अवकाशभोगी वर्ग बनते हैं, तब उत्पादन से उनका संबंध टूट जाता है। अपने से भिन्न श्रमिक वर्ग के बिना वे अवकाश में जीवन बिता नहीं सकते। ऋग्वेद में शूद्र शब्द केवल एक बार पुरुष सूक्त में आया है और वह सूक्त बाद में जोड़ा गया है, यह बहुत से लोगों की मान्यता है। यदि ऋग्वेद में शूद्र नहीं हैं, तो उस

में ब्राह्मण और क्षत्रिय भी नहीं हैं। यदि इस बात पर ध्यान दिया जाए कि खेती कौन करता है, उद्योग-धंधे कौन चलाता है तो पता चलेगा कि जो खेती करते हैं वही मंत्र रचते हैं, और जो उद्योग-धंधे चलाते हैं, वे भी मंत्र रचते हैं। मानसिक और शारीरिक श्रम का विभाजन इस समाज में नहीं हुआ। ऋग्वेद के सुदास् शूद्र थे या क्षत्रिय थे या दोनों थे, यह विवाद बहुत महत्वपूर्ण नहीं है। जानना यह चाहिए कि सुदास् भूस्वामी थे या नहीं, युद्ध विद्या पर उनका एकाधिकार था या नहीं। ऋग्वेद में श्रम का उल्लेख बहुत जगह है। किस तरह का श्रम होता है, उसका वर्णन भी किया गया है। परंतु इस संदर्भ में न तो कहीं शूद्र का नाम लिया गया है न किसी दास का। वैदिक समाज में उत्पादक और अनुत्पादक वर्गों का विभाजन नहीं हुआ। यह उसकी सबसे बड़ी विशेषता है।

सामाजिक विकास क्रम में भूस्वामी सैनिक वर्ग ही पहले प्रधान होता है। इसका प्रमाण यह भी है, अनेक प्राचीन देशों के साहित्य में वीरगाथा काल (हीरोइक एज) पहले आता है। वीरों की प्रशस्ति में काव्य रचा जाता है, छोटे खंड काव्य रचे जाते हैं और महाकाव्य भी रचे जाते हैं। इन काव्यों में युद्ध का वृतांत विस्तार से दिया जाता है। इस तरह साहित्य का उद्‌भव लौकिक या सेक्युलर होता है, धार्मिक या सेसरडोटल नहीं। वीरों की प्रशस्ति देख कर ही कवि उसी ढंग से देवों की प्रशस्ति करना सीखते हैं। इन देवों का संबंध अक्सर युद्ध से होता है और उन्हें पृथ्वी के वीरों के गुणों से विभूषित किया जाता है। भारतीय समाज में पहले क्षत्रियों की प्रधानता थी, ब्राह्मणों की नहीं, यह उस साहित्य से ही प्रमाणित होता है जिसे ब्राह्मणों का रचा हुआ माना जाता है।

रामायण, महाभारत के नायक क्षत्रिय माने गए हैं। किसी भी प्राचीन महाकाव्य का नायक ब्राह्मण नहीं है। यही नहीं, महाभारत में धर्म और ज्ञान का उपदेश देने वाले अब्राह्मण ही हैं। युधिष्ठिर को धर्म और राजनीति की बातें भीष्म समझाते हैं और अर्जुन को दर्शन और धर्म का ज्ञान कृष्ण देते हैं। महाभारत में एक प्रसिद्ध ब्राह्मण हैं द्रोणाचार्य। वह राजकुमारों को धनुर्विद्या सिखाते हैं और युद्ध में सेनापति का कार्य करते हैं। ब्राह्मणों और क्षत्रियों के संघर्ष की जितनी कथाएँ हैं, उनमें ब्राह्मण शस्त्र लेकर क्षत्रियों से युद्ध करते हैं। इन कथाओं में शस्त्रयुक्त क्षत्रिय और शस्त्रविहीन ब्राह्मण वर्गों का अस्तित्व नहीं है। पुरोहितों के कर्मकांड के विरोध में जिस ब्रह्म विद्या का प्रसार हुआ, उसका विशेष संबंध क्षत्रियों से जोड़ा जाता है। छांदोग्य उपनिषद् के 5वें अध्याय में एक मंत्र है : गौतम नाम का ब्राह्मण ब्रह्मविद्या सीखना चाहता है। वह क्षत्रिय राजा के पास जाता है। राजा उससे कहता है, पूर्व काल में तुम से पहले यह विद्या ब्राह्मणों के पास नहीं गयी - इसी से संपूर्ण लोकों में इस विद्या द्वारा क्षत्रियों का ही शिष्यों के प्रति अनुशासन होता रहा है। (5,3,7) इस पर शंकराचार्य का भाष्य है : 'यह विद्या तुम से पहले ब्राह्मणों में नहीं गई तथा इस विद्या द्वारा ब्राह्मणों ने उपदेश ही नहीं किया क्योंकि इस प्रकार की बात इस लोक में प्रसिद्ध है। इसी से पूर्व काल में समस्त लोगों में क्षत्रियों का ही - क्षत्रिय जाति का ही - इस विद्या के द्वारा शिष्यों का शासन-शिक्षकत्व रहा है अर्थात् क्षत्रियों की परंपरा से ही इतने समय

तक यह विद्या आई है। तथापि मैं तुम्हारे प्रति इसका उपदेश करूंगा। तुम्हें देने के पश्चात् यह ब्राह्मणों के पास जाएगी।' (छांदोग्य उपनिषद्, गीता प्रेस, पृष्ठ 456)

ब्राह्मणों ने शास्त्र रचे, स्मृतियां बनाईं, नियम बनाए, नियमों का पालन कराने के लिए दंडव्यवस्था आवश्यक थी। यह दंडव्यवस्था किसके अधिकार में थी? दंडव्यवस्था के संचालन के लिए सैन्य बल आवश्यक होता है। स्वभावतः जिन लोगों के पास सैन्य बल था, वे ही दंड व्यवस्था के संचालक भी थे। जिसके पास सैन्य बल था, उसके पास संपत्ति भी थी। बहुधा यह संपत्ति सैन्य बल द्वारा ही अर्जित की जाती थी। महाभारत (शांतिपर्व) में यह स्थिति अर्जुन ने स्पष्ट कर दी है। युद्ध के बाद युधिष्ठिर संन्यास लेना चाहते थे। उनसे अर्जुन ने कहा : मछली मारने वाले मल्लाहों की तरह दूसरों के मर्म स्थानों का उच्छेद और दुष्कर कर्म किए बिना तथा बहुसंख्यक प्राणियों को मारे बिना कोई बड़ी भारी संपत्ति प्राप्त नहीं कर सकता। जो दूसरों का वध नहीं करता, उसे इस संसार में न तो कीर्ति मिलती है, न धन प्राप्त होता है और न प्रजा ही उपलब्ध होती है। (15.14-15) फिर दंड व्यवस्था के बारे में अर्जुन कहते हैं : यदि संसार में दंड न रहे तो यह सारी प्रजा नष्ट हो जाए और जैसे जल में बड़े मत्स्य छोटी मछलियों को खा जाते हैं, उसी प्रकार प्रबल जीव दुर्बल जीवों को अपना आहार बना लें। (15.30) सैन्य बल, दंड व्यवस्था और संपत्ति, इन तीनों का आपसी संबंध यहां स्पष्ट हो जाता है।

सामंती व्यवस्था में संपत्ति का मुख्य रूप भूमि है। हल जोतना न तो भूस्वामी क्षत्रिय का काम है और न पुरोहित ब्राह्मण का। इन दोनों से भिन्न किसान या हलवाहा भूमि जोतता-बोता और फसल काटता है। चाहे भूमि पर किसान का अधिकार हो और वह कर रूप में उपज का एक भाग राजा को देता हो, चाहे भूमि पूरे ग्राम समाज की हो और राजा उससे कर वसूल करता हो, और चाहे भूमि राजा की हो, राजा की ओर से किसान को उसे जोतने-बोने की सुविधा दी गई हो, हर स्थिति में अवकाश भोगी वर्ग किसान की उपज के ही एक भाग से अपना पालन-पोषण करते हैं। समाज दो बड़े उत्पादक और अनुत्पादक वर्गों में बँट जाता है। अनुत्पादक वर्ग में पुरोहित और भूस्वामी वर्ग होते हैं। इनमें भूस्वामी वर्ग के पास सैन्य बल होता है और पुरोहित वर्ग शास्त्रों से भूस्वामियों के प्रभुत्व को न्यायपूर्ण ठहराता है। उत्पादक वर्ग में किसान और कारीगर आते हैं। इनमें कारीगरों को भी खाने-पीने की चीजें किसानों से ही प्राप्त होती हैं। अवकाश भोगी वर्ग के सदस्य अपने को कुछ विशेष गुणों से विभूषित मानने लगते हैं। पुरोहित वर्ग के सदस्य कहते हैं, ज्ञान अर्जित करने की प्रवृत्ति उनमें जन्मजात है। इसी तरह भूस्वामी वर्ग के लोग कहते हैं, सैन्य शक्ति प्राप्त करने और शासन चलाने की सहज प्रवृत्ति उनमें जन्मजात है। उत्पादक वर्ग को शूद्र कहा जाए या किसी और नाम से पुकारा जाए, इससे कोई फर्क नहीं पड़ता। मुख्य बात यह है कि उसके श्रमफल का उपयोग किए बिना अवकाश भोगी वर्गों का निर्माण नहीं हो सकता। इसलिए यह मानना उचित है, जहां सामंती व्यवस्था के शूद्र नहीं हैं, वहां इसी व्यवस्था के ब्राह्मण और क्षत्रिय भी नहीं हैं।

वैश्य शब्द का संबंध विश् शब्द से है। ऋग्वेद में विश् शब्द का व्यवहार पूरे जन के लिए होता है और प्रजा के लिए भी। जब संपत्ति कुछ कुलों में केंद्रित हो गई, तब वे क्षत्रिय या ब्राह्मण बने और शेष जनता उनकी प्रजा हो गई। ध्यान देने की बात है, खेती करना वैश्यों का कर्तव्य बताया गया है और शूद्रों का भी। शूद्रों के उद्‌भव का पता लगाना ही है तो उन्हें क्षत्रिय वर्ण का अंग न मान कर वैश्य वर्ण का अंग मानना चाहिए। आरंभ में वे समस्त विश् अर्थात् जन का ही अंग हैं। जब राजन्य वर्ग से अलग विश् उनकी प्रजा बन जाती है, तब शूद्र इसके अंग होते हैं। ऋग्वेद में विश् शब्द का प्रयोग बहुत बार हुआ है, वैश्य और शूद्र शब्दों का प्रयोग केवल एक बार। शूद्र मूलतः इस वैश्य वर्ण के अंग हों और चाहे क्षत्रिय वर्ण के, वे उत्पादक वर्ग में थे, यह मुख्य बात है।

भूमि आय का मुख्य स्रोत है। इस पर भूस्वामी वर्ग अपना एकाधिकार जताता है। कुछ पुरोहित कर्मकांड का अधिकार अपने हाथ में रखकर दान दक्षिणा से संतुष्ट हो जाते हैं। दूसरे पुरोहित सोचते हैं, भूमि पर क्षत्रियों का ही अधिकार क्यों हो? उस पर हमारा अधिकार भी होना चाहिए। कर्मकांड के द्वारा अलौकिक शक्ति तक पहुंच हमारी है, क्षत्रियों की नहीं। प्राचीन काव्यों और पुराणों में क्षत्रियों और ब्राह्मणों की संघर्ष कथाएँ मूलतः संपत्ति के बंटवारे के संघर्ष की कथाएँ हैं। मान लीजिए, परशुराम ने क्षत्रियों का नाश कर दिया। फिर उन क्षत्रियों की भूमि का क्या हुआ? राजाओं का नाश हो गया। फिर उनके राज्यों का संचालन किसने किया? स्पष्ट ही क्षत्रियों का नाश करके ब्राह्मण उनकी संपत्ति के स्वामी होंगे। राजाओं का नाश करके उनके राज्यों का संचालन ब्राह्मण करेंगे। क्षत्रियों और ब्राह्मणों का संघर्ष एक ही अवकाश भोगी वर्ग का आंतरिक संघर्ष है। उत्पादक वर्ग उससे तटस्थ है। फिर क्षत्रियों और ब्राह्मणों में समझौता हुआ। समझौता यह था कि शास्त्र पुरोहितों के पास रहेगा और शस्त्र क्षत्रियों और भूस्वामियों के पास। समझौते की यह बात भी महाभारत में कई जगह स्पष्ट कर दी गई है। शांति पर्व में कश्यप कहते हैं : 'वे दोनों ब्राह्मण और क्षत्रिय सदा एक दूसरे से मिल कर रहें, तभी वे एक दूसरे की रक्षा करने में समर्थ होते हैं। ब्राह्मण की उन्नति का आधार क्षत्रिय होता है और क्षत्रिय की उन्नति का आधार ब्राह्मण।' (72-11)

उत्पादक वर्ग शूद्र बना। उसी के पैदा किए हुए अन्न से पुरोहितों और भूस्वामियों का पालन-पोषण होता था। भूमि पर अधिकार करना जितना सरल सैनिक क्षत्रियों के लिए था, उतना सरल कर्मकांड पर अधिकार करना ब्राह्मणों के लिए नहीं था। शांति पर्व में भीष्म कहते हैं, शूद्र का अपना कोई धन नहीं होता। उसके सारे धन पर उसके स्वामी का ही अधिकार होता है। परंतु यज्ञ का अनुष्ठान तीनों वर्णों तथा शूद्र के लिए भी आवश्यक बताया गया है। (60.37) प्राचीन गण समाजों में विशेष कोई शस्त्रधारी, दूसरों की रक्षा करने वाला, युद्ध करने वाला वर्ग नहीं था। हर गण सदस्य शस्त्रधारी और युद्ध-कौशल में प्रवीण होता था। जब गण-व्यवस्था में परिवर्तन हुआ और एक विशेष वर्ग शस्त्रधारी तथा युद्ध करने वाला अलग बना, तब नई व्यवस्था में रहने वाले विद्वानों ने उन गण संघों

का विवरण दिया जिनमें इस तरह का अलग वर्ग नहीं था। वहां सब लोग शस्त्र धारण करते थे, इसलिए इन विद्वानों ने कहा, ये सब क्षत्रिय हैं, जनपदों के नाम उनके स्वामी क्षत्रियों के नाम पर रखे जाते हैं। 'पाणिनिकालीन भारतवर्ष' में वासुदेव शरण अग्रवाल ने लिखा है : 'जन के जो क्षत्रिय थे, उन्हीं में जनपद की मिल्कियत या ठकुराई कायम हुई और इसलिए जनपद का नाम भी वही हुआ जो जन के क्षत्रियों का था। जैसे कुरवः क्षात्रयाः और कुरवः जनपदः। यही कारण है कि संस्कृत में जनपदों के नाम बहुवचनांत ही मिलते हैं। कुरुवः 1. कुरु क्षत्रिय लोग, 2. कुरुओं का प्रदेश या भूमि था।' (पृष्ठ 59) वास्तव में इनमें क्षत्रिय-अक्षत्रिय का भेद था ही नहीं। पाणिनि की अष्टाध्यायी में एक गण का नाम ब्राह्मणक है। इतिहासकार के. पी. जायसवाल ने 'हिन्दुयॉलिटी' नाम के अपने ग्रंथ में बताया है कि यह गण यूनानी इतिहासकारों का ब्राख्मनोई है। ये लोग सिकंदर से लड़े थे। इससे सिद्ध है कि ब्राह्मण नामधारी होते हुए भी वे सब शस्त्र धारण करते थे और युद्ध कर सकते थे। इसी तरह पाणिनि ने शौद्रायण गण का नाम लिया है। शूद्र नामधारी इस गण के सदस्य भी युद्ध कर सकते थे और उन्होंने सिकंदर से युद्ध किया था। यूनानी इतिहासकारों ने एक गण का नाम खत्रोइ लिखा है। क्षत्रिय नामधारी यह गण भी अन्य दो गणों की तरह सिकंदर से लड़ा था। वैश्य का संबंध वैदिक विश् शब्द से है। यह शब्द पूरे गण या जन के लिए प्रयुक्त होता था। घर के लिए संस्कृत में एक शब्द है - वेश्य। उसका संबंध इसी विश् से है। बस्ती में रहने वाले, खेती करने वाले वेश्य कहलाए। आगे चलकर इस नाम का अलग वर्ण बन गया। ध्यान देने की बात है, खेती करना, पशुओं का पालन करना वेश्यों का धर्म माना गया है और शूद्रों का भी। जब शूद्रों का अलग वर्ण बना तब यह संभव है कि वह वेश्यों से ही टूट कर बना था। यह भी संभव है, जो ब्राह्मण और क्षत्रिय अपने वर्ण धर्म का पालन न करते हों, वे खेती करने लगे हों और उनको भी शूद्रों में गिना जाने लगा हो। महाभारत के शांति पर्व में भृगु भरतवंश से वर्ण व्यवस्था की वही कथा कहते हैं। उनके अनुसार आरंभ में केवल एक वर्ण था - ब्राह्मण। ब्राह्मण जब अपना कर्म छोड़ने लगे, तब उन्हीं में से क्षत्रिय, वैश्य और शूद्र उत्पन्न हुए। यह निश्चित है, आरंभ में किसी वर्ण की सीमाएँ अपरिवर्तनशील नहीं थीं। एक वर्ण के लोग दूसरे वर्ण में जा सकते थे और अपना व्यवसाय बदल सकते थे।

'पाणिनिकालीन भारतवर्ष' में वासुदेव शरण अग्रवाल कहते हैं : संघ दो तरह के थे, एकराज और संघ अर्थात् एक तरह के गणों में राजा शासक था और दूसरी तरह के गणों में गणसभा शासन कार्य चलाती थी। डॉ. अग्रवाल के अनुसार दोनों प्रकार के जनपदों में राज शक्ति 'मुख्यतः क्षत्रियों के हाथों में थी। काशिका ने जनपदिनू का अर्थ जनपदों के स्वामी क्षत्रिय किया है।' (पृष्ठ 423) जनपदों के नाम के बारे में आगे वासुदेव शरण अग्रवाल लिखते हैं : पंचालाः क्षत्रियवाची यह नाम बहुवचन में प्रयुक्त होता था। यही शब्द उनके निवास स्थान जनपद के लिए भी प्रसिद्ध हुआ। उस जनपद में मूल पंचाल जन के अतिरिक्त और भी अनेक जातियां और लोग निवास करने लगे थे। वे उस जनपद को

पंचालाः कह कर पुकारते थे। 'उनकी दृष्टि में जनपद का स्वतंत्र अस्तित्व और नाम था, जनपद स्वामी क्षत्रियों के आधार पर नहीं।' (पृष्ठ 424) मूल और वास्तविक स्थिति यही थी। जनपद का स्वतंत्र अस्तित्व था। पंचाल जनपद के सभी निवासी पंचाल थे। गण व्यवस्था में वे सभी शस्त्र धारण करते थे, युद्ध कर सकते थे, इसलिए क्षत्रिय कहलाए। पाणिनि ने आयुधजीवी संघों का भी उल्लेख किया है। उनके सदस्य आयुधों से, शस्त्रों के व्यवहार से, जीविका निर्वाह करते थे। (पृष्ठ 448) इससे भी यह संकेत मिलता है, गण सदस्यों के लिए शस्त्र धारण करना सामान्य बात थी। कौटिल्य के अर्थशास्त्र का हवाला दे कर वासुदेव शरण अग्रवाल ने बताया है : काम्भोज, सुराष्ट्र नामक क्षत्रिय श्रेणियों को वार्ताशस्त्रोपजीवी कहा गया है। (उपर्युक्त) इससे यह समझना चाहिए कि ये गण क्षत्रिय कहलाते थे किंतु शस्त्र धारण करने के साथ वे खेती-बाड़ी भी करते थे।

यूनान के इतिहास से भी यह संकेत मिलता है, जिसके पास शस्त्र बल है वह भूस्वामी है और वही राज्य का संचालन करता है। राजनीति शास्त्र पर अपने ग्रंथ में अरस्तू ने लिखा है : यूनानियों में बादशाही के बाद जब संविधान का चलन हुआ, तब उसे चलाने वाले सैनिक थे और सैनिकों में घुड़सवार विशेष रूप से थे, इसलिए कि व्यवस्थित घुड़सवार दल के बिना पैदल सेना व्यर्थ हो जाती है। (पृष्ठ 337) अरस्तू के अनुसार प्रत्येक नगर में कुछ लोग निर्धन थे और कुछ लोग धनी थे। जो थोड़े से लोग धनी थे, वे भारी हथियारों से लैस थे। आम जन समुदाय निर्धन था और उसके पास हथियार नहीं थे। (पृष्ठ 287) इसी भूस्वामी वर्ग से दो श्रेणियां उत्पन्न हुईं एक श्रेणी युद्ध करने वालों की और दूसरी श्रेणी उन लोगों की जो सोचने-विचारने का काम करते थे, राज्य संचालन में सैनिक बल की सहायता करते थे। अरस्तू इस संबंध की व्याख्या करने के लिए आत्मा और शरीर की उपमा देते हैं, आत्मा मनुष्य की नहीं पशु की। पशु की आत्मा जैसे उसके शरीर से छोटी होती है परंतु बड़े शरीर का संचालन करती है, वैसे ही थोड़े से भूस्वामी विशाल जनसमुदाय के राज्य का संचालन करते थे। इस जनसमुदाय का कार्य उन लोगों के लिए खाने-पीने की चीजें जुटाना होता है। जो भूस्वामी शस्त्रधारी थे, वही अभिजात बने। अरस्तू कहते हैं : प्रत्येक राज्य में कुछ लोग गुणी होते हैं और कुछ लोग केवल परिमाण में अधिक होते हैं। जो गुणी लोग हैं, उनकी विशेषता है स्वाधीनता, संपत्ति, शिक्षा और कुलीनता। जो विशाल जन समुदाय है, वह परिमाण में बड़ा होता है अर्थात् वह संपत्तिहीन, अशिक्षित, अकुलीन और परतंत्र होता है। (पृष्ठ 337) शस्त्रधारी भूस्वामी वर्ग अपने हाथ में राज्य के अलावा ज्ञान और धर्म के कार्य भी रखना चाहता था। स्पार्टा जनपद के राजा जब युद्ध करने जाते थे, तब युद्ध का संचालन तो करते ही थे, सारे धार्मिक कार्यों की बागडोर भी अपने हाथ में ले लेते थे। (पृष्ठ 99) अरस्तू ने लिखा है : उचित यह है कि वे दोनों वर्ग, जो सेना में काम करते हैं और जो सोचने-विचारने का काम करते हैं, जवानी में सेना का काम करें और जब बूढ़े हो जाएँ तब वे देवताओं की सेवा करें।(पृष्ठ 579) इस सुझाव का अर्थ है, भूस्वामी वर्ग राज्य संचालन के अलावा धर्म का काम भी अपने हाथ में रखे।

प्राचीन भारतीय साहित्य में ऐसे अनेक उदाहरण हैं जहां शासक राज्य संचालन के अलावा ज्ञानोपदेश भी करता है। छांदोग्य उपनिषद् में चार धनी जिज्ञासुओं के साथ उद्‌दालक ब्रह्मज्ञान की प्राप्ति के लिए केकय देश के राजा अश्वपति के पास जाते हैं। (एकादशोपनिषद्, पृष्ठ 511) और इसी ब्रह्म ज्ञान के लिए गार्ग्य राजा अजातशत्रु के पास जाते हैं। अजातशत्रु ने उनसे कहा : अगर ब्राह्मण क्षत्रिय के पास इस आशा से आए कि क्षत्रिय मुझे ब्रह्म का उपदेश देगा, तो यह प्रतिलोम अर्थात् उलटी बात होगी। तो भी मैं तुझे ब्रह्म का रहस्य अवश्य समझाऊंगा। (उपर्युक्त, पृष्ठ 738) महाभारत के अश्वमेघ पर्व में राजा अलर्क हैं। उनके लिए कहा गया है : उन्होंने अपने धनुष की सहायता से समुद्रपर्यन्त इस पृथ्वी को जीत कर अत्यंत दुष्कर पराक्रम कर दिखाया था। इसके पश्चात् उनका मन सूक्ष्म तत्व की खोज में लगा। (30.3) फिर वे मन को एकाग्र करके स्थिर आसन से बैठ गए और ध्यान योग की साधना करने लगे। वे ध्यान योग के द्वारा आत्मा में प्रवेश करके परम सिद्धि (मोक्ष) को प्राप्त हो गए। (30.28-29) राजवंश में उत्पन्न गौतम बुद्ध यदि घर छोड़कर ज्ञान की खोज में बाहर निकले तो वे प्राचीन क्षत्रिय परंपरा का ही पालन कर रहे थे। किंतु ज्ञान की खोज करना एक बात है, धर्म संघ चलाना दूसरी बात है। धर्मसंघ चलाने के लिए ऐसे कार्यकर्ता चाहिए जो इसी काम में अपना सारा समय दे सकें। आम्बेडकर ने बौद्ध धर्म के ह्रास का विवेचन करते हुए जो स्थिति बताई है, उससे इस तथ्य का ज्ञान होता है कि धर्मसंघ चलाने के लिए शिक्षित, अवकाशप्राप्त कार्यकर्ताओं का विशाल समुदाय चाहिए।

संपत्तिशाली वर्ग और धर्म संघ

सामूहिक स्वामित्व वाले गणों में सभी गण सदस्य भूमि के स्वामी हैं और शस्त्रधारी भी हैं। इन गणों के विघटन का मूल कारण यह है कि कुछ कुटुम्बों में भूसंपत्ति केंद्रित हो जाती है। शेष गण-सदस्य या तो भूमिहीन हो जाते हैं या छोटे भूस्वामी होने से बड़े भूस्वामियों के अधीन होते हैं। सैन्य शक्ति इन बड़े भूस्वामियों के पास होती है। आम लोगों के पास या तो शस्त्र नहीं होते या छोटे-मोटे अस्त्र-शस्त्र होते हैं जिनका उपयोग युद्ध काल में वे बड़े सैन्य दलों की देखरेख में करते हैं। जिस के पास भूमिबल है, शस्त्रबल है, वह कुलीन माना जाता है। इस तरह अभिजात वर्ग की सृष्टि होती है। प्रत्येक देश में अभिजात (नोबिलिटी) से बोध भूस्वामी वर्ग का ही होता है। इस वर्ग का यह धर्म हो जाता है कि वह राज्य का संचालन करे, प्रजा की रक्षा करे, आवश्यक हो तब युद्ध करे। यह वर्ग उत्पादन में स्वयं हिस्सा नहीं लेता। वह प्रजा के श्रमफल का एक अंश प्राप्त करता है। चाहे भूमि राजा की हो और चाहे किसान की हो, सामंती व्यवस्था का सारतत्व यह है कि किसान

के श्रमफल से ही अवकाशभोगी शासक वर्ग का पालन-पोषण होता है। दंडधारी यही वर्ग होता है। शस्त्रबल से वह दंड व्यवस्था कायम करता है। पुरोहित वर्ग उसके कर्म को न्यायपूर्ण ठहराने के लिए शास्त्र रचता है। प्रजा के श्रमफल के अपहरण को न्यायपूर्ण ठहराने के लिए, प्रजा के विद्रोह से शासक वर्ग की रक्षा करने के लिए, पुरोहित वर्ग का अस्तित्व आवश्यक होता है।

विनिमय का विकास होने पर, मुद्रा का चलन होने पर, जब नगरों के रूप में विनिमय केंद्र स्थापित होते हैं, तब समाज में धनी और निर्धन का भेद और भी बढ़ जाता है। उसी परिमाण में धनी वर्ग की रक्षा के लिए धर्म और भी आवश्यक हो जाता है। जैन और बौद्ध संसार के सबसे पहले संगठित धर्मसंघ हैं। यूरोप की अपेक्षा भारत का आर्थिक विकास पहले हुआ और तेजी से हुआ। इसलिए धर्मसंघ भी यहां पहले कायम हुए। आगे चलकर धर्मसंघ अर्थात् चर्च यूरोप में भी कायम हुआ। चर्च भूस्वामी राजाओं पर अपना वर्चस्व कायम करने में सफल हुआ। वह स्वयं भी भूस्वामी था। आगे चलकर भूस्वामी राजाओं ने चर्च के विरुद्ध विद्रोह किया। रोमन कैथोलिक धर्म के विरुद्ध प्रोटेस्टैंट मत का प्रसार हुआ। इंग्लैंड के इतिहास में यह बात स्पष्ट देखी जा सकती है कि इन मतों के प्रसार के पीछे चर्च और भूस्वामी वर्ग का आपसी संघर्ष था। देश में किस का प्रभुत्व सर्वोपरि हो, इसका निर्णय करना था। भारत में ब्राह्मणों को दान-दक्षिणा के रूप में जो संपत्ति मिलती थी, उसमें ग्राम भी थे। ब्राह्मण स्वयं खेती न करते थे। जो ग्राम उन्हें प्राप्त होते थे, उनमें खेती दूसरे लोग करते थे। बौद्ध विहारों में भी इसी तरह संपत्ति का केंद्रीकरण हुआ। राजाश्रय प्राप्त होने पर विहारों के पास काफी संपत्ति एकत्र हो गई। ब्राह्मणों और बौद्धों के संघर्ष के पीछे ये संपत्ति के लिए छिपे हुए संघर्ष भी थे। बौद्ध धर्म समाप्त हो जाए और विहारों के पास संपत्ति बनी रहे, ऐसा नहीं हुआ।

यहां यह कह देना आवश्यक है, संघबद्ध धर्म के साथ लोक धर्म का चलन भी बना रहता है। यह लोक धर्म या तो कर्म कांड को निरस्त कर देता है या उसे सरल बना लेता है। जोर सत्य, अहिंसा, परोपकार जैसे नैतिक गुणों पर होता है। ईश्वर प्राप्ति के लिए वह प्रेम पर जोर देता है।

बौद्ध धर्म के ह्रास के कारणों का विवेचन करते हुए आम्बेडकर ने कहा : "मुसलमानों के आक्रमण के समय बहुत से बौद्ध भिक्षु मारे गए। उन मारे गए भिक्षुओं का स्थान उसी तरह के शिक्षित नए भिक्षु न ले सके। बौद्धों के पुरोहितों में और हिंदुओं के पुरोहितों में एक मौलिक अंतर था। हिंदुओं के पुरोहित गृहस्थ जीवन बिता सकते थे। बौद्धों के पुरोहितों के लिए यह संभव न था। हिंदुओं में कोई भी ब्राह्मण कभी भी पुरोहित का काम कर सकता था। बौद्धों में पुरोहित बनने के लिए एक विशेष प्रक्रिया थी। तुरंत कोई गृहस्थ पुरोहित न बन सकता था।" (ईसाइयों में रोमन कैथोलिक सम्प्रदाय के पादरियों को इसी तरह अविवाहित रहना होता था। परंतु प्रोटेस्टैंट मत में इस नियम को तोड़ दिया गया। कुछ वैसा ही भेद भारत में भी था। जैसे हिंदू धर्म के अंतर्गत राजा और पुरोहित होते थे, वैसे

ही बौद्ध धर्म के अंतर्गत राजा और पुरोहित होते थे।)

आम्बेडकर ने हिंदू पुरोहितों और बौद्ध पुरोहितों का भेद बताते हुए लिखा है : प्रत्येक ब्राह्मण पुरोहित हो सकता है और उसे आवश्यकता पड़ने पर इस कार्य में प्रवृत्त किया जा सकता है। लम्पट से लम्पट व्यक्ति के जीवन तथा प्रगति को रोकने वाली कोई चीज नहीं है। बौद्ध धर्म में यह संभव नहीं है। पुजारी या पुरोहित का कार्य करने से पहले उसे पहले से अभिषिक्त पुरोहितों द्वारा स्थापित संस्कारों के अनुसार अभिषिक्त किया जाना चाहिए। बौद्ध पुरोहितों के संहार के बाद यह अभिषेक असंभव हो गया था, जिस से बौद्ध पुरोहितों का अस्तित्व लगभग समाप्त हो गया। बौद्ध पुरोहितों के अभाव को भरने के लिए कुछ प्रयास किया गया। सभी उपलब्ध स्रोतों से बौद्ध पुरोहितों का वर्ग तैयार करना पड़ा। वे निश्चय ही सर्वोत्तम नहीं थे।[127]

इस के बाद आम्बेडकर ने हरप्रसाद शास्त्री से एक उद्धरण दिया है जिससे ज्ञात होगा, धर्मप्रसार के लिए ऐसा अवकाशभोगी पुरोहित वर्ग क्यों आवश्यक होता है जो अपना सारा समय धर्मप्रचार को ही दे सके। हरप्रसाद शास्त्री ने लिखा था : भिक्षुओं के अभाव से बौद्ध पौरोहित्य में बहुत बड़ा परिवर्तन आया। विवाहित पुरोहित वर्ग ने, जो परिवार वाला था और आर्य कहलाता था, मर्यादित भिक्षुओं का स्थान ले लिया और उसने सामान्य रूप से बौद्धों के धार्मिक क्रियाकलापों को संपन्न करना आरंभ कर दिया। उन्हें कुछ अनुष्ठान करने के बाद सामान्य भिक्षुओं की प्रतिष्ठा दी जाने लगी। वे धार्मिक अनुष्ठान करते परंतु साथ ही राजगीर, रंगसाज, मूर्तिकार, सुनार तथा बढ़ई जैसे व्यवसाय करके अपना जीविकोपार्जन करते। ये कारीगर व शिल्पकार पुरोहित जिनकी संख्या बाद में मर्यादित भिक्षुओं की तुलना में काफी अधिक हो गई, लोगों के धार्मिक मार्गदर्शक हो गए। अपने व्यवसाय के कारण उनके पास विद्या व ज्ञान प्राप्ति के लिए, गंभीर मनन व विचार के लिए तथा ध्यान करने एवं अन्य आध्यात्मिक कार्यों के लिए बहुत कम समय बचता था और इसमें उनकी रुचि भी नहीं रही थी। उनसे यह आशा नहीं की जा सकती थी कि वे अपने प्रयास से ह्रासोन्मुख बौद्ध धर्म को कोई उच्चतर स्थिति प्रदान कर सकेंगे। उनसे यह आशा भी नहीं की जा सकती थी कि वे तत्कालीन स्थिति में थोड़ा सुधार कर बौद्ध धर्म को समाप्त होने से रोक सकते थे।[128]

लोक धर्म और संगठित पुरोहित धर्म में यही अंतर था। लोक धर्म मानने वालों के लिए किसानी और कारीगरी के कामों तथा धार्मिक कर्मक्रांड में बहुत बड़ा फासला न था। वे दोनों काम एक साथ कर सकते थे अथवा किसानी और कारीगरी का काम पूरा करने के बाद वे धर्म का काम, उपासना का काम कर सकते थे। किंतु संगठित धर्म संघों के लिए यह संभव नहीं था। हरप्रसाद शास्त्री की बातों पर टिप्पणी करते हुए अपनी ओर से आम्बेडकर ने लिखा है : यह बात स्पष्ट है कि नए बौद्ध पुरोहितों में न तो कोई गरिमा थी और न ही वे ज्ञानवान ही थे। ब्राह्मण पुरोहितों की तुलना में वे हीन थे जो इनके प्रतिद्वंद्वी थे और जो विद्वान होते थे और उतने ही चतुर भी।[129]

"ब्राह्मण धर्म विनाश के गर्त में डूबने से क्यों बच गया और बौद्ध धर्म क्यों न बच सका, इसका कारण यह नहीं है कि बौद्ध धर्म की अपेक्षा ब्राह्मण धर्म में कोई श्रेष्ठता अंतर्निहित रही। इसका कारण उसके पुरोहितों का विशिष्ट चरित्र रहा। बौद्ध धर्म इसलिए समाप्त हुआ, क्योंकि उसके पुरोहितों का वर्ग ही नष्ट हो गया था और उसे फिर से जीवित करना संभव नहीं था। यद्यपि ब्राह्मण धर्म पराजित हो गया था, परंतु वह पूरी तरह नष्ट नहीं हुआ था। प्रत्येक जीवित ब्राह्मण पुरोहित व पुजारी बन गया था और उसने अपने पूर्वज प्रत्येक ब्राह्मण पुरोहित का स्थान ग्रहण कर लिया था।"[130] अवकाशभोगी वर्ग और परिश्रमी वर्ग, संपत्तिशाली वर्ग और संपत्तिहीन वर्ग, इनका भेद बुद्ध के धर्मसंघ को कैसे प्रभावित कर रहा था, इस समस्या पर राहुल सांकृत्यायन ने विचार किया है। 'दर्शन दिग्दर्शन' में उन्होंने लिखा है : बुद्ध ने दरिद्रता और दासता को उठाना अपने प्रोग्राम का अंग नहीं बनाया था। आरंभिक दिनों में, जान पड़ता है, दरिद्रता-दासता की भीषणता को कुछ हलका करने की प्रवृत्ति बौद्ध संघ में थी। कर्ज देने वाले उस समय संपत्ति न होने पर शरीर तक खरीद लेने का अधिकार रखते थे। इसलिए कितने ही कर्जदार त्राण पाने के लिए भिक्षु बन जाते थे। लेकिन जब महाजनों के विरोधी हो जाने का खतरा सामने आया तो बुद्ध ने घोषित किया :

ऋणी को प्रव्रज्या (संन्यास) नहीं देनी चाहिए।

इसी तरह दासों के भिक्षु बनने से अपने स्वार्थ पर हमला होते देख दास-दासियों (के स्वामियों) ने जब हल्ला किया तो घोषित किया :

भिक्षुओ! दास को प्रव्रज्या नहीं देनी चाहिए।

बुद्ध के अनुयायी मगधराज बिम्बिसार के सैनिक जब युद्ध में जाने की जगह भिक्षु बनने लगे तो, सेनानायक और राजा बहुत घबराए। बिम्बिसार ने जब पूछा कि राजसैनिक को साधु बनाने वाला किस दंड का भागी होता है, तो अधिकारियों ने उत्तर दिया :

देव! उस (गुरु) का सिर काटना चाहिए, अनुशासक (भिक्षु बनाते वक्त विधि वाक्यों को पढ़ाने वाले) की जीभ निकालनी चाहिए और गण (संघ) की पसली तोड़ देनी चाहिए।

राजा बिम्बिसार ने जाकर बुद्ध के पास इसकी शिकायत की, तो बुद्ध ने घोषित किया :

भिक्षुओ! राजसैनिकों को प्रव्रज्या नहीं देनी चाहिए। (पृष्ठ 541-42)

बौद्ध पुरोहितों और हिंदू पुरोहितों के भेद पर राहुल जी ने भी विचार किया है। चौथी सदी से बहुत से कबीले भारत में बाहर से आने लगे। इन्हें समाज में स्थान देने के प्रश्न पर बौद्धों और हिंदू पुरोहितों की नीति अलग-अलग थी। इस संबंध में राहुल जी ने लिखा है : ई. पू. चौथी सदी से यवन, शक, जट्ट, गुर्जर, आभीर जैसी कितनी ही विदेशी गोरी जातियां भारत में आ कर बस गईं। उस वक्त की भारतीय सामाजिक व्यवस्था में उनका क्या स्थान दिया जाए - यह भारी प्रश्न था। वर्ण व्यवस्था विरोधियों - बौद्धों - ने अपना नुस्खा दे उन्हें अपने वर्ग (शोषक-शोषित) युक्त किंतु वर्गहीन समाज की कल्पना को पूरा करने के लिए इन आगंतुकों पर प्रभाव डालना चाहा; और उसमें कुछ सीमा तक उन्हें सिर्फ

इसी बात में सफलता मिली कि उनमें से कितने ही अपने को बौद्ध कहने लगे, कार्ला और नासिक के गुहा-विहारों में दान देने लगे। किंतु ब्राह्मण भी अपने आसपास की इन घटनाओं को देखे बिना शंकित हुए नहीं रह सकते थे। उन्होंने वर्ण संहारकों के विरोध में अपने वर्ण प्रदायक हथियार का इस्तेमाल शुरू किया - बौद्ध तो गोरे, सुंदर, वीर शासक लोगों को वर्णहीन बना चांडालों की श्रेणी में रखना चाहते हैं, हम तो उनके उच्च वर्ण होने को स्वीकार करते हैं। जो आगंतुक क्षत्रिय जातियां हैं, जो कि ब्राह्मणों के दर्शन न करने से म्लेच्छ हो गई थीं, अब ब्राह्मण दर्शन हुआ, हम इन्हें संस्कार के द्वारा फिर क्षत्रिय बनाते हैं। उन्हें चांडालों के बराबर करना ठीक नहीं। जादू अंत में ब्राह्मणों का ही जबर्दस्त निकला। एक ओर इन आगंतुकों को क्षत्रिय, कुछ को ब्राह्मण भी बनाया गया, दूसरी ओर अपनी उच्च वर्णभक्ति को और पक्का साबित करने के लिए शूद्रों के लिए अत्याचार और अपमान की मात्रा और बढ़ा दी। (पृष्ठ 686-87)

वर्णों का गठन पुराने समाजों के रक्त संबंध तोड़ कर किया गया था। बहुत बड़े देश में सैकड़ों गण-समाजों के रक्त संबंध तोड़ कर 4 वर्ण स्थापित किए गए। पर वर्णों में ऊंच-नीच का भेद था। स्थान भेद भी था। परंतु वर्ण के माध्यम से वे छोटे से गण के बदले एक विशाल अखिल भारतीय वर्ण के सदस्य बन गए। गौतम बुद्ध ने अपना धर्मसंघ पुराने गणसमाजों की व्यवस्था देखकर बनाया था। संघ शब्द उन्होंने वहीं से लिया था। यदि बौद्धों का धर्मसंघ बाहर से आने वाले अजनबियों को अपने समाज में स्थान देता, रक्त संबंधों का विचार न करता, तो ब्राह्मण कभी उसका मुकाबला न कर सकते थे। इस तरह की समस्या यूनान और रोम में भी पैदा हुई थी। एथेंस और रोम जैसे नगरों में विदेशियों की भारी संख्या हो गई थी। रक्त संबंध के विचार से वे मूल निवासियों से भिन्न थे। इसलिए वहां के समाजों में उन्हें उचित स्थान न दिया जा सका। ईसाई धर्म के प्रसार का यह भी एक कारण था। उसमें रक्त संबंधों का ध्यान न रखा गया था। राजा था, पुरोहित थे, दास थे, किसान थे। रक्त संबंधों के आधार पर समाज को पुनर्गठित करने का विधान नहीं था। राहुल जी ने अपने विवरण में बौद्धों को वर्ण संहारक और ब्राह्मण पुरोहितों को वर्णप्रदायक कहा है। मूल समस्या यह है कि रक्त संबंधों की रक्षा कौन कर रहा था और कौन उन्हें तोड़ रहा था? जब वे ब्राह्मणों से कहलाते हैं, बौद्ध तो गोरे, सुंदर, वीर शासकों को वर्णहीन बना चांडालों की श्रेणी में रखना चाहते हैं, हम तो उनके उच्च वर्ण होने को स्वीकार करते हैं, तब वे इन्हीं प्राचीन रक्त संबंधों की ओर संकेत करते हैं। बौद्ध पुरोहित रक्त संबंध भूल कर अजनबियों को अपने समाज में उसी तरह दीक्षित न कर रहे थे जिस तरह ब्राह्मण पुरोहित कर रहे थे। निस्संदेह बौद्ध धर्म भारत में दूर-दूर तक फैला। मध्य एशिया और पश्चिमी एशिया में भी उसका प्रसार हुआ। दक्षिण-पूर्वी एशिया में भी उसका प्रसार हुआ। विभिन्न देशों की परिस्थितियों के अनुसार उसमें परिवर्तन हुए। भारत के संदर्भ में मूल समस्या यह है, जिन प्रदेशों में बौद्ध धर्म का प्रसार हुआ, वहां पुराने रक्त संबंध तोड़े गए या नहीं? यदि रक्त संबंध तोड़ कर समाज का पुनर्गठन किया जाता

और चाहे न किया जाता, बात वही होती। बौद्ध धर्म में पुरोहित थे, राजा थे परंतु अधिकार वंचित एक बहुत बड़ा जनसमुदाय भी था।

ब्राह्मण-पुरोहितों ने दान-दक्षिणा लेकर लोगों को वर्ण प्रदान करना शुरू किया। यह बात सही है। परंतु उसके साथ यह बात भी सही है, इस प्रक्रिया से पुराने रक्त संबंध ध्वस्त हुए।

भारत में वर्णगत पवित्रता कभी नहीं रही। 'मनुस्मृति' में वर्ण संकरता के उदाहरण भरे पड़े हैं। सुविधा के अनुसार पुरोहितों को दान-दक्षिणा दे कर किसी को भी क्षत्रिय या ब्राह्मण बनाया जा सकता था। आम्बेडकर ने शिवाजी का जो उदाहरण दिया है, उससे वर्ण व्यवस्था का लचीलापन सिद्ध होता है। उन्होंने लिखा है : जब शिवाजी ने अपना स्वाधीन राज्य कायम किया, तब यह आवश्यक हुआ कि वैदिक रीति से उनका राज्याभिषेक हो। ब्राह्मण यह काम कर सकते थे और वे यह काम करें, इसके पहले यह सिद्ध करना आवश्यक था कि शिवाजी क्षत्रिय थे। क्षत्रिय और ब्राह्मण होने के लिए एक विशेष आयु में उपनयन संस्कार आवश्यक था। शिवाजी वह आयु पार कर चुके थे। उन्हें क्षत्रिय मानने के विरोधियों में इतर ब्राह्मणों के अतिरिक्त उनके अपने ब्राह्मण सचिव भी थे। इस मामले में उनके मराठा सरदार भी उनके विरुद्ध हो गए। उनके विचार से वह शूद्र थे। शिवाजी को क्षत्रिय सिद्ध करने के लिए मेवाड़ से उनकी वंशावली मंगाई गई और उसके आधार पर कहा गया कि वे मेवाड़ के सिसोदिया वंश के हैं। आम्बेडकर ने लिखा : यहां दूसरा प्रश्न उपस्थित हो जाता है। क्या सिसोदिया स्वयं क्षत्रिय थे? सिसोदिया राजपूत थे। राजपूत मूल क्षत्रियों के वंशज हैं इसके बारे में काफी संदेह है। एक मत यह है कि वे बाहर से आए हुए लोग हैं। हूणों ने भारत में आक्रमण किया था और राजपूताना में बस गए थे। ये उन्हीं के वंशज हैं। बौद्ध धर्म को दबाने के लिए मध्य भारत में ब्राह्मणों ने पवित्र अग्नि के सामने उन्हें क्षत्रिय का दर्जा दिया। इसी से वे अग्निकुल क्षत्रिय कहलाए।

इस मत के समर्थन में आम्बेडकर ने स्मिथ और क्रुक के उद्धरण लिए हैं। डी. आर. भंडारकर का कहना था कि राजपूत गूर्जरों के वंशज हैं और ये गूजर भारत में बाहर से आए थे।[131] आम्बेडकर यहां यूरोप के कैथोलिक चर्च का स्मरण करते हैं। जैसे उसने विशेषाधिकार बेचे थे, वैसे ही ब्राह्मणों ने मनुष्य को समाज में ऊंची स्थिति देते हुए पैसे कमाए। बनारस से आने वाले पंडित को पैसे दिए गए। और शिवाजी को उन के मंत्रियों ने स्वयं भेंट में बहुत सी चीजें दी थीं। इन मंत्रियों को भी पैसा दिया गया जिससे वे शिवाजी के क्षत्रियत्व के बारे में चुप रहें। एक दिलचस्प तथ्य का उल्लेख आम्बेडकर ने किया है। वह यह कि 'अभिषेक' की इस सारी कार्यवाही में महाराष्ट्र के एक कायस्थ बालाजी आवाजी की प्रमुख भूमिका थी। वह शिवाजी के व्यक्तिगत सचिव थे।[132] यहां हम देखते हैं, कायस्थ, शूद्र, ब्राह्मण, सब एक ही दिशा में चल रहे हैं। इससे एक निष्कर्ष यह निकलता है, वर्ण व्यवस्था उतनी सुदृढ़ नहीं थी जितनी स्मृतियों में दिखाई गयी है। दूसरा निष्कर्ष यह कि वर्ण व्यवस्था में काफी लचीलापन था। पैसा लेकर ब्राह्मण किसी को भी उच्च वर्ण

दे सकते थे। एक प्रश्न और है। महाराष्ट्र में शिवाजी से पहले वहां कोई क्षत्रिय था या नहीं? जिन्हें क्षत्रिय कहा जाता है, वे अपना उद्‌भव राजस्थान के क्षत्रियों से मानते हैं। महाराष्ट्र में सामंतवाद का विकास उसी तरह न हुआ था जिस तरह हिंदी प्रदेश में हुआ था। वर्ण-व्यवस्था के विचार से वहां दो मुख्य वर्ण थे - ब्राह्मण और अब्राह्मण। धार्मिक कार्यों के लिए पुरोहित आवश्यक थे। पुरोहितों का एक वर्ण बना। शेष जनता खेतीबाड़ी करती थी। वह अब्राह्मण हुई। शिवाजी के बाद पेशवाओं के राज्य में ब्राह्मण भूस्वामी हुए, राजा बन गए। प्राचीन काल में जैसे क्षत्रिय ज्ञान और धर्म के कार्य भी करते थे, वैसे ही 17वीं-18वीं सदियों में ब्राह्मण क्षत्रिय राजाओं के कर्म करने लगे। उल्लेखनीय है कि जो लोग वर्ण-व्यवस्था में नीचे माने जाते थे, वे भी नई सामंती व्यवस्था में ऊंचे पदों पर पहुंचे जिनमें बड़ौदा का राजवंश गायकवाड़ था जिसने विदेश में आम्बेडकर की शिक्षा का भार उठाया था।

जैन और बौद्ध धर्मों का जैसा प्रचार प्राचीन काल में तमिलनाडु में हुआ, वैसा प्रचार महाराष्ट्र में नहीं हुआ। व्यापारी वर्ग वहां जितना समृद्ध था, उतना समृद्ध वह महाराष्ट्र में नहीं था। जैन और बौद्ध दोनों धर्मों का घनिष्ठ संबंध व्यापारी वर्ग से था। इसीलिए उनका प्रचार-प्रसार तमिलनाडु में दिखाई देता है। उन्हें सामंतों और राजाओं से भी संरक्षण प्राप्त हुआ। ऐसा संरक्षण उन्हें महाराष्ट्र में नहीं मिला। इससे सिद्ध यह हुआ कि सम्पत्तिशाली वर्गों के अस्तित्व से संघबद्ध धर्मों के अभ्युत्थान और प्रसार का घनिष्ठ संबंध है। महाराष्ट्र में ब्राह्मण पुरोहितों की कमी नहीं थी। बड़े-बड़े सेठों और सामंतों के अभाव में वे सामान्य किसानों के बीच भी रह सकते थे और काम कर सकते थे। साधारण किसानों से जैसा घनिष्ठ संबंध ब्राह्मण पुरोहितों का था, वैसा संबंध जैन और बौद्ध पुरोहितों का नहीं था।

ग्राम-समाज और भारतीय जीवन-मूल्य

भारत में सामंतवाद का विकास विषम गति से हुआ। यहां छोटे-छोटे ग्राम समाज थे, लगभग स्वतंत्र, जहां खाना-खर्चने के लिए ही चीजें पैदा की जाती थीं। इनके अतिरिक्त यहां बड़े-बड़े नगर भी थे। ये नगर व्यापार की मंडियां थे। वहां बिकाऊ माल बनाया जाता था और देश-विदेश को भेजा जाता था। वास्तव में कोई भी ग्राम समाज पूरी तरह स्वायत्त और स्वतंत्र नहीं था। धातु की बनी छोटी-बड़ी चीजें उसे आवश्यक होती थीं, गांवों के लोहार और सुनार इन चीजों का उपयोग करते थे परंतु वे स्वयं लोहा या सोना न बनाते थे। बड़े नगरों से आसपास के गांव जुड़े हुए थे। नगरों में खेती न होती थी। खाने-पीने का सामान सब देहात से आता था। इन्हीं नगरों से दूसरे प्रदेशों को तथा भारत से बाहर के

देशों को माल भेजा जाता था। ये नगर लंबे-लंबे स्थल मार्गों से जुड़े हुए थे। अंग्रेजों ने भारत पर अधिकार किया। नगरों के उद्योग-धंधे और व्यापार तबाह हुए। इस तबाही से लाभ उठा कर, यहां की लूट के बल पर, अंग्रेजों ने अपने यहां औद्योगिक विकास किया और फिर अपना माल भारत में बेचना शुरू किया। अपने कामों को उचित ठहराने के लिए उन्होंने कथा गढ़ी कि भारत अति प्राचीन काल से स्वायत्त और स्वाधीन ग्राम समाजों का देश रहा है। इस गतिरुद्ध भारतीय समाज को पहली बार अंग्रेजों ने आकर धक्का दिया और आगे बढ़ाने का मार्ग प्रशस्त किया। जैसे किसानों से लगान वसूल करने के लिए उन्होंने सिद्धांत गढ़ा कि भारत में सदा भूमि पर राजा का ही अधिकार होता था, वैसे ही उद्योग और व्यापार के बारे में उन्होंने कथा गढ़ी, भारत ग्राम समाजों का देश था, यहां उद्योग और व्यापार में कहने लायक प्रगति हुई ही नहीं। मानो अंग्रेजों ने यहां का कपड़ा बाहर बेच कर मुनाफा कमाया ही न हो, मानो उन्होंने अपने देश में इस कपड़े की बिक्री रोकने के लिए भारी चुंगी लगाई ही न हो। प्राचीन काल से भारत पूरे संसार में सूती उद्योग का सबसे बड़ा केंद्र था। वह ऐसा केंद्र बना बड़ी-बड़ी मंडियों में बिकाऊ माल के उत्पादन के कारण, उन मंडियों के द्वारा उस माल के वितरण के कारण, इसलिए नहीं कि सारे देश में ग्राम समाजों के अलावा और कुछ था ही नहीं।

कुछ भारतीय विद्वान इन ग्राम समाजों की कथा पर विश्वास करते थे, मानते थे कि इन ग्राम समाजों के कारण लोग सुख और शांति का जीवन बिताते थे। अन्य देशों की सभ्यता नष्ट हो गई, भारत की सभ्यता बनी रही। देश के रूप में भारत का अस्तित्व बना रहा। इसका कारण यहां के स्वाधीन ग्राम समाज थे। औद्योगिक क्रांति से यूरोप के देशों की सुख शांति नष्ट हो गई। मजदूरों और पूंजीपतियों में संघर्ष बढ़ा। अनेक पूंजीवादी देशों में टक्कर हुई। बड़े बड़े महायुद्ध हुए। यह सब न होता यदि वहां भी इस तरह के ग्राम समाज बने रहते।

वास्तव में इस तरह के ग्राम समाज यूरोप में ज्यादा थे, भारत में बहुत कम। मार्क्स के लड़कपन तक इस तरह के सामूहिक स्वामित्व वाले ग्राम समाज जर्मनी में बने हुए थे। भारत में जाति प्रथा बहुत पुरानी है। यह बात देशी-विदेशी दोनों विद्वान मानते हैं। जाति प्रथा के कारण मनुष्य में पेशे का भेद होता है, ऊंच-नीच का भेदभाव पैदा होता है। सामूहिक स्वामित्व वाले समाजों में गांव के सभी मनुष्य बराबर दर्जे के होते हैं। उनमें जाति प्रथा जैसी चीज का विकास होना ही न चाहिए। जहां जाति बिरादरी का भेद होगा, वहां सामूहिक स्वामित्व न होगा, यह बात निश्चित है। कुछ विद्वान मानते थे और अब भी मानते हैं, भारत के अपने जीवन-मूल्य और इन जीवन-मूल्यों का आधार ये स्वायत्त ग्राम समाज हैं। आम्बेडकर ने ग्राम समाजों और इन जीवन मूल्यों की तीखी आलोचना की है। उनके सामाजिक चिंतन और विवेचन का यह बहुत महत्वपूर्ण पक्ष है। भारत के नए सामाजिक और सांस्कृतिक पुनर्गठन के लिए इस पक्ष का अध्ययन आवश्यक है।

1932 में ग्राम पंचायत बिल पर बंबई की विधान सभा में बोलते हुए आम्बेडकर ने

कहा : बहुतों ने ग्राम पंचायतों की प्राचीन व्यवस्था की बहुत प्रशंसा की है। कुछ लोगों ने उन्हें ग्रामीण प्रजातंत्र कहा है। इन देहाती प्रजातंत्रों का गुण जो भी हो, मुझे यह कहने में जरा भी दुविधा नहीं है कि वे भारत में सार्वजनिक जीवन के लिए अभिशाप हैं। यदि भारत राष्ट्रवाद उत्पन्न करने में सफल नहीं हुआ, यदि भारत राष्ट्रीय भावना के निर्माण में सफल नहीं हुआ, तो इसका मुख्य कारण मेरी समझ में ग्राम व्यवस्था का अस्तित्व है। इससे हमारे लोगों में विशिष्ट स्थानीयता की भावना भर गई उससे बड़ी नागरिक भावना के लिए थोड़ी भी जगह न रही। प्राचीन ग्राम पंचायतों की व्यवस्था के अंतर्गत एकताबद्ध जनता के देश के बदले भारत ग्राम पंचायतों का ढीला-ढाला समुदाय बन गया। वे सब एक ही राजा की प्रजा थे, इसके सिवा उनके बीच और कोई बंधन नहीं था।[133]

1948 में जब नए संविधान का मसौदा पेश हुआ, तब कुछ लोगों ने उसकी इस बात पर आलोचना की कि उसमें ग्राम पंचायतों वाला विधान नहीं रखा गया। इन लोगों को उत्तर देते हुए संविधान सभा में आम्बेडकर ने कहा : कुछ लोगों का विचार है कि नए संविधान को राज्य के प्राचीन हिंदू नमूने के अनुसार बनाना चाहिए था। पाश्चात्य सिद्धांतों का समावेश करने के बदले ग्राम पंचायतों और जिला पंचायतों के आधार पर संविधान की इमारत खड़ी करनी चाहिए थी। कुछ अन्य लोग हैं जो और भी चरमपंथी दृष्टिकोण अपनाते हैं। वे कोई भी केंद्रीय या प्रांतीय सरकारें नहीं चाहते। वे चाहते हैं, भारत में बहुत सी ग्राम सरकारें हों। ग्राम समाज के लिए भारतीय बुद्धिजीवी का प्रेम दयनीय नहीं तो असीम अवश्य है। बहुत हद तक इसका कारण यह है कि मेटकाफ ने इनकी अति प्रशंसा की थी। उन्हें छोटे छोटे प्रजातंत्र कहा था जिन्हें अपनी जरूरत की सब चीजें अपने ही भीतर से प्राप्त हो जाती थीं और वे बाहरी संबंधों से लगभग मुक्त थे। प्रत्येक ग्राम समाज अपने में एक छोटा सा राज्य था। मेटकाफ के अनुसार तमाम परिवर्तनों और क्रांतियों से भारतीय जनता को गुजरना पड़ा। उन में वह अपना अस्तित्व बनाए रही, तो इसके लिए सबसे अधिक श्रेय इन ग्राम समाजों के अस्तित्व को है। बहुत कुछ इन्हीं की बदौलत वह स्वच्छंद और स्वतंत्र जीवन सुखपूर्वक बिताती है।

आगे आम्बेडकर कहते हैं : जहां सब कुछ अनित्य है, वहां ये ग्राम समाज नित्य हैं, इसमें कोई संदेह नहीं। लेकिन जो लोग इन ग्राम समाजों पर गर्व करते हैं, वे यह नहीं सोचते कि देश की गतिविधि और उसके भाग्य-निर्माण में इनकी भूमिका कितनी कम है। देश के भाग्य निर्माण में उनकी भूमिका का बहुत अच्छा वर्णन स्वयं मेटकाफ ने किया है। एक राजवंश के बाद दूसरा राजवंश गिरता है। एक क्रांति के बाद दूसरी क्रांति होती है। हिंदू, पठान, मुगल, मराठा, सिख, अंग्रेज, सब बारी बारी से मालिक बनते हैं परंतु ग्राम समाज जैसे के तैसे रहते हैं। विपत्ति में वे हथियार उठाते हैं और किलेबंदी करते हैं। शत्रु सेना देश से गुजर जाती है, ग्राम समाज अपने थोड़े से पशु परकोटे के भीतर कर लेते हैं और शत्रुदल को छेड़े बिना गुजर जाने देते हैं।

इस विवरण को तथ्यपरक मानते हुए आम्बेडकर आगे कहते हैं : ऐसी है ग्राम समाजों

की भूमिका, जो उन्होंने अपने देश के इतिहास में निबाही है। यह सब जानते हुए कोई उन पर कैसे गर्व कर सकता है? सब तरह की कठिनाई से बचकर ये ग्राम समाज बने हुए हैं, यह बात सही हो सकती है। लेकिन केवल बने रहने का कोई मूल्य नहीं है। सवाल यह है कि वे किस स्तर पर बने हुए हैं। अवश्य ही निचली और स्वार्थी सतह पर। मेरा मत है कि ये ग्राम प्रजातंत्र भारत के विनाश का कारण हैं।[134]

सबसे पहले ग्राम समाजों का उल्लेख आम्बेडकर ने 1915 वाले शोध प्रबंध में किया है। दिलचस्प बात है कि मार्क्स ने पूंजी के प्रथम खंड में इन ग्राम समाजों का जो वर्णन किया है, उससे आम्बेडकर का वर्णन बहुत ही मिलता-जुलता है। दोनों के स्रोत एक ही हैं - ब्रिटिश पार्लियामेंट की रिपोर्टें। लेकिन यहां सारे भारत की बात न करके आम्बेडकर उत्तर भारत पर ध्यान देते हैं। कहते हैं : ग्राम समाज की संस्था मुख्यतः उत्तर भारत में थी और है। भूमि का स्वामित्व गांवों में रहने वाले पूरे समुदाय का होता है। गांव के लोग अपना मुखिया चुन लेते हैं और वही गांव का शासन चलाता है। वे उसे हटा भी सकते हैं। इस व्यवस्था के अंतर्गत जमीन गांव के किसानों को और कभी-कभी पड़ोसी गांवों के लोगों को उठा दी जाती है। भूमि के कुछ हिस्से कारीगरों को दे दिए जाते हैं और उनके भी कुछ अधिकार होते हैं। अध्यापक, धोबी, नाई, बढ़ई, लोहार, चौकीदार, हिसाब-किताब रखने वाला इत्यादि गांवों की निश्चित सेवाओं के लिए इन्हें उपज का एक हिस्सा दे दिया जाता है।

इसके बाद उन्हें छोटे-छोटे प्रजातंत्र कहा गया है जिनके पास अपनी जरूरत की सब चीजें होती हैं। बाहरी संबंधों से लगभग वे मुक्त होते हैं। फिर राजवंशों के पतन, क्रांतियों के बाद क्रांतियां, हिंदू, पठान, मुगल, मराठा, सिख, अंग्रेज, सब के मालिक बनने की बात कही गई है। इन सब परिवर्तनों के बीच ग्राम समाज ज्यों के त्यों बने रहते हैं। यही बातें बहुत वर्षों के बाद आम्बेडकर ने संविधान में दोहराईं। ईस्ट इंडिया कंपनी के प्रशासन पर काम करते हुए 1915 में आम्बेडकर ने ग्राम समाजों के बारे में वे बातें कही थीं। पर इससे पहले 1913 और 15 के बीच भारत के प्राचीन व्यापार पर अपना अधूरा शोध प्रबंध लिख चुके थे। उसमें बिकाऊ माल के उत्पादन, यातायात के साधनों का विकास, दूर-दूर देशों से व्यापार-संबंध पर काफी चर्चा है। ईस्ट इंडिया कम्पनी पर आम्बेडकर ने जो कुछ लिखा, उसमें भी बार-बार इस बात पर जोर दिया गया है कि अंग्रेजों की नीति के फलस्वरूप यहां के उद्योग-धंधे तबाह हुए और यहां का व्यापार नष्ट हुआ। भारत औद्योगिक देश के बदले खेतिहर देश बनता गया। इसलिए मानना चाहिए, ग्राम समाजों के अलगाव और उनकी स्वायत्तता की बात बहुत बढ़ा-चढ़ा कर कही गई है।

ग्राम समाजों की तरह कुछ जीवन मूल्य हैं जिन्हें विशेष रूप से भारतीय माना गया है। एक है अप्रतिरोध का सिद्धांत। कोई तुम्हारी बुराई करे तो उलट कर तुम उसका विरोध न करो। दूसरा सिद्धांत धन के लोभ के बारे में है। मनुष्य को धन का लोभ न करना चाहिए। सांसारिक सुखों के लिए जो वस्तुएँ आवश्यक होती हैं, उनका त्याग करने के लिए

तैयार रहना चाहिए। सामाजिक पुनर्गठन पर बर्ट्रेण्ड रसेल की पुस्तक की समीक्षा करते हुए आम्बेडकर ने सावधान किया : इसके पाठकों के मन में शांतिमय जीवन की स्वजनित इच्छा है। अप्रतिरोध के सिद्धांत के प्रति उनका दार्शनिक झुकाव है।[135] इसलिए उन्हें सचेत करना आम्बेडकर ने आवश्यक समझा। उन्होंने यह मान लिया है कि ये भारतीय दृष्टिकोण है, इसीलिए प्रश्न करते हैं : जीवन के प्रति भारतीय दृष्टिकोण क्या व्यवहार योग्य दृष्टिकोण है? जिसे वे भारतीय दृष्टिकोण कहते हैं, उसका संबंध अप्रतिरोध अथवा निष्क्रियता के सिद्धांत से है। फिर ईसाइयत के बारे में नीत्शे की बात कहते हैं : केवल एक ही ईसाई था और उसे क्रॉस पर टांग दिया गया था। इसका आशय बताते हैं कि जीवन के प्रति मसीही दृष्टिकोण व्यावहारिक नहीं है। आम्बेडकर ने मान लिया है कि जो मसीही दृष्टिकोण है, वही भारतीय दृष्टिकोण है। इसलिए वह कहते हैं : यह दृष्टि ईसाइयत के बारे में खरी है, तो जीवन के प्रति भारतीय दृष्टिकोण के बारे में भी बहुत कुछ खरी होनी चाहिए।[136] कुछ लोग कह सकते हैं, ईसाइयत तो पश्चिम की खोज है, आम्बेडकर कहते हैं : वह सारतः पूरब की है। निष्क्रियतावाद के बारे में वह कहते हैं : खेद का विषय है कि भारतीय इस दृष्टिकोण से चिपके हुए हैं। उन्होंने कभी सोचा और समझा ही नहीं कि सिद्धांत रूप में वह संभव नहीं है। न ही उन्होंने देश में हुए अनेक उतार-चढ़ावों की ओर ध्यान दिया।[137] आम्बेडकर को भय है कि राष्ट्रवाद की लहर में लोगों में यह प्रवृत्ति जागी है कि हर भारतीय चीज को उचित ठहराएँ; इसलिए संभव है कि निष्क्रयता को भी भारतीय होने के कारण वे उसे सराहें और उसे स्वीकार करते रहें। पूरब के कुछ लोग पश्चिम की निंदा करते हुए कहते हैं कि वे युद्ध और विनाश को जन्म देने वाले वहां के अति भौतिकवाद से मुक्त हैं। पश्चिम के लोग इसके जवाब में कह सकते हैं, अकर्मण्य तो मृत जैसा होता है। कर्मठता जीवन है। युद्ध की उग्रता के साथ कर्म करना कहीं बेहतर है बजाय इसके कि निठल्लों की भांति हाथ पर हाथ धर कर बैठ जाएं।[138]

ये निष्क्रियता और अप्रतिरोध के सिद्धांत कहीं न कहीं ग्राम समाजों की धारणा से जुड़े हुए हैं। यह इस बात से स्पष्ट हो जाता है कि जिस तरह के तर्क आम्बेडकर ग्राम समाजों के विरुद्ध देते हैं, उसी तरह के तर्क वह उन तथाकथित जीवन मूल्यों के विरुद्ध भी देते हैं। लिखा है : जीवन के प्रति भारतीय दृष्टिकोण के पक्ष में जो अनेक तर्क किए जाते हैं, उनमें से एक यह है कि मुख्यतः यह उसके ही प्रभाव का प्रताप है कि सभी प्राचीन देशों में से केवल भारत का ही अस्तित्व आज तक बना व बचा रहा है।[139] फिर तर्क करते हैं, अस्तित्व में बने रहना काफी नहीं है। "अस्तित्व में बने रहने के अनेक तरीके हैं और उन सभी की समान रूप से प्रशंसा नहीं की जा सकती।"[140] तब श्रेष्ठ अस्तित्व की कसौटी क्या है? आम्बेडकर कहते हैं : महत्व अस्तित्व में बने रहने का नहीं है, बल्कि अस्तित्व की गुणवत्ता और उसके स्तर का है।[141] यदि निष्क्रियता और अप्रतिरोध भारतीय जीवन-मूल्य हैं, तो मानना होगा कि अस्तित्व गुणवत्ता और स्तर के विचार से, वे बहुत घटिया हैं।

रसेल ने अपनी पुस्तक में धन लोलुपता की आलोचना की थी। लिखा था, उसके जाल में फँसकर मानव सफलता-संबंधी मिथ्या धारणा गढ़ लेता है और अपने उद्योगों का गुणगान करने लगता है जो मानव कल्याण में रत्ती भर भी सहयोग नहीं देते।[142] इस पर आम्बेडकर की टिप्पणी है : धन लोलुपता के विरुद्ध नैतिकतावादियों की यह प्रचलित शिकायत सांसारिक वस्तुओं के विरुद्ध उनकी आम शिकायत का ही एक हिस्सा है। वह इस विश्वास विशेष को पुष्ट करने वाली आर्थिक परिस्थितियों में अपना औचित्य खोजती है। मनुष्य सांसारिक पदार्थ पाना चाहता है। इसी लोभ के अंतर्गत धन का लोभ भी है। समाज में कुछ लोग संपन्न हैं, उन्हें चीजें मिल जाती हैं। दूसरे लोग विपन्न हैं। उन्हें चीजें नहीं मिलतीं। अंगूर नहीं मिले तो खट्टे हैं, यह दर्शन — सभी विश्वासों में से अति उदार लगता है।[144] आम्बेडकर इसका मनोवैज्ञानिक कारण बताते हैं : जब हम किसी चीज को प्राप्त नहीं कर सकते तो तर्क प्रस्तुत करते हैं कि वह प्राप्त करने के योग्य नहीं है। अतः सांसारिक वस्तुओं के प्रति संपन्नों तथा विपन्नों के दृष्टिकोणों के बीच वैसा ही खरा अंतर है, जैसा कि निराश तथा सफल लोगों की आस्थाओं के बीच है।[145]

औद्योगिक क्रांति से पहले की समाज-व्यवस्था को आम्बेडकर पीड़ादायी अर्थव्यवस्था कहते हैं। यह छोटे पैमाने के उत्पादन की सामंती व्यवस्था के अलावा और कुछ नहीं है। इस सामंती व्यवस्था में त्याग और संतोष के जीवन-मूल्य विकसित हुए। यहां केवल भारत नहीं, वरन् पश्चिम के देशों को भी समेटते हुए आम्बेडकर कहते हैं : एक समय था जब समूचा संसार पीड़ादायी अर्थव्यवस्था की चक्की में पिस रहा था और अति प्राचीन काल में ऐसा ही होता था, जब मानव श्रम की उत्पादकता अति अल्प थी और कोई भी प्रयास उसके प्रतिफल में वृद्धि नहीं कर सकता था। संक्षेप में, जब समूचा संसार गरीबी के साये में जी रहा था, तब नैतिकवादी के लिए यह स्वाभाविक ही था कि वह गरीबी का उपदेश छोड़े तथा सांसारिक वस्तुओं के त्याग का राग केवल इस कारण अलापे कि उन्हें प्राप्त नहीं किया जाता था।[146]

अन्याय का विरोध न करो, सांसारिक सुख की चीजें प्राप्त न करो, मिल जाएं तो उनका त्याग करो, ये दोनों सिद्धांत भारत के लिए सही नहीं हैं और बहुत कुछ पश्चिम के लिए भी सही नहीं हैं। ईसाइयत के बारे में आम्बेडकर ने नीत्शे का जो वाक्य दिया है, उसी से जाहिर हो जाता है कि इस विचार के मानने वाले बहुत थोड़े लोग थे। केवल एक ही ईसाई था और उसे क्रॉस पर टांग दिया गया। अन्याय का प्रतिरोध न करो, यह मानने वाले बहुत थोड़े लोग थे। यूरोप के जमींदार अपने ईसाई किसानों का दमन करने में जरा भी आगा-पीछा न करते थे और चर्च उनका साथ देता था। औद्योगिक क्रांति से पहले भी यूरोप के देश एक-दूसरे से लड़ते रहे। इंग्लैंड ने शताब्दियों तक स्काटलैंड, वेल्स और आयरलैंड के विरुद्ध लड़ाइयां चलाईं तुर्कों के अभ्युदय के बाद 'क्रूसेड' नाम से उनके विरुद्ध धर्मयुद्ध चलाए गए। राजा और भूस्वामी इन युद्धों का नेतृत्व करते थे और चर्च उनका समर्थक था। आम्बेडकर स्वयं मानते हैं कि यह सिद्धांत अव्यावहारिक था अर्थात्

व्यवहार में इस सिद्धांत के दर्शन नहीं होते। तब क्या भारत में यह सिद्धांत अपनाया गया था? भारतीय जीवन मूल्यों का निर्माण बहुत कुछ दो महाकाव्यों के प्रभाव से हुआ है। एक रामायण और दूसरा महाभारत। एक में राम-रावण युद्ध और दूसरे में कौरव-पांडव युद्ध। युद्ध न करना चाहिए, ऐसी कोई समस्या राम-लक्ष्मण के सामने नहीं है। युद्ध करना और राज करना वे क्षत्रियों का कर्तव्य मानते हैं। महाभारत में युधिष्ठिर और अर्जुन के मन में अवश्य युद्ध को लेकर शंका उत्पन्न होती है। 'गीता' में कृष्ण का सारा उपदेश इसलिए है कि मनुष्य को कर्म करना चाहिए और युद्ध की विशेष परिस्थिति में अर्जुन को शस्त्र डालने के बदले आगे बढ़ कर युद्ध करना चाहिए।

यहां विदेशी आक्रमणकारी आए। उन्होंने अपना प्रभुत्व स्थापित किया। इससे यह धारणा उत्पन्न होती है कि भारत के लोग निष्क्रियता का सिद्धांत मानते थे। पहली बात तो यह कि बहुत से आक्रमणकारियों को युद्ध में परास्त करके दूर खदेड़ दिया गया। दूसरी बात यह कि जो आक्रमणकारी घुस आए, उनका भी शस्त्र बल से विरोध किया गया था। वह विरोध सफल नहीं हुआ, यह दूसरी बात है। सिकंदर बहुत बड़ा विजेता था लेकिन पंजाब में घुसते ही उसके सैनिकों ने विद्रोह करना शुरू किया और उसे मजबूर हो कर वापस लौटना पड़ा। बहुत बड़ी सेना लेकर आया था, तीन-चौथाई लौटते समय नष्ट हो गई और वह एक-चौथाई सेना लेकर ही भारत से बाहर जा सका। अरबों ने आक्रमण किया। परंतु उन्हें सिंध प्रदेश में ही रोक दिया गया। फिर आगे न बढ़े। तुर्कों ने आक्रमण किया। वे विजयी हुए। परंतु उनकी विजय ऐसी थी कि अपनी जातीयता खो कर उन्हें भारत की जातियों में घुल-मिल जाना पड़ा। यूनान पर भी उन्होंने आक्रमण किया था और यूनानी सभ्यता का नाश करने में वे सफल हुए। वहां तुर्क जातीयता सुरक्षित रही। भारत और यूनान के प्रतिरोध में यह अंतर था। भारत के लोग औद्योगिक विकास में विश्वास नहीं करते, यह सिद्धांत अंग्रेजों ने इसलिए गढ़ा था कि उनके देश का माल भारत में बिके। इसी तरह भारत के लोग प्रतिरोध नहीं करते, यह सिद्धांत उन्होंने इसलिए गढ़ा था कि भारत के लोग अंग्रेजी राज को बर्दाश्त करते रहें और उसका विरोध न करें। किंतु 1857 में देसी सेना और हिंदुस्तान के किसानों ने मिलकर अंग्रेजों से भारी संग्राम किया। उसका उद्‌देश्य आम्बेडकर के अनुसार अंग्रेजों को जड़-मूल से भारत से निकाल बाहर करना था। इससे पहले महाराष्ट्र में शिवाजी ने मुगलों का विरोध किया और स्वतंत्र मराठा राज्य की स्थापना की। और वह तो क्षत्रिय नहीं थे। जन्म से उन्होंने युद्ध करना सीखा हो, ऐसा नहीं था। वर्ण व्यवस्था के नियमों का उल्लंघन करके बार-बार यहां की जनता ने शानदार प्रतिरोध के उदाहरण प्रस्तुत किए हैं। इसलिए भारतीय इतिहास का हवाला दे कर यह नहीं कहा जा सकता कि यहां निष्क्रियता का दर्शन व्यापक रूप से स्वीकार किया गया था।

ईसा मसीह से पहले गौतम बुद्ध ने इस सिद्धांत का प्रचार अवश्य किया था कि अन्याय का प्रतिरोध न करना चाहिए। किंतु भारत में और भारत के बाहर बौद्ध सामंत युद्ध करने से पीछे नहीं हटे। चीन भी बौद्ध और जापान भी बौद्ध और वर्षों तक जापान चीन से

युद्ध करता रहा। मनुष्य का व्यवहार उसके जीवन की परिस्थितियों, उसके वर्ग हितों द्वारा निर्धारित होता है। धार्मिक विकास और नैतिक आदर्श इन वर्गहितों के पीछे चलते हैं।

जहां तक धन संग्रह का संबंध है, भारत अनादि काल से सूती वस्त्र उद्योग का केंद्र रहा है। इन वस्त्रों के निर्माण और व्यापार से यहां का व्यवसायी वर्ग खूब धन कमाता रहा। इंग्लैंड की औद्योगिक क्रांति से पहले तक संसार भर का सोना-चांदी खिंच कर भारत आता था। इसी उद्योग और व्यापार की बदौलत ये लोग कमाई करते थे। वे धन का महत्व खूब पहचानते थे। इस तरह व्यवहार में न तो निष्क्रिय प्रतिरोध का सिद्धांत यहां स्वीकार किया गया और न धन के त्याग का सिद्धांत।

पर लोभ न करना चाहिए, जिन चीजों से सांसारिक सुख प्राप्त होते हैं उन्हें त्यागना चाहिए, ये बातें भारत में अवश्य कही गईं। इन्हें कहने वाले गरीब थे, यह बात सही नहीं है। गरीबों के पास त्यागने को कुछ था ही नहीं। जिन के पास था, वही त्यागने की बात कहते थे। कभी सच्चे मन से कहते थे और कभी दूसरों को ठगने की नीयत से कहते थे। इस सिद्धांत से लाभ धनी वर्ग को होता था जिससे विपन्न लोग उनके प्रति विद्रोह न करें। प्राचीन काल से लेकर औद्योगिक क्रांति तक सारा संसार पीड़ादायी अर्थव्यवस्था में पिस रहा था, यह बात सही नहीं है। औद्योगिक पूंजीवाद से पहले एक मंजिल व्यापारिक पूंजीवाद की है। इसी पूंजीवाद के अंतर्गत प्राचीन यूनान ने अभूतपूर्व उन्नति की थी और रोमन सभ्यता का विकास हुआ था। इसी पूंजीवाद के अंतर्गत इटली में पुनर्जागरणकाल आरंभ हुआ। रोमन सभ्यता के ह्रास के बाद इटली के नगर फिर उद्योग और व्यापार के केंद्र बने। इसी पूंजीवाद के अंतर्गत दिल्ली, आगरा, सूरत, ढाका जैसे औद्योगिक केंद्रों का विकास हुआ। इसी अर्थव्यवस्था के अंतर्गत बड़े पैमाने पर बिकाऊ माल का उत्पादन हुआ और यूरोप के व्यापारी भारतीय व्यापार पर एकाधिकार के लिए आपस में युद्ध करते थे। यूरोप में दास किसानों और जमींदारों के बीच आर्थिक दृष्टि से बहुत बड़ा फासला था। वैसा फासला हिंदुस्तान के किसानों और भूस्वामियों के बीच नहीं था। लाखों गरीब निठल्ले बैठे रहें, उन्हें काम न मिले, वे भुखमरी के शिकार हों, यह आम तौर से पूंजीवाद की और खास तौर से भारत में अंग्रेजी राज की विशेषता है।

अंग्रेजी राज में शूद्र और अछूत

जाति प्रथा भारत में पहले भी थी और अंग्रेजी राज कायम होने पर भी थी। उसके बंधन जितने कठोर अंग्रेजी राज में थे, उतने पहले कभी नहीं थे। अंग्रेजी राज का सामाजिक आधार सामंतवाद था। जाति प्रथा सामंतवाद की देन थी। जैसे अंग्रेजों ने पुराने जमींदारों के साथ नए जमींदार बनाए, किसानों के शोषण के नए-नए तरीके अपनाए, वैसे ही उन्होंने

जाति-बिरादरी के भेदभाव को बढ़ावा दिया। हिंदू और मुसलमान के भेद की तरह उन्होंने द्विज और शूद्र के भेद से भी राजनीतिक लाभ उठाने का प्रयास किया। सामंतवाद के ह्रासकाल में जाति प्रथा के बंधन पहले से अधिक कठोर हुए। परंतु अंग्रेजी राज में कठोरता के वे सारे प्रतिमान पीछे छोड़ दिए गए।

भारत के प्राचीन व्यापार का अध्ययन करते हुए आम्बेडकर ने लिखा था : वंशगत व्यवसाय की तरफ रुझान था। लेकिन जाति-प्रथा अपनी समस्त भयानक कठोरता के साथ उस समय विद्यमान नहीं थी। ब्राह्मण भी अक्सर निम्न श्रेणी के व्यवसाय करते थे।[147] भारत की आर्थिक उन्नति का बहुत बड़ा कारण यह था कि यहां कारीगरों को पगार दी जाती थी। आम्बेडकर ने उसी शोध प्रबंध में लिखा था : हिंदुओं को इस बात का श्रेय देना चाहिए कि उनके आर्थिक जीवन में जाति प्रथा की भूमिका बहुत कम थी। थोड़े से दासों के अलावा काफी बड़ी संख्या में मुक्त श्रमिक थे जिन्हें मुद्रा या भोजन के रूप में पगार दी जाती थी।[148]

1946 में शूद्रों पर उनकी पुस्तक प्रकाशित हुई। शूद्रों के बारे में जो बहुत तरह की धारणाएँ प्रचलित थीं, उनका उचित खंडन करते हुए आम्बेडकर ने लिखा : शूद्रों के लिए कहा जाता है कि वे अनार्य थे, आर्यों के शत्रु थे। आर्यों ने उन्हें जीता था और दास बना लिया। ऐसा था तो यजुर्वेद और अथर्ववेद के ऋषि शूद्रों के लिए गौरव की कामना क्यों करते हैं? शूद्रों का अनुग्रह पाने की इच्छा क्यों प्रकट करते हैं? शुद्रों के लिए कहा जाता है कि उन्हें वेदों के अध्ययन का अधिकार नहीं है। ऐसा था तो शूद्र सुदास् ऋग्वेद के मंत्रों के रचनाकार कैसे हुए? शूद्रों के लिए कहा जाता है, उन्हें यज्ञ करने का अधिकार नहीं है। ऐसा था तो सुदास् ने अश्वमेघ कैसे किया? शतपथ ब्राह्मण शूद्र को यज्ञकर्ता के रूप में कैसे प्रस्तुत करता है? और उसे कैसे सम्बोधन करना चाहिए, इसके लिए शब्द भी बताता है। शूद्रों के लिए कहा जाता है कि उन्हें उपनयन संस्कार का अधिकार नहीं है। यदि आरंभ से ही ऐसा था तो इस बारे में विवाद क्यों उठा? बदरि और संस्कार गणपति क्यों कहते हैं कि उसे उपनयन का अधिकार है? शूद्र के लिए कहा जाता है कि वह संपत्ति संग्रह नहीं कर सकता। ऐसा था तो मैत्रायणी और कठक संहिताओं में धनी और समृद्ध शूद्रों का उल्लेख कैसे है? शूद्र के लिए कहा जाता है कि वह राज्य का पदाधिकारी नहीं हो सकता। ऐसा था तो महाभारत में राजाओं के मंत्री शूद्र थे, ऐसा क्यों कहा गया? शूद्र के लिए कहा जाता है कि सेवक के रूप में तीनों वर्णों की सेवा करना उसका काम है। यदि ऐसा था तो शूद्र राजा कैसे हुए जैसा कि सुदास् के उदाहरण से, तथा सायण द्वारा दिए गए अन्य उदाहरणों से मालूम होता है?"[149]

महाराष्ट्र के शूद्रों में महार नाम की जाति थी। उसे अछूत माना जाता था। आम्बेडकर स्वयं इस जाति के थे। ये महार ग्रामवासियों की सेवा करते थे और इसके लिए राजाओं ने उन्हें जमीन दे रखी थी। 1928 में बंबई महाप्रांत के विधान सभा में एक बिल पर बोलते हुए आम्बेडकर ने कहा था : इनाम कहलाने वाली ये जमीनें महारों को अंग्रेज सरकार ने

नहीं, वरन् इस देश के प्राचीन सम्राटों ने दी थीं। इस देश में महार-वतन सबसे प्राचीन वतन है। यह सेवा कार्य के लिए प्राप्त भूमि है और इस तरह की सारी जमीन उन्हें प्राचीन काल में दी गई थी। प्राचीन काल में इन लोगों को जो जमीनें दी गई थीं, उनमें अंग्रेजों ने कहीं इजाफा किया, इसका मुझे पता नहीं है।[150]

भारत में अंग्रेजी राज कायम हो जाने के बाद अनेक देशी राज्यों में ब्रिटिश प्रांतों की अपेक्षा शूद्रों और अछूतों के साथ अच्छा व्यवहार होता था। 1927 में डॉ. आम्बेडकर की ओर से डॉ. पी. जी. सोलंकी ने बंबई महाप्रांत की विधान सभा में सरकार से प्रश्न किया था : क्या वह इस बात पर विचार कर रही है कि जहां वन-भूमि सुलभ हो, वहां दलितों को बसाया जाए जैसा कि मैसूर सरकार ने किया है?[151] सरकार की ओर से जी. बी. प्रधान ने उत्तर दिया था : खान देश के तीन मंडलों में ऐसी बस्तियां बसाई गई हैं। और भी बस्तियां बसाने के बारे में विचार किया जाएगा यदि अर्जियां आएंगी और उपयुक्त वन-भूमि सुलभ होगी।[152] बड़ौदा के गायकवाड़ नरेश ने अनिवार्य शिक्षा की नीति अपनाई थी। इसके फलस्वरूप अछूत जाति के अनेक लोग पढ़-लिख कर अध्यापक बने।[153] 1928 में 'टाइम्स ऑफ इंडिया' ने बड़ौदा महाराज के बारे में लिखा था : उन्हें अंत्यजों से गहरी सहानुभूति है। गुजराती स्कूलों में उन्हें भर्ती करने के आदेश निकाले गए हैं। परंतु उनका पालन नहीं किया जाता।[154]

1921 में 'टाइम्स ऑफ इंडिया' ने बड़ौदा राज्य के बारे में लिखा : पड़ोसी ब्रिटिश राज्य की अपेक्षा इसी रियासत में अछूतों की दशा बेहतर समझी जाती है क्योंकि यहां अंत्यजों और सवर्णों को बराबरी का दर्जा देने वाला कानून बना दिया गया है।[155] कानून बन जाने के बाद भी उन पर अत्याचार होते रहे, वह अलग बात है। परंतु बड़ौदा राज्य ने वह काम बहुत पहले कर दिया था जिसे अंग्रेजों के जाने के बाद भारतीय संसद ने नया कानून बना कर किया। देशी सेना में अंग्रेजों की भेदभाव की नीति से आम्बेडकर अच्छी तरह परिचित थे। पहले वे अछूतों को फौज में भर्ती करते थे। फिर उन्होंने ही यह भर्ती बंद कर दी। गोलमेज सम्मेलन के समय आम्बेडकर ने अंग्रेजी राज में अछूतों की स्थिति पर एक निबंध तैयार किया था जो उनके देहांत के बाद प्रकाशित हुआ। इसमें उन्होंने लिखा था : ईस्ट इंडिया कम्पनी फौज में जो लोग भर्ती हुए थे, वे भारत के अछूत थे। क्लाइस के साथ पलासी के मैदान में जो सैनिक लड़े थे, वे दुसाद थे और दुसाद अछूत होते हैं। कोरेगांव के युद्ध में जो लोग लड़े, वे महार थे और महार अछूत होते हैं। इस तरह पहली लड़ाई और आखिरी लड़ाई में अछूत अंग्रेजों से मिलकर लड़े थे और भारत पर विजय प्राप्त करने में उनकी सहायता की थी।[156] इसके बाद 1857 का विद्रोह हुआ। उसके दमन में भी अंग्रेजों ने अछूतों का सहारा लिया। बंगाल महाप्रांत की फौज ने बगावत की, पर महाराष्ट्र और मद्रास महाप्रांतों की सेनाएँ वफादार बनी रहीं। उनकी सहायता से गदर का दमन किया गया। बंबई की सेना में ज्यादातर महार थे और मद्रास की सेना में पैरिया। इसलिए यह कहना सही होगा कि अछूतों ने न केवल भारत पर विजय प्राप्त करने में

अंग्रेजों की मदद की वरन् उसे अपने पास बनाए रखने में भी उनकी मदद की।[157] 1890 के आसपास देशी फौज में अछूतों की भर्ती पर अंग्रेजों ने पाबंदी लगा दी। जो भर्ती हो गए थे, वे फौज में बने रहे। आम्बेडकर व्यंग्य करते हुए लिखते हैं : अंग्रेजों ने बड़ी दया की कि उन्हें फौज से छुट्टी नहीं दे दी। जब उन्हें पेंशन मिल गई या उनका देहांत हो गया, तब 1910 तक आते-आते देशी फौज में अछूतों का सफाया हो गया। फिर क्षुब्ध होकर कहते हैं : फौज से अछूतों को बाहर रखना, इससे अधिक कृतघ्नता की बात और कोई नहीं हो सकती।[158]

1890 के पहले एक ही पलटन में अनेक जातियों के लोग होते थे। सिद्धांत यह था कि धर्म और जाति की चिंता किए बिना जो सबसे योग्य व्यक्ति मिले, उसे भर्ती करना चाहिए। अब नया सिद्धांत यह लागू किया गया कि एक पलटन में एक ही बिरादरी के लोग रहने चाहिए। इस नए सिद्धांत के अंतर्गत मनुष्य के बल और बुद्धि का स्थान पीछे छूट गया। आगे आ गई उसकी जाति। भारत की कुछ जातियों और मानव-समुदायों को योद्धा कोटि में रखा गया, शेष को अयोद्धा कोटि में डाल दिया गया। जो लोग योद्धा कोटि में आते थे, उन्हीं में से फौज के लिए भर्ती होती थी। जरूरत पड़ने पर अंग्रेज यह सिद्धांत छोड़ देते थे। प्रथम विश्व युद्ध में उन्होंने महारों की एक पूरी पलटन तैयार की थी। जब जरूरत पूरी हो गई, तब उन्होंने इस पलटन को भंग कर दिया।[159] आम्बेडकर के अनुसार ब्रिटिश इतिहास के प्रारंभिक दौर में सवर्ण लोग ब्रिटिश फौज में नहीं थे। जब तक भारतीय शासक बने हुए थे, तब तक वे ब्रिटिश फौज से बाहर रहे। गदर के बाद देशी शासकों की संख्या घट गई। तब ये ब्रिटिश फौज में भर्ती होने लगे। वहां पहले से अछूत भरे हुए थे। तब फौज में अछूतों और सवर्णों के संबंधों की ऐसी समस्या उत्पन्न हुई। आम्बेडकर कहते हैं : न्याय और सुविधा में टक्कर हो तो अंग्रेज हमेशा सुविधा को तरजीह देते हैं। यहां भी उन्होंने अछूतों को फौज से बाहर रखकर यह समस्या हल कर ली और कृतज्ञता के भाव को आड़े आने नहीं दिया।[160]

गदर के पहले ब्रिटिश फौज में सवर्ण हिंदू नहीं थे, यह बात सही नहीं है। बंगाल फौज में बहुत से सवर्ण हिंदू थे और वे अंग्रेजों से लड़े थे। इतिहास में इनके नामों का भी उल्लेख है। पर यह बात सही है कि जो सामंतवाद अंग्रेजों का विरोध कर रहा था, वह क्षीण हो गया। जो सामंतवाद बचा, वह अंग्रेजों का सहयोगी हो गया। इसलिए अब अंग्रेजों को अछूतों की मदद की वैसी जरूरत न रह गई। ब्रिटिश नीति से खिन्न होकर आम्बेडकर ने लिखा है : यह इतिहास की बात है कि बहुत से अछूतों ने मैदान में ऊंचे दर्जे की सेवा की थी और सैकड़ों उनमें जमादार, सूबेदार और सूबेदार-मेजर के पदों तक पहुंचे थे। इस सेवा के कारण उन्हें हिंदुओं की निगाह में सम्मान प्राप्त हुआ था। सत्ता और अधिकार के पदों तक पहुंचने के लिए जो मार्ग उनके लिए खुले हुए थे, उनसे उनके मन में अपने महत्व का बोध पैदा हुआ था। डेढ़ सौ साल तक फौज में सेवा करते रहने से अछूत यह समझने लगे थे कि यह उनका पुश्तैनी पेशा है और उन्होंने और किसी दूसरे पेशे के लिए

योग्यता हासिल करने का प्रयत्न नहीं किया। फिर 1890 में उनसे कह दिया गया, अब तुम्हारे लिए फौज में जगह नहीं है। देशी राज्यों में उनका जो स्थान था, उससे अब वे बहुत नीचे जा गिरे।[161]

फौजी सेवाओं में ही नहीं, नागरिक सेवाओं में भी इसी तरह की भेदभाव की नीति चालू थी। आम्बेडकर ने लिखा था : सिविल सर्विस के लिए ऊंचे दर्जे की शिक्षा दरकार होती है। जिन लोगों के पास यूनिवर्सिटी की डिग्रियां हैं, वे ही वहां तक पहुंचने की आशा कर सकते हैं। भारत में अछूत शिक्षा में सबसे पिछड़े हुए लोग हैं। सिविल सर्विस का दरवाजा उनके लिए लगभग बंद सा है। अभी थोड़े दिनों से ही उनमें कुछ लोग ऐसे हुए हैं, जो यूनिवर्सिटी की डिग्रियां प्राप्त कर सके हैं। पर उन्हें इससे क्या लाभ हुआ? यह कहने में कोई अतिशयोक्ति नहीं है कि वे एक दरवाजे से दूसरे दरवाजे तक भीख मांगते घूम रहे हैं। अंग्रेज सरकार अल्पतम योग्यता के अनुसार सिविल सर्विस में मुसलमानों को तरजीह देती है। पर ऐसी तरजीह वह अछूतों को नहीं देती। मुसलमान उम्मीदवारों को वह नामजद करती है। परंतु आज तक उसने एक भी अछूत उम्मीदवार को नामजद नहीं किया है। ऐसे काफी लोग हैं जो अल्पतम योग्यता की कसौटी पर खरे उतरेंगे। अंग्रेजी राज में खाली जगह भरने की जिम्मेदारी विभाग के अध्यक्ष को सौंप दी जाती है। विभाग के अध्यक्ष सब ऊंची जाति के हिंदू होते हैं। अपने स्वभाव से ही वे अछूतों के साथ कोई मुरौव्वत नहीं करते। उनकी बिरादरी का कोई उम्मीदवार न हुआ तब अछूत की बारी आ सकती है।[162] पुलिस में अछूत भर्ती नहीं किए जाते। 17 दिसंबर 1925 को उत्तर प्रदेश, उस समय के संयुक्त प्रांत, की विधान सभा में सरकार की ओर से स्पष्ट कहा गया कि पुलिस में इस समय चमार जैसी नीची जाति के आदमी को भर्ती नहीं किया जा सकता।'[163] 1927 में पंजाब की विधान सभा में सरकार की ओर से ऐसा ही उत्तर दिया गया। अछूत जातियों के लोग पुलिस में भर्ती नहीं किए जाते। पुलिस के सिपाही के लिए आवश्यक हो सकता है कि वह किसी सवर्ण हिंदू को गिरफ्तार करे। अछूत होने से वह उसे कैसे गिरफ्तार करेगा? पुलिस लाइन में उसे सवर्ण हिंदुओं के साथ रहना होगा। एक ही नल से दोनों पानी लेंगे। यह सब कैसे चलेगा? चपरासी वगैरह की जो निचली सेवाएँ हैं, उन में भी ऐसे ही कारणों से अछूतों को भर्ती नहीं किया जाता। दफ्तर में काम करते हुए उसे अन्य लोगों से संपर्क में आना होता है। उसे छू जाने से हिंदू अपवित्र हो जाएंगे। इसके सिवा चलन यह है कि चपरासी दफ्तर में साहब का काम करने के बाद उनके घर का भी काम करते हैं। अछूत होने पर वह उनके घर का काम कैसे करेगा? उसे साहब के लिए चाय बनानी होती है, मेम साहब का सौदा बाजार से लाना होता है और बच्चों की देखभाल करनी होती है। साहब किसी अछूत को नियुक्त करे तो उसे इन सेवाओं से हाथ धोना पड़ेगा। शिक्षा के मामले में आम्बेडकर कहते हैं : ब्रिटिश हुकूमत ने जानबूझकर यह तय किया कि शिक्षा पर उच्च वर्णों का ही अधिकार रहना चाहिए।[164]

पंजाब में एक कानून बनाया गया था जिसमें उन जातियों के नाम दिए गए थे, जिनके

सदस्य जमीन खरीद सकते थे। इस सूची से अछूतों को बाहर रखा गया था। आम्बेडकर कहते हैं, इसका परिणाम यह हुआ कि अधिकांश अछूतों को खेत मजदूर बनना पड़ा।[165]

भारत में अछूत भिखारियों की संख्या बेहद बढ़ी। सवर्णों से भीख मांगना अछूतों की रीत बन गया। कोई अछूत सरकारी नौकरी पा जाए तो सरकार भी यह हिसाब लगाती थी, भीख से इसे कितनी आमदनी हो जाती है। आम्बेडकर कहते हैं, इस समय भारत के 6 करोड़ अछूतों के लिए सवर्णों से भीख मांगना जीवन-निर्वाह का मुख्य साधन है। यदि कोई भोजन के समय गांव में जाए तो उसे अछूतों की भीड़ भीख मांगती दिखाई देगी। मध्यकालीन यूरोप में जैसे बंधुवा किसान कुछ मालिकों के घरों से जोड़ दिए जाते थे, वैसे ही कुछ सवर्ण परिवारों से अछूत परिवार जोड़ दिए जाते हैं। इस संबंध द्वारा अछूतों का भीख मांगना व्यवस्थित कर दिया गया है।[166]

कौन ऊंची जाति का है, कौन नीची जाति का है, यह बात अंग्रेजी राज में इतनी महत्वपूर्ण हो गई कि जाति की ऊंचाई-नीचाई तै करने के लिए लोग कचहरी-अदालत की शरण में जाने लगे। नीचे की अदालत, फिर हाई कोर्ट और वहां भी काम न बना तो लंदन की प्रीवी काउंसिल। भारत में क्षत्रिय रह गए हैं या नहीं, इस बात का फैसला कराने के लिए 1837 में मुकदमा प्रीवी काउंसिल के पास पहुंचा। दावा यह था कि परशुराम ने सब क्षत्रियों का नाश कर दिया था। तब इस युग में क्षत्रिय कहां से आए? प्रीवी काउंसिल ने यह दावा स्वीकार नहीं किया। बिहार के कायस्थ क्षत्रिय हैं या शूद्र, यह तै करने के लिए लोगों ने हाई कोर्ट का दरवाजा खटखटाया। हाई कोर्ट ने फैसला दिया कि वे शूद्र हैं। परंतु इलाहाबाद हाई कोर्ट यह मंजूर करने के लिए तैयार नहीं था। कलकत्ते के हाई कोर्ट के सामने मुकदमा आया, बंगाल के कायस्थ क्षत्रिय हैं या शूद्र हैं? हाई कोर्ट का फैसला था कि वे शूद्र हैं। इसके विरुद्ध प्रीवी काउंसिल में अपील की गई। प्रीवी काउंसिल ने इस पर कोई फैसला न दिया। 1916 और 26 के बीच कलकत्ता हाई कोर्ट ने फैसला किया कि बंगाल के कायस्थ नोतियों और डोमों के यहां विवाह करते हैं। ये विवाह जायज हैं क्योंकि दोनों ही शूद्र हैं। पटना के जस्टिस ज्वाला प्रसाद ने पुराणों और स्मृतियों के अध्ययन के बाद कलकत्ता हाई कोर्ट से भिन्न मत प्रकट करते हुए कहा कि बिहार के कायस्थ क्षत्रिय हैं। इसी तरह अदालतों के सामने मुकदमे पेश हुए कि मराठे क्षत्रिय हैं या नहीं। किस आधार पर इन मामलों का फैसला होता था? आम्बेडकर कहते हैं : विभिन्न मतों का ऐसा ढेर लग जाता था कि सुलझता कुछ नहीं था और उलझता बहुत कुछ था।[167]

सवर्ण हिंदू सार्वजनिक जलाशयों से अछूतों को पानी न भरने देते थे। 1922 में आम्बेडकर और उनके दलित साथियों ने ऐसे एक जलाशय से पानी भरने के लिए सत्याग्रह किया। सत्याग्रह का समाचार सुन कर सवर्ण हिंदुओं ने मजिस्ट्रेट के यहां आवेदन किया कि शांति भंग होने का खतरा है, वह दफा 144 लागू कर दें। मजिस्ट्रेट को दलितों से सहानुभूति थी। उसने ऐसी दफा लागू करने से इन्कार किया। तब ये सवर्ण हिंदू एक सबजज की अदालत में गए और वहां से स्थगन आदेश ले आए। आम्बेडकर ने मजिस्ट्रेट

से फिर सम्पर्क किया तो उसने कहा : एक अदालत ने स्थगन आदेश दे दिया है। इसलिए अब मैं आप लोगों को जलाशय से पानी भरने की अनुमति नहीं दे सकता। फिर इन लोगों ने बंबई के हाई कोर्ट में अपील की। वहां से फैसला उनके पक्ष में हुआ। सत्याग्रह की आवश्यकता न हुई। पानी भरने का अधिकार मिल गया। किंतु हाई कोर्ट से आम्बेडकर को जो आशा थी, वह पूरी न हुई। उन्होंने लिखा है : एक तरह से यह फैसला निराशाजनक था क्योंकि बंबई हाई कोर्ट ने इस बात का निर्णय न दिया था कि अस्पृश्यता का चलन जायज है या नाजायज।[168] अंग्रेजी राज की वित्तीय व्यवस्था का विवेचन करते हुए आम्बेडकर ने एक जगह लिखा था : भारत सरकार में यह साहस नहीं है कि वह जातिप्रथा को निर्मूल करे, एकल पत्नी-विवाह का चलन करे, उत्तराधिकार के कानून में संशोधन करे, अंतर्जातीय विवाहों को जायज ठहराए या चाय बागानों के मालिकों पर टैक्स लगाने के लिए कदम उठाए।[169] न्याय-व्यवस्था वर्ग हितों से जुड़ी हुई थी। ये वर्ग अंग्रेजी राज में पलने वाले नौकरशाहों, ब्रिटिश पूंजीपतियों, हिंदुस्तान के जमींदारों और ऊंची जाति के लोगों के थे। इसीलिए इस न्याय-व्यवस्था के अंतर्गत दलितों का उद्धार न हो सकता था।

गांवो में कोई जानवर मर जाए तो दलितों को उसे ढो कर ले जाना पड़ता था और उसकी खाल उतारनी पड़ती थी। यदि वे ऐसा न करें तो इसे कानूनी तौर पर अपराध माना जाता था। बंबई महाप्रांत में अछूत पूरे गांव के चाकर थे। सरकारी नौकरी के साथ उन्हें गांवों की चाकरी भी करनी पड़ती थी। इन सेवाओं के बदले उन्हें जमीन दी जाती थी जिस पर खेती करके वे अपनी जीविका कमाते थे। यदि ये दलित मुर्दा जानवर ढोकर न ले जाएँ, तो उनसे उनकी जमीन छीनी जा सकती थी। 1916 में संयुक्त प्रांत की नगरपालिकाओं के बारे में कानून बना : यदि कोई मेहतर किसी घर में मैला कमाता रहा है और यह काम बंद कर देता है, तो उस घर के लोग मजिस्ट्रेट से शिकायत कर सकते हैं और मजिस्ट्रेट उस पर जुर्माना कर सकता है। यदि वह फिर ऐसा अपराध करे तो उस घर से मैला कमाने का अधिकार उससे छीना जा सकता है। 1911 में ऐसा ही कानून पंजाब में बना। यदि कोई मेहतर किसी घर से मैला कमाना स्वीकार करे और फिर काम बंद कर दे, तो उस पर जुर्माना किया जा सकता है। यहां चलन की बात नहीं है, इकरारनामे की बात है। आम्बेडकर कहते हैं : लोगों को यह पढ़कर धक्का लगेगा कि ऐसी कानूनी धाराएं हैं जो जबरिया मजदूरी की अनुमति देती हैं। इसमें कोई भी संदेह नहीं कि यह गुलामी है।[170]

1945 में केरल के एक अछूत सम्मेलन ने अपने प्रस्ताव में कहा था : हरिजनों पर जो अत्याचार होते हैं, उनसे बचने के लिए न तो पुलिस से संरक्षण प्राप्त होता है, न उससे न्याय मिलता है। ऐसे उदाहरण भी हैं कि ऐसे मामलों में गवाही देने पर पुलिस ने बेचारे हरिजनों को मारा-पीटा।[171]

बंबई महाप्रांत में एक वतन-कानून था। दलितों को थोड़ी जमीन दी जाती थी और वे सरकारी मुलाजिम थे। वे किसी एक विभाग के मुलाजिम न समझे जाते थे, कोई भी विभाग उन्हें बुला सकता था, दिन में बुला सकता था और रात में भी बुला सकता था। एक आदमी

को नहीं, उसके पूरे परिवार को बुला सकता था। बेटा न मिले तो बाप और बाप न मिले तो दादा, मर्द न मिले तो औरत - मां, बहन, दादी, पत्नी - जो भी मिले, उसे सरकारी विभाग बुला सकता था। बंबई की विधान सभा में आम्बेडकर ने उदाहरण दिया था : 18 साल के एक पुलिस अफसर ने 18 साल की एक महार युवती को बुलाया था कि वह उसका सामान ढो कर 5 या 6 मील तक उसके साथ चले। आम्बेडकर ने कहा : इस परिस्थिति में वह लड़की किस तरह के संकट का सामना कर सकती थी, आप कल्पना कर सकते हैं।[172] इसे उन्होंने अतिशय उत्पीड़क व्यवस्था बताया और उसे खत्म करने का आग्रह किया। इन महारों को सरकारी खजाने से सीधे कोई भी वेतन नहीं दिया जाता। सरकार उनसे जो काम कराती है, दरअसल उसके लिए वह उन्हें कुछ भी पारिश्रमिक नहीं देती।[173] उनकी जीविका के दो साधन हैं - एक तो वह इनामी जमीन, जो उन्हें राजाओं से मिली थी, और दूसरा वह अनाज जो वतनदार महार गांव वालों से इकट्ठा करते हैं। चीजों की कीमतें बढ़ गई हैं। सरकारी नौकरों की तनख्वाह में तरक्की हुई है। लेकिन अंग्रेज सरकार ने इन महारों की तनख्वाह के बारे में जरा भी नहीं सोचा। ये महार सरकारी नौकर हैं लेकिन सरकार इनसे काम लेकर इन्हें पारिश्रमिक देने पर विचार नहीं करती।[174] इनकी हालत सुधारने के लिए आम्बेडकर ने जो बिल पेश किया, उसमें कहा गया था : यदि वतनदार महार अपनी जमीन की पूरी मालगुजारी देने के लिए तैयार हों तो कलक्टर को, यदि वे सरकारी नौकरी छोड़ना चाहें, तो उन्हें छोड़ने की अनुमति दे देनी चाहिए।[175] अंग्रेजों की कचहरी और पुलिस दलितों पर अत्याचार की अनदेखी किस तरह करती थी, इसके अनेक उदाहरण आम्बेडकर ने दिए हैं। एक गांव के सवर्ण हिंदुओं ने महारों के टोले पर आक्रमण किया। स्त्रियों को पीटा, पुरुषों को पीटा, गंभीर चोटें आईं। पुलिस को रिपोर्ट लिखनी पड़ी। पुलिस ने मामला दर्ज किया और अदालत में मुकदमा चलाया। जिन्होंने हमला किया था, उन्होंने आम्बेडकर से सम्पर्क किया और कहा कि वे 300 रुपए देने को तैयार हैं। आम्बेडकर अछूतों से कहें कि वे समझौता कर लें। आम्बेडकर ने इसे अस्वीकार किया और अछूतों से कहा : वे मुकदमा लड़ें। आम्बेडकर कहते हैं : और कानून ने क्या किया? मजिस्ट्रेट ने क्या किया? हर आदमी को यह देखकर ताज्जुब हुआ कि मजिस्ट्रेट ने सभी अभियुक्तों को छोड़ दिया।[176]

ब्रिटिश कूटनीति के जाल में अछूत और मुसलमान

अंग्रेजों ने जातिप्रथा को जन्म नहीं दिया। वह भारत में पहले से थी पर इसमें संदेह नहीं कि उनके राज में इस प्रथा के बंधन पहले से बहुत कठोर हो गए। अंग्रेज अपना राज कायम रखने के लिए सामंतों और पुरोहितों पर निर्भर थे। ये सामंत और पुरोहित समाज

के विशेषाधिकारी वर्ग थे। इसीलिए राज्यसत्ता को सहारा देने वाले इन्हीं वर्गों के कारण जातिप्रथा का कठोर होना अनिवार्य था। अंग्रेजों ने अपनी फौज और पुलिस के दरवाजे अछूतों के लिए बंद कर दिए थे। वे महाराष्ट्र में सामूहिक दासता की प्रथा वतनदारी, विरोध के बावजूद, बनाये हुए थे। अछूतों को मैला ढोना होगा, मरे ढोरों की खालें निकालनी होंगी, ऐसे कानून उन्होंने बनाए। इस सबके बाद जैसे ही देश में स्वराज की मांग बढ़ी, अंग्रेज अछूतों के खास संरक्षक के रूप में अपने को पेश करने लगे।

20वीं सदी के आरंभ में बंगाल राजनीतिक कार्यवाही में आगे था। इस कार्यवाही को रोकने के उद्‌देश्य से अंग्रेजों ने बंगाल के विभाजन की योजना बनाई। जब यह योजना लागू की गई, तब केवल बंगाल में नहीं, सारे देश में इसकी जबर्दस्त प्रतिक्रिया हुई। अंग्रेजी माल का बहिष्कार, स्वदेशी का प्रचार, स्वराज की मांग, राष्ट्रीय शिक्षा– इन सबके लिए देशव्यापी आंदोलन चालू हो गया। इस परिस्थिति में अंग्रेजों के संकेत पर 1906 में 'मुस्लिम लीग' का जन्म हुआ। भारत के वायसराय मिंटो ने अपने भाषण में इशारा किया कि मुसलमानों को अपने लिए विशेष अधिकारों की मांग करनी चाहिए। रजनी पामदत्त ने 'इंडिया टुडे' में मिंटो के नाम मौलवी का पत्र उद्धृत किया है जिसमें इस भाषण का उल्लेख है। 1906 में मुसलमानों का एक प्रतिनिधि मंडल वायसराय से मिला और उसने तुरंत उनकी मांगें स्वीकार कर लीं। तब मुस्लिम लीग का जन्म हुआ। 1923 में मौलाना मुहम्मद अली ने यह रहस्य प्रकट कर दिया कि अंग्रेजों के इशारे पर ही मुसलमानों का प्रतिनिधि मंडल वायसराय से मिला था। (इंडिया टुडे, पृष्ठ 374)

अछूत हिंदुओं से अलग हैं, यह मांग सबसे पहले अछूतों की तरफ से नहीं, मुसलमान संगठनों की ओर से की गई थी। आम्बेडकर ने लिखा है : हिंदुओं से अछूतों को अलग करने की मांग पर मुसलमानों ने जोर दिया था। 27 जनवरी 1910 को उन्होंने सरकार के सामने एक आवेदन प्रस्तुत किया था। उसमें उनका दावा था कि देश की राजनीतिक संस्थाओं में उनके प्रतिनिधित्व का अनुपात सभी हिंदुओं की संख्या के अनुसार निश्चित न किया जाना चाहिए वरन् सवर्ण हिंदुओं की संख्या के अनुरूप ही निश्चित होना चाहिए। उनका कहना था कि अछूत हिंदू नहीं हैं। जो भी हो, 1911 की मर्दुमशुमारी से अछूतों को आबादी के अलग हिस्से में निर्धारित करने की शुरुआत हुई। इस दिशा में 1921 और 1932 की मर्दुमशुमारी में प्रयत्न जारी रहा।[177] आम्बेडकर ने यह बात जिस पुस्तक में कही थी, वह उनके देहांत के बाद, उनकी रचनावली में प्रकाशित हुई। जो पुस्तक उनके जीवन काल में प्रकाशित हुई थी, उसमें भी उन्होंने लिखा था : 1910 के पहले मर्दुमशुमारी के आयुक्त एक स्तंभ रखते थे : धर्म के अनुसार आबादी। इस स्तंभ में मुसलमान, हिंदू, ईसाई आदि के अनुरूप आबादी की संख्या दी जाती थी। 1910 में पहली बार हिंदुओं को तीन भागों में बांटा गया। 1. हिंदू, 2. प्रकृति पूजक और कबीलाई (एनिमिस्ट एंड ट्राइबल) 3. दलित वर्ग या अछूत (डिप्रेस्ड क्लासेज या अनटचेबल)। तब से यह विभाजन बराबर चला आ रहा है। 1909 में मुसलमानों की ओर से आगा खां ने वायसराय मिंटो के सामने

आवेदन पेश किया जिस में कहा गया था : राजनीतिक संस्थाओं और सार्वजनिक सेवाओं में मुसलमानों को पृथक् और पर्याप्त प्रतिनिधित्व मिलना चाहिए। 1901 में जो मर्दुमशुमारी हुई थी उसमें मुसलमान कुल आबादी का चौथाई या पांचवां हिस्सा थे। यदि हिंदू समुदाय से उसके असभ्य अंगों को निकाल दिया जाए, जो प्रकृति पूजक हैं या छोटे-मोटे धर्म मानने वाले हैं वे निकाल दिये जाएँ, साथ ही जो वर्ग आम तौर से हिंदू कहे जाते हैं और दरअसल हिंदू नहीं हैं, वे निकाल दिये जाएँ, तो बहुसंख्यक हिंदुओं के मुकाबले मुसलमानों की संख्या का अनुपात पहले से बढ़ जाता है।[178] मुसलमान जो पृथक और अपनी संख्या के अनुपात से बढ़कर प्रतिनिधित्व की मांग कर रहे थे, वहीं से 1910 में हिंदुओं के लिए नए वर्गीकरण का चलन हुआ।[179]

प्रथम विश्वयुद्ध के दौरान भारत को शासन में कुछ रियायतें देने की बात चल रही थी। 1917 में मोंटेग्यू-चेम्सफोर्ड रिपोर्ट में कहा गया : प्रजा को राजनीतिक रूप से बहुत जल्दी शिक्षित नहीं किया जा सकता और यह काम बहुत कठिन हो सकता है। जब तक यह पूरा न हो जाए, तब तक उसे इस जोखिम में नहीं डाला जा सकता कि जो लोग ज्यादा चतुर और ताकतवर हैं, वे उसका उत्पीड़न करने लगें। जब तक यह स्पष्ट न हो जाए कि वह अपने आप अपनी रक्षा कर सकती है अथवा विधान सभाएं उसका प्रतिनिधित्व करती हैं और उसके हितों का ध्यान रखती हैं, तब तक उसकी रक्षा करने के लिए हमें अपने हाथ में सत्ता बनाए रखना होगा। दलित वर्ग अंततः अपनी रक्षा करना सीख जाए, इसके लिए उनके प्रतिनिधित्व के बारे में हम अच्छे से अच्छी व्यवस्था करना चाहते हैं। परंतु यदि यह देखा गया कि उनके हितों की हानि हो रही है या सामान्य प्रगति में वे हिस्सा नहीं पा रहे हैं, तो हमें उनकी सहायता करने के साधन अपने हाथ में बनाए रखने होंगे।[180]

युद्ध के बाद 1919 में भारत सरकार ने कहा : हमें अंत्यजों के प्रति अधिक उदारता से काम लेना चाहिए। हमारा विचार है कि प्रत्येक विधान सभा में उन्हें इतना प्रतिनिधित्व मिलना चाहिए कि वे पूरी तरह दूसरों में विलीन (एंटायरली सबमर्ज़्) न हो जाएं। साथ ही वे सामूहिक रूप से कुछ कर सकें, इसके लिए भी उन्हें प्रेरित करना चाहिए।[181] भारत के लिए प्रस्तावित संवैधानिक सुधारों के बारे में मोंटेग्यू-चेम्सफोर्ड रिपोर्ट में कहा गया : सभी प्रांतों में मुसलमानों के लिए पृथक् निर्वाचन क्षेत्र होने चाहिए, जहां मुसलमान बहुसंख्यक हों वहां भी। जहां वे अल्पसंख्यक हैं, वहां उनका प्रतिनिधित्व संख्या के अनुपात से बढ़कर होना चाहिए। जितना प्रतिनिधित्व उन्हें अभी मिला है, उससे बढ़ कर होना चाहिए।

भारत में संवैधानिक सुधारों की संभावनाओं पर विचार करने के लिए एक आयोग नियुक्त होने को था। 1927 में भारत सचिव ने कहा : भारत में 6 करोड़ दलित (डिप्रेस्ड क्लासेज) हैं। पहले उनकी दशा जितनी खराब थी, उतनी तो अब नहीं है, फिर भी वह काफी दर्दनाक बनी हुई है। इस कमीशन में दलितों का एक प्रतिनिधि अवश्य होना चाहिए।[182]

साइमन कमीशन के नाम से प्रसिद्ध यह आयोग भारत आया। उसके सामने आम्बेडकर

ने कहा : दलितों का अल्पसंख्यक रूप अब तक इसलिए छिपा रहा है कि वे हिंदू समाज में गिने जाते थे। वास्तविकता यह है कि हिंदू समाज और दलितों को जोड़ने वाली कोई कड़ी नहीं है। जिस आधार पर अल्पसंख्यक मुसलमानों को प्रतिनिधित्व दिया जाता है, उसी आधार पर हम अपने लिए भी प्रतिनिधित्व की मांग करते हैं। बालिग मताधिकार का चलन हो तो हम अपने लिए आरक्षित सीटें चाहते हैं।[183] कमीशन की तरफ से पूछा गया - यदि बालिग मताधिकार का चलन न हो तो? आम्बेडकर ने जवाब दिया : तब हम पृथक् निर्वाचन क्षेत्रों की मांग करेंगे। इसके सिवा हम सुरक्षा के कुछ और उपाय भी चाहते हैं। कमीशन की तरफ से पूछा गया : क्या आपका कहना यह है कि ऊंची जाति के हिंदू संतोषजनक ढंग से आपके हितों की रक्षा नहीं कर सकते? आम्बेडकर ने उत्तर दिया : यह एक आधार है। पर वास्तविक बात यह है कि हम हिंदू समाज के अंग नहीं हैं।[184]

इससे कुछ ही पहले 1927 में एक दलित सम्मेलन हुआ जिसने आम्बेडकर के नेतृत्व में एक प्रस्ताव पास किया। उसकी मुख्य बातें इस प्रकार हैं : हिंदू समाज की वर्तमान दुर्दशा से इस तथ्य का पता चलता है कोई समाज धार्मिक अंधविश्वासों पर चलते हुए और आर्थिक अन्याय की बातें करते हुए सामाजिक बेइंसाफी बर्दाश्त करता रहे, तो उसका पतन होता है। हिंदू समाज का पतन इसी कारण हुआ है कि जनता को मालूम नहीं कि लोगों के जन्मसिद्ध अधिकार क्या हैं। समाज में जन्म से सभी हिंदुओं का एक ही दर्जा होता है। दर्जे की यह समानता वे अपने मरने तक बनाए रहते हैं। वे जो काम करते हैं, उनमें फर्क पड़ सकता है। पर उससे उनकी सामाजिक स्थिति में फर्क न पड़ना चाहिए। सभी राजनीतिक, आर्थिक या सामाजिक परिवर्तनों का अंतिम उद्देश्य यही होना चाहिए कि सभी हिंदुओं में समानता का दर्जा बना रहे। सत्ता का स्रोत जनता है। कोई वर्ग या व्यक्ति विशेषाधिकारों का दावा करे तो वे यदि जनता द्वारा स्वीकृत नहीं हैं, तो मान्य न होंगे। हिंदुओं में कुछ वर्गों के पास सामाजिक और धार्मिक विशेषाधिकार हैं। यह सम्मेलन उन्हें अस्वीकार करता है। ये विशेषाधिकार वेदों, स्मृतियों और पुराणों पर आधारित हैं, स्वतंत्रतापूर्वक व्यक्त की हुई, जनता की इच्छा पर नहीं। कर्म और भाषण की स्वाधीनता हर मनुष्य का जन्मसिद्ध अधिकार है। केवल दूसरे की स्वतंत्रता के अधिकार की रक्षा के लिए इसे सीमित किया जा सकता है। हिंदुओं की धार्मिक, सामाजिक और आर्थिक स्वाधीनता तक, उनके चिंतन और कर्म पर जो भी पाबंदियां लगाई गई हैं, उन्हें यह सम्मेलन निरस्त करता है। ये पाबंदियां जनता ने नहीं, शास्त्रों ने लगाई हैं। जन्मसिद्ध अधिकारों के अलावा हिंदुओं के अन्य अधिकारों पर कानून द्वारा ही पाबंदी लगाई जा सकती है। कानून से जिसका निषेध नहीं किया गया, वह काम करने के लिए हिंदू को स्वतंत्र होना चाहिए। जो काम कानून द्वारा अनिवार्य नहीं बनाया गया, उसे हिंदू से बलपूर्वक न कराना चाहिए। कानून किसी एक व्यक्ति या व्यक्तियों के समूह का आदेश नहीं है। कानून परिवर्तन के लिए जनता द्वारा निर्धारित कर्मसूत्र है। यह सम्मेलन हिंदू जातिप्रथा को निरस्त करता है क्योंकि वह समाज के लिए हानिकारक है। वह जन्म पर आधारित है और उसे जनता से

मान्यता प्राप्त नहीं है।[185]

एक अन्य प्रस्ताव में 'मनुस्मृति' को हिंदू समाज की विषमता के लिए दोषी ठहराते हुए जलाने का आदेश दिया गया था। दोनों प्रस्तावों में आम्बेडकर का उद्देश्य हिंदू समाज से अलग होना नहीं, वरन् उसे सुधारना है। इन प्रस्तावों पर आम्बेडकर की टिप्पणी है : सम्मेलन ने घोषित किया कि अछूत-समुदाय हिंदू समाज-व्यवस्था को पूरी तरह बदलना चाहता है। उसने घोषित किया कि यह पुनर्निर्माण शास्त्रों की पुरानी दुनिया पर न होना चाहिए। उसने घोषित किया : यह नई दुनिया जो भी हो, वह ऐसी होनी चाहिए कि हिंदुओं में परस्पर न्यायपूर्ण संबंध हों। आम्बेडकर ने यह भी लिखा है : यह स्पष्ट है कि ये दोनों प्रस्ताव एकदम क्रांतिकारी थे। इस प्रसंग में उन्होंने फ्रांस की राज्यक्रांति को याद किया है। राज्यक्रांति से पहले वहां के विशाल कारागार बास्तील का विध्वंस किया गया था। मनुस्मृति की प्रति को जलाने का महत्व आम्बेडकर के लिए वैसा ही है जैसे उस कारागार के पतन का।[186]

यह प्रस्ताव और आम्बेडकर की टिप्पणियां उस पुस्तक में हैं जो उनके निधन के बहुत दिन बाद पूरी रचनावली में प्रकाशित हुई। प्रस्ताव कब पास किए, यह तो निश्चित है, पर उन पर टिप्पणियां कब लिखी गईं, यह अनिश्चित है। दलितों के उद्धार के लिए या समाज में क्रांतिकारी परिवर्तन के लिए हिंदू समाज का पुनर्गठन काफी नहीं था। उसके लिए देहात के खेत मजदूरों, गरीब किसानों और शहरी मजदूरों का संगठन आवश्यक था, अंग्रेजी राज और उसके सहयोगियों से लड़ना जरूरी था। परंतु वे प्रस्ताव प्रगति की ओर ले जाने वाले थे, इसमें संदेह नहीं। हिंदू समाज में बहुत से लोग ऐसे थे जो जातिप्रथा से ऊबे हुए थे, जो शूद्रों की दशा में परिवर्तन करना चाहते थे। गाँधी समेत ऐसे लोग कांग्रेस में भी थे। उनके सहयोग से आम्बेडकर बहुत कुछ कर सकते थे।

1917 में कांग्रेस ने अपने कलकत्ता अधिवेशन में दलितों की दशा सुधारने के लिए एक प्रस्ताव पास किया। किन परिस्थितियों में वह प्रस्ताव पास किया गया, इसकी व्याख्या करते हुए आम्बेडकर ने बंबई की दो सभाओं का उल्लेख किया है। 11 नवम्बर 1917 की सभा में एक प्रस्ताव पास हुआ जिसमें कहा गया : अध्यक्ष को यह अधिकार दिया जाता है कि वह कांग्रेस से निवेदन करें कि वह एक प्रस्ताव पास करके जनता से कहे कि दलितों के साथ जो भी अन्याय होता है, उसे दूर करे। इसके सात-आठ दिन बाद दलितों की दूसरी सभा हुई। उसके प्रस्ताव में कहा गया : भारत का शासन तब तक अधिकतर अंग्रेजों के हाथ में रहना चाहिए जब तक यहां के सभी वर्ग, विशेष रूप से दलित वर्ग, देश के शासन में कारगर ढंग से भाग लेने योग्य न हो जाएं।[187] आम्बेडकर के अनुसार दोनों ही सभाएं दलित लोगों की थीं और बंबई में हुई थीं। जिस सभा में कांग्रेस से दलितों के प्रति अन्याय को दूर करने के लिए प्रस्ताव पास करने की बात कही गई थी, उसमें अवश्य ही ऐसे दलित थे जो कांग्रेस से अपने प्रति न्याय किए जाने की आशा करते थे। यह सभा पहले हुई। उसके कुछ ही दिन बाद दूसरी सभा हुई जो स्पष्ट ही कांग्रेस की अपेक्षा

अंग्रेजों से अधिक आशा करती थी कि वे उसे शासन में भाग लेने योग्य बनाएंगे। दोनों ही सभाओं ने अपने प्रस्तावों में ब्रिटिश हुकूमत के प्रति वफादारी का ऐलान किया। युद्ध अभी जारी था। युद्ध के बाद भारत के शासन में हिंदुस्तानियों को कुछ रियायतें दी जाएंगी, यह बात सभी लोग जानते थे। जो दलित कांग्रेस के पक्ष में थे, उन्होंने अंग्रेजों के यहां बने रहने के बारे में कोई बात न कही थी। परंतु जो दलित कांग्रेस के विरोधी थे, उन्होंने यह बात अपने प्रस्ताव में कही कि जब तक वे शासन में भाग लेने के योग्य न हो जाएं, तब तक अंग्रेज यहां बने रहें। दूसरी सभा ने एक प्रस्ताव में 'बहिष्कृत भारत समाज' की बात कही है। वह दलितों की ओर से एक प्रतिनिधि मंडल भारत सचिव मोंटेग्यू के पास भेजे, इसका उसने समर्थन किया।[188] 1928 में बंबई की 'बहिष्कृत हितकारिणी सभा' की ओर से आम्बेडकर ने साइमन कमीशन के पास एक वक्तव्य भेजा। पहले जिस 'बहिष्कृत भारत समाज' का जिक्र किया गया है, लगता है वही यहां 'बहिष्कृत हितकारिणी सभा' है। इस वक्तव्य में कहा गया है : दलितों ने दृढ़तापूर्वक सुधारों को लागू करने का विरोध किया है। उन्हें शांत करने के लिए रिपोर्ट में कहा गया है कि उनकी रक्षा करने और उन्हें शासन कार्यों में भाग लेने के योग्य बनाने के लिए सत्ता हमें अपने हाथ में रखनी होगी।[189]

1931 में ब्रिटेन के प्रधानमंत्री को सम्बोधित करते हुए आम्बेडकर ने गोलमेज सम्मेलन में कहा : ब्रिटिश पार्लियामेंट और प्रवक्ताओं ने हमेशा यह कहा है कि वे दलित वर्गों के ट्रस्टी हैं। मुझे विश्वास है, यह बात सभ्य लोगों की वैसी झूठी बात नहीं है जो आपसी संबंधों को मधुर बनाने के लिए कही जाती है। मेरी राय में किसी भी सरकार का यह निश्चित कर्तव्य होगा कि जो धरोहर उसके पास है, उसे वह गँवा न दे। यदि ब्रिटिश सरकार हमें उन लोगों की दया के भरोसे छोड़ देती है जिन्होंने हमारी खुशहाली की ओर जरा भी ध्यान नहीं दिया, तो यह बहुत बड़ी गद्दारी होगी। हमारी तबाही और बर्बादी की बुनियाद पर ही ये लोग धनीमानी और बड़े बने हैं।[190] इसी भाषण में, इससे पहले, अंग्रेजों की नीति के बारे में आम्बेडकर ने यह भी कहा : ब्रिटिश हुकूमत भारत के जन समुदायों का जैसा राजनीतिक उपयोग करती है उसी के अनुसार उनका अलग-अलग मूल्य निर्धारित करती है। कुछ समुदायों को उसने शासन में बहुत बड़ा हिस्सा दे दिया है और दलित वर्गों को जो उचित हिस्सा मिलना चाहिए, वह उन्हें नही दिया।[191]

इसी गोलमेज सम्मेलन की अल्पसंख्यक समिति में, स्वयं को कांग्रेस और स्वाधीनता-आंदोलन से दूर रखते हुए, आम्बेडकर ने कहा : भारत को तुरंत सत्ता सौंपी जाए, इसके लिए दलित वर्ग उत्सुक नहीं हैं। उन्होंने इसके लिए हल्ला नहीं मचाया। उन्होंने कोई आंदोलन नहीं किया कि अंग्रेज भारतीय जनता को सत्ता सौंप दें। उन्हें ब्रिटिश जनता से शिकायतें हैं और मैंने उन्हें काफी व्यक्त कर दिया है जिससे यह स्पष्ट हो गया कि ये शिकायतें वास्तविक हैं। किंतु यदि ब्रिटिश सरकार उन ताकतों का प्रतिरोध नहीं कर पाती जो सत्ता के लिए हल्ला मचा रही हैं, तो हमारा निवेदन है कि यदि सत्ता हस्तांतरित करें तो उसके साथ ऐसी शर्तें रखें जिनसे यह सत्ता किसी एक गुट के हाथ में, चाहे वह

गुट मुसलमानों का हो चाहे हिंदुओं का हो, न पड़ जाए। समाधान ऐसा हो कि सत्ता में वे सभी जन समुदाय भागीदार हों, अपनी-अपनी जनसंख्या के अनुपात से।[192]

नवम्बर 1939 में भारत सचिव ने हाउस ऑफ लॉर्ड्स में आगामी संविधान-सुधारों के बारे में कांग्रेस नीति बताई। कांग्रेस चाहती है कि जो संविधान स्वयं भारतवासी बनाएंगे, उसमें अल्पसंख्यक जमातों के अधिकारों को ऐसी सुरक्षा प्रदान की जाए जो उन्हें स्वीकार हो।[193] इससे भिन्न ब्रिटिश सरकार की नीति, भारत सचिव के अनुसार, यह थी : भारत से जो दीर्घकालीन ब्रिटिश संबंध रहा है, उससे भारत के प्रति ब्रिटिश हुकूमत का दायित्व है, भविष्य में वहां की सरकार का रुख क्या होता है, उससे अपने को बिल्कुल अलग कर लेना उसके लिए असंभव है। हाल में गवर्नर जनरल ने सभी दलों से जो बातचीत की है, उससे यह सत्य निर्धारित हुआ है कि यदि ब्रिटिश सरकार अपना दायित्व छोड़ दे तो भारत की आबादी के बहुत बड़े हिस्सों को यह बात स्वीकार न होगी।[194] जनवरी 1940 में वायसराय ने एक भाषण में कहा : भारत की एकता के लिए यह जरूरी है कि जो भी संविधान का मसौदा बने, उसमें देसी रियासतों को शामिल किया जाए। अल्पसंख्यक जमातें भी अपने दावे बार-बार पेश कर रही हैं। मैं यहां केवल दो का उल्लेख करता हूं। महान् मुस्लिम अल्पसंख्यक जमात और दलित जातियां। अतीत में इन अल्पसंख्यक जमातों को आश्वासन दिया गया है कि इनकी स्थिति की सुरक्षा की जाएगी।

मार्च 1940 में मुस्लिम लीग ने अपने लाहौर अधिवेशन में प्रसिद्ध पाकिस्तान प्रस्ताव पास किया। आम्बेडकर ने तीन साल पहले इंडिपेंडेंट लेबर पार्टी नाम से एक दल संगठित किया था। उसने पाकिस्तान प्रस्ताव का अध्ययन करने के लिए एक समिति बनाई। इस समिति के लिए दिसंबर 1940 तक आम्बेडकर ने अपनी रिपोर्ट तैयार कर ली। वह 'पाकिस्तान या भारत का विभाजन' - 'पाकिस्तान ऑर द पार्टीशन ऑफ इंडिया' - नाम से प्रकाशित हुई। इस रिपोर्ट में आम्बेडकर की दो स्थापनाएँ महत्वपूर्ण हैं। पहली यह कि भारत के 90 फीसदी मुसलमानों की भावना इस प्रस्ताव के साथ है।[195] दूसरी यह कि अगस्त 1942 में गाँधी जी ने जो 'भारत छोड़ो' आंदोलन चलाया, वह ब्रिटिश सरकार के लिए चुनौती तो था ही, इसके सिवा वह इस बात के लिए प्रयास भी था कि अल्पसंख्यक समस्या के बारे में विचार-विनिमय से ब्रिटिश सरकार को बाहर रखा जाए, और कांग्रेस जैसे चाहे, उसे इस समस्या को हल करने की छूट हो।[196]

युद्ध के दौरान क्रिप्स संविधान संबंधी नए प्रस्ताव लेकर आए। आम्बेडकर ने उनकी तीखी आलोचना की। उन्होंने कहा : इन प्रस्तावों में ब्रिटिश सरकार ने अचानक अपनी नीति एकदम बदल दी हैं। ऐसे प्रस्तावों के लिए उसने कहा था कि वे अल्पसंख्यक जमातों के अधिकारों पर हमला हैं। कुछ ही महीने पहले उसने जिन प्रस्तावों की निंदा की थी, और जिन्हें स्वीकार किया था, उन्हीं को वह अब पेश कर रही है।[197] युद्ध के बाद कैबिनेट मिशन भारत आया। उसके प्रस्तावों के बारे में आम्बेडकर ने कहा : इन प्रस्तावों का सबसे आश्चर्यजनक और दुखदायी पक्ष यह है कि वे भारत के राष्ट्रीय जीवन में अछूतों को पृथक्

और निश्चित जमात के रूप में स्वीकार नहीं करते।[198] अवश्य ही आम्बेडकर ने जिन विदेशी साथियों का भरोसा किया था, वे दगा कर रहे थे। देखना चाहिए कि देशी सहयोगी जिन्हें आम्बेडकर अस्वीकार करते थे, वे क्या कर रहे थे।

आम्बेडकर के बहिष्कृत सहयोगी

कैबिनेट मिशन ने अछूतों को अल्पसंख्यक जमात के रूप में मान्यता क्यों नहीं दी, इसका विवेचन करते हुए आम्बेडकर ने बताया है : कैबिनेट मिशन के प्रस्तावों पर ब्रिटिश पार्लियामेंट में बहस हुई। उस बहस में मिशन के सदस्यों ने अपनी नीति के लिए यह आधार बताया : अछूतों के लिए जितनी सीटें सुरक्षित थीं, वे सबकी सब कांग्रेस ने जीत ली थीं, इसलिए अब अछूतों के अलग प्रतिनिधित्व की जरूरत न रह गई थी। आम्बेडकर और दलित जाति संघ के अनुयायी बंबई और मध्य प्रदेश के प्रांतों तक सीमित थे। आम्बेडकर ने कहा : जिन परिस्थितियों में चुनाव हुआ था, उन पर कैबिनेट मिशन ने ध्यान नहीं दिया। वे परिस्थितियां ये थीं : हिंदू निर्वाचक पूरे युद्ध के दौरान बेहद अंग्रेज-विरोधी थे। यद्यपि वे युद्ध-कार्य करते थे परंतु मन से न करते थे। कांग्रेस पार्टी अंग्रेज विरोधी थी और युद्ध में वह सहयोग कर रही थी। हिंदू निर्वाचक उस पर फिदा थे। दूसरी पार्टियां विशेष रूप से दलित जातियां, चुनाव में पिछड़ गईं, इसलिए कि अंग्रेजों की पक्षधर थीं और युद्ध-कार्य में सहयोग करती रही थीं। चुनाव से ठीक पहले वायसराय और फौज के सेनापति ने आजाद हिंद फौज के आदमियों पर मुकदमा चलाया। कांग्रेस ने तुरंत आजाद हिंद फौज के आदमियों का पक्ष लेना शुरू किया और उन्हें छुड़ाने को चुनाव का मुद्दा बना लिया। यह मुकदमा मुख्य कारण था जिसने कांग्रेस के घटते हुए प्रभाव को फिर से बढ़ा दिया। जिस मुद्दे पर चुनाव लड़ा गया, वे भारत छोड़ो और आजादी का मुद्दा थे। भारत के भावी संविधान का रूप क्या होगा, यह चुनाव का मुद्दा था ही नहीं। यदि होता तो कांग्रेस को जो बहुमत मिला, वह उसे न मिलता।[199] उल्लेखनीय है कि 1946 में ही नहीं, 1933 के चुनाव में भी अछूतों के लिए बहुत सी सुरक्षित सीटें कांग्रेस ने जीती थीं। 'कांग्रेस और गाँधी ने अछूतों के लिए क्या किया?' इस विषय पर अपनी पुस्तक की भूमिका में आम्बेडकर ने लिखा था : कांग्रेस ने चुनाव के परिणामों का ढोल खूब पीटा जिससे लोग समझें वह अछूतों की प्रतिनिधि है। इस विज्ञापन में मुख्य मुद्दा यह है कि अछूतों के लिए कुल 151 सीटें सुरक्षित थीं। उनमें आम्बेडकर की इंडेपेंडेंट लेबर पार्टी को कुल 12 सीटें मिलीं और बाकी सारी सीटें कांग्रेस को मिलीं। इतनी सीटें जीतने के बाद भी कांग्रेस अछूतों का प्रतिनिधित्व नहीं करती, यह सिद्ध करने के लिए आम्बेडकर ने अनेक तर्क दिए। अंग्रेज यह देख रहे थे कि सत्ता तो भारतीय जनता को सौंपनी पड़ेगी। सत्ता सौंपने के साथ ऐसे

कदम उठाने चाहिए जिससे ब्रिटिश हित भारत में सुरक्षित रहें। उन्होंने समझ लिया था कि इस नीति को अमल में लाने के लिए आम्बेडकर का भरोसा नहीं किया जा सकता। अल्पसंख्यक जमातों में वे अछूतों की अपेक्षा मुसलमानों और मुस्लिम लीग का अधिक भरोसा करने लगे। आम्बेडकर की नीति यह थी कि कांग्रेस का विरोध करके सत्ता में अधिक से अधिक हिस्सेदारी प्राप्त की जाए। कांग्रेस अंग्रेजों का विरोध कर रही थी, अछूतों में कुछ काम भी कर रही थी। इसीलिए दो चुनावों में उसे इतनी बड़ी विजय प्राप्त हुई थी। अंग्रेजों की नीति थी कि मुसलमानों की एक ही जमात को मान्यता दी जाए, मुस्लिम लीग और उसके नेता जिन्ना को ही एकमात्र मुसलमानों का प्रतिनिधि माना जाए। इसी तरह आम्बेडकर का प्रयत्न था कि अछूतों की एक पार्टी, उनकी पार्टी को, और उनके प्रतिनिधि के रूप में उन्हें मान्यता दी जाए। अंग्रेजों ने मुस्लिम लीग को तो मुसलमानों का एकमात्र प्रतिनिधि मान लिया परंतु इसी तरह उन्होंने आम्बेडकर की पार्टी को अछूतों का एकमात्र प्रतिनिधि नहीं माना।

अंग्रेजों से, और आम्बेडकर तथा उनके अनुयायियों से अलग, जो लोग अछूतों के उद्धार के लिए काम कर रहे थे, उनमें स्वामी श्रद्धानंद भी थे। उनके लिए आम्बेडकर ने लिखा था : वह अछूतों के सच्चे और सबसे बड़े समर्थक थे (द स्वामी वाज द ग्रेटेस्ट एंड द मोस्ट सिनसियर चैंपियन ऑफ द अनटचेबल्स)।[200] अपनी पुस्तक में आम्बेडकर ने 11 अप्रैल सन् 1924 के 'तेज' से स्वामी श्रद्धानंद का वक्तव्य उद्धृत किया है।[201] इससे ज्ञात होता है कि यह पत्र आर्य समाजी सुधारकों का था। इसी पत्र के 21 अप्रैल सन् 24 के अंक से भी उन्होंने उद्धरण दिया है, अन्य उद्धरण सन् 27 के एक अंक से है। जाति-पाति तोड़ने वालों में संतराम का नाम विख्यात है। आम्बेडकर ने 12 फरवरी सन् 23 के 'प्रताप' से संतराम का एक वक्तव्य उद्धृत किया है।[202] इससे ज्ञात होता है, यह पत्र भी आर्य समाजियों का था। 1 जून सन् 26 के 'प्रताप' से आम्बेडकर ने स्वामी रामानंद संन्यासी का बयान उद्धृत किया है। इसी तरह सन् 23 के एक अंक से, सन् 28 और 32 के तीन अंकों से उन्होंने कुछ अंश उद्धृत किए हैं जिनमें अछूतों के प्रति सवर्ण हिंदुओं के अन्याय का विरोध व्यक्त होता है। अछूतों को सार्वजनिक कुओं और तालाबों से पानी न भरने दिया जाता था। इस पर अनेक लोगों ने लिखा था। 6 जून सन् 34 के 'मिलाप' में लाला राम प्रसाद का लेख छपा था जिसे आम्बेडकर ने उद्धृत किया है। लाला राम प्रसाद पंजाब के अछूत उद्धारक संघ अथवा सभा (अंग्रेजी में कमेटी छपा है) के मंत्री थे।[203] इसी पत्र के सन् 24 के 4 अंकों से और सन् 29 के एक अंक से आम्बेडकर ने अंश उद्धृत किए हैं। 'आर्य गजट' नाम से लगता है, यह आर्य समाजियों का पत्र था। इसके सन् 21, 28 और 29 के 3 अंकों से आम्बेडकर ने अंश उद्धृत किए हैं। आर्य समाजियों ने ऊंच-नीच का भेद मिटाने के लिए अछूतों को शुद्ध करके उन्हें जनेऊ पहनाना और गायत्री मंत्र सिखाना शुरू किया था। सनातनी हिंदुओं ने उनका बहुत विरोध किया। इस संबंध में किन्हीं पत्रों से दो अंश आम्बेडकर ने उद्धृत किए हैं। पत्रों के नाम नहीं दिए। अवश्य

ही ये पत्र भी आर्य समाजियों के होंगे।[204] इन पत्रों की तारीखें देखने से पता चलता है, अनेक वर्षों तक वे अछूतों के प्रति अन्याय पर बार-बार सवर्ण हिंदुओं का ध्यान केंद्रित करते रहे थे। मानना चाहिए कि इस तरह के आर्य समाजी आम्बेडकर के सहयोगी थे, इसलिए कि स्वयं आम्बेडकर ने अछूतों की दशा पर ध्यान केंद्रित करने के लिए उनके पत्रों से अंश उद्धृत किए हैं। किंतु आर्य समाजियों से सहयोग करने के बदले आम्बेडकर ने उनकी विचारधारा के नाश की कामना की है। शूद्रों पर अपनी पुस्तक में उन्होंने लिखा है : आर्य समाजी प्रचार करते हैं कि वेद शाश्वत हैं, उनका न आदि है और न अंत है। वे सदा सत्य हैं। हिंदुओं की जो सामाजिक संस्थाएँ वेदों पर आधारित हैं, वे भी शाश्वत हैं। उनका भी आदि नहीं है, अंत नहीं है। वे सदा सत्य हैं और उनमें कोई परिवर्तन आवश्यक नहीं है। इस तरह उन्होंने हिंदू समाज को जड़ बनाकर अत्यंत अहितकारी कार्य किया है। जिस समाज में इस तरह की विचारधारा फैली हुई हो, उसके लिए वह सबसे खराब बात होगी। मेरा विश्वास है कि जब तक यह आर्य समाजी विचारधारा पूरी तरह नष्ट नहीं कर दी जाती, तब तक हिंदू समाज स्वयं को सुधारने की आवश्यकता स्वीकार न करेगा।[205] आर्य समाज की विचारधारा चाहे सही हो चाहे गलत हो, अछूतोद्धार के कामों में वह उनके आड़े न आ रही थी। इसलिए उस काम का स्वागत करना चाहिए था, विशेष रूप से इसलिए कि बंबई महाप्रांत के बाहर आम्बेडकर का प्रभाव बहुत ही कम था।

गाँधी जी अपने पत्र 'यंग इंडिया' में अछूतों की दुरावस्था के बारे में बराबर लिखते रहते थे। 30 जून 1921 के 'आर्य गजट' नें 'यंग इंडिया' से जो अंश उद्धृत किया था, उसे अछूतों पर अपनी पुस्तक में आम्बेडकर ने भी दिया है।[206]

गाँधीजी के सहयोगी अमृतलाल ठक्कर अछूतोद्धार के काम में लगे हुए थे। 1927 की गर्मियों में उन्होंने गाँधीजी को एक अछूत अध्यापक की दुर्दशा के बारे में पत्र लिखा था। ठक्कर ने उस अध्यापक का पत्र भी उद्धृत किया था। पत्नी के बच्चा हुआ था। वह अस्वस्थ थी। डॉक्टर को देखने के लिए बुलाया। अछूत स्त्री थी। डॉक्टर स्वयं उसे थर्मामीटर न लगा सकता था। डॉक्टर ने सीधे थर्मामीटर उस अछूत अध्यापक को नहीं दिया। पहले एक मुसलमान को दिया। फिर उस मुसलमान ने उसे अध्यापक को दिया। अध्यापक ने थर्मामीटर लगाया। फिर उस मुसलमान को दिया और मुसलमान ने उसे डॉक्टर को दिया। डॉक्टर दवा बता कर और अपनी फीस लेकर चला गया। उस स्त्री का देहांत हो गया। गाँधीजी ने 5 मई 1927 के 'यंग इंडिया' में पूरा विवरण छापा। ठक्कर का पत्र छापा, उस अध्यापक का पत्र छापा और अपनी ओर से एक लंबी टिप्पणी लिखी। उसके आरंभ में उन्होंने कहा : इस पत्र में दूसरी जगह हम 'नवजीवन' से एक बहुत ही शर्मनाक घटना का विवरण छाप रहे हैं। काठियावाड़ के एक गांव में अछूत अध्यापक की पत्नी के प्रति जानबूझ कर अमानवीय व्यवहार किया गया है। पूरे विवरण के ऊपर गाँधीजी ने शीर्षक दिया : मनुष्य के प्रति मनुष्य का अमानवीय व्यवहार।[207] मई 1928 में आम्बेडकर ने बहिष्कृत हितकारिणी सभा की ओर से साइमन कमीशन के सामने

अपना जो वक्तव्य पेश किया, उसमें ये अंश भी थे। 1931 में बंबई की विधान सभा में बोलते हुए आम्बेडकर ने अछूतों के प्रति भेदभाव बरतने के लिए उदाहरण स्वरूप सन् 1928 में लिखी हुई अमृतलाल ठक्कर की रिपोर्ट का एक अंश उद्धृत किया।[208]

7 नवम्बर 1928 के 'टाइम्स ऑफ इंडिया' में किसी पाठक ने सम्पादक के नाम पत्र में अछूतों के प्रति दुर्व्यवहार से संबंधित अमृतलाल ठक्कर का विवरण उद्धृत किया था। आम्बेडकर ने वह विवरण अपनी पुस्तक में दिया है।[209] 12 दिसंबर 1929 के 'यंग इंडिया' में गाँधीजी ने एक अछूत अध्यापक के प्रति दुर्व्यवहार का विवरण दिया था। यह वही पत्र है जो 5 मई 1927 के 'यंग इंडिया' में छपा था। इसे अमृतलाल ठक्कर ने गाँधी जी के पास भेजा था। आम्बेडकर की पुस्तक में 'यंग इंडिया' की तारीख 12 दिसम्बर 1929 दी गई है। ठक्कर का उल्लेख नहीं है। गाँधीजी ने जो टिप्पणी लिखी थी, उसका जिक्र भी नहीं है। अंग्रेजी अनुवाद में भाषा बदली हुई है परंतु भाव और विचार ज्यों के त्यों वही हैं।[210] अछूतों की पाठशाला बंद करने के लिए रूढ़िवादियों ने हिंसा का सहारा लिया। इसका विवरण 26 मई 1939 के 'हिंदुस्तान टाइम्स' में छपा था। इसे भी आम्बेडकर ने अपनी पुस्तक में उद्धृत किया है।[211] अछूतों से संबंधित एक घटना का वृत्तांत 6 जून के 'नेशनल हेराल्ड' में छपा था। पुस्तक में साल नहीं दिया गया। 'हिंदुस्तान टाइम्स' की तरह यह पत्र भी कांग्रेस और गाँधीजी का समर्थक था। जून 1945 में एक हरिजन सम्मेलन केरल में हुआ। हरिजन शब्द का व्यवहार गाँधीजी की सूझ थी। यह हरिजन सम्मेलन भी कांग्रेसी कार्यकर्ताओं ने आयोजित किया होगा। विशेष बात यह कि उसके प्रस्ताव में सरकार और जनता का ध्यान इस बात की ओर आकर्षित किया गया है कि मलाबार के अछूतों पर हिंदू, मुसलमान और ईसाई अमानवीय अत्याचार करते हैं।[212]

इस तरह के सम्मेलनों की रिपोर्टों और कांग्रेस-समर्थक अखबारों के उद्धरणों से इस बात का पता चलता है कि गाँधीजी, कांग्रेस और उनके अनुयायी अछूतों के प्रति दुर्व्यवहार की ओर जनता का ध्यान बार-बार आकर्षित कर रहे थे। मानना होगा, स्वाधीनता-आंदोलन के साथ गाँधीजी और उनके अनुयायी सामाजिक परिवर्तन की आवश्यकता भी महसूस करते थे। अछूतों पर अपनी पुस्तक में आम्बेडकर ने गाँधीजी की तुलना लिंकन से की है। लिंकन को पाखंडी बताया है और गाँधीजी को उनसे बड़ा पाखंडी कहा है। उनके लिए लिखा है : यदि अछूतों के राजनीतिक उभार से स्वराज मिलता हो, तो वह इसके लिए तैयार नहीं हैं। मिस्टर गाँधी का रवैया यह है - यदि स्वराज के लिए अछूतों की राजनीतिक स्वाधीनता के रूप में कीमत चुकानी पड़े तो ऐसे स्वराज का नाश हो।[213] 20 अक्तूबर 1920 के 'यंग इंडिया' में गाँधीजी ने अछूतों से कहा था : सरकार से मदद मत लो। वे तुम्हें अपने ही भाई-बांधवों को दबाने के लिए इस्तेमाल करेंगे। जब तक तुम्हारी शिकायतें दूर न हों, तब तक तुम सवर्ण हिंदुओं के प्रति असहयोग आंदोलन चला सकते हो। इसके लिए बुद्धिमानी से संगठित प्रयत्न करना होगा। जहां तक मैं देख पाता हूं अभी तुम्हारे अंदर कोई ऐसा नेता नहीं है जो असहयोग के द्वारा तुम्हें विजय की मंजिल तक ले जा सके।

इसलिए ज्यादा अच्छा होगा कि वर्तमान सरकार की गुलामी का जुआ उतार फेंकने के लिए जो महान राष्ट्रीय आंदोलन चल रहा है, उसमें तुम शामिल हो जाओ। तुम्हारे लिए यह देखना कठिन न होगा कि इस दुष्ट सरकार के विरुद्ध असहयोग का अर्थ है, भारतीय जनता के विभिन्न समुदायों के बीच आपसी सहयोग। 29 दिसंबर 1920 के यंग इंडिया में गाँधीजी ने लिखा : सरकार के प्रति असहयोग का मतलब है - शासित जनता के बीच सहयोग और यदि हिंदू अस्पृश्यता का पाप दूर नहीं करते तो स्वराज एक साल में न आएगा और सौ साल में भी न आएगा।[214] यदि आम्बेडकर गाँधीजी की सलाह मान कर चलते, और स्वयं गाँधीजी ने दृढ़तापूर्वक सुनियोजित ढंग से अपना असहयोग आंदालेन उसकी तर्कसंगत परिणति तक चलाया होता, तो सन् 47-48 की विधान सभा का रूप भी दूसरा होता और आम्बेडकर ने जो संविधान का मसौदा वहां पेश किया, उसका रूप भी दूसरा होता।

अछूतों पर अपनी पुस्तक में उनकी दुर्दशा की ओर ध्यान खींचने के लिए आम्बेडकर ने और बहुत से पत्रों से उद्धरण दिए हैं। इनमें एक 'जीवन' नाम का पत्र है। दिया है कि वह हिंदू पत्र है।[215] इसके सिवा आम्बेडकर ने 'सेवा धर्म', 'आदि हिंदू', 'सत्य सम्राट्', 'प्रकाश', 'बंबई समाचार', 'भारत ज्योति', 'फ्री प्रेस', 'ईवनिंग न्यूज', 'बॉम्बे क्रॉनिकल', 'हिंदू', 'टाइम्स ऑफ इंडिया' आदि अखबारों से उद्धरण दिए हैं। अछूतों पर अत्याचार का एक उदाहरण आम्बेडकर ने 'फजल' नाम के एक पत्र से दिया है।[216] संभवतः यह मुसलमानों का पत्र था, भाषा उसकी जो भी रही हो।

आर्य समाजी, कांग्रेसी तथा अन्य विचारधाराओं के पत्र बराबर दलितों की दशा की और आम पाठकों का ध्यान आकर्षित कर रहे थे। इन्हें, विशेष रूप से आर्यसमाजियों, गँधी जी और कांग्रेस को, आम्बेडकर ने अपना शत्रु माना। अछूतों को राजनीतिक अधिकार दिलाने के लिए उन्हें अंग्रेजों का बड़ा भरोसा था। देखना चाहिए, उधर से उनकी आशा कहां तक पूरी हुई। अक्तूबर 1942 में आम्बेडकर ने दलित जातियों की ओर से उनकी शिकायतों पर एक दस्तावेज गवर्नर जनरल के पास भेजा था जिसमें उन्होंने कहा था : दलित जातियों के प्रति ब्रिटिश सरकार की नीति निरंतर पूरी उपेक्षा की रही है। उसकी शुरुआत तभी हो गई थी, जब ब्रिटिश हुकूमत ने महसूस किया कि उसका कर्तव्य केवल कानून और व्यवस्था बनाए रखना नहीं है वरन् जनता की शिक्षा और उसकी खुशहाली की ओर ध्यान देना भी है।[217]

इसके बाद आम्बेडकर ने बंबई महाप्रांत की शिक्षा समिति (बोर्ड ऑफ एजूकेशन) की 1850-51 की रिपोर्ट से उद्धरण दिए। रिपोर्ट में कहा गया था : जनता के थोड़े हिस्से को ही शिक्षा दी जा सकती है और यह थोड़ा हिस्सा उच्च वर्गों का होगा। उच्च और प्रभावशाली वर्ग ये हैं : जमींदार, जागीरदार, पहले के सामंतों के, देशी रियासतों के अधिकारी, वे लोग जिन्हें सैनिक वर्ग में गिना जा सकता है, जिन्होंने वणिज-व्यापार से सम्पत्ति कमाई है या व्यापारी वर्ग, सरकार के उच्च पदाधिकारी, ब्राह्मण और उनके साथ कलमनबीसों की ऊंची जातियां, बंगाल के कायस्थ, बशर्ते उन्हें विद्या और प्रतिष्ठा प्राप्त

हो। जिन प्रभावशाली वर्गों में सरकार शिक्षा का बीज बो सकती है, वे ब्राह्मण हैं या उनकी नजदीकी जातियां। वर्षों के अनुभव से हमने यह जान लिया है कि ऊंची जाति के गरीबों के लिए शिक्षा के दरवाजे खूब खुले रखने चाहिए। पर यहां असमंजस में डालने वाला सवाल आ खड़ा होता है। यदि गरीबों के बच्चों को सरकारी संस्थाओं में भर्ती होने की खुली छूट हो, तो ढेढ़, महार आदि नीची जातियों के बच्चों को वहां भीड़ लगाने से कौन सी चीज रोक सकती है? इसमें कोई संदेह नहीं कि बंबई में यदि इनमें से एक वर्ग बनाया जाए और योग्य अध्यापकों की देख-रेख में उसे शिक्षित किया जाए, तो ये समाज के अन्य लोगों से बुद्धि में तेज निकलेंगे। देशी आदमियों को जो पद मिल सकते हैं, जैसे जज, ज्यूरी, महारानी का कमीशन ऑफ पीस - ये पद पाने के लिए वे उम्मीद बांधें तो इसे कोई नहीं रोक सकता। बहुत से सहृदय लोग कहते हैं कि यह ब्रिटिश हुकूमत की अनुदारता और कमजोरी है कि ऐसी नियुक्तियों से हिंदू समाज में जो घृणा पैदा होगी, वह उसके आगे घुटने टेक देती है। जाति प्रथा की बाधाओं पर सीधे आक्रमण करना चाहिए। यहां एलफिन्स्टन के विचारों पर ध्यान देना चाहिए। भारत में आने वाले वह अत्यंत उदार प्रशासक थे। उन्होंने लिखा था : देखा जाता है, ईसाई मिशनरी सबसे नीची जातियों को सबसे अच्छा शिष्य पाते हैं। पर हम इन जातियों के लोगों को विशेष प्रोत्साहन दें, इसके बारे में सावधान रहना चाहिए। वे सबसे घृणित समझे जाते हैं और समाज के विभागों में उनकी संख्या भी सबसे कम है। हमारी शिक्षा-पद्धति की जड़ इन लोगों में जम गई तो वह आगे कहीं भी न फैलेगी। तब हमारे सामने एक नया वर्ग होगा। उपयोगी ज्ञान में वह औरों से बढ़कर होगा। हम उसे ऊंची जातियों के मुकाबले में तरजीह देंगे और ऊंची जाति वाले उनसे घृणा करेंगे। यह स्थिति तभी स्वागत योग्य हो सकती है जब हम इस बात से संतुष्ट हों कि हमारी सत्ता फौज पर टिकी हुई है अथवा आबादी के एक हिस्से की भक्ति पर ही टिकी हुई है। परंतु यदि हम सरकार के आधार को और विस्तृत करना चाहते हैं, तो यह नीति उससे मेल नहीं खाती।[218]

1882 में भारत सरकार ने शिक्षा नीति की पड़ताल के लिए हंटर कमीशन नियुक्त किया। इस कमीशन ने मुसलमानों में शिक्षा प्रसार के लिए कुछ महत्वपूर्ण प्रस्ताव पेश किए। जहां तक अछूतों का संबंध है, उसने उनके लिए कुछ नहीं किया।[219] 1892 में फौज के दरवाजे अछूतों के लिए बंद कर दिए गए। उन्हें वर्तमान दुर्दशा से कौन उबार सकता है?[220] सरकार एकमात्र स्रोत है जिससे अछूतों को आर्थिक सहायता मिल सकती है। मैं यहां तक कहता हूं कि यह केंद्रीय सरकार का कर्तव्य है कि वह मुसीबत में पड़ी हुई दलित जातियों की सहायता के लिए आगे आए। इस मुसीबत के लिए ये जातियां स्वयं जिम्मेदार नहीं हैं। केंद्रीय सरकार से आर्थिक सहायता के लिए कहना कोई अनोखी बात नहीं है। जो इसे अनोखी बात समझते हों, वे विचार करें कि एंग्लो-इंडियन समाज की खुशहाली पर सरकार कितना धन खर्च करती है।[221] इस खुशहाली पर खर्च होने वाले धन के आंकड़े आम्बेडकर ने दिए।

जाति प्रथा, समाज में ऊंच-नीच का भेदभाव, सामंतवाद की देन है। साम्राज्यवाद सामंती व्यवस्था के अवशेष कैसे कायम रखता है, उक्त विवरण से यह स्पष्ट हो जाएगा।

पूंजीवादी व्यवस्था में सामंती अवशेष—जाति-प्रथा

आदिम समाजों में न वर्ण होते हैं, न जाति प्रथा का चलन होता है। फिर तरह-तरह की सामाजिक आवश्यकताओं की पूर्ति के लिए इनमें श्रम-विभाजन होता है। यह विभाजन सैनिक-असैनिक, पुरोहित-अपुरोहित, उत्पादक-अनुत्पादक वर्गों के बीच हो सकता है। श्रम के दो रूप हो जाते हैं, एक शारीरिक श्रम और दूसरा मानसिक श्रम। व्यक्तिगत सम्पत्ति के उद्‌भव के साथ शारीरिक श्रम हीन कोटि का श्रम माना जाता है और मानसिक श्रम उससे बढ़कर। शारिरिक श्रम से सबसे कम संबंध पुरोहितों का होता है। भूस्वामी वर्ग राज्य संचालन करता है, युद्ध में हथियारों से काम लेता है। पुरोहित की अपेक्षा शारीरिक श्रम से उसका संबंध अधिक है। पर मानसिक श्रम से वह पूरी तरह अलग नहीं है। जो लोग विनिमय में लगे होते हैं, उनका संबंध भी शारीरिक श्रम से कम और मानसिक श्रम से अधिक होता है। जिनके जिम्मे कृषि तंत्र और पशुपालन है, वे सबसे अधिक शारीरिक श्रम करते हैं। इन्हीं के साथ वे सेवक हैं जो अपने से अधिक संपत्ति वालों की सेवा करते हैं। व्यक्तिगत संपत्ति के इस समाज में प्रतिष्ठा उसे मिलती है जो अवकाश भोगी होता है। जिसे जितना ही अधिक अवकाश है, जितना ही कम शारीरिक श्रम करना पड़ता है, वह समाज में उतना ही ऊंचा है। समाज में प्रतिष्ठा श्रम करने या न करने से जुड़ी हुई है। स्त्रियों को शूद्रों के बराबर रखा गया, इसलिए कि उन्हें घर का काम करना पड़ता है। शारीरिक श्रम में भी कुछ काम साफ-सुथरे होते हैं और कुछ में गंदगी होती है। साफ-सुथरे काम वाला ऊंचा, गंदे काम वाला नीचा समझा जाता है। इस श्रम विभाजन के अनुसार ब्राह्मण, क्षत्रिय, वैश्य, शूद्र—ये 4 वर्ण बनते हैं। हर सामंती समाज में ये चारों, या इनमें दो या तीन, अवश्य पाए जाते हैं। कोई ऐसा सामंती समाज नहीं है जिसमें उत्पादक-अनुत्पादक, शारीरिक और मानसिक श्रम का भेद न हो और इसी के अनुरूप इसमें ऊंच-नीच का भेद न हो। पूंजीवाद सामंती व्यवस्था में पनपता है और उसे हटा कर नई व्यवस्था कायम करता है। परंतु किसी भी देश में पूंजीवाद सामंती व्यवस्था को पूरी तरह खत्म नहीं करता। उत्पादक वर्गों के विरोध से निपटने के लिए उसकी सहज प्रवृत्ति होती है कि वह भूस्वामियों और पुरोहितों से समझौता करे। वह ऐसा करता है तो इन भूस्वामियों और पुरोहितों के साथ वह जाति प्रथा भी कायम रहती है जो सामंती व्यवस्था की देन है। यदि एक देश के पूंजीपति दूसरे देश पर शासन करने चलें और साम्राज्यवादी बनें, तो जो सामंती अवशेष उनके देश में कायम थे, उनकी विकृतियां पराधीन देश में देखी जाती हैं।

शूद्रों पर अपनी पुस्तक में आम्बेडकर वैदिक आर्यों के बारे में कहते हैं : वे सभ्यता में इतना आगे बढ़े हुए थे कि श्रम का विभाजन हो जाए। उनमें भिन्न-भिन्न व्यक्ति भिन्न-भिन्न व्यवसाय करते थे। वे इसके प्रति सचेत थे, (1.113-67) इस मंत्र से जाना जाता है : कुछ शक्ति की खोज में निकलते हैं, कुछ ख्याति की खोज में और कुछ सम्पत्ति की खोज में तथा अन्य श्रम की खोज में। उन्होंने सबको जगह दी है जिससे कि विभिन्न लोग अपने विशिष्ट और पृथक् जीविका उपार्जित करने के मार्ग पर चलें।[222] हिंदू समाज व्यवस्था के बारे में उनका विचार है कि यहां ऐसा श्रम विभाजन है जिसमें साफ सुथरे और सम्मानित कर्म हिंदुओं के लिए होते हैं, गंदे और घटिया काम अछूतों को सौंप दिये जाते हैं। इससे हिंदू सम्मानित और अछूत असम्मानित समझे जाते हैं।[223] वास्तव में यह हिंदू-अछूत का भेद नहीं है वरन् सभी वर्णों और जातियों में व्याप्त श्रम पर आधारित भेद है। जैसा कि आम्बेडकर ने अन्यत्र कहा है : हिंदू समाज-व्यवस्था का पोषण तीन सिद्धांतों द्वारा होता है। इनमें सबसे पहला सिद्धांत है, सीढ़ी-दर-सीढ़ी भेदभाव का व्यवहार। फिर वह वर्ण व्यवस्था का उदाहरण देते हैं। मनु की योजनानुसार ब्राह्मण को पहले वर्ण में रखा जाता है। उसके नीचे का क्षत्रिय वर्ण होता है। क्षत्रिय से निचला वर्ण वैश्य का होता है। वैश्य से निचला वर्ण शूद्र होता है तथा शूद्र से निचला वर्ण अतिशूद्र या अस्पृश्य का होता है।[224] यहां एक पूरा हिंदू समुदाय और उससे अलग अछूत, केवल दो वर्ण नहीं हैं। समाज के पांच विभाग हैं और सब एक-दूसरे से बड़े-छोटे हैं। अछूतों पर अपनी पुस्तक में आम्बेडकर ने 'नारद स्मृति' से अनेक वाक्य उद्धृत किए हैं, उनमें एक यह है : कर्म दो तरह के हैं – शुद्ध और अशुद्ध। अशुद्ध कर्म दास करते हैं और शुद्ध कर्म श्रमिक करते हैं।[225] यहाँ शारीरिक श्रम करने वालों को दो भागों में बांटा गया है – एक में साफ-सुथरा काम करने वाले श्रमिक हैं और दूसरे में गंदा काम करने वाले श्रमिक हैं। श्रम की इसी विशेषता के अनुसार समाज में उन्हें दर्जा दिया जाता है।

वर्ण तो चार ही थे, परंतु जातियों की संख्या हजारों में है। आम्बेडकर ने लिखा है : मूल रूप से शुरू में केवल चार जातियां थीं। आज कितनी हैं? अनुमान है कि कुल मिलाकर ये 2000 से कम नहीं हैं। ये 3000 भी हो सकती हैं।[226] बहुत सी जातियाँ होने का एक कारण समय-समय पर नए-नए कबीलों का सामंती व्यवस्था में शामिल होना है। जाट और गूर्जर जैसी जातियाँ अपने पुराने कबीलों के नाम अपने साथ लिए हुए हैं। जाति और वर्ण के नियम तोड़ने से भी नई नई जातियां बन जाती हैं। वर्णसंकरता के कारण जो नई जातियां बनीं, उनके बहुत से उदाहरण मनुस्मृति में दिए गए हैं। एक ही वर्ण या जाति में ऊंचाई-नीचाई के बहुत से स्तर होते हैं। इस तरह उपजातियां बनती हैं। आम्बेडकर कहते हैं : जातियों को भी उपजातियों में बांटा गया है। उनकी संख्या अनगणित है। ब्राह्मण जातियों की कुल आबादी लगभग डेढ़ करोड़ है। लेकिन ब्राह्मण जाति में भी 1886 उपजातियां हैं। केवल पंजाब में ही सारस्वत ब्राह्मण 469 उपजातियों में बंटे हैं। पंजाब के कायस्थों की 890 उपजातियां हैं।[227] सामंती व्यवस्था में कुलीन और अकुलीन का

भेद बहुत महत्वपूर्ण होता है। इसलिए 'प्रत्येक जाति इस बात का ध्यान रखती है कि वह अपने को दूसरी जाति से श्रेष्ठ सिद्ध करे।'[228] एक ही वर्ण, एक ही जाति की शाखाओं में ऊंच-नीच के भेद से सैकड़ों भेद हो सकते हैं। आम्बेडकर ने दिखाया है, पंजाब के सारस्वत ऊंची-नीची जातियों में विभाजित हैं। ऊंची जातियों के सारस्वत 51 प्रकार के हैं और उनमें नीची जातियों की संख्या 222 है।[229] कश्मीर के सारस्वतों में ऊंची-नीची जातियों के अलावा बीच वाली जातियां भी हैं। ऊंची जातियों की संख्या 15, बीच वाली जातियों की संख्या 37 और नीची जातियों की संख्या 155 है।[230] इसी तरह कान्यकुब्ज ब्राह्मणों में भेद हैं। 'आठ कनौजिया नौ चूल्हे' कहावत प्रसिद्ध है।

पिछड़ी जातियों में किसे गिना जाए, किसे छोड़ा जाए, यह झगड़ा बहुत पुराना है। जिन्हें पिछड़ी हुई जातियां कहा जाता है, उनके प्रतिनिधि चाहते थे कि उन्हें दलित जातियों (डिप्रेस्ड क्लासेज) में गिना जाए। उनका कहना था : दलितों में उन सबको गिनना चाहिए जो आर्थिक रूप से और शिक्षा में पिछड़े हुए हैं। आम्बेडकर कहते हैं : 1920 में जो सुधार लागू किए गए, उनके अनुसार जो समुदाय शिक्षा में और आर्थिक रूप से पिछड़े हुए थे, उनका अस्तित्व बंबई और मद्रास महाप्रांतों में स्वीकार किया गया। बंबई महाप्रांत में मराठों को पिछड़ी हुई जातियों का माना गया और मद्रास में सभी अब्राह्मणों को पिछड़ा हुआ कहा गया। शिक्षा में और आर्थिक रूप से पिछड़े होने के कारण उन्हें अलग प्रतिनिधित्व दिया गया। भय यह था कि इसके बिना ऊंची जाति के अल्पसंख्यक हिंदू उनका राजनीतिक रूप से दमन करेंगे। इस तरह अंग्रेजों ने बहुत पहले अगड़ी और पिछड़ी जातियों का भेद लागू कर दिया था। आम्बेडकर कहते हैं : बंबई, मद्रास के अलावा और बहुत से प्रांत हैं जहां के जनसमुदायों को विशेष राजनीतिक प्रतिनिधित्व देना जरूरी है जिससे कि ऊंची जाति के हिंदू उनका दमन न करें।"[231] अछूत इन पिछड़ी जातियों को अपने दलित जाति समुदाय में शामिल करने को तैयार न थे। आम्बेडकर के अनुसार यदि शामिल कर लेते तो दलित समुदायों की संख्या बेहिसाब बढ़ जाती। लेकिन न अछूतों ने उनका समर्थन किया और न ऊंची जातियों के हिंदुओं ने। आम्बेडकर सुझाते हैं, उनके लिए उचित मार्ग यह था कि ये स्पर्श्य हिंदुओं में अगड़ी-पिछड़ी जातियों का भेद करते और पिछड़ी जातियों के लिए अलग प्रतिनिधित्व की मांग करते। इसके लिए अछूत उनका समर्थन करते लेकिन वे इससे सहमत नहीं हुए और इस बात पर अड़े रहे कि उन्हें दलितों में शामिल किया जाए। अछूतों ने इसका विरोध किया। इसीलिए ये पिछड़ी जातियों के लोग हिंदुओं के साथ हो गए और अछूतों के पृथक् अस्तित्व से इन्कार करते रहे।[232] जाति प्रथा वाले ऊंच-नीच के पुराने भेद साम्राज्यवादी तंत्र में बने हुए थे। जाति प्रथा वाले भेदभाव के आधार पर किसकी संख्या कितनी है, संख्या के आधार पर अंग्रेजों से उन्हें कितनी रियायतें मिलीं, इस तरह सामाजिक विघटन को बढ़ावा मिलता रहा। जब अछूतों की गिनती की जा रही थी, तब कुछ लोगों ने उन्हें समझाया - अछूतों में नाम लिखा दोगे तो हमेशा अछूत बने रहोगे। यह सलाह मानकर कुछ जातियों ने, जो आम्बेडकर के अनुसार दरअसल अछूत थीं, अरज़ी दी कि

हमें अछूतों में न गिना जाए। गिनती पूरी हो गई। कौन अछूत है और कौन अछूत नहीं है, अंग्रेजों ने सदा के लिए पक्का कर दिया। आम्बेडकर कहते हैं : यह सभी का सौभाग्य है। वह झगड़ा अब समाप्त हो गया है। अछूतों की जनसंख्या के बारे में अब कोई विवाद नहीं हो सकता। अछूत कौन हैं, इसकी व्याख्या कानून से कर दी गई है। 1935 के कानून में इन जातियों की सूची बना दी गई है और ये अनुसूचित जातियां कहलाती हैं।[233] अछूत हमेशा अछूत बने रहें, यह स्थिति अंग्रेज पक्की कर रहे थे।

इससे पहले 1932 में जब इस बात पर विचार हो रहा था, किसे दलितों में गिना जाए, किसे न गिना जाए, तब आम्बेडकर ने मताधिकार समिति को एक आवेदन भेजा। उसमें शिकायत की कि 20 लाख चमार दलितों से बाहर रखे गए हैं। बाहर रखने का कारण यह बताया गया था कि अब ये साफ-सुथरे व्यवसाय करते हैं। कानपुर के चमड़ा उद्योग का प्रसार हुआ है, बहुत से धनी हो गए हैं। बहुतों ने अपनी जाति का नाम बदल दिया है। ऐसे चमारों को लोग छूने से परहेज नहीं करते। इस पर आम्बेडकर ने लिखा : मेरी राय में साफ-सुथरा काम करने वाले और धनी चमारों को दलितों से जो अलग रखा गया है, वह बिलकुल गलत है। जाति प्रथा और अछूत व्यवस्था की एक विशेषता यह है कि किसी व्यक्ति का सामाजिक दर्जा उसके पूरे समुदाय के साथ ऊंचा-नीचा होता है। हिंदू सामाजिक जीवन का नियम है कि जो एक बार अछूत हो गया, वह सदा अछूत रहेगा।[234] यहां तर्क यह है कि अछूतपन को खत्म नहीं करना, उसे बनाए रखना है जिससे कि अलगाव के आधार पर अछूतों को विशेष राजनीतिक अधिकार मिल सकें।

आम्बेडकर का विचार था, जाति प्रथा और वर्ण व्यवस्था हिंदू धर्म की विशेषता है। लिखा था : वर्ण व्यवस्था को धार्मिक आदेश (सैंक्शन) प्राप्त है, इसलिए हिंदू समाज में उसे पूरा सामाजिक आदेश भी प्राप्त है। कोई कानूनी पाबंदी न होने से एक धार्मिक आदेश के कारण वर्ण व्यवस्था खूब फलती-फूलती रही है।[235]

अन्य देशों के वर्गों से तुलना करते हुए आम्बेडकर ने लिखा : दूसरे देशों में वर्गों का निर्माण आर्थिक और सामाजिक कारणों को ध्यान में रख कर किया जाता है। दास प्रथा और अर्ध दास प्रथा का कोई धार्मिक आधार नहीं है। अछूत प्रथा हिंदुओं को आर्थिक लाभ अवश्य देती है परंतु वह मूलतः धर्म पर आधारित है।[236] और भी आगे कहते हैं : जाति प्रथा हिंदू सामाजिक गठन की विशेषता है और वह अन्य सभी जन समुदायों से हिंदुओं को अलग करती है।[237] वैसे तो जाति प्रथा ईरान, मिस्र, यूनान आदि देशों में भी प्रचलित थी पर आम्बेडकर ने धर्म को जाति प्रथा का आधार बताया है। इसलिए भारत में जो अन्य धर्म प्रचलित हैं, उनमें जाति प्रथा के चलन के बारे में विचार करें।

ईसाई धर्म का प्रसार इंग्लैंड से पहले भारत में हुआ। वह यहां का बहुत पुराना धर्म है। भारत के ईसाइयों में जाति प्रथा का चलन है उसका प्रमाण यह है कि साइमन कमीशन के पास दक्षिण भारत की ईसाई दलित जातियों ने एक आवेदन भेजा था जिसमें कहा गया था मद्रास महाप्रांत के ईसाइयों की कुल संख्या का साठ प्रतिशत दलित जातियों के ईसाई

हैं। ईसाई धर्म में दया, प्रेम और समानता की जो बातें कही जाती हैं, उनके बावजूद हमारी सामाजिक हालत वही है जो हिंदू दलित जातियों की है। जो हिंदू ईसाई बनते हैं, वे जाति प्रथा वाली भावना अपने मन में बनाए रखते हैं। पादरी हमारी उपेक्षा करते हैं। हम जैसे पहले अछूत थे, वैसे ही अब भी बने हुए हैं। ऊंची जाति के ईसाई हमें नहीं अपनाते। ऊंची जाति के हिंदू हम से घृणा करते हैं और हिंदू दलित जातियों के लोग भी हमें दूर रखते हैं। ऊंची जाति के हिंदू जब ईसाई बनते हैं, तब वे अपनी जाति प्रथा की सारी कठोरता बनाए रखते हैं। मद्रास की विधान सभा में जो थोड़ा बहुत ईसाइयों को प्रतिनिधित्व मिला है, वह इन्हीं को मिला है। गिरजाघरों में भी हमारे ईसाई भाई हमें दूर रखते हैं। गिरजाघरों में अछूतों को दूर रखने के लिए वे दीवालें खड़ी कर देते हैं, लोहे की छड़ें लगा देते हैं। इस पर आम्बेडकर ने लिखा है : ऐसी हालत भारत के सभी भागों में नहीं है। ऐसा कैथोलिक ईसाइयों में अधिक होता है, प्रोटेस्टैंट ईसाइयों में कम। दक्षिण भारत में ऐसी स्थिति अधिक है, उत्तर भारत और मध्य भारत में कम। पर यह बात अपनी जगह सही है कि ईसाइयत, धर्म परिवर्तन के साथ, लोगों के मन से जातिप्रथा की भावना मिटा नहीं सकी। (5/455)

अंग्रेज अछूतों की रक्षा करेंगे, इस धारणा का खंडन करते हुए गाँधीजी ने लिखा था : अंग्रेज सरकार की अपेक्षा कांग्रेस कहीं ज्यादा अच्छी तरह उनके हितों की रक्षा कर सकती है। इसके सिवा अनुसूचित जातियों के लोग सवर्ण हिंदुओं की तरह बहुत-सी जातियों में बंटे हुए हैं। अनुसूचित जाति का कोई भी सदस्य सही-सही ढंग से सभी जातियों का प्रतिनिधित्व नहीं कर सकता। इस पर आम्बेडकर ने लिखा : यदि अनुसूचित जातियां बहुत-सी जातियों में बंटी हुई हैं तो इसी तरह मुसलमान और हिंदुस्तानी ईसाई भी बंटे हुए हैं। मुसलमानों में तीन विभाग हैं - सुन्नी, शिया और मौलवी। और प्रत्येक में बहुत- सी जातियां हैं जो आपस में खान-पान के संबंध तो रखती हैं परंतु विवाह नहीं करतीं। हिंदुस्तानी ईसाइयों में कैथोलिक हैं, प्रोटेस्टैंट हैं। कैथोलिक ईसाइयों में सवर्ण ईसाई हैं और अवर्ण ईसाई हैं। ऐसे ही प्रोटेस्टैंट जन समुदायों में ऐसी जाति हैं जो आपस में शादी-ब्याह नहीं करतीं। सवर्ण तथा अवर्ण ईसाई एक साथ भोजन भी नहीं करते और न ही एक ही गिरजाघर में जाते हैं।[239]

मुसलमानों में जाति प्रथा क्यों है? इसकी कैफियत देते हुए आम्बेडकर ने लिखा : भारत जैसे देश में ज्यादातर मुसलमान वे हैं, जो पहले सवर्ण या अवर्ण हिंदू थे। धर्म परिवर्तन के समय उनका पूरी तरह और कारगर ढंग से इस्लामीकरण नहीं हुआ। या तो इस डर से कि लोग बगावत करेंगे या इसलिए कि उनका समझाने-बुझाने वाला तरीका ही ऐसा था या मौलवियों की संख्या कम होने से वे काफी प्रचार न कर सके। इसलिए इसमें कोई आश्चर्य नहीं कि मुस्लिम समाज के काफी बड़े हिस्से जहां-तहां धार्मिक और सामाजिक जीवन में अपने हिंदू उद्‌भव का परिचय देते हैं। अंशतः इसका एक कारण यह भी है कि सदियों से हिंदू और मुसलमान एक ही सामान्य परिवेश में रहते आए हैं और वह उन्हें

प्रभावित करता रहा है।[240] जहां जाति प्रथा की बात है, वहां आम्बेडकर सामान्य परिवेश को प्रभावशाली मानते हैं। जहां राष्ट्रीय एकता की बात है, वहां यह परिवेश निर्बल हो जाता है और वह अलगाव की बात करते हैं। इस प्रसंग में वह अकबर की नीति का भी स्मरण करते हैं। अकबर ने दोनों धर्मों को मिलाने का प्रयत्न किया था। इसीलिए हिंदुओं और मुसलमानों में कुछ सामान्य विशेषताएँ देखी जाती हैं। पर यह मुर्दा अतीत का परिणाम है, न इसका वर्तमान है और न भविष्य।[241]

ईसाइयत और इस्लाम बहुत बाद की चीजें हैं। देखना चाहिए, भारत में जब बौद्ध धर्म बुलंदी पर था, तब यहां जाति प्रथा थी या नहीं। 'साकेत जातक' में कथा है, एक वृद्ध ब्राह्मण ने साकेत के पास गौतम बुद्ध को देख कर कहा : पूर्व जन्म में तुम मेरे पुत्र थे। भिक्षुओं के आश्चर्य करने पर बुद्ध ने कहा : भिक्षुओ, पूर्व समय में यह ब्राह्मण लगातार 500 जन्मों तक मेरा पिता हुआ। 500 जन्मों तक चाचा (चुल्ल पिता), 500 जन्मों तक ताया (महापिता)। यह ब्राह्मणी भी लगातार 500 जन्मों तक माता, 500 जन्मों तक चाची (चुल्ल माता) और 500 जन्मों तक ताई (महामाता) हुई। इस प्रकार मैं डेढ़ हजार जन्म तो ब्राह्मण के हाथ में पला और डेढ़ हजार ब्राह्मणी के हाथ में। (जातक, प्रथम खंड, संपादक और अनुवादक भदंत आनंद कौशल्यायन, पृष्ठ 446) बालीभट्ट जातक में घोड़ों और गधों में फर्क करते हुए कहा गया है : गधों को थोड़े से रस वाला तुच्छ थोड़ा सा छना हुआ पानी पी कर भी मद हो जाता है। सौधव घोड़ों को यह श्रेष्ठ रस पी कर भी मद नहीं होता। इस पर बोधिसत्व ने यह गाथा कही : राजन्, हीन कुल में पैदा हुआ थोड़ी भी पीने से, उसके स्पर्श से ही मस्त हो जाता है। स्थिर शील वाला तथा श्रेष्ठ कुल में पैदा हुआ श्रेष्ठ रस पी कर भी मस्त नहीं होता। (जातक, द्वितीय खंड, पृष्ठ 276-77) महासोम जातक में एक राजा और ब्राह्मण के संबंधों के बारे में यह विवरण है : राजा ने राजभवन में प्रवेश किया। राज्यासन पर बैठकर ब्राह्मण को बुलवाया। आज्ञा दी कि इसकी हजामत आदि कराओ। जब लोग उसकी हजामत करा, नहला, चंदनादि का लेप करा वस्त्रालंकार पहना कर ले आए, तो राजा ने स्वयं उसके बाद स्नान किया और अपना भोजन उसे दिया। उसके खा चुकने पर स्वयं भोजन किया। फिर उसे महामूल्यवान आसन पर बिठा धर्म गौरव से उसकी सुगंधि तथा मालादि से पूजा कर स्वयं नीचे आसन पर बैठ निवेदन किया : आचार्य, मेरे लिए जो गाथाएँ लाए, उन्हें सुनाएँ। (जातक, प्रथम खंड, पृष्ठ 559)

राइस डेविड्स ने 'बुद्धिस्ट इंडिया' पुस्तक में लिखा है : सबसे ऊपर क्षत्रिय थे जो अपने वंश और वर्ण की शुद्धता का सबसे अधिक ध्यान रखते थे। उनके बाद ब्राह्मण थे जो कुल और वर्ण के विचार से ऊंचे थे। उनके नीचे किसान थे, वैश्य, और सबके नीचे शूद्र ये भाड़े पर काम करते थे या कारीगरों के काम करते थे या दूसरों की सेवा करते थे। शूद्रों से भी नीचे हीन जाति के लोग थे। इनमें चिड़ीमार थे, कुम्हार, बुनकर, चमड़े का काम करने वाले वगैरह थे। बौद्ध और जैन ग्रंथों में चांडालों का और पुक्कुसों का उल्लेख है जो इन निम्न जातियों से भी गए-बीते माने जाते थे। (पृष्ठ 39-40) बौद्धकालीन भारत

में भी जाति प्रथा थी, ऊंच-नीच का भेदभाव था। वित्त का चलन होने पर लोग अपना पुराना पेशा छोड़ कर नया पेशा अपनाते थे, कभी ज्यादा पैसा कमाने के लिए और कभी गरीबी से बचने के लिए। ब्राह्मण, क्षत्रिय, वैश्य अपने पुराने व्यवसाय छोड़कर नए व्यवसाय अपनाते थे, इसके अनेक उदाहरण राइस डेविड्स ने जातकों से दिए हैं।

अछूतों के प्रति कांग्रेस की सहानुभूति दिखाने भर के लिए है – यह सिद्ध करने के लिए आम्बेडकर ने एनी बेसेंट का एक लेख उद्धृत किया है। यह लेख फरवरी 1909 की 'इंडियन रिव्यू' पत्रिका में छपा था। उसमें उन्होंने दलित जातियों के उद्धार के बारे में विचार किया है और इंग्लैंड में ऐसी ही जातियों के अस्तित्व का उदाहरण दिया है। उन्होंने लिखा था : प्रत्येक राष्ट्र में सामाजिक इमारत के आधारभूत ऐसे बहुत से लोग होते हैं जो अज्ञानी, पतित, भाषा और स्वभाव में गंदे होते हैं, उन्हें समाज के लिए आवश्यक बहुत से काम करने पड़ते हैं। लेकिन जिस समाज की आवश्यकताएँ वे पूरी करते हैं, वही समाज उनकी उपेक्षा करता है और उनसे घृणा करता है। इंग्लैंड में इस वर्ग को नीचे धंसा हुआ 10वां भाग कहा जाता है क्योंकि यह कुल आबादी का दसवां हिस्सा है। यह नित्य भुखमरी का सामना करता है। जरा भी और दबाव पड़ा तो वह कगार के नीचे आ जाता है। यह कुपोषण का शिकार होता है और कुपोषण से उत्पन्न होने वाले रोगों का भी शिकार होता है। जिन लोगों का स्नायुतंत्र नीचे दर्जे का होता है, उन्हीं की तरह ये लोग भी बहुत बच्चे पैदा करते हैं। परंतु इनके बच्चे बहुत जल्दी मृत्यु को प्राप्त होते हैं। अक्सर वे विकलांग, दुबले-पतले और कुपोषित होते हैं। इनमें जो जरा अच्छे होते हैं, वे ऐसे मजदूरों का काम करते हैं जिसके लिए कौशल जरूरी नहीं होता। बहुत मोटा काम वे करते हैं। भंगियों का, सफाई करने वालों का, खलासियों और मछुआरों आदि का काम करते हैं। इनमें समाज के आवारा, शराबी, लुच्चे-लफंगे, गुंडे-बदमाश, खानाबदोश, अपराधी आदि आकर शामिल हो जाते हैं और ये उसका सबसे खराब हिस्सा होते हैं।[242]

यह पूंजीवादी इंग्लैंड की हालत है जहां न बौद्ध धर्म था, न हिंदू धर्म, न इस्लाम। अधिकारहीन और मुफलिस सामंती व्यवस्था में भी थे परंतु पूंजीवादी समाज में उनकी हालत और भी खराब हो गयी थी। मार्क्स ने लिखा था : पूंजीवाद सर्वहारा वर्ग को पशुओं का सा आचरण करना सिखाता है। एनी बेसेंट ने जिनके बारे में लिखा है : वे सभी सर्वहारा हैं परंतु वे औद्योगिक सर्वहारा से अलग हैं। गंदे से गंदा काम करने के अलावा उनके पास जीविका अर्जन का और कोई साधन नहीं है। उनके लिए सम्मानजनक जीविका के सारे रास्ते बंद हैं। वे अपना वर्ग बदल कर किसान, कारीगर, व्यापारी, भूस्वामी या पुरोहित हो जाएँ, यह संभव नहीं है। अंग्रेजी राज कायम होने से पहले भारत में लोग बराबर अपने पेशे बदलते रहते थे। पूंजीवाद समाज की तलछट से ऐसे वर्ग का निर्माण करता है जिसके लिए कोई पेशा है ही नहीं, जिसे नीचे से ऊपर उठने के लिए अवसर ही नहीं मिलता। निष्कर्ष यह कि पूंजीवादी व्यवस्था सामंती अवशेष कायम रखती है, उन्हें और भी विकृत रूप देती है। इस व्यवस्था को बदले बिना दलित वर्गों की समस्या नहीं सुलझाई जा सकती।

जातीय समस्या और मुसलमान

ब्रिटिश राजनीतिज्ञ भारत की चर्चा करते हुए यहां हिंदुओं, मुसलमानों, सिखों आदि की बात करते हैं, जाति बिरादरियों की बात करते हैं। यहां प्रादेशिक जातियां भी हैं आमतौर से इस तथ्य की अनदेखी करते हैं। भारत के स्वाधीन होने के बाद भाषावार प्रांत बनाने के लिए जो आंदोलन चला, उससे सभी लोग परिचित हैं। उससे बहुत पहले पराधीन भारत में भी इस तरह की मांग कई जगह की गयी थी। इन जगहों में बंबई का महाप्रांत था। अंग्रेजों की नीति थी कि बड़ी-बड़ी प्रादेशिक जातियों को छोटे-छोटे टुकड़ों में बांट दिया जाए। उनकी यह नीति कुछ बुद्धिजीवी अवश्य पहचानते थे। बहुत से भारतीय साहित्य के इतिहासकारों के लिए देश में नव जागरण अंग्रेजी राज कायम होने के बाद शुरू होता है। परंतु जिन भाषाओं में यह साहित्य लिखा गया था उनके बोलने वालों को अंग्रेजों ने जानबूझ कर छोटे-छोटे टुकड़ों में बांट दिया था। बंबई महाप्रांत की भूमि के नव विभाजन के प्रश्न पर साइमन कमीशन को विचार करना था। इस प्रश्न का अध्ययन करने के लिए एक समिति बनाई गई। इस समिति के विचारों से आम्बेडकर सहमत नहीं थे। उन्होंने अपनी अलग रिपोर्ट प्रस्तुत की। यह काम उन्होंने 1929 में किया। उनकी रिपोर्ट अंग्रेजी रचनावली के दूसरे खंड में है।

इसमें उन्होंने कहा : बंबई महाप्रांत के 4 भाषाई विभाग स्पष्ट हैं —महाराष्ट्र, गुजरात, कर्णाटक और सिंध। गुजरात, महाराष्ट्र और कर्णाटक बंबई महाप्रांत में एक ही प्रशासन के अंतर्गत 110 वर्षों से हैं। सिंध इस महाप्रांत में 85 वर्ष पहले जोड़ा गया। कर्णाटक और सिंध महाप्रांत से अलग होने की मांग कर रहे हैं। उनका तर्क यह है कि यह प्रांत स्वाभाविक इकाई नहीं है, जानबूझ कर एकरूप समुदायों को तोड़कर, और उन्हें बहुरूप समुदायों से मिलाकर, यह प्रांत बनाया गया है। इस विघटन के द्वारा उनकी अपनी संस्कृतियों को दबाया गया है, दूसरी ओर बड़े समुदायों के साथ उन्हें मिलाने से उन्हें राजनीतिक रूप से असहाय बना दिया गया है।[243]

आम्बेडकर स्वीकार करते हैं कि कर्णाटक के छोटे-छोटे टुकड़े किए गए और प्रशासनिक उद्देश्य से उन्हें गैर कर्णाटकी क्षेत्रों से जोड़ा गया है। वह कहते हैं, यह भी अस्वीकार नहीं किया जा सकता कि कर्णाटक का जो भाग बंबई महाप्रांत में जोड़ा गया, वह राजनीतिक रूप से घाटे में रहा क्योंकि बंबई की विधान सभा में उसका प्रतिनिधित्व बहुत कम है। यह सब होने पर भी मैं कर्णाटक के अलगाव का विरोध करता हूं। भाषा के आधार पर प्रांत बनाए जाएँ तो भारत में बहुत से प्रांत बन जाएंगे और यह अव्यावहारिक होगा। कहा जा सकता है, कुछ समुदायों में भाषाई चेतना है, औरों में नहीं है। परंतु जिन में नहीं है, वे भी अपनी सरकारें बना लें तो उनमें भी यह चेतना पैदा हो जाएगी। यदि वर्तमान व्यवस्था बनी रहती है, तो यह निश्चित नहीं है कि इससे कन्नड़ संस्कृति का अहित होगा। परंतु

ऐसा हो भी तो यह दुख की बात न होगी। इस समय सबसे ज्यादा जरूरत इस बात की है कि आम जनता में एक सामान्य जाति (ए कॉमन नैशनैलिटी) की भावना पैदा की जाए, यह भावना कि वे पहले भारतीय हैं उसके बाद हिंदू, मुसलमान, सिंधी, कन्नड़ आदि। यदि यह आदर्श हो तो ऐसा कुछ न करना चाहिए जिससे स्थानीय प्रदेश-भक्ति और अपने समुदाय की चेतना प्रबल हो।[244]

बंबई महाप्रांत में शामिल होने से सिन्ध को लाभ हुआ है। बड़े कुटुम्ब के अधीन होने के बदले वह उसका पड़ोसी है। वहां प्रदेश के अपने कायदे कानून लागू किए जाते हैं। उसकी स्वाधीनता और गरिमा की रक्षा की जाती है। सार्वजनिक सेवाओं में वहीं के लोग काम करते हैं। मोंटेग्यू चेम्सफोर्ड सुधार लागू होने के बाद सिंध बंबई महाप्रांत की सरकार को अपने अनुपात से बाहर प्रभावित करता रहा है।[245] यहां आम्बेडकर ने एक दिलचस्प बात कही। सिंध को अलग करने के पक्ष में सभी लोग एकमत नहीं हैं। मुसलमान अलग होना चाहते हैं और हिंदू इसका विरोध करते हैं। अगस्त 1917 में सुधारों से संबंधित घोषणा के बाद सिंधियों ने नवम्बर 1917 में एक सम्मेलन किया। सुधारों के लागू होने पर सिंध की स्थिति क्या होगी, इस विषय पर विचार करना था। एक प्रमुख सिंधी मुसलमान स्वागत समिति के अध्यक्ष थे और सम्मेलन के सभापति एक हिंदू सज्जन थे। सम्मेलन ने अलगाव का विरोध किया। एक प्रस्ताव पास किया जिसमें कहा गया था कि सिंध और महाप्रांत में संबंध और भी घनिष्ठ होने चाहिए। इस प्रस्ताव का समर्थन हिंदुओं और मुसलमानों, दोनों ने किया था। 1918, 19 और 20 में सम्मेलन का यही रवैया रहा। असहयोग आंदोलन से प्रभावित होने के कारण सम्मेलन ने इस प्रश्न पर 1920 के बाद विचार नहीं किया। इस वृत्तांत से स्पष्ट होगा कि मुसलमानों ने अपनी नीति बदली है। जो साझा सहमति थी, उससे वे अलग हटे हैं। यह संयुक्त मांग नहीं है। यह एक हिस्से की मांग है जिसका जन्म केवल मुसलमान समुदाय में हुआ है।[246] यहां आम्बेडकर इस बात पर जोर देते हैं कि जातीय मांग प्रभावशाली तब होगी जब वह संयुक्त मांग हो। इसके बदले यदि पूरी जाति का एक अंश ऐसी मांग करता है, तो वह साम्प्रदायिक मांग होगी और स्वीकार न की जाएगी।

1947 के विभाजन के बीज 20 साल पहले कैसे बोए जा रहे थे, इसका विवरण आम्बेडकर ने दिया है। उन्होंने लिखा है : सिंध के अलगाव का समर्थन और उसका विरोध करने वाले असली कारण न बताते थे। मार्च 1927 में कुछ प्रमुख मुसलमान नेताओं ने ऐसे प्रस्ताव रखे जिनसे उनकी समझ में हिंदुओं और मुसलमानों में मेल हो सके। ये दिल्ली के मुस्लिम प्रस्ताव कहलाए। इन प्रस्तावों में मांग की गई थी, सिंध को अलग प्रांत बनाया जाए, उत्तर-पश्चिमी सीमांत प्रदेश को वही दर्जा दिया जाए जो अन्य प्रांतों को मिला हुआ है। पंजाब और बंगाल में मुसलमानों का प्रतिनिधित्व उनकी आबादी के अनुसार होना चाहिए। आम्बेडकर ने इन प्रस्तावों के बारे में लिखा है : इन पर निगाह डालते ही एक बात साफ हो जाती है कि यह योजना इसलिए बनाई गई है कि मुस्लिम बहुमत वाले जितने

प्रांत बनाए जा सकें, बनाए जाएँ। वर्तमान व्यवस्था के अंतर्गत इस समय पंजाब और बंगाल ऐसे दो प्रांत हैं जहां मुसलमानों को थोड़ा ही बहुमत है। बंगाल और पंजाब में मुसलमानों की आबादी के अनुपात से उनका प्रतिनिधित्व हो, इसका उद्‌देश्य यह है कि अभी जो साम्प्रदायिक बहुमत है उसे राजनीतिक बहुमत बना दिया जाए। इससे वहां मुसलमान सरकार का बनना निश्चित हो जाएगा। बलूचिस्तान और उत्तर-पश्चिमी सीमांत प्रदेश में मुसलमान बहुसंख्यक हैं परंतु वहां जिम्मेदार अर्थात् निर्वाचित सरकारें नहीं हैं। परिणाम यह कि वहां मुस्लिम बहुमत शासक बहुमत नहीं बना। इन प्रस्तावों का उद्‌देश्य है कि इस दोष को दूर किया जाए जिससे कि ये 4 प्रांत मुस्लिम बहुमत वाले हो जाएँ और वहां मुस्लिम सरकार का बनना निश्चित हो जाए। सिंध में मुसलमान बहुसंख्यक हैं। उसे अलग प्रांत बनाने का उद्‌देश्य यह है कि मुस्लिम प्रांतों की सूची में एक पांचवां और जोड़ दिया जाए। इन मुस्लिम प्रांतों के बनाने का उद्‌देश्य क्या है? स्वयं मुसलमानों की दृष्टि में इनका वही उद्‌देश्य है जो साम्प्रदायिक निर्वाचन क्षेत्रों का है। योजना के सूत्रधारों का कहना है, मुस्लिम प्रांतों की बात मान ली जाए तो वह साम्प्रदायिक निर्वाचन-क्षेत्रों की बात छोड़े देंगे और प्रांतीय तथा केंद्रीय विधान सभाओं के लिए संयुक्त निर्वाचन क्षेत्रों का समर्थन करेंगे।[247]

आम्बेडकर कहते हैं : साम्प्रदायिक निर्वाचन क्षेत्रों का उद्‌देश्य था कि अल्पसंख्यकों के हितों की रक्षा की जाए। मुस्लिम प्रांतों के बनने से हिंदू प्रधान प्रांतों में मुस्लिम अल्पसंख्यकों के हितों की रक्षा कैसे होगी, यह तुरंत स्पष्ट नहीं होता। ऊपर से देखने में यही लगता है साम्प्रदायिक निर्वाचन-क्षेत्रों से उन्हें जो संरक्षण मिला था, अथवा जिसके मिलने की वे कल्पना करते थे, वह उनसे दूर चला जाएगा, पर गहराई से देखें तो यह योजना चतुराई से बनायी गयी है पता चलेगा और मुस्लिम अल्पसंख्यकों की रक्षा के लिए बनाई गई है। यदि हिंदू प्रांतों में बहुसंख्यक हिंदू अल्पसंख्यक मुसलमानों पर अत्याचार करें तो इस योजना में यह गुंजाइश है कि मुस्लिम प्रांतों में बहुसंख्यक मुस्लिम अल्पसंख्यक हिंदुओं पर अत्याचार करें। अगर उधर जनता को सताया गया तो इधर भी सताएंगे। उधर अत्याचार हुआ तो इधर भी अत्याचार करेंगे। यह योजना है। नेहरू कमेटी ने भी कहा था, सिंध के अलगाव की जो मांग मुसलमानों ने की है, उसका आधार सम्प्रदायवाद है और उसके साथ बहुत सी अप्रासंगिक बातें जोड़ दी गई हैं।[248]

इसके बाद आम्बेडकर ने हिंदुस्तान टाइम्स 3 जनवरी, 1928 से मौलाना अबुल कलाम आजाद के भाषण का एक हिस्सा उद्धृत किया है जो बहुतों को चौंकाने वाला होगा। मुस्लिम लीग के कलकत्ता अधिवेशन को सम्बोधित करते हुए मौलाना आजाद ने कहा : लखनऊ के समझौते के जरिए मुसलमानों ने अपने हितों को कुर्बान कर दिया। दिल्ली में जो प्रस्ताव रखे गए हैं उनसे पहली बार हिंदुस्तान के मुसलमानों को वास्तविक अधिकारों की स्वीकृति के लिए दरवाजा खुला है। 1917 के समझौते से अलग निर्वाचन क्षेत्र मिले थे। उनसे मुसलमानों का प्रतिनिधित्व ही सुनिश्चित हुआ। परंतु मुस्लिम समाज के अस्तित्व के लिए

जो चीज बहुत जरूरी थी, वह उसकी संख्या-शक्ति की स्वीकृति थी। दिल्ली ने ऐसी परिस्थिति के निर्माण के लिए रास्ता बना दिया है जिससे हिंदुस्तान के भविष्य में मुसलमानों को उचित हिस्सा मिल सके। बंगाल और पंजाब में उनका जो थोड़ा सा बहुमत है, वह सिर्फ मर्दुमशुमारी के आंकड़े हैं। दिल्ली के प्रस्तावों से उन्हें पहली बार 5 प्रांत मिलेंगे जिनमें 3, सिंध, उत्तर-पश्चिमी प्रदेश, बलूचिस्तान, दरअसल बहुसंख्यक मुसलमान प्रांत होंगे। अगर मुसलमान इस कदम का महत्व नहीं समझते तो वे इस दुनिया में रहने लायक नहीं हैं। अब 5 मुस्लिम प्रांतों के मुकाबले में 9 हिंदू प्रांत होंगे। 9 प्रांतों में हिंदू मुसलमानों के साथ जैसा सलूक करेंगे, वैसा ही सलूक 5 प्रांतों में मुसलमान हिंदुओं के साथ करेंगे। क्या यह बहुत बड़ा लाभ नहीं है? क्या मुस्लिम अधिकारों को मंजूर कराने के लिए यह नया हथियार नहीं है?[249]

आम्बेडकर कहते हैं : स्पष्ट है कि सिंध का भविष्य क्या होगा, इससे उन प्रस्तावों को बहुत सरोकार नहीं है। सिंध के अलगाव की मांग और बड़ी योजना का अंत है जिसका आधार यह सिद्धांत है कि शांति कायम करने का सबसे अच्छा तरीका यह है कि युद्ध के लिए तैयार रहो।[250] नेहरू कमेटी ने कहा था : जिस ढंग से प्रस्ताव रखा गया है, उससे स्वयं प्रस्ताव का महत्व कम नहीं होता। आम्बेडकर ने इसका विरोध किया। जिस ढंग से प्रस्ताव पेश किया गया, उसी से वास्तविक उद्देश्य का पता चलता है। यह छोटी बात नहीं है। यह इतनी महत्वपूर्ण है कि उससे पूरी परिस्थिति बदल सकती है। जिस उद्देश्य से कोई संस्था बनाई जाती है, वही मुख्य रूप में उसे गतिशील बनाती है। जिस उद्देश्य से यह योजना बनाई गई है, वह बहुत भयानक है। बदले की कार्यवाही से न्याय और शांति कायम रखने की बात सोची गई है। मुस्लिम प्रांतों में निर्दोष अल्पसंख्यक हिंदुओं को और हिंदू प्रांतों में निर्दोष अल्पसंख्यक मुसलमानों को सजा देने का अवसर दे दिया गया है। जिस योजना में अल्पसंख्यक लोग नागरिक न रहें, बलि का बकरा बनें, उसकी निंदा ही करनी चाहिए। उनके भाई-बंधुओं ने दूसरी जगह दुर्व्यवहार किया है, तो इसकी सजा यहां उनको क्यों मिले? और कौन कह सकता है कि दुर्व्यवहार किया ही गया था? अक्सर देखा जाता है कि जो शिकायत करने वाले हैं, वे बढ़ा-चढ़ा कर बातें करते हैं। प्रांतों के बीच लड़ाई करने के लिए शिकायतें गढ़ी जा सकती हैं। इस योजना के जो परिणाम निकलेंगे, उन पर शांत मन से विचार करना संभव नहीं है। हिंदू प्रांतों में मुसलमानों पर अत्याचार करने के अवसर हिंदुओं को भी मिलेंगे, इससे योजना का स्वरूप नहीं बदल जाता। इसमें फूट और विघटन के बीज हैं। यह योजना इतनी भयानक है कि यदि मुसलमान उसके बिना सुरक्षित महसूस नहीं करते तो कम से कम मैं कहूंगा कि जब तक आपसी विश्वास से उन्हें भरोसा न हो जाए कि उसके बिना भी काम चलेगा, तब तक स्वराज की बात आगे के लिए टाल देनी चाहिए। नेहरू कमेटी का तर्क है : ऐतिहासिक घटनाओं की एक श्रृंखला है जो भारत की आबादी के वर्तमान वितरण के लिए जिम्मेदार है। साम्प्रदायिक प्रांत बनाने में हमें उन तथ्यों को स्वीकार करना है जो विद्यमान हैं। इस पर आम्बेडकर की टिप्पणी

है : यह बेशक सही है पर यह मुद्दा बना रहता है कि इस समय जब साम्प्रदायिक भावना पूरे उभार पर है और राष्ट्रीय भावना एकदम गिरी हुई है, तब क्या ऐसे प्रांत बनाना उचित होगा जो पहले से ही साम्प्रदायिक माने गए हैं? जब हिंदू और मुसलमान अपनी साम्प्रदायिक चेतना से छुटकारा पा जाएं और समझने लगें कि वे सबसे पहले भारतीय हैं, तब ऐसे प्रांत बनाने का समय आ जाएगा।[251]

आम्बेडकर की बातें सही हैं। परंतु उन्होंने विघटित कर्णाटक को भी प्रांत का रूप देने का विरोध किया था। वहां ऐसी कोई समस्या नहीं थी। यहां साम्प्रदायिक चेतना से उबरने और भारतीय होने का एहसास करने के बारे में जो उन्होंने बहुत अच्छी बातें कही हैं, उन्हें वे स्वयं बहुत जल्दी भूल गए।

मार्च 1940 में मुस्लिम लीग ने पाकिस्तान संबंधी प्रस्ताव पास किया। दिसंबर 1940 में पाकिस्तान पर आम्बेडकर की पुस्तक प्रकाशित हुई, दूसरा संस्करण 1945 में निकला। इसकी भूमिका में उन्होंने लिखा : इस बारे में कोई संदेह नहीं है कि पाकिस्तान की योजना पर विचार करना ही होगा। मुसलमान हठ करेंगे कि इस पर विचार जरूर किया जाए। अंग्रेज हठ करेंगे कि किसी भी तरह राजनीतिक सत्ता सौंपने के पहले हिंदू और मुसलमान आपस में समझौता करें। अंग्रेजों को दोष देना बेकार है कि सत्ता सौंपने के लिए इस तरह के समझौते को शर्त बनाया जाए। अंग्रेज इस बात से सहमत नहीं हो सकते कि आक्रामक हिंदू बहुमत को सत्ता सौंप दें। उसे अपना उत्तराधिकारी बनाएं और वह अल्पसंख्यकों से जैसा चाहे व्यवहार करें। इससे साम्राज्यवाद का अंत न होगा। उससे नए साम्राज्यवाद का जन्म होगा। इसलिए हिंदू पाकिस्तान की समस्या से चाहे जितना बचना चाहें, उस पर विचार करने के लिए उन्हें बाध्य करना होगा।[252]

मुसलमान अलग जाति या नेशन हैं। हिंदू अलग जाति या नेशन हैं। इस आधार पर जिन्ना और मुस्लिम लीग ने पाकिस्तान की मांग की थी। आम्बेडकर इस आधार को स्वीकार करते हैं। जाति - नैशनैलिटी - क्या है? आम्बेडकर के अनुसार यह एक सामाजिक भावना है। एक समुदाय के लोग जब समझते हैं कि वे सब एक हैं, आपस में एक दूसरे से संबंधित हैं, तब वह भावना जातीयता कहलाती है। हम सब एक हैं लेकिन दूसरे समुदाय से अलग हैं, यह भावना भी काम करती है। आम्बेडकर पूछते हैं, कि क्या यह बात सही नहीं है कि भारत के मुसलमान एक पृथक् समुदाय (एक्सक्लूसिव ग्रुप) हैं? आपस में उनमें एक दूसरे के संबंधी होने की भावना है या नहीं? हर मुसलमान अपने ही समुदाय के साथ रहना चाहता है, किसी गैर मुस्लिम समुदाय के साथ नहीं। यदि इन प्रश्नों का उत्तर सकारात्मक है तो विवाद यहां खत्म हो जाना चाहिए और मुसलमानों का यह दावा कि वे एक जाति हैं, स्वीकार कर लेना चाहिए।[253] यहां जातीयता की पहचान के लिए कोई वस्तुगत कसौटी नहीं रखी गई। केवल भावना की बात है। इस भावना के अनुसार शिया एक कौम हो सकते हैं, सुन्नी दूसरी कौम हो सकते हैं। रोमन कैथोलिक एक कौम हो सकते हैं, प्रोटेस्टैंट ईसाई दूसरी कौम हो सकते हैं। ब्राह्मण एक कौम हो सकते हैं, क्षत्रिय, वैश्य,

शूद्र दूसरी कौम हो सकते हैं। ब्राह्मणों में सारस्वत, कनोजिया आदि के भेदों का स्मरण करें। प्रत्येक वर्ण में सैकड़ों कौमें निकल सकती हैं।

भावनाएँ बहुत तरह की हो सकती हैं। एक बिरादरी की भावना है। दूसरी अपने धर्म की भावना है। तीसरी अपने वर्ग की भावना है, पूंजीपति वर्ग, मध्य वर्ग, मजदूर वर्ग आदि की भावना। चौथी प्रादेशिक जाति की भावना है, हम बंगाली हैं, पंजाबी हैं, कश्मीरी हैं आदि की भावना। प्रश्न यह है कि बिरादरी और सम्प्रदाय की भावना के मुकाबले प्रादेशिक जाति की भावना प्रबल है या निर्बल? वरीयता किसे मिलनी चाहिए? इतिहास के वर्तमान दौर में, किन्हीं विशेष परिस्थितियों में, बिरादरी और सम्प्रदाय की भावना बहुत प्रबल जान पड़ सकती है। परंतु उसका कोई ठोस भौतिक आधार नहीं होता। इसीलिए समय और परिस्थितियां बदलने पर प्रादेशिक जाति की भावना अधिक शक्तिशाली सिद्ध होती है। मुस्लिम लीग के नेता बंगाली जातीयता की भावना को कम करके आंकते थे। परिणाम यह हुआ कि बंगलादेश पाकिस्तान से अलग हो गया। साम्प्रदायिक आधार पर मुस्लिम लीग के नेताओं ने पाकिस्तान का निर्माण किया। परंतु इससे जातीय समस्या सुलझी नहीं। बहुत से हिंदुस्तानी मुसलमान अपना देश दौड़कर सिंध पहुंच गए थे। वहां सिंधियों और पंजाबियों से उनका संघर्ष अभी तक चालू है। सिंधी, बलूची, पठान, पंजाबी, सब अपनी जातीयता के प्रति पहले से अधिक सचेत दिखाई देते हैं। सम्प्रदायवाद कुछ समय के लिए जातीय चेतना को दबा सकता है पर अंत में विजय जातीयता की होती है। भारत से बाहर अतीत काल में तुर्कों, अरबों, ईरानियों आदि के बीच युद्ध होते रहे हैं। और अभी पिछले दिनों ईरान और इराक के बीच युद्ध हुआ। इन सबसे यही सिद्ध होता है कि धार्मिक एकता की भावना बार-बार जातीय एकता की भावना के सामने परास्त हुई है।

साम्प्रदायिक भावना के सामने आम्बेडकर भाषा की एकता और प्रदेश की एकता को भी गौण स्थान देते हैं। उनके साथ वे नस्ल की एकता जोड़ देते हैं। कहते हैं : यदि नस्ल की एकता, भाषा की एकता और सामान्य देश निर्णायक होते, तो हिंदुओं का दावा सही होता कि वे और मुसलमान एक ही जाति के लोग हैं। लेकिन इनमें से कोई भी किसी जन समुदाय को जाति नहीं बनाता।[254] पाकिस्तान से बंगलादेश का झगड़ा भाषा के प्रश्न को लेकर ही शुरू हुआ था। जाति के निर्माण में ऐतिहासिक परंपराओं की भूमिका भी महत्वपूर्ण होती है। आम्बेडकर प्रश्न करते हैं : क्या कोई ऐसी सामान्य ऐतिहासिक घटनाएँ हैं जिन्हें हिंदू और मुसलमान दोनों ही गौरव की या दुख की बातें समझते हों? ऐसी परंपराएँ नहीं हैं। हिंदू और मुसलमान दो हथियारबंद जत्थों की तरह हैं जो बराबर एक दूसरे से लड़ते आए हैं।[255] हिंदू-मुसलमान कारीगर एक साथ काम करते हैं। हिंदू-मुसलमान किसान एक ही गांव में साथ रह कर किसानी करते हैं। लड़ाने का काम जमींदार और पुरोहित करते हैं। जहां लड़ाई की बात है, वहां आम्बेडकर उसे बहुत बढ़ा-चढ़ा कर देखते हैं। जहां सामान्य शत्रु से एक साथ मिल कर लड़ने की बात है, वहां उसे वह भुला देते हैं। 1857 में हिंदू और मुसलमान मिल कर अंग्रेजों से लड़े थे। गाँधीजी के नेतृत्व में जो आंदोलन हुए, उनमें

मुसलमानों ने भाग लिया। अंग्रेजों का प्रयत्न यही रहता था कि यह दिखाएँ कि ये थोड़े से असंतुष्ट लोगों का आंदोलन है, कांग्रेस हिंदुओं की संस्था है, उसमें दिखाने के लिए कुछ मुसलमान आगे कर दिए जाते हैं। कांग्रेस के अलावा कम्युनिस्ट पार्टी के नेतृत्व में बहुत से आंदोलन हुए हैं जिनमें हिंदुओं और मुसलमानों ने मिलकर भाग लिया है। सुभाषचंद्र बोस ने आजाद हिंद फौज बनाई थी। उसमें मुसलमानों की बहुत बड़ी संख्या थी। परंपराओं के निर्माण का काम बराबर जारी रहता है। ऐसा नहीं है कि किसी समय विशेष तक परंपराओं का निर्माण हो गया फिर काम ठप्प हो गया। परंपराओं के निर्माण की सारी जिम्मेदारी राजाओं और पुरोहितों पर नहीं है। राजाओं और पुरोहितों के विरोधी गांव और शहर के सामान्य लोग भी इन परंपराओं का निर्माण करते हैं।

पाकिस्तान – निरर्थक, फिर भी अनिवार्य

आम्बेडकर ने 1940 में पाकिस्तान पर जो पुस्तक लिखी थी, उसमें 4 भाग थे। 1945 में उसका दूसरा संस्करण हुआ। उसमें उन्होंने एक नया पांचवां भाग जोड़ा। नए संस्करण की भूमिका में उन्होंने बताया है : लोगों ने पुस्तक की यह आलोचना की थी कि लेखक ने स्वयं पाकिस्तान पर अपना मत प्रकट नहीं किया। इसलिए नए संस्करण में उन्होंने यह पांचवां भाग जोड़ा है। पाकिस्तान के बारे में पहले संस्करण में भी जगह-जगह आम्बेडकर ने अपने विचार प्रकट किए हैं। परंतु ऐसा लगता है कि 4 वर्षों में उनके विचारों में कुछ परिवर्तन हुआ। इसलिए पहले की तरह उसकी अनिवार्यता मानते हुए भी उन्होंने उसकी निरर्थकता पर जोर दिया।

सबसे पहले उन्होंने कहा : भारत एक भौगोलिक इकाई है। इस इकाई का निर्माण स्वयं प्रकृति ने कर दिया है। यह सही है कि भारतवासी आपस में झगड़ते रहते हैं। परंतु इन झगड़ों से उस एकता का नाश नहीं हो सकता जो प्रकृति के समान ही सनातन है। भौगोलिक एकता के साथ ही यहां सांस्कृतिक एकता भी है। आम्बेडकर ने इस एकता की व्याख्या नहीं की। आगे कहते हैं : इसके सिवा 200 वर्षों से यहां अंग्रेजी हुकूमत रही है। पिछले वर्षों में सांस्कृतिक, राजनीतिक, आर्थिक, कानूनी और प्रशासनिक, सभी संस्थाएँ डेढ़ सौ वर्षों से एक ही पद्धति पर काम करती रही हैं। आम्बेडकर की बात सही हो तो कहा जा सकता है कि जहां एकता नहीं है, वहां अंग्रेजों ने अपनी ओर से एकता कायम की। पर अंग्रेजी राज की भूमिका दरकिनार, यह स्पष्ट है कि सभी राजनीतिक, सांस्कृतिक संस्थाएँ एक ही पद्धति पर काम नहीं करती रहीं। आम्बेडकर का तर्क है : अलगाव वहां होता है जहां अलग-अलग टुकड़ों को जोड़ दिया गया हो। पर यहां जुड़ी हुई चीज को तोड़ने की बात है। कुछ मुसलमान असंतुष्ट हैं पर इसके लिए पुरानी एकता का नाश क्यों किया जाए?[256]

पाकिस्तान के पक्ष में यह तर्क दिया जाता है कि यहां साम्प्रदायिक तनाव है, उसे सुलझाने का एक ही तरीका है —मुसलमानों का अलग राज्य बने। आम्बेडकर कहते हैं : सन् 20 से 35 के बीच जबर्दस्त साम्प्रदायिक तनाव रहा। दंगे हुए। खून-खराबे की नौबत आई। पर इस कारण अलगाव की मांग नहीं की गई। गोलमेज सम्मेलन में आम्बेडकर ने स्वयं भाग लिया था। उसका हवाला देते हुए उन्होंने कहा : 1935 के भारत संबंधी कानून के निर्माण के समय सभी लोग एक साथ रहने को तैयार थे। यह स्थिति 1937 तक रही। फिर बदल गई। साम्प्रदायिक तनाव रहने पर भी लोग एक साथ रह सकते हैं। इसके उदाहरण आम्बेडकर दूसरे देशों से देते हैं। कनाडा में अंग्रेज और फ्रांसीसी रहते हैं। दक्षिण अफ्रीका में बोअर और अंग्रेज एक साथ रहते हैं और स्विटजरलैंड में तीन जातियां — फ्रांसीसी, इटालियन और जर्मन - एक साथ रहती हैं। इन तीन देशों का उदाहरण आगे भी आम्बेडकर ने दिया है। इस तर्क में कमजोरी यह है कि अंग्रेज, फ्रांसीसी, बोअर, इटालियन, जर्मन सम्प्रदाय नहीं थे। ये जातियों के नाम हैं। यदि पंजाबी, बंगाली जातियों का सा झगड़ा होता तो ये उदाहरण ठीक होते। परंतु एक ही बंगाली जाति के हिंदू और मुसलमान, एक ही पंजाबी जाति के हिंदू और मुसलमान अलगाव की बात कर रहे थे। इंग्लैंड में रोमन कैथोलिक ईसाई अल्पसंख्यक हैं। प्रोटेस्टैंट ईसाई बहुसंख्यक हैं। अल्पसंख्यक कैथोलिक ईसाई बहुसंख्यक प्रोटेस्टैंट राज्य स्वीकार करते हैं। यदि यह उदाहरण आम्बेडकर देते तो वह ज्यादा प्रासंगिक होता। वास्तव में पंजाब का विभाजन या बंगाल का विभाजन आयरलैंड के विभाजन से मिलता-जुलता था। वहां एक ही जाति के दो सम्प्रदाय रोमन कैथोलिक और प्रोटेस्टैंट दो भागों में बंट गए। इसी तरह बंगाल और पंजाब में एक ही जाति के हिंदू, एक ही जाति के मुसलमान दो भागों में बांट दिए गए।

1935 के कानून के तहत चुनाव हुए। कुछ प्रांतों में कांग्रेस शासन 2 साल 3 महीने चला। जिन्ना का आरोप था कि कांग्रेस शासित प्रांतों में मुसलमानों पर हिंदू कांग्रेस सरकारों ने अत्याचार किए। इन अत्याचारों की जांच के लिए जिन्ना ने शाही कमीशन की मांग की थी। पर आम्बेडकर कहते हैं : इस कमीशन की मांग को लेकर वह अड़े नहीं। अड़ते और जांच कमीशन अपना काम करता तो सही स्थिति का पता लग जाता। आम्बेडकर कहते हैं : मुस्लिम लीग ने अत्याचारों पर जो रिपोर्टें छापी थीं, उन्हें देखने से पता चलता है, बातें बहुत बढ़ा-चढ़ा कर कही गई हैं।[257] आम्बेडकर तर्क करते हैं : मान लीजिए, अल्पसंख्यक जमातों का दमन किया गया तो हो सकता है, अगले चुनाव में निर्वाचक कांग्रेस को इसी तरह वोट न दें। अथवा कांग्रेस ही अपनी गलतियां महसूस करके अपनी नीति बदल दे। वहां आम्बेडकर एक महत्वपूर्ण बात कहते हैं : मुसलमान पहले से अलग जाति (नेशन) नहीं हैं परंतु वे होना चाहते हैं। अर्थात् वस्तुगत रूप से मुसलम न एक जाति नहीं हैं परंतु वे आत्मगत भावना के कारण जाति बनना चाहते हैं। यहां वस्तुगत सामाजिक प्रक्रिया और आत्मगत भावना में भेद किया गया है।

आम्बेडकर के अनुसार कुछ बातें मुसलमानों को हिंदुओं से अलग करने वाली हैं, परंतु

कुछ बातें उन्हें उनसे जोड़ने वाली भी हैं। इन जोड़ने वाली बातों को विकसित होने का अवसर मिले तो दोनों के मिलने से एक ही जन (पीपुल) का निर्माण हो सकता है। जो रीति-रिवाज धर्म पर आधारित हैं, वे हिंदुओं को मुसलमानों से अलग करते हैं। आम्बेडकर का बहुत सही प्रश्न है : किस चीज पर अधिक जोर देना चाहिए? जो चीज अलग करने वाली है या जो चीज जोड़ने वाली है? यहां संकेत यह है कि जो चीज जोड़ने वाली है, बुद्धिमान व्यक्तियों को उसका समर्थन करना चाहिए, और जो चीज जुदा करने वाली है, उसका विरोध करना चाहिए। फिर वह एक सिद्धांत की बात कहते हैं : जाति (नेशन) बनने के पहले लोग जन (पीपुल) ही होते हैं।[258] लोग जब एक साथ रहते हैं, तब उनका एक सामाजिक गठन होता है। जैसे बहुत से लोग रक्त संबंधों वाले कबीलों में संगठित होते हैं। आम्बेडकर ने यहां यह नहीं बताया, किस तरह के सामाजिक गठन से जाति का विकास होता है। रक्त संबंध और सामूहिक स्वामित्व वाले कबीलों के बाद वर्ण व्यवसायी और श्रम के विशेषीकरण वाले जनों का निर्माण होता है। जहां ये जन रहते हैं, उन्हीं स्थानों को जनपद कहा गया था। जनपदों के एकीकरण से जातीय प्रदेश का निर्माण होता है और इनमें रहने वालों के मिलने से जाति का निर्माण होता है। बंगाल और पंजाब के लोग कबीलों का जीवन न बिता रहे थे। वे अर्ध सामंती और अर्ध पूंजीवादी समाज में ऐसी जातियों का जीवन बिता रहे थे जिनमें सम्प्रदायवाद के विकास की गुंजाइश थी। सम्प्रदायवाद उनकी जातीय एकता को तोड़ने वाला था। उस एकता को मजबूत करने की जरूरत थी।

पाकिस्तान और हिंदू-मुस्लिम समस्याओं पर विचार करते हुए आम्बेडकर के सामने प्रादेशिक जातियां नहीं रहतीं। इन जातियों के हिंदू और मुसलमान ही रहते हैं। पूरे भारत के हिंदुओं और मुसलमानों की एक संभावित जाति मानते हुए वह उसकी तुलना फ्रांस में रहने वाली जाति से करते हैं। कहते हैं : हो सकता है, फ्रांस जितना आंतरिक रूप से सुसंबद्ध है, उतना आंतरिक रूप से सुसंबद्ध भारत न हो। परंतु यहां मन की सामान्य अवस्था (कॉमन स्टेट ऑफ माइंड) देखी जा सकती है।[259] जिन मानव समुदायों से ज़ाति बनती है उन में वर्ग अवश्य होते हैं। वर्गों के हित आपस में टकराते हैं। इसीलिए जाति के सभी वर्गों की मानसिकता एक जैसी हो, यह संभव नहीं है। फिर भी इन वर्गों में बहुत-सी बातें समान होती हैं इसलिए सापेक्ष रूप में मन की सामान्य दशा भी होती है। मुख्य बात यह है कि यह जातीय मानसिकता साम्प्रदायिक मानसिकता से अलग होती है। जातीय संस्कृति के मुकाबले साम्प्रदायिक विचारधारा प्रबल हो तो जाति का निर्माण हो ही नहीं सकता। एक ही जाति में अनेक धर्मों, अनेक सम्प्रदायों के लोग होते हैं। उनकी जातीय संस्कृति साम्प्रदायिक भेदभाव से ऊपर स्थापित होती है। आम्बेडकर कहते हैं : क्या मुस्लिम लीग के लिए यह उचित है कि वह केवल भेदभाव पर जोर दे और जो चीजें जोड़ने वाली हैं, उनकी पूरी तरह अनदेखी करे? यह न भूलना चाहिए कि यदि दो जातियों (टू नेशंस) का आविर्भाव होता है, तो यह इसलिए न होगा कि वे पूर्व निर्धारित (प्री डेस्टिन्ड) हैं। वह सोची-विचारी योजना (डेलिबरेट डिजाइन) का परिणाम होगा।[260] यहां मुस्लिम जाति

का निर्माण पूर्व निर्धारित नहीं है। सोची-विचारी योजना का परिणाम भी है। पूर्व निर्धारित निर्माण वस्तुगत प्रक्रिया है। जाति का निर्माण सोची-विचारी योजना का परिणाम हो तो वह आत्मगत इच्छाओं की पूर्ति है। इस स्थापना से संकेत यही मिलता है कि मुसलमानों का जाति के रूप में गठन कृत्रिम है। वह वस्तुगत प्रक्रिया का परिणाम नहीं है। इसी तरह हिंदुओं का एक जाति के रूप में गठन कृत्रिम होगा।

आगे आम्बेडकर कहते हैं : मुसलमान अभी जाति नहीं हैं। पर जाति के निर्माण के लिए जो तत्व आवश्यक होते हैं, वे उनके पास हैं। आम्बेडकर ने यह नहीं बताया कि ये कौन से तत्व हैं जिनसे जाति का निर्माण होता है। अवश्य ही भाषा और प्रदेश इनमें होंगे। बंगाली जाति बंगाल नाम के प्रदेश में रहती है, बांग्ला भाषा बोलती है। पंजाबी जाति पंजाब नाम के प्रदेश में रहती है, पंजाबी भाषा बोलती है। ये प्रदेश, ये भाषाएँ आत्मगत इच्छाओं का परिणाम नहीं हैं। पंजाबी और बांग्ला दो अलग अलग भाषाएँ हैं। पंजाब और बंगाल दो अलग प्रदेश हैं। इन दो प्रदेशों में रहने वाले दो अलग अलग भाषाएँ बोलने वाले मुसलमान एक ही जाति नहीं हो सकते। परंतु प्रादेशिक जातियों की अनदेखी करने के कारण आम्बेडकर दोनों प्रदेशों के मुसलमानों को मिलाकर एक कर देते हैं। फिर पूछते हैं : मान लिया जाए कि भारत के मुसलमान एक जाति हैं, तो क्या भारत ही ऐसा देश है जहां दो जातियां रहती हैं? और वह फिर कनाडा, दक्षिण अफ्रीका और स्विट्जरलैंड के उदाहरण देते हैं। साम्प्रदायिकता के संदर्भ में वह बहुत उपयुक्त है। स्विट्जरलैंड में जर्मन, फ्रांसीसी और इटालियन, तीन जातियों के लोग रहते हैं। उन्होंने कभी भी अपने देश के बंटवारे की मांग नहीं की। वे एक ही संविधान के तहत, एक ही देश के नागरिकों की तरह जीवन बिताते हैं। उन्हें अपनी जातीयता (नैशनैलिटी) अथवा अपनी संस्कृति के विनाश का भय नहीं है। आम्बेडकर के अनुसार : स्विट्जरलैंड ऐसे देशों से घिरा हुआ है जहां के रहने वालों की धार्मिक और नस्ली घनिष्ठता स्विट्जरलैंड मे रहने वाली जातियों से है। घनिष्ठता के बावजूद स्विट्जरलैंड की जातियां सबसे पहले स्विस हैं, उसके बाद जर्मन, इटालियन अथवा फ्रेंच हैं।[261] यह बहुजातीय राष्ट्रीयता का बहुत अच्छा उदाहरण है। स्विस राष्ट्रीयता सर्वोपरि है। उसके अधीन जर्मन, इटालियन और फ्रांसीसी जातीयता है। राष्ट्रीयता सर्वोपरि है पर उससे जातीयता का नाश नहीं हो जाता।

आम्बेडकर आगे पूछते हैं : मान लीजिए, हिंदू और मुसलमान दो जातियों में बंट जाते हैं। तो वे एक ही देश में, एक संविधान के अंतर्गत, एक साथ क्यों नहीं रह सकते? 'दो जातियों के सिद्धांत' के आविर्भाव से विभाजन आवश्यक क्यों हो जाए? मुसलमानों को यह भय क्यों हो कि हिंदुओं के साथ रहने से वे अपनी जातीयता और जातीय संस्कृति खो देंगे? यहां जातीयता और सम्प्रदायवाद को मिलाकर एक कर दिया गया है। आगे के वाक्यों से यह बात स्पष्ट हो जाती है – यदि मुसलमान अलगाव पर अड़े रहते हैं तो अविश्वासी आदमी यह नतीजा निकाल सकता है कि हिंदुओं और मुसलमानों में इतनी चीजें सामान्य हैं कि मुसलमान नेताओं को डर है कि मुसलमानों के पास जो कुछ विशिष्ट

इस्लामिक संस्कृति बची हुई है, वह निरंतर हिंदुओं के साथ सामाजिक संपर्क से अंततः लुप्त हो जाएगी। परिणाम यह होगा कि अंत में दो जातियों के बदले भारत में एक ही जाति का विकास होगा। यदि मुस्लिम राष्ट्रवाद (नैशनलिज्म) इतना पतला है तो विभाजन का उद्देश्य कृत्रिम है और पाकिस्तान की मांग निराधार साबित होती है।[262]

फिर आम्बेडकर हिंदू राज पर मुसलमानों की राजनीतिक आपत्तियों का जिक्र करते हैं। पहली आपत्ति यह है कि हिंदू समाज लोकतांत्रिक नहीं है। फिर पूछते हैं : हिंदुओं को मुसलमान बनाने के अलावा हिंदू समाज को सुधारने के लिए जो आंदोलन हुए हैं, उनमें क्या मुसलमानों ने भाग लिया है? ऐसा सवाल करना शायद उचित न हो, इसलिए वे दूसरा सवाल करते हैं : हिंदू समाज में अलोकतांत्रिक स्वरूप से जो बुराइयां पैदा होती हैं, उनसे क्या मुसलमान ही कष्ट सहते हैं? लाखों शूद्र और अब्राह्मण अथवा लाखों अछूत इस अलोकतांत्रिक स्वरूप के सबसे बुरे परिणाम भुगतते हैं। शिक्षा से, सार्वजनिक सेवा से और राजनीतिक सुधारों से हिंदू शासक वर्ग के अलावा किसे लाभ होता है? इस शासक वर्ग में हिंदुओं की ऊंची जातियों के लोग हैं जो कुल हिंदू आबादी का 10 फीसदी भी नहीं हैं।[263] अपनी पुस्तकों में, लेखों में, अछूतों के प्रति व्यवहार के लिए आम्बेडकर अक्सर पूरे हिंदू समाज को दोष देते हैं। पूरे हिंदू समाज को दोष देने के बदले इन 10 फीसदी हिंदुओं को दोष देना ज्यादा उचित होगा। ऊंची जाति के लोगों में गरीब भी हैं, खेती किसानी करने वाले लोग हैं। इसलिए इस 10 फीसदी में जो जमींदार और पुरोहित हैं, अंग्रेजों के ताबेदार बुद्धिजीवी हैं, उन्हें दोष देना उचित होगा और ऐसे लोग केवल हिंदुओं में नहीं, मुसलमानों में भी हैं। जब आम्बेडकर कहते हैं, मुसलमान अंग्रेजों के समर्थक बन गए हैं तब समझना चाहिए मुसलमानों का एक छोटा हिस्सा, जिसमें नवाब, जमींदार और पढ़े लिखे लोग हैं, अंग्रेजों का समर्थन करता है। अंग्रेजी राज में शासक वर्ग अंग्रेज अफसरों का है। हिंदू और मुसलमान अफसर उन्हीं के नीचे काम करते हैं। इसलिए हिंदू शासक वर्ग की बात करना गलत है। फिर मुसलमान और अछूतों के प्रति इस शासक वर्ग के व्यवहार की तुलना करते हुए कहते हैं : उसे मुसलमानों के हितों और अधिकारों की रक्षा से ज्यादा सरोकार है, शूद्रों और अछूतों के हितों और अधिकारों की रक्षा से उसे कोई वास्ता नहीं है। मिस्टर गाँधी अछूतों को कोई भी राजनीतिक रियायत नहीं देना चाहते। परंतु मुसलमानों के लिए वह कोरा चेक देने को तैयार हैं। हिंदू शासक वर्ग शूद्रों और अछूतों की तुलना में मुसलमानों के साथ सत्ता में साझेदारी करने को ज्यादा तैयार है। इसलिए हिंदू समाज के अलोकतांत्रिक स्वरूप के बारे में मुसलमानों को शिकायत करने का अवसर सबसे कम है।[264]

यद्यपि आम्बेडकर अछूतों को हिंदुओं से अलग अल्पसंख्यक जमात मानते रहे हैं, परंतु यहां संकेत यह है कि अछूत हिंदू हैं, पर उनके मुकाबले कांग्रेस सत्ता में मुसलमानों से साझेदारी करने को तैयार है। वह अछूतों की उपेक्षा करती है। अछूतों की स्थिति पर विचार करते हुए आम्बेडकर अक्सर हिंदू समाज सुधारक का दृष्टिकोण अपनाते हैं। यह दृष्टिकोण कहीं-कहीं हिंदू राष्ट्रवाद के नजदीक पहुंचता है। पर वह उससे अलग भी है। इस पुस्तक

में कहते हैं : यदि हिंदू राज हकीकत बन गया तो निःसंदेह इस देश के लिए यह सबसे बड़ी मुसीबत होगी।[265] हिंदू समाज में समानता, स्वाधीनता और भाईचारा नहीं है। इसलिए लोकतंत्र से उसका मेल नहीं होता। हर कीमत पर हिंदू राज के कायम होने को रोकना होगा। (हिंदू राज मस्ट बि प्रिवेंटेड ऐट ऐनी कॉस्ट)[266]

पर यदि धर्म के आधार पर मुसलमानों की एक जाति बनती है, तो यह निश्चित है कि धर्म के आधार पर हिंदुओं की भी एक जाति बनेगी। हिंदू समाज लोकतांत्रिक हो और चाहे अलोकतांत्रिक, यदि मुस्लिम समाज एक जाति है तो हिंदू समाज भी एक जाति होगा। इस समाज को लोकतांत्रिक बनाने का प्रयत्न किया जा सकता है। ऐसा प्रयत्न आम्बेडकर ने अवश्य किया था। कनाडा, दक्षिण अफ्रीका आदि में अल्पसंख्यक जातियों ने साम्प्रदायिक पार्टियां बनाने का विरोध किया था क्योंकि वे जानती हैं कि यदि उन्होंने ऐसी पार्टियां बनाईं तो उनके विरोध में बड़ी जातियां भी ऐसी पार्टियां बनाएंगी। आम्बेडकर पूछते हैं : क्या मुसलमानों ने सोचा है कि हिंदू राज से बचने का यह तरीका भी है? क्या उन्होंने सोचा है, उससे बचना कितना आसान है? क्या उन्होंने सोचा है कि मुस्लिम लीग की वर्तमान नीति कितनी निरर्थक और हानिकारक है? मुसलमान हिंदू महासभा और हिंदू राज के विरुद्ध खूब शोर मचा रहे हैं। परंतु इनके लिए जिम्मेदार कौन है? मुसलमानों ने मुस्लिम लीग बनाई, उसी का अनिवार्य फल है हिंदू महासभा और हिंदू राज। तुमने एक काम किया। उसकी प्रतिक्रिया हुई। एक से दूसरे का जन्म होता है। हिंदू राज के प्रेत को दफनाने का सबसे कारगर तरीका विभाजन नहीं वरन् मुस्लिम लीग को भंग करना, और हिंदुओं और मुसलमानों की एक मिली-जुली पार्टी बनाना है।[267] जिस न्याय से हिंदुओं और मुसलमानों की मिली-जुली पार्टी बनना चाहिए, उसी न्याय से सभी छूत और अछूत गरीबों की, सभी मजदूरों और किसानों की मिली-जुली पार्टी बनना चाहिए। आम्बेडकर ऐसी पार्टी बनाने की बात न सोच कर, कांग्रेस से अलग और उसके विरुद्ध अछूतों और मुसलमानों का संयुक्त मोर्चा बनाना चाहते हैं। कहते हैं : मुसलमानों और दूसरी अल्पसंख्यक पार्टियों के लिए कांग्रेस या हिंदू महासभा में शामिल होना संभव नहीं है। (यहां दूसरी अल्पसंख्यक पार्टियों में अछूतों की पार्टी भी है।) अल्पसंख्यकों के संरक्षण के बारे में शर्तों को लेकर जब तक समझौता नहीं हो जाता तब तक मुसलमान या अल्पसंख्यक पार्टियां कांग्रेस या हिंदू महासभा में शामिल नहीं हो सकतीं। पर यह सवाल तो हल होगा और इस बात की पूरी उम्मीद है कि यह ऐसा हल होगा जिससे मुसलमानों और दूसरी अल्पसंख्यक जमातों को आवश्यक सुरक्षा की सुविधाएँ मिल जाएंगी। एक बार ऐसा हो जाए, और हम दिल से चाहते हैं, ऐसा हो जाए, तो फिर पार्टियों की नीति को बदलने में कोई बाधा न होगी। सामाजिक और आर्थिक पुनर्गठन के कार्यक्रम के आधार पर हिंदू और मुसलमान निश्चित राजनीतिक पार्टियां बनाएंगे और इस तरह न हिंदू राज का खतरा होगा और न मुस्लिम राज का। भारत में ऐसी पार्टी बनाना कठिन न होगा। हिंदू समाज में निम्न स्तरों के लोगों की आर्थिक, राजनीतिक ओर सामाजिक आवश्यकताएँ वही हैं जो बहुसंख्यक मुसलमानों

की हैं। ऊंची जाति के हिंदुओं ने इन्हें शताब्दियों से अधिकारहीन बना रखा है। उनके बदले वे मुसलमानों के साथ सामान्य उद्‌देश्यों की प्राप्ति के लिए संयुक्त मोर्चा आसानी से बना सकेंगे।[268] यहां आम्बेडकर ने बहुसंख्यक मुसलमानों की बात कही है। मुसलमानों में स्तरों का भेद है। समान स्तरों के हिंदुओं और मुसलमानों में मेल हो, वे एक साथ राजनीतिक काम करें, तो इससे सम्प्रदायवाद कम होगा और दोनों अपनी उन्नति कर सकेंगे। यह एकता और भी मजबूत होगी, यदि उसे स्वाधीनता आंदोलन से जोड़ दिया जाए। यदि साधारण हिंदू और मुसलमान मिल कर अंग्रेजों से लड़ते तो देश को विभाजन से बचाया जा सकता था। परंतु अंग्रेज अपने संवैधानिक सुधारों के द्वारा विभाजन के लिए रास्ता बना रहे थे। आम्बेडकर की निगाह इन सुधारों पर थी। उनके विचार से मोंटेग्यू चेम्सफोर्ड सुधारों के अंतर्गत अधिकांश प्रांतों में 1920 से लेकर 1937 तक मुसलमानों, अब्राह्मणों और दलित वर्गों ने एक साथ मिल कर काम किया था। हिंदू राज के खतरे को समाप्त करने, हिंदुओं और मुसलमानों में साम्प्रदायिक सद्‌भावना कायम करने का यह सबसे उपयोगी तरीका था।[269] वास्तव में जैसा कि आम्बेडकर स्वयं पहले कह चुके हैं, "1920 से 1937 तक जितना साम्प्रदायिक तनाव रहा, उतना पहले कभी नहीं था और इस तनाव की जड़ ये अंग्रेजों द्वारा दिए गए सुधार थे। पाकिस्तान की मांग इन्हीं सुधारों की शृंखला में एक कड़ी थी। इसलिए अंग्रेजों द्वारा दिए गए सुधारों से अलग हट कर हिंदुओं और मुसलमानों की मिश्रित पार्टियां बनाने के लिए कोई और तरीका सोचना जरूरी था।"

पाकिस्तान पर आम्बेडकर की पुस्तक के 11वें अध्याय का शीर्षक है : 'साम्प्रदायिक आक्रामकता' (कम्युनल एग्रेर्शन) इसमें वह बताते हैं, मुसलमानों की राजनीतिक मांगें कैसे बार बार बढ़ती गईं। 1885 में कांग्रेस का जन्म हुआ। 1888 में वायसराय डफरिन ने एक भाषण में कहा था : भारत में अन्य देशों की तरह सभी जनता का प्रतिनिधित्व नहीं हो सकता। यहां प्रतिनिधित्व में विशेष हितों अर्थात् साम्प्रदायिक हितों का ध्यान रखना होगा।[270] 1892 में इंडियन कौंसिल्स एक्ट बना। अभी प्रतिनिधित्व का नाम नहीं था। सरकार सदस्यों को नामजद करती थी पर मुसलमानों का अलग प्रतिनिधित्व होना चाहिए, यह बात इस कानून के साथ जोड़ दी गई। अलग प्रतिनिधित्व की यह योजना मुसलमानों के किसी संगठन की मांग का नतीजा नहीं थी। लोगों का कहना था, यह डफरिन के दिमाग की उपज थी। आम्बेडकर कहते हैं : अलग प्रतिनिधित्व की बात अंग्रेजों की ओर से आई थी। परंतु मुसलमानों ने तुरंत उसका महत्व पहचान लिया। और 1909 में जब नए सुधारों की योजना बनाने की बात उठी, वे अपनी मांगें लेकर आगे आए। इसके बाद जब साइमन कमीशन भारत आया, तब मुसलमानों ने अपनी कुछ मांगें रखीं। हिंदुओं ने उनका विरोध किया, सिखों ने विरोध किया। साइमन कमीशन ने भी उन्हें ठुकरा दिया। लेकिन ब्रिटेन की सरकार ने वे सारी मांगें मान लीं।[271] इससे जाहिर होता है, ब्रिटेन के शासक वर्ग में दो तरह के लोग थे। एक गुट, कम से कम ऊपर से, इंसाफ का दिखावा करना चाहता था। दूसरा गुट अधिक दूरंदेश था। यह समझ कर कि कांग्रेस और मुस्लिम लीग दोनों ही

सुधारों के लिए आंदोलन करेंगी, अपनी-अपनी मांगें रखेंगी, वह दूसरों को लड़ाने की योजना अभी से बना रहा था। 1938 में जिन्ना ने जो 14 मांगें रखीं, उनके बारे में आम्बेडकर ने लिखा : यह नई सूची देखकर यह नहीं कहा जा सकता कि मुसलमानों की मांगों का अंत कहां होगा। एक साल के भीतर 1939 में उन्होंने यह मांग रखी कि हर चीज में उनका 50 फीसदी हिस्सा होना चाहिए।[272] आम्बेडकर ने मुसलमानों की मांगों की तुलना चेकोस्लोवाकिया से हिटलर की मांगों से की है।[273] केवल ब्रिटिश सरकार मुसलमानों की बढ़ती हुई मांगों पर रोक लगा सकती थी, क्योंकि हिंदुओं और मुसलमानों में विवाद होने पर फैसला उसी के हाथ में था। 'कौन कह सकता था कि नई मांगें पेश होने तक अंग्रेजों का फैसला मुसलमानों के पक्ष में नहीं होगा? मुसलमानों की मांगें जितना ही बढ़ती जाती थीं, उतना ही अंग्रेज उदारता से उन्हें स्वीकार करते जाते थे। पिछले अनुभव से यही मालूम होता है कि मुसलमान स्वयं जो मांगते थे, अंग्रेज उससे भी ज्यादा देने को तैयार रहते थे।[274]

राजनीति में बढ़ती हुई गुंडागर्दी के बारे में आम्बेडकर ने लिखा : मुसलमानों ने राजनीति में गुंडागर्दी का तरीका (गैंगस्टर मैथड) अपनाया है। दंगों से यह बात साफ हो जाती है कि गुंडागर्दी राजनीति में उनकी रणनीति का एक निश्चित अंग है। चेकोस्लोवाकिया में चेक लोगों के विरुद्ध जो तरीके जर्मनों ने अपनाए थे, वही तरीके ये यहां अपना रहे हैं। पहले मुसलमान आक्रामक थे, हिंदू निष्क्रिय थे। झगड़ों में सबसे ज्यादा वही मार खाते थे। लेकिन हिंदुओं ने अब उलट कर हमला करना सीख लिया है और किसी मुसलमान के छुरा भोंकने में उन्हें कोई असमंजस नहीं होता। बदले की इस भावना से ऐसा लगता है, आगे चल कर गुंडा दलों का आपस में लड़ने का दृश्य हमारे सामने आएगा।[275] भारत के विभाजन के समय और उसके बाद जो हत्याकांड रचे गए, उनकी भविष्यवाणी यहां मौजूद है। ये हत्याकांड इसलिए अनिवार्य हो गए कि मुस्लिम लीग और कांग्रेस के नेता अंग्रेजों के बनाए हुए सुधारों के मार्ग से अलग हट कर क्रांति के रास्ते पर चलने को तैयार नहीं थे। मुसलमानों पर मौलवियों का असर बहुत है, यह बात आम्बेडकर जानते थे। उन्होंने लिखा : मुस्लिम राजनीति में धर्म से अलग हट कर सांसारिक कोटियां नहीं हैं, जैसे धनी और निर्धन का भेद, पूंजी और श्रम का भेद, जमींदार और आसामी का भेद, पुरोहित और साधारण आदमी का भेद, अंधविश्वास और विवेक का भेद। मुस्लिम राजनीति बुनियादी तौर पर पुरोहितवादी (क्लेरिकल) है। वह केवल एक ही भेद स्वीकार करती है — हिंदू और मुसलमान का भेद।[276]

आम्बेडकर ने ब्राह्मणों के विरुद्ध बहुत लिखा है। परंतु पूरे समाज के पुनर्गठन के लिए हिंदू पुरोहितों और मुस्लिम पुरोहितों, दोनों के विरुद्ध संघर्ष करना आवश्यक था। इसके बदले वह यह प्रचार करते हैं कि हिंदू धर्म और इस्लाम के बुनियादी सिद्धांत एक-दूसरे के इतने विरोधी हैं कि हिंदुओं और मुसलमानों में कभी मेल हो ही नहीं सकता। इस्लाम के बुनियादी सिद्धांत बताते हुए वह कहते हैं : जिस देश में मुसलमानों की हुकूमत न हो, वहां मुस्लिम कानून और उस देश के कानून में टक्कर हो तो मुस्लिम कानून को ही तरजीह

दी जानी चाहिए।[277] आम्बेडकर कहते हैं : मुस्लिम कानून के अनुसार दुनिया दो खेमों में बंटी हुई है —एक दारुलइस्लाम, वे देश जहां मुसलमानों का राज है, और दारुल - युद्ध भूमि, जहां मुसलमान रहते हैं, पर वहां उनका शासन नहीं है। इस कानून के अनुसार भारत हिंदुओं और मुसलमानों दोनों की मातृभूमि नहीं हो सकता। मुसलमानों का अपना देश तभी हो सकता है जब उस पर उनका शासन हो।[278] आम्बेडकर के अनुसार, इस्लाम किसी सच्चे मुसलमान को इजाजत नहीं दे सकता कि वह भारत को अपनी मातृभूमि माने और हिंदू को अपना भाई समझे।[279]

एका हो नहीं सकता, यह एक तर्क है जिससे आम्बेडकर पाकिस्तान का बनना अनिवार्य मानते हैं। दूसरा तर्क यह है कि पाकिस्तान बनने से मिस्र तक मुसलमान राज्यों की एक शृंखला निर्मित हो जाएगी। जब हिंदुस्तान से पाकिस्तान अलग होगा, तब ईरान, इराक, अरब, तुर्की और मिस्र के साथ एक विशाल मुस्लिम राज्य बनेगा जो कुस्तुनतुनिया से लेकर लाहौर तक फैला होगा। आम्बेडकर इसे मुसलमानों की नियति कहते हैं। नक्शे पर यह नियति साफ देखी जा सकती है। उसे देखकर आम्बेडकर को ऐसा लगता है मानो विधाता ने मुसलमानों के लिए एक पृथक् जातीय राज्य की योजना जानबूझ कर बनाई हो।[280] उन्हें इस बात पर आश्चर्य होता है कि मुसलमानों ने अपनी नियति इतनी देर में पहचानी।[281] वे कैसे इसे धीरे-धीरे पहचान रहे थे, इसके उदाहरण भी उन्होंने दिए हैं। जिन्ना पहले राष्ट्रवादी थे। फिर उनमें परिवर्तन आया : परिवर्तन क्यों आया, इसकी व्याख्या आम्बेडकर इस नियति के आधार पर करते हैं : आखिर जिन्ना की भी समझ में आ गया, पाकिस्तान से मिस्र तक एक विशाल राज्य की स्थापना हो सकती है। आम्बेडकर यह प्रश्न नहीं करते, पाकिस्तान के बनने से पहले ईरान से लेकर मिस्र तक बहुसंख्यक मुसलमानों के देश थे, उन्होंने एक विशाल राज्य क्यों नही बनाया? लेकिन विशाल मुस्लिम राज्य का बनना अनिवार्य समझ कर वह पाकिस्तान का समर्थन करते हैं। असल बात यह है कि मुसलमानों की कट्टरता और जहालत का वर्णन करने के बाद आम्बेडकर उन्हीं के साथ संयुक्त मोर्चा बनाने की बात सोचते हैं। वह तुष्टीकरण का विरोध करते हैं। लेकिन पक्के बन्दोबस्त और तुष्टीकरण में भेद करते हैं। मुसलमानों की जो राजनीतिक मांगें बराबर बढ़ती जाती हैं, पाकिस्तान स्वीकार करने से वे खत्म हो जाएंगी और कांग्रेस जो तुष्टीकरण की नीति पर चलती है, वह नीति भी खत्म हो जाएगी।[282] उनका निष्कर्ष यह है यदि मुसलमान पाकिस्तान बनाने पर अड़े हुए हैं तो वह उसे दे देना चाहिए।[283]

स्वाधीनता आंदोलन के अधूरे काम और मजदूर वर्ग

स्वाधीनता आंदोलन का एक लक्ष्य था हिंदू-मुस्लिम एकता कायम करना। विभाजन से यह एकता कायम नहीं हुई। वह टूटी और जितनी भी थी, उसे बनाए रखना कठिन हो गया।

साम्प्रदायिक एकता का एक उद्देश्य अंग्रेजों के सामने हिंदुओं और मुसलमानों की मिली-जुली मांगें रखना था जिससे उनके वादों के अनुसार अधिक से अधिक रियायतें और सुधार प्राप्त किए जा सकें। यह साम्प्रदायिक एकता का बहुत कमजोर आधार था और उसके टूटने में बहुत देर नहीं लगी। विभाजन का तात्कालिक परिणाम यह हुआ कि लाखों लोग विस्थापित हुए। विभाजन रेखा कहां से खींची जाएगी, यह किसी को पता नहीं था। पता लगने के पहले ही बड़े पैमाने पर मारकाट शुरू हो गई। गांव जलाए गए, रेलगाड़ियां रोक कर मुसाफिरों की हत्या की गई। सबसे ज्यादा मुसीबतें स्त्रियों और बच्चों को झेलनी पड़ीं। पंजाब और बंगाल में जो संयुक्त आर्थिक जीवन सदियों से चला आ रहा था, वह सहसा विच्छिन्न हो गया। बेरोजगारों और मुफलिसों की संख्या में वृद्धि हुई। पंजाब और बंगाल के साहित्यकारों, संगीतज्ञों ने अपनी जातीय संस्कृति शताब्दियों में बनाई थी, उसे गहरा धक्का लगा। खासतौर से पंजाबी संस्कृति को ऐसा धक्का लगा, कि बहुत से लोगों ने पंजाबी संस्कृति की बात ही करना छोड़ दिया। पंजाब के बहुत से विस्थापित हिंदू प्रदेश में आए। वे अपने साथ बंटवारे के कटु अनुभव लेकर आए और उनमें सम्प्रदायवादियों को अपना प्रभाव जमाने के लिए अनुकूल जमीन मिली। कानूनी विशेषज्ञ वर्षों से अल्पसंख्यकों के लिए जो सुरक्षा की गांरटी प्राप्त करने में लगे थे, वह पलक मारते ही हलाक हो गई।

आम्बेडकर ने एक बार कहा था — मुस्लिम बहुसंख्यक प्रांतों में हिंदुओं पर अत्याचार और हिंदू बहुसंख्यक प्रांतों में मुसलमानों पर अत्याचार। यह अत्याचारों का दौर शुरू हो गया। अल्पसंख्यक जमातें बलि का बकरा बनीं। पहले शहरों में सम्प्रदायवादी दल अपने हथियारबंद जत्थे तैयार करके एक दूसरे से युद्ध करते थे। अब दो अलग राज्य थे। उनकी सेनाएं थीं। हिंदू-मुस्लिम दंगों का विस्तार पाकिस्तान-भारत युद्धों में देखा गया। दोनों को हथियारों की जरूरत थी, विशेष रूप से पाकिस्तान को। इसलिए कि वहां औद्योगिक विकास बहुत ही कम हुआ था। ब्रिटेन और अमरीका को हथियार बेचने और मुनाफा कमाने का एक और जरिया मिला। दोनों राज्यों में सामंती व्यवस्था बहुत कुछ पहले की तरह कायम रही, विशेष रूप से पाकिस्तान में बड़े-बड़े जमींदार शक्तिशाली थे। भारत के औद्योगिक पूंजीवाद और साम्राज्यवाद में अंतर्विरोध था। कमज़ोर था, पर अंतर्विरोध तो था। ऐसा अंतर्विरोध औद्योगिक रूप से अविकसित पाकिस्तान और साम्राज्यवाद में नहीं था। अंग्रेजों को, उनके बाद अमरीकियों को, वहां अपने अड्डे बनाने का अवसर मिला। अंग्रेजों को भारतीय पूंजीवाद और कांग्रेस पर भरोसा न था। पाकिस्तान उन्हें भरोसे का अड्डा मिला। यहां से वे सोवियत संघ के विरुद्ध कार्रवाई कर सकते थे, भारत के विरुद्ध कार्रवाई कर सकते थे और आवश्यकता हो, तो अफगानिस्तान, चीन, ईरान वगैरह के खिलाफ भी कार्रवाई कर सकते थे। जैसा कि बाद की घटनाओं से प्रमाणित हुआ, अफगानिस्तान की दयनीय स्थिति के लिए बहुत हद तक पाकिस्तान जिममेदार है। वहां से साम्राज्यवादी अपनी नीति पड़ोसी देशों में लागू करते रहे हैं। पाकिस्तानी शासकों की नीति के विरोध में जनता

का असंतोष बढ़े, यह अनिवार्य था। असंतोष को दबाने के लिए ये शासक फौज का सहारा लें, यह भी अनिवार्य था। यही कारण है कि पाकिस्तान के इतिहास में फौजी शासन अधिक दिन और जनतांत्रिक शासन थोड़े दिन रहा। दोनों तरह के शासनों में महत्वपूर्ण भूमिका फौज की थी। फौज को हथियार देना, उसकी नीति निर्धारित करना यह काम अमरीकियों ने अपने जिम्मे लिया। सोवियत संघ और भारत पर दबाव डालने के लिए चीन ने भी पाकिस्तान से दोस्ती बढ़ाई। इस तरह भारत के विभाजन से साम्राज्यवादियों और तरह-तरह के अवसरवादियों को भारत और पड़ोसी देशों के विरुद्ध षड्यंत्र करने का अड्डा मिल गया और पाकिस्तान बनने से मुस्लिम संप्रदायवादियों की मांगों का सिलसिला खत्म नहीं हुआ। कश्मीर को हथियाने की मांग जारी है।

आम्बेडकर सोचते थे, मुसलमानों में बड़ा भाई-चारा है। भारत से लेकर मिस्र तक एक विशाल मुस्लिम राज्य कायम हो जाएगा। इसी राज्य का स्वप्न देखकर मुहम्मद अली जिन्ना ने राष्ट्रीय एकता की बात छोड़कर पाकिस्तान के अलगाव की मांग की। ऐसा कोई बड़ा राज्य तो कायम न हुआ, अलबत्ता पाकिस्तान का विघटन हुआ। पूर्वी पाकिस्तान अर्थात् पूर्वी बंगाल पश्चिमी पाकिस्तान से अलग हो गया। मुसलमानों में प्रदेशगत जातियां हैं, उनकी भाषाएँ हैं, उनकी संस्कृतियां हैं, इस सत्य की अनदेखी करने का यही परिणाम हो सकता था।

मुसलमानों को एक जाति के रूप में स्वीकार किया जाए तो उसका लाजिमी परिणाम यह होगा कि हिंदुओं को भी एक जाति के रूप में स्वीकार करना होगा। आम्बेडकर ने हिंदू जाति की बात केंद्रीय शासन के प्रसंग में कही है। उनका प्रश्न है : क्या सिर्फ मुसलमान केंद्रीय सरकार का विरोध करते हैं? हिंदुओं में राजनीतिक समस्याओं पर जो बहस होती है, उसमें यह मान लिया जाता है कि यहां केंद्रीय सरकार जरूर होगी। पर ऐसा होना अनिवार्य नहीं है। आम्बेडकर इसके दो कारण बताते हैं। पहला, प्रांतों के बीच तनाव, और दूसरा, केंद्रीय शासन चलाने के लिए बहुत धन खर्च करना होगा। पर केंद्रीय शासन के अभाव में भी विभिन्न प्रांतों में बंटे हुए हिंदू एक जाति के अंग हो सकते हैं। वैसे आम्बेडकर ने अधिकतर मजबूत केंद्रीय सरकार का ही समर्थन किया है। परंतु यहां वह हिंदू जाति की बात कह रहे हैं। जैसे मुसलमानों को काफी समय लगा पाकिस्तान का महत्व पहचानने में और स्वयं को एक जनसमुदाय के बदले जाति समझने में, वैसे ही हिंदुओं को समय लग सकता है। परंतु उनके विकास की दिशा वही है। हिंदू सदा केंद्रीय सरकार का अस्तित्व न चाहेंगे, इस स्थापना की पुष्टि में उन्होंने लिखा है : पहला कारण यह है कि हिंदू प्रांतों में परस्पर सांस्कृतिक शत्रुभाव है। हिंदू प्रांत एक सुखी परिवार की तरह हों, ऐसा बिल्कुल नहीं है। बंगालियों या राजपूतों या मद्रासियों के प्रति सिखों में बड़ा प्रेम-भाव है, ऐसी मिथ्या कल्पना नहीं की जा सकती। बंगाली सिर्फ अपने से प्रेम करता है। मद्रासी अपनी ही दुनिया में रहता है। जहां तक मराठा का संबंध है, किसे यह याद नहीं है कि वह भारत में मुस्लिम साम्राज्य की जड़ खोदने में लगा हुआ था। बाकी हिंदुओं के लिए मराठे खतरा बन गए।

लगभग एक सदी तक उन्हें अपने अधीन रखा और उन्हें सताते रहे। हिंदू प्रांतों की कोई सामान्य परंपरा नहीं है और उन्हें बांधने वाले कोई सामान्य हित नहीं हैं। दूसरी तरफ भाषा और नस्ल के भेद, पिछले समय के आपसी संघर्ष, उन्हें एक दूसरे से अलग करने वाले ताकतवर उपकरण रहे हैं। यह सही है कि हिंदू अब एकत्र हो रहे हैं। वे मिल कर एक संयुक्त जाति बनें, यह भावना उनमें अब काम कर रही है। लेकिन यह नहीं भूलना चाहिए कि वे अभी जाति बने नहीं हैं। वे जाति बनने की प्रक्रिया में हैं। यह प्रक्रिया पूरी हो, इसके पहले यह बात संभव है कि एक ऐसा धक्का लगे कि एक शताब्दी का किया-कराया सब कुछ बंटाधार हो जाए।[284]

जिस एक शताब्दी में आम्बेडकर के लिए हिंदू जाति के निर्माण की प्रक्रिया घटित हुई है, वह भारत में अंग्रेजी राज की शताब्दी है। आम्बेडकर की बात सही मानी जाए तो कहना होगा कि अंग्रेजी राज में केवल मुसलमानों में दो जातियों के सिद्धांत का चलन नहीं हुआ, हिंदुओं में भी उसका चलन हुआ। जैसे आम्बेडकर ने इस्लाम के सिद्धांतों की चर्चा की है जिनसे मुसलमानों की अलग जाति बनना अनिवार्य हो जाता है, वैसे ही वह हिंदुत्व के सिद्धांतों की चर्चा कर सकते हैं, जिनसे हिंदू जाति का बनना अनिवार्य हो जाएगा। हिंदुत्व इस्लाम से पुराना है, इसलिए माना जा सकता है कि अलग जातीयता के बीज हिंदुओं में मुसलमानों से भी पुराने हैं। कहा जा सकता है, मुसलमानों के सामने अफगानिस्तान से लेकर मिस्र तक मुस्लिम राज्यों की एक लंबी शृंखला थी। हिंदुओं के सामने ऐसी कोई शृंखला नहीं थी। लंबी न सही, छोटी शृंखला अवश्य थी। भारत के मुकुट हिमालय में 'नेपाल' नाम का हिंदू राज्य बसा हुआ है। आम्बेडकर स्वयं को बौद्ध कहते थे। बौद्ध होते हुए भी हिंदू जाति का अस्तित्व स्वीकार कर रहे थे। यदि इस्लाम के आधार पर पाकिस्तान से लेकर मिस्र तक एक लंबी मुस्लिम राज्यों की कड़ी बन सकती है, तो बौद्ध मत के आधार पर तिब्बत और भूटान से लेकर चीन और जापान तक उससे बहुत बड़ी बौद्ध राज्यों की कड़ी बन सकती है। लेकिन न तो किसी मुस्लिम राज्य में ईरान और इराक विलीन होने को तैयार हुए, न किसी बौद्ध राज्य में विलीन होने को चीन और जापान तैयार हुए।

यहां इस तथ्य पर जोर देना जरूरी है कि पंजाब, बंगाल आदि प्रांतों में मुसलमान बहुसंख्यक थे। परंतु इन मुसलमानों में मुस्लिम लीग के अनुयायी बहुसंख्यक नहीं थे। आम्बेडकर ने पाकिस्तान पर अपनी पुस्तक 1940 में लिखी। उससे 3 साल पहले 1937 में प्रांतीय चुनाव हुए थे। सभी प्रांतों में कांग्रेस का बहुमत नहीं था। लेकिन मुस्लिम लीग के मुकाबले हर प्रांत में उसका बहुमत अवश्य था। बंगाल में 50 कांग्रेसी, 40 मुस्लिम लीगी, पंजाब में 18 कांग्रेसी, केवल एक मुस्लिम लीगी, उत्तर-पश्चिमी सीमांत प्रदेश में 19 कांग्रेसी, मुस्लिम लीगी शून्य, सिंध में 7 कांग्रेसी, मुस्लिम लीगी शून्य। 1947 के आरंभ में उत्तर-पश्चिमी सीमांत प्रदेश और पंजाब में गैरमुस्लिम लीगी सरकारें थीं।

20 मार्च 1947 को लीगी नेता राजा गजनफर अली पंजाब के गवर्नर जेन्किन्स से मिले। उन्होंने कहा, यहां मुस्लिम लीग की सरकार बनना चाहिए। गवर्नर ने कहा : आप

यह महसूस नहीं कर रहे हैं कि रावलपिंडी, अटक और चकवाल क्षेत्र में जो कुछ हुआ है, वह निहायत वहशियाना आम हत्याकांड है। आप समझते हैं कि गैरमुस्लिमों ने उकसावा पैदा किया। पर यह उकसावा ऐसा नहीं था जिससे ऐसी क्रूरता, ऐसे जनसंहार को न्यायपूर्ण ठहराया जा सके। जहां तक मुस्लिम लीग की सरकार का सवाल है, इस घड़ी उसे बनता देखने से पहले मैं इस्तीफा दे दूंगा और मेरी समझ में पंजाब का प्रायः हर ब्रिटिश अफसर यही करेगा। यह नरसंहार 'मुस्लिम लीग' के नाम पर किया गया था और उच्च सैनिक अधिकारियों का विचार है कि उसे सावधानी से आयोजित और संगठित किया गया था। (द ट्रांसफर ऑफ पावर, खंड-9, पृष्ठ 996-97) उत्तर-पश्चिमी सीमांत प्रदेश में मुस्लिम लीग का कुछ भी असर नहीं था। परंतु वहां का गवर्नर इस बात पर तुला हुआ था कि मुस्लिम लीग को प्रभावशाली संगठन बना दिया जाए। वहां के मुख्यमंत्री डॉ. खान साहब ने गवर्नर ओलफ कैरो के सामने वायसराय से कहा : यहां जिन्ना का असर कुछ भी नहीं है। यहां गवर्नर और उनके हाकिमों को छोड़कर मुस्लिम लीग का और कोई नेता नहीं है। (द ट्रांसफर ऑफ पॉवर, खंड-10, पृष्ठ 493) गवर्नर का मुख्य सचिव ईमानदार आदमी था। उसने माउंटबैटन से कहा : गवर्नर को तो कांग्रेस सरकार से द्वेष है और सूबे में सभी इंसाफ-पसंद आदमियों का विश्वास वह खो चुका है। वह अपने पद पर बना रहता है तो दरअसल यह अंग्रेजों के मतबे के लिए एक खतरा होगा। (उपर्युक्त, पृष्ठ 197) वहां मुस्लिम लीग ने क्या किया, इसका विवरण माउंटबेटन की रिपोर्ट में है : पिछले हफ्ते मैं लगातार कोशिश में रहा कि सीमांत प्रदेश में मुस्लिम लीग का आंदोलन खतरनाक रूप धारण न करे। अभी भी डेराइस्माइलखां, बन्नू वगैरह में वे लोग लाखों की संपत्ति का नाश कर चुके हैं। भयंकर क्रूरता, बलपूर्वक धर्म-परिवर्तन और कत्लेआम के जरिए वे भारी नफरत पैदा कर चुके हैं। (उपर्युक्त, पृष्ठ 682) इस तरह मुस्लिम बहुल प्रांतों में मुस्लिम बहुमत को मुस्लिम लीगी बहुमत बनाया गया।

भारत के विभाजन से साम्प्रदायिक समस्या हल होने वाली नहीं थी। भारत और पाकिस्तान के विदेश संबंधों की बातचीत होती है। वास्तव में ये विदेश संबंध एक ही देश के भीतर दो राज्यों के संबंध हैं। साम्प्रदायिक समस्या का एक रूप भारत और पाकिस्तान के संबंधों का है। दूसरा रूप इन राज्यों में रहने वाले हिंदुओं और मुसलमानों के आपसी संबंधों का है। दोनों ही स्तरों पर साम्प्रदायिक समस्या निरंतर जटिल होती गई है। स्वाधीनता आंदोलन का यह पहला अधूरा काम है जिसे मजदूर वर्ग और उसके सहयोगियों को पूरा करना है।

आम्बेडकर ने अछूतों पर बहुत कुछ लिखा है। उनका ध्यान मुख्यतः हिंदू अछूतों पर रहता है। वह स्वीकार करते हैं, मुसलमानों और ईसाइयों में भी अछूत हैं। पर इन तीनों धर्मों के अछूतों को संगठित करने का प्रयत्न उन्होंने किया हो, ऐसा नहीं दिखाई देता। यदि कोई हिंदू अछूतों का ही संगठन करे, उनकी दशा सुधारने का प्रयत्न करे, तो उसे हिंदू सुधारवादी कहना अनुचित न होगा। हिंदी में आम्बेडकर के संपूर्ण वाङ्मय के छठे खंड

में एक अध्याय हिंदुत्व के दर्शन पर है। दूसरा हिंदू समाज व्यवस्था, इसके मूलभूत सिद्धांतों पर है। तीसरा अध्याय हिंदू समाज व्यवस्था, इसकी अनोखी विशेषताओं पर और चौथा तथा अंतिम अध्याय हिंदुत्व के प्रतीकों पर है। पुस्तक के अंत में उन्होंने लिखा है : ये अवर्ण हिंदू कौन हैं? हिंदू समाज में उनकी क्या स्थिति है? सवर्ण हिंदुओं से उनके क्या संबंध हैं? ऐसे कुछ प्रश्न हैं जिनकी ओर अभी तक कोई ध्यान नहीं दिया गया है।[285] यहां वह मुख्यतः हिंदू समाज के अछूतों पर ध्यान दे रहे हैं। अछूतों के जिस सम्मेलन में आम्बेडकर ने मनुस्मृति जलाई थी, उसके एक प्रस्ताव में कहा गया था, हर हिंदू यह समझ ले कि इस सम्मेलन की राय में मनुष्य के जन्मसिद्ध अधिकार क्या हैं, इसलिए यह घोषित किया जाता है और जिन अधिकारों की घोषणाएँ की गई थीं, उनमें सबसे पहले कहा गया था : सभी हिंदू जन्म से एक ही सामाजिक स्तर के हैं।[286] इसे वह क्रांतिकारी घोषणा मानते थे। पर उसका क्रांतिकारीपन हिंदू समाज तक सीमित था। हिंदू कोड बिल पास कराने के लिए उन्होंने जी-जान से प्रयत्न किया था। हिंदू कोड बिल के बारे में उनका विचार था : यह सबसे बड़े सामाजिक सुधार का कानून है जिसे कभी भी इस देश की विधान सभा ने हाथ में नहीं लिया है। ऐसे महत्व का कोई कानून न तो भारतीय विधान सभा ने पहले कभी बनाया, न भविष्य में वह बनाएगी, इसकी कोई संभावना है।[287]

'आम्बेडकर रचनावली' (अंग्रेजी) के संपादक ने 14वें खंड की भूमिका में लिखा है : हिंदू कोड लागू करके हिंदू समाज को सुधारने का उनका प्रयास जीवन की सबसे महत्वपूर्ण घटना थी। बहुत से रूढ़िवादी हिंदू कोड बिल का विरोध कर रहे थे। परंतु कुछ आर्य समाजियों ने उसका समर्थन किया था। यह विडंबना है कि आम्बेडकर आर्य समाज की विचारधारा का नाश चाहते थे। पर उसी विचारधारा के समर्थकों ने हिंदू कोड बिल का स्वागत किया था। रचनावली के 14 वें खंड के दूसरे भाग के अंत में 'वीर अर्जुन' में प्रकाशित धर्मदेव विद्यावाचस्पति की एक लेखमाला उद्धृत की गई है। लेखों से पहले संपादक ने अपनी राय दी है : लेख पढ़ने से पाठक को मालूम होगा कि डॉ. आम्बेडकर ने जो सुधार लागू किए थे, उन्हें हिंदू शास्त्रों का समर्थन भी प्राप्त था।[288] यह भी इतिहास की विडंबना है कि जिस मनुस्मृति को आम्बेडकर ने जलाया था, उसी से हिंदू कोड बिल के समर्थन में अनेक उद्धरण दिए गए हैं। यथा पृष्ठ 1341, 1342, 1350, 1359, 1363, 1369। महाभारत तथा अनेक स्मृति ग्रंथों से उद्धरण तो दिए ही गए हैं। धर्मदेव विद्यावाचस्पति की लेखमाला पढ़ने से यह भी विदित होगा कि हिंदू समाज को सुधारने के लिए काफी सामग्री यहां के प्राचीन साहित्य में विद्यमान है।

आम्बेडकर जब भारत सरकार से अलग हुए, तब उनके अलग होने का मुख्य कारण हिंदू कोड बिल के बारे में संसद् की उदासीनता थी। 27 सितंबर 1951 को उन्होंने जवाहरलाल नेहरू को लिखा था : बहुत समय से मैं इस्तीफा देने की बात सोच रहा था। एक ही चीज मुझे रोके हुए थी, वह यह कि इस पार्लियामेंट के जीवनकाल में हिंदू कोड बिल पास हो जाएगा। मैं बिल को तोड़कर विवाह और तलाक तक उसे सीमित करने पर

सीमित हो गया था, इस आशा से कि कम से कम इन्हीं को लेकर हमारा श्रम सार्थक हो जाए। पर बिल के इस भाग को भी मार दिया गया है। आपके मंत्रिमंडल में बने रहने के लिए अब मैं कोई कारण नहीं देखता।[289] जब आम्बेडकर संसद् में हिंदू कोड बिल पेश कर रहे थे, तब उत्तर प्रदेश के सांसद धुलेकर ने आपत्ति की थी। कहा था : वर्तमान नई सामाजिक स्थिति में हमें अलग हिंदू कानून और मुस्लिम कानून न चाहिए। हमें एक सामान्य कानून सबके लिए चाहिए।[290] एक सम्प्रदाय में सुधार किया जाए, दूसरे सम्प्रदाय को वैसे ही रहने दिया जाए, इस नीति का असर साम्प्रदायिक संबंधों पर पड़ता है। विवाह-तलाक आदि से संबंधित सबके लिए एक ही कानून हो, यह मांग स्वाधीनता आंदोलन से ही उत्पन्न होती थी। उस मांग के अनुसार कानून बनना अभी बाकी है।

जिस पुस्तक में आम्बेडकर ने पाकिस्तान का समर्थन किया है, उसमें उन्होंने भाषावार प्रांत बनाने की बात को विघटनकारी प्रवृत्ति कहा है। इसमें आश्चर्य की कोई बात नहीं है। मुसलमान एक जाति, उनका प्रदेश अलग। हिंदू एक जाति, उनका प्रदेश अलग। अब यह हिंदू प्रदेश प्रशासनिक सुविधाओं के अनुसार विभाजित होना चाहिए। विभाजन का आधार जातीयता न होना चाहिए। गाँधीजी ने कांग्रेस के लिए जो विधान बनाया था, उसमें भाषाओं के अनुसार प्रांत निर्धारित किए थे। बंबई और मद्रास प्रेसीडेंसियों की सीमाओं की चिंता न करते हुए उन्होंने आंध्र, गुजरात, कर्णाटक, केरल, महाराष्ट्र, तमिलनाडु आदि प्रांत बनाए थे।[291] गाँधीजी के संदर्भ से इतना तो पता चलता है कि भाषावार प्रांत बनाने की मांग स्वाधीनता आंदोलन से जुड़ी हुई थी। बंबई की विधान सभा में आम्बेडकर ने कहा था : अनुसूचित जातियों के लोग महाराष्ट्री या गुजराती या कर्णाटकी होने में किसी गर्व का अनुभव नहीं करते।[292] लेकिन मराठा जाति के बारे में उन्होंने लिखा था : जब समूचा भारत विदेशी गिरोहों के बढ़ते कदमों से घिरता जा रहा था और भारत की जनता को तिल-तिल करके क्रमशः दास बनाया जा रहा था, तब यहां महाराष्ट्र के नन्हें से कोने में एक हट्टी-कट्टी जाति रहती थी जो यह जानती थी कि स्वतंत्रता क्या होती है। उसने स्वतंत्रता के लिए भरपूर लड़ाइयां लड़ी थीं और मीलों तक इसकी स्थापना की थी। अंग्रेजों की विजय से उनकी यह अनमोल थाती समाप्त हो गई थी।[293] अनुसूचित लोगों की कोई जाति नहीं होती और मराठा जाति पर गर्व करना, दोनों में कोई मौलिक अंतर्विरोध नहीं है। अनुसूचित लोग हिंदू जाति के अंग हैं। मराठा जाति भी हिंदूजाति के अंतर्गत है। इसलिए मराठा जाति पर गर्व करना हिंदू जाति पर गर्व करने के समान ही है। इस मराठा जाति में हिंदू और मुसलमान दोनों हैं, यह आम्बेडकर ने स्पष्ट नहीं किया।

बंबई महाराष्ट्र को मिले, इसका समर्थन आम्बेडकर ने किया। परंतु संयुक्त महाराष्ट्र का उन्होंने विरोध किया। अर्थात् सभी मराठीभाषी एक ही राज्य में संगठित हों, इसका उन्होंने विरोध किया। उत्तर प्रदेश और राजस्थान को उन्होंने सांपों जैसे बड़े प्रांत बताया (दीज़ ह्यूज हिंदी रेप्टाइल प्रोवेंसेज)। उन्होंने कहा : इनके विशाल आकार से मुझे डर लगता है। उत्तर प्रदेश की आकृति देखकर मैं कांप उठता हूं।[294] योजना के अनुसार आर्थिक

विकास करने के लिए बड़े राज्यों का अस्तित्व आवश्यक है। इसके सिवा सांस्कृतिक विकास के लिए एक भाषा के बोलने वालों का एक ही राज्य में संगठित होना आवश्यक है। बहुत से हिंदू राष्ट्रवादी योजनाबद्ध विकास में विश्वास नहीं करते, जातीय भाषाओं और संस्कृतियों का महत्व स्वीकार नहीं करते। इसलिए वे बड़े राज्यों को विभाजित करके छोटे राज्य बनाने का समर्थन करते हैं। उनको और आम्बेडकर को जोड़ने वाली यह एक और कड़ी दिखाई देती है। सम्पूर्ण वाङ्मय, खंड-1 में पृष्ठ 210 के आगे कई नक्शे दिए गए हैं। इनमें उत्तर प्रदेश तीन भागों में, बिहार दो भागों में और मध्य प्रदेश 4 भागों में बंटा हुआ दिखाया गया है। इस पुस्तक में दो नक्शे ऐसे भी हैं जिनमें हिंदी भाषी क्षेत्र दिखाया गया है। पृष्ठ 158 के आगे जो नक्शा है, उसमें राजस्थान हिंदी भाषी क्षेत्र से अलग है। किंतु पृष्ठ 210 के आगे जो मानचित्र है, उसमें महागुजरात, महाराष्ट्र, उड़ीसा, पश्चिमी बंगाल के बीच में, और कश्मीर तथा पंजाब के नीचे, विशाल हिंदीभाषी क्षेत्र दिखाया गया है। इसके अंतर्गत राजस्थान, मध्य भारत, मध्य प्रदेश, विंध्य प्रदेश, बिहार तथा उत्तर प्रदेश हैं। जिसने भी यह नक्शा बनाया है, उसने हिंदीभाषी क्षेत्र के साथ हिंदी जाति का अस्तित्व स्वीकार किया है। वह जाति एक राज्य में रहे या अनेक राज्यों में, यह अलग सवाल है। यह सवाल स्वाधीनता आंदोलन से जुड़ी हुई जातीय समस्या से पैदा हुआ था और उसका हल होना अभी बाकी है।

अंग्रेज लेखक भारतीय इतिहास और समाज का विवेचन करते हुए आमतौर से प्रादेशिक जातियों के अस्तित्व की उपेक्षा करते थे। उनका दृष्टिकोण उन सामंतवादी लेखकों से मिलता-जुलता था जो भारत में हिंदुओं और मुसलमानों का अस्तित्व तो मानते हैं पर उनमें जातियों के अस्तित्व से इन्कार करते हैं। गाँधीजी ने जब भाषाओं के आधार पर प्रादेशिक समितियों का गठन किया, तब उन्होंने एक साम्राज्य-विरोधी कार्य सम्पन्न किया। परंतु अन्य क्षेत्रों की तरह यहां भी उन्होंने सुसंगत रूप से अपनी नीति का निर्वाह नहीं किया। असमिया, बांग्ला, तेलुगू, तमिल बोलने वालों के लिए भाषावार समितियां गठित की गईं। परंतु मराठी के लिए एक से अधिक समितियां हैं। बंबई शहर के लिए भाषा है मराठी, गुजराती। महाराष्ट्र के लिए तो मराठी है ही, परंतु नागपुर अलग है। उसकी भाषा भी मराठी है। इसी तरह विदर्भ अलग है और उसकी भाषा मराठी है। मराठी भाषियों को गाँधीजी ने एक प्रादेशिक जाति के रूप में यहां नहीं देखा। इसी तरह हिंदी बोलने वालों के लिए उन्होंने अनेक प्रादेशिक समितियां बनाई थीं। हिंदुस्तानी के लिए अजमेर, मेवाड़। फिर बिहार, दिल्ली, महाकौशल और संयुक्त प्रांत। महाराष्ट्र की तरह हिंदी प्रदेश भी अनेक प्रांतों में बंटा हुआ था। मराठीभाषियों और हिंदीभाषियों को अनेक प्रांतों में बांटने के बारे में गाँधीजी और डॉ. आम्बेडकर की नीति में कोई बुनियादी फर्क नहीं था।

महाराष्ट्र में जातीय चेतना प्रबल थी। परंतु हिंदू सम्प्रदायवाद उसे अपनी ओर खींचने में काफी सफल हुआ। हिंदी प्रदेश में जातीय चेतना का प्रायः अभाव था। 1944 के पहले यहां हिंदू सम्प्रदाय के मुकाबले मुस्लिम सम्प्रदायवाद प्रबल था। सन् 37 के चुनावों में बंगाल

और संयुक्त प्रांत में मुस्लिम लीग को जितनी सीटें मिलीं, उन पर विचार किया जाए तो मुस्लिम सम्प्रदायवाद की शक्ति का अनुमान हो जाएगा। बंगाल की लगभग आधी आबादी मुसलमान है। वहां मुस्लिम लीग को 40 सीटें मिलीं। संयुक्त प्रांत में मुसलमान आबादी का सिर्फ 14 फीसदी हैं। यहां सन् 37 के चुनाव में मुस्लिम लीग को 27 सीटें मिलीं। ये आंकड़े रजनी पामदत्त ने अपनी पुस्तक 'इंडिया टुडे' में दिए हैं।

जातीय प्रदेशों के पुनर्गठन से राजाओं, जागीरदारों और जमींदारों का अहित होता था। ये और भी छोटे प्रदेश बनाने के पक्ष में तो थे परंतु बड़े जातीय प्रदेश बनाने का विरोध करते थे। जातीय प्रदेशों का पुनर्गठन एक सामंत विरोधी प्रक्रिया थी। स्वाधीनता आंदोलन दृढ़तापूर्वक साम्राज्य विरोध के साथ सामंत विरोध की दिशा में भी चलाया जाता तो यहां जातियों का पुनर्गठन अवश्य होता और जाति-बिरादरी की भावना भी निर्मूल की जा सकती थी। यह काम पूरा करना बाकी है।

जाति-बिरादरी की भावना के फिर से पनपने और मजबूत होने का बहुत बड़ा कारण अंग्रेजों की आर्थिक नीति थी। जैसा कि आम्बेडकर ने दिखाया है, शहरों में उद्योग-धंधों की तबाही से खेती पर आबादी का बहुत बड़ा हिस्सा निर्भर रहने लगा। अंग्रेज जानबूझ कर जमींदारों, पुरोहितों और ऊंची जाति के लोगों को प्रोत्साहन देते थे। मारे जाते थे निचले स्तरों के गरीब। अंग्रेजों की मदद करके अछूतों का उद्धार किया जा सकता है, यह बहुत बड़ा भ्रम था। अंग्रेजी राज में बार-बार अकाल पड़े। भुखमरी में लाखों आदमियों ने जान दी। स्वभावतः मरने वालों में निचले स्तरों के गरीब सबसे ज्यादा थे। यह दलितों के हित में था कि वे अंग्रेजों का साथ देने के बदले उनसे लड़ें। फौज में भर्ती होने से कुछ समय के लिए अछूतों को मान-सम्मान मिला। किंतु अंग्रेजों से लड़ने पर उससे भी अधिक मान-सम्मान मिल सकता था। आजाद हिंद फौज में कितने अछूत थे, पता नहीं। परंतु उसमें मुसलमानों की बहुत बड़ी संख्या थी, यह तो निश्चित है। जब तक देशी सैनिक अंग्रेजों के लिए लड़ते रहे, तब तक उनका सम्मान अंग्रेज और थोड़े से नौकरशाह ही करते थे। परंतु जब वे भारत के लिए लड़ने को तैयार हुए, तब पूरे राष्ट्र ने उनका सम्मान किया। यदि उन्हें भारतीय सेना में फिर से ले लिया जाता, तो इस सेना का चरित्र ही बदल जाता। परंतु अंग्रेज इसका विरोध कर रहे थे और कांग्रेस अहिंसात्मक ढंग से स्वराज प्राप्त करने के लिए प्रयत्नशील थी। इसलिए उसने भी उन्हें सेना में फिर बहाल न किया।

इतिहास में एक शानदार मिसाल अवध के पासियों की है जो 1857 के स्वाधीनता संग्राम में देशी सेना के साथ मिल कर लखनऊ में अंग्रेजों से लड़े थे। सुरेन्द्रनाथ सेन ने लिखा है : गदर के शुरुआती दौर में अंग्रेज सोचते थे, ऊंची जातियों के हिंदुओं ने विद्रोह आरंभ किया है। इसलिए उन्होंने तय किया कि नीची जातियों और पिछड़े हिंदुओं के वर्गों को उनके मुकाबले में भर्ती किया जाए। किंतु अवध में पासी विद्रोहियों के दल में शामिल हो गए और राजपूताना और मध्य भारत में भीलों ने विद्रोहियों का साथ दिया। उधर संथालों ने फिर निश्चय किया कि साहूकारों को संरक्षण देने वाली सरकार से लड़ना चाहिए। समाज

के निम्न वर्णों और अनुसूचित जनजातियों के लिए सही रास्ता यही था। स्वाधीनता आंदोलन से अलग रह कर निम्न जनों का उद्धार नहीं किया जा सकता। जैसा कि आम्बेडकर ने स्वयं कहा था : बेकारी दूर करने के लिए उद्योगीकरण आवश्यक है। परंतु भारत से पुरानी सम्पदा अंग्रेज ढो ले गए थे और जो नई कमाई जनता करती थी, उसे भी 70 बहानों से हथिया लेते थे। अंग्रेजी राज को खत्म किए बिना भारत का स्वाधीन पूंजीवादी विकास संभव नहीं था और इस विकास के बिना, अर्थात् बड़े पैमाने पर उद्योगीकरण के बिना, बेकारी की समस्या हल न की जा सकती थी।

आम्बेडकर वायसराय की कार्य परिषद में कानून मंत्री थे, श्रम मंत्री थे। स्वाधीन भारत के मंत्रिमंडल में वह कानून मंत्री थे। संविधान के मुख्य निर्माता थे। संविधान बना। कानूनी तौर पर जाति प्रथा खत्म कर दी गई। 1951 में हिमाचल प्रदेश के डॉ. परमार ने संसद् में कहा : संविधान के बारे में अनुसूचित जातियों में कोई विशेष उत्साह नहीं है। उत्साह क्यों नहीं है, इसके लिए उन्होंने अपने निर्वाचन क्षेत्र के कोलियों का उदाहरण दिया। एक बार अपनी दशा सुधारने के लिए उन्होंने सभा की। जमींदारों ने उन पर हमला किया। लोग भाग खड़े हुए। जो पकड़े गए, उन्हें जमींदारों ने तीन दिन कोठरियों में बंद रखा। अनुसूचित जातियों के लोग जमींदारों के आसामी हैं। उन से कह दिया गया है कि अगर वे जमींदारों के खिलाफ गवाही देंगे तो उनसे उनकी जमीन छीन ली जाएगी।[295] असली समस्या जमींदारों और हलवाहों के संबंधों की थी। जब तक हलवाहों को जमीन न मिले, तब तक कितने ही कानून बनें, उनकी स्थिति में कोई मौलिक सुधार न हो सकता था। हलवाहों को जमीन देने का विचार न तो अंग्रेजों का था, न कांग्रेसी नेताओं का। किंतु यदि जमींदारों के खिलाफ बंगाल में आंदोलन चलाया जाता तो पूर्वी बंगाल के मुस्लिम किसान स्वाधीनता आंदोलन का साथ देते। इसी तरह पंजाब, उत्तर-पश्चिमी सीमांत प्रदेश, सिंध और बलूचिस्तान में भी मुस्लिम किसान अपने जमींदारों का साथ न देकर उनसे लड़ने वालों के साथ होते। सामंत विरोधी आंदोलन चलाने से स्वाधीनता आंदोलन और भी शक्तिशाली होता। तब देश के विभाजन की नौबत न आती और अविभाजित भारत में नए लोकतंत्र की स्थापना का कार्य सरल होता।

संविधान द्वारा स्थापित लोकतंत्र अधूरा है यह बात स्वयं डॉ. आम्बेडकर ने स्वीकार की थी। संविधान की स्वीकृति के बाद 25 नवंबर 1949 को अपने भाषण में उन्होंने कहा था : 26 जनवरी 1950 को हम अंतर्विरोधों के जीवन में प्रवेश करने जा रहे हैं। राजनीति में हम समानता प्राप्त करेंगे। परंतु सामाजिक और आर्थिक जीवन में असमानता बनी रहेगी। राजनीति में हम यह सिद्धांत स्वीकार करेंगे कि एक आदमी का एक वोट होता है और एक वोट का एक ही मूल्य होता है। अपने सामाजिक और आर्थिक जीवन में, अपनी सामाजिक और आर्थिक संरचना के कारण, हम यह सिद्धांत नकारते रहेंगे कि एक आदमी का एक ही मूल्य होता है। कब तक हम अंतर्विरोधों का यह जीवन बिताते रहेंगे? कब तक हम अपने सामाजिक और आर्थिक जीवन में समानता को नकारते रहेंगे? बहुत

दिनों तक हम उसे नकारते रहे तो ऐसा हम राजनीतिक लोकतंत्र को खतरे में डाल कर ही करेंगे। जितनी जल्दी हो सके, हमें इस अंतर्विरोध को दूर करना चाहिए। वरना जो लोग इस असमानता से उत्पीड़ित हैं, वे इस सभा द्वारा इतने परिश्रम से बनाए हुए राजनीतिक लोकतंत्र के भवन को ध्वस्त कर देंगे।[296]

आर्थिक समानता वाले लोकतंत्र की स्थापना होना बाकी है। उसे कौन स्थापित कर सकता है, इस प्रश्न का उत्तर भी आम्बेडकर ने दिया था। यह काम मजदूर वर्ग कर सकता है। दिसंबर 1942 में बंबई रेडियो से प्रसारित अपने भाषण में उन्होंने कहा था : देश को मार्गदर्शन की आवश्यकता है। प्रश्न है– कौन यह मार्गदर्शन कर सकता है? मैं यह कहने का साहस करता हूं कि मजदूर वर्ग (लेबर) देश का वैसा मार्गदर्शन कर सकता है जैसे मार्गदर्शन की उसे आवश्यकता है। सही मार्गदर्शन के लिए अन्य बातों के अलावा आदर्शों में विश्वास और स्वतंत्र चिंतन आवश्यक है। अभिजात वर्ग के लिए आदर्शों में विश्वास संभव है परंतु स्वाधीन चिंतन संभव नहीं है। आदर्शों में विश्वास और स्वाधीन चिंतन—दोनों ही मजदूर वर्ग के लिए संभव हैं। मध्य वर्ग के लिए न आदर्शों में विश्वास संभव है, न स्वाधीन चिंतन। मध्य वर्ग में अभिजात वर्ग की सी उदारता नहीं होती। किसी आदर्श का स्वागत करने और उसे पोषित करने के लिए यह उदारता जरूरी होती है। मध्य वर्ग में नई व्यवस्था के लिए तड़प नहीं है। नयी व्यवस्था की आशा में ही श्रमिक वर्ग (लेबरिंग क्लासेज) जीवित रहते हैं। इसलिए अतीत के शांतिमय, विवेकसम्मत मार्गों की ओर जाने में मजदूर वर्ग अपनी स्पष्ट भूमिका निभा सकता है। अपनी राजनीतिक नियति तक पहुंचने के लिए भारतवासी इन मार्गों का अनुसरण करते रहे हैं। भारत और भारतवासियों के लिए मजदूर वर्ग का मार्गदर्शन यह होगा कि वह संघर्ष में कूदे और एकताबद्ध हो। अपनी विजय के फलस्वरूप उसे स्वाधीनता और नई समाज व्यवस्था प्राप्त होगी। ऐसी विजय के लिए सभी को लड़ना चाहिए। तब विजय का परिणाम सभी की पैतृक सम्पत्ति होगा और इस पैतृक सम्पत्ति में संयुक्त भारत की भागीदारी को अस्वीकार करने वाला कोई भी न होगा।[297]

लोकतंत्र और लोकहित

13 दिसंबर 1946 को जवाहरलाल नेहरू ने संविधान सभा में संविधान के उद्देश्यों के बारे में अपना प्रस्ताव पेश किया। उस प्रस्ताव की आलोचना करते हुए आम्बेडकर ने कहा : समाजवादी के रूप में इनकी जो ख्याति है, उसे देखते हुए यह प्रस्ताव निराशाजनक है।[298] आम्बेडकर क्या चाहते थे, यह उन्होंने आगे स्पष्ट किया : मैं आशा करता था, कोई ऐसा प्रावधान होगा जिससे राज्यसत्ता आर्थिक, सामाजिक और राजनीतिक न्याय को यथार्थ रूप

दे सके, उस दृष्टिकोण से मैं आशा करता था कि यह प्रस्ताव बहुत ही स्पष्ट शब्दों में घोषित करे कि देश में सामाजिक और आर्थिक न्याय हो, इसके लिए उद्योग-धंधों और भूमि का राष्ट्रीयकरण होगा। जब तक अर्थतंत्र समाजवादी अर्थतंत्र न हो तब तक मैं नहीं समझता, कोई भावी सरकार जो सामाजिक, आर्थिक और राजनीतिक न्याय करना चाहती है, वह ऐसा कैसे कर सकेगी।[299] उद्योग-धंधों और भूमि के राष्ट्रीयकरण के पहले एक चीज पर ध्यान दें।

कांग्रेस के संस्थापक ए.ओ. ह्यूम 1882 तक सरकारी नौकर थे। देश में बार-बार अकाल पड़ रहे थे। भुखमरी फैली हुई थी। जनता में भारी असंतोष था और लोग विद्रोह की तैयारी कर रहे थे। सरकारी सेवा में रहते हुए ह्यूम के पास गुप्तचरों की बहुत सी रिपोर्टें आती थीं। उनके आधार पर उन्होंने सरकार के लिए एक दस्तावेज तैयार किया। लोग क्या सोचते हैं, किस तरह की बातें करते हैं, किस तरह विद्रोह की तैयारी कर रहे हैं — इसके लिए 30 हजार गुप्तचरों ने अपनी रिपोर्टें तैयार की थीं। इन रिपोर्टों से पता चला, बहुत जगह लोग पुराने हथियार, तलवारें, भाले, बंदूकें इकट्ठा कर रहे थे। उनकी योजना थी, पहले छोटे-छोटे गुट विद्रोह करेंगे। फिर इन से मिल कर एक बड़ा समूह बनेगा जो विद्रोह करेगा। अनेक बुद्धिजीवी सरकार से असंतुष्ट थे। वे आकर नेतृत्व करेंगे और इस तरह उनकी बगावत राष्ट्रीय विद्रोह का रूप ले लेगी। ह्यूम ने वायसराय डफरिन से बात की। डफरिन और ह्यूम ने तय किया, ऐसी संस्था बनाई जाए जिसमें प्रमुख राजनीतिज्ञ हों। वे साल में एक बार मिलें और सरकार को बताएँ, उसमें क्या खामियां हैं और उन्हें कैसे दूर किया जाए। यह पूरा वृतांत रजनी पामदत्त ने 'इंडिया टुडे' में पृष्ठ 258 से 260 तक दिया है।

इसके बाद सुधारों का सिलसिला शुरू हुआ। इन सुधारों की विशेषता थी मताधिकार की असमानता। पहले मताधिकार संकुचित होता था फिर क्रमशः विस्तृत होता गया। संकुचित हो चाहे विस्तृत, दोनों ही स्थितियों में हर व्यक्ति का एक ही वोट गिना जाए, यह नियम नहीं था। साम्प्रदायिक आधार पर सौ आदमियों के वोट 150 के बराबर भी गिने जा सकते थे। आम्बेडकर ने संविधान सभा में कहा : मुसलमानों के लिए विशेष संरक्षण 1892 से शुरू हुआ। कहना चाहिए, मुसलमान 60 साल से इन विशेषाधिकारों का उपभोग कर रहे हैं। ईसाइयों को ये विशेषाधिकार 1920 के संविधान से मिले और वे 28 साल से इनका उपभोग कर रहे हैं। अनुसूचित जातियों को 1935 के संविधान से ही यह सुविधा मिली। 1937 में जब यह कानून लागू किया गया, तब से उनके लिए विशेष आरक्षण का आरंभ हुआ। दुर्भाग्य से उन्हें केवल दो वर्षों तक इसका लाभ मिला, क्योंकि 1939 के बाद 1946 तक संविधान स्थगित कर दिया गया और 1935 के कानून से जो विशेषाधिकार और सुविधाएँ उन्हें प्राप्त हुई थीं, उनका उपभोग करने की स्थिति में ये अनुसूचित जातियां नहीं थीं।[300] अंग्रेज भारत में ऐसे लोकतंत्र की शुरुआत कर रहे थे जिसमें कुछ लोगों को विशेषाधिकार प्राप्त हों और कुछ लोग उनसे वंचित हों। यह

मताधिकार की असमानता 1935 के कानून में थी और नए संविधान में भी चली आई। राजनीतिक रूप से भारतीय जनता को लोकतंत्र दे दिया गया है, यह कहना सही नहीं है, क्योंकि विशेषाधिकार जहां भी थे, सभी व्यक्तियों के वोटों का राजनीतिक मूल्य एक जैसा नहीं था। गोलमेज सम्मेलन में जब 1935 का भारत संबंधी कानून बन रहा था, तब उसके निर्माण में आम्बेडकर ने सक्रिय भाग लिया था। उसके पहले 1919 का कानून बन चुका था। उसमें कहां—क्या जोड़ा-घटाया जाए, इस पर लोग विचार कर रहे थे। संविधान बनाने का चौखटा भी वही पुराना था।

1919 के कानून में कहा गया था : जाति और धर्म के आधार पर सरकारी सेवाओं में किसी के साथ भेदभाव न बरता जाएगा। परंतु पुलिस और फौज में अछूत भर्ती न किए जाते थे। आम्बेडकर ने कहा : 1919 के कानून में यह जोड़ दिया जाए कि यदि किसी के नागरिक अधिकारों का उल्लंघन होता है तो इसके लिए सरकारी अफसर जिम्मेदार होंगे।[301] अछूतों के लिए कानून बनाना एक बात थी, कानून को अमल में लाना दूसरी बात थी। अमल में लाने के लिए दो तरीके हो सकते थे। सरकारी अफसरों का भरोसा किया जाए या जन आंदोलन किया जाए। आम्बेडकर पहले तरीके पर चल रहे थे। जैसे कांग्रेस पहले सुधारों के लिए सरकार से आवेदन करती थी वैसे ही आम्बेडकर कानून के अनुसार अछूतों को सही अधिकार दिलाने के लिए सरकारी सुधारों का भरोसा कर रहे थे। गोलमेज सम्मेलन में आम्बेडकर केवल अछूतों के अधिकारों पर बोले हों, ऐसा नहीं था। पूरा कानून बनने से उनका गहरा संबंध था। संघीय व्यवस्था किस तरह की हो, गवर्नर जनरल के अधिकार कैसे हों, प्रांतीय विधान सभाओं का संविधान किस तरह का हो, केंद्र में और प्रांतों में एक ऊंचा सदन और एक नीचा सदन होगा, उनके आपसी संबंध किस तरह के हों, इन सभी मुद्दों पर वे बोले थे। अनेक मुद्दों पर स्पष्टीकरण के लिए कनाडा और आस्ट्रेलिया जैसे डोमीनियनों के संविधानों का हवाला दिया जाता था। ऊंचे-नीचे सदनों के आपसी संबंध किस तरह के हों, इस बारे में आम्बेडकर ने प्रश्न किया : कनाडा के संविधान में इन दोनों सदनों के संबंधों के बारे में नियम क्यों नहीं है? मुहम्मद शफी ने इसका दिलचस्प उत्तर दिया : इसलिए नहीं है कि सामान्य नियम यह है कि उनके रिश्ते वही होंगे जो हाउस ऑफ लॉर्ड्स और हाउस ऑफ कामंस के हैं।[302] भारतीय सेवाओं में गोरों की जगह क्रमशः देशी लोगों को नियुक्त किया जाए, इस मुद्दे पर भी विचार हुआ था। आम्बेडकर ने सुझाव दिया था, यह काम धीरे-धीरे होना चाहिए और टैक्स देने वालों पर ज्यादा बोझ न पड़े, इसलिए देशी लोगों को उतनी ही तनख्वाह न देनी चाहिए जितनी गोरों को दी जाती थी।[303] गोलमेज सम्मेलन में आम्बेडकर ने कुछ बहुत अच्छी बातें भी कही थीं। मंत्रिमंडल में साम्प्रदायिक आधार पर लोगों को नियुक्त न किया जाना चाहिए।[304] दिसम्बर 1930 की एक बैठक में उन्होंने हिंदुओं और मुसलमानों की अलग पार्टियों की जगह दोनों की मिली जुली पार्टियों के बारे में अपना विचार प्रकट किया था। भावी संविधान के अंतर्गत कार्य परिषद में विभाजन इस तरह होगा कि धर्म और नस्ल के भेद

सतह पर न दिखाई देंगे। हिंदू मंत्री की पार्टी और उसके अनुयायियों में मुसलमानों की बहुत बड़ी संख्या होगी। ऐसे ही मुसलमान मंत्री के गुट में बहुत से हिंदू होंगे। मैं समझता हूं, ऐसा होना लगभग निश्चित है।[305] मुस्लिम लीग जो कुछ कर रही थी और 1940 में पाकिस्तान के बारे में आम्बेडकर ने जो कुछ कहा, वह इसका ठीक उलटा था। आम्बेडकर अपना सिद्धांत अमल में लाएँ, इसके लिए जरूरी था कि वे अपनी पार्टी में अछूतों के साथ गैरअछूतों को भी शामिल करते। कांग्रेस में अछूत और गैर अछूत दोनों थे। पर आम्बेडकर उसे हिंदू पार्टी कह कर उसकी बराबर निंदा करते रहे।

एक दिलचस्प बात यह है कि घूस और भ्रष्टाचार का बोलबाला उस समय भी वैधानिक तंत्र में था। विधान सभा में कुछ सदस्य निर्वाचित होते थे। कुछ आमंत्रित (को-ऑप्ट) किए जाते थे। इस संबंध में प्रस्ताव का विरोध करते हुए आम्बेडकर ने कहा : इस आमंत्रण का जैसा अनुभव हमें बंबई में है, वह बहुत उत्साहजनक नहीं है। उसका विकास बहुत ही घटिया किस्म के घोटालों के रूप में (द वर्स्ट शॉर्ट ऑफ स्कैंडल) में हुआ है। जिस मात्रा में घूस और भ्रष्टाचार (करप्शन एंड ब्राइबरी) का चलन है, उसे देखते हुए कम से कम मैं बंबई की विधान सभा के संविधान में इस सिद्धांत को लागू होते न देखना चाहूंगा।[306] यदि आज राजनीति में भ्रष्टाचार बड़े पैमाने पर फैला हुआ है, तो कहना चाहिए इसे भी ब्रिटिश सुधारों के साथ भारतीय राजनीति ने विरासत में पाया है। ब्रिटिश सुधारों के बारे में लोगों और संस्थाओं की राय जानने के लिए एक संयुक्त समिति गठित की गई थी। आम्बेडकर उसके सदस्य थे। ब्रिटेन के आभिजात्य और शासक वर्गों के उच्चतम सदस्यों से उन्होंने पूछताछ की थी। इनमें सर विंस्टन चर्चिल और भारत भाग्य विधाता (सेक्रेटरी ऑफ स्टेट) सर सैमुअल होर भी थे। जिन संस्थाओं के प्रतिनिधियों से आम्बेडकर ने बातचीत की, उनमें एक भारतीय महिलाओं के मताधिकार के लिए ब्रिटिश कमेटी भी थी। इसके 3 प्रतिनिधियों में दो तो महिलाएँ थीं —लेडी लेटन, मिसेज ओ स्ट्रैसी और तीसरे पुरुष थे सर फिलिप हार्टो।[307] इस ब्रिटिश कमेटी के अलावा कुछ भारतीय महिला संगठनों की ओर से राजकुमारी अमृत कौर और श्रीमती हामिद अली ने भी आम्बेडकर से भेंट की।[308] हिंदू महासभा के प्रतिनिधियों के अतिरिक्त एक अखिल भारतीय वर्णाश्रम स्वराज संघ के प्रतिनिधियों से भी आम्बेडकर ने पूछताछ की।[309] सन् 27 में साइमन कमीशन भारत आया। उसके बाद गोलमेज सम्मेलन हुआ। फिर 1935 में भारत संबंधी कानून बना। 8-9 साल तक लगातार परिश्रम करके देशी-विदेशी विद्वानों ने यह कानून बनाया। उसका राजनीतिक मूल्य क्या था?

संविधान सभा में अनेक बार आम्बेडकर ने 1935 के कानून का हवाला दिया। 1935 के पूर्व विधानसभा की विशेषता यह थी कि भारत पर अंग्रेजों की पकड़ पहले की तरह खूब मजबूत बनी रही। संविधान सभा में आम्बेडकर ने कहा : गवर्नमेंट ऑफ इंडिया ऐक्ट के तहत विधान सभा और उसके अध्यक्ष गवर्नर जनरल के चमचे हैं। (द क्रीचर्स ऑफ गवर्नर जनरल)।[310] जब विधान सभा चालू हो, तब भी गवर्नर जनरल अध्यादेश जारी

कर सकता था। वह स्वयं में एक समानांतर विधान सभा था।[311] भारत नाम का देश सन् 35 से पहले अंग्रेजों की संपत्ति था, सन् 35 के बाद भी उनकी संपत्ति रहा। पर दोनों स्थितियों में अंतर था। यह अंतर बहुत दिलचस्प है। आम्बेडकर ने कहा : 1935 के कानून से पहले भारत सरकार की संपत्ति था और उसकी देनदारी सेक्रेटरी ऑफ स्टेट और उसकी काउंसिल में निहित थी। भारत की सारी मालगुजारी और संपत्ति सेक्रेटरी ऑफ स्टेट और उसकी काउंसिल के हाथ में थी। 1935 के कानून से इसमें महत्वपूर्ण परिवर्तन हुआ। परिवर्तन यह था, भारत की संपत्ति और देनदारी दो हिस्सों में बांट दी गई। एक हिस्सा केंद्र का, दूसरा हिस्सा प्रांत का। अब केंद्र की ओर से, और प्रांतों की ओर से भी, यह संपत्ति और देनदारी बादशाह सलामत के हाथ में आ गई।[312] सेक्रेटरी ऑफ स्टेट के बदले संपत्ति और देनदारी बादशाह सलामत के हाथ में आ गई। कितना महत्वपूर्ण परिवर्तन था। राजनीतिक पार्टियों में प्रांतीय सभाओं के चुनावों को लेकर बड़ी मारा-मारी थी। उनके बारे में आम्बेडकर ने संविधान सभा में कहा : मैं स्वयं कुछ प्रांतीय विधान सभाओं की कार्रवाई 1935 के कानून के तहत ध्यान से देखता रहा हूं। मैं एक प्रांत के बारे में जानता हूं। उसका नाम मैं यहां न लूंगा। जहां विधान सभा साल में केवल 18 दिन चालू रही और वह भी सिर्फ इसलिए कि मालगुजारी इकट्ठा करने के लिए प्रस्ताव पास कर दे।[313] भारत की स्वाधीनता के विचार से 1935 के इस कानून का राजनीतिक मूल्य क्या था? सत्ता की बागडोर अंग्रेजों के हाथ में थी। जो प्रतिनिधित्व भारतवासियों को मिला था, उससे वे चुनाव लड़ने, और आपस में लड़ने, का अभ्यास कर सकते थे। विभाजन के बीज बड़ी गहराई से इस कानून में बो दिए गए थे। कांग्रेसी नेताओं ने पहले इसका विरोध किया। कहा कि इसके तहत हम चुनाव न लड़ेंगे। फिर वे चुनाव लड़े, उस कानून को अमल में लाए। अमल में लाने का तर्क यह था कि हम इसे भीतर से तोड़ेंगे। भीतर से वह कानून तो नहीं तोड़ा गया परंतु ये नेता अवश्य तोड़े गए। संघर्ष के मार्ग से हटा कर उन्हें संविधान के सुधारवादी मार्ग पर ठेल दिया गया। यहां मार्गदर्शक बोर्ड पर लिखा था : "मुस्लिम लीग से समझौता कर लो, हम तुम्हें आजादी दे देंगे।"

9 दिसंबर 1946 से संविधान सभा की कार्यवाही शुरू हुई। भारत अभी आजाद न हुआ था। यह सारी कार्यवाही उसी 1935 के कानून के तहत हो रही थी। नवंबर 1949 में आम्बेडकर ने संविधान सभा में कहा था : जहां तक नए प्रांतों के निर्माण का सवाल है, अब से 26 जनवरी तक जो धारा लागू रहेगी, वह गवर्नमेंट ऑफ इंडिया एक्ट 1935 की धारा 290 तथा वर्तमान संविधान की धारा 391 है। 25 जनवरी 1950 को 1935 का कानून निरस्त कर दिया जाएगा। 25 नवंबर के बाद 1935 का गवर्नमेंट ऑफ इंडिया ऐक्ट लागू रहेगा। जब तक यह कानून लागू रहता है, तब तक उसके तहत गवर्नर जनरल को काम करने का अधिकार रहेगा। वह जो भी कदम चाहे, उठा सकता है।[314] 1935 का 'इंडिया ऐक्ट' निरस्त होने को था परंतु उसी की छाया में नए संविधान का निर्माण हो रहा था। यह छाया कहीं-कहीं बहुत साफ और गहरी थी। पुराने कानून की कुछ धाराएँ

निरस्त की गई थीं, कुछ को नए संविधान के अनुरूप ढाला गया था और कुछ को ज्यों का त्यों उद्धृत कर दिया गया था। 1935 के इंडिया ऐक्ट के सेक्शन 291 के संशोधन के लिए बिल पेश किया गया। आम्बेडकर ने कहा : इस बिल के चौथे अनुभाग (क्लॉज) में जिन बातों का उल्लेख है, वे ज्यों की त्यों वही हैं जो पुराने सेक्शन 291 में गिनाई गई हैं।[315] धाराओं की संख्या बदल दी गई थी परंतु बहुत जगह बातें वही कही गई थीं। आम्बेडकर ने बताया, 1935 के इंडिया ऐक्ट में जो कुछ सेक्शन 104 में कहा गया है, वह, संविधान की धारा 223 से मिलता-जुलता है।[316]

कभी-कभी कुछ शब्दों के प्रयोग पर बहस होती थी। ऐसा ही एक शब्दबंध था 'फेंलियर ऑफ मशीनरी' (मशीनरी का फैल होना)। आम्बेडकर ने कहा : 1935 के इंडिया ऐक्ट में यह शब्दबंध इस्तेमाल किया गया है। इसलिए हर आदमी उसके कानूनी और अमली अर्थ से अच्छी तरह परिचित होगा।[317] मुख्य बात यह कि 1935 के कानून के द्वारा बीज रूप में भारत को विभाजित कर दिया गया था। नए संविधान में उस विभाजन को नकारा न जा सकता था। संविधान सभा की कार्यवाही के प्रारंभिक दौर में इस बात पर बहस हुई कि भारतीय गणतंत्र की सम्प्रभुता का स्रोत जनता है। डॉ. जयकर ने कहा : मुस्लिम लीग की अनुपस्थिति में इस प्रस्ताव पर विचार करना यहां उचित न होगा। इसलिए कुछ दिन के लिए कार्यवाही स्थगित कर देनी चाहिए। आम्बेडकर ने जयकर का समर्थन करते हुए कहा : इस महान् देश की सामाजिक, राजनीतिक और आर्थिक संरचना के भावी विकास और अंतिम स्वरूप के बारे में मेरे मन में जरा भी शंका नहीं है। मैं जानता हूं, आज हम राजनीतिक, सामाजिक और आर्थिक रूप से विभाजित हैं। हम ऐसा समुदाय हैं जिसमें विरोधी शिविर एक-दूसरे से लड़ रहे हैं। मैं यहां तक कहने को तैयार हूं कि ऐसे एक शिविर का नेता शायद मैं भी हूं। इस सबके बावजूद मुझे पूरा विश्वास है कि समय बीतने पर और परिस्थितियों के बदलने पर संसार में कोई भी चीज इस देश को एक होने से रोक न पाएगी।[318] यह भविष्य की बात थी। अभी जो हो रहा था, वह यह कि 1935 के कानून के तहत भारत का विभाजन हो रहा था। देश के सामाजिक, राजनीतिक और आर्थिक विकास के लिए उस विभाजन को निरस्त करना जरूरी था। 1935 के जिस कानून के तहत यह विभाजन हुआ था, उसे निरस्त करना जरूरी था, और उस कानून की छाया में स्वाधीन भारत के संविधान में जो विशेषाधिकारों का जाल बुना गया था, उसे निरस्त करना जरूरी था। इसके बिना आर्थिक समानता की बात तो दूर, राजनीतिक समानता वाला लोकतंत्र भी इस देश में कायम न हो सकता था।

अंग्रेजों के बनाए संवैधानिक मार्ग से हट कर क्या कोई दूसरा रास्ता था जिस पर चलने से देश अपना आर्थिक और राजनीतिक विकास कर सकता था? आम्बेडकर ने अनेक बार इस प्रश्न का साफ उत्तर दिया है। वह ज्यादातर काम करते थे संविधानवादी की तरह परंतु अक्सर सोचते थे क्रांतिकारी की तरह। दिसंबर 1927 में कोलाबा जिले के महादर नामक स्थान के एक सार्वजनिक ताल से पानी भरने की योजना आम्बेडकर ने बनाई थी। उस

ताल में अछूतों को पानी न भरने दिया जाता था। आम्बेडकर ने सत्याग्रह करने का विचार किया था। सभा में आने वालों से कह दिया गया था कि वे हर चीज के लिए तैयार होकर आएँ। जेल भी जाना पड़ सकता है। ताल से अछूत पानी न भरें, इसके लिए रूढ़िवादियों ने सबजज की अदालत में अरजी लगाई। सबजज ने पानी भरने पर अस्थायी रूप से रोक लगा दी। आम्बेडकर ने लिखा है : जिला मजिस्ट्रेट की सहानुभूति अछूतों के प्रति थी। वह सम्मेलन में आया और वहां उसने भाषण किया। उसने कहा कि इस दीवानी अदालत ने यदि स्थगन आदेश न दिया होता, तो वह अछूतों की मदद करता कि वे ताल से पानी भरें। मजिस्ट्रेट ने जो कुछ कहा और रूढ़िवादी जो कुछ कर रहे थे, सारी बातों पर सम्मेलन ने विचार किया। आम्बेडकर ने लिखा है : अंत में सम्मेलन ने यह फैसला किया, कानून के अनुसार काम करना ज्यादा अच्छा है और उसमें अधिक सुरक्षा है (इट इज बेटर एंड सेफ टु फॉलो लॉ) और देखना चाहिए कि इस तरह वे अधिकार पा सकते हैं या नहीं। इसलिए तय हुआ कि सत्याग्रह रोक दिया जाए, जब तक अंतिम फैसला न हो जाए, तब तक सबजज के आदेश का उल्लंघन न किया जाए। सविनय अवज्ञा की नौबत नहीं आई क्योंकि अछूत मुकदमा जीत गए। आम्बेडकर ने लिखा है : अछूतों ने सविनय अवज्ञा स्थगित की। कानून के अनुसार चले। इसका मुख्य कारण यह था — अछूत चाहते थे कि न्यायालय से यह घोषणा कर दी जाए कि अस्पृश्यता का चलन वैध है या नहीं। आम्बेडकर कहते हैं : अछूत जीत तो गए परंतु बंबई के हाई कोर्ट ने यह फैसला नहीं किया कि अस्पृश्यता का चलन वैध है या नहीं।[319] यहां संविधानवादी आम्बेडकर का दृष्टिकोण स्पष्ट हो जाता है। जो कुछ हो, वह संविधान और कानून के अनुसार होना चाहिए। इसीलिए क्रांति के बारे में वे जो बहुत सी बातें सोचते थे, उन पर अमल नहीं कर सके। परंतु वे बातें बहुत महत्वपूर्ण हैं और जो भी भारत में सामाजिक परिवर्तन करना चाहें, उन्हें उन पर अवश्य विचार करना चाहिए।

जनवादी क्रांति और मजदूर वर्ग

आम्बेडकर का पहला महत्वपूर्ण विचार यह है कि पार्लियामेंटरी डेमोक्रेसी (संसदीय प्रणाली वाला जनतंत्र) जनता की मूल समस्याएँ हल नहीं कर सकता। 1943 में इंडियन फेडरेशन ऑफ लेबर की तरफ से मजदूर सभाई कार्यकर्ताओं के एक शिविर में भाषण करते हुए आम्बेडकर ने कहा : हर देश में संसदीय लोकतंत्र के प्रति बहुत असंतोष है। भारत में इस प्रश्न पर विचार करना अत्यंत आवश्यक है। भारत संसदीय लोकतंत्र प्राप्त करने के लिए बातचीत कर रहा है। इस बात की बहुत जरूरत है कि कोई यथेष्ट साहस के साथ भारतवासियों से कहे — संसदीय लोकतंत्र से सावधान। यह उतना बढ़िया उत्पाद नहीं है

जितना दिखाई देता था।[320] संसदीय लोकतंत्र इसलिए असफल हुआ कि वह आम जनता के लिए स्वतंत्रता, संपत्ति और सुख-शांति का जीवन सुनिश्चित नहीं कर सका। समाज में जो आर्थिक असमानताएँ हैं, उनकी तरफ उसने ध्यान ही नहीं दिया। उसने शहजोर को मौका दिया कि वह कमजोर को ठगता रहे। गरीबों के विरुद्ध आर्थिक अन्याय बढ़ता रहा। जो पददलित और संपत्तिहीन वर्ग थे, उनके विरुद्ध यह आर्थिक अन्याय होता रहा। जहां सामाजिक और आर्थिक जनतंत्र न हो, वहां राजनीतिक लोकतंत्र सफल नहीं हो सकता। सामाजिक और आर्थिक जनतंत्र वे रग-रेशे हैं जिनसे राजनीतिक लोकतंत्र निर्मित होता है। ये रग-रेशे जितने ही पुष्ट होते हैं, उतना ही शरीर मजबूत होता है। लोकतंत्र समानता का दूसरा नाम है। संसदीय लोकतंत्र ने स्वतंत्रता के लिए तो बहुत उत्साह दिखाया लेकिन समानता के प्रश्न की ओर उसने आंख उठा कर भी नहीं देखा। स्वतंत्रता समानता को निगल गई।[321]

आम्बेडकर ने आधुनिक समाजों में दो वर्गों का उल्लेख किया है : एक शासक और दूसरा शासित। इन वर्गों की विशेषता है कि शासन चलाने वाले हमेशा शासक वर्ग के लोग होते हैं। जो शासित हैं, वे कभी शासक वर्ग नहीं बन सकते। लोग स्वयं अपने ऊपर शासन नहीं करते। वे एक सरकार बना लेते हैं और उसे शासन करने देते हैं। वे यह भूल जाते हैं कि यह उनकी सरकार नहीं है। इस हालत में संसदीय लोकतंत्र कभी जनता की सरकार नहीं रहा, न जनता के द्वारा चलाई जाने वाली सरकार रहा। इस कारण वह कभी ऐसी सरकार नहीं रहा जो जनता के लिए हो। लोकप्रिय हुकूमत के तामझाम के बावजूद संसदीय लोकतंत्र वास्तव में आनुवांशिक शासक वर्ग द्वारा आनुवांशिक प्रजा वर्ग पर हुकूमत है।[322] यह स्थिति वर्ण व्यवस्था से बहुत मिलती-जुलती है। ऊपर से देखने में लगता है, कोई भी आदमी चुना जा सकता है, मंत्री हो सकता है, शासन कर सकता है। वास्तव में शासक वर्ग एक तरह का वर्ण बन जाता है। उसी में से, थोड़े से उलटफेर के साथ, शासक चुने जाते हैं। जो प्रजा वर्ग है, वह सदा शासित बना रहता है।

इस परिस्थिति के लिए आम्बेडकर मजदूर वर्ग को भी दोष देते हैं। उसने सामाजिक जीवन में आर्थिक उपकरण पर उचित ध्यान नहीं दिया। मार्क्स की आलोचना करते हुए बहुत कहा जाता है, मनुष्य केवल रोटी के लिए नहीं जीता। लेकिन मजदूर वर्ग तो भूखों मरता है। क्या यही अच्छा होता कि मजदूर रोटी की बात पहले सोचते और दूसरी चीजों की बातें उसके बाद।[323] शासक वर्ग अपने आर्थिक हितों को खूब पहचानता है। इसी तरह मजदूर वर्ग को अपने आर्थिक हित पहचानने चाहिए। अध्ययन की ओर से उदासीन न होकर उसे इस संबंध की पुस्तकें पढ़नी चाहिए। अन्य लेखों के साथ आम्बेडकर ने मार्क्स की कम्युनिस्ट मैनीफैस्टो का भी उल्लेख किया है। उन्होंने इस बात पर जोर दिया है कि मजदूर सभाएँ बनाना काफी नहीं है। मजदूरों को शासन-सत्ता पर अधिकार करने की बात सोचनी चाहिए। मजदूर सभाएँ महत्वपूर्ण हैं पर वे इतनी मजबूत नहीं हैं कि पूंजीपतियों से कहें, कि वे पूंजीवादी व्यवस्था ज्यादा अच्छी तरह चलाएँ। यदि मजदूरों की सरकार हो,

तो उसके सहारे ये मजदूर सभाएँ ज्यादा कारगर हो सकती हैं। शासन पर नियंत्रण यह मजदूर वर्ग का लक्ष्य होना चाहिए। जब तक मजदूर सभाएँ शासन पर नियंत्रण पाना अपना लक्ष्य नहीं बनातीं, तब तक वे बहुत थोड़ा अच्छा काम कर सकेंगी और मजदूर सभाई नेताओं के आपसी झगड़ों का स्रोत बनी रहेंगी। मजदूरों का लक्ष्य केवल मजदूर सभाएँ कायम करना है, यह धारणा ठुकरा देनी चाहिए। उन्हें घोषित करना चाहिए कि उनका अंतिम उद्देश्य शासन तंत्र पर अधिकार पाना है। इसके लिए उन्हें अपना स्वतंत्र राजनीतिक संगठन बनाना चाहिए।[324] "मजदूर वर्ग को शासक वर्ग बनना है, इसके लिए ज्ञान आवश्यक है। मजदूर वर्ग को दिखाना है कि वह दूसरों से ज्यादा अच्छी तरह शासन कर सकता है। खुली होड़ के आधार पर पहले जैसे शासन चलता था, वैसे मजदूर सरकार का शासन नहीं चलेगा। उसे नियंत्रण के द्वारा शासनतंत्र चलाना होगा। खुली होड़ वाले शासन के लिए उतना ज्ञान और उतना प्रशिक्षण जरूरी नहीं है जितना नियंत्रण वाले शासन के लिए। दुर्भाग्य से भारत में मजदूर वर्ग ने अध्ययन का महत्व नहीं समझा है।[325] बीसवीं सदी की समाप्ति के समय हम कह सकते हैं कि 50 साल पहले मजदूर वर्ग के नेता अध्ययन का जितना महत्व समझते थे, उतना भी वे इस समय नहीं समझते।

पूंजीवादी समाज में एक ओर संपत्तिशाली वर्ग हैं, दूसरी ओर संपत्तिहीन अथवा कम संपत्ति वाले वर्ग हैं। शासनतंत्र चलाने वाले इन्हीं संपत्तिशाली वर्गों से चुने जाते हैं। संसदीय लोकतंत्र की समस्या पर आम्बेडकर बहुत समय से सोचते-विचारते रहे थे। गोलमेज सम्मेलन के अंतर्गत मताधिकार समिति बनी थी। उसमें आम्बेडकर ने कहा था : कोई व्यक्ति समाज के अन्य सदस्यों के साथ किस तरह के संबंधों में रहना चाहता है, इसे निर्धारित करने की ताकत का नाम है मताधिकार। यदि मताधिकार का यह अर्थ है तो अवश्य ही आप उच्च वर्गों को अथवा बौद्धिक लोगों को, जैसा कि वे कहलाते हैं, यह ताकत नहीं दे सकते कि वे सामाजिक जीवन के संबंध निर्धारित करें और निचले वर्गों को उनकी दया के भरोसे छोड़ दें। सामाजिक संबंध निर्धारित करने का अधिकार इन निचले वर्गों को भी होना चाहिए। पूंजीपति के लिए संविधान बनेगा तो उसे यह ताकत मिलती है कि वह इस बात का निर्देश करे कि मजदूर वर्ग के साथ वह किस तरह के सामाजिक संबंधों में रहेगा। उसी तरह शहर के मजदूर को यह हक है कि वह पूंजीपति-मालिक के साथ किन शर्तों पर रहेगा, यह निर्धारित करने की ताकत उसे हो।[326] पूंजीपति के पास संपत्ति है। उसे यह अधिकार होता है कि वह सामाजिक संबंध निर्धारित करे। इन्हीं संबंधों में मजदूर के लिए काम करना जरूरी होता है। आम्बेडकर का तर्क है, यदि पूंजीपति को यह अधिकार है कि वह मजदूर के साथ किस तरह के सामाजिक संबंधों में काम करे, तो मजदूर को भी यह अधिकार है कि वह निश्चित करे, किस तरह के सामाजिक संबंधों में वह पूंजीपति के साथ काम करेगा। संसदीय लोकतंत्र यह समस्या सुलझा नहीं पाता। इसीलिए उसके प्रति आम जनता में असंतोष फैलता है।

आम्बेडकर यहां हिंदुओं और मुसलमानों की, द्विज और शूद्र की बात नहीं करते। मजदूरों

में हिंदू थे, मुसलमान थे, सवर्ण थे, अवर्ण थे। ये भेद पीछे छूटते जा रहे थे। पूंजीवादी संबंधों के विकास के साथ समाज नए आधार पर पुनर्गठित होता है। सम्प्रदायों और बिरादरियों की सीमाएँ तोड़कर पूंजीवाद लोगों को एक विशाल मजदूर वर्ग में संगठित करता है। पूंजीपति और मजदूर में संपत्ति की असमानता है। यह असमानता बनी रहे या बढ़े तो इसमें पूंजीपति को लाभ है। असमानता को खत्म करना, संपत्ति का नए सिरे से बंटवारा करना मजदूर वर्ग के हित में है। इसीलिए वह अपनी दशा बदलने के साथ पूरे समाज की हालत बदल सकता है।

दिसंबर 1942 के रेडियो भाषण में आम्बेडकर ने स्वाधीनता, समानता और भाईचारा, इन तीन सूत्रों का उद्‌भव फ्रांसीसी क्रांति में देखा। उन्होंने इस बात पर जोर दिया कि ये नारे अमल में नहीं लाए गए। इसलिए मजदूर वर्ग घाटे में रहा। उन्होंने कहा : मजदूर के लिए स्वाधीनता का अर्थ है जनता के द्वारा शासन। संसदीय लोकतंत्र का अर्थ जनता के द्वारा शासन नहीं है।[327] उन्होंने इस लोकतंत्र की व्याख्या करते हुए कहा : संसदीय लोकतंत्र शासन का ऐसा रूप है जिस में जनता का काम अपने मालिकों के लिए वोट देना और उन्हें हुकूमत करने के लिए छोड़ देना होता है। मजदूर वर्ग की राय में शासन की ऐसी व्यवस्था जनता की सरकार का बिल्कुल उल्टा रूप है। मजदूर वर्ग के लिए समानता का अर्थ है, सबको काम करने के लिए समान अवसर मिले, और राज्य सत्ता का कर्तव्य है, प्रत्येक व्यक्ति को उसकी आवश्यकताओं के अनुसार विकास के लिए सारी सुविधाएँ प्रदान करे। मजदूरों के लिए समानता का अर्थ है, नागरिक सेवाओं और फौज से लेकर व्यापार और उद्योग-धंधों तक हर तरह के विशेषाधिकार खत्म किए जाएँ, वे सारी चीजें खत्म की जाएँ जिनसे असमानता पैदा होती है।[328] दूसरे शब्दों में, जब तक पूंजीवाद कायम है, तब तक वास्तव में न स्वतंत्रता है और न समानता। पूंजीवादी व्यवस्था को बदलने से ही वास्तवविक स्वतंत्रता और समानता कायम की जा सकती है। भाईचारा के लिए उन्होंने कहा, इसका अर्थ विभिन्न जातियों के बीच भाईचारा है। फ्रांस की राज्यक्रांति में ये तीन नारे दिए गए थे। किंतु लगभग 140 वर्षों के बाद भी वे अमल में नहीं लाए गए। पुरानी व्यवस्था या तो ज्यों की त्यों अपने नग्न रूप में कायम रही या झूठी रियायतें दी गईं जिससे लोग समझें, उन्हें स्वाधीनता और समानता मिल गई है।[329] यहां आम्बेडकर ने झूठी रियायतें (रौंग कनसेशंस) की बात कही है। बड़े पूंजीवादी देशों में जो कुछ होता है, उसके अलावा भारत में जो हो रहा था, उसे देखते यह झूठी रियायतों की बात और भी सार्थक है। आम्बेडकर के रेडियो भाषण के समय दूसरा महायुद्ध चालू था। उन्होंने इस युद्ध के बारे में कहा : यह युद्ध पुरानी व्यवस्था कायम रखने के लिए नहीं हो रहा। यह युद्ध पुरानी व्यवस्था और नात्सियों की व्यवस्था, दोनों के विरुद्ध हो रहा है। पहले के युद्ध दुनिया में भूमि का बंटवारा करने के लिए बड़ी ताकतों के बीच हुए थे। यह वैसा युद्ध नहीं है। शासन तंत्र कैसा हो, इससे संबंधित विचारधाराओं की टक्कर यहां है। इस युद्ध का उद्‌देश्य केवल शत्रु को पराजित करना नहीं है। यह युद्ध एक क्रांति भी है, ऐसी क्रांति जो सामाजिक जीवन

में बुनियादी परिवर्तन चाहती है, समाज का पुनर्गठन चाहती है, इस अर्थ में यह जनता का युद्ध है और यदि नहीं है तो इसे होना चाहिए और इसे वैसा बना देना चाहिए।[330] इस भाषण के अंत में आम्बेडकर ने समाज के विभिन्न वर्गों की चर्चा की और बताया, मार्गदर्शक का काम मजदूर वर्ग क्यों कर सकता है।

भारत के स्वाधीन होने के बाद देश की आर्थिक स्थिति अच्छी नहीं थी। कांग्रेसी नेता कहते थे, धीरे धीरे सब कुछ होगा। अंग्रेज यहां के अर्थ-तंत्र को खोखला छोड़ गए हैं। अचानक परिवर्तन कैसे हो सकता है? स्वाधीनता प्राप्ति के 5 साल बाद नेताओं और शासनतंत्र चलाने वालों को सावधान करते हुए आम्बेडकर ने संसद में कहा : इससे पहले कि लोग सरकार से निराश हो जाएँ, इतना ऊब जाएँ कि सोचें कि सरकार का न होना ही अच्छा है, इससे काफी पहले यदि यह सरकार एक निश्चित अवधि में कुछ करके नहीं दिखाती, तो ऐसा समय आएगा, और इस बारे में मुझे जरा भी संदेह नहीं है, कि इस पार्लियामेंट के बाहर आम जनता उसके प्रति निहायत घृणा का दृष्टिकोण अपनाएगी। यदि हम लोग संसद में अपनी जिम्मेदारियां नहीं समझते और उचित समय के भीतर जनता की भलाई और खुशहाली के लिए कदम नहीं उठाते तो वैसा समय आएगा। वह ऐसी चीज होगा जिसे कोई नहीं चाहता।[331]

आम्बेडकर ने जब ये बातें कहीं थी तब से अब तक 45 साल बीत चुके हैं। कई बार चुनाव हुए। हर चुनाव के समय नए नए वादे किए गए। पार्टियां अनेक हैं, पूंजीवाद एक है। चुनावों से पूंजीवादी व्यवस्था में कोई मौलिक परिवर्तन नहीं हुआ। क्या मजदूर वर्ग संगठित हो कर ऐसा परिवर्तन कर सकता है? साइमन कमीशन के लिए बंबई सरकार से संबंधित अपनी रिपोर्ट में आम्बेडकर ने मुसलमानों को ज्यादा सीटें देने का विरोध करते हुए कहा था : हर समाज में जमींदारों, पूजीपतियों और पुरोहितों का जबर्दस्त प्रभाव होता हैं परंतु किसी ने यह नहीं माना कि इन वर्गों को प्रतिनिधित्व में जबर्दस्त हिस्सा मिलना चाहिए।[332] हिस्सा मिले चाहे न मिले, पर ये वर्ग बहुत प्रभावशाली थे। आम्बेडकर यहां वर्गों की बात करते हैं, हिंदू-मुसलमान सम्प्रदायों या छूत-अछूत बिरादरियों की बात नहीं। आधुनिक समाजों की नीति वर्गहितों द्वारा निर्धारित होती है। जमींदार और पूंजीपति किसी भी सम्प्रदाय, किसी भी बिरादरी के हो सकते हैं। हर धर्म और उसकी उपशाखाओं के अपने-अपने पुरोहित होते हैं। आम्बेडकर ने अपनी एक पुस्तक में 'प्रीस्टहुड' (पुरोहितवाद) शब्द का प्रयोग किया है।[333] किसी वर्ण में कुछ लोग पुरोहिताई करते हैं, दूसरे लोग अन्य काम करते हैं। लड़ाई वर्ण के सभी लोगों से नहीं है। पुरोहितों से है और यदि जमींदारों के साथ पुरोहितों का विरोध करना है तो वे किसी भी धर्म, किसी भी सम्प्रदाय के हों, उनका विरोध करना चाहिए। संसदीय लोकतंत्र की असफलता का बहुत बड़ा कारण भारत में ही नहीं, यूरोप में भी जमींदारों, पूंजीपतियों और पुरोहितों का प्रभाव था। इसलिए जो वर्ग इनके विरुद्ध संगठित हो सकते हों, जो उनसे उत्पीड़ित हों, उन्हें संगठित करना हर समाज सुधारक और क्रांतिकारी विचारक का काम था।

आम्बेडकर का अपना अनुभव यह था कि 1919 के कानून के अनुसार जो काउंसिलें बनी थीं, उनमें धनी लोगों का प्रभाव था। साइमन कमीशन के लिए तैयार किए गए दस्तावेज में उन्होंने कहा : वर्तमान मताधिकार की बुनियाद पर जो काउंसिल चुनी जाती है, वह निरक्षरता दूर नहीं कर सकती। सीधा सा कारण यह है कि शिक्षा पर जो पैसा खर्च होगा, वह धनी लोगों पर टैक्स लगाकर ही वसूल किया जा सकता है और काउंसिल धनी लोगों के नियंत्रण में है। यह निश्चित है कि गरीबों की भलाई के लिए धनी लोग अपने ऊपर तब तक टैक्स न लगाएंगे जब तक उन्हें इसके लिए बाध्य न किया जाए।[334] भारत में विशेष रूप से हिंदी प्रदेश में, निरक्षरता क्यों दूर नहीं हुई उसका कारण यहां साफ लिख दिया गया है। जनता पर टैक्स लगा कर पूंजीपति जो पैसा इकट्ठा करते हैं, उसे वे और उनके प्रतिनिधि अपने वर्ग के हितों पर खर्च करना चाहते हैं, गरीबों के हितों के लिए नहीं। यहां आम्बेडकर हिंदू-मुसलमान, छूत-अछूत की बात नहीं करते, गरीब-अमीर की बात करते हैं। इसलिए अमीरों के विरुद्ध गरीबों का संगठित होना जरूरी है। चकबंदी से खेती की समस्या हल होगी, इस आशय के बिल का विरोध करते हुए बंबई की प्रांतीय सभा में आम्बेडकर ने 1927 में कहा था : इससे गरीब वर्ग के लोग और भी मुफलिस हो जाएंगे। खेतिहर आबादी का बहुत बड़ा हिस्सा बेजमीन हो जाएगा।[335] यहां पर आम्बेडकर खेतीहर आबादी की बात करते हैं, गांवों के गरीब वर्गों की बात करते हैं, बिरादरी और सम्प्रदाय की बात छोड़ देते हैं। शहरों की तरह गांवों में भी वर्ग हैं, और शहर और गांव दोनों के पीड़ित वर्गों को मिलाकर संयुक्त मोर्चा बनाना चाहिए। 1951 की जनगणना की रिपोर्ट के आधार पर आम्बेडकर ने लिखा था : सारे भारत में खेती करने वाले मजदूर और उन पर निर्भर रहने वाले लोगों की कुल संख्या 4 करोड़ 48 लाख है। इनमें एक करोड़ 48 लाख अनुसूचित जातियों के लोग हैं। जितने शूद्र खेत मजदूर थे, उनसे गैर शूद्र खेत मजदूर 3 करोड़ ज्यादा थे। कुल मिलाकर लगभग 6 करोड़ खेत मजदूर एक ही तरह के आर्थिक संबंधों में जीवन बिता रहे थे। यहां छूत-अछूत मजदूरों की एकता का बहुत मजबूत आधार मौजूद था। ये जमीन के मालिक किसान नहीं थे, खेत मजदूर थे। शहरी उद्योग मजदूरों के साथ इन्हें मिलाने से भारत का बहुत बड़ा श्रमिक वर्ग बनता था। अपने जीवन की परिस्थितियों के कारण यह पूरा वर्ग सम्प्रदायवाद और जाति प्रथा से लड़ने और उन्हें खत्म करने की स्थिति में था। आवश्यकता इसके संगठित होने और उचित नेतृत्व की थी।

छोटे खेतों को मिलाकर बड़े खेत बनाए जाएँ, इस आशय के बिल का विरोध करते हुए बंबई की काउंसिल में आम्बेडकर ने छोटे भूस्वामियों का सवाल उठाया था : बहुसंख्यक किसान छोटे खेतों के मालिक हैं। उन्हें भय है, इस कानून के लागू होने पर वे भूमिहीन मजदूर बन जाएंगे। उनका भय निराधार नहीं है और समाज के आर्थिक आधार में ऐसे उलटफेर को मैं शांत मन से नहीं देख सकता।[336] खेत मजदूरों को यहां सहायक के रूप में छोटे किसानों का एक बहुत बड़ा समुदाय मिल सकता था। खेत मजदूर, छोटे किसान, शहरी उद्योग मजदूर, सब मिला कर क्रांति की बहुत बड़ी ताकत देश में थे।

महाराष्ट्र के कुछ भागों में जमींदारी प्रथा का एक विशेष रूप प्रचलित था जिसे 'खोती प्रथा' कहते थे। इसके बारे में 1937 में आम्बेडकर ने लिखा था : खोत यानी भूस्वामी इसके लिए बाध्य है कि सरकार को मालगुजारी अदा करे। परंतु इसकी उसे छूट है कि वह अपने आसामी किसानों से जैसा व्यवहार भी चाहे करे। खोतों ने इस छूट का ऐसा दुरुपयोग किया है कि उन्होंने आसामियों से हर तरह पैसा ही वसूल नहीं किया वरन्, उन्हें एकदम गुलाम बना रखा है। पिछले वर्षों में छोटे आसामी खोतों के विरुद्ध आंदोलन करते रहे हैं और खोती प्रथा खत्म की जाए, इस बात की मांग करते रहे हैं। खोतों और छोटे आसामियों के बीच तनाव इतना बढ़ गया था कि आसामियों ने तीन खोतों की हत्या कर दी थी।[337] गांवों में यह संघर्ष बिरादरियों के आधार पर नहीं, वर्गों के आधार पर चल रहा था।

साइमन कमीशन के सामने एक प्रश्न का उत्तर देते हुए आम्बेडकर ने कहा : अनुसूचित जातियों के लोग खासतौर से महार, कुछ जमीन के मालिक हैं और उसके लिए मालगुजारी देते हैं।[338] इस तरह शूद्रों और गैर शूद्रों की एकता के लिए गरीब किसानों में एक आधार मौजूद था। कमीशन की तरफ से पूछा गया : क्या काफी महार निजी सेवाओं में वेटरों का काम करते हैं? आम्बेडकर ने जवाब दिया : हां, लेकिन बहुत थोड़े। अधिकतर उद्योग-धंधों में काम करते हैं।[339] इस तरह शहरों में शूद्र और गैरशूद्र मजदूरों की सामाजिक एकता का आधार तैयार हो रहा था। आम्बेडकर ने यह भी कहा : हिंदू सर्वहारा से अछूत सहायता प्राप्त करेंगे, यह आशा निराधार है।[340] मजदूर यदि आंदोलन करके मालिकों से कुछ सुविधाएँ पाते हैं तो वे वर्ग आधार पर ही पाते हैं। स्वयं आम्बेडकर बार बार जिस लेबर या मजदूर वर्ग की बात करते हैं, उसमें शूद्र और गैरशूद्र का भेद नहीं करते। मजदूर वर्ग भारतीय राजनीति में मार्गदर्शक बनेगा, यहां यह नहीं कहा कि मजदूरों में केवल शूद्र मार्गदर्शक बनेंगे और शेष मजदूर उनसे अलग रहेंगे। खेत मजदूरों की तरह शहरी मजदूरों में भी अछूत अल्पसंख्यक हैं। उनकी हालत न सुधरने पाए, इसका सबसे अच्छा तरीका यह था कि गांवों और शहरों में उन्हें गैरअछूत मजदूरों से अलग रखा जाए। मजदूरों में बहुत बड़ी संख्या स्त्रियों की थी। आम्बेडकर अपने भाषणों में उनका उल्लेख अनेक बार करते हैं। वे किस वर्ण और सम्प्रदाय की हैं, इसका उल्लेख नहीं करते। वे केवल मजदूर स्त्रियां हैं।

मजदूरों का संगठन सामाजिक परिवर्तन के अतिरिक्त उनकी आत्मरक्षा के लिए भी आवश्यक है। राजनीति में अपराधकर्मी प्रवेश कर रहे हैं, आजकल इसकी बहुत चर्चा है। संभवतः इसकी शुरुआत मजदूर बस्तियों से होती है। जहां-जहां बड़े शहरों में बड़ी मजदूर बस्तियां होती हैं, वहां मानो अपने आप अपराधकर्मी इकट्ठा हो जाते हैं। 1938 में एक पुलिस-कानून के संशोधन बिल पर बोलते हुए बंबई की विधान सभा में आम्बेडकर ने कहा था : मैंने मजदूर बस्तियों में 22 वर्ष बिताए हैं। वहां मवाली और दादा लोग गरीबों को सताते हैं। सताए हुए लोग पुलिस और कचहरी का सहारा इसलिए नहीं लेते कि वे जानते हैं, उनके पास जाएंगे तो और भी सताए जाएंगे।[341]

1943 में भारत सरकार के श्रम मंत्री की हैसियत से आम्बेडकर धनबाद गए। वहां वे कोयला मजदूरों की जीवन-परिस्थितियों का अध्ययन करने के लिए उनके घर देखने गए। उनके साथ अखिल भारतीय ट्रेड यूनियन कांग्रेस के लोग भी थे। खानों के पास मजदूर खोलियों में प्रवेश करने के पहले आम्बेडकर ने हिंदुस्तानी में पूछा : हम अंदर आ सकते हैं?[342] दुभाषिए की ज़रूरत नहीं थी। आम्बेडकर सीधे हिंदुस्तानी मज़दूरों से उनकी भाषा में बात कर सकते थे। ये हिंदुस्तानी मजदूर इन्दौर से लेकर धनबाद तक बड़े-बड़े उद्योग-केंद्रों में फैले हुए हैं। इनके अलावा बंबई और कलकत्ता जैसे बड़े शहरों में हिंदुस्तानी मजदूरों की बहुत बड़ी संख्या है। बंबई से लेकर कलकत्ते तक मजदूरों की इस विशाल संख्या को संगठित करने के लिए एक ही भाषा काम में आ सकती है। वह है हिंदी। राजभाषा का स्वरूप जैसा भी हो और उस राजभाषा का स्थान हिंदी जब भी पाए, जहां तक मजदूरों का संबंध है, हिंदी के बिना उनका काम नहीं चल सकता। भारत के बहुसंख्यक मजदूर हिंदीभाषी हैं। बड़े-बड़े शहरों में उनकी बस्तियां हैं। इसलिए भी हिंदी का प्रसार दूसरे मजदूरों में होता है। संगठित होने के लिए मजदूरों का शिक्षित होना बहुत जरूरी है। अंग्रेजी पढ़ने-बोलने वाले मध्य वर्ग के लोग उनके नेता बहुत दिन से हैं। इस नीति का परिणाम अच्छा नहीं हुआ। मजदूरों के नेता उन्हीं में से पैदा होने चाहिए और यह तभी हो सकता है जब वे शिक्षित हों। शिक्षा के लिए एक भाषा और एक लिपि बहुत जरूरी है। जहां तक हिंदी प्रदेश का संबंध है, सभी मजदूरों के लिए, वे किसी भी सम्प्रदाय के हों, हिंदी में शिक्षा की व्यवस्था होनी चाहिए। जहां तक लिपि का संबंध है जो लिपि हिंदी की है, वही मराठी की है। इस तरह नागरी लिपि के प्रचार-प्रसार से महाराष्ट्र और हिंदी प्रदेश के मजदूर शिक्षित, संगठित और एकताबद्ध किए जा सकते हैं। शेष भारत के मजदूरों पर इसका बहुत असर पड़ेगा।

शिक्षा के बिना जाति प्रथा को भी नहीं मिटाया जा सकता। शिक्षा और सार्वजनिक साक्षरता प्रसार को सीमित रखकर अंग्रेज सरकार भारत में जातिप्रथा को मजबूत बनाए हुए थी। वह अछूतों से कहती थी, तुम्हारी रक्षा हमीं कर सकते हैं। इसलिए संविधान में जहां तक हो सके, तुम्हें सुरक्षा की गारंटी मिलनी चाहिए। सितंबर 1931 में गोलमेज सम्मेलन के दौरान सार्वजनिक शिक्षा के बारे मे मदन मोहन मालवीय ने कुछ दिलचस्प बातें कहीं थीं। उन्होंने कहा था : 1918 में जब मोंटेग्यू चेम्सफोर्ड के प्रस्तावों की घोषणा पहले हुई थी, तब मैंने उनकी आलोचना प्रकाशित की थी। उसमें मैंने इस बात पर जोर दिया था कि जहां तक दलित वर्गों का संबंध है, यह मुख्यतः शिक्षा का मामला है और मैंने जोर देकर कहा था, प्राथमिक शिक्षा सार्वजनिक होनी चाहिए। मैं अब भी इस पर जोर देता हूं और कांग्रेस भी ऐसा ही करती है। भारत सरकार के पास तमाम साधन मौजूद हैं। यदि जनता में प्राथमिक शिक्षा के प्रसार पर वह काफी धन खर्च करती तो मुझे पूरा विश्वास है, अब से बहुत पहले 'दलित वर्ग' ये शब्द इतिहास की बात हो जाते। हम ये चाहते रहे हैं कि उन्हें प्राथमिक शिक्षा, माध्यमिक शिक्षा और उच्चतर शिक्षा प्राप्त हो। मुझे बनारस

हिंदू विश्वविद्यालय का कुलपति होने का गौरव प्राप्त है और वहां दलित वर्गों का कोई छात्र वैसे ही भर्ती हो जाता है जैसे किसी अन्य वर्ग का। कुछ भी भेदभाव नहीं बरता जाता। जिन्होंने शिक्षा प्राप्त की है, उन्होंने उसका वैसा ही सदुपयोग किया है जैसा, यदि मुझे कहने की अनुमति दें, मेरे सम्मान्य मित्र डॉ. आम्बेडकर ने किया है। इस पर डॉ. आम्बेडकर ने टोका : मैं अब भी समाज में अछूत हूं यद्यपि मैं शिक्षित हूं। उस स्थिति से शिक्षा मुझे उबार नहीं सकी। इस पर मालवीय जी ने कहा : क्षमा करें, आप अछूत नहीं हैं, आप प्रिय मित्र और सहयोगी एक भाई हैं जिनसे आपके सबसे पुरानपंथी मित्र आनंदपूर्वक मिलते हैं और काम करते हैं। आप जानते हैं वे आपके साथ काम करते हैं, आज दलित वर्गों के हित के लिए अन्य वर्गों की अपेक्षा ब्राह्मण ही सबसे ज्यादा काम कर रहे हैं। मैं समझता हूं, यह तथ्य है जो मेरे मित्र डॉ. आम्बेडकर स्वीकार करेंगे।[343] सामाजिक न्याय का दम्भ करने वाली जो सरकार निरक्षरता दूर नहीं करती, वह जनता को धोखा देती है।

1942 में आम्बेडकर ने मजदूर वर्ग से क्रांतिकारी भूमिका निभाने की बात कही थी, वह उसने सन् 46 और 47 के क्रांतिकारी उभार के दिनों में निभायी थी। वह पूरी तरह उसे नहीं निभा सका इसलिए कि वह अखिल भारतीय पैमाने पर अच्छी तरह संगठित नहीं था और उसकी क्रांतिकारी पार्टी के नेतृत्व में ढुलमुल रवैये के लोग भी थे। अंग्रेज पहले जून 1948 तक भारत में रहना चाहते थे परंतु उन्हें जल्द ही यहां से विदा होना पड़ा। इसका सबसे बड़ा कारण 46-47 का क्रांतिकारी उभार था। वे जानते थे कि और टिके रहे तो यहां ब्रिटिश पूंजी सुरक्षित न रहेगी। और कांग्रेसी नेता भी जानते थे, यदि यह उभार सफल हुआ तो सत्ता पूंजीपतियों के बदले किसानों और मजदूरों के हाथ में होगी। अंग्रेजों ने बड़े पैमाने पर हिंदू-मुसलमान दंगे संगठित करके इस उभार को रोका। परंतु जो भी सामाजिक परिवर्तन के बारे में सोचता है, उन्हें सन् 46-47 की घटनाओं का गंभीरता से अध्ययन करना चाहिए। देखना चाहिए, सफल क्रांति के कितने नजदीक पहुंच गए थे और किन कारणों से वह क्रांति सफल नहीं हुई।

आम्बेडकर ने अंतरराष्ट्रीय भाईचारे की बात कही थी। वह भाईचारा दूसरे महायुद्ध के बाद प्रत्यक्ष हो रहा था। युद्ध में वहां के लोग, विशेष रूप से मजदूर वर्ग, परिवर्तन के लिए कदम उठा रहे थे। उसी तरह दक्षिण एशिया में जनता पुरानी व्यवसथा के विरुद्ध लड़ रही थी। आम्बेडकर मानते थे, अंग्रेजों ने देशी सेना के बल पर भारत पर विजय पाई और उसी सेना के बल पर वह भारत पर शासन बनाए हुए हैं। क्रांतिकारी परिस्थिति की विशेषता यह थी कि इस देशी सेना पर अंग्रेजों का भरोसा न रह गया था। भरोसा कम करने में 'आजाद हिंद फौज' के सैनिकों की बहुत बड़ी भूमिका थी। उनको तोड़ने के लिए जो जन-आंदोलन संगठित किए गए, उनकी बहुत बड़ी भूमिका थी। 'द ट्रांसफर ऑफ पॉवर' नामक ग्रंथ में इस प्रसंग के बहुत से तथ्य दिए गए हैं। नवम्बर 1945 में मध्य प्रदेश के गवर्नर ने वायसराय को लिखा था : भीड़ पर गोली चलाने को कहा जाए तो हिंदुस्तानी फौज का क्या रुख होगा, इसके बारे में अपनी चिंता प्रकट किए बिना मैं नहीं

रह सकता। राजनीतिक वातावरण में तनाव होने पर अचानक रुख बदलने की प्रवृत्ति मेरी समझ में वैसी ही है जैसी गदर के दिनों में थी। (द ट्रांसफर, 6/542) सेनाध्यक्ष औकिनलेक का कहना था : मैं नहीं समझता कि कोई भी वरिष्ठ ब्रिटिश अफसर आजाद हिंद फौज के बारे में हिंदुस्तानी सिपाहियों की सच्ची भावना जानता है। मैं बहुत कुछ अपने सहज बोध से, साथ ही अनेक सूत्रों से मिलने वाली सूचनाओं के आधार पर, महसूस करता हूं कि आजाद हिंद फौज के लिए हमदर्दी बढ़ रही है। उसके कुछ सदस्यों ने जो वहशीपन किया है और अपनी मूल वफादारी से जो दगा की है, उसे अनदेखा करने का रुझान बढ़ रहा है। (6/544-45) सुधारवादी मजदूर नेता शिवराव ने अपनी यात्राओं के दौरान बहुत से फौजियों से बातचीत की थी। नवंबर 1945 में उन्होंने ब्रिटेन स्थित बोर्ड ऑफ ट्रेड के अध्यक्ष को लिखा : अंग्रेज अफसरों और सैनिकों के साथ व्यवहार और भत्ते में जो भेद किया जाता है, उसकी वे जोरों से शिकायत कर रहे थे। यह बात फौज और हवाई बेड़ा दोनों के लिए सही है। जिन पर मुकदमा चल रहा है या चलने वाला है, उन्हें अपने भाग्य के बारे में जरा भी चिंता नहीं है। इनमें हिंदू और मुसलमान का भेदभाव जरा भी नहीं है। उन्होंने कल हमें बताया कि उन्होंने अपनी फौज में इस तरह का सारा भेदभाव खत्म कर दिया था। जो लोग मुसलमानों के लिए खाना बनाते थे, वे हिंदुओं के लिए भी खाना बनाते थे। जो खाना हिंदू खाते थे, वही मुसलमान खाते थे। इस बारे में कोई पूछताछ न होती थी। इस बात का खूब प्रचार हुआ है। लाल किले में जिन पर मुकदमा चलने वाला है, उनमें ज्यादा संख्या मुसलमानों की है। इनमें से कुछ को जिन्ना से सख्त शिकायत है कि वह पाकिस्तान का बखेड़ा खड़ा किए हैं। (6/564-65) जनवरी 1946 में आजाद हिंद फौज के वीरों का स्वागत लाहौर में हुआ। इस तरह के समारोह में ब्रिटिश फौज के भारतीय सिपाही अपनी वर्दी पहने हुए मौजूद रहते थे। (6/807) फरवरी 1946 में प्रसिद्ध नाविक विद्रोह हुआ। यह विद्रोह केवल बंबई में नहीं हुआ, कराची में भी हुआ। कराची में, सरकारी विवरण के अनुसार, नाविकों और फौजियों के बीच गोली चली। उसमें 4 नाविक मारे गए। नाविकों के समर्थन में जनता ने प्रदर्शन किया। प्रदर्शन पर पुलिस ने गोली चलाई। उसमें 8 आदमी मारे गए। रात में सरकारी इमारतों और पुलिस पर भीड़ ने हमला किया। पुलिस और ब्रिटिश फौज की गाड़ियों पर हमले हुए। कुछ गाड़ियां अमेरिकी फौज की थीं। उन पर भी पत्थर फेंके गए। सड़क पर जो अंग्रेजी पोशाक पहने निकलता था, लोग उसका हैट और टाई छीन कर जला देते थे। अधिकारियों के अनुसार बलवा करने वाले ज्यादातर हिंदू छात्र थे पर उनके साथ कुछ मुसलमान भी थे। बलवा कौन करवा रहा है, इस बारे में गवर्नर की राय थी : व्यक्तिगत रूप से मुझे संदेह नहीं है कि सारे फसाद की जड़ कम्युनिस्ट थे। (6/1072) बंबई की जनता ने विद्रोही नाविकों का जोरदार समर्थन किया। गवर्नर के अनुसार पुलिस ने सूचना दी कि कांग्रेस, सोशलिस्ट और कम्युनिस्ट आग भड़काने में लगे हुए हैं और स्पष्ट ही विद्रोहियों से उन्हें हमदर्दी है। कम्युनिस्टों और विद्यार्थियों ने हड़ताल करवाई। लगभग सभी मिलों के मजदूर निकल आए। आगजनी और

लूटपाट की घटनाएँ होने लगीं। पुलिस को गोली चलानी पड़ी और उसने सहायता के लिए फौज बुलायी। (6/1081-82) नाविक विद्रोह के राजनीतिक महत्व पर नेहरू ने कहा था : इसने दिखा दिया है कि हिंदुस्तानी फौज का दिमाग किस तरह काम कर रहा है। उसने यह भी दिखा दिया है कि अंग्रेजों ने हिंदुस्तानी फौज और जनता के बीच जो लोहे की दीवार खड़ी की थी, वह ढह गई है। भारतीय सैनिक अधिकतर किसानों में से आए हैं। राजनीतिक और आर्थिक शोषण के बारे में वे उतने ही सचेत हैं जितने खेतों और कारखानों में काम करने वाले उनके भाई हैं। (द ट्रांसफर, 6/1117) नाविक विद्रोह को शांत कराने में सरदार वल्लभ भाई पटेल की भूमिका महत्वपूर्ण थी। उस समय कालविल बंबई के गवर्नर थे। पटेल उनसे मिले थे। कुछ समय के लिए कालविल वायसराय का काम देखने लगे। साल के अंत में पटेल उनसे मिले। इस मुलाकात का उल्लेख सरकारी दस्तावेजों में है। नाविक विद्रोह के समय उन्होंने उनसे संपर्क किया था, इस बात की उन्होंने याद दिलाई उस विद्रोह के बारे में उनकी राय थी कि वह मुख्य रूप से कम्युनिस्टों का काम है। (द ट्रांसफर, 9/323)

इस समय कम्युनिस्ट पार्टी सेगा से अनेक स्तरों पर संपर्क बनाए हुए थी। सेना की पूर्वी कमान के गुप्तचर विभाग ने एक रिपोर्ट तैयार की थी। उसका सारांश कम्युनिस्ट पार्टी ने जुलाई सन् 46 के अपने मुखपत्र में प्रकाशित कर दिया। इससे चिंतित होकर वायसराय केवल ने पेथिक लारेंस को सूचित किया कि बंबई का कम्युनिस्ट साप्ताहिक 'पीपुल्स एज' मुख्यतः सैनिक स्रोत के गोपनीय (कांफीडेंशियल) गुप्त और अतिगुप्त (टाप सीक्रेट) सरकारी दस्तावेजों से समय-समय पर उद्धरण और उन पर टिप्पणी छापता रहा है। विशेष रूप से उसने एक अति गुप्त सैनिक योजना से विस्तृत अंश, टिप्पणियों सहित, छापे हैं। स्वभावतः रक्षा विभाग को इस बात से भारी चिंता हुई कि उसके अत्यंत महत्वपूर्ण कागज-पत्रों की सामग्री के अंश बड़े पैमाने पर बाहर पहुंच रहे हैं और इनसे पता चलता है कि सैनिक तथा नागरिक, दोनों तरह के सरकारी दफ्तरों में घुसपैठ गंभीर है। (द ट्रांसफर, 9/524-25) 1946 में 'पीपुल्स एज' ने हड़तालों के बारे में जो समाचार छापे, उनसे इस क्रांतिकारी उभार से उसका घनिष्ठ संबंध ज्ञात होता है। 11 जुलाई की हड़ताल में एक लाख डाक कर्मचारियों ने भाग लिया था। बंबई के 4 लाख मजदूरों ने डाकियों की हड़ताल का समर्थन किया था। इनमें सबसे आगे सूती मिलों के मजदूर थे। इनके साथ जी. आई. पी., बी. बी. एन., सी.आई. के. रेल मजदूर, जेट्टी मजदूर, ट्रामों और बसों के मजदूर, यहां तक कि होटलों और क्लबों के कर्मचारी भी इस हड़ताल में शामिल हुए। मजदूरों के अलावा डाकखाने के क्लर्कों, मिलों और बीमा कंपनियों के क्लर्कों ने भी हड़ताल की थी। कलकत्ते में बहुत बड़ी हड़ताल हुई। हुगली से लेकर डायमंड हार्बर तक 16 लाख मजदूरों और बाबुओं ने उसमें भाग लिया। यह हड़ताल डाक कर्मचारियों के समर्थन में की गई थी। विभिन्न प्रदेशों के मजदूर एकताबद्ध हो रहे थे। यह हड़ताल उसका प्रमाण थी।

अगस्त 1946 में कम्युनिस्ट पार्टी की केंद्रीय समिति ने एक प्रस्ताव में कहा : क्रांतिकारी उभार बढ़ रहा है। साम्राज्यवाद कांग्रेस और लीग के नेताओं को अपनी ओर

कर लेना चाहता है और राजाओं को सहयोगी बनाना चाहता है। इस तरह वह जनता के उभार को दबा देना चाहता है। कांग्रेस और लीग दोनों साम्राज्यवाद से भाव-तोल कर रही हैं। दोनों चाहती हैं कि ऐसा समझौता हो जिससे उन्हें फायदा हो। दोनों जनता के बढ़ते हुए आंदोलन को पीठ दिखा रही हैं और कई जगह उसका दमन तक कर रही हैं। दिसंबर 1946 में एक ब्रिटिश अधिकारी के विवरण के अनुसार जयप्रकाश अपने भाषणों में कह रहे थे : अंग्रेज अब इतने कमजोर हो गए हैं कि उन्हें भारत से निकाल बाहर करने के लिए सिर्फ एक धक्के की जरूरत है। उन्हें 6 महीने का अल्टीमेटम दे देना चाहिए कि इतने समय में चले जाएँ। और उनसे किसी तरह का समझौता करना या समझौते की बात भी करना अब अनावश्यक है। (द ट्रांसफर, 9/314) दिसंबर 1946 में बिहार की स्थिति के बारे में वहां के गवर्नर ने लिखा था : कांग्रेस, सोशलिस्ट तथा अन्य वामपंथी संगठन शांति समितियों के सदस्य बन कर ऊपर से साम्प्रदायिक सद्भावना का अनुमोदन करते हुए भी ऐसे भाषण करते हैं जिनकी हिंसात्मकता इस प्रांत का भी एक अति दुष्ट लक्षण बनी हुई है। जयप्रकाश नारायण बिहार को क्रांति का बीज बोने और फसल काटने का क्षेत्र समझते आए हैं। छपरा में उन्होंने कहा : हाल के दंगों के लिए ब्रिटिश सरकार जिम्मेदार है। उन्होंने नौजवानों का आह्वान किया कि वे अपने हथियार मांजें और उन्हें पैनाए रहें। (द ट्रांसफर, 9/417) जयप्रकाश नारायण का प्रभाव केवल बिहार पर नहीं, सारे देश पर था। अक्तूबर 1946 में संयुक्त प्रांत के गुप्तचर विभाग ने अपनी रिपोर्ट में लिखा था : जयप्रकाश नारायण संयुक्त प्रांत का दौरा जारी किए हैं। अपने हर भाषण में वह क्रांति और हिंसा का उपदेश देते हैं। उनकी सभाओं में 10 हजार और इससे ऊपर बड़ी और उत्साही श्रोताओं की भीड़ होती है। कांग्रेस कार्य समिति में उनके अधिक जिम्मेदार साथी देश की सेवा संवैधानिक तरीके से करना चाहते हैं। पर ये लोग अराजकता फैलाने पर तुले हुए हैं और इसके लिए उनके कार्यक्रम में पुलिस चौकियों और सरकारी इमारतों पर हमले करना, पुलिस सुपरडेंटों और जिला मजिस्ट्रेटों को गिरफ्तार करना, किसान सेना का निर्माण करना, वर्तमान भारतीय सेना को फोड़ लेना, रेलों, डाकखानों और बुनियादी उद्योग प्रतिष्ठानों में आम हड़ताल कराना और किसानों और मजदूरों का राज कायम करना शामिल है। (द ट्रांसफर, 9/144) जयप्रकाश नारायण के अलावा अरुणा आसफ अली भी इस समय बहुत ही लोकप्रिय नेता थीं। कम्युनिस्ट पार्टी के साथ मिल कर अरुणा आसफ अली और जयप्रकाश नारायण जैसे नेता कांग्रेस के विकल्प के रूप में नया नेतृत्व देश को दे सकते थे। उल्लेखनीय है कि बिहार में पुलिस कर्मचारियों ने भी हड़ताल की थी। और कश्मीर से लेकर त्रावणकोर तक देशी रियासतों में प्रजा का आंदोलन तेज होता जा रहा था। विशेष रूप से तेलंगाना में किसान निजाम से लड़ रहे थे और जमींदारों की भूमि पर अधिकार करने के लिए आगे बढ़ रहे थे। 1946 की गर्मियों में पंजाब के गवर्नर ने वहां की स्थिति के बारे में वायसराय को लिखा : मजदूरों में असंतोष है और कम्युनिस्ट तथा कांग्रेसी सोशलिस्ट इसका भरपूर लाभ उठा रहे हैं। लायलपुर और मोंटगोमरी मिलों में

हड़ताल हुई है। पहली मई को रेलवे हड़ताल हुई। मुल्तान और करांची की लाइनों पर 4 घंटे तक गाड़ियों का चलना बंद रहा। (द ट्रांसफर, 7/401)

जुलाई 1946 में मजदूरों ने जो कलकत्ते में हड़ताल की, उसका विवरण बंगाल के गवर्नर ने वायसराय को भेजा था। उसने लिखा था : 29 जुलाई को जो आम हड़ताल सफल हुई थी, उसकी मिसाल नहीं दी जा सकती। श्रम-संबंधी विवाद में वह हड़ताल एक पक्ष के समर्थन में की गई थी। मजदूर होने के नाते हिंदुओं और मुसलमानों, दोनों को उससे दिलचस्पी थी। खूब जोरदार पिकेटिंग के द्वारा हड़ताल कराई गई लेकिन एक सामान्य उद्देश्य के लिए दोनों सम्प्रदायों के लोगों ने पिकेटिंग में भाग लिया। उस दिन कहीं भी उपद्रव न हुआ क्योंकि कोई भी पिकेटिंग करने वालों का विरोध न करता था। जब एक सम्प्रदाय दूसरे के खिलाफ पिकेटिंग करता है, तब संघर्ष होना अनिवार्य है। (द ट्रांसफर, 8/294)

29 जुलाई को कलकत्ते में यह शानदार हड़ताल हुई उसी दिन बंबई में मुस्लिम लीग ने यह प्रस्ताव पास किया कि पाकिस्तान हासिल करने के लिए मुसलमान कौम सीधी कार्रवाई करे। सीधी कार्रवाई के लिए 16 अगस्त का दिन निश्चित किया गया। मुस्लिम लीग की सरकार ने, गवर्नर की जानकारी में और उनकी सहमति से, 16 अगस्त को छुट्टी का दिन घोषित कर दिया। गोरों की दुकानें बंद रहीं और उनमें कोई भी लूटी न गईं। कलकत्ते के मैदान में मुस्लिम लीग की सभा हुई। उसमें मुख्यमंत्री ने कहा कि उन्होंने बंदोबस्त कर लिया है कि पुलिस और फौज दखल न देगी। (He had seen to police and military arrangements who work not interfere) (द ट्रांसफर, 8/297) 17 अगस्त के सबेरे बंगाल के गवर्नर शहर देखने निकले। उन्होंने लिखा : मैंने देखा कि संपत्ति का भारी नाश हुआ है और सड़कें मुर्दों से पटी पड़ी हैं। (द ट्रांसफर, 8/298) फौज और पुलिस निष्क्रिय थी। ऐसी हालत में वाम पक्ष के लिए उचित और आवश्यक था कि वह हथियारबंद जत्थे संगठित करे और गुंडों का मुकाबला करे। क्रांतिविरोधी शक्तियां क्रांतिकारी आंदोलन को खून में डुबो रही थीं। केवल शांति की अपीलों से काम चलने वाला नहीं था। गवर्नर ने नोट किया था : दंगा करने वाले सरकार विरोधी नहीं हैं। पुलिस विरोधी नहीं हैं। पुलिस की गाड़ी पहुंचने पर गलियों में गायब हो जाते हैं। गाड़ी के जाते ही फिर आ जाते हैं। तीन आदमी उनकी आंखों के सामने मारे गए। बहुत सी लाशों से कपड़े उतार लिए गए थे और उन्हें क्षत-विक्षत किया गया था। जो पुलिस दल गवर्नर के साथ चल रहा था, किले का सैनिक कमांडर और मुख्य सचिव, इन सबका रवैया असंतोषजनक था। उससे इन आरोपों की पुष्टि होती है कि उपद्रव के प्रारंभिक दौर में सारा पुलिस दल गोली चलाने में आनाकानी करता था। (द ट्रांसफर, 8/298)

हिंदू सम्प्रदायवादियों का तर्क रहा है : हमारे मुख्य शत्रु मुसलमान हैं। मुस्लिम सम्प्रदायवादियों का तर्क रहा है : हमारे मुख्य शत्रु हिंदू हैं। संगठित होकर ये हत्याकांड रचाते हैं। उस संकट में यदि वामपक्ष शस्त्र बल से इनका मुकाबला नहीं करता तो वह कभी जनवादी क्रांति को सफलता की मंजिल तक नहीं ले जा सकता।

1946-47 में क्रांति और प्रतिक्रांति एक-दूसरे के आमने-सामने थीं। क्रांति की शक्तियों में मजदूर वर्ग, किसान, सेना के लोग, मध्य वर्ग के देशभक्त—ये सब थे। प्रतिक्रांति में सबसे ऊपर ब्रिटिश सरकार, उसके सहायक सामंत, मुस्लिम सम्प्रदायवादी। पूर्वी और उत्तर पश्चिमी भारत में अंग्रेजों ने सामंतों के सहारे मुस्लिम सम्प्रदायवाद को मुख्य क्रांतिविरोधी शस्त्र के रूप में तैयार किया था। हिंदू सम्प्रदायवाद भी था परंतु वह साम्राज्यवाद का मुख्य अस्त्र नहीं था। कांग्रेसी नेताओं के रूप में ढुलमुल पूंजीवाद ने समझौते के रास्ते पर चलते हुए प्रतिक्रांति को संभव बनाया। स्वाधीनता के 50 साल पूरे होने पर अनेक नेताओं, पत्रकारों आदि ने सन् 42 के आंदोलन को बार-बार याद किया। जयप्रकाश नारायण जैसे नेता सन् 42 में अवश्य क्रांति करना चाहते थे। परंतु वे सन् 46 में भी सक्रिय थे। यह बात उन लोगों के लिए नहीं कही जा सकती जो अहिंसात्मक ढंग से स्वराज लेना चाहते थे और सन् 42 के आंदोलन का श्रेय भी लेना चाहते हैं। मुस्लिम लीग ने अंग्रेजों की सहायता से सीधी कार्रवाई द्वारा पाकिस्तान को कांग्रेसी नेताओं के लिए अनिवार्य बना दिया। इन नेताओं ने मुस्लिम लीग से समझौता करके देशी पूंजीवाद के हितों की रक्षा की, साथ ही ब्रिटिश पूंजी के हितों की भी रक्षा की। सन् 46-47 के क्रांतिकारी उभार के फलस्वरूप देशी पूंजीवाद ने बहुंत सी रियायतें अंग्रेजों से प्राप्त कीं जो इस उभार के बिना उसे प्राप्त न होतीं। साथ ही साम्प्रदायिक विभाजन से यहां जो हत्याकांड रचाए गए, उनका सिलसिला किसी न किसी रूप में अभी तक बना हुआ है। आम्बेडकर ने जब कहा था, मजदूर वर्ग को मार्गदर्शक बनना चाहिए, तब परोक्ष रूप से उन्होंने कह दिया था, पूंजीपति वर्ग का भरोसा नहीं किया जा सकता। मजदूर वर्ग ऐसी भूमिका निबाहने की स्थिति में था। वह इस भूमिका को सफलता की मंजिल तक पहुंचाने वाला ही था। वह कितना सफलता के नजदीक पहुंचा और क्यों सफल नहीं हुआ, ये दोनों ही बातें भविष्य के लिए अत्यंत शिक्षाप्रद हैं। जब तक मजदूर वर्ग की सुदृढ़ नेतृत्व वाली, सुसंगठित क्रांति के मार्ग पर चलने वाली पार्टी संगठित नहीं होती, तब तक क्रांतिकारी परिस्थितियों के रहते हुए भी क्रांति सफल न होगी। क्रांतिकारी परिस्थितियों में सेना की भूमिका भी महत्वपूर्ण है। जवाहरलाल नेहरू ने कहा था : सेना में किसान ही वर्दी पहने हुए काम करते हैं। सेना और आम जनता के बीच जो दीवार थी, वह गिर गई है। यह बात जितना 1946 के लिए सही थी, उससे ज्यादा 1996-97 के लिए सही है।

बुद्ध या मार्क्स

आम्बेडकर की अंग्रेजी रचनावली के तीसरे खंड में उनकी एक प्रकाशित पुस्तक के अध्याय का शीर्षक है : 'बुद्ध या कार्ल मार्क्स' इस अध्याय के आरंभ में उन्होंने लिखा है कि उन्होंने दोनों को पढ़ा है। दोनों की विचारधारा से उन्हें दिलचस्पी रही है। इससे दोनों की तुलना

करने के लिए वह बाध्य हुए।[344] बुद्ध के मूल सिद्धांतों का परिचय देते हुए उन्होंने यह सिद्धांत भी उद्धृत किया है : धर्म का कार्य संसार के उद्भव की व्याख्या करना नहीं है वरन् उसका पुनर्निर्माण और उसे सुखी बनाना है।[345] इसी तरह मार्क्स के सिद्धांत प्रस्तुत करते हुए उन्होंने उनका एक सिद्धांत यह बताया है - दर्शन का कार्य संसार के उद्भव की व्याख्या करते हुए समय नष्ट करना नहीं है, वरन् उसका पुनर्निर्माण है।[346]

अंग्रेजी रचनावली के 11वें खंड में, 1957 में प्रकाशित, आम्बेडकर की पुस्तक 'द बुद्ध एंड हिज धम्म' (बुद्ध और उनका धर्म) संकलित है। इसे देखने से पता चलेगा, गौतम बुद्ध के पहले दर्शन शास्त्र का यथेष्ट विकास हो चुका था। मनुष्य से बाहर प्रकृति के बारे में बुद्ध नितांत उदासीन नहीं थे। आम्बेडकर कहते हैं : बुद्ध के अनुसार मनुष्य का शरीर पृथ्वी, अघ, तेज, वायु इन चार तत्वों से मिल कर बनता है। मृत्यु के बाद ये तत्व बाहर के वैसे ही 4 तत्वों में जा कर मिल जाते हैं। बाहर ये चार तत्व कहां रहते हैं? आम्बेडकर बताते हैं : फ्लोटिंग इन स्पेस (वे आकाश में विद्यमान होते हैं)[347] इस तरह मनुष्य प्रकृति पर आश्रित होता है। जिस प्रकृति का वह अंग है, उसके बारे में जानकारी प्राप्त करना उसका कर्तव्य है। इस जानकारी के बिना प्रकृति-विज्ञान का विकास नहीं हो सकता। ऋग्वेद में एक दार्शनिक ऋषि महामर्षण थे। उनका कहना था, इस संसार की उत्पत्ति तपस् (हीट), ऊष्मा से हुई है।[348] वैज्ञानिक भौतिकवाद के एक संस्थापक, मार्क्स के मित्र और सहयोगी, फ्रेडरिक एंगल्स थे। प्रकृति-विज्ञान के बारे में उनकी एक प्रसिद्ध पुस्तक है 'डायलेटिक्स ऑफ नेचर' (प्रकृति का द्वंद्ववाद)। उसमें उन्होंने कहा है : इस समय धरती पर सक्रिय तमाम ऊर्जा सूर्य की परिवर्तित ऊष्मा (हीट) है। (पृष्ठ 247) ऋग्वेद के एक ऋषि दीर्घतमस का कहना था : संसार के सभी प्राणी अंततः सूर्य पर निर्भर हैं। सूर्य, विद्युत् और अग्नि, ये जल के बीज हैं और जल वनस्पतियों का बीज है।[349] यहां सूर्य है, उष्मा है। इनके साथ विरोधी तत्व जल भी है। इन्हीं से संसार के सारे प्राणी जीवन प्राप्त करते हैं। मनुष्यों और वनस्पतियों को बनाने वाले किसी विधाता की आवश्यकता यहां नहीं है।

पुनर्जन्म के सिद्धांत की समीक्षा करते हुए आम्बेडकर ने महाकोट्ठित और सारिपुत्त का एक संवाद उद्धृत किया है। महाकोट्ठित ने पूछा : देखने, सुनने, सूंघने आदि की पांच इंद्रियां हैं। इनका अंतिम आधार क्या है? और इनके विषयों को कौन भोगता है? सारिपुत्त ने उत्तर दिया : मन। महाकोट्ठित ने पूछा : ये किस पर निर्भर हैं? सारिपुत्त ने उत्तर दिया : जीवनी शक्ति पर (ऑन वाइटालिटी)। महाकोट्ठित ने फिर पूछा : जीवनी शक्ति किस पर निर्भर है? सारिपुत्त ने उत्तर दिया : उष्मा पर (ऑन हीट)।

सारिपुत्त वही बात कह रहे थे जो उनसे पहले दीर्घतमस् ने कही थी और बुद्ध के बाद एंगल्स ने कही थी। इससे सिद्ध यह हुआ कि बुद्ध और उनके शिष्य प्रकृति के बारे में ऐसी बातें कह रहे थे जो पहले से ऋग्वेद में विद्यमान थीं। इससे यह भी सिद्ध हुआ कि मार्क्स और एंगल्स का दृष्टिकोण प्रकृति के बारे में अनेक जगह केवल गौतम बुद्ध नहीं, वरन् वैदिक ऋषियों के अनुरूप था।

प्राचीन दार्शनिकों में सांख्य के रचनाकार कपिल भी थे। उनके बारे में आम्बेडकर ने लिखा है : सभी दार्शनिकों में बुद्ध कपिल के सिद्धांतों से प्रभावित हुए थे।[350] आम्बेडकर के अनुसार उनके सिद्धांत चौंकाने वाले हैं।[351] चौंकाने वाले इसलिए हैं कि वह ईश्वर - आत्मा जैसी चीजों में विश्वास नहीं करते। जिस चीज का प्रमाण न हो, उसे वह सत्य मानने के लिए तैयार नहीं हैं। वह कार्य-कारण सिद्धांत भी मानते थे। आम्बेडकर कहते हैं : कपिल ने यह सिद्धांत अस्वीकार किया था कि संसार को रचने वाला कोई विधाता है।[352] उपनिषदों के बारे में आम्बेडकर ने दो-तीन महत्वपूर्ण बातें कही हैं। कुछ उपनिषदों में वैदिक धर्मशास्त्रियों और ब्राह्मण पुरोहितों का विरोध किया गया था। वेदों के दैवी उद्भव की धारणा के आगे सभी उपनिषद् प्रश्नचिह्न लगा देते थे।[353] ऋग्वेद के अनुसार उपनिषदों में बहुत से सामाजिक कृत्यों का विरोध भी है। सभी उपनिषद् यज्ञों की, श्राद्धों की और पुरोहितों को दान देने की उपयोगिता अस्वीकार करते थे। ये सब ब्राह्मण दर्शन के मूलाधार हैं।[354]

मार्क्सवाद के दो अंग माने गए हैं - द्वंद्वात्मक भौतिकवाद, जिसका संबंध प्रकृति-विज्ञान से है और ऐतिहासिक भौतिकवाद, जिसका संबंध समाज विज्ञान से है। प्रकृति या संसार के प्रति मनुष्य का जो दृष्टिकोण होता है, वह उसके सामाजिक दृष्टिकोण को प्रभावित करता है। प्राचीन भारतीय दर्शन प्रकृति को परिवर्तनशील, फिर भी यथार्थ, मानता था। इसके अनुरूप वह जीवन को स्वीकार करता था। मनुष्य कर्म करता हुआ संसार में 100 वर्ष तक जिये, यह उसकी आधारभूत आकांक्षा थी। इससे भिन्न संसार और समाज के प्रति बुद्ध का दृष्टिकोण दुखवादी और निराशावादी था और वह प्रकृति के प्रति उनके अनित्यवादी दृष्टिकोण से जुड़ा हुआ था। 'बुद्ध और उनका धर्म' पुस्तक की भूमिका में बुद्ध के अनुयायियों के विचारार्थ आम्बेडकर ने तीन-चार समस्याएँ प्रस्तुत की हैं। उनमें एक समस्या यह है : बुद्ध ने चार आर्य सत्यों की बात की थी। क्या वे उनकी मूल शिक्षा का अन्त हैं? यदि जीवन दुःख है, मृत्यु दुःख है, पुनर्जन्म दुःख है, तब हर चीज समाप्त हो जाती है। न तो दर्शन और न धर्म मनुष्य को संसार में सुख प्राप्त करने में सहायता कर सकता है। दुःख से बचाव नहीं है, तब धर्म क्या कर सकता है? जन्म से ही जब दुःख आरंभ हो जाता है, तब उससे बचने के लिए धर्म क्या कर सकता है, बुद्ध क्या कर सकते हैं? बौद्ध धर्म स्वीकारने में 4 आर्य सत्य अबौद्धों के मार्ग में बहुत बड़ी बाधा हैं। मनुष्य के लिए कहीं कोई आशा है, यह वे अस्वीकार करते हैं। 4 आर्य सत्य बुद्ध के उपदेश को निराशावाद का उपदेश बना देते हैं।

बौद्ध दर्शन के प्रबल समर्थक राहुल सांकृत्यायन ने 'दर्शन दिग्दर्शन' में लिखा है : दुःख-सत्य की व्याख्या करते हुए बुद्ध ने कहा है—जन्म भी दुःख है, बुढ़ापा भी दुःख है, मरण... शोक-रुदन-मन की खिन्नता - हैरानगी दुःख हैं। अप्रिय से संयोग, प्रिय से वियोग भी दुःख है। इच्छा करके जिसे नहीं पाता वह भी दुःख है। संक्षेप में पांचों उपादान स्कंध दुःख हैं। (पृष्ठ 504) पांच उपादान स्कंधों में चारों तत्व, पृथ्वी, जल, वायु, अग्नि, ये रूप हैं। वस्तुओं के संपर्क में आने पर मनुष्य को जो सुख-दुख का अनुभव होता है, वह वेदना

है। मस्तिष्क पर पहले से अंकित संस्कारों द्वारा जब हम किसी चीज को पहचानते हैं, तो वह संज्ञा है। रूप की वेदनाएँ और संज्ञाएँ मस्तिष्क पर एक संस्कार छोड़ती हैं। चेतना या मन को विज्ञान कहते हैं। 'ये पांचों स्कंध व्यक्ति की तृष्णा के विषय हो कर पास आते है, तो उन्हें ही 'उपादान स्कंध' कहते हैं। बुद्ध ने इन पांचों उपादान-स्कंधों को दुःख-रूप कहा है। इंद्रियों के जितने प्रिय विषय या काम हैं, उन विषयों के साथ सम्पर्क, उनका ख्याल तृष्णा को पैदा करता है।' (पृष्ठ 504-505) संसार दुःख का कारण है, इंद्रियां दुःख की कारण हैं, इंद्रियों के विषय दुःख के कारण है, मनुष्य जब तक बैरागी न हो जाए, संसार न त्याग दे, इंद्रियों की गतिविधियों को रोक न दे, तब तक वह दुख से मुक्त नहीं हो सकता। बुद्ध क्षणिकवादी थे। एक क्षण में जो चीज प्रतीत होती है, वह दूसरे क्षण में नहीं रहती। राहुल जी कहते हैं : 'जिसे चित्त, मन या विज्ञान कहा जाता है, वह रात और दिन में भी (पहले से) दूसरा ही उत्पन्न होता है, दूसरा ही नष्ट होता है।' (पृष्ठ 514) क्षण में जन्म और क्षण में विनाश। एक क्षण में जो नदी दिखाई देती है, दूसरे क्षण में वही नदी वहां नहीं होती। एक क्षण में जो शरीर दिखाई देता है, दूसरे क्षण में वह नहीं रहता। इसी तरह चेतना एक क्षण में उसका जो रूप होता है, दूसरे क्षण में नहीं रहता। इस दर्शन में परिवर्तन पर एकांतवादी जोर है। परिवर्तन के साथ कोई चीज जारी भी रहती है, यह अनेकांतवादी दृष्टिकोण नहीं है। इसीलिए बुद्ध का सामाजिक दृष्टिकोण दुःखवादी और निराशावादी है।

आम्बेडकर ने 'बुद्ध और उनका धर्म' पुस्तक की भूमिका में बुद्ध के चिंतन के एक अन्य संभावित अंतर्विरोध की ओर संकेत किया है। उन्होंने लिखा है : इस समस्या का संबंध आत्मा, कर्म, पुनर्जन्म के सिद्धांतों से है। बुद्ध आत्मा का अस्तित्व अस्वीकार करते थे। लेकिन उनके लिए कहा जाता है कि उन्होंने कर्म और पुनर्जन्म के सिद्धांत का प्रतिपादन किया था। तुरंत यह प्रश्न सामने आता है कि यदि आत्मा नहीं है तो फिर कर्म का अस्तित्व कैसे है? यदि आत्मा नहीं है तो पुनर्जन्म कैसे होगा? ये ऐसे प्रश्न हैं जिनका उत्तर ढूंढ पाना कठिन है। बुद्ध ने किस अर्थ में कर्म और पुनर्जन्म शब्दों का व्यवहार किया था? उनके समय के ब्राह्मण इन शब्दों का जिस अर्थ में व्यवहार करते थे, क्या उससे भिन्न अर्थ में उन्होंने इनका व्यवहार किया था? यदि ऐसा था तो किस अर्थ में? यदि उन्होंने इनका उसी अर्थ में प्रयोग किया था, जिसमें ब्राह्मण करते थे, तो क्या यहां एक भयानक अंतर्विरोध नहीं है? एक ओर आत्मा की अस्वीकृति और दूसरी ओर कर्म तथा पुनर्जन्म का समर्थन। इस अंतर्विरोध का समाधान आवश्यक है। आम्बेडकर ने महाकोट्ठित और सारिपुत्त के संवाद को उद्धृत करने के बाद उस पर अपनी टिप्पणी के द्वारा इस समस्या का समाधान प्रस्तुत किया है। महाकोट्ठित ने पूछा : साधक समाधि में संज्ञाशून्य हो जाता है। ऐसा ही शव के साथ होता है। निर्जीव शव और समाधिस्थ पुरुष में क्या अंतर है? सारिपुत्त ने उत्तर दिया : शव में श्रवण आदि इंद्रियों की शक्ति और मन निष्क्रिय हो जाते हैं। यही नहीं, जीवनी शक्ति भी समाप्त हो जाती है, उष्मा समाप्त हो जाती है और इंद्रियबोध विघटित हो जाता है किंतु समाधिस्थ पुरुष में जीवनी शक्ति बनी रहती है, उष्मा

बनी रहती है और इन्द्रियबोध स्पष्ट रहता है यद्यपि श्वासक्रिया, दृष्टि और प्रतीति शान्त और स्थिर हो जाती है। आम्बेडकर की टिप्पणी है : संभवतः मृत्यु या विनाश की यह सबसे अच्छी और पूर्ण व्याख्या है। फिर उन्होंने महाकोट्ठित के संवाद की एक खामी बताई वह यह कि उन्होंने सारिपुत्त से यह नहीं पूछा —उष्मा क्या है ? आम्बेडकर कहते हैं : सारिपुत्त क्या उत्तर देते, इसकी कल्पना करना आसान नहीं है। पर इसमें मुझे संदेह नहीं कि उष्मा का अर्थ ऊर्जा है।[355] यहां तुलनीय है 'प्रकृति के द्वंद्ववाद' में उष्मा-संबंधी एंगेल्स के विचार और इसी विषय पर ऋग्वेद के ऋषियों की धारणाएँ। इस दृष्टिकोण से मरने के बाद शरीर का क्या होता है? आम्बेडकर उत्तर देते हैं : शरीर ऊर्जा उत्पन्न करना बंद कर देता है। इसे पूर्ण उत्तर न मान कर आगे फिर कहते हैं : यह उत्तर आंशिक है। क्योंकि मृत्यु का यह अर्थ भी है कि शरीर से जो भी ऊर्जा निकलती है, वह बाहर विश्व में फैली हुई ऊर्जा से मिल जाती है।[356] उपनिषदों में कहा गया है, मृत्यु के बाद मनुष्य की प्राण वायु बाहर विश्व की प्राण वायु में मिल जाती है, वह यही बात है। आगे आम्बेडकर कहते हैं : विनाश के दो पक्ष हैं। एक पक्ष यह है कि ऊर्जा का उत्पादन बंद हो जाता है। दूसरा पक्ष यह है कि बाहर जो ऊर्जा-समूह फैला हुआ है, उसमें कुछ नई ऊर्जा जुड़ जाती है। फिर आम्बेडकर कल्पना करते हैं : संभवतः विनाश के इन दो पक्षों के कारण बुद्ध ने कहा था कि वह विनाशवादी नहीं हैं, जहां तक आत्मा का संबंध है। वह विनाशवादी थे, लेकिन जहां तक भूत (मैटर) का संबंध है हव विनाशवादी नहीं थे।[357] भूत या मैटर का नाश नहीं होता, यह बात एंगल्स ने प्रकृति के द्वंद्ववाद में कही है। पुनर्जन्म की अपनी नई व्याख्या करते हुए आम्बेडकर बुद्ध के लिए कहते हैं : वह आत्मा के पुनर्जन्म में नहीं, भूत के पुनरावतरण में विश्वास करते हैं। इस व्याख्या से बुद्ध का दृष्टिकोण विज्ञान के अनुरूप सिद्ध होता है। अम्बेडकर को दृढ़ विश्वास है, इसी अर्थ में बुद्ध ने पुनर्जन्म की बात कही थी। आगे आधुनिक विज्ञान के अनुरूप वह कहते हैं : ऊर्जा का कभी नाश नहीं होता। विज्ञान से इसी बात का प्रतिपादन होता है। विनाश का यह अर्थ कि मृत्यु के बाद कुछ नहीं बचता, विज्ञान के प्रतिकूल है। इस का अर्थ यह होगा कि ऊर्जा का परिमाण स्थायी नहीं है।[358] मनुष्य के शरीर की ऊर्जा बाहर की ऊर्जा में मिल जाती है। प्रश्न यह है, यह बाहर की ऊर्जा चेतन है या अचेतन? यदि वह चेतन ऊर्जा है तो मनुष्य समेत सारे ब्रह्मांड में यह चेतन ऊर्जा व्याप्त है और यहां किसी के मरने का प्रश्न ही नहीं है। जो ऊर्जा नदियों-पर्वतों आदि में व्याप्त है, यदि वह चेतन नहीं है तो वह मनुष्य के मस्तिष्क की ऊर्जा से भिन्न है।

मनुष्य के मरने पर उसकी चेतना का संतरण एक शरीर से दूसरे शरीर में होता है। यदि ऐसा न हो तो संस्कार एक शरीर से दूसरे शरीर में न जाएंगे। तब पुनर्जन्म का सिद्धांत भी व्यर्थ होगा। पुनर्जन्म का सिद्धांत कर्म-सिद्धांत से इसीलिए जुड़ा हुआ है कि चेतना शरीर से दूसरे शरीर में संस्कार ले जाती है और मनुष्य उनसे मुक्त नहीं हो पाता। शुद्ध आत्माओं में संस्कार स्थापित नहीं हो सकते। उसके बदले ऐसी चेतना चाहिए जो तरल हो, जो संस्कार

ग्रहण करे, एक शरीर से दूसरे शरीर तक इन्हें ले जाए। बुद्ध के लिए यह शरीर क्या है? प्रतिक्षण नाश और प्रतिक्षण नया सृजन। जैसे एक शरीर में नाश और सृजन की क्रिया प्रति क्षण चालू रहती है, वैसे ही एक शरीर के नष्ट होने पर दूसरे शरीर में भी वही क्रिया चालू रहती है। दोनों शरीरों में चालू रहने वाली क्रियाएँ किसी क्षण आपस में जुड़ जाती हैं। इस जुड़ने को, संधि को, प्रतिसंधि का सिद्धांत कहा गया है। प्रतिसंधि के बिना कर्म और पुनर्जन्म की व्याख्या नहीं हो सकती। मनुष्य अपने कर्म के बंधनों से मुक्त न हो तो ईश्वर की जरूरत नहीं होती। यह कर्म-सिद्धांत उसे अनेक जन्मों में बांधे रहता है। पुनर्जन्म की व्याख्या करते हुए राहुल जी ने लिखा है : 'पुनर्जन्म को यद्यपि बुद्ध ने नित्य आत्मा का एक शरीर से दूसरे शरीर में आवागमन के रूप में मानने से इन्कार किया था, तो भी दूसरे रूप में परलोक और पुनर्जन्म को माना था। जैसे इस शरीर में जीवन विच्छिन्न प्रवाह (नष्ट-उत्पत्ति-नष्ट-उत्पत्ति) के रूप में एक तरह की एकता स्थापित किए हुए है, उसी तरह वह शरीरांत में भी जारी रहेगा। पुनर्जन्म के दार्शनिक पहलू को और मजबूत करते हुए बुद्ध ने पुनर्जन्म का पुनर्जन्म प्रतिसंधि के रूप में किया, अर्थात् नाश और उत्पत्ति की संधि (शृंखला) से जोड़कर जैसे जीवन-प्रवाह इस शरीर में चल रहा है, उसी तरह उसकी प्रतिसंधि (जुड़ना) एक शरीर से अगले शरीर में होती है। आत्मवादी आदमी में पहले के संस्कारों को रखने का स्थान नहीं था, किंतु क्षण-परिवर्तनशील तरल विज्ञान (जीवन) में उसके वासना या संस्कार के रूप में अपना अंग बनकर चलने में कोई दिक्कत न थी। क्षणिकता सृष्टि की व्याख्या के लिए पर्याप्त थी, किंतु ईश्वर का काम संसार में व्यवस्था, समाज में व्यवस्था (शोषित को विद्रोह से रोकने की चेष्टा) कायम रखना भी है। इसके लिए बुद्ध ने कर्म के सिद्धांत को और मजबूत किया। आवागमन, धनी-निर्धन का भेद उसी कर्म के कारण है, जिसके कर्ता कभी तुम खुद थे, यद्यपि आज वह कर्म तुम्हारे लिए हाथ से निकला तीर है।' (दर्शन दिग्दर्शन, पृष्ठ 538-39)

उल्लेखनीय है कि बुद्ध के समय में और उनसे पहले भारत में अनेक ऐसे दार्शनिक थे जो पुनर्जन्म, कर्म, ईश्वर, आत्मा आदि में विश्वास न करते थे। 'दर्शन दिग्दर्शन' में राहुल जी ने इन दार्शनिकों का संक्षिप्त परिचय दिया है। चार्वाक का कहना था : 'ईश्वर नहीं, आत्मा नहीं, पुनर्जन्म नहीं और परलोक नहीं। जीवन के भोग त्याज्य नहीं, ग्राह्य हैं। तजरबे (अनुभव) और बुद्धि को हमें सत्य के अन्वेषण के लिए अपना मार्गदर्शक बनाना चाहिए।' (पृष्ठ 485) अजित केशकंबल का मत था : मूर्ख हो चाहे पंडित, शरीर छोड़ने पर (सभी) उच्छिन्न हो जाते हैं, विनष्ट हो जाते हैं। मरने के बाद कुछ नहीं रहता। (पृष्ठ 488) कोसल के लौहित्य का कहना था : 'संसार में (कोई ऐसा) श्रमण (संन्यासी) या ब्राह्मण नहीं है जो अच्छे धर्म को जानकर दूसरे को समझावेगा। भला दूसरा दूसरे के लिए क्या करेगा? (नए-नए धर्म क्या हैं?) जैसे कि एक पुराने बंधन को काट कर एक दूसरे नए बंधन का डालना।' (पृष्ठ 521) कोसल के ही पायासी ने कहा था : 'यह भी नहीं है, परलोक भी नहीं है। जीव मरने के बाद (फिर) नहीं पैदा होते, और अच्छे-बुरे कर्मों का कोई भी फल

नहीं होता।' (पृष्ठ 521) दर्शन की इस भौतिकवादी धारा का विरोध करके बुद्ध ने कर्म और पुनर्जन्म का सिद्धांत प्रतिपादित किया था। क्यों प्रतिपादित किया था? राहुल जी इसका कारण बताते हैं : 'बुद्ध समझते थे कि भौतिकवाद उनके ब्रह्मचर्य और समाधि का भी वैसा ही विरोधी है जैसा कि वह आत्मवाद का विरोधी है... आदमी ब्रह्मचर्यवास (साधु का जीवन) तब करता है जब कि इस जीवन के बाद भी उसे फल पाने या काम पूरा करने का अवसर मिलने वाला हो। भौतिकवादी के वास्ते इसीलिए ब्रह्मचर्यवास व्यर्थ है। शरीर और जीवन को भिन्न-भिन्न मानने वाले आत्मवादियों के लिए भी ब्रह्मचर्यवास व्यर्थ है) क्योंकि नित्य-ध्रुव आत्मा में ब्रह्मचर्य द्वारा संशोधन-संवर्धन की गुंजाइश नहीं। इस तरह बुद्ध ने अपने को अभौतिकवादी अनात्मवादी की स्थिति में रखा।' (पृष्ठ 521-22)

'बुद्ध या मार्क्स' लेख में आम्बेडकर ने बुद्ध की मूल स्थापनाएँ प्रस्तुत की हैं। उनमें पहली यह है : स्वाधीन समाज के लिए धर्म आवश्यक है।[359] यह केवल बुद्ध का विचार नहीं है। आम्बेडकर भी यही सोचते थे। 'बुद्ध और उनका धर्म' के साथ संपादकों ने एक पूरक पुस्तिका छापी है। उसके आवरण पृष्ठ पर धर्म और आम्बेडकर के बारे में उनकी घोषणा है : "समाज को बिखरने से बचाने के लिए वह धर्म को आवश्यक मानते हैं। कहते हैं : सभी समाजों में कानून की भूमिका बहुत छोटी होती है। उसका उद्देश्य होता है अल्पसंख्यक समुदाय को सामाजिक अनुशासन की परिधि में रखे। बहुसंख्यक समाज को इस बात के लिए छोड़ दिया जाता है और उसे छोड़ना पड़ता है कि वह अपना सामाजिक जीवन नैतिकता के सिद्धांतों और उसकी स्वीकृति के बल पर बनाए रहे। इसलिए नैतिकता के अर्थ में धर्म प्रत्येक समाज में शासन-सिद्धांत बन कर रहना चाहिए। इस व्याख्या के अनुसार जो धर्म होगा, उसे विज्ञान के अनुरूप होना होगा। यदि धर्म विज्ञान के अनुरूप न होगा तो वह अपना सम्मानजनक स्थान खो देगा। लोगों के उपहास का विषय बनेगा और इस तरह वह जीवन को शासक सिद्धांत होने की शक्ति खो देगा। यही नहीं, समय बीतने पर वह विखंडित होकर नष्ट भी हो सकता है। दूसरे शब्दों में यदि धर्म को क्रियाशील बने रहना है तो उसे विवेक के अनुरूप होना चाहिए और विवेक विज्ञान का ही दूसरा नाम है। सामाजिक-नैतिक तंत्र के रूप में धर्म को स्वाधीनता, समानता और भाईचारे के बुनियादी सिद्धांत स्वीकार करने होंगे। जब तक धर्म सामाजिक जीवन के इन तीन बुनियादी सिद्धांतों को स्वीकार नहीं करता, तब तक उसका विनाश निश्चित है। धर्म को यह न करना चाहिए कि वह निर्धनता को पवित्र माने या उसे महिमामंडित करे। जिनके पास धन है, वे उसे त्यागें, तो यह गौरव का विषय हो सकता है। परंतु निर्धनता गौरव का विषय नहीं हो सकती। निर्धनता को गौरव का विषय बनाना धर्म को चौपट करना है, अपराध और दुराचार को स्थायी बनाना है, संसार को जीवित नरक बना देना है। एकमात्र धर्म जिसमें ये सभी सिद्धांत समाहित हैं, बौद्ध धर्म है।

किसी भी धर्म का प्रेमी हो, वह समझता है उसका धर्म सभी युगों, सभी देशों, सभी अवस्थाओं के लिए आदर्श है। स्वाधीनता, समानता और भाईचारा, ये तीन नारे फ्रांसीसी

राज्यक्रांति में उभर कर सामने आए। उन्हें आम्बेडकर ने बौद्ध धर्म में देखा। फ्रांसीसी राज्य क्रांति से कुछ पहले और बाद में चर्च के अंधविश्वासों से लड़ते हुए फ्रांस के बुद्धिजीवियों ने विवेकवाद का विकास किया। आम्बेडकर इसी विवेकवाद के अनुरूप धर्म विशेष को मानते हैं। इस समय समाज विज्ञान और प्रकृति विज्ञान का विकास भी हुआ, विशेष रूप से औद्योगिक क्रांति के बाद। आम्बेडकर धर्म को इस विज्ञान के अनुरूप भी देखना चाहते हैं। वास्तव में वह धर्म की भूमिका स्वीकार कर रहे हैं। उसके स्थान पर विवेकवाद, विज्ञान और नैतिकता को स्थापित कर रहे हैं। अनेक धर्मों में नैतिकता की बहुत सी अच्छी बातें मिलती हैं परंतु नैतिकता के मानदंड भी बदलते रहते है। सामाजिक विकास की किन्हीं विशेष परिस्थितियों में धर्म का अभ्युदय होता है और इन परिस्थितियों के बदलने पर क्रमशः उसका अवसान भी होता है। आम्बेडकर कह सकते थे : मनुष्य को विवेक द्वारा अंधविश्वासों का खंडन करना चाहिए। समाज और प्रकृति के प्रति वैज्ञानिक दृष्टिकोण अपनाना चाहिए। शास्त्रों में क्या लिखा है, इसकी चिंता न करके मनुष्य को मानवीय नैतिकता के आदर्शों के अनुरूप व्यवहार करना चाहिए। परंतु आम्बेडकर का धर्म-संबंधी विवेचन उनकी राजनीति से जुड़ा हुआ था। मुसलमानों की तरह अछूतों को भी अल्पसंख्यक मान कर अंग्रेजों को उन्हें विशेष सुरक्षा प्रदान करनी चाहिए, यह लक्ष्य था। मुसलमान हिंदुओं से अलग थे। इसी तरह अछूतों को भी अल्पसंख्यक समुदाय के रूप में मान्यता दिलाने के लिए उन्हें हिंदुओं से अलग करना आवश्यक था। निरक्षर जनता को एक विशेष समुदाय के रूप में बांध रखने के लिए धर्म आवश्यक था, इसके लिए उन्होंने बौद्ध धर्म को चुना।

परंतु आम्बेडकर यह भी जानते थे कि वर्तमान स्थिति को बनाए रखना काफी न होगा। धर्म-परिवर्तन मात्र से काम न चलेगा। जनता को सामाजिक क्रांति करनी होगी। सत्ता पर अधिकार करना होगा। दिसंबर 1942 वाले उनके रेडियो भाषण में ये बातें बहुत स्पष्ट रूप से कही गयी हैं। धर्म को छोड़ने पर वे अछूतों को एक विशेष अल्पसंख्यक समुदाय के रूप में बांध कर न रख सकते थे और मार्क्सवाद को छोड़ने पर वह क्रांति का स्वप्न न देख सकते थे। इसलिए उन्होंने दोनों को एक दूसरे के पास लाने का प्रयत्न किया। उनके लेख 'बुद्ध या कार्ल मार्क्स' में यह प्रयत्न स्पष्ट झलकता है। आम्बेडकर ने लिखा : मार्क्सवाद स्वीकार करता है कि समाज में वर्गों के हितों के बीच संघर्ष होता है।[360] फिर यह वर्ग-हितों की टक्कर उन्होंने बुद्ध के उपदेशों में देखी। इसके लिए उन्होंने कोसल के राजा पसेनदी से बुद्ध की बातचीत उद्धृत की। बुद्ध ने कहा : राजाओं के बीच, अभिजातों के बीच, ब्राह्मणों के बीच, गृहपतियों के बीच, माता और पुत्र के बीच, पुत्र और पिता के बीच, भाई और बहन के बीच, बहन और भाई के बीच, मित्रों के बीच बराबर कलह बनी रहती है। आम्बेडकर कहते हैं : ये शब्द बुद्ध के नहीं, पसेनदी के हैं, परंतु बुद्ध ने उन्हें गलत नहीं कहा और उनसे समाज का सही चित्र मिलता है।[361] यदि राजाओं में कलह होती है तो यह एक ही वर्ग के भीतर संघर्ष है। यदि माता-पुत्र, पिता-पुत्र आदि के बीच कलह

होती है तो यह पारिवारिक कलह है। पसेनदी ने जो भी उदाहरण दिए, उन्हें वर्ग संघर्ष के उदाहरण किसी तरह नहीं माना जा सकता।

संसार दुःख का कारण है और दुःख-निवारण के लिए, अष्टांग मार्ग है। आम्बेडकर ने इस अष्टांग मार्ग का सहारा लेकर लिखा है : जहां तक वर्ग-संघर्ष (क्लास कान्फिलक्ट) के प्रति बुद्ध के अपने दृष्टिकोण का सवाल है, उनका अष्टांग मार्ग का सिद्धांत मानता है कि वर्ग संघर्ष का अस्तित्व है और दुःख का कारण यह वर्गसंघर्ष है।[362] जितने भाववादी विचारक हैं, वे वर्गों के संगठन में, वर्ग संघर्ष द्वारा समाज को बदलने में विश्वास नहीं करते। वे कहते हैं : व्यक्ति को चाहिए, स्वयं को बदले। यदि सभी व्यक्ति सुधर जाएँ तो सारा समाज सुधर जाएगा। अष्टांग मार्ग का संबंध व्यक्ति के व्यवहार, व्यक्ति के आचरण से अवश्य है। परंतु उसका कोई संबंध वर्ग के आचरण अथवा वर्ग संघर्ष से नहीं है। 'दर्शन दिग्दर्शन' में राहुल जी ने इस अष्टांग मार्ग के बारे में बताया है : ज्ञान के अंतर्गत ठीक दृष्टि, ठीक संकल्प, फिर शील के अंतर्गत ठीक वचन, ठीक कर्म, ठीक जीविका और समाधि के अंतर्गत ठीक प्रयत्न, ठीक स्मृति, ठीक समाधि। (पृष्ठ 506) व्यक्तिविशेष समाधि लगा सकता है। पूरा वर्ग समाधि नहीं लगा सकता। ठीक प्रयत्न क्या है? इंद्रियों पर संयम, बुरी भावनाओं को रोकने तथा अच्छी भावनाओं के उत्पादन का प्रयत्न, उत्पन्न अच्छी भावनाओं को कायम रखने का प्रयत्न—ये ठीक प्रयत्न हैं (उप. 597-508) ठीक समाधि क्या है? राहुल जी कहते हैं : 'चित्त की एकाग्रता को समाधि कहते हैं। ठीक समाधि वह है जिससे मन के विक्षेपों को हटाया जा सके। बुद्ध की शिक्षाओं को अत्यंत संक्षेप में एक पुरानी कथा में इस तरह कहा गया है - सारी बुराइयों का न करना और अच्छाइयों का संपादन करना, अपने चित्त का संयम करना, यह बुद्ध की शिक्षा है।' (पृष्ठ 508) ये सारी बातें वर्ग के नहीं, व्यक्ति के स्तर पर संपादित होती हैं। बुद्ध दुःख की बात करते हैं। आम्बेडकर कहते हैं : दुःख की जगह यदि शोषण पढ़ा जाए तो बुद्ध मार्क्स से बहुत दूर नहीं हैं।[363] किंतु जो दुःख राजा, पुरोहित और प्रजा सभी को है, उसे शोषण का नाम कैसे दिया जा सकता है?

व्यक्तिगत संपत्ति को नकारना —यह बौद्ध धर्म और मार्क्सवाद में एक सामान्य बात प्रतीत होती है। भिक्षुओं के लिए बुद्ध ने संपत्ति त्यागने पर जोर दिया। भिक्षु भिक्षापात्र, हजामत बनाने का छुरा, एक सुई और जल पात्र तथा नित्य पहनने के वस्त्र, इनको छोड़कर कोई संपत्ति अपने पास न रखेंगे। कोई भिक्षु सोना-चांदी भी स्वीकार न करेगा। आम्बेडकर कहते हैं : रूस में साम्यवाद के जो नियम हैं, उनसे ये नियम अधिक कठोर हैं।[364] क्या भारत और क्या यूरोप, सामंती व्यवस्था की विशेषता यह है कि शासक वर्ग तो अपने भाग की सारी सामग्री एकत्र करता है परंतु अपनी सहायता के लिए वह तपस्वियों का एक छोटा समुदाय पालता है। एक छोटा समुदाय स्वयं तपस्या करता है और दूसरों को भी तपस्या और त्याग का उपदेश देता है। परंतु जो उत्पादन के साधनों के मालिक हैं, विशेष रूप से सामंती व्यवस्था में, जो भूस्वामी हैं, वे कभी अपनी संपत्ति नहीं छोड़ते। थोड़े से

आदमियों के द्वारा संपत्ति का त्याग एक पूरे वर्ग द्वारा संपत्ति के भोग के लिए होता है, उस संपत्ति को सुरक्षित बनाए रखने के लिए होता है। धर्म की तरह व्यक्तिगत संपत्ति का भी अभ्युदय विशेष सामाजिक परिस्थितियों में होता है और उनके बदलने पर क्रमशः उसका ह्रास होता है। सामंती व्यवस्था की व्यक्तिगत संपत्ति और पूंजीवादी व्यवस्था की व्यक्तिगत संपत्ति, दोनों में अंतर होता है। व्यक्तिगत संपत्ति और वर्गों के अभ्युदय के पहले सभी समाज कबीलाई जीवन बिताते हैं। वे रक्त-संबंध पर आधारित होते हैं। उत्पादन के साधनों पर सामूहिक स्वामित्व होता है। श्रम का विशेषीकरण न होने से यह उत्पादन बहुत पिछड़े हुए ढंग का होता है। सभ्यता का विकास व्यक्तिगत संपत्ति के अभ्युदय के साथ जुड़ा हुआ है। यह व्यक्तिगत संपत्ति पहले पूरे कुटुम्ब की संपत्ति होती है। फिर कुटुंबों में विषमता पैदा होती है। श्रम के विशेषीकरण से उत्पादन बढ़ता है, सभ्यता का विकास होता है। विनिमय के विकास से जन समाज एक-दूसरे के निकट आते हैं। साहित्य, कला, दर्शन, विज्ञान आदि का विकास इन्हीं नई परिस्थितियों में होता है। बुद्ध के सामने रक्त संबंधों वाले पुराने गण समाज थे। ये टूट रहे थे। टूटने का कारण व्यक्तिगत संपत्ति का अभ्युदय था। इसीलिए वह सारे पापों की जड़ इस व्यक्तिगत संपत्ति को मानते थे। पर संपत्ति को त्यागने की बात वह केवल भिक्षुओं से कहते थे। उनसे अलग गृहपतियों का बड़ा वर्ग था जो खेती करता था, व्यापार करता था। भिक्षु स्वयं परिश्रम न करते थे। वे मांग कर खाते थे। भिक्षापात्र इसीलिए लिये होते थे। यदि दूसरे लोग संपत्ति संग्रह न करें तो उनको भिक्षा मिलना दुष्कर हो जाए। भिक्षा मांग कर जीने वाले भिक्षुओं का संघ तभी कायम रह सकता था जब कोई दूसरा वर्ग संपत्ति संग्रह करता रहे और उसमें से एक अंश इन भिक्षुओं को देता रहे। आगे चल कर भिक्षुओं ने विहार बनाए और इन विहारों के पास बहुत बड़ी संपत्ति इकट्ठा हो गई, वह अलग बात है। भिक्षु अविवाहित रहते थे। परंतु गृहपतियों को वे अविवाहित रहने का उपदेश न देते थे। यदि सभी लोग ब्रह्मचारी हो जाते तो एक पीढ़ी के बाद संघ में भरती करने के लिए नए भिक्षु न मिलते।

समाजवादी व्यवस्था में व्यक्तिगत संपत्ति को पूरी तरह निर्मूल नहीं किया जाता। प्रत्येक मनुष्य श्रम करता है। श्रम के अनुसार उसे श्रम-फल मिलता है। यह उसकी निजी संपत्ति होती है। उत्पादन के साधनों पर पूरे समाज का अधिकार होता है। इस तरह पूंजीवादी व्यवस्था में बड़े पूंजीपतियों की जो संपत्ति शोषण का स्रोत होती है, वह समाजवादी व्यवस्था में जनसंपत्ति बन जाती है। आम्बेडकर का दावा था कि मार्क्स ने विचारधारा की जो इमारत खड़ी की थी, उसका बहुत बढ़ा भाग ध्वस्त हो गया है। उनके अनुसार मार्क्सवादियों का यह विचार कि समाजवाद अनिवार्य है, पूरी तरह गलत साबित हो चुका है। समाजवाद अनिवार्य है, इस स्थापना का अर्थ आम्बेडकर ने यह लगाया है कि मनुष्यों के प्रयत्न के बिना समाजवाद आ जाएगा। इसलिए उन्होंने तर्क दिया है : रूस में कम्युनिज्म किसी तरह के मानवीय प्रयत्न के बिना, किसी अनिवार्य चीज की तरह, नहीं आया। वहां क्रांति हुई काफी योजनाबद्ध कार्य हुआ। काफी हिंसा हुई। काफी खून बहा। उसके बाद कम्युनिज्म

आया। बाकी दुनिया अभी सर्वहारा डिक्टेटरशिप के आने की राह देख रही है। इसी क्रम में वह आगे कहते हैं : कोई अब यह स्वीकार नहीं करता कि इतिहास की आर्थिक व्याख्या उसकी एकमात्र व्याख्या है। कोई यह स्वीकार नहीं करता कि सर्वहारा वर्ग निरंतर मुफलिस होता गया है। राज्यसत्ता के बारे में कहते हैं, स्वयं कम्युनिस्ट स्वीकार करते हैं कि राज्यसत्ता स्थायी डिक्टेटरशिप है। यह उनके राजनीतिक दर्शन में कमजोरी है। वे इस तर्क की शरण लेते हैं कि अंततः उसका अवसान हो जाएगा। इस प्रसंग में उन्हें दो प्रश्नों का उत्तर देना है– उसका अवसान कब होगा? और उसका अवसान होने पर राज्यसत्ता का स्थान कौन लेगा?[365]

सामाजिक परिवर्तन वस्तुगत परिस्थितियों द्वारा निर्धारित होते हैं। इसका यह अर्थ नहीं है कि इस परिवर्तन में मनुष्यों की सक्रिय भूमिका नहीं होती। मार्क्स और एंगल्स ने, और उनके बाद लेनिन ने, मजदूरों को संगठित करने का बराबर प्रयत्न किया और इसी प्रयत्न के बल पर रूसी क्रांति सफल हुई। क्रांति के पीछे योजनाबद्ध कार्य था, यह बात सही है। परंतु इस तरह का कार्य सदा ही मार्क्सवादी कार्यक्रम का अंग रहा है। सामाजिक विकास में आर्थिक कारण मुख्य होते हैं, यह बात तो स्वयं आम्बेडकर मानते हैं। इन कारणों की प्रधानता का अर्थ यह नहीं है कि अन्य कारण होते ही नहीं हैं। सर्वहारा वर्ग जर्मनी, फ्रांस, ब्रिटेन, अमेरिका जैसे देशों में निरंतर मुफलिस नहीं होता गया। यह बात सही है और इसका बहुत बड़ा कारण यह है कि मुफलिसी और गरीबी इन बड़े देशों से पिछड़े हुए देशों में स्थानांतरित कर दी गई है। अंग्रेजी राज में भारत कैसे निरंतर निर्धन होता गया, इसका विवेचन स्वयं आम्बेडकर ने किया है। पूंजीवादी व्यवस्था विश्वव्यापी है। इसके दो बड़े भाग हैं–एक विकसित पूंजीवादी देशों वाला भाग और दूसरा पिछड़े हुए और शोषित देशों का भाग। जैसे बड़े पूंजीवादी देशों से पिछड़े हुए देशों में गरीबी स्थानांतरित हुई है, वैसे ही क्रांति इन बड़े देशों से पिछड़े हुए देशों में स्थानांतरित हुई है। दूसरे महायुद्ध के बाद चीन और वियतनाम से लेकर क्यूबा तक जो क्रांतियों का सिलसिला दिखाई देता है, वह मार्क्सवादी स्थापनाओं को पुष्ट करता है, उन्हें खंडित नहीं करता।

किन साधनों से समाजवादी लक्ष्य प्राप्त किया जाए? हिंसा का प्रयोग किस सीमा तक उचित है? आम्बेडकर कहते हैं : 'हिंसा का प्रयोग पूरी तरह छोड़ा नहीं जा सकता। जिन देशों में कम्युनिज्म नहीं है वहां भी हत्यारे को फांसी दी जाती है। फांसी देना क्या हिंसा नहीं है? गैरकम्युनिस्ट देश दूसरे गैरकम्युनिस्ट देशों से युद्ध करते हैं। लाखों लोग मारे जाते हैं। क्या यह हिंसा नहीं है?[366] बहुत अच्छा प्रश्न है। गैरकम्युनिस्ट देशों के बीच युद्ध क्यों होते हैं? लोकतंत्र और शांति की रक्षा के नाम पर वे महायुद्ध रचते हैं जिनमें लाखों आदमी मारे जाते हैं। इन युद्धों को रोकने के लिए जितना प्रयत्न कम्युनिस्टों ने किया, उतना और किसी ने नहीं। पहले विश्वयुद्ध के दौरान ही लेनिन ने शांति का नारा दिया था और रूसी जनता और फौज से कहा था––युद्ध से बाहर आओ, सभी देशों के साथ शांतिपूर्ण संबंध कायम करो।

उचित उद्देश्यों के लिए सीमित हिंसा के प्रयोग को वैध ठहराते हुए आम्बेडकर ने प्रश्न किया है : किसी व्यक्ति की संपत्ति का स्वामित्व यदि शेष मानवता के लिए दुःख का कारण बनता है, तो उसे क्यों न मारा जाए? संपत्ति के स्वामी को अपवाद क्यों बनाया जाए। व्यक्तिगत संपत्ति को पवित्र क्यों माना जाए?[367] प्रश्न यहां किसी एक व्यक्ति का नहीं है। वर्गों का है। आर्थिक संबंधों को बदलने के लिए किन्हीं परिस्थितियों में इन वर्गों की संपत्ति का अपहरण आवश्यक होता है। इस प्रक्रिया में कितनी हिंसा होती है, यह बहुत कुछ उन वर्गों के प्रतिरोध पर निर्भर है। आम्बेडकर ने गौतम बुद्ध के लिए कहा है : वह अहिंसा का समर्थन करते थे। परंतु यदि अन्याय के विरुद्ध बल प्रयोग आवश्यक हो तो वह उसे उचित ठहराते थे।[368] आम्बेडकर कल्पना करते हैं, बुद्ध संभवतः यह स्वीकार करते हैं कि उद्देश्य के अनुसार साधनों को उचित ठहराया जाए। यदि संपत्तिशाली वर्ग के खिलाफ बल प्रयोग अनिवार्य हो तो वह उसे अवश्य स्वीकार करते। आम्बेडकर का मानना है, बल प्रयोग का संचालन सही ढंग से होना चाहिए। एक उद्देश्य को प्राप्त करते हुए अनेक उद्देश्यों का नाश न कर देना चाहिए। कम्युनिस्टों से उन्हें शिकायत है कि हिंसा को निरपेक्ष सिद्धांत के रूप में मानते हैं।[369] जहां तक डिक्टेटरशिप का सवाल है, वह कहते हैं : बुद्ध इसे कभी स्वीकार न करते। वह लोकतंत्रवादी थे और उसी रूप में अंत तक बने रहे। उनके समय में 4 राज्य ऐसे थे जहां राजा राज्य करते थे और 4 गणतंत्र थे। वह शाक्य गणतंत्र के सदस्य थे। उन्हें वैशाली से बहुत प्रेम था, इसलिए कि वैशाली गणतंत्र था।[370]

बुद्ध के समय में चक्रवर्ती सम्राट् की धारणा काफी लोकप्रिय हो गई थी। इस प्रसंग में भिक्षु धर्मरक्षित द्वारा संपादित और अनुवादित 'महापरिनिब्बानुसुत्त' से मैं कुछ अंश उद्धृत करता हूं। बुद्ध के शरीरांत से पहले उनके शिष्य आनंद ने पूछा : राजा चक्रवर्ती के शरीर के साथ कैसे किया जाता है? बुद्ध ने उत्तर दिया : 'राजा चक्रवर्ती के शरीर को नए वस्त्र से लपेटते हैं। नए वस्त्र से लपेट कर धुनी हुई रूई से लपेटते हैं। धुनी हुई रूई से लपेट कर नए वस्त्र से लपेटते हैं। इस प्रकार 500 जोड़ों से चक्रवर्ती राजा के शरीर को लपेट कर तेल की लौहद्रोणी (दोन) में रख कर, दूसरी लोहद्रोणी से ढांक कर, सभी गंधों (वाले काष्ठ) की चिता बनाकर, राजा चक्रवर्ती के शरीर को जलाते हैं। (जलाकर) बड़े चौरस्ते पर राजा चक्रवर्ती का स्तूप बनाते हैं। ऐसे आनंद चक्रवर्ती राजा के शरीर के प्रति करते हैं। जैसे आनंद चक्रवर्ती राजा के शरीर के प्रति करते हैं, वैसे तथागत के शरीर के प्रति करना चाहिए। बड़े चौरस्ते पर तथागत का स्तूप बनाना चाहिए। वहां जो माला, गंध या चूर्ण चढ़ाएंगे, या अभिवादन करेंगे या चित प्रसन्न करेंगे, वह दीर्घकाल तक उनके हित-सुख के लिए होगा।' (पृष्ठ 147) सामान्य भिक्षुओं और तथागत में भेद था। सामान्य राजाओं और चक्रवर्ती सम्राट् में भेद था।

आम्बेडकर ने तर्क किया है : भिक्षु संघ अत्यंत लोकतांत्रिक संस्था थी। प्रश्न यह है : क्या भिक्षु संघ ने कारीगरों और किसानों को सत्ताधारी या सत्ता में भागीदार बनाया था?

ऐसा उन्होंने नहीं किया और न उस समय वह ऐसा कर सकता था। परंतु कम्युनिस्ट पार्टी ने 20वीं सदी की नई परिस्थितियों में यह कार्य रूस में किया। 7 नवम्बर को पैत्रोग्राद की मजदूर-सैनिक-सोवियत ने अपने प्रस्ताव में कहा : सोवियत का दृढ़ विश्वास है कि क्रांति के द्वारा मजदूरों और किसानों की जो सरकार सोवियत सरकार के रूप में गठित होगी, जो शहरी सर्वहारा के लिए समस्त निर्धन किसान-समुदाय का समर्थन सुनिश्चित करेगी, वह समाजवाद की ओर दृढ़तापूर्वक बढ़ेगी। (लेनिन ग्रंथावली, अंग्रेजी खंड 26, पृष्ठ 241) आम्बेडकर ने इस बात के लिए कम्युनिस्टों की आलोचना की है कि उन्होंने बहुत से आदमियों को मारा। उन्हें मारे बिना वे उनकी संपत्ति ले लेते तो ज्यादा अच्छा था। क्रांति से पहले कितने वर्षों तक कितने कम्युनिस्ट मारे गए, कितनों को देश निकाला दिया गया, कितनों को कारावास का दंड मिला? लेनिन जैसे लोग देश के बाहर रहने पर क्यों बाध्य हुए? इन प्रश्नों का उत्तर भी देना चाहिए था। जमींदारों और पूंजीपतियों के तमाम उत्पीड़न के बावजूद कम्युनिस्ट पार्टी शक्तिशाली बनी, इसलिए कि वह पूंजीवादी शासन समाप्त करके किसानों और मजदूरों को सत्ताधारी बनाना चाहती थी।

क्रांति तो अपेक्षाकृत शांतिपूर्ण ढंग से हो गई थी, इसलिए कि पूंजीवादी सरकार के समानांतर सोवियतों की नई सरकार बन गई थी। केवल सत्ता का हस्तांतरण करना था। परंतु इसके बाद गृहयुद्ध कई वर्षों तक चला। इस गृहयुद्ध में बड़े पूंजीपतियों ने हस्तक्षेप किया था या नहीं? जमींदारों और पूंजीपतियों ने सेना संगठित कर के सोवियत सत्ता का विरोध किया था या नहीं? इस गृहयुद्ध में रूसी जनता विजयी हुई, इसलिए कि किसान अपनी जमीन के लिए लड़ रहे थे और कम्युनिस्ट पार्टी का समर्थन कर रहे थे। शुरू में कम्युनिस्टों के पास फौज नहीं थी। फौज तो पूंजीपतियों और जमींदारों के पास थी। फौज का एक हिस्सा टूट कर कम्युनिस्टों का समर्थन करने लगा। उन्होंने किसानों और मजदूरों को भरती कर के नई फौज संगठित की। 1918 में लेनिन ने कहा : अब एक किसान-मजदूर फौज बनाई जा चुकी है। उसने जिलों और इलाकों में किसानों को एकजुट किया है। ये किसान अपनी जमीन के पास लौट आए हैं। यह जमीन जमींदारों से छीनी गई थी। अब उनके पास कुछ है जिसकी रक्षा के लिए वे लड़ेंगे। एक फौज बना ली गई है। उसने सोवियत सत्ता का निर्माण शुरू कर दिया है। यदि रूस पर हमला होता है तो यह फौज अग्रदल का काम करेगी। शत्रु का मुकाबला करने के लिए हम सब एक साथ उठ खड़े होंगे। (उपर्युक्त, खंड 27, पृष्ठ 380) ऐसा ही हुआ। और गृहयुद्ध में नई सेना विजयी हुई। नवंबर 1922 में लेनिन ने कहा : हम 5 साल से सत्तारूढ़ हैं। इन 5 वर्षों में हम युद्ध की स्थिति में रहे हैं। इसलिए हम सफल हुए हैं। यह बात समझ में आने वाली है क्योंकि किसान हमारी ओर थे। उन्होंने हमारा जितना समर्थन किया, उतना शायद और कोई कर न सकता था। वे जानते थे, श्वेत सेना के पीछे जमींदार थे। दुनिया में किसानों को सबसे ज्यादा नफरत उन्हीं जमींदारों से है। इसीलिए किसानों ने पूरे उत्साह और वफादारी से हमारा समर्थन किया। श्वेत सेना के खिलाफ हम अपनी रक्षा के लिए किसानों

को जुटाएँ, यह काम कठिन नहीं है। किसानों को युद्ध से हमेशा घृणा थी। इसलिए श्वेत सेना के खिलाफ युद्ध में, जमींदारों के खिलाफ गृहयुद्ध में, उनसे जितना बन पड़ा उन्होंने किया।

'बुद्ध या क्रांति' वाले लेख के अंत में आम्बेडकर ने रूसी क्रांति का समर्थन किया है। फ्रांसीसी राज्य क्रांति के बाद के यूरोपियन इतिहास में निगाह दौड़ाते हुए उन्होंने लिखा है : समाज नई बुनियाद पर खड़ा हो, यह उद्देश्य फ्रांसीसी राज्यक्रांति ने भाईचारा, स्वाधीनता और समानता इन तीन शब्दों में सूत्रबद्ध कर दिया था। इस नारे के कारण फ्रांसीसी राज्यक्रांति का स्वागत किया गया। किंतु वह (नग्रा) समानता स्थापित करने में असफल रहा।[371] क्यों असफल रहा? इसलिए कि वह सामंती व्यवस्था की जगह पूंजीवादी व्यवस्था कायम कर रहा था। इस व्यवस्था में पूंजीपति सत्ताधारी हुए, उत्पादक नहीं। रूसी क्रांति पर हिंसा के आरोप का मुख्य कारण यह है कि उसने संपत्ति के संबंधों को बदला। वैसे फ्रांसीसी क्रांति में कुछ अधिक ही हिंसा हुई थी। इस राज्यक्रांति का उल्लेख आम्बेडकर ने अनेक बार किया है। किंतु कहीं भी उस पर हिंसक होने का आरोप नहीं लगाया। रूसी क्रांति का स्वागत करते हुए उन्होंने लिखा : हम रूसी क्रांति का स्वागत करते हैं, इसलिए कि उसका उद्देश्य समानता स्थापित करना है। पर इस बात पर जोर देना आवश्यक है कि समानता स्थापित करते हुए समाज भाईचारा या स्वाधीनता को बलि न दे दे। इस के बिना समानता का कोई मूल्य न होगा। ऐसा लगता है, इन तीनों का सहअस्तित्व तभी संभव है जब लोग बुद्ध के मार्ग का अनुसरण करें। इनमें से एक चीज साम्यवाद से मिल सकती है, तीनों नहीं।[372] कम्युनिस्ट पार्टी के नेतृत्व में रूस के किसानों और मजदूरों ने हिटलर जर्मनी को परास्त करके दिखा दिया, उनमें कितना स्वाधीनता प्रेम है, कितना जबर्दस्त भाईचारा है। सोवियत संघ बहुजातीय देश था। हिटलर ने बहुत कोशिश की, कुछ जातियों को फोड़कर रूसी जाति से लड़ा दें परंतु वह सफल नहीं हुआ। इसके विपरीत युद्ध दरकिनार, शांति की परिस्थितियों में भी भारत जैसे देश में जातीय अलगाव कितना प्रबल है, यह किसी से छिपा नहीं है। मजदूरों का अंतरर्राष्ट्रीय भाईचारा ही बहुजातीय राष्ट्र की एकता को मजबूत कर सकता है। सोवियत संघ में यही हुआ।

राज्यसत्ता का अवसान कब होगा? सामूहिक स्वामित्व वाले गण समाजों में राज्यसत्ता नहीं होती। सामाजिक विकास क्रम में उसका अभ्युदय होता है। फिर इसी क्रम में आगे चलकर उसका अवसान भी होता है। समाज में वर्ग बनने पर संपत्तिशाली वर्ग उत्पादक समुदायों को अपने शासन में रखने के लिए राज्यसत्ता का उपयोग करते हैं। राज्यसत्ता वर्ग-उत्पीड़न का साधन बन जाती है। साथ ही वह अर्थतंत्र, विधि-व्यवस्था आदि के संचालन का काम भी करती है। समाजवादी व्यवस्था में वह वर्ग उत्पीड़न का काम भी करती है। समाजवादी व्यवस्था में वह वर्ग उत्पीड़न का साधन तभी तक रहती है जब तक शोषक वर्ग शक्तिशाली रहते हैं। उसके बाद उसकी यह भूमिका समाप्त हो जाती है। परंतु अर्थतंत्र, विधि व्यवस्था आदि के संचालन की उसकी भूमिका बनी रहती है। राज्यसत्ता

का अवसान होगा, यह बात इस परिप्रेक्ष्य में कही गई थी कि संसार में पूंजीवादी व्यवस्था समाप्त हो गई है और विश्व पैमाने पर उसकी जगह समाजवादी व्यवस्था कायम हुई है। एक महादेश में समाजवादी व्यवस्था कायम हुई है। महादेश होने पर भी उसके मुकाबले में पूंजीवादी संसार बहुत बड़ा था। उसकी अर्थशक्ति, सैन्य शक्ति बहुत बड़ी थी। उसके घेराव में राज्यसत्ता के अवसान की बात सोचना आत्महत्या की तरह था। परंतु यदि विश्व पैमाने पर पूंजीवादी व्यवस्था समाप्त हो जाए तो यह निश्चित है, समाजवादी देशों में राज्यसत्ता की भूमिका बदल जाएगी। उसकी दंडधारी भूमिका समाप्त हो जाएगी। वह केवल अर्थतंत्र, विधि व्यवस्था आदि के संचालन का काम करेगी। गण-व्यवस्था में भी लोग सभाओं और परिषदों के द्वारा पूरे गण के कार्यों का संचालन करते हैं। उसी तरह समाजवादी व्यवस्था में ये सभाएँ और परिषदें कार्यसंचालन करेंगी परंतु वे वर्तमान राज्यसत्ता से बिल्कुल भिन्न कोटि की होंगी।

डिक्टेटरशिप के प्रसंग में अशोक का स्मरण करते हुए आम्बेडकर ने लिखा है : थोड़े समय के लिए डिक्टेटरशिप अच्छी हो सकती है : स्वागत-योग्य भी हो सकती है। लोकतंत्र को सुरक्षित रखने के लिए भी ऐसा हो सकता है। लोकतंत्र की राह में जो तमाम रुकावटें हैं, उन्हें हटाने के बाद डिक्टेटरशिप इस राह को सुरक्षित बनाने के बाद, स्वयं को विसर्जित क्यों नहीं कर देती? क्या अशोक ने इसका उदाहरण प्रस्तुत न किया था? कलिंग के विरुद्ध उन्होंने हिंसा का प्रयोग किया परंतु उसके बाद उन्होंने पूरी तरह हिंसा का त्याग किया। यदि आज के विजेता पराजितों को बेहथियार करने के साथ स्वयं को भी बेहथियार कर दें तो सारी दुनिया में शांति हो जाएगी।[373] अशोक सम्राट् थे। जब वह हिंसा का प्रयोग करते थे और जब अहिंसावादी हो गए, दोनों ही स्थितियों में उत्पादन के संबंधों में कोई परिवर्तन नहीं हुआ। सारा राज्यतंत्र किसानों की अतिरिक्त उपज के बल पर चलता था और इस राज्यतंत्र में किसानों की भागीदारी नहीं थी। आम्बेडकर ने जिन विजेताओं की बात कही है, वे संभवतः दूसरे महायुद्ध के अमरीका, ब्रिटेन आदि विजेता हैं। बेहथियार होने के बदले वे नए-नए हथियारों से स्वयं को लैस करते रहे। दूसरे महायुद्ध के बाद 4-5 धनी देशों में पूंजी का जबर्दस्त केंद्रीकरण हुआ। उसके साथ ही एक महादेश अमरीका में आणविक अस्त्रों का विराट केंद्रीकरण हुआ। विश्व पैमाने पर पूंजीवादी व्यवस्था को बदले बिना देशों के बीच अहिंसात्मक संबंध कायम हों, यह न पहले संभव था, न आज संभव है।

भारत के प्रसंग में रूस की डिक्टेटरशिप का स्मरण करते हुए आम्बेडकर ने लिखा : यह दावा किया गया था कि रूस की कम्युनिस्ट डिक्टेटरशिप ने आश्चर्यजनक सफलताएँ प्राप्त की हैं। इसे कोई अस्वीकार नहीं कर सकता। इसी कारण मेरा कहना है कि सभी पिछड़े हुए देशों के लिए रूसी डिक्टेटरशिप अच्छी चीज होगी। पर इस तर्क से यह सिद्ध नहीं होता कि यह डिक्टेटरशिप स्थायी होगी। मानवता केवल आर्थिक मूल्य नहीं चाहती, वह आध्यात्मिक मूल्य भी चाहती है। चाहती है कि ये आध्यात्मिक मूल्य बने रहें। स्थायी डिक्टेटरशिप ने आध्यात्मिक मूल्यों की ओर ध्यान नहीं दिया और ऐसा लगता है, उनकी

ओर ध्यान देने की उसे इच्छा भी नहीं है।[374] अम्बेडकर ने धर्म के नैतिक पक्ष पर जोर दिया है। यदि वह नैतिक मूल्यों को आध्यात्मिक मूल्य कहते हैं तो इस पर कोई आपत्ति नहीं है। पूंजीवादी व्यवस्था को बदले बिना ये नैतिक मूल्य अमल में नहीं लाए जा सकते। यदि कोई धर्म पूंजीवादी व्यवस्था को बदलने का प्रयत्न करता है, तो उसे कोई दूसरा नाम देना उचित होगा। आम्बेडकर चाहते हैं कि आदर्श धर्म विज्ञानसम्मत हो। तब धर्म का स्थान वैज्ञानिक विचारधारा क्यों न ले?

विज्ञान और धर्म

धर्म और दर्शन में अंतर है। धर्म और विज्ञान में और भी ज्यादा अंतर है। आस्था के बिना धर्म का अस्तित्व नहीं। कभी यह आस्था विवेकसम्मत होती है और कभी अविवेकपूर्ण प्रत्येक धर्म के साथ कुछ न कुछ चमत्कार जुड़े रहते हैं। धर्म विशेष के अनुयायी दूसरे धर्मों के चमत्कारों की आलोचना करते हैं, अपने धर्म के चमत्कारों को छोड़ देते हैं। यदि धर्म से ये चमत्कारी अंश हटा दिए जाएँ, अविवेकपूर्ण श्रद्धा हटा दी जाए, तो धर्म का रूप बदल जाएगा। उसमें नैतिकता बच रहेगी और कुछ दार्शनिक स्थापनाएँ बचेंगी। भारत में धर्म से पहले दर्शन का विकास हुआ। यह बात बौद्ध धर्म के लिए और भी सही है। इसलिए कि स्वयं बुद्ध ने अनेक भौतिकवादी दार्शनिकों का उल्लेख किया है। धर्मों के लिए आवश्यक था कि वे दर्शनों को हटा कर उनकी जगह प्रतिष्ठित हों। इस प्रक्रिया में उन्हें बहुत सी तर्क की बातें कहनी होती थीं। जो लोग विवेकसम्मत, तर्कसम्मत दर्शन के अभ्यासी थे, वे आसानी से धर्म की बातें मानने वाले नहीं थे। इसलिए भारत के प्रत्येक प्राचीन धर्म में दर्शन का एक अंश है। वह कहीं यथार्थवादी दर्शन है और कहीं यथार्थ विरोधी दर्शन है।

आम्बेडकर जिन विश्वासों से बौद्ध धर्म को मुक्त समझते थे, वे उसमें निहित हैं। 'महापरिनिब्बानसुत्तं' से यहां मैं कुछ उदाहरण, पुनर्जन्म, आवागमन, परलोक, स्वर्गलोक के बारे में देता हूं। बुद्ध कहते हैं : भिक्षुओ! चार आर्य सत्यों के अनुबोध = प्रतिवेद न होने से इस प्रकार दीर्घकाल से यह दौड़ना, चक्कर करना (=आवागमन) मेरा और तुम्हारा हो रहा है। (पृष्ठ 43) आगे कहते हैं : चारों आर्य सत्यों को ठीक से न देखने से उन-उन योनियों में दीर्घकाल से आवागमन होता रहा। अब वे देख लिए गए हैं। भवनेत्री नष्ट हो गई है। दुःख की जड़ कट गई है और फिर अब आवागमन नहीं है। (पृष्ठ 45) आगे बुद्ध एक भिक्षुणी का उदाहरण देते हैं : आनंद! नंदा भिक्षुणी पांच के अवर भागीय संयोजनों के क्षय से देवता हो वहां से न लौटने वाली अनागामी हों वहीं (देवलोक में) निर्वाण प्राप्त करेगी। (पृष्ठ 47) अन्य उदाहरण : 'सुभद्द उपासक आनंद! पांच अवरभागीय संयोजनों

के क्षय से देवता हो, वहां से न लौटने वाला (= अनागामी) हो वहीं (देवलोक में) निर्वाण प्राप्त करने वाला है। (पृष्ठ 49) हर मनुष्य स्वयं अपना भविष्य जान ले, इसके लिए बुद्ध उपदेश देते हैं : धर्म-आदर्श नामक धर्म-पर्याय (= उपदेश) का उपदेश देता हूं। जिससे युक्त होने पर आर्य श्रावक स्वयं अपना व्याकरण (= भविष्य-कथन) कर सकेगा = मुझे नरक नहीं, पशुयोनि नहीं, प्रेतयोनि नहीं, अपाय, दुर्गति, विनिपात नहीं। में न गिरनेवाला, बोधि के रास्ते पर स्रोतापन्न हूं। (पृष्ठ 49) इस धर्मादर्श का गहरा संबंध श्रद्धा से है। बुद्ध कहते हैं : आनंद! जो आर्य श्रावक बुद्ध में अत्यंत श्रद्धायुक्त होता है - यह भगवान् अर्हत्, सम्यक्सम्बुद्ध (= परमज्ञानी), विद्या-आचरणयुक्त, सुगत, लोकविद्, पुरुषों के दमन करने में अनुपम चाबुक-सवार, देवताओं और मनुष्यों के उपदेशक बुद्ध (= ज्ञानी) भगवान् हैं। (पृष्ठ 46-59) यहां बुद्ध के प्रति श्रद्धा की बात स्वयं बुद्ध कह रहे हैं।

बुद्ध ईश्वर में विश्वास न करते थे पर उनके चिंतन में बहुत से देवों की बड़ी भूमिका है। ये देव भी उत्तम, मध्यम और नीच श्रेणियों में विभाजित हैं। बुद्ध आनंद से कहते हैं : मैंने अमानुष दिव्य नेत्र से देखा —अनेक सहस्र देवता यहां पाटलिग्राम में वास्तु (= घर, वास) ग्रहण कर रहे हैं। जिस प्रदेश में महाशक्तिशाली वास ग्रहण कर रहे हैं, वहां महा शक्तिशाली राजाओं और राज महामात्यों के चित्त, घर बनाने को लगते हैं। जिस प्रदेश में मध्यम देवता वास ग्रहण कर रहे हैं, वहां मध्यम राजाओं और राज महामात्यों के चित्त घर बनाने को लगते हैं। जिस प्रदेश में नीच देवता ... वहां नीच राजाओं ...। (पृष्ठ 35-37) देवता बुद्ध के दर्शन के लिए आते हैं। उनके लिए बाधक बना एक भिक्षु बुद्ध के सामने खड़ा है। बुद्ध आनंद से कहते हैं : बहुत से लोक धातुओं के देवता तथागत के दर्शन के लिए एकत्रित हुए हैं। आनंद! जितना (यह) कुशीनारा का उपवत्तन मल्लों का शालवन है, उसके चारों ओर बारह योजन तक बाल के नोक गड़ाने भर के लिए भी स्थान नहीं है, जहां कि महेशाख्य देवता न हों। आनंद! देवता परेशान हो रहे हैं — हम तथागत के दर्शनार्थ दूर से आए हैं। तथागत अर्हत् सम्यक् सम्बुद्ध कभी ही कभी लोक में उत्पन्न होते हैं। आज ही रात के अंतिम प्रहर में तथागत का परिनिर्वाण होगा और ये महाशाख्य (= प्रतापी) भिक्षु ढांकते हुए भगवान् के सामने खड़ा है। (पृष्ठ 141)

बुद्ध के महा परिनिर्वाण के समय महा भूचाल हुआ। देव दुंदुभियां बजीं। उस समय ब्रह्मा ने एक गाथा कही। इंद्र नें भी एक गाथा कही। (पृष्ठ 177) भिक्षुओं और देवों में कुछ वीतराग थे। वे दुख सह लेते थे। कुछ अवीतराग थे वे दुखी हो जाते थे। 'भगवान् के परिनिर्वाण को जाने पर, जो वहां अवीतराग (= अविरागी) भिक्षु थे, (उनमें) कोई बांह उठा कर क्रंदन करते थे, कटे (वृक्ष) के सदृश गिरते थे, (धरती पर) लोटते-पोटते थे —भगवान् बहुत जल्दी परिनिर्वृत्त हो गए। किंतु जो वीतराग भिक्षु थे, वे स्मृति और सम्प्रजन्य के साथ स्वीकार (= सहन) करते थे— संस्कार अनित्य हैं, सो कहां मिलेगा?' (पृष्ठ 177) देवता भी इसी तरह व्यवहार करते थे। 'देवता आकाश को पृथ्वी ख्याल कर बाल खोले रो रहे हैं। हाथ उठा कर चिल्ला रहे हैं। कटे (वृक्षों) की भांति भूमि पर गिर

रहे हैं (यह कहते) लोट-पोट रहे हैं–बहुत जल्दी भगवान् परिनिर्वाण को प्राप्त हो गए। बहुत शीघ्र सुगत परिनिर्वाण को प्राप्त हो गए। बहुत शीघ्र चक्षुष्मान् (= बुद्ध) लोक में अंतर्ध्यान हो गए। और जो देवता होश-चेत वाले हैं – वे होश-चेत (स्मृति और संप्रजन्य) के साथ सह रहे हैं – संस्कृत (= कृत वस्तुएं) अनित्य है, सो कहां मिल सकता?' (पृष्ठ 179)

बुद्ध के साथ अनेक चमत्कार कथाएँ जुड़ी हुई हैं। जब वह जीवित थे, तब एक बड़ा चमत्कार यह हुआ कि पूरे भिक्षु-संघ के साथ उन्होंने गंगा पार की। नाव पर बैठे नहीं। पानी पर चले नहीं। एक किनारे अंतर्ध्यान हुए और दूसरे किनारे पर प्रकट हो गए। 'तब भगवान् जहां गंगा नदी है, वहां गए। उस समय गंगा करारों भरी, करार पर बैठे कौवे के पीने योग्य था। कोई आदमी नाव खोजते थे, कोई बेड़ा खोजते थे, कोई कूला बांधते थे। तब भगवान, जैसे कि बलवान् पुरुष समेटी बाहों को (सहज ही) फैला दे, फैलाई बाहों को समेट ले, वैसे ही भिक्षु-संघ के साथ गंगा नदी के इस पार से अंतर्ध्यान हो परले तीर पर जा खड़े हुए।' (पृष्ठ 39-41) धर्म के साथ जो इस तरह की बातें जुड़ी हुई थीं, उन्हें आम्बेडकर स्वीकार न कर सकते थे। दार्शनिक स्तर पर आम्बेडकर का कहना था, संसार की ऊर्जा परिमाण में स्थायी रहती है। परंतु बौद्ध दर्शन के अनुसार यहां सब कुछ अनित्य है, ऊर्जा भी स्थायी नहीं हो सकती। दार्शनिक स्तर पर भी आम्बेडकर विचारधारा बौद्ध चिंतन से मेल नहीं खाती। प्राचीन भारतीय दर्शन की एक धारा परमाणु से संबंधित थी। परमाणु अपनी ऊर्जा से स्वयं गतिशील होता है। वह नष्ट नहीं होता। अनेक परमाणुओं के मिलने से पदार्थ बनते हैं और फिर परमाणुओं के विलग होने से वे पदार्थ विघटित होते हैं। भारत के अन्य भाववादी दार्शनिकों के साथ बौद्धों ने भी परमाणुवाद का विरोध किया था। किंतु परमाणुवाद का वही बीज वर्तमान भौतिकी में प्रतिफलित हुआ है। जो दार्शनिक धाराएँ वर्तमान विज्ञान की ओर उन्मुख थीं, उनका विरोध करते हुए हम बौद्ध धर्म को देखते हैं।

आम्बेडकर ने यह विचार प्रकट किया है कि मार्क्सवादी सभी धर्मों का विरोध करते हैं, किसी धर्म का गहराई से अध्ययन नहीं करते। उनके लिए धर्म जनता की अफीम है। मार्क्स ने यह वाक्य अपनी युद्धावस्था में सन् 1844 में लिखा था। पूरा संदर्भ देखा जाए तो वहां धर्म की भूमिका कुछ दूसरी प्रतीत होगी। मनुष्य अफीम खाकर अपना दर्द कम करना चाहता है। इसी तरह आदमी दुख-दर्द में धर्म की शरण में जाता है। मार्क्स ने लिखा था : धर्म की वेदना वास्तविक वेदना की अभिव्यक्ति है। साथ ही वह इस वेदना के प्रति विरोध प्रदर्शन भी है। धर्म पीड़ित जीव की आह है, हृदयहीन संसार का हृदय है। ठीक वैसे ही जैसे वह अनात्म परिस्थितियों की आत्मा है। वह जनता की अफीम है। (ऑल रिलीजन, पृष्ठ 42) एंगल्स ने विस्तार से ईसाइयत का अध्ययन किया था। प्रारंभिक ईसाइयत और बाद की ईसाइयत में भेद करते हुए उन्होंने लिखा था : वहां बाद वाली ईसाइयत के न जड़ सिद्धांत हैं, न उसका नीतिशास्त्र है। इनके बदले वहां भावना है कि हम सारी दुनिया से मोर्चा ले रहे हैं और इस लड़ाई में हम जीतेंगे। संघर्ष के लिए उत्साह

है और विजय में दृढ़ विश्वास है। यह विश्वास, यह उत्साह आज के ईसाइयों में बिलकुल नहीं है। वह समाज के दूसरे छोर पर सोशलिस्टों में ही दिखाई देता है। (उपर्युक्त, पृष्ठ 326) हर विचारधारा की तरह मार्क्स और एंगल्स धर्म को भी ऐतिहासिक परिप्रेक्ष्य में देखते थे। एंगल्स ने ईसाइयत के परिवर्तित रूपों के बारे में जो कुछ लिखा है, उसे देखा जाए तो धर्म जनता की अफीम है, यह धारणा खंडित हो जाएगी।

अछूतों के प्रसंग में महादेव गोविंद रानडे से एक उद्धरण देने के बाद आम्बेडकर ने लिखा है : दूसरे शब्दों में सभी सामाजिक बुराइयों की जड़ धर्म है।[375] वास्तव में यह दृष्टिकोण एकांगी है। धर्म किन्हीं परिस्थितियों में उत्पन्न होता है। उन परिस्थितियों की छानबीन करना चाहिए। अन्यत्र आर्थिक जीवन और विचारधारा के संबंधों पर विचार करते हुए आम्बेडकर ने लिखा है : जैसा कि आम तौर पर समझा जाता है, उससे कहीं अधिक घनिष्ठता के साथ किसी समाज के आर्थिक जीवन और दार्शनिक दृष्टिकोण आपस में जुड़े हैं और यदि उसके ऊपर से उसकी अतिशयोक्तियों का छिलका उतार दिया जाए, तो इतिहास की आर्थिक व्याख्या सत्य सिद्ध होगी।[376] यह दृष्टिकोण सही है। इसके अनुसार भारत में सबसे पहले ब्रिटिश राज्य की भूमिका, फिर उसके अंतर्गत जमींदारी प्रथा की आलोचना, फिर उसके सहयोगी पुरोहितों की आलोचना करना उचित है। आम्बेडकर ने अंग्रेजी राज में जमींदारों की भूमिका के बारे में लगभग कुछ नहीं लिखा है। गांवों में जमींदार, महाजन, पुरोहित, यही मालिक थे। अंग्रेजी राज की कानूनी छत्रछाया में यही गरीब किसानों और खेत मजदूरों का शोषण करते थे। सारा ध्यान धर्म पर केंद्रित करने से जनता के ये वास्तविक शत्रु बच जाते हैं।

अछूतों के प्रसंग में जहां उन्होंने धर्म को सारी बुराइयों की जड़ बताया है, वहां आगे लिखा है : हिंदू पुरुष या स्त्री जो भी करता है या करती है, वह धर्म के नाम पर होता है। हिंदू धर्म के अनुसार खाता है, धर्म के अनुसार पीता है, धर्म के अनुसार नहाता है, धर्म के अनुसार कपड़े पहनता है, धर्म के अनुसार पैदा होता है, धर्म के अनुसार ब्याह करता है और धर्म के अनुसार चिता पर फूंक दिया जाता है। उसके सारे काम धार्मिक कृत्य होते हैं। वे चाहे जितने बुरे हों, सांसारिक दृष्टिकोण से उसके लिए वे पाप नहीं हैं क्योंकि वे उसके धर्म द्वारा स्वीकृत हैं। यदि कोई हिंदू से कहे वह पाप करता है, तो उसका उत्तर होगा, यदि मैं पाप करता हूं तो यह भी धर्म के अनुसार करता हूं।[377] पैदा होने से लेकर मरने तक बहुत से काम धर्म के अनुसार करना है, यह प्रथा केवल हिंदुओं में नहीं है। जितने भी धर्म हैं, वे मनुष्य के आचरण के लिए नियम बनाते हैं। इनमें जन्म, विवाह और मृत्यु के समय के संस्कार विशेष महत्वपूर्ण हैं। यह बात सही है कि भारतीय समाज पर धर्मों का प्रभाव बहुत ज्यादा है। उस प्रभाव को कम करने के लिए जीवन की परिस्थितियों को बदलना जरूरी है, शिक्षा की व्यवस्था करना जरूरी है, वैज्ञानिक विचारधारा का प्रचार आवश्यक है। जितने भी गरीब, किसान और मजदूर अपने वर्ग संगठनों में एकजुट होकर अपनी मांगों के लिए संघर्ष करते हैं, उतना ही वे सामाजिक जीवन को ज्यादा

अच्छी तरह समझते हैं। जो बातें किताबों से बरसों में सिखाई जाती हैं, उन्हें वे कुछ महीनों में अपने अनुभव से सीख लेते हैं।

आम्बेडकर को इस बात का श्रेय है कि उन्होंने हिंदू समाज के साथ मुस्लिम समाज की आलोचना भी की है। उन्होंने प्रश्न किया है : क्या कोई ऐसी सामाजिक बुराई है जो हिंदुओं में हो और मुसलमानों में न हो?[378] उदाहरण के लिए बाल विवाह की प्रथा। 1931 के आंकड़ों से पता चलता है कि हजार लड़कियों में 15 साल से कम उम्र की शादीशुदा लड़कियां हिंदुओं में 199 थीं, मुसलमानों में 186। मुसलमान अल्पसंख्यक थे, इस बात को ध्यान में रखते हुए कहना होगा कि हजार में 186 लड़कियों का ब्याह 15 साल की उम्र से पहले होना बहुत बड़ी सामाजिक बुराई है। आम्बेडकर ने मुसलमान स्त्रियों की दशा पर विशेष ध्यान दिया है। मुसलमान स्त्रियों को अन्य समाजों की तुलना में अधिक स्वाधीनता है, इस तर्क पर विचार करते हुए उन्होंने लिखा है : कहा जाता है मुस्लिम कानून के अनुसार लड़की के ब्याह की कोई निश्चित आयु नहीं है और वह लड़की का अधिकार स्वीकार करता है कि वह जब चाहे, तब विवाह कर सकती है। यह भी कहा जाता है कि मुसलमानों में विवाह एक तरह का अनुबंध होता है। पति-पत्नी को तलाक दे सकता है और पत्नी के लिए सुरक्षा संबंधी अधिकार मौजूद है। तलाक देने वाले पति से वह अपनी जीविका के लिए पैसा मांग सकती है। आम्बेडकर कहते हैं : स्त्री के पक्ष में ये जितनी बातें कही गई हैं, उन्हें मान भी लें, तो भी संसार में मुसलमान स्त्री सबसे असहाय व्यक्ति है। यहां उन्होंने मिस्र के एक मुस्लिम नेता से उद्धरण दिया है। उस नेता ने कहा था : स्त्री पर इस्लाम ने निम्न श्रेणी की होने की छाप लगा दी है। सामाजिक रीति रिवाज उसे अपने व्यक्तित्व के विकास का पूरा अवसर नहीं देते और इन रीति रिवाजों को धर्म की स्वीकृति मिली हुई है।[379]

आम्बेडकर आगे लिखते हैं : संभव है उसका ब्याह बचपन में हुआ था, ब्याह दूसरों ने कराया हो, उसके लिए वह जिम्मेदार नहीं थी। ऐसी परिस्थिति में भी कोई मुसलमान लड़की यह साहस नहीं करती कि वह अपने निकाह को ठुकरा दे। विवाह का बंधन कितना ही दुखदायी हो, उसे निरस्त नहीं कर सकती। उधर उसका पति एक बार 'तलाक' कह दे और तीन हफ्ते उससे अलग रहे, बस तलाक की रस्म पूरी हो गई। छोड़ी हुई बीवी को वह खाने खर्चने का पैसा दे सकता है। इसके सिवा उस पर कोई प्रतिबंध नहीं है। आम्बेडकर ने यह भी लिखा है कि मुसलमानों में अनेक बीवियां और रखैलें रखने का चलन बहुंत खराब है। बीवियां तो 4 हो सकती हैं लेकिन बांदियां कितनी हो सकती हैं, उनकी संख्या का उल्लेख नहीं है। आम्बेडकर ने मर्दुमशुमारी के आंकड़े दे कर बताया है, मुसलमानों में जात-बिरादरी का चलन भी है। कुछ लोग शरीफ समझे जाते हैं, बाकी कारीगर वगैरह नीची जातों में गिने जाते हैं। मुसलमानों में अछूत भी बने हुए हैं।[380] आम्बेडकर कहते हैं : हिंदुओं में जो सामाजिक बुराइयां हैं, वे तो मुसलमानों में हैं ही, इनके अलावा कुछ और भी हैं जो हिंदुओं में नहीं हैं या कम हैं। इनमें एक है पर्दा। मुसलमान औरत इबादत के

लिए मस्जिद में नहीं जा सकती। घर से बाहर निकले तो उसे हमेशा बुर्का पहनना होता है। इस पर्दा-प्रथा से उसके शरीर और दिमाग पर बहुत बुरा असर होता है। वह जीवन में संघर्ष के अयोग्य हो जाती है।[381] भारत के कुछ हिस्सों में और कुछ हिंदुओं में पर्दे का चलन है। आम्बेडकर कहते हैं : लेकिन भेद इस बात में है कि मुसलमानों में पर्दे को धार्मिक स्वीकृति मिली हुई है। ऐसा हिंदुओं में नहीं है। इसलिए पर्दा-प्रथा की जड़ें मुसलमानों में ज्यादा गहरी हैं।[382]

आम्बेडकर ने इस बात पर खेद प्रकट किया है कि अन्य बहुसंख्यक मुसलमानों वाले देशों में सामाजिक सुधार हुए हैं पर भारत में ऐसा नहीं हुआ। वह तुर्की की मिसाल देते हैं। वहां बिल्कुल क्रांतिकारी ढंग के परिवर्तन किए गए हैं। तुर्की जैसे देशों में समाज सुधार के आड़े इस्लाम नहीं आया। फिर वह भारत में ऐसे सुधारों की आड़े क्यों आये?[383] मुसलमानों को डर है कि वे अगर सुधार करेंगे तो उनकी एकता खत्म हो जाएगी और हिंदु उन पर हावी हो जाएंगे। आम्बेडकर कहते हैं : गरीब मुसलमान न्याय के लिए धनी व्यक्ति के विरुद्ध गरीब हिंदू का साथ न देगा। मुसलमान आसामी जमींदार के अत्याचार को रोकने के लिए हिंदू आसामियों का साथ न देंगे। पूंजी के विरुद्ध मजदूरों की लड़ाई में मुसलमान मजदूर हिंदू मजदूरों का साथ न देंगे।[384] अम्बेडकर ने परिस्थितियों का जो वर्णन किया है, उससे उसे बदलने के सूत्र भी मिलते हैं। गरीब किसानों को जमींदारों के विरुद्ध संघर्ष करना चाहिए। उस स्तर पर हिंदुओं और मुसलमानों की एकता स्थापित करनी चाहिए। गांवों की अपेक्षा यह काम शहरों में ज्यादा आसान है। पूंजीपतियों के विरुद्ध मजदूरों की लड़ाई में हिंदुओं और मुसलमानों, दोनों को भाग लेना चाहिए। इस का असर देहात पर भी पड़ेगा। इस तरह के संघर्षों से वह जमीन तैयार होगी जिस पर मुस्लिम समाज में परिवर्तन करने का आंदोलन चलाया जा सकता है।

भारत में अंग्रेजी राज कायम होने से पहले यहां समाज सुधार के अनेक आंदोलन चलाए गए हैं। इन में आगे बढ़कर मुसलमान सूफियों ने भाग लिया है, हिंदू संतों ने भाग लिया और हिंदू संतों में बहुत से शूद्र थे। ये सब लोक-धर्म के संस्थापक थे। इनका धर्म विज्ञान सम्मत नहीं था। इनके धर्म में निर्णायक भूमिका प्रेम की थी। ईश्वर से प्रेम करो, मनुष्य से प्रेम करो, सबको अपने बराबर समझो। कोई विज्ञान मनुष्यों को प्रेम क्यों करना चाहिए, इसका कारण नहीं बता सकता, प्रेम करने की प्रेरणा नहीं दे सकता। ईश्वर नहीं है पर वे ईश्वर से प्रेम करने का दावा करते थे, ईश्वर से तादात्म्य स्थापित करते थे। यह सब बड़ी अवैज्ञानिक कार्यवाही थी। परंतु इसके दूरगामी सामाजिक परिणाम हुए। जो काम वैज्ञानिक नहीं कर सकते, वे काम कवि करते हैं। वेदांत के आधार पर इन कवियों ने एक नया आंदोलन चलाया। उसमें शूद्रों के साथ स्त्रियों ने भी भाग लिया। कश्मीर में हिंदू संत ललधर है। तो उनके साथ मुसलमान कवयित्री हब्बा खातून भी हैं। आम्बेडकर ने कल्पना की है, समाज का एक समुदाय गोमांस खाता था। यह समुदाय बौद्ध मतावलंबी था। जब ब्राह्मणों में मांस-भक्षण वर्जित हुआ, तब लोग इस समुदाय से घृणा करने लगे। यही समुदाय

बाद में अछूत कहलाया। कुछ जातियां गोमांस खाती थीं, इसलिए वे अंत्यज कहलाईं, इस स्थापना के समर्थन में उन्होंने वेद व्यास स्मृति से उद्धरण दिया है।[385] ऋग्वेद में गाय को अघ्न्या (अवध्य) अनेक बार कहा गया है। गोमांस-भक्षण का चलन बाद में हुआ। काणे अपने धर्मशास्त्र के इतिहास में कहते हैं : आरंभ में किसी सम्मानित अतिथि के लिए गाय या बैल का वध किया जाता था। किंतु कालांतर में जब गाय अति पवित्र मानी जाने लगी तो किसी अन्य पशु का मांस दिया जाने लगा।[386] भवभूति ने अपने उत्तररामचरित नाटक में वशिष्ठ के गोमांस-भक्षण का वर्णन किया है। कल्हण की 'राजतरंगिणी' के अनुसार भवभूति कन्नौज के राजा यशोवर्धन के राजकवि थे। कश्मीर के राजा ने यशोवर्धन को 736 ईस्वी में परास्त किया था। इस तरह भवभूति 8वीं सदी के कवि ठहरते हैं। 8वीं सदी को प्राचीन काल नहीं कहा जा सकता। इस समय तक अनेक पुरोहित गोमांस खाते थे और दूसरे लोग इसे अच्छा न समझते थे। उत्तररामचरित के चौथे अंक में सौधातकि और दंडायन वसिष्ठ के बारे में बातें करते हैं।

सौधातकि —हे दंडायन! बहुत स्त्रियों में अग्रसर होकर आज जो अतिथि आए हुए हैं, उनका क्या नाम है?

दंडायन—तुम्हारे इस उपहास को धिक्कार है। ऋषिश्रृंग के आश्रम से अरुंधती को आगे कर महाराज दशरथ की महारानियों को लेकर भोगवान् वसिष्ठ जी आए हैं। इसलिए क्यों ऐसा बकवाद करते हो?

सौधातकि - हूं, वसिष्ठ हैं?

दंडायन - और क्या?

सौधातकि - मैंने समझा कि यह कोई व्याघ्र जैसा है।

दंडायन - ओः! यह क्या कहते हो?

सौधातकि - जिनके आने के बाद ही कपिल वर्ण वाली बेचारी बछिया बलात्कार से मइमइ शब्द वाली की गई (मारी गई)।

दंडायन - मधुपर्क मांस के साथ देना चाहिए, इस देव-वाक्य का विशेष सम्मान करने वाले गृहस्थ लोग वैदिक अतिथि के लिए दो साल की बछिया को या बड़े बैल को पकाते हैं। धर्म सूत्रकार इस धर्म की आज्ञा देते हैं।

इस वार्तालाप से पता चलता है कि 8वीं सदी में कुछ पुरोहित इस तरह का मांस भक्षण करते थे, साथ ही दूसरे लोग इसे नापसंद करते थे ओर उनका उपहास करते थे। आम्बेडकर ने यह विचार प्रकट किया है कि ब्राह्मणों ने शाकाहार तब अपनाया, जब बौद्धों का मुकाबला करना था। परंतु बौद्ध तो स्वयं मांसाहारी थे। उन्होंने कब शाकाहारी होना निश्चित किया? और यदि आम्बेडकर की बात मान ली जाए, कुछ जातियां गोमांस खाती थीं, बौद्ध थीं, और अंत्यज कहलाईं, तो यह बात अपने आप खंडित हो जाती है कि बौद्धों ने मांस-भक्षण त्याग कर शाकाहार अपनाया था। भारत में एक मत वैष्णव मत के नाम से जाना जाता है। गुप्त सम्राटों के युग में इसका विशेष प्रसार हुआ। वैष्णव मतावलंबियों

ने यज्ञ में पशुबलि का विरोध किया। इसका उल्लेख महाभारत में है। आगे चल कर कबीर आदि संत सब वैष्णव मतावलंबी हुए। शाक्तों से उनका विरोध था, इसलिए कि शाक्तों में बलि प्रथा का चलन बना रहा। मूल प्रश्न यह है, भारत में अस्पृश्यता का चलन कब से हुआ? संत रविदास के कुटुम्ब में मुर्दा ढोर ढोने का चलन था। फिर भी वे अपनी भक्ति के बल पर संत रूप में प्रसिद्ध हुए और ब्राह्मण भी उन्हें प्रणाम करते थे। रैदास कहते हैं :

जाके कुटुम्ब सब ढोर ढोवंत फिरहिं अजहुं बानारसी आसपासा।
आचार सहित विप्र करहि दंडउति तिन तनै रविदास दासानुदासा।

आचार्य रामचंद्र शुक्ल ने हिंदी साहित्य के इतिहास में ये पंक्तियां उद्धृत की हैं। जिन्हें विप्र प्रणाम करते थे, वे अवश्य ही अस्पृश्य नहीं थे। यह बात सही नहीं है कि सभी अछूत गोमांस भक्षण करते थे। वैष्णव संत चाहे द्विज हों चाहे शूद्र, बराबर पशु हिंसा का विरोध करते थे। पलटू साहब ने मुसलमानों से कहा था :

खून गोस्त है एक मौलवी जिबह न छाजै।
सबमें रोसन हुआ नबी का नूर बिराजै।

और हिंदुओं से उन्होंने कहा था :

माटी देवखरि बांधि मुवे की पूजा लावै।
जीवा जिउ को मारि आनि कै ताहि चढ़ावै।
सबमें है भगवान और ना दूजा कोई
तेकर यह गति करै भला कहवां से होई

(पलटू साहब की बानी, भाग पहला, पृष्ठ 86)

ये सब विज्ञान की नहीं, तर्क की नहीं, प्रेम की बात कहते थे। पलटूदास कहते हैं :

प्रेम दिवाना मन यार गुरु के हाथ बिकाना।
निसु दिन लहर उठत अभि अंतर बिसरा पियना खाना।
गगन गुफा में कुंज गली है तेहि में जाइ समाना।
सहस कमल दल मान सरोवर तेहि बिच भंवर लुभाना।
पलटूदास अमल बिनु अमली आठ पहर मस्ताना।

(उपर्युक्त भाग तीसरा, पृष्ठ 18)

यह सब कल्पना है, यथार्थपरक विज्ञान नहीं है। परंतु इस कल्पना में मानव प्रेम का बहुत बड़ा यथार्थ है। ये संत बौद्ध दर्शन से नहीं, वेदांत से प्रभावित हुए थे। कश्मीर से लेकर कन्याकुमारी तक ऐसा कोई संत नहीं हुआ जो वेदांत से प्रभावित न हुआ हो। यह सब अंग्रेजी राज से पहले का था।

अंग्रेज़ी राज में शहरों के बड़े उद्योग-धंधों का विनाश हुआ। इनमें चमड़े के उद्योग भी थे। चमड़े के उद्योग में काम करने वाले हजारों क़ारीगर बेकार हो गए, जीविका के लिए वे गांवों में जा बसे। वहां वे जमींदारों की बेगार करने पर मजबूर हुए। इन परिस्थितियों

में उन्हें मुर्दा ढोरों का मांस खाना पड़ा। अंग्रेजी राज में जाति प्रथा के बंधन पहले से कठोर हुए। जो काम घिनौना समझा जाता था, उसे करने वालों को भी घृणा का पात्र मान लिया गया। अस्पृश्यता का प्रसार अंग्रेजी राज में हुआ। किसी ने ब्रह्म-हत्या की, उसे न छूना चाहिए। कोई श्मशान शव ले गया है, जब तक नहाए नहीं, तब तक उसे न छूना चाहिए। इस तरह की पाबंदियां अस्थायी थीं। इनसे किसी जाति का निर्माण न हुआ था। शूद्रों में अछूतों का अलग समुदाय बना, बेकारी और भुखमरी के दिनों में, अंग्रेजी राज में। उसका रविदास और पलटूदास की परम्परा से कोई संबंध नहीं है। परंतु इनकी परंपरा में भारी सामाजिक परिवर्तन के लिए प्रेरणा देने वाली बहुत सी सामग्री विद्यमान है।

उपसंहार

20वीं सदी के अवसान के समय भारत पूंजीवादी देश है जिसमें बहुत से सामंती अवशेष कायम हैं और जिस पर विदेशी पूंजी का बहुत बड़ा दबाव है। आर्थिक रूप से कुछ बहुत ही पिछड़े हुए क्षेत्रों को छोड़ कर कुल मिला कर भारत ऐसा देश है जहां सभी लोग किसी न किसी वर्ग के अंतर्गत हैं। शहरों में पूंजीपति हैं, मजदूर हैं, मध्यवर्ग के लोग हैं। गांवों में भूतपूर्व जमींदार, धनी किसान, खेत मजदूर, गरीब किसान हैं। धनी और निर्धन किसानों के बीच कुछ मझोले किसान हैं जिनकी स्थिति मध्य वर्ग से मिलती जुलती है। भारत विश्व पूंजीवादी व्यवस्था का अंग है। पश्चिमी देशों में बड़े पूंजीपतियों के अंतरर्राष्ट्रीय संगठन हैं। मजदूरों का, उनकी पार्टियों का कोई अंतरर्राष्ट्रीय संगठन इस समय नहीं है। इस स्थिति का प्रभाव तीसरी दुनिया के मजदूर संगठनों पर भी पड़ता है। भारत में काफी मजदूर संगठित हैं। उनसे भी ज्यादा मजदूर असंगठित हैं। जो मजदूर संगठित हैं, वे अंतरराष्ट्रीय स्तर पर मजदूर संगठन बनाने में पहल कर सकते हैं।

भारत में वर्ग हैं, जाति बिरादरी हैं। दोनों यथार्थ हैं। परंतु वर्ग ऐसा यथार्थ है जो जीवंत है, जो आगे बढ़ रहा है और जाति-बिरादरी ऐसा यथार्थ है जो मर रहा है और पिछड़ रहा है। आम्बेडकर ने कहा था : जब परिवर्तन आरंभ होता है, तब सदा पुराने और नए के बीच संघर्ष होता है। नए का समर्थन न किया जाए तो यह खतरा बना रहता है कि वह इस संघर्ष में निरस्त कर दिया जाएगा।[387]

यदि इस समय अभ्युदयशील वर्गों का समर्थन न किया गया, जाति-बिरादरी का समर्थन किया गया, तो यह संभव है, जाति-बिरादरी बनी रहे और वर्गों की भूमिका पीछे दूट जाए। जाति-बिरादरी के भेद वर्गों के संगठन और वर्ग संघर्ष द्वारा ही संभव किए जा सकते हैं। आम्बेडकर ने कहा था, मजदूर वर्ग को मार्गदर्शक भूमिका निभानी चाहिए।[388] उन्होंने यह भी कहा था : मजदूरों को केवल अपने संघ कायम करने से संतोष न करना चाहिए। उन्हें

घोषित करना चाहिए कि उनका उद्देश्य शासन-तंत्र पर अधिकार करना है।[389] यह तभी हो सकता है जब मजदूरों के अपने वर्ग, संगठन मजबूत हों, इन संगठनों के द्वारा वे सारे देश का नेतृत्व कर सकें। पूंजी जनतंत्र में पूंजीपतियों को मजदूरों के शोषण की स्वतंत्रता रहती है। इसीलिए जो गरीब हैं,सर्वहारा हैं, संपत्तिहीन हैं, उनके साथ आर्थिक अन्याय बराबर बढ़ता गया है।[390] परिणाम यह कि संसदीय जनतंत्र कभी भी जनता का शासनतंत्र नहीं रहा, जनता के द्वार या जनता के हित में चलाया जाने वाला शासनतंत्र नहीं रहा।[391] इसके स्थान पर मजदूर वर्ग के नेतृत्व में नया लोकतंत्र कायम करना है जिसमें जनता शासन में भागीदारी कर सके।

आम्बेडकर ने अनेक भाषणों और लेखों में आर्थिक समानता पर जोर दिया था। कहा था, राजनीतिक समानता काफी नहीं है। आर्थिक समानता न हो तो यह राजनीतिक समानता भी खतरे में पड़ सकती है। हम कह सकते हैं, उसका उपयोग इतना ही है कि आर्थिक समानता के लिए संघर्ष करने में मजदूर वर्ग और उसके सहयोगी अपनी राजनीतिक स्वाधीनता का उपयोग करें। अनेक स्थानों पर आम्बेडकर ने फ्रांसीसी राज्यक्रांति का हवाला दिया है। उसने स्वाधीनता, समानता और भाईचारे के जो नारे दिए थे, उनका उन्होंने समर्थन किया है। साथ ही यह बताया है कि ये नारे पूरी तरह कभी अमल में नहीं आए। इसका मूल कारण यह था कि उत्पादन के साधनों पर मुट्ठी भर पूंजीपतियों का अधिकार था। आम्बेडकर को इस बारे में कोई दुविधा नहीं थी कि यह अधिकार समाप्त करना है। 'बुद्ध या कार्ल मार्क्स' वाले लेख में उन्होंने रूसी क्रांति का स्वागत किया था और कहा था : थोड़े समय के लिए डिक्टेटरशिप हो और पुराने कचरे को साफ कर दे वह स्वागत योग्य है। सारा जीवन संवैधानिक कार्यों में बिताने के बाद, स्वाधीन भारत का संविधान बनाने के बाद, उन्होंने संसद में लोगों को सावधान किया था—यदि समय रहते आर्थिक विषमता दूर न की गई तो जो लोग इससे पीड़ित हैं, वे राजनीतिक लोकतंत्र की इमारत उड़ा देंगे।[392] आम्बेडकर के बाद 50 वर्षों में आर्थिक विषमता बढ़ी है, कम नहीं हुई। देश की लगभग आधी आबादी गरीबी की रेखा के नीचे जीवन बिताती है। इसलिए इस लोकतंत्र को बदलना जरूरी है और यह काम मजदूर जाति-बिरादरी के आधार पर नहीं, वर्ग-आधार पर संगठित होकर ही संपन्न कर सकते हैं।

आम्बेडकर विधि विशेषज्ञ थे, अर्थशास्त्री थे, इतिहास विवेचक थे, धर्म और दर्शन के विद्वान थे। उन्होंने अपने लेखन में अनेक ऐसे सूत्र दिए हैं जिनके आधार पर भारतीय इतिहास को हम पूंजीवादी विवेचकों के दुष्प्रभाव से मुक्त कर सकते हैं। उनकी एक क्रांतिकारी स्थापना यह है कि इंग्लैंड किसी तरह व्यापार में भारत से स्पर्धा न कर सकता था और माल तैयार करने वाले देश के रूप में भारत इंग्लैंड से बढ़ कर था।[393] अंग्रेजों ने अपनी फौज में यहां के लोगों को भर्ती करके देशी सेना की सहायता से इस देश पर विजय पाई। परिणाम यह हुआ कि भारत की समृद्धि इस देश से उठ कर 'यूनियन जैक'

पर जा बैठी। यूरोप के व्यापारी और जमींदार विभिन्न महाद्वीपों में घुस कर वहां अपने उपनिवेश कायम कर रहे थे। पश्चिमी देशों के विद्वानों ने कल्पना की, इसी तरह अत्यंत प्राचीन काल में आर्यों ने भारत पर विजय पाई होगी। यूरोप के निवासियों की तरह वे भी गोरे थे और उन्होंने भारत के काले आदिवासियों पर विजय पाई, उन्हें शूद्र बनाया। आम्बेडकर ने इस नस्लवाद का तीव्र खंडन किया। उन्होंने इस तथ्य का दृढ़तापूर्वक युक्तिपूर्ण समर्थन किया कि वैदिक आर्य भारत के ही रहने वाले थे और वर्णव्यवस्थायी का कोई संबंध आर्य-द्रविड़ संग्राम से नहीं है। भारत के व्यापारिक संबंधों का विवेचन करके उन्होंने दिखाया, कैसे यहां का माल सारी दुनिया में बिकता था, यातायात के साधनों का विकास भारत में और उसके बाहर कैसे हुआ और उन्होंने बताया, बिकाऊ माल तैयार करने के लिए यहां मजदूरों को पारिश्रमिक दिया जाता था[394] अंग्रेजी राज में शूद्रों की जो स्थिति थी, वह पहले नहीं थी।

अंग्रेजी शासनतंत्र के विवेचन में आम्बेडकर ने अनेक ऐसे तथ्य दिए हैं जिनसे प्रमाणित होता है, अंग्रेजों ने जाति-बिरादरी की प्रथा को और कठोर बनाया, उन्होंने यहां का व्यापार नष्ट किया, शहरों के उद्योग-धंधे तबाह किए। लाखों कारीगर शहर छोड़कर देहात में जा बसे, वहां जमींदारों की बेगार करने पर बाध्य हुए। आम्बेडकर ने इतिहास को नए दृष्टिकोण से देखने पर बल दिया। अंग्रेज डींग हांकते थे : "गोरी नस्ल होने के कारण मुट्ठी भर अंग्रेजों ने विशाल भारत पर विजय प्राप्त की।" उन्होंने प्रमाणों से साबित किया, कोई ऐसा युद्ध नहीं हुआ जिसमें गोरों की अपेक्षा देशी फौज संख्या में बड़ी न हो। इसी देशी फौज के बल पर उन्होंने भारत पर विजय पाई। अंग्रेज मुसलमानों के अत्याचारों की बातें बहुत करते थे। आम्बेडकर ने 'क्रूसेड' नामक धर्मयुद्धों का हवाला दे कर बताया, यूरोप वालों ने यरूशलम में कैसे हजारों आदमियों का कत्ल किया था। उन्होंने यह भी कहा, मुसलमान शासकों की तुलना आज के यूरोपियन शासकों से न करनी चाहिए। यूरोप में जो उनके समकालीन शासक थे, उनसे तुलना करनी चाहिए। उस तरह की तुलना करने पर भारतीय शासकों का पलड़ा हमेशा भारी रहेगा।

अंग्रेजों ने मुस्लिम सम्प्रदायवाद को जन्म दिया। उसे बढ़ावा दिया और भारत के विभाजन के लिए उसे इस्तेमाल किया। आम्बेडकर ने शिकायत की : किसान मुसलमान हिंदू किसानों के साथ मिलकर जमींदार के खिलाफ नहीं लड़ते। मुसलमान मजदूर हिंदू मजदूरों के साथ मिल कर पूंजीपति के खिलाफ नहीं लड़ते। डरते हैं, इस तरह कहीं हमें मुसलमान पूंजीपति या मुसलमान जमींदार के खिलाफ न लड़ना पड़े। लेकिन सम्प्रदायवाद का खात्मा तभी हो सकता था जब हिंदू-मुसलमान किसान मिल कर जमींदार से लड़ें, आम हिंदू-मुसलमान मजदूर मिल कर पूंजीपति से लड़ें। आम्बेडकर ने हिंदू समाज के साथ मुस्लिम समाज के पिछड़ेपन पर विस्तार से लिखा। उन्होंने इस बात पर जोर दिया, जब तक यह पिछड़ापन दूर नहीं होता, तब तक दोनों सम्प्रदायों के बीच का फासला खत्म न होगा। उन्होंने बहुत दर्द के साथ मुसलमान स्त्रियों की दुरवस्था का चित्रण किया। शरीयत के नाम

पर जो लोग स्त्रियों की वास्तविक दशा पर पर्दा डालते थे, आम्बेडकर ने उनका पर्दाफाश किया।

आम्बेडकर विवेकवादी थे, वैज्ञानिक दृष्टिकोण के समर्थक थे। उन्होंने पुनर्जन्म और कर्म-सिद्धांत जैसे अंधविश्वासों का खंडन किया। इन्हीं अंधविश्वासों के बल पर लोग सामंती समाज के ऊंच-नीच के भेद को उचित ठहराते थे। उन्होंने नैतिकता का समर्थन किया। धर्म को विज्ञान-सम्मत बनाने पर जोर दिया। विज्ञान-सम्मत बनाने में यदि धर्म का स्वरूप बदल जाए, तो इसकी उन्हें चिंता नहीं थी। यह स्वाभाविक था कि उन्होंने बौद्ध धर्म का जो विवेचन किया, उससे परंपरावादी बौद्ध सहमत नहीं थे। उन्होंने कुछ वैदिक ऋषियों का उल्लेख किया जो संसार के उद्भव के बारे में चिंतन करते थे। उस दिशा में आगे बढ़ते हुए प्राचीन दार्शनिक स्थापनाओं को आधार बना कर विज्ञान में नया काम किया जा सकता है। सांख्य दर्शन के संस्थापक कपिल को उन्होंने बहुत बड़ा दार्शनिक बताया, जिनके अनुसार ईश्वर का अस्तित्व नहीं है और सत्य वही है जो प्रमाणों से सिद्ध किया जा सके।

आम्बेडकर के विचारों की समीक्षा करने वाले हर लेखक के लिए आवश्यक है, दो प्रश्नों का उत्तर दे। पहला प्रश्न—क्या उनके विचारों में परिवर्तन हुआ था? दूसरा प्रश्न—क्या उनके विचारों में अंतर्विरोध था? पहले प्रश्न का उत्तर है : हां, उनके विचारों में परिवर्तन हुआ था। पहले उनके अंदर तीव्र साम्राज्यविरोधी भावना थी। उन्होंने प्राचीन भारत के व्यापारिक संबंधों का इतिहास और ईस्ट इंडिया कम्पनी के शासनतंत्र का विवेचन इसी भावना से किया था। 1915 में आम्बेडकर ने लिखा था : गैर जिम्मेदार सरकार से प्रगति की आशा नहीं की जा सकती। वह स्वदेशी को नापसंद करती है। जिस चीज से भी राष्ट्रवाद की बू आती हो, वह उसका विरोध करती है।[395] वह अछूतों का उद्धार चाहते थे, जाति प्रथा खत्म करना चाहते थे। साथ ही भारत को स्वाधीन भी देखना चाहते थे। रजनी पामदत्त ने 'इंडिया टुडे' में 1930 का उनका एक भाषण उद्धृत किया है। उसमें आम्बेडकर ने कहा था : मुझे भय है कि अंग्रेजों ने अछूतों की दुर्दशा का जो विज्ञापन किया है, उसका उद्देश्य इस दशा को दूर करना नहीं, वरन् भारत की राजनीतिक प्रगति को रोक रखना है। आम्बेडकर ने अछूत सभा के प्रतिनिधियों से कहा : कोई भी तुम्हारी शिकायतें उस तरह दूर नहीं कर सकता जिस तरह तुम दूर कर सकते हो। तुम यह तब तक नहीं कर सकते जब तक तुम्हारे हाथ में राजनीतिक सत्ता न आए। राजसत्ता में, राजनीतिक शक्ति में तुम तब तक भागीदार नहीं हो सकते जब तक ब्रिटिश सरकार वैसी ही बनी रहती है जैसी आज है। स्वराज से जो संविधान बनेगा, उसी से तुम्हारे राजनीतिक शक्ति पाने की संभावना है। उसके बिना तुम्हारा उद्धार नहीं हो सकता।[396] मेरा अनुमान है, सन् 30 के बाद गोलमेज सम्मेलन के दौरान उनके विचारों में परिवर्तन हुआ। अछूतों की मुक्ति के नाम पर वह कांग्रेस की मांगों और राष्ट्रीय स्वाधीनता आंदोलन का विरोध करने लगे। दूसरे महायुद्ध के दौरान वह वायसराय की कार्यसमिति के सदस्य थे। कांग्रेस

के 'भारत छोड़ो' आंदोलन का उन्होंने विरोध किया था। उन्होंने मुस्लिम लीग के दो जातियों के सिद्धांत का समर्थन भी किया। उसके बाद उन में परिवर्तन हुआ। वह कांग्रेसी मंत्रिमंडल में शामिल हुए और भारत का संविधान बनाने में प्रमुख भूमिका निबाही। 16 दिसंबर 1946 को संविधान सभा में भाषण देते हुए उन्होंने यह विश्वास प्रकट किया कि भारत-पाकिस्तान मिल कर फिर एक होंगे। उन्होंने कहा : मुझे इस महान् देश के भविष्य के बारे में जरा भी दुविधा नहीं है। आज हम सामाजिक, राजनीतिक और आर्थिक रूप से विभाजित हैं। हम परस्पर लड़ने वाले शिविरों में बंटे हुए हैं और संभवतः ऐसे एक शिविर का नेता मैं भी हूं। इस सबके बावजूद मुझे विश्वास है कि समय बीतने पर और परिस्थितियों के बदलने पर दुनिया में कोई ताकत इस देश को फिर एक होने से न रोक सकेगी।[397] आम्बेडकर ने परस्पर लड़ने वाले शिविरों के बारे में जो कुछ कहा है और उनमें एक शिविर से अपना संबंध जोड़ा है, वह उनके विचारों में परिवर्तन का स्पष्ट सूचक है।

आम्बेडकर में बहुत तरह के अंतर्विरोध हैं। वह इस बात का प्रचार करते थे कि गाँधी जी और कांग्रेस ने अछूतों के लिए कुछ नहीं किया। परंतु अछूतों के साथ अन्याय हो रहा है, इसे प्रमाणित करने के लिए गाँधीजी के 'यंग इंडिया' से उद्धरण देते थे। वह आर्य समाजियों का विरोध करते थे। परंतु आर्य समाजी शूद्रों के उद्धार के लिए कुछ काम कर रहे थे। उनके पत्रों से भी वह उद्धरण देते थे। परंतु उन्होंने यह भी कहा—वस्तुगत परिस्थितियां होने पर ही जाति का निर्माण होता है। आम्बेडकर का जन्म सर्वहारा वर्ग के सबसे निचले स्तर में हुआ था। वहां से वह उठते हुए वायसराय की काउंसिल के सदस्य हुए और भारत के संविधान के निर्माता बने। संविधानवाद के चौखटे के भीतर काम करते हुए वह बार-बार पूंजीवादी लोकतंत्र का खोखलापन दिखलाते थे। यह चौखटा तोड़ कर क्रांतिकारी परिवर्तन होना चाहिए, इसका स्वप्न देखते थे। यह उनके जीवन में बहुत बड़ा अंतर्विरोध था। परंतु वह संसदीय लोकतंत्र को नाकाफी समझते थे, यह निश्चित है। वह राजनीतिक समानता को नाकाफी समझते थे, यह निश्चित है। आर्थिक विषमता के दूर न होने पर पीड़ित जन इस लोकतंत्र की इमारत को उड़ा सकते हैं, यह बात वह जानते थे। जैसे समाज में नए और पुराने का संघर्ष होता है, वैसे ही आम्बेडकर की विचारधारा में नए और पुराने का संघर्ष है। आम्बेडकर की विरासत की रक्षा जाति-बिरादरी के आधार पर संगठन बना कर नहीं, खेत मजदूरों, गरीब किसानों और शहरी मजदूरों के वर्ग-संगठन मजबूत करके, शासनतंत्र अपने हाथ में लेकर, दलित जन अपने साथ पूरे देश की दशा में परिवर्तन कर सकते हैं।

आज का भारत और इतिहास की समस्याएँ

डॉ. लोहिया

20वीं सदी के अंतिम दशक में जिस व्यक्ति के विचारों ने आज की राजनीति को सबसे अधिक प्रभावित किया है, वह डॉ. राममनोहर लोहिया हैं। भारत की कोई भी राजनीतिक पार्टी उनके विचारों से अछूती नहीं है। विशेष रूप से शूद्र और पिछड़ी हुई जातियों के अधिकार को लेकर जिस नीति पर ये पार्टियां चलती रही हैं, उसकी रूपरेखा राममनोहर लोहिया ने बनाई थी। अपने विचारों के संबंध में वह अक्सर इतिहास का हवाला देते हैं। इसलिए डॉ. लोहिया के प्रसंग में इतिहास की समस्याओं का विवेचन भी आवश्यक है।

भारतीय इतिहास में वर्णहीन समाज

'जाति प्रथा' नाम की पुस्तिका के आरंभ में लोहिया ने लिखा है : दुनिया में सबसे अधिक उदास हैं हिंदुस्तानी लोग। वे उदास हैं क्योंकि वे ही सबसे ज्यादा गरीब और बीमार भी हैं। परंतु उतना ही बड़ा एक और कारण यह भी है कि उनकी प्रकृति में एक विचित्र झुकाव आ गया है, खासकर के उनके इधर के इतिहासकाल में। बात तो निर्लिप्तता के दर्शन की करते हैं, जो तर्क में और विशेषतः अंतर्दृष्टि में निर्मल है पर व्यवहार में वे भद्दे ढंग से लिप्त रहते हैं। उन्हें प्राणों का इतना मोह है कि किसी बड़े प्रयत्न करने की जोखिम उठाने के बजाय वे दरिद्रता के निम्नतम स्तर पर जीना ही पसंद करते हैं और उनके पैसे और सत्ता के लालच का क्या कहना कि दुनिया में और कोई लोग उस लालच का इतना बड़ा प्रदर्शन नहीं करते।

आत्मा के इस पतन के लिए मुझे यकीन है, जाति और औरत के दोनों कटघरे मुख्यतः जिम्मेदार हैं। इन कटघरों में इतनी शक्ति है कि साहसिकता और आनंद की समूची क्षमता को यह खत्म कर देते हैं। जो लोग यह सोचते हैं कि आधुनिक अर्थतंत्र के द्वारा गरीबी मिटाने के साथ-ही-साथ ये कटघरे अपने आप खत्म हो जाएंगे, बड़ी भारी भूल करते हैं। गरीबी और ये दो कटघरे एक-दूसरे के कीटाणुओं पर पनपते है।[1]

लोहिया के अनुसार भारतवासियों की यह प्रकृति इतिहास की देन है और यह इतिहास काफी पुराना है, पांच हजार साल पुराना। इसी पुस्तिका में आगे कहते हैं : जब तक 17 करोड़ का शूद्र समुदाय व्यक्तित्व प्राप्त नहीं करता, तब तक यह दलदल सूखेगा नहीं और जब तक द्विज लोग यह चाहेंगे नहीं कि 17 करोड़ का यह समुदाय भी व्यक्तित्व प्राप्त

करके समानता हासिल करे, तब तक यह संभव नहीं लगता। कारण, द्विज को उसके पुरखों ने पांच हजार वर्षों में वाक्कला प्रदान की है और कई विशिष्ट गुण भी दिए हैं। द्विज लाख की चोरी करके भी उसे आदर्शवाद का जामा पहना सकता है जबकि शूद्र अठन्नी, चवन्नी की चोरी में भी बुरी तरह पकड़ा जाता है।[2]

'हिंदू बनाम हिंदू' पुस्तिका के आंरभ में लोहिया यही पांच हजार साल वाली बात कहते हैं : भारतीय इतिहास की सबसे बड़ी लड़ाई हिंदू धर्म में उदारवाद और कट्टरता की लड़ाई पिछले पांच हजार सालों से भी अधिक समय से चल रही है और उसका अंत अभी भी दिखाई नहीं पड़ता।[3]

यहां इस बात का उल्लेख करना उचित है कि यदि हजारों साल से शूद्र द्विजों की गुलामी करते रहे हैं, तो कुछ हजार साल तक भारत में ऐसे समाज भी रहे हैं जहां शूद्र और द्विज का भेद था ही नहीं। इतिहास में हम जितना ही पीछे जाते हैं, उतना ही सामाजिक विकास की गति धीमी दिखाई देती है। इसीलिए यदि सामंती व्यवस्था पांच हजार साल की है, तो उससे पहले की गैरसामंती व्यवस्था कम से कम दस हजार साल की होनी चाहिए। जिन कवियों ने वर्णहीन समाजों का वर्णन किया है, वे वर्णव्यवस्था से ऊबे हुए थे। उन्होंने इन प्राचीन समाजों को महिमामंडित करके दिखाया है। परंतु उस महिमा के भीतर सत्य को पहचानना कठिन नहीं है। सबसे बड़ी बात यह है कि इन समाजों में समानता थी। स्त्रियों और पुरुषों में समानता थी और समाज के सभी नागरिकों में परस्पर समानता थी।

जिन समाजों के सदस्य परस्पर रक्त-संबंध से जुड़े हुए थे, जहां व्यक्तिगत संपत्ति का उद्भव नहीं हुआ, जहां राज्यसत्ता नहीं है, जहां उत्पादन के साधनों पर सामूहिक स्वामित्व है, उन समाजों को हमारे यहां गण कहते थे। जिन्हें अब कबीला या जनजाति कहते हैं, वही प्राचीन काल में गण थे। महाभारत में कुरुगण के विघटन की कथा है। इस कुरुगण के भाईबंद भारत के उत्तर में एक विशाल क्षेत्र में फैले हुए थे। कुरुक्षेत्र के कुरुओं से अलग करने के लिए उन्हें उत्तरकुरु की संज्ञा दी जाती थी। वासुदेव शरण अग्रवाल ने महाभारत की मीमांसा करते हुए बहुत सुंदर पुस्तक लिखी है। इसमें वह उत्तर कुरु देश का परिचय देते हैं : उत्तर कुरु देश की ठीक स्थिति कहां थी, इसे समझना आवश्यक है। चतुर्द्वीपी भूगोल के अनुसार मध्यवर्ती मेरु पर्वत के उत्तर की समस्त भूमि उत्तर कुरु कहलाती है अर्थात् पामीर पठार से उत्तरी ध्रुव तक का सारा भू-भाग किसी समय उत्तर कुरु के नाम से प्रसिद्ध था। जब सप्तद्वीपी भूगोल में इसे तीन भागों में बांट दिया गया, तो सबसे उत्तरवाला प्रदेश उत्तर कुरु कहलाता रहा। इस से यह सूचित होता है कि पामीर के उत्तर में जो चीनी तुर्किस्तान का बहुत लंबा-चौड़ा भू-भाग है, वह सब और उसके उत्तर में साइबेरिया की जो विस्तृत गहन वन भूमियां हैं, वे सब उत्तर कुरु इस भौगोलिक नाम से प्रसिद्ध थीं।[4] इससे इतना ही पता लगता है कि वहां के लोगों की समाज-व्यवस्था कैसी थी, यह नहीं कि वे कुरुक्षेत्र वाले कुरुओं के रक्त-संबंधी थे। भीष्म पर्व के सातवें अध्याय में धृतराष्ट्र ने संजय से कहा : मेरु के उत्तर तथा पूर्व के भाग में जो कुछ है, उसका वर्णन

करो। संजय ने कहा : नीलगिरि से दक्षिण तथा मेरु पर्वत के उत्तर भाग में उत्तर कुरुवर्ष है। वहां सदा फलों और फूलों से धरती संपन्न रहती है। फल सुगंधित और फल सरस होते हैं। क्षीरी नाम के वृक्ष से दूध की धारा बहती है। वहां की भूमि मणिमयी है। सूक्ष्म बालू के कण सुवर्णमय हैं। वहां पुण्यात्मा मनुष्य ही जन्म ग्रहण करते हैं। स्त्रियां अप्सराओं के समान सुंदरी होती हैं। वहां स्त्रियों और पुरुषों के जोड़े साथ-साथ रहते हैं। उनके रूप, गुण तथा वेश सब एक से होते हैं : तुल्यरूप गुणोप्रेतं समदेशं तथैव च। स्त्री और पुरुष सदा एक दूसरे के अनुकूल रहते हैं। उत्तर कुरु के लोग सदा निरोग और प्रसन्नचित्त रहते हैं। वे एक-दूसरे का त्याग कभी नहीं करते। वहां के पुरुष श्वेतवर्ण के होते हैं, वे तेजस्वी और महान् बलवान हुआ करते हैं। स्त्रियां नृत्य और गीत की कला में कुशल होती हैं। वहां के लोगों की आयु दस हजार वर्ष की होती है। वे कालाब्ज वृक्ष का रस पीकर सदा जवान बने रहते हैं।

ऋग्वेद में मरुत् नाम के देवता हैं। उनका स्मरण सदा बहुवचन में किया जाता है। उनके नाम के साथ गण शब्द का व्यवहार होता है। कवि के अनुसार उनमें कोई ज्येष्ठ नहीं है, कोई कनिष्ठ नहीं है। दो के बीच मध्यम वाली स्थिति भी किसी की नहीं है। (5/58/6) जिनमें न कोई बड़ा है और न कोई छोटा है, ऐसे ये मरुत भ्रातः, भाई के समान रहते हैं और सौभाग्य प्राप्ति के लिए एक दूसरे को बढ़ाते हैं। (5/60/5) वे एक साथ बढ़े हैं। (5/56/3) मरुतों की आयु एक सी है और वे एक ही घर में साथ-साथ रहते हैं। (1/165/1) उत्तर कुरुओं से मरुतों की तुलना करें तो ज्ञात होगा कि ये देव उसी वर्णविहीन समाज व्यवस्था को प्रतिबिंबित करते हैं, जिसका वर्णन उत्तर कुरुओं के प्रसंग में किया गया है। दोनों में अंतर यह है कि उत्तर कुरुओं के साथ स्त्रियां भी रहती हैं किंतु मरुत् सदा अकेले दिखाए जाते हैं उनके साथ स्त्रियां नहीं हैं। ऋग्वेद का समाज उत्तर कुरुओं के समाज से बहुत आगे बढ़ा हुआ है। मरुतों के रूप में प्राचीन समाजों की याद बनी हुई है। ऋग्वेद के रचनाकाल से काफी पहले इस तरह का समाज था, यह कवियों को याद है और महाभारत के रचनाकाल में उत्तर कुरुओं में ऐसी ही वर्णविहीन समाज व्यवस्था प्रचलित थी, यह महाभारत के कवि जानते थे। इससे इन समाजों की दीर्घ आयु का अनुमान किया जा सकता है।

उत्तर कुरुओं की सी समाज व्यवस्था शाक द्वीप में प्रचलित थी। उत्तर कुरुओं के प्रदेश का वर्णन करने के बाद इस द्वीप के बारे में वासुदेव शरण अग्रवाल कहते हैं : इस प्रदेश में शक जाति का आरंभिक निवास-स्थान था, जो कालांतर में पामीर पठार की ओर सरकती हुई क्षीरोद-समुद्र (मध्यकालीन शीरवान, वर्तमान कास्पियन सागर) तक फैल गई। पीछे पामीर से क्षीरोद तक का प्रदेश शाक द्वीप नाम से प्रसिद्ध हो गया।[5] भीष्म पर्व के 11वें अध्याय में संजय यहां के चार जनपदों के नाम बताते हैं : मंग, मशक, मानस, मंगद। (11. 36) इन जनपदों की विशेषता यह है कि चार वर्णों के जो नाम प्रसिद्ध हुए, वही इन जनपदों के नाम हैं। मंग जनपद में ब्राह्मण रहते हैं, मशक जनपद में क्षत्रिय रहते हैं, मानस जनपद

में वैश्य रहते हैं और मंगद जनपद में शूद्र रहते हैं। (11.37-38) ये वर्ण व्यवस्था वाले ब्राह्मण, क्षत्रिय, वैश्य, शूद्र नहीं हैं, यह समाज व्यवस्था के वर्णन से स्पष्ट हो जाता है। संजय कहते हैं :

न तत्र राजा राजेन्द्र, न दंडो न च दंडिकः।
स्वधर्मे नैव धर्मनास्ते रक्षंति परस्परम्। (11.39)

वहां राजा नहीं है, दंड देने वाला कोई नहीं है, दंड की व्यवस्था नहीं है, लोग स्वधर्म का पालन करते हैं, धर्म जानने वाले हैं और एक दूसरे की रक्षा करते हैं।

सिकंदर के आक्रमण के समय इन्हीं नामों के जनपद विद्यमान थे। यूनानी लेखकों ने खग्रोदु ब्राह्मनोई सूद्रोइ नाम के गणों का उल्लेख किया है। जायसवाल ने इन्हें क्षत्रिय, ब्राह्मण और शूद्र माना है।[6] सिकंदर के आक्रमण से और पहले पाणिनि के समय में इन्हीं नाम के गणों का अस्तित्व था। वासुदेव शरण अग्रवाल ने लिखा है : अष्टाध्यायी में ब्राह्मणक एक देश का नाम है। पतंजलि के अनुसार यह एक जनपद था। उन्होंने आयुजीवी संघों की तरह डट कर सिकंदर से भिड़ंत की। और शूद्र नाम के जनपद के बारे में उन्होंने लिखा है : पाणिनि ने शौद्रायणों का उल्लेख किया है। ब्राह्मणक जनपद की तरह शौद्रायण लोग भी सिंकंदर से लड़े थे।[7] भीष्म पर्व के 11वें अध्याय में संजय ने धृतराष्ट्र को बताया : शाकद्वीप क्षीर सागर से घिरा हुआ है। वहां दुर्भिक्ष नहीं होता और जनपदों में पुण्यात्मा निवास करते हैं। वहां किसी की मृत्यु नहीं होती।

तत्र पुण्या जनपदासुतत्र न म्रियते जनः (11.10)

इन समाजों की विशेषता यह बताई गई है कि इनके सभी सदस्यों के नाम एक से हैं जैसे ऋग्वेद में मरुत अनेक हैं परंतु सभी का नाम मरुत है, वैसे ही यहां–

'त्यतः परं समानाय दृश्यते लोकसंस्थितिः।' (12/32)

समान नाम वाले लोगों की बस्ती देखी जाती है।

शाकद्वीप की तरह श्वेतद्वीप का समाज है। शांति पर्व (अध्याय 335) में श्वेतद्वीप का वर्णन है। "विद्वानों ने उस द्वीप को मेरुपर्वत से 32,000 योजन ऊंचा बताया है। उस द्वीप में सब प्रकार के पापों से रहित श्वेत वर्ण वाले पुरुष निवास करते हैं। उनकी ओर देखने से पापी मनुष्यों की आंखें चौंधियां जाती हैं। उनके शरीर तथा हड्डियां वज्र के समान सुदृढ़ होती हैं। ...उनके मस्तक का आकार छत्र के समान और स्वर मेघों की घटा के गर्जन की भांति गंभीर होता है।" फिर कुछ चमत्कारी बातें - "उनके बराबर-बराबर चार भुजाएँ होती हैं, उनके पैर सैकड़ों कमलसदृश रेखाओं से सुशोभित होते हैं। उनके मुंह में साठ सफेद दांत और आठ दाढ़ें होती हैं" इत्यादि।(335.9-11) ये चमत्कारी बातें छोड़ दें और ऐसे ही समाजों के अन्य वर्णनों से इसे मिलाएँ तो ज्ञात होगा, वर्णव्यवस्था के कवि वर्णविहीन समाजों का भव्य चित्र प्रस्तुत कर रहे हैं।

वर्णविहीन समाज में नारी

ऊपर जिन गणसमाजों का उल्लेख किया गया है, उनमें पुरुष की प्रधानता है। पर ऐसे गण समाज भी थे जिनमें नारी की प्रधानता थी। जैसे ऋग्वेद में मरुतों का नाम सदा बहुवचन में लिया जाता है वैसे ही जलमाताओं का नाम भी बहुवचन में लिया जाता है। आपः मातरः, जल माताएँ। जैसे मरुत् एक साथ रहते हैं, एक साथ बढ़ते हैं, वैसे ही जलमाताएँ एक सवृधः सयोनीः एकसाथ रहती हैं और एक साथ बढ़ती हैं। (10/30/10) वे संसार को जन्म देने वाली भुवनस्सय जनित्रीः हैं और वे स्वामिनी पत्नीः हैं, (10/30/10) वैदिक कवियों की कल्पना में पृथिवी-आकाश, माता-पिता हैं पर कुछ मंत्रों में दोनों ही माताएँ हैं। समुद्र के भीतर किरणें तानाबाना बुनती हैं। वे इन बड़ी माताओं को जानती हैं। ये किरणें एक ही घर में बहनों की तरह एक साथ रहती हैं। जानि सहयोनि मिथुना सम ओकसः। बहिन के रूप में एक स्थान में उत्पन्न, सदा एक साथ रहने वाली तथा एक ही घर में रहने वाली इनं जावा पृथ्वी को मापती हैं। (1/169/4) जलमाताओं ने अग्नि को जन्म दिया है। वे अवसानाः वस्त्र नहीं पहनतीं फिर भी अनग्नाः, नंगी नहीं हैं। सनाः वे प्राचीन हैं फिर भी युद्धतेयः, युवती हैं। सहयोनिः, वे एक साथ ही रहती हैं। विवाहवाणीः, फिर भी वाणी से युक्त, गंभीर घोष से युक्त, सप्त यहःवीह, सात शक्तिशाली नदियां, एकं गर्भमं दथिरे, उन्होंने एक गर्भ अग्नि को धारण किया है। (3/1/6) जलमाताएँ वस्त्र नहीं पहनतीं, फिर भी नग्न नहीं हैं। इससे ज्ञात होता है, कवि के मन में आदिम मानव समाज की कल्पना है। श्वेत द्वीप अथवा शाकट द्वीप के निवासियों की तरह ये स्त्रियां प्राचीन काल से जीवित हैं फिर भी युवती बनी हुई हैं। उनका जन्म एक साथ हुआ है और वे एक साथ ही रहती हैं। सबकी आयु एक सी है। वे माताएँ हैं। पुरुषों से भिन्न गर्भ धारण करती हैं। परंतु यहां पितृत्व महत्वपूर्ण नहीं है। महत्व है मातृत्व का।

आदिपर्व में पांडु ने कुंती और माद्री से विवाह किया। फिर इनकी प्रेरणा से वह वन में रहने लगे। दो शब्दबंधों का प्रयोग कवि ने किया है : वभूह वन गोचरः—वे वनवासी हो गए और वभूह वन मृगयापराः वे आखेट के द्वारा जीविका निर्वाह करते थे। कथा के अनुसार पहले वह महलों में रहते थे। फिर महल छोड़कर वन में रहने लगे। सामाजिक विकास की दृष्टि से यह कहना अधिक उचित होगा कि वह पहले वन में रहते थे और फिर घर बना कर रहने लगे। यह कथा प्राचीन मातृसत्ता समाज की है। इसका प्रमाण कुंती और माद्री के पुत्रों की कथा है। कुंती के पुत्र नहीं थे। पांडु के कहने से उसने धर्म का स्मरण किया, धर्मदेव की कृपा से उसे युधिष्ठिर प्राप्त हुए। फिर पांडु के कहने से उसने वायुदेव का स्मरण किया और वायुदेव की कृपा से उसे भीम प्राप्त हुए। फिर इंद्र की कृपा से कुंती को अर्जुन प्राप्त हुए। माद्री ने कुंती से मंत्र सीखकर अश्विनी कुमारों का स्मरण किया। उनकी कृपा से उसे नकुल और सहदेव प्राप्त हुए। जब कुंती का विवाह न हुआ

था, तब सूर्यदेव की कृपा से कर्ण प्राप्त हुए। कर्ण समेत पांचों पांडवों के पिता मनुष्य नहीं हैं, देवता हैं। माता अवश्य मानवी है। इसे समझना चाहिए कि यह मूल कथा मातृसत्ता समाज की है। जैसे महाभारत में भीम वायुपुत्र है, वैसे ही रामायण में महावीर पवनपुत्र हैं। वाल्मीकि रामायण, किष्किंधाकांड सर्ग 66 में हनुमान की माता का नाम पुंजीकस्थला बताया गया है। वह अप्सरा थी। दूसरा नाम अंजना था। उनके पति का नाम केसरी था। हनुमान केसरीपुत्र से अधिक पवनपुत्र के रूप में विख्यात हुए। जैसे महाभारत में कर्ण सूर्यपुत्र हैं वैसे ही रामायण में सुग्रीव सूर्यपुत्र हैं। जैसे महाभारत में अर्जुन इंद्र के पुत्र हैं वैसे ही रामायण में बालि इंद्र के पुत्र हैं। सामवेद उपनिषद में सत्यकाम ने अपनी मां ज्वाला से पूछा : मेरा गोत्र कौन सा है? मां ने उत्तर दिया : बेटा, मैं नहीं जानती तू किस गोत्र का है। मैं युवावस्था में अनेक व्यक्तियों की सेवा किया करती थी, उसी समय मैंने तुझे पाया। इसलिए मुझे नहीं मालूम, तेरा क्या गोत्र है। बस ज्वाला मेरा नाम है। सत्यकाम तेरा नाम है। सो गुरु के पूछने पर कह देना कि तू जाबाल सत्यकाम है।[8] ऋग्वेद में वशिष्ठ नाम का प्रसिद्ध गोत्र है। इनके माता-पिता कौन हैं? देवता वशिष्ठों से कहते हैं : हे वशिष्ठ, मित्र और वरुण का तू पुत्र है और हे ब्रह्मण, तू उर्वशी के मन से उत्पन्न हुआ है। (7/33/11) माता का नाम उर्वशी है। पिता, मित्र और वरुण हैं। इसे भी मातृसत्ता समाज की कथा मानना चाहिए। सातवर्गेकर संपादित महाभारत आदिपर्व, अध्याय 113 में पांडु कुंती को समझाते हैं : कुरुकाल में स्त्रियों को कुछ मनाही नहीं थी। वे उन दिनों स्वतंत्र अर्थात पतियों आदि से न रोके जाकर भोग की आशा में घूमा करती थीं। वे कुमारी दशा ही में व्यभिचार करती थीं। इससे उनके लिए वह अधर्म नहीं होता था क्योंकि वही पूर्वकाल का धर्म था। आज तक त्रेय योनि की प्रजा काम द्वेष से रहित होकर उस पुराने धर्म के अनुसार चलती है। मानसी लोग भी पुराण से दर्शाए हुए इस धर्म की प्रशंसा किया करते हैं। उत्तर कुरुओं में आज तक इस धर्म की पूजा हो रही है क्योंकि वो सनातन धर्म स्त्रियों पर कृपा करने वाला है।

मानना चाहिए, जहां ये आदिम साम्यवादी समाज थे, वहां स्त्रियां स्वाधीन थीं और जितनी दीर्घ अवधि इन साम्यवादी समाजों की थी उतनी ही अवधि स्त्रियों की स्वाधीनता की भी थी।

आदिपर्व में उद्दालक की कथा है। इस कथा के अनुसार एक पुरुष एक स्त्री की विवाह-प्रथा बलपूर्वक स्थापित की गई। अध्याय 113 में कवि बताते हैं : एक समय एक ब्राह्मण श्वेतकेतु के सामने ही उसकी माता का हाथ थाम कर बोला : आओ हम चलें। इस पर श्वेतकेतु को बहुत क्रोध आया कि उनकी माता को दूसरा पुरुष बलपूर्वक लिए जाता है। तब श्वेतकेतु के पिता उद्दालक बोले : बेटा, तुम क्रोधित मत हो, सनातन धर्म ऐसा ही है। इस भू-मंडल में सब वर्णों की ही स्त्रियां बिना रोक-टोक सबों से मिल सकती हैं। गौ के समान सब वर्णों की प्रजा भी निज-निज वर्णों से व्यवहार किया करती है। तब श्वेतकेतु ने यह नियम बनाया कि आज से जो नारी पति को तज कर व्यभिचार करेगी,

उसको दुखदायी भ्रूणहत्या का पाप लगेगा और पुरुषों के लिए भी नियम बनाया कि इस भूमंडल में जो पुरुष कुमारी ब्रह्मचारिणी तथा पतिव्रता प्यारी स्त्री को तज कर पराई नारी से मिलेगा, उसको भी वैसा ही पाप लगेगा। पांडु ने कुंती से कहा : उद्दालक के पुत्र श्वेतकेतु ने बलपूर्वक धर्म के अनुसार यह मर्यादा ठहराई थी। एक स्त्री एक पुरुष की विवाह प्रथा चालू होने पर भी स्त्री की स्वतंत्रता पूरी तरह समाप्त नहीं हुई। पांडु कुंती से कहते हैं, धर्म जानने वाले पुरातन धर्म की यह व्याख्या करते हैं कि ऋतुकाल में स्त्री को पति की बात का उल्लंघन नहीं करना चाहिए। शेष अन्य समय में वह स्वतंत्र हो सकती है। श्वेतकेतु ने विवाह का नियम बनाया। उसके बहुत दिन बाद तक भी स्त्रियां अपनी सापेक्ष स्वाधीनता का उपयोग करती रहीं। इसका प्रमाण अर्थशास्त्र में है। कौटिल्य कहते हैं : यदि किसी स्त्री के कोई पुत्र कई पतियों द्वारा पैदा हुए हों, तो उसे चाहिए कि जिस पिता का जो पुत्र हो उसी के नाम उसके पिता की संपत्ति नामजद करे। (पृष्ठ 264) स्त्रियां शस्त्र धारण करती थीं। युद्ध करती थीं। शास्त्र चर्चा में भाग लेती थीं। स्वयं शास्त्रों का निर्माण करती थीं इसके उदाहरण वैदिक परंपरा में हैं। ऋग्वेद में विशपला विख्यात योद्धा है। कवियों का कहना था, उनकी सहायता अश्विनी देवों ने की। कवि कहता है : सहस्त्रों लोक मिलकर जहां लड़ते हैं, ऐसे युद्ध में जिन शक्तियों से धन का दान करने वाली और स्थिर रूप से युद्ध में खड़ी हुई विशपला को तुम दोनों ने सहायता दी। उन्हीं शक्तियों के साथ हमारे पास आओ। (1/112/10) कथा है कि युद्ध में विशपला का पैर कट गया। कवि अश्विनी देवों से कहता है : पंछी का पंख जैसे गिर जाता है वैसे ही युद्ध में खेल नरेश की संबंधिनी स्त्री का पैर टूट गया। रात्रि के समय में ही विशपला के लिए युद्ध शुरू होने के बाद चढ़ाई करने के लिए लोहे की टांग तुरंत ही तुम दोनों ने बिठला दी। (1/116/15) यह तो हुई युद्ध में स्त्रियों के भाग लेने की बात। जहां तक शास्त्रों का संबंध है, स्त्रियों ने शास्त्र चर्चा में भाग ही नहीं लिया, वरन शास्त्रों की रचना भी की। वेद सभी शास्त्रों से ऊपर है। परंपरा से उन ऋषियों के नाम सूक्तों के साथ दिए जाते हैं, जिन्हें उन्होंने रचा था। इसी क्रम में अनेक सूक्तों के साथ स्त्री ऋषियों के नाम दिए हुए हैं। मंडल एक सूक्त 189, मंत्र 1,2। इनकी रचना लोपामुद्रा ने की। मंडल आठ, सूक्त 91, इसकी रचना आत्रेयी अपाला ने की। मंडल 10, सूक्त 39 और 40, इनकी रचना काक्सीवती घोषा ने की। उपनिषद एकादश में दो स्त्रियों मैत्रेयी और गार्गी अपने शास्त्र-ज्ञान के लिए प्रसिद्ध हैं। मैत्रेयी ने याज्ञवल्क्य से कहा : जिससे मैं अमर न हो सकूं, उसे लेकर मैं क्या करूं? भगवन, अमर होने का जो रहस्य आप जानते हों मुझे तो उसी का उपदेश दीजिए।[9] गार्गी ने याज्ञवल्क्य से कहा : यह पृथ्वी चारों तरफ से जल से ओतप्रोत है। जल ही इस पृथ्वी पर छा रहा है। जल किसमें ओतप्रोत है?[10] शास्त्रार्थ का एक दौर समाप्त हुआ। तब गार्गी दोबारा खड़ी हुई। उन्होंने कहा : ब्राह्मणो, आज्ञा हो तो मैं याज्ञवल्क्य से दो प्रश्न और करना चाहूंगी। अगर इन्होंने उनका उचित समाधान कर दिया तो आप समझ लो कि आपमें से कोई इन ब्रह्मवेत्ता को जीत न सकेगा। सबने एक

स्वर होकर कहा : गार्गी पूछो। प्रश्न करते समय गार्गी के तेवर देखने लायक थे। गार्गी ने याज्ञवल्क्य को संबोधन करके कहा : हे याज्ञवल्क्य! जिस प्रकार काशी या विदेह का कोई उग्र स्वभाव का वीर उतरे हुए चिल्ले को धनुष पर चढ़ाकर और शत्रु को बांधने वाले दो नोकीले बाणों को हाथ में लेकर सामने खड़ा हो जाए, ठीक इसी तरह मैं दो प्रश्नों को लेकर तेरे सामने खड़ी हूं। इन दोनों प्रश्नों का उत्तर दो। याज्ञवल्क्य ने कहा : हे गार्गी पूछो।[11]

यूनानी इतिहासकारों के वर्णन के अनुसार सिकंदर से पुरुषों के साथ स्त्रियां भी लड़ी थीं। आर. सी. मजूमदार ने 'द क्लासिकल एकाउंट्स आफ इंडिया' में दियो दोरुस सिकोलूस का यह कथन उद्धृत किया है : जब बहुत से भारतीय वीर इस तरह घायल हुए जो मारे गए वे भी थोड़े न थे, तब स्त्रियों ने गिरे हुए लोगों के हथियार उठा लिए और पुरुषों के साथ कंधे से कंधा मिलाकर लड़ीं। अपनी आत्मरक्षा के लिए लड़ने वाले वीर जान हथेली पर लेकर पत्नियों के साथ लड़े लेकिन अंत में अधिक संख्या वाले उन पर हावी हुए। उन्हें गौरवशाली मृत्यु प्राप्त हुई। ऐसी मृत्यु के बदले अपमानित जीवन की ओर वे आंख उठाकर देखते भी नहीं।

धर्मशास्त्रों के उल्लेख से पता चलता है कि विवाह संस्था के सुदृढ़ हो जाने के बाद भी स्त्रियां यदा-कदा स्वच्छंद जीवन बिताती रहीं। गूढज पुत्र उसे कहा जाता है जो किसी के घर में जन्म लेता है। किंतु उसके पिता का पता नहीं होता। वह उसी का होता है जिसकी पत्नी से वह उत्पन्न होता है। कानीन पुत्र वह है जिसे अविवाहित कुंवारी कन्या अपने पिता के घर में गुप्त रूप से जनती है और जो उसका पुत्र हो जाता है, जिससे वह आगे चलकर ब्याहती है। सहोढ उस स्त्री का पुत्र है जो विवाह के समय गर्भवती रहती है। चाहे यह बात होने वाले पति को ज्ञात हो या अज्ञात हो। यह पुत्र उसका पुत्र कहलाता है जो गर्भवती से विवाह करता है।[12] महाभारत में स्त्रियों की यौन स्वच्छंदता के बारे में जो बातें कही गई हैं, वे बहुत कुछ भारत की जनजातियों में प्रचलित रही हैं। डी. एन. मजूमदार कहते हैं : जनजातीय समाज में विवाहपूर्व यौन स्वच्छंदता स्वीकार की जाती है और उन जनजातियों में जिनमें विवाह करने का रिवाज है, वहां विवाह के लिए कौमार्य कोई आवश्यक शर्त नहीं है। मुंडा जनजातियों में लड़के-लड़कियों को एक-दूसरे से मिलने की पूर्ण स्वाधीनता है। यद्यपि 20 साल से अधिक आयु हो जाने पर भी बहुतों के विवाह नहीं होते। उन जनजातियों में जहां कि अविवाहित लड़के-लड़कियां रात्रि में साथ-साथ रहते हैं, जैसे कि मध्यप्रदेश के गौंडों में है, परंपरागत रीति से युवक और युवतियों को काम शास्त्र की शिक्षा दी जाती है और वैवाहिक बंधन में बंधने से पूर्व ही वह काम के रहस्य से भली-भांति परिचित हो जाते हैं। जहां परिवर्तित सामाजिक दृष्टिकोण के अनुरूप जनजातीय रिवाजों में संशोधन करना पड़ा है वहां त्यौहारों और संस्कारों के समय स्वच्छंदता स्वीकार की जाती है। परंतु इनके समाप्त होते ही इस पर पर्दा डाल दिया जाता है।[13]

अनियंत्रित यौन स्वच्छंदता समाज के लिए हानिकारक थी। स्वयं स्त्रियों के व्यक्तित्व

के विकास के लिए हानिकारक थी। उसे नियंत्रित करना आवश्यक था। यह कार्य सबसे पहले गण को गोत्रों में विभाजित करके किया गया। धर्मशास्त्रकारों ने कहा : अपने ही गोत्र में कन्या नहीं चुनी जानी चाहिए।[14] इससे यह संकेत भी मिलता है कि पहले अपने ही गोत्र में लोग विवाह संबंध कर लेते थे। पर यह गोत्र था क्या?

ऋग्वेद में 'गोत्र' शब्द अनेक बार आया है। वह मूलतः आवास का सूचक है। गोत्र में गो शब्द गायों के लिए, पशुओं के लिए प्रयुक्त हुआ है। अत्र, तत्र में जैसे त्र स्थान सूचक है वैसे ही गोत्र का अर्थ हुआ गोशाला। गौओं का स्थान अथवा पशुओं का स्थान। संभव है मनुष्य भी ऐसी शालाओं में पशुओं के साथ रहते रहे हों। क्रमशः गोत्र शब्द का अर्थ हुआ – प्राणियों का निवास स्थान। ऋग्वेद में देवता जल और प्रकाश गो़त्र में रहते हैं। इंद्र को एक जगह गोत्र भिद कहा गया है। (6/17/2) सातवलेकर के अनुसार वह मेघों को भेदन करता है। यहां मेघ ही जल के आवास हैं। अन्यत्र बृहस्पति को गोत्र भी कहा गया है। वह अंधकार का नाश करते हैं और प्रकाश को मुक्त करते हैं। (2/23/3) इंद्र के लिए कहा : गोत्रारोजन, मेघों को फोड़ते हुए। (4/16/8) यहां भी गोत्र जल के आवास हैं। इंद्र ने सुदृढ़ घिरे हुए गोत्र यानी गण गिना दिए। (2/17/1) उषा पर्वत पर दिखाई देती है। कभी उसके गोत्रों की प्रशंसा करते हैं। उनके द्वार खोल देते हैं और इस तरह प्रकाश बाहर आता है। (6/65/5) इंद्र गोत्रों के संघों के अधिकारी हैं। उनके द्वार खोल देते हैं और प्रकाश बाहर आता है। (10/120/8) यहां गोत्र प्रकाश के निवास स्थान हैं। इंद्र ने गोत्रों में प्रवेश किया अर्थात मेघों में प्रवेश किया। (10/103/7) पितृगण महान हैं। इंद्र ने उनके लिए गोत्र बनाए। अर्थात् जल और प्रकाश के स्थान बनाए। (3/39/4)

गोत्रों में जो लोग रहते थे, वे सब एक ही परिवार के सदस्य थे। परिवार का प्राचीन रूप गोत्र ही था। किसी समय पिता की अपेक्षा गोत्र का नाम इसी कारण अधिक महत्वपूर्ण था। उपनिषदों में आचार्य शिष्य को ज्ञान देते समय उसे गोत्र नाम से पुकारते थे। जैसे भारद्वाज, आश्वालायन, भार्गव, तात्यायन आदि।[15] किसी पुरुष के पुत्र न हो और वह दूसरे से पुत्र उत्पन्न कराना चाहे तो उसे गोत्र के आदमी को बुलाना चाहिए, ऐसा नियम था। आपसतंबधर्मसूत्र में कहा गया है : नियोग द्वारा पुत्र के लिए अपनी स्त्री को किसी अन्य व्यक्ति को नहीं, अपने सगोत्र को ही देना चाहिए क्योंकि कन्या का दान भाइयों के सारे कुटुम्ब को न कि केवल एक भाई को दिया जाता है।[16] इसी धर्मशास्त्र में नियोग की निंदा भी की गई है। परंतु निंदा करते हुए भी गोत्र का महत्व स्वीकार किया गया है। पति या उसके श्रेष्ठ लोगों को सगोत्र पत्नी दूसरे जो सगोत्र नहीं हैं, के लिए नहीं देनी चाहिए, ऐसा घोषित है कि वधु कुल को दी जाती है, पति के कुल को, न कि केवल पति को। किंतु मनुष्य की इंद्रिय दुर्बलता के कारण ऐसा व्यवहार करना अब वर्जित है।[17]

पत्नी एक पति अनेक, इस प्रथा के दो रूप देखे जाते हैं। पहला रूप यह है, जब कोई स्त्री किन्हीं दो या अधिक व्यक्तियों से संबंध जोड़ती है जो एक-दूसरे से संबंधित नहीं भी हों और कुल का क्रम स्त्री से ही चलता हो। मालाबार तट के नायर कुलों में यह प्रथा

पाई जाती थी। किंतु अब वहां ऐसी बात नहीं है।[18] दूसरी प्रथा यह है जिसमें एक नारी कई भाइयों की पत्नी हो जाती है। यह प्रथा अब भी कुमाऊं, गढ़वाल तथा हिमालय के प्रांतों में, आसाम तक पाई जाती रही है।[19] महाभारत में द्रौपदी का विवाह इसी प्रथा के अनुरूप हुआ है। स्त्री का एक ही पति हो, इस एकल विवाह प्रथा के चलन के बाद लोग पुरानी प्रथा को घृणा की दृष्टि से देखने लगे। बृहस्पति ने लिखा : कुछ देशों में अत्यंत घृणास्पद बात यह है कि लोग भाई की मृत्यु के उपरांत उसकी विधवा से विवाह कर लेते हैं। यह भी घृणास्पद है कि एक कन्या पूरे कुटुम्ब को दे दी जाती है।[20] एक गोत्र के सभी युवक दूसरे गोत्र की सभी युवतियों के सामान्य पति हों, यह गोत्र विवाह की प्रथा अन्य प्राचीन प्रथाओं की तरह भारत की जनजातियों में प्रचलित रही है। डी. एन. मजूमदार कहते हैं : निचले हिमालय की जनजातियों में एक विवाह के साथ बहुपत्नी प्रथा यहां तक कि एक प्रकार के सामूहिक विवाह, ग्रुप मैरिज की प्रथा भी विद्यमान है। उदाहरण के लिए, वहां पर कई भाई मिलकर अनेक स्त्रियों से विवाह करते हैं और किसी भी भाई का पत्नी—विशेष पर कोई एकाधिकार नहीं होता।[21]

महाभारत में जब युधिष्ठिर ने द्रौपदी को सभी पांडव भाइयों की सामान्य पत्नी स्वीकार किया, तब धृष्टद्युम्न ने इस पर आपत्ति की। उस आपत्ति का जो उत्तर युधिष्ठिर ने दिया, वह दिलचस्प है। उन्होंने कहा : ऐसा कार्य पहले भी होता था और हम पांडवों में यह तय है कि हममें जो कोई प्राप्त करेगा, वह सबको बराबर भाग से मिलेगा। इसके बाद उन्होंने दो उदाहरण दिए—जटिला गौतमी, सप्तऋषियों की पत्नी थीं तथा सभी 10 प्राचेतस भाई दाक्षी के पति थे। काणे की टिप्पणी है : ये गाथाएँ कोई ऐतिहासिकता नहीं रखती।[22] ऐतिहासिकता भले न रखती हों पर उनका समाजशास्त्रीय महत्व है। वे एक समय के सामाजिक यथार्थ को प्रतिबिंबित करती हैं।

परिवार का स्वरूप, संपत्ति के संबंधों के विकास के साथ निर्धारित हुआ है। पहले संपत्ति पूरे गण की होती थी। फिर जब गण गोत्रों में विभाजित हुआ, तब संपत्ति पर अधिकार गोत्र का हुआ। धर्मशास्त्रों में इस बात के अनेक संकेत हैं कि गोत्र केवल परिवार का रूप ही नहीं था, वरन् संपत्ति के संबंधों से भी उसका सरोकार था। गोत्र के अंतर्गत जब अनेक कुल अस्तित्व में आए, तब कुल संपत्ति का विकास हुआ। इस विकास के साथ-साथ संपत्ति का ऐसा भाग भी था जो गोत्र की संपत्ति बना रहा और जिसे आविभाज्य माना गया। इस संबंध में काणे कहते हैं : संपत्ति के कुछ अन्य प्रकार भी हैं जिनका विभाजन नहीं होता और उनका उपभोग संयुक्त या बारी-बारी से होता है। इस विषय में सबसे प्राचीन व्यवस्था गौतम ने दी है कि जल, कूप, पवित्र उपयोगों एवं यज्ञों के लिए निर्धारित संपत्ति एवं भोजन उत्सव आदि में बनाया गया विभाजन के योग्य नहीं है और न सदस्यों की रखैलों का ही बंटवारा ही हो सकता है। शंख लिपि में भवन, जलपात्रों तथा सदस्यों द्वारा प्रतिदिन के उपयोग में लाए जाने वाले अलंकारों एवं परिधानों को अविभाज्य माना है। इसी प्रकार उषाना का कथन है कि याज्य, मंदिरों तथा पुरोहितों से प्राप्त धन,

खेत, सवारियां, पकवान, जल एवं स्त्रियां सहस्रों पीढ़ियों तक सगोत्रों में अविभाज्य हैं।[23] वाक्य के अंतिम अंश पर ध्यान देना चाहिए—सगोत्रों में अविभाज्य हैं—अर्थात् संपत्ति के इन रूपों पर पूरे गोत्र का अधिकार होता है। संपत्ति के इन अविभाज्य रूपों में स्त्रियां और खेत दोनों हैं। स्त्रियों के उल्लेख से पता चलता है कि गोत्र परिवार का पुराना रूप है और खेत के उल्लेख से पता चलता है कि वो उत्पादन का घटक भी है। अब पूरा गण एक साथ खेती नहीं करता, वरन उसका एक भाग गोत्र खेती करता है। जिस संपत्ति का बंटवारा होता है उसे लेने वालों में निकट संबंधी न हों तो गोत्र के किसी पुरुष का अधिकार होता है। याज्ञवल्क्य का कहना था : पत्नी, पुत्रियां एवं उनके पुत्र माता-पिता, भाई, उनके पुत्र, गोत्रज्, बंध, सपिंड संबंधी लोग, शिष्य एवं सहपाठी इनमें से क्रम से एक के न रहने पर आगे वाला दूसरा मृत व्यक्ति का जब कि कोई पुत्र न हो, धन पाता है। यह नियम सभी वर्णों के लिए प्रयुक्त होता है।[24] उत्तराधिकार के इस क्रम में निकट संबंधियों के बाद गोत्र का व्यक्ति आता है। यह उस समय की स्मृति है जब पूरी संपत्ति पर गोत्र का अधिकार होता था। सीमित परिवार के विकास के बाद एक तरह से गोत्र का अन्य व्यक्ति संपत्ति पर अपना अधिकार जता सकता था। जो दूर के नाते के नातेदार हैं वे बंधु कहलाते हैं। उन्हें गोत्रजों के उपरांत उत्तराधिकार प्राप्त होता है।[25]

काणे का एक वाक्य विशेष ध्यान देने योग्य है : संपत्ति के कुछ अन्य प्रकार भी हैं जिनका विभाजन नहीं होता और उनका उपयोग संयुक्त या बारी-बारी से होता है। इस तरह की प्रथा जर्मनी में भी प्रचलित थी। ऐंगल्स ने 'मार्क' नाम के निबंध में लिखा है : रोमन काल में कुछ परिवार जो एक दूसरे के निकट संबंधी थे, मिलकर खेती करते थे और आपस में फसल बांट लेते थे, उनके खेत प्रतिवर्ष बदल दिए जाते थे। निकट संबंधी परिवार मिलकर खेती करते थे। इसे हम कहेंगे गोत्र खेती करता था। भूमि पर गोत्र का अधिकार था। वह परिवारों को भूमि देता था और साल भर बाद उनसे भूमि लेकर फिर से बंटवारा करता था। संयुक्त रूप से खेती करना और बारी-बारी से खेती करना, काणे की यह बात यहां पुष्ट होती है। ऐंगल्स के लेख से पता चलता है कि यह प्रथा केवल रोमन काल में ही नहीं, वरन् 19वीं सदी के अंतिम चरण में स्वयं ऐंगल्स के समय में जर्मनी के कुछ भागों में प्रचलित थी। प्रतिवर्ष के बदले अब 3, 6, 9 या 12 वर्षों में जमीन फिर मिला दी जाती थी। फिर बराबर-बराबर हिस्सों में बांटी जाती थी और जर्मन किसान परिवारों को दे दी जाती थी। इस तरह गोत्र जमीन पर अपना अधिकार जताए रहता था। साथ ही वह पृथक कुटुंबों को खेती का अवसर भी देता था।[26]

कुल संपत्ति का उद्भव और गण समाजों की विभिन्न अवस्थाएँ

पहले गण संपत्ति फिर गोत्र संपत्ति, उसके बाद कुल संपत्ति। कुल संपत्ति के उद्भव के

ये दो तरीके हो सकते थे। पहला तरीका यह कि गोत्र को अधिकारी माना जाए, उसकी प्रभुसत्ता स्वीकार की जाए और वह जो भूमि कुल पति को दे, वह उसे स्वीकार करे। दूसरा तरीका यह है कि गोत्र की या बड़े-बूढ़ों की बात न मानी जाए। दूसरे उत्तराधिकारियों से लड़कर भूमि पर अधिकार किया जाए। यह दूसरा तरीका दुर्योधन आदि कौरवों ने अपनाया। आदिपर्व अध्याय 97 में बताया गया है कि राजा शांतनु वन्य पशुओं को मारते हुए गंगा के तट पर अकेले ही विचरण करते थे। यहां उनकी भेंट गंगा से होती है। गंगा से 8 पुत्र होते हैं। 8वें पुत्र भीष्म नाम से प्रसिद्ध हुए। भीष्म से जब पहली बार शांतनु की भेंट होती है, तब भी शांतनु हिंसक पशुओं को बाणों से बेध कर उनका पीछा करते हुए गंगा के तट पर आए थे। जब उन्होंने सत्यवती को पहली बार देखा, तब भी वह वन में घूम रहे थे पर इस बार गंगा के तट पर नहीं, यमुना के तट पर। उनकी जीवन की जितनी महत्वपूर्ण घटनाएँ घटित होती हैं वे सब वन में और नदियों के किनारे घटित होती हैं। इससे उनके मूलतः वनवासी होने का संकेत मिलता है। फिर उनके वंशज पांडु यदि वन में शिकार खेलते हुए जीवन बिताने लगे, तो यह स्वाभाविक था।

यमुना के तट पर एक मत्स्यजीवी समाज था। शांतनु का परिचय सत्यवती से हुआ तो उसने कहा : मैं निषाद कन्या हूं और अपने पिता निषादराज की आज्ञा से धर्मार्थ नाव चलाती हूं। (100/48/49) शांतनु से पहले उसका संबंध पराशर से हो गया था। उनसे भी उसने कहा था : मैं तो निषाद की पुत्री हूं। (103/9) सत्यवती से पहले शांतनु का संबंध गंगादेवी से हुआ। जब वह हिंसक पशुओं और जंगली भैंसों को मारते हुए गंगा तट पर अकेले विचरण करते थे तब उन्होंने गंगादेवी को देखा। उसे देखते ही शांतनु के शरीर में रोमांच हो आया। वे उसके रूप संपत्ति से चकित हो उठे और दोनों नेत्रों द्वारा उसके सौंदर्य-सुधा का पान करते हुए वे तृप्त नहीं होते थे। ऐसी ही प्रतिक्रिया गंगादेवी की भी थी। वह भी वहां विचरते हुए राजा शांतनु को देखते हुए मुग्ध हो गई। स्नेहवश उसके हृदय में सौहार्द्र का उदय हो आया। वह नवविलासिनी राजा को देखते-देखते तृप्त नहीं होती थी– न अतृप्त विलासिनी (97/30) गंगा देवी के लिए 'विलासिनी' शब्द का व्यवहार किया गया है। जब वह शांतनु के साथ रहने लगी तब उन्होंने सिद्ध कर दिया कि यह विशेषण अत्यंत सार्थक है। गंबादेवी हावभाव से युक्त, संभोग चातुरी और प्रणय चातुरी से राजा को जैसे-जैसे रमाती, उसी-उसी प्रकार वह उनके साथ रमण करते थे। (98/10) शांतनु के साथ रहने से पहले उन्होंने यह शर्त रखी : मैं भला या बुरा जो कुछ भी करूं, उसके लिए आपको मुझे नहीं रोकना चाहिए और मुझसे कभी भी अप्रिय वचन नहीं कहना चाहिए। यह गण समाज की स्वाधीन नारी का स्वर है। (98/3) सात पुत्र हुए। कथा है : जो-जो पुत्र उत्पन्न होता उसे वह गंगाजी के जल में फेंक देती। (98,13) इसमें सामाजिक सत्य यह हो सकता है कि वह पुत्रों को मातृ कुल में पालना चाहती थी। इसलिए शांतनु के यहां उन्हें रखने के बदले उन्हें ननिहाल ले जाती थी। आठवां पुत्र हुआ तो राजा ने रोका और इस पर वह शांतनु को छोड़कर चली गई यही पुत्र आगे भीष्म नाम से विख्यात

हुए। सत्यवती के गर्भ से चित्रांगद और विचित्रवीर्य दो पुत्रों का जन्म हुआ। चित्रांगद युवावस्था में युद्ध करते हुए मारे गए। विचित्रवीर्य का अभिषेक हुआ। काशीराज की दो कन्याओं का हरण करके भीष्म ने उनसे विचित्रवीर्य का विवाह किया। कवि का कहना है : राजा विचित्रवीर्य ने उन दोनों पत्नियों के साथ सात वर्षों तक निरंतर विहार किया, अतः उस असंयम के परिणामस्वरूप वह युवावस्था में ही राजयक्ष्मा के शिकार हो गए। (102/70) अब वंश चलाने की बात थी। विचित्रवीर्य की पत्नियाँ अभी युवा थीं। सत्यवती ने भीष्म का स्मरण किया। उनके आने पर उनसे कहा : तुम्हारे भाई की ये दोनों सुंदरी पत्नियाँ जो काशीराज की कन्याएँ हैं, मनोहर रूप और युवावस्था से संपन्न हैं। इनके हृदय में पुत्र पाने की अभिलाषा है। तुम हमारे कुल की संतान परंपरा को सुरक्षित रखने के लिए स्वयं ही इन दोनों के गर्भ से पुत्र उत्पन्न करो। (103/9/10) किंतु भीष्म तो प्रतिज्ञा कर चुके थे कि वह संतान उत्पन्न न करेंगे। तब सत्यवती ने व्यास का स्मरण किया जो उसके गर्भ से पराशर द्वारा उत्पन्न हुए थे। व्यास के आने पर सत्यवती ने कहा : जिस प्रकार तुम मेरे प्रथम पुत्र हो, उसी प्रकार विचित्रवीर्य मेरा सबसे छोटा पुत्र था। जैसे एक पिता के नाते भीष्म उसके भाई हैं उसी प्रकार एक माता के नाते तुम भी विचित्रवीर्य के भाई ही हो। (104/33/34) आगे उन्होंने कहा : तुम्हारे छोटे भाई की पत्नियाँ देवकन्याओं के समान सुंदर रूप तथा युवावस्था से संपन्न हैं। उनके मन में धर्मतः पुत्र पाने की कामना है। तुम इसके लिए समर्थ हो। अतः उन दोनों के गर्भ से ऐसी संतानों को जन्म दो, जो इस कुल परंपरा की रक्षा तथा वृद्धि के लिए सर्वथा सुयोग्य हों। (103/36/37)

व्यास के आने पर सत्यवती ने एक बहू से कहा : तुम्हारे एक देवर हैं, वे ही आज तुम्हारे पास गर्भाधान के लिए आएंगे। तुम सावधान होकर उनकी प्रतीक्षा करो। वे ठीक आधी रात्रि के समय यहां पधारेंगे। (105/2) व्यास आए, उनका वर्णन कवि ने इस प्रकार किया है : व्यास जी के शरीर का रंग काला था। उनकी जटाएँ पिंगल वर्ण की थीं और आंखें चमक रही थीं। दाढ़ी-मूंछ भूरे रंग की दिखाई देती थी। उन्हें देखकर काशीराज की पुत्री ने अपने दोनों नेत्र मूंद दिए। माता का प्रिय करने की इच्छा से व्यास जी ने उसके साथ समागम किया, परंतु काशीराज की कन्या भय के मारे उनकी ओर अच्छी तरह देख न सकी (104/5/6) लक्ष्य करने की बात है कि सत्यवती स्वयं पराशर से संबंध नहीं चाहती थी और उसी तरह काशीराज की कन्या भी पराशर के पुत्र व्यास से सम्पर्क नहीं चाहती थी। दूसरी बहू से व्यास ने समागम किया तो वह भी कांतिहीन तथा पांडुवर्ण की—सी हो गई। (105/15) व्यास ने सत्यवती को बता दिया कि जो पुत्र होगा, वह पांडुवर्ण का होगा। सत्यवती ने उनसे दूसरा पुत्र उत्पन्न करने को कहा। ऋतुकाल आने पर सत्यवती ने बड़ी बहू अंबिका को पुनः व्यास जी से मिलने के लिए नियुक्त किया, परंतु देवकन्या के समान सुंदरी अंबिका ने महर्षि के उस कुत्सित रूप और गंध का चिंतन करके भय के मारे देवी सत्यवती की आज्ञा नहीं मानी। उन्होंने अप्सरा के समान सुंदरी अपनी एक दासी को अपने ही आभूषणों से विभूषित करके काले-कलूटे महर्षि व्यास के

पास भेज दिया। इसके साथ समागम हुआ तो व्यास बहुत प्रसन्न हुए। एकांत में मिलकर उस पर महर्षि व्यास बहुत संतुष्ट हुए। जब उसके साथ शयन करके उठे, तब इस प्रकार बोले : शुभे, अब तू दासी नहीं रहेगी। तेरे उदर में एक अत्यंत श्रेष्ठ बालक आया है। वह लोक में धर्मात्मा तथा समस्त बुद्धिमानों में श्रेष्ठ होगा। (105,26,27) इस दासी से जो पुत्र हुआ वह विदुर नाम से विख्यात हुआ और दोनों बहुओं से क्रमशः धृतराष्ट्र और पांडु ने जन्म लिया। इस तरह कौरव कुल का निर्माण हुआ। आखेटजीवी समाज का पुरुष मत्स्यजीवी समाज की नारी–दोनों के संयोग से कुरुवंश का निर्माण हुआ। विचित्रवीर्य के दिवंगत होने पर नियोग की आवश्यकता हुई। नियोग के लिए सबसे पहले मृत पति के भाई का स्मरण किया गया। इसलिए सत्यवती सबसे पहले भीष्म से नियोग द्वारा पुत्र उत्पन्न करने के लिए कहती है। उसके मना करने पर वह अपने पुत्र व्यास का स्मरण करती है। तब व्यास द्वारा काशीराज की कन्याओं में धृतराष्ट्र और पांडु को जन्म दिया गया। मातृकुल की ओर से यह धीवर वंशी है और पितृकुल की ओर से आखेटजीवी। किंतु धृतराष्ट्र, पांडु और भीष्म के समय तक ये आखेटजीवी अवस्था पार कर चुके थे। अब पशुपालक समाज की अवस्था में हैं।

कौरवों का आखेटजीवी समाज कैसे पशुपालक समाज बन रहा था, इससे अनेक संकेत महाभारत में हैं। वनपर्व अध्याय 239 में कर्ण और शकुनि धृतराष्ट्र से वन में शिकार खेलने और गउओं की देखरेख करने के लिए आज्ञा मांगते हैं। कहते हैं : इस समय हमारी गउओं के स्थान रमणीय प्रदेशों में हैं। यह समय गउओं और बछड़ों की गणना करने तथा उनकी आयु, रंग, जाति एवं नाम का ब्यौरा लिखने के लिए भी अत्यंत उपयोगी है। इस समय आपके पुत्र दुर्योधन के लिए हिंसक पशुओं के शिकार करने का भी उपयुक्त अवसर है। अतः आप इन्हें द्वैत वन में जाने की आज्ञा दीजिए। (239/4/5) धृतराष्ट्र के मना करने पर शकुनि फिर कहता है : हमारी विशेष इच्छा केवल हिंसक पशुओं का शिकार खेलने की है। हम लोग वहां स्मरण के लिए केवल गउओं की गणना करना चाहते हैं। (239/20) धृतराष्ट्र से आज्ञा मिलने पर तदनन्तर ये सब लोग तरक्षणों, जरखों, गवैयों, रीछों और शूकरों एवं अन्य हिंसक पशुओं का सब ओर से शिकार करने लगे। (240/10)

अज्ञातवास के लिए पांडव जब राजा विराट के यहां पहुंचे, तब सहदेव ने अपना परिचय इस प्रकार दिया : पांडवों के यहां गउओं की गणना तथा देखभाल करता रहा हूं। अब आपके यहां रहना चाहता हूं। राजा के कुछ और प्रश्न करने पर सहदेव ने कहा : पांचों पांडवों में सबसे बड़े भाई युधिष्ठिर हैं। उनके पास एक झुंड है और प्रत्येक झुंड में 100-100 गाएँ थीं। इसके सिवा दूसरे प्रकार की गायों के एक लाख झुंड तथा तीसरे प्रकार की गउओं के उनसे भी दुगुने अर्थात दो लाख झुंड थे। प्रत्येक झुंड में 100-100 गाएँ थीं। पांडुओं की गौओं का शिक्षक और निरीक्षक था। (विराट पर्व, 10/10) पशुविद्या में अपने पारंगत होने का प्रमाण देते हुए सहदेव ने कहा : किन-किन उपायों से घोड़ों की संख्या दुगुनी बढ़ जाती है और उनमें कोई रोग नहीं पैदा होता, यह सब मुझे ज्ञात है।

(10/10) सहदेव ने युधिष्ठिर के पशुओं की जो संख्या बताई, उसमें अतिशयोक्ति हो सकती है, परंतु इससे यह प्रमाणित होता है कि जैसे दुर्योधन के पास बहुत सी गाएँ थीं, वैसे ही युधिष्ठिर और उनके भाइयों के पास बहुत सी गाएँ थीं। राजा विराट ने सहदेव से कहा : मेरे यहां एक लाख पशु हैं। उनमें से कुछ तो एक ही रंग के हैं और कुछ मिश्रित रंग के। ये सब विभिन्न गुणों से संयुक्त हैं। मैं उन पशुओं और पशुपालों को आज से तुम्हारे हाथ में सौंपता हूं। मेरे पशु अब से तुम्हारे ही अधीन रहेंगे। (10/15)

कौरवों के यहां और विराट के यहां गायों के साथ घोड़े भी थे। नकुल ने विराट को अपना परिचय देते हुए कहा : मैं घोड़ों को शिक्षा देने में निपुण हूं। और अनेक राजाओं से सम्मानित हूं। मैं सदा आपके घोड़ों का चतुर सारथी हो सकता हूं। युधिष्ठिर ने पहले मुझे घोड़ों की देखभाल के काम पर लगा रखा था। मैं घोड़ों की जाति पहचानता हूं एवं उन्हें सब प्रकार की शिक्षा देने की कला भी जानता हूं। दुष्ट घोड़ों की दुष्टता निवारण का ढंग भी मुझे मालूम है तथा घोड़ों की चिकित्सा भी मैं पूर्ण रूप से जानता हूं। मेरा सिखाया हुआ घोड़ा कभी कायर नहीं हो सकता। मेरी सिखाई हुई घोड़ी में भी कोई ऐब नहीं आता। फिर घोड़े तो बिगड़ ही कैसे सकते हैं। मैं महाराज युधिष्ठिर के आदेश से उनके यहां लक्ष्य कोटि अश्वों का संरक्षक रहा हूं (विराट पर्व, अध्याय 12) राजा विराट ने नकुल को घोड़ों तथा अन्य पशुओं की देखभाल के लिए रख लिया।

यह पशुपालक समाज एक-दूसरे का पशुधन लूटने के लिए आपस में युद्ध भी करते थे।

जब पांडव अज्ञातवास में जीवन बिता रहे थे, तब त्रिगर्तों के राजा सुशर्मा ने दुर्योधन से कहा : राजा विराट के यहां नाना प्रकार के रत्न और धन हैं। हम वे सब ले लेंगे और उनको तथा संपूर्ण राष्ट्र को जीत कर आपस में बांट लेंगे अथवा उनके यहां सहस्त्रों सुंदर गउओं के बहुत से समुदाय हैं। अतः बलपूर्वक उनके नगर में उत्पात मचा कर उन समस्त गउओं का अपहरण कर लेंगे। (विराट पर्व, अध्याय 30)

योजना यह बनी : त्रिगर्त सैनिक एक साथ मिलकर तुरंत विराट नगर पर चढ़ाई करें और पहले ग्वालों के पास पहुंचकर वहां के बढ़े हुए गोधन पर अधिकार कर लें। फिर कौरव अपनी सेना को दो टुकड़ों में बांट कर उनकी लाखों सुंदर तथा गणवती गउओं का अपहरण करेंगे। (30/24) त्रिगर्तो ने आक्रमण किया और बहुत सी गउओं को अपने अधिकार में लिया। गोरक्षक ने विराट को सूचना दी। त्रिगर्त देश के सैनिक हमें युद्ध में जीत कर और भाई-बंधुओं सहित हमारा तिरस्कार करके आपकी लाखों गउओं को हांक कर लिए जा रहे हैं। (31/8) विराट गायों को छुड़ाने के लिए सेना लेकर आगे बढ़े। कौरवों से युद्ध हुआ परंतु विराट बंदी बना लिए गए। उनकी सहायता के लिए पांडव आगे आए। उन्होंने त्रिगर्तो को भगाया और विराट को बचाया। गाएँ वापस लाए। त्रिगर्तो के नेता सुशर्मा को बांध लिया। वह दास बना लिया जाता परंतु विराट और युधिष्ठिर के कहने से भीम ने उसे छोड़ दिया। गायों के लिए इस युद्ध की विशेषता यह थी कि गोहरण के कार्य में

भीष्म और द्रोण जैसे आचार्य भी शामिल थे। भीष्म, द्रोण, कर्ण, दुशासन आदि दुर्योधन के साथ थे। इन सबने राजा विराट के मत्स्य देश में जाकर उनके गोष्ठों में भगदड़ मचा दी और बड़े वेग से बलपूर्वक गोधन का अपहरण करना आरंभ कर दिया। (35/4) कवि के अनुसार वे कौरव वीर राजा विराट की साठ हजार गउओं को विशाल रथ समूहों द्वारा चारों ओर से घेर कर हांक ले चले। (35/5) गोरक्षक ने विराट को सूचना दी : आज कौरव आपकी 60,000 गउओं को हांक ले जा रहे हैं। उनके हाथ से उस गोधन को जीत लाने के लिए उठ खड़े होइए। (35/9/10) राजकुमार उत्तर युद्ध करने से कतराता था। उसने कहा : मेरा धनुष तो बहुत मजबूत है, यदि मेरे पास घोड़े हांकने की कला में कुशल कोई सारथी होता, तो आज मैं अवश्य ही उन गउओं के पदचिन्हों का अनुसरण करता। (36/1) राजकुमार उत्तर की उक्ति से इस बात का पता चलता है कि जब दूसरे गण के लोग गाएँ खदेड़ ले जाते थे, तब जिनकी गाएँ खदेड़ दी गई थीं वह उनके पदचिन्हों को देखते हुए लुटेरों को खोजने का प्रयास करते थे। द्रौपदी ने सुझाया : वृहन्नला के नाम के नर्तक अर्जुन के सारथी का काम करने वाले अर्जुन सारथी बन सकते हैं। समझाने-बुझाने से अर्जुन सारथी बनने को तैयार हुए। उत्तर रथ पर बैठकर युद्ध के लिए चले। परंतु वहां कौरवों की सेना देखकर डर गए और वहां से भाग खड़े हुए। अर्जुन ने जबर्दस्ती पकड़कर उन्हें रथ पर बिठाया और कहा कि तुम सारथी बनो और मैं युद्ध करूंगा। इसी तरह हुआ। इस युद्ध में भीष्म पितामह ने दुर्योधन से कहा : इस समय रणभूमि में समस्त शस्त्रधारियों में श्रेष्ठ अर्जुन के साथ हमें युद्ध करना है। इसलिए जगत में साधु पुरुषों द्वारा आचरित जो कल्याणकारी उपाय है, उसे शीघ्र करना चाहिए, जिनसे तुम्हारा यह गोधन शत्रु के हाथ में न जाए। (52,11) उन्होंने रणनीति यह बनाई : तुम सेना का एक-चौथाई भाग लेकर शीघ्र ही हस्तिनापुर की ओर चल दो तथा दूसरी एक-चौथाई टुकड़ी गउओं को साथ लेकर जाए। (52,17) दुर्योधन ने ऐसा ही किया परंतु अर्जुन के सामने कौरव ठहर न सके और विराट की सारी गाएँ अर्जुन तथा अन्य पांडव लौटा लाए।

वैदिक जन पशुपालक समाज की वह अवस्था पार कर चुके हैं, पर उसकी स्मृतियां बनी हुई हैं। कवि इन्द्र से कहता है : हे ऐश्वर्यवान इंद्र, जिन्होंने तुझे ऐह को मारने वाले युद्ध में बढ़ाया तथा जो बुद्धिमान मरुत तुझे शविष्कउ – गाय संबंधी होने वाले युद्ध में— उत्साहित करते हैं उन गणों के साथ तथा मरुतों के साथ तू सोम पी। (3/47/4) शब्द पुराना है परंतु संदर्भ धरती का नहीं आकाश का है। मरुतगण इंद्र की सहायता करेंगे जिससे कि शम्बर के युद्ध में वह विजय प्राप्त करे। शम्बर की पराजय से मेघ अपना जल धरती पर बरसाएंगे। (3/47/4) अन्य मंत्र में कवि कहता है : हे इंद्र, तूने उत्स के द्वारा शोषण होने वाले प्रबल शुष्ण असुर से युद्ध किया - गविष्टय कौलियम दश - गउओं के लिए किए गए संग्राम में कौवियव नाम के असुर का नाश किया। (6/31/3) कूयाव ऐसा दानव है जो जौ की खेती का नाश कर देता है। वह मेघों को जल बरसाने से रोकता है। शुष्ण का भी यही अभिप्राय है। वह सूखे का दानव है। वर्षा नहीं होने देता। गविष्ट में युद्ध में इंद्र

इन दानवों को परास्त करे। शब्द का मूल संबंध गायों के लिए युद्ध से है। परन्तु यहां संदर्भ गायों का नहीं, वरन मेघों और वर्षा का है। कुछ संदर्भों में गविष्टि का सीधा अर्थ है : गायों की आकांक्षा। कवि इंद्र से कहता है : हे इंद्र, तू आ और तेरी सेवा करने वाले हमें धन दान के लिए ऐश्वर्य प्रदान कर। हे ऐश्वर्यदान इंद्र गविष्टये - गाय की इच्छा करने वाले हमें गाय दे तथा अश्वम् ईष्टये, अश्व की इच्छा करने वाले हमें घोड़े दे। (8/61/7)

आखेटजीवी समाज, मत्स्यजीवी समाज, पशुपालक समाज - गण समाजों की इन तीन अवस्थाओं के संकेत और विवरण प्राचीन साहित्य में मिलते हैं। इनमें अंतिम पशुपालक समाज सबसे अधिक महत्वपूर्ण है। उत्तरकालीन संस्कृति की अनेक धाराएँ इसी समाज व्यवस्था से फूटती हैं।

बर्बरता और वीरगाथा काल

पशुपालक समाज की एक विशेषता है, कन्याहरण। इसे वीरता का काम समझा जाता है। त्रिगर्तो ने जब राजा विराट को बंदी बनाया, तब उनकी दशा उस युवती की सी थी जिसे कोई बलपूर्वक पकड़ ले जाए। जैसे कामी पुरुष किसी युवती को बलपूर्वक पकड़ ले, वैसे ही सुशर्मा ने राजा विराट को पीड़ित करके पकड़ लिया और उनको शीघ्रगामी वाहनों से युक्त अपने रथ पर चढ़ा कर वह चल दिया। (33/9) कन्याहरण के प्रसंग में अनेक वीर याद किए जा सकते हैं। उनमें सबसे पहले और सबसे ऊंचा स्थान भीष्म का है। चित्रांगद की तो मृत्यु युद्ध में हो गई थी फिर विचित्रवीर्य भी विलासिता के कारण शीघ्र ही मृत्यु को प्राप्त हुए। उनके लिए काशीराज की कन्याएँ भीष्म बलपूर्वक लाए थे। आदिपर्व में कथा है : विचित्रवीर्य जवान हुए तब भीष्म ने उनके विवाह के बारे में सोचा। उन्होंने सुना, काशीराज की तीन कन्याएँ हैं। उनका एक साथ स्वयंवर होने वाला है। भीष्म वहां अकेले ही पहुंच गए। वह अब बूढ़े हो चले थे। उन्हें देखकर वे कन्याएँ उद्विग्न सी होकर, ये बूढ़े हैं, ऐसा सोचती हुई वहां से दूर भाग गईं। (102/6/7) वहां जो अन्य युवक राजा बैठै थे, वे भीष्म को देखकर हंसने लगे। उन्होंने कहा : वे बूढ़े हो गए हैं। शरीर में झुर्रियां पड़ गई हैं। सिर के बाल सफेद हो चुके हैं। फिर क्या कारण है कि यहां आए हैं। यह तो बड़े निर्लज्ज जान पड़ते हैं। अपनी प्रतिष्ठा झूठी करके यह लोगों से क्या कहेंगे? कैसे मुंह दिखाएंगे इत्यादि। (102/8/9) उन लोगों के ऐसे वचन सुनकर भीष्म को क्रोध आया। वह शक्तिशाली तो थे ही। उन्होंने उस समय स्वयं ही समस्त कन्याओं का वरण किया। भीष्म ने उन कन्याओं को उठाकर रथ पर चढ़ा लिया और समस्त राजाओं को ललकारते हुए मेघ के समान गंभीर वाणी में कहा : विद्वानों ने कन्याओं को यथाशक्ति वस्त्राभूषणों से विभूषित करके, गुणवान वर्ग को बुलाकर उसे कुछ धन देने के साथ ही कन्यादान करना

उत्तम बताया है। विवाह के अनेक प्रकारों का उल्लेख करने के बाद उन्होंने कहा : क्षत्रिय स्वयंवर की प्रशंसा करते और उसमें जाते हैं। परंतु उसमें भी समस्त राजाओं को परास्त करके जिस कन्या का अपरहण किया जाता है, धर्मवादी विद्वान क्षत्रिय के लिए उसे सबसे श्रेष्ठ मानते हैं (102/16) इस तरह इस समाज में बलपूर्वक कन्याहरण धर्म के अनुसार किया हुआ कर्म माना जाता है। स्वयंवर में आए हुए राजा लोग भी लड़ने-मरने को तैयार थे। उन्हें ललकारते हुए भीष्म ने कहा : मैं इन कन्याओं को यहां से बलपूर्वक हांक ले जाना चाहता हूं। तुम लोग अपनी सारी शक्ति लगाकर विजय अथवा पराजय के लिए मुझे रोकने का प्रयत्न करो। (102/17) कन्याओं को रथ पर बैठाकर भीष्म वहां से चल दिए। राजाओं से युद्ध हुआ परंतु अकेले ही भीष्म ने सबको परास्त किया। कन्याएँ लेकर वे विचित्रवीर्य और सत्यवती के पास आए। अपने भाई विचित्रवीर्य का प्रिय करने की इच्छा से वह उन सबको लाए थे। (102/56/57) कन्याओं को अपने छोटे भाई विचित्रवीर्य के हाथ में दे दिया। धर्मपूर्वक अलौकिक पराक्रम करके माता सत्यवती से सलाह ले एक निश्चय पर पहुंचकर भाई विचित्रवीर्य से विवाह की तैयारी करने लगे। काशीराज की उन कन्याओं में जो सबसे बड़ी थी, वह बड़ी सती साध्वी थी। (102/59/60) उसका प्रेम एक राजा से हो गया था। उसने भीष्म से कहा : मैंने पहले ही मन ही मन सौभ नामक विमान के अधिपति राजा शाल्व को पतिरूप में वरण कर लिया था। उन्होंने भी पूर्वकाल में मेरा वरण किया था। मेरे पिताजी की भी यही इच्छा थी कि मेरा विवाह शाल्व के साथ हो। उस स्वयंवर में मुझे राजा शाल्व का ही वरण करना था। इन सब बातों को सोच-समझ कर जो धर्म का सार प्रतीत हो, वही कार्य कीजिएगा। (102/61/62) भीष्म ने उसकी भावना का आदर किया, अम्बा को उस समय शाल्व के यहां जाने की अनुमति दे दी। अब बची उसकी दो बहनें अम्बिका और अम्बालिका। उन्हें भीष्म ने विचित्रवीर्य को पत्नी रूप में प्रदान किया। विवाह के बाद विचित्रवीर्य के जीवन में बड़ा परिवर्तन हुआ। जो धर्मात्मा थे, वह कामात्मा हो गए। कवि के शब्दों में – विचित्रवीर्यो धर्मात्मा कामात्मा समपद्यत। (102/66)

इसका परिणाम यह हुआ कि शीघ्र ही उनकी मृत्यु हो गई। राजा विचित्रवीर्य ने उन दोनों पत्नियों के साथ सात वर्षों तक निरंतर विहार किया। अतः उस असंयम के परिणामस्वरूप वह युवावस्था में ही राजयक्ष्मा के शिकार हो गए। (102/70) इसके बाद नियोग आवश्यक हुआ, जिसका उल्लेख पहले हो चुका है।

कन्याहरण का दूसरा उदाहरण वह है जिससे कृष्ण का सीधा संबंध है। रहिवतक पर्वत पर अर्जुन के साथ कृष्ण घूम रहे थे। तभी वहां उनकी बहन सुभद्रा आई। उसे देखते ही अर्जुन के हृदय में कामाग्नि प्रज्ज्वलित हो उठी। कृष्ण ने अर्जुन की मनोदशा देखी और बोले : यह मेरी सगी बहन है। यदि तुम्हारा विचार इससे ब्याह करने का हो, तो मैं पिता से स्वयं कहूंगा। अर्जुन ने कहा : यदि सुभद्रा मेरी रानी हो सके तो निश्चय ही मेरा समस्त कल्याणमय मनोरथ पूर्ण हो जाए। उन्होंने पूछा : इसे प्राप्त करने का क्या उपाय हो सकता

है? कृष्ण ने उत्तर दिया : क्षत्रियों के विवाह का स्वयंवर एक प्रकार है। परंतु इसका परिणाम संदिग्ध होता है क्योंकि स्त्रियों का स्वभाव अनिश्चित हुआ करता है। बलपूर्वक कन्या का हरण भी शूरवीर क्षत्रियों के लिए विवाह का उत्तम हेतु कहा गया है। ऐसा धर्मज्ञ पुरुषों का मत है। अतः अर्जुन, मेरी राय तो यही है कि तुम मेरी कल्याणमयी बहन को बलपूर्वक हर ले जाओ। कौन जानता है स्वयंवर में उसकी क्या चेष्टा होगी? वह किसको वरण करना चाहेगी? (आदिपर्व अध्याय 218) अर्जुन ने ऐसा ही किया। परंतु इससे यादवों ने स्वयं को बहुत अपमानित अनुभव किया। अपनी सभा में अर्जुन से बदला लेने की बात उन्होंने बार-बार दोहराई। तब कृष्ण ने उनसे कहा : इस कुल का अपमान नहीं हुआ है। अर्जुन ने ऐसा करके इस कुल के प्रति अधिक सम्मान का भाव ही व्यक्त किया है। वह जानते हैं कि सात्वक वंश के लोग सदा से ही धन के लोभी नहीं हैं। अतः धन देकर कन्या नहीं ली जा सकती। साथ ही पांडुपुत्र अर्जुन को यह भी मालूम है कि स्वयंवर में कन्या के मिल जाने का पूर्ण निश्चय नहीं रहता। भला कौन ऐसा वीर पुरुष होगा जो पशु की तरह पराक्रम शून्य होकर कन्यादान की प्रतीक्षा में बैठा रहेगा एवं इस पृथ्वी पर कौन ऐसा अधम पुरुष होगा, जो धन देकर अपनी संतान को बेचेगा। मेरा विश्वास है कि कुंती कुमार ने इन सभी दोषों की ओर दृष्टिपात किया है। इसीलिए उन्होंने क्षत्रिय धर्म के अनुसार बलपूर्वक कन्या का अपहरण किया है। (विराट पर्व अध्याय 220) यहां कन्याहरण से वीरता का संबंध बहुत स्पष्ट शब्दों में जोड़ा गया है। इसलिए इस कन्याहरण के समय को वीरगाथा काल कहा जाए, तो अनुचित न होगा। सुभद्रा अर्जुन के साथ रहना चाहेगी या नहीं, यह उससे नहीं पूछा गया। संभव है वह भी अर्जुन की ओर आकर्षित हुई हो। परंतु उससे विवाह करने के बाद पहले की पत्नी द्रौपदी की स्वाधीनता अवश्य प्रतिबंधित हुई। जब सुभद्रा को लेकर अर्जुन इंद्रप्रस्थ आए तब द्रौपदी ने कहा : कुंती कुमार, यहां क्यों आए हो? वहीं जाओ जहां वह सात्वक वंश की कन्या सुभद्रा है। सच है बोझ को कितना ही कस कर बांधा गया हो, आप उसे दूसरी बार बांधते हैं, तब पहला बंधन ढीला पड़ जाता है। यही हालत मेरे प्रति तुम्हारे प्रेमबंधन की है। (220/16/17)

कुछ कामी राजा विवाहिता स्त्रियों के अपहरण का प्रयत्न भी करते थे। द्रौपदी आश्रम में अकेली थी। वहां केवल कुल पुरोहित धौम्य थे। जयद्रथ वहां आया। उसने द्रौपदी से कहा : पांडव सदा के लिए श्रीहीन तथा राज्यभ्रष्ट हो गए हैं। अब तुम्हें पांडवों के प्रति भक्ति रखकर कष्ट भोगने की आवश्यकता नहीं। तुम मेरी भार्या बन जाओ। इन पांडवों को छोड़ दो और मेरे साथ रह कर सुख भोगो। मेरे साथ रहने से तुम्हें संपूर्ण सिंधु और सौवीर देश का राज्य प्राप्त होगा। तुम महारानी बनोगी। (वनपर्व, अध्याय 267) द्रौपदी ने जयद्रथ को फटकार दिया। तब जयद्रथ ने उन्हें पकड़ लिया और बलपूर्वक अपने रथ पर बैठाया। वह जयद्रथ के द्वारा खींचे जाने के कारण बाध्य होकर उसके रथ पर बैठ गई। (268/25)

पांडवों को पता लगा कि जयद्रथ द्रौपदी का हरण कर ले गया है। वे उसे ढूंढते हुए

चले। उसकी सेना से उनका युद्ध हुआ। सेना परास्त हुई। भीम ने जयद्रथ को पकड़ लिया। धरती पर पटककर उसकी खूब पिटाई की। अपमानित करने के लिए अर्धचंद्राकार बाण से उसके लंबे केश काट दिए और पांच चोटियां रख दीं। इस तरह के युद्धों में विजेता हारे हुए को अपना दास बना लेता था। इसी नियम के अनुसार भीम ने जयद्रथ से कहा : यदि तू जीवित रहना चाहता है तो तू राजाओं की सभा समितियों में जाकर सदा अपने को युधिष्ठिर का दास बताया कर। यह शर्त स्वीकार हो तो तुझे जीवनदान दे सकता हूं। युद्ध में विजयी पुरुष की ओर से हारे हुए के लिए ऐसा ही विधान है। (272/11) जयद्रथ ने शर्त स्वीकार कर ली। युधिष्ठिर को उस पर दया आई। उन्होंने भीम से उसे छोड़ देने को कहा। भीम ने युधिष्ठिर से कहा : आप द्रौपदी को यह सूचित कर दीजिए कि यह पापात्मा जयद्रथ पांडवों का दास हो चुका है। द्रौपदी ने भीम से कहा : आपने इसका सिर मूंड कर पांच चोटियां रख दी हैं तथा यह महाराज का दास हो गया है। अतः आप इसे छोड़ दीजिए। (वनपर्व, अध्याय 272)

वनपर्व में गंधर्वों से कौरवों के युद्ध की कथा है। कौरव परास्त हुए। गंधर्वों ने दुर्योधन, दुशासन आदि को बंदी बना लिया। विशेष बात यह कि उन्होंने राजकुल की समस्त महिलाओं को भी अपने अधिकार में ले लिया। (वनपर्व 242/8) जो बंदी बनाए जाते थे, उन पर पूरे कुल का अधिकार होता था। द्रौपदी दासी हुई तो समस्त कुरुवंश उसका स्वामी हो गया। जब विराट के यहां अर्जुन नर्तक वृहन्नला के वेष में थे, तब कौरव विराट की गाएँ खे ले गए। उत्तरा ने अर्जुन से कहा :

राष्ट्रस्य कुरुभि कालयंते लोक वृहन्नले।

हमारे राष्ट्र की गउओं को कौरव हांक कर लिए जाते हैं। (37/8) यह राष्ट्र गण अथवा गणभूमि का द्योतक है। पूरे गण की अथवा कुल की गाएँ हांकी गई हैं। यहां संपत्ति पर सामूहिक स्वामित्व की ओर स्पष्ट संकेत है। इसी तरह द्रौपदी पर कौरवों का सामूहिक स्वामित्व है।

संपत्ति के लिए कुलों में युद्ध होता है और यह युद्ध, उससे उत्पन्न वैरभाव अनेक पीढ़ियों तक चलता है। विराट मत्स्यगण के नेता हैं। सुशर्मा त्रिगर्त गण का नेता है। जब सुशर्मा ने विराट की गाएँ हांकने की योजना बनाई, तब वैरभाव भी काम कर रहा था। कवि की उक्ति है : तदनन्तर पूर्व वैर का बदला लेने की इच्छा वाले त्रिगर्त देशीय रथी और पैदल, सैनिक कवच आदि धारण करके तैयार हो गए। (विराट पर्व 30.25)

दुर्योधन को परास्त करने के बाद जब भीम ने उसके सिर पर पैर रखा, तब युधिष्ठिर ने कहा : भीम तुम वैर से उऋण हुए। तुमने शुभ या अशुभ कर्म से अपनी प्रतिज्ञा पूरी कर ली। अब तो इस कार्य से विरक्त हो जाओ। (शल्य पर्व 59.15) इस तरह भीम और दुर्योधन के युद्ध में वैर भाव काम कर रहा था। यह भाव प्रतिहिंसा का वीभत्स रूप ग्रहण कर सकता था। यह प्रतिहिंसा दुर्योधन के प्रति उतनी उग्र नहीं थी, जितनी दुशासन के प्रति। संजय ने धृतराष्ट्र को बताया : पृथ्वी पर पड़े हुए दुशासन की छाती फाड़कर वह

अर्थात भीम उसका गर्म-गर्म रक्त पीने का उपक्रम करने लगे, उठने की चेष्टा करते हुए दुश्शासन को पुनः गिराकर भीम ने अपनी प्रतिज्ञा को सत्य करने के लिए तलवार से आपके पुत्र का मस्तक काट डाला और उसके कुछ-कुछ गर्म रक्त को वह स्वाद ले-लेकर पीने लगे। फिर क्रोध में भरकर उसकी ओर देखते हुए इस प्रकार बोले : मैंने माता के दूध का, मधु और घी का, अच्छी तरह तैयार किए हुए मधूप पुष्प निर्मित पेय पदार्थ का, दिव्य जल के रस का, दूध और दही से बिलोए हुए ताजे मक्खन का भी पान या रसास्वादन किया है। इन सबसे तथा इनके अतिरिक्त भी संसार में जो अमृत के समान स्वादिष्ट पीने योग्य पदार्थ हैं, उन सबसे भी मेरे इस शत्रु के रक्त का स्वाद अधिक है। (कर्णपर्व 83.30.31)

धृष्टद्युम्न ने द्रोणाचार्य को मारा था। अश्वत्थामा ने धृष्टद्युम्न से उसका बदला इस तरह लिया : रात में जब सब लोग सोए हुए थे, तब वह पांडवों के शिविर में पहुंचा। धृष्टद्युम्न की शय्या के पास जाकर उसने पैर से उसकी छाती और गला दोनों को दबा दिया और उसे पशु की तरह मारना आरंभ किया। धृष्टद्युम्न ने कहा : मुझे किसी शस्त्र से मार डालो, जिससे तुम्हारे कारण मैं पुण्यलोक में जा सकूं। परंतु अश्वत्थामा ने कहा : अपने आचार्य की हत्या करने वाले लोगों के लिए पुण्यलोक नहीं है, तू शस्त्र द्वारा मारे जाने के योग्य नहीं है। उस वीर से ऐसा कहते हुए क्रोधित अश्वत्थामा ने मतवाले हाथी पर चोट करने वाले सींग के समान अपनी अत्यंत भयंकर इंद्रियों से उसके मर्मस्थानों पर प्रहार किया। (सौतिक पर्व 8.18.23)

इस युग के युद्धों में जिन लोगों ने भाग लिया, उन्हीं के कृत्यों का वर्णन महाभारत में है। युद्ध के लिए दुर्योधन की सेना तैयार हुई। शंख और दुंदुभियों की ध्वनि, वीरों के सिंहनाद, घोड़ों की हिनहिनाहट, रथ के पहियों की घरघराहट, हाथियों की गर्जना तथा गरजते हुए योद्धाओं के सिंहनाद करने, ताल ठोंकने और जोर-जोर से बोलने आदि की तुमुल ध्वनि सब ओर व्याप्त हो गई। यह वीरगाथा काल है। शूर वीर ऐसे शब्दों का प्रयोग बार-बार होता है। सन्नधस्ते प्रवीराष्ट्रौ (16.13) दशते सव्याक्षाहः शूराः परिध वाहवाः। (16.17) वीरतासूचक एक शब्द और है– क्षत्रिय। यहां वीरतासूचक 'ब्राह्मण' शब्द का प्रयोग बहुत ही कम हुआ है।

कौरव सेना युद्ध के लिए तैयार हुई तब दुर्योधन ने भीष्म से पूछा : आप कितने समय में शत्रु सेना का नाश कर सकते हैं? भीष्म ने कहा : यदि मैं युद्ध में स्थित होकर लाखों वीरों का संहार करने वाले अपने महान अस्त्रों का प्रयोग करने लगूं तो एक मास में पांडवों की समस्त सेना को नष्ट कर सकता हूं। (उद्योगपर्व 193.14) भीष्म की यह बात युधिष्ठिर तक पहुंची। उन्होंने अर्जुन से पूछा : तुम कितने समय में शत्रुओं को नष्ट कर सकते हो? अर्जुन ने कहा : कृष्ण की सहायता से युक्त हुआ, एकमात्र रथ लेकर ही देवताओं सहित तीनों लोकों, संपूर्ण चराचर, प्राणियों तथा भूत, वर्तमान, भविष्य को भी पलक मारते नष्ट कर सकता हूं। (194.10.11) यह वीरगाथा काल है। लोक कविता का दौर है और उसमें अतिशयोक्ति की काफी गुंजाइश है।

गण व्यवस्था टूट रही है परंतु अभी पूरी तरह विघटित नहीं हुई। भीष्म पर्व के 20वें अध्याय में सेना का वर्णन करते हुए गणों के नाम दिए हुए हैं। अम्बष्ठाः, सौवीराः, पंचदाः, मत्स्याः, कैकयाः आदि। इन बहुसंख्यक रूपों में ऐसा प्रतीत होता है कि पूरे गण के योद्धा सेना में शामिल हुए थे। कौरव सेना देखकर अर्जुन को भय होता है कि युद्ध से कुल का नाश होगा। वह कुलक्षय की बात बार-बार कहते हैं। वास्तव में धृतराष्ट्र और पांडु के दो कुल बन गए हैं। इन्हीं में कुल संपत्ति के लिए युद्ध हो रहा है। युद्ध से पहले ही कुलक्षय हो चुका है। जो कसर बाकी है वह युद्ध से पूरी होगी।

क्षत्रिय वर्ण का उद्भव

हमारे यहां चार युगों की कल्पना की गई है। इन युगों के बारे में 'जाति प्रथा' नाम की पुस्तिका में लोहिया ने लिखा है : अपने यहां भी इतिहासकारों का कानून बना। सतयुग, द्वापर, त्रेता, कलयुग– चार युग होते हैं। सतयुग धर्म का प्रतीक और कलयुग अधर्म का प्रतीक होता है। कलयुग से दूने समय का त्रेता, उससे दुगने का द्वापर और उससे दुगना सतयुग होता है। हमारे महापुरुषों ने अच्छा ही किया कि अधर्म को बुराई के समय को यानी कलयुग को सबसे कम माना। उन्होंने सोचा, उन्नति और अवनति मनुष्य के दिमाग से होती है और ब्रह्म की लीला से मनुष्य का दिमाग अच्छा-बुरा होता है।[27] जितना ही इतिहास में हम पीछे जाते हैं, उतना ही सामाजिक विकास की गति धीमी दिखाई देती है। पूंजीवाद की तुलना में सामंतवाद की अवधि बहुत बड़ी है और सामंतवाद की तुलना में गण व्यवस्था के युग की अवधि बहुत बड़ी है। यह सत्य युगों की अवधि की कल्पना में किया गया है। अवधि के अतिरिक्त इन युगों का संबंध मनुष्य के सामाजिक विकास अथवा ह्रास से भी है। केवल धर्म की बात नहीं है।

महाभारत के 'शांतिपर्व' में युगों की चर्चा है और क्षत्रियों का धर्म भी बताया गया है। सतयुग की विशेषता यह है कि पृथ्वी अकृष्ट पच्या है। पृथ्वी पर बिना जोते बोए ही अन्न पैदा होता है। औषधियां भी सदा उत्पन्न होती हैं। उनकी छाल, पत्ते, फल और मूल—सभी शक्तिशाली होते हैं (69.85) त्रेता में स्थिति बदल जाती है। उस अवस्था में पृथ्वी पर जोतने-बोने से ही अन्न पैदा होता है। औषधियां भी उसी तरह पैदा होती हैं। (69.88) युगों के बारे में कुछ बातें भीष्म पर्व में संजय कहते हैं : सतयुग में सभी लोग बलवान, धनवान और प्रियदर्शन होते हैं। भिन्नता पैदा होती है त्रेता में, और सबसे पहले क्षत्रिय वर्ण का उद्भव होता है। संजय धृतराष्ट्र से कहते हैं; त्रेता युग में समस्त भूमंडल के क्षत्रिय अत्यंत उत्साही, महान, मनस्वी, धर्मात्मा, सत्यवादी, प्रियदर्शन आदि होते हैं। (10.10) द्वापर के बारे में संजय कहते हैं : द्वापर में सभी वर्णों के लोग उत्पन्न होते हैं एवं वे सभी

सदा परम उत्साही, पराक्रमी तथा एक दूसरे को जीतने के इच्छुक होते हैं। (10.12) सतयुग में कोई वर्ण नहीं होता। सब लोग साम्य अवस्था में रहते हैं। त्रेता में सबसे पहले क्षत्रिय वर्ण का उद्भव होता है। द्वापर में शेष वर्णों की पहचान होती है। सतयुग में उत्पादन के लिए मनुष्य विशेष श्रम नहीं करते। प्रकृति से जो कुछ मिल जाता है, उसी के सहारे जीते हैं। त्रेता में उत्पादन में विकास होता है और इस विकास से क्षत्रिय तथा अन्य वर्णों का संबंध है। पूरा विकास द्वापर में होता है क्योंकि सभी वर्णों के लोग इस युग में उत्पन्न होते हैं। त्रेता में क्षत्रियों की प्रधानता होती है। क्षत्रिय संपत्ति कैसे अर्जित करते हैं, इसका विशद वर्णन 'शांतिपर्व' में है।

युद्ध समाप्त हो गया। अपने ही वंश के तमाम लोगों को मारे जाते देखकर युधिष्ठिर के मन में वैराग्य भाव उत्पन्न हुआ। वह राजपाट छोड़कर वन में जाकर तपस्या करना चाहते थे। तब अर्जुन ने उन्हें क्षत्रिय धर्म समझाया। अर्जुन ने कहा : मछली मारने वाले मल्लाहों की तरह दूसरों के मर्मस्थलों का उच्छेद और दुष्कर कर्म के बिना तथा बहुसंख्यक प्राणियों को मारे बिना कोई बड़ी भारी संपत्ति प्राप्त नहीं कर सकता। (15/14) अर्जुन के अनुसार जो दूसरों का वध नहीं करता, उसे इस संसार में न तो कीर्ति मिलती है, न धन प्राप्त होता है और न प्रजा ही उपलब्ध होती है। (15/15) प्रजा प्राप्त की जाती है, यह बात ध्यान देने योग्य है। हिंसा को प्राकृतिक नियम मानते हुए अर्जुन कहते हैं : संसार में किसी भी ऐसे पुरुष को मैं नहीं देखता, जो अहिंसा से जीविका चलाता हो, क्योंकि प्रबल जीव दुर्बल जीवों द्वारा जीवन निर्वाह करते हैं। (15.20)

जीवन निर्वाह की इस पद्धति से क्षत्रिय वर्ण का विशेष संबंध है। यह आगे स्पष्ट होता है। अर्जुन युधिष्ठिर को समझाते हुए कहते हैं : आप क्षत्रिय धर्म को स्मरण तो कीजिए। क्षत्रियों के लिए संग्राम में मर जाना तो बहुसंख्यक यज्ञों से भी बढ़कर माना गया है। तप और त्याग ब्राह्मणों के धर्म हैं, जो मृत्यु के पश्चात् परलोक में धर्मजनित फल देने वाले हैं। क्षत्रियों के लिए संग्राम में प्राप्त हुई मृत्यु ही पारलौकिक पुण्य फल की प्राप्ति कराने वाली है। क्षत्रियों का धर्म बड़ा भयंकर है। उसमें सदा शस्त्र से ही काम पड़ता है और समय आने पर युद्ध में शस्त्र द्वारा उनका वध भी हो जाता है। (22.3.5)

कुल संपत्ति अर्जित करने के लिए युद्धों का सिलसिला शुरू हुआ। इससे परिवार में स्त्रियों की स्थिति में परिवर्तन हुआ। अपवाद रूप में वह अब भी युद्ध में भाग लेती थी। परंतु युद्ध करना मुख्यतः पुरुषों का काम था। युद्धों का सिलसिला चलने से मातृसत्ता की व्यवस्था लड़खड़ाई। उसके अवशेष मात्र रह गए और पुरुष सत्ता व्यवस्था कायम हुई।

परिवार, राज्यसत्ता और व्यक्तिगत संपत्ति के उद्भव पर अपनी पुस्तक में ऐंगल्स ने 'क्षत्रिय' शब्द का व्यवहार नहीं किया, पर बात वही कही है, कुछ हजार साल पहले जो बातें महाभारत में कही गई थीं। ऐंगल्स की पुस्तक में ऐसा लगता है, वह दोहराई जा रही हैं। ऐंगल्स ने लिखा था : आबादी के बढ़ने से बाहरी और भीतरी तौर पर ज्यादा मजबूती से संबद्ध होना आवश्यक हुआ। हर जगह परस्पर संबंध वाले गणों ने संघ बनाए। यह

आवश्यक हुआ और फिर आपस में घुलमिल गए। इस तरह अलग-अलग गणभूमियों से मिलकर एक भूमि बनी। वह जनभूमि थी। इसे हम जनपद कह सकते हैं। सेनाध्यक्ष अब आवश्यक हो गया। उसका पद स्थायी और अनिवार्य हो गया। जहां आम जनता की सभा नहीं थी वहां वह कायम की गई। सेनापति, समिति और जनसभा सैनिक लोकतंत्र की संस्थाएँ थीं। पुराना गण समाज अब इस रूप में बदल गया था। सैनिक लोकतंत्र इसलिए कि युद्ध और युद्ध के लिए संगठन अब लोगों के जीवन के नियमित कार्य हो गए। पड़ोसियों की संपत्ति उनके मन में लोभ जगाती थी। वह समझने लगे, संपत्ति अर्जित करना अब जीवन का एक मुख्य ध्येय है। वे बर्बर लोग थे। उन्हें लगता था कि दूसरों का माल लूटना आसान है, उत्पादन से आसान ही नहीं है वरन् सम्मानजनक भी है। पहले युद्ध आक्रमणकारियों से बदला लेने के लिए होता था अथवा अपनी भूमि को विस्तार देने के लिए होता था, जो भूमि अपर्याप्त हो गई थी। अब युद्ध लूट के लिए होता था और वह एक नियमित पेशा बन गया।[28]

युद्ध नियमित पेशा है। इस पेशे के द्वारा संपत्ति अर्जित की जाती है। यह बात अर्जुन ने बार-बार महाभारत में कही है। युद्ध करना, संपत्ति अर्जित करना, गण की पूरी शक्ति अपने हाथों में केंद्रित करना—ये सारे कार्य एक आदमी नहीं करता। समाज के भीतर एक पूरा गिरोह पैदा होता है जो यह काम करता है। हमारे यहां उसे वर्ण कहते हैं। गणों के विघटन के बाद वंशगत राजा कैसे होने लगे? सत्ता पर उन्होंने कैसे अधिकार किया? एक वर्ग कैसे उत्पन्न हुआ? इसके साथ जो उसके साथ काम करने वाले उपसेनापति थे, उनकी शक्ति भी बढ़ी। एक ही परिवार से पदाधिकारी चुने जाएँ, यह पद्धति धीरे-धीरे समाप्त होने लगी। विशेष रूप से पितृसत्ता व्यवस्था कायम होने के बाद चुनाव के बदले पदाधिकार वंशगत हो गया। पहले लोग इसे बर्दाश्त कर लेते थे, फिर पदाधिकारी इस पर अपना हक जताने लगे और अंततः उन्होंने उसे हड़प लिया। इस तरह वंशगत राजा के अधिकार की बुनियाद पड़ी और वंशगत अधिकारी वर्ग की बुनियाद पड़ी। इस तरह गण समाजों की संस्थाएँ जनता की अपनी बुनियाद से उखाड़ दी गईं और उनका रूप बिल्कुल दूसरा बना दिया गया। पहले वे गणों के स्वाधीन प्रशासन के लिए बनी थीं, अब वे दूसरों पर शासन करने के लिए प्रयुक्त होने लगीं।[29]

संघ शासन और क्षत्रिय

काशीप्रसाद जायसवाल ने गणों और संघों की शासन व्यवस्था का विवेचन विस्तार से किया है। ये गण और संघ कई तरह के थे। एक तरह के गण और संघ वे हैं जहां कोई विशेष वर्ग सत्ताधारी नहीं है। पुराने गणों की लोकतांत्रिक व्यवस्था चली आ रही है। दूसरी तरह

के गण वे थे, जहां किसी समुदाय के हाथ में सत्ता आ गई थी।

महाभारत का हवाला देते हुए जायसवाल ने उन गणों का जिक्र किया है, जहां सभी लोग शासन में भाग लेते हैं। मुखियों की भूमिका महत्वपूर्ण है परंतु वह कहते हैं कि यह स्पष्ट है– ए क्लोज बॉडी वज नाट मेंट बाइ यू। गण से आशय किसी सीमित समुदाय से नहीं था।[30] जायसवाल के अनुसार गणराज्यों की राजनीतिक शक्ति का बड़ा कारण यह था कि पूरी जाति ही गण रूप में शस्त्र धारण किए हुए थी–ए रिपब्लिक वाज नेशंस इन आर्म्स।[31] यह भीष्म की वही बात है कि गण में सभी लोग शास्त्रज्ञ हैं, धनवान हैं और शस्त्र विद्या में निपुण हैं। पाणिनि ने आयुधिजीवी संघों का उल्लेख किया है। इसके कई प्रकार थे–एक प्रकार पर्वतों में रहने वाला था। वासुदेव शरण अग्रवाल कहते हैं : महाभारत में शकुनि को पर्वतीय कहा गया है। जिन्हें पर्वतीय आयुधिजीवी कहा गया है वे कश्मीर और अफगानिस्तान के पहाड़ी प्रदेशों के निवासी थे। द्रोणपर्व में संघगिरि चरिणः एवं गिरि गौवर वासिनः कहा गया है। भीष्म पर्व में गिरि गौवर नामक जन या कबीले का उल्लेख है। जिसका शब्दार्थ है पहाड़ों की गुफा या गारों में रहने वाले कबाइली लोग।[32] जायसवाल ने राइस डेविड्स का हवाला देते हुए बताया कि शाक्य गण अपना राजकाज सभा द्वारा चलाते थे और उसमें बूढ़े, जवान, सभी लोग उपस्थित होते थे।[33] उत्तर मद्रों के बारे में उन्होंने लिखा है कि यहां सत्ता पूरे राष्ट्र के हाथ में थी।[34] यूनानियों ने व्यास के तटवर्ती एक गण का उल्लेख किया है जिसकी सभा में 5000 सदस्य होते थे। किंतु ये पूरे गण की संख्या नहीं थी। जायसवाल कहते हैं कि इसमें वही लोग सदस्य होते थे जो राज्य को एक हाथ ही लेते थे।[35] यह दूसरी तरह का संघ था।

जायसवाल ने वैशाली के बारे में लिखा है : यहां सात हजार सात सौ सात राजा थे। किंतु वैशाली की जनसंख्या एक लाख, अड़सठ हजार थी। स्पष्ट ही ये राजा लोग एक विशेष वर्ग के थे, जो शासन कार्य चलाते थे।

वासुदेव शरण अग्रवाल ने लिच्छवियों की शासन-व्यवस्था के बारे में लिखा है : लिच्छवियों के 7707 कुलों में हरेक का प्रतिनिधि राजा पदवी धारण करता था। प्रत्येक राजा या कुल के प्रतिनिधि क्षत्रिय को गण के ऐश्वर्य या प्रभुसत्ता में समान अधिकार प्राप्त था। पीढ़ी दर पीढ़ी, सतर्कतापूर्वक उस अधिकार की रक्षा की जाती थी। गण के अन्तर्गत राजाओं के जितने कुल या परिवार होते थे, उनके क्षत्रिय अपत्यों के लिए 'राज्य' यह पारिभाषिक संज्ञा थी। जनपदों के जो मूल संस्थापक क्षत्रिय थे, जिनके नाम से जनपदों का नामकरण हुआ था, जिनके वंशजों, परिवारों ने या कुलों ने राज्यसत्ता का अधिकार पीढ़ी दर पीढ़ी सुरक्षित रहता था, वे ही अभिषित वंश क्षत्रिय होते थे और उन्हीं के लिए राजन्य यह उपाधि प्रयुक्त होती थी।[36] यहां हम वंशगत एक शासक वर्ग का निर्माण होते देखते हैं। क्षत्रियों ने जनपदों की स्थापना की, यह स्थापना छोड़ दें। गणों के विकास-क्रम में यह जनपद बने उनके भीतर से यह राजन्य वर्ग निर्मित हुआ परंतु वासुदेव शरण अग्रवाल के शेष विवरण से सामाजिक विकास के आरंभिक चरणों में क्षत्रियों की महत्वपूर्ण भूमिका

विदित होती है। इसी पुस्तक में अन्यत्र वासुदेव शरण अग्रवाल कहते हैं : जनपदीय जीवन में इतर लोगों के भर जाने पर भी राजनैतिक जीवन प्राचीन जन के उत्तराधिकारी क्षत्रियों के हाथ में ही रहा, औरों से इनकी पृथकता सूचित करने के लिए ये क्षत्रिय लोग 'जनपदी' कहलाए।[37]

राजकाज के अतिरिक्त उपनिषद काल तक ज्ञान पर भी अभी क्षत्रियों का अधिकार बना हुआ था। छान्दोग्य उपनिषद में क्षत्रिय राजा ब्राह्मण गौतम से कहते हैं : पूर्वकाल में तुमसे पहले यह विद्या ब्राह्मणों के पास नहीं गई। इसी से संपूर्ण लोकों में इस विद्या द्वारा क्षत्रियों का ही शिष्यों के प्रति अनुशासन होता रहा है। इस पर शंकराचार्य ने अपने भाष्य में लिखा : क्षत्रियों की परंपरा से ही इतने समय तक यह विद्या आई है, तथापि मैं तुम्हारे प्रति इसका उपदेश करूंगा। तुम्हें देने के पश्चात यह ब्राह्मणों के पास जाएगी।[38]

इतिहास का पुरोहितीकरण

किसी समय यह सारा इतिहास उलट दिया गया। ब्राह्मणों की श्रेष्ठता सिद्ध करने के लिए अनेक नई स्थापनाएँ गढ़ी गईं और महाभारत आदि ग्रंथों में जोड़ी गईं। संजय ने धृतराष्ट्र से कहा था कि आरंभ में कौई वर्ण नहीं था। त्रेता में क्षत्रिय उत्पन्न हुए और द्वापर में अन्य सभी वर्ण उत्पन्न हुए। (भीष्म पर्व, अध्याय 10) और शांतिपर्व में भी बताया गया है कि पहले अन्न के लिए भूमि को जोतना-बोना आवश्यक नहीं था। अन्न स्वयं उपजता था और लोग पेड़ों के फल, मूल, पत्तियां आदि खाकर जीवन बिताते थे। त्रेता में जोतने बोने से ही अन्न उत्पन्न होता था। (शांतिपर्व, अध्याय 69) इन सबसे भिन्न भृगु ने यह सिद्धांत निकाला : पहले केवल ब्राह्मण वर्ग ही था। उन्होंने भारद्वाज से कहा : पहले वर्णों में कोई अंतर नहीं था। ब्रह्मा जी से उत्पन्न होने के कारण यह सारा जगत ब्राह्मण ही था। पीछे विभिन्न कर्मो के कारण उनमें वर्णभेद हो गया। (शांतिपर्व, अध्याय 18.8.10)

ऋग्वेद के पुरुष सूक्त 10.90 में निरंतर परिवर्तनशील और विकासमान विश्व की एक रूपक द्वारा व्याख्या की गई है। पूरा ब्रह्मांड एक पुरुष जैसा है। इस पुरुष के हजारों सिर हैं। हजारों आंखें और सहस्त्र पाद, हजारों पैर वाला है। जो कुछ हो चुका है और जो भविष्य में होगा, वह सब उसी के भीतर है। यह सृष्टि संबंधी अद्वैतवाद की घोषणा है। उससे बड़ा एक प्राणी और है। उसके तीन चरण दिव्य लोक में हैं। पहले जिस पुरुष का वर्णन किया गया, वह दृश्यमान हमारा संसार है। ब्रह्मांड इस दृश्यमान संसार से बड़ा है। इसलिए कहा कि इस हजार पैरों वाले पुरुष से बड़ा एक पुरुष और है और उसके तीन चरण दिव्य लोक में हैं। इस सूक्ति के चौथे मंत्र में जो बात कही गई है, वह विश्व की गतिशीलता और विकासमानता बताती है। उस पुरुष का एक भाग यहां विश्व के रूप में पुनः-पुनः

उत्पन्न होता रहता है। फिर इससे एक विराट उत्पन्न हुआ। वह विभाजित हुआ। दो के बिना गति संभव नहीं है। सत्ता अद्वैत है किंतु वही सत्ता विभाजित होकर सृष्टि-क्रम को जन्म देती है। जब यह विराट विभाजित हुआ, तब सृष्टि एक यज्ञ के रूप में दिखाई दी। उस समय वसंत ऋतु इस यज्ञ में घी का काम करती थी। ग्रीष्म ऋतु ईंधन और शरद ऋतु हवि का काम करती थी। यहां पूरी प्रकृति को इस पुरुष-यज्ञ में समेट लिया गया है। आठवें मंत्र में बताया गया है : यज्ञ से पक्षी उत्पन्न हुए। पशु उत्पन्न हुए और ग्राम्याः चक्रे पशु पालतू बनाए गए। अर्थात आरंभ में पशु जंगल में घूमते थे, पालतू नहीं थे। मनुष्य ने उन्हें पालतू बनाया। यह सामाजिक विकास की प्रक्रिया की ओर संकेत है। नवें मंत्र में बताया गया है कि इसके बाद वेद, साम, यजु, छंद आदि भी उत्पन्न हुए। 13वें मंत्र में पूरे संसार को इस पुरुष में समाहित दिखाते हुए ऋषि ने कहा : उसके मुख से इंद्र और अग्नि उत्पन्न हुए, मन से चंद्र उत्पन्न हुआ। उसके प्राणों से वायु उत्पन्न हुई। अगले मंत्र में कहा : उसकी नाभि अंतरिक्ष है, सिर दिव्यलोक है और उसके चरण भूमि हैं। कान दिशाएँ हैं और इसी तरह अन्य लोकों की कल्पना उससे की गई। इस सुंदर सूक्त में बारहवां मंत्र जोड़ा गया। उसमें कहा गया : इस पुरुष का मुख ब्राह्मण या ज्ञानी हुआ है। इस पुरुष के बाहु क्षत्रिय अर्थात शूर पुरुष हुए हैं। इसकी जांघें वे हैं जो वैश्य हैं और पांव के स्थान में शूद्र हुआ है।

अधिकांश विद्वान मानते हैं 'पुरुष सूक्त' बाद की रचना है। परंतु पूरा सूक्त बाद में रचा गया हो, यह आवश्यक नहीं है। उसमें बारहवां मंत्र अवश्य बाद में जोड़ा गया है। विकास संबंधी धारणाएँ ऋग्वेद के अन्य मंत्रों में भी हैं। उन्हीं का विस्तार दिखाई देता है। वैश्य और शूद्र शब्दों का प्रयोग यहां पहली बार और अंतिम बार ऋग्वेद में हुआ है। क्षत्रिय के लिए राजन्य शब्द है और वर्ण के अर्थ में ब्राह्मण शब्द का व्यवहार ऋग्वेद में नहीं हुआ।

ब्रह्म और क्षत्र शब्दों की व्याख्या करते हुए काणे कहते हैं : ऋग्वेद में ब्रह्म एवं क्षत्र स्तुति एवं शक्ति के अर्थ में प्रयुक्त हुए हैं ...। फिर राजन्य और क्षत्रिय शब्दों के बारे में कहते हैं : राजन्य शब्द केवल पुरुष सूक्त में ही आया है। 'अथर्ववेद' में यह क्षत्रिय के अर्थ में प्रयुक्त है। क्षत्रिय वैदिक काल में जन्म से ही क्षत्रिय थे कि नहीं, इसका स्पष्ट उत्तर देना संभव नहीं है। ऋग्वेद की एक गाथा इस पर प्रकाश डालती है कि संभवतः ऋग्वेदीय काल में क्षत्रियों एवं ब्राह्मणों में कर्म संबंधी कोई अंतर नहीं था। गाथा देवापि और शांतनु की है। उस कथा से जो निष्कर्ष निकलता है, वह काणे के अनुसार यह है कि एक ही व्यक्ति के दो पुत्रों में एक क्षात्र धर्म का, दूसरा ब्रह्म धर्म का पालन कर सकता है अर्थात् दो भाइयों में एक राजा हो सकता था और दूसरा पुरोहित।[39] काणे के विवेचन से महाभारत की उसी धारणा की पुष्टि होती है कि वर्णों का विकास क्रमशः हुआ है। ऋग्वेद में वर्ण उभर रहे हैं। परंतु पूरी तरह निर्मित नहीं हुए। इसलिए राजन्य ने ब्राह्मण, वैश्य, शूद्र आदि की जो उत्पत्ति पुरुष सूक्त के 12वें मंत्र में बताई है वह निश्चित रूप से बाद की है।

आदिपर्व में कथा है : परशुराम ने 21 बार क्षत्रियों का संहार किया। पृथ्वी क्षत्रिविहीन हो गई। तब क्षत्रियों की स्त्रियां पुत्रों की इच्छा से ब्राह्मणों के पास गईं। जनमेजय वैशम्पायन कहते हैं : इन क्षत्राणियों ने ब्राह्मणों से गर्भ धारण किया और पुनः क्षत्रिय कुल की वृद्धि के लिए अत्यंत बलशाली क्षत्रियों को जन्म दिया। इस प्रकार बहुत से ब्राह्मणों के द्वारा क्षत्राणियों के गर्भ से बलपूर्वक क्षत्रियों की उत्पत्ति और वृद्धि हुई। (65.7.8)

उद्योग पर्व में विदुर विभिन्न वर्णों के क्रम बताते हैं : ब्राह्मण प्रतिदिन स्नान करता है, संध्या तर्पण करता है। यज्ञोपवीत धारण किए रहता है। नित्य स्वाध्याय करता है। विशेष बात यह कि वह पतितों का अन्न त्याग देता है। सत्य बोलता है और गुरु की सेवा करता है। ऐसा ब्राह्मण ब्रह्मलोक से भ्रष्ट नहीं होता। (40.25) क्षत्रिय भी वेद पढ़ता है, अग्निहोम आदि करता है। विशेष बात यह कि प्रजाजनों का पालन करे। गो और ब्राह्मण के हित के लिए संग्राम में मृत्यु को प्राप्त हुआ क्षत्रिय शास्त्र से अंतःकरण पवित्र हो जाने के कारण ऊर्ध्व लोक को जाता है। इन दोनों वर्णों में किसी का संबंध उत्पादन से नहीं है। ब्राह्मणों का संबंध कर्मकाण्ड से है। क्षत्रियों का युद्ध से और यह युद्ध ब्राह्मणों के हित में किया जाए तो उसे स्वर्ग प्राप्त होता है।

शांतिपर्व में भीष्म इस सिद्धांत का प्रतिपादन करते हैं कि क्षत्रियों की उत्पत्ति ब्राह्मणों से हुई है। इस उत्पत्ति को ध्यान में रखें तो क्षत्रियों का यह कर्तव्य हो जाता है कि वे ब्राह्मणों से युद्ध न करें। भीष्म युधिष्ठिर से कहते हैं : अग्नि जल से, क्षत्रिय ब्राह्मण से और लोहा पत्थर से प्रकट हुआ। उनका तेज अन्य सब स्थानों पर तो अपना प्रभाव दिखाता है परंतु अपने को उत्पन्न करने वाले कारण से टक्कर लेने पर स्वयं ही शांत हो जाता है। (55.24) ब्राह्मण यदि राज्य के लिए लड़े तो क्षत्रिय को उसका विरोध करना चाहिए। यह कहने के बाद भीष्म कहते हैं : ये सब होने पर भी ब्राह्मणों की तो सदा रक्षा ही करनी चाहिए। यदि उनके द्वारा अपराध बन गया हो तो उन्हें प्राण दंड न दे कर अपने राज्य की सीमा से बाहर करके छोड़ देना चाहिए। इनमें कोई कलंकित हो तो उस पर भी कृपा ही करनी चाहिए। ब्राह्मण हत्या, गुरुपत्नी गमन, भ्रूण हत्या तथा राजद्रोह का अपराधी होने पर भी ब्राह्मण को देश से निकाल देने का ही विधान है। उसे शारीरिक दंड कभी न देना चाहिए। (56.31.33)

शांतिपर्व अध्याय 233 में बहुत सी दान कथाएँ कही गई हैं। ये कथाएँ स्वयं व्यास जी कहते हैं। इनसे ब्राह्मणों का महत्व विज्ञापित होता है। कुशीनर के पुत्र राजाश्री ने किसी ब्राह्मण के लिए औढस पुत्र का दान कर दिया था। काशिराज प्रतूदेर ने किसी ब्राह्मण को अपने दोनों नेत्र प्रदान करके इस लोक में अनुपम कीर्ति प्राप्त की और परलोक में वह उत्तम सुख भोगते हैं। राजा अंबरीष ने ब्राह्मणों को एक अरब 10 करोड़ गौएँ दान में देकर देशवासियों सहित स्वर्ग लोक प्राप्त किया था। राजा मित्रसह ने वशिष्ठ को अपनी पत्नी मदयंती देकर उसके साथ ही स्वर्ग लोक में पदार्पण किया था, इत्यादि। महाभारत की मूलकथा तो गण समाजों की है। ब्राह्मणों के महात्म्य से संबंधित ये अंश स्पष्ट ही बाद

में जोड़े गए, यह प्रश्न महत्वपूर्ण है। शब्द शास्त्र में राजा ही सर्वशक्तिमान है। सारे अधिकार उसी के हाथों में केंद्रित किए गए हैं। पुरोहित वर्ग सत्ता के विचार से उससे पीछे है। गुप्तकाल में वैष्णव धर्म का अभ्युदय हुआ। उसमें पुरोहितों के अधिकारों में काफी परिवर्तन किया गया। भक्ति के द्वारा शूद्रों की इतर जातियों को ऊपर उठाने के मार्ग बताए गए। गुप्त काल और मौर्य काल के बीच में कभी ये पुरोहितीकरण की क्रिया संपन्न हुई होगी। मेरे अनुमान से यह कार्य संघ काल में हुआ जब ब्राह्मण राजा थे। यद्यपि राज करना ब्राह्मण का धर्म नहीं था, परंतु राज्य सत्ता ब्राह्मणों के हाथ में थी। इससे लाभ उठा कर पुरोहितों ने पुराने ग्रंथों में काफी परिवर्तन किए।

चंद्रिका प्रसाद जिज्ञासु नाम के सज्जन ने लोहिया को लिखा था : आपका पत्र ब्राह्मणवाद के विरुद्ध प्रकाशित हुआ था। उसका भी पिछड़े व दबे समाज पर काफी प्रभाव पड़ा है। यह तो आपको मानना ही पड़ेगा कि ब्राह्मण संस्कृति और ब्राह्मणवाद सामंत और पूंजीवाद का समर्थक है, पोषक है और जनक भी है। लोहिया ने उत्तर दिया : आपने लिखा है कि जहां एक ओर पाश्चात्य पूंजीवाद है वहां दूसरी ओर भारतीय ब्राह्मणी पूंजीवाद है। अगर आप इसको ब्राह्मणी पूंजीवाद कहते हो तो उसमें कोई आपत्ति मुझे नहीं है। मैं भी कई-कई दफे कह चुका हूं कि बनिया-ब्राह्मण राजनीति से देश को काफी नुकसान पहुँचा है। लेकिन बिना सोशलिस्ट संगठन बनाए हुए कुछ न होगा।[40] यह सोशलिस्ट संगठन विशुद्ध पिछड़ी जातियों के आधार पर नहीं बन सकता। यह बात लोहिया जानते थे। उन्होंने कहा : मैंने सभी ब्राह्मणों और बनियों के बारे में नहीं लिखा। केवल वशिष्ठी प्रकार के बारे में। राजनारायण, मधुलिमये, बालेश्वर दयाल जैसे लोग ब्राह्मण कुलों में पैदा हुए हैं और उनसे ज्यादा अच्छे आदमी न तो समाजवादी पार्टी और न हिंदुस्तान के किसी और दल में हैं।[41]

दो तरह के ब्राह्मण हुए। एक वे जो रूढ़ियों का समर्थन करते हैं। दूसरे वे जो रूढ़ियों का विरोध करते हैं। इसलिए ब्राह्मणवाद की बात करना गलत है। मधुलिमये जैसे लोग ब्राह्मण कुलों में उत्पन्न हुए। वे सोशलिस्ट पार्टी के नेता बने। किस आधार पर? लोहिया वर्ग शब्द का प्रयोग नहीं करते। वर्ण और जाति से काम चलाना चाहते हैं। परंतु उनके विवेचन से स्पष्ट हो जाता है कि एक ही वर्ण में कई तरह के लोग हैं। यह बात केवल उनके समय के लिए ही सही नहीं है वरन् प्राचीन सांस्कृतिक इतिहास के लिए भी सही है। चार्वाक ब्राह्मण वर्ण में उत्पन्न हुए थे। उनसे अधिक रूढ़ियों का विरोध और किसी ने न तो उनसे पहले किया और न बाद में किया। जितने समाज सुधारक हैं, वे चाहे नास्तिक हों चाहे आस्तिक, किसी न किसी रूप में चार्वाक की बातें दोहराते हैं। इन चार्वाक को महाभारत में किसी क्षेपक छोड़ने वाले ने ब्राह्मणों के तेज से भस्म करा दिया। इसलिए यह आवश्यक है कि पुराने इतिहास को देखते हुए हम वर्ग की बात सोचें। केवल वर्ण में अपने को सीमित न रखें। पुरोहित वर्ग में वे सब लोग आते हैं जो जनता में अंधविश्वास फैलाते हैं। कर्मकांड का समर्थन करते हैं। राजा की सत्ता को निरंकुश बनाने में जनता को

स्वर्ग-नरक के भय और सुखद स्वप्न दिखाते हैं। पुरोहित वर्ग की बात करते हुए यह ध्यान में रखना चाहिए कि पुरोहित केवल हिंदू समाज में नहीं थे। अन्य धर्मों के मानने वालों में भी पुरोहित थे। उनकी भूमिका लगभग वैसी ही थी जैसी हिंदू समाज के पुरोहितों की थी। भारत में इस्लाम के फैलने के बाद ये और भी आवश्यक है कि इस वर्ग की बात कही जाए। केवल ब्राह्मणों की चर्चा करने से मुसलमानों में जो पुरोहित वर्ग की भूमिका है वह आंखों से ओझल हो जाती है।

ऋग्वेद की समाज व्यवस्था

पुरोहितों का सबसे बड़ा कारनामा यह था कि उन्होंने ऋग्वेद पर अधिकार किया। यह प्रचार किया कि यह ब्राह्मणों का बनाया हुआ है और वेद पढ़ने-पढ़ाने का अधिकार केवल ब्राह्मणों को है। ब्राह्मण शब्द ऋग्वेद में आया है। यज्ञ कराने वालों में ब्राह्मण भी होते थे। ब्राह्मणों के साथ अन्य लोग यज्ञ में भाग लेते थे। वे सभी ब्राह्मण नहीं कहलाते।

ऋषि कहते हैं : ज्ञान से युक्त ऋत्विज जिस यज्ञ को अनेक प्रक्रिया से करते हुए इस यज्ञ को पूरा करते हैं, इस यज्ञ कर्म में यह अनुचाताः ब्राह्मणः जो विद्वान ब्राह्मण नियुक्त हुआ है उसे विषय में यज्ञ कराने वाले का ज्ञान कैसा था। (8.58.1) यहां ब्राह्मण यज्ञ करने के लिए नियुक्त किया जाता है। वह सूक्तों का रचनाकार नहीं है। जिस सूक्त में मेंढकों का वर्णन है उसके पहले मंत्र में कहा गया है : वृत चारिणः ब्राह्मणः—वृतचारी ब्राह्मण एक वर्ष तक सत्र में गुप्त होकर सोए हुए जैसे ये मेंढक प्रजन्य को प्रसन्न करने वाली वाणी बोलने लगे हैं। (7.103.1) यहां भी ब्राह्मणों की विशेषता मंत्रपाठ है। यज्ञ कर्म में भाग लेने वाले अनेक लोग हैं, इनमें एक ब्राह्मण भी है। ऊध्वर्य होता ब्राह्मण है। इन सब के काम बंटे हुए हैं। मंत्र के इन शब्दों में यह बात स्पष्ट होती है ब्राह्मण होतूः अवराः निशिदन। ब्राह्मण होता से नीचे बैठता है। गृहित ने इसका ठीक अनुवाद किया है—एंड ही सिट्स बिलो द होतक। (10.88.19)

सामंती व्यवस्था के ब्राह्मण शारीरिक श्रम नहीं करते। ऋग्वेद के रचनाकार कवि और ऋषि सामंती व्यवस्था वाले ब्राह्मणों से भिन्न हैं। इसका निर्णायक और बहुत ही स्पष्ट प्रमाण यह है कि वे सब शारीरिक श्रम करने वाले हैं। किसी भी देश के प्राचीन ग्रंथ में श्रम को इतना गौरवपूर्ण नहीं माना गया जितना ऋग्वेद में। लोग मानसिक श्रम भी करते हैं। परंतु यह समाज ऐसा है जहां मानसिक श्रम और शारीरिक श्रम में विभाजन नहीं हुआ है। नाव बनाने से लेकर खेत बोने और सींचने तक बहुत से काम हैं। ये सारे काम लोगों को मिलकर करने हैं। कवि अपने साथियों का आह्वान करता है : हे सरवाः मित्रो, समान चित होकर जागो। आनंद में रह कर स्तोत्र बनाओ। हर दंड लगाने वाली और पार लगाने

वाली नाव बनाओ। हल जोतो। उत्तम तैयार किए हुए क्षेत्र में यहां बीज बोओ। पशुओं को पानी पीने के लिए स्थान बनाओ। रस्सियों को परस्पर जोड़ो। उत्तम जल पात्र के स्थान से सुसज्जित सुंदर रज्जु से युक्त उत्तम रीति से सिंचन करने योग्य जल से पूर्ण और अक्षयमय कूप से मैं सिंचाई करता हूं। (10.101.1-6) सींचिए, मैं सिंचाई करता हूं। जो कवि सूक्त रच रहा है वह अपने लिए कह रहा है कि मैं खेत में सिंचाई करता हूं। रथ बनाने वाला कारीगर समाज का सम्मानित सदस्य है। कवि अपने कर्म की तुलना रथ बनाने से करता है। अग्नि से कहता है : तेरे लिए इस स्तोत्र को मैंने उसी प्रकार बनाया है जिस प्रकार रथ बनाया जाता है। (5.2.11) एक युग ऐसा था जब देव नहीं थे।

कवि औषधियों से कहता है : हे औषधियो, तुमको खोद निकालने वाला स्वयं नष्ट न हो, जिसके आरोग्य के लिए मैं तुमको खोदता हूं, वह भी नष्ट नहीं हो। (10.97.20) यहां ऋषि स्वयं औषधियां खोद रहे हैं। सूर्य की प्रशंसा करते हुए कवि कह रहा है : जो चमड़े की तरह अंधकारों को समेटता है वह सूर्य उदय हो रहा है। (7.63.1) चमड़ा भिगोना, उसे सुखाना, सूख जाने पर उसे फिर समेटना—इन सारी क्रियाओं से यह कवि परिचित है। जिन पत्थरों से सोम पीसा जाता है उनके लिए कवि कहता है : सोम का भक्षण करने वाले ये पत्थर इंद्र के घोड़ों को चुभते हैं। अर्थात इंद्र के रथ के पास जाते हैं। सोमरस निकालते समय गोचन के ऊपर बैठते हैं। (10.94.9) अन्य मंत्र में कवि कहते हैं : हे इंद्र, तू हमारे यज्ञ में वृषभ चर्म के ऊपर डाला हुआ और पात्र में परिपूर्ण रखा हुआ मधु सोमरस का पान करके वृषभों के समान शत्रुओं का उच्छेद कर। (10.116.4) चमड़ा और चमड़े की बनी वस्तुएं इस समय मित्र नहीं मानी जातीं। मनुष्य श्रम करता है इसलिए देव उन्हें अपने मित्र बनाते हैं। न शांतस्य सख्याय देवाः—परिश्रम किए बिना मनुष्यों को देवता अपना सखा नहीं बनाते। (4.33.11) कविता रचना कवियों का काम है। ऋग्वेदिक समाज का सबसे सम्मानित सदस्य कवि है। 'कवि' शब्द का प्रयोग ज्ञानी और बुद्धिमान के लिए होता है और काव्य रचने वाले के लिए भी। मनुष्य की इच्छाएँ पूरी करने के लिए इंद्र ने बहुत से काम किए। इन कामों की प्रशंसा कवि करते हैं। विप्राद कवयाः बुद्धिमान कवि इंद्र के कर्मों के उक्ते भि घृणंति—अपने स्तोत्रों द्वारा प्रशंसा करते हैं। (3.34.7) ऋग्वेद के एक प्रसिद्ध कवि हैं वशिष्ठ। ब्रह्माणि शस्त्रजे वशिष्ठाः—वशिष्ठ ने सूक्त बनाया है। (7.18.4) अन्य प्रसिद्ध ऋषि हैं विश्वामित्र। उनकी घोषणा है : विश्वामित्रस्य ब्रह्मवेदं रक्षति भारतं जनम्। विश्वामित्र का यह बनाया हुआ सूक्त भारत जन की रक्षा करता है। (3. 53.12) ऋग्वेद के रचनाकार ने यज्ञ कराने वाले का पेशा अलग बनाया था, कविता रचने वाले का पेशा अलग। एक सूक्त में कहा गया है : बढ़ई लकड़ी का काम चाहता है। ब्रह्मा सुन्मतम् इच्छति। यज्ञ करने वाला ब्राह्मण यजमान को चाहता है। (9.112.1) आगे कवि कहता है : कार्लुरहम ततोबिशक—मैं कवि हूं और पिता वैद्य हैं, माता कूटने का काम करती है। (9.112.3) ऋग्वेद में कार्लु शब्द शिल्पी के लिए प्रयुक्त होता है और कवि के लिए भी। सूक्त रचने वाला अपने बारे में बोल रहा है इसलिए वह कवि तो है ही, संभव है

शिल्पी भी रहा हो और कवि खेती भी करता है—शीराः येयंति कवियः। कवि हल भी बैल जोतता है। (10.101.4)

ऋग्वेद में श्रम का उल्लेख अनेक बार हुआ है। परंतु कहीं भी यह श्रम दासों या शूद्रों से नहीं कराया जाता। श्रम से सूक्त रचने वाले का सीधा संबंध है। 'शूद्र' शब्द तो ऋग्वेद में एक ही बार आया है। दान स्तुतियों में सैकड़ों दास-दासियों के दान करने की बात कही गई है। वशिष्ठ वरुण के लिए कहते हैं : वशिष्ठ दास के समान वरुग की सेवा करता है। (7.86.7) ये जो सैकड़ों दास-दासी दिए गए, वे एक व्यक्ति को नहीं कुलपति को दिए गए हैं, ऐसा मानना चाहिए। वे कुल संपत्ति होते हैं। घर की टहल करते होंगे। कुलपति की सेवा करते होंगे। परंतु कहीं भी उत्पादन से उनका संबंध नहीं दिखाया गया। यह भी संभव है कि शूद्र, क्षत्रिय, ब्राह्मण की तरह दास एक गण का नाम हो। दासीहि विसाः (2. 11.4) ऐसे उल्लेख से यह संभावना पुष्ट होती है। विस का अर्थ प्रजा किया जाए तो दासों की प्रजा यह अर्थ होगा। विस का अर्थ बस्ती या कुटुंब किया जाए तो दासों की बस्तियां, दासों के कुटुम्ब यह अर्थ होगा। ऋग्वेदिक समाज में सभी लोग यज्ञ नहीं करते थे। जो लोग यज्ञ करते थे, वे यज्ञ न करने वालों को घृणा की दृष्टि से देखते थे। ऐसे अयाजक जनों को भी दास कहा गया है।

ऋग्वेद में राजा शब्द बहुत बार आया है। वह सामंती व्यवस्था के राजा से भिन्न कोटि का व्यक्ति है। एक उसका सामान्य अर्थ है तेजस्वी। जो मनुष्य इंद्र के लिए हव को देते हुए उसके शासन में रहता है वही मनुष्य राजा तेजस्वी होता है। (1.54.7) इसी तरह 'विस' शब्द जहां इसका अर्थ प्रजा किया गया है वहां उसे सामंती व्यवस्था की प्रजा से भिन्न समझना चाहिए। अधिकतर इसका अर्थ बस्ती, गढ़, कुटुंब अथवा गण है। अग्निम् विक्षु जनावः हवंते। अग्नि को लोग अपनी बस्तियों में पुकारते हैं। (1.45.6) देवनाम वेषा, देवों का समूह अथवा गण। (1.50.5) यहां 'देवों की प्रजा' यह अर्थ करना ठीक न होगा। विशपति का लगभग वही अर्थ है जो उत्तरकालीन साहित्य में गृहपति का है। (10.135. 1) कवि अश्विनी देवों से कहता है : विषम विषम हि गच्छतः, आप प्रत्येक बस्ती या कुटुंब में जाते हैं। (7.74.1) हारे हुए दुवारे के माता-पिता और भाई कहते हैं : हम इसे नहीं जानते— नयता बद्धम्। इसे बांध कर ले जाओ। (10.34.4) जिनसे वे ऐसा कहते हैं वे समाज के अधिकारी हैं। समाज की व्यवस्था की देखरेख करने वाले हैं। यहां हम राज्य सत्ता का बीज रूप उभरते देख सकते हैं। कवि अदिती और आदित्यों से कहते हैं : जैसे बंधे हुए चोर को मुक्ति मिलती है वैसे ही हमें दुष्टों के चंगुल से छुड़ाएँ। (1.67.14) जहां सामूहिक स्वामित्व है वहां चोरी का सवाल नहीं है। ऋग्वेद का समाज गण व्यवस्था वाला समाज नहीं है। यहां व्यक्तिगत संपत्ति है और अनेक वस्तुओं की चोरी भी होती है। कवि अग्नि से कहता है : यह अग्नि पितृक वित्ताः पिता से प्राप्त संपत्ति की तरह अन्न का देने वाला है। (1.73.1) इस समाज में सामंती व्यवस्था के राजा नहीं हैं। सामंती व्यवस्था के पुरोहित नहीं हैं। लोग श्रम करते हैं। श्रमफल के वे स्वयं स्वामी हैं। यह कामकाजी

लोगों का, किसानों और कारीगरों का स्वाधीन समाज है स्वाधीन किसान तंत्र : सामाजिक विकास की एक व्यवस्था।

परिवार और राज्य सत्ता के उद्भव पर अपनी पुस्तक में एंगेल्स कहते हैं : जहां तक लिखित इतिहास प्राप्त होता है वहां हम देखते हैं कि यूनान में भूमि बांट दी गई है और वह निजी संपत्ति बन गई है। इससे यह सिद्ध होता है कि यूनान में बहुत समय तक यह स्वाधीन किसान तंत्र जीवित रहा था। इस समाज में सूदखोरी शुरू हुई। महाजनों ने स्वाधीन किसानों की जमीन रेहन रखी। सूद अदा न करने पर बहुतों को गुलाम बना कर दूसरे प्रदेशों में बेच दिया। 594 ई. पू. में सोलन नामक राजनीतिज्ञ ने महाजनों और बड़े भूस्वामियों पर अंकुश लगाया। स्पष्ट ही वह छोटे मालिक किसानों के हित में काम कर रहा था। उसने जो उपाय किए, उससे महाजनों की संपत्ति को क्षति पहुंची और जो कर्जदार किसान थे, उनका लाभ हुआ। जितने लोगों ने कर्ज लिया था, उन सबके कर्ज रद्द कर दिए गए। खेतों में जो रेहन रखने की पट्टियों लगी थीं, उसने उन्हें उखड़वा कर फिंकवा दिया। जो लोग गुलाम बना कर दूसरे प्रदेशों में बेच दिए गए थे, उन्हें वापस बुलाया गया और वे अपनी जमीन के फिर मालिक बने। ऐसा तरीका अपनाना था जिससे कि ऐसी स्थिति दोबारा उत्पन्न न हो और आजाद एथेंसवासी गुलाम न बनें। एंगेल्स ने जिन आजाद एथेंसवासियों की बात कही है वे वास्तव में आजाद किसान थे। जो उपाय किए गए, उससे यह बात स्पष्ट हो जाती है। सोलन ने उन अनुबंधों पर रोक लगा दी, जिनसे आजाद किसान अपनी स्वाधीनता खो सकता था। इसके सिवा उन्होंने उस अधिकतम भूमि की सीमा बांध दी, जो किसी के अधिकार में हो सकती थी। इस तरह जो बड़े भूस्वामी थे और अधिक जमीन प्राप्त करना चाहते थे, उन पर रोक लगाई गई।[43] इन सभी उपायों से स्वाधीन किसानों के अधिकारों की रक्षा की गई। इन उपायों के विवरण से ज्ञात होता है कि यूनान में काफी समय तक ऐसा स्वाधीन किसान तंत्र चालू रहा। जर्मनी में एक विद्वान ड्यूरिन नाम के थे। उनकी धारणाओं का खंडन करते हुए एंगेल्स ने एंटी ड्यूरिन ग्रंथ लिखा। ड्यूरिन की एक धारणा यह थी कि अनेक देशों में बड़े-बड़े अभिजातों ने बंधुआ किसानों और गुलामों की सहायता से ही क्रय तंत्र का विकास किया। एंगेल्स ने इस धारणा का खंडन करते हुए यूनान का उदाहरण दिया कि वहां पर मुख्य रूप से स्वाधीन किसान ही खेती करते थे। जो अभिजात वर्ग और कबायली सरदार थे– उनकी भूमि अपवाद रूप में थी। पर, इस तरह की भूमि कुछ समय के बाद समाप्त हो गई। अर्थात् पहले से स्वाधीन किसान खेती करते थे और कबायली सरदारों की जो बड़ी भूमि थी, वह भी समाप्त हो गई। अर्थात वहां भी स्वाधीन किसान खेती करने लगे। एंगेल्स ने यहां इटली का उदाहरण भी दिया है। वहां मुख्य रूप से खेती का काम स्वाधीन किसान करते थे। रोमन गणराज्य के अंतिम चरण में जब बड़ी जमींदारियां कायम हुईं, जमींदारों ने इन छोटे मालिक किसानों को हटा कर उनकी जगह गुलामों से काम लेना शुरू किया।[44] इससे भी इस धारणा की पुष्टि होती है कि गण समाजों के विघटन के बाद एक ऐसी अवस्था आती है, जिसमें

स्वाधीन किसान खेती करते हैं और अपने श्रमफल के मालिक होते हैं।

एंगेल्स ने उत्तरी अमेरिका के बारे में लिखा : वहां अधिकांश भूमि मुख्यतः स्वाधीन किसानों ने खेती लायक बनाई। आस्ट्रेलिया और न्यूजीलैंड में ब्रिटिश सरकार ने बहुत प्रयत्न किया कि कृत्रिम रूप से वहां अभिजात भूस्वामियों का वर्ग बनाया जाए। परंतु इसमें वह सफल नहीं हुई।[45] एंगेल्स कहते हैं : खेती के विकास के साथ यह हुआ कि कुटुंब में बाहर के लोगों को शामिल किया जाए, जिससे श्रम संबोधित हो। ऐसा विशेष रूप से उन देशों में हुआ, जहां भूमि का सामूहिक स्वामित्व विघटित हो चुका था अथवा कम से कम संयुक्त किसान के बदले अलग-अलग भूखंडों पर पृथक कुटुंब खेती करने लगे थे।[46] पहले है ज्वाइंट कल्टीवेशन। सब लोग मिल कर खेती करते हैं। भूमि पर सब का सामूहिक स्वामित्व होता है और उसके बाद जब अलग-अलग भूखंडों पर खेती होती है तब इसे कुटुंब करते हैं। फैमिलीज (कुटुंब)। ये कुटुंब बड़े हैं। बाप, मां, बेटा इस तरह का छोटा परिवार नहीं है। इस तरह गोत्र संपत्ति के बाद कुटुंब संपत्ति का चलन होता है।

स्वाधीन किसानों के ये समाज बहुत दिनों तक अनेक देशों में कायम रहे। एंगेल्स ने नार्वे, इंग्लैंड और फ्रांस का हवाला देते हुए लिखा है : नार्वे में छोटे किसान और मध्य वित्त लोग जिनमें कुछ हद तक मझोले पूंजीपति भी शामिल थे, जैसे कि 17वीं सदी में इंग्लैंड और फ्रांस में थे, इनका समाज अनेक शताब्दियों तक सामान्य रूप से काम करता रहा। आगे नार्वे के किसान के बारे में जर्मनी के किसानों से उनकी भिन्नता बताते हुए एंगेल्स ने लिखा : नार्वे का किसान कभी बंधुआ अथवा अर्धदास नहीं रहा। स्पेन के कास्त्रेय देश में ऐसा ही विकास हुआ और इससे पूरे विकास की पृष्ठभूमि बिल्कुल बदल जाती है। नार्वे में मध्य वित्त स्वाधीन किसान का बेटा है और वह बेचारे जर्मन टटपुंजिए से इन परिस्थितियों में मर्द जैसा है। इसी तरह नार्वे की स्त्री निम्न मध्य वर्ग की स्त्री है। वह जर्मन टटपूंजिए की स्त्री के मुकाबले इतनी बड़ी है कि आसमान छूती हुई ज्ञात होती है। इब्सन के नाटकों में छोटे और मध्य वित्त लोगों की जो भी कमजोरियां दिखाई गईं, उनके नाटक में ऐसा संसार दिखाई देता है जहां मनुष्यों में चरित्र बल है, पहल करने की शक्ति है, स्वाधीन रूप से काम करने की क्षमता है। दूसरे देशों में जोर मानदंड प्रचलित हैं, भले ही उनको देखते हुए नार्वे के इन पात्रों के कार्य विचित्र मालूम हों।[47] इंग्लैंड के स्वाधीन किसानों के बारें में मार्क्स ने लिखा कि 17वीं सदी में अन्य काश्तकारों से उनकी संख्या अधिक थी। क्रानवेल की सेना के मेरुदंड यही लोग थे और मैकौली के विवरण के अनुसार भी पतित जमींदारों और उनके सेवक चर्च के लोगों की तुलना में वे अच्छे लड़ाके साबित हुए।[48]

गण समाजों में सभी हथियार चलाना जानते थे। यह परंपरा इन स्वाधीन किसानों ने कायम रखी। देखना चाहिए कि इस तरह की परंपरा भारत में भी थी या नहीं। 1856 में अंग्रेजों ने अवध पर अधिकार किया। सबसे पहला काम उनका यह था कि किसानों से हथियार रखवा लें। जो छोटे-बड़े भूस्वामी थे, वे तो अपने किलों में तोपें भी रखते थे। उनसे अलग जो साधारण किसान थे, वे भी हथियार चलाना जानते थे। अवध

के जूडिशियल कमिश्नर ने ऊपर के अधिकारियों को लिखा था : अब इस बात पर विचार करना है कि पूरे सूबे की तमाम जनता से हथियार रखवा लिए जाएँ। इसके खिलाफ यह तर्क दिया जाता है कि अन्य सूबों में ऐसा काम अभी तक नहीं किया गया और वहां जनता ने शांतिपूर्वक व्यवहार किया है। चुपचाप उन्होंने अंग्रेजों का शासन स्वीकार किया है। इसलिए यहां हथियार रखवाए जाते हैं, तो लोग इसे दंड समझेंगे और इसकी प्रतिक्रिया हो सकती है। इसलिए इस बात पर भी विचार करना चाहिए कि इस सूबे के लोगों में यह आदत है और उनकी रीति है कि छोटी से छोटी बात पर भी हथियार उठा लेते हैं। थोड़ी-सी बात पर भी नाराज हुए तो हथियारों से बात करते हैं और इस बात पर ध्यान देना चाहिए कि पंजाब से इस सूबे की परिस्थितियां भिन्न हैं। फिर इस अधिकारी ने छोटे-बड़े जमींदारों से किसानों की भिन्नता बताते हुए कहा : ऐसे भूस्वामियों को अपवाद रूप में यह विशेषाधिकार दिया जा सकता है कि वे तलवार और बंदूक रखें। इनमें जो लोग सरकार के साथ सहयोग कर रहे हों, उससे मिल कर काम कर रहे हों, उनके साथ ऐसा व्यवहार करना चाहिए। जमींदार या ठाकुर को लाइसेंस दिया जा सकता है कि वे तलवार और बंदूक रखें और जो मालगुजारी देते हैं, उसमें 100 रुपए पर एक हथियारबंद सेवक रखे। लेकिन जो आम जनता (द रेबल) है उससे तो हथियार रखवा लेने चाहिए और इस समय हमारी फौजी ताकत बढ़ी है, इससे लाभ उठा कर इस सूबे में इस हुक्म को तामील करना चाहिए।[49] इस अधिकारी को जितना भय आम जनता से है, उतना छोटे-बड़े ताल्लुकेदारों से नहीं।

कहा जा सकता है जिन लोगों के पास हथियार थे और हथियार चलाना जानते थे वे द्विज वर्ण के रहे होंगे। ऊपर वाली जातियां हथियार रखती होंगी और शूद्र तो डंडे के जोर से काम करते थे। उनके पास हथियार कहां होंगे, इस प्रसंग में देखना चाहिए कि लखनऊ में पासी कैसे विद्रोही सैनिकों के साथ मिल कर लड़े थे। सुरेंद्रनाथ सेन ने 'गदर का इतिहास' में लिखा है : सर फैलिनी लारेंस ने कोशिश की थी कि अवध के ताल्लुकेदारों का समर्थन प्राप्त करें। उनमें राजा मानसिंह शाहगंज का सबसे शक्तिशाली था। उसने समर्थन का वादा किया था। परंतु रामनगर के हिंदू राजा मानसिंह और महमूदाबाद के मुस्लिम राजा नवाब अली ने ऐसे जवाब दिए, जो टालने वाले थे और कहा कि हमारे पास साधनों की कमी है। जुलाई में उनके सैनिक लखनऊ के सामने विद्रोही फौज में शामिल हो गए। इन सिपाहियों के पास यानी पासी राजाओं के सैनिकों के पास अधिकतर पासी तीरंदाज थे। वे बहुत अच्छे निशानेबाज थे। परंतु रायफलों और बंदूकों का मुकाबला खुले युद्ध में करने के योग्य नहीं थे। ये जो पासी तीरंदाज थे, उन्होंने किसी सैनिक पाठशाला में जाकर यह शिक्षा न पाई थी। पीढ़ी दर पीढ़ी वे तीर चलाने का काम करते रहे होंगे। इसलिए जब रामनगर के राजा गुरबख्श और महमूदाबाद के राजा नवाब अली ने विद्रोही सैनिकों का साथ देने का वायदा किया, तब ये पासी सैनिक उनके साथ हो लिए और भले ही वे बंदूकों और रायफलों का मुकाबला न कर सके हों, परंतु अपने तीर-कमानों से कुछ

समय के लिए उन्होंने अंग्रेजों का रेजीडेंसी में रहना दूभर कर दिया। इससे पता चलता है कि शूद्र भी हथियार रखते थे। कम से कम अवध में तो रखते ही थे और समय पड़ने पर उनका उपयोग भी कर सकते थे।

यहां इस बात का उल्लेख कर देना उचित होगा कि कौटिल्य के समय में चारों वर्णों के लोग हथियार चलाना जानते थे। सेना का वर्णन करते हुए कौटिल्य ने लिखा है : प्राचीन आचार्यों का मत है कि तेज की अधिकता होने के कारण ब्राह्मण, क्षत्रिय, वैश्य और शूद्र– इन चारों वर्णों की सेनाओं में उत्तर-उत्तर की अपेक्षा पूर्व-पूर्व की सेना अधिक श्रेष्ठ थी। (अर्थशास्त्र, पृष्ठ 600) अर्थात कौटिल्य से पहले आचार्य यह मानते थे कि ब्राह्मणों की सेना क्षत्रियों से श्रेष्ठ है और उसी तरह वैश्यों और शूद्रों की सेनाओं से क्षत्रियों की सेना श्रेष्ठ है। ब्राह्मण अस्त्र धारण करता था, इसीलिए उनकी श्रेष्ठता की बात प्राचीन आचार्यों ने कही थी। इसके बाद कौटिल्य अपना मत देते हैं : शत्रु पक्ष ब्राह्मण सेना के समक्ष नमस्कार करके सिर झुका कर उसको अपने वश में कर लेता है। इसलिए युद्ध विद्या में निपुण सेना को ही सर्वाधिक श्रेष्ठ समझना चाहिए अथवा वैश्य सेना तथा शूद्र सेना को भी श्रेष्ठ समझना चाहिए, यदि उनमें वीर पुरुषों की अधिकता हो। (उपर्युक्त) कौटिल्य के समय में ब्राह्मण अस्त्र-शस्त्र चलाने से विरत होने लगे होंगे। इसलिए आचार्य ने कहा कि उन्हें नमस्कार करके उनके आगे सिर झुका कर उन्हें वश में किया जा सकता है। क्षत्रिय वर्ण से युद्ध विद्या का विशेष संबंध जोड़ा गया था। फिर भी वेश्यों की सेना भी हो सकती है और शूद्रों की सेना भी हो सकती है, यदि उनमें वीर पुरुषों की अधिकता हो।

श्रम का विशेषीकरण और शूद्रों का उद्‌भव

स्वाधीन किसान तंत्र में जब तक एक ही परिवार के लोग खेती और कारीगरी– दोनों काम करते हैं, तब तक उत्पादन में विशेष प्रगति नहीं हो सकती। जनसंख्या बढ़ने और जीवन की आवश्यकताओं में बढ़ती होने से उत्पादन के ढंग में परिवर्तन करना आवश्यक हुआ। सबसे पहले खेती को कारीगरी से अलग किया गया। यह अलगाव ऋग्वेद में ही हो गया है। परंतु यूरोप में, विशेष रूप से उत्तरी भाग में वहां की जलवायु के कारण ऐसा विभाजन 18वीं शताब्दी तक नहीं हुआ। औद्योगिक क्रांति तक जर्मनी और इंग्लैंड में एक ही परिवार खेती करता था और कारीगरी का काम भी देखता था। भारत में भिन्न परिस्थितियां थीं इसलिए यहां महाजन पहले हुआ। यूरोप में भी दक्षिणी भाग तथा यूनान में यह विभाजन काफी पहले हो गया था। खेती और कारीगरी के विभाजन के बाद फिर कारीगरी में विभाजन और विशेषीकरण का अवसर आया। मिट्‌टी, चमड़ा, लकड़ी, धातु– इन उपकरणों से लोग सामान बनाते थे। 'कुंभ' शब्द अनेक बार आया है। यह अवश्य ही

मिट्टी का घड़ा होगा। संभवतः छोटी हंडिया थी, इसलिए कि अश्विनी देव सुरा के 100 घड़े, शहद के 100 घड़े अपने भक्तों को देते हैं। ऋग्वेद में 'कर्मा' शब्द एक बार आया है। यह लुहार हो सकता है और धातु उद्योग में दूसरी तरह का काम करने वाला कारीगर भी। मोटा विभाजन लकड़ी के काम और धातु के काम में है। कर्मा से भिन्न तक्षा और तष्टा शब्द बहुत बार आए हैं। तक्षा और तष्टा लकड़ी के कारीगर हैं। संभवतः ये पत्थर के उपकरण भी बनाते थे, क्योंकि एक मंत्र में तक्षक वज्रम, वज्र को बनाया, ऐसा पाठ आया है। 'तक्ष' शब्द निर्माण के लिए अक्सर प्रयुक्त होता है। लकड़ी के काम की बहुतायत रही होगी। फिर लकड़ी के कारीगरों में रथ बनाने वाले विशेषज्ञ माने गए। इसलिए रथकारों का अलग उल्लेख होता है। धातु उद्योग में तांबे आदि धातुओं के अतिरिक्त सोने की चीजें बहुत बनाई जाती थीं। इनके गहने बनाए जाते थे और शरीर पर धारण करने के लिए कवच आदि भी बनाए जाते थे। कवच बनाने वाले, अलंकार बनाने वाले, एक विशेष प्रकार के शिल्प रहे होंगे। चमड़े की चीजों का बहुत जगह उल्लेख है। बहुत संभव है कि चमड़े के कारीगरों का भी एक अलग समुदाय बन रहा हो।

इस समाज में यज्ञ बहुत महत्वपूर्ण कार्य है। यज्ञ भी करने वाला, मंत्र-पाठ करने वाला एक विशेष वर्ग बना। आगे चल कर ये ब्राह्मण कहलाए। समाज व्यवस्था की देखभाल करने वाला राजन्य वर्ग बना। ये दोनों शेष समाज से लगभग अलग हो गए। इसलिए जो बाकी बचे, वे वैश्य कहलाए। 'वैश्य' शब्द विश से बना है। विश से पूरे जन का बोध होता है। इसलिए समाज में बहुसंख्यक लोग वैश्य थे। कृषि और पशु पालन इनका काम था। 'अर्थशास्त्र' में कौटिल्य ने जिसे वार्ता कहा है वह वैश्य का कर्म है। 'अर्थशास्त्र' के आर्थिक पक्ष में इन्हीं वैश्यों के कर्म की चर्चा है। राजनीतिक पक्ष में राजा और सैनिक पक्ष की चर्चा है। ऋग्वेद में 'होतु' शब्द आया है। बुनकरों का एक उपकरण 'टसर' कहलाता था। उसका उल्लेख भी है। तन जिससे तंतु शब्द बनता है उसका प्रयोग ऋग्वेद में बहुत हुआ है। इसलिए हम कह सकते हैं कातने और बुनने वालों का भी एक समुदाय बन रहा था। इसके सिवा कविता करने वालों का भी एक समुदाय था। कवि के लिए अनेक शब्दों का प्रयोग ऋग्वेद में हुआ है और कवि समाज का बहुत ही सम्मानित सदस्य माना जाता था। देवों के लिए कवि शब्द का प्रयोग तो बहुत बार हुआ है। परंतु 'ब्राह्मण' शब्द का प्रयोग एक बार भी नहीं हुआ।

खेती से कारीगरी का अलगाव। कारीगरी की अनेक शाखाओं का विकास सामाजिक प्रगति के लिए आवश्यक और महत्वपूर्ण है। वर्ण व्यवस्था में इन शिल्पियों को कहां रखा जाए। ब्राह्मणों की विशेषता शिल्प विद्या नहीं है न वह क्षत्रियों की विशेषता है। व्यवसाय के लिए कृषि कर्म और पशु पालन बताया गया है। परंतु कृषि विद्या का उल्लेख वहां भी नहीं है। फलतः जितने शिल्प थे, उन सबको शूद्र वर्ग में सम्मिलित किया गया। यजुर्वेद, अध्याय 30 में शूद्रों के अंतर्गत सातवलेकर की टिप्पणी में ऊपर शीर्षक दिया है : शद्दु वर्ण विभाग। और फिर उसके नीचे कर्मार मणिकार हिरण्यकार अर्थात सुनार, तक्षक अर्थात्

बढ़ई आदि के नाम दिए हैं। इससे सिद्ध है कि यजुर्वेद के रचनाकार ने कारीगरों को शूद्र वर्ण में शामिल किया है। 'अर्थशास्त्र' में ब्राह्मण का धर्म केवल दान लेना ही नहीं, वरन् दान देना भी है। क्षत्रियों का धर्म प्राणियों की रक्षा करना है। साथ ही शस्त्र बल से जीविकोपार्जन करना भी है। वैश्य का धर्म पढ़ना, यज्ञ करना, दान देना। ये तो ब्राह्मणों और क्षत्रियों की तरह है, विशेष बात यह कि कृषि कार्य एवं पशु पालन और व्यापार करना उसका धर्म है। शूद्र के लिए कहा गया है कि वह ब्राह्मण, क्षत्रिय, वैश्य की सेवा करे। खेती, पशुपालन तथा व्यापार करे और शिल्प, कारीगरी, गायन, वादन, चारण, भाट आदि का कार्य करे। (पृष्ठ 10) शूद्रों का काम केवल सेवा करना नहीं है। वैश्यों की तरह वह खेती करता है, पशु पालता है और व्यापार भी करता है। विशेष बात यह कि वह शिल्प, गायन, वादन में भी दक्ष होता है। इस तरह शिल्पियों को 'शूद्र' संज्ञा दी गई और उनके साथ जो अन्य कलाकार थे, संगीत और काव्य पढ़ने वाले– उन्हें भी इसी वर्ण में रखा गया। यहां इस बात का उल्लेख करना उचित होगा कि जो सेवा करते हैं, उन्हें उसके लिए पारिश्रमिक दिया जाता है। कौटिल्य ने लिखा है : खेतों की रक्षा करने वाले दास और कर्मकर नौकर आदि प्रत्येक को उनकी मेहनत के अनुसार भोजन, वस्त्र आदि दिया जाना चाहिए। इसके अतिरिक्त उन्हें प्रति मास समय पर नित्य वेतन मिलना चाहिए। इसी प्रकार कारीगरों को भी उनके परिश्रम के अनुसार भोजन और वस्त्र आदि दिया जाना चाहिए। (पृष्ठ 199)

सेवकों, दासों आदि को पारिश्रमिक देने की बात 'मनुस्मृति' में दोहराई गई है। राजा साधारण कार्य– झाड़ू लगाना, पानी भरना आदि करने वाले, निकृष्ट दास या दासी के प्रतिदिन एक पण (एक पैसा), 6 मास में एक जोड़ा वस्त्र, प्रति मास एक द्रोण 4 अडिक – 2 सेर धान्य, उत्तम दास या दासी के लिए प्रतिदिन 6 पण पैसा वेतन दे। (7.126) 13वीं सदी में उड़ीसा के राजा नरसिंह देव ने कोणार्क का प्रसिद्ध सूर्य मंदिर बनवाया। इसके शिल्पियों ने अपनी बही में शिल्प विद्या की अनेक बातें, वेतन आदि और काम करने की परिस्थितियों का वर्णन किया है। एलिस ब्रूनर, सदाशिव रथ शर्मा और राजेंद्र प्रसाद दास ने इस पुस्तक का अनुवाद करके 'न्यू लाइट ऑन द सन टेम्पल ऑफ कोणार्क' नाम से प्रकाशित किया। एलिस ब्रूनर ने भूमिका में लिखा है कि कारीगर पैसा कमाऊ लोग नहीं थे। गुलाम तो और भी नहीं थे। मंदिर के निर्माण से उनका व्यक्तिगत और भावनात्मक लगाव था। प्रमुख स्थापित मूल योजना में जो कुछ घटाते-बढ़ाते थे, उसे डंका बजा कर शिविरों में सभी कारीगरों को सुना देते थे। बड़ा मंदिर बन गया, तब सूत्रधार ने सभी स्थापतियों की सभा बुलाई जिससे कि अन्य मंदिरों के निर्माण की योजना को पक्का कर लिया जाए। (पृष्ठ 42-43) कारीगर समाज का सम्मानित सदस्य था। जो कारीगर बारीक काम करते थे, उन्हें पान खिलाने के लिए एक आदमी नियुक्त किया गया था। उसे 24 गोणी (एक गोणी साढ़े 3 शेर के बराबर) धान दिए गए। (पृष्ठ 64) अत्यंत प्राचीन काल से भारत अपने वस्त्र उद्योग के लिए विख्यात रहा है। जो शिल्पी थे, वस्त्र बनाते थे वे

शूद्र माने जाते थे। परंतु वे आजाद श्रमिक थे और उन्हें काम के लिए पगार दी जाती थी। यह बात डॉ. भीमराव आम्बेडकर ने भी स्वीकार की है– अंग्रेजी राज में भारत के उद्योग-धंधे तबाह किए गए। नगर नष्ट हुए। देश का देहातीकरण हुआ। जो शिल्पी बहुत बड़ी संख्या में शहरों में काम करते थे, वे उद्योग-धंधे तबाह होने के बाद भाग कर गांवों में बस गए। विशेष रूप से चमड़े के कारीगर उत्तर भारत के गांवों में जाकर बसे। उतने कारीगरों की आवश्यकता ग्राम समाज को नहीं थी। फलतः वे जमींदारों और सरकारी अफसरों की बेगार करने पर मजबूर हुए। ऊंची जातियों के लोगों ने उन्हें सताना आरंभ किया। अंग्रेज राज्य की इन परिस्थितियों को अंग्रेजी राज्य के पहले के भारत पर आरोपित करना न्यायसंगत नहीं है।

श्रम विभाजन और जाति-प्रथा

जाति प्रथा का सीधा संबंध श्रम विभाजन से है। जहां भी छोटे पैमाने का उत्पादन पीढ़ी दर पीढ़ी चलेगा, वहां किसी न किसी रूप में जाति प्रथा होगी। भारत के लिए यह प्रथा अनोखी नहीं है। अन्य देशों में भी ऐसी ही प्रथाओं का चलन रहा है।

जहां भी भूमि का केंद्रीकरण होगा अथवा भूस्वामी वर्ग शासन सत्ता संभालेंगे, वहां क्षत्रिय वर्ण होगा। जहां भी उसके सहायक पुरोहित होंगे, वहां ब्राह्मण वर्ण होगा। जहां खेतीबाड़ी पशुपालन और विनिमय होगा, वहां वैश्य वर्ण होगा और जहां भी उत्पादन की शाखाओं का विशेष रूप में कारीगरी की शाखाओं का विकास होगा, वहां शूद्र वर्ण होगा। जाति प्रथा का संबंध शिल्प विद्या के विकास से है। ब्राह्मण वर्ण है, ब्राह्मण कहने से किसी के पेशे का बोध नहीं होता। इसी तरह क्षत्रिय कहने से किसी पेशे का बोध नहीं होता। वैश्य व्यापारी हो सकते हैं, खेती कर सकते हैं, पशुपालक हो सकते हैं कोई एक पेशा नहीं है। परंतु कुम्हार, लुहार, सुनार, चमार इन शब्दों का प्रयोग करते ही किसी एक पेशे का बोध होता है। जातियां वास्तव में शूद्र वर्ण में ही होती हैं। शिल्प की शाखाओं के विकास के साथ ऐकिक समुदाय किसी एक शाखा से ही जुड़ जाता है और फिर इन शाखाओं को समेट कर शूद्र वर्ण में डाल दिया जाता है। पेशे के अतिरिक्त जाट, गूजर, अहीर आदि ऐसे समुदाय हैं जिन्हें 'जाति' की संज्ञा दी जाती है। 'जाट' कहने से किसी पेशे का बोध नहीं होता। अहीरों में दूध का व्यापार होता रहा, इसलिए उनसे दूध का संबंध जोड़ा जाता है। परंतु मूलतः वे दूध का व्यापार करने वाले नहीं थे। ये गण समाज थे, जो भारत में आकर बस गए और फिर यहां की सामंती व्यवस्था में शामिल हो गए। इस व्यवस्था में जाति प्रथा का चलन था। इनको भी जाति की संज्ञा दी गई। परंतु वे अपना गण नाम बनाए रहे।

दूसरी एक विशेषता यह है कि लोग ब्याह अपनी जाति में ही करते हैं। जाति में अनेक गोत्रों के लोग होते हैं। हर गोत्र के लोग यह समझते हैं कि उनका पूर्व पुरुष एक ही था। वास्तव में पुरु एक रहा हो जाति न रही हो, उनका ऐसा विश्वास होता है और उसी के अनुसार वे काम करते हैं। गोत्र में ब्याह नहीं होता, परंतु जाति में ब्याह होता है। इससे यह निष्कर्ष निकालना चाहिए कि जाति में अनेक गोत्र ऐसे होते हैं जो आपस में संबंधी होते हैं। जाति गोत्रों का समुदाय है। हर गोत्र के लोग आपस में रक्त-संबंधी हैं और यह दूर का संबंध पूरी जाति के गोत्रों में भी होता है। इसीलिए ब्याह जाति के भीतर होता है और जाति में नहीं होता।

मार्क्स ने लिखा है : समाज में श्रम का विभाजन होता है और लोग एक पेशे से बंध जाते हैं। (टाइम टाउन ऑफ इंडिविजुअल्स टु ए पर्टिक्युलर कोलिन)[50] श्रम विभाजन से श्रम के विशेषीकरण का अवसर उत्पन्न होता है। उत्पादन की अनेक शाखाओं का विकास होता है। इसलिए खाने-खर्चने के अलावा लोग दूसरे समाज से विनिमय करते हैं। मार्क्स ने बहुत ही महत्वपूर्ण बात यह कही है कि इस समय विनिमय व्यक्तिगत स्तर पर नहीं होता, वरन कुटुंब और कबीले के स्तर पर होता है।[51] केवल विनिमय ही नहीं, वरन उत्पादन भी कुटुंब के स्तर पर होता है। कुटुंब के लोग आपस में रक्त-संबंधी होते हैं। इस तरह गण समाज के विघटन के बाद कुटुंब का आर्थिक घटक बनता है। 'जाति प्रथा' इससे कुटुंब के घटक बनने का गहरा संबंध है। मार्क्स ने कहा कि विनिमय व्यक्तिगत स्तर पर नहीं होता। इससे यह समझना चाहिए कि इक्का-दुक्का लोग व्यापार में और विनिमय में भाग नहीं लेते, पूरा कुटुंब विनिमय में भाग लेता है। वास्तव में पूरा कुटुंब उत्पादन में भाग लेता है। उत्पादन और विनिमय— दोनों एक-दूसरे से जुड़े हुए हैं। आगे चल कर पिता-पुत्र का जो छोटा कुटुंब बना, उससे यह पहले का कुटुंब और बड़ा है, जिन्हें अब दूर का संबंधी कहा जाए, वे भी इस कुटुंब के उस समय सदस्य होते थे। जाति शब्द इसी कुटुंब का सूचक है। ऋग्वेद में जाति शब्द नहीं है परंतु ज्यांति शब्द है। ज्यांति का अर्थ है अपने संबंधी। एक सूक्त में कवि परिवार में सोने वालों का वर्णन करता है : माता-पिता सो जाएँ, विशपति कुलपति अथवा गृहपति सो जाएँ, सर्व ज्यांतः स संतु। सभी बंधु-बांधव सो जाएँ, यहां जाति शब्द का बहुवचन रूप ज्यांतः प्रयुक्त हुआ है। ये संबंधी लोग हैं जो एक ही परिवार में रहते हैं। उन सबके सोने की कामना की गई है। (7.55.5) केंद्र में माता-पिता हैं। उनके साथ सभी ज्यांतः नातेदार संबंधी लोग हैं। यह सब एक साथ रहते हैं और कल्पना की जाती है कि सब मिल कर श्रम करते हैं।

समाज के लोगों में कैसी भिन्नता है यह दिखाने के लिए एक मंत्र में जुड़वां संतान की भिन्नता की ओर संकेत किया गया है। इन जुड़वां संतान के लिए ज्यांति द्विवचन रूप का प्रयोग किया गया है। इससे यह सिद्ध होता है कि रक्त संबंधियों के लिए ज्यांति शब्द का प्रयोग होता था। इसी से 'जाति' शब्द निष्पन्न हुआ। वह मूलतः रक्त संबंधियों का समुदाय है। वैदिक इंडेक्स में जाति शब्द पर अपनी टिप्पणी में कीथ और मैकनाडल ने लिखा है

कि पाली ग्रंथों में जाति शब्द का अर्थ है कास्ट। प्रारंभिक वैदिक साहित्य में यह शब्द नहीं मिलता। जब वह मिलता है जैसे कि कात्यायन सौत सूत्र में, तब वहां उसका अर्थ हैं कुटुंब। सेनार्ट नाम के विद्वान ने माना था कि जाति प्रथा 'कास्ट सिस्टम' का आधार कुटुंब है। इस धारणा का खंडन किया है कीथ और मैकनाडल ने और उनका तर्क है कि परिवार के लिए शब्द का प्रयोग बहुत बाद में होता है।[52] वास्तव में ये विद्वान आधुनिक परिवार के लिए शब्द ढूंढ रहे हैं। आधुनिक परिवार वाला शब्द उन्हें वैदिक साहित्य में नहीं मिलता। परंतु वहां 'गोत्र' शब्द है। 'कुल' शब्द है और ये परिवार के पुराने रूप को सूचित करते हैं, इसलिए सेनार्ट की बात में सत्य का अंश है कि कुटुंब से जाति प्रथा उत्पन्न हुई है। कुटुंब और जाति प्रथा में संबंध इतना ही है कि कुटुंब के लोग रक्त-संबंधी होते हैं और जाति के सारे सदस्य आपस में इसी रक्त-संबंध के कारण शादी-ब्याह करते हैं। परंतु ये जाति अनेक गोत्रों में विभाजित होती है और किसी गोत्र के लोग आपस में ब्याह-शादी नहीं करते।

इंग्लैंड के मार्क्सवादी विद्वान टामसन ने यूनान के प्राचीन समाजों का अध्ययन किया है। उनका कहना है : पशुपालन, खेती और दस्तकारी के विकास के साथ यह प्रवृत्ति पैदा हुई कि एक खास योग्यता वाले पेशे विशेष जाति में वंशगत होने लगे और भिन्न पेशे वाले गोत्रों की व्यवस्था ऐसी थी, जिस गोत्र में किसी व्यक्ति का जन्म हुआ हो, उसी के अनुसार जिंदगी में उसका पेशा निर्धारित होता था।[53]

भारत से बाहर मिस्र में विशेष रूप में जाति प्रथा का विकास हुआ था। वहां श्रम विभाजन के इस रूप ने यूनान, इटली के विद्वानों को विशेष रूप से आकर्षित किया था। उसे आदर्श समाज-व्यवस्था मान कर प्लेटो ने अपना प्रसिद्ध ग्रंथ 'रिपब्लिक' अथवा गणतंत्र लिखा था। मार्क्स ने लिखा : प्लेटो के गणतंत्र में श्रम विभाजन की व्यवस्था मिस्र की जाति प्रथा 'कास्ट सिस्टम' के आदर्श रूप के सिवा और कुछ नहीं है।[54] रोमन विद्वान दियोदोरुस सिकूलश ने लिखा : मिस्र ने कलाओं में आवश्यक नफासत हासिल कर ली है। कारण यही कि वही ऐसा देश है जहां कारीगर नागरिकों के दूसरे वर्ग के मामलों में किसी तरह दखल नहीं दे सकता। उन्हें वही पेशा करना होगा, जो उनकी बिरादरी के कानून के अनुसार वंश में होता आया है।[55]

जाति प्रथा शूद्र वर्ण तक ही सीमित है। बाकी का संबंध वर्ण व्यवस्था से है। यह बात समझ ली जाए तो यह स्पष्ट हो जाएगा कि भारत और यूनान में समाज के सूत्रधारों को चिंता इस बात की थी कि वर्ण व्यवस्था की रक्षा की जाए न कि जाति प्रथा की। प्लेटो ने लिखा था : मान लो बढ़ई मोची का धंधा या मोची बढ़ई का धंधा करने लगता है और मान लो, वे अपने औजारों की सामाजिक स्थिति की अदला-बदली कर लेते हैं या एक ही आदमी दोनों का काम करने लगता है तो इससे बहुत हानि न होगी।[56] मोची और बढ़ई के काम अलग-अलग हैं। उनके औजार अलग-अलग हैं, सामाजिक स्थिति भिन्न है। परंतु वे आपस में औजारों की और सामाजिक स्थिति की अदला-बदली कर लें, तो इससे विशेष

हानि न होगी। परंतु, यदि वे ऊपर के या भू स्वामी वर्ग में घुसना चाहें तो इससे बड़ी हानि न होगी। प्लेटो कहते हैं : लेकिन जब मोची या कोई व्यक्ति जिसे प्रकृति ने व्यापारी होने के लिए गढ़ा है, धन से या अपने अनुयायियों की संख्या अथवा शिक्षा से उत्साहित होकर योद्धाओं के वर्ग में बलपूर्वक घुस आने का प्रयत्न करता है और जब वह अपने औजारों की सामाजिक स्थिति की अदला-बदली उनसे करते हैं, जो उनसे ऊपर हैं, तब मेरी समझ में इस अदला-बदली और एक-दूसरे के कामों के इस घालमेल में राज्य तबाह हो जाएगा। जो नीचे वर्ण के लोग हैं, वे आपस में पेशा बदलें, इससे विशेष हानि नहीं है। पर ऊपर वालों के वर्ग में घुसने का उन्हें प्रयत्न न करना चाहिए। यदि ऐसा प्रयत्न किया तो इससे राज्य तबाह हो जाएगा। कुछ ऐसी ही बातें कौटिल्य ने 'अर्थशास्त्र' में कही हैं। वे क्या काम करते हैं उससे इनका संबंध नहीं है परंतु विवाह-शादी से संबंध है। ब्राह्मण और क्षत्रिय एक-दूसरे के नजदीक हैं। वैश्य ब्राह्मण से दूर हैं वैसे ही क्षत्रिय शूद्र से दूर हैं। बीच वाला वर्ण छोड़कर यदि ये आपस में शादी-ब्याह करें तो वर्ण व्यवस्था नष्ट होगी। परंतु ब्राह्मण पिता है और माता क्षत्रिय है तो पुत्र को सवर्ण माना जाएगा। कौटिल्य कहते हैं : ब्राह्मण और क्षत्रिय के अनंतर ब्राह्मण के लिए क्षत्रिय और क्षत्रिय के लिए वैश्य जाति की स्त्री से उत्पन्न पुत्र सवर्ण और एक जाति के व्यवधान से अर्थात ब्राह्मण से वैश्य में या क्षत्रिय से शूद्र में उत्पन्न पुत्र असवर्ण समझे जाते हैं। एक ही वर्ण में विवाह नहीं होता। लेकिन नजदीकी वर्णों से हो तो संतान सवर्ण मानी जाती है और एक वर्ण छोड़कर दूसरे वर्ण से विवाह किया जाए तो संतान असवर्ण मानी जाएगी। व्यवस्था की रक्षा की चिंता है। विशेष रूप से द्विजों के वर्ण की रक्षा की चिंता है। इसी तरह 'मनुस्मृति' में कहा गया है कि ब्राह्मण क्षत्रिय और वैश्य ये लोग वर्ण द्विजा या द्विज हैं और चौथा एक वर्ण शूद्र है। पांचवां वर्ण कोई भी नहीं है। इन पूर्वोक्त सब वर्णों ब्राह्मण, क्षत्रिय, वैश्य तथा शूद्र अथवा योनि समान जाति वाली स्त्रियों में क्रमशः उत्पन्न संतान सजातीय कहलाती है। (10.4.5) यहां जाति शब्द का आधुनिक अर्थ में प्रयोग होने लगा है। आगे कहा गया है : द्विजाति के द्वारा बाहर वाले वर्ण की स्त्रियों में ब्राह्मण से क्षत्रिय में, क्षत्रिय से वैश्य में तथा वैश्य से शूद्र में उत्पन्न किए हुए माता के हीन वर्ण की होने वाले इस दोष से निंदित पुरुष को पिता के समान जाति वाला कहा गया है। ब्राह्मण विवाहिता—ब्राह्मण से विवाहित, वैश्या में उत्पन्न अम्बष्ठ नामक शूद्रा में उत्पन्न निषाद जामाता से पारशव नामक पुत्र होता है। (10,8) क्षत्रिय से ब्राह्मण वर्ण की कन्या में उत्पन्न पुत्र सूत, वैश्य से क्षत्रिय वर्ण की कन्या में उत्पन्न पुत्र मागध और ब्राह्मण वर्ण की कन्या में उत्पन्न पुत्र वैदेह संज्ञक होता है। (10.11) समाज के सूत्रधारों को विशेष चिंता वर्ण व्यवस्था की रक्षा की थी। परंतु यहां भी वर्ण संकरता नियम प्रचलित होता है। एक वर्ण का पुरुष दूसरे वर्ण की स्त्री से बराबर संतान उत्पन्न करता था। जो नजदीक वर्ण के स्त्री पुरुष थे, उनकी संतान को सवर्ण माना गया। जो फासले पर थे, उनकी संतान को निकृष्ट माना गया परंतु शूद्रों में जातियां थीं। ये जातियां आपस में कैसे शादी-ब्याह करती हैं, अपना पेशा ही चलाती हैं या दूसरे का पेशा अपनाती

हैं, इस बात से इन सूत्रधारों को विशेष वास्ता नहीं था। कहना चाहिए, भारत में जिसे जाति प्रथा की कट्टरता कहा जाता है वह वास्तव में वर्ण-व्यवस्था की कट्टरता थी और वहां भी यह कट्टरता पुस्तकों में अधिक है। व्यवहार में वर्ण संकरता ही नियम सिद्ध होता है और जाति प्रथा और वर्ण व्यवस्था का भेद समझ लिया जाए, तो मानना होगा कि जाति प्रथा तो शूद्रों तक सीमित थी। शिल्प विद्या के विकास के साथ उसका चलन हुआ और उसकी रक्षा से पुरोहितों को संबंध नहीं था। वे वर्ण व्यवस्था की रक्षा करना चाहते थे, विशेष रूप से निजत्व की रक्षा करना चाहते थे। परंतु, यहां भी वे पूरी तरह सफल नहीं हुए।

श्रम-विभाजन के अनेक रूप हैं। उनमें जाति प्रथा का रूप है। फ्रांसीसी विचारक प्रूदो की श्रम-विभाजन धारणाओं का खंडन करते हुए एक जगह मार्क्स ने प्रश्न किया था : पर क्या जाति प्रथा श्रम विभाजन का ही एक विशेष रूप नहीं था?[57]

राज्यसत्ता और सभ्यता का विकास : व्यापारीवर्ग की भूमिका

जैसे श्रम विभाजन के अनेक रूप हैं वैसे ही राज्यसत्ता के भी अनेक रूप होते हैं। सभ्यता के विकास में राज्यसत्ता की भूमिका महत्वपूर्ण होती है। व्यापार और उद्योग धंधों की प्रगति के बिना सभ्यता का विकास असंभव है। व्यापार की प्रगति के लिए उद्योग की शाखाओं में श्रम विभाजन आवश्यक है। जितना ही इन शाखाओं के श्रम का विशेषीकरण होता है, उतना ही उत्पादन में वृद्धि और उन्नति होती है, उतना ही व्यापार के लिए माल सुलभ होता है। एंगल्स ने राज्य सत्ता के उद्भव पर अपनी पुस्तक मे लिखा है : उद्योग और व्यापार की प्रगति के साथ उत्पादन की विभिन्न शाखाओं में श्रम विभाजन का विकास अधिक हुआ। यह श्रम विभाजन खेती, दस्तकारी, विभिन्न दस्तकारी की कोटियों के बीच तरह-तरह के कौशल का विकास, व्यापार, जहाजरानी आदि का विकास हुआ।[58] यहां इस बात पर ध्यान देना चाहिए कि जो दस्तकारी की विभिन्न शाखाएं हैं उनके अंदर नए-नए कौशल का विकास होता है। भारतीय संदर्भ में इस कौशल के विकास से जो लोग जुड़े हुए हैं वे सारे शिल्पी शूद्र वर्ण में गिने गए हैं। व्यापार की प्रगति के लिए यदि शिल्प की शाखाओं का विकास आवश्यक है तो हम कह सकते हैं कि शूद्र वर्ण की प्रगति के बिना सभ्यता की प्रगति भी असंभव है।

उत्पादन से शिल्पियों का सीधा संबंध था। उनकी बनाई हुई चीजों का विनिमय व्यापारी करते थे। उसका सीधा संबंध उत्पादन से नहीं था। एंगेल्स ने लिखा : समाज में जो पहले से चले आते श्रम विभाजन के रूप थे, उन्हें सभ्यता ने सुदृढ़ किया और उनमें वृद्धि की और उसमें एक तीसरा श्रम विभाजन जोड़ा, जो अपने आप में विचित्र था और जिसका महत्व निर्णायक था। उसने एक ऐसे वर्ग को जन्म दिया जो उत्पादन में हिस्सा न बंटाता

था वरन पूरी तरह पैदा की हुई वस्तुओं के विनिमय में अपने को लगाता था। यह वर्ण व्यापारियों का था।[59] व्यापारी के लिए हिसाब-किताब रखना आवश्यक होता है। वह अंधविश्वासों के सहारे मुनाफा नहीं कमा सकता। उसके लिए आवश्यक होता है कि वह विनिमय के लिए मंडियां स्थापित करे। इस तरह नगरों के निर्माण और लिखने-पढ़ने की विद्या के विकास से व्यापारियों का संबंध है। ये सभी चीजें सभ्यता में गिनी जाती हैं। इसलिए सभ्यता के विकास में शिल्पियों के साथ व्यापारियों की निर्णायक भूमिका होती है। हम कह सकते हैं कि सभ्यता शूद्रों और व्यवसायियों की देन है। शिल्प के विकास और व्यापार की प्रगति के बिना सभ्यता का विकास असंभव है। शिल्पियों का संबंध शूद्रों से जोड़ा जाता है और व्यापारियों का वैश्यों से। इसलिए यह कहना युक्तिसंगत है कि सभ्यता शूद्रों और वैश्यों की देन है।

उद्योग की शाखाओं के विकास में एंगेल्स ने दो चीजों पर विशेष जोर दिया है। एक वस्त्रों की बुनाई और दूसरी धातुओं को पिघलाने या गलाने की विधियां।[60] उद्योग के विकास की ये दोनों विशेषताएं ऋग्वेद में विद्यमान हैं। 'वैदिक इंडेक्स' के अनुसार ऋग्वेद में बुनकर के लिए 'वाय' शब्द आया है और धातु पिघलाने वाले के लिए 'ध्माता' शब्द आया है। कवि रात्रि के लिए कहता है : वयंति अंधकार को बुनती हुई रात्रि फैले हुए प्रकाश को फिर झेल लेती है। (2.38.4) सृष्टि को बुने हुए वस्त्र के समान देखते हुए कवि ने कहा : इस सृष्टि रूपी यज्ञ के वस्त्र को ये पितर जिन्होंने हमें व्याप्त कर रखा है वयंति बुनती है। (10.130.1) अग्नि के प्रसंग में त्रेतक ऋषि की तुलना लोहा गलाने वाले लोहार से की गई है : ध्माता इव लोहार के समान त्रेता इम धमति इसे पिघलाते हैं या प्रज्वलित करते हैं। ध्मातरि यथा शिशितो जैसे लोहार चीजों को तेज करता है वैसे ही अग्नि की तीव्र शिखाएं द्यूलोक तक पहुंचती हैं। (5.9.5) वृहस्पति ने देवों का निर्माण किया। जैसे लोहार धातु को गला कर चीजें बनाता है वैसे ही उन्होंने देवों को बनाया। यहां कर्मार शब्द का व्यवहार किया गया है किंतु उसके साथ क्रिया है। धमति अधमत इससे पता चलता है कि कवि कल्पना में वृहस्पति धातु को गला कर देवों का निर्माण कर रहे हैं। (10.72.2) विनिमय के लिए वस्तुएं बनाई जाने लगीं। उनका क्रय-विक्रय होने लगा। इस सबका उल्लेख ऋग्वेद में है। किसी ने बहुत धन देकर थोड़ी सी चीज प्राप्त की तब वह चीज अभिक्रेता से कहीं बिकी नहीं तो उसे फिर आकर पैसे वापस मांगे। वह बेचने वाला बहुत धन देकर थोड़ी सी चीज लेने को तैयार न हुआ। (4.24.9) क्रय-विक्रय के माध्यम के रूप में गायों से काम लिया जाता था। कवि कहता है : मेरे इस इंद्र को अर्थात इंद्र की मूर्ति को दश बिहि धेनु भिहि कह क्रेणाति दस गऊओं से कौन खरीद सकता है। (4.24.9) वैदिक इंडेक्स के अनुसार वस्तु के मूल्य के लिए शुल्क शब्द का व्यवहार होता है। कवि इंद्र से कहता है : मैं तुझे मयशुल्काय चन बहुत बड़ी संपत्ति के लिए भी अर्थात मूल्य के लिए भी दूसरों को न दूंगा। (8.1.5) सोने का एक आभूषण निष्क नाम का बनाया जाता था। लोग उसे पहनते थे और संभवतः विनिमय के माध्यम के रूप में भी उससे

काम लेते थे। वैदिक इंडेक्स के लेखकों का कहना है ऋग्वेद में ही मुद्रा जैसे माध्यम के रूप में निष्क के व्यवहार के चिह्न दिखाई देते हैं। एक कवि हजार घोड़े और 100 निष्क प्राप्त करने पर दाता का यश कहता है। ये सारे निष्क उसे अपने आभूषण के लिए आवश्यक न रहे होंगे। आगे चल कर निष्क का व्यवहार मुद्रा के रूप में होता है, यह बिल्कुल स्पष्ट है।[61] ऋग्वेद में पणि लोगों का उल्लेख अनेक बार हुआ है। वे धनी हैं, यज्ञ करने वालों को धन नहीं देते इसलिए वे उनसे नाराज रहते हैं। जिन्हें आगे चल कर बनिए कहा गया है उनका मूल रूप पणि है। यास्क ने निरुक्त में लिखा था : पणिर वणिक भवित - जो पणि है वह वणिक कहलाता है और पणिहि पणनाः पणन, इस अर्थ द्वारा क्रय-विक्रय से पणि का संबंध है। (निरुक्तम, पृष्ठ 92) इससे आगे विकास अथर्ववेद में है। तीसरे खंड में एक पूरा सूक्त वाणिज्य पर है। उसमें इंद्र को वणिक मान कर कहा गया है कि वणिक इंद्र को प्रेरित करता है। वह हमारे प्रति आवे और हमारा अगुवा होवे। (15.1) जो देवों के आने योग्य बहुत से मार्ग व्यावा पृथ्वी के बीच में चलते रहते हैं, वे दूध और घी से तुझे तृप्त करें जिससे कृत्वा धनम् आपहरामि क्रय-विक्रय करके मैं धन प्राप्त कर लूं। (15.2) धन से धन कमाने पर अनेक बार इस सूक्त में जोर दिया गया है। जिस दूर के मार्ग तक हम आ गए हैं, यहां आ कर हमारा क्रय और विक्रय लाभकारक हो प्रति पणः फलिनम् नः क्रिमोतु, प्रत्येक व्यवहार मुझको लाभदायक होवे। (15.4) यहां प्रति पण उसी पणम् से बना है जिसका संबंध बनिये से है। धनेन धनम् इच्छमानः, मूल धन से लाभ की प्राप्ति की इच्छा करने वाला मैं येन धनेन प्रपणम् चरामि, जिस धन से व्यापार करता हूं वह मेरे लिए अधिक होवे। (15.5)

इसके आगे की कड़ी है हड़प्पा।

हड़प्पा मोहनजोदड़ो, लोथल, कालीबंगा आदि एक बहुत बड़े राज्य के प्रमुख नगर थे। इस राज्य में सबसे शक्तिशाली वर्ग व्यापारियों का था। यदि शिल्प विद्या का विकास होता रहे, श्रम का विशेषीकरण हो, कारीगर पगार पाकर श्रम करते रहें, तो व्यापार में उन्नति होगी और समाज व्यवस्था चलाने के लिए जिस राज्य सत्ता का निर्माण होगा, उसमें व्यापारी वर्ग प्रमुख होगा। एक तरह से यह राज्य सत्ता भूस्वामी वर्ग की होती है। यह वर्ग बल प्रयोग के बिना भूमि पर अधिकार नहीं कर पाता। दूसरे भूस्वामियों को दबा कर उन पर अपना शासन स्थापित करता है। इस वर्ग का नियम है बल प्रयोग। इसके विपरीत व्यापारी वर्ग बल प्रयोग के द्वारा मुनाफा नहीं कमा सकता। उसका नियम विनिमय है। विनिमय और व्यापार की प्रगति से व्यापारी वर्ग समृद्ध होता है। यदि भूस्वामी दखल न दे तो जिस तरह की राज्य सत्ता स्थापित होगी, उसमें बल प्रयोग का स्थान कम से कम होगा। यूनान में सभ्यता के विकास की पहली मंजिल में इसी तरह की राज्य सत्ता का निर्माण हुआ था। एंगेल्स ने राज्य सत्ता के उद्भव पर अपनी पुस्तक में लिखा है : हमने देखा कि राज्य सत्ता की एक बुनियादी विशेषता यह है कि ऐसी सामाजिक सत्ता को जो आम जनता से अलग होगी, उस समय अर्थात यूनानी सभ्यता के प्रारंभिक दौर में एथेंस नगर के पास केवल

मिलिशिया थी, सेना से भिन्न नागरिक कार्य करने वाले नागरिक थे और उसके पास जलपोत थे, जिनकी सहायता और संचालन का काम सीधे जनता ही करती थी। इन बाहरी दुश्मनों से रक्षा हो सकती थी और जो दास काम करते थे, उन्हें नियंत्रण में रखा जा सकता था।

पोसेल ने लोथल नगर के बारे में तीन विशेष बातें कही हैं। पहली यह कि यहां शिल्प की ऐसी शाखाओं का विकास हुआ, जिनमें विशेष दक्षता आवश्यक थी। दूसरी यह कि यहां शिल्पी कच्चा माल एकत्र करते थे और फिर उससे तैयार माल बनाते थे। कच्चा माल देश के दूसरे भागों से आता था और फिर तैयार माल देश में जगह-जगह भेजा जाता था। इस तरह लोथल व्यापारिक ताने-बाने के केंद्र में था। पोसेल ने कंटीन्युअस एक्सचेंज नेटवर्क, निरंतर चलने वाले विनिमय के ताने-बाने की बात कही है।[62]

एस. आर. राव ने लोथल का उत्खनन किया था। उन्होंने अपने ग्रंथ में लिखा है : लोथल के व्यापारी बेनी थे। वे समुद्री व्यापार करते थे। उन्होंने कारखानेदारी के आधार पर उद्योग-धंधों का गठन किया था। कच्चे माल के लिए वे धन जुटाते थे। बहुत से कारीगरों को एक ही कारखाने में काम देते थे।[63] मार्शल ने सिंधु घाटी की सभ्यता पर अपने ग्रंथ की प्रस्तावना में लिखा है : कुछ बातों में यह सभ्यता प्राचीन मिस्र और सुमेर की सभ्यता से बढ़कर थी। चौथी और तीसरी सहस्त्राब्दि ईसा-पूर्व में यहां खूब विकसित संस्कृति दिखाई देती है। यहां के लोगों की संपदा का मुख्य स्रोत खेती और व्यापार था और ऐसा प्रतीत होता है कि इनका प्रसार दूर दूर तक था। यहां के लोग दक्ष शिल्पी थे। यहां के लोग काम में होशियार थे और उनके पास सोना, चांदी और तांबा विशेष परिमाण में था। वस्त्रों के लिए कपास का उपयोग इस समय केवल भारत में होता था। पश्चिमी संसार में उसका चलन दो या तीन हजार साल बाद हुआ। प्राचीन मिस्र और सुमेर में अथवा पश्चिमी एशिया में कहीं भी ऐसी कोई चीज नहीं मिलती, जिसकी तुलना मोहनजोदड़ो के भवनों से की जा सके। उन देशों में बहुत-सा धन और चिंतन आलीशान मंदिर देवताओं के लिए बनाने पर और महल तथा समाधि भवन राजाओं के लिए बनाने पर खर्च किया गया था। परंतु, बाकी लोग मिट्टी के साधारण घरों पर संतोष करने के लिए विवश थे। सिंधु घाटी में यह चित्र बदल जाता है और सबसे अच्छे भवन नागरिकों के लिए थे। मंदिर महल समाधि भवन हो सकता है कि ये रहे हों परंतु ऐसा हो तो अभी तक उनका पता नहीं लगा अथवा वे दूसरे भवनों से बिल्कुल भिन्न नहीं दिखाई देते।[64] हड़प्पा राज्य के नगरों में छोटे घर भी थे और विद्वानों ने कल्पना की है कि इनमें कारीगर रहते थे। परंतु इनके क्षेत्रफल के जो आंकड़े दिए गए हैं, उन्हें देखने से पता चलता है कि औद्योगिक क्रांति के आरंभ में इंग्लैंड के मजदूरों को जितनी जगह रहने के लिए मिलती थी, उसकी तुलना में यहां कारीगरों को अधिक विस्तृत आवास मिले हैं।

कारीगर और सौदागर – दोनों ही अपने-अपने संगठन बनाते थे। वासुदेव शरण अग्रवाल ने लिखा है : व्यापारी संघबद्ध होकर काम करते थे। इसका संकेत 'अर्थशास्त्र'

में है। यदि कोई साझेदार चोरी कर ले तो उसको क्षमा करके उसे सच सच बात बतला देने एवं पूरा हिस्सा देने के लिए कहा जाए और यदि वह सच-सच बतला दे तो उसका पूरा हिस्सा देकर माफ किया जाए। यदि वह फिर भी चोरी करे और यदि दूसरे देश में जाकर चेारी करे तो उसे साझेदारी से अलग कर देना चाहिए। यदि कोई बड़ा अपराध करे तो उसके साथ राजकीय अपराधी जैसा व्यवहार किया जाए।[65] यहां दूसरे देश में जाकर चोरी करने की बात कही गई है। ऐसा करने पर व्यक्ति को साझेदारी से अलग कर देना चाहिए, यह बताया गया है। अवश्य ही यह बात व्यापारियों को ध्यान में रखकर कही गई है। इसी तरह कारीगर भी संघबद्ध थे। संघ से एक मुश्त मजदूरी देने, वाले मिल कर ठेके आदि पर भी काम करने वाले मजदूर पहले से तय की हुई मजदूरी आपस में बराबर बराबर बांट लें।[66] 'बराबर बांटने' का मतलब यह है कि संघ में सभी कारीगर समान अधिकार वाले थे। इस तरह के संघ पुराने गण समाजों के आदर्श पर बनाए गए थे। इस संबंध में यूरोप के सौदागरों के बारे में एंगेल्स ने जो कुछ कहा है, वह ध्यान देने योग्य है। पूंजी के तीसरे खंड के परिशिष्ट में उन्होंने इन बातों पर विशेष जोर दिया है– समाज में स्थायित्व था, ठहराव था और इसका आधार व्यवसायगत कर-पद्धति थी। ऐसे समाज में सौदागर प्रकट होता है। इस समाज में किसान अपनी जमीन और अपनी सामाजिक हैसियत से वह स्वाधीन किसान है या किसी के मातहत काम करता है या बंधुआ किसान है यह सब विरासत से मिलता है और शहरी कारीगर जो पेशा करता है जिस संघ का सदस्य होता है उसके जो अधिकार उसे मिलते हैं वे सब विरासत से मिलते हैं। उसे अपने ग्राहक और माल बेचने का बाजार भी। शिल्प में अपनी योग्यता विरासत में मिलती है। विरासत में जो शिल्प उसे मिला है उसकी शिक्षा उसे बचपन से मिलती है। यही जाति प्रथा का आधार है। इस दुनिया में सौदागर आता है और वह यहां क्रांति कर देता है। मध्य काल का सौदागर व्यक्तिवादी नहीं था। वह सहयोग से काम करता था। जर्मनी में मार्क नाम का जो ग्राम समाज था, उसी के आदर्श पर उन्होंने अपने संगठन बनाए थे। जितने भी उत्पादक थे उन्होंने ऐसे ही संघ स्थापित किए थे। उनके नियम-कायदे सब उसी सामूहिक स्वामित्व वाले ग्राम समाज के अनुरूप थे। ये व्यापारी अपने संघ बनाते थे और समुद्री व्यापार करते थे। वे आपस में मिल-बैठकर वस्तुओं का मूल्य निर्धारित करते थे और जो माल बेचा जाए, उसकी गुणवत्ता ठीक हो, यह सार्वजनिक निरीक्षण द्वारा निश्चित किया जाता था।[67] हड़प्पा के व्यापारियों ने इसी तरह संघबद्ध होकर व्यापार का प्रसार किया हो और अपने राज्य का संचालन लगभग एक हजार साल तक किया हो, यह बिल्कुल संभव है। हड़प्पा राज्य में किसी बड़े सैन्य संगठन के चिह्न नहीं दिखाई देते। इस राज्य को साम्राज्य (एम्पायर) भी कहा गया है। परंतु वह उन साम्राज्यों से बिल्कुल भिन्न है जहां भू स्वामी वर्ग और सम्राटों का प्रभुत्व होता है। फेसर्विस ने लिखा : इनके हथियार बहुत ही साधारण थे। युद्ध सज्जा का अभाव है और विजय प्राप्त करने के बाद लोग जिस तरह चीजों का प्रदर्शन करते हैं अथवा जीती हुई चीजों का प्रदर्शन सिंधु घाटी की सभ्यता में नहीं है। यहां किलेबंदी

है परंतु यह किलेबंदी आत्मरक्षा के सिवा बाढ़ से नगरों की रक्षा के लिए भी हो सकती है।[68]

हड़प्पा राज्य के नगरों में दंड व्यवस्था के चिह्न लगभग नहीं हैं। बहुत बड़ा राज्य है। उसमें बड़े नगरों के सिवा छोटे कस्बे और गांव भी हैं। वहां भी उसी नगर सभ्यता के चिह्न मिलते हैं। इससे यह ज्ञात होता है कि गांव और छोटे कस्बे भी नगरों से आर्थिक संबंधों द्वारा जुड़े हुए थे। नगर के लोग खेती नहीं करते। उन्हें अन्न गांवों से प्राप्त होता है। हड़प्पा राज्य में खेती का यथेष्ट विकास हुआ था, इसके अनेक प्रमाण हैं। किसानों की अतिरिक्त उपज कर के रूप में उनसे वसूल की जाती हो, इसकी संभावना कम है। इस समाज का नियम है विनिमय। नगर के लोग तैयार माल गांवों को बेचने के बदले में उनसे अन्न तथा दूसरी सामग्री प्राप्त करेंगे। हड़प्पा सभ्यता की एकरूपता का एक बहुत बड़ा कारण यह विनिमय है। इस विनिमय द्वारा जो संबंध स्थापित हुए, उनसे गांव और नगर परस्पर एक दूसरे से जुड़ गए। यह तो हुआ, उस राज्य सत्ता का रूप जिसमें व्यापारी वर्ग मुख्य भूमिका निबाहता है। अब दूसरी तरह की राज्य सत्ता का रूप देखना चाहिए, जिसमें प्रमुख भूमिका भूस्वामी वर्ग की है।

राज्यसत्ता का उद्भव, भूस्वामी वर्ग की भूमिका

महाभारत के 'सभापर्व' में हम देखते हैं, ऐसे पूरे ग्राम की सभा शक्तिहीन होती जाती है और उसमें भूमि के लिए लड़ने वाले कुलपति सारी सत्ता अपने हाथों में केंद्रित करते हैं। जुए में द्रौपदी हारने के बाद युधिष्ठिर दूत से कहते हैं : द्रौपदी को बुला लाओ और उससे कहना तुम्हें यहां देख कर राज्यपुत्रीन सभाम् तदा– राज्यपुत्री को सभा में देखकर सभ्याः सर्वे–सभी सभासद दुर्योधन की निंदा करेंगे। दूत ने युधिष्ठिर का संदेश दिया, परंतु द्रौपदी आई नहीं। दुर्योधन ने सूत से कहा, तुम जाकर द्रौपदी को ले आओ। परंतु सूत द्रौपदी के क्रोध से डरता था। उसने आत्मसम्मान की भावना छोड़ कर पुनः सभासदों से पूछा : मैं द्रौपदी से क्या कहूं? फिर दुर्योधन ने दुशासन को भेजा। दुशासन द्रौपदी को ले आया। उसने द्रौपदी से कहा : हमने धर्म के अनुसार तुम्हें प्राप्त किया है। कुरुं भस्व– अब तुम समस्त कुरुओं की सेवा करो। सभाम् परेहि– अभी राजसभा में चलो। (67/27) राजसभा में स्त्रियों भी हैं। द्रौपदी आई और उस ओर गई, जहां धृतराष्ट्र की स्त्रियाँ बैठी हुई थीं। (67.28) द्रौपदी के प्रति अन्याय होते देखकर सभासद चुप रहे, द्रौपदी ने कहा : भरतों का धर्म नष्ट हो गया है। प्रेक्षति सर्वे कुरुवः सभायाम्—इस सभा में कुरुगण चुपचाप सारी चीजें देख रहे हैं। (67.40) सभा में द्रोण, भीष्म, विदुर, धृतराष्ट्र सब थे। द्रौपदी ने कहा : इनमें अब कोई शक्ति नहीं रह गई है। इसीलिए गुरुवंश के बड़े-बूढ़े दुर्योधन के पापाचार की ओर दृष्टिपात नहीं कर रहे हैं। (67/41) भीम जब तिगर्तों के स्वामी

सुशर्मा को पकड़ लेते हैं तब उससे कहते हैं : संसस्व च सभासु च–संसदों में और सभाओं में तुम कहोगे– मैं विराट का दास हूं। (33.59) कौरव जब विराट के पशु हर ले जाते हैं तब उनका रक्षक राजकुमार उत्तर से कहता है : राजा परिषद में तुम्हारी बहुत प्रशंसा करते हैं। (35.12) यह परिषद सभा से किस प्रकार भिन्न है, यह स्पष्ट नहीं है। परंतु एक महत्वपूर्ण बात गोप ने यह कही : कौरवों को जीत कर पशु लौटा लाओ– आप पशुमताम वरः–पशुपालकों में श्रेष्ठ हैं। (35.14) इससे ज्ञात होता है कि राजा विराट पशु पालक कुटुंब के कुलपति थे। विराट की सभा का पुनः उद्योग पर्व में उल्लेख है। उद्योग पर्व के आरंभ में कृष्ण सभाम् विराटस्य– विराट की सभा में उपस्थित होते हैं। (1.1) यहां सभा के उल्लेख से ऐसा प्रतीत होता है कि परिषद संसद आदि शब्द सभा के लिए प्रेरित हुए हैं। फिर कृष्ण शांति संदेश दे कर कौरवों की सभा में जाते हैं। सभाम् सभासाष्ट्य—जब वह सभा के निकट पहुंचे तब उनकी अगुवाई में वाद्यों की ध्वनि से दिशाओं को गुंजा दिया। (94.28) इसके बाद ही 'समिति' शब्द का प्रयोग हुआ है— समिति में सभी राजाओं ने कृष्ण का स्वागत किया। (94.29) समिति और सभा में अंतर अवश्य था। यह संभव है कि कुछ चुने कुलपति समिति में बैठते हों, परन्तु इस अध्याय में आगे सभासद का प्रयोग किया गया है।

तब केशव मानस्यु सम्यक अभ्यागतम् सभाम्– सभा में आए हुए कृष्ण का सभी राजाओं ने स्वागत सत्कार किया। (94.40) उद्योग पर्व, अध्याय 151 में पांडव प्रधान सेनापति का चुनाव करते हैं। युधिष्ठिर पहले 7 प्रमुख सेनापतियों के नाम बताते हैं। उनमें सहदेव प्रधान सेनापति बनाने का प्रस्ताव करते हैं। नकुल द्रुपद, अर्जुन, धृष्टद्युम्न को प्रधान सेनापति बनाना चाहते हैं। भीम शिखंडी के नाम का प्रस्ताव करते हैं। अंत में कृष्ण की सलाह से धृष्टद्युम्न को प्रधान सेनापति चुना जाता है। इस प्रक्रिया के वर्णन से यह ज्ञात होता है कि गण समाजों का लोकतंत्र अभी नष्ट नहीं हुआ है।

जब राज्यसत्ता स्थापित हो जाती है तब दंड बहुत महत्वपूर्ण हो जाता है। दंड नीति लगभग राजनीति का पर्याय बन जाती है। युद्ध समाप्त होने पर संबंधियों के मारे जाने से दुखी होकर युधिष्ठिर संन्यास लेना चाहते हैं। तब अर्जुन उन्हें दंड का महत्व समझाते हैं। कहते हैं : दंड समस्त प्रजाओं का पालन करता है। दंड ही उनकी ओर से रक्षा करता है। सबके सो जाने पर भी दंड जागता रहता है। इसलिए विद्वान पुरुषों ने दंड को राजा का धर्म माना है। दंड ही धर्म और अर्थ की रक्षा करता है। वही काम का भी रक्षक है। अतः दंड त्रिवर्ग रूप कहा जाता है। दंड से धान्य की रक्षा होती है। उसी से धन की भी रक्षा होती है। ऐसा जानकर आप भी दंड धारण कीजिए और जगत के व्यवहार पर दृष्टि डालिए। (शांति पर्व, 15.2-4)

राजसत्ता की आवश्यकता क्यों होती है? शांति पर्व में भीष्म युधिष्ठिर को समझाते हैं : अराजकता की स्थिति में जो दास नहीं है उसे दास बना लिया जाता है और स्त्रियों का बलपूर्वक अपहरण किया जाता है। यदि इस जगत में दंडधारी राजा न हो, तो जैसे जल में बड़ी मछलियां

छोटी मछलियों को खा जाती हैं वैसे ही प्रबल मनुष्य दुर्बलों को लूट खाएं। (67.15-16)

कथा है कि इस अराजक स्थिति से बचने के लिए लोग मनु के पास गए। उनसे राजा बनने की प्रार्थना की। पहले वह तैयार नहीं हुए। तब लोगों ने उन्हें समझाया : हम लोग आपके कोष की वृद्धि के लिए प्रति 50 पशुओं पर एक पशु आपको दिया करेंगे। इसी प्रकार सुवर्ण का भी 50वां भाग देते रहेंगे। अनाज की उपज का 10वां भाग कर के रूप में देंगे। हमारी बहुत सी कन्याएँ विवाह के लिए उद्यत होंगी। उसी समय उनमें जो सबसे सुंदरी कन्या होगी, उसे हम शुल्क के रूप में आपको भेंट कर देंगे। (67.23-24) यहां फ्रांसीसी विचारक रूसो के अनुबंध सिद्धांत का पूर्वानुमान दिखाई देता है। इसमें सत्य का अंश यह है कि राजसत्ता बलपूर्वक सदा कायम नहीं की जाती। उससे कुछ लोगों का हित होता है और आरंभ में शासक चुने जाते हैं, यह बात निर्विवाद है।

राजसत्ता क्यों आवश्यक होती है? आपसी लड़ाई को बंद करने का दूसरा उपाय क्या है? इस संबंध में राजसत्ता के उद्‌भव पर अपनी पुस्तक में एंगेल्स ने लिखा है : राजसत्ता ऐसी शक्ति बिल्कुल नहीं है जो समाज पर बाहर से लादी गई हो। समाज के विकास की एक विशेष अवस्था में पहुंचने पर वह समाज से उत्पन्न होती है। उसका उद्‌भव इस बात की स्वीकृति है कि यह समाज ऐसे अंतर्विरोधों में फंस गया है जिन्हें वह सुलझा नहीं पाता। वह परस्पर विरोधी समुदायों में बंध गया है जिनका विरोध भाव दूर करने में वह असमर्थ है लेकिन ये विरोधी समुदाय, ये वर्ग जिनके आर्थिक हित एक-दूसरे से टकराते हैं, स्वयं को और समाज को निष्फल संघर्ष में समाप्त न कर दें। यह आवश्यक होता है कि ऐसी शक्ति समाज में हो जो समाज के ऊपर दिखाई दे और जो संघर्ष को नियंत्रित करे, उसे व्यवस्था की सीमाओं के भीतर रखे और यह शक्ति जो समाज के भीतर से उत्पन्न होती है परंतु जो अपने को उसके ऊपर प्रतिष्ठित करती है और उससे अधिकाधिक अलग होती जाती है राज्यसत्ता है।[69]

पूंजी के तीसरे खंड के परिशिष्ट में एंगेल्स ने दिखाया है कि किस तरह जर्मन समाजों की लोकतंत्रीय पद्धति अपनाते हुए जर्मनी के व्यापारी आपस में सहयोग से काम लेते थे। इससे बिल्कुल भिन्न स्थिति वहां के भूस्वामियों की थी। मार्क नाम के निबंध में एंगल्स ने लिखा : जब कोई बड़ा भूस्वामी चाहे वह चर्च का हो और चाहे चर्च के बाहर का हो, किसान की जमीन का मालिक हो जाता था, तब उस जमीन के साथ ग्राम समाज के जो अधिकार जुड़े होते थे, उन्हें भी प्राप्त कर लेता था। इस तरह ये नए भूस्वामी मार्क में ग्राम समाज के सदस्य होते थे। वे मार्क ग्राम समाज के अंदर ही रहते थे। मूलतः वे उसी के सदस्य थे और दूसरे सदस्य के बराबर समझे जाते थे। ये दूसरे सदस्य चाहे स्वाधीन किसान हों और चाहे बंधुआ किसान हों, वे उनके आसामी हों तो भी ये बड़े भूस्वामी उनके बराबर समझे जाते थे। लेकिन शीघ्र ही किसानों के प्रबल प्रतिरोध के बावजूद अभिजातों ने बहुत जगह विशेषाधिकार प्राप्त कर लिए। ये विशेषाधिकार उन्होंने ग्राम समाजों के भीतर प्राप्त किए और अक्सर वे पूरे ग्राम समाज को अपने शासन के अधीन ले आते थे। उस

पूरी भूमि के वे स्वामी बन जाते थे। फिर भी ग्राम समाजों का वह पुराना संगठन बना रहा, यद्यपि उसका अध्यक्ष अब यह नया भूस्वामी था और वह दूसरों के अधिकारों को हड़पता जाता था।[70] इस तरह अभिजात वर्ग का जन्म हुआ। उसने जो राजनीति चलाई, वह सचमुच दंड नीति ही थी।

कौटिल्य ने 'अर्थशास्त्र' के आरंभ में चार विद्याएँ बताई हैं : आणवीक्षकी, यह दर्शन और तर्कशास्त्र से संबद्ध है। त्रयी, इसका संबंध वेदों से है। वार्ता, इसमें कृषि, पशुपालन और व्यापार है। उद्योग धंधों का अलग से उल्लेख नहीं किया गया। उन्हें वार्ता के अंतर्गत मानना चाहिए। अर्थशास्त्र में उनका विस्तार से विवेचन किया गया है और चौथी विद्या है दंडनीति। कौटिल्य ने तीनों विद्याओं को दंड नीति के अधीन रखा है। आणवीक्षकी, त्रयी और वार्ता– इन सभी विद्याओं की सुख-समृद्धि दंड पर निर्भर है। (पृष्ठ 12) यदि राज्य व्यवस्था ठीक से संचालित हो, तो सभी विद्याओं में उन्नति हो सकती है परंतु राज्य संचालन विवेक के साथ होना चाहिए। इसलिए सभी विद्याओं पर कौटिल्य आणवीक्षकी को स्थान देते हैं। यह आणवीक्षकी विद्या सर्वदा ही सब विद्याओं का प्रतीक, सभी कार्यों का साधन और सब धर्मों का आश्रय मानी गई है। (पृष्ठ 9) इसका अर्थ है राजा को दंड का प्रयोग समझ-बूझ कर करना चाहिए। अनुचित प्रयोग किया जाए तो कौटिल्य के अनुसार वानप्रस्थ और परिव्राजक जैसे निष्क्रिय व्यक्ति भी क्रुद्ध हो जाते हैं फिर गृहस्थ लोगों का कहना ही क्या। अर्थात दंड नीति का दुरुपयोग होने से ही प्रजा विद्रोह कर सकती है। इस तरह नियंत्रित दंड-नीति न्याय का पर्याय बन जाती है। इसीलिए महाभारत में युगों का विवेचन करते हुए बताया गया है, कैसे सतयुग में धर्म और न्याय व्यवस्था थी। वहां दंड की आवश्यकता नहीं थी। त्रेता में दंड नीति के एक-चौथाई की नीति को छोड़कर केवल तीन अंशों का अनुसरण किया गया। इसका अर्थ यह है कि न्यायपूर्ण शासन में एक-चौथाई कमी हुई। फिर द्वापर में आधे भाग को त्यागकर आधे का अनुसरण किया गया, अर्थात् न्यायपूर्ण शासन में 50 फीसदी की हुई और जब कलयुग आया, तब समूची दंड-नीति का परित्याग कर दिया गया। इसका अर्थ यह है कि न्याय-व्यवस्था पूरी तरह समाप्त हो गई। (शांति पर्व, 69.87.91) इस तरह राज्यसत्ता की न्यायपूर्ण और सकारात्मक भूमिका भी स्वीकार की गई है।

भारत में आर्यों का प्रवेश – इतिहास की समस्या और राजनीति की समस्या

क्या आर्यों ने भारत पर आक्रमण किया था? क्या उस पर विजय पाई थी? क्या उन्होंने उत्तर भारत से द्रविड़ों को खदेड़ दिया था? क्या उन्होंने द्रविड़ सभ्यता के स्थान पर वर्णाश्रम

धर्म वाली अपनी आर्य सभ्यता स्थापित की थी? यह केवल इतिहास की समस्या नहीं है, राजनीति की समस्या भी है। लोहिया ने कहा था : द्रविड़ आंदोलन और अब्राह्मण तत्वों ने कांग्रेस और कांग्रेस विरोधी दलों को समान रूप से प्रभावित किया है। दोनों द्रविड़ कषगम खुलकर द्रविड़ी हैं। छिपकर कुछ और नरम तरीके से कांग्रेस पार्टी भी वैसी ही है। ब्राह्मण बनाम अब्राह्मण, आर्य बनाम द्रविड़, उत्तर बनाम दक्षिण और हिंदी बनाम तमिल। द्रविड़ आंदोलन के ये चारों तत्व अलग-अलग मात्रा में कांग्रेस और कांग्रेस विरोधी आंदोलनों में समान रूप से विद्यमान हैं।[71] इससे स्वाधीनता आंदोलन में दरार तो पड़ती ही थी, इसके सिवा जो लोग सामाजिक परिवर्तन चाहते थे, जाति-बिरादरी की प्रथा उठा देना चाहते थे, उनके सामने भी कठिनाइयां आती थीं। आर्थिक कार्यक्रम पीछे रह जाते थे। आर्य-द्रविड़ की समस्या आगे आ जाती थी। लोहिया ने कहा : आर्थिक कार्यक्रमों के मामले में भी मैं तो कहूंगा, कांग्रेस विरोधी द्रविड़ पार्टियां कांग्रेस से भी ज्यादा अस्पष्ट हैं। उनमें से कुछ ने तो उत्तर-दक्षिण और उसी तरह की अन्य काल्पनिक द्वेषपूर्ण बातों से जाति समस्या की ठोस बात को धुंधला और कमजोर बनने दिया है।[72]

भारत पर जो शासन करते थे, वे हर तरह की अलगाववादी प्रवृत्ति को बढ़ावा देते थे। सदियों तक विद्वानों द्वारा अलगाव करने का प्रयत्न चलता रहा। लोहिया ने यह बताने के बाद इतिहास और भाषा शास्त्र के उपयोग का भी जिक्र किया है। इतिहास, लिपि, भाषा और हर चीज से संबंधित यह विद्वत्ता ऐसे किस्म की रही कि उसने जुड़ाने के बजाय बिछड़ाया। मुझे पूरा शक है कि कभी भी आर्य और द्रविड़ जातियां नहीं रहीं, यह मेरी बहुभाषी शंका है। मगर कि इतिहास की सभी किताबें उसी से जुड़ी हुई हैं। वे उसको मान कर ही शुरू करते हैं। मेरा पहला शक है कि भाषा शास्त्रीय आधार के अलावा यह साबित करने का कोई आधार नहीं है कि कभी ऐसी जातियां रहीं और अगर मान कर चलें कि ये आंशिक रूप से सही हैं, तो भी आज से कम से कम 4000 बरस पहले तक आर्य और द्रविड़ जैसी कोई चीज नहीं थी। फिर भी वे संस्कृति के विद्वान, मानव विज्ञानी हर समय अलगाव ढूंढते रहते हैं।[73]

हिंदी, मराठी आदि आर्य भाषा परिवार की भाषाएँ मानी जाती थीं। तमिल-तेलुगू आदि द्रविड़ भाषा परिवार की भाषाएँ मानी जाती हैं। जिसने तमिल न सीखी हो, उसके लिए तमिल का एक वाक्य भी समझना बहुत कठिन होता है। यह अंतर बराबर ध्यान में रखना चाहिए। राष्ट्रीय एकता के लिए भाषाओं में जो भिन्नता है, उसे अस्वीकार करने से काम चलने वाला नहीं है। भारत में आर्य भाषा परिवार, द्रविड़ भाषा परिवार और उनके अतिरिक्त अन्य परिवार भी हैं। अनेक भाषा शास्त्री यह सिद्धांत मानते हैं कि भारत एक भाषायी क्षेत्र है। इसका अर्थ यह है कि भारत के अनेक भाषा परिवार हजारों साल एक साथ रहने के कारण एक दूसरे को प्रभावित करते रहे हैं और उनमें अनेक समानताओं का विकास हुआ है। यह सिद्धांत सही है। परंतु इन भाषा शास्त्रियों में एक दोष है—वे भारत के सभी भाषा परिवारों को बाहर से आया हुआ मानते हैं। इन भाषा परिवारों के

जो भी मूल तत्व आदि तत्व माने जाएँ, उनकी तुलना की जाए तो विश्लेषण से पता चलेगा कि इतिहास में कोई युग ऐसा नहीं है जब ये भाषा परिवार परस्पर जुड़े हुए न रहे हों। भारत की राष्ट्रीय एकता का वास्तविक आधार इन भाषा परिवारों का परस्पर संपर्क है। परंतु इस तरह किसी ने इन भाषा परिवारों के मूल तत्वों का अध्ययन किया नहीं। मुख्यतः पाश्चात्य विद्वान यह मानकर चलते हैं कि आर्य लोग बाहर से आए। वे जो भाषा बोलते थे, उसी से आर्य भाषा परिवार बना। द्रविड़ लोग भी बाहर से आए और उनकी आदि द्रविड़ भाषा से अन्य द्रविड़ भाषाओं का विकास हुआ। इसी तरह कोल या मुंडा परिवार की भाषाएँ भी बाहर से आईं।

यूरोप के विद्वानों का परिचय जब संस्कृत भाषा और उसके व्याकरण से हुआ, तब धातु–प्रत्यय– उत्सर्ग के उपकरणों की सहायता से उन्होंने भिन्न भाषाओं की समानता पहचानना सीखा। 1786 में विलियम जोन्स ने कहा था : ग्रीक की अपेक्षा संस्कृत अधिक पूर्ण है, लैटिन की अपेक्षा अधिक समृद्ध है और दोनों में से किसी की भी अपेक्षा अधिक सुचारु रूप से परिष्कृत है। पर दोनों से क्रिया मूलों और व्याकरण रूपों में उसका इतना गहरा संबंध है जितना अकस्मात उत्पन्न नहीं हो सकता। यह संबंध ही सचमुच इतना सुस्पष्ट है कि कोई भी भाषा-शास्त्री इन तीनों की परीक्षा करने पर यह विश्वास किए बिना नहीं रह सकता कि वे एक ही स्रोत से जन्मी हैं जो स्रोत शायद अब विद्यमान नहीं है।[74] भाषाओं में समानता सामाजिक और सांस्कृतिक सम्पर्क के परिणामस्वरूप भी उत्पन्न हो सकती है, यह विचार जोन्स के मन में नहीं आया। वह आदि भाषा की कल्पना पर दृढ़ रहे और इसका एक बहुत बड़ा कारण यह था कि वह बाइबिल पर दृढ़ता से विश्वास करते थे और वहां आदम और हव्वा ने मानव जाति को जन्म दिया, उन्हीं की संतान विभिन्न दिशाओं में फैली, यह विचार उनके मन में बद्धमूल था।

विलियम जोन्स ने अपने एक लेख में वनस्पति शास्त्री लीनीअस का जिक्र किया है। उनके अनुसार : आंरभ में ईश्वर ने हर प्रजाति का केवल एक जोड़ा बनाया था। उस जोड़े में एक नर था, एक मादा। इसी तरह ईश्वर ने मनुष्य का एक जोड़ा बनाया। उसी की संतान विभिन्न दिशाओं में फैली। जहां थोड़े कारणों से काम चले, वहां अधिक कारणों की कल्पना करना अनुचित है। जोन्स के अनुसार प्रकृति काम करती है, वह सादे ढंग से करती है। न्यूटन का भी यही मत था। इस तरह न्यूटन और लीनीअस की सहायता से विलियम जोन्स अपना धार्मिक आग्रह वैज्ञानिक सिद्ध करते हैं। यद्यपि उनके विचार से मूलतः तीन मानव जातियां थीं : एक भारतीय, दूसरी अरब और तीसरी तातार अथवा चीनी। वह यहां तक कहते हैं कि ये जातियां लगभग एक ही समय में स्थल मार्गों से चली थीं और आगे एक दूसरे के आड़े न आएं, इसलिए सीधी रेखा में चली थीं। मूसा ने बाइबिल में जो इतिहास लिखा उसे वह सत्य मानते थे। कुछ लोग उस पर संदेह करते थे। जोन्स ने लिखा : कुछ बुद्धिमान और सदाचारी पुरुष ऐसे हो सकते हैं जो मूसा के वृतांत को सही न मानते हों या तो उत्पत्ति के जो प्रारंभिक 11 अध्याय हैं, वे सही हैं अथवा हमारे जातीय धर्म की

सारी संरचना मिथ्या है। जातीय धर्म अर्थात अमेरिकन चर्च। ईसाई धर्म का जो रूप इंग्लैंड में प्रचलित है, वह गलत नहीं हो सकता। उसका आधार बाइबिल है। बाइबिल में मनुष्य की उत्पत्ति और विकास के बारे में जो कुछ कहा गया है, उसे सत्य होना ही चाहिए।

यहां यह बात ध्यान देने की है कि जोन्स भारतीय परिवार की बात करते हैं, इंडो-यूरोपियन परिवार की बात नहीं करते और वह संसार की सभी भाषाओं को एक ही मूल भाषा से उत्पन्न मानते हैं। केवल इंडो-यूरोपियन परिवार की भाषाओं को किसी आदि भाषा से उत्पन्न नहीं मानते। उनकी कठिनाई यह है कि नूह की भाषा हमेशा के लिए खो गई। उन्होंने बहुत ढूंढा लेकिन अरबी, भारतीय और तातार भाषा परिवारों में एक भी सामान्य शब्द उन्हें नहीं मिला।[75]

प्रसिद्ध इतिहासकार डॉ. रामशरण शर्मा ने विलियम जोन्स का जिक्र किया है। उनकी आदि भाषा की कल्पना का उल्लेख भी किया है। परंतु यह आदि भाषा की धारणा बाइबिल पर आधारित है, यह बात उन्होंने नहीं बताई।

भारत-संबंधी अध्ययन की अनेक मंजिलें गिनाते हुए ऐतिहासिक भाषा विज्ञान के विकास में साम्राज्यवादी धारणा का संबंध दिखाते हुए रामशरण शर्मा ने लिखा है : 1880 आते-आते आर्य समस्या के अध्ययन में नया मोड़ शुरू होता है। इस समय यूरोप में नए साम्राज्यवाद का उदय हुआ और इस वातावरण में आर्यों के मूल स्थान और प्रसार पर जोर दिया जाने लगा। मध्य एशिया के बजाय उनका मूल वास स्थान यूरोप में रखा जाने लगा। यूरोप से आर्यों अथवा हिंद-यूरोपियों के प्रसार को दिखला कर साम्राज्यवाद का प्रसार स्वाभाविक ठहराया जा सकता था और गोरी चमड़ी वालों की सभ्यता प्रसार के उत्तरदायित्व को उचित बतलाया जा सकता था। प्रश्न केवल यह नहीं है कि आर्य एशिया में रहते थे या यूरोप में। मुख्य बात यह थी कि वे आक्रमणकारी थे, बाहर से आकर उन्होंने भारत पर अधिकार जमाया था और इसी तरह अंग्रेजों ने बाहर से आकर भारत पर अधिकार जमाया, तो यह कोई नई बात नहीं थी। इतिहास में ऐसा ही होता आया था। ऐतिहासिक भाषा-विज्ञान साम्राज्यवाद के प्रसार से प्रभावित है, यह बात रामशरण शर्मा से पहले रैमफ्रेव नाम के पुरातत्व विशारद ने कही थी। उन्होंने लिखा है : आमतौर पर यह मान लिया गया है कि इंडो-यूरोपियन भाषा भाषी जिम बाहर से आकर भारत में बसे थे। यह मान्यता उस समय प्रचलित हुई, जब यूरोप का वातावरण आप्रवासमय था। पर जब यूरोप के आप्रवासी दूसरों की जमीन छीन कर उनके देशों में बसते चले जा रहे थे। रैमफ्रेव ने लिखा : युद्ध में कुल्हाड़ा चलाने वाला या यूरोप के प्रागैतिहासिक लड़ाकू इंडो-यूरोपियनों से लोग परिचित थे ही। इन्हें विध्वसंक मानने से अधिक स्वाभाविक और क्या था? और वे बेशक ऋग्वेद के लड़ाकू रथारूढ़ इंडो-आर्यनों से संबद्ध किए जा सकते थे। मार्टीमर वेलर नाम के पुरातत्वज्ञ ने यही काम किया। उनकी धारणाओं का खंडन रैमफ्रेव ने किया। क्या ऋग्वेद में इस बात का कोई संकेत है कि आर्य लोगों ने बाहर से आकर यहां के लोगों को गुलाम बनाया था? रैमफ्रेव कहते हैं : सप्त सिंधुओं का देश ऋग्वेद का देश है। घटना की रणभूमि

है। ऐसा कुछ नहीं है जिससे लगे कि आर्य यहां अजनबी हैं। न और कोई बात है जिससे लगे कि परकोटे वाले नगरों के वासी दासों समेत स्वयं आर्यों की अपेक्षा कुछ अधिक आदिवासी थे। रैमफ्रेव और रामशरण शर्मा दोनों ही मानते हैं कि ऐतिहासिक भाषा विज्ञान और पुरातत्व साम्राज्य प्रसार से प्रभावित हुए हैं। परंतु जहां रैमफ्रेव ऋग्वेद में आर्यों के बाहर से आने का कोई प्रमाण नहीं मानते, वहां रामशरण शर्मा ऋग्वेद में अनेक प्रमाण देखते हैं जिनसे आर्यों का बाहर से आना सिद्ध होता है। इन प्रमाणों में एक भी ऐसा नहीं है जो 19वीं सदी के अंग्रेजी विद्वानों ने पहले ही प्रस्तुत न किया हो।

आर्यों ने भारत के आदिवासियों को हरा कर इस देश पर अधिकार किया, 19वीं सदी के भाषा विज्ञानी की यह मान्यता रामशरण शर्मा ने स्वीकार की। फिनलैंड में आर्य शब्द दाससूचक है। इसकी चर्चा करते हुए उन्होंने लिखा : जिस प्रकार दास समुदाय पर आधिपत्य जमाने के बाद आर्यों ने 'दास' शब्द का प्रयोग गुलाम के अर्थ में किया, उसी प्रकार अपने पड़ोसी आर्यों अथवा हिंद-यूरोपियों को जीतने के पश्चात् फिनलैंड वालों ने 'ओर्ज' शब्द का प्रयोग अपनी भाषा में गुलाम के अर्थ में किया। आर्यों ने भारत पर तो विजय प्राप्त की, पर छोटे से फिनलैंड पर विजय प्राप्त न कर सके। इसके विपरीत फिनलैंड वालों ने उन पर विजय प्राप्त की और आर्य शब्द को दाससूचक बना दिया। दास एक जन का नाम था जिसे आर्यों ने पराजित किया और गुलाम बनाया। इसलिए दास शब्द गुलाम का अर्थ देने लगा। यह बात वैदिक इंडेक्स में बताई गई है : सिन्स द दासाज वेयर इन मेनी केसेज रेड्यूस्ड टु स्लेवरी। द वर्ड दास हैज द सेंस ऑफ स्लेव इन सेवरल पैसेजेज ऑफ द ऋग्वेद। आर्य गोरे थे और दास काले थे। यह भी पुरानी मान्यता है जिसे रामशरण शर्मा ने दोहराया है। लिखा है : यदि शरीर के रंग को पहचान का आधार माना जाए तो ऋग्वेद के कुछ मंत्रों के अनुसार आर्यों की अपनी अलग जाति बनती है। वे जिन लोगों से लड़ते थे उनको काले रंग का बतलाया गया है। आर्यों को मानुषी प्रजा कहा गया है जो अग्नि वैश्वानर की पूजा करते थे और कभी-कभी काले लोगों के घर में आग लगा देते थे। आर्यों के देवता सोम के विषय में कहा गया है कि वह काले लोगों की हत्या करता था। यह भी कहा गया है कि वह काली त्वचा वाले त्वचम असिकनिम— राक्षसों से लड़ता था और उसने 50 हजार कृष्ण लोगों को मारा तथा असुर के काले चमड़े को उधेड़ डाला। इस प्रकार के उद्धरण बतलाते हैं कि आर्यों की परिकल्पना नस्ल के रूप में की जाती थी।[80] ये सारी बातें ग्रफित ने भी ऋग्वेद के अपने अनुवाद में कही हैं। ग्रफित ने यह अनुवाद 1879 में किया था। जिन 50 हजार काले आदमियों को मारने की बात है उनके बारे में ग्रफित ने लिखा है : ब्लैक राक्षसाज फीन्स आर हस्टाइल अबौरिनीज (खंड 1, पृष्ठ 412) ये काले राक्षस हैं, दानव हैं अथवा विरोधी आदिवासी। रामशरण शर्मा ने 'अथवा' हटा कर उन्हें विशुद्ध आदिवासी बना दिया है। ग्रफित को जहां संदेह था, वहां रामशरण शर्मा ने संदेह मिटा कर काले आदिवासियों को आर्यों का शत्रु बना दिया है। परंतु सभी आर्य गोरे नहीं थे। यह बात स्वयं डॉ. शर्मा कहते हैं। ऋग्वेद में कण्व ऋषि को काला बतलाया

गया है और दीर्घतमस नाम से इस ऋषि का काला रंग होने का आभास मिलता है ... इन लोगों से लगता है कि ब्राह्मणों का संबंध प्राक्वैदिक संस्कृति के लोगों से था।[81] यद्यपि मंत्रों के रचने वाले काले वर्ण के भी थे, परंतु आर्यों को गोरा होना ही चाहिए। इसलिए कि अंग्रेज अपने को गोरा समझते थे। इसलिए यदि ऋग्वेद में कहीं काले ऋषियों का उल्लेख है तो मानना चाहिए, ये हड़प्पा के ब्राह्मण हैं जिन्होंने वैदिक संस्कृति स्वीकार कर ली थी। आगे कहते हैं : यह भी उल्लेखनीय है कि ब्राहुई भाषा—जो बलूचिस्तान में बोली जाती है—का संबंध 'ब्राह्मण' शब्द से जोड़ा गया है। अतएव आर्यों और अनार्यों के मिश्रण के कारण ब्राह्मण वर्ण का जन्म हुआ, जिसमें आर्य और अनार्य दोनों सम्मिलित थे। इस प्रकार प्रारंभिक ब्राह्मण वर्ण या ब्राह्मणवाद को प्राचीन काल की विशुद्ध आर्य संस्कृति का अभिन्न अंग नहीं माना जा सकता है।[82] यहां यह मान लिया गया है कि द्रविड़ काले रंग के थे। लेकिन ब्राहुई लोग बलूचिस्तान में रहते रहे हैं। वे गोरे वर्ण के बताए गए हैं। इसलिए नस्ली मिश्रण की जो कल्पना डॉ. शर्मा ने यहां की है वह निराधार ठहरती है, दास और दस्यु में भेद करते हुए शर्मा जी ने लिखा है : अत्यधिक महत्व का विषय यह है कि ऋग्वेद में बारम्बार 'दस्यु हत्या' का उल्लेख है। पर दस्यु को वणिक कोटि में नहीं रखा जा सकता है।[83] यह बात भी 'वैदिक इंडेक्स' में बताई गई है : व्हाइल इंद्राज दस्यु हत्या स्लाटर ऑफ द दस्यूज इज आफन स्पोकन आफ दियर इज नो कारेस्पोंडिंग यूज ऑफ दास हत्या—इंद्र के प्रसंग में दस्यु हत्या की बात अनेक बार कही गई है परंतु उसी तरह दास हत्या की बात नहीं कही गई है।[84] एक ओर आर्य, दूसरी ओर दास अथवा दस्यु-- इनमें मुख्य भेद धर्म और संस्कृति का है। यह बात वैदिक इंडेक्स में बताई गई है : इट इज सिग्निफिकेंट दैट कांस्टेंट रिफ्रेंस इज मेड ऑफ द रिफ्रेंसेज इन रिलीजन बेटविन आर्य एंड दास ऑर दस्यु। एक बात महत्वपूर्ण है कि आर्य तथा दास अथवा दस्यु के बीच धार्मिक भेदभाव का उल्लेख बार-बार किया जाता है।[85] इस सूत्र को रामशरण शर्मा ने अनेक स्थान पर पुष्पित और पल्लवित किया है। जब ऋग्वेद आर्यों और दासों अथवा आर्यों और दस्युओं के बीच संघर्ष का उल्लेख करता है तो उसमें एक को देशी और दूसरे को विदेशी मानने की भावना नहीं दिखती। संघर्ष दो संस्कृति, समुदाय के बीच होता है जिसमें वृत का पालन करते हैं और दूसरे अवृत हैं। उस समय भारत के एक देश होने की कल्पना नहीं की गई है। इसलिए किसी के देशी अथवा विदेशी होने का प्रश्न नहीं उठता है।[86] यह अंतिम तर्क बहुत मनोरंजक है। जब तक भारत नाम की भौगोलिक इकाई देश न बन जाए, उसमें एकता स्थापित न हो जाए, तब तक उसके किसी भाग में रहने वाला आदमी किसी को विदेशी न समझ सकता था। भारत में बहुत से जनपद थे। इन जनपदों में रहने वाले दूसरे जनपदों के लोगों को या भौगोलिक इकाई वाले भारत से बाहर के लोगों को विदेशी समझ सकते थे। यह बिल्कुल संभव है। परंतु ये देशी-विदेशी की बात तो गौण है। मुख्य बात यह है कि यहां सांस्कृतिक भेद था और यह बात पहले वैदिक इंडेक्स में बताई गई है। आगे कहते हैं : आर्यों की पहचान ऋग्वेद में इस बात से होती थी कि वे वृत का पालन करते थे,

यज्ञ करते थे, घोड़े और घोड़े वाले रथ का प्रयोग करते थे। इसके विपरीत दस्युओं को जिन से आर्यों का सतत संघर्ष चल रहा था, अवृत और अपवृत कहा गया है।[87] जहां तक घोड़ों का संबंध है, घोड़े दस्युओं के पास भी थे। इसी पैराग्राफ के आरंभ में शर्मा जी ने लिखा है : जहां तहां दस्यु के पास घोड़े होने की भी चर्चा है।[88] अब बताना चाहिए कि दस्यु यदि आदिवासी थे तो उन्होंने ये घोड़े कैसे प्राप्त किए थे? और यदि आदिवासी नहीं थे तो उन्होंने आर्यों से घोड़े कैसे प्राप्त किए? और यदि आदिवासी नहीं थे तो उन्होंने आर्यों से घोड़े छीन लिए थे? या वे भी बाहर से घोड़ों पर चढ़ कर भारत में आए थे? यदि वे आर्य ही थे तो दासों और दस्युओं से जो संघर्ष बताया गया है, वह आर्यों के बीच का संघर्ष होगा, आदिवासियों से आर्यों का संघर्ष न होगा। तब भारत पर आर्यों की विजय की कल्पना भी निराधार हो जाएगी।

भारत में घोड़े नहीं थे। घोड़ों की जो हड्डियां यहां मिली हैं वे उत्तर काल की हैं। वैदिक जनसमुदाय एशिया से घोड़े पर चढ़ कर भारत में आया था, इस बात पर शर्मा जी ने बहुत जोर दिया है। आर्यों का आदि निवासस्थान का प्रश्न अधिक महत्वपूर्ण हो गया है। पूर्वी बलकन में चौथी सहस्त्राब्दि ई. पू. में जहां तहां घोड़ों के कुछ अवशेष मिले हैं। पहले ऐसा लगता है कि काले सागर के क्षेत्र से जहां घोड़े पहले मिले हैं इस क्षेत्र का संपर्क था।[89] काले सागर के पास का क्षेत्र घोड़ों का आदि निवासस्थान है। यह बात एन्साइक्लोपीडिया ब्रिटानिका के 1981 के संस्करण में कही गई है। यह कल्पना की गई है कि इंडो-यूरोपियन उद्भव का एक कबीला काले सागर और कैस्पियन सागर के निकट पर्वत माला के मैदानी भाग में रहता था। उसने सबसे पहले घोड़े का उपयोग किया था। यदि यह मान लिया जाए कि घोड़े का आदि निवासस्थान काले सागर की तटवर्ती भूमि है तो यह अनिवार्य नहीं है कि भारत में वहां से जो घोड़े आए उन पर मनुष्य भी सवार था। सवार के बिना भी घोड़े वनस्पतियों की तरह दूर-दूर देशों में पहुंच जाते हैं। उदाहरण के लिए, घोड़े उत्तर अमेरिका की मिसिसिपी नदी तल के नीचे पाए गए हैं अर्थात् उनके कंकाल वहां मिले हैं। एन्साइक्लोपीडिया ब्रिटानिका 1962 के संस्करण में बताया गया है घोड़े का इतिहास बहुत कुछ अटकलपंथी है। घोड़ा धरती पर मनुष्य से युगों पहले अवतरित हुआ था। 2000 से 3000 ई. पू. के बीच इसके इतिहास के बारे में बहुत कम जानकारी है। मिसिसिपी प्रदेश में उसके कंकाल मिले हैं और 20वीं सदी के उत्तरार्ध में अन्य कंकालों के बारे में जो भी जानकारी है, ये उनसे पहले के हैं। यदि मध्य एशिया से घोड़े उत्तर अमेरिका पहुंच सकते हैं तो इसका अर्थ यह नहीं कि आर्यों ने वहां सबसे पहले आदिवासियों पर विजय पाई थी और अमेरिका में उपनिवेश बनाए थे। इसी तरह सवारों के बिना मध्य एशिया से घोड़े भारत में भी आ सकते थे। अश्व इंडो-यूरोपियन जनों के साथ भारत में आया, यह सिद्ध करने के लिए शर्मा जी ने भाषा विज्ञान की सहायता ली है। कहते हैं : हिंद यूरोपियों के जीवन में घोड़े का सर्वाधिक महत्व है। अश्व से मिलते-जुलते शब्द ईरानी, लैटिन, यूनानी आदि हिंद-यूरोपीय भाषाओं में पाए जाते हैं।[90] सबसे पहले बताना चाहिए

था कि मध्य एशिया की किन-किन भाषाओं में अश्व से मिलते-जुलते शब्द पाए जाते हैं। रूसी भाषा में घोड़े के लिए लोशाद शब्द का व्यवहार होता है जिसका अश्व से दूर का भी संबंध नहीं है। जर्मन समुदाय की अंग्रेजी भाषा में घोड़े के लिए 'फौज' शब्द है। वह भी अश्व से बहुत दूर है। इंडो-यूरोपियन भाषाओं में अश्व से मिलते-जुलते शब्द हैं। इसलिए भारत में आर्य अर्थात इंडो यूरोपियन घोड़े पर चढ़ कर बाहर से आए थे, यह धारणा भ्रांत सिद्ध होती है। वास्तव में अश्व के दो तरह के प्रतिरूप यूरोप की भाषाओं में मिलते हैं। अश्व का ईरानी प्रतिरूप है अस्प। 'स' अलग हुआ, ह बना, प में द्वित्त हुआ तब यूनानी भाषा में हिप्पोस शब्द बना। यह एक तरह का प्रतिरूप हुआ। लैटिन भाषा में श ध्वनि नहीं है। भारतीय शब्दों में जहां श ध्वनि है उसे लैटिन बोलने वाले के रूप में ग्रहण करते थे। अश्व का लैटिन प्रतिरूप एकोअस है। दूसरी सहस्त्राब्दि ई. पू.में जब आर्यों की धाराएं भारत से बाहर निकलीं, तब एक धारा मध्य एशिया की ओर गई। एक धारा ईरान होती हुई यूनान पहुंची। अश्व अस्क हिप्पौस—ये उसकी यात्रा के मार्ग चिह्न हैं। दूसरी धारा इटली पहुंची। अश्व एकूअस—ये उसकी धारा के दूसरे मार्ग चिह्न हैं। मुख्य बात यह कि रूसी भाषा का लोशाद शब्द भारत में व्यवहार में नहीं आया। यदि घोड़ा वोल्गा तट से आया था तो वोल्गा तट की भाषा का घोड़ा सूचक शब्द भी भारत में आना चाहिए था। परंतु ऐसा नहीं हुआ। लैटिन में एकूअस तो बाहर से आया, उनका अपना घोड़े के लिए शब्द था कैबालूस। अंग्रेजी का कैवेलरी शब्द इसी कबालवूस से बना है। कबाल फ्रांसीसी भाषा का शैवाल, उससे सेवेलरी ये अन्य उद्भव के शब्द हैं। इनका अश्व से कोई संबंध नहीं है।

यह भी सुविदित तथ्य है कि मध्य एशिया के लोग हल में घोड़ा जोत कर खेती करते थे। लेकिन भारत में वैदिक आर्यों ने कहीं घोड़ा जोत कर खेती की, इसका उल्लेख नहीं है। जो आर्य मध्य एशिया से आए थे वे खेती करते समय हल में घोड़ा जोतना इतनी जल्दी कैसे भूल गए? जब कि उल्लेखनीय है कि जितने शब्द अश्व के समानार्थी ऋग्वेद में हैं, वैदिक भाषा में हैं, उतने यूरोप की किसी भाषा में नहीं हैं। इन समानार्थी शब्दों की सूची वैदिक इंडेक्टस में देखी जा सकती है।[91] इसी प्रसंग में ग्रंथ के लेखकों ने बताया : सिंधु नदी के तटवर्ती भाग के घोड़े विशेष मूल्यवान समझे जाते थे और इसी तरह सरस्वती नदी के तटवर्ती घोड़े भी मूल्यवान समझे जाते थे। इन लेखकों के अनुसार इसीलिए सिंधु और सरस्वती को वाजिनीवती कहा गया है। वाजिनीवती का कुछ लोग अर्थ अन्न वाली और यज्ञ वाली भी करते हैं। परंतु सिंधु नदी के प्रसंग में ग्रफित ने मंत्र का अनुवाद किया है। सिंधु को वाजिनीवती कहा गया है। ग्रफित ने अनुवाद किया है : रिच एंड गुड स्ट्रीट्स इज सिंधु। (10.75.8) अच्छे घोड़ों से सिंधु नदी समृद्ध थी, है। अर्थात उसके तटीय प्रदेश में अच्छे घोड़े पाए जाते हैं।

सरस्वती के तटवर्ती प्रदेश में पालतू घोड़े ही नहीं, जंगली घोड़े भी पाए जाते हैं। इसका प्रमाण ऋग्वेद में है : वुनेषु वाजी अश्व न अनुशः आ विरोचते— अग्नि की प्रशंसा में

कहा गया है—जंगलों में शीघ्रगामी घोड़े के समान वह तेजस्वनी अग्नि चारों ओर प्रकाशित होती है। (7.29.6)

सारस्वत प्रदेश में घोड़ों की हड्डियां मिली हैं। यह तथ्य महत्वपूर्ण है। रामशरण शर्मा बतलाते हैं : हरयाणा के कुरुक्षेत्र जिले में अवस्थित भगवानपुरा में ऐसी संस्कृति मिली है जहां चित्रित घूसर भांड और उत्तरकालीन हड़प्पा संस्कृति के अवशेष एक ही परत में मिलते हैं। इसका समय 1300-1200 ई. पू. के आसपास का हो सकता है। इसमें घोड़े की हड्डियां मिली हैं।[92] और आगे : कुरु पंचाल देश में गुरुक्षेत्र जिला स्थित भगवान पुरा में और मेरठ जिला स्थित हस्तिनापुर में घोड़े की हड्डियां पाई गई हैं।[93] ये सब हड्डियां उत्तरकाल की मान ली गई हैं, इसलिए कि इस पूर्वाग्रह को सिद्ध करना है कि घोड़े भारत में बाहर से ही आए हैं। परंतु हड्डियां सुलभ हैं, डी एन ए की परीक्षा की जाए। पता चलेगा कि ये हड्डियां उन्हीं घोड़ों की हैं जिन्हें जंगल में घूमते हुए वैदिक ऋषियों ने देखा था। उनका कोई संबंध काले सागर के घोड़ों के कंकालों से नहीं है।

घोड़े के साथ जब रथ का संयोग हुआ तब युद्ध विद्या में क्रांतिकारी परिवर्तन हुआ। जब तक रथ का पहिया ठोस था, तब तक वह तेजी से आगे न बढ़ सकता था। परंतु जब उसमें कमानियां लगाई गईं, अरायुक्त चक्र वाले रथ का प्रयोग किया गया, तब युद्ध शास्त्र में भारी परिवर्तन हुआ। हित्तियों पर अपनी पुस्तक में गोरने ने लिखा है : इसने युद्ध के स्वरूप में क्रांतिकारी परिवर्तन कर दिया। अब से युद्ध में द्रुत गति निर्णयकारी उपकरण बन गई। इस घोड़े से खींचे जाने वाले अरायुक्त रथ को नया आयुध बताते हुए गोरने ने लिखा : हित्ती साम्राज्य तथा अन्य समकालीन राज्यों की शक्ति का आधार एक नए आयुध का सघन विकास था। यह था हल्का रथ जिसे घोड़े खींचते थे। 1600 ई. पू. के कुछ ही समय बाद वह समस्त पश्चिमी एशिया में दिखाई देने लगा था। वैसे सामरिक रथ कोई नई चीज नहीं थी। सुमेर लोगों के पास दो पहियों वाले और 4 पहियों वाले दो तरह के रथ थे। पर ये भारी होते थे। इनके पहिए ठोस अराविहीन थे और ऐसा प्रतीत होता है कि उन्हें खींचने के लिए जंगली गधों से काम लिया जाता था।[94] इस क्रांतिकारी परिवर्तन की बात रामशरण शर्मा ने भी कही है। परंतु घोड़े का महत्व प्रतिपादित करते हुए उन्होंने रथ का उल्लेख पहले नहीं किया। माल ढोने तथा आवागमन के साधन में घोड़े ने क्रांति ला दी ... घोड़े की शारीरिक ताकत और गति ने युद्ध क्षमता को बहुत बढ़ा दिया ... चूंकि हिंद-यूरोपीय घोड़े का इस्तेमाल बहुत करते थे इसलिए वे तीसरी सहस्त्राब्दि के उत्तरार्ध और दूसरी सहस्त्राब्दि ई. पू. में बड़ी तेजी से फैले।[95] वास्तव में इस तरह का परिवर्तन केवल घोड़े से नहीं, वरन घोड़े से खींचे जाने वाले रथ के कारण हुआ। रामशरण शर्मा के आर्य वोल्गा के मैदानों से भारत में आए थे। इसलिए अरायुक्त रथ का व्यवहार वोल्गा के मैदानों में होना चाहिए। परंतु ऐसा मानने वाले बहुत कम लोग होंगे। वह कहते हैं : एक मत के अनुसार चौथी सहस्त्राब्दि ई. पू. में रथ का प्रारंभ पश्चिम एशिया में हुआ और फिर सम्पर्क के कारण दक्षिण रूस के स्टेप्स के वासियों ने रथ के पहिए को उसी

सहस्त्राब्दि ई. पू. में अपनाया। पर यह भी ध्यान देने का विषय है कि आदि हिंद-यूरोपियों को रथ और पहिए की अच्छी जानकारी थी जो फैलने के साथ-साथ विभिन्न क्षेत्रों में फैली।[96] यहां पुरातत्व छोड़ कर वह ऐतिहासिक भाषा विज्ञान की शरण लेते हैं। इंडो यूरोपियन भाषाओं में रथ के लिए मिलते-जुलते शब्द हैं। इसलिए भारत में आने वाले आर्यों को इस अरायुक्त रथ का ज्ञान वोल्गा के मैदानों में होना ही चाहिए। पर जब आदि इंडो-यूरोपियन भाषा बोलेने वाले लोग एक साथ वोल्गा के मैदानों में रहते थे, तब उन्हें अरायुक्त रथ का ज्ञान नहीं था। यह बा त स्वयं रामशरण शर्मा कहते हैं। पहिए की जानकारी उस समय थी— जब हिंद यूरोपीय भाषा-भाषी एक साथ रहते थे। पर आरे अथवा कमानी की जानकारी तब हुई, जब वे अलग-अलग हो गए।[97]

ऋग्वेद में अरायुक्त रथ का वर्णन अनेक प्रकार से अनेक बार हुआ है। भारत से यह रथ पश्चिमी एशिया पहुंचा। यह बात गोरने स्वीकार करते हैं। हित्तियों पर अपनी पुस्तक में उन्होंने लिखा है : इंद्र, वरुण आदि भारतीय देवता हैं और वे आर्यों के साथ ही वहां पहुंचे थे। मितनियों और हित्तियों की संधि में उल्लिखित इन देव नामों के अतिरिक्त वोगाजकुई में चार पट्टियों में एक विशिष्ट रचना घोड़ों को प्रशिक्षित करने और उन्हें जलवायु के अनुकूल बनाने पर मिली है। इस रचना में कुछ पारिभाषिक शब्द मिलते हैं जो ऐसी भाषा के हैं जो संस्कृत से संबंधित है। संस्कृत उत्तर भारत के प्राचीन आर्यों की भाषा है। अन्य अभिलेखों से हमें अब पता है कि मैदान के शासक भारतीय आर्य देवताओं के साथ इंद्र, वरुण और युगल नासत्यों के उपासक थे और उनके व्यक्ति-नामों में उसी प्रकार के स्रोत का उद्घाटन होता है। अतः हमें यह निष्कर्ष निकालना होगा कि यह आर्य गण शाखा पश्चिम की ओर बढ़ती हुई अपने साथ अश्व प्रजनन का विशिष्ट ज्ञान लाई थी और उसी से पश्चिम एशिया के लोगों ने यह कला सीखी थी। यह बात महत्वपूर्ण है कि बैबीलोन के कस्सी शासकों के नामों का एक अंश भारतीय देव नामों से निर्मित पाया जाता है। तथापि अन्य पक्षों को देखते कस्सी भाषा नितांत भिन्न कोटि की है।[98]

आर्यतर जातियां भी अरायुक्त रथ का व्यवहार करती थीं। इस बारे में रामशरण शर्मा कहते हैं : ऐसा सोचना कि घोड़ा, रथ, चक्का तथा कमानीदार चक्के का प्रयोग केवल आर्य ही जानते थे, गलत होगा। घोड़े और रथ का प्रयोग तो हिक्सौस लोग भी करते थे। इसी कारण 16वीं सदी ई. पू. में मिस्र को वे जीत पाए।[99] हिक्सौस लोगों के बारे में टोयनबी की धारणा दूसरे प्रकार की है। उन्होंने आर्यों की तुलना तुर्कों से करते हुए लिखा है : 3000 साल बाद जो काम तुर्कों ने किया था, वह दूसरी सहस्त्राब्दि के आरंभ में आर्यों ने किया। यूरोप एशिया के स्टैपी मैदानों से तुर्कों के एक समुदाय ने उत्तर-पश्चिमी दर्रों से भारत में प्रवेश किया। दूसरा समुदाय ईरान होता हुआ अनातोलिया पहुंचा। इसी तरह आर्यों के एक समुदाय ने हिंदकुश पार करके भारत में प्रवेश किया। उनके अन्य समुदाय पश्चिम एशिया पहुंचे और सीरिया के स्वामी बने। 17वीं सदी ई. पू. के प्रारंभिक वर्षों में उन्होंने मिस्र को जीतने के लिए सीरिया का उपयोग आधार-भूमि के रूप में किया।[100]

दूसरी सहस्त्राब्दि ई. पू. में भारतीय आर्य पश्चिम एशिया में दूर-दूर तक फैले हुए थे। इसके अनेक प्रमाण हैं। प्रेचार्ड ने 'एसेंट नियर ईस्टर्न टेक्स्ट' में फिलिस्तीन सीरिया और फिनीशिया के सामंतों द्वारा मिस्र के राजाओं को लिखे हुए अनेक पत्र दिए हैं। ये पत्र 1413 से लेकर 1362 ई. पू. के बीच लिखे गए थे। इन पत्रों में अनेक नाम भारतीय आर्य भाषाओं के हैं। नीचे पाद टिप्पणी में प्रेचार्ड ने इन नामों को 'इंडो आर्य' बताया है। फिलिस्तीन के एक सामंत का नाम है इंद्ररुथ। प्रेचार्ड के अनुसार इस सामंत का वही इंडो आर्यन नाम है जो उसके समकालीन ऋग्वेद के इंद्रोथ अथवा इंद्रौथ का है।[101] अब आप यह मान सकते हैं कि सीरिया में रहने वाला यह भारतीय सामंत इंद्ररुथ का नाम रखे हुए था अथवा आप यह भी मान सकते हैं इंद्रौथ नाम वाले आर्य पश्चिम एशिया में पहुंचे और फिर ये नाम स्वीकृत होकर इंद्ररुथ हो गया।

बहुत से अन्य विद्वानों की तरह पुरातत्वज्ञ इगौट मानते हैं कि आर्यों ने भारत में बाहर से प्रवेश किया। परंतु अरायुक्त रथ कैसे पश्चिमी एशिया से धीरे-धीरे उत्तरी यूरोप पहुंचा, इसकी समय-सारणी जो उन्होंने दी है वह बहुत दिलचस्प है। उत्तरी यूरोप से पहले वह मिस्र पहुंचा था। उसके बाद यूनान और यूरोप के अन्य देशों में वह पहुंचा। लिखा है : दूसरी सहस्त्राब्दि ई. पू. के आरंभ में सुमेरियों के ये रथ लघु एशिया वर्तमान तुर्की में इस्तेमाल किए जाते थे। महत्वपूर्ण परिवर्तन यह था कि उनके अरायुक्त पहिए हल्के हैं और उन्हें दो घोड़े खींचते हैं। इसके कुछ ही समय बाद वे ईजीयन देशों में प्रकट होते हैं और महत्वपूर्ण बात है कि इन देशों का संबंध इंडो यूरोपियन भाषाओं से है। यूनान के भूखंड में रथ पहुंचा 1500 ई. पू. से पहले। मिस्र में उसकी प्राचीनतम शिल्प छवि 1550 ई. पू. के आसपास की है। इस 15वीं सदी के अंत तक मितनी अर्थात प्राचीन ईराक से मिस्र को रथ का निर्यात होने लगता है। मध्य और उत्तरी यूरोप में इंडो यूरोपियन कैल्प जनों के बीच 5वीं सदी ई. पू. से पहले रथ के आविर्भाव का प्रमाण नहीं है।[102] मिस्र और यूनान से उत्तरी यूरोप में रथ पहुंचने में इतना समय लगा, इसका कारण बहुत स्पष्ट है। मिस्र और यूनान की तुलना में मध्य तथा उत्तरी यूरोप के देश सभ्यता में बहुत पिछड़े हुए थे।

पश्चिमी एशिया के अरायुक्त रथ को रामशरण शर्मा ने मध्य एशिया में स्थापित किया। फिर टोयबनी की तरह हिंद यूरोप अथवा आर्यों से हिंदकुश पार कराया। थोड़ी कठिनाई इस बात में हुई कि घोड़े वाले रथों को पहाड़ों और दर्रों से उन्होंने कैसे चढ़ाया-उतराया होगा। यह कठिनाई उन्होंने रथ हटा कर घोड़ों की सहायता से हल कर ली। लिखा : यह कहना कठिन है कि हिंदकुश के दर्रे होकर घोड़े वाले रथ भारत आए होंगे। पर घोड़े पर सवार होकर तो लोग आ ही सकते थे।[103]

भारत में आर्य बाहर से आए, इस धारणा के लिए इतना आग्रह क्यों? आग्रह इसलिए है कि भारत जैसे देश में कट्टर हिंदुत्ववादियों का जोर बढ़ गया है और कुछ लोग इस देश को आर्यों का जन्म स्थान और सभ्यता के सारे तत्वों की जननी घोषित करते हैं।[104]

आगे और भी कहते हैं : हिंदू सम्प्रदायवादी प्रचार करते हैं कि आर्य भारत के मूल निवासी थे और यहां से वे विश्व के दूसरे भागों में फैले। वे यह प्रचार किसी ठोस शोध या अध्ययन के आधार पर नहीं करते हैं। बल्कि राजनीतिक और आक्रामक भावनाओं से अभिभूत होकर ऐतिहासिक तथ्यों की तोड़-मरोड़ करते हैं। प्रचारक सोचते हैं कि यदि आर्यों का मूल वासस्थान भारत से बाहर माना जाएगा तो वे विदेशी समझे जाएंगे और आर्य उसी कोटि में रखे जाएंगे, जिस कोटि में वे स्वयं मुसलमानों और ईसाइयों को रखते हैं। किंतु 2000 ई. पू. के आसपास जब आर्यों की टोलियां भारत आने लगीं, यह उप महादेश भौगोलिक इकाई के रूप में विद्यमान होने पर भी तत्कालीन निवासियों के द्वारा आजकल की दृष्टि से एक देश नहीं समझा जाता था।[105] यदि यह बात सही है, तो समझना चाहिए कि वैदिक काल में भारत एक राष्ट्र नहीं था। इस बात पर जोर देने की आवश्यकता नहीं कि आर्य लोग खैबर के दर्रे से भारत में आए। जब बाहर-भीतर का भेद मिट गया तब आर्य यहां के निवासी हों चाहे बाहर के निवासी हों, क्या फर्क पड़ता है? परंतु भारत राष्ट्र की धारणा रामशरण शर्मा के मन में है और इसीलिए हिंदुत्व का खंडन करने के लिए वह बार-बार आर्यों के बाहर से आने की बात करते हैं।

हिंदुत्ववादी आज के भारत में अनेक भाषाओं का अस्तित्व स्वीकार करते हैं। परंतु इन भाषाओं को बोलने वाली जातियों का अस्तित्व स्वीकार नहीं करते। उनकी अलग-अलग जातियां, संस्कृतियां हैं, यह बात स्वीकार नहीं करते। उनका भारत राष्ट्र एक है। उसकी एक राष्ट्रीय संस्कृति है। प्रदेशों में जो भेद दिखाई देता है वह धर्म के आधार पर मिट गया है या मिटाया जा सकता है। जैसे हिंदू राष्ट्रवादी आज के भारत में जातीय भाषाओं, जातीय संस्कृतियों का अस्तित्व स्वीकार नहीं करते, वैसे वैदिक काल में गण समाजों का अस्तित्व स्वीकार नहीं करते। उनके लिए आर्य एक विशाल समुदाय है जो भारत में फैला हुआ है। उसकी भाषा से ही संसार की भाषाओं का जन्म हुआ। संसार की नहीं, तो भारत की भाषाओं का जन्म अवश्य हुआ और भारत की सभी भाषाओं का नहीं तो आर्य भाषा परिवार की भाषाओं का जन्म तो अवश्य ही उससे हुआ है। रामशरण शर्मा की विचार पद्धति इस तरह के चिंतन के बहुत नजदीक है। वह जिस हिंद-यूरोपीय जमात की बात करते हैं, उसमें कहीं कबीलों का भेद नहीं दिखाई देता। इन सब की भाषा एक है। वे किसी आदि स्थान से चलते हैं और वह आदिभाषा आदि रूप धारण करती जाती है। वह भाषा भारत में आकर वैदिक भाषा का रूप लेती है और उसी से समस्त आर्य भाषाओं का जन्म होता है।

रामशरण शर्मा की पुस्तक का नाम है 'आर्य संस्कृति की खोज'। आर्य माने क्या? ईरानी उद्धरणों में 'आर्य' का अर्थ स्वामी अर्थात अभिजात होता है और ऋग्वेद के अनेक विद्वानों में यह अर्थ बैठता है। अतएव ऋग्वेद की ऋचाओं में वैदिक जनों के जिन नेताओं का आर्य कहकर गुणगान किया गया है, वे या तो समृद्ध थे या अभिजात थे।[106] यह बात सही हो तो मानना होगा कि अभिजात संस्कृति की खोज इस पुस्तक में की गई है। पर पुस्तक

पढ़ने से कहीं इस अभिजात संस्कृति के दर्शन नहीं होते। आगे भी कहते हैं : वैदिक साहित्य में आर्य शब्द का भी प्रयोग हुआ है। इस का भी अर्थ सम्मानित और आदरणीय होता है, पर इस पद का प्रयोग वैदिक साहित्य में वैश्य के लिए किया जाता था। ऐसे आर्य और आर्य दोनों का अर्थ स्वामी भी होता है।[107] पुस्तक में यह नहीं बताया गया कि इन स्वामी लोगों के लिए खेती कौन करता था? उनके लिए अन्न कौन जुटाता था? यदि वे कपड़े पहने थे तो उनके लिए कपड़े कौन बनाता था। यदि आर्य संस्कृति स्वामी संस्कृति है तो दास संस्कृति पर भी प्रकाश डालना चाहिए। वह प्रकाश कहीं इस पुस्तक में दिखाई नहीं देता। कोई मार्क्सवादी लेखक जनसाधारण की संस्कृति के विमुख हो, यह कल्पना नहीं की जा सकती। आर्य एक सांस्कृतिक इकाई का नाम है। यह स्थापना भी इस पुस्तक में है। आर्य और दास का भेद दो संस्कृतियों का भेद है। संघर्ष दो संस्कृति-समुदाय के बीच होता है, जिसमें एक वृत्त का पालन करती है और दूसरे अवृत हैं।[108] यह जानना दिलचस्प होगा कि इस तरह का संघर्ष भौगोलिक इकाई जिसका नाम भारत है, उसमें ही होता है या भारत के बाहर भी होता है। अवेस्था के बारे में शर्मा जी कहते हैं : अवेस्था के गाथा भाग से, जो उसका प्राचीनतम अंश माना जाता है, पता चलता है कि ईरान में संघर्ष ईरानियों और विदेशियों के बीच में नहीं होता। बल्कि जनथ्रुस्त्र की शिक्षा मानने वालों और नहीं मानने वालों के बीच होता था।[109] जरथ्रुस्त्र तो बहुत बाद में हुए। क्या शर्मा जी यह कहना चाहते हैं कि ऋग्वेद की रचना से पहले ईरान में जरथ्रुस्त्र ने उपदेश दिए थे? यदि वैदिक काल के बहुत बाद जरथ्रुस्त्र का जन्म होता है तो ईरान में उनके अनुयायियों और विरोधियों के बीच संघर्ष वैदिक संदर्भ में निरर्थक हो जाता है। जानना यह चाहिए कि ईरान में आर्यों के आने के पहले, जब वे वोल्गा के मैदानों में रहते थे, तब उनके बीच ऐसा कोई सांस्कृतिक संघर्ष हुआ था या नहीं? वे सामाजिक विकास की किस मंजिल में थे? ऐसा संघर्ष वहां संभव था भी या नहीं? इन बातों की चर्चा इस पुस्तक में नहीं है। शीघ्र ही यह सांस्कृतिक इकाई इतिहासकारों की सुपरिचित सामाजिक इकाई आक्रमणकारी आर्यों की इकाई बन जाती है, जिस प्रकार दास समुदाय पर आधिपत्य जमाने के बाद आर्यों ने दास शब्द का प्रयोग गुलाम के अर्थ में किया।[110] एक विजेता और दूसरा गुलाम। यद्यपि आर्यों का संघर्ष दास और दस्यु दोनों से हुआ। आक्रमणकारी आर्यों ने यहां के मूल निवासियों की गणभूमि पर अधिकार किया। यह संघर्ष ऋग्वेद में चित्रित है।[111]

यूरोप के भाषा विज्ञान में नस्लवाद के प्रति आग्रह रहा है। पहले वह इंडो-जर्मेनिक परिवार की बात करते थे। फ्रांस वालों ने इस पर आपत्ति की। तब इंडो-यूरोपियन नाम प्रचलित हुआ। नात्सी आंदोलन के नेता एडोल्फ हिटलर और उसके अनुयायियों ने यह सिद्ध करने की चेष्टा की कि हिंद यूरोपियों में जर्मन जाति विशुद्ध हिंद यूरोपियन जाति है और पक्की और मौलिक आर्य है।[112] इसलिए भाषा ज्ञान को नस्लवाद से दूर रखना चाहिए। चाहे इंडो-यूरोपियन परिवार हो और चाहे आर्य भाषा परिवार हो, उसका आधार किसी नस्ल को न बनाना चाहिए। परंतु पहले विद्वानों ने भाषा के आधार पर भारतीय

संस्कृति का स्वरूप तैयार किया था। उसके बाद क्या हुआ? प्राचीनतम आर्यों को आद्य हिंद यूरोपीय समुदाय की संज्ञा दी गई और इस समुदाय की शब्दावली 6000 ई. पू. से आरंभ होती है। नस्ल, भाषा और संस्कृति के आधार पर बना हुआ यह समुदाय कई इकाइयों में बंट गया और उसके सदस्य यूरोप तथा एशिया में फैले।[113] यहां भाषा और संस्कृति के साथ नस्ल का स्पष्ट उल्लेख है। आदि भाषा की भावना और नस्लवाद परस्पर जुड़े हुए हैं। एक को छोड़ो तो दूसरे को छोड़ना आवश्यक होगा। यदि आदि भाषा की कल्पना में कोई विश्वास करता है तो उसे उस आदि भाषा के बोलने वालों की नस्ल में भी विश्वास करना होगा। नस्लवाद का खतरा पहचानते हुए भी रामशरण शर्मा ने ऋग्वेद की व्याख्या नस्ल के आधार पर की है। यदि शरीर के रंग को पहचान का आधार माना जाए तो ऋग्वेद के कुछ मंत्रों के अनुसार आर्यों की अपनी अलग जाति बनती है।[114] जाति का अर्थ यहां नस्ल है प्रादेशिक भाषा बोलने वाली जाति यह नहीं है। फिर 50 हजार काली चमड़ी वालों के मारे जाने का उल्लेख करते हुए वह कहते हैं : इस प्रकार के उद्धरण बतलाते हैं कि आर्यों की परिकल्पना नस्ल के रूप में की जाती थी।[115] कहां की जाती थी? अवश्य ही ऋग्वेद में की जाती थी। यह मानते हुए कि ऋग्वेद में कण्व ऋषि का रंग काला बताया गया है, और दीर्घतमस नाम से ही पता चलता है कि वह श्याम वर्ण के थे। फिर भी जो निष्कर्ष निकला है वह यह है कि इन उदाहरणों से लगता है कि ब्राह्मणों का संबंध प्राक्वैदिक संस्कृति के लोगों से था। यह प्राक्वैदिक संस्कृति हड़प्पा संस्कृति हो सकती थी। इस तरह गोरी नस्ल की लड़ाई काली नस्ल के लोगों से हुई। मार्शल को धन्यवाद देना चाहिए कि उन्होंने मोहनजोदड़ो में प्राप्त नर कंकालों के अध्ययन से यह निष्कर्ष निकाला कि यहां अनेक नस्लों के लोग रहते थे और आर्यों को आक्रमणकारी मानते हुए उनके लिए भी यह कल्पना की कि वे एक नहीं अनेक नस्लों के लोग रहे होंगे। राष्ट्र राज्य के युद्ध के प्रसंग में डॉ. शर्मा का कहना है : इस युद्ध में लड़ने वाले प्रत्येक दल में आर्य और अनार्य दोनों ही सम्मिलित थे, ऐसा राजाओं के नाम को देखने से पता चलता है।[116] यहां आर्य और अनार्य का भेद सांस्कृतिक भेद नहीं है। आर्य और अनार्य दोनों मिल कर लड़ रहे हैं। यहां आर्य बाहर से आने वाले आक्रमणकारी और अनार्य यहां के मूल निवासी थे। पुस्तक के आरंभ में डॉ. शर्मा कहते हैं : प्रस्तुत निबंध में प्राचीनतम आर्य संस्कृति में कबीलों की संस्कृति का भेद नहीं है। सबकी संस्कृति एक है, सबकी भाषा एक है। ऐसे ही आदिम आर्य जन समुदाय की संस्कृति की खोज इस पुस्तक में की गई है। पुस्तक के अंत में कहते हैं : इस पुस्तक में जिन तत्वों का विश्लेषण किया गया है वह आर्य अथवा हिंद यूरोपीय संस्कृति की सूचक मानी जा सकती है।[117] आर्य माने हिंद यूरोपीय। और भी : आर्य संस्कृति को जानने के लिए अवेस्ता और ऋग्वेद का अध्ययन आवश्यक है और फिर होमर की रचनाओं से भी बहुमूल्य सहायता मिलती है। भारत से यूनान तक एक ही संस्कृति का प्रसार है। वह आर्य संस्कृति है। उसे हिंदू संस्कृति न कहा तो उससे क्या फर्क पड़ता है। उसका सबसे प्राचीन ग्रंथ ऋग्वेद तो भारत में ही रचा गया था। कुछ लोग मानते

थे कभी कि ऋग्वेद की रचना भारत के बाहर हुई है। परंतु ऐसा मत रामशरण शर्मा का नहीं है। इस अध्ययन में ऋग्वेद का महत्व सर्वाधिक है। इसलिए आर्य संस्कृति का सबसे अच्छा ग्रंथ उसे ही माना जाएगा। यह आर्य संस्कृति भारत से लेकर यूनान तक फैली हुई है। हिंदू राष्ट्रवादी भी कुछ इसी तरह की बातें करते हैं। ब्रह्म एक व अनेक रूप धारण करता है। वैसे ही संस्कृति मूलतः एक, उसने अनेक रूप धारण किए। एक के बाद एक आने वाले अश्वारोही जत्थों का पता लगाना आसान नहीं है। पर ऐसा लगता है कि 2500 ई. पू. पहुंचते पहुंचते हिंद यूरोपीय संस्कृति ने मध्य एशिया में हिंद-ईरानी रूप धारण किया। बाहर से संस्कृति के सृष्टा धीरे-धीरे ईरान, अफगानिस्तान, पाकिस्तान और हिंदुस्तान में जाकर बसे तो इसमें और भी बदलाव आया।[118] यद्यपि उस समय पाकिस्तान का अस्तित्व नहीं था, परंतु व्हीलर की तरह उसके अस्तित्व की कल्पना डॉ. शर्मा ने कर ली है, हिंद यूरोपीय लोग ईरान में बसे और हिंदुस्तान के साथ पाकिस्तान में भी बसे। उस संस्कृति ने अनेक रूप धारण किए। भाषा विज्ञानी आदि भाषा के अनेक रूप धारण करने की बात कहते थे। भाषा की जगह डॉ. शर्मा ने संस्कृति को प्रतिष्ठित कर दिया है।

वैदिक काल में गण समाज और उनसे अधिक विकसित समाज व्यवस्था वाले जन दूर-दूर तक फैले हुए थे। उनके नाम ऋग्वेद में मिलते हैं। अनेक विद्वानों ने 19वीं सदी से लेकर अब तक इनका अध्ययन किया है। उनके निवासस्थानों को पहचानने का प्रयत्न किया है। 'वैदिक एज' में पुसालकर ने इन गण समाजों की विभिन्नता बताई है। उनमें कौन अधिक विकसित है, कौन अधिक शक्तिशाली है—यह विवेक किया है। वैदिक जनों में भरत जन सबसे अधिक शक्तिशाली थे। यज्ञ संस्कृति का चलन उन्हीं ने किया। ऋग्वेद के सूक्त भरतों के बनाए हुए हैं। यह बात मैकडानल से लेकर पुसालकर तक विद्वान स्वीकार करते रहे हैं। जिस भरत जन से भारतवर्ष का नाम प्रचलित हुआ, उसका उल्लेख एक बार भी 'आर्य संस्कृति की खोज' में नहीं है।

रामशरण शर्मा जैसे इतिहासकारों में जबर्दस्त निषेध भावना काम करती है। यदि प्राचीन भाषा और प्राचीन संस्कृति की किसी भी बात की प्रशंसा की गई, तो उससे हिंदू राष्ट्रवाद को सहायता मिलेगी। इसलिए सबको अस्वीकार करना आवश्यक हो जाता है। क्या आर्य भारतीय शब्द है? आर्य शब्द भारतीय नहीं है। स्थापना यह है कि हिंद यूरोपीय भाषा की पूर्वी शाखा ने आर्य शब्द को पश्चिम एशिया की किसी भाषा से उधार लिया और अपनी भाषा में इसे स्थान देने के लिए व्याकरण के नियम बनाए।[119] क्या दास भारत के मूल निवासी थे? यद्यपि आर्यों और दासों के बीच निरंतर संघर्ष होने का उल्लेख है, पर ऐसा लगता है कि भारतवर्ष में दास समुदाय के लोग भी बाहर से आए थे।[120] अंग्रेज विद्वान बरो और अमेरिकी विद्वान एमेनो यह मानते थे कि द्रविड़ लोग भारत में बाहर से आए। द्रविड़ भाषाएँ फिनो उग्रीयन परिवार की शाखा हैं। वही बात रामशरण शर्मा ने यहां दोहराई है। भारत का कोई भाषाई 'रिक्थ' नहीं है। भाषा के नाम पर उसके पास कोई विरासत नहीं है। सारी भाषाएँ भारत के बाहर से आई हैं और ऋग्वेद में जिस चीज का अध्ययन

करना है वह यह कि आदि इंडो यूरोपियन संस्कृति के कौन से तत्व उसमें मिलते हैं?

वैदिक संस्कृति के संदर्भ में रामशरण शर्मा ने जिसे हिंदू राष्ट्रवाद कहा है उसकी शुरुआत तुलनात्मक और ऐतिहासिक भाषा विज्ञान के जनक विलियम जोन्स से होती है। उनका मत था कि न्यूटन का सारा धार्मिक और दार्शनिक चिंतन वेदों में मिल सकता है और सूफियों की रचनाओं में भी मिल सकता है।[121] एक फ्रांसीसी विद्वान का मत था कि प्लैटो मूल स्रोतों से धर्म शास्त्र सीखने के लिए इटली और मिस्र गए थे। जोन्स कहते हैं : वास्तव में ज्ञान का सच्चा स्रोत न तो इटली में था और न मिस्र में। वह ईरान अथवा भारत में था। यहीं इटली में उत्पन्न अपना मत चलाने वाले पिथागोरस आए थे।[122] और मार्क्स को क्या कहा जाए जिन्होंने भारत को केवल अपनी भाषाओं का नहीं, वरन अपने धर्मों का स्रोत भी बताया था? 1853 में उन्होंने लिखा था : हम निश्चयपूर्वक न्यूनाधिक सुदूर अवधि में उस महान और दिलचस्प देश को पुनर्जीवित होते देखने की आशा कर सकते हैं जहां के सज्जन निवासी राजकुमार साल्ती के शब्दों में इटालियन लोगों से अधिक चतुर और कुशल हैं, जिनकी अधीनता भी एक शांत गरिमा में संचालित रहती है, जिन्होंने अपने सहज आलस के बावजूद अंग्रेज अफसरों को अपनी वीरता से चकित कर दिया है। जिनका देश हमारी भाषाओं, हमारे धर्मों का उद्‌गम है और जहां प्राचीन जर्मन का स्वरूप जाट में, प्राचीन ईरानियन का स्वरूप ब्राह्मण में प्रतिबिंबित है।[123] मार्क्स का आशय यह नहीं है कि ईसा मसीह का जन्म भारत में हुआ था और यहां से ईसाई धर्म सारी दुनिया में फैला। उनका आशय यह है कि भारतीय चिंतन ने ईसाई धर्म को भी प्रभावित किया तथा यूनानियों और रोमनों के धर्मों को भी प्रभावित किया। इसी तरह जर्मन समुदाय लैटिन समुदाय की भाषाओं को भी भारतीय भाषाओं ने प्रभावित किया। इसी अर्थ में भारत यूरोप की भाषाओं और धर्मों का स्रोत ठहरता है। रामशरण शर्मा मार्क्सवादी इतिहासकार हैं। उन्हें मार्क्स का यह उद्धरण देकर उसका खंडन करना चाहिए। विशेष रूप से इसलिए कि उसमें ब्राह्मणों का उल्लेख है और वैदिक काल के बाद शूद्रों को आर्य कोटि में नहीं रखा जाता था। यह ब्राह्मणवादी धारणा प्राचीन भारत में चलती रही।

ब्राह्मणवाद का विरोध यह लोहिया और रामशरण शर्मा की सामान्य भूमि है। प्राचीन भारत के ब्राह्मण जितने पतित थे, उससे कहीं अधिक पतित मार्क्स के समकालीन भारतीय ब्राह्मण थे। इसलिए मार्क्स की आलोचना और भी आवश्यक हो जाती है।

मार्क्स और एंगेल्स ने मानव समाज की प्रारंभिक अवस्था को आदिम साम्यवाद का नाम दिया था। इस व्यवस्था के भारत के आयरलैंड तक फैले होने की चर्चा की थी। भारतीय लेखकों में राहुल सांकृत्यायन ने अपनी कहानियों और उपन्यासों में इस आदिम साम्यवाद की धारणा को लोकप्रिय बनाया। उनका अनुसरण करते हुए डांगे ने आदिम साम्यवाद से दास प्रथा तक प्राचीन इतिहास का विश्लेषण करने वाली पुस्तक लिखी। देवी प्रसाद चट्टोपाध्याय ने लोकायत दर्शन का संबंध आदिम साम्यवाद से जोड़ा। रामशरण शर्मा ने राहुल जी के वोल्गा से गंगा वाले चौखटे में घोड़ा और रथ फिट किया है। परंतु

आदिम साम्यवाद का नाम नहीं लिया। पुस्तक के आरंभ में डॉ. शर्मा ने घोषणा की है : इस पुस्तक में संस्कृत के भौतिक पहलू को महत्व दिया गया है और इसमें पुरातत्व की सहायता ली गई है।[124] बताना चाहिए था कि जिन घोड़ों और रथों पर चढ़ कर वोल्गा के मैदानों से आर्य ईरान में और फिर ईरान से भारत में आए थे, उन घोड़ों और रथों पर पूरे गण का सामूहिक स्वामित्व था या गोत्र का स्वामित्व था या कुटुम्ब का स्वामित्व था या आजकल की तरह वे किसी व्यक्ति की संपत्ति थे। वैदिक इंडेक्स के लेखकों ने वैदिक समाज में व्यक्तिगत संपत्ति के बारे में बहुत सी बातें कही हैं। जिसने भी एंगेल्स की पुस्तक राज्यसत्ता और व्यक्तिगत संपत्ति के उद्‌भव पढ़ी होगी, वह जानता होगा कि आदिम साम्यवाद के विघटन के बाद व्यक्तिगत संपत्ति का महत्व कितना अधिक होता है। रामशरण शर्मा की पुस्तक (1912 में प्रकाशित) वैदिक इंडेक्स से आगे बढ़ने के बदले और पीछे जाती है। वैदिक इंडेक्स के लेखक मैक्डानल और कीथ मार्क्सवादी नहीं थे, परंतु वे आर्थिक संबंधों का महत्व पहचानते थे। इसलिए उन्होंने व्यक्तिगत संपत्ति का विवेचन किया था। आर्य संस्कृति की खोज में कहीं भी व्यक्तिगत संपत्ति का उल्लेख नहीं है। व्यक्तिगत दरकिनार, सामूहिक संपत्ति का उल्लेख भी नहीं है। आर्थिक संबंधों की पूर्णतः अनदेखी की गई है। इस संस्कृति के भौतिक पक्ष का विवेचन कैसे माना जा सकता है?

आदि भाषा की कल्पना करते हुए विलियम जोन्स ने लीनियस और न्यूटन का हवाला दिया था। ये दोनों वैज्ञानिक प्रकृति और मनुष्य की सृष्टि में ईश्वर की भूमिका में विश्वास करते थे। ईश्वर ने प्रकृति बनाई, प्रकृति में जितनी प्रजातियां हैं वे उसने बनाईं। उसने मनुष्य बनाया और जो मनुष्य के जन्म की कथा बाइबिल में कही गई है, उस पर वे और विलियम जोन्स विश्वास करते थे। यह दृष्टिकोण वैज्ञानिक नहीं है। ये प्रकृति के मामलों में ईश्वर के दखल को स्वीकार करते थे। इसके विकल्प के रूप में भारत में सांख्य और लोकायत दर्शन का प्रचार हुआ था। सांख्य के प्राचीन रूप का दर्शन महाभारत में दिया गया है। वहां सांख्य में केवल प्रकृति है। अव्यक्त प्रकृति से व्यक्त प्रकृति का विश्वास होता है और इसी व्यक्त प्रकृति के क्रम-विकास में मनुष्य उसकी बुद्धि का विकास होता है। यह विकासवादी दृष्टि लीनियस, न्यूटन, विलियम जोन्स और उनसे बहुत पहले यूनान के दार्शनिक अरस्तू के पास नहीं थी। इस दृष्टि से समाज का, भाषा का, दर्शन का विवेचन किया जा सकता है। पाणिनि ने अपना प्रसिद्ध व्याकरण रचा। उसमें कहीं भी भाषा के निर्माण में उन्होंने ईश्वर को कहीं दखल नहीं करने दिया। उसका आधार भारत का वैश्वैशिक दर्शन था। उसी का दृष्टिकोण अपनाकर भाषा के अल्पतम तत्व धातु प्रत्यय–उपसर्ग के आधार पर शब्दों और वाक्यों का विश्लेषण पाणिनि ने किया था। उन्होंने वैश्वैशिक दर्शन का नाम नहीं लिया। परंतु इस दर्शन का नाम चरक ने लिया था और अपना प्रसिद्ध शरीरविज्ञान का ग्रंथ उन्होंने इसी दर्शन के दृष्टिकोण से रचा था। ऐसे ही कौटिल्य ने समाजशास्त्र का प्रसिद्ध ग्रंथ 'अर्थशास्त्र' सांख्य और लोकायत दर्शन इसी दृष्टिकोण से बनाई थी। इन का स्पष्ट उल्लेख उन्होंने अपने ग्रंथ के आरंभ में कर दिया

था और यह भी कहा था कि यह ग्रंथ लोकोपचार के लिए बनाया गया है। ऐतिहासिक भाषा विज्ञान पर विलियम जोन्स ने जो कुछ कहा या यूरोप और अमेरिका के भाषा विज्ञानियों ने जो कुछ कहा, उसे ज्यों का त्यों स्वीकार करना आवश्यक नहीं है। भारतीय दर्शन के आधार पर भारत एशिया और यूरोप की भाषाओं का नए सिरे से अध्ययन संभव है।

विश्व में भारत के रूढ़िवादियों और यूरोप के तथाकथित वैज्ञानिक विचारकों के चिंतन में बहुत बड़ी समानता है। रामशरण शर्मा ने ब्राह्मणवाद की बात कही है। ब्राह्मण एक वर्ण का नाम है। उसमें बहुत से गरीब ब्राह्मण भी थे। कर्मकांड से पैसा कमाने वाले तो बहुत थोड़े से लोग थे। इसलिए पुरोहित और गैरपुरोहित का भेद करना ज्यादा अच्छा होगा। यह पुरोहितवादी दृष्टिकोण दर्शन में आया, भाषा विज्ञान में आया, साहित्य में आया। उसका विरोध करना आवश्यक है। इस पुरोहितवादी दृष्टिकोण के अनुसार भारत में आदि भाषा संस्कृत है। उसका मूल रूप ऋग्वेद में सुरक्षित है। ये भाषा इसी विकास परंपरा का परिणाम है। यह इन रूढ़िवादियों की कल्पना से परे है। परंतु यह भाषा का लंबे विकास का परिणाम है। यह पूरा इतिहास ऋग्वेद की भाषा के अध्ययन से पहचाना जा सकता है। वैदिक काल में वैदिक भाषा के अतिरिक्त अनेक जनपदों में भिन्न भाषाएँ भी बोली जाती होंगी। यह भी उनकी कल्पना से परे है। यही दृष्टिकोण तथाकथित ऐतिहासिक भाषा विज्ञानियों ने अपनाया है। यद्यपि यूनान में प्राचीन जनपदीय बोलियों के अभिलेख प्राप्त हैं। परंतु उनका उपयोग ऐतिहासिक भाषा विज्ञान में नहीं के बराबर किया गया है। बहुत दिन बाद एथेंस की भाषा जब यूनान की मानक भाषा बनी, तब उसी को आधार मानकर तुलनात्मक और ऐतिहासिक भाषा विज्ञान का विकास किया गया। '12 कोस के अंतर पर बोली बदलती है' यह कहावत बहुत वैज्ञानिक सत्य समेटे हुए है। भारत की बात छोड़ दें, इटली और यूनान में जहां अनेक बोलियों के तत्व प्राप्त हैं, उनको तुलनात्मक भाषा विज्ञान का आधार नहीं बनाया गया। मानक भाषा को आधार बनाकर इस विज्ञान की रचना की गई है। पुरोहितवाद जनसाधारण की भाषा को घृणा की दृष्टि से देखता है। जितना विकास होना था, वह वैदिक काल में हो गया। उसके बाद निरंतर ह्रास ही होता चला आया। जैसे पहले सतयुग फिर त्रेता, द्वापर और कलयुग एक ह्रास की गाथा मालूम होती है, उसी तरह भाषाओं का विकास नहीं हुआ। भाषाओं का निरंतर ह्रास हुआ। स्वरूप बदलता गया, परंतु उसे विकास नहीं कह सकते। यह दृष्टिकोण पुरोहितवाद का है और ऐसा ही दृष्टिकोण यूरोप के ऐतिहासिक भाषा विज्ञानियों का है। भारत में आज जो जनपदीय बोलियां अभी सुरक्षित हैं; विशेष रूप से हिंदी प्रदेश में जो जनपदीय बोलियां अभी विद्यमान हैं, उनका अध्ययन करके वैदिक भाषा के विकास को बहुत कुछ समझा जा सकता है। भारतीय भाषाओं के विकास के संदर्भ को ध्यान में रखते हुए एशियाई भाषाओं के विकास को यूरोप की भाषाओं के विकास से समझा जा सकता है। जो प्राचीन साहित्य में भाषाओं के रूप हैं, उनके अलावा आज जो भाषाएँ बोली जाती हैं उनका अध्ययन भी ऐतिहासिक भाषा

विज्ञान के लिए आवश्यक है। परंतु ऐसा कार्य न तो भारत के रूढ़िवादियों ने किया और न तथाकथित पश्चिम के वैज्ञानिकों ने किया। यूरोप के भाषा विज्ञानियों का नस्लवाद और भारतीय पुरोहितों का रूढ़िवाद— दोनों में बड़ा सामंजस्य है। इनका एक साथ विरोध करना आवश्यक है। यह विरोध मार्क्सवादी दृष्टिकोण से संभव है। सबसे पहले आर्यों को एक गणहीन, जनहीन समुदाय समझने के बदले उसमें जो गण और जन की भिन्नता है, उसे पहचानना चाहिए। वैदिक भाषा को एक दीर्घकालीन विकास का परिणाम मानना चाहिए। नस्लवादी भाषा विज्ञान की विशेषता है कि वह एक भाषा परिवार शून्य में विकसित होते देखता है। बाकी संसार के भाषा परिवारों से उसका कोई संबंध नहीं होता। इंडो-यूरोपियन आदि भाषा उसका कोई संबंध द्रविड़ परिवार से नहीं, कोल भाषा परिवार से नहीं, फिनो उग्रेयन परिवार से नहीं है। भारत में जब द्रविड़ कोल और आर्य सभ्यताएँ आ गईं तब इन्होंने एक दूसरे को प्रभावित करना शुरू किया। उसके पहले भारत एकदम शून्य था। जितनी भाषाएं आईं वे सब बाहर से आईं। भाषा परिवार अनादि काल से एक दूसरे को प्रभावित करते रहे हैं। भारत एक भाषाई क्षेत्र है। यहां के भाषा परिवार अनादि काल से एक दूसरे को प्रभावित करते रहे हैं, यह मान्यता इन परिवारों की भाषाओं के विश्लेषण से पुष्ट होती है। पुरोहितवाद और तथाकथित ऐतिहासिक भाषा विज्ञान का यह विकल्प है। इस विकल्प को ध्यान में रख कर भाषाओं का और संस्कृतियों का विश्लेषण करना उचित है।

द्रविड़ शूद्र समस्या

तमिलनाडु के रामस्वामी नायकर ने द्रविड़ कड़गम बनाया। इस कड़गम ने उत्तर भारत के विरुद्ध, हिंदी के विरुद्ध, संविधान के विरुद्ध, राष्ट्रीय एकता के विरुद्ध आंदोलन चलाया। उसकी विचारधारा का आधार यह स्थापना थी कि आर्यों ने भारत पर विजय प्राप्त की, द्रविड़ों को दास और शूद्र बनाया। इसलिए उन्हें अपनी मुक्ति के लिए वैसे ही प्रयत्न करना चाहिए जैसे उत्तर भारत के मुसलमान कर रहे थे। अर्थात द्रविड़ों का अलग राज्य बनाना चाहिए। स्वाधीनता आंदोलन में तमिल ब्राह्मणों ने आगे बढ़ कर भाग लिया था। रामस्वामी नायकर ने उनको अपना लक्ष्य बनाया। उन्होंने कहा : शूद्रों की मुक्ति तब तक न होगी जब तक ब्राह्मणों को सत्ता के अधिष्ठानों से हटाया न जाएगा। इस तरह तमिलनाडु के ब्राह्मणवाद का विरोध शुरू हुआ। भारत स्वाधीन हो गया। द्रविड़ राज्य अलग न बना। परंतु रामस्वामी नायकर और उनके अनुयायी पहले की तरह अपना आंदोलन चलाते रहे। इस तरह वे स्वाधीन भारत के आर्थिक सांस्कृतिक विकास में बाधा डालते रहे। उनके राष्ट्र विरोधी रुझानों के बारे में लोहिया ने लिखा था : इसमें कोई संदेह नहीं कि द्रविड़ कड़गम

बहुत बुरा काम कर रहा है। संविधान और राष्ट्र भाषा, राष्ट्र पताका को जलाना निंदनीय है। किसी का जनेऊ जबर्दस्ती तोड़ना भी निंदनीय है। किंतु जनेऊ और चोटी का नाश तो स्तुतीय है। मुझे अगर रामस्वामी नायकर से बोलने का मौका मिले तो मैं उनके दिल की जलन की तारीफ करूंगा। लेकिन इस जलन को निंदनीय कर्मों से मोड़ूंगा।[125]

रामस्वामी नायकर से राम मनोहर लोहिया की मुलाकात हुई। उन्होंने नायकर को समझाया कि इन राष्ट्र विरोधी रुझानों को छोड़ देना चाहिए। एक हद तक नायकर ने उनकी बात उस समय मानी भी परंतु लोहिया को बहुत जल्द पता चल गया कि शूद्रों की मुक्ति वास्तव में उनका लक्ष्य नहीं है। इस लक्ष्य को सामने रखकर वह और तरह के उत्पात कर रहे हैं। वैसे शूद्रों की मुक्ति के लिए आर्य समाज ने, गाँधीजी ने, कांग्रेस ने भी बहुत काम किया था परंतु लोहिया गाँधीजी को कांग्रेस से अलग रखकर सारा विरोध कांग्रेस पर केंद्रित करते थे। उनका विचार था : जितने गैरकांग्रेसी दल हैं, संगठन हैं, उन सबको मिलाकर कांग्रेस को सत्ता से हटाना चाहिए। कांग्रेस और द्रविड़ कड़गम में उन्हें कड़गम अधिक प्रगतिशील प्रतीत हुआ इसलिए उसके साथ उन्होंने कांग्रेस के विरुद्ध संयुक्त मोर्चा बनाने का प्रयत्न किया था।

जब लोहिया रामस्वामी से मिले तो उनसे बोले : बहुत दिनों से आपसे मिलने की इच्छा थी मगर ऐसा हो नहीं पाया। इस बार मद्रास आने का एकमात्र उद्देश्य आपसे मिलना ही था। रामस्वामी ने कहा : आपसे मिलकर मैं बहुत खुश हूँ। ऐसा लग रहा है जैसे मन का बहुत दिनों का बोझ हल्का हो गया।[126] रामस्वामी पर अभियोग था कि वह ब्राह्मणों के विरुद्ध हिंसा भड़काते हैं। रामस्वामी ने यह अभियोग स्वीकार किया। यह आशा करते हुए कि वह राष्ट्र विरोधी रुझान छोड़ देंगे और जाति प्रथा खत्म करने की ओर बढ़ेंगे, लोहिया ने कहा : जाति प्रथा की समाप्ति की लड़ाई में मैं आपकी मदद करने और साथ जेल जाने को तैयार हूं। यदि जातिगत नामपट्ट हटाने के आंदोलन चलाए जाएँ तो मैं उसका भी स्वागत करूंगा। लेकिन यह तभी संभव है जब आप अपनी ये मांगें छोड़ दें : 1. उत्तर भारत का विरोध जिसमें द्रविड़स्तान की मांग भी शामिल है। 2. हिंदी विरोधी आंदोलन, 3. गाँधीजी की तस्वीरें जलाना और 4. व्यक्तिगत ब्राह्मणों के प्रति हिंसा का प्रयोग। गाँधीजी राष्ट्र के प्रतीक हैं। उनकी तस्वीरें नहीं जलाई जानी चाहिए। यों तो मेरी आम राय है कि किसी की भी तस्वीर नहीं जलानी चाहिए। परंतु यदि आप श्री नेहरू की तस्वीर जलाते हैं तो मुझे बहुत ज्यादा एतराज न होगा क्योंकि वह राष्ट्र के प्रतीक नहीं हैं।[127] इस तरह अप्रत्यक्ष रूप से उत्तर भारत के नेताओं की जो सारे भारत के नेता भी थे, तस्वीरें जलाने के लिए लोहिया ने रामस्वामी नायकर को शह दी। लोहिया चाहते थे अंग्रेजी हटा कर वह और नायकर तमिल में बातचीत करें : मैंने श्री नायकर से कहा कि मैं इस बात की संभावना देखता हूं कि मैं उनसे तमिल में बोलूं और वह हिंदी में जवाब दें। ऐसा लगा कि वह इस दृष्टिकोण से सहमत हैं।[128] कुछ समय बाद लोहिया ने तमिलनाडु की यात्रा की। उनकी सोशलिस्ट पार्टी ने उनके लिए कई स्थानों पर सभाओं का आयोजन

किया। तब भाषा के प्रश्न पर ही द्रविड़ कड़गम के लोगों ने उनका विरोध किया। इन घटनाओं का विवरण अंग्रेजी में लिखी हुई 'लैंग्वेज' नाम की पुस्तक में दिया हुआ है। नायकर ने विश्वास दिलाया कि वह ब्राह्मणों के विरुद्ध व्यक्तिगत हिंसा को प्रोत्साहन न देंगे। लोहिया तो ब्राह्मण नहीं थे परंतु उनका हिंसात्मक विरोध किया गया। लेकिन चार-पांच स्थानों पर सभाएँ शांत रहीं। देर तक चलीं। फिर मानो द्रविड़ कड़गम के लोग जागे। उन्होंने करुप में उनकी सभा में उपद्रव किया। पहले ये उपद्रव शोरगुल तक सीमित थे। परंतु कोयम्बतूर और मद्रास में उन्होंने लोहिया पर पत्थर फेंके। एक पत्थर लोहिया की छाती में लगा। ज्यादा चोट नहीं आई पर रक्तचाप बढ़ गया। लोकसभा के एक सदस्य ने कहा : यह विरोध द्रविड़ कड़गम ने संगठित किया था और यदि कोई जनसभाओं में तमिलनाडु में आकर हिन्दी में बोलेगा तो उसका इसी तरह विरोध किया जाएगा। लोहिया ने लिखा : द द्रविड़ मुनेत्र कड़गम हैड ऑथोराइज्ड द मद्रास एंड कोयम्बतूर सैवेजरी एट वन आफ इट्स मेम्बर्स इन पार्लियामेंट मिस्टर सम्पत हैड टेकन प्राउड क्रेडिट फार इट। मद्रास और कोयम्बतूर में इस बर्बरता को द्रविड़ मुनेत्र कड़गम ने संगठित किया था। लोकसभा में उसके एक सदस्य श्री सम्पत ने इसका श्रेय लिया और उस पर गर्व प्रकट किया।[129] रामस्वामी नायकर की पार्टी ने जब लखनऊ में सभा की थी तब लोग उस सभा को भंग करना चाहते थे। तब लोहिया ने, समाजवादी पार्टी ने उसे भंग होने से बचाया था। रामस्वामी नायकर का साथ देने के कारण तमिलनाडु के ब्राह्मण लोहिया से नाराज हुए और लोहिया को लगा कि शायद मैंने इस नायकर-ब्राह्मण विवाद में फंस कर गलती की है - आई परहैप्स मेड ए मिस्टेक इन गेटिंग मिक्स्ड अप इन द नायकर-ब्राह्मण डिस्प्यूट। क्योंकि उन्हें ब्राह्मणों का जो समर्थन प्राप्त था वह चला गया और जो गैर ब्राह्मण थे उनका समर्थन मिला नहीं। परंतु इससे वह हारे नहीं। उन्होंने कहा : मैं ऐसी गलती दोबारा भी कर सकता हूं क्योंकि मुझे आशा है कि यह ब्राह्मण विरोध ऊंचे स्तर पर उठा कर लाया जा सकता है और उसे जाति प्रथा का विरोध बनाया जा सकता है।[130] लोहिया समझते थे वर्गों के आधार पर जनता का संगठन करना आवश्यक नहीं है। भारत में वास्तविकता वर्ग नहीं हैं वरन जातियां और बिरादरियां हैं। छोटी जाति के लोगों को बड़ी जाति के लोगों के विरुद्ध संगठित करना चाहिए। उनके संघर्ष चलाने से वे मुक्त होंगे और जाति प्रथा टूटेगी। वास्तव में जाति प्रथा को तोड़ने के लिए जाति प्रथा के आधार पर संगठन बनाना जरूरी नहीं है। ऐसे काम से उलटा जाति प्रथा मजबूत होगी। ये संगठन चाहे छोटी जातियों का हो और चाहे बड़ी जातियों का, लोहिया के लेखन से यह बात बार बार उभर कर आती है कि किसी एक ही जाति के सब लोग न तो प्रतिक्रियावादी हैं और न प्रगतिशील हैं। इसलिए छोटी बड़ी जातियों के लोगों को किस आधार पर संगठित किया जाए? जो भले आदमी हैं और दोनों तरह की जातियों में हैं, उनको वर्ग के सिवा और किसी आधार पर संगठित नहीं किया जा सकता था।

लोहिया की सभा को स्वतंत्र पार्टी ने भी भंग किया था जिसके नेता राजगोपालाचारी

थे। लोकसभा सदस्य ने इसका श्रेय लिया था और उस पर गर्व भी प्रकट किया था, उनके पक्षधर एक अखबार ने लिखा : तमिलनाडु में हिंदी बोलने पर पाबंदी लगा देनी चाहिए। कई अखबारों ने लिखा : लोहिया को ठीक सबक सिखाया गया।[131] कांग्रेसी नेता कामराज ने इस घटना की निंदा की। परंतु लोहिया के अनुसार जोरदार शब्दों में निंदा नहीं की। उन्होंने लोहिया को हिंदी अंध प्रेमी भी कहा - हिंदी फेनेटिक।[132] कामराज ब्राह्मण नहीं थे। उनकी गिनती शूद्रों में होती थी। परंतु लोहिया कहते हैं : उनसे उन्हें निराश होना पड़ा।[133] इससे भी जाहिर है कि कोई शूद्र होने से ही प्रगतिशील नहीं हो जाता, ब्राह्मण होने से प्रतिक्रियावादी नहीं हो जाता। कौन किस संगठन में है, उस संगठन की नीति किस वर्ग के हित में है इसका विश्लेषण जरूरी होता है। नायकर के बारे में भी लोहिया ने लिखा कि शायद वह उतने जाति प्रथा के विरोधी नहीं थे जितने लोहिया ने उन्हें समझा था। शायद शोषण से मुक्ति पाने की आकांक्षा उन पर उतनी प्रबल नहीं थी जितनी कि लोहिया ने समझा था।[134] लोहिया को उन लोगों ने उत्तर भारत का प्रतिनिधि माना। लोहिया चाहते थे कि उन्हें दलित वर्गों का प्रतिनिधि माना जाए। अंग्रेजी में शब्द इस्तेमाल किया है- डिप्रेस्ड क्लासेज। इसी नाम से एक संगठन आम्बेडकर ने बनाया था। यदि जाति प्रथा खत्म करनी है तो कुछ जातियों का प्रतिनिधि बनने में गौरव नहीं है। सभी जातियों के प्रगतिशीलों का प्रतिनिधित्व करना चाहिए और लक्ष्य होना चाहिए पूरी जाति प्रथा को तोड़ना। वहां के पत्रों में तमिल अरसु कड़गम ने इस घटना की निंदा की और यह धमकी भी दी कि यदि द्रमुक इस तरह लोहिया की सभाएँ तोड़ेगा तो वह द्रमुक की सभाएँ तोड़ेंगे।[135] इससे साबित होता है कि लोहिया को कांग्रेस के साथ संयुक्त मोर्चा बनाने का प्रयत्न करना चाहिए था न कि द्रमुक के साथ। लेकिन वह कांग्रेस को सारी खुराफात की जड़ माने बैठे थे। इसलिए प्रतिक्रियावादी दलों के साथ भी संयुक्त मोर्चा बनाने को तैयार थे। तमिल की रक्षा के नाम पर हिंदी का विरोध किया जाता था। पर यह दिलचस्प तथ्य है कि मद्रास की समाजवादी पार्टी ने अंग्रेजी हटाने और उसकी जगह तमिल का व्यवहार करने के लिए आंदोलन चलाया था और इस आंदोलन के दौरान उसके 420 कार्यकर्त्ता गिरफ्तार किए गए थे।[136] इससे जाहिर होता है कि इन प्रतिक्रियावादी जाति प्रथा के समर्थक संगठनों को तमिल की रक्षा का उतना ध्यान नहीं था जितना कि अंग्रेजी की रक्षा का।

वित्त के चलन से, उद्योग-धंधों के विकास से जाति प्रथा के बंधन शिथिल हों, यह अनिवार्य था। किसी भी वर्ण में कोई जाति अपने पुराने पेशे से सदा चिपकी रहे यह संभव नहीं था। लोहिया ने ब्राह्मणों और अब्राह्मणों के बीच तमिलनाडु में जो भेद थे उनका विश्लेषण करते हुए लिखा है : ब्राह्मण एक हद तक अच्छी स्थिति में हैं। पिछले दिनों व्यक्तिगत रूप से उनका अपमान किया गया है और उनके पूजा-उपासना में विघ्न डाला गया है। कभी कभी उनको शारीरिक हानि पहुंचाई गई है। ये बहुत घटिया किस्म की घटनाएँ हैं और उनका प्रभाव दूरगामी होगा। लेकिन ब्राह्मणों को समझना चाहिए कि अब अब्राह्मण उठ रहे हैं और इस स्थिति को स्वीकार करना चाहिए। पर उन्होंने ऐसा नहीं

किया। हर तरह की नीमहकीमी का उन्होंने सहारा लिया। एक समय वे साम्यवाद की ओर आए और अब स्वतंत्र पार्टी की ओर गए। वह जाति, नेशन की एकता या भाषा के निर्माण कर्ता (एजेंट्स) अब नहीं हैं। क्रमशः वे अब्राह्मण स्थिति में फिसलते जा रहे हैं। यह वाक्य बहुत मजेदार है : दे हैव ग्रैजुअली स्लाइड इन टु नॉन ब्राहमिन पोजीशंस। यानी ब्राह्मण वर्ण या ब्राह्मण जाति पहले की तरह अपनी स्थिति में नहीं है। उनकी स्थिति अब्राह्मणों जैसी हो गई है। वे समझते हैं कि उत्तर भारत ने उनके साथ विश्वासघात किया है इसलिए वे अब्राह्मण संगठनों में घुसने का प्रयत्न करे रहे हैं और इसमें उन्हें बहुत हद तक कुछ सफलता भी मिली है।[137] ब्राह्मण अब्राह्मण बन रहे हैं तब कुछ अब्राह्मणों को भी ब्राह्मण बनना चाहिए। यदि जातियां वर्ण इस तरह भीतर से टूट रहे हैं तो बन क्या रहा है? किस आधार यह नया विभाजन हो रहा है। स्पष्ट ही यह वर्ग के आधार पर हो रहा है। तमिलनाडु के ब्राह्मणों के बारे में लोहिया कहते हैं : उनमें कोई एक जाति नहीं है। अनेक जातियां हैं। इनमें मुदलियार शिक्षा और संपत्ति में आगे बड़े हुए हैं। परंतु आंध्र प्रदेश में जैसे रेड्डी ने, महाराष्ट्र में मराठा ने और केरल तक में नायर ने जैसे ब्राह्मण का स्थान ले लिया है वैसे ही यहां मुदलियार ने ब्राह्मण का स्थान नहीं लिया। हर आदमी जानता है कि जो अब्राह्मण प्रेरणाएं और आंदोलन चालू हैं उनमें अग्रगामी भूमिका एक ही सर्वशक्तिशाली अब्राह्मण जाति ने निबाही है और कह सकते हैं कि वह ब्राह्मण की भूमिका निभा रही है। यह बहुत दुखद बात है। इस तरह जाति प्रथा का अंत नहीं हो सकता। द सुप्रिमैसी ऑफ वन कास्ट इज सब्सिट्यूटेड बाइ अनदर - जाति के प्रभुत्व की जगह दूसरी जाति का प्रभुत्व आ जाता है। मराठी, रेड्डी, नायर ब्राह्मण का स्थान लेते हैं। लेकिन तमिलनाडु में यह भी नहीं हुआ।[138] जाति प्रथा के आधार पर जो संगठन बनाए जाएंगे उनका लक्ष्य यही होगा कि जो ऊंची जातियां हैं उनका स्थान लें। यह तर्कसंगत परिणाम इन जातिवादी संगठनों और उनके प्रिय आंदोलनों का है। लोहिया उससे प्रसन्न नहीं हैं। वह चाहते हैं संगठन जाति के आधार पर बनाए जाएँ और जाति प्रथा खत्म भी हो जाए। यह असंभव था। शूद्र कहलाने वाले नाडार कांग्रेस में गए। पिछड़ी जातियों में गिने जाने वाले मुदलियार द्रमुक में आए। लोहिया के अनुसार ये नेता इस बात के प्रति सचेत भी नहीं हैं कि वे छोटी जातियों के प्रतिनिधि हैं।[139] इसका मतलब है जाति प्रथा के आधार पर संगठन बनाने वाले स्वयं वर्ण भावना से प्रेरित हैं और वे यह नहीं सोचते कि वे जातियों का प्रतिनिधित्व कर रहे हैं।

लोहिया ने पिछड़ी जातियों के संगठन पर बहुत जोर दिया। पर इनमें भी ऊंच नीच का भेद था। उन्होंने लिखा : द्रमुक के नेता मुदलियार और कुछ दूसरे लोग हैं जो वास्तव में पिछड़ी जातियों में ऊंची जाति के हैं।[140] इस तरह पिछड़ी जातियों के आधार पर भी संगठन बनाना खतरनाक है। इसलिए कि वहां भी जो ऊंचे हैं वे संगठन पर अधिकार करने और नीचे वालों के हित में उसे न चलाएंगे। जितने ही जाति प्रथा के आधार पर संगठन बनाए जाएंगे, आंदोलन चलाए जाएंगे उतना ही सम्प्रदायवाद मजबूत होगा। वह अपने को

जाति विरोधी सिद्ध करेगा, राष्ट्रीय हित में काम करने का दावा करेगा। तमिलनाडु में पुलिस के व्यवहार पर लोहिया ने आश्चर्य प्रकट किया है। जब उन पर लोग पत्थर फेंक रहे थे तब पुलिस तटस्थ रही। उनका कहना है : या तो पुलिस को यह आदेश था कि वे दखल न दें या वह भ्रष्ट हो गई थी।[141] यानी उस पर भी उत्तर-दक्षिण के भेद का प्रभाव था। जाति प्रथा के दृष्टिकोण का प्रभाव था। लोहिया के निधन के बाद ऐसी घटनाएँ हुईं जब पुलिस ने सम्प्रदायवादी दृष्टिकोण अपनाया। दूसरे सम्प्रदाय के लोगों पर गोली चलाई। जाति प्रथा के आधार पर जो संगठन बने थे उनके प्रभाव से पुलिस ने इस तरह की कार्यवाही की शुरुआत बहुत पहले कर दी थी।

जाति प्रथा पुस्तक में लोहिया ने लिखा है : जाति की बात बंद करने का मतलब होगा हिंदुस्तानी स्थिति की सबसे महत्वपूर्ण और एकमात्र वास्तविकता से आंखें मीच लेना।[142] भारत में जाति प्रथा है, यह तो निश्चित है। पर वह एकमात्र वास्तविकता नहीं है। वह ऐसी वास्तविकता है जो मर रही है और जिसका मर जाना ही ठीक है। उसके बदले जो चीज उभर रही है वह वर्ग है और वर्गों का उभरना भारत के लिए हितकारी है। वर्गों के आधार पर ही जाति प्रथा से मुक्ति पाई जा सकती है और समाज का पुनर्गठन किया जा सकता है। समाज में अगड़ी-पिछड़ी जातियों के संगठन का लाजिमी नतीजा होगा उनमें आपस में लड़ाई हो। गरीब-अमीर की लड़ाई पीछे पड़ जाती है। गरीबों गरीबों के बीच लड़ाई होने लगती है - इसलिए कि गरीब हर जाति में हैं। तमिलनाडु में ही इस तरह की लड़ाई हुई। समाजवादी पार्टी की राष्ट्रीय समिति ने कहा : राष्ट्रीय समिति तमिलनाडु के रामनाड और मदुरा जिले में हुए दंगे पर चिंता प्रकट करती है। इससे पता चलता है कि देश में कटुता, घृणा और हिंसा इस हद तक मौजूद है कि हिंदुओं की जातियां एक दूसरे के धार्मिक झगड़ों के समान लड़ सकती हैं। समिति ने इस बात पर भी गौर किया कि दंगा शुरू होने के पहले एक लंबे अरसे से इन जातियों में कटुता बढ़ रही थी जिसकी शुरुआत चुनाव के बीच कुछ राजनीतिक दलों ने की थी।[143] जाति प्रथा के आधार पर संगठन बनाए जाएंगे, चुनाव लड़े जाएंगे तो इस तरह हिंसा होगी ही और उसका वस्तुगत परिणाम यह होगा कि गरीब-अमीर का संघर्ष पीछे ठेल दिया जाए।

लोहिया ने हिंदुस्तान के लोगों की गरीबी और बदहाली के बारे में जो कुछ लिखा है उससे यह साफ जाहिर होता है कि जाति प्रथा के आधार पर संगठन बनाने से गरीबी और बदहाली की समस्या हल नहीं हो सकती। दरअसल इस तरह के संगठन बनाना प्रतिक्रियावादी कार्य था। गरीबी और बदहाली हटाने के लिए जो प्रयत्न होंगे उनमें इस तरह के संगठनों और आंदोलनों से बाधा पड़ेगी। लोहिया का कहना था : ऊंची जाति के लोगों में केवल 50 लाख के आसपास अमीर हैं। अमीर यानी जो एक हजार रुपए महीना या इससे अधिक की आमदनी अथवा खर्च वाला है...। ऊंची जाति के मर्दों में 5 करोड़ के आसपास गरीब हैं और 50 लाख अमीर···। भारत की गरीबी के कुछ आंकड़े याद रखने चाहिए। हर भारतवासी हर साल 400 रुपए की दौलत पाता है जब कि हर रूसी या

अमेरिकी हर साल 6 हजार से 14 हजार की। जब रूस और अमेरिका हर साल हर आदमी पीछे 250 रुपए के हिसाब से बढ़ रहे हैं, तब भारत 5 रुपए के हिसाब से। संसार का सबसे भूखा और रोगी देश हमारा है।[144] जो दुनिया में सबसे भूखा और रोगी देश है उसकी समस्या जात-बिरादरी के आधार पर संगठन बनाने से, ब्राह्मणवाद का विरोध करने से कैसे हल हो सकता है? साम्राज्यवाद, पूंजीवाद, सामंतवाद इनसे संघर्ष न करो, संघर्ष से बचने का सबसे अच्छा तरीका है कि जाति प्रथा को एकमात्र वास्तविकता मानो। अगड़ी जातियों से पिछड़ी जाति के लोगों को लड़वा दो और इससे वर्तमान स्थिति तो बदलेगी नहीं वरन संकट और गहरा होता जाएगा। वर्ग आधार पर संगठन बनाने के बदले लोहिया सोचते थे ये दोनों द्रविड़ कड़गम बदल जाएँ, वर्ग संगठन बन जाएँ तो कितना अच्छा हो। दोनों द्रविड़ जो चाहे ऊंची जाति के प्रभाव से मुक्त हो चुके हैं, अगर भौगोलिक और द्वेषपूर्ण बातों से छुटकारा पाते चले जाते और जाति को नाश करना एक मन से लक्ष्य बनाते और अगर एक यथास्थिति का और पूंजीवाद का मार्ग अपनाता और दूसरा गर्म पंथी और समाजवादी आर्थिक नीतियां अपनाता तो इसका परिणाम शुभ होता।[145] लोहिया खयाली दुनिया में रहते थे। स्वयं वर्ग संगठन बनाने के बदले वह सोचते थे ये जाति-बिरादरी वाले संगठन ही वर्ग संगठन बन जाएँ तो बहुत अच्छा। लेकिन इस खयाली दुनिया में वह जो कुछ सोचते थे उससे वर्गों और वर्ग संगठनों का महत्व ही प्रमाणित होता है। दोनों द्रविड़ प्रवाह पूंजीवादी और समाजवादी पार्टियों में विभाजित नहीं हुए तो यह काम लोहिया की समाजवादी पार्टी और भारत की अन्य पार्टियों को मिल कर करना चाहिए। यहां यह मान्यता वर्तमान है कि पूंजीवाद का विरोध करना जरूरी है। ऐसी पार्टियां होनी चाहिए जो पूंजीवाद का विरोध करें या पूंजीवाद का समर्थन करें। इस तरह वर्ग संघर्ष को बढ़ावा मिलेगा और जाति प्रथा टूटेगी।

जाति प्रथा सामंतवाद की देन है। सामंती व्यवस्था पूंजीवादी व्यवस्था से पिछड़ी हुई है। इसलिए जो पार्टियां सामंती अवशेषों के सहारे आगे बढ़ती हैं, उनका विरोध करना जरूरी है और जो पूंजीवादी पार्टियां सामंती अवशेषों का विरोध करती हैं, जाति प्रथा का विरोध करती हैं, सम्प्रदायवाद का विरोध करती हैं, उन्हें साथ लेना भी जरूरी है। पूंजीवाद और मजदूर वर्ग में बुनियादी अंतर्विरोध है। परंतु इस बुनियादी अंतर्विरोध के साथ दोनों पार्टियों में अस्थायी समझौता हो सकता है। सामंतवाद का विरोध करने में पूंजीवाद का हित है, मजदूर वर्ग का हित भी है और भारत में बहुत बड़ी सच्चाई साम्राज्यवाद है। साम्राज्यवाद भारत के स्वतंत्र पूंजीवादी विकास को रोकता है। इसलिए भारतीय पूंजीवाद जहां उसका विरोध करता है वहां उसका विरोध करना चाहिए। परंतु लोहिया ने ब्राह्मणवाद को अपने विरोध का मुख्य लक्ष्य बना कर साम्राज्यवाद और सामंतवाद से लड़ाई को रोका। जो लोग उस लड़ाई को चला रहे थे उसमें उन्होंने बाधा डाली। बहुत से लोगों को संघर्ष के सही रास्ते से भटकाया।

आरक्षण और पिछड़ी जातियां

गाँधीजी ने समाज के सबसे दलित लोगों पर ध्यान केंद्रित किया था। उन्हें हरिजन की संज्ञा दी थी। हरिजन उद्धार को उन्होंने अपने रचनात्मक कार्यक्रम का अंग बनाया था। जाति प्रथा को खत्म करना, हरिजनों को ऊपर उठाना यह स्वाधीनता आंदोलन का अंग बन गया था। लोहिया ने पिछड़ी हुई जातियों पर ध्यान केंद्रित किया। जो सबसे दलित स्तर थे वह पीछे छूट गए। उनके विचार से सबसे बड़ी संख्या इन पिछड़ी हुई जातियों की थी। वे सत्ता में भागीदार नहीं थे। उन्हें सत्ता में भागीदारी मिलनी चाहिए और जाति प्रथा के आधार पर मिलनी चाहिए। 'जाति प्रथा' में उन्होंने लिखा : दक्षिण को छोड़कर बाकी भारत में 99 फीसदी नेतृत्व द्विजों का नहीं है। अछूत को, हरिजन और गैर जनेऊधारी को जिन्हें छू सकते हैं, शूद्र कहते हैं। हिंदुओं में द्विज 15 से 10 फीसदी, हरिजन 20 से 25 फीसदी, शूद्र 60 फीसदी हैं। मुसलमान और ईसाई में भी जातियां हैं। गाँधीजी ने हरिजन की जगहें सुरक्षित करवा दीं। बिहार के मंत्रियों में 60 फीसदी हिंदुओं में शूद्र के रहते भी अर्थात हिंदुओं में 60 फीसदी शूद्रों के रहते भी एक मंत्री और 20 फीसदी जनेऊधारियों के 5 द्विज को संस्कार स्वरूप योग्यता मिल जाती है। न्याय के आधार पर इसे समाप्त नहीं किया जा सकता। तुलनात्मक अयोग्य होने पर भी शूद्रों को अवसर देकर आगे आना होगा। अपनी पार्टी के लिए उन्होंने लिखा : कमेटियों को चुनते वक्त शूद्र और हरिजन औरत और मुसलमान को योग्यता से अधिक प्रतिनिधित्व दें। आगे पिछड़ी जातियों का जिक्र किया : धोबी, नाई, तेली, लोहार और अन्य पिछड़ी जातियों के पचासों किस्म की झंझटें हैं। जैसे अच्छी सड़क हो, सस्ता कच्चा माल मिले और पुलिस जुल्म बंद हो। इनके कार्यों को कर, इनका विशेष प्रयत्न कर उनके जाति संगठन को राजनीति में लाने से बहुजन समाज आगे आ सकेगा।[146] बाद में एक प्रसिद्ध पार्टी बहुजन समाज के नाम से बनी। उसमें अधिकतर दलित वर्ग के लोग हैं। परंतु यह धारणा लोहिया ने प्रस्तुत कर दी थी। विशेष बात यह कि जाति संगठन बना रहना चाहिए। इस जाति संगठन को राजनीति में आना चाहिए। इस तरह जाति प्रथा को लोहिया ने राजनीतिक कार्यवाहियों से जोड़ा।

लोहिया ने माना कि मुसलमानों में भी जाति प्रथा है। परंतु आगे के विवेचन में उन्होंने जाति प्रथा हटा कर मुसलमानों को एक अविभाजित समुदाय माना। यदि जाति प्रथा पुरुषों में है तो उनकी स्त्रियों में भी होगी। परंतु पुरुषों से अलग उन्होंने स्त्रियों का एक अविभाजित समुदाय माना। हरिजनों को शूद्रों से अलग किया और इस तरह 5 प्रमुख समुदाय भारतीय समाज के बताए। अपने आंदोलन के बारे में उन्होंने कहा : हिंदुस्तान के इतिहास के सामने जाति के विरुद्ध तीसरे और सच्चे आंदोलन का जो विषय है अब हम उसको लेते हैं। औरत, शूद्र, हरिजन, मुसलमान और आदिवासी समाज के इन 5 दबे हुए समुदायों को, उनकी योग्यता आज जैसी भी हो, उसका लिहाज किए बिना उन्हें नेतृत्व

के स्थानों पर बैठाना इस आंदोलन का लक्ष्य होगा। आज तो उनकी योग्यता कम है ही। फिर योग्यता का परीक्षण भी ऐसा होता है कि वह ऊंची के ही पक्ष में जाता है। इतिहास में हजारों बरसों में जो किया उसे धर्मयुद्ध के द्वारा ही दूर किया जा सकता है। समाज के दबे हुए समुदायों में सभी औरतों को, द्विज औरतों समेत जो कि उचित ही है, शामिल कर लेने पर पूरी आबादी में उनका अनुपात 10 फीसदी हो जाता है। दबी हुई मानवता का इतना बड़ा समुद्र। हिंदुस्तान के हर 10 में 1 मर्द और औरतें चुप्पी में ऊंघ रही हैं या बहुत हुआ तो जीवित प्रतीत होने वाली चीख सुनाई पड़ जाती है। उनके दुबले-पतले अंगों पर आर्थिक और राजनीतिक उन्नति से अपने आप कुछ चरबी चढ़ सकती है। जाति का नाश करके ही उन्हें स्वाभिमानी बनाया जा सकता है। और यह निःसंदेह आर्थिक उन्नति के साथ साथ होना चाहिए। तभी उन्हें पूरे आदमी के लायक और जागरूक जन बनाया जा सकता है।[147] जाति प्रथा के आधार पर लोगों को संगठित करना चाहिए। साथ ही उनकी आर्थिक उन्नति भी होनी चाहिए। परंतु जाति प्रथा के आधार पर लोगों को संगठित करने से उनकी आर्थिक उन्नति की संभावना नहीं थी। लेकिन जो लोग यहां राजाओं और जमींदारों और पूंजीपतियों से पीड़ित थे उनकी उन्नति जाति प्रथा के आधार पर संगठित होने से न हो सकती थी। फिर भी यह तथ्य महत्वपूर्ण है कि लोहिया आर्थिक उन्नति की बात भी सोचते हैं। केवल नौकरी के लिए आरक्षण हो ऐसा उनका विचार नहीं है। लेकिन योग्यता न हो फिर भी आदमी को ऊंचा पद मिलना चाहिए यह विचार उन्होंने प्रकट किया था। समाज में मौलिक परिवर्तन किए बिना लोगों को विशेष अधिकार दिए जाएँ, पिछड़े हुए लोगों को उठाया जाए, योग्यता की चिंता न की जाए। इससे समाज में नए तनाव पैदा होंगे, यह निश्चित था।

आगे लोहिया ने नौकरी की बात भी की। जाति अध्ययन और विनाश संघ का घोषणा पत्र में उन्होंने कहा : पिछड़े और दबे हुए समुदायों को जैसे औरत, शूद्र, हरिजन, आदिवासी और धार्मिक अल्पसंख्यकों की पिछड़ी हुई जातियों को राजनीतिक पार्टियों, राष्ट्रीय अर्थतंत्र और सरकारी नौकरियों में ऊंची जगहों का विशेष अवसर देना चाहिए।[148] लोहिया ने भूमि सुधारों की बात भी कही थी। जाति विनाश सम्मेलन के एक प्रस्ताव में कहा गया था : क्योंकि भूमिहीन किसान ज्यादातर छोटी जाति के हैं, इसलिए उन पर दोहरी मार मन की और पेट की पड़ती है। जाति विनाश सम्मेलन चाहता है कि जमीन का बंटवारा जल्द इस तरह किया जाए कि भूमिहीनों को खेती और मकान के लिए जमीन मिले।[149] यह तभी संभव था जब पिछड़े हुए लोगों को जाति नहीं, उनकी आर्थिक स्थिति के आधार पर दूसरों से अलग किया जाए। यहां भूमिहीन किसान की जाति है। ये किसान सभी छोटी जातियों के नहीं थे। ऊंची जातियों के भी थे। यदि इस प्रस्ताव पर अमल किया जाता तो बहुत सी छोटी जातियां भीतर से टूट जातीं, अमीर गरीब का भेद वहां साफ दिखाई देने लगता। इसे अमल में लाने के लिए धनी किसानों और भूतपूर्व जमींदारों से लड़ना जरूरी हो जाता। तब ब्राह्मणवाद का विरोध भी एकांगी साबित होता।

पिछड़ी हुई या छोटी जातियों के आरक्षण के सवाल पर विचार करने के लिए दिसंबर 1978 में मंडल कमीशन नियुक्त किया गया। दो साल बाद दिसंबर 1980 में उसने अपनी रिपोर्ट राष्ट्रपति को सौंपी। इस रिपोर्ट में आरक्षण के बारे में जो प्रयत्न पहले किए गए थे उनका भी रोचक विवरण दिया गया है। 1953 में जवाहर लाल नेहरू के समय में काका कालेलकर की अध्यक्षता में एक कमीशन बनाया गया था। उसमें छोटी जातियों के पिछड़ेपन की समस्या हल करने के लिए अनेक सुझाव दिए थे। उनमें भूमि सुधार भी था। (पृष्ठ 6) इस कमीशन के 5 सदस्य इस बात से सहमत नहीं थे कि जाति को पिछड़ेपन का आधार बनाया जाए और जाति के आधार पर नौकरियों में स्थान आरक्षित किए जाएँ। (पृष्ठ 6) काका कालेलकर ने रिपोर्ट पर हस्ताक्षर किए। उसमें आरक्षण का समर्थन किया गया था। कौन कौन सी छोटी जातियां हैं उनके नाम भी गिनाए गए थे। परंतु रिपोर्ट तैयार करते करते काका कालेलकर को लगा कि इस तरह जाति प्रथा और मजबूत होगी। उसका अंत न किया जाएगा। रिपोर्ट के साथ उन्होंने राष्ट्रपति को जो पत्र लिखा उसमें उन्होंने कहा : इस बात से इन्कार नहीं किया जा सकता कि समानता वाले समाज की ओर हमारी प्रगति में सबसे बड़ी बाधा जाति प्रथा है। कुछ निश्चित जातियों को पिछड़ा हुआ मानने से यह हो सकता है कि हम जाति प्रथा के आधार पर भेदभाव को कायम रखें और सदा के लिए बनाए रहें। (पृष्ठ 7) भारत सरकार ने प्रयत्न किया कि जाति के अलावा और कोई कसौटी ढूंढी जाए जिससे पिछड़ापन निर्धारित हो। इसके लिए प्रयत्न किए गए लेकिन कोई फल न निकला। आखिर केंद्रीय सरकार ने तय किया कि पिछड़ी जातियों की कोई सूची पूरे देश के लिए केंद्र की ओर से जारी न की जाएगी और केंद्रीय सरकार की सेवाओं में पिछड़ी जातियों के किसी गुट को आरक्षण न दिया जाएगा। केवल अनुसूचित जातियों और अनुसूचित जनजातियों को आरक्षण दिया जाएगा। (पृष्ठ 7) 1947 में जो सत्ता परिवर्तन हुआ उससे अनुसूचित जातियों और अनुसूचित जनजातियों की स्थिति में कोई मौलिक परिवर्तन न हुआ। सरकार इस कमी को आरक्षण द्वारा पूरा करना चाहती थी। अंग्रेज भी इस नीति पर काफी दिनों तक चलते रहे थे। उसका विवरण मंडल कमीशन की रिपोर्ट में दिया गया है।

ब्रिटिश भारत और स्वाधीन भारत की आरक्षण संबंधी परंपराओं को छोड़ते हुए रिपोर्ट के लेखक ने कहा : लगभग 100 वर्ष से भारत की प्रांतीय सरकारें दबे हुए या समाज के अभावग्रस्त स्तरों के लिए विशेष कार्यक्रम उनकी खुशहाली के लिए चलाती रही हैं। ऐसा पहला कदम 1665 में मद्रास सरकार ने उठाया था। दलित वर्गों के छात्रों को विशेष सुविधाएं दी गई थीं। फिर 1921 में मद्रास सरकार ने सरकारी नौकरियों में अब्राह्मणों को अधिक प्रतिनिधित्व देने के लिए कदम उठाए। इस स्थिति की समीक्षा 1927 में की गई और आरक्षण का दायरा बढ़ाया गया। राज्य के मानव समुदायों को 5 बड़ी कोटियों में रखा गया और प्रत्येक कोटि के लिए अलग कोटा निश्चित किया गया। कुछ इस तरह के कदम मैसूर राज्य में भी उठाए गए। 1926 में बंबई की सरकार ने एक कमेटी बनाई जिसे पिछड़े

हुए वर्गों को निर्धारित करना था और यह बताना था कि उनकी प्रगति के लिए कौन से कदम उठाए जाएँ। 1939 में इस कमेटी ने अपनी रिपोर्ट पेश की। उसने पिछड़े हुए वर्गों को तीन कोटियों में रखा : दलित वर्ग (डिप्रेस्ड क्लासेज), आदिवासी और पहाड़ी कबीले और अन्य पिछड़ी हुई जातियां (अदर बैकवर्ड क्लासेज़) अंग्रेजी में ओ बी सी जिन्हें कहा जाता है उसका यहां उल्लेख है। कमेटी ने सिफारिश की कि सरकारी नौकरियों में भर्ती करते समय, शिक्षा संस्थाओं में भर्ती करते समय इन कोटियों के सदस्यों को विशेष सुविधाएँ दी जाएँ। 1919 में मोंटेग्यू चेम्सफोर्ड सुधार आए। मंडल कमीशन की रिपोर्ट के शब्दों में अखिल भारतीय स्तर पर दलित वर्गों की खुशहाली के लिए पहले व्यवस्थित कोशिश मांटेग्यू चेम्सफोर्ड सुधारों के जारी करने के साथ शुरू हुई। उस समय अनेक सार्वजनिक संस्थाओं में उनके लिए अलग प्रतिनिधित्व का विधान किया गया। उस समय दलित वर्गों में अनुसूचित जातियां, अनुसूचित जनजातियां और अन्य पिछड़े हुए वर्ग सभी शामिल थे। (पृष्ठ 10) अपने सुधारों के द्वारा जैसे अंग्रेज हिंदुओं और मुसलमानों में फूट डाल रहे थे वैसे ही जाति प्रथा के आधार पर वे हिंदुओं में फूट डाल रहे थे। इससे दलित वर्गों का उद्धार होने वाला नहीं था। परंतु स्वाधीनता आंदोलन को कमजोर जरूर किया जा सकता था।

फिर 1935 का कानून आया। उस समय देश के नेताओं ने इसे काला कानून कहा। उसे पूरी तरह ठुकरा देने पर जोर दिया। पर उनमें से कुछ उसके अनुसार चुनाव लड़ने और मंत्रिमंडल बनाने के लिए उत्सुक थे। उन्होंने ऐसा ही किया। इस कानून द्वारा हिंदू-मुसलमानों के भेद को और गहरा किया गया। साथ ही पिछड़ी हुई जातियों और आगे बढ़ी हुई जातियों के भेद को भी और गहरा किया गया। कुछ शब्दों में परिवर्तन किया गया। दलित वर्गों की जगह 'अनुसूचित जातियां' शब्द इस्तेमाल किया गया। 1936 में विभिन्न प्रांतों के लिए अनुसूचित जातियों की सूचियां बनाई गईं। आदिम कबीलों की जंगह 'पिछड़े हुए कबीलों' शब्दावली का प्रयोग किया गया और विभिन्न प्रांतों में ऐसे कितने पिछड़े हुए हैं उनकी सूची भी बनाई गई। स्वाधीनता के बाद पिछड़े हुए कबीलों की जगह 'अनुसूचित जनजातियां' शब्दों का प्रयोग हुआ। (पृष्ठ 10)

अंग्रेजों से तो यह आशा न की जा सकती थी कि वे समाज में क्रांतिकारी परिवर्तन करेंगे। पर उन्हीं की तरह कांग्रेस ने भी समाज का ढांचा ज्यों का त्यों रहने दिया। इसलिए अंग्रेजों ने जो आरक्षण की नीति चलाई थी उसी नीति पर आगे कांग्रेसी नेता भी बढ़े। कुछ लोगों को सरकारी नौकरियां मिलीं। लेकिन अधिकांश जनता जहां पहले थी वहां बनी रही।

किन जातियों को पिछड़ी हुई माना जाए, इसके लिए मंडल कमीशन ने कसौटी बनाई। जो पिछड़ी हुई जातियां थी। उनकी सूची बनाई और यह सिफारिश की कि शिक्षा संस्थाओं और सरकारी नौकरियों में इन्हें आरक्षण दिया जाए। समाज में क्रांतिकारी परिवर्तन हो, इससे मंडल कमीशन को कोई वास्ता न था, सरकारी नौकरियों का महत्व उसने देश से अधिक समझा।

मंडल कमीशन ने इस बात का ध्यान रखा कि गरीबी हटाने के कार्यक्रमों से आरक्षण के सवाल को अलग रखा जाए। उसने लिखा : ऐसा लग सकता है कि जो आम जनता की गरीबी हटाने के लिए, राष्ट्रीय समस्या है उसके अंतर्गत अन्य पिछड़ी जातियों को ऊपर उठाने की समस्या आती है। पर यह बात अंशतः ही सही है। ओ. बी. सी. अन्य पिछड़ी जातियों का अभावग्रस्त होना एक और बड़ी राष्ट्रीय समस्या का विशेष भाग है। यहां बुनियादी सवाल है सामाजिक और शिक्षा संबंधी पिछड़ेपन का और गरीबी। इन दो जाति प्रथा पर आधारित रुकावटों का सीधा परिणाम है। (पृष्ठ 62) यदि ऐसी बात है तो कोई ऐसा कार्यक्रम चलाना चाहिए जिससे आम जनता की गरीबी दूर हो। उसके साथ जो अन्य पिछड़ी जातियां हैं उनका उत्थान भी हो। पर आम जनता के लिए जो विशद आंदोलन हो, उससे पिछड़ी जातियों को अलग रखना कमीशन ने जरूरी समझा। इसलिए उसने आरक्षण की मांग की और यह स्वीकार किया कि उनकी सामान्य स्थिति पर इस तरह के आरक्षण से कोई बहुत बड़ा प्रभाव पड़ने वाला नहीं है। सरकारी नौकरियों के महत्व के बारे में कमीशन ने कहा : भारत में सरकारी नौकरी हमेशा शक्ति और प्रतिष्ठा का प्रतीक मानी गई। ओ बी सी लोगों का प्रतिनिधित्व सरकारी नौकरियों में बढ़े तो उनमें यह भावना पैदा होगी कि वे देश के शासन में भाग ले रहे हैं। जब पिछड़ी जाति का एक उम्मीदवार कलेक्टर या पुलिस सुपरिटेंडेंट हो जाता है तो इस पद से जो भौतिक लाभ होता है वह उसके परिवार तक सीमित रहता है लेकिन जो इसका मनोवैज्ञानिक प्रभाव पड़ता है वह बहुत ज्यादा होता है। उसकी पूरी बिरादरी समझती है कि वह सामाजिक रूप से ऊपर उठी है। (पृष्ठ 62)

लोग हमेशा सरकारी नौकरी के लिए आतुर रहे हों, ऐसा तो नहीं है। मैंने बचपन में अवध के किसानों से यह कहावत सुनी थी :

उत्तिम खेती मध्यिम बान
निखिट चाकरी भीख निदान।

खेती उत्तम है। उसके बाद वाणिज्य-व्यापार का नंबर आता है। चाकरी निखिट अर्थात निकृष्ट है। जब कुछ न बने तब नौकरी करना चाहिए और नौकरी न मिले, तब भीख मांगनी चाहिए। सरकारी नौकरियों में छोटी जातियों के लिए आरक्षण से उनकी समस्याएँ हल होने वाली नहीं थीं। यह बात मंडल कमीशन के अध्यक्ष मंडल जानते थे और मंडल आयोग की रिपोर्ट के आधार पर चुनाव लड़ने वाले विश्वनाथ प्रताप सिंह भी जानते थे। लोकसभा में उन्होंने जो भाषण दिया, उस रिपोर्ट के पहले उसका एक अंश छपा है। उसमें आरक्षण के मसले पर तब के प्रधानमंत्री विश्वनाथ प्रताप सिंह कहते हैं : आखिर यदि सभी सरकारी मुलाजिमों की संख्या देखी जाए तो कुल आबादी में वह एक या डेढ़ फीसदी ठहरती है। ठीक-ठीक कितनी, मैं नहीं कह सकता। एक फीसदी से कम भी हो सकती है। हमें इस बात का भ्रम नहीं है कि आबादी का यह एक फीसदी हिस्सा या उसका कोई भी टुकड़ा 52 फीसदी है। सरकारी मुलाजिमों की संख्या कुल 1 प्रतिशत या उससे भी कम

ठहरती है। यदि ये सारी सरकारी नौकरियां छोटी जाति के लोगों को दे दी जाएँ, तब भी 51 फीसदी लोगों की समस्या ज्यों की त्यों बनी रहती है। इससे स्पष्ट है कि आरक्षण के लिए जितना विवाद और आंदोलन हुआ, उससे आम जनता की समस्याएँ हल होने वाली नहीं थीं। इस बार जनता में जो छोटी जातियों के लोग थे उनकी समस्याएँ भी हल होने वाली नहीं थीं। समाज में मौलिक परिवर्तन करके सत्ता में किसानों और मजदूरों को स्थापित करके सबको समान अवसर प्रगति के लिए दिए जाएँ, यह पूंजीवादी नेताओं के वश में नहीं था। इसलिए ज़नता के असंतोष को किसी एक दिशा में मोड़ने के लिए उन्होंने अंग्रेजों की पुरानी नीति आरक्षण पर चलने का विचार किया। मंडल ने संविधान का उल्लेख करते हुए आर्थिक पिछड़ेपन के मुकाबले सामाजिक पिछड़ेपन पर जोर दिया। आर्थिक पिछड़ेपन को सामने लाने से वर्गों की असलियत प्रत्यक्ष होती। उससे बचने के लिए सामाजिक पिछड़ेपन की बात करना जरूरी था।

जाति प्रथा और आरक्षण के बारे में अपनी बुनियादी स्थापनाएँ मंडल कमीशन ने लोहिया से उधार ली हैं। लोहिया के लिए जाति की बात बंद करने का मतलब होगा हिंदुस्तानी स्थिति की वास्तविकता से आंखें मूंद लेना।[150] इसी तरह मंडल कमीशन के लिए जातियां वे ईंटे हैं जिनसे हिंदू समाज की रचना की गई है। (पृष्ठ 19) लोहिया सामंती पूंजीवादी शोषण की बात नहीं करते। वर्गों के बीच की खाई को वह बिरादरियों के बीच की खाई बना देते हैं। 8-9 करोड़ द्विज एक तरफ और 20-22 करोड़ शूद्र दूसरी तरफ।[151] जाहिर है कि ये द्विज अल्पसंख्यक और बहुसंख्यक शूद्रों पर शासन करते हैं। इनके साथ और दबे हुए जन समुदायों को मिला लिया जाए, तो पूरी आबादी में उनका अनुपात 90 प्रतिशत होता है और इनका शोषण 10 फीसदी द्विज करते हैं।[152] मंडल कमीशन के अनुसार हिंदू समाज की रचना ऐसी है कि सामाजिक गठन के संस्थागत चौखटे द्वारा ऊंची जातियां निचली जातियों का शोषण करती हैं। (पृष्ठ 19) लोहिया को इस पर आश्चर्य है कि छोटी जातियां खुशी से बड़ी जातियों की अधीनता स्वीकार करती हैं। छोटी जातियों का राजनीतिक आचरण विचित्र है। वे रजामंदी से इस साजिश में क्यों हिस्सा लेती हैं, यह समझ से परे है ...। उनके पास ऐसे किस्से-कहानियां हैं जिनसे वे अपनी गिरी हुई हालत का औचित्य बतलाते हैं।

जाति प्रथा की विजय इस कारण नहीं है कि ब्राह्मणों की श्रेष्ठता स्वीकार की जाती है, वरन इस बात में है कि छोटी जातियां इस भेदभाव वाले समाज में अपनी हीन स्थिति स्वाभाविक समाज व्यवस्था की विशेषता समझ कर स्वीकार करती हैं।[153] यद्यपि द्विजों में तीन वर्ण हैं पर लोहिया अपना ध्यान विशेष रूप से ब्राह्मणों पर केंद्रित करते हैं। उनके प्रशंसक चंद्रिका प्रसाद जिज्ञासु ने ब्राह्मणवाद के विरुद्ध प्रकाशित उनके लेखन के प्रभाव का जिक्र किया था। लोहिया ने ब्राह्मणी पूंजीवाद जैसी शब्दावली का प्रयोग भी किया है। कभी-कभी ब्राह्मण के साथ वह बनियों को जोड़ देते हैं : मैं भी कई दफे कह चुका हूं कि बनिया-ब्राह्मण राजनीति से देश को काफी नुकसान पहुंचा है।[154] मंडल के अनुसार

शास्त्र-पुराण कथाएँ आदि कर्मकांड के विस्तृत पेचीदा और सूक्ष्म ताने-बाने के द्वारा ब्राह्मणवाद जाति प्रथा को ऐसा नैतिक अधिकार प्रदान कर सका कि बड़े से बड़े निष्ठावान समाज सुधारक उसे कारगर चुनौती नहीं दे पाए। (पृष्ठ 19) आगे कहते हैं : हिंदू समाज के 4 वर्णों में विभाजन ने ब्राह्मणवादी कट्टरता को वह दृढ़ आधार प्रदान किया, जिस पर उसने जाति प्रथा की बड़ी इमारत खड़ी की। जाति प्रथा की यह जड़ता भारत में हजारों साल से है। हजारों की संख्या में। कभी-कभी घटती-बढ़ती होती रहती है। कई हजार बरसों की गलती को सुधारने और न्याय और समता के नए युग का आरंभ करने के लिए द्विज को वक्ती अन्याय सहने के लिए तैयार रहना चाहिए। (पृष्ठ 18) जड़ता का समय कुछ कम करके लोहिया ने कहा : इतिहास शास्त्र का विषय है कि वर्ग जाति का चढ़ाव-उतार होता है। 1100 वर्षों का भारत का इतिहास जड़ रहा है।[155] अर्थात् 1100 वर्षों से यहां केवल उतार ही उतार है, चढ़ाव की नौबत नहीं आई।

जाति प्रथा दूसरे देशों में भी रही है। भारत और इंग्लैंड जैसे दूसरे देशों में यदि जाति प्रथा हो तो उसके वस्तुगत कारण होने चाहिए। लोहिया का कहना था : यूरोप में वर्ग और जाति का झूला डोलता रहा है जिनकी एक पेंग वर्ग की ओर तो दूसरी जाति की ओर।[156] भारत में ऊंची जातियां निचली जातियों पर शासन करती हैं। इस प्रसंग में मंडल ने लिखा है : वास्तव में इस प्रपंच में कोई चीज साधारण नहीं है। हर जगह शासक वर्गों ने अपने विशेषाधिकारों को स्थायी बनाने का प्रयत्न किया है और इसके लिए उन्होंने बहुत सी तरकीबों से काम लिया है। अभिजात वर्ग ने आमतौर से पुरोहित वर्ग (क्लैरजी) का साथ लिया है इस प्रक्रिया में। मंडल ने यहां रिस्टोक्रैसी (अभिजात वर्ग) और क्लैरजी (पुरोहित वर्ग) शब्दों का प्रयोग किया है। इन शब्दों का प्रयोग भारत के संदर्भ में किया जाए तो इतिहास की व्याख्या ज्यादा अच्छी तरह हो सकती है, क्योंकि ब्राह्मण में हर ब्राह्मण पुरोहित नहीं था और क्षत्रियों में हर व्यक्ति बड़ा भूस्वामी और अभिजात नहीं था। मध्य काल में कैसे लोगों को उपदेश दिया जाता था, इसका उदाहरण देते हुए ओस्त ने लिखा : हर आदमी का कर्तव्य है वह सरदार (नाइट) हो और चाहे प्रीस्ट (पुरोहित), श्रमिक हो या व्यापारी, अपने खास पेशे की चीजें सीखे और उन्हीं में संतोष करे। जो दूसरों के पेशे हैं उनके कार्यों और रहस्यों में दखल देने का प्रयत्न न करे। समाज में जो स्तर हैं और जो उनके कर्तव्य हैं वे मनुष्य जाति के लिए ईश्वर ने रचे हैं और ईश्वर चाहता था कि वे स्थायी हों, उनमें कभी परिवर्तन न हो। मनुष्य के अंगों की तरह उनका स्थान नहीं बदला जा सकता और न उनके कार्य बदले जा सकते हैं। (पृष्ठ 19) सामंती व्यवस्था में छोटे पैमाने के उत्पादन का अध्ययन किया जाए, तो पता चलेगा— बाप का पेशा बेटा अपनाता है और इसलिए जाति प्रथा भारत से इंग्लैंड तक क्यों पाई जाती है। परंतु उत्पादन से लोहिया दूर रहते हैं। उत्पादन की पद्धति के विश्लेषण से मंडल कमीशन भी दूर रहता है। समाज की सांस्कृतिक परम्पराएँ छोटी जाति के लोगों को अपनी स्थिति से समझौता करना सिखाती हैं। लोहिया कहते हैं : पुरानी सांस्कृतिक परम्परा या लगातार शोषण या दोनों ने मिल कर

उन्हें इस स्थिति से समझौता करने को बाध्य किया है।[157] मंडल कमीशन इसी तरह धर्म और संस्कृति को दोष देते हुए कहता है। मंडल कमीशन ने कहा : ब्राह्मणवाद ने शास्त्रों, पुराण कथाओं और कर्मकांड का उपयोग लोगों में दासता की भावना बनाए रखने के लिए किया। (पृष्ठ 19) और मार्क्स को याद करते हुए मंडल ने कहा : यदि धर्म कभी भी आम जनता के लिए अफीम बना तो वह भारत में बना। यहां पुरोहित वर्ग (प्रीस्ट कास्ट) ने लोगों के चिंतन को ऐसे प्रभावित किया कि बहुसंख्यक जनता मोहित हो गई और युगों तक मुग्ध भाव से, विनम्रतापूर्वक अपनी दासता स्वीकार करती रही। (पृष्ठ 21) यह दृष्टिकोण भारत की सांस्कृतिक परम्परा को पूरी तरह अस्वीकार करता है। वह यह नहीं मानता कि भारत में सामंत विरोधी, जाति प्रथा के विरोधी ऊंच-नीच के भेदभाव को खत्म करने वाली परम्पराएँ भी रही हैं। लोहिया इनका उल्लेख नहीं करते और मंडल भी इनका उल्लेख नहीं करता। इस स्थिति से निकलने के लिए लोहिया का नुस्खा था : छोटी जातियों को शिक्षा संस्थाओं और नौकरियों में आरक्षण मिलना चाहिए। योग्यता न हो, फिर भी उन्हें ऊंचे पदों पर बिठाना चाहिए। अवसर देने के लिए जब तक योग्यता कसौटी होगी, हिंदुस्तानी जनता अपनी योग्यता से वंचित रहेगी। अर्थात उसकी योग्यता का विकास तभी होगा, जब योग्य न होने पर भी आदमी को ऊंचे पद पर बिठाया जाए और संरक्षण कागज पर ही रहेगा। देश में जनता के पिछड़े समूहों को उनकी योग्यता का लिहाज किए बिना सभी अवसर इस आशा में देने ही होंगे कि ज्यादा अवसर देने हों। इस उल्टी प्रक्रिया से जाति प्रथा का नाश होगा और जनता की योग्यता पुनर्जीवित होगी।[158]

योग्यता के प्रश्न पर मंडल कमीशन ने भी विचार किया है। कौन पिछड़ा हुआ है यह तय करने में केवल जाति पर ध्यान दिया जाए। इस बात को उचित ठहराने के लिए मंडल कमीशन ने भरपूर प्रयास किया है। आदमी गरीब है, उसकी आर्थिक स्थिति अच्छी नहीं है, इस पर विचार करना कमीशन ने आवश्यक नहीं समझा। उसने भरसक आर्थिक कसौटी को दूर रखने का प्रयत्न किया है। उल्लेखनीय है कि कालेलकर कमीशन रिपोर्ट पढ़ने के बाद भारत सरकार ने कहा : राज्य सरकारें अपनी इच्छानुसार पिछड़ेपन की कसौटी बना सकती हैं परंतु भारत सरकार की दृष्टि में केवल जाति को आधार बनाने के बदले आर्थिक कसौटी से काम लेना बेहतर होगा। (पृष्ठ 9) मंडल का कहना है : भारत सरकार पंचवर्षीय योजनाएँ बना कर गरीबी दूर करने में विश्वास करती थी, इसलिए उसके लिए आर्थिक कसौटी की बात करना स्वाभाविक था। इन पंचवर्षीय योजनाओं से समाज में कोई परिवर्तन होने वाला नहीं था। यह विचार लोहिया ने भी प्रकट किया था। लोहिया ने लिखा : पंचवर्षीय योजनाओं का ये सिलसिला अधिकांश जनता को उसकी वर्तमान हालत में ही पटके रखेगा, जैसा कि पहली दो योजनाओं से अच्छी तरह साफ हो गया है।[159] आगे भी कहते हैं : वर्तमान की भी पांच साल अथवा दूसरी आर्थिक योजनाएँ बेकार हैं क्योंकि एक सैकड़ा बड़े लोग राष्ट्रीय उत्पत्ति का एक-तिहाई हड़पते हैं। नतीजा होता है कि छोटे लोगों पर बोझा और करों का भार हल्का नहीं हो पाता तथा उत्पत्ति को बढ़ाने के लिए समुचित

पूंजी मिल नहीं पाती।[160] इसी तरह मंडल कमीशन ने कहा : भारत सरकार देश के आर्थिक विकास के लिए जो कुछ कर रही थी, उससे जाति प्रथा खत्म होने वाली नहीं थी। छोटी जातियों का उद्धार होने वाला नहीं था। स्वभावतः पिछड़ेपन के लिए आर्थिक कसौटी अपनाना भी मंडल कमीशन के लिए खतरनाक था। इसलिए उसने जाति को ही मुख्य कसौटी माना परंतु भारत में एक न्याय व्यवस्था भी है। बहुत से मुकदमे अदालतों के सामने आए। साधारण अदालतों से लेकर सर्वोच्च न्यायालय तक ये मुकदमे पहुंचे। उनके अनेक फैसले मंडल कमीशन ने अपनी रिपोर्ट के साथ उद्धृत किए हैं। इन फैसलों पर कमीशन ने जो टिप्पणी की है वह बहुत दिलचस्प है। इसलिए कि इसमें आर्थिक कसौटी को भी स्वीकार किया गया है। यहां एक नई बात यह कही गई है कि भारत में कुछ ऐसे जनसमुदाय हैं जिनमें जाति प्रथा नहीं है। मंडल कमीशन ने लिखा : जिन मानव समुदायों में जाति नहीं है वहां जाति की कसौटी खंडित हो जाएगी। निस्संदेह भारतीय समाज की वर्तमान व्यवस्था में वह प्रासंगिक है, मनुष्य के सामाजिक पिछड़ेपन को संतुलित करने में, लेकिन वह एकमात्र अथवा प्रधान कसौटी नहीं है। सर्वोच्च न्यायालय ने जो अभी हाल में उत्तर प्रदेश की सरकार बनाम प्रदीप टंडन के मुकदमे पर फैसला दिया है उसमें कहा गया है कि जाति वर्ग का पर्याय नहीं है। सामाजिक और शैक्षिक दृष्टि से नागरिक वर्ग जो पिछड़े के बनते हैं वे जातियों के आधार पर बनने वाले वर्गों से अलग हैं। उल्लेखनीय है कि बंगाल सरकार ने 1980 में एक समिति बनाई यह जांचने के लिए कि आरक्षण आवश्यक है या नहीं। समिति ने सिफारिश की, जाति के बदले गरीबी और जीवनयापन के निचले स्तर को उसकी राय में पिछड़ेपन की पहचान के लिए सबसे महत्वपूर्ण कसौटी मानना चाहिए। उसने यह सिफारिश भी की : कुछ पेशे ऐसे हैं, जिन्हें पिछड़ा हुआ मानना चाहिए। और उसने एक विस्तृत कार्यक्रम बनाया जिससे कि उन लोगों का आर्थिक विकास और शैक्षिक प्रगति हो सके जो गरीबी की रेखा के नीचे हैं। यह समिति सरकारी नौकरियों में पिछड़े वर्गों के लिए कोटा निर्धारित करने के विरुद्ध थी।

दिलचस्प बात यह है कि लोहिया ने उन छोटी जातियों को भी ऊंची जाति माना है जो कभी राज्य करती थीं या जो अब पैसा कमाने लगी हैं। आंध्र के लोगों से उन्होंने कहा : मोटी तरह से आंध्र में जिसे ऊंची जाति कहना चाहिए, हिंदू शास्त्रों के अनुसार उसके बहुत कम लोग होंगे। मैं समझता हूं कि वे मुश्किल से 15-20 लाख के बीच में होंगे। लेकिन वह संकुचित अर्थ न लेकर व्यापक अर्थ लेना चाहिए। उन सभी को ऊंची जाति वाले मानें, चाहे हिंदू शास्त्रों के मुताबिक वे ऊंची जाति के हों या न हों, जो इस इलाके में कभी राजा रह चुके हैं या जो आज भी राजनीति के पलटाव में, फिर से जनतंत्र में राजा बन रहे हैं जैसे रेड्डी या वेलम्मा, वैसे वेलम्मा राजा नहीं बने, लेकिन कभी रह चुके हैं। कुछ थोड़े-बहुत अपने धन के कारण कम्मा को भी उनमें शामिल किया जा सकता है।[161] इससे इतना तो पता चलता है कि वित्त के चलन से जातियों की पहले वाली स्थिति में परिवर्तन हुआ है। जिन्हें छोटी जाति माना जाता था, उनमें कुछ लोग धनी हो गए हैं। यदि

जातियों में ऐसा परिवर्तन हो रहा है, तो धनी और निर्धन का भेद करना उचित होगा। वर्गों के आधार पर जनता को संगठित करना उचित होगा। लेकिन वर्ग की धारणा से लोहिया दूर रहते हैं यद्यपि उनका अनुभव बार-बार उसी धारणा की ओर ठेलता है।

आंध्र के बाद वह उत्तर भारत की ओर मुड़ते हैं। उसी तरह इस सारे हिंदुस्तान के आंकड़ों को भी अगर लें और पहले धर्म के मुताबिक चलें तो ब्राह्मण और क्षत्रिय और वैश्य और कायस्थ इनको भी गिनें, तब भी मुश्किल से 4 करोड़ होंगे। हो सकता है 10-20-50 लाख इधर-उधर फर्क निकले। लेकिन वहां भी मैं उसी कसौटी को लेता हूं जिसे आंध्र में, और मराठा और मुदलियार वगैरह को ऊंची जाति में शामिल कर लेता हूं चाहे धर्म उन्हें करता हो, न करता हो। यह इसलिए कि उन्होंने रुपया पैदा करना शुरू किया या अब वे राजनीति में ऊंचे आने शुरू हुए हैं। कोई जाति पूरी की पूरी धनी नहीं होती। धनी-निर्धन का भेद हर जाति में होता है। हो सकता है, कुछ ऊंची जातियों में धनी ज्यादा हों और कुछ नीची कहलाने वाली जातियों में निर्धन ज्यादा हों। पर इससे भी साबित यही होता है कि जातियों की सीमाएँ तोड़कर धनी और निर्धनों को अलग-अलग समुदायों में संगठित करना चाहिए।

कुछ जातियां ऐसी थीं जिनके बारे में यह स्पष्ट पता न चलता था कि वे ऊंची में गिनी जाएँ या नीची में रहें। लोहिया ने कहा : हां, एक जाति जरूर है जो कोशिश बहुत कर रही है। इक्का-दुक्का के हिसाब से नहीं, जाति के हिसाब से, जैसे अहीर लोग। लेकिन दूसरी कोशिश भी वहां जारी है कि जाति प्रथा भी खत्म हो।[162] दक्षिण की जातियों से उनकी तुलना करते हुए लोहिया ने कहा : अहीर और ग्वाले ज्यादा उत्तर में हैं। वे अभी उस हैसियत पर नहीं पहुंच पाए हैं जिस हैसियत पर कि दक्षिण के मुदलियार रेड्डी पहुंच गए हैं। उन्होंने कोशिश की पिछले 10-15 बरस में लेकिन उसमें नाकामयाब हुए हैं। इसका एक बड़ा कारण यह है कि उत्तर में ऊंची जातियों की तादाद ज्यादा है यहां कम। यहां अर्थात दक्षिण भारत में। यहां के जो रेड्डी और मुदलियार कम थे वे तो निपट गए लेकिन वहां वाले उन्हीं के जैसे अभी जीत नहीं पाए।[163] 10-15 साल से यह प्रयत्न चल रहा था। इसका अर्थ है भारत के स्वाधीन होने के बाद जातियां अपना संगठन बना रही थीं और ऊपर आने का प्रयत्न कर रही थीं। अपने जाति के संगठन के आधार पर वे राजनीति में दखल देना चाहते थे। रूडौल्फ आई. ए. और सुसाना के अनुसार, राजनीतिक लोकतंत्र की सफलता में जाति सभाओं का योगदान महत्वपूर्ण रहा है। उन्होंने परस्पर सम्पर्क, प्रतिनिधित्व और नेतृत्व के लिए आधार प्रदान किया है। (पृष्ठ 24) मंडल कमीशन के अनुसार संविधान इस बात के लिए प्रतिबद्ध है कि समाज जातिविहीन हो, सब नागरिकों को समानता के अधिकार हों। इस प्रतिबद्धता और विशेषकर बालिग मताधिकार के चलन से ऐसी बहुत ही मजबूत ताकतें जाति प्रथा के मुकाबले में खड़ी हो गईं। ऐसी ताकतें इस तरह के मुकाबले के लिए पहले कभी खड़ी न हुई थीं। (पृष्ठ 23) इस से यह भी समझ में आता है कि जाति प्रथा के आधार पर संगठन बनाना और चुनाव लड़ना संविधान के

विरुद्ध है। मंडल कमीशन ने बताया है : अनेक पर्यवेक्षक समझते हैं कि लोकतांत्रिक राजनीति की यह तर्कसंगत परिणति है। इस राजनीति ने और जनता को बटोरने की प्रक्रिया ने मंच पर केंद्र में जातिप्रथा को ला खड़ा किया है। (पृ. 23) रजनी कोठारी कहते हैं : राजनीति छोटी जातियों को अवसर देती है कि सामाजिक उपकरणों से वे जो नहीं प्राप्त कर सकें, उसे राजनीति द्वारा प्राप्त करें। (पृष्ठ 23) किंतु अनिल भट्ट का कहना है : किसानों को वर्ग रूप में संगठित करना है तो जाति स्वभावों की इस जकड़बंदी को तोड़ना होगा। (पृष्ठ 24)

किसी छोटी जाति की इतनी संख्या नहीं थी कि वे अपने बलबूते पर पार्टी बनाएँ और चुनाव लड़ें। पार्टी बनाने के लिए अनेक छोटी जातियों का सहयोग आवश्यक था। इसलिए अपनी पार्टी में लोहिया ने सभी पिछड़ी जातियों को संगठित करने का प्रयत्न किया था। परंतु यदि इन छोटी जातियों के लोग कांग्रेस जैसी दूसरी पार्टियों में भी हों, तो उनकी बिरादरी की भावना तगड़ी होगी। पार्टी के प्रति उनकी निष्ठा उसी अनुपात में कम होगी। इसका अनुभव लोहिया के एक अनुयायी सच्चिदानंद को हुआ था और उन्होंने अपना अनुभव लोहिया को लिख भेजा था। समाजवादी पार्टी के दो गुट बन गए थे। इनके बारे में सच्चिदानंद ने लिखा : दोनों गिरोहों के प्रमुख एक तरफ यादव, कुर्मी और भूमिहार थे, दूसरी तरफ अल्पमतीय पिछड़ा वर्ग हरिजन और राजपूत आदि थे। इसी प्रसंग में आज सारे बिहार में और सभी राजनीतिक दलों की गुटबंदी में भूमिहार और यादव गठबंधन पर ध्यान दिया जाता है। कांग्रेस, प्रजा, कम्युनिस्ट चाहे अपनी पार्टी हो, भूमिहार का आज आधिपत्य है और यादव आधिपत्य स्थापित करने की महा महत्वाकांक्षा से ग्रसित हैं। बिहार के पिछले आम चुनाव में करीब तीन चौथाई क्षेत्रों में यादव उम्मीदवार थे। यादव युवकों से नौकरी का लोभ छोड़कर राजनीतिक शक्ति पर कब्जा करने की अपील यादव महासभा के वार्षिक अधिवेशन ने की है जिसके द्वारा चुनी हुई कार्यकारिणी में प्रायः सभी राजनीतिक दलों के लोग हैं।[164] 'सभी राजनीतिक दलों के लोग यादव महासभा में भाग ले रहे हैं। ये पार्टियां आपस में लड़ती हैं परंतु जाति के मंच पर उनके सदस्य एक भी हो जाते हैं। इसका अर्थ यह है कि पार्टी से अधिक उनकी जाति के प्रति निष्ठा है। स्पष्ट है ऐसी पार्टियां जाति प्रथा को खत्म न कर सकती थीं। दूसरी जाति को हटा कर अपनी जाति के हाथ में राजनीतिक शक्ति रखना इनका उद्देश्य था।' सच्चिदानंद ने आगे लिखा : 'जिस जाति में ऐसी महत्वाकांक्षा हो, चाहे भूमिहार जिसकी पूरी हो चुकी है, चाहे यादव जो पूरा करने में लगे हुए हैं, उनमें विचारधारा और दलीय भक्ति से अधिक जाति भक्ति होती है। ऐसी जातियों के लोगों में स्वजातीय लेकिन दूसरे राजनीतिक दल के कार्यकर्ता से अधिक निकटता की भावना रहती है बनिस्बत अपने ही दल के गैरजाति के कार्यकर्ता से। इनका लक्ष्य जाति भेद मिटाना न होकर अपनी जाति को ऊपर उठाना होता है।'[165] जाति के आधार पर संगठन बनाए जाएंगे तो ऐसा ही परिणाम निकलेगा। जाति के आधार पर संगठन बनाना और फिर यह आशा करना कि जाति प्रथा टूटेगी, बहुत बड़ा भ्रम था। चाहे

बड़ी जातियां हों और चाहे छोटी जातियां, परस्पर स्पर्धा भाव जाति प्रथा की विशेषता है। यह विशेषता इन संगठनों में उभर कर आई। सच्चिदानंद ने लिखा : 'अपने से उच्च के लिए द्वेष फैलाना और नीचे वाले को दुलत्ती लगाना यह अजगर, अहीर, जाट, गूजर राजनीति या इसी सरीखी जातियों का पुराना काम है और यही काम या भावना अपनी जाति नीति की सफलता में सबसे बड़ी बाधा है। लेकिन बिना इनकी शक्ति का उचित रूप से इस्तेमाल हुए और इनका मोह बदले भी सफलता शायद ही हाथ लगे।'[166] लोहिया की तरह उनके अनुयायी सच्चिदानंद भी समझते हैं कि जाति के आधार पर संगठनों में दोष हैं। परंतु उनके बिना काम चल नहीं सकता। इन्हीं की विचारधारा को बदल कर ऐसी बनाना चाहिए जिससे जाति प्रथा टूटे। वर्ग के आधार पर संगठन बनाएँ यह विचार सच्चिदानंद के विचार से इतनी ही दूर है जितनी दूर वह लोहिया के मन में था।

आरक्षण की जैसी उग्र प्रतिक्रिया बिहार और उत्तर प्रदेश में हुई वैसी उग्र प्रतिक्रिया तमिलनाडु और कर्नाटक में नहीं हुई। ऐसा क्यों हुआ? इसका पता लगाने के लिए मंडल कमीशन ने टाटा इंस्टिट्यूट आफ सोसल साइंसेज (समाज विज्ञान के टाटा संस्थान) से निवेदन किया। उस संस्थान ने अपनी रिपोर्ट में कहा : 'उत्तर प्रदेश में आबादी के जिस हिस्से को आगे बढ़ा हुआ बताया जाता है वह संख्या में काफी है। लगभग 20 प्रतिशत। बिहार में आगे बढ़े हुए इस अंश की संख्या कम है। लगभग 13 फीसदी। लेकिन यह कमी वह देहात में अपने प्रभाव से पूरा कर लेता है। अर्ध सामंतवाद (सेमी शूडलिज्म) की विरासत इन दो राज्यों में ऐसी है कि उसने उन अगड़ी जातियों को आरक्षण की योजना के खिलाफ कठोर संघर्ष करने की क्षमता प्रदान की। (पृष्ठ 298) अर्ध सामंतवाद, यह बहुत अच्छा शब्द है। सामंती अवशेष सारे देश में बने रहे। उत्तर प्रदेश और बिहार में इनके विशिष्ट रूप थे। स्वाधीनता आंदोलन यदि शक्तिशाली होता, जमींदारों और राजाओं के खिलाफ भी लड़ता तो सामंत विरोधी क्रांति पूरी होती। परंतु जैसे उसने साम्राज्यवाद से समझौता किया यानी पूंजीवादी नेताओं ने सत्ता परिवर्तन के लिए जैसे अंग्रेजों से समझौता किया वैसे ही उन्होंने राजाओं और जमींदारों से भी समझौता किया। वर्तमान परिस्थिति की यह बुनियादी विशेषता है जिसका विश्लेषण मंडल कमीशन ने या लोहिया ने नहीं किया। सामंती अवशेषों की देन केवल अगड़ी जातियां नहीं थीं, पिछड़ी जातियां भी उन्हीं अवशेषों की देन थीं। वास्तव में जाति प्रथा सामंती व्यवस्था की विशेषता है। इस व्यवस्था से स्वाधीनता आंदोलन के नेता नहीं लड़े या सुसंगत रूप से उन्होंने अपना संघर्ष नहीं चलाया इसलिए ये अवशेष बने रहे। इस लड़ाई को आगे चलाने के बदले लोहिया जैसे समाजवादी इसी जाति प्रथा को आधार बना कर समाज का एकमात्र सत्य उसे मान कर पिछड़ी जातियों के संगठन में जुट गए। परंतु इन पिछड़ी जातियों में बहुत से धनी किसान थे और वे अपने खेत मजदूरों से जम कर काम लेते थे। यह सत्य इस टाटा संस्थान की रिपोर्ट में उद्घाटित किया गया है। टाटा संस्थान ने अपनी रिपोर्ट में कहा : 'जमींदारी प्रथा के खात्मे से ठाकुरों, ब्राह्मणों और मुसलमानों को खास नुकसान नहीं हुआ। जो आसामी और बटाई पर खेती

करने वाले किसान थे, यादव, कुर्मी, लोहार, जूडार, कोरी जातियों के किसान थे वे अब भूमिधर हो गए और मेहनती तो वे थे ही। आधुनिक खेती के उपकरणों का उपयोग करने की क्षमता उन में अधिक थी ... बिहार में अपने समानधर्मा किसानों की तरह वे अपने खेत मजदूरों से बहुत कसकर काम लेते हैं— दे ड्राइव दियर एग्रीकल्चरल लेबर्स वेरी हार्ड। वे अगड़ी जातियों के बराबर सामाजिक भूमि पर आने का प्रयत्न करते हैं। खेत मजदूरों में जो राजनीतिक चेतना बढ़ रही है उससे वे नाखुश होते हैं।' (पृष्ठ 294) 'खेत मजदूरों में राजनीतिक चेतना बढ़ रही है, वे धनी किसानों से अपना अधिकार पाना चाहते हैं। वे धनी किसान उनसे पुराने सामंती ढंग से काम कराना चाहते हैं। वे काम करें और पूंजीवादी व्यवस्था की तरह मेहनताना न मांगें, यह उनकी इच्छा है। इसीलिए हरिजनों पर अत्याचारों के किस्से सुनाई देते हैं। इनमें बड़ी जातियों के साथ छोटी जातियों के किसानों का भी हिस्सा है। तमिलनाडु और कर्नाटक में अब्राह्मण जातियां और हरिजन एक ही मंच पर संगठित हो गए थे। ऐसा उत्तर प्रदेश में नहीं हुआ। उत्तर प्रदेश और बिहार में हरिजन तथा दूसरी भूमिहीन जातियां (यह बात यहां नोट करने की है कि सभी खेत मजदूर हरिजन नहीं हैं। दूसरी भूमिहीन जातियां भी हैं। इसलिए इन सबका संयुक्त मोर्चा बनना चाहिए। वर्ग के आधार पर) एक तरफ और भूमिधर पिछड़ी जातियों के किसान दूसरी तरफ। इनमें कभी भी आर्थिक, सामाजिक और राजनीतिक हितों में समानता नहीं रही। यदि आगे बढ़ी हुई जातियां ऊंची किसान जातियों के बढ़ने से असमानता पैदा होने का भय महसूस करती हों तो ओ बी सी कोटि की किसान जातियों में जो ऊपर के लोग हैं वे हरिजनों में उभरती हुई राजनीतिक चेतना से अपने लिए भय महसूस करती हैं। ये हरिजन खेत मजदूर, कुर्मी, कोरी, यादव मालिकों द्वारा कस कर काम करने पर मजबूर किए जाते हैं। इन किसान जाति के सदस्यों ने हरिजनों पर अत्याचार किए हैं। एस्ट्रोसिटीज आन द हरिजन्स हैव बीन कमिटेड बाइ द मेम्बर्स बिलौंगिंग टु दीज पीजैंट कास्ट्स। हरिजनों ने आम तौर से ब्राह्मणों के साथ कांग्रेस को वोट दिए हैं।' (पृष्ठ 296-97) स्थिति के इस विवरण से यह भी पता चलता है कि लोहिया, विश्वनाथ प्रताप सिंह जैसे लोग वास्तव में धनी किसानों का प्रतिनिधित्व कर रहे थे। वे सामाजिक न्याय की बात करते थे पर इन छोटी जातियों के धनी किसान जो खेत मजदूरों पर अत्याचार करते थे उसके बारे में चुप रहते थे। लोहिया ने हरिजनों को गाँधीजी के हवाले करके उनसे छुट्टी पा ली। छोटी जातियों की वकालत करने लगे, उसे राजनीतिक अधिकार दिलाकर जाति प्रथा को खत्म करने का स्वप्न देखने लगे। परंतु वास्तविकता यह थी कि देहात में पूंजीवादी संबंधों का विकास हो रहा था। अब किसान खेती केवल अपने परिवार का पेट भरने के लिए न करते थे। वे उसे बेच कर मुनाफा कमाने के लिए खेती करते थे। इसलिए आंध्र प्रदेश में कपास की खेती असफल होने पर बहुत से किसानों ने आत्महत्या कर ली। पुराने सामंती ढांचे में ये पूंजीवादी संबंध विकसित हो रहे थे। धनी किसान खेत मजदूर से कस कर काम लेते थे। परंतु उसे पगार देने में हिचकिचाते थे। इसीलिए उस पर अत्याचार करते थे। डरा धमका कर उससे काम

लेना चाहते थे। इस स्थिति में खेत मजदूर और गरीब किसानों का संयुक्त मोर्चा बना कर ही परिस्थितियों को बदला जा सकता था। परंतु इसी से लोहिया जैसे लोग कतराते थे।

सामंती अवशेष और नारी समस्या

राजा का रनिवास। जितनी भी रानियां हों कम हैं। रानियों के साथ दासियां हैं। रखैलें हैं। बड़े राजा का अनुकरण छोटे राजा, जमींदार, जागीरदार करते थे। समाज में जो धनी लोग थे इसी रास्ते पर चलते थे। सामंती व्यवस्था का विवेचन किए बिना पुरुष को दोष देना कि उसने स्त्री को गुलाम बनाया उचित नहीं है। बाहर जो संपत्ति के संबंध थे उनका प्रभाव परिवार के भीतर पड़ता था। जैसे राजा और जमींदार निरंकुश होता था, प्रजा पर शासन करता था, उसी तरह परिवार का मुखिया परिवार के सदस्यों के ऊपर शासन करता था और उस परिवार में पुरुषों के अतिरिक्त स्त्रियां भी थीं। स्त्रियों और बच्चों को वह अपनी व्यक्तिगत संपत्ति समझता था। खानदान की इज्जत का सवाल सबसे आगे आता था और यह इज्जत की धारणा सामंतों और जागीदारों से उधार ली गई थी। सामंतों की सहायता के लिए पुरोहित वर्ग था। जिस वर्ग ने स्त्रियों का वेद पढ़ना बंद किया, उसी ने उन्हें शूद्रों की कोटि में रखा। संस्कृत नाटक में पुरुष पात्र से संस्कृत बोलने को कहा और स्त्रियों तथा शूद्रों से प्राकृत बोलने को कहा।

देश में हिंदी प्रदेश में सामंतवाद का प्रभाव हर जगह एक सा नहीं रहा। राजस्थान सामंतवाद का गढ़ रहा है। वहां शूद्रों और स्त्रियों की स्थिति भी अन्य स्थानों से गई-बीती थी। राजस्थान में स्त्रियों की स्थिति यदि बुंदेलखंड, भोजपुरी क्षेत्र की स्त्रियों से मिलाएँ तो हम देखेंगे कि इन जनपदों में राजस्थान की अपेक्षा स्त्री अधिक स्वाधीन है। यही बात प्रजा के लिए कही जा सकती है। महाराष्ट्र में सामंतवाद कमजोर था। किसान अपनी भूमि के मालिक थे। जब तक यह व्यवस्था रही तब तक स्त्री भी अपेक्षाकृत स्वाधीन रही। केरल में मातृसत्तात्मक व्यवस्था के अवशेष बहुत दिनों तक बने रहे। केरल तथा लद्दाख में स्त्री अब भी घर की मालकिन होती है। जहां मातृसत्तात्मक व्यवस्था के अवशेष होंगे वहां पुरुष का अधिकार उतना निरंकुश न होगा। स्त्री अपेक्षाकृत स्वाधीन होगी।

भारत में अंग्रेजी राज कायम होने से पहले यहां व्यापार का विकास हुआ। बड़ी-बड़ी मंडियां कायम हुईं। अनेक जनपदों के कारीगर यहां एकत्र हुए। गांव के कारीगरों की अपेक्षा वे अधिक स्वाधीन थे। खुलकर सामाजिक संबंधों की आलोचना करते थे। कबीर इसी वर्ग के प्रतिनिधि थे। किसान जहां भूमि के मालिक थे वहां वे भी बड़े राजाओं और सामंतों के शासन की आलोचना करते थे। तुलसीदास इन किसानों के प्रतिनिधि थे। प्रजा में अधिक स्वाधीनता थी। खेती के साथ पशु पालन भी लोगों का धंधा था। इनके प्रतिनिधि

सूरदास थे। भक्ति आंदोलन ने देश में बड़ी कवियित्रियों को जन्म दिया। तमिलनाडु में आंडाल, कश्मीर में लद्‌द्याख, हिंदी प्रदेश में मीरा बाई, कर्नाटक में अक्क महादेवी। इन्होंने अपनी रचनाओं में केवल भक्ति की भावनाएँ व्यक्त नहीं कीं वरन् नारी की पराधीनता और मुक्त जीवन बिताने की उसकी आकांक्षा भी व्यंजित की। अक्क महादेवी ने सामाजिक रूढ़ियों की आलोचना वैसे ही की जैसे आंध्र प्रदेश में वेमना ने या हिंदी प्रदेश में कबीर ने की। इस सामंत विरोधी धारा के साथ स्त्रियां जुड़ी हुई थीं। यह बात स्मरणीय है।

अंग्रेजों ने अपना राज कायम करते हुए यहां के उद्योग धंधों को तबाह किया। हजारों कारीगर शहर से भाग कर देहात में जा बसे। उन्हें जमींदारों की बेगार करने पर मजबूर किया गया। कहने को अंग्रेजी कानून के सामने सब बराबर थे। परंतु अंग्रेज ऊंची जाति के लोगों को बढ़ावा देते थे। इसके फलस्वरूप जाति प्रथा के बंधन पहले से और कठोर हुए। इसी तरह स्त्रियों की दशा पहले की अपेक्षा ज्यादा खराब हुई। जैसे अंग्रेजी राज में शूद्रों की स्थिति को अनेक विवेचक भारत के अतीत पर आरोपित करते हैं वैसे ही स्त्रियों की पराधीनता जैसी अंग्रेजी राज में दिखाई दी उसे वे भारतीय इतिहास पर आरोपित करके समझते हैं कि हजारों साल से स्त्री इसी तरह गुलाम बनी रही है।

स्त्रियों की गुलामी का प्रतीक थी सती प्रथा। विधवा को संपत्ति न मिले, उसे जीने का अधिकार भी न मिले, उसे पति के साथ चिता पर जल कर भस्म हो जाना चाहिए ये पुरोहितों का विधान था। जितनी विधवाएँ बंगाल और राजस्थान में सती हुई हैं उतनी शायद शेष भारत में न हुई होंगी। पंजाब, महाराष्ट्र या कर्नाटक, आंध्र प्रदेश आदि में सती होने की घटनाएँ बहुत ही विरल हैं। अंग्रेजी राज में जैसे सामंती बंधन और मजबूत हुए वैसे ही सती प्रथा के प्रसार का इस राज से सीधा संबंध है।

बंगाल में जीमोवाहन का दायभाग नाम का ग्रंथ उत्तराधिकार के बारे में प्रचलित था। इसका हवाला देते हुए राजा राम मोहन राय ने लिखा : संपत्ति के मालिक का निधन होने के बाद उस पर पुत्र का अधिकार होता है और जिस कारण पुत्र का अधिकार होता है उसी कारण उस संपत्ति पर उसकी माता का अधिकार होता है और उस स्वामी के भाई अथवा उसके अन्य संबंधियों की अपेक्षा उस विधवा का दावा ही सही माना जाएगा।[167] सारे फसाद की जड़ ये संपत्ति थी। जब तक विधवा को संपत्ति मिल सकती थी तब तक उसके चिता पर जलने का कोई सवाल नहीं था। पर यदि किसी कुलीन व्यक्ति के यहां अनेक स्त्रियां हैं और उसकी मृत्यु हो जाती है तब उसके पुत्र चाहेंगे कि विधवा को संपत्ति न मिले, सारी संपत्ति उन्हीं को मिल जाए। अंग्रेजी राज में जाति प्रथा के बंधन कठोर हुए। तब कुलीनता का महत्व भी खूब बढ़ा। एक कुलीन व्यक्ति दो-चार-छह जितनी चाहे कन्याओं से विवाह करके उनका उद्धार करता था। अधिकतर ये विवाह वयस्क और वृद्धावस्था में किए जाते थे। उसकी मृत्यु के बाद इन विधवाओं की समस्या उठ खड़ी होती थी। उसके पुरुष संबंधी यह प्रयत्न करते थे कि इनको चिता से बांध कर जला दिया जाए। चिता से बांधने और जलाने की यह प्रथा अंग्रेजी राज में प्रचलित हुई। राजा राम मोहन

राय सती प्रथा के विरोधी थे। उन्होंने लिखा : विधवाओं को चिता की लकड़ियों से बांधने का चलन सारे हिंदुस्तान में नहीं था। अभी पिछले कुछ दिनों से इसका चलन हुआ है और केवल बंगाल में और बंगाल हिंदुस्तान का एक छोटा सा हिस्सा है।[168] जाति प्रथा के बंधनों की कठोरता और सती प्रथा का प्रसार दोनों बातें आपस में जुड़ी हुई हैं और दोनों का संबंध अंग्रेजी राज से है। अंग्रेजी राज कायम होने से पहले बंगाल में यह चलन था कि यदि कोई व्यक्ति एक स्त्री के रहते हुए दूसरा ब्याह करना चाहे तो उसे सरकारी अधिकारी से अनुमति लेनी होती थी। यदि स्त्री शराबी, दुराचारी या बांझ हो तब विशेष परिस्थितियों में ही सरकारी अधिकारी जांच करके उसे अनुमति देता था। परंतु अंग्रेजी राज में सरकारी अधिकारियों से अनुमति प्राप्त करना आवश्यक न रह गया। कुलीन लोग जितनी चाहें उतनी कन्याएँ ला सकते थे। राम मोहन राय ने लिखा : यदि पुराना कानून अंग्रेज अधिकारी चालू रखते तो स्त्रियों की वैसी दुर्दशा न होती जैसी बंगाल में हुई।[169]

बंगाल के पड़ोस में मिथिला है। वहां राजा दत्त नारायणे की आज्ञा से विद्यापति ने विभागसार संस्कृत ग्रंथ की रचना की। इसमें वह वृहस्पति का कथन उद्धृत करते हैं, 'वेद में, स्मृति शास्त्र में और लोकाचार में विद्वानों के द्वारा पत्नी पति के आधा शरीर के रूप में स्मरण की गई है तथा वह पति के पुण्य और पाप में समान रूप से भागीदार होती है। जिसकी भार्या जीवित है उसका बेहार्ध शरीरार्ध जीवित है। अतः आधे शरीर के जीवित रहने पर किस प्रकार कोई दूसरा धन प्राप्त करेगा? माता पिता और सहोदर भाई बहनों तथा सकुल्य वंशज के रूप में विद्यमान रहने पर अपुत्र मृत व्यक्ति की पत्नी उसके पति के भाग का ग्रहण करने वाली होती है, पतिव्रता नारी यदि पति से पहले मरती है तो पति का अग्निहोत्र ले लेती है और यदि पति पहले मर जाता है तो उसकी संपत्ति लेती है।[170] पति के न रहने पर उसकी संपत्ति विधवा की होगी। इस तरह उसके चिता पर जलने का कोई सवाल नहीं है। पुत्री के अधिकार के बारे में वृहस्पति का कहना था, 'पुत्री पुत्र की भांति ही अंग-अंग से उत्पन्न होती है इसलिए उसके रहते पिता का धन दूसरा कैसे ले सकता है?[171] पुत्र अनेक प्रकार के होते हैं। इन प्रकारों के विवेचन से स्त्री की अपेक्षाकृत स्वाधीनता का पता चलता है। याज्ञवल्क्य के अनुसार, 'क्षेत्रज और क्षेत्रजात पुत्र सगोत्र या दूसरे सपिंड आदि द्वारा उत्पन्न होता है। कुमारी कन्या से उत्पन्न पुत्र कामी होता है। अक्षता लेकिन पुरुष संपर्क से वंचित या क्षता जो पहले यौन सुख का अनुभव कर चुकी हो, से जो उत्पन्न पुत्र है वह पौनर्भव पुत्र है।[172] विद्यापति कहते हैं, 'पौनर्भव, पहले पति के मर जाने पर उसकी माता का पाणिग्रहण करने वाले अन्य व्यक्ति के द्वारा उत्पन्न पुत्र है।[173] 'सहोढ़—गर्भ सहित स्त्री का पाणिग्रहण करने वाले का पुत्र है।'[174] माता एक पिता अनेक, यह स्थिति भी थी। एक माता के विभिन्न पिता के पुत्रों में अपने अपने पिता का अंश होता है। अनेक पिता के पिता वाले धन से ही भाग की कल्पना है, 'जो जिसका पैत्रिक धन है वह वही ग्रहण करे, दूसरा नहीं।'[175]

अंग्रेजी राज के विरुद्ध जब जब भारत की जनता लड़ी तब पुरुषों के साथ स्त्रियां भी

आगे बढ़ीं। 1857 के स्वाधीनता संग्राम में इतिहास परम्परा में सबसे लोकप्रिय, सबसे प्रसिद्ध झांसी की रानी लक्ष्मीबाई थी। यह बात आकस्मिक नहीं है कि 20वीं सदी में गाँधी जी के आंदोलन में सबसे लोकप्रिय कविता लक्ष्मी बाई पर लिखी गई थी और उसे लिखने वाली सुभद्रा कुमारी चौहान नाम की महिला थी – खूब लड़ी मरदानी वह तो झांसी वाली रानी थी। स्वाधीनता प्राप्त करने में जैसे पूंजीवादी नेताओं ने साम्राज्यवाद से समझौता किया वैसे ही उन्होंने सामंतवाद से समझौता किया। सामंतवादी अवशेष बने रहे। जाति प्रथा के बंधन भी जैसे पहले कठोर थे वैसे ही कठोर बने रहे। गांवों में इस तरह की घटनाएँ अक्सर होती हैं कि भिन्न जाति के युवक युवती प्रेम करें तो कभी एक को, कभी दोनों को दंड दिया जाता है। कभी कभी उनको जान से हाथ धोना पड़ता है। अपनी जाति छोड़कर प्रेम करने के कारण कभी-कभी निराश प्रेमी आत्महत्या कर लेते हैं। दहेज न मिलने पर किसी न किसी बहाने स्त्री को जिंदा जला देना, ऐसी घटनाएँ भी होती हैं। शहरों में ज्यादा और गांवों में कम। मेरा अनुमान है कि व्यापारी वर्ग के परिवारों में इस तरह की घटनाएँ अधिक होती हैं। विज्ञान के विकास के साथ गर्भ की परीक्षा होने लगी। यदि गर्भ में कन्या है तो फिर गर्भपात की व्यवस्था की जाती है। ये सब गैरकानूनी है। परंतु बड़े शहरों में चलता है। वेश्यावृत्ति सामंती वर्ग की विशेषता है। कोई समारोह हो, वेश्याओं के नृत्य गायन के बिना अधूरा रहता था। वह वेश्यावृत्ति और भी बड़े पैमाने पर पूंजीवादी समाज में प्रचलित है। कहीं वह खुले रूप में है और अधिकतर प्रच्छन्न रूपों में। लड़कियों को भगाना, उन्हें वेश्यावृत्ति करने के लिए मजबूर करना, इस तरह की घटनाएँ अक्सर होती रहती हैं। जैसे सामंती समाज में पूंजी संबंध विकसित हुए वैसे ही शहरों मे पूंजीवादी संस्कृति का विकास हुआ। कुछ स्त्रियों को ऊंची शिक्षा मिली। उन्होंने पश्चिम की स्त्रियों की नकल करना शुरू किया। ये अपने को मुक्त मानती हैं। परंतु उनकी मुक्ति और मजदूर स्त्रियों की मुक्ति में बहुत बड़ा फर्क है।

लोहिया आमतौर से वर्ग भेद से दूर रहते हैं। विशेष रूप से खेत मजदूरों का उल्लेख नहीं करते। परंतु सीता बनवास के प्रसंग में भगवान के व्यवहार की आलोचना करते हुए उन्होंने खेतीहर मजदूर स्त्रियों की चेतना का उल्लेख किया है : आपको सुनकर ताज्जुब होगा कि हिंदुस्तान में ऐसी औरतें हैं और लाखों करोड़ों की तादाद में रही हैं जिहोंने सीता की तरफ से राम को जब बच्चे पैदा होते हैं या शादी वगैरह के मौकों पर पापी कहा है। यह बात बहुत कम लोग जानते हैं क्योंकि किताब लिखने वाले तो बड़े सुसंस्कृत सभ्य लोग होते हैं। लेकिन वे मजदूरिनें जो खेतों में काम करती हैं, घास वगैरह छीलती-छालती हैं, उनका दिल छिल कर के कभी बोलता है वह वशिष्ठ और राम का किस्सा कि गुरु तुम मुझको ले जाना चाहते हो—यज्ञ के समय पर राम सीता की जरूरत समझते हैं। उसको भेजते हैं—तुम्हारे कहने से एक कदम तो मैं तुम्हारे साथ चल लेती हूं लेकिन मैं उस पापी का मुंह फिर से नहीं देखूंगी। पापी शब्द ज्यादा कड़ा है। खेत मजदूरिनें जो मेहनत से जिंदगी चलाने की अभ्यस्त हैं, उनको हिम्मत हो सकती है यह शब्द कहने की। दूसरी शायद न

कह पाएँ।[176] इससे एक बात तो यह साबित हुई कि औरतों का कोई ऐसा समुदाय नहीं है जिसमें वर्ग भेद न हो। वर्गों के अनुसार उनके उत्पीड़न में भेद है। एक पूंजीपति की स्त्री और एक मजदूर स्त्री की स्थिति में बहुत अंतर है। दूसरी बात यह साबित होती है कि खेत मजदूरों की मुक्ति धनी किसानों का आर्थिक संबंध समाप्त किए बिना संभव नहीं है। इसी तरह समाज के आर्थिक संबंध समाप्त किए बिना संभव नहीं है। जैसे अंग्रेजी के साइन बोर्ड हटाने से अंग्रेजी का प्रभुत्व समाप्त नहीं होता वैसे ही स्त्रियों की स्वाधीनता की वकालत करने से आर्थिक संबंधों को बदलने के लिए संघर्ष किए बिना यह सोचना कि स्त्रियां इस तरह के शाब्दिक आंदोलन से मुक्त हो जाएंगी, प्रवंचना है। जहां जहां वाम पक्ष ने सामाजिक परिवर्तन के लिए काम किया वहां वहां स्त्रियां भी आगे बढ़ कर आई हैं। बंगाल की महाश्वेता देवी ने आदिवासियों पर काम किया है, उनसे तादात्म्य स्थापित किया है और भारतीय साहित्यकारों की सबसे पहली श्रेणी में उनकी गिनती होती है। छोटे पैमाने पर ऐसा ही काम हिंदी में रमणिका गुप्त ने किया है, आदिवासियों में काम किया है। अपने अनुभव पर कविताएं और कथाएँ लिखी हैं। इससे सिद्ध होता है कि सामाजिक क्रांति के लिए जहां आंदोलन होगा वहां स्त्रियां भी आगे बढ़ेंगी। आरक्षण से जैसे छोटी जातियों की मुक्ति नहीं है, गरीब गरीबी की रेखा के नीचे ही बने रहेंगे वैसे ही आरक्षण से स्त्रियों की स्वाधीनता संभव नहीं है। ऊपर से देखने में लगेगा कि पंचायतों में, राज्यों की विधान सभाओं में, लोकसभा और राज्यसभा में उनकी संख्या कुछ बढ़ गई है पर आर्थिक संबंध जो उनकी पराधीनता के मुख्य कारण हैं वे बने रहेंगे। जो लोग पिछड़ी जातियों की स्त्रियों के लिए आरक्षण की मांग करते हैं वे तर्क संगत ढंग से आरक्षण की नीति को लागू करते हैं। यदि पुरुषों के लिए आरक्षण संभव है तो स्त्रियों के लिए आरक्षण क्यों संभव नहीं है? इसलिए आरक्षण समाप्त करके जो लोग सामाजिक क्रांति करना चाहते हैं उन्हें आंदोलन का रास्ता अपनाना चाहिए। आर्थिक संबंधों को बदलने का प्रयत्न करना चाहिए। जब तक यह पूंजीवादी व्यवस्था है तब तक न तो गरीब किसान और न हरिजन और न स्त्रियां पूरी तरह मुक्त हो सकती हैं।

आजकल बाल श्रमिकों की मुक्ति की बात बहुत कही जाती है। बाल श्रम पूंजीवादी व्यवस्था की विशेषता है। मार्क्स और एंगेल्स ने डेढ़ सौ साल पहले कम्युनिस्ट घोषणा पत्र में लिखा था, आधुनिक उद्योग सर्वहारा वर्ग में सभी पारिवारिक संबंधों को नष्ट कर देते हैं और मजदूरों के बच्चे व्यापार के सीधे उपकरण और श्रम के उपकरण बन जाते हैं। इसलिए बाल श्रमिकों की मुक्ति के लिए पूंजीवादी व्यवस्था को बदलना जरूरी है।

मध्य वर्ग में ऊपर वाले पूंजीपतियों की नकल करने की प्रवृत्ति होती है। हिंदी में ऐसे लेखक काफी हैं जो बहुत दिनों से यह प्रचार करते रहे हैं कि यौन स्वच्छंदता नारी की मुक्ति का पर्याय है। मार्क्स और एंगेल्स ने कम्युनिस्ट घोषणा पत्र में पूंजीपतियों के लिए लिखा था, 'हमारे पूंजीपति सर्वहारा मजदूरों की स्त्रियों और बेटियों को अपने भोग विलास के लिए इस्तेमाल तो करते ही हैं और जो सामान्य वेश्याएँ हैं उनसे काम लेते हैं। इसके सिवा

एक दूसरे की पत्नी को फांसने में बहुत आनंद का अनुभव करते हैं।' (पृष्ठ 73) अमेरिका पूंजीवादी देशों में सबसे अधिक शक्तिशाली है। यौन संबंधों को लेकर सबसे बड़ा स्कैंडल भी अमेरिका में घटित हुआ। वहां के राष्ट्रपति के यौन संबंधों की विकृति को खूब उछाला गया। ये सारा घटना क्रम अमेरिकी संस्कृति को प्रतिबिंबित करता है। इसमें जो छल-कपट छिपा हुआ है उसे भी पहचानना चाहिए। अमेरिकी साहित्य और अमेरिकी फिल्मों में यौन स्वच्छंदता भरी हुई है। इस तरह का साहित्य और इस तरह की फिल्में और संगीत ऐसा वातावरण पैदा करती हैं जिसमें यौन संबंधों की विकृति यौन स्वेच्छाचार स्वाभाविक हो जाता है। परंतु ऊपर से देखने से सदाचार का ढोंग करते हैं। अमेरिका की रिपब्लिकन पार्टी में बहुत से ईसाई बुनियादपरस्त भरे हुए हैं। रिपब्लिकन्स के अलावा डेमोक्रेटों को भी चर्च यह सिखाता है कि ऊपर से सदाचार का चोगा पहने रहो। सब लोग जानते हैं कि चोगा पहने हुए लोगों की वास्तविकता क्या है। यौन स्वेच्छाचारों वाली यह अमेरिकी संस्कृति हमारे लेखकों और नौजवानों को प्रभावित करती है। इस प्रसंग में कभी कभी खजुराहो का नाम लिया जाता है। वहां बहुत से नग्न शिल्प के नमूने हैं। इस तरह की मुद्राएँ भारत के एक विशेष भाग में हैं। खजुराहो से लेकर पुरी तक जहां तहां इस तरह के शिल्प के दर्शन होते हैं। परंतु दक्षिण भारत के मंदिरों में या कश्मीर के मंदिरों में इस तरह के शिल्प के दर्शन नहीं होते। एक विशेष भाग में किसी समय तंत्र वाद का बहुत प्रभाव था। उस समय ऐसे शिल्प की रचना हुई। सामंती व्यवस्था में जो गृहित है, जो पतित है उसे पूंजीवादी संस्कृति अपने को न्यायपूर्ण ठहराने के लिए भारतीय संस्कृति कह कर प्रस्तुत करती है। उससे भिन्न जहां शिल्प सौंदर्य है उसके बारे में वह चुप रहती है। हम कह सकते हैं कि पूंजीवाद अपने पतन काल में सामंती व्यवस्था की सबसे पतित प्रवृत्तियों को फिर ऊपर ले आता है। इस तरह जो नई जनवादी क्रांति होगी वह केवल पूंजीवादी संबंधों को न बदलेगी परंतु जो सामंती अवशेष हैं और उनके साथ जो सांस्कृतिक तामझाम है उसे भी बदलेगी। पूंजीवादी क्रांति ने अर्थात स्वाधीनता आंदोलन ने जहां सामंती अवशोषण से समझौता किया, वहां नई जनवादी क्रांति इनका उच्छेद करेगी। इनके बिना भारत का सांस्कृतिक विकास संभव नहीं है। पूंजीवादी संबंधों के विकास के साथ बहुत सी लड़कियों विद्यालयों में पढ़ने जाती हैं। पढ़-लिख कर वे जहां तहां काम में लग जाती हैं। दफ्तरों में, कार्यालयों में उन्हें छेड़ने, यौन संबंधों की खातिर उन्हें सताने के किस्से अक्सर अखबारों में छपते रहते हैं। बलात्कार की घटनाएँ अक्सर होती हैं। ये सब पूंजीवादी व्यवस्था का परिणाम है। एक पति एक पत्नी यह आदर्श रामचरित मानस में है। यही आदर्श समाजवाद के लिए भी है। जब जाति प्रथा के बंधन नहीं रहेंगे, जब संपत्ति के लिए विवाह न किया जाएगा तब प्रेम के आधार पर विवाह होगा, यौन संबंध अधिक स्थायी होंगे। एंगेल्स ने परिवार और राज्यसत्ता के उद्‌भव पर अपनी पुस्तक में लिखा है, एक पति और एक पत्नी वाली विवाह प्रथा समाजवादी क्रांति होने के बाद पूरी तरह चरितार्थ होगी। उत्पादन के साधन समाज की संपत्ति बन जाएंगे। मजदूर संपत्तिहीन न रहेंगे। इस तरह कुछ स्त्रियां

अपने आप को धन के लिए दूसरों के आगे समर्पित करें यह स्थिति भी न होगी। वेश्यावृत्ति समाप्त होगी। मोनोगैमी इन स्टेज ऑफ डेक्लाइनिंग फाइनली बिकम्स रियलिटी फार द म्यन एज वर - एक पति पत्नी का विवाह यह प्रथा खत्म होने के बदले वास्तव में प्रत्यक्ष होगी और केवल स्त्रियों के लिए नहीं वरन पुरुषों के लिए भी।[177] मार्क्सवादियों को पूंजीवादी संस्कृति का अनुकरण न करके यह नई समाजवादी नैतिकता का आदर्श सामने रखना चाहिए, उसके अनुरूप समाज को विशेष रूप से श्रमिक वर्ग के पुरुषों और स्त्रियों को आगे बढ़ने के लिए प्रेरित करना चाहिए।

हिंदू-मुस्लिम समस्या

भारत के समाज के दबे हुए पांच समुदायों में लोहिया ने मुसलमानों को भी गिना है। फिर उनमें छोटी बड़ी जातियों का भेद करते हुए उन्होंने कहा : मुसलमानों में भी 4 करोड़ मोमिन अंसार वगैरह ही होंगे।[178] ऊंची जातियों में उन्होंने शेख, सैयद आदि का जिक्र किया है: जो शेख सैयद हैं वे ज्यादातर यूरोप पढ़ने गए।[179] 'हिंदू बनाम मुसलमान' पुस्तिका में लोहिया ने लिखा वैसे तो सच पूछो तो मैं मुसलमानों को अलग से अहमियत नहीं देता। मुसलमानों के अंदर ज्यादातर पिछड़े लोग हैं जैसे जुलाहे, धुनिए। 5 करोड़ में 4-साढ़े 4 करोड़ पिछड़े हुए मुसलमान लोग हैं। मैं इनको अहमियत देता हूं। पढ़ाई लिखाई में, गरीबी में हर मामले में।'[180] धनी निर्धन का भेद ऊंची जातियों में है, पिछड़ी जातियों में भी। विलायत में शिक्षा पाने वालों के प्रसंग में लोहिया ने लिखा : ऐसा नहीं समझना चाहिए सब ब्राह्मण और सब रेड्डी या सब क्षत्रियों को मौका मिला। वास्तव में ब्राह्मण या रेड्डी में भी जो धनी कुटुम्ब हैं या जिनके अंदर पढ़ने लिखने की परम्परा कुछ वर्षों से चली आ रही है उन्हीं को मौका मिलता है।[181] इसी तरह से मुसलमानों में जो ऊंची-नीची जातियां हैं उनमें धनी निर्धन का भेद करना चाहिए। धनी लोग तो अपनी एकता कायम कर लेते हैं। निर्धन लोगों की एकता पर जोर देना चाहिए। उनकी यह एकता कायम न हो इसलिए धर्म का भेद और ऊंची-नीची जातियों का भेद उछाला जाता है।

मुसलमानों में छोटी बड़ी जातियों के भेद के साथ वर्गों का भेद भी है। कुछ थोड़े से मुसलमान नवाब और जमींदार हैं और बहुत से मुसलमान किसान और हलवाहे हैं। उनमें कुछ व्यापारी भी हैं। हिंदू और मुसलमान व्यक्ति मिलकर व्यापार करते हैं। राजा और नवाब मिलकर अंग्रेजों की सेवा करते हैं और अपनी जनता को दबाते हैं। उनके विरुद्ध हिंदू और मुसलमान किसान और हलवाहे अपनी एकता मजबूत कर सकते हैं। परंतु जब तक मुसलमानों को अलग एक दबे हुए समुदाय के रूप में देखा जाएगा तब तक ये वर्गों की एकता संभव नहीं है। वर्गों के अलावा मुसलमानों में प्रादेशिक जातियों वाला भेद है। बहुत से मुसलमान बंगाली हैं, सिंधी हैं, कश्मीरी हैं, हिंदी हैं। उनकी संस्कृति और भाषाएँ

अलग-अलग हैं। प्रादेशिक जातियों पर ध्यान देना इतिहास को समझने के लिए बहुत जरूरी है। स्वाधीनता आंदोलन के दौरान प्रादेशिक जातियों के स्तर पर हिंदुओं और मुसलमानों को मिलाने का प्रयत्न किया जा सकता था। वर्ग के आधार पर मिलाना और प्रादेशिक जाति के आधार पर मिलाना यह काम स्वाधीनता आंदोलन के नेताओं को करना था। एक हद तक उन्होंने किया भी परंतु सुसंगत रूप से वे सामंतवाद और साम्राज्यवाद का विरोध न कर रहे थे इसलिए उन्हें सफलता न मिली।

लोहिया इतिहास के प्रति नजर बदलने की बात करते हैं। यह आवश्यक है परंतु कैसे बदली जाए? देशी-परदेशी का भेद करने से काम नहीं चलेगा। इसलिए कि जो परदेशी हैं उनमें प्रादेशिक जातियों और वर्गों का भेद है और जो देशी मुसलमान हैं, उनमें भी प्रादेशिक जातियों और वर्गों का भेद है। लोहिया में आमतौर से प्रवृत्ति यह है कि वे मुसलमानों और हिंदुओं को दो अलग-अलग समुदायों के रूप में देखते हैं। यह मान लेते हैं कि यह अलगाव आज है और इतिहास में 700-800 साल से बराबर चला आ रहा है। यहां अंग्रेजी राज की भूमिका समाप्त हो जाती है, उनके ताबेदार सामंतों की भूमिका समाप्त हो जाती है। सारा दोष जनता के मत्थे मढ़ दिया जाता है। अंग्रेजों ने भारत का इतिहास लिखा। उसमें प्रादेशिक जातियों और वर्गों को महत्व न देकर उन्होंने हिंदुओं और मुसलमानों के अलगाव पर जोर दिया। उन्होंने बंगाल, पंजाब, महाराष्ट्र जैसे प्रदेशों का इतिहास भी लिखा। कुछ अपवादों को छोड़ कर यहां भी उन्होंने हिंदुओं और मुसलमानों अथवा अन्य सम्प्रदायों के भेद पर जोर दिया। वहां जो जातीय एकता थी, वर्गों की एकता थी, उसे आंखों से ओझल रहने दिया। यह परम्परा हमारे बहुत से पूंजीवादी इतिहासकारों को प्रभावित करती रही है। उस परम्परा का प्रभाव लोहिया पर भी है। 'हिंदू बनाम मुसलमान' पुस्तिका में दूसरा हिस्सा 'हिंदू और मुसलमान' नाम से छपा है। इसमें हिंदुओं और मुसलमानों को दो अलग-अलग समुदाय मान कर लोहिया कहते हैं : आमतौर से जो भ्रम हिंदू और मुसलमान, दोनों के मन में है, वह यह कि हिंदू सोचता है, पिछले 700-800 बरस हुए मुसलमानों का राज रहा, मुसलमानों ने जुल्म और अत्याचार किया, और मुसलमान सोचता है, चाहे वह गरीब से गरीब क्यों न हो, कि 700-800 बरस तक हमारा राज था, अब हमको बुरे दिन देखने पड़ रहे हैं।[182] यहां गरीब-अमीर का भेद मिट गया है। सारे हिंदू इतिहास को इस निगाह से देखते हैं कि मुसलमानों ने हमारे ऊपर राज किया और सारे मुसलमान इतिहास को उसी तरह इस निगाह से देखते हैं कि पहले उन्होंने हिंदुओं पर राज किया और अब उनके बुरे दिन आ गए हैं। वोट की राजनीति के सिलसिले में लोहिया कहते हैं : हिंदुस्तान में जितनी भी पार्टियां हैं, वे हिंदू-मुसलमान को बदलने की बात बिल्कुल नहीं कहतीं। मन में जो पुराना कूड़ा पड़ा हुआ है, जो गलतफहमी है, जो भ्रम है, उन्हीं को तसल्ली दे दिला कर वोट ले लेना चाहते हैं।[183] यह पुराना कूड़ा कौन सा है? यह इतिहास का कूड़ा है। इतिहास में मुसलमानों ने हिंदुओं पर राज किया और अब उनके बुरे दिन आ गए। यह पुराना कूड़ा है। अर्थात् अलगाव पहले था और अब भी बना हुआ है। इस अलगाव से लाभ उठाकर

लोग वोट लेने का प्रयत्न करते हैं। जो मजदूरों की एकता का प्रयत्न करते हैं, जो किसानों और मजदूरों के संघर्ष चलाते हैं, जिन्होंने स्वाधीनता-आंदोलन में भाग लिया, अंग्रेजों से लड़ाई की, उनके दिमाग में मुसलमान और हिंदू दो अलग सम्प्रदाय बने रहे। उन्होंने मानो इनकी एकता के लिए प्रयत्न किया ही नहीं। मजदूर चाहे हिंदू हो चाहे मुसलमान, उनमें एकता थी और है। मध्य वर्ग के राजनीतिज्ञ उसे पहचानते नहीं हैं। हिंदी प्रदेश में उच्च वर्गों के भीतर जो अलगाव की भावना थी, उसे लोहिया ने सारे देश पर और देश की सारी जनता पर आरोपित कर दिया है। मुसलमान अनेक भाषाएँ बोलते हैं, उनमें राष्ट्रीयता और जातीयता के भेद हैं। यह बात लोहिया जानते हैं : जब हम हिंदू और मुसलमान की बात करते हैं तो हवा में नहीं, अरब के मुसलमान की नहीं, हिंदुस्तान के मुसलमान की और हिंदुस्तान की। मुसलमान तो आखिरकार हिंदू का भाई है अरब के मुसलमान का तो है नहीं।[184] यहां यह बताना चाहिए कि जो मुसलमान भारत में आए, उनकी कौम कौन सी थी, वे कौन सी भाषा बोलते थे। हिंदू मुसलमान में मेल कराने का तरीका लोहिया के अनुसार यह है : हर एक बच्चे को सिखाया जाए, हर एक स्कूल में, घर घर में, क्या हिंदू क्या मुसलमान, बच्चे बच्चे को कि रजिया, शेरशाह, जायसी वगैरह हम सबके पुरखे, हिंदू और मुसलमान दोनों के। इस के साथ ही : हम में से हर एक आदमी, क्या हिंदू क्या मुसलमान, यह कहना सीख जाए कि गजनी, गौरी और बाबर लुटेरे थे और हमलावर थे।[186] यहां लोहिया की निगाह हिंदी प्रदेश पर है, बंगाल, महाराष्ट्र, तमिलनाडु पर नहीं। जैसे यह बताना जरूरी है कि किन कौमों के मुसलमानों ने भारत पर हमला किया, उसी तरह यह बताना जरूरी है कि भारत में किन जातियों, कौन सी भाषाएँ बोलने वालों ने विदेशी हमलावरों का मुकाबला किया। उनमें वर्ग भेद किस तरह का था। कहां आम जनता ने मुकाबला किया और कहां सामंतों ने मुकाबला किया। कौन से सामंत हमलावरों से मिल गए और कौन से सामंत उनका विरोध करते रहे। यह सब बताना चाहिए। इसके बदले एक तरफ हिंदू और एक तरफ मुसमलान, यह अंग्रेजों की इतिहास-लेखन की पद्धति है जो निःसंदेह दिमाग में कूड़ा भर देती है।

मुसलमानों का एकताबद्ध कोई अंतरराष्ट्रीय समुदाय नहीं रहा, यह बात लोहिया जानते हैं : पिछले 700-800 बरस में मुसलमान ने मुसलमान को मारा है।[187] यह बताना चाहिए किस जाति के मुसलमान ने किस जाति के मुसलमान को अथवा किस वर्ग के मुसलमान को किस वर्ग के मुसलमान ने मारा। तैमूर लंग के बारे में कहते हैं : जब वह आता, तब 4-5 लाख आदमियों का कत्ल करता है और उसमें से तीन लाख तो मुसलमान थे, पठान मुसलमान थे जिनका कत्ल किया। कत्ल करने वाला मुगल मुसलमान था। यह चीज अगर मुसलमानों के घर-घर में पहुंच जाए कि कभी मुगल मुसलमान ने पठान मुसलमान का कत्ल किया और कभी अफ्रीकी मुसलमान ने मुगल मुसलमान का, तो पिछले 700 बरस का वाकया लोगों के सामने अच्छी तरह से आने लग जाएगा कि यह हिंदू-मुसलमान का सवाल नहीं है, यह तो देशी-परदेशी का है।[188] यहां जाति-भेद पहचाना गया है। इससे थोड़ा आगे

बढ़ाकर यह बताना चाहिए कि जिन मुसलमानों ने भारत पर आक्रमण किया, वे किस जाति या कबीले के थे। इतिहास के प्रति लोहिया का दृष्टिकोण मूलतः पराजय है। बाहर से हमला करने वाला हमलावर हमेशा जीतता है और भारतवासी हमेशा हारता है, चाहे वह हिंदू हो चाहे मुसलमान। हारने के अलावा कहीं प्रतिरोध भी संगठित किया गया है, लोग लड़े भी हैं, इसका उल्लेख लोहिया नहीं करते। भारत पर आक्रमणों की बात वह इस तरह करते हैं : सबसे पहले अरब के या और कहीं के मुसलमान आए। वे परदेशी थे। उन्होंने यहां के राज को खत्म किया। फिर वे धीरे-धीरे सौ-पचास साल में देशी बने। लेकिन जब वे देशी बन गए तो फिर एक दूसरी लहर परदेशियों की आई, जिसने इन देशी मुसलमानों को उसी तरह से कत्ल किया जिस तरह से हिंदुओं को। फिर ये परदेशी भी सौ-पचास साल में देशी बन गए और फिर दूसरी लहर आई। हमारे मुल्क की तकदीर इतनी खराब रही है पिछले 700-800 बरस में, कि देशी तो रहा है नपुंसक और परदेशी रहा है लुटेरा या समझो जंगली और देशी रहा है नपुंसक। यह है हमारे 700 बरस के इतिहास का नतीजा।[189] किन जातियों और कबीलों ने भारत पर हमला किया? मुसलमान बनने के पहले उनका आचरण कैसा था? मुसलमान बनने के बाद क्या उनके आचरण में कोई परिवर्तन हुआ? इन बातों पर ध्यान देना चाहिए। भारत में आकर विदेशी हमलावर कुछ दिन में देशी बन गए। इतना काफी नहीं है। वे बंगाली बने या कश्मीरी बने या सिंधी बने या हिंदी बने, यह भी बताना चाहिए। दूसरे देशों पर भी उन्होंने हमला किया। वहां तो अपना विदेशीपन बनाए रहे भारत में उनका विदेशीपन अर्थात् उनकी जातीयता क्यों समाप्त हो गई, यह भी बताना चाहिए। अरबों, ईरानियों, तुर्कों, पठानों में जिस कौम के मुसलमानों ने भी भारत पर हमला किया हो, उनकी भाषाओं का क्या हुआ? भारत में आज तुर्की कहीं बोली जाती है, अरबी कहीं बोली जाती है, फारसी या पश्तो कहीं बोली जाती है? यह बताना चाहिए था। इससे पता चलेगा कि भारत में जातियों का विकास हुआ था या नहीं और विदेशी हमलावर देशी बने तो किस स्तर पर बने। वे यहां की प्रादेशिक जातियों में घुल मिल गए। ये प्रादेशिक जातियां किस विकास की मंजिल में थीं, यह समझे बिना देशी-विदेशी का मामला हल नहीं हो सकता।

मुहम्मद हबीब और खबीब अहमद निजामी ने 'दिल्ली सुल्तनत' नाम से एक ग्रंथ सम्पादित किया है। इसके पहले खंड में मुहम्मद हबीब ने पहले अध्याय का शीर्षक रखा है, 'मुसलमानों में राजतंत्र तथा शासक वर्ग का उदय'। आशय अरबों में राजतंत्र तथा शासक वर्ग का उदय। लेकिन धर्म के आधार पर इतिहास की धाराओं को निश्चित करने की प्रवृत्ति यहां काम कर रही है। अलमूत के इस्लामी राज्य के बारे में लिखा है : अलमूत का इस्माइली अर्थ विधर्मी राज्य है जिसे हसन बिन सब्बाह ने स्थापित किया था, अपनी सत्ता बनाए रखने में और अपनी शक्ति का विस्तार करने में सफल हुआ था। (पृष्ठ 42-43) यहां भी जातीयता का उल्लेख न करके विधर्मी और सधर्मी का भेद सामने रखा गया है।

लेकिन मुहम्मद हबीब ने अरबों में जन जातियों का उल्लेख किया है। मंगोल कबीलों का वर्णन तो बहुत अच्छा किया है। इन कबीलों की जीविका का मुख्य आधार मवेशी पालना, घोड़ों की नस्ल बढ़ाना, शिकार करना और मछली पकड़ना था। कृषि लगभग अज्ञात थी। वहां नगर नहीं थे और नागरिक जीवन तिरस्कृत दृष्टि से देखा जाता था। यद्यपि कुछ क्षेत्रों में ग्रीष्म ऋतु बड़ी विकट होती थी किंतु वे स्नान करने की प्रथा से लगभग अपरिचित थे और ग्रीष्मकाल में नदियों में स्नान करने या कपड़े धोने के अपराध में मृत्यु दंड दिया जाता था। पुरुषों और महिलाओं दोनों के शरीर से बड़ी भीषण दुर्गंध आती थी। उनके बिना धुले कपड़ों में चीकट भरी रहती थी और वे निरंतर अपनी त्वचा खुजलाते रहते थे। उनमें अधिकांश अपने सिर के बाल मुंडाना पसंद करते थे। वे समस्त जानवरों जैसे छछुंदर, चूहे, नेवले आदि का मांस खाते थे। जब कभी बहुत आवश्यकता होती वे अपने घोड़े या ऊंट की एक नाड़ी काट कर उस स्थान पर मुंह लगाकर ताजा रक्त चूस लेते थे और फिर उस कटे स्थान को जोड़ देते थे। (पृष्ठ 46) इन मंगोलों का नेता चंगेज खां था। उसके बारे में मुहम्मद हबीब ने लिखा है : वह व्यक्ति जिसने इतिहास में सबसे बड़े पैमाने पर नरसंहार कर अपनी नीति पर गर्व प्रकट किया और जो अपने शत्रुओं के सड़ते शव देखकर संतुष्ट होता था तथा उनके कपालों से मधुपान के प्याले बनाता था, समय आने पर कीड़े मकौड़ों का ग्रास बनने के लिए बुला लिया गया। (पृष्ठ 68) चंगेज खां बौद्ध था। उसी के वंश में तैमूर हुआ जो मुसलमान था। यहां मुसलमान या बौद्ध होना महत्वपूर्ण नहीं है, महत्वपूर्ण है मंगोल होना। चंगेज की मंगोल परम्परा तैमूर ने कायम रखी।

तैमूर ने भटनेर पर हमला किया। हिंदुओं ने अपनी स्त्रियों, बच्चों और सम्पत्ति को आग में फेंक कर जला डाला। जो स्वयं को मुसलमान कहते थे उन्होंने अपनी स्त्री-बच्चों के सिर काट डाले मानो वे बकरियां हों। तत्पश्चात दोनों सम्प्रदायों ने अंतिम दम तक युद्ध करने का निश्चय किया। लगभग 10 हजार हिंदू मारे गए। मृतक मुसलमानों की संख्या का उल्लेख नहीं किया गया है। मकानों में या तो आग लगा दी गई या उन्हें मिट्टी में मिला दिया गया। (पृष्ठ 100)

मुहम्मद हबीब ने तैमूर के बारे में लिखा है :उन हत्यारों में जिन्होंने स्वयं हजरत मुहम्मद का धर्मावलंबी होने का दावा किया है, अमीर तैमूर बुर्गान था जो साहिबी किरान (सौभाग्य) का स्वामी खिताब से प्रसिद्ध है और जो शांतिप्रिय निहत्थे मुसलमानों तथा अपेक्षाकृत काफी कम संख्या में निहत्थे गैर मुस्लिमों की हत्या के संदर्भ में अन्य सभी हत्यारों से बढ़-चढ़ कर है। उसके आदेश से उनके सिर काट डाले गए या अत्यंत नए ढंग से हत्या की गई। (पृष्ठ 83) बाबर ने जिस मुगल वंश के राज्य की स्थापना भारत में की, उसका संबंध इसी तैमूर से था। अतहर अब्बास रिजवी ने 'मुगलकालीन भारत : बाबर' की भूमिका में लिखा है : बाबर अपनी माता को आधा चकताई तथा आधा मुगल समझता था और यदि वह इस प्रकार के कबीले की शब्दावली का अपने लिए प्रयोग करता था तो अपने आप को आधा तीमूरिया तुर्क तथा आधा चकताई बताता। हिंदुस्तान में उसके द्वारा जिस वंश

का राज्य स्थापित किया गया उसे वह तुर्क वंश या तीमूरिया कहता था। वह उसे अपनी नानी के संबंध में मुगुल अथवा मुगल न कहता। बाबरनामा में जहां भी उसे अवसर मिला वह मुगुलों पर चोट करने से नहीं चूका। हुमायूं तो खुल्लमखुल्ला मुगुलों की निंदा करता था। (पृष्ठ 15) यह इतिहास की विडंबना है कि जो तुर्क मंगोलों से घृणा करता था उनके वंश को मुगल कहा गया। बाबर वास्तव में तुर्क था। तुर्की साहित्य का विशेषज्ञ था। तुर्की में रचनाएँ करता था। आत्मकथा तुर्की में ही लिखी है। उसे अपनी तुर्क जातीयता पर गर्व था। मुगल शब्द मंगोल का ही रूपांतर है। परंतु बाबर और उसके वंश का कोई संबंध भाषा और संस्कृति के विचार से मंगोलों से नहीं था। वह तुर्क था। तुर्क और मंगोल पड़ोसी थे। उनकी जन-जातियों में बहुत सी समानताएँ थीं : तुर्कों और मुगलों दोनों ने इस्लाम धर्म स्वीकार किया परंतु आपस में लड़ते रहे। बाबर का युद्ध केवल मुगलों से नहीं हुआ। पठानों, ताजिकों, उजबेकों आदि से भी हुआ। यही नहीं वह अपनी जनजातियों के तुर्कों से भी लड़ा। भारत पर अधिकार करने के पहले बाबर ने इब्राहीम लोदी से युद्ध किया। इब्राहीम लोदी का धर्म इस्लाम था। बाबर का धर्म भी इस्लाम था। पर दोनों ने भारत के सिंहासन के लिए युद्ध किया। इब्राहीम लोदी की पराजय के बाद पठानों ने राणा सांगा के साथ मिलकर बाबर से युद्ध किया। अतहर अब्बास रिजवी एक टिप्पणी में कहते हैं : इब्राहीम लोदी सुलतान सिकंदर लोदी का लघु पुत्र था। पश्चिम दिशा के अफगानों ने सुल्तान इब्राहीम लोदी की पराजय के उपरांत उसे अपना बादशाह स्वीकार कर लिया था। राणा सांगा भी उसका समर्थक था और उसने 1525 ईस्वी में राणा सांगा के विरुद्ध बाबर का जो युद्ध हुआ उसमें राणा का साथ दिया। लोदी सरदारों ने उसे 1528 ईस्वी में बिहार तथा जौनपुर का बादशाह घोषित कर दिया था।[190] बाबर से पहले फिरोजशाह दिल्ली का सुलतान था। उसकी सत्ता के विरुद्ध बंगाल के सुल्तान शम्सुद्दीन ने विद्रोह किया। फिरोजशाह मुसलमान था। शम्सुद्दीन भी मुसलमान था। परंतु दोनों में युद्ध हुआ। तारीखे फिरोजशाही में जियाउद्दीन बर्नी ने लिखा है : फिरोजशाह ने आदेश दिया कि जो कोई एक बंगाली का सिर लाए उसे चांदी का एक तमगा दिया जाए। गणना पर पता चला कि 1 लाख 80 हजार अपितु इससे अधिक सिर लाए गए। इसलिए कि 7 कोश तक बुरी तरह पीछा किया गया था।[191] जनसंहार और क्रूरता में तुर्क मंगोलों से बहुत पीछे नहीं थे। उन्होंने एक विशेष बात यह परम्परा स्थापित की कि एक सुल्तान के न रहने पर और कभी कभी उसके जीवित रहने पर भी उत्तराधिकारी आपस में एक दूसरे की हत्या करें। वैसे तो सामंत आपस में लड़ते हैं और सिंहासन के लिए अपने परिवार के लोगों को ही मारते हैं। यह परम्परा यूरोप और भारत दोनों जगह रही। परंतु जितनी गहराई से यह परम्परा भारत के तुर्क शासकों में रही है, उतनी गहराई से अन्यत्र नहीं रही। जियाउद्दीन बर्नी ने 'तारीखे फिरोजशाही' में लिखा है : संसार की यह प्रथा हो गई है तथा नियम बन गया है कि सुल्तानों के परिवर्तन में रक्तपात होता है और वंशों तथा खानदानों का विनाश हो जाता है। जब तक प्राचीन एवं दृढ़ वंश का विनाश नहीं हो जाता उस समय तक नए

वंश स्थापित नहीं हो पाते।[192] तुर्क अफगानिस्तान में पठानों से लड़े। हिंदुस्तान में उनसे लड़े। तुर्क पठानों से घृणा करें यह स्वाभाविक था। यह परम्परा अकबर के समय तक चली आई। अबुल फजल ने अकबरनामा में लिखा था कि हुमायूं की फौज तो विश्व विजय के लिए बनी थी पर अफगानों ने उसका मुकाबला करके उसे नीचा दिखाया। अतः ऐसी सेना को जो विश्व विजय कर सकती थी, कुछ काले हृदय के अफगानों द्वारा जिनके मुंह भी न धुले थे, ऐसी दुर्घटना का सामना करना पड़ा।[193] तुर्क हो चाहे पठान, भारत में रहते रहते वे सब कश्मीरी, हिंदुस्तानी, बंगाली आदि हो गए और इसका बहुत बड़ा कारण यह था कि भारत में निरंतर आर्थिक विकास हो रहा था। तुर्क आक्रमण से बाधा पड़ी परंतु विकास बंद नहीं हुआ। बंगाल में एक स्थान लखनौती था। बर्नी ने यहां के बाजार के बारे में लिखा है : सुल्तान उस पड़ाव से जहां तुगरिल का सिर लाया गया था लौट पड़ा। लखनौती में पहुंचा, आज्ञा दी कि लखनौती के बड़े बाजार में जो कि एक कोस से अधिक लंबा है, दोनों ओर फांसी लटकाई जाए। तुगरिल के पुत्रों, जमाइयों, पदाधिकारियों, कर्मचारियों, दासों, विश्वासपात्रों, सेनापतियों, जानदारों, सियासतदारों तथा प्रसिद्ध गायकों की हत्या कर दी।[194] एक तरफ यह हत्याकांड रचाया जा रहा था, दूसरी तरफ बाजार में व्यापार भी चलता रहता था। ये तो बंगाल का एक उदाहरण है। हिंदुस्तान का बाजार दिल्ली को काबुल से जोड़ रहा था। काबुल के बारे में बाबर ने लिखा था : हिंदुस्तान से भी दस-पंद्रह-बीस हजार घरवालों के कारवांन आते रहते हैं। वे हिंदुस्तान से सफेद कपड़े, मिश्री, साधारण तथा उत्तम प्रकार की शक्कर तथा सुगंधिक जड़ें लाते हैं। बहुत से व्यापारी 10 पर तीस एवं चालीस लाभ प्राप्त करके भी संतुष्ट नहीं होते। फरासात, रूम तथा चीन की वस्तुएँ भी काबुल में मिल जाती हैं। हिंदुस्तान का तो काबुल बाजार ही है।[195] काबुल में दूर दूर से व्यापारी आते थे। अपनी भाषाएँ बोलते थे। वहां हिंदी भी बोली जाती थी। बाबर ने लिखा है : काबुल में 11-12 भाषाएँ बोली जाती हैं। अरबी, फासरी, तुर्की, मंगोली, हिंदी...। यही नहीं कहा जा सकता कि किसी अन्य देश में भी इतनी कौमें तथा इतनी विभिन्न भाषाएं पाई जाती हैं अथवा नहीं।[196] धर्म के विचार से तुर्क मुसलमान थे। भाषा के विचार से वे हिंदुस्तानी थे। घर में हिंदी बोलते थे। बाजार में तो बोलते ही थे। इसका परिणाम यह हुआ कि जो फारसी लिखते थे उस पर हिंदी की छाप थी। बर्नी के बारे में अतहर अब्बास रिजवी ने लिखा है, 'उसका संपूर्ण इतिहास ऐसी भाषा में है जिसे भारतीय-फारसी कहना उचित होगा। ईरानी के लिए वह विदेशी भाषा तुल्य है। हिंदी शब्दों के प्रयोग के अतिरिक्त उसकी अभिव्यंजन शैली भी भारतीय है और नवनिर्मित मध्यकालीन भारतीय संस्कृति एवं समाज की परिचायक है।[197] सुल्तान बलबन के भतीजे का नाम छज्जू था। छज्जू ने विद्रोह किया। मलिक छज्जू ने अपनी उपाधि सुल्तान मुगीसुद्दीन निश्चित की और पूरे हिंदुस्तान में अपने नाम का रुतबा पढ़वा दिया।[198] ये इतिहासकार हिंदुस्तान शब्द का प्रयोग पूरे भारत के लिए करते थे और अधिकतर सीमित अर्थ में हिंदी प्रदेश के लिए। उनके अमीरों में मलिक नत्थू, मलिक कालू खां, मलिक प्यारा, मलिक बिच्छू जैसे

नाम मिलते हैं। उत्तर तैमूर कालीन भारत, खंड-1 और 2 में इस तरह के नाम आते हैं। तुर्क वंशी शासकों की भाषा हिंदी थी। कभी-कभी वे व्यक्तियों और स्थानों के नाम ऐसी हिंदी में रखते जिनमें उन ध्वनियों का प्रयोग होता था जो फारसी में थी ही नहीं। लिखते थे फारसी लेकिन हिंदी ध्वनियों का प्रयोग करते थे जो फारसी में थी नहीं। अकबरनामा के लेखक अबुल फजल ने वीरभूमि से लेकर मध्य भारत में रतनपुर के क्षेत्र को झारखंड कहा था। झ की ध्वनि न फारसी में है न भारत के बाहर अन्य किसी भाषा में। यह इस बात को साबित करता है कि ये तुर्क और पठान भारत में रहते हुए हिंदुस्तानी हो गए थे। धर्म इनका अलग था। कुछ लोग उदार थे कुछ कट्टर थे। इन हिंदुस्तानी मुसलमानों और हिंदुओं में लगभग वैसा ही भेद था जैसे यूरोप के प्रोटेस्टेंट ईसाइयों और रोमन कैथोलिक ईसाइयों में। भारतीय समाज विभाजित था। मुसलमानों का समुदाय हिंदुओं से अलग था यह सोचना गलत है। जायसी तो अवध के थे। देहाती थे। लेकिन रहीम शासक वर्ग के अंग रह चुके थे। उनसे सुंदर हिंदी बहुत कम लोगों ने लिखी होगी। वह तुर्कवंशी थे। पठानों में बहुत बड़े कवि रसखान हुए। रसखान, रहीम, जायसी ये अंग्रेजी राज से पहले हिंदुओं और मुसलमानों की जातीय संस्कृति के प्रतीक हैं। इसके सिवा हिंदू मुसलमान मिलकर स्वाधीनता के लिए, अपने अधिकारों के लिए लड़े। 1857 के संग्राम में उच्च वर्गों के हिंदू मुसलमान और साधारण हिंदू मुसलमान एक साथ अंग्रेजों के खिलाफ लड़े। फौज में हिंदू और मुसलमान दोनों थे। दोनों ने अंग्रेजों का मुकाबला किया। यह परम्परा आजाद हिंद फौज तक चली आई। उसमें मुसलमानों की बहुत बड़ी संख्या थी। परंतु दोनों ने, हिंदुओं और मुसलमानों ने अंग्रेजों का मुकाबला किया। जैसी लोकप्रियता आजाद हिंद फौज को 1946-47 में प्राप्त हुई वैसी लोकप्रियता शायद फिर किसी राजनीतिक पार्टी को प्राप्त हुई हो। फिर भी हिंदुस्तान का बंटवारा हो गया। बंटवारा क्यों हुआ, यह समझने के लिए भारत के स्वाधीनता आंदोलन पर विचार करना आवश्यक है।

स्वाधीनता आंदोलन की चरम परिणति थी 1942 की अगस्त क्रांति। इस क्रांति में समाजवादी पार्टी ने आगे बढ़कर हिस्सा लिया और उसके प्रमुख नेता थे राम मनोहर लोहिया। 'समाजवादी आंदोलन का इतिहास' में उन्होंने लिखा है : 1942 की खुली क्रांति के बारे में मशहूर हुआ कि तेज और जल्दी और थोड़े में फूट कर के यह खत्म होने वाली क्रांति है। सबसे पहले ये शब्द मैंने ही इस्तेमाल किए थे।[199] फिर इन शब्दों को गाँधीजी ने इस्तेमाल किया। "उन्हीं शब्दों को फिर गाँधी जी ने किसी प्रसंग में कहा था और वे कुछ मशहूर भी हो चले थे।"[200] अगर जल्दी क्रांति करना है, तो उसका संगठन मजबूत होना चाहिए। देर तक क्रांति चले तब भी संगठन मजबूत होना चाहिए। जनता क्रांति के लिए तैयार हो तभी ऐसी क्रांति सफल हो सकती है। जहां तक संगठन बनाने का सवाल है, ऐसे कामों में लोहिया की रुचि बहुत कम थी। उन्होंने लिखा है : उपयुक्त संगठन बनाने के लिए, मैं अपने लिए कह सकता हूं कि मैंने कुछ नहीं किया।[201] जहां तक जनता का संबंध है, लोहिया की राय में वह निष्क्रिय और निष्प्राण थी। हजारी बाग जेल से जयप्रकाश

भागे। “उसमें भी लोगों के मन में कौतूहल पैदा हुआ था। हिंदुस्तान की जनता तो इतनी दबी हुई है और इतनी ज्यादा निष्क्रिय, निष्प्राण, असहाय हो चुकी है कि कहीं कोई ऐसी घटना हो जाने पर भी वह चिन्गारी की तरह काम कर जाया करती है।”[202] चिन्गारी से आग भड़कती है। यदि ऐसी घटनाओं से जनता में क्रांतिकारी रोष फैलता तो मानना चाहिए कि वह निष्प्राण नहीं है। हवाई जहाजों के एक अफसर ने लोहिया से कहा : हम नहीं जानते थे कि जनता के अंदर इतनी चाह और इतनी शक्ति है।[203] स्पष्ट ही लोहिया ने जनता की शक्ति को कम करके आंका था।

लोहिया में गहरे व्यक्तिवादी और अराजकतावादी रुझान थे। कभी-कभी वह ऐसी योजनाएँ बनाते थे जिन्हें क्रांतिकारी बिल्कुल नहीं कहा जा सकता। उनके मन में ऐसे विचार आते थे कि कुछ ऐसा किया जाए जिससे कलकत्ता बंबई जैसे शहर बिल्कुल खाली हो जाएँ, लोग भय के मारे शहर छोड़ कर भागें जैसे युद्ध के समय भागते हैं। उसी समाजवादी आंदोलन का इतिहास में उन्होंने बताया है : एक दफा मेरे दिमाग में आया था कि कलकत्ता, बंबई को तबाह करने के लिए यह जो पेशाब-पाखाने के लिए होता है न जंजीर खींचने वाला, इस पद्धति को तोड़ दो तो शहर से सब को भागना पड़ेगा। इस पर कई लोगों ने सवाल उठाया कि यह तो बड़ी खतरनाक बात होगी। एक साथ 30 लाख, 50 लाख आदमियों को आपत्ति में डाल दोगे। कैसे बेचारे दौड़ कर भागेंगे क्योंकि सब भागेंगे, एकदम रुक जाएँ तो सारा शहर खाली हो जाए। लोहिया का ही कहना था : यही तो कहा हमने कि सब भाग-भूग जाएंगे। यह मैं जानता हूं और वास्तव में बात सही भी है क्योंकि जर्मनी और अंग्रेजों के युद्ध में यह साबित हो चुका है कि जान की रक्षा करने के लिए 50 लाख 60 लाख आदमी बस पलक झपकते निकल बाहर हो जाते हैं, हैम्बुर्ग शहर में जैसे बाहर हुए थे।[204] सौभाग्य की बात है लोहिया का सुझाव किसी ने स्वीकार नहीं किया। परंतु अपनी अहिंसा की कैफियत देते हुए वह कहते हैं : जहां तक संपत्ति का मामला है, यानी चाहे जितने मकान तबाह हों, चाहे जितने पानी वाले इंतजाम तबाह हों, चाहे जितने पाखाने टूट-टाट जाएँ, एक शहर बिल्कुल बर्बाद हो जाए उसमें मुझको, कोई हिचक नहीं होती थी। बस एक ही बात वह चाहते थे - जान की तोड़-फोड़ नहीं होनी चाहिए।[205] इस तरह की तबाही से लोगों को कितनी तकलीफ होगी, इसका विचार उनके मन में नहीं था। गाँधी जी की अहिंसा से लोहिया की अहिंसा कितनी दूर है, यह समझने में कठिनाई न होगी।

लोगों को यह समझना कठिन था कि अगस्त क्रांति की विजय से भारत स्वाधीन हुआ है। लोग कहते थे : सभी देश तो आजाद हुए हैं। बर्मा आजाद हो गया, अफ्रीका के देश आजाद हो गए। अगर भारत भी आजाद हुआ तो यह कौन सी बड़ी बात है। लोहिया ने ऐसे लोगों को समझाया कि सवाल आजादी और गुलामी का नहीं है। सवाल यह है कि आजादी के लिए लोगों ने कितना कष्ट उठाया। उन्होंने लिखा : लेकिन आजादी और गुलामी का यह सवाल इतना नहीं है जितना यह कि जिस आजादी को आप पाते हो उसको हासिल करने के लिए आपने कितना कष्ट उठाया और कितनी जोखिम झेलने के लिए आप

तैयार रहे हैं।[206] स्पष्ट है जितना कष्ट अगस्त क्रांति के भागीदरों ने उठाया उतना न कांग्रेसियों ने न उठाया था क्योंकि ऐसा जन उभार अगस्त क्रांति के अलावा नहीं देखा गया।[207] इसलिए मानना चाहिए कि आग में तपने का काम जैसा अगस्त 1942 में हुआ वैसा उसके बाद नहीं। परंतु 1942 में हवाई जहाजों के अफसर ने केवल वचन दिया था कि यदि फिर ऐसी क्रांति हो तो वह अपना जहाजी बेड़ा क्रांतिकारियों की मदद के लिए ले आएंगे। परंतु 1946 में हवाई जहाजों ने नहीं तो जल सेना वालों ने खुला विद्रोह कर दिया। उस समय लोहिया इन विद्रोही सैनिकों के साथ थे तथा गाँधी जी की तरह कह रहे थे कि शांति से काम लेना चाहिए। अंग्रेजों से लड़ने की जरूरत नहीं है। 42 और 46 में 4 साल का अंतर है किंतु 1942 को लोहिया ने नौसेना विद्रोहियों के साथ जोड़ दिया और उसके साथ गाँधीजी का नाम भी लिया। भारत विभाजन के अध्याय में उन्होंने लिखा : आजाद हिंद फौज, नौसना का विद्रोह, सड़कों पर जनप्रदर्शन और शायद महात्मा गाँधी के स्थायी सत्य (आशय सत्य से है) से अंग्रेजों को यकीन हो गया कि उन्हें जाना पड़ेगा।[208] जो लोग 1942 में अंग्रेजों से लड़ रहे थे उनमें से कुछ 1946 में भी अंग्रेजों से लड़ने को तैयार थे। इनमें अरुणा आसफ अली थीं। उनके बारे में लोहिया ने लिखा है। 1942 की घटनाओं के सिलसिले में लोहिया ने बताया है : इस संबंध में मैं अरुणा आसफ अली के बारे में बता दूं क्योंकि ऐसे लोगों को इकट्ठा करने में वही सबसे तेज रहा करती थी। लोगों को वह खींच सकती थी, सरकारी नौकरों को भी।[209]

नाविक विद्रोह का विरोध करते हुए गाँधीजी ने लिखा : आज हिंदुस्तान में जो कुछ हो रहा है वह मैं बड़े दुख के साथ देख रहा हूं। नौसेना में विद्रोह और उसके बाद की घटनाएँ किसी भी तरह अहिंसात्मक कार्यवाही नहीं है।[210] गाँधी जी विश्वास करते थे और सारे कांग्रेसी नेता विश्वास करते थे कि अब अंग्रेज शांतिपूर्वक जाने को तैयार हैं। उनसे लड़ना आवश्यक नहीं है। गाँधीजी का कहना था : ब्रिटिश शासकों ने भारत छोड़ने के लिए अपने विचार का ऐलान कर दिया है ताकि भारत में भारतीयों की सरकार बन सके।[211] यह तो अंग्रेज बहुत पहले से कह रहे थे। शर्त उन्होंने यह रखी कि हिंदू और मुसलमान अर्थात कांग्रेस और मुस्लिम लीग आपस में समझौता कर लें। जैसे ही वे समझौता करेंगे अंग्रेज भारत छोड़ कर चले जाएंगे। यदि इस समझौते का विरोध करना था और समझौते का मतलब भारत का विभाजन था तो अंग्रेजों से लड़ना जरूरी था। गाँधीजी अंग्रेजों से लड़ने को हिंसा बता रहे थे। इसीलिए मुस्लिम लीग से समझौता करने के अलावा उनके सामने और कोई रास्ता नहीं था। अरुणा आसफ अली ने गाँधीजी का विरोध किया। गाँधी जी ने उनके विरोध का उल्लेख करते हुए लिखा : बंबई की घटनाओं पर मैंने जो वक्तव्य दिया था उसका साहसपूर्वक खंडन करने के लिए मैं श्रीमती अरुणा आसफ अली को बधाई देता हूं। अगर श्रीमती अरुणा केवल अपनी ही नहीं अपितु भूमिगत रह कर काम करने वालों की एक काफी बड़ी संख्या का प्रतिनिधित्व न करती होतीं तो मैंने उनके खंडन पर ध्यान न दिया होता।[212] गाँधीजी के वाक्य से स्पष्ट है कि ऐसे काफी क्रांतिकारी थे जो

गुप्त जीवन बिता रहे थे। अरुणा आसफ अली उनका नेतृत्व कर रही थीं। ये लोग अंग्रेजों से समझौता न करना चाहते थे। इसी वाक्य में गाँधीजी ने कहा : श्रीमती अरुणा का यह कहना सही है कि इस बार लड़ने वालों ने जैसी दृढ़ता दिखाई वैसी पहले कभी नहीं दिखाई दी। मगर जब दृढ़ता और आत्मघाती हो, जैसी इस मौके पर थी तो वह मूर्खता बन जाती है।[213] 1946 में क्रांतिकारियों ने जैसी दृढ़ता दिखाई थी वैसी उन्होंने पहले कभी न दिखाई थी। गाँधीजी और अरुणा आसफ अली दोनों की यह राय थी। इसका अर्थ यह है कि 1942 की क्रांति पीछे छूट गई थी। 1946 के क्रांतिकारी वाहक लोग अधिक दृढ़ता का परिचय दे रहे थे। गाँधीजी के लिए यह दृढ़ता मूर्खता थी इसलिए कि अंग्रेज शांतिपूर्वक जाने के लिए तैयार थे। केवल कांग्रेस और मुस्लिम लीग में अंग्रेजों के तत्वावधान में समझौता होने की देर थी। एक अन्य वक्तव्य में गाँधीजी ने अरुणा आसफ अली का बयान उद्धृत किया और फिर उसकी आलोचना की। उसके दो वाक्य महत्वपूर्ण हैं। अरुणा आसफ अली ने कहा था : कांग्रेसी तो खुद ही विधान सभाओं में प्रवेश करने जा रहे हैं इसलिए नाविकों से त्यागपत्र देने को कहना उनको शोभा नहीं देता।[214] असली बात यह थी —कांग्रेसी नेता विधान सभाओं में जाने के लिए लालायित थे। ये विधान सभाएँ अंग्रेजों की बनाई हुई थीं। इस रास्ते पर चलते हुए मुस्लिम लीग से समझौता करने और भारत का विभाजन स्वीकार करने के अलावा और कोई चारा नहीं था। जो संघर्ष का मार्ग था उस पर अरुणा आसफ अली और दूसरे क्रांतिकारी चल रहे थे। गाँधीजी उन सबका विरोध कर रहे थे। विधान मंडलों में प्रवेश को उचित ठहराते हुए गाँधीजी ने कहा : विधान मंडलों में प्रवेश करने वाले कांग्रेसी अपने मतदाताओं के निर्वाचित प्रतिनिधि हैं और उनके इन संस्थाओं में प्रवेश करने से कम से कम यह प्रयोजन तो सिद्ध होता ही है किसी तरह उनमें वे लोग प्रवेश नहीं कर पाते जो मतदाताओं का गलत प्रतिनिधित्व करते हैं।[215] विधान मंडलों में चुनाव का कानून अंग्रेजों का बनाया हुआ था। उसमें मुस्लिम लीग को विशेष सुविधाएँ दी गई थीं। अलगाव के आधार पर ये विधान मंडलों के निर्वाचन होते थे। जनता का प्रतिनिधित्व बहुत सीमित था। इन विधान मंडलों में प्रतिनिधि किस रास्ते से जाएँ यह अंग्रेजों ने तय किया था। किसी क्रांतिकारी आंदोलन के फलस्वरूप ये विधान मंडल न बनाए गए थे। विधान मंडलों में जाना सही प्रतिनिधित्व को प्राप्त करना है तो इसका अगला कदम यह होता कि भारत का विभाजन स्वीकार करो और विधान मंडलों में अपने प्रतिनिधि मंडल भेजो।

विभाजन के बारे में लोहिया ने लिखा : इतिहासकारों को आश्चर्य होगा, वे अन्वेषण करेंगे कि एक सत्ता संग्राम का नेतृत्व कैसे इतना अधम हुआ कि ऐसे साम्राज्यवादी कलंक का वह पाप भागी बन गया।[216] पूरा स्वतंत्रता आंदोलन कैसे चलाया गया था? सन् 20 के आंदोलन के बाद सन् 35 का कानून बना तब उसे काला कानून कह कर पहले विरोध किया फिर कांग्रेसियों ने मंत्रिमंडल बनाया था या नहीं? अलगाव के बीज उस 1935 के कानूनों में थे या नहीं? 1940 में मुस्लिम लीग ने पाकिस्तान का प्रस्ताव पास कर दिया

था। जाहिर है उससे समझौता करने का मतलब था भारत के विभाजन को स्वीकार करना। उसे निरस्त करने का एक ही मार्ग था दृढ़तापूर्वक अंग्रेजों के विरुद्ध क्रांतिकारी आंदोलन चलाया जाए। अगस्त क्रांति जैसी भी थी वह थोड़े समय तक चली और अंग्रेजी राज कायम रहा। उसके बाद सन् 46 में अधिक दृढ़ता से जनता ने और क्रांतिकारियों ने आंदोलन चलाया। उस समय गाँधीजी ने शांति की बात कही। इस आंदोलन को व्यर्थ बताया। विधान मंडलों में प्रवेश को उचित ठहराया। इस सारी प्रक्रिया पर ध्यान दिया जाए तो विभाजन पर आश्चर्य न होना चाहिए। धीरे-धीरे अंग्रेजों ने जो सुधारवाद का मार्ग बनाया था और उसकी जो मंजिलें निश्चित की थीं उन्हीं की तरफ कांग्रेसी नेता बढ़ रहे थे और लोहिया उनके पीछे-पीछे चल रहे थे। कांग्रेस कार्यसमिति की बैठक हुई। बैठक में बंटवारे की योजना स्वीकृत हुई। लोहिया और जयप्रकाश नारायण दो समाजवादी थे। विशेष निमंत्रण से इन्हें बुलाया गया था। लोहिया कहते हैं, 'हम दोनों, महात्मा गाँधी और खान अब्दुल गफ्फार खान को छोड़कर कोई बंटवारे की योजना के खिलाफ एक शब्द भी नहीं बोला।[217] जो लोग बोले वे अंग्रेजों से शांतिपूर्ण समझौता करने के बदले और दूसरा रास्ता कौन सा बता रहे थे? उनके सामने क्रांति का रास्ता नहीं था। इसे गाँधीजी ने पहले ही बंद कर दिया था। इसलिए कांग्रेस कार्यसमिति में कौन बंटवारे का विरोध करता और कौन उसका समर्थन करता है यह बात गौण हो गई थी। मुख्य बात यह थी कि अंग्रेजों के खिलाफ संघर्ष चलाना है या उनके दिए हुए सुधारों को स्वीकार करना है। अपने विवरण में लोहिया ने कांग्रेसी नेताओं के रोचक रेखाचित्र दिए हैं : मौलाना आजाद उसी छोटी सी कोठरी के कोने में बैठकर अबाध गति से सिगरेट पीते रहे थे। वह एक शब्द नहीं बोले।[218] कृपालानी झुककर बैठे थे और बीच-बीच में ऊंघ रहे थे। खान अब्दुल गफ्फार खान महज दो वाक्य बोले। उनके सहयोगियों ने विभाजन योजना स्वीकृत कर ली। इस पर उन्होंने अफसोस जाहिर किया। उन्होंने विनती की कि प्रस्तावित जनमत गणना में पाकिस्तान या हिंदुस्तान में सम्मिलित होने के इन दो विकल्पों के अलावा क्या यह भी जोड़ा जा सकता है कि उत्तर पश्चिमी सीमांत प्रांत चाहे तो स्वतंत्र भी रहे। इससे अधिक किसी भी अवसर पर एक शब्द भी नहीं बोले। निश्चय ही उन्हें काफी सदमा लगा था। श्री जयप्रकाश नारायण विभाजन के खिलाफ संक्षेप में पर निश्चयात्मक ढंग से एक बार ही बोले और फिर अंत तक वह चुप रहे। अंत में स्वयं लोहिया : बंटवारे से मेरा विरोध निरंतर और मुखर था। शायद वह बहुत गंभीर न थे और अब मुझे याद पड़ता है कि उसमें कुछ खामियां भी थीं। हर हालत में मेरे विरोध से मुसीबत नहीं टाली जा सकती थी। यानी गाँधीजी की नीति से विकल्प के रूप में लोहिया के पास और कोई रास्ता नहीं था। इसलिए उनका अनुसरण करने पर वह मजबूर थे। मेरा विरोध आजादी की लड़ाई के एक सिपाही के स्वस्थ विरोध के रूप में तो रिकार्ड पर रहता। परंतु मेरे जैसे आदमी में भी, जिसका कोई स्वार्थ न था, विभाजन के गंभीर विरोध का अभाव था। जब लोहिया जैसे क्रांतिकारी में विभाजन के गंभीर विरोध का अभाव था तब दूसरे नेताओं की बात ही क्या। विभाजन अनिवार्य हो

गया। इससे यह साफ होता है कि हमारी जनता और उनमें से मेरे जैसा साधारण आदमी कमजोरी और डर के कारण कितना गिर गए थे।[219] भारत की जनता तो गिरी हुई थी ही। सदियों से गिरी हुई थी। देश सड़ रहा था। उसे उबारने वालों का यह हाल था कि 1947 में वे भी गिर गए थे। विभाजन के विरोध में गंभीरता नहीं थी। डट कर उन्होंने उसका विरोध नहीं किया और यह स्वाभाविक था इसलिए कि क्रांतिकारी रास्ते से वे बहुत पहले हट गए थे।

स्वाधीनता के आंदोलन में जो लोग कांग्रेस के समझौतावादी नेतृत्व के खिलाफ आगे बढ़े, लोहिया ने या तो उनका विरोध किया या उनसे अलग रहे। समझौतावाद का विरोध करने वालों में सुभाषचंद्र बोस थे। लोहिया का कहना है : सुभाषचंद्र बोस और नेताओं से भले लड़ते परंतु उन्हें ऐसा रास्ता निकालना चाहिए था कि गाँधीजी से न लड़ें। उनको कुछ ऐसा ढंग निकालना चाहिए था जिससे कम से कम वह गाँधीजी से लड़ाई मोल नहीं लेते। यहां गाँधीजी की नीति क्या-क्या थी और सुभाषचंद्र बोस की नीति क्या थी, इसका विश्लेषण नहीं किया गया। केवल दो व्यक्तियों के नाम आगे कर दिए गए हैं। लोहिया ने यह भी लिखा है कि आगे फिर वैसी परिस्थिति आई तो वह अपनी पुरानी नीति पर अडिग रहेंगे। यानी सुभाषचंद्र बोस का साथ देंगे।[220] जब सुभाषचंद्र बोस ने दुबारा कांग्रेस के सभापति के लिए चुनाव लड़ने का फैसला किया तब गाँधीजी ने उसे पसंद नहीं किया। कांग्रेस समाजवादी दल ने फैसला किया कि वह सुभाष बाबू की मदद करेगा। लोहिया इससे सहमत नहीं थे। बाद में सोशलिस्ट पार्टी ने अपना फैसला वापस ले लिया। लेकिन इस समय ऐसी परिस्थिति थी कि सुभाषचंद्र बोस सोशिलिस्ट पार्टी के लोग और कम्युनिस्ट मिल कर ऐसा वाम पक्ष मजबूत बना सकते थे जो समझौते की राह पर चलने वालों को अलग-थलग कर दे। कांग्रेस का समझौतावादी रुख भगत सिंह और उनके साथियों को पसंद नहीं था। नौजवान भारत सभा के लोगों ने गाँधीजी से मुलाकात करके उनके समझौतावादी रुख की आलोचना की थी। लोहिया ने सुभाषचंद्र बोस के साथ भगत सिंह का नाम भी लिया है। परंतु जैसे उन्होंने सुभाषचंद्र बोस की नीति का विश्लेषण नहीं किया वैसे ही उन्होंने भगत सिंह की नीति का भी विश्लेषण नहीं किया। केवल उनके बम का जिक्र किया है। मानो बमबाजी के अलावा उनकी राजनीतिक विचारधारा में और कुछ हो ही नहीं। सुभाषचंद्र बोस, भगत सिंह के देशप्रेम की तारीफ की जा सकती है। लेकिन उनको और गाँधीजी को कभी एक तराजू में रख न देना।[221] गाँधीजी और सुभाषचंद्र बोस तथा भगत सिंह को एक तराजू में न रख देना। यह तो एक बात हुई। लेकिन लोहिया ने भगत सिंह को मुहम्मद अली जिन्ना के साथ एक ही तराजू में रख दिया। भगत सिंह सुभाषचंद्र बोस गाँधीजी की एक सामान्य भूमि थी। सब सम्प्रदायवाद के विरोधी थे। भारत को स्वाधीन कराना चाहिए। जिन्ना का रास्ता इससे बिल्कुल अलग था। वस्तुगत रूप से वह अंग्रेजों के एजेंट का काम कर रहे थे। गाँधीजी के लिए लोहिया ने कहा : वह सारे संसार को मोड़ देने वाले आदमी हैं। यह भी माना कि उन्होंने जो कुछ किया उसके नतीजे अधिक

अच्छे नहीं निकले। यह ठीक है कि गाँधीजी ने जो कुछ भी किया या अनकिया उनके कई खतरनाक नतीजे निकले लेकिन आपके सवाल से ऐसा लगता है कि अगर भगत सिंह और सुभाषचंद्र बोस वगैरह का रास्ता ठीक रहता और गाँधीजी नहीं होते तो मुमकिन है और कुछ हो जाता। लेकिन यह सवाल बेकार हैं। मान लो गाँधीजी नहीं होते, सत्याग्रह नहीं आया होता तो बहुत मुमकिन है कि हम लोग बहुत मारकाट करा के आजाद हो गए होते और हिंदुस्तान का बंटवारा भी नहीं होता। यह एक बेकार सी बात है।[222] इस विश्लेषण में लोहिया ने गाँधीजी की प्रशंसा करते हुए उन्हें संसार का भाग्यवविधाता तो बनाया लेकिन एक तरह से भारत के विभाजन के लिए उन्हें जिम्मेदार भी ठहराया। अगर वह न होते तो राजनीति में एक तरफ जिन्ना और दूसरी तरफ भगत सिंह होते। जिन्ना साहब जैसे एसेम्बली वाले लोग थे वे एक तरफ भड़क के दूसरी तरफ हुए और जो बम वाले भगत सिंह जैसे लोग थे, वे भी भड़के। दोनों भड़क गए। गाँधीजी नहीं आते तो दोनों का आरी-पारी का सामना चलता। 10 बरस तक जिन्ना साहब जैसे लोगों की चलती। एसेम्बली में खूब बक लो लेकिन फिर साल भर तक भगत सिंह का तो बंदूक वाला मामला चलता। ऐसा करते-करते कोई न कोई दिन तो हिंदुस्तान आजाद हो ही गया होता। जिनको यह चीज पसंद है उसी को महत्व देते हैं।[223] गाँधीजी ने जो कुछ किया उससे देश का बंटवारा हुआ, हिंदुस्तान का नुकसान हुआ लेकिन मानव जाति का भला हुआ। इसलिए कि गाँधीजी ने जिस अहिंसा का रास्ता दिखाया, वह नया रास्ता है, हिंसा से हट कर अहिंसा और सत्याग्रह का रास्ता। खाली हिंदुस्तान में नहीं, दुनिया में भी अगर यह बात होगी और उसके लिए कोशिश भी चलेगी तो ये सब सवाल बेकार हो जाते हैं। समझ लो कि हिंदुस्तान का एक तरह से बलिदान हुआ। हिंदुस्तान को बकरा बना कर खुद उसका नुकसान हुआ जरूर, लेकिन इसलिए कि आगे चलकर दुनिया और हिंदुस्तान के लोगों को अहिंसा की तरफ ले जाया जाए। यह तो एक बहुत बड़ी चीज हो जाती है। हमारा ख्याल है कि हिंदुस्तान पर प्रयोग किया गया। हो सकता है हिंदुस्तान को कुछ नुकसान भी हुआ हो। शायद हमारी आजादी संपूर्ण होती और शायद देश का बंटवारा भी न होता। (उपर्युक्त) यहां गाँधीजी को बंटवारे के लिए जिम्मेदार ठहराया गया है। पूंजीपति वर्ग इस विश्लेषण में नहीं है। साम्राज्यवाद भी इस विश्लेषण में नहीं है। स्वाधीनता आंदोलन के दौरान पूंजीवादी नेता जो आंदोलन चलाने के बाद बार-बार अंग्रेजों से समझौता करते थे उसका उल्लेख भी नहीं है। गाँधीजी ने प्रथम विश्वयुद्ध में अंग्रेजों का साथ दिया था यह अहिंसावाद नहीं था। दूसरे महायुद्ध में वह बिना शर्त अंग्रेजों को सहायता देने के लिए तैयार थे। युद्ध में हिंसा होती है यह बात वह जानते थे। वस्तुगत रूप से उनकी अहिंसा अंग्रेजों से समझौता करने की नीति साबित होती है। यह विश्लेषण लोहिया ने नहीं किया। भगत सिंह के बहुत से साथी जेल से छूटने पर कम्युनिस्ट पार्टी में शामिल हो गए। लोहिया ने कम्युनिस्ट पार्टी का विरोध भी किया था।

समाजवादी आंदोलन का इतिहास में उन्होंने बताया कि सोशलिस्ट पार्टी का जन्म भारत

में नहीं, भारत के बाहर हुआ था। ज्यादातर लेखों और किताबों में लिखा रहता है कि नासिक जेल में जो लोग बंद थे उन्होंने सोशलिस्ट पार्टी को जन्म दिया। लोहिया कहते हैं : अनेक धाराएँ आकर इसमें मिल गई थीं और उन धाराओं में, जिनसे लोहिया का संबंध था बर्लिन और लंदन की धारा भी थी। इस धारा की विशेषता यह थी कि उसे आरंभ में ही सिखा दिया गया कि रूस और कम्युनिस्ट से दूर रहना। ऐसे हिंदुस्तानी लड़के जो उस जमाने में लंदन या बर्लिन में पढ़ते थे वहां यह धारा बह रही थी कि समाजवाद चलाओ लेकिन रूस के अंतरराष्ट्रीय पाश से अलग रह कर समाजवाद की धारा चलाओ।[224] इस तरह सोशलिस्ट पार्टी के जन्म काल से ही लोहिया कम्युनिस्ट विरोधी बन गए थे। उन्होंने कम्युनिज्म विशेष रूप से रूसी समाजवाद को राक्षसी कहा है : कम्युनिज्म के सिद्धांत को मैं राक्षसी मानता हूं।[225] रूस ने हजारों कलाकारों को भी यातनाएँ दीं, जेल और सजा के होते हुए न जाने रूस में कितने हजार साहित्यिकों और कलाकारों को जेल में रखा होगा और सैकड़ों की तादाद में गर्दनें काटी होंगी। रूस में यह कोई मामूली अन्याय नहीं हुआ है।[226] विश्व पैमाने पर सोवियत संघ के साथ जो समाजवादी मोर्चा बना था उसमें दरार डालने का काम लोहिया जैसे सोशलिस्टों ने किया। राष्ट्रीय पैमाने पर तो साम्राज्य विरोधी मोर्चे में फूट डालने का काम उन्होंने किया ही। उन्होंने यह विचार व्यक्त किया कि – रूस में केंद्रबद्ध अर्थतंत्र चालू है इस कारण साधारण आदमी को पता ही नहीं होता कि कहां कितना उत्पादन हो रहा है, कहां कैसे वितरण हो रहा है।[227] उनकी समझ में गांवों को बुनियादी इकाई मान कर छोटे उद्योग धंधे चलाए जाते तब सामान्य आदमी को पता होता कहां क्या हो रहा है। रूस और साम्यवाद के अलावा लोहिया ने मार्क्स की आलोचना भी की। मार्क्स का कहना था कि क्रांति विकसित पूंजीवादी देशों में ही होगी जैसे कि जर्मनी में, परंतु हुई रूस में।[228] इस तरह मार्क्सवाद खंडित हुआ। मार्क्स ने कम्युनिस्ट घोषणा पत्र और 'पूंजी' के प्रथम खंड के बाद साम्राज्यवाद का जो विश्लेषण किया था उनके बाद एंगेल्स ने जो विश्लेषण किया और आगे चल कर लेनिन ने जो साम्राज्यवाद की आलोचना को विस्तार दिया उसका उल्लेख लोहिया नहीं करते। सबसे पहले मार्क्स ने ही बताया कि जर्मनी और ब्रिटेन जैसे देशों में क्रांति क्यों न होगी। उन्होंने यह कारण बताया था कि उपनिवेशों से पूंजीपति जो लूट का माल लाते हैं उसे मजदूरों के ऊपरी स्तर में बांट देते हैं। इसलिए मजदूरों में भ्रष्टाचार फैला है। ऐसे मजदूर क्रांति क्यों करने लगे। वे तो पूंजीवादी लूट में हिस्सा बंटा रहे हैं। परंतु लोहिया ने स्वीकार किया कि रूस में पूंजीपतियों ने एक स्थापना प्रसिद्ध कर दी है : पूंजी से जो सूद और मुनाफा मिलता है उसके बिना किसी देश के अर्थतंत्र का संचालन नहीं हो सकता। समाजवाद के विरुद्ध पूंजीपतियों का यह प्रमुख तर्क है। उसे रूस ने पूरी तरह कुंठित कर दिया है।[229] इससे समझ में आता है क्यों सामान्य लोग सोवियत संघ की ओर आकर्षित थे और क्यों सोशलिस्ट पार्टी के लोग भी अपनी पार्टी छोड़ कर कम्युनिस्ट पार्टी में शामिल हो रहे थे। लोहिया ने लिखा है : आंध्र वाले तो, अर्थात आंध्र के कम्युनिस्ट, करीब-करीब पूरे समाजवादी दल को ले

गए थे। कुछ थोड़े ही से बच गए थे। केरल में भी करीब करीब ऐसा ही हुआ।[230] ऐसी घटनाएँ केवल भारत में नहीं हुईं। लोहिया को आश्चर्य था पिकासो जैसा विश्वप्रसिद्ध कलाकार कम्युनिस्ट पार्टी में कैसे शामिल हो गया। कुछ कम्युनिस्टों के अंदर भी तो काफी तबदीली अब आ रही है और जब नहीं थी तब भी पिकासो कम्युनिस्ट था। इस वक्त मैं कम्युनिस्टों की तारीफ में कहना चाहूंगा कि क्या बात है कि पिकासो जैसा बड़ा कलाकार चाहे नाम के लिए ही हो, कम्युनिस्टों के साथ रहा, औरों के साथ क्यों नहीं गया?[231] केवल पिकासो जैसा चित्रकार ही नहीं, अनातोल फ्रांस जैसा साहित्यकार भी कम्युनिस्ट पार्टी में आया। 50-55 बरस की उम्र में वह सोशलिस्ट बना फिर 70-75 बरस की उम्र में वह कम्युनिस्ट बना।[232] ये ऐसी बातें थीं जो लोहिया को बाध्य कर सकती थीं कि वह मार्क्स, कम्युनिस्ट सोवियत संघ के बारे में अपने विचारों की आलोचना करें।

कांग्रेसी नेताओं में जवाहरलाल नेहरू ने सबसे ज्यादा मार्क्सवाद पर लिखा था। एक दौर में उन्होंने मार्क्सवाद की बुनियादी स्थापनाओं का समर्थन भी किया था। कांग्रेस में और देश में वह गर्म दल के नेता माने जाते थे। उन्होंने सोवियत संघ की यात्रा की थी। सोवियत समाज का समर्थन किया था। स्वाधीन भारत में विदेश नीति निर्धारित करते हुए सोवियत संघ से भारत की दोस्ती को उन्होंने विशेष स्थान दिया था। लोहिया ने जवाहरलाल नेहरू का भी विरोध किया विशेष रूप से भारत के स्वतंत्र हो जाने के बाद।

जवाहरलाल नेहरू की कांग्रेसी सरकार की पूंजीवादी नीतियों की आलोचना होनी चाहिए थी परंतु लोहिया ने वर्ग भेद को जाति भेद बना दिया। नेहरू को ब्राह्मणवादी बना कर उन्होंने अपने को पूंजीवादी नीतियों की आलोचना से बचा लिया। जाति प्रथा मिटाने के नाम पर छोटी जातियों के लोगों को अयोग्य होने पर भी ऊंचे पदों पर बिठाने की वकालत करते हुए उन्होंने लिखा : जाति प्रथा मिटनी चाहिए, इसकी संज्ञाएँ तक मिट जानी चाहिए। शूद्रों, हरिजन, मोमिन और औरतों को लायक न होते हुए भी ऊंचे ओहदों पर बिठाना है पर षिष्ठी द्विज इसे कैसे पसंद करें। मातृहंता परशुराम से राष्ट्रहंता नेहरू तक कट्टर न्याय की वशिष्ठ परंपरा है। विश्वामित्र से विश्वैश्वरैयूया तक उदारता वाल्मीकि की उदार परंपरा है।[233] आगे वशिष्ठ को विदेशी मानते हुए राजनीति के विश्लेषण में लोहिया ने नस्ल की धारणाएँ भी प्रतिपादित की हैं। लिखा है : वशिष्ठ शायद विदेशी था। आज का प्रधानमंत्री तो निश्चित विदेशी है। मेरा मतलब श्री जवाहरलाल नेहरू से नहीं है ... उनकी वशिष्ठाइयां इतनी होती रहती हैं कि उनका चेहरा बरबस याद आता है और तब आर्मीनिया वालों के चेहरे याद आते हैं। निकोसिया में ये चेहरे मैंने देखे हैं और काहिरा के ग्रीक आर्मीनिया इलाकों में। लेकिन चेहरे से क्या आता जाता है। असल चीज तो दिमाग है।[234] फिर दिमाग को वशिष्ठी परंपरा से जोड़ते हुए उन्होंने कहा : लोग यह सुन कर चकित होंगे कि लोहिया नेहरू को कट्टर ब्राह्मण कह रहे हैं। आप क्या, बहुत से लोग चौंकेंगे कि मैंने वर्तमान प्रधानमंत्री को कट्टर प्रधानमंत्री बना दिया। कुछ बरस पहले मैं भी चौंकता। ऐसा सर्वदेशीय आदमी, खान-पान, कपड़े-लत्ते में इतना उदार और सर्वग्राही, सबसे मिलनसार,

खास तौर से अल्पसंख्यकों और दलितों से। फिर कट्टर ब्राह्मण कैसे? इसके बाद वाल्मीकि और वशिष्ठ का भेद बताते हुए लोहिया ने लिखा : वाल्मीकि वक्कलधारी हो सकता है, घुटने तक कपड़ा पहन सकता है। कम से कम सादा कपड़ा। वशिष्ठ तो राजसी गुरु है। राजसी ठाठ से रहेगा। जब स्वयं राजा हो जाए तो क्या कहना। (पृष्ठ 52) यहां वशिष्ठ और वाल्मीकि के रूप में लोहिया ने नेहरू और गाँधी की पोशाकों का भेद दिखाया है। नेहरू को राजसी जीवन बिताते चित्रित किया है। यह विडंबना है कि नेहरू ने राजसी जीवन छोड़कर स्वाधीनता आंदोलन में भाग लिया है। परंतु लोहिया स्वाधीनता आंदोलन के बाद जब सरकार बनी तब नेहरू को उसी राजसी जीवन में लौटते हुए देखते थे। यहां गाँधीजी ने स्वयं लोहिया से जो कहा उसे याद करना उचित होगा। स्वयं लोहिया ने अपने सिगरेट पीने, चाय-काफी पीने के बारे में लिखा है : गाँधीजी ने इन बातों की आलोचना की थी। उन्होंने कहा : तुम बहुत सिगरेट पीते हो और काफी और चाय भी बहुत पीते हो। इसके बाद वह देर तक मुझे समझाते रहे कि ये दोनों चीजें स्वास्थ्य के लिए क्यों इतनी खराब हैं। गाँधीजी ने यह भी कहा : यह समस्या समाजवाद वगैरह से जुड़ी हुई है। समाजवादी को चाहिए कि वह जनता से तादात्म्य स्थापित करे। तुम्हें जनता का प्रवक्ता होना चाहिए।[226] राजा और दरबारी में जैसा अंतर होता है कुछ वैसा ही अंतर नेहरू के राजसी जीवन और लोहिया के जीवन में था।

नेहरू विरोध से अधिक बढ़ते हुए लोहिया कांग्रेस विरोध तक पहुंचे। देश में सबसे प्रतिक्रियावादी संगठन कांग्रेस है। उसके विरुद्ध सभी दक्षिण-वाम दलों को मिलकर संयुक्त मोर्चा बनाना चाहिए। यह नीति उन्होंने निर्धारित की। 7 मई 1967 की रिपोर्ट के अनुसार – "लोहिया ने यह संकेत सबसे पहले हवा में उछाला है कि मैं प्रतिपक्ष को प्रतिपक्ष की पार्टियां न कह कर गैरकांग्रेसी पार्टियां कहना ज्यादा पसंद करूंगा क्योंकि आज लड़ाई कांग्रेस के यथास्थितिवाद और प्रतिपक्ष के परिवर्तनवाद के बीच है।" फर्नांडिस ने कहा : कांग्रेस को सत्ता से बाहर रखने के लिए हम शैतान से भी सहयोग कर सकते हैं। उन्होंने अपना वचन निभाया और मधु लिमये ने बताया किन पार्टियों के साथ संयुक्त मोर्चा बनाना चाहिए। वामपंथी मोर्चे की आलोचना करते हुए उन्होंने कहा : ऐसा मोर्चा आज की स्थिति में विरोधी एकता को खत्म करके स्वतंत्रता अर्थात स्वतंत्रता आंदोलन जनसंघ, द्रवड़ि मुनेत्र कड़गम आदि दलों को जबर्दस्ती कांग्रेस के खेमे में धकेल देगा और प्रतिक्रिया की जड़ें मजबूत बनाएगा। सर्वव्यापी विरोधी मोर्चा एक न्यूनतम कार्यक्रम का आधार लेकर और कांग्रेस में विद्रोह की प्रवृत्ति को प्रोत्साहित कर केंद्र में भी कांग्रेस कुशासन को समाप्त कर सकेगा।[237] इसी स्थापना में यह मान लिया गया है कि सम्प्रदायवाद और जातिवाद खतरनाक नहीं है, कांग्रेस खतरनाक है। कांग्रेस के बाहर जातिवादी और सम्प्रदायवादी शक्तियों को तथाकथित समाजवादियों के साथ मिल कर संयुक्त मोर्चा बनाना चाहिए। कम्युनिस्ट वामपंथी मोर्चे की बात कह रहे थे। यह समझ लें कि यह एक व्यापक मोर्चे में दरार डालने के बराबर है अर्थात सम्प्रदायवाद और जातिवाद से लड़ने की जरूरत नहीं

है। दुर्भाग्य से इस नीति पर आगे पीछे कम्युनिस्ट पार्टी ने भी अमल किया। सुसंगत रूप से उस पर अमल समाजवादी पार्टी ने किया।

लोहिया ने नेहरू के मुकाबले गाँधी को खड़ा किया। बार-बार उनका नाम लेकर अपने समाजवाद से उनका संबंध जोड़ा। परंतु भारत संबंधी गाँधीजी के चिंतन में और लोहिया के चिंतन में जमीन आसमान का फर्क है। लोहिया ने भारतीय इतिहास पर जहां-जहां नजर डाली है, वह एक पराजयवादी की नजर है। जहां-जहां उन्होंने भारतीय समाज की आलोचना की है, वह कीचड़ उछालने की तरह है। इसके विपरीत गाँधीजी ने भी भारतीय समाज की आलोचना की। विशेष रूप से अस्पृश्यता के लिए उसे फटकारा। बड़े-बड़े शहरों में जो गंदगी थी, उसके लिए नागरिकों की खबर ली। वह चाहते थे कि धनी लोग स्वेच्छा से अपनी सम्पत्ति गरीबों के लिए धरोहर की तरह इस्तेमाल करें। परंतु वह यह भी जानते थे और उन्होंने यह घोषित किया था कि यदि धनी लोगों ने अपनी सम्पत्ति का बंटवारा न किया तो जनता में बड़ी ताकत है, वह क्रांति करेगी और कोई भी सैनिक ताकत उसको कुचल न सकेगी। दक्षिण अफ्रीका में वहां के नस्लवादी गोरों ने जब भारतीय जीवन-पद्धति और संस्कृति पर कीचड़ उछाला, तब गाँधीजी ने उस संस्कृति और जीवन-पद्धति के पक्ष में जोरदार आवाज उठाई। उन्होंने भारत के सांस्कृतिक इतिहास का अध्ययन किया था। उस अध्ययन से लाभ उठा कर उन्होंने गोरे आलोचकों का मुंह बंद कर दिया। लोहिया के लिखने से ऐसा लगता है कि वह उन्हीं नस्लवादी गोरों की आवाज दोहरा रहे हैं और दोहराने में उसे अतिरंजित भी करते जाते हैं। उन्होंने लिखा : यह हिंदुस्तान एक बड़ा विचित्र देश है, बड़ा सड़ा हुआ देश है।[238] 'हिंदुस्तान क्यों बार-बार गुलाम हुआ? इस प्रश्न का उत्तर देते हैं : यहां की जनता उदासीन रही है। हिंदुस्तान की अनवरत गुलामी का सबसे बड़ा कारण नेताओं और राजाओं की फूट नहीं बल्कि जनता की उदासीनता है।[239] उन्होंने लिखा : हमारे मुल्क की तकदीर इतनी खराब रही है, पिछले सात सौ-आठ सौ बरस में कि देशी तो रहा है नपुंसक और परदेशी रहा है लुटेरा या समझो जंगली और देशी रहा है नपुंसक। यह है हमारे सात सौ बरस के इतिहास का नतीजा।[240] भारतवासियों के चरित्र की विशेषता बताते हैं : उन्हें प्राणों का इतना मोह है कि किसी बड़े प्रयत्न करने की जोखिम उठाने की बजाय वे दरिद्रता के निम्नतम स्तर पर जीना ही पसंद करते हैं, और उनके पैसे और सत्ता के लालच का क्या कहना कि दुनिया के और कोई लोग उस लालच का इतना बड़ा प्रदर्शन नहीं करते।[241] आगे बाहरी आक्रमणों के प्रसंग में भारतवासियों के लिए कहते हैं : इन देशियों का बुरा हाल है। इन्हें हारने में कुछ मजा आता है। हारने में ही बहादुरी दिखाते हैं। इनकी औलाद हार के घावों की गाथा सुनकर फूलती है– कैसे भारतीय दिमाग की इस एक कमी को दूर किया जाए? वाल्मीकि-परंपरा को सबल कैसे बनाया जाए? इस परम्परा में हार कुछ निहित सी रही है।[242] भारत के लोगों ने जब एकता के लिए प्रयत्न किया, तब वह ऊंची जातियों तक सीमित रहा : क्योंकि जो छोटी जातियां हैं, उनका तो राजनीति से, हमले से, स्वतंत्रता से मतलब ही नहीं रहा है। कई दफे तो हिंदुस्तानी इसको

घमंड में भी कहता है कि राज बदलते जाते हैं, पलटनें आपस में लड़ती रहती हैं, लेकिन हिंदुस्तान का किसान तो अपना खेत जोतता रहता है। यह बात सही भी है। यह बात दुनिया के और किसी हिस्से में इतनी सही नहीं कि राज बदले, पलटनों में लड़ाई हो, हार-जीत हो और उस समय आबादी का अधिक हिस्सा बिल्कुल, बिना किसी दिलचस्पी के बैरागी की तरह सारे नाटक को देखता रहे। वैसे ही जैसे ये बैरागी संन्यासी लोग होते हैं, गृहस्थ का नाटक देखते हैं। हिंदुस्तान की अधिक आबादी एक बैरागी बनकर के नाटक देखती रहती है कि किस तरह से हिंदुस्तान के उच्च जाति के शासक लोग विदेशी आक्रमण करने वालों का सामना करते हैं।[243] इस तरह की बातें अंग्रेज अधिकारियों ने प्रचारित की थीं। उनका उल्लेख हेगल ने अपनी पुस्तकों में किया है। हेगल की वे बातें मार्क्स ने भी दोहराईं परंतु मार्क्स ने अपने उत्तरकालीन लेखों में उनका खंडन किया और भारत का एक दूसरा ही चित्र प्रस्तुत किया। लोहिया उन्हीं बातों को दोहराते जाते हैं और उनकी सच्चाई को परखने का प्रयत्न नहीं करते।

भारत पराजितों और निकम्मे लोगों का देश है, इस स्थापना की पुष्टि करते हुए लोहिया ब्रिटेन के इतिहास से भारत के इतिहास की तुलना करते हैं : 1500 बरस से हमेशा इस देश में देशी-परदेशी का सवाल रहा है। परदेशी हमेशा जीतता रहा है इसका बड़ा सबब है कि हिंदुस्तान के लोगों ने कभी भी अंदरूनी अत्याचार के खिलाफ बगावत नहीं की। इंगलिस्तान में 500 साल में 4 बार जुल्म और बादशाही करने वालों के खिलाफ बगावत हुई। लेकिन हिंदुस्तान में पिछले 2000 साल में कभी भी देशी अत्याचार के खिलाफ बगावत नहीं की गई। यह कोई अच्छी बात नहीं है। बाहर के लोग जालिम के खिलाफ बगावत करना जानते हैं, देशी के भी। लगता है, हम लोग देशी के खिलाफ बगावत करना भूल गए हैं क्योंकि कभी किया नहीं।[244] इतिहास का पुनर्मूल्यांकन करने के बदले यहां एक ही बात की ओर ध्यान दिलाना है। ब्रिटेन में किसान अर्धदास थे। क्या भारत में भी वे अर्धदास थे? कहां क्रांति हुई और कहां क्रांति नहीं हुई, इसके लिए वहां की आर्थिक परिस्थितियों को जांचना जरूरी है, विशेष रूप में किसान की स्थिति पर ध्यान देना आवश्यक है। लोहिया कहते हैं : देश की जनता का 90 सैकड़ा मुर्दा हो गया है और 9 सैकड़ा अर्धमुर्दा। केवल एक सैकड़े में विचित्र प्रकार की विकृत जान है। पिछले डेढ़ हजार वर्ष में मालूम होता है, ऐसा लगातार रहा है। इसीलिए हिंदुस्तान दुनिया का सबसे ज्यादा विचित्र देश है।[245] चीन की प्रगति की चर्चा करते हुए लोहिया कहते हैं : उत्पादन में तो वह यूरोप और अमेरिका से पीछे है। वास्तव में लोहिया का पराजयवादी मन यूरोप और अमेरिका को विशेष महिमामंडित करके देखता है। (दियर इज नो एस्केप फ्रॉम यूरो-अमेरिकन सुपिरियोरिटी नॉट एट लीस्ट विद द चाइनीज मॉडल)[246] साम्यवादी और पूंजीवादी यूरोप में भेद न करके दोनों को एक ही यूरोपियन सभ्यता की देन मानते हैं। कहते हैं : आज यूरोप की सभ्यता पश्चिमी यूरोप और पूर्वी यूरोप की महाकाय दो दैत्यों के बीच विभाजित हो गई है। पश्चिमी यूरोप का महाकाय दैत्य निश्चय ही अमेरिकी महाद्वीप तक फैलता चला

गया।[247] अगर इन दोनों में युद्ध हो तो वह विश्व की भलाई के लिए न होगा। वरन इस बात के लिए होगा कि यूरोप की सभ्यता का वारिस कौन है। कौन उसे बचाता है और कौन उसे नया जीवन देता है और दुनिया में उसका प्रतिनिधि होकर कौन शासन करता है।[248]

यूरोपीय पूंजीवादी इतिहासकारों ने विश्व इतिहास को पश्चिमी यूरोप का इतिहास बना दिया। लोहिया इसे सत्य मानते हुए कहते हैं : मानव इतिहास के पिछले 400 वर्ष यूरोप के इतिहास के वर्ष हैं। इतिहास में हमेशा ऐसी स्थिति आ जाती है कि मानव जाति का एक हिस्सा शेष के ऊपर हावी रहता है और इस हिस्से का इतिहास समूची मानव जाति का इतिहास बन जाता है।[249] इसके विपरीत सोवियत संघ में जो इतिहास लिखे गए उनमें पूर्व के देशों को भी उचित स्थान दिया गया। लोहिया के विवेचन में सोवियत संघ के इतिहासकारों को पूंजीवादी इतिहासकारों से भिन्न नहीं माना गया। दोनों को यूरोप की विरासत का हकदार मान लिया गया और पिछड़ा हुआ रूस जो चीन और भारत से बहुत भिन्न नहीं था कैसे महाशक्ति बन गया? कैसे महाकाय दैत्य बन गया जो अमेरिका को चुनौती दे रहा था? इसका विश्लेषण लोहिया ने नहीं किया। उसे राक्षसी कहा। उसके अर्थतंत्र को गालियां दीं। लेकिन वहां के कम्युनिस्टों ने कैसे देश का पिछड़ापन दूर किया, कैसे उत्पादन संगठित किया और उसे महाशक्ति बनाया, यह सब तफसील लोहिया के लेखों में नहीं है। होती तो समाजवाद की शक्ति का अनुमान पाठक कर लेते और तब लोहिया जिसे समाजवाद कहते हैं वह भी निरस्त हो जाता। लोहिया लेनिन की आलोचना करते हैं कि वह साम्राज्यवाद की प्रक्रिया को समाप्त नहीं कर पाए। उन्होंने बड़े पूंजीवादी देशों से पिछड़े हुए देशों के पूंजी निर्यात का विशेष संबंध जोड़ा। इस निर्यात से ही साम्राज्यवादी व्यवस्था बनी। लोहिया पूछते हैं : जो कारखानों से माल उपनिवेशों को भेजा जाता था पूंजी युग के आरंभ में उसका क्या हुआ?[250] पहली बात तो यह कि लेनिन ने यह नहीं कहा कि पूंजी के निर्यात के बाद तैयार माल का निर्यात बंद हो जाता है। उन्होंने केवल यह कहा कि पूंजी का निर्यात मुनाफे का मुख्य स्रोत बन जाता है और तैयार माल की बिक्री गौण स्थान पर होती है। उन्होंने यह भी बताया कि दोनों प्रक्रियाएँ कैसे जुड़ी हुई हैं। बड़े पूंजीवादी देश पिछड़े हुए देशों को कर्ज देते हैं और उसकी शर्त लगा देते हैं कि इस रकम पर इतना सूद दोगे। यह मुनाफे का एक रूप हुआ। दूसरी शर्त यह होती है कि इस पैसे से हमारा तैयार माल खरीदोगे। यह मुनाफे का दूसरा रूप हुआ। ये सारी बातें लोहिया ने छोड़ दी थीं। लेकिन वह स्वयं समाजवाद का विश्लेषण इस तरह क्यों नहीं करते जैसे गाँधीजी ने किया था। गाँधी और लोहिया में एक अंतर यह भी है कि गाँधीजी साम्राज्यवाद का बहुत अच्छा विश्लेषण करते थे। साम्राज्यवाद पिछड़े देशों से कच्चा माल ढो ले जाता है। उन्हें कच्चे माल के गोदाम बना देता है– उस कच्चे माल को तैयार माल में बदल कर उन्हीं देशों को बेचता है और इस तरह वे उसके तैयार माल की बिक्री के लिए बाजार बन जाते हैं। इसी विश्लेषण के आधार पर गाँधीजी ने स्वदेशी का आंदोलन चलाया था। लोहिया

यदि इस आधार पर स्वदेशी का समर्थन करते, यहां की जनता को साम्राज्यवाद के विरुद्ध संगठित करते तो जातिवाद के झगड़े में न फंसते।

जर्मनी जब विभाजित था तब पूर्वी जर्मनी में समाजवादी व्यवस्था का निर्माण हो रहा था। पश्चिमी जर्मनी में पूंजीवादी व्यवस्था फल-फूल रही थी। लोहिया ने दोनों का भेद मिटाते हुए कहा कि दोनों जगह केंद्रबद्ध संरचना है। वहां राजनीतिक और आर्थिक शक्ति मुट्ठी भर लोगों के हाथ में है। दोनों ही व्यवस्थाएँ सांप की तरह हैं जो एक दूसरे पर हमला करना चाहती हैं और दोनों के बीच समझौते की कोई जमीन नहीं है।[251] पूर्वी जर्मनी की तरह लोहिया ने चीन के समाजवाद को भी राक्षसी बताया : आज के साम्यवादी चीन की व्यवस्था बहुत कुछ वैसी ही राक्षसी है जैसे चौथे दशक में फासिज्म और नाजीवाद की थी—विशेषतः अपने एशियाई पड़ोसियों के लिए।[252] लोहिया के अनुसार रूस और अमेरिका दोनों चाहते हैं कि गरीब लोग गरीब बने रहें और यहां के धनी लोग उनकी रक्षा के लिए तैयार रहें।

लोहिया के अनुसार रूस और अमेरिका दोनों युद्ध रोकना चाहते थे और दोनों ही क्रांति रोकना चाहते थे। लोकसभा में उन्होंने कहा : अब मुझे डर लग रहा है कि कहीं रूस और अमेरिका—इन दोनों में साझा है। एक तो अच्छा साझा है कि दुनिया में युद्ध न होने दो—मैं इसको पसंद करता हूं। दूसरा साझा कि दुनिया में कोई बड़ी क्रांति न होने दो—जिसे मैं जरूर नापसंद करता हूं। कहीं कोई चीज बहुत ज्यादा सिर हिला जाए उसको वे संभाल नहीं पाएंगे—तो रूस और अमेरिका वाले दोनों भाईबंद हो गए। क्रांति को रोकने के लिए और युद्ध को रोकने के लिए।[253] दूसरी बात यह कि आणविक युद्ध की तैयारी के लिए अमेरिका ने पहले की थी। उसी से मजबूर होकर आत्मरक्षा के लिए रूस को एटम बम बनाना पड़ा। अमेरिका के पास जितने साधन थे उतने साधन रूस के पास नहीं थे। जनता के लिए आवश्यक चीजों के उत्पादन में कटौती करके उन्होंने हथियारों पर पैसा खर्च किया। हथियारों की इस होड़ में पहल अमेरिका की थी। इसलिए दोनों शक्तियों को बराबर कहना गलत है। इसके सिवा अमेरिकी पूंजीपतियों को काफी मुनाफा हथियारों की बिक्री से होता था। कहीं न कहीं युद्ध की आग भड़काते रहते थे। कभी स्वयं उसमें हिस्सा लेते थे कभी केवल दूसरों को उकसाते थे। अन्य पूंजीवादी देश भी हथियारों की बिक्री से लाभ उठाते थे। लेकिन मुख्य लाभ उठाने वाला अमेरिका था। इसलिए भी अमेरिका और सोवियत संघ को समान रूप से दोषी नहीं कहा जा सकता। अमेरिका और सोवियत संघ को समान रूप से दोषी बताकर संसार में जो साम्राज्य विरोधी मोर्चा बन रहा था उसमें लोहिया जैसे लोगों ने दरार डाली। उनका यह तर्क भारत के नक्सलवादियों ने स्वीकार कर लिया और बराबर प्रचार करते रहे कि साम्यवादी रूस उतना ही साम्राज्यवादी है जितना अमेरिका। इससे वामपक्ष के आंदोलन को भारी धक्का लगा। दुनिया के साम्राज्य विरोधी मोर्चे की बात छोड़ दें, केवल भारत के हितों की बात देखे तो कश्मीर जैसे मुद्दों पर सोवियत संघ भारत के साथ था और अमेरिका विरोध में। इसलिए लोहिया की नीति केवल अंतरराष्ट्रीय पैमाने

पर ही नहीं राष्ट्रीय पैमाने पर भी जन विरोधी थी। लोहिया बताते हैं कि अमेरिकी साम्राज्यवाद और रूसी साम्यवाद स्वाधीनता आंदोलनों के लिए दोनों ही बेकार थे। यह सिद्धांत 1838 या 39 के आसपास प्रचारित किया गया जब समझदार लोग जानने लगे कि युद्ध अनिवार्य है।[254] यह सूचना बहुत दिलचस्प है : जब युद्ध होने वाला था तब सोवियत संघ अकेला पड़ जाए, नात्सी जर्मनी को उस पर विजय पाने के लिए सहूलियतें मिलें। उस समय यह सिद्धांत प्रचारित किया गया कि अमेरिकी साम्राज्यवाद उतना ही प्रतिक्रियावादी है जितना रूसी साम्यवाद। युद्ध समाप्त होने के बाद जब अनेक देशों में क्रांतिकारी उभार आया तब यह सिद्धांत और भी उपयोगी हो गया। क्योंकि इस उभार में कम्युनिस्ट आगे बढ़ कर अपनी भूमिका निबाह रहे थे। सोशलिस्ट और कम्युनिस्ट मिलकर काम न करें, इसके लिए पूंजीवादी दल प्रयास करते थे। इस स्थापना के प्रचार से उनको सहायता मिली और वे सोशलिस्टों और कम्युनिस्टों का संयुक्त मोर्चा तोड़ने में सफल हुए। यद्यपि लोहिया दोनों गुटों को बुरा मानते थे पर भारत की रक्षा के लिए उन्होंने सुझाव दिया : किसी एक गुट से रक्षा के बारे में संधि कर लेना चाहिए।[255] दोनों बुरे हैं तो गुटनिरपेक्षता का सिद्धांत मान्य होना चाहिए। परंतु लोहिया ने इसका विरोध किया इस बिना पर कि वास्तव में भारत सरकार अमेरिका की ओर से निरपेक्ष नहीं है। वरन वह अमेरिका पर ही निर्भर रहती है।[256] बेशक भारत सरकार अमेरिका पर भी निर्भर रहती थी परंतु पूरी तरह नहीं। वह सोवियत संघ से भी सहायता लेती थी। और भारत के साथ तीसरी दुनिया के बहुत से देश साम्राज्यवाद का थोड़ा बहुत विरोध करने में सफल हुए। इसी गुटनिरपेक्षता आंदोलन के कारण लोहिया की नीति तीसरी दुनिया के साम्राज्य विरोध को कमजोर करने वाली थी। यद्यपि वह दोनों को बुरा बताते थे परंतु वास्तविक सहानुभूति उनकी अमेरिका के साथ थी। लोकसभा में एक बार उन्होंने बहुत स्पष्ट शब्दों में कहा : आपने देखा होगा कि पिछले 8-10 महीनों में मैंने हमेशा कहा है कि दक्षिण एशिया के मामलों में कभी कोई राय मत दो जो अमेरिका के खिलाफ जाती हो और चीन के हक में जाती हो। आप लोग याद रखते होंगे। मैं मामूली अक्ल का आदमी हूं। ज्यादा पेंच वाली बात अक्ल होती है तो गलत रास्ते पर चली जाया करती है। हिंदुस्तान हमारे लिए सबसे बड़ी कसौटी है।[256] इसका मतलब साम्राज्यवाद का विरोध करना छोड़ देना चाहिए। इसी में भारत का हित है। जितने प्रतिक्रियावादी थे भारत में और भारत के बाहर वे भी यही चाहते थे कि भारत अब साम्राज्यवाद विरोधी रास्ते से बिल्कुल हट जाए।

गाँधीजी ने बताया कि अंग्रेज भारत से कच्चा माल ले जाते हैं फिर अपने कारखानों में तैयार माल बनाकर भारत में भेजते हैं। इस तरह करोड़ों रुपए इस देश से बाहर जाते हैं। उन्होंने साम्राज्यवादी शोषण की प्रक्रिया की व्याख्या की। इसके सिवा उन्होंने यह भी बताया कि साम्राज्यवाद ने यहां के जातीय प्रदेशों को विभाजित किया है। इसका सबसे बड़ा उदाहरण तो बंगाल का विभाजन था जिसका विरोध केवल बंगाल में ही नहीं पूरे देश में हुआ।

भारत में पहले-पहल जब जयप्रकाश नारायण ने सोशलिस्ट पार्टी बनाई, तब उसने जमींदारों के विरुद्ध आंदोलन चलाया था। लोहिया ने यह बात स्वीकार की है और लिखा है : मैं समझता हूं कि उस जमाने में, संगठन बनाने के मामले में या अपने दल की तरफ से अलग एक शक्ति खड़ा करने में बिहार की कांग्रेस सोशलिस्ट पार्टी शायद सबसे अच्छी पार्टी थी। वह जमींदारी के खिलाफ जगह-जगह लड़ती थी और बकाश्त आंदोलन भी बहुत बड़े पैमाने पर चलाया था। हजारों लोग गिरफ्तार भी हुआ करते थे, मारपीट होती थी, आतंक बहुत हो जाता था।[258] लोहिया जर्मनी से समाजवाद सीख कर आए थे। उन्होंने जयप्रकाश की इस जमींदार-विरोधी नीति को आगे क्यों नहीं चलाया? जयप्रकाश ने उसे छोड़ दिया, वह तो अलग बात है। लोहिया अधिक क्रांतिकारी थे। उन्होंने इस सामंत विरोधी क्रांति से मुंह क्यों मोड़ लिया? उन्होंने भारत विभाजन को बहुत दुखद माना है। उसके बारे में कांग्रेसी नेताओं को दोष दिया है। एक हद तक अपने को भी दोष दिया है। लेकिन पाकिस्तान बनाने के लिए अंग्रेजों ने किन शक्तियों का भरोसा किया था? पूरे मुसलमान समुदाय को दोष देना उचित नहीं है इसलिए कि किसानों और जमींदारों में भेद था और सभी मुस्लिमबहुल प्रांत पाकिस्तान के पक्ष नहीं थे। इनमें सीमांत प्रदेश भी था जहां खान अब्दुल गफ्फार खां का प्रभाव बहुत था और उनके भाई वहां के मुख्यमंत्री थे। पूर्वी बंगाल, सिंध, पश्चिमी पंजाब, पश्चिमी उत्तर प्रदेश उद्योग-धंधों में पिछड़े हुए थे और सामंतवाद के गढ़ थे। यहां जमींदार-विरोधी आंदोलन चलाया जाता तो किसानों की एकता मजबूत होती और विभाजन को रोका जा सकता था। लेकिन लोहिया जब इतिहास का विश्लेषण करते हैं तो उन्हें मुख्य शोषक ब्राह्मण दिखाई देते हैं, राजा, जागीरदार और अनेक प्रकार के सामंत पीछे रह जाते हैं। इसी तरह समकालीन राजनीति का विश्लेषण करते हैं तो ब्राह्मण और अब्राह्मण या बड़ी जाति और छोटी जाति का भेद मुख्य हो जाता है। जमींदार और गरीब किसान तथा खेत मजदूर का भेद गौण हो जाता है। यह स्वाधीनता आंदोलन की कमजोरी थी और कम्युनिस्ट पार्टी की भी कमजोरी थी कि वह पूर्वी भारत और उत्तर पश्चिमी भारत में शक्तिशाली किसान आंदोलन संगठित नहीं कर सकी। परंतु कम से कम कांग्रेस ने किसानों को स्वाधीनता आंदोलन में लाने का प्रयत्न किया और कम्युनिस्ट पार्टी ने जहां तहां यथा बंगाल में और आंध्र प्रदेश तथा केरल में, शक्तिशाली किसान आंदोलन संगठित किए। लोहिया के नेतृत्व में समाजवादियों ने सामंत विरोधी संघर्ष का रास्ता छोड़ दिया और इस तरह विभाजन के लिए जो नेता अपराधी थे, उन में लोहिया भी शामिल हो गए।

पूंजीवाद के बिना समाजवादी पार्टी बन नहीं सकती। उसका लक्ष्य होता है पूंजीवाद को मिटाना। पूंजीवाद का अस्तित्व लोहिया स्वीकार करते थे। कोई भी पूंजीवाद, चाहे भारत का हो चाहे बाहर का, मजदूर वर्ग का शोषण किए बिना नहीं रह सकता। लोहिया ने मजदूर-पूंजीपति संघर्ष की जगह छोटी-बड़ी जातियों के संघर्ष को स्थापित किया। लेकिन पूंजीवाद जाति प्रथा को किस तरह इस्तेमाल करता था जनता के शोषण के लिए यह उन्होंने

कहीं स्पष्ट नहीं किया। आगे बढ़ी हुई जातियां पिछड़ी हुई जातियों का शोषण करती थीं, यह उन्होंने कहा। आगे बढ़ी हुई जातियों में सभी पूंजीपति नहीं थे। पूंजीपति तो बहुत थोड़े थे और पिछड़ी हुई जातियों में सभी मजदूर नहीं थे। मजदूर और खेत मजदूर तो थोड़े थे। जाति प्रथा के आधार पर पूंजीवादी शोषण की व्याख्या नहीं की जा सकती। यह बात मानने के लिए पर्याप्त कारण हैं कि लोहिया पहले वर्ग भेद को लेकर आगे बढ़े थे। बाद में वर्ग भेद को उन्होंने छोड़ दिया और उसकी जगह जाति भेद स्थापित किया। समाजवादी पार्टी की स्थापना सम्मेलन में ये सिद्धांत स्वीकार किए गए थे। उस वक्तव्य का पहला पैराग्राफ इस प्रकार है : भारतीय इतिहास के 5 हजार साल और कुछ अधिक समय पराकाष्ठा पर पहुंच गए हैं और विश्व पूंजीवाद का भाग्य भी उसके साथ जुड़ा हुआ है। एक तरफ श्रमिक जनता की शक्ति है, खेत में काम करने वाले किसानों और कारखानों में काम करने वाले मजदूरों की शक्ति है और मध्य वर्ग के शिक्षकों, व्यापारियों, वैद्यों, क्लर्कों और इसी तरह के कामकाजी लोगों के बड़े समुदायों की शक्ति है। अपने कर्तव्य के प्रति ये लोग वैसे ही जागेंगे जैसे अपने अधिकारों के बारे में। वे जागेंगे और वे इस व्यवस्था की उल्टी दिशा की तरफ संघर्ष में आगे बढ़ रहे हैं जिसमें पैसे की ताकत और शासन की ताकत मुट्ठी भर लोगों के हाथों में है और जिस व्यवस्था में श्रम के बदले आलस्य से अधिक धन कमाया जा सकता है। दूसरी तरफ सामंती और पूंजीवादी वर्ग (फ्यूडल एंड कैपटिलिस्ट क्लासेज) हैं जो पुरानी सभ्यता के पुराने पड़ गए तत्वों द्वारा सहायता प्राप्त करते हैं।[259] इस बयान में आगे का वाक्य है : पूंजी और सामंतवाद के शीघ्र ही विनाश की आवश्यकता के बारे में दुनिया के दो तिहाई भाग में कोई संदेह नहीं होना चाहिए और कोई हिचक नहीं होनी चाहिए।[260] इस बयान में वर्ग संघर्ष की बात भी कही गई है बताया गया है कि सिविल नाफरमानी और वर्ग संघर्ष एक ही चीज के दो नाम हैं।[261] ये सिद्धांत सर्वोदयवाद की ओर उन्मुख हैं। उनमें साम्यवाद और पूंजीवाद को समान रूप से बुरा कहा गया है, यह बात अलग है। यहां से आगे बढ़ते हुए लोहिया और अन्य समाजवादी वर्ग संघर्ष के रास्ते से हट सकते थे, परंतु मुख्य बात यह है कि यहां छोटी जातियों और बड़ी जातियों का संघर्ष नहीं है। वर्गों की टक्कर है। मध्य वर्ग का उल्लेख है। श्रमिक जनता का उल्लेख है। पूंजीवाद का उल्लेख है और भले ही संघर्ष अहिंसात्मक हो, परंतु पूंजीवाद का विनाश संघर्ष के द्वारा ही होगा और संघर्ष के द्वारा ही समाजवाद की स्थापना होगी। मुख्य बात यह है कि उत्पादन के साधनों पर समाज का स्वामित्व होगा।[262] 1954 के घोषणा पत्र में समाजवादी पार्टी ने खेत मजदूरों का अलग से जिक्र किया[263] यह भी कहा गया है : सभी पिछड़े हुए लोगों को जाति का विचार किए बिना (आल बैकवर्ड पीपल रिगार्डलेस ऑफ कास्ट्स) उन्नति के लिए सुविधाएँ और अवसर दिए जाएंगे।[264] आगे चलकर जाति ही सब कुछ हो गई और योग्यता हो चाहे न हो ऊंचा पद दिलाने पर जोर दिया जाने लगा। समाजवादी आंदोलन का इतिहास में शहरों के मध्यवर्ग का जिक्र है। (पृष्ठ 35) और खेत मजदूर के बारे में कहा गया है : आमदनी का फर्क आज अपनी पार्टी की हैसियत से 10

गुने से ज्यादा नहीं होना चाहिए। खेत मजदूर को अगर 3 रुपए हो तो दूसरे को 30 रुपए।[265] लेकिन लोहिया ने जातिगत भेद छोड़कर खेत मजदूरों को संगठित करने, उनका संघर्ष चलाने का समर्थन नहीं किया।

जयप्रकाश नारायण और लोहिया में ज्यादा फर्क नहीं था। जयप्रकाश ने जमींदारी के खिलाफ संघर्ष चलाया और फिर उस रास्ते से हट कर सर्वोदयवादी हो गए। यानी वर्ग भेद और वर्ग संघर्ष से इन्कार किया। लोहिया भी उसी रास्ते पर जा रहे थे। उन्होंने सिद्धांतों की घोषणा में जिस प्रत्यक्ष जनतंत्र की बात कही है वो डायरेक्ट डेमोक्रेसी गांवों के स्तर पर संभव हो सकती है। उनकी कल्पना में उत्पादन के यंत्र ऐसे होने चाहिए जिन्हें मजदूर समझते हों, जिन पर उनका नियंत्रण हो। पूंजीवाद में बड़े उद्योग धंधों का नियंत्रण होता है। ये मशीनें कहां कैसे बनाई जाती हैं साधारण मजदूरों को इसका ज्ञान नहीं होता। इसलिए उन्होंने छोटी मशीन चलाने का सुझाव दिया। मशीन पूंजीपति के हित में चलाई जा सकती है और मजदूर के हित में भी चलाई जा सकती है। हितों का यह भेद न देख कर लोहिया ने मशीन का ही विरोध करना शुरू किया। बड़ी मशीन के मानें हैं पूंजीवाद। साम्यवादी रूस में बड़ी मशीनों से काम लिया गया इसलिए वहां भी पूंजीवाद आ गया। इसलिए उनका सुझाव था कि छोटी मशीन से काम लेना चाहिए। लोहिया ने स्माल यूनीक मशीन—छोटी मशीनों की वकालत करते हुए कहा : लोग अंतरिक्ष में यात्रा करते हैं, सम्प्रेषण के साधनों का विकास हुआ, उपग्रह छोड़े जाते हैं, आत्मरक्षा के लिए आणविक अस्त्र-शस्त्र बनाए जाते हैं। ऐसी स्थिति में यह कहने के लिए बहुत साहस चाहिए। जो साहस तर्क और विवेक से परे मालूम होगा कि छोटी मशीन से काम लेना चाहिए। उसे उचित ठहराने के लिए बहुत सी बातें कहनी पड़ेंगी। संसार इस समय जंगी मशीनों की लड़ाई का मंच बना हुआ है। लोग समझते हैं कि मशीन जितनी ही बड़ी हो उतना ही अच्छा।[267] लेकिन अब छोटी मशीनें भी बनती हैं और वे बहुत शक्तिशाली होती हैं। सवाल छोटी-बड़ी का नहीं है कौन वर्ग मशीन बना रहा है, किस के लिए बना रहा है, कैसे उसका उपयोग किया जाए ये बहुत महत्वपूर्ण है। जिस छोटी मशीन का जिक्र लोहिया ने किया है वह चरखे का ही दूसरा नाम है। चरखे की बात करते तो बहुत से उनके अनुयायी उनसे बिदक जाते। गाँधीजी का अनुसरण करके लोहिया ने चरखे का नाम नहीं लिया बल्कि ए स्माल यूनीक मशीन कहा। लेकिन यदि उनका प्रत्यक्ष लोकतंत्र गांवों के स्तर पर चलाया जाए, लोग चरखा कातें तो देश की रक्षा का क्या होगा? लोहिया राष्ट्रीय एकता की बात करते हैं। इस राष्ट्रीय एकता का कोई भौतिक आधार भी होगा। क्या स्वायत्त ग्राम समाजों में देश बंट जाएगा?

यदि पूर्वी बंगाल और उत्तर पश्चिमी भारत में उद्योग-धंधों का विकास हुआ होता तो लोग भारत के संयुक्त माल बाजार का महत्व समझते। तब हिंदू और मुसलमान पूंजीवादी इस देश को विभाजित न होने देते। कश्मीर में सामंती अवशेष अब भी सुदृढ़ हैं। उन्हें मिटाने के लिए न पहले प्रयत्न किया गया और न आज किया जाता है। कश्मीर में कश्मीरी भाषा को उन्नत होने का, राजकाज में प्रयुक्त होने का अवसर नहीं मिलता। उस पर उर्दू

लादी गई है। इस स्थिति का विरोध कोई राजनीतिक पार्टी नहीं करती। अंग्रेज नहीं चाहते थे कि भारत का औद्योगिक विकास हो। स्वदेशी का पूरा आंदोलन अंग्रेजों की इस नीति के विरोध में खड़ा हुआ था। लोहिया भी नहीं चाहते थे कि भारत में बड़े उद्योग-धंधों का विकास हो। साम्राज्यवाद की नीति और लोहिया की नीति में अद्‌भुत समानता है। अंग्रेज यहां के जमींदारों की रक्षा करते थे। राजाओं को अपने अस्त्र के रूप में इस्तेमाल करते थे। वे नहीं चाहते थे यहां सामंत विरोधी क्रांति हो। लोहिया ने भी सामंत विरोधी क्रांति को नजरंदाज किया। अंग्रेजों ने पिछड़ी हुई जातियों को आरक्षण का लालच दे कर उनमें फूट डाली। उन्हें स्वाधीनता और सामंत विरोधी आंदोलन से दूर रखा। यही काम लोहिया ने भी स्वाधीन भारत में किया। अंग्रेज मानते थे कि भारत में हिंदू समुदाय और मुसलमान समुदाय अलग-अलग हैं। इनमें कभी एकता नहीं रही और 20 सदीं में भी एकता नहीं है। लोहिया ने यह स्थापना स्वीकार करके हिंदुओं और मुसलमानों को मिलाने का प्रयत्न किया। परंतु जो नवाब और जमींदार उन्हें आपस में लड़ा रहे थे उनके खिलाफ संघर्ष चलाने में वह पीछे रहे। जिस बात से हिंदू किसान और मुसलमान किसान एक मंच पर इकट्ठे हो सकते थे, हिंदू मजदूर और मुसलमान मजदूर एक वर्ग में संगठित हो सकते थे, उसी का लोहिया ने विरोध किया। लोग दूसरों की आलोचना करते हैं कि हवाई योजना बनाते हैं। उन्हें ठोस भौतिक रूप नहीं देते। परंतु लोहिया का चिंतन स्वयं भाववादी है। जिन भौतिक उपकरणों से जाति प्रथा मिट सकती थी, जिनसे भारत का विभाजन रोका जा सकता था, उन्हीं का उन्होंने विरोध किया। यह बात सही है कि केवल औद्योगिक विकास से और वर्ग संघर्ष से सारी समस्याएँ हल नहीं हो जातीं, विचारधारात्मक संघर्ष चलाना भी आवश्यक होता है। लेकिन केवल मन को बदलो, मन को बदलने के लिए भौतिक साधन मत जुटाओ, यह नीति भी गलत है। आर्थिक विकास मुख्य है। भौतिक उपकरण मुख्य हैं। उनके उपस्थित होने पर विचारधारा का संघर्ष सफल होगा, यह संभावना अधिक होती है।

यह बात सही है कि समाजवादी आंदोलन में अनेक धाराएँ थीं। इनमें आचार्य नरेन्द्र देव की विचारधारा क्रांतिकारी थी और लोहिया से उलटी दिशा में चलती थी। 26 जनवरी 1927 के नेशनल हेराल्ड में उन्होंने 'नव साम्राज्यवाद और भारत' शीर्षक के अन्तर्गत लेख लिखा था। इसकी अनेक स्थापनाएँ लोहियावाद को समझने और समकालीन राजनीति का विश्लेषण करने में सहायक होंगी। नरेन्द्र देव ने कहा था : भारत में जो लोग राजनीतिक रूप से प्रबुद्ध हैं और भारत क्या बाहर भी जो लोग प्रबुद्ध हैं वे यह नहीं मानते कि ब्रिटिश साम्राज्यवाद का अचानक नैतिक भावावेश हुआ है जिससे बाध्य होकर वे भारत में अपना ताना-बाना समेटने को आतुर हो गए हैं। वे जानते हैं पुराने ढंग से राज्य नहीं कर सकते, इसलिए भागते भूत की लंगोटी भली। जो मिल जाए उसे अपने हाथ में रखने की कोशिश कर रहे हैं। इस लेख में अमेरिकी साम्राज्यवाद का जिक्र भी नरेन्द्र देव ने किया। उन्होंने कहा : संसार इस समय दो गुटों में विभाजित है। एक एंग्लो अमेरिकी गुट और दूसरा सोवियत गुट। अमेरिका का असीम प्रसार उसे विश्व की सबसे बड़ी फौजी ताकत बना

चुका है। सोवियत संघ ब्रिटिश साम्राज्यवाद से टकराता है। ईरान में तथा अन्य क्षेत्रों में वह टकराता है। इससे एशिया में, अफ्रीका में साम्राज्यवादी शोषण जारी रखने में ब्रिटिश साम्राज्यवाद को कठिनाई पैदा होती है। साम्राज्यवाद के लिए यह असंभव हो गया कि वह अपने उपनिवेशों और पराधीन देशों पर पुराने ढंग से शासन करे। अब एक नई तरह का साम्राज्यवाद आया है जिसका मतलब है कि राजनीतिक रूप से लोगों को बताया जाए कि हम हट रहे हैं। राजनीतिक रूप से पराधीन देशों को रियायतें दी जाएँ और उसके बदले आर्थिक और सैनिक सुविधाएँ प्राप्त की जाएँ।[268] इस वाक्य में आर्थिक हितों वाली बात पर ध्यान देना चाहिए। प्रश्न यह है कि 15 अगस्त 1947 के बाद क्या अंग्रेजों ने अपने आर्थिक हित भारत में सुरक्षित रखे थे? इसमें कोई संदेह नहीं कि वे आर्थिक हित सुरक्षित रहे हैं और वही नहीं, भारत में विदेशी पूंजी का आयात बराबर बढ़ता गया। कांग्रेसी सरकारों की योजनाओं की आलोचना करते हुए लोहिया ने लोकसभा में कहा : योजना का नतीजा अलबत्ता यह हुआ है कि विदेशी सहायता में अब अगर सब कर्जा वगैरह जोड़ा जाए और मैं यहां 20 करोड़ रु. जो अंग्रेजों के यहां बाकी थे उसको भी जोड़े लेता हूं और अवमूल्यन से जो रुपया बढ़ा है उसको भी जोड़ लेता हूं तो आज 80 अरब हो गया है और 1950 में कुल 32 करोड़। 32 करोड़ से 80 अरब 200 गुना बढ़ा है।[269] लेनिन ने साम्राज्यवाद का विश्लेषण किया था, पूंजी के निर्यात द्वारा मुनाफा कमाने की बात जो कही थी उसकी पुष्टि यहां लोहिया ने स्वयं की है और जब विदेशी पूंजी का दबाव भारत पर बराबर बढ़ता गया तब विदेशी पूंजी के साथ जो अंग्रेजी भाषा नत्थी है उसका वर्चस्व कैसे खत्म हो सकता है। अंग्रेजी हटाना अच्छी बात है। उसकी जगह भारतीय भाषाएँ और हिंदी भाषा चलाना अच्छी बात है। परंतु जब तक भारत पर विदेशी पूंजी का दबाव बना हुआ है तब तक न तो हिंदी को उसका अधिकार मिलेगा और न अन्य भारतीय भाषाओं को।

लोहिया ने अपने जीवन में सबसे अच्छी बात विदेशी सहायता ठुकराने के बारे में कही है। लोकसभा में बजट पर बोलते हुए उन्होंने कहा : अगर इस बजट में कोई दम है तो विदेशी सहायता को एकदम ठुकराया जाए। अब इसमें कुछ नहीं रह गया है। उसने हमारे पूरे दिमाग को बिगाड़ दिया है।[270] इसमें यह जोड़ दिया जाए कि विदेशी सहायता ठुकराने के साथ विदेशी पूंजी के साथ संयुक्त उद्यम लगाना बंद करना चाहिए। विदेशी कर्ज लेना बंद करने के साथ बहुराष्ट्रीय कंपनियों के माल का बहिष्कार करना चाहिए। 14 सितंबर को जो लोग हिंदी दिवस मनाते हैं अगर वे विदेशी पूंजी और विदेशी माल के बहिष्कार का नारा दें, आंदोलन चलाएँ तो हिंदी और भारतीय भाषाओं को बहुत गरिमामय स्थान प्राप्त करने में सुविधा होगी। साथ ही इस आंदोलन के फलस्वरूप छोटी बड़ी जातियों और विभिन्न धर्मों के लोगों को एक मंच पर इकट्ठा होने का अवसर मिलेगा। भारत का स्वाधीन आर्थिक विकास हो सकेगा और उसमें लोगों को अपनी मुक्ति के लिए नया आंदोलन चलाने का अवसर मिलेगा।

लोहिया के बाद लोहियावाद का प्रभाव और भी व्यापक रूप से फैला और इसका बहुत

बड़ा कारण यह था कि भारतीय पूंजीपति वर्ग को उसकी आवश्यकता थी। कांग्रेस अपना जनाधार बराबर खोती जा रही थी। अपनी नीतियों के फलस्वरूप वह जनता में क्षोभ जगा रही थी। इस क्षोभ से जातिवादी पार्टियों और साम्प्रदायिक पार्टियों ने लाभ उठाया। मंडल कमीशन की रिपोर्ट छपने के बाद लोहिया का प्रभाव और भी बढ़ा। छोटी जातियों के धनी किसान खेत मजदूरों का शोषण करते हैं। यह बात तो शोध कार्य का विषय बन गई। छोटी जातियों के धनी किसान और सरकारी अफसर जातिवाद के आधार पर सत्ता में भागीदारी करने के लिए प्रयत्न करने लगे। लोहिया का जो मुख्य नारा था—कांग्रेस के खिलाफ सभी लोगों को एकजुट होना चाहिए–उसी के अनुसार इन जातिवादी पार्टियों ने काम किया। साम्प्रदायिक पार्टियां और लोहियावाद में सामान्य भूमि यह थी कि दोनों ही कम्युनिस्ट विरोधी थे। दोनों ही कांग्रेस विरोधी थे और राज्य द्वारा बड़े उद्योग-धंधों के विकास का विरोध कर रहे थे। इसलिए उत्तर प्रदेश में जब चरण सिंह की सरकार बनी तब उसमें जनसंघ के साथ सोशलिस्ट थे और कम्युनिस्ट पार्टी के लोग भी थे। जब जयप्रकाश नारायण ने इंदिरा गाँधी के विरुद्ध आंदोलन चलाया तब से अंध कांग्रेस विरोध के कारण हिंदू राष्ट्रवादी स्वयंसेवक और कुछ वामपक्ष के लोग उस आंदोलन में शामिल हुए। जब विश्वनाथ प्रताप सिंह ने अपना मंत्रिमंडल बनाया तब वामपक्ष ने उसे बाहर से समर्थन देना शुरू किया और इस तरह भारतीय जनता पार्टी और कम्युनिस्ट पार्टी एक ही मंच पर आए। जब गुजराल सरकार बनी तब उसका आधार ये जातिवादी संगठन थे। भारतीय कम्युनिस्ट पार्टी ने उसमें सम्मिलित होना ठीक समझा। मार्क्सवादी कम्युनिस्ट पार्टी बाहर से समर्थन देती रही। इस सबके पीछे समझ यह थी कि कांग्रेस के मुकाबले जातिवादी पार्टियां अधिक प्रगतिशील हैं। यह मार्क्सवाद पर लोहियावाद की विजय थी।

आज वाम दक्षिण और मध्य मार्गी कोई पार्टी नहीं है जो मंडलीकरण का विरोध करे। सब आरक्षण का सिद्धांत मानते हैं और इस तरह वर्ग संघर्ष के रास्ते से हटती हैं। इसका परिणाम यह हुआ है कि अन्य पार्टियों के साथ उग्रपंथी मार्क्सवादी नक्सलवादी भी बढ़े हैं। देश के विभिन्न क्षेत्रों में उन्होंने अपनी कार्रवाई बढ़ाई है। इस सब के लिए वस्तुगत रूप से मुख्य कम्युनिस्ट पार्टियां जिम्मेदार हैं। जो काम उन्हें इतिहास ने सौंपा है यदि वे उसे पूरा नहीं करतीं तो जनता को भटकाने वाली पार्टियां आगे आएंगी ही। जो सामंत विरोधी साम्राज्य विरोधी क्रांति के कार्य हैं वे इन पार्टियों के पुराने कांग्रेसियों के दस्तावेजों में दर्ज हैं। यदि वे लोहियावाद की जगह मार्क्सवाद को फिर से प्रतिष्ठित करना चाहते हैं तो उन दस्तावेजों को देखना चाहिए। साम्राज्य विरोधी, सामंत विरोधी क्रांति के जो अधूरे कार्य हैं उन्हें पूरा करने के लिए जनता को संगठित करना चाहिए और पुराने कांग्रेसियों के दस्तावेजों में यह भी है कि वर्तमान कम्युनिस्ट पार्टियों का जो स्वरूप है उसमें मौलिक परिवर्तन आवश्यक है। उन्हें सर्वहारा पार्टी बनना चाहिए। इस कार्य को भी उन्हें पूरा करना चाहिए। तब भारत की स्थिति बदलेगी।

धर्म संस्कृति और इतिहास

राम मनोहर लोहिया की एक पुस्तिका है *सगुण और निर्गुण धर्म पर एक दृष्टि*। इसमें दो निबंध धर्म पर हैं। कहना न होगा कि यह धर्म हिंदू धर्म है जिस पर उन्होंने विचार किया है। यद्यपि भारत में अनेक धर्मों के मानने वाले रहते हैं पर लोहिया का ध्यान मुख्य रूप से हिंदू धर्म पर ही है। बदरी विशाल पित्ती ने *लोहिया विचार माला* नाम से 6-6 पृष्ठों की पुस्तिकाएँ छपवाई थीं। *विचार माला संख्या एक* में यह विचार प्रकट किया गया है : इसमें कोई शक नहीं कि देश में एकता तभी आई जब हिंदू दिमाग पर उदार विचारों का प्रभाव था। (पृष्ठ 6) इस दृष्टि से भारतीय समाज का इतिहास हिंदू धर्म का इतिहास बन जाता है। इस विचार माला में प्रकाशित अंतिम वाक्य यह है : हिंदू धर्म में उदारता और कट्टरता के महान् युद्ध को देश की एकता और बिखराव की शक्तियों का संघर्ष भी कहा जा सकता है।" हिंदू धर्म सभी धर्मों में श्रेष्ठ है। उसकी श्रेष्ठता इस बात में है कि इस धर्म के मानने वाले खुलकर अपने को दूसरों से श्रेष्ठ नहीं कहते। लोहिया कहते हैं : मैं जो थोड़ा बहुत हिंदू धर्म को समझ पाया हूं, उसमें यही एक विशेषता है। बाकी और धर्म वाले तो आसानी से अपने मुंह में ले आया करते हैं कि वे सबसे अच्छे हैं। सही हिंदू, वह ज्यादा से ज्यादा कभी अपने पुरखों के बड़प्पन को बताएगा तो वह यह कह देगा कि बड़प्पन की उस ऊंचाई तक हम लोग पहुंचे जिससे ज्यादा ऊंचे और कोई नहीं पहुंच सके। मतलब दूसरों को भी मौका दो कि शायद वे लोग पहुंचे हों।[271] मेरा कहना है भारत के सांस्कृतिक विकास की एक विशेषता यह है कि यहां दर्शन का विकास पहले हुआ, संघबद्ध धर्म का जन्म उसके बाद हुआ। बौद्ध धर्म भारत का, और संसार का, पहला संघबद्ध धर्म था। गौतम बुद्ध से पहले उपनिषदों में और उनके अतिरिक्त यहां के भौतिकवादी दर्शन में यथार्थवादी विचारधारा का यथेष्ट विकास हो चुका था। इसका एक परिणाम यह हुआ कि जितने धर्म संस्थापक थे, वे किसी भी धर्म के हों, यह कहते थे कि हमारा धर्म तर्क द्वारा सत्य सिद्ध किया जा सकता है। तर्क से प्रमाणित हो तो इसे स्वीकार करो अथवा उसे अस्वीकार करो। इस तरह की बातें अन्य देशों के धर्मों में नहीं कहीं गईं। इसका श्रेय धर्म को नहीं, भारतीय दर्शन की परम्परा को है।

लोहिया उपनिषदों की प्रशंसा करते हुए कहते हैं : जितना मजा मुझे उपनिषद के दर्शन में आया, उतना शायद या ऐसा कहूं उससे ज्यादा और कभी नहीं आया।[272] परंतु इस उपनिषद के दर्शन का व्यावहारिक पक्ष उनकी आंखों से ओझल रहता है। भारत में जितने समाज सुधारक हुए हैं, वे कहीं न कहीं वेदान्त की विचारधारा से जुड़े रहे हैं। लोहिया को भारतीय इतिहास जड़ और अपरिवर्तनशील दिखाई देता है और उसका एक कारण उनकी समझ में यह है कि वेदान्त और व्यवहार का संबंध टूट गया था। भारतीय दर्शन की एक विशेषता यह है कि वह मनुष्य के व्यवहार से घनिष्ठ रूप से सम्बद्ध रहा है। लोहिया वेदान्त

और व्यवहार के आपसी संबंध को नहीं देखते। उनकी दृष्टि में यह संबंध टूटा हुआ है। कहते हैं : एक आत्मज्ञान वह है जिसमें घंटे-आध घंटे के लिए तप करके या ध्यान करके या साधना लगा कर के ब्रह्म को प्राप्त करने की कोशिश की जाती है, वह जो कुछ भी ब्रह्म होता हो, बाकी जो 23 घंटे रहते हैं, उसमें उसका कुछ पता नहीं रहता। ऐसा ब्रह्मज्ञान किसी काम का नहीं होता। एक घंटे के लिए तो ब्रह्म का खूब दर्शन कर लिया, बाकी 23 घंटे में अपनी जिन्दगी, अपना व्यापार, अपना कामकाज ठीक उसी ढंग से चलाया कि जैसे कोई ब्रह्म हो ही नहीं। फिर यह तो एक नकली जिंदगी हो जाती है।[273] विभिन्न भाषाओं में संतों ने इसी नकली जिन्दगी का विरोध किया है। उन्होंने संन्यास लेने की बात नहीं कही। गृहस्थ-जीवन बिताओ, समाज का सारा कामकाज करते जाओ और उसके साथ ब्रह्म का ध्यान भी करो। मनुष्यों में जो ऊंच-नीच का भेद है, उसे मिटाओ। भक्ति आंदोलन में प्रेम को महत्व दिया गया है। यहां एक ओर ईश्वर से प्रेम है और दूसरी ओर मनुष्य मात्र के प्रति प्रेम है। इस आंदोलन में हिंदू, मुसलमान, द्विज और शूद्र सभी तरह के लोग आए, और इसका आधार वेदान्त था।

वेदान्त मनुष्य को नम्रता सिखाता है। परंतु वह उससे अन्याय के सामने झुकने को नहीं कहता। लोहिया गुरुनानक की एक पंक्ति उद्धृत करते हैं : 'नानक नन्हैं ह्वै रहो, जैसे नन्हां दूब।' लोहिया ने इसका यह अर्थ लगाया है कि गुरुनानक ने लोगों को झुकना सिखाया और इस झुकने के कारण भारत शताब्दियों तक पराधीन रहा। कहते हैं : हिंदुस्तान क्यों इतनी बार गुलाम हो जाता है? क्यों इतने लम्बे अरसे तक गुलाम हो जाता है? कहीं कोई खराबी है, और खराबी बिल्कुल साफ है कि हम झुक बहुत जाते हैं, बहुत दबते हैं। हर चीज के साथ हम समझौता कर लेते हैं और हमारे सोचने के तरीके बड़े गंदे हो गए हैं।[274] सभी जानते हैं गुरुनानक के शिष्यों ने मुगल सत्ता के विरुद्ध हथियारबंद संघर्ष किया था। भक्ति का यह पक्ष भी है। गुरु गोविंद सिंह आदि महान् योद्धा गुरुनानक की शिष्य-परम्परा में थे। यह भक्ति का दूसरा पक्ष है जिसे लोहिया ने छोड़ दिया है। महाराष्ट्र में समर्थ गुरु रामदास ने इसी तरह लोगों को अन्याय का विरोध करने की शिक्षा दी थी। शिवाजी का जातीय संग्राम इसी भक्ति परम्परा का व्यावहारिक विकास था। पंजाब और महाराष्ट्र के उदाहरण यह बताते हैं कि वेदान्त का एक पक्ष इतना व्यावहारिक है कि वह राजनीति में लोगों को हथियारबंद संघर्ष की ओर प्रेरित करता है। लोहिया दीर्घ अवधि तक भारत के गुलाम रहने की बात कहते हैं। जिन दिनों दिल्ली के सिंहासन पर वे शासक थे जिनका धर्म इस्लाम था, उन दिनों को वह पराधीनता के दिन मानते हैं। इस तरह वह भारत के इतिहास को हिंदू इतिहास और मुस्लिम इतिहास में विभाजित कर देते हैं। संप्रदायवादी जातीय इकाई स्वीकार नहीं करते। उनके लिए सब हिंदू समान हैं, सब मुसलमान एक हैं। परंतु भारत में अनेक भाषाएँ बोलने वाले लोग रहते हैं। उनके प्रदेशों में जातीय संस्कृति का विकास हुआ। वहां की भाषाओं में साहित्य रचा गया। उसमें हिंदुओं के साथ मुसलमानों का भी योगदान रहा है। कोई शासक कट्टर या उदार है और उसका धर्म हिंदू से अलग

है, इससे वह विजातीय नहीं हो जाता। हिंदुओं में कट्टर और उदार होते हैं, वैसे ही मुसलमानों में कट्टर और उदार होते हैं। देखना यह चाहिए कि भाषा और संस्कृति में वे प्रादेशिक जाति के अंग बने हैं या नहीं। भारतीय बनने से पहले उनका प्रादेशिक जाति का अंग बनना जरूरी है। भारत के लोग इस बात पर उचित गर्व करते हैं कि उनकी सभ्यता प्राचीन ही नहीं, वरन उसकी अटूट परम्परा है। इस अटूट परम्परा को अपरिवर्तनशीलता का नमूना मानकर लोहिया उसकी आलोचना करते हैं।

हिंदू धर्म के प्रति लोहिया के मन में द्वैत भाव है। सभी धर्मों में वह श्रेष्ठ है। इसके साथ ही भारत जो शताब्दियों तक गुलाम रहा, उसका कारण भी हिंदू धर्म है। समाज में परिवर्तन होता है तो धर्म के कारण होता है। समाज में परिवर्तन नहीं होता तो यह भी धर्म के कारण है। सामाजिक शक्तियों के स्थान पर धर्म को प्रतिष्ठित करते हुए लोहिया इतिहास का विश्लेषण करते हैं : क्या बात है कि और देशों में जहां समझो इस्लाम या ईसाई धर्म है या बुद्ध धर्म, जो कि एक माने में हिंदू धर्म का ही एक रूप है, वहां तबदीली हो जाती है, जल्दी-जल्दी राज या समाज बदलते हैं। (लेकिन अपने देश में बदलाव नहीं होता), यह एक बड़ा जबर्दस्त सवाल है।[275] कर्मकांड और ब्रह्मज्ञान से इस अपरिवर्तनशीलता को जोड़ते हुए लोहिया कहते हैं : कुछ कर्मकांड और कुछ ब्रह्मज्ञान इस ढंग का रहा है कि जिसके परिणामस्वरूप आज भी, हजारों बरस के बाद भी, अपना देश जल्दी परिवर्तन नहीं कर पाता।[276] इन हजारों बरस के इतिहास में अपरिवर्तनशीलता मुसलमान शासन काल को मिलाकर देखी गई है। यह अपरिवर्तनशीलता गुलामी का दूसरा नाम है, और मुसलमानों के शासनकाल में हिंदू उनके गुलाम थे। यह स्थापना इन वाक्यों में निहित है। फिर जो लोग इस बात पर गर्व करते हैं कि भारत की सांस्कृतिक परम्परा अमिट रही है, उनकी आलोचना करते हुए लोहिया कहते हैं : कुछ तो इस पर बड़ा घमंड करते हैं। एक गाने में भी यही घमंड है कि यूनान, मिस्र रोम जहां से मिट गए बाकी बचा है हमारा हिंदुस्तान। और यह घमंड किसने किया था? इकबाल ने। कभी किसी जमाने में गाँधीजी जैसे आदमी भी, अपने बुढ़ापे में नहीं, अपनी जवानी में घमंड कर गए थे।[277] लोहिया का विचार है कि गाँधीजी ने अपने विचार बदल दिए थे, लोग उनके पहले के विचारों को उद्धृत करते हैं और बाद के विचारों को भूल जाते हैं। वास्तव में गाँधीजी ने भारतीय संस्कृति का निरंतर समर्थन किया है। उनके मूल्यांकन में दोष हो सकता है परंतु कोई मौलिक परिवर्तन उनके विचारों में नहीं हुआ और उन्हें इस बात का गर्व था कि भारत की सांस्कृतिक परम्परा अटूट रही है। अपने विचारों में वह अन्य राजनीतिज्ञों की अपेक्षा वेदान्त के अधिक निकट थे। लोहिया कहते हैं : पहली बात तो यह है कि बहुत घमंड करने की जरूरत नहीं। मिस्र कहां मिट गया? चीन कहां मिट गय? यूनान कहां मिट गया?[278] भौगोलिक दृष्टि से मिस्र अवश्य बना हुआ है किंतु इस देश पर, वहां के पुराने लोगों पर अरबों ने विजय प्राप्त की। वहां की भाषा और संस्कृतियों में मौलिक परिवर्तन हुआ। यूनानी पहले उस प्रदेश में रहते थे जहां अब तुर्की राष्ट्र है। यहां से उन्हें भागना

पड़ा। दर्शन का कुछ विकास इस पुराने एशियाई यूनान में हुआ था। उसके बाद यूरोप वाले हिस्से में दर्शन और साहित्य का विकास हुआ। इस यूनान पर पहले मख्दूनिया के फिलिप ने हमला किया, फिर उसके बेटे सिकंदर ने अधिकार जमाया। सिकंदर के बाद रोमनों ने यूनान पर अधिकार किया। परिणाम यह कि यूनानी सभ्यता का सहज विकास बंद हो गया। यूनानी सभ्यता के केंद्र मिस्र, सिकंदरिया, में स्थापित हुए और बाइजैन्टियम कहलाने वाले लघु एशिया में स्थापित हुए। 16वीं सदी में जब सारे यूरोप में पुरानी यूनानी संस्कृति के आधार पर नव जागरण हो रहा था, तब स्वयं यूनान में अंधकार था। वहां तुर्क अपना शासन स्थापित किए हुए थे। भारत में साहित्य और दर्शन की जो अटूट परम्परा रही है, वह न तो मिस्र में थी और न यूनान में रही।

अंग्रेजों ने भारत पर अधिकार किया। उन्होंने बराबर यह प्रचार किया कि भरतीय समाज ठहराव की हालत में था। यहां प्रगति बिल्कुल न हो रही थी। अंग्रेजों ने आ कर यहां के समाज को नई दिशा और नई गति प्रदान की। इस प्रचार की बातें लोहिया अपने ढंग से दोहराते हैं। कहते हैं : एक बात बिल्कुल समझ कर के रखना चाहिए कि इतना ज्यादा जम जाना, एक तालाब के पानी की तरह है जिसमें काई आ जाती है, गंदा हो जाना, किसी भी देश और धर्म के लिए खतरनाक हुआ करता है।[279]

अंग्रेज सामाजिक इतिहास के बदले देवकथाओं को बहुत महत्व देते थे। भारत की पहचान उसकी देवकथाओं से होती है। भारत की आत्मा की पहचान के बारे में लोहिया कहते हैं : भारतीय आत्मा के इतिहास के लिए ये तीन नाम सबसे सच्चे हैं और पूरे कारवां में महानतम हैं। इतने ऊंचे और अपूर्व हैं कि दूसरों के मुकाबले में गलत और असंभव दीखते हैं। जैसे पत्थरों और धातुओं पर इतिहास लिखा मिलता है, वैसे ही इनकी कहानियां लोगों के दिमागों पर अंकित हैं जो मिटाई नहीं जा सकती।[280] इसी तरह धर्म का इतिहास सामाजिक इतिहास का स्थान लेता है और उस इतिहास पर लोगों का जो विश्वास है, उसे कभी मिटाया नहीं जा सकता।

अनेक समाज सुधारकों ने पौराणिक अंधविश्वासों के विरुद्ध संघर्ष किया है। कुछ विद्वानों ने पुराण-कथाओं में निहित वेदान्त के सत्य उद्‌घाटित भी किये हैं। लोहिया इन दोनों प्रवृत्तियों से दूर रहते हैं। वह पुराण-कथाओं को ज्यों का त्यों स्वीकार करते हैं, और इन कथाओं के दो पहलू देखते हैं—एक उदासी वाला पक्ष और दूसरा रंगीन सपनों वाला पक्ष। राम और कृष्ण और शिव भारत की उदासी और साथ-साथ रंगीन सपने हैं। ऐसी बात है तो इन कथाओं का मूल्यांकन अधिक विवेक से करना आवश्यक है। इन कथाओं की शक्ति के बारे में लोहिया का विचार है : किवंदतियों में अपरिमित शक्ति है और वे अपनी कौम के दिमाग का अंश बन जाती हैं। इन किंवदंतियों में अशिक्षित लोगों को भी सुसंस्कृत करने की ताकत होती है, लेकिन उनमें सड़ा देने की क्षमता भी होती है।[281] इससे पुनः इस धारणा की पुष्टि होती है कि इन कथाओं का, आलोचनात्मक दृष्टि से, अध्ययन करना चाहिए। लोहिया राम, कृष्ण और शिव को भारत में पूर्णता के तीन महान् स्वप्न

कहते हैं। लेकिन सब की पूर्णता एक तरह की नहीं है : राम की पूर्णता मर्यादित व्यक्तित्व में है, कृष्ण की उन्मुक्त या संपूर्ण व्यक्तित्व में और शिव की असीमित व्यक्तित्व में। लेकिन हर एक पूर्ण है। किसी एक का या एक दूसरे से अधिक या कम पूर्ण होने का कोई सवाल नहीं उठता।[282] यदि तीनों समान रूप से पूर्ण हैं तो उनमें कोई भेद नहीं होना चाहिए। परंतु आगे के विवेचन से ऐसा लगता है लोहिया की दृष्टि में इन तीनों में कोई अधिक पूर्ण है कोई कम पूर्ण। शिव के बारे में जो उन्होंने कहा उनकी पूर्णता असीमित व्यक्तित्व में है। जो असीमित है वह सीमित से बड़ा है यहां राम और शिव का भेद स्पष्ट दिखाई देता है। राम ने साम्राज्य विस्तार किया। भारत का एकीकरण संपन्न किया। लोहिया की कल्पना में वाल्मीकि की लंका वही है जो वर्तमान लंका है। अनेक विद्वान् यह मानते हैं कि वाल्मीकि की लंका मध्य भारत में थी। इसके सिवा राम ने विभीषण को मिलाया और इससे राष्ट्रीय एकीकरण में सहायता मिली। लेकिन कवि विभीषण को विश्वासघाती मानते रहे। लोहिया कहते हैं : मर्यादा पुरुषोत्तम राम अपने मित्र को आम लोगों की नजर में स्वीकार्य नहीं बना सके और राम की मित्रता करने पर भी विभीषण का कलंक हमेशा बना रहा।[283] इस तरह राम की पूर्णता पुनः सीमित हुई है। राम और कृष्ण में एक अंतर यह है कि "राम ने अपनी दृष्टि केवल एक महिला तक सीमित रखी" उधर कृष्ण ने "वृंदावन की 16 हजार गोपियों के साथ रास नृत्य किया।" कृष्ण के व्यक्तित्व को लोहिया उन्मुक्त मानते हैं। इसके विपरीत राम का चरित्र मर्यादित है अर्थात् उनकी पूर्णता सीमित है। राम सीता के विरह में रोए। इसके विपरीत "कृष्ण संपूर्ण पुरुष थे। उनके चेहरे पर मुस्कान और आनंद की छाप बराबर बनी रही और खराब से खराब हालत में भी उनकी आंखें मुस्कराती रहीं।" राम ने सीता को वनवास दिया। इस कथा पर विश्वास करते हुए लोहिया ने लिखा : सिंहासन त्याग कर के (वह) सीता के साथ फिर प्रवास कर सकते थे। शायद उन्होंने यह सुझाव रखा भी हो, लेकिन उनकी प्रजा अनिच्छुक थी। उन्हें अपने आग्रह पर कायम रहना चाहिए था।[284] इस तरह राम ने चरित्र की दृढ़ता दिखाने के बदले दुर्बलता दिखाई। पूर्णता में इस तरह फिर बट्टा लगा।

राम और कृष्ण इतिहास-पुरुष थे या नहीं, इस प्रश्न के बारे में लोहिया कहते हैं : इनको इतिहास के परदे पर उतारने की कोशिश करना, और ऐसी कोशिश होती भी है, एक हास्यास्पद चीज होगी।[285] परंतु रावण के बारे में वह मानते हैं : अपने जमाने का निःसंदेह वह सर्वश्रेष्ठ विद्वान् था।[286] ऐसी बात उसी व्यक्ति के बारे में कही जा सकती है जो कल्पना की उपज न हो, वरन् जिसका अस्तित्व इतिहास-सम्मत हो। यदि रावण इतिहास पुरुष था तो राम को इतिहास-पुरुष होना ही चाहिए। महाभारत के कृष्ण और भागवत के कृष्ण को मिला कर लोहिया ने कृष्ण की पूर्णता का यह अद्भुत चित्र खींचा है : कृष्ण चोर, झूठे-मक्कार और खूनी थे। और वे एक पाप के बाद दूसरे पाप बिना रत्ती भर हिचक के करते थे।[287] राम ने लंका जीत कर एक साम्राज्य स्थापित किया। वैसे कोशल का राज्य उनके पास पहले से भी था। कृष्ण ने ऐसा कोई राज्य स्थापित नहीं किया। अधिक से अधिक

शासक वंश की एक शाखा से सत्ता छीन कर दूसरी शाखा को उसे प्रदान किया। राजनीति में इन दोनों पूर्ण पुरुषों की तुलना करते हुए लोहिया कहते हैं : यह एक पहेली है कि कम से कम राजनीति के दायरे में मर्यादा पुरुष महत्वपूर्ण और सार्थक और उन्मुक्त या संपूर्ण पुरुष छोटा और निरर्थक साबित हुआ।[288] छोटा और निरर्थक, इससे पूर्णता पूरी तरह सीमित हुई। इसलिए पहले की स्थापना कि तीनों समान रूप से पूर्ण हैं, अलग-अलग ढंग से पूर्ण हैं, खंडित हो जाती है।

धर्म से राजनीति का अटूट संबंध मानते हुए लोहिया कहते हैं : धर्म और राजनीति, ईश्वर और राष्ट्र या कौम हर जमाने में और हर जगह मिल कर चलते हैं।[289] इस तरह राजनीति को धर्म से अलग नहीं किया जा सकता, न पहले कभी इन दोनों का अलगाव हुआ है और न आगे कभी होगा। यहां लोहिया का चिंतन सम्प्रदायवादियों के चिंतन से बहुत मिलता-जुलता है। शिव का राजनीति से क्या संबंध था, यह स्पष्ट नहीं होता। उन्होंने पहले कामदेव को जलाया, फिर रति के विलाप से द्रवित होकर उसे अनंग रूप में जीवित कर दिया। उन्होंने पार्वती की मृत्यु पर शोक प्रकट किया। उनका शव–अपने कंधे पर लाद कर वह देश भर में भटकते फिरे।[290] इस तरह शिव, प्रेमी के रूप में, कृष्ण की अपेक्षा राम के अधिक निकट हैं।

लोहिया ने शिव पार्वती के नृत्य का अद्भुत वर्णन किया है। उसे ऐतिहासिक घटना मानकर उन्होंने शिव के व्यवहार की आलोचना भी की है। लिखा है : शिव का एक दूसरा भी काम है जिसका औचित्य साबित करना कठिन है। उन्होंने पार्वती के साथ नृत्य किया। एक-एक ताल पर पार्वती ने शिव को मात किया। तब उत्कर्ष आया। शिव ने एक थिरकन किया और अपना पैर ऊपर उठाया। पार्वती स्तब्ध और विस्मयचकित खड़ी रहीं और यह नारी की मर्यादा के खिलाफ भंगिमा नहीं दर्शा सकीं। अपने पति के इस अनुचित काम पर आश्चर्य प्रकट करती खड़ी रहीं।[291] यहां मर्यादा पुरुषोत्तम की तरह पार्वती मर्यादा का पालन करती हैं और कृष्ण के उन्मुक्त व्यक्तित्व की तरह शिव मर्यादा भंग करते दिखाई देते हैं। लोहिया कहते हैं : लेकिन जीवन का नृत्य ऐसे उतार-चढ़ाव से बनता है कि जिसे दुनिया के नाक भौं चिढ़ाने वाले अभद्र कहते हैं और जिससे नारी की मर्यादा बचाने की बात कहते हैं।[292] अर्थात् नारी जिसे मर्यादा कहती है, उसे भंग करना उन्मुक्त पुरुष का काम है और जीवन का नृत्य इसी तरह चलता है। लेकिन शिव का संबंध राजनीति से है। हैदराबाद के आर्य समाजियों की एक सभा में लोहिया ने कहा : जब कैलाश पर्वत पर, जिसको कि आप अपने सत्संग में अक्सर शिव-पार्वती का पर्वत कहा करते हो, 10 बरस पहले चीनियों ने अपना पंजा मारा और उसको अपने कब्जे में किया, मैं समझता हूं कि हिंदुस्तान में धर्म अधर्म के जो कुछ भी लोग हैं, उनमें सिर्फ मैं ही था कि जिसने इस चीज के ऊपर हल्ला मचाया।[293] चीनियों ने कैलास पर पंजा मारा, शिव के स्थान को उन्होंने भ्रष्ट किया। अब भारत को क्या करना चाहिए? लोहिया का सुझाव है : या तो तिब्बत को पूरा स्वतंत्र होना चाहिए तो कैलाश मानसरोवर वगैरह हम अपने भाई तिब्बत की

रखवाली में रख सकते हैं। मेरा यह इरादा है और हरेक का यही इरादा होना चाहिए। लेकिन अगर तिब्बत स्वतंत्र नहीं होता तो फिर कैलाश-मानसरोवर का इलाका हिंदुस्तान में आना चाहिए।[294] यानी शताब्दियों से मार खाते रहने के बाद अब भारत को उठ खड़ा होना चाहिए। तिब्बत तो अपना भाई है। लेकिन चीन तिब्बत पर अधिकार किए हुए है। वह अपना भाई नहीं है। तिब्बत को स्वतंत्र होना चाहिए। कैसे स्वतंत्र हो? भारत की फौजें तिब्बत में जाएँ, चीनियों को खदेड़ दें। यही तरीका बच रहता है। लोहिया के लिए यह जिंदगी और मौत का सवाल है। करो या मरो वाली जैसी स्थिति है : अगर हमेशा कीड़े-चींटी की तरह नहीं, दूब की तरह झुक जाएँ और आत्मसमर्पण कर दें, मर्यादा न खींची तो फिर वह उससे भी ज्यादा भयंकर होता है। इससे तो अच्छा है कि हम खत्म हो जाएँ, रहें नहीं।[295] तब क्या करना चाहिए? लोहिया का उपदेश है : आत्मसमर्पण की जो क्षति होती है, उसको खत्म करना हम सीखें और वह तभी होगा जब हिंदू धर्म में आप कुछ तेजस्विता लाने की कोशिश करोगे, जो इस समय नहीं है।[296] अर्थात हिंदू जागरण के बिना देश की रक्षा संभव नहीं है, विदेश नीति सही ढंग से संचालित नहीं की जा सकती।

लोहिया की इन स्थापनाओं को ध्यान में रखें तो यह समझ में आ जाएगा कि 1999 में उनके सहयोगी और शिष्य जॉर्ज फर्नांडीज चीन को अपना प्रथम शत्रु क्यों मानते हैं और क्यों वह भारतीय जनता पार्टी की सरकार में रक्षा मंत्री बने हुए हैं।

संदर्भिका – आम्बेडकर

1. डॉ. बाबा साहब आम्बेडकर राइटिंग्स एंड स्पीचेज; खंड-7, पृ. 300
2. वही, खंड-3, पृ. 418
3. वही, पृ. 418
4. वही, पृ. 419
5. वही, पृ. 420
6. वही, पृ. 420
7. वही, पृ. 420
8. वही, पृ. 421
9. वही, खंड-12, पृ. 3-4
10. वही, पृ. 6
11. वही, पृ. 7
12. वही, पृ. 7-8
13. वही, पृ. 8
14. वही, पृ. 9
15. वही, पृ. 13-14
16. वही, पृ. 17-18
17. वही, पृ. 20
18. वही, पृ. 27
19. वही, पृ. 43
20. वही, पृ. 44
21. वही, पृ. 48
22. वही, पृ. 49
23. वही, पृ. 35
24. वही, पृ. 50-51
25. वही, पृ. 41
26. वही, पृ. 46
27. वही, पृ. 47
28. वही, पृ. 56
29. वही, पृ. 56
30. वही, पृ. 57
31. वही, पृ. 57
32. वही, पृ. 62
33. वही, पृ. 59-60
34. वही, पृ. 53
35. वही, पृ. 53
36. वही, पृ. 54
37. वही, पृ. 54
38. वही, पृ. 57
39. वही, पृ. 68
40. वही, पृ. 83
41. वही, पृ. 81-82
42. वही, पृ. 82
43. वही, पृ. 84
44. वही, पृ. 61
45. वही, पृ. 84-85
46. वही, खंड-6, पृ. 80-81
47. वही, खंड-12, पृ. 70
48. वही, पृ. 70
49. वही, पृ. 71
50. वही, पृ. 60
51. वही, पृ. 50
52. वही, पृ. 61

53. वही, पृ. 58
54. वही, पृ. 58
55. वही, खंड-6, पृ. 71
56. वही, पृ. 77
57. वही, पृ. 78
58. वही, पृ. 21
59. वही, खंड-12, पृ. 69-70
60. वही, पृ. 70
61. वही, खंड-6, पृ. 92
62. वही, पृ. 32-33
63. वही, खंड-12, पृ. 64
64. वही, खंड-6, पृ. 11
65. वही, पृ. 227
66. वही, पृ. 87
67. वही, पृ. 228
68. वही, पृ. 35
69. वही, खंड-12, पृ. 86
70. वही, खंड-6, पृ. 265
71. वही, पृ. 264
72. वही, पृ. 266
73. वही, पृ. 266
74. वही, पृ. 267
75. वही, पृ. 268
76. वही, पृ. 271
77. वही, पृ. 272
78. वही, खंड-6, पृ. 233
79. वही, पृ. 233
80. वही, खंड-7, पृ. 65
81. वही, पृ. 66
82. वही, पृ. 67
83. वही, पृ. 69
84. वही, पृ. 70
85. वही, पृ. 70
86. वही, पृ. 70
87. वही, पृ. 75
88. वही, पृ. 75
89. वही, खंड-2, पृ. 76
90. वही, पृ. 76
91. वही, पृ. 78
92. वही, पृ. 78
93. वही, पृ. 79
94. वही, पृ. 79
95. वही, पृ. 80
96. वही, पृ. 80
97. वही, पृ. 82-83
98. वही, पृ. 98
99. वही, पृ. 87
100. वही, पृ. 99
101. वही, पृ. 97
102. वही, पृ. 98
103. वही, पृ. 98
104. वही, पृ. 99
105. वही, पृ. 100
106. वही, पृ. 103
107. वही, पृ. 109
108. वही, पृ. 110-111
109. वही, पृ. 108
110. वही, पृ. 108-109
111. वही, पृ. 109
112. वही, पृ. 109
113. वही, पृ. 114
114. वही, खंड-7, पृ. 152-153
115. वही, पृ. 139
116. वही, पृ. 148-149
117. वही, पृ. 151
118. वही, पृ. 151
119. वही, पृ. 152
120. वही, पृ. 154
121. वही, पृ. 130
122. वही, पृ. 29-30
123. वही, पृ. 30
124. वही, पृ. 30
125. वही, खंड-1, पृ. 30
126. वही, पृ. 16

127. वही, पृ. 110
128. वही, पृ. 110
129. वही, पृ. 112
130. वही, पृ. 111
131. वही, पृ. 178-179
132. वही, पृ. 181
133. वही, खंड-2, पृ. 106
134. वही, खंड-13, पृ. 61-62
135. वही, खंड-2, पृ. 281
136. वही, पृ. 281
137. वही, पृ. 281
138. वही, पृ. 281
139. वही, पृ. 282
140. वही, पृ. 282
141. वही, पृ. 282
142. वही, पृ. 283
143. वही, पृ. 284
144. वही, पृ. 284
145. वही, पृ. 285
146. वही, पृ. 285
147. वही, खंड-12, पृ. 9
148. वही, पृ. 8
149. वही, खंड-7, पृ. 207-208
150. वही, खंड-2, पृ. 77
151. वही, पृ. 287
152. वही, पृ. 288
153. वही, पृ. 451
154. वही, पृ. 447
155. वही, खंड-5, पृ. 38
156. वही, खंड-12, पृ. 86
157. वही, पृ. 87
158. वही, पृ. 87
159. वही, पृ. 88
160. वही, पृ. 89
161. वही, पृ. 79
162. वही, पृ. 90-91
163. वही, पृ. 91
164. वही, पृ. 95
165. वही, खंड-5, पृ. 23
166. वही, पृ. 23
167. वही, खंड-7, पृ. 164
168. वही, खंड-5, पृ. 252
169. वही, खंड-6, पृ. 233
170. वही, खंड-5, पृ. 257
171. वही, पृ. 51
172. वही, खंड-2, पृ. 76
173. वही, पृ. 76-77
174. वही, पृ. 76-77
175. वही, पृ. 79
176. वही, पृ. 253-254
177. वही, खंड-5, पृ. 7
178. वही, खंड-7, पृ. 311-312
179. वही, पृ. 312
180. वही, खंड-9, पृ. 324
181. वही, पृ. 326
182. वही, पृ. 326
183. वही, खंड-2, पृ. 465
184. वही, पृ. 465
185. वही, खंड-5, पृ. 253-254
186. वही, पृ. 255
187. वही, खंड-9, पृ. 14-16
188. वही, पृ. 16
189. वही, खंड-2, पृ. 430-431
190. वही, पृ. 598
191. वही, पृ. 597
192. वही, पृ. 662
193. वही, खंड-9, पृ. 330
194. वही, पृ. 330
195. वही, खंड-8, पृ. 8
196. वही, पृ. 409
197. वही, खंड-10, पृ. 455
198. वही, पृ. 537
199. वही, पृ. 542-543
200. वही, खंड-9, पृ. 23

201. वही, खंड-5, पृ. 40
202. वही, पृ.40
203. वही, पृ. 38
204. वही, पृ. 45
205. वही, खंड-7, पृ. 14
206. वही, खंड-5, पृ. 40
207. वही, खंड-2, पृ. 450-451
208. वही, पृ. 247
209. वही, खंड-5, पृ. 39
210. वही, पृ. 29
211. वही, पृ. 41
212. वही, पृ. 51
213. वही, खंड-9, पृ. 271
214. वही, पृ. 36-37
215. वही, खंड-5, पृ. 53
216. वही, पृ. 33
217. वही, खंड-10, पृ. 437
218. वही, पृ. 438-439
219. वही, पृ. 440
220. वही, पृ. 440
221. वही, पृ. 441
222. वही, खंड-7, पृ. 29-30
223. वही, खंड-5, पृ. 258
224. वही, खंड-6, पृ. 136
225. वही, खंड-7,पृ. 306
226. वही, खंड-6, पृ. 130
227. वही, पृ. 131
228. वही, पृ. 134
229. वही, खंड-5, पृ. 216-217
230. वही, पृ. 219-220
231. वही, पृ. 243
232. वही, पृ. 244
233. वही, पृ. 245
234. वही, खंड-2, पृ. 495
235. वही, खंड-7, पृ. 13
236. वही, खंड-5, पृ. 89
237. वही, पृ. 176
238. वही, पृ. 455
239. वही, खंड-9, पृ. 272-273
240. वही, खंड-8, पृ. 35
241. वही, पृ. 34
242. वही, खंड-9, पृ. 3-4
243. वही, खंड-2, पृ. 316
244. वही, पृ. 316-317
245. वही, पृ. 317
246. वही, पृ. 318
247. वही, पृ. 319
248. वही, पृ. 319
249. वही, पृ. 320
250. वही, पृ. 320
251. वही, पृ. 321
252. वही, खंड-8, पृ. 9
253. वही, पृ. 30
254. वही, पृ. 34
255. वही, पृ. 35
256. वही, पृ. 347-348
257. वही, पृ. 352
258. वही, पृ. 353
259. वही, पृ. 354
260. वही, पृ. 354
261. वही, पृ. 354-55
262. वही, पृ. 355
263. वही, पृ. 356
264. वही, पृ. 356
265. वही, पृ. 358
266. वही, पृ. 358
267. वही, पृ. 359
268. वही, पृ. 359
269. वही, पृ. 359
270. वही, पृ. 250
271. वही, पृ. 259
272. वही, पृ. 264
273. वही, पृ. 264
274. वही, पृ. 265

275. वही, पृ. 269
276. वही, पृ. 232
277. वही, पृ. 292
278. वही, पृ. 294
279. वही, पृ. 330-331
280. वही, पृ. 321
281. वही, पृ. 321
282. वही, पृ. 270
283. वही, पृ. 363
284. वही, पृ. 12-13
285. संपूर्ण आम्बेडकर वाङ्मय, खंड-6, पृ. 182
286. डॉ. बाबा साहब आम्बेडकर राइटिंग एंड स्पीचेज, खंड-5, पृ. 253
287. वही, खंड-14, पृ. 1325
288. वही, पृ. 1329
289. वही, खंड-15, पृ. 826
290. वही, खंड-14, पृ. 3
291. वही, खंड-8, पृ. 27
292. वही, खंड-2, पृ. 190
293. वही, खंड-1, पृ. 259
294. वही, खंड-15, पृ. 966
295. वही, पृ. 471-472
296. वही, खंड-13, पृ. 1216
297. वही, खंड-10, पृ. 43
298. वही, खंड-13, पृ. 8
299. वही, पृ. 9
300. वही, पृ. 852
301. वही, खंड-2, पृ. 530-532
302. वही, पृ. 621
303. वही, पृ. 585
304. वही, पृ. 515
305. वही, पृ. 517
306. वही, पृ. 526
307. वही, पृ. 696
308. वही, पृ. 698
309. वही, पृ. 714 और 730
310. वही, खंड-13, पृ. 568
311. वही, पृ. 581
312. वही, पृ. 706-707
313. वही, पृ. 559
314. वही, पृ. 1152-1153
315. वही, पृ. 814
316. वही, पृ. 913
317. वही, पृ. 773
318. वही, पृ. 9
319. वही, खंड-5, पृ. 251-252
320. वही, खंड-10, पृ. 107
321. वही, पृ. 108-109
322. वही, पृ. 109
323. वही, पृ. 109
324. वही, पृ. 111
325. वही, पृ. 312
326. वही, खंड-2, पृ. 559
327. वही, खंड-10, पृ. 37
328. वही, पृ. 37
329. वही, पृ. 40
330. वही, पृ. 42
331. वही, खंड-15, पृ. 838
332. वही, खंड-2, पृ. 361
333. वही, खंड-7, पृ. 22
334. वही, खंड-2, पृ. 340
335. वही, पृ. 130
336. वही, पृ. 130
337. वही, पृ. 100
338. वही, पृ. 488
339. वही, पृ. 488
340. वही, खंड-5, पृ. 398
341. वही, खंड-2, पृ. 139
342. वही, खंड-10, पृ. 131
343. वही, खंड-2, पृ. 614
344. वही, खंड-3, पृ. 441
345. वही, पृ. 442

346. वही, पृ. 444
347. वही, खंड-11, पृ. 330
348. वही, पृ. 81
349. वही, पृ. 82
350. वही, पृ. 86
351. वही, पृ. 84
352. वही, पृ. 84
353. वही, पृ. 92
354. वही, पृ. 92
355. वही, पृ. 332
356. वही, पृ. 332
357. वही, पृ. 332
358. वही, पृ. 332-333
359. वही, खंड-3, पृ. 442
360. वही, पृ. 444
361. वही, पृ. 445
362. वही, पृ. 445
363. वही, पृ. 446
364. वही, पृ. 447
365. वही, पृ. 459
366. वही, पृ. 450
367. वही, पृ. 450
368. वही, पृ. 450
369. वही, पृ. 451
370. वही, पृ. 451
371. वही, पृ. 462
372. वही, पृ. 462
373. वही, पृ. 459
374. वही, पृ. 461-62
375. वही, खंड-12, पृ. 115
376. वही, खंड-2, पृ. 284
377. वही, खंड-12, पृ. 115
378. वही, खंड-8, पृ. 225
379. वही, पृ. 226
380. वही, पृ. 229-230
381. वही, पृ. 231
382. वही, पृ. 232
383. वही, पृ. 235
384. वही, पृ. 236
385. वही, खंड-7, पृ. 319
386. वही, खंड-6, पृ. 999
387. वही, खंड-12, पृ. 115
388. वही, खंड-10, पृ. 43
389. वही, पृ. 111
390. वही, पृ. 108
391. वही, पृ. 109
392. वही, खंड-13, पृ. 1216
393. वही, खंड-12, पृ. 62
394. वही, पृ. 8
395. वही, खंड-6, पृ. 233
396. वही, पृ. 243-244
397. वही, खंड-13, पृ. 9

संदर्भिका – डॉ. लोहिया

1. जातिप्रथा–डॉ. लोहिया, पृ. 1
2. वही, पृ. 26
3. हिंदू बनाम हिंदू–डॉ. लोहिया, पृ. 1
4. भारत सावित्री–वासुदेवशरण अग्रवाल खंड-2, पृ. 126
5. वही, पृ. 126
6. हिंदू पॉलिटी–काशीप्रसाद जायसवाल, पृ. 68, 70
7. पाणिनिकालीन भारतवर्ष वासुदेवशरण अग्रवाल, पृ. 65
8. एकादश उपनिषद–संपादक : सत्यव्रत सिद्धांतालंकार, पृ. 447
9. वही, पृ. 753
10. वही, पृ. 803
11. वही, पृ. 818-819
12. धर्म का इतिहास–कागे–खण्ड दो, पृ. 883
13. भारतीय जनसंस्कृति–डी. एन. मजूमदार, पृ. 73
14. धर्म का इतिहास–काणे–खण्ड-एक, पृ. 271
15. वही, पृ. 285
16. वही, पृ. 315
17. वही, खंड दो, पृ. 880
18. वही, पृ. 315
19. वही, पृ. 315
20. वही, पृ. 315
21. भारतीय जनसस्कृति – डी. एन. मजूमदार, पृ. 60-61
22. धर्मशास्त्र का इतिहास–काणे, खंड-एक, पृ. 315
23. वही, खंड-दो, पृ. 856
24. वही, पृ. 905-906
25. वही, पृ. 926
26. मार्क्स ऐंगल्स–प्रि-कैपिटलिस्ट सोशल फार्मेशंस, पृ. 276-277
27. जातिप्रथा–डॉ. राममनोहर लोहिया, पृ. 29
28. मार्क्स ऐंगल्स–प्रि-कैपिटलिस्ट सोशल फार्मेशंस, पृ. 160-161
29. वही, पृ. 161
30. हिंदू पॉलिटी–काशीप्रसाद जायसवाल, पृ. 107
31. वही, पृ. 170
32. पाणिनीकालीन भारतवर्ष–वासुदेवशरण अग्रवाल, पृ. 449
33. हिंदू पॉलिटी–काशीप्रसाद जायसवाल, पृ. 46
34. वही, पृ. 53
35. वही, पृ. 76
36. पाणिकालीन भारतवर्ष–वासुदेव अग्रवाल–पृ. 436-437
37. वही, पृ. 59
38. वही, पृ. 455-456

39. धर्मशास्त्र का इतिहास काणे–खंड-एक, पृ. 111
40. जातिप्रथा–डॉ. लोहिया, पृ. 42
41. वही, पृ. 51
42. द आरिजिन ऑफ फैमिली प्राइवेट प्रापर्टी एंड द स्टेट-एंगेल्स–पृ. 8
43. वही, पृ. 113-114
44. वही, पृ. 216
45. वही, पृ. 217
46. वही, पृ. 220
47. मार्क्स एंगेल्स–ऑफ लिटरेचर एंड आर्ट, पृ. 72-78
48. कैपीटल–कार्लमार्क्स–खंड-एक, पृ. 727
49. फ्रीडम स्ट्रगल इन यू.पी.–पृ. 120
50. कैपीटल–कार्लमार्क्स–खंड-एक, पृ. 353
51. वही, पृ. 351
52. वैदिक इंडैक्स–कीथ मैकनाडल–खंड-एक, पृ. 281-282
53. सखलूश एंड ऐंथेस–रामसन, पृ. 44-46
54. कैपीटल मार्क्स–खंड एक, पृ. 346
55. वही, पृ. 320
56. द डायलॉग्स ऑफ प्लेटो–जुएट, पृ. 387
57. प्री कैपिटलिस्ट् सोसियो इकनामिक फार्मेशंस–मार्क्स, पृ. 493
58. द ओरेजन–एंगेल्स, पृ. 12
59. वही, पृ. 162
60. वही, पृ. 157
61. वैदिक इंडैक्स–खंड-एक, पृ. 454-455
62. एशियंट सिटीज ऑफ द इंडस-संपादक प्रोसेफ, पृ. 213-214
63. लोथल एंड द एशियंट सिविलाइजेशन–एस.आर. राव, पृ. 114-115
64. सिंधु घाटी की सभ्यता–मार्शल, पृ. 5-6
65. पाणिनीकालीन भारतवर्ष–वासुदेवशरण अग्रवाल, पृ. 318
66. वही, पृ. 317
67. कैपीटल-मार्क्स, खंड-तीन, पृ. 901
68. एशियंट सिटीज ऑफ द इंडस-संपादक–पोरोल, पृ. 56
69. द ओरेजन–एंगेल्स, पृ. 166
70. प्री कैपिटलिस्ट सोसियो–इकनामिक्स फार्मेशंस–एंगेल्स, पृ. 286
71. जातिप्रथा–डॉ. राममनोहर लोहिया, पृ. 71
72. वही, पृ. 371
73. लोकसभा में लोहिया–संख्या-14, पृ. 504
74. टिबरो या संस्कृत लैंग्वेज–विलियम जोन्स, पृ. 6
75. द कंपलीट वर्क्स ऑफ सर विलियम जोन्स, खंड-3, पृ. 186-190
76. आर्य संस्कृति की खोज–डॉ. रामशरण शर्मा, पृ. 7
77. पुरातत्व और भाषा विज्ञान, रैमफ्रेव, पृ. 157-158
78. आर्य संस्कृति की खोज–डॉ. रामशरण शर्मा, पृ. 12
79. वैदिक इंडैक्स–खंड-एक, पृ. 357
80. आर्य संस्कृति की खोज–डॉ. रामशरण शर्मा, पृ. 13
81. वही, पृ. 64
82. वही, पृ. 64
83. वही, पृ. 14
84. वैदिक इंडैक्स–खंड-एक, पृ. 347
85. वही, पृ. 357
86. आर्य संस्कृति की खोज–डॉ. रामशरण शर्मा, पृ. 13

87. वही, पृ. 15
88. वही, पृ. 14
89. वही, पृ. 28
90. वही, पृ. 26
91. वैदिक इंडैक्स–खंड-एक, पृ. 42
92. आर्य संस्कृति की खोज–डॉ. रामशरण शर्मा, पृ. 33
93. वही, पृ. 34
94. द हिप्टाइस–गोरने, पृ. 104-105
95. आर्य संस्कृति की खोज–डॉ. रामशरण शर्मा–पृ. 39
96. वही, पृ. 29
97. वही, पृ. 30
98. द हिप्टाइस–गोरने, पृ. 105
99. आर्य संस्कृति की खोज–डॉ. रामशरण शर्मा, पृ. 36
100. ए स्टडी ऑफ हिस्ट्री–टोयन बी. खंड-एक, पृ. 105
101. एसेंट नियर ईस्टर्न टेक्सट, प्रेचार्ड, पृ. 485
102. प्री हिस्टारिक इंडिया-इगौट, पृ. 277-278
103. आर्य संस्कृति की खोज–डॉ. रामशरण शर्मा, पृ. 33
104. वही, पृ. 8
105. वही, पृ. 80
106. वही, पृ. 13-15
107. वही, पृ. 16
108. वही, पृ. 13
109. वही, पृ. 13
110. वही, पृ. 12
111. वही, पृ. 14
112. वही, पृ. 8
113. वही, पृ. 8
114. वही, पृ. 13
115. वही, पृ. 13
116. वही, पृ. 15
117. वही, पृ. 90
118. वही, पृ. 92
119. वही, पृ. 91
120. वही, पृ. 14
121. द वर्क्स ऑफ सर विलियम जोन्स, खंड-3, पृ. 446
122. वही, खंड-4, पृ. 211-212
123. द फर्स्ट इंडियन वार ऑफ इंडिपेंडेंस–मार्क्स, पृ. 37
124. आर्य संस्कृति की खोज–डॉ. रामशरण शर्मा, पृ. 10
125. जातिप्रथा–डॉ. राममनोहर लोहिया, पृ. 50
126. वही, पृ. 60
127. वही, पृ. 61
128. वही, पृ. 62
129. लैंग्वेज–डॉ. लोहिया, पृ. 54
130. वही, पृ. 54
131. वही, पृ. 11
132. वही, पृ. 43
133. वही, पृ. 54
134. वही, पृ. 54
135. वही, पृ. 11
136. वही, पृ. 16
137. वही, पृ. 45
138. वही, पृ. 45
139. वही, पृ. 46
140. वही, पृ. 100
141. वही, पृ. 56
142. जातिप्रथा–डॉ. राममनोहर लोहिया, पृ. 117
143. वही, पृ. 44
144. वही, पृ. 110
145. वही, पृ. 71
146. वही, पृ. 33
147. वही, पृ. 77
148. वही, पृ. 103

149. वही, पृ. 145
150. वही, पृ. 117
151. वही, पृ. 9
152. वही, पृ. 77
153. वही, पृ. 19
154. वही, पृ. 42
155. वही, पृ. 32
156. वही, पृ. 32
157. वही, पृ. 16
158. वही, पृ. 108
159. वही, पृ. 95-96
160. वही, पृ. 121
161. वही, पृ. 81
162. वही, पृ. 81
163. वही, पृ. 82
164. वही, पृ. 98
165. वही, पृ. 98-99
166. वही, पृ. 99
167. द इंगलिश वर्क ऑफ राजा राममोहन राय, पृ. 398
168. वही, पृ. 330
169. वही, पृ. 380
170. विद्यापीठ संस्कृत ग्रंथावली—प्रथम भाग, पृ. 118-119
171. वही, पृ. 121
172. वही, पृ. 109
173. वही, पृ. 111
174. वही, पृ. 111
175. वही, पृ. 115
176. जातिप्रथा—डॉ. राम मनोहर लोहिया, पृ. 125
177. द ओरजिन ऑफ फेमिली प्राइवेट प्रापर्टी एंड स्टेट—एंगेल्स, पृ. 75-76
178. जातिप्रथा—डॉ. राम मनोहर लोहिया, पृ. 125
179. वही, पृ. 83
180. हिंदू बनाम मुसलमान—डॉ. लोहिया, पृ. 15
181. जातिप्रथा—डॉ. राम मनोहर लोहिया, पृ. 82
182. हिंदू बनाम मुसलमान—डॉ. लोहिया, पृ. 13-14
183. वही, पृ. 18
184. वही, पृ. 13
185. वही, पृ. 14
186. वही, पृ. 14
187. वही, पृ. 14
188. वही, पृ. 14
189. वही, पृ. 14
190. मुगलकालीन भारत : बाबर, बर्नी, पृ. 311
191. तुगलुककालीन भारत—बर्नी, भाग-2, पृ. 72
192. वही, पृ. 16
193. मुगलकालीन भारत—हूमायूं—बर्नी, भाग-1, पृ.17
194. आदि तुर्ककालीन भारत—बर्नी, पृ. 179
195. मुगलकालीन भारत—बाबर-बर्नी, पृ. 15
196. वही, पृ. 18
197. खल्लीकालीन भारत-भूमिका—रिजवी, पृ. 5
198. वही, पृ. 5
199. समाजवादी आंदोलन का इतिहास—डॉ. लोहिया, पृ. 13
200. वही, पृ. 13
201. वही, पृ. 13
202. वही, पृ. 15
203. वही, पृ. 16
204. वही, पृ. 14
205. वही, पृ. 14

206. वही, पृ. 17
207. वही, पृ. 17
208. वही, पृ. 6
209. वही, पृ. 18
210. संपूर्ण गांधी वाङ्मय-खण्ड-83, पृ. 149
211. वही, पृ. 200
212. वही, पृ. 212
213. वही, पृ. 214
214. वही, पृ. 238
215. वही, पृ. 240
216. भारत विभाजन के अपराधी–डॉ. लोहिया, पृ. 6
217. वही, पृ. 7
218. वही, पृ. 7
219. वही, पृ. 8
220. साम्यवादी आंदोलन का इतिहास–डॉ. लोहिया, पृ. 18
221. वही, पृ. 40
222. वही, पृ. 40
223. वही, पृ. 40
224. वही, पृ. 22
225. वही, पृ. 76
226. वही, पृ. 77
227. मार्क्स, गाँधी एंड सोशलिज्म–लोहिया, पृ. 86
228. वही, पृ. 8
229. वही, पृ. 78
230. समाजवादी आंदोलन का इतिहास–लोहिया, पृ. 13
231. वही, पृ. 76
232. वही, पृ. 76
233. जातिप्रथा–लोहिया, पृ. 51
234. वही, पृ. 52
235. वही, पृ. 52
236. मार्क्स, गाँधी एंड सोशलिज्म-लोहिया, पृ. 166-167
237. लोकसभा में लोहिया–संख्या-14, पृ. 460-461
238. समाजवादी आंदोलन का इतिहास–लोहिया, पृ. 18
239. वही, पृ. 45
240. हिंदू बनाम हिंदू-लोहिया, पृ. 14
241. जाति प्रथा-लोहिया, पृ. 1
242. वही, पृ. 52
243. वही, पृ. 84
244. वही, पृ. 113
245. वही, पृ. 21
246. मार्क्स, गाँधी एंड सोशलिज्म–लोहिया–भूमिका, पृ. 7
247. वही, पृ. 262
248. वही, पृ. 262-263
249. वही, पृ. 227
250. वही, पृ. 13
251. वही, पृ. 243
252. लोकसभा में लोहिया, खंड-12, पृ. 416
253. वही, खंड-16, पृ. 73-74
254. मार्क्स, गाँधी एंड सोशलिज्म–लोहिया, पृ. 251
255. लोकसभा में लोहिया, पृ. 415
257. वही, पृ. 322
258. समाजवादी आंदोलन का इतिहास–लोहिया, पृ. 7
259. मार्क्स, गाँधी एंड सोशलिज्म-लोहिया, पृ. 425
260. वही, पृ. 476
261. वही, पृ. 491
262. वही, पृ. 494
263. वही, पृ. 497
264. वही, पृ. 505
265. समाजवादी आंदोलन का इतिहास–लोहिया, पृ. 76

266. मार्क्स, गाँधी एंड सोशलिज्म—लोहिया, पृ. 477
267. वही, पृ. 2
268. द वर्ड्स सोशलिस्ट सोसायटी—आचार्य नरेन्द्र देव, पृ. 255-259
269. लोकसभा में लोहिया—खंड-14, पृ. 146
270. वही, पृ. 158
271. धर्म पर एक दृष्टि—लोहिया, पृ. 22-23
272. वही, पृ. 21
273. वही, पृ. 22
274. वही, पृ. 25
275. वही, पृ. 23
276. वही, पृ. 23
277. वही, पृ. 23
278. वही, पृ. 23
279. वही, पृ. 25-26
280. राम, कृष्ण और शिव—लोहिया, पृ. 1
281. वही, पृ. 3
282. वही, पृ. 4
283. वही, पृ. 11
284. वही, पृ. 6
285. वही, पृ. 1
286. वही, पृ. 8
287. वही, पृ. 12
288. वही, पृ. 12
289. वही, पृ. 16
290. वही, पृ. 17
291. वही, पृ. 18
292. वही, पृ. 18
293. धर्म पर एक दृष्टि—लोहिया, पृ. 18
294. वही, पृ. 18
295. वही, पृ. 27
296. वही, पृ. 27